KB235834

매튜 헨리 주석 열왕기상 · 하

저자 **매튜 헨리** Matthew Henry 1662-1714

성경 주석가. 영국국교회의 복음주의 목사의 아들인 그는 통일령으로 아버지가 성직에서 쫓겨난 직후에 태어났다. 학문을 좋아하는 소년이었으며 1672년에 회심하였다. 옥스퍼드와 케임브리지의 학문성이 차츰 떨어지므로 1680년 런던 이슬링턴 대학에서 신학 교육을 받았다. 그 대학은 신앙을 저버린 시대에 높은 학문을 유지해왔다. 그 대학의 학장은 케임브리지에서 온 토머스 두리틀이었고, 부학장은 옥스퍼드에서 온 토머스 빈센트였다. 그 후에는 그레이 법학원에서 법률을 공부하였다. 그는 국교회 목사가 되려고 생각하였지만, 비국교도가 되기로 결심하였고, 개인적으로 장로교 목사 안수를 받았다. 첫 목회지는 체스터(1687-1712)였으며 그 뒤에 런던의 해크니(1712-1714)로 옮겼다. 청교도들에게서 크게 영향을 받은 그는 성경 해설을 목회의 중심으로 삼았다. 날마다 4시 또는 5시에 일을 시작하였던 그는 시간을 최대한 사용하는 것을 목적으로 삼았다. 1704년에 「성경 주석」을 집필하기 시작하였는데, 그는 사도행전까지 탈고하였으며, 그의 사후 목회 동역자들이 그의 노트와 저서들을 참고하여 신약성경 주석을 완성하였다. 그 주석은 성경에 대한 자세하고 종종 대단히 영적인 해설 양식을 취하였는데, 그 양식은 그 이후의 복음주의적 목회의 형태를 결정하였다. 스펄전은 자신이 매튜 헨리에게 큰 도움을 받았다는 사실을 인정하였다.

역자 **정충하**

역자는 성균관대학교 경영학과와 합동신학대학원을 졸업했으며, 기독지혜사에서 편집부장을 역임했다. 지금은 경기도 가평에 소재한 새소망교회에서 목회하면서, 전문번역가로 활동하고 있다. 주요 역서로는 「신약신학」(요아킴 예레미아스), 「선지자 연구」(에드워드 J. 영), 「신약의 초석」(랄프 P. 마틴), 「모세오경」(존 H. 세일해머), 「요한계시록의 신학」(도날드 거스리), 「복음서의 난해구절 해석」(로버트 H. 스타인) 등이 있다.

매튜
헨리
주석
전집

06

매튜 헨리 주석
열왕기상·하

정충하 옮김

Matthew Henry

크리스챤
다이제스트

열왕기상

서론

왕들과 그들의 통치를 기록한 책에는 결국 그 나라의 역사가 된 많은 사건들이 담겨 있다. 성경은 사람들 사이에서 펼쳐지는 하나님 나라의 역사이다. 비록 그것(즉 하나님 나라의 역사)이 몇 가지 통치체제 하에 펼쳐진다 할지라도, 그러나 거기에서 왕은 오직 한 분이요, 그의 이름 또한 하나이다. 지금 우리 앞에 펼쳐져 있는 특별한 역사(즉 열왕기)는 유다 왕국과 이스라엘 왕국에 대한 이야기이지만 그러나 그 안에서 특별하게 주목되는 것은 바로 하나님 나라의 이야기이다. 열왕기의 역사는 거룩한 역사(聖歷史, sacred history)이다. 따라서 그것은 더욱 교훈적일 뿐만 아니라 또한 이 땅의 어떤 왕들의 역사보다도 (심지어 더 이전 시기의 역사보다도) 더욱 흥미진진하다. 왜냐하면 이스라엘에 아직 왕이 있기 전에 에돔에 왕들이 있었음에도 불구하고(창 36:31) 에돔 왕들의 역사는 오래 전에 망각 속에 묻혀버린 반면 이스라엘 왕들의 역사는 지금도 살아 있을 뿐만 아니라 세상 끝날까지 계속해서 살아 있을 것이기 때문이다. 세상의 영광은 마치 버섯처럼 갑자기 피었다가 갑자기 쇠하고 말지만, 하나님으로부터 오는 영광은 영속적이다.

성경은 족장들과 선지자들과 사사들의 이야기와 함께 시작된다. 이들은 하늘과 좀 더 직접적으로 교통한 자들이었다. 이들과 관련한 기록은 우리의 믿음을 견고케 하기는 하지만, 그러나 우리의 상황과 쉽게 일치시키기는 어렵다. 지금 우리가 이상들(異像, visions)을 기대하지 않는 것처럼, 열왕기의 역사는 대체로 일반섭리(common providence)의 인도 아래 펼쳐진다. 또한 우리는 여기에서 메시야에 대한 큰 기대를 보게 된다. 왜냐하면 선지자들뿐만 아니라 왕들도 복음의 위대한 비밀을 보기를 열망했기 때문이었다(눅 10:24, 많은 선지자와 임금이 너희가 보는 바를 보고자 하였으되 보지 못하였으며). 사울 통치의 기원과 다윗 왕가의 기원을 이야기하는 사무엘서는 열왕기의 서곡이 된다. 열왕기는 다윗의 후계자 솔로몬과 왕국의 분열과 이후 포로로 끌려갈 때까지 유다와 이스라엘의 왕들의 이야기를 다룬다. 우리가 창세기로부터 가정을 다스리는 법칙들을 발견할 수 있는 것처럼, 또한 우리는 열왕기로부터 나라를 다스리는 법칙들을 발견할 수 있다. 뿐만 아니라 우리는 열왕기에서 다윗의 집과 혈통에 특별한 주의가 기울여지는 것을 보게 된다. 다윗의 자손들 가운데 어떤 자손들은 그의 길을 따랐으며, 어떤 자손들은 그렇게 하지 않았다. 우리는 유다 왕들의 특성을 다음과 같이 짤막하게 요약할 수 있다. 다윗은 경건했으며, 솔로몬은 지혜로웠으며, 르호보암은 단순했으며, 아비야는 용감했으며, 아사는 정직했으며, 여호사밧은 신앙적이었으며, 여호람은 악했으며, 아하샤는 하나님을 모독한 자였으며, 요아스는 본래의 자리로 되돌아간 자였으며, 아마샤는 경솔한 자였으며, 웃시야는 강력한 자였으며, 요담은 평화를 좋아하는 사람이었으며, 아하스는 우상 숭배자였으며, 히스기야는 개혁자였으며, 므낫세는 회개자였으며, 아몬은 모호한 자였으며, 요시야는 부드러운 마음을 가진 자였으며, 여호아하스와 여호야김과 여호야긴과 시드기야는 모두 악함으로 자신과 나라를 급히 멸망으로 이끈 자들이었다. 선한 왕과 악한 왕의 숫자는 거의 비슷하지만, 그러나 선한 왕들의 통치는 대체로 길었던 반면 악한 왕들의 통치는 짧았다. 열왕기상의 내용은 다음과 같다.

I. 다윗의 죽음(1, 2장). II. 솔로몬의 영광스러운 통치와 성전 건축(3-10장), 그러나 그의 해가 구름에 가려짐(11장). III. 르호보암 때에 왕국이 분열됨, 그리고 그와 여로보암의 통치(12-14장). IV. 유다에 대한 아비야와 아사의 통치와 이스라엘에 대한 바아사와 오므리의 통치(15, 16장). V. 엘리야의 이적들(17-19장). VI. 아합이 벤하닷을 이김, 그리고 아합의 악행과 멸망(20-22장).

이 모든 역사 속에서 우리는 왕들조차도(비록 그들이 우리에게 신들과 같은 존재라 할지라도) 단지 사람일 뿐이며, 반드시 죽을 운명을 가지고 있을 뿐만 아니라 하나님 앞에 자신들의 모든 행동에 대해 설명해야 할 책임이 있는 존재에 불과하다는 사실을 보게 된다.

제
— 1 —
장

개요

본 장의 내용은 다음과 같다. I. 다윗의 기력이 쇠함(1-4절). II. 아도니야가 왕이 되고자 야심을 품고 잔치를 배설함(5-10절). III. 나단과 밧세바가 솔로몬의 왕위계승권을 지키고자 다윗을 설득하여 왕명을 내리게 함(11-31절). IV. 그에 따라 솔로몬이 기름 부음을 받고 백성들이 기뻐함(32-40절). V. 이로 인해 아도니야의 음모가 분쇄되고 그의 무리가 흩어짐(41-49절). VI. 아도니야가 제단 뿔을 잡음으로 솔로몬이 그의 형벌을 면제함(50-53절).

[1]다윗 왕이 나이가 많아 늙으니 이불을 덮어도 따뜻하지 아니한지라 [2]그의 시종들이 왕께 아뢰되 우리 주 왕을 위하여 젊은 처녀 하나를 구하여 그로 왕을 받들어 모시게 하고 왕의 품에 누워 우리 주 왕으로 따뜻하시게 하리이다 하고 [3]이스라엘 사방 영토 내에 아리따운 처녀를 구하던 중 수넴 여자 아비삭을 얻어 왕께 데려왔으니 [4]처녀는 심히 아름다워 그가 왕을 받들어 시중들었으나 왕이 잠자리는 같이 하지 아니하였더라

사무엘하 마지막 장에서 살펴본 바와 같이 다윗은 하나님의 큰 자비로 멸망의 천사의 칼을 피했다. 그러나 우리는 병이나 위험으로부터 구원받는 것은 단지 집행유예에 불과하다는 사실을 잊어서는 안 된다. 설령 촛불이 바람에 의해 꺼지지 않았다 할지라도, 조만간 그것은 스스로 꺼질 것이다. 우리는 여기에서 다윗이 세월에 의해 노쇠해지고, 결국 무덤의 문턱에 이르게 된 것을 보게 된다. 함정에서 나오는 자는 올무에 걸리리니(렘 48:44). 이렇든 저렇든 우리는 결국 죽음을 향해 달려간다.

1. 우리는 여기에서 너무도 노쇠하여 쇠약해진 다윗을 보게 된다. 그는 늙어 체온이 떨어짐으로써 이불을 덮어도 따뜻하지 않았다(1절). 다윗은 용맹하며 활력이 넘치며 자신의 일에 최선을 다하는 사람이었다. 그리고 그의 가슴에

는 항상 열정의 불꽃이 타오르고 있었다. 그러나 이제 그의 피는 싸늘하게 식었고 생기는 떨어졌다. 따라서 그는 이제 자신의 침상에 누워 있을 수밖에 없게 되었으며, 그 곳에서조차도 따뜻함을 얻을 수 없었다. 그는 지금 70세였다. 많은 사람들은 그 정도 나이에서도 활발하게 자신의 일을 수행한다. 그러나 지금 다윗은 예전의 죄들로 인해, 특별히 우리아와 관련한 죄로 인해 징벌을 받고 있었다. 괴로움과 곤궁에 있어 젊은 시절에는 대수롭지 않게 여기며 지내왔지만, 그러나 지금은 그 무게가 결코 가볍지 않았다. 강한 자는 자기의 힘을 자랑하지 말지니라. 그 힘은 곧 병으로 미약해질 것이기 때문이다. 설령 그렇게 되지 않는다 할지라도, 결국은 세월에 의해 쇠약해지고 말 것이다. 그러므로 우리는 청년의 때 곧 곤고한 날이 이르기 전에 창조주를 기억해야 한다(전 12:1). 만일 우리의 손이 하나님과 우리 영혼과 우리 세대를 위해 무엇을 할 것인지 발견했다면, 모든 힘을 다해 그 일을 수행하자. 왜냐하면 아무 일도 할 수 없는 노년의 밤이 곧 올 것이기 때문이다. 우리의 힘이 쇠잔해졌을 때 우리가 젊은 날의 힘을 올바로 사용했다고 회상할 수 있다면 그것은 우리에게 큰 위로가 될 것이다.

2. 다윗의 시종들은 왕의 고통을 경감시키기 위해 외적인 처방밖에는 할 수 없었다.

(1) 그들은 왕에게 이불을 덮어 주었다. 만일 다윗의 몸에 어느 정도 온기(溫氣)가 있었다면, 그와 같이 함으로써 그의 온기를 보존하고 그럼으로써 그로 하여금 따뜻함을 느끼도록 해 줄 수 있었을 것이다. 그러나 그의 몸에 아무런 온기도 남아 있지 않았기 때문에 그와 같은 방법은 아무 소용이 없었다. 엘리후는 의복이 어떻게 우리를 따뜻하게 해 주는지 그 이유를 알기 어렵다고 말했지만(욥 37:17), 그러나 만일 하나님이 축복을 거두시면 설령 많은 옷을 입는다 할지라도 따뜻함을 얻지 못하게 된다(학 1:6). 지금 다윗이 그러했다.

(2) 그들은 어리석게도 왕에게 혼례를 권했다(2-4절) ─ 사실 다윗에게 있어 지금 필요한 것은 장례를 준비하는 것이었음에도 불구하고. 그들은 인간의 타락한 욕망을 만족시켜 주는 방법을 잘 알고 있었으며, 따라서 왕의 건강을 보살핀다는 핑계 아래 왕의 타락한 욕망을 만족시켜 주고자 하였다. 그들은 이러한 문제와 관련하여 마땅히 왕의 선지자들에게 물었어야 했다. 그렇지만 어쨌든 당시에는 이러한 일이 쉽게 받아들여질 수 있었다. 왜냐하면 선한 자들까지

도 여러 아내를 두곤 했기 때문이었다. 그러나 오늘날 우리는 그와 같이 행해서는 결코 안 된다. 왜냐하면 우리는 그리스도로부터 한 남자는 오직 한 아내만을 가져야 한다는 분명한 가르침을 받았을 뿐만 아니라(마 19:5), 나아가서 남자가 여자를 가까이하지 아니함이 좋다는 가르침까지도 우리에게 주어져 있기 때문이다(고전 7:1). 아비삭은 다윗의 품에 눕기 전에 그와 결혼하여 그의 첩이 되었다. 그러한 사실은 다윗이 죽은 후 아도니야가 아비삭과 결혼하기를 원한 것이 큰 죄로 간주된 사실에서 분명하게 나타난다(2:22).

⁵그 때에 학깃의 아들 아도니야가 스스로 높여서 이르기를 내가 왕이 되리라 하고 자기를 위하여 병거와 기병과 호위병 오십 명을 준비하니 ⁶그는 압살롬 다음에 태어난 자요 용모가 심히 준수한 자라 그의 아버지가 네가 어찌하여 그리 하였느냐고 하는 말로 한 번도 그를 섭섭하게 한 일이 없었더라 ⁷아도니야가 스루야의 아들 요압과 제사장 아비아달과 모의하니 그들이 따르고 도우나 ⁸제사장 사독과 여호야다의 아들 브나야와 선지자 나단과 시므이와 레이와 다윗의 용사들은 아도니야와 같이 하지 아니하였더라 ⁹아도니야가 에느로겔 근방 소헬렛 바위 곁에서 양과 소와 살찐 송아지를 잡고 왕자 곧 자기의 모든 동생과 왕의 신하 된 유다 모든 사람을 다 청하였으나 ¹⁰선지자 나단과 브나야와 용사들과 자기 동생 솔로몬은 청하지 아니하였더라

다윗은 자녀들로 인해 많은 고통을 겪었다. 그 가운데에서도 가장 큰 고통을 가져다준 자들은 첫째 아들 암논과 셋째 아들 압살롬이었다(삼하 3:2, 3). 반면 아비가일로부터 낳은 둘째 아들은 그에게 별다른 근심이 되지는 않았던 것으로 보인다. 다윗의 넷째 아들은 아도니야로서(삼하 3:4), 헤브론에서 태어난 아들들 가운데 하나였다. 우리는 지금까지 그와 관련하여 어떤 이야기도 듣지 못했다. 이제 여기에서 비로소 그에 관하여 듣게 되는데, 그는 용모가 준수한 사람이요 나이에 있어서나 기질에 있어서나 압살롬 다음 가는 사람이었다(6절). 아버지의 눈에 그는 지금까지 보배 같은 아들이었지만, 이제는 가시가 되고 말았다.

I. 다윗은 아도니야를 지나치게 관대하게 키웠다(6절).   그는 한 번도 아도니야를 섭섭하게(displeased) 하지 않았다. 그렇다고 해서 아도니야가 그의 아

버지의 마음을 한 번도 상하게 하지 않았다는 것은 결코 아니다. 아마도 아도니야는 종종 자기 아버지의 마음을 상하게 하는 행동을 했을 것이며, 다윗은 그의 그릇된 행동으로 인해 마음 상해하면서 은밀히 하나님 앞에 탄식했을 것이다. 그러나 다윗은 그의 기분을 상하게 한다든지, 그가 마음먹고 있는 일을 허락하지 않는다든지, 그가 한 행동에 대해 책임지도록 한다든지, 그의 행동을 감시한다든지, 그의 잘못된 행동에 대해 꾸짖는 등으로 그를 섭섭하게 하지 않았다. 다윗은 한 번도 아도니야에게 "네가 어찌하여 그리 하였느냐?"는 말을 하지 않았다(꾸짖지 않고는 결코 지나칠 수 없는 상황에서조차도). 아버지의 책망을 섭섭하게 여기며 모욕으로 받아들인다면, 그것은 아들의 잘못이다. 그와 같은 아들은 책망의 유익을 잃어버리게 될 것이다. 반면 아들이 섭섭하게 생각할까 염려하여 책망하지 않는다면, 그것은 아버지의 잘못이다. 이제 다윗은 아도니야를 버릇없이 키운 것으로 인한 고통을 스스로 받지 않을 수 없게 되었다. 자기 아들을 하나님보다 더 중히 여기는 자는, 선한 교훈으로 양육하지 않는 자와 마찬가지로, 그 아들로부터 기대할 수 있는 존귀를 스스로 잃어버리게 되고 말 것이다.

Ⅱ. 이에 아도니야는 자기 아버지를 무시했다. 지금 그의 아버지는 늙고 침상에만 있었기 때문에, 그는 아버지의 존재 따위는 무시해 버리고 <u>스스로를 높</u>이면서 내가 왕이 되리라고 말했다(5절). 버릇없이 자란 아이들은 쉽게 교만과 야심의 노예가 되는 법이다. 이로써 얼마나 많은 젊은이들이 멸망에 빠지고 말았는가! 자기 자녀를 겸손하게 기르고자 한다면, 부모는 마땅히 그들을 통제해야만 한다. 여기에서 아도니야의 오만함을 관찰해 보자.

1. 그는 아버지의 죽음이 임박했다고 생각하고는 자신이 아버지의 왕위를 계승하려고 생각했다. 그는 자신의 아버지와 하나님이 왕위계승자로서 지명한 자는 솔로몬이란 사실을 알고 있었음에도 불구하고 그렇게 했다. 하나님의 말씀에 따라 다윗이 그 사실을 공적으로 선포했으므로 솔로몬의 왕위계승권은 이미 확정된 사실이었다(대상 22:9; 23:1). 그러나 아도니야는 하나님과 자기 아버지의 뜻을 무시하고 스스로 왕위계승권을 탈취하고자 시도했다. 이와 같이 많은 사람들이 "우리는 그가 우리를 다스리는 것을 원치 아니하노라"라고 말하면서 그리스도의 통치를 대적한다.

2. 그는 아버지가 노쇠하여 아무 일도 할 수 없게 되었다고 생각하고는 즉

시 자신이 보좌를 차지하려고 생각했다. 그는 자신의 아버지가 죽기까지 기다릴 수 없었으며, 지금 당장 "아도니야가 왕이 되었다"(18절) "아도니야 왕은 만세수를 하옵소서"(25절)라는 말을 들어야만 하였다. 그의 아버지는 너무 늙었으므로 통치하기에 적합지 않았으며, 동생 솔로몬은 너무 어렸으므로 역시 그러했다. 따라서 왕권은 마땅히 자신에게 돌려져야만 했다. 자녀에게 있어 부모가 노쇠했다고 하여 부모를 모욕하는 것은 너무도 악하고 야비한 일이 아닐 수 없다.

3. 이러한 야심에 따라,

(1) 아도니야는 병거와 기병과 호위병을 준비했다(5절). 그들은 아도니야를 수행하며 그를 위해 싸울 자들로서, 그의 힘과 위용을 과시하기 위한 것이었다.

(2) 아도니야는 군대 장관 요압과 대제사장 아비아달을 자신의 편으로 만들었다(7절). 아도니야가 이들을 회유한 것은 하등 이상한 일이 아니다. 왜냐하면 그들은 군대와 교회에 큰 영향력을 가진 자들로서 자신에게 큰 도움이 될 것이기 때문이었다. 그러나 그들이 어떻게 해서 아도니야를 따르고 협력하게 되었는지는 참으로 이상한 일이 아닐 수 없다. 그들은 나이가 많은 자들로서 다윗 시대의 고난과 난관을 함께 헤쳐 나갔던 충성된 자들이었으며, 누가 보더라도 쉽사리 감언이설에 속아넘어갈 자들이 아니었다. 그들이 아도니야를 지지한다고 하여 별다른 이득이 있을 것도 아니었다. 왜냐하면 그들은 이미 가장 높은 지위에 있었기 때문이었다. 그들은 왕권이 솔로몬에게 계승되는 것을 모를 수 없었다. 그들은 그것을 자신들 마음대로 바꿀 수 있는 권한이 없었으며, 따라서 그들로서는 그대로 따르는 것이 스스로에게 유익한 일이었다. 그러나 이 일에 있어 하나님은 그들을 그냥 내버려 두셨다. 아마도 그것은 그들이 예전에 행했던 어떤 잘못된 행동들로 인해 그들을 징계하기 위함이었을 것이다. 반면 사독과 브나야와 나단은 다윗에 대한 충성심이 철저했기 때문에, 아도니야로서도 그들을 자신의 계획에 동참하도록 설득할 확신을 갖지 못했다(8절). 오직 선한 일만을 따르고자 하는 확고한 의지를 나타내는 자들은 악한 일에 동참하도록 유혹받지 않는 법이다.

(3) 아도니야는 예루살렘에서 그리 멀지 않은 에느로겔에서 큰 잔치를 배설했다(9절). 그리고 그는 왕자들과 왕의 신하들을 초대하여 크게 대접하면서 그

들을 자신의 편이 되도록 회유했다. 그러나 솔로몬은 초대하지 않았는데, 그것은 그를 경멸했기 때문이거나 아니면 단념했기 때문이었을 것이다(10절). 이들은 자기들의 배만 섬기는 자들로서 어느 쪽이든 자신들을 후히 대접하는 자들의 편이 되기를 좋아하며, 결국 유혹자의 손쉬운 먹잇감이 되고 만다(롬 16:18). 어떤 이들은 아도니야가 양과 소와 살찐 송아지를 잡은 것은 제사를 드리기 위한 것이었으며 따라서 그가 배설한 것은 종교적인 잔치였다고 생각한다. 만일 그렇다면 그는 경건의 모양을 빙자하여 권력찬탈을 시도한 것이다 — 압살롬이 서원을 빙자하여 그렇게 했던 것처럼(삼하 15:7). 그 자리에 대제사장이 있었으므로 그는 더욱 그럴듯하게 일을 꾸밀 수 있었을 것이다. 이와 같이 종교적인 규례를 빙자하여 악을 꾸미는 것이나 혹은 주의 이름으로 악을 행하는 것은 참으로 서글픈 일이다.

[11]나단이 솔로몬의 어머니 밧세바에게 말하여 이르되 학깃의 아들 아도니야가 왕이 되었음을 듣지 못하였나이까 우리 주 다윗은 알지 못하시나이다 [12]이제 내게 당신의 생명과 당신의 아들 솔로몬의 생명을 구할 계책을 말하도록 허락하소서 [13]당신은 다윗 왕 앞에 들어가서 아뢰기를 내 주 왕이여 전에 왕이 여종에게 맹세하여 이르시기를 네 아들 솔로몬이 반드시 나를 이어 왕이 되어 내 왕위에 앉으리라 하지 아니하셨나이까 그런데 아도니야가 무슨 이유로 왕이 되었나이까 하소서 [14]당신이 거기서 왕과 말씀하실 때에 나도 뒤이어 들어가서 당신의 말씀을 확증하리이다 [15]밧세바가 이에 침실에 들어가 왕에게 이르니 왕이 심히 늙었으므로 수넴 여자 아비삭이 시중들었더라 [16]밧세바가 몸을 굽혀 왕께 절하니 왕이 이르되 어찌 됨이냐 [17]그가 왕께 대답하되 내 주여 왕이 전에 왕의 하나님 여호와를 가리켜 여종에게 맹세하시기를 네 아들 솔로몬이 반드시 나를 이어 왕이 되어 내 왕위에 앉으리라 하셨거늘 [18]이제 아도니야가 왕이 되었어도 내 주 왕은 알지 못하시나이다 [19]그가 수소와 살찐 송아지와 양을 많이 잡고 왕의 모든 아들과 제사장 아비아달과 군사령관 요압을 청하였으나 왕의 종 솔로몬은 청하지 아니하였나이다 [20]내 주 왕이여 온 이스라엘이 왕에게 다 주목하고 누가 내 주 왕을 이어 그 왕위에 앉을지를 공포하시기를 기다리나이다 [21]그렇지 아니하면 내 주 왕께서 그의 조상들과 함께 잘 때에 나와 내 아들 솔로몬은 죄인이 되리이다 [22]밧세바가 왕과 말할 때에 선지자 나단이 들어온지라 [23]어떤 사람이 왕께 말하여 이르되 선지자 나단이 여기 있나이다 하니

그가 왕 앞에 들어와서 얼굴을 땅에 대고 왕께 절하고 24이르되 내 주 왕께서 이르시기를 아도니야가 나를 이어 왕이 되어 내 왕위에 앉으리라 하셨나이까 25그가 오늘 내려가서 수소와 살찐 송아지와 양을 많이 잡고 왕의 모든 아들과 군사령관들과 제사장 아비아달을 청하였는데 그들이 아도니야 앞에서 먹고 마시며 아도니야 왕은 만세수를 하옵소서 하였나이다 26그러나 왕의 종 나와 제사장 사독과 여호야다의 아들 브나야와 왕의 종 솔로몬은 청하지 아니하였사오니 27이것이 내 주 왕께서 정하신 일이니이까 그런데 왕께서 내 주 왕을 이어 그 왕위에 앉을 자를 종에게 알게 하지 아니하셨나이다 28다윗 왕이 명령하여 이르되 밧세바를 내 앞으로 부르라 하매 그가 왕의 앞으로 들어가 그 앞에 서는지라 29왕이 이르되 내 생명을 모든 환난에서 구하신 여호와께서 살아 계심을 두고 맹세하노라 30내가 이전에 이스라엘의 하나님 여호와를 가리켜 네게 맹세하여 이르기를 네 아들 솔로몬이 반드시 나를 이어 왕이 되고 나를 대신하여 내 왕위에 앉으리라 하였으니 내가 오늘 그대로 행하리라 31밧세바가 얼굴을 땅에 대고 절하며 내 주 다윗 왕은 만세수를 하옵소서 하니라

우리는 여기에서 나단과 밧세바가 아도니야의 권력찬탈 음모를 분쇄하기 위해 다윗으로부터 솔로몬의 왕위계승권을 분명하게 확증 받고자 노력하는 것을 보게 된다.

1. 다윗 자신은 무슨 일이 벌어지고 있는지 알지 못했다. 불순종하는 자녀들은 자신들의 악한 행동에 대해 부모가 알지 못하도록 할 수만 있다면 모든 것이 다 잘 될 것이라고 생각한다. 그러나 공중의 새가 그 소리를 전할 것이다(전 10:20).

2. 밧세바 역시도 뒤에 물러나 있었기 때문에 나단이 알려줄 때까지 아무것도 알지 못했다. 많은 사람들은 세상이 어떻게 움직이는지 알지 못함으로써 이 세상에서 매우 편안하게 살아간다.

3. 솔로몬은 그 사실을 알고 있었던 것으로 보이지만 그러나 아무것도 알지 못하는 것처럼 하고 있었다. 솔로몬은 어느 정도 나이가 되었을 뿐만 아니라 또 나이에 비해 매우 지혜로운 사람이었다. 그는 아도니야와 맞서기 위해 분기(奮起)하지 않고, 자신은 조용히 있으면서 그 일을 하나님과 자신의 친구들에게 맡겼다. 이와 관련하여 다윗은 솔로몬을 위한 자신의 시편에서, 사람들이

세상을 추구하여 헛되이 일찍 일어나고 늦게 눕는 가운데에도 하나님은 그의 사랑하시는 자(그의 여디디야)에게 잠을 주시면서 어렵지 않게 그의 목표를 이루게 하신다는 사실을 관찰한다(시 127:1, 2). 이제 그들의 계획이 어떻게 진행되는지 살펴보자.

I. 선지자 나단이 아도니야와 관련한 일을 밧세바에게 알려줌. 그렇게 함으로써 그는 그녀로 하여금 솔로몬의 왕위계승권을 확증하는 왕명을 받아내는 일에 나서도록 이끈다. 나단은 하나님의 뜻을 잘 알고 있었을 뿐만 아니라 또한 무엇이 다윗과 이스라엘에 유익이 되는지를 잘 알고 있었기 때문에 이 일을 그냥 내버려 둘 수 없었다. 하나님이 솔로몬에게 여디디야란 이름을 주신 것도 바로 그를 통해서였다(삼하 12:25). 따라서 그는 왕위가 다른 사람에게 넘어가는 것을 그냥 앉아서 보고만 있을 수가 없었다. 그것이 솔로몬의 것이라는 사실을 그는 분명히 알고 있었기 때문이었다. 왕권이 하늘로부터의 직접적인 지시에 의해 정해지던 때에 선지자들이 이 일에 이와 같이 깊숙이 개입했던 것은 결코 놀랄 일이 아니다. 그러나 지금은 **사람의 나라**(단 4:32)와 관련한 일들이 일반섭리에 의해 결정되므로 그러한 일들은 일반적인 사람들에게 맡겨지고 선지자들은 그 일에 관여하지 않은 채 하나님 나라의 일에만 전념하는 것이 합당하다. 나단은 누구보다도 솔로몬을 걱정하는 사람으로서 밧세바에게 나아갔다. 그는 밧세바에게 아도니야의 음모에 대하여 알려주면서, 그것은 왕의 동의를 얻은 것도 아니며 심지어 왕은 그에 대해 알지조차 못한다는 사실을 말해준다(11절). 그는 그녀에게 솔로몬이 왕권을 잃어버릴 위험뿐만 아니라 만일 아도니야가 왕이 된다면 그녀와 그녀의 아들의 목숨이 위험에 처하게 될 것임을 암시한다. 겸손한 마음을 가진 자는 왕권에 무관심할 수 있을 것이다. 그러나 자기보존의 법칙과 여섯 번째 계명은 우리로 하여금 우리 자신과 다른 사람들의 생명을 보호하기 위해 가능한 모든 노력을 다 할 것을 요구한다. 나단은 말한다. 이제 내게 당신의 생명과 당신의 아들 솔로몬의 생명을 구할 계책을 말하도록 허락하소서(12절). 이것은 그리스도의 사역자들이 아무도 우리의 면류관을 빼앗지 못하도록 하기 위해(계 3:11), 그리고 우리의 생명을 구원하기 위해 그의 이름으로 우리에게 주는 계책(조언, counsel)과 같은 것이다. 나단은 밧세바에게 왕에게로 들어갈 것을 조언하면서, 솔로몬이 후계자가 될 것이란 그의 말과 맹세를 다시금 상기시키면서 가장 겸손한 태도로 "그런데 아도니야가 무슨 이유로

왕이 되었나이까?"라고 물으라고 지시한다. 나단은 이렇게 하면 왕이 격분하게 될 것이라고 생각했다. 비록 늙어 침상에 누워 있는 형편이라 할지라도 이와 같은 상황에서라면 왕은 틀림없이 자리에서 일어나 마땅한 조치를 취할 것이었다. 그러면서 그는 그녀가 이 일과 관련하여 왕과 이야기하고 있는 동안 자신이 우연히 들어온 것처럼 꾸며 그녀를 옹호하겠노라고 약속했다(14절). 그렇게 하면 어쩌면 왕은 이 일을 특별한 섭리로서 받아들일는지도 모를 것이었다(그는 이와 비슷한 상황에서 그렇게 받아들인 적이 있었다, 삼상 25:32-33). 설령 그렇게까지는 아니라 할지라도 적어도 그것은 왕을 좀 더 각성시키는데 도움이 될 수 있을 것이었다.

Ⅱ. 나단의 조언과 지시에 따라 밧세바가 곧바로 왕에게 나아감. 그것은 마치 에스더가 자신의 목숨을 구원해 줄 것을 호소하기 위해 아하수에로 왕에게 나아간 것과 매우 유사했다. 밧세바는 에스더의 경우와는 달리 왕의 부름을 기다릴 필요가 없었다. 그녀는 언제든지 왕에게 나아갈 수 있었으며, 언제라도 왕은 기꺼이 그녀를 맞이해 줄 것이었다. 밧세바가 들어갔을 때 아비삭이 왕에게 시중을 들고 있었다(15절). 밧세바는 왕이나 아비삭에게 불쾌한 마음을 품지 않고, 왕이요 남편인 그에게 경의를 표하기 위해 몸을 굽혀 절을 했다(16절). 그녀는 남편 아브라함을 주라 부르며 순종했던 사라의 참된 딸이었다. 상전에게 호의를 입고자 하는 자는 먼저 상전을 공경해야 하며, 은혜를 입고자 하는 자는 먼저 자신의 할 도리를 다 해야 한다. 우리는 여기에서 밧세바가 왕에게 매우 조리 있게 이야기하는 것을 보게 된다.

1. 밧세바는 왕이 자신에게 엄숙한 맹세로써 확증한 약속, 즉 솔로몬이 그의 후계자가 될 것이란 약속을 그에게 상기시켜 준다(17절). 다윗 같은 양심적인 사람은 자신이 한 맹세를 결코 대수롭지 않게 여길 수 없으며, 그녀는 이러한 사실을 잘 알고 있었다.

2. 밧세바는 왕에게 아도니야의 음모에 관하여 알려 준다(18절). "아도니야가 지금 스스로 왕이 되었는데, 그것은 왕 자신을 대적하는 것이며 또한 왕의 약속과 상치되는 것이나이다. 왕은 이 일을 알지 못하고 계셨으므로 왕에게는 아무 잘못도 없나이다. 그러나 이제 아시게 되었사오니, 왕의 약속을 따라 그와 같은 찬탈행위를 막아 주옵소서." 이어 밧세바는 왕에게 아도니야의 청함을 받은 자들이 누구인지 말해 준다(19절). 그러면서 그녀는 덧붙인다. "그러

나 왕의 종 솔로몬은 청하지 아니했는데, 그것은 그가 솔로몬을 경쟁자로 여겨 해하고자 하는 것을 분명하게 보여주는 것이나이다. 그가 솔로몬을 청하지 않은 것은 정당한 왕위계승법을 무시하는 것이나이다.”

3. 밧세바는 이 일을 해결하는 권세가 왕에게 있다고 말한다(20절): 온 이스라엘이 왕에게 다 주목하고. 그것은 왕으로서 뿐만 아니라 선지자로서 그러했다. 다윗이 야곱의 하나님으로부터 기름 부음을 받은 자일 뿐만 아니라 여호와의 영이 그를 통해 말하는 자라는 사실을 모든 이스라엘이 알고 있었다(삼하 23:1, 2). 따라서 이와 같이 중대한 문제에 대한 하나님의 뜻을 기다리는 가운데 다윗의 말은 그들에게 곧 신탁이요 율법이 될 것이었다. 그러므로 그의 말은 아도니야 사태와 관련한 모든 다툼을 종식시킬 것이었다. 하나님의 말씀이 왕의 입술에 있은즉(잠 16:10). 우리는 메시야 왕국을 보존하고 확장하는 일에 우리가 가진 모든 권력과 영향력을 최대한 활용해야 한다(여기에서 솔로몬 왕국은 메시야 왕국의 한 모형이었다).

4. 밧세바는 만일 이 문제가 왕이 살아 있는 동안 분명하게 정리되지 않는다면 장차 자신과 자신의 아들이 큰 위험에 처하게 될 것임을 암시한다(21절). “만일 이 일이 신속히 해결되지 않은 채 아도니야가 승리한다면(지금 군대장관 요압과 대제사장 아비아달이 그의 편에 가담했으므로 충분히 그렇게 될 수 있나이다), 솔로몬과 그의 모든 친구들은 반역자로 간주되고 그에 따라 처벌될 것이나이다.” 권력을 찬탈한 자들은 극도로 잔인한 법이다. 만일 아도니야가 왕이 된다면, 그는 솔로몬이 자신을 대우한 것처럼 그렇게 솔로몬을 대우하지는 않을 것이다. 정당하게 권력을 얻지 않은 자들은 모든 것을 위태롭게 만든다.

III. 약속대로 나단 선지자가 적시에 밧세바를 도움. 나단은, 밧세바가 아직 말하고 있는 동안 그리고 왕이 아직 대답하기 선에, 왕에게 나아가 그녀의 말을 뒷받침했다. 만일 왕이 밧세바의 말만 듣는다면 적절한 판단을 내리는 것이 어려웠을 것이며 그의 대답은 지연될 수밖에 없었을 것이다. 그러나 두 사람의 증인의 입으로부터 나온 말은 확실한 사실일 것이며, 따라서 왕은 즉시 분명한 명령을 내려줄 것이었다. 왕은 나단 선지자가 왔다는 말을 들었다. 나단은 왕이 언제든지 자신을 기꺼이 맞이해 준다는 사실을 잘 알고 있었다. 특히 왕의 몸이 불편하다든지 혹은 왕에게 어떤 큰 문제가 있을 때는 더욱 그러했는데,

그것은 그와 같은 상황에서 선지자는 특별한 방식으로 도움이 될 것이었기 때문이다. 나단은 존귀함을 받기에 합당한 자에게 마땅히 존귀를 표해야 한다는 사실을 잘 알고 있었다. 따라서 그는 침상에 누워 있는 왕에게 존귀를 표한다: 그가 왕 앞에 들어와서 얼굴을 땅에 대고 왕께 절하고(23절). 나단은 밧세바보다도 더 분명하게 왕에게 이야기한다. 여기에서 그의 인품과 선지자로서의 직분이 그의 말을 뒷받침해 주었을 것이다. 왕은 노쇠함 가운데 침상에 누워 있었으나, 지금은 정신을 차리고 일어나야 할 때였다.

1. 나단은 밧세바가 방금 전에 말한 아도니야의 음모에 대해 다시 말한다 (25, 26절). 그러면서 그는 지금 그들이 "아도니야 왕은 만세수를 하옵소서"라고 외칠 정도로 기세등등하고 있음을 말하면서, 그러나 그들이 자신은 초대하지 않았다는 사실을 덧붙인다(그러나 왕의 종 나는 청하지 아니하였사오니). 이렇게 함으로써 나단은, 그들이 이 문제에 있어 하나님이나 혹은 다윗과 더불어 의논하지 않기로 결심했음을 암시한다(왜냐하면 하나님과 왕의 뜻을 가장 잘 아는 자는 다름 아닌 그 자신이었기 때문이다).

2. 나단은 왕이 이 일을 명하지 않았음을 분명히 해 달라고 탄원한다(24절): 내 주 왕께서 이르시기를 아도니야가 나를 이어 왕이 되어 내 왕위에 앉으리라 하셨나이까? 그러고 나서 그는 또 다시 말한다. "이것이 내 주 왕께서 정하신 일이니이까?(27절). 만일 그렇다면, 왕은 하나님의 말씀에 대해서나 혹은 자기 자신의 말에 대해서나 신실하지 않은 것이 될 것이나이다. 반면 그렇지 않다면, 당장 아도니야의 권력 찬탈 음모를 분쇄하고 솔로몬의 왕위계승을 선포해야 할 것이나이다. 만일 이 일이 왕께서 정하신 일이라면 어찌하여 그것을 종에게 알게 하지 아니하였나이까? 종은 왕의 가장 가까운 친구가 아니며 또한 이 일에 특별하게 관련된 자가 아니나이까? 왕위계승과 관련한 하나님의 마음을 왕에게 알려준 사람이 바로 종이 아니나이까? 그러나 만일 내 주 왕께서 이 일에 대해 아무것도 알지 못하신다면, 아도니야 일당은 얼마나 오만무례한 죄를 저지르는 것이나이까?" 이와 같이 나단은 다윗으로 하여금 그들에 대하여 분개하도록 만들고 그럼으로써 솔로몬의 왕위계승을 확고히 하려고 노력했다. 여기에서 선한 자들은 자신이 감당해야 할 일을 알게 될 때 기꺼이 그 일을 수행한다는 사실을 관찰하라.

Ⅳ. 이에 다윗이 솔로몬의 왕위계승권을 엄숙하게 선언함. 다윗은 밧세바

를 불러(28절) 다음과 같은 확증을 준다.

1. 그는 예전의 약속과 맹세를 반복하면서, 이스라엘의 하나님 여호와를 가리켜 맹세한 대로 솔로몬이 자신을 이어 왕이 될 것을 분명하게 확증한다(30절). 비록 나이가 많고 늙어 기억력이 희미해지기 시작했다 할지라도, 아직 그는 이것을 분명하게 기억하고 있었다. 맹세는 너무도 신성한 것이다. 따라서 그것은 결코 잊혀질 수 없으며 그 구속력 또한 깨어질 수 없다.

2. 그는 다시 한 번 맹세함으로써 그것을 또다시 확증한다: 내 영혼을 모든 환난에서 구속하신 여호와께서 살아계시거니와 내가 오늘 그 일을 그대로 행하리라. 우리는 그가 엄숙한 상황에서 이와 같이 맹세하는 것을 종종 볼 수 있다(삼하 4:9). 그는 수많은 환난과 고통으로부터 지켜주신 하나님의 선하심에 감사를 표하면서 하나님께 영광을 돌린다(야곱이 요셉의 두 아들을 축복하는 자리에서 그랬던 것처럼, 창 48:16). 이와 같이 그는 여호와의 영이 자신을 통해 말씀하신 것이 사실임을 자신의 체험을 통해 확증한다(시 34:22, 여호와께서 그의 종들의 영혼을 속량하시나니). 임종이 가까운 성도들은 하나님을 위한 증인이 되어야 하며, 또한 하나님에 관하여 발견한 것들을 말해야만 한다. 아마도 그는 지금 자신의 후계자 아들로 하여금 고난 속에서도 하나님을 의지할 것을 격려하기 위해 그와 같이 말했을 것이다.

V. 밧세바가 왕에게 경의를 표함(31절).

1. 그녀는 왕에게 큰 정중함으로 경의를 표한다. 반면 아도니야 일당은 왕을 모독했다.

2. 그녀는 왕의 만수무강을 기원한다: 내 주 다윗 왕은 만세수를 하옵소서. 밧세바는 왕이 지나치게 오래 산다고는 결코 생각하지 않았다. 도리어 그녀는 왕이 가능한 오래 살아서 자신의 왕관을 빛내며 백성들의 축복이 되기를 기원했다. 이와 같이 우리는 유용한 인물의 생명이 오래도록 지속되기를 진심으로 바라야 한다 — 비록 그로 인해 우리의 어떤 일이 연기된다 할지라도.

[32]다윗 왕이 이르되 제사장 사독과 선지자 나단과 여호야다의 아들 브나야를 내 앞으로 부르라 하니 그들이 왕 앞에 이른지라 [33]왕이 그들에게 이르되 너희는 너희 주의 신하들을 데리고 내 아들 솔로몬을 내 노새에 태우고 기혼으로 인도하여 내려가고 [34]거기서 제사장 사독과 선지자 나단은 그에게 기름을 부어 이스라엘 왕으로

삼고 너희는 뿔나팔을 불며 솔로몬 왕은 만세수를 하옵소서 하고 [35]그를 따라 올라 오라 그가 와서 내 왕위에 앉아 나를 대신하여 왕이 되리라 내가 그를 세워 이스라 엘과 유다의 통치자로 지명하였느니라 [36]여호야다의 아들 브나야가 왕께 대답하여 이르되 아멘 내 주 왕의 하나님 여호와께서도 이렇게 말씀하시기를 원하오며 [37]또 여호와께서 내 주 왕과 함께 계심 같이 솔로몬과 함께 계셔서 그의 왕위를 내 주 다윗 왕의 왕위보다 더 크게 하시기를 원하나이다 하니라 [38]제사장 사독과 선지자 나단과 여호야다의 아들 브나야와 그렛 사람과 블렛 사람이 내려가서 솔로몬을 다 윗 왕의 노새에 태우고 인도하여 기혼으로 가서 [39]제사장 사독이 성막 가운데에서 기름 담은 뿔을 가져다가 솔로몬에게 기름을 부으니 이에 뿔나팔을 불고 모든 백 성이 솔로몬 왕은 만세수를 하옵소서 하니라 [40]모든 백성이 그를 따라 올라와서 피 리를 불며 크게 즐거워하므로 땅이 그들의 소리로 말미암아 갈라질 듯하니

우리는 여기에서 아도니야의 음모를 초기에 분쇄하기 위해 그럼으로 써 솔로몬의 왕위계승권과 나라의 평안을 지키기 위해 다윗이 취한 효과적인 조치를 보게 된다. 다음을 관찰하라.

I. 다윗이 솔로몬의 왕위계승을 분명하게 선언함. 다윗이 이 일을 맡긴 자 들은 사독과 나단과 브나야였다. 이들은 다윗이 항상 신뢰했던 충성된 자들로 서 아도니야가 잔치에 초대하지 않은 자들이었다(10절). 다윗은 그들에게 즉 시로 솔로몬을 왕으로 선포하도록 명령한다. 다윗은 그들에게 그들의 주의 신하 들과 호위병들과 그들 집의 하인들을 데리고 솔로몬을 왕이 타는 노새에 태우 도록 지시하면서, 이어 어디로 갈 것이며 무슨 일을 해야 할 것인지를 지시한 다(33-35절).

1. 제사장 사독과 선지자 나단은 하나님의 이름으로 솔로몬을 왕으로 기름 부어야 한다. 솔로몬 역시도 사울과 다윗이 그랬던 것처럼 자기 집에서 첫째가 는 자가 아니었다. 그 위에 형들이 있었음에도 불구하고 그는 신적 임명에 의 해 왕이 되었다. 형제들 사이에 다툼이 있었지만, 도리어 그로 인해 그의 왕권 이 이와 같이 확립되게 되었다. 이와 같은 기름 부음은 성령이 한량없이 부어진 기름 부음 받은 자 즉 메시야 혹은 그리스도의 임명과 자격을 상징하는 것이었 다(히 1:9; 시 89:20). 또한 약속하신 나라의 상속자인(약 2:5) 모든 그리스도인 들 역시 그로부터 기름 부음을 받는다(요일 2:27).

2. 대신들은 이 일을 공적으로 선포하도록 명령을 받는다. 그들은 뿔나팔을 불어 국가적 기쁨을 선포해야 했는데, 그것은 국가적인 큰 행사를 빛내기 위해 모세의 율법에 규정된 것이었다. 그리고 여기에다가 백성들의 환호가 더해져야 했다. "솔로몬 왕은 만세수를 하옵소서. 왕은 형통하시고 왕의 나라는 영속하며 왕은 오래오래 그것을 누리소서." 이와 같이 하여 그에 관해 약속된 것이 이루어지게 되었다(시 72:15, 그들이 생존하여 스바의 금을 그에게 드리며 사람들이 그를 위하여 항상 기도하고 종일 찬송하리로다).

3. 그들은 솔로몬을 다윗성으로 데려가야 하며, 솔로몬은 거기에서 아버지의 보좌에 앉아야 한다. 그리고 그는 아버지의 대리자로서 혹은 부왕(副王)으로서 아버지가 살아 있는 동안 국가적인 일을 처리하고 아버지가 죽으면 그 뒤를 이어야 한다: 그가 나를 대신하여 왕이 되리라(35절). 이 일이 즉각 이루어진 것은 왕 자신에게나 관련된 모든 사람들에게 크게 흡족한 일이 아닐 수 없었다. 이렇게 함으로써 왕이 갑자기 죽는다 할지라도 나라에 어떤 분란이나 동요도 없게 될 것이었기 때문이다. 다윗은 자기가 살아 있는 동안 후계자가 그와 같은 존귀를 받는 것을 조금도 꺼려하지 않았다. 그렇지만 만일 사람들이 이 일을 일깨워 주지 않았다면, 그 일은 나라의 평안을 위해 너무나 중요한 일이었음에도 불구하고 그대로 방치되어 있을 뻔했다.

Ⅱ. 이러한 명령에 브나야가 큰 만족을 표명함. 왕은 이렇게 말했다. "솔로몬이 나를 위해 그리고 내 뒤를 이어 왕이 될 것이다." 이에 브나야가 화답한다. "아멘. 왕께서 말씀하신 것처럼 우리도 그렇게 말할 것이나이다. 우리는 왕께서 솔로몬을 후계자로 임명하신 것에 전적으로 만족하나이다. 우리는 왕의 선택에 동의하여 만장일치로 솔로몬을 추대할 것이나이다. 하나님의 섭리가 아니고는 아무것도 세워지지 못할 것이나이다. 내 주 왕의 **하나님 여호와께서도 이렇게 말씀하시기를 원하나이다**"(36절). 이것은 솔로몬이 왕이 될 것이라는 하나님의 약속을 믿는 믿음에서 나온 말이었다. 만일 하나님이 당신의 말씀 가운데 말씀하신 것처럼 우리가 말한다면, 우리는 우리가 그분의 섭리에 따라 말하는 것처럼 그분이 말씀하실 것을 바랄 수 있다. 여기에다가 브나야는 솔로몬을 위한 기도, 즉 하나님이 다윗과 함께 하셨던 것처럼 그와 함께 하셔서 그의 왕권을 더욱 크게 하시기를 기원하는 기도를 덧붙인다(37절). 브나야는 솔로몬이 크고 위대하게 되는 것을 다윗이 결코 시기하지 않으며, 따라서 그가 자

신의 기도를 불쾌하게 여기거나 혹은 모욕으로 받아들이지 않고 기꺼이 아멘 할 것을 잘 알고 있었다. 세상에서 가장 지혜롭고 선한 자라 할지라도 자녀들이 자신보다 더 지혜롭고 선하게 되기를 바라는 법이다. 그리고 지혜와 선함이야말로 진정한 위대함이다.

Ⅲ. 이러한 명령이 즉각적으로 시행됨(38-40절).   그들은 조금도 지체하지 않고 솔로몬을 지시된 장소로 데려갔다. 그리고 거기에서 사독이 나단 선지자와 다윗 왕의 지시대로 솔로몬에게 기름을 부었다(39절). (사독은 아직 대제사장이 아니었다. 우리는 그가 대제사장을 보조하는 자로서, 유대인들이 '둘째 제사장' 이라 부르는 자였을 것으로 추측할 수 있다.) 여러 가지 성물과 함께 법궤가 안치되어 있는 성막에서, 사독은 힘과 풍요를 상징하는 기름뿔에 거룩한 기름을 취하여 솔로몬에게 부었다. 우리는 아비아달이 아도니야에게 기름을 부었는지 여부에 대해서는 아무것도 듣지 못한다. 아도니야는 기름 부음에 의해서가 아니라 잔치에 의해 왕이 되었다. 하나님은 자신이 부르시는 자에게 자격을 부여해 주시는데, 그것은 기름 부음을 통해 나타났다. 반면 찬탈자들은 기름 부음을 통한 정당한 자격을 부여받지 못한다. 그리스도는 기름 부음 받은 자를 의미하는데, 그는 하나님이 당신의 거룩한 산 시온에 세운 왕이다(시 2:6, 7). 그리스도인들 역시도 거룩하신 자로부터 기름 부음을 받아(요일 2:20) 우리 하나님께 (그리고 그로 말미암아) 왕이 된 자들이다. 어쨌든 이렇게 하여 백성들은 솔로몬을 둘러싸고 그를 따르면서 호산나(하나님이여 솔로몬 왕을 구원하소서)를 외치며 피리를 불면서, 그가 왕이 된 것에 대해 큰 기쁨과 만족을 표했다(40절). 이와 같이 그들은 다윗이 솔로몬을 선택한 것에 동의함을 선포했으며, 그는 강압적으로 왕이 된 것이 아니라 백성들에 의해 기쁨으로 영접된 왕임을 분명하게 나타냈다. 통치자의 권력이 백성들의 기쁨이 되지 못할 때, 그것은 통치자 자신에게도 아무런 만족이 되지 못하는 법이다. 참된 이스라엘 백성은 다윗의 자손이 왕이 된 것을 진심으로 기뻐하며 즐거워한다.

[41]아도니야와 그와 함께 한 손님들이 먹기를 마칠 때에 다 들은지라 요압이 뿔나팔 소리를 듣고 이르되 어찌하여 성읍 중에서 소리가 요란하냐 [42]말할 때에 제사장 아비아달의 아들 요나단이 오는지라 아도니야가 이르되 들어오라 너는 용사라 아름다운 소식을 가져오는도다 [43]요나단이 아도니야에게 대답하여 이르되 과연 우리 주

다윗 왕이 솔로몬을 왕으로 삼으셨나이다 [44]왕께서 제사장 사독과 선지자 나단과 여호야다의 아들 브나야와 그렛 사람과 블렛 사람을 솔로몬과 함께 보내셨는데 그들 무리가 왕의 노새에 솔로몬을 태워다가 [45]제사장 사독과 선지자 나단이 기혼에서 기름을 부어 왕으로 삼고 무리가 그 곳에서 올라오며 즐거워하므로 성읍이 진동하였나니 당신들에게 들린 소리가 이것이라 [46]또 솔로몬도 왕좌에 앉아 있고 [47]왕의 신하들도 와서 우리 주 다윗 왕에게 축복하여 이르기를 왕의 하나님이 솔로몬의 이름을 왕의 이름보다 더 아름답게 하시고 그의 왕위를 왕의 위보다 크게 하시기를 원하나이다 하매 왕이 침상에서 몸을 굽히고 [48]또한 이르시기를 이스라엘의 하나님 여호와를 찬송하리로다 여호와께서 오늘 내 왕위에 앉을 자를 주사 내 눈으로 보게 하셨도다 하셨나이다 하니 [49]아도니야와 함께 한 손님들이 다 놀라 일어나 각기 갈 길로 간지라 [50]아도니야도 솔로몬을 두려워하여 일어나 가서 제단 뿔을 잡으니 [51]어떤 사람이 솔로몬에게 말하여 이르되 아도니야가 솔로몬 왕을 두려워하여 지금 제단 뿔을 잡고 말하기를 솔로몬 왕이 오늘 칼로 자기 종을 죽이지 않겠다고 내게 맹세하기를 원한다 하나이다 [52]솔로몬이 이르되 그가 만일 선한 사람일진대 그의 머리털 하나도 땅에 떨어지지 아니하려니와 그에게 악한 것이 보이면 죽으리라 하고 [53]사람을 보내어 그를 제단에서 이끌어 내리니 그가 와서 솔로몬 왕께 절하매 솔로몬이 이르기를 네 집으로 가라 하였더라

I. 솔로몬이 왕이 되었다는 소식이 아도니야와 그의 무리에게 전해짐. 그 소식은 그들이 아직 잔치의 여흥 가운데 있을 때 전달되었다: 아도니야와 그와 함께 한 손님들이 먹기를 마칠 때에. 아도니야의 잔치는 상당한 시간 동안 계속되었던 것으로 보인다. 왜냐하면 그들이 잔치를 벌이고 있는 동안 솔로몬의 기름 부음과 관련한 모든 일이 다 마쳐졌기 때문이다. 이와 같이 우리 주 그리스도를 섬기지 아니하고 대적하는 자들은 대체로 자기 배를 섬기는 자들이며(롬 16:18) 또한 자기 배를 신으로 삼는 자들이다(빌 3:19). 그들이 오랜 시간 잔치를 벌인 것은 그들이 자신들의 성공을 조금도 의심하지 않았다는 사실을 암시한다. 만일 그렇지 않았다면 그토록 긴 시간을 잔치를 벌이는 가운데 허비하지는 않았을 것이다. 옛 세상과 소돔은 멸망이 다가오고 있는 중에도 안일과 육욕 가운데 먹고 마시고 있었다(눅 17:26 이하). 먹기를 마치고 아도니야를 왕으로 선포하면서 성읍으로 개선하려고 준비하고 있었을 때, 그들은 뿔나팔 소리를 들었다

(41절). 그것은 그들의 귀에 무서운 소리였다(욥 15:21). 요압은 나이 많은 사람이었으므로 성읍 중에서 소동이 일어났음을 깨닫고 놀랐지만, 아도니야는 소식을 가져오는 자를 보면서 그는 용사(worthy man, 존귀한 자)이므로 아름다운 소식을 가져오는 것으로 믿어 의심치 않았다(42절). 찬탈자들은 승리에 대한 희망 가운데 종종 사태를 올바로 파악하지 못한 채 스스로 속는다. 그는 가장 큰 위험 가운데 처해 있었음에도 불구하고 너무도 무사태평했다. 이와 같이 가장 큰 위험에 처해 있는 자가 무사태평한 채 있는 것은 흔히 있는 일이다. 그러나 악한 행동을 하는 자들이 어떻게 좋은 소식을 기대할 수 있겠는가? 결코 그럴 수 없다. 여기에서 제사장의 아들이 아도니야에게 나쁜 소식을 전해 준 것처럼, 가장 존귀한 자(the worthiest man)라 할지라도 그들에게 가장 나쁜 소식을 가져다 줄 것이다(43절). "과연 내가 당신에게 전해야 하는 가장 좋은 소식은 솔로몬이 왕이 되었다는 것과 당신이 스스로 왕이 되고자 한 모든 기도(企圖)가 좌절되었다는 것입니다." 요나단은 그들에게 다음과 같은 요지로 말한다.

1. 장엄한 의식과 함께 솔로몬이 왕이 되었으며(44, 45절) 그가 지금 왕좌에 앉아 있나이다(46절). 아도니야는 자신이 솔로몬보다 먼저 왕좌를 차지했다고 생각했으나, 실제로 먼저 왕좌를 차지한 것은 그가 아니라 솔로몬이었다.

2. 솔로몬이 왕이 된 것을 백성들이 크게 기뻐하므로 이제 벌어진 일을 다시 되돌이킬 수 없나이다.

(1) 백성들이 기뻐했다. 그들의 환호소리가 그것을 증거하고 있었다.

(2) 대신들도 기뻐했다. 왕의 신하들 역시도 솔로몬이 왕이 된 것을 기뻐하면서 그를 축복하며 따르고 있었다(47절). 그들은 다윗 왕을 축복하면서, 나라의 평안을 위한 그의 사려 깊은 행동에 갈채를 보내며 그의 통치 아래 복을 누리는 것을 감사하며 진심으로 그의 회복을 기원했다. 그들은 또한 솔로몬을 위해 축복하면서, 하나님이 그의 이름을 그의 아버지의 이름보다 더 크게 하시고 아버지가 닦아놓은 터 위에 그가 더 잘 세우기를 기원했다. 거인의 어깨 위에 올라탄 아이는 거인 자신보다 더 키가 큰 법이다.

(3) 왕 자신도 기뻐했다. 왕은 침상에서 몸을 굽혔는데, 그것은 신하들의 기원을 받아들이는 것을 나타내는 것일 뿐만 아니라 또한 하나님께 자신의 기원을 올려드리기 위함이었다(48절). "이스라엘의 하나님 여호와를 찬송하리로다. 그가

이스라엘의 하나님으로서 이스라엘의 선을 위해 이 일이 잘 결말지어지도록
하셨나니, 내 눈이 그것을 보는도다." 선한 자들에게 있어 세상을 떠나면서 자
기 집의 모든 일이 잘 해결되고, 자녀들이 하나님과 나라를 섬기는 일에 올바
로 세워지며, 특별히 이스라엘이 평안 가운데 든든히 세워지는 것을 보는 것은
너무도 큰 기쁨이 아닐 수 없다.

II. 아도니야의 기도(企圖)가 좌절됨. 솔로몬이 왕이 되었다는 소식으로 인
해 잔치의 즐거움은 깨어져 버리고 말았으며, 거기에 모인 자들은 각자 자기
목숨을 보존하기 위해 도망치지 않을 수 없게 되었다. 악인의 승리는 잠깐뿐이
다. 그들은 쌓은 것은 사상누각일 뿐이었으며, 기초가 없으므로 곧 무너져 버
렸다. 함께 모여 반역을 모의했음에도 불구하고 그들은 서로 그 일에 연루될까
두려워하여 제각각 도망치기에 바빴다.

III. 아도니야가 두려움에 사로잡힘. 잔치를 벌이면서 하늘 꼭대기까지 의
기양양했던 그는 이제 땅 끝까지 추락하고 말았다(42, 50절). 그는 자신의 손
님조차 될 자격이 없다고 여길 정도로 솔로몬을 경멸했으나(10절), 이제는 그
를 심판자로서 두려워하게 되었다: 그가 솔로몬을 두려워하여. 이와 같이 그리
스도와 그의 나라를 대적하는 자들은 머지않아 그 앞에 두려워 떨게 될 것이며
그의 진노로부터 자신들을 숨겨줄 산과 바위를 헛되이 찾게 될 것이다. 그는
제단 뿔을 붙잡았는데, 그것은 항상 성소로서 혹은 도피처로서 간주된 것이었다
(출 21:14). 이것은 그가 재판을 감당할 수 없으므로 하나님의 자비에 호소함
을 의미하는 것이었다(하나님의 자비는 제단에 드려진 제물을 받으심으로써
그에 의지하여 죄를 사해 주는 것으로 나타났다). 아마도 아도니야는 예전에
제단에서 예배 드리는 것을 경홀히 여겼을 것이다. 그러나 지금 그는 제단으로
부터 보호를 구하고 있다. 평안의 때에 위대한 구원을 경홀히 여기던 많은 자
들도 주의 두려움에 사모잡히면 그리스도와 그의 공로에 의지하여 제단 뿔을
붙잡게 될 것이다.

IV. 솔로몬의 자비를 구하는 아도니야의 초라한 언사. 어떤 사람이 솔로몬
에게 아도니야가 제단 뿔을 붙잡고 목숨을 살려줄 것을 간청한다는 소식을 전
한다(51절): 솔로몬 왕이 오늘 칼로 자기 종을 죽이지 않겠다고 내게 맹세하기를 원
하노라. 아도니야는 솔로몬을 자신의 왕으로 그리고 자신을 그의 종으로 인정
한다. 그는 감히 자신의 정당함을 주장하지 못한 채 심판할 자에게 자비를 간청

할 뿐이었다. 이것은 그에게 있어 너무나 큰 변화였다. 아침에 왕권을 부여잡았던 자가 밤이 되기 전에 자기 목숨을 애걸하고 있었다. 아침에는 왕이었던 자가 지금은 두려움 가운데 벌벌 떨고 있다. 그는 지금 솔로몬이 맹세로써 죽이지 않겠다고 약속해 주지 않는 한 결코 안전할 수 없었다.

V. 아도니야와 관련하여 솔로몬이 내린 명령. 솔로몬은 아도니야에게 선한 행동을 하는 조건 위에서 처벌을 면제해 주었다. 솔로몬은 아도니야가 자신의 형이며 이것이 첫 범죄임을 고려했다. 만일 그가 자신의 잘못을 깨닫고 반역행위를 계속하지 않는다면, 그는 그런대로 큰 문제 없는 백성이 될 수 있을 것이다. 따라서 만일 이제부터 올바로 처신한다면, 지나간 일은 용서될 것이었다. 그러나 만일 불만을 품고 소동을 벌이며 계속해서 왕권의 야망을 품는다면, 이번 범죄의 죗값을 치르게 될 것이었다. 이와 같이 다윗의 자손은 자신에 대해 반역한 자들을 자비 가운데 받아주신다. 만일 그들이 돌이켜 주권자에게 충성되게 행동한다면, 예전에 범한 죄들은 더 이상 언급되지 않을 것이다. 그러나 만일 계속해서 세상과 육신을 위해 살아간다면, 이것이 그들의 멸망이 될 것이다. 아도니야는 어떤 조건 위에서 형벌이 면제되었는지에 대해 분명히 들었다. 그리고 집에 돌아가 그 곳에서 은거할 것을 명령받았다. 솔로몬은 그의 목숨을 살려 주었을 뿐만 아니라 재산도 그대로 남겨 두었다. 이와 같이 그의 왕권은 자비에 의해 세워졌다.

제
— 2 —
장

개요

본 장에서 우리는 다윗이 지고 동시에 솔로몬이 떠오르는 것을 보게 된다. I. 다윗의 생애와 통치가 끝남. 1. 그가 임종 자리에서 솔로몬에게 내린 명령 — 여호와를 섬기는 것과 관련한 일반적인 명령과(1-4절) 요압과 바르실래와 시므이와 관련한 특별한 명령(5-9절). 2. 다윗의 죽음과 장사, 그리고 그의 통치 연대(10, 11절). II. 솔로몬의 통치가 시작됨(12절). 비록 그가 평화의 왕이 되어야 했다 할지라도 그의 통치는 몇 가지 특별한 공의의 행동과 함께 시작되었다. 1. 아도니야에게 공의가 시행되는데, 그는 아비삭을 아내로 구한 죄로 죽음을 당했다(13-25절). 2. 아비아달에게 공의가 시행되는데, 그는 아도니야 편에 가담한 것으로 인해 면직을 당했다(26, 27절). 3. 요압에게 공의가 시행되는데, 그는 최근의 반역행위와 예전의 살인죄로 죽음을 당했다(28-35절). 4. 시므이에게 공의가 시행되는데, 그는 다윗을 저주한 것으로 인해 예루살렘을 떠나지 말 것을 명령받았으나 3년 후 이 명령을 어김으로 죽임을 당했다(36-46절).

¹다윗이 죽을 날이 임박하매 그의 아들 솔로몬에게 명령하여 이르되 ²내가 이제 세상 모든 사람이 가는 길로 가게 되었노니 너는 힘써 대장부가 되고 ³네 하나님 여호와의 명령을 지켜 그 길로 행하여 그 법률과 계명과 율례와 증거를 모세의 율법에 기록된 대로 지키라 그리하면 네가 무엇을 하든지 어디로 가든지 형통할지라 ⁴여호와께서 내 일에 대하여 말씀하시기를 만일 네 자손들이 그들의 길을 삼가 마음을 다하고 성품을 다하여 진실히 내 앞에서 행하면 이스라엘 왕위에 오를 사람이 네게서 끊어지지 아니하리라 하신 말씀을 확실히 이루게 하시리라 ⁵스루야의 아들 요압이 내게 행한 일 곧 이스라엘 군대의 두 사령관 넬의 아들 아브넬과 예델의 아들 아마사에게 행한 일을 네가 알거니와 그가 그들을 죽여 태평 시대에 전쟁의 피를 흘리고 전쟁의 피를 자기의 허리에 띤 띠와 발에 신은 신에 묻혔으니 ⁶네 지혜대로 행하여 그의 백발이 평안히 스올에 내려가지 못하게 하라 ⁷마땅히 길르앗 바르실래의 아들들에게 은총을 베풀어 그들이 네 상에서 먹는 자 중에 참여하게 하라 내가

네 형 압살롬의 낯을 피하여 도망할 때에 그들이 내게 나왔느니라 [8]바후림 베냐민 사람 게라의 아들 시므이가 너와 함께 있나니 그는 내가 마하나임으로 갈 때에 악독한 말로 나를 저주하였느니라 그러나 그가 요단에 내려와서 나를 영접하므로 내가 여호와를 두고 맹세하여 이르기를 내가 칼로 너를 죽이지 아니하리라 하였노라 [9]그러나 그를 무죄한 자로 여기지 말지어다 너는 지혜 있는 사람이므로 그에게 행할 일을 알지니 그의 백발이 피 가운데 스올에 내려가게 하라 [10]다윗이 그의 조상들과 함께 누워 다윗 성에 장사되니 [11]다윗이 이스라엘 왕이 된 지 사십 년이라 헤브론에서 칠 년 동안 다스렸고 예루살렘에서 삼십삼 년 동안 다스렸더라

그토록 위대하고 선한 삶을 살았던 다윗도 결국 죽을 날이 다가오고(1절) 마침내 고인이 된다(10절). 이 땅에서의 삶 이후에 새로운 삶이 있는 것은 참으로 다행스러운 일이다. 왜냐하면 죽음이 이 땅의 모든 영광을 얼룩지게 하며 또한 흙 속에 묻어 버리기 때문이다. 우리는 여기에서 다음과 같은 내용을 보게 된다.

I. 다윗이 임종 자리에서 아들이자 후계자인 솔로몬에게 내린 지시와 명령. 다윗은 자신의 생명이 꺼져가고 있는 것을 느끼고 있었지만, 그 사실을 인정하기를 주저한다든지 혹은 죽음에 대해 말하거나 듣는 것을 두려워하지 않았다: 내가 이제 세상 모든 사람이 가는 길로 가게 되었노니(2절). 히브리어 원문에는 "내가 그 안으로 걸어가고 있노니"라고 되어 있다. 죽음이 하나의 길이라는 사실을 주목하라. 그것은 이 땅에서의 삶의 종결일 뿐만 아니라 또한 더 나은 삶으로 들어가는 통로이다. 그것은 흙(earth, 혹은 땅)에서 살아가며 또한 흙 자체이며 따라서 흙으로 돌아가야 하는 모든 사람들이 가는 길이다. 하늘의 아들들과 상속자들조차도 세상 모든 사람이 가는 길로 가야만 한다. 그들도 반드시 죽어야만 한다. 그러나 그들은 사망의 음침한 골짜기를 통과하여 이 길을 기쁨으로 걸어간다(시 23:4). 선지자들과 왕들도 이 길을 지나 예언이나 통치권보다도 더 밝은 빛과 존귀로 나아가야만 한다. 지금 다윗은 이 길을 가고 있었다. 그러면서 그는 솔로몬에게 무엇을 해야 할지 지시한다.

1. 다윗은 솔로몬에게 하나님의 계명들을 지키며 의무를 다할 것을 명령한다(2-4절).

(1) 그는 솔로몬에게 반드시 따라 행해야 할 선한 법도 즉 신적 의지(divine

will)를 지시한다: "그에 따라 스스로를 다스리라." 그가 솔로몬에게 내린 명령은 그의 하나님 여호와의 명령을 지키라는 것이었다. 죽어가고 있는 아버지의 권위는 매우 크지만, 그러나 살아 계신 하나님의 권위에 비하면 아무것도 아니다. 우리에게는 우리 하나님 여호와께로부터 명령받은 큰 위임들이 있다. 우리는 회계할 자처럼 그러한 위임들을 주의 깊게 지켜야만 한다. 또한 우리에게는 위대한 율례와 법도들이 주어져 있는데, 그것들 또한 잘 지켜야만 한다. 기록된 말씀이 우리의 규례이다. 솔로몬은 모세의 율법에 기록된 대로 행해야만 한다.

(2) 그는 솔로몬에게 반드시 가지고 있어야 할 선한 정신을 가르친다: 너는 힘써 대장부가 되고. 그는 나이로는 아직 어렸지만 그러나 대장부(man)가 되어야만 한다. 여호와의 명령을 지키고자 하는 자들은 강인한 정신을 가져야만 한다.

(3) 그는 솔로몬에게 이 모든 것의 이유를 설명한다. 하나님의 계명들을 지키며 의무를 다하면 다음과 같은 결과가 야기될 것이다.

[1] 그의 나라가 형통케 됨: 네가 무엇을 하든지 형통할지라(3절). 만일 솔로몬이 그와 같이 행하면 그는 무슨 일을 하든지 존귀와 만족을 얻으며 형통케 될 것이다.

[2] 그의 나라가 영원하게 됨: 여호와께서 내게 대하여 말씀하신 것을 확실히 이루게 하시리라(4절). 약속의 보화를 올바로 평가하는 자들은 그 약속이 대대로 이루어지기를 열망할 수밖에 없으며, 또한 후손들이 그 약속을 폐기시키는 일을 하지 않기를 간절히 소망한다. 그러므로 그의 후손들을 대를 이어 제각각 자기 시대에 계속해서 하나님의 명령을 지켜야만 한다. 그러면 하나님은 자신의 말씀을 계속해서 확실케 하실 것이다. 우리가 하나님의 교훈을 버리지 않는 한 하나님의 약속은 결코 떨어지지 않는다. 하나님은 다윗에게 메시야가 그의 허리에서 나올 것이라고 약속하셨는데, 그 약속은 절대적인 것이었다. 그러나 이스라엘의 왕위에 오를 사람이 네게서 끊어지지 아니하리라는 약속은 조건적인 것이었다. 즉 그의 후손이 마땅히 해야 할 의무를 다할 때 그렇게 될 것이라는 것이었다. 만일 솔로몬이 이러한 조건을 충족시킨다면, 그는 그와 같은 약속을 영속케 하기 위한 자신의 몫을 이행한 것이다. 그 조건은 그가 하나님 앞에서 그의 모든 규례를 성실하게 행하는 것이다. 그리고 이 모든 일에 그는 자신의

길을 삼가야 한다. 우리가 계속해서 믿음으로 살아감에 있어 주의를 기울이며 스스로 삼가는 것보다 더 중요한 것은 아무것도 없다.

2. 다윗은 솔로몬에게 몇몇 사람들과 관련한 특별한 지시를 내린다. 솔로몬은 어떤 이에게는 공의를 시행하며, 또 어떤 이에게는 은총을 베풀어야만 한다.

(1) 요압과 관련한 지시(5절). 요압은 율법에 따라 징벌을 피할 수 없는 악행을 두 번 행했는데, 첫 번째는 아브넬을 살해한 것이요, 두 번째는 아마사를 살해한 것이었다. 그들은 모두 큰 인물들로서 이스라엘 군대의 사령관들이었다. 다윗은 그 때 요압을 처벌하지 않은 것이 잘못된 일이었음을 지금 돌아보고 있다. 신하를 죽이는 것은 왕에게 악을 행하며 큰 손실을 입히는 것일 뿐만 아니라 또한 나라의 평화를 깨뜨리는 것이다. 특별히 요압이 아브넬과 아마사를 죽인 것은 다윗에게 특별한 문제가 아닐 수 없었다. 왜냐하면 그 때 다윗은 그들과 언약을 맺고 있었기 때문에 그들의 죽음은 그의 명성을 크게 훼손시키는 것이 될 수 있었기 때문이다. 뿐만 아니라 그들은 다윗에게 큰 도움이 될 수 있는 자들이었기 때문에 요압이 그들을 죽인 것은 다윗에게 너무도 큰 손실이 아닐 수 없었다. 통치자는 자신이 맡고 있는 자들의 피의 복수자이다. 요압은 그러한 죄를 부끄러워하지 않았을 뿐만 아니라 또한 그로 인해 처벌 받는 것을 두려워하지도 않았다. 도리어 그는 하나님과 왕의 공의를 무시하면서 감히 무죄한 피로 얼룩진 띠를 띠고 신을 신었다. 바로 이러한 사실이 그의 죄를 더욱 무겁게 하는 것이었다. 다윗은 그를 솔로몬의 지혜에 맡기면서(6절), 그에게 공의를 시행할 것을 당부한다. "그는 백발이 성성한 노인으로 머지않아 스스로 죽을 것인데 굳이 죽일 것이 무엇이나이까?"라고 말해서는 안 된다. 결코 그래서는 안 된다. 그의 백발이 평안히 스올에 내려가지 못하게 하라. 비록 오랫동안 유예되었다 할지라도, 그의 죗값은 반드시 치러져야 한다. 시간이 흘렀다고 하여 죄책을 소멸되는 것은 아니다 — 특별히 살인죄는 더욱 그러하다.

(2) 바르실래의 아들들과 관련한 지시(7절). 다윗은 바르실래로 인하여 그의 아들들에게 은총을 베풀 것을 솔로몬에게 지시한다(아마도 이 때 바르실래는 이미 죽은 것으로 추측된다). 임종 자리에서 과거 자신이 겪었던 고난들을 회상하면서 다윗은 자신에게 베풀어졌던 은총들을 잊을 수가 없었다. 따라서 다윗은 그들에게 은총을 베풀 것을 아들에게 당부한다. 우리가 친구들로부터

받은 은총들은 그들의 죽음으로나 우리의 죽음으로나 결코 묻혀서는 안 된다. 우리의 자녀들이라도 그들의 자녀들에게 보답하도록 해야 한다. 어쩌면 솔로몬이 네 친구와 네 아비의 친구를 버리지 말라(잠 27:10)는 법칙을 추론한 것은 바로 이 일로부터였는지도 모른다. 바울 역시도 종종 자신의 원기를 회복시켜주곤 했던 오네시보로의 집을 위해 기도했다.

(3) 시므이와 관련한 지시(8, 9절).

[1] 다윗은 그의 죄를 회상한다: 그가 악독한 말로 나를 저주하였느니라. 그것이 더욱 악독했던 것은 고난 가운데 있을 때 모독함으로써 그의 상처에 초를 부었기 때문이었다. 유대인들은, 이것이 악독한 저주가 되는 것은 사무엘하 16장에 언급된 모든 것 외에도 그가 다윗을 모압 여인 룻의 후손으로 비난한 때문이라고 말한다.

[2] 다윗은 그를 용서해 주었던 사실을 인정한다. 시므이가 후에 "내가 범죄하였나이다"하면서 굴복함으로 다윗은 그 때 자신에게 가해진 악행에 복수하기 위해 공의의 칼을 사용하기를 원치 않았었다. 그래서 그 때 다윗은 그를 죽이지 않겠다고 맹세했으며, 지금 그 사실을 그대로 인정한다. 그러나,

[3] 다윗은 그 일을 솔로몬에게 넘긴다. 왜냐하면 솔로몬은 이와 같은 일을 어떻게 처리하는 것이 적절한지 잘 아는 지혜로운 사람이었기 때문이었다. 다윗은 솔로몬에게 시므이에 대한 용서가 영구적인 것이 아니라 단지 자신이 살아 있는 동안 유예된 것에 불과한 것이었음을 암시한다. "그를 무죄한 자로 여기지 말지어다. 그가 너나 너의 왕권에 조력자가 될 것이라고 생각하지 말라. 그는 결코 신뢰할 수 있는 자가 아니다. 그는 예전에 가졌던 악의(惡意)를 지금도 그대로 가지고 있다. 단지 그러한 사실을 감추고 있을 뿐이다. 그는 그 때 행한 일로 인해 여전히 공적 공의(public justice)에 빚진 자이다. 비록 내가 그를 죽이지 않겠다고 약속했다 할지라도, 나의 후계자까지도 그렇게 할 것이라고 약속한 것은 결코 아니다. 그의 불온한 정신은 머지않아 너로 하여금 그의 백발을 피 가운데 스올에 내려가게 만들 기회를 마련해 줄 것이니, 결코 그 기회를 놓쳐서는 안 될 것이다." 이것은 결코 개인적인 복수심으로부터 나온 것이 아니었다. 그것은 왕권의 존엄성과 하나님이 그의 가족과 맺으신 언약을 위한 뜨거운 열정으로부터 나온 것으로서, 그것을 경멸하는 것은 결코 용납될 수 없는 것이었기 때문이다. 비록 백발이라 할지라도 죄책이 있다면 마땅히 공의가 시행되

어야 하는 법이다. 죄인은, 비록 백세가 된 자라 할지라도, 저주를 받을 것이다 (사 65:20).

II. 다윗의 죽음과 장사.   그가 다윗 성에 장사되니(10절). 그는 사울처럼 자기 아버지의 매장지가 아니라 자신이 세운 자신의 성에 장사되었다. 다윗 성에는 그의 집의 보좌가 세워졌을 뿐만 아니라 그의 집의 무덤이 놓여졌다. 이제 다윗은 당시에 하나님의 뜻을 따라 섬기다가 잠들어 그 조상들과 함께 묻혀 썩음을 당하였다(행 13:36). 또한 사도행전 2장 29절을 보라(형제들아 내가 조상 다윗에 대하여 담대히 말할 수 있노니 다윗이 죽어 장사되어 그 묘가 오늘까지 우리 중에 있도다). 그의 비문은 어쩌면 사무엘하 23장 1절로부터 취해졌는지 모른다: 여기에 이새의 아들 다윗 즉 높이 세워진 자, 야곱의 하나님께로부터 기름 부음 받은 자, 이스라엘의 노래 잘 하는 자가 묻혀 있노라. 또한 그의 비문에는 시편 16장 9절에 있는 그 자신의 말이 포함되어 있는지도 모른다: 나의 육체 또한 소망 가운데 안식할 것이라(한글개역개정판에는 내 육체도 안전히 살리니라고 되어 있음). 요세푸스는 솔로몬이 자기 아버지를 통상적인 장엄함으로 장사지냈을 뿐만 아니라 무덤 속에 엄청난 돈을 넣어두었으며, 이후 다윗의 무덤은 1,300년 후 안티오쿠스 시대에 대제사장 힐카누스에 의해 열렸는데 그 때 3,000달란트가 나와 국가의 일에 사용되었다고 말한다. 여기에서 다윗의 통치기간은 40년으로 산정되고 있는데(11절), 헤브론에서 다스렸던 7년 이외의 6개월은 계산되지 않고 다만 총계만 간략하게 언급되었다.

[12]솔로몬이 그의 아버지 다윗의 왕위에 앉으니 그의 나라가 심히 견고하니라 [13]학깃의 아들 아도니야가 솔로몬의 어머니 밧세바에게 나아온지라 밧세바가 이르되 네가 화평한 목적으로 왔느냐 대답하되 화평한 목적이니이다 [14]또 이르되 내가 말씀드릴 일이 있나이다 밧세바가 이르되 말하라 [15]그가 이르되 당신도 아시는 바이거니와 이 왕위는 내 것이었고 온 이스라엘은 다 얼굴을 내게로 향하여 왕으로 삼으려 하였는데 그 왕권이 돌아가 내 아우의 것이 되었음은 여호와께로 말미암음이니이다 [16]이제 내가 한 가지 소원을 당신에게 구하오니 내 청을 거절하지 마옵소서 밧세바가 이르되 말하라 [17]그가 이르되 청하건대 솔로몬 왕에게 말씀하여 그가 수넴 여자 아비삭을 내게 주어 아내를 삼게 하소서 왕이 당신의 청을 거절하지 아니하리이다 [18]밧세바가 이르되 좋다 내가 너를 위하여 왕께 말하리라 [19]밧세바가 이에

아도니야를 위하여 말하려고 솔로몬 왕에게 이르니 왕이 일어나 영접하여 절한 후에 다시 왕좌에 앉고 그의 어머니를 위하여 자리를 베푸니 그가 그의 오른쪽에 앉는지라 [20]밧세바가 이르되 내가 한 가지 작은 일로 왕께 구하오니 내 청을 거절하지 마소서 왕이 대답하되 내 어머니여 구하소서 내가 어머니의 청을 거절하지 아니하리이다 [21]이르되 청하건대 수넴 여자 아비삭을 아도니야에게 주어 아내로 삼게 하소서 [22]솔로몬 왕이 그의 어머니에게 대답하여 이르되 어찌하여 아도니야를 위하여 수넴 여자 아비삭을 구하시나이까 그는 나의 형이오니 그를 위하여 왕권도 구하옵소서 그뿐 아니라 제사장 아비아달과 스루야의 아들 요압을 위해서도 구하옵소서 하고 [23]여호와를 두고 맹세하여 이르되 아도니야가 이런 말을 하였은즉 그의 생명을 잃지 아니하면 하나님은 내게 벌 위에 벌을 내리심이 마땅하니이다 [24]그러므로 이제 나를 세워 내 아버지 다윗의 왕위에 오르게 하시고 허락하신 말씀대로 나를 위하여 집을 세우신 여호와께서 살아 계심을 두고 맹세하노니 아도니야는 오늘 죽임을 당하리라 하고 [25]여호야다의 아들 브나야를 보내매 그가 아도니야를 쳐서 죽였더라

I. 솔로몬이 왕위에 앉음(12절).   솔로몬은 그의 아버지보다 훨씬 더 쉽게 그리고 평화롭게 왕위에 올랐으며, 그의 왕권은 금방 안정되고 확립되었다. 여기의 경우처럼 한 사람의 선한 왕이 죽음과 함께 또 한 사람의 선한 왕이 그 왕권을 이어받는 것은 나라에 있어 너무도 다행스런 일이다.

II. 솔로몬이 자신의 왕위를 확립하기 위해 아도니야를 제거함.   아도니야는 스스로 왕이 되고자 시도했지만, 그러나 곧 실패하고 솔로몬의 자비만 기다리는 신세가 되고 말았었다. 이에 솔로몬은 그가 선하게 행동하는 것을 조건으로 그의 형벌을 면제해 주었다. 그러므로 만일 그가 얌전하게 지냈다면, 그는 안전할 수 있었을 것이다. 그러나 여기에서 우리는 그가 솔로몬의 공의의 손에 스스로를 팔아버리는 것을 보게 된다. 의로우신 하나님은 그것을 그대로 내버려 두심으로써 그로 하여금 예전의 반역행위에 대해 징벌을 받게 하시고, 그럼으로써 솔로몬의 왕위가 견고해지도록 하셨다. 이와 같이 많은 사람들이 올바로 처신하는 법을 알지 못함으로 스스로를 파멸시킨다. 또한 죄인들은 하나님의 오래참으심을 빙자하여 스스로 진노를 쌓는다. 다음을 관찰하라.

1. 아도니야가 왕위를 향한 미련을 버리지 못함. 그가 다윗의 첩 아비삭과

결혼하고자 한 것은 그녀를 사랑해서가 아니라 그녀를 통해 왕위를 새롭게 도모해 보고자 함이었다. 왜냐하면 당시에 선왕의 처첩을 취하는 것은 곧 통치권의 일부로서 간주되었기 때문이다(삼하 12:8). 압살롬은 자기 아버지의 첩들과 동침함으로써 자신의 왕권이 확고해질 것으로 생각했다. 아도니야 역시도 만일 자신이 아버지의 여자를 (특별히 가장 많은 사랑을 받았던 여자를) 취할 수만 있다면 그것을 발판으로 아버지의 왕위를 계승할 수 있을 것이라는 환상을 품었으며, 그러한 불온한 환상은 시간이 지남과 함께 점점 더 고조되었다. 그것은 누가 보더라도 비열하기 짝이 없는 일이었지만, 그러나 그는 그것을 왕위를 얻기 위한 2차전으로 삼고자 하였다(강제로 왕권을 탈취하고자 한 1차전은 실패로 끝나고 말았지만).

2. 아도니야가 아비삭을 얻기 위해 사용한 방법. 그는 직접 아비삭에게 청혼하지 않았다. 그는 이 일이 솔로몬의 허락이 있어야만 하는 일이라는 사실을 잘 알고 있었다. 따라서 만일 먼저 솔로몬의 허락을 받지 않는다면 그가 나중에 크게 분개할 것이었다(비슷한 상황에서 이스보셋 또한 그러했다, 삼하 3:7). 뿐만 아니라 아도니야는 자신이 직접 솔로몬에게 청원하지도 않았다. 왜냐하면 그가 자신에게 호의적이지 않다는 사실을 잘 알고 있었기 때문이었다. 반면 그는 이 문제를 위해 밧세바를 조력자로 삼았다. 왜냐하면 그녀는 이 문제에 있어 특별한 음모가 있다는 사실을 의심하지 않고 다만 애정의 문제로만 받아들일 것이었기 때문이다. 밧세바는 아도니야가 자신의 처소에 온 것을 보고 크게 놀라면서 자신에게 위해를 끼치기 위해서 온 것이 아닌지 묻는다. 왜냐하면 그의 지난번의 반역행위를 분쇄하기 위해 앞장선 사람이 바로 자신이었기 때문이다. 아도니야는 대답한다. "아닙니다. 나는 화평한 목적으로 왔습니다(13절). 그리고 호의를 구하기 위해 왔습니다(14절)." 이렇게 하여 아도니야는 솔로몬에 대한 그녀의 영향력을 이용하여 아비삭과 결혼하는 것과 관련하여 그의 허락을 얻고자 하였다(16, 17절). 만일 허락을 얻기만 한다면,

(1) 그는 그것을 왕위를 잃은 것에 대한 보상으로서 기꺼이 받아들일 것이었다. 그는 은근히 다음과 같이 말한다(15절): "당신도 아시는 바이거니와 이 왕위는 내 것이었고 온 이스라엘은 다 얼굴을 내게로 향하였는데." 이것은 거짓이었다. 그의 편에 선 자들은 고작 몇 명에 불과했다. 그러나 그는 이와 같이 자신을 왕위를 빼앗긴 자로서 동정의 대상으로 묘사함으로써 다른 것을 통해서라

도 위로받아야 마땅함을 부각시키고자 하였다. 만일 그가 아버지의 왕위를 이어받지 못했다면, 적어도 그의 아버지가 가지고 있던 것 가운데 소중한 어떤 것이 그에게 주어져야 마땅하지 않겠는가? 그것이 아비삭이었다.

(2) 그는 그것을 솔로몬의 왕권을 인정한 것에 대한 대가로서 기꺼이 받아들일 것이었다. 그는 솔로몬의 왕권을 인정한다. "그 왕권이 돌아가 내 아우의 것이 되었음은 여호와께로 말미암음이니이다. 나는 어리석게도 그와 다투려고 하였으나, 이제 그에게로 돌아갔으니 나는 만족하나이다." 이와 같이 그는 솔로몬의 왕위를 교란시키기 위해 할 수 있는 모든 일을 다 하고 있는 가운데에서도 그가 왕위에 오른 것을 기뻐하는 것처럼 꾸민다. 그의 입은 우유 기름보다 미끄러우나 그의 마음은 전쟁이요 그의 말은 기름보다 유하나 실상은 뽑힌 칼이로다(시 55:21).

3. 밧세바가 아도니야를 위해 청원함. 밧세바는 아도니야를 위해 왕에게 말할 것을 약속했고(18절), 실제로 그렇게 했다(19절). 솔로몬은 왕이었음에도 불구하고 최대의 경의와 함께 어머니를 영접했다. 그는 다섯 번째 계명에 따라 일어나 영접하여 절한 후에 어머니를 자신의 오른쪽에 앉게 했다. 자녀들은 장성했을 때뿐만 아니라 높은 지위에 올랐을 때에도 마땅히 자기 부모를 공경해야 한다. 너를 낳은 아비에게 청종하고 네 늙은 어미를 경히 여기지 말지니라(잠 23:22). 솔로몬은 어머니가 어떤 청원을 할 것이 있어 자신에게 왔음을 알았을 때 결코 거절하지 않을 것을 약속했는데, 우리는 여기에서 그가 자기 어머니의 지혜와 권위에 경의를 표한 또 하나의 예를 보게 된다. 물론 여기에는 필연적인 제한이 있다. 그것은 그 청원이 정당하며 합리적이며 허락하기에 적절한 것이어야 한다는 점이다. 만일 그렇지 않다면 솔로몬은 어머니에게 그것이 부당한 것임을 납득시킬 것이고, 밧세바는 기꺼이 자신의 청원을 철회할 것이었다. 마침내 밧세바는 아들에게 용건을 이야기한다(21절): 수넴 여자 아비삭을 아도니야에게 주어 아내로 삼게 하소서. 그녀에게 있어 여기에 반역의 음모가 숨어 있음을 눈치 채지 못한 것도 조금 이상하지만, 그러나 더 이상한 것은 그녀가 왜 이와 같은 근친상간을 혐오하지 않았는가 하는 점이다. 아마도 그것은 그녀가 아비삭을 다윗의 아내로 인정하지 않았기 때문이거나(왜냐하면 그것은 완전한 결혼이 아니었기 때문에), 아니면 아도니야가 솔로몬에게 순순히 복종하는 것을 감안하여 그를 만족시켜 주는 것이 좋겠다고 생각했기 때문일 것이다.

이것은 그녀의 약함이며 동시에 어리석음이었다. 그녀가 섭정을 하지 않은 것은 참으로 다행스런 일이었다. 왕이나 통치자의 옆에 있는 자들에게 있어 그들의 영향력을 지나치게 남용하지 않는 것이 지혜인 것처럼, 또한 죄를 방조하거나 혹은 악한 계획을 진척시키는 일에는 결코 영향력을 사용하지 않는 것이 그들의 의무이다. 왕에게 있어 결코 받아들일 수 없는 것을 청원해서는 안 된다.

4. 어머니의 청원에 대한 솔로몬의 정당한 거절. 어머니의 청원이었음에도 불구하고(또 어쩌면 이것은 그녀의 첫 번째 청원이었는지도 모른다), 솔로몬은 단호히 거절한다. 그러나 그것이 어머니에게 한 약속(20절)을 깨뜨리는 것은 결코 아니었다. 왜냐하면 그러한 약속 속에는 그것이 정당한 것이어야 한다는 필연적인 제한이 내포되어 있었기 때문이다. 그것은 헤롯의 경우에도 마찬가지였다. 만일 헤롯이 세례 요한의 목을 벨 마음을 가지고 있지 않았었다면, 헤로디아에게 한 약속 때문에 어쩔 수 없노라고는 결코 생각하지 않았을 것이다(헤롯이 헤로디아에게 한 약속과 솔로몬이 어머니에게 한 약속은 성격상 매우 유사한 점이 있다). 세상에서 가장 가까운 친구라 할지라도 우리로 하여금 부당하거나 그릇된 일을 행하도록 영향력을 행사해서는 결코 안 된다.

(1) 솔로몬은 어머니에게 그러한 청원이 얼마나 불합리한 것인가를 납득시킨다. 그의 대답은 다소 격렬했다. "그를 위하여 왕권도 구하옵소서(22절). 그가 아버지의 여자를 계승할 수 있다면 아버지의 왕위도 계승할 수 있을 것이나이다. 그가 노리는 것이 바로 이것이나이다." 아마도 솔로몬은 아도니야가 요압과 아비아달과 함께 자신의 왕권에 도전하기 위해 음모를 꾸미고 있다는 정보를 (혹은 그와 같이 의심할 만한 강력한 근거를) 가지고 있었을 것이다. 그리고 아도니야의 청원에 대해 그와 같이 추론한 것도 바로 그러한 이유 때문이었을 것이다.

(2) 솔로몬은 아도니야에 대해 유죄판결을 내린다. 그리고 그것을 맹세로써 확증한다. 솔로몬은 아도니야 자신의 입으로부터 나온 말에 근거하여 그를 정죄한다(23절): 아도니야가 이런 말을 하였은즉. 그 자신의 입술이 스스로를 정죄하는 것이 되었다. 그것으로 충분하며 더 이상 아무것도 필요하지 않다. 밧세바는 기만을 당할 수 있을지 모르지만 그러나 솔로몬은 그럴 수 없다. 솔로몬은 아도니야의 의도를 정확하게 꿰뚫어보며 다음과 같이 결론을 내린다. "그가 스스로의 목숨을 대적하여 이 말을 하였나이다. 그는 자기 입술의 말로써 올

무에 묶였나이다." 솔로몬은 그를 즉각 사형에 처할 것을 선고한다: 아도니야는 오늘 죽임을 당하리라(24절). 하나님은 다윗의 왕위를 견고케 하시겠다고 맹세로써 선언하셨다(시 89:35). 따라서 솔로몬은 그 왕위를 거스르는 원수를 제거함으로써 그러한 견고함을 확실히 할 것을 맹세한다. "나를 위하여 집을 세우신 여호와께서 살아 계심을 두고 맹세하노니 그 집을 흔든 아도니야는 죽을 것이라." 이와 같이 그리스도의 나라를 흔드는 원수들의 멸망은 그 나라의 견고함만큼이나, 그리고 그 나라를 세우신 하나님의 존재와 살아 계심만큼이나 확실하다. 결국 아도니야의 처형이 결정되고, 그 일을 집행할 자로서 여호야다의 아들 브나야가 임명되었다(25절). 아도니야에게 스스로 소명할 기회를 주지 않은 것은 다소 이상하지만, 그러나 솔로몬은 이 일이 너무나 확실하여 더 이상 검토할 필요조차 없다고 생각했다. 아도니야가 왕위를 노렸다는 것은 너무도 명백한 일이었다. 따라서 그가 살아 있는 동안에는 솔로몬은 결코 안전할 수 없었다. 불온한 마음과 야심에 사로잡힌 자들은 대체로 스스로 죽음의 도구를 준비하는 법이다. 왕관을 노리다가 목숨을 잃은 자가 얼마나 많은가?

[26]왕이 제사장 아비아달에게 이르되 네 고향 아나돗으로 가라 너는 마땅히 죽을 자이로되 네가 내 아버지 다윗 앞에서 주 여호와의 궤를 메었고 또 내 아버지가 모든 환난을 받을 때에 너도 환난을 받았은즉 내가 오늘 너를 죽이지 아니하노라 하고 [27]아비아달을 쫓아내어 여호와의 제사장 직분을 파면하니 여호와께서 실로에서 엘리의 집에 대하여 하신 말씀을 응하게 함이더라 [28]그 소문이 요압에게 들리매 그가 여호와의 장막으로 도망하여 제단 뿔을 잡으니 이는 그가 다윗을 떠나 압살롬을 따르지 아니하였으나 아도니야를 따랐음이더라 [29]어떤 사람이 솔로몬 왕에게 아뢰되 요압이 여호와의 장막으로 도망하여 제단 곁에 있나이다 솔로몬이 여호야다의 아들 브나야를 보내며 이르되 너는 가서 그를 치라 [30]브나야가 여호와의 장막에 이르러 그에게 이르되 왕께서 나오라 하시느니라 그가 대답하되 아니라 내가 여기서 죽겠노라 브나야가 돌아가서 왕께 아뢰어 이르되 요압이 이리이리 내게 대답하더이다 [31]왕이 이르되 그의 말과 같이 하여 그를 죽여 묻으라 요압이 까닭 없이 흘린 피를 나와 내 아버지의 집에서 네가 제하리라 [32]여호와께서 요압의 피를 그의 머리로 돌려보내실 것은 그가 자기보다 의롭고 선한 두 사람을 쳤음이니 곧 이스라엘 군사령관 넬의 아들 아브넬과 유다 군사령관 예델의 아들 아마사를 칼로 죽였음이

라 이 일을 내 아버지 다윗은 알지 못하셨나니 [33]그들의 피는 영영히 요압의 머리와 그의 자손의 머리로 돌아갈지라도 다윗과 그의 자손과 그의 집과 그의 왕위에는 여호와께로 말미암는 평강이 영원히 있으리라 [34]여호야다의 아들 브나야가 곧 올라가서 그를 쳐죽이매 그가 광야에 있는 자기의 집에 매장되니라

아비아달과 요압은 아도니야의 반역음모에 동참하며 협력한 자들이었다. 그리고 아마도 아도니야와 아비삭의 결혼과 관련한 새로운 움직임의 배후에 이들이 있었으며, 그 사실을 솔로몬이 알고 있었던 것으로 보인다(22절). 이것은 하나님과 왕권에 대한 참을 수 없는 모독이었으며, 더욱 나쁜 것은 그들이 높은 지위로 인해 많은 사람들에게 나쁜 영향력을 끼칠 수 있었다는 사실이다. 따라서 아도니야에 이어 그들이 심판을 받게 되었다. 그들 두 사람은 반역의 죄책이 있다는 점에서는 같았지만, 그러나 몇 가지 이유로 인해 그 판결은 달랐다.

I. 아비아달은 오랜 동안의 섬김과 봉사로 인하여 제사장 직분에서 파면당하는 것으로 마무리된다(26, 27절).

1. 솔로몬은 그가 유죄임을 선언한다. "너는 마땅히 죽을 자이다. 왜냐하면 하나님이 왕위를 이을 자로서 누구를 지명하셨는지 알면서도 아도니야를 따랐기 때문이다."

2. 솔로몬은 그가 예전에 행했던 선한 일들을 언급한다. 그는 솔로몬의 아버지 다윗에게 큰 은총을 베풀었다. 그는 거룩한 일로서 다윗을 도왔으며(네가 내 아버지 다윗 앞에서 주 여호와의 궤를 메었고), 다윗이 고난 가운데 있을 때, 특별히 사울의 핍박과 압살롬의 반란으로 인해 고통을 겪을 때 불쌍히 여기며 함께 고난을 받았다. 하나님의 백성에게 은총을 베푼 자는 언젠가 그 일로 인해 유익을 얻게 될 것이라는 사실을 주목하라.

3. 이런 이유로 솔로몬은 아비아달의 목숨을 살려준다. 그러나 그의 제사장 직분을 파면시키면서 그의 거주를 그의 고향 아나돗으로 제한한다. 솔로몬은 그로 하여금 왕궁과 성읍과 성막과 제단 등 모든 공적인 일에 관여하는 것을 금지한다. 솔로몬은 비록 지금은 그를 죽이지 않는다 할지라도, 그러나 만일 그가 올바로 처신하지 않으면 나중에라도 죽일 수 있었다. 그러나 지금으로서는 하나님의 뜻을 알면서도 거스른 것을 감안하여 제사장 직분에서 파면시키

는 것이 전부였다. 사울은 단지 가상(假想)적인 죄책에 근거하여 아비아달의 아버지와 85명의 제사장들과 그들의 가족을 잔인하게 살육했었다. 반면 솔로몬은 실제적인 죄책에도 불구하고 아비아달을 살려 주었다. 그 결과 사울의 왕권은 무너지고 솔로몬의 왕권은 견고하게 되었다. 우리가 하나님의 사역자들을 대하는 그대로 하나님이 우리를 그렇게 대하실 것이다.

4. 아비아달의 제사장 직분이 파면된 것은 엘리의 집에 대한 경고가 이루어진 것이었다(삼상 2:30). 왜냐하면 그는 엘리의 집의 마지막 대제사장이었기 때문이다. 엘리에 대한 그와 같은 경고의 말씀은 80년도 더 지난 지금에 와서야 비로소 이루어졌다. 하나님의 심판은 비록 속히 이루어지지는 않는다 할지라도 반드시 이루어질 것이다.

II. 요압은 예전의 죄들로 인하여 죽임을 당한다.

1. 그는 자신의 죄책을 의식하면서 제단 뿔로 달려갔다. 아도니야가 처형을 당하고 아비아달이 파면을 당했다는 소식을 들었을 때, 요압은 다음 차례는 자신일 것이라고 생각하고 두려움 가운데 제단으로 도망쳤다. 많은 사람들이 평안할 때는 제단에서의 섬김에 무관심하다가 환난의 날에는 보호를 받기 위해 그 곳으로 달려간다. 어떤 이들은 요압이 자신의 모든 죄를 사면 받기를 희망하면서 이제부터 하나님의 제단에 완전히 귀의할 계획으로 이렇게 했을 것이라고 생각한다. 마치 평생 방탕하게 산 사람이 죄를 속죄받기 위해 늙은 후 세상을 떠나 수도원에 들어가는 것과 같다는 것이다.

2. 솔로몬은 아브넬과 아마사를 살해한 죄로 요압을 죽일 것을 명령한다. 솔로몬에게 있어 그가 마땅히 죽어야만 했던 것은 아도니야와 함께 반역에 동참한 죄 때문이라기보다는 바로 이들을 죽인 죄 때문이었다. 설령 그가 압살롬을 따르지 않았다 할지라도, 정당한 왕위계승자인 솔로몬을 업신여기면서 아도니야를 따른 것은 죽임을 당해 마땅한 죄가 아닐 수 없었다(28절). 예전의 충성이 이후의 반역을 상쇄시켜 주지는 않는다. 그럼에도 불구하고 요압은 다윗의 집을 위해 많은 공로를 세웠으며, 그의 시대에 나라와 왕을 위해 큰 봉사를 했다. 따라서 이러한 사실만 생각했다면 어쩌면 솔로몬은 자신에 대한 그의 죄를 용서하고(왕권 초기에 관대함을 베푸는 것은 큰 유익이 된다) 아비아달에게 했던 것처럼 그의 직위를 파면시키는 것으로 끝낼 수도 있었을는지 모른다. 그러나 그에게는 예전에 범했던 더 큰 죄들이 있었다. 그것은 바로 아브넬과 아

마사를 죽인 죄였다. 다윗은 그와 같은 죗값을 치르도록 하는 일을 아들 솔로몬에게 맡겼다. 특별히 그의 죄가 큰 것은 그가 자기보다 의롭고 선한 두 사람을 쳤다는 사실이었다(32절). 그들은 요압에게 아무런 잘못도 행하지 않았으며 위해를 가할 의도도 갖지 않았다. 만일 그들이 살아 있었다면 아마도 그들은 다윗에게 큰 힘과 도움이 되었을 것이다(그들의 생명은 보통 사람들보다 훨씬 더 중요한 것이었기 때문에 요압의 범죄는 더욱 가증스러운 것이 될 수밖에 없었다). 뿐만 아니라 다윗은 이 일을 전혀 알고 있지 못했음에도 불구하고 사람들에 의해 의심을 받을 만한 상황이었다. 이와 같이 요압은 아브넬과 아마사를 죽임으로써 왕의 명성을 크게 위험에 빠뜨렸다. 이러한 범죄로 인해,

(1) 그는 죽어야 한다. 그리고 죽되 공적 공의(public justice)에 의해 죽어야만 한다. 그의 피는 사람에 의해 흘려져야만 하며, 그들의 피가 그의 머리로 돌려보내져야 한다(32, 33절). 피의 죄책 아래 놓여진 머리에게 화가 있을진저! 요압에게 있어 살인죄에 대한 보응이 임한 것은 오랜 시간이 지난 후였다. 그러나 그것이 임했을 때, 그것은 영영히 그의 자손의 머리에까지 이어질 것이었다(33절). 그들은 자기 조상(즉 요압)의 영웅적인 행동으로부터 존귀를 얻는 대신 그의 비열한 행동으로부터 죄책과 수치와 저주를 얻었다. 이와 같이 악을 행한 자의 자손은 결코 아름다운 이름을 얻지 못할 것이다.

(2) 그는 제단에서 죽어야 한다. 제단은 그에게 있어 피난처가 아니라 죽음의 장소가 되었다. 요압은 제단을 떠나지 않을 것을 결심했다(30절). 그렇게 함으로써 그는 자신의 생명을 보호받거나 혹은 솔로몬을 곤란한 상황에 빠뜨리고자 하였다. 왜냐하면 만일 솔로몬이 거기에서 자신을 죽인다면, 그는 성소를 더럽힌 자라는 오명을 피하기 어렵게 될 것이었기 때문이다. 브나야는 주저하면서 거기에서 그를 죽일 것인지 아니면 끌어낼 것인지 고심했다. 그러나 솔로몬은 하나님의 제단이 고의적인 살인자까지 보호하는 것은 아니라는 사실을 알고 있었다(출 21:14, 사람이 그의 이웃을 고의로 죽였으면 너는 그를 내 제단에서라도 잡아내려 죽일지니라). 짐승의 피가 속죄할 수 있는 죄의 경우라면 제단은 피난처가 될 것이었다. 그러나 요압의 경우는 그렇지 않았다. 따라서 솔로몬은 만일 그를 제단에서 끌어낼 수 없다면 그 곳에서 죽이라고 명령을 내린다. 그렇게 함으로써 그는 자신의 의무를 수행함에 있어 백성들의 비난 따위는 두려워하지 않음을 나타내면서, 공의를 집행하는 것이 제사 드리는 것보다 우월하

며, 성소의 거룩함이 어떤 사람의 악을 묵인하는 것은 결코 아니라는 사실을 백성들로 하여금 알게 했다. 굳건한 믿음으로 그리스도와 그의 의를 붙잡는 자들은 그리스도 안에 (요압이 제단 뿔에서 찾으려고 했던 것보다 더) 강력한 보호가 있다는 사실을 발견하게 될 것이다. 브나야는 요압을 처형했다(34절). 이와 같이 율법이 만족되자, 그는 광야에 있는 자기 집에 매장되었다. 그는 장군으로서 성대하게 매장되지 않고 범죄자로서 초라하게 매장되었다. 그러나 그의 시신에는 어떤 모독도 행해지지 않았다. 시신을 모독하며 가혹행위를 하는 것은 올바른 일이 아니다.

3. 솔로몬은 이러한 공의의 행동을 만족스럽게 받아들였다. 그것은 그의 복수심을 만족시킨 것이 아니라 아버지의 명령을 수행한 것이며, 또한 그의 왕권을 견고케 하는 것이 될 것이었다.

(1) 이렇게 하여 죄책이 제거되었다(31절). 무죄하게 흘려진 피를 가해자의 머리로 돌아가게 함으로써, 솔로몬은 그 죄책을 자신과 자신의 집으로부터 제거하였다. 이것은 살인자에게 돌려지지 않은 핏값은 통치자에게 돌려질 것이라는 (적어도 그럴 위험이 있다는) 사실을 암시한다. 자신의 집이 든든하고 견고하게 세워지기를 원하는 자는 자신의 집으로부터 죄악을 제거해야만 한다.

(2) 이렇게 하여 다윗에게 평강이 확고해지게 되었다(33절). 이것은 다윗 개인을 의미하는 것이 아니라, 이어지는 단어들에 나타나는 것처럼 그의 자손과 그의 집과 그의 왕위에 여호와께로 말미암는 평강이 영원히 있게 될 것을 의미하는 것이었다. 솔로몬은 다음과 같이 자신의 열망과 소망을 표현한다. "이제 공의가 시행되고 피의 부르짖음이 만족되었으니 왕위가 견고하게 설 것이라." 이렇게 하여 의와 평강이 서로 입 맞춘다. 이제 요압처럼 불온한 자가 제거되었으니 평강이 있을 것이다. 왕 앞에서 악한 자를 제하라 그리하면 그의 왕위가 의로 말미암아 견고히 서리라(잠 25:5). 자신의 집과 자신의 왕위에 평강의 축복이 임할 것을 내다보면서 솔로몬은 하나님을 평강의 원천으로서 경건한 마음으로 바라본다. "그것은 여호와께로 말미암는 평강일 것이며 또한 여호와로부터의 영원한 평강일 것이라." 평강의 주님 자신이 우리에게 영원한 평강을 주신다.

[35]왕이 이에 여호야다의 아들 브나야를 요압을 대신하여 군사령관으로 삼고 또 제사장 사독으로 아비아달을 대신하게 하니라 [36]왕이 사람을 보내어 시므이를 불러서

이르되 너는 예루살렘에서 너를 위하여 집을 짓고 거기서 살고 어디든지 나가지 말라 [37]너는 분명히 알라 네가 나가서 기드론 시내를 건너는 날에는 반드시 죽임을 당하리니 네 피가 네 머리로 돌아가리라 [38]시므이가 왕께 대답하되 이 말씀이 좋사오니 내 주 왕의 말씀대로 종이 그리 하겠나이다 하고 이에 날이 오래도록 예루살렘에 머무니라 [39]삼 년 후에 시므이의 두 종이 가드 왕 마아가의 아들 아기스에게로 도망하여 간지라 어떤 사람이 시므이에게 말하여 이르되 당신의 종이 가드에 있나이다 [40]시므이가 그 종을 찾으려고 일어나 그의 나귀에 안장을 지우고 가드로 가서 아기스에게 나아가 그의 종을 가드에서 데려왔더니 [41]시므이가 예루살렘에서부터 가드에 갔다가 돌아온 일을 어떤 사람이 솔로몬에게 말한지라 [42]왕이 사람을 보내어 시므이를 불러서 이르되 내가 너에게 여호와를 두고 맹세하게 하고 경고하여 이르기를 너는 분명히 알라 네가 밖으로 나가서 어디든지 가는 날에는 죽임을 당하리라 하지 아니하였느냐 너도 내게 말하기를 내가 들은 말씀이 좋으니이다 하였거늘 [43]네가 어찌하여 여호와를 두고 한 맹세와 내가 네게 이른 명령을 지키지 아니하였느냐 [44]왕이 또 시므이에게 이르되 네가 네 마음으로 아는 모든 악 곧 내 아버지에게 행한 바를 네가 스스로 아나니 여호와께서 네 악을 네 머리로 돌려보내시리라 [45]그러나 솔로몬 왕은 복을 받고 다윗의 왕위는 영원히 여호와 앞에서 견고히 서리라 하고 [46]여호야다의 아들 브나야에게 명령하매 그가 나가서 시므이를 치니 그가 죽은지라 이에 나라가 솔로몬의 손에 견고하여지니라

I. 솔로몬의 신실한 측근인 브나야와 사독이 높은 직위에 발탁됨(35절). 요압이 죽음을 당하자 브나야가 그를 대신하여 군사령관이 되고, 아비아달이 파면을 당하자 사독이 그를 대신하여 대제사장이 되었다. 특별히 아비아달의 파면과 관련하여 하나님이 엘리의 집에 내린 경고의 말씀이 이루어졌다(삼상 2:35, 내가 나를 위하여 충실한 제사장을 일으키고 그를 위하여 견고한 집을 세우리니). 거룩한 직분들은 설령 맡은 자들의 그릇된 행실로 인해 수치를 당할 수는 있을지라도 그로 인해 폐기되지는 않을 것이다. 뿐만 아니라 하나님의 일이 일꾼의 없음으로 인해 중단되어서도 안 된다. 하나님으로부터 직접적으로 왕으로 세움 받은 자가 적절한 사람을 대제사장으로 임명하는 권세를 갖는 것은 결코 놀랄 일이 아니다. 그는 이러한 권세를 정당하게 행사했는데, 왜냐하면 실상 대제사장이 될 수 있는 정당한 자격이 엘르아살 가문 출신인 사독에게 있었

기 때문이었다(반면 엘리와 그의 집은 이다말의 자손이었다).

Ⅱ. 시므이의 죽음. 시므이가 바후림의 자기 집에서 왕의 부름을 받았을 때, 아마도 그는 과거 자신이 다윗을 저주한 일을 기억하면서 자신의 운명도 아도니야의 운명과 다를 바 없이 될 것이라고 예상했을 것이다. 그러나 솔로몬은 죄와 죄인을 구별하는 법을 알고 있었다. 다윗은 자신의 시대에 시므이를 해하지 않을 것을 약속했다. 솔로몬은 그러한 약속에 속박되지 않지만, 그러나 직접적으로 그 약속을 깨뜨리지는 않을 것이었다.

1. 솔로몬은 시므이의 주거를 예루살렘으로 제한하고, 어떤 이유로든 기드론 시내를 건너는 것을 금지한다(36, 37절). 만일 시므이가 고향에 계속 거주한다면, 그것은 솔로몬으로서도 번거로운 일이 될 것이었다. 왜냐하면 그가 주변 사람들에게 나쁜 영향을 끼칠 수 있었기 때문이다. 따라서 솔로몬은 그의 주거를 예루살렘에 제한시킴으로써 그를 '자유롭게 활동할 수 있는 죄수'(prisoner at large)로 만든다. 시므이의 주거 제한은 그 자신에게도 좋은 일이 될 수 있었다. 왜냐하면 예루살렘은 온 땅의 기쁨이요 거룩한 도성이요 왕도로서 모든 면에 있어 매우 아름다운 곳이었기 때문이다(시므이로서는 그와 같은 낙원에 제한되는 것에 대해 불평할 아무런 이유가 없었다). 그의 주거 제한은 솔로몬에게도 매우 좋은 일이었다. 왜냐하면 예루살렘에서라면 언제든지 그를 주시하며 그의 움직임을 감시할 수 있을 것이었기 때문이다. 따라서 솔로몬은 그가 만일 주거 제한 조치를 위반하면 반드시 죽을 것이라고 분명하게 경고했다. 이것은 그의 순종과 충성에 대한 정당한 시험이었다. 시므이가 생명을 보존하기 위해 지켜야 하는 조건은 아주 간단한 것이었다. 그는 예루살렘에서 거주하는 것에 만족하기만 하면 결코 죽임을 당하지 않을 것이었다.

2. 시므이는 주거 제한 조치에 순복하면서 그와 같은 조건을 감사히 받아들인다. 시므이는 예루살렘을 떠나지 않을 것을 약속하면서(만일 그것을 어기면 죽음의 형벌을 기꺼이 받겠다는 약속과 함께), 그 말이 좋음을 시인한다(38절). 심지어 멸망을 당하는 자들조차도 용서와 생명의 조건이 너무도 좋다는 사실을 시인할 수밖에 없으며, 따라서 그들의 피는 마치 시므이의 피가 그랬던 것처럼 그들 자신의 머리 위로 돌아가야만 한다. 시므이는 주거 제한 조치를 지킬 것을 맹세와 함께 약속했다(42절).

3. 시므이는 예루살렘을 떠나지 않겠다는 약속을 깨뜨린다. 하나님은 의로

우사 그가 예루살렘을 떠나는 것을 그냥 내버려 두심으로써 그로 하여금 예전의 죄로 인해 징벌을 당하도록 하셨다. 그의 종 두 명이(그는 예루살렘에 감금되어 살아가는 처지였음에도 불구하고 종들을 거느리고 살았다) 그로부터 도망쳐 블레셋 땅으로 갔다(39절). 이에 그는 블레셋까지 뒤쫓아가 그들을 다시 예루살렘으로 데려왔다(40절). 그는 이 일을 은밀히 수행하기 위해 나귀에 안장을 지웠으며 아마도 밤에 떠났을 것이다. 그리고 종들을 데리고 집으로 돌아왔을 때, 그는 모든 일이 발각되지 않고 잘 끝났다고 생각했다. 이와 관련하여 홀 주교는 다음과 같이 말한다. "그는 종들은 찾았지만 자기 자신은 잃어버리고 말았다. 땅의 것들은 우리의 종이며 또한 종이 되어야만 한다. 얼마나 많은 사람들이 세상의 것들을 쫓기 위해 하나님의 율법에 의해 지정된 한계를 넘어가다가 결국 두려운 심판을 초래하고 마는가?"

4. 솔로몬은 시므이에게 형벌을 부과한다. 시므이가 주거 제한 조치를 어겼다는 정보가 솔로몬에게 전달되었다(41절).

(1) 이에 솔로몬은 그에게 사람을 보내 지금의 죄(주거 제한 조치를 위반한 죄)에 대해 책망한다. 그는 왕의 명령을 어김과 동시에 여호와를 두고 한 맹세를 깨뜨렸다. 그것은 하나님과 왕의 권위를 업신여기는 것이 아닐 수 없었다. 또한 이로써 지금 그 안에 왕에 대해 감사하는 마음이 추호도 없다는 사실이 분명하게 드러났다. 만일 그가 솔로몬에게 전후사정을 설명하면서 잠시 예루살렘을 떠날 허락을 구했다면, 아마도 솔로몬은 허락해 주었을 것이다. 그러나 왕이 모를 것이라거나 혹은 묵인해 줄 것이라고 추측한 것은 왕을 크게 모독한 것이었다.

(2) 또한 솔로몬은 그의 과거의 죄(고난의 날에 다윗에게 돌을 던지며 저주한 죄)에 대해 유죄판결을 내린다: 네가 네 마음으로 아는 모든 악 곧 내 아버지에게 행한 바를 네가 스스로 아나니(44절). 그 사실을 입증하기 위해 증인을 부를 필요도 없었다. 그 자신의 양심이 천 명의 증인을 대신할 것이었다. 자기 마음으로 아는 그것으로 충분하다. 만일 자기 마음으로 안다면, 하물며 마음보다 크시며 모든 것을 아시는 하나님은 얼마나 더 잘 아시겠는가? 시므이가 다윗을 저주한 것은 모두가 아는 일이었다. 그러나 다윗을 저주함에 있어서의 증오심과 적개심이 얼마나 악독한 것이었는지, 그리고 나중에 굴복한 것은 마지못해 억지로 꾸민 것에 불과하다는 사실은 다름 아닌 그 자신이 가장 잘 알 것이었

다.

(3) 솔로몬은 자신과 자신의 왕위를 스스로 축복한다(45절): 솔로몬 왕은 복을 받고 다윗의 왕위는 영원히 여호와 앞에서 견고히 서리라. 시므이의 까닭 없는 저주에도 불구하고 그와 그의 왕위는 견고할 것이며 또 그것을 훼멸시키는 자들을 제거함으로써 더욱 그렇게 될 것이다. 교회를 대적하는 원수들의 적개심과 관련하여 그것이 아무리 격렬하게 타오른다 할지라도 결국은 헛된 것에 불과할 뿐이라는 사실은 우리에게 얼마나 큰 위로가 되는가? 그리스도의 보좌는 견고하여 아무도 흔들 수 없다.

(4) 솔로몬은 즉시 시므이를 처형할 것을 명령한다(46절). 모든 심판은 주 예수께 맡겨진다. 비록 평강의 왕이라 할지라도 동시에 그는 의의 왕이시다. 그리고 머잖아 그의 왕권을 대적한 모든 원수들에게 다음과 같은 명령이 내려질 것이다: 그들을 데려다가 내 앞에서 죽이라. 그를 모독하며 수치를 가한 모든 것이 그들 자신에게로 떨어질 것이요 영원한 정죄를 받게 될 것이다.

제
— 3 —
장

개요

앞 장에 나타난 솔로몬의 통치는 매우 잔인하며 피비린내 나는 것처럼 보일 수 있다. 그러나 필연적인 공의의 행동을 잔인한 것으로 간주해서는 안 된다. 하나님이 반역자들을 심판함으로써 자기 백성에게 은혜를 베푸는 것은 결코 나쁜 일이 아니다. 본 장에서 우리는 솔로몬의 통치의 또 다른 얼굴을 보게 되는데, 여기의 내용은 다음과 같다. I. 솔로몬이 바로의 딸과 결혼함(1절). II. 솔로몬의 신앙에 대한 대체적인 설명(2-4절). III. 솔로몬이 하나님께 지혜를 구함, 그리고 하나님이 이에 응답하심(5-15절). IV. 두 창기의 다툼을 해결하는 가운데 나타난 솔로몬의 지혜(16-28절). 여기에서 솔로몬은 하나님의 제단에 충실한 위대한 신앙인이면서 동시에 뛰어난 지혜를 가진 위대한 재판장으로 나타난다.

¹솔로몬이 애굽의 왕 바로와 더불어 혼인 관계를 맺어 그의 딸을 맞이하고 다윗 성에 데려다가 두고 자기의 왕궁과 여호와의 성전과 예루살렘 주위의 성의 공사가 끝나기를 기다리니라 ²그 때까지 여호와의 이름을 위하여 성전을 아직 건축하지 아니하였으므로 백성들이 산당에서 제사하며 ³솔로몬이 여호와를 사랑하고 그의 아버지 다윗의 법도를 행하였으나 산당에서 제사하며 분향하더라 ⁴이에 왕이 제사하러 기브온으로 가니 거기는 산당이 큼이라 솔로몬이 그 제단에 일천 번제를 드렸더니

우리는 여기에서 솔로몬과 관련하여 다음과 같은 이야기들을 듣게 된다.

I. 그에게 있어 칭송받을 만한 좋은 것들.

1. 여호와를 사랑한 것(3절): 그가 여호와를 사랑하고. 그는 하나님으로부터 특별한 사랑을 받은 자였다(삼하 12:24). 그는 그러한 사실로부터 여디디야 즉 여호와로부터 사랑을 받은 자란 이름을 얻었다. 그리고 여기에서 우리는 그가 그

러한 사랑에 보답하는 것을 보게 된다 ― 마치 가장 많은 사랑을 받았던 사도 요한이 가장 많이 사랑했던 것처럼. 솔로몬은 지혜로운 자며 또한 부유한 자였다. 그러나 그에게 있어 최고의 칭송은 그가 여호와를 사랑했다라는 것이었다. 하나님을 사랑하는 자는 그분께 예배 드리는 것을 좋아하며, 또한 그분과 더불어 듣고 말하며 교제를 나누는 것을 좋아한다.

2. 다윗의 법도를 따라 행한 것: 그의 아버지 다윗의 법도를 행하였으나. 즉 솔로몬은 다윗이 자신에게 준 법도들(왕상 2:2, 3; 대상 28:9, 10) 혹은 자기 아버지 다윗이 자기 앞에서 행했던 모든 법도들을 따라 행했다. 그는 하나님의 규례들을 가까이하며, 주의를 기울여 지키며, 부지런히 따랐다. 진실로 하나님을 사랑하는 자는 그분의 법도들을 따라 행하는 법이다.

3. 하나님을 존귀케 하는 일에 풍성하게 드린 것. 제물을 드릴 때 그는 왕의 이름에 걸맞게 많은 것으로 드렸다: 그가 제단에 일천 번제를 드렸더니(4절). 많이 뿌리는 자는 많이 거두는 법이다. 진실로 하나님을 사랑하며 또 예배 드리는 것을 좋아하는 자는 그에 소요되는 비용을 아까워하지 않을 것이다. 우리는 "무슨 목적으로 이것들을 허비하느뇨 이러한 짐승들을 가난한 자들에게 주면 더 좋지 않겠는가"라고 말하고 싶은 유혹을 받을 수 있다. 그러나 하나님께 예배 드리기 위해 놓여지는 것들을 허비하는 것으로 생각해서는 결코 안 된다. 비록 일 주일간 지속되었다 할지라도 한 번의 절기 때에 한 제단 위에서 그토록 많은 짐승들이 태워진 것은 다소 이상하게 보인다. 그러나 제단의 불은 다른 불보다 더욱 강렬했을 것으로 추측된다. 왜냐하면 그것은 종종 하나님의 격렬한 진노를 상징했기 때문이다. 우리 하나님은 소멸하는 불이시라. 패트릭 주교(bishop Patrick)는 유대인들의 전승을 인용하여 제물들을 태운 연기가 옆으로 흩어지지 않고 곧장 기둥을 이루며 하늘로 올라갔다고 말한다. 왜냐하면 만일 그렇지 않았다면 여기의 경우처럼 너무나 많은 제물들이 한꺼번에 태워지는 경우 그 곳에 참례한 모든 사람들은 그 연기로 인해 질식하지 않을 수 없었을 것이기 때문이다.

II. 그에게 있어 좋은 것인지 그렇지 않은 것인지 의심스러운 것들.

1. 바로의 딸과 결혼한 것(1절). 우리는 그녀가 유대 종교로 개종했을 것이라고 가정할 것이다. 왜냐하면 만일 그렇지 않았다면 그들의 결혼은 불법이 될 것이기 때문이다. 그러나 설령 그녀가 개종했다고 가정하더라도, 그가 그녀와

결혼한 것은 분명 권할 만한 일은 아니었다. 여호와를 사랑했던 그는 여호와의 백성 가운데 한 사람과 결혼했어야 했다. 하나님의 아들들이 사람의 딸들과 혼인할 때 종종 치명적인 결과가 야기되곤 했었다. 그러나 우리는 그녀가 신실한 개종자라는 측근들의 조언에 따라 그가 그녀와 결혼했을 것이라고 생각할 수 있다. 왜냐하면 그의 이방인 아내들이 가져온 이방 신들의 목록 속에 애굽 신들의 이름은 나타나지 않기 때문이다(11:5-6). 또한 이와 관련하여 기록된 아가(雅歌)와 시편 45편에서 이러한 혼인들은 그리스도와 교회(특별히 이방인 교회)의 신비한 연합을 상징하고 있기 때문이다.

2. 산당에서 제사한 것. 그는 산당에서 제사를 드렸으며, 그렇게 함으로써 결과적으로 백성들까지도 그렇게 하도록 이끌었다(2, 3절). 아브라함은 산이나 (창 12:8; 22:2) 숲에서(창 21:22) 제단을 쌓거나 예배를 드렸다. 이 때부터 그와 같은 행습이 유래되었으며, 그것은 하나님의 율법에 의해 예배 처소가 한 장소로 한정될 때까지는(신 12:5, 6) 합법적이었다. 다윗은 법궤를 고수하며 산당 같은 것에는 관심을 기울이지 않았다. 그러나 솔로몬은, 비록 다른 것들에 있어서는 자기 아버지 다윗의 법도를 따라 행했다 할지라도, 이 문제에 있어서는 아버지를 따르지 못했다. 그는 거기에서 제사를 드리는데 큰 열심을 보였다. 그러나 제사보다 순종이 나은 법이다. 거기에는 불법적인 요소가 있었다. 아직 성전이 건축되기 전이라 할지라도 여호와의 이름으로 세워진 장막이 있었으며, 법궤가 그들의 하나됨(unity)의 중심이 되어야 했다. 그것은 신적 제도에 의한 것이었지만, 산당은 그것으로부터 이탈된 것이었다. 그럼에도 불구하고 그들이 다른 부분에서는 하나님의 법도를 따르며 하나님 한 분께 예배를 드릴 때, 하나님은 그들의 결함을 간과(看過)하시고 그들의 예배를 받아주셨다. 비록 그가 산당에서 분향했다 할지라도 그가 여호와를 사랑했던 것은 분명한 사실로서 인정되었다. 우리가 하나님보다 더 엄격해서는 안 된다.

[5]기브온에서 밤에 여호와께서 솔로몬의 꿈에 나타나시니라 하나님이 이르시되 내가 네게 무엇을 줄고 너는 구하라 [6]솔로몬이 이르되 주의 종 내 아버지 다윗이 성실과 공의와 정직한 마음으로 주와 함께 주 앞에서 행하므로 주께서 그에게 큰 은혜를 베푸셨고 주께서 또 그를 위하여 이 큰 은혜를 항상 주사 오늘과 같이 그의 자리에 앉을 아들을 그에게 주셨나이다 [7]나의 하나님 여호와여 주께서 종으로 종의

아버지 다윗을 대신하여 왕이 되게 하셨사오나 종은 작은 아이라 출입할 줄을 알지 못하고 8주께서 택하신 백성 가운데 있나이다 그들은 큰 백성이라 수효가 많아서 셀 수도 없고 기록할 수도 없사오니 9누가 주의 이 많은 백성을 재판할 수 있사오리이까 듣는 마음을 종에게 주사 주의 백성을 재판하여 선악을 분별하게 하옵소서 10솔로몬이 이것을 구하매 그 말씀이 주의 마음에 든지라 11이에 하나님이 그에게 이르시되 네가 이것을 구하도다 자기를 위하여 장수하기를 구하지 아니하며 부도 구하지 아니하며 자기 원수의 생명을 멸하기도 구하지 아니하고 오직 송사를 듣고 분별하는 지혜를 구하였으니 12내가 네 말대로 하여 네게 지혜롭고 총명한 마음을 주노니 네 앞에도 너와 같은 자가 없었거니와 네 뒤에도 너와 같은 자가 일어남이 없으리라 13내가 또 네가 구하지 아니한 부귀와 영광도 네게 주노니 네 평생에 왕들 중에 너와 같은 자가 없을 것이라 14네가 만일 네 아버지 다윗이 행함 같이 내 길로 행하며 내 법도와 명령을 지키면 내가 또 네 날을 길게 하리라 15솔로몬이 깨어 보니 꿈이더라 이에 예루살렘에 이르러 여호와의 언약궤 앞에 서서 번제와 감사의 제물을 드리고 모든 신하들을 위하여 잔치하였더라

우리는 여기에서 하나님이 솔로몬에게 나타나셔서 그와 더불어 대화하신 이야기를 보게 된다.

I. 하나님이 솔로몬에게 나타나신 정황(5절).

1. 장소는 기브온이었다. 그 곳은 큰 산당이 있는 곳으로서 하나님께 제사를 드림에 있어 유일한 장소가 되어야만 하는 곳이었다. 왜냐하면 바로 그 곳에 성막과 놋 제단이 있었기 때문이었다(대상 1:3, 솔로몬이 온 회중과 함께 기브온 산당으로 갔으니 하나님의 회막 곧 여호와의 종 모세가 광야에서 지은 것이 거기에 있음이라). 거기에서 솔로몬은 큰 제사를 드렸으며, 거기에서 하나님은 다른 어떤 산당들에서보다도 그를 더 인정해 주셨다. 우리의 예배가 하나님의 법에 더 가까우면 가까울수록 우리는 하나님의 임재를 더 많이 기대할 수 있게 된다. 하나님은 자기 이름을 두신 곳에서 우리를 만나실 것이며 또한 축복해 주실 것이다.

2. 시간은 밤이었다. 즉 솔로몬이 큰 제사를 드린 바로 그 날 밤이었다. 우리가 하나님의 일에 더 많이 착념할수록 우리는 그 안에서 그분의 더 큰 위로를 기대할 수 있다. 낮에 하나님을 위해 바빴다면, 밤에는 그분 안에서 평안을

누리게 될 것이다. 밤의 적막과 고요는 우리로 하여금 하나님과의 교제를 더욱 풍성케 한다. 하나님의 찾아오심은 종종 밤에 이루어진다(시 17:3).

3. 방식은 꿈이었다. 잠들어 감각이 마비된 상태에서 하나님의 나타나심은 좀 더 자유롭고 직접적일 수 있었다. 이와 같은 방식으로 하나님은 선지자들이나(신 12:6) 혹은 어떤 특별한 사람들에게(욥 33:15, 16) 말씀하시곤 하셨다. 이러한 신적인 꿈은 의심의 여지 없이 여러 가지 헛된 꿈들과는 명백하게 구별되는 것이었다.

II. 하나님이 솔로몬에게 무엇이든 원하는 것을 구하라고 말씀하심(5절). 솔로몬은 자기 옆에 하나님의 영광이 비춰는 것을 보았으며, 또한 "내가 네게 무엇을 줄꼬 너는 구하라"는 음성을 들었다. 이것은 하나님이 그의 많은 제물에 빚을 졌기 때문이 아니었다. 다만 이렇게 하심으로써 그가 드린 제물들을 기꺼이 받으셨으며, 또 그를 위해 큰 은총을 예비해 두셨음을 나타내고자 하셨다. 또한 이렇게 하심으로써 그가 어떤 마음을 갖고 있는지 시험하면서 믿음의 기도를 존귀케 하고자 하셨다. 이와 마찬가지로 하나님은 우리가 무엇을 구하든지 받을 것이라고 약속하심으로써 우리를 복된 길로 인도하신다(요 16:23; 요일 5:44). 구하라 그러면 주실 것이라고 말씀하셨으니 우리가 무엇을 더 바랄 수 있겠는가?

III. 이에 솔로몬이 하나님께 지혜를 구함. 솔로몬은 즉시 하나님의 말씀을 붙잡았다. 우리는 "나는 구하지 아니하겠나이다"라고 말한 아하스처럼(사 7:12) 하나님의 말씀을 대수롭지 않게 여겨서는 안 된다. 솔로몬은 잠든 가운데서도 하나님의 은혜를 구했다. 그것은 꿈속에서 드린 기도였지만, 그러나 살아 있는 기도였다. 우리가 가장 큰 관심을 기울이고 있는 것은 일반적으로 잠자고 있는 동안에도 우리에게 영향을 끼치는 법이다. 때때로 우리는 우리의 꿈을 통해 우리가 지금 무엇에 마음을 쓰고 있는지, 그리고 우리의 기분이 어떤 상태인지 알 수 있다. 플루타르크(Plutarch)는 유덕(有德)한 꿈은 지금 우리의 덕이 증진되고 있음을 보여주는 하나의 증거라고 하였다. 그러나 솔로몬의 꿈은 더 높은 근원으로부터 말미암은 것이었다. 그가 잠자고 있으면서도 그와 같이 훌륭한 선택을 한 것은 그것이 순전히 하나님의 은혜로부터 왔음을 보여준다. 나를 훈계하신 여호와를 송축할지라 밤마다 내 양심이 나를 교훈하도다(시 16:7). 이러한 기도 가운데,

1. 솔로몬은 하나님이 자기 아버지 다윗에게 큰 선(善, goodness)을 베푸셨음을 인정한다(6절). 솔로몬은 아버지의 허물은 감추면서 "그가 정직한 마음으로 주 앞에서 행했다"고 말함으로써 자기 아버지의 경건을 매우 영예롭게 언급한다. 경건한 부모를 칭송하는 자녀들은 그들 역시 자기 부모를 본받게 될 것이다. 그러나 그가 더 영예롭게 언급한 것은 그의 아버지에 대한 하나님의 선하심이었다. 하나님은 그의 아버지가 살아 있는 동안 그에게 은혜를 베푸셨으며, 죽은 후에는 그의 자리에 앉을 아들을 주심으로써 그에게 큰 호의를 베푸셨다. 자녀들은 자기 부모에게 베푸신 은총들로 인해 하나님께 감사를 드려야 한다. 하나님의 호의와 은총이 우리 부모들의 손을 통해 우리에게 전달되었음을 깨달을 때 그것은 우리에게 갑절로 달콤한 것이 된다. 그리고 우리가 이로 인해 하나님을 송축할 때 그러한 호의와 은총은 영원히 지속될 것이다.

2. 솔로몬은 부름 받은 사명을 감당할 능력이 자신에게 너무도 부족함을 인정한다(7, 8절). 우리는 여기에서 그가 지혜를 구하는 두 가지 근거를 보게 된다.

(1) 그의 위치가 지혜를 요구함. 그는 다윗의 후계자로서("주께서 종으로 종의 아버지 다윗을 대신하여 왕이 되게 하셨나이다. 그는 매우 지혜롭고 선한 자였사오니 여호와여 내게 지혜를 주셔서 그가 행한 일을 이어가게 하시고 그가 시작한 일을 계속해서 진행시켜 나가게 하소서") 그리고 이스라엘을 다스리는 자로서("여호와여 내게 잘 다스릴 수 있는 지혜를 주옵소서. 그들은 수효가 많아서 많은 돌봄을 필요로 하기 때문이나이다. 그들은 주께서 택하신 주의 백성이므로 주를 위하여 다스려져야 하나이다. 그들이 더 지혜롭게 다스려질수록 주께서 그들로부터 더 큰 영광을 받으실 것이나이다") 많은 지혜를 필요로 했다.

(2) 그의 지혜가 부족함. 그는 자신의 부족함을 인식하면서 다음과 같이 탄원한다. "여호와여 종은 작은 아이라(그의 아버지가 그를 지혜로운 사람이라고 불렀음에도 불구하고 그는 스스로를 작은 아이라고 부른다) 출입할 줄을 알지 못하나이다. 또한 나라를 다스림에 있어서의 일상적인 일도 알지 못하거늘 하물며 위중한 일들을 어찌 알겠나이까?" 공적인 위치에 있는 자들은 자신에게 맡겨진 일이 얼마나 중요한 일인지와 자신이 그 일을 수행하기에 얼마나 부족한지에 대해 분명한 인식을 가져야만 한다. 그럴 때 비로소 그들은 신적 지시

를 받을 수 있는 자격을 갖추게 되는 것이다. "누가 이 일을 감당하리요"(고후 2:16)라는 바울의 질문과 "누가 주의 이 많은 백성을 재판할 수 있사오리이까"(9절)라는 솔로몬의 질문은 여러 가지 면에서 매우 유사한 점이 많다. 솔로몬은 지혜로운 자였음에도 불구하고 백성들을 다스림에 있어서의 자신의 적합성에 대해 의문을 제기하면서 스스로 두려워한다. 아는 것이 많고 사려가 깊은 사람일수록 자신의 연약함을 인식하며, 스스로를 경계하는 법이다.

3. 솔로몬은 하나님께 지혜를 구한다(9절): 그러므로 종에게 듣는 마음(understanding heart)을 주옵소서. 그는 기꺼이 스스로를 하나님의 종이라 부르면서(시 116:16), 그에 의지하여 하나님께 탄원한다. "나는 주께 드려진 자요 주를 위해 부름 받은 자이오니 부름 받은 일을 수행하기 위해 필요한 것을 주옵소서." 그의 선한 아버지도 이와 같이 기도하며 탄원했다(시 119:125): 나는 주의 종이오니 나를 깨닫게(understanding) 하소서. 깨닫는 마음(understanding heart, 듣는 마음)은 하나님의 선물이다(잠 2:6, 대저 여호와는 지혜를 주시며 지식과 명철을 그 입에서 내심이며). 우리는 그것을 구해야만 하며(약 1:5, 너희 중에 누구든지 지혜가 부족하거든 모든 사람에게 후히 주시고 꾸짖지 아니하시는 하나님께 구하라), 또한 우리의 부르심과 각자 처한 구체적인 상황 속에서 그것을 적용해야 한다. 솔로몬이 듣는 마음(깨닫는 마음)을 구한 것은 자신의 호기심을 만족시키거나 혹은 주변 사람들에게 자랑하기 위함이 아니라 하나님의 백성을 재판하기 위함이었다. 우리로 하여금 우리의 마땅히 행할 바를 행하는데 도움이 되는 지식이야말로 최고의 지식이다. 그리고 그러한 지식은 우리로 하여금 선과 악, 옳고 그름, 죄와 의무, 그리고 진리와 거짓을 분별하도록 만들어 준다.

4. 솔로몬의 기도에 대한 하나님의 응답. 그것은 하나님을 기쁘시게 하는 기도였다(10절): 솔로몬이 이것을 구하매 그 말씀이 주의 마음에 든지라. 하나님은 자기 백성 안에서 당신이 열망을 불러일으킨, 다시 말해서 성령에 이끌려진 기도를 기뻐하신다. 이와 같은 선택 즉 지혜를 구한 것을 통해 솔로몬은 자신이 큰 자가 되기보다는 선한 자가 되기를 열망하며, 또한 자신의 영광보다는 하나님의 영광이 높아지기를 열망하는 것을 나타냈다. 세상적인 축복보다 영적인 축복을 더 좋아하며, 높아지는 것보다 의무를 수행하는 것에 더 착념하는 자를 하나님은 기뻐 받으신다. 그러나 그것이 전부가 아니었다. 그것은 효과적인

(prevailing) 기도였으며, 그는 기도한 것 이상을 받았다.

(1) 하나님은 그에게 지혜를 주셨다(12절). 하나님은 부름 받은 큰 일에 합당하도록 그를 구비(具備)시키기 위해 율법에 대한, 그리고 앞으로 그가 재판하게 될 사건들에 대한 올바른 이해력과 분명한 판단력과 꿰뚫어보는 눈을 주셨다. 이와 같은 통찰력과 예지력을 가진 왕은 지금까지 없었다.

(2) 하나님은 그가 구하지 않은 부귀와 영광도 주셨다(13절). 그리고 지혜에 있어서와 마찬가지로 부귀와 영광에 있어서도 그는 이전의 왕이나 이후에 일어날 왕이나 주변에 있는 다른 왕들보다 더 뛰어날 것이 약속되었다. 이것들 역시 하나님의 선물로서, 먼저 하나님의 나라와 그의 의를 구하는 자들에게 약속된 것들이다(마 6:33). 젊은이들로 하여금 금보다 은혜를 더 좋아하도록 가르쳐라. 왜냐하면 경건은 금생의 약속을 가지고 있지만 그러나 금생은 경건의 약속을 가지고 있지 않기 때문이다. 지혜와 재물을 함께 갖게 된 솔로몬은 얼마나 완벽한 축복을 받았는가! 지혜와 은혜는 없이 오직 재물과 권력만 가진 자는 그것 때문에 해를 당할 위험이 있으며, 재물과 권력은 없이 오직 지혜와 은혜만 가진 자는 선한 일에 있어 두 가지를 다 가진 자만큼 행할 수 없게 된다. 지혜는 좋은 것이로되, 그러나 재물과 함께 있을 때 더욱 좋은 것이 될 것이다(전 7:11). 그러나 만일 우리가 지혜와 은혜를 가지고 있다면, 그것들은 우리에게 물질적인 번영을 가져다주든지 아니면 그것이 없는 상태에서도 복된 삶을 누리도록 만들어 줄 것이다. 하나님은 솔로몬에게 부귀와 영광은 무조건적으로 약속해 주셨지만, 그러나 장수는 조건부로 약속해 주셨다(14절). 네가 만일 네 아버지 다윗이 행한 같이 내 길로 행하며 내 법도와 명령을 지키면 내가 또 네 날을 길게 하리라. 솔로몬은 이러한 조건을 지키지 못했다. 따라서 그는 부귀와 영광은 얻었지만, 그러나 그런 것들을 충분히 누릴 만큼 오래 살지는 못했다. 장수는 영생의 모형으로서 지혜의 오른손에 있는 축복이다. 그러나 부귀는 단지 왼손에 있는 축복일 따름이다(잠 3:16). 여기에서 다음의 사실들을 관찰하라.

[1] 영적인 축복을 얻는 길은, 여기에서 솔로몬이 한 가지 꼭 필요한 것으로서 지혜를 구한 것처럼, 그것을 간절히 구하며 기도의 씨름을 하는 것이라는 사실.

[2] 세상적인 축복을 얻는 길은 그것을 대수롭지 않게 여기며 그와 관련한 것은 하나님께 맡기는 것이라는 사실. 솔로몬이 지혜를 얻은 것은 그것을 구했

기 때문이며, 재물을 얻은 것은 그것을 구하지 않았기 때문이다.

5. 하나님의 찾아오심에 대한 솔로몬의 보답(15절). 우리는 그가 기쁨에 도취되어 깨어났을 것이라고 추측할 수 있다. 그는 깨어났고, 예레미야 선지자가 말한 것처럼 그 잠이 달았다(31:26). 그는 하나님의 호의에 크게 만족하면서 '무엇으로 주께 보답할꼬' 생각하기 시작했다. 그는 기브온의 산당에서 기도했었으며, 거기에서 하나님이 그를 만나 주셨다. 그러나 이제 그는 언약궤 앞에서 감사를 드리기 위해 예루살렘으로 온다. 그는 말하자면 하나님의 임재의 증표인 언약궤 앞에서 기도하지 않은 것을 자책하면서, 그리고 하나님이 그 곳이 아닌 다른 곳에서 자신을 만나 주신 것에 대해 의아하게 생각하면서 예루살렘으로 왔다. 하나님이 우리의 잘못을 간과(看過)하실 때, 우리는 즉시로 그것을 바로잡아야 한다. 예루살렘에서 솔로몬은

(1) 하나님께 큰 제물을 드렸다. 하나님께서 우리에게 어떤 선물들을 약속하셨을 때, 비록 그것이 아직 완전히 이루어지지는 않았다 할지라도 우리는 그것에 대해 하나님께 찬송을 드려야 한다. 다윗은 종종 하나님의 하신 일뿐만 아니라 그분의 말씀을 찬송하곤 했다(시 56:10, 그리고 특별히 삼하 7:18). 그리고 솔로몬은 여기에서 자기 아버지의 모범을 따르고 있었다.

(2) 큰 잔치를 베풀어 모든 신하들로 하여금 자신과 함께 하나님의 은혜를 즐거워하도록 하였다.

[16]그 때에 창기 두 여자가 왕에게 와서 그 앞에 서며 [17]한 여자는 말하되 내 주여 나와 이 여자가 한집에서 사는데 내가 그와 함께 집에 있으며 해산하였더니 [18]내가 해산한 지 사흘 만에 이 여자도 해산하고 우리가 함께 있었고 우리 둘 외에는 집에 다른 사람이 없었나이다 [19]그런데 밤에 저 여자가 그의 아들 위에 누우므로 그의 아들이 죽으니 [20]그가 밤중에 일어나서 이 여종 내가 잠든 사이에 내 아들을 내 곁에서 가져다가 자기의 품에 누이고 자기의 죽은 아들을 내 품에 뉘었나이다 [21]아침에 내가 내 아들을 젖 먹이려고 일어나 본즉 죽었기로 내가 아침에 자세히 보니 내가 낳은 아들이 아니더이다 하매 [22]다른 여자는 이르되 아니라 산 것은 내 아들이요 죽은 것은 네 아들이라 하고 이 여자는 이르되 아니라 죽은 것이 네 아들이요 산 것이 내 아들이라 하며 왕 앞에서 그와 같이 쟁론하는지라 [23]왕이 이르되 이 여자는 말하기를 산 것은 내 아들이요 죽은 것은 네 아들이라 하고 저 여자는 말하기를 아

나라 죽은 것이 네 아들이요 산 것이 내 아들이라 하는도다 하고 [24]또 이르되 칼을 내게로 가져오라 하니 칼을 왕 앞으로 가져온지라 [25]왕이 이르되 산 아이를 둘로 나누어 반은 이 여자에게 주고 반은 저 여자에게 주라 [26]그 산 아들의 어머니 되는 여자가 그 아들을 위하여 마음이 불붙는 것 같아서 왕께 아뢰어 청하건대 내 주여 산 아이를 그에게 주시고 아무쪼록 죽이지 마옵소서 하되 다른 여자는 말하기를 내 것도 되게 말고 네 것도 되게 말고 나누게 하라 하는지라 [27]왕이 대답하여 이르되 산 아이를 저 여자에게 주고 결코 죽이지 말라 저가 그의 어머니이니라 하매 [28]온 이스라엘이 왕이 심리하여 판결함을 듣고 왕을 두려워하였으니 이는 하나님의 지혜가 그의 속에 있어 판결함을 봄이더라

우리는 여기에서 솔로몬의 뛰어난 지혜를 보여주는 한 가지 사례를 보게 된다. 그것은 매우 실제적인 지혜였는데, 그 증거는 어떤 국가적인 기밀이나 궁중회의의 정책으로부터가 아니라 양 당사자 간의 분쟁을 해결하는 것으로부터 나왔다. 왕은 이와 같은 분쟁을 재판관의 손에 맡길 수 있지만, 그러나 자신이 직접 심리하는 것을 격에 맞지 않는 일이라고 생각해서는 안 된다. 다음을 관찰하라.

I. 재판이 벌어짐. 그것은 법률가들에 의해 벌어진 다툼이 아니라 사건 당사자들에 의해 벌어진 다툼이었다. 이와 같은 경우 그들의 진술에 근거하여 옳고 그름을 분별하는 것은 솔로몬처럼 꿰뚫어보는 눈(piercing eye)을 가진 사람에게 있어 그다지 어려운 일이 아니었을 것이다. 그들은 여관을 경영하는 두 명의 창기였다. 여기에 남편에 대한 언급이 없는 것으로 미루어 어떤 이들은 그녀들의 아기들이 행음에 의해 태어났을 것이라고 생각한다. 아마도 이 사건은 솔로몬 앞에 놓여지기에 앞서 이미 하급 법정에서 다루어졌을 것으로 여겨진다. 그러나 재판관들은 올바른 판결을 내릴 수 없었고, 따라서 마침내 솔로몬 앞에까지 나아오게 된 것일 것이다. 한집에서 함께 살고 있었던 이들 두 여인은 사흘 간격으로 각각 아들을 낳았다(17, 18절). 그들은 너무나 가난하여서 종이나 돌보는 사람을 둘 수 없었다. 또한 창기로서 멸시를 받는 자들이었으므로 친척이나 친구들이 곁에 있어 주지 않았다. 그런데 그들 가운데 한 여자가 자기 아들 위에 누우므로 아들이 죽자, 밤에 죽은 아이를 다른 아이와 바꿔치기 했다(19, 20절). 그러자 다른 여자가 이를 알아채고 공적 공의(public justice)에 호소하게 된 것이었다(21절). 여기에서 다음을 보라.

1. 어린 아기들로 인해 얼마나 많은 염려가 야기되는가? 아기의 생명은 너무도 불확실하며 너무나 많은 위험에 계속적으로 노출된다. 유아의 때는 사망의 음침한 골짜기이다. 이제 막 켜진 생명의 등불은 곧 꺼지기 쉽다. 이러한 때에 아주 소수의 아기들만 죽는다는 사실은 참으로 놀라운 은총이 아닐 수 없다.

2. 당시 음행으로 태어난 아기는 대체로 오늘날보다 형편이 훨씬 나았다. 당시 창기들은 자기 아기를 품에 안고 젖을 먹였으며 아기들과 헤어지기를 무척 싫어했다. 반면 오늘날 그렇게 태어난 아기들은 종종 멀리 보내지거나 유기되거나 혹은 죽임을 당한다. 그러나 이것은 이미 예언된 일이다. 말세에 고통하는 때가 이르리니(딤후 3:1, 3), 사람들이 본능적인 사랑조차도 내팽개쳐 버리게 될 것이다.

II. 사건의 난점. 문제는 살아 있는 아기의 진짜 어머니가 누구냐 하는 것이었다. 두 여자는 서로 자신이 진짜 어머니라고 열렬하게 주장했다. 둘은 서로 자신의 주장을 완강하게 고집한다. 한 여자가 "그 아기는 내 아기입니다"라고 말하면, 다른 여자는 "아닙니다. 내 아기입니다"라고 말했다. 살아 있는 아기를 기르는 것보다 죽은 아기를 묻는 것이 비용이 적게 들 일이겠건만, 어느쪽도 죽은 아기가 자기 아기라고 인정하지 않았다. 그들이 서로 차지하려고 애쓰는 것은 살아 있는 아기였다. 살아 있는 아기는 부모의 소망이며 기쁨이다. 그러나 죽은 아기가 어찌 부모의 소망이며 기쁨일 수 있겠는가? 예레미야 31장 17절을 보라(너의 장래에 소망이 있을 것이라 너의 자녀가 자기들의 지경으로 돌아오리라). 이 사건의 난점(難點)은 어느 쪽에도 증거가 없다는 사실이었다. 어쩌면 이웃 가운데 몇몇 사람이 해산할 때나 혹은 할례를 받을 때 옆에 있었을는지 모른다. 그러나 그렇다 할지라도 지금 아기들을 구별할 수 있을 정도로 주의를 기울여 유심히 살펴보지는 않았을 것이다. 만약에 그들을 형틀에 묶어 놓고 고문을 가한다면 그것은 너무도 야만적인 일이 될 것이다. 만일 그렇게 한다면 진짜 어머니가 아니라 고통을 더 잘 참는 여자가 아기의 어머니로 결정될 것이다. 그와 같은 방식으로 억지로 얻은 진술에 무슨 의미가 있단 말인가? 재판관이나 배심원들은 이와 같은 경우 진실을 분별할 수 있는 지혜를 가질 필요가 있다.

Ⅲ. 솔로몬의 판결. 솔로몬은 참을성 있게 양쪽의 말을 다 듣고 난 후 그들의 증언을 요약한다(23절). 이제 온 법정은 솔로몬이 어떻게 진실을 찾아내는지 주목한다. 아무도 누가 진짜 어머니인지 확실하게 알 수 없었다. 아마도 제비뽑기로 결정할 수밖에 없을 것이라고 생각한 이들도 있었을 것이다. 그런데 솔로몬은 칼을 가져오라고 하면서, 산 아이를 둘로 나누어 두 여자에게 나누어 주라고 명령한다.

1. 이것은 참으로 우스꽝스러운 판결처럼 보였다. 그것은 마치 매듭을 풀 수 없게 되자 칼로 잘라버리는 것과 같은 것이었다. 어떤 율법학자는 솔로몬이 무엇을 의도하면서 그렇게 말하는지 짐작하지도 못한 채 '이것이 솔로몬의 지혜란 말인가?' 라고 생각했을 것이다. 왕의 마음은 헤아릴 수 없느니라(잠 25:3). 산 소와 죽은 소를 나누는 것과 관련한 율법은 있지만(출 21:35), 그러나 지금의 경우는 그러한 율법과는 상관이 없는 것이었다.

2. 그러나 결국 그것은 진실을 찾는 매우 효과적인 방법임이 입증되었다. 어떤 이들은 이미 솔로몬이 여인들의 표정이나 말하는 방식을 통해 누가 진짜 어머니인지 알았지만, 그러나 그와 같이 한 것은 모든 무리를 납득시키고 가짜 어머니를 잠잠케 하기 위한 것이었을 것이라고 생각한다. 진짜 어머니를 찾아내기 위해 솔로몬은 아기가 누구를 더 사랑하는지를 시험할 수는 없었다. 따라서 두 여자 가운데 누가 더 아기를 사랑하는지 시험할 수밖에 없었다. 두 여자 모두 자신들이 진짜 어머니라고 주장하고 있었으므로, 진실은 아기가 위험에 처했을 때 나타날 것이었다.

(1) 그 아기가 자기 아들이 아님을 알고 있던 여자는 다툼 가운데 완악한 마음으로 기꺼이 아기를 나누는 것에 동의한다. 자기 아들을 깔려 죽게 한 여자는 아기를 나누는 것의 결과가 어떻게 되는지에는 개의치 않으면서 다만 상대 여자도 아기를 갖지 못하도록 하고자 했다: 내 것도 되게 말고 네 것도 되게 말고 나누게 하라. 그녀 자신은 스스로 알아채지 못했다 할지라도, 이로써 자신이 진짜 어머니라는 그녀의 주장이 거짓이라는 사실이 분명하게 드러나게 되었다. 만일 그녀가 진짜 어머니였다면 그토록 끔찍한 판결에 즉시로 동의하지는 않았을 것이다.

(2) 그러나 그 아기가 자기 아들임을 알고 있던 여자는 아이가 죽임을 당하는 것보다는 차라리 상대방에게 주고자 한다. 그녀는 애절하게 부르짖는다(26

절): 내 주여 산 아이를 그에게 주시고 아무쪼록 죽이지 마옵소서. "아기를 영원히 볼 수 없게 되기보다는 차라리 저 여자의 아기로서라도 보기를 원하나이다." 이로 인해 그녀는 자기 아기를 깔아죽일 정도로 부주의한 어머니가 아니라 자기 아기의 죽음을 차마 볼 수 없는 살아 있는 아이의 진짜 어머니라는 사실이 분명하게 드러나게 되었다. 솔로몬은 말한다. "이제 모든 것이 분명해졌도다. 무슨 증거가 더 필요하리요? 산 아이를 저 여자에게 주고 결코 죽이지 말라. 모두가 본 바와 같이 저가 그의 어머니이니라." 부모는 자기 자녀들을 잘 보살핌으로써 특별히 그들의 영혼을 잘 보살핌으로써 그리고 때때로 그들에게 거룩한 폭력을 행사함으로써 그들에 대한 사랑을 나타내야 한다(그렇게 함으로써 부모들은 자기 자녀들을 불 가운데로부터 건져낼 수 있을 것이다). 자녀들에 대해 부모의 의무를 행한 자가 자녀들로부터 위로를 받는 자가 될 것이다. 사탄은 사람의 마음이 자기 것이라고 주장한다. 그는 그것을 하나님과 나누는 것으로 만족해하는데, 그 사실이 그가 거짓말쟁이임을 나타낸다. 반면 마음의 정당한 주인은 전부를 다 갖거나 아니면 아무것도 갖지 않을 것이다.

IV. 솔로몬이 백성들로부터 큰 명성을 얻음. 그는 이 사건과 다른 여러 사건들로 인해 백성들로부터 지혜자로서의 큰 명성을 얻게 되었는데, 이러한 사실은 그의 왕권을 평안케 하는데 큰 영향을 끼쳤다: 온 이스라엘이 왕을 두려워하였으니(28절). 백성들은 왕을 크게 존경하면서 왕이 하는 일에 감히 반대하지 못했으며, 또한 정당하지 못한 일을 행하는 것을 두려워하였다. 왜냐하면 왕 앞에서는 모든 것이 분명하게 드러났기 때문이었다. 이는 하나님의 지혜가 그의 속에 있어 판결함을 봄이더라, 다시 말해서, 그 지혜는 하나님이 그에게 주시겠다고 약속하셨던 바로 그 지혜였기 때문이었다. 이것은 그의 얼굴에 광채가 나게 했으며(전 8:1), 그를 더 힘 있게 했다(전 7:19). 그에게 있어 이것은 전쟁의 무기들보다 더 나은 것이었다(전 9:18). 왜냐하면 이로 인해 그는 두려움의 대상이 되면서 동시에 사랑의 대상이 되었기 때문이다.

제 4 장

개요

우리는 하나님이 솔로몬에게 주신 지혜의 한 예를 앞 장 마지막 부분에서 살펴보았다. 이제 본 장에서 우리는 하나님이 그에게 주신 약속의 또 다른 부분인 부와 형통에 관한 이야기를 보게 된다. 본 장의 내용은 다음과 같다. I. 왕궁의 주요 대신들과(1-6절) 양식을 공급하는 자들(7-19절). 그리고 양식을 공급한 자들이 수행한 직무(27, 28절). II. 솔로몬의 식탁(22, 23절). III. 솔로몬의 통치영역(21, 24절). IV. 당시 백성들의 숫자와 그들의 상태와 그들이 누린 평화(20, 25절). V. 솔로몬의 마병과 말 외양간(26절). VI. 지혜와 학식에 있어서의 솔로몬의 큰 명성(29-34절). 이와 같이 솔로몬은 크고 위대했다. 그러나 우리 주 예수는 비록 종의 모양을 취했다 할지라도 그보다 더 큰 자였다(마 12:42). 신성(神性)의 가장 낮은 것이 왕의 가장 높은 것보다 더 크고 뛰어난 법이다.

[1]솔로몬 왕이 온 이스라엘의 왕이 되었고 [2]그의 신하들은 이러하니라 사독의 아들 아사리아는 제사장이요 [3]시사의 아들 엘리호렙과 아히야는 서기관이요 아힐룻의 아들 여호사밧은 사관이요 [4]여호야다의 아들 브나야는 군사령관이요 사독과 아비아달은 제사장이요 [5]나단의 아들 아사리아는 지방 관장의 두령이요 나단의 아들 사붓은 제사장이니 왕의 벗이요 [6]아히살은 궁내대신이요 입다의 아들 아도니람은 노동 감독관이더라 [7]솔로몬이 또 온 이스라엘에 열두 지방 관장을 두매 그 사람들이 왕과 왕실을 위하여 양식을 공급하되 각기 일 년에 한 달씩 양식을 공급하였으니 [8]그들의 이름은 이러하니라 에브라임 산지에는 벤훌이요 [9]마가스와 사알빔과 벧세메스와 엘론벧하난에는 벤데겔이요 [10]아룹봇에는 벤헤셋이니 소고와 헤벨 온 땅을 그가 주관하였으며 [11]나밧 돌 높은 땅 온 지방에는 벤아비나답이니 그는 솔로몬의 딸 다밧을 아내로 삼았으며 [12]다아낙과 므깃도와 이스르엘 아래 사르단 가에 있는 벧스안 온 땅은 아힐룻의 아들 바아나가 맡았으니 벧스안에서부터 아벨므홀라에 이르고 욕느암 바깥까지 미쳤으며 [13]길르앗 라못에는 벤게벨이니 그는 길르앗에 있는 므낫세의 아들 야일의 모든 마을을 주관하였고 또 바산 아르곱 땅의 성벽과 놋

빗장 있는 육십 개의 큰 성읍을 주관하였으며 [14]마하나임에는 잇도의 아들 아히나답이요 [15]납달리에는 아히마아스이니 그는 솔로몬의 딸 바스맛을 아내로 삼았으며 [16]아셀과 아롯에는 후새의 아들 바아나요 [17]잇사갈에는 바루아의 아들 여호사밧이요 [18]베냐민에는 엘라의 아들 시므이요 [19]아모리 사람의 왕 시혼과 바산 왕 옥의 나라 길르앗 땅에는 우리의 아들 게벨이니 그 땅에서는 그 한 사람만 지방 관장이 되었더라

I. 왕위에 앉은 솔로몬(1절). 솔로몬 왕이 온 이스라엘의 왕이 되었고. 즉 그의 후계자들이 단지 두 지파만을 다스린 것과는 달리, 그는 이스라엘 전체를 다스리는 왕이 되었다. 그는 왕이었다. 다시 말해서 그는 하나님이 주신 지혜로써 왕의 직무와 의무를 수행했다. 늘 자신의 직무를 의식하며 유의하는 자는 그러한 지위의 명성과 영예를 결코 잃지 않을 것이다.

II. 왕궁의 주요 대신들. 물론 그들을 선택하는 데에도 솔로몬의 지혜가 크게 발휘되었을 것이다. 여기에서 우리는 다음과 같은 사실들을 살펴볼 수 있다.

1. 그들 가운데 몇 사람은 그의 아버지 다윗의 시대에도 활동했던 사람들이었다는 사실. 사독과 아비아달은 그 때에도 제사장이었는데(삼하 20:25), 지금도 계속해서 그러한 직위를 유지하고 있었다. 다만 그 때는 아비아달이 가장 중요한 위치에 있었지만 지금은 사독이 그러했다. 여호사밧은 다윗의 때에도 사관이었지만 지금도 계속해서 그 직위를 유지했다. 브나야 역시도 다윗의 때에도 군사령관이었다가 지금도 계속 그러한 위치를 차지하고 있었다. 반면 다윗 시대의 서기관은 시사였지만 지금은 그의 아들들이 서기관의 직위를 가졌다(3절). 비록 지혜로운 사람이었음에도 불구하고 솔로몬은 이 일에 있어 자기 아버지보다 더 지혜로운 양 하려 하지 않았다. 아들이 아버지의 일을 이어받는 것은, 그리고 아버지가 등용한 자들을 아들도 등용하고 아버지가 신뢰한 자들을 아들도 신뢰하는 것은 아버지를 기리며 아버지에게 경의를 표하는 것이다. 또한 그것은 아버지를 공경하는 아들의 아름다운 모습이 아닐 수 없다. 많은 사람들이 자신들의 선한 부모와 거꾸로 행동하는 것을 자랑으로 여기곤 하는데, 그것은 실로 어리석은 일이다.

2. 나머지는 성직자들의 아들들이었다는 사실. 솔로몬의 첫 번째 신하(다시

말해서 가장 높은 신하 곧 총리)는 제사장 사독의 아들 아사리아였다(한글개역 개정판에는 이것이 다소 모호하게 표현되었다, 2절). 그리고 첫 번째 계급의 다른 두 사람은 선지자 나단의 두 아들이었다(5절). 그들을 높은 직위에 등용함으로써 솔로몬은 그들의 아버지(즉 나단 선지자)에게 큰 경의를 표했다(솔로몬은 나단을 선지자의 이름으로 사랑했다).

Ⅲ. 왕실에 양식을 공급한 자들. 그들의 직무는 왕과 왕실을 위해(7절) 그리고 왕의 말들을 위해(27, 28절) 전국각지로부터 양식을 조달하는 것이었다.

1. 이렇게 하여 왕실은 항상 양식으로 넉넉하게 되었다. 이로부터 우리는 가정(보통 가정이든 왕의 가정이든)을 잘 관리하는 법을 배워야 한다. 능력에 따라 넉넉하게 사용하고, 또 주의를 기울여 필요한 것들을 조달해야 한다. 먼 데서 양식을 가져오는 것이 현숙한 여자의 특징이다(잠 31:14). 이것은 원하는 물건을 무리하면서까지 먼 곳에서 억지로 가져오는 것을 의미하는 것이 아니라 반대로 가장 싼 곳으로부터 물건을 가져오는 것을 의미하는 것이다.

2. 이렇게 하여 솔로몬 자신과 옆에서 그를 보좌하는 자들은 더 쉽게 국사(國事)에 전념할 수 있게 되었다.

3. 이렇게 하여 상품 가격이 떨어지고 화폐가 유통되게 됨으로써 나라의 모든 지역이 골고루 혜택을 입게 되었다. 따라서 산업이 발전하고 부가 증진됨으로써 왕궁에서 가장 멀리 떨어진 지역까지도 혜택이 돌아갔다. 하나님의 섭리는 그분이 다스리는 모든 곳에까지 스스로 확장되는데(시 103:22), 왕의 세심한 배려와 돌봄 역시 그러해야 한다.

4. 이와 같이 양식을 공급하는 책임을 여러 사람에게 분담시킨 것은 매우 지혜로운 일이었다. 그렇게 함으로써 어느 한 사람이 과중한 부담을 지거나 혹은 과도한 부를 독점적으로 축적하는 것도 막을 수 있었다. 또한 그렇게 함으로써 솔로몬은 자신에게 봉사할 수 있는 자들을 나라 전역에서 확보할 수 있었다. 왕실을 위해 양식을 공급하는 책임을 맡은 지방관장들의 이름이 여기에 거명되고 있는데, 그들 가운데 몇몇 사람은 단지 가족 이름(surnames)으로만 나와 있다: 벤훌, 벤데겔 등. 이들 중 두 사람인 벤아비나답(11절)과 아히마아스(15절)는 솔로몬의 딸들과 결혼했다. 우리는 여기에서 당시 공주들이 상업을 하는 자들과 결혼하는 것이 수치스러운 일로 받아들여지지 않았던 사실을 볼 수 있다. 그녀들은 자기 아버지의 관리들인 이스라엘 남자들과 결혼하는 것을

약속의 언약 밖에 있는 이방의 왕자들과 결혼하는 것보다 더 좋아했다. 게벨의 아들은 길르앗 라못에 있었으며(19절) 게벨 자신은 시혼과 옥의 나라에 있었다 — 시혼과 옥의 나라는 길르앗 라못과 마하나임을 포함한 지역이었다(14절). 따라서 게벨은 그 땅에서 유일한 지방관장이라고 불렸는데, 그것은 13절과 14절에 언급된 다른 두 사람(벤게벨 즉 게벨의 아들과 아히나답)은 그의 수하에 있는 하급관리들이었기 때문이다.

[20]유다와 이스라엘의 인구가 바닷가의 모래 같이 많게 되매 먹고 마시며 즐거워하였으며 [21]솔로몬이 그 강에서부터 블레셋 사람의 땅에 이르기까지와 애굽 지경에 미치기까지의 모든 나라를 다스리므로 솔로몬이 사는 동안에 그 나라들이 조공을 바쳐 섬겼더라 [22]솔로몬의 하루의 음식물은 가는 밀가루가 삼십 고르요 굵은 밀가루가 육십 고르요 [23]살진 소가 열 마리요 초장의 소가 스무 마리요 양이 백 마리이며 그 외에 수사슴과 노루와 암사슴과 살진 새들이었더라 [24]솔로몬이 그 강 건너편을 딥사에서부터 가사까지 모두, 그 강 건너편의 왕을 모두 다스리므로 그가 사방에 둘린 민족과 평화를 누렸으니 [25]솔로몬이 사는 동안에 유다와 이스라엘이 단에서부터 브엘세바에 이르기까지 각기 포도나무 아래와 무화과나무 아래에서 평안히 살았더라 [26]솔로몬의 병거의 말 외양간이 사만이요 마병이 만 이천 명이며 [27]그 지방 관장들은 각각 자기가 맡은 달에 솔로몬 왕과 왕의 상에 참여하는 모든 자를 위하여 먹을 것을 공급하여 부족함이 없게 하였으며 [28]또 그들이 각기 직무를 따라 말과 준마에게 먹일 보리와 꼴을 그 말들이 있는 곳으로 가져왔더라

여기에서 우리는 솔로몬의 나라와 그의 왕궁의 영광을 보게 되는데, 일찍이 어느 군주도 그와 같은 나라와 왕궁을 가져본 적이 없었다.

I. 솔로몬의 나라. 이전과 이후를 막론하고 이스라엘의 왕들 가운데 솔로몬이 썼던 왕관보다 더 빛나는 왕관을 쓴 왕은 결코 없었다. 또한 메시야 왕국의 모형으로서의 이스라엘에게 있어 이 때보다 더 영광스러웠던 적도 없었다. 솔로몬의 나라와 관련하여 여기에 언급된 이야기는 그와 관련하여 시편 72편에 기록된 예언이 충분하게 성취된 것을 우리에게 보여준다(시편 72편은 솔로몬을 위한 시이지만 그리스도까지 관련된다).

1. 그의 통치영역은 광대했으며 많은 조공국들이 있었다. 그가 바다에서 바

다까지 다스릴 것이라고 예언된 대로 되었다(시 72:8-11). 그는 스스로의 선택에 의해 백성이 된 모든 이스라엘뿐만 아니라 강제로 백성이 된 모든 주변 나라들을 다스렸다. 북동쪽으로 유브라데 강으로부터 남서쪽으로 애굽 국경에 이르는 모든 왕들이 솔로몬에게 신하의 예를 올림으로써 그의 존귀를 더했을 뿐만 아니라 갖가지 조공을 바침으로써 그의 부를 증진시켰다(21절). 다윗은 전쟁으로 그들을 굴복시켰지만, 솔로몬은 감탄할 만한 지혜로써 좀 더 용이하게 그렇게 했다. 어리석은 자가 지혜로운 자의 종이 되는 것은 마땅한 일이다. 그들이 솔로몬에게 조공을 바치면 솔로몬은 그들에게 교훈을 주었다. 그는 백성들에게 지식을 가르치되, 자신의 백성들에게 뿐만 아니라 다른 나라의 백성들에게까지 그렇게 했다. 지혜가 금보다 나은 법이다. 솔로몬은 사방에 둘린 민족들과 평화를 누렸다(24절). 그에게 복종하는 나라 가운데 어느 나라도 그의 멍에를 벗어버리려고 하거나 혹은 소요를 일으키려고 하지 않았다. 도리어 그에게 의존하는 것을 행복으로 여겼다. 여기에서 우리는 그의 나라가 메시야 왕국의 모형이 되는 것을 보게 된다. 왜냐하면 메시야에게는 이방인을 자기 기업으로 받고 왕들이 그에게 **경배할** 것이라는 예언이 주어져 있기 때문이다(사 49:6, 7; 53:12).

2. 그의 나라의 백성은 크게 증가되고 그들은 모두 즐거운 삶을 누렸다.

(1) 백성들의 숫자가 크게 늘었다(20절): 유다와 이스라엘의 인구가 많게 되매. 이스라엘 땅은 그들 모두를 부양하기에 충분했다. 그들은 **바닷가의 모래** 같이 번성했다. 이제 아브라함에게 주신 약속, 즉 그의 씨가 크게 번성할 것과 관련한 약속(창 22:17)과 그들의 영토의 범위와 관련한 약속(창 15:18)이 이루어졌다. 백성들의 숫자가 번성한 것은 그들의 힘이요, 아름다움이요, 왕의 영광이요, 원수들의 두려움이요, 나라의 부(富)가 늘어나는 것이었다. 만일 그들이 너무 번성하여 땅이 협소하게 되면, 그들은 조공을 바치는 주변 나라들로 쉽게 이주할 수 있었다. 하나님의 영적 이스라엘은 그 수가 매우 많다 — 최소한 모두 모일 때 그러할 것이다(계 7:9).

(2) 그들은 편안하고 안전하게 살았다. 그들은 왕이나 관리들을 시기하지도 않았으며, 다른 사람이나 혹은 서로서로에 대해 불만을 품지도 않았으며, 외부나 혹은 내부의 적으로부터 어떤 위험도 느끼지 않았다. 그들은 행복했으며, 그 사실을 스스로가 인식하고 있었다. 그들은 안전하고 편안했으며, 기꺼이 자

신들이 그러하다고 생각했다. 그들은 모두가 자신의 포도나무와 무화과나무 아래에서 평안히 살았다(25절). 솔로몬은 어느 누구의 재산도 침해하지 않았다. 때때로 많은 왕들이 그러는 것과는 달리(삼상 8:14), 그는 어느 누구의 포도나무나 감람원도 빼앗지 않았다. 누구든지 자기 것을 자기 것이라고 말할 수 있었다. 그는 모든 사람의 소유권을 보호해 주었으며, 각자 자신의 소유를 향유할 수 있었다. 포도나무와 무화과나무를 가지고 있는 자는 그 열매를 먹을 수 있었다. 나라가 너무도 평안했으므로 그들은 마치 도성의 성벽 안에 있는 것처럼 어디서든지 안전하게 거할 수 있었다. 어쩌면, 집 곁에 포도나무가 있는 것이 보통이었으므로(시 128:3), 그들이 자신의 포도나무 아래 살았다고 언급된 것인지도 모른다.

(3) 그들은 풍성함 가운데 먹고 마시며 즐거워했다(20절). 솔로몬은 자신만 풍성한 식탁을 즐긴 것이 아니었다. 모든 백성들에게도 각자 자신의 직위와 형편에 따라 그렇게 하도록 했다. 그리고 하나님이 풍성하게 주신 것은 그것을 적절하고 즐겁게 쓰라고 주신 것이지 붙잡고만 있으라고 주신 것이 아님을 백성들에게 가르쳤다. 사람이 자기 손으로 수고하고 먹는 것보다 더 나은 것이 없으며(전 2:24), 또한 그것을 즐거운 마음으로 먹는 것이 마땅하다. 그의 아버지는 시편 가운데 자기 백성들을 하나님과의 교제의 위로 속으로 인도했거니와, 이제 그는 한 걸음 더 나아가 그들을 이생의 좋은 것들을 사용하는 위로 속으로 인도하고 있다. 이와 같은 평안과 즐거움은 단에서 브엘세바까지 펼쳐졌으며, 어느 지역도 불안과 고통에 노출되지 않았다. 또한 이와 같은 상태는 오랫동안, 즉 솔로몬이 사는 동안(25절) 특별한 중단 없이 계속되었다. 어디를 가든지 풍요와 평안과 만족으로 넘쳐났다. 우리는 여기에서 우리 주 예수 그리스도의 모든 신실한 백성들이 누리는 영적 평안과 기쁨과 거룩한 안전이 상징되어 있는 것을 볼 수 있다. 솔로몬의 나라와는 달리, 하나님의 나라는 먹는 것과 마시는 것이 아니다. 그것은 먹는 것과 마시는 것보다 무한히 더 좋은 것으로서, 성령 안에서 누리는 의와 평강과 희락이다.

Ⅱ. 솔로몬의 왕궁. 솔로몬의 식탁에 오른 하루치 음식물을 통해 우리는 그에게 많은 수종자들과 방문객들이 있었음을 추측할 수 있다. 엄청나게 많은 양의 가는 밀가루와 굵은 밀가루는 3,000명이 풍성하게 먹을 정도의 분량이었다(카렐루스는 4,800명 이상이 먹을 수 있었을 것이라고 계산한다). 그리고 각종

고기가 비율적으로 더 많은 분량을 차지했다(23절). 극상품의 소고기와 양고기와 사슴고기와 살진 새의 고기들이 풍성하게 있었다. 한 번은 아하수에로가 자기 나라의 부함을 나타내기 위해 큰 잔치를 베풀었다(에 1:3, 4). 그러나 솔로몬의 식탁은 사치스러운 진미나 속이는 음식(잠 23:3)이 아니라 자신의 지혜를 듣기 위해 오는 자들을 환대하기 위한 실속 있는 음식이었는데, 이러한 사실은 그의 영광을 더욱 빛나게 만들어 준다. 이와 같이 그리스도께서도 가르침을 받기 위해 나아온 자 5천명을 한자리에서 먹이셨는데, 이것이 솔로몬의 식탁이 한 번에 환대한 자들의 숫자보다 더 많은 것이었다. 또한 모든 그리스도인들은 그리스도 안에서 영구적인 잔치에 참예한다. 이 점에서 그리스도는 솔로몬을 훨씬 능가하는데, 그는 자신의 모든 백성들을 썩을 양식이 아니라 영생하도록 있는 양식으로 먹이신다. 솔로몬의 나라의 힘과 영광을 더욱 증대시킨 것은 그가 병거를 위한 4만 마리의 말과 12,000명의 마병을 가지고 있었던 사실이었다(26절, 아마도 공적 평안을 유지하기 위해 각 지파마다 1,000명씩 두었던 것으로 보인다). 하나님은 이스라엘의 왕은 말을 많이 두어서는 안 된다고 말씀하셨는데(신 17:16), 여기에 제시된 내용에 근거할 때 그리고 솔로몬 왕국의 크기와 부를 감안할 때 우리는 그가 주변 나라들과 비교하여 상대적으로 말을 많이 두지 않았다고 말할 수 있다. 왜냐하면 블레셋 사람들은 3만 승의 병거를 이끌고 전장에 나왔으며(삼상 13:5), 아람 사람들은 4만 명의 마병을 이끌고(삼하 10:18) 전장에 나왔기 때문이다. 왕실에 양식을 공급해 주었던 관장들은 또한 그의 말들을 위한 음식물도 조달했다(27, 28절). 모든 사람들이 자신의 위치와 맡은 일과 맡은 때를 알고 있었으므로, 그토록 거대한 왕궁이라 할지라도 별다른 혼란 없이 잘 유지될 수 있었다. 솔로몬은 수입도 엄청났지만 그에 못지않게 지출도 엄청났다. 아마도 다음과 같은 그의 말은 그 자신의 경험을 통한 것이었을 것이다. 재산이 많아지면 먹는 자들도 많아지나니 그 소유주들은 (그것으로 선을 행하는 것을 만족스럽게 여기지 않는 한) 눈으로 보는 것 외에 무엇이 유익하랴(전 5:11).

29하나님이 솔로몬에게 지혜와 총명을 심히 많이 주시고 또 넓은 마음을 주시되 바닷가의 모래 같이 하시니 30솔로몬의 지혜가 동쪽 모든 사람의 지혜와 애굽의 모든 지혜보다 뛰어난지라 31그는 모든 사람보다 지혜로워서 예스라 사람 에단과 마홀의 아들 헤만과 갈골과 다르다보다 나으므로 그의 이름이 사방 모든 나라에 들렸더라 [32]그가 잠언 삼천 가지를 말하였고 그의 노래는 천다섯 편이며 [33]그가 또 초목에 대하여 말하되 레바논의 백향목으로부터 담에 나는 우슬초까지 하고 그가 또 짐승과 새와 기어다니는 것과 물고기에 대하여 말한지라 [34]사람들이 솔로몬의 지혜를 들으러 왔으니 이는 그의 지혜의 소문을 들은 천하 모든 왕들이 보낸 자들이더라

솔로몬에게 있어 그의 지혜는 그의 부보다 더 큰 영광이었다. 우리는 여기에서 그의 지혜에 대한 개괄적인 설명을 보게 된다.

I. 그의 지혜의 원천. 그에게 지혜를 주신 분은 하나님이셨다: 하나님이 솔로몬에게 지혜와 총명을 주시고(29절). 솔로몬 자신도 이 사실을 인정한다: 대저 여호와는 지혜를 주시며(잠 2:6). 하나님은 이성의 힘을 주시고(욥 38:36) 보존하며 증진시키신다. 그것을 자라게 하는 것은 하나님의 섭리로 말미암음이요, 그것이 성화(聖化)되는 것은 하나님의 은혜로 말미암는 것이며, 그것이 특별히 솔로몬에게서 정점에 이른 것은 그의 기도에 대한 하나님의 응답으로 말미암은 것이었다.

II. 그의 지혜의 충만함. 하나님이 그에게 주신 지혜와 총명은 심히 많은(29절) 것이었다. 먼 나라들과 예전 시대의 역사에 대한 풍부한 지식과 총명한 사고력과 뛰어난 기억력과 명쾌한 판단력 등에 있어 어디에도 그와 비견될 만한 자가 없었다. 그것은 또한 넓은 마음으로 불려진다. 왜냐하면 종종 지적인 능력은 마음을 통해 나타나기 때문이다. 그의 지식의 범위는 매우 넓었으며, 사물을 전체적으로 판단하며 종합할 수 있는 놀라운 재능을 가지고 있었다. 그가 가졌던 넓은 마음과 관련하여 어떤 이들은 그것을 그가 어떤 명령이나 결정을 내릴 때 가졌던 그의 용기와 담대함과 확고한 신념을 의미하는 것으로 이해한다. 그렇지 않으면 자신이 가진 지식으로 선을 행하고자 했던 그의 성향을 의미하는 것일는지도 모른다. 그는 무엇에도 구애되지 않고 자유롭게 대화를 즐기는 사람이었으며, 지혜의 은사뿐만 아니라 언변(言辯)의 은사도 가지고 있었다. 양식을 나눠줌에 있어 인색하지 않았던 것처럼, 그는 또한 학식을 나눠주는 데에도 결코 인색하지 않았다. 많은 은사를 가진 자가 다른 사람들을 유익하게 하는 일에 그러한 은사를 즐거이 사용하고자 하는 넓은 마음을 갖는 것은 참으로 바람직한 일이 아닐 수 없다. 그리고 이 또한 하나님의 손으로부터 나오

는 것이다(전 2:24). 하나님은 마음을 넓히신다(시 119:32). 솔로몬의 큰 지혜는 다른 사람들과 비교할 때 더욱 두드러진다. 갈대아와 애굽은 학문으로 유명한 나라였으며, 그리스인들은 그들로부터 학문을 배웠다. 그러나 이들 나라들의 가장 위대한 학자들도 솔로몬에는 미치지 못했다(30절). 인위적인 노력(art)을 능가하는 것이 타고난 재능(nature)이라면, 타고난 재능을 능가하는 것은 바로 하나님의 은혜(grace)이다. 하나님이 특별한 은총으로 주신 지식은 인간이 스스로의 노력으로 얻은 지식을 훨씬 능가한다. 솔로몬 시대에 지혜자로서 큰 명성을 가진 자들이 몇몇 있었는데, 그들 가운데 우리는 에단과 헤만 등의 이름을 보게 된다. 이들은 레위인들로서 다윗 시대에 성전음악(temple-music)을 맡았던 자들이었다(대상 15:19). 특별히 헤만은 하나님의 말씀을 가진 왕의 선견자였다(대상 25:5). 갈골과 다르다는 형제지간으로서 그들 역시 학식과 지혜로 유명했다. 그러나 솔로몬이 그들 모두보다 뛰어났으며(30절), 그들 모두를 훨씬 능가했다.

Ⅲ. 그의 지혜에 대한 명성. 그는 지혜로 사방 모든 나라에 이름을 크게 떨쳤다: 그의 이름이 사방 모든 나라에 들렸더라(31절). 그의 큰 부와 영광이 그의 지혜를 더욱 빛나게 했으며, 또한 그로 하여금 자신의 지혜를 나타낼 수 있는 더 많은 기회를 갖게 했다(만일 그가 궁벽한 곳에서 가난하게 살았다면 그러한 기회를 갖기가 훨씬 어려웠을 것이다). 지혜라는 이름의 보석은 그것이 어떤 배경 위에 놓여지느냐에 따라 그 빛이 달라지는 법이다.

Ⅳ. 그의 지혜의 열매. 열매를 보아 나무를 아는 법이다. 그는 자신의 재능을 묻어두지 않고, 자신의 지혜를 활발하게 나타냈다.

1. 그의 지혜가 그의 작품들 가운데 나타남. 신적 영감에 의해 기록된 거룩한 작품들은 여기에서 언급되지 않는데, 그것은 그것들이 지금 그대로 남아 있기 때문이다. 그러한 작품들은 세상 끝까지 그의 지혜의 기념비로 남아 있을 것이며, 성경의 다른 부분들과 마찬가지로 우리에게 구원에 이르는 지혜로 사용될 것이다. 그러나 그러한 것들 외에도, 그가 말한 것으로부터 혹은 그가 기록하도록 명령한 것으로부터 우리는 다음과 같은 사실들을 알 수 있다.

(1) 그가 큰 분별력을 가진 도덕가(moralist)였다는 사실. 왜냐하면 그는 인간의 삶의 제반 법도들을 가르치는 **삼천 가지의 잠언**(지혜의 말 혹은 경구)을 말했기 때문이다. 세상은 많은 부분 잠언들에 의해 다스려지며, 우리는 솔로몬

의 잠언들보다 더 유용한 잠언을 어디에서도 보지 못한다. 지금 우리가 가지고 있는 솔로몬의 잠언이 여기에 언급된 삼천 가지 잠언 중 일부인가 하는 것은 확실치 않다.

(2) 그가 뛰어난 재능을 가진 시인이었다는 사실. 왜냐하면 그의 노래가 천 다섯 편에 이르렀기 때문이다. 그 가운데 단 하나의 노래만 남아 있는데, 그것은 오직 그것만 신적으로 영감되었기 때문이다. 따라서 그것은 '솔로몬의 노래들 중의 노래'(Solomon's song of the songs, 즉 솔로몬의 아가)로 불려진다. 그의 지혜로운 가르침들은 잠언을 통해 전달되며, 나아가 노래로써 감정이 자극되고 움직여진다.

(3) 그가 자연의 신비에 대한 풍부한 학식과 통찰력을 가진 천부적인 학자였다는 사실. 그 자신과 다른 사람들의 관찰과 경험으로부터, 그는 각종 식물과 동물들의 성격과 특징과 (어떤 이들은 생각하기를) 의학적 사용까지 논했다(33절).

2. 그의 지혜가 여러 사람들과의 대화 가운데 나타남. 각처로부터 지식을 추구하는 많은 사람들이 솔로몬의 지혜를 듣기 위해 왔다(34절). 그의 지혜의 소문을 들은 천하의 모든 왕들이 사신들을 보내 그의 지혜를 듣고 그 교훈을 가져오도록 했다. 솔로몬의 왕궁은 배움의 중심지요, 철학자 즉 지혜를 사랑하는 자들의 집결지가 되었다. 그들은 모두 솔로몬의 등불에서 불을 얻어 자신들의 촛불을 밝히기 위해 왔다. 솔로몬의 지혜는 오늘날에도 그 빛이 조금도 흐려지지 않고 계속해서 빛난다. 그것은 여전히 인간의 배움에 빛을 더하며, 땅의 위대한 인물들로 하여금 부지런히 살피고 연구하도록 만든다. 그리고 마지막으로, 여기에서 솔로몬은 그 안에 모든 지혜와 지식의 보화가 감취어 있는 그리스도의 모형이다. 왜냐하면 그는 하나님으로부터 나와서 우리에게 지혜가 되셨기 때문이다(고전 1:30).

제
— 5 —
장

개요

솔로몬에게 맡겨진 큰 역사(役事)는 바로 성전을 건축하는 것이었다. 그의 부와 지혜는 바로 이것을 위해 주어진 것이었다. 바로 이 점에서 그는 그리스도의 특별한 모형이 된다. 왜냐하면 장차 오실 메시야는 여호와의 전을 건축할 것이기 때문이다(슥 6:12). 본장에서 우리는 그가 성전과 다른 건물들을 건축하기 위한 준비를 하는 것을 보게 된다. 금과 은은 그의 아버지가 이미 풍부하게 준비해 두었으나, 목재와 돌은 그가 준비해야만 했다. 그리고 이러한 일과 관련하여 그는 두로 왕 히람의 협력을 받는다. I. 히람이 솔로몬의 왕위 등극을 축하함(1절). II. 솔로몬이 히람에게 성전을 건축할 계획을 밝히면서 일꾼들을 공급해 줄 것을 요청함(2-6절). III. 이에 히람이 기꺼이 동의함(7-9절). IV. 이렇게 하여 솔로몬의 역사(役事)가 본격적으로 진행되기 시작함(10-18절).

¹솔로몬이 기름 부음을 받고 그의 아버지를 이어 왕이 되었다 함을 두로 왕 히람이 듣고 그의 신하들을 솔로몬에게 보냈으니 이는 히람이 평생에 다윗을 사랑하였음이라 ²이에 솔로몬이 히람에게 사람을 보내어 이르되 ³당신도 알거니와 내 아버지 다윗이 사방의 전쟁으로 말미암아 그의 하나님 여호와의 이름을 위하여 성전을 건축하지 못하고 여호와께서 그의 원수들을 그의 발바닥 밑에 두시기를 기다렸나이다 ⁴이제 내 하나님 여호와께서 내게 사방의 태평을 주시매 원수도 없고 재앙도 없도다 ⁵여호와께서 내 아버지 다윗에게 하신 말씀에 내가 너를 이어 네 자리에 오르게 할 네 아들 그가 내 이름을 위하여 성전을 건축하리라 하신 대로 내가 내 하나님 여호와의 이름을 위하여 성전을 건축하려 하오니 ⁶당신은 명령을 내려 나를 위하여 레바논에서 백향목을 베어내게 하소서 내 종과 당신의 종이 함께 할 것이요 또 내가 당신의 모든 말씀대로 당신의 종의 삯을 당신에게 드리리이다 당신도 알거니와 우리 중에는 시돈 사람처럼 벌목을 잘하는 자가 없나이다 ⁷히람이 솔로몬의 말을 듣고 크게 기뻐하여 이르되 오늘 여호와를 찬양할지로다 그가 다윗에게 지혜로운 아들을 주사 그 많은 백성을 다스리게 하셨도다 하고 ⁸이에 솔로몬에게 사람

을 보내어 이르되 당신이 사람을 보내어 하신 말씀을 내가 들었거니와 내 백향목 재목과 잣나무 재목에 대하여는 당신이 바라시는 대로 할지라 ⁹내 종이 레바논에서 바다로 운반하겠고 내가 그것을 바다에서 뗏목으로 엮어 당신이 지정하는 곳으로 보내고 거기서 그것을 풀리니 당신은 받으시고 내 원을 이루어 나의 궁정을 위하여 음식물을 주소서 하고

우리는 여기에서 솔로몬과 히람 사이에 우호적인 대화(사신들을 통한 대화)를 보게 된다. 두로는 바다에 인접해 있으면서 이스라엘과 접경(接境)한 유명한 상업 도시였다. 두로의 주민들은 저주 받은 백성들도 아니었으며, 이스라엘과 한 번도 적대관계에 있지 않았던 것으로 보인다. 따라서 다윗은 그들을 멸망시키고자 시도하지 않고 도리어 그들과 더불어 우호관계를 유지했다. 두로의 왕 히람은 여기에서 평생 다윗을 사랑한 사람으로 언급된다. 이러한 사실에 근거하여 우리는 히람이 두로의 우상 숭배를 버리고 참 하나님을 경외했을 것이라고 어느 정도 추측할 수 있다 — 비록 두로의 우상 숭배를 완전히 폐지시키지는 못했다 할지라도. 다윗의 인품은 심지어 이스라엘 밖의 사람들에게까지도 상당한 영향을 끼쳤다. 우리는 여기에서 다음과 같은 이야기를 보게 된다.

I. 솔로몬이 왕이 된 것을 축하하기 위해 히람이 신하들을 보냄(1절).   히람은 왕들의 통상적인 예에 따라 다윗의 죽음에 조의를 표하고 후계자와 더불어 우호관계를 더욱 돈독케 하기 위해 사신들을 보냈다. 신앙을 최고의 가치로 여기는 가문과 더불어 좋은 관계를 맺는 것은 참으로 선한 일이다.

II. 솔로몬이 성전 건축의 일과 관련하여 히람에게 사자를 보냄.   부와 영광과 권력에 있어 히람은 솔로몬에 크게 미치지 못했으나, 솔로몬은 지금 그의 도움을 필요로 하고 있었고 따라서 그의 호의를 구했다. 우리는 우리보다 못한 자들에 대해 무시하는 태도를 가져서는 결코 안 된다. 왜냐하면 언제 그들의 도움을 필요로 하게 될지 알 수 없기 때문이다. 솔로몬은 히람에게 보내는 친서를 통해 다음과 같은 사실을 알린다.

1. 하나님의 영광을 위해 성전을 건축하고자 하는 계획. 어떤 이들은 이교도들 가운데 있었던 신전들은 모세가 광야에서 세운 성막을 본따 만든 것이며 따라서 그 이전에는 신전이 없었다고 생각한다. 그러나 이스라엘의 하나님을

존귀케 하기 위한 성소가 세워지기 이전에도 거짓 신들을 존귀케 하기 위해 세워진 많은 신전들이 있었다. 외적인 화려함은 참된 교회의 표지가 되지 못한다. 솔로몬은 히람에게 다음과 같은 요지의 이야기를 한다.

(1) 다윗은 수많은 전쟁을 벌임으로써 성전을 건축할 수 없었다(3절). 그는 전쟁하는 일에 많은 시간과 마음을 쏟을 수밖에 없었으며, 거기에는 많은 비용과 백성을 동원하는 일이 따르지 않을 수 없었다. 따라서 그는 성전을 건축하는 일을 할 수 없었으며, 그 일이 신앙에 있어 본질적인 일은 아니므로 그것을 후계자에게 맡겼다. 우리는 "하나님이여 우리 시대에 평화를 주옵소서"라고 기도해야 한다. 왜냐하면 전쟁의 시대에는 복음의 성전을 건축하는 것이 일반적으로 너무나 더디게 이루어지기 때문이다.

(2) 지금은 평화의 때로서 성전을 건축할 호기(好機)이며, 따라서 자신은 즉시 그 일에 착수하기로 결심했다. 이제 내 하나님 여호와께서 내게 사방의(대내적으로나 대외적으로나) 태평을 주시매 원수도 없고 사탄(문자적으로)도 없으며 그 일을 훼방할 사탄의 도구도 없도다. 사탄은 하나님의 집을 세우는 일을 방해하기 위해서라면 자기가 할 수 있는 모든 일을 다 한다(살전 2:18; 슥 3:1). 그러므로 그가 결박을 당했을 때(계 20:2), 우리는 부지런히 하나님의 집을 세우는 일을 수행해야 한다. 악이 횡행하지 않을 때 우리는 더욱 열심히 선한 일에 힘써야 한다. 평안할 때 교회들은 더욱 흥왕하고 번성해야 한다(행 9:31, 그리하여 온 유대와 갈릴리와 사마리아 교회가 평안하여 든든히 서 가고 주를 경외함과 성령의 위로로 진행하여 수가 더 많아지니라). 평화와 형통의 때는 순풍의 때이다. 그러나 만일 우리가 그것을 선용(善用)하지 못한다면 그것은 전적으로 우리의 책임이다. 하나님의 섭리가 부와 여유를 줌으로써 그로 하여금 성전을 건축할 마음을 갖게 한 것처럼, 또한 하나님의 약속이 그를 고무했다. 하나님은 다윗에게 "네 아들이 내 이름을 위하여 성전을 건축하리라"고 말씀하셨다(5절). 솔로몬은 자신에게 맡겨진 일을 기쁨으로 받아들일 것이며, 또한 그러한 약속에 의해 부여된 영광을 결코 잃지 않을 것이었다. 어떤 일에 대해 만일 우리가 그에 대한 성공의 확증을 받는다면, 그것은 우리에게 좋은 격려와 자극이 될 것이다. 하나님의 약속은 우리의 노력을 더욱 촉진하는 것이 되어야 한다.

2. 이 일에 히람이 협력해 주기를 바람. 목재는 레바논에서 취할 것이었다. 그 곳은 가나안 북쪽에 있는 훌륭한 삼림지역으로서, 특별히 모든 레바논(온 레

바논)이 이스라엘에게 주어진 것으로 언급된다(수 13:5). 따라서 그 땅의 모든 소산의 소유권은 솔로몬에게 있었다. 레바논의 백향목은 특별한 의미에서 여호와께서 심으신 것으로(이스라엘로 하여금, 특별히 성전의 일을 위해 사용하도록 하기 위해) 언급된다(시 104:16). 그러나 솔로몬은 비록 그 나무들이 자신의 것이긴 하지만 이스라엘 사람들은 히람의 백성인 시돈 사람들처럼 훌륭한 벌목기술을 갖고 있지 못하다고 말한다. 가나안은 밀과 보리의 소산지였다(신 8:8). 따라서 이스라엘 백성들은 주로 농업에 종사하였으므로 특별한 벌목기술 같은 것은 가지고 있지 못했다. 반면 시돈 사람들은 이 일에 매우 뛰어났다. 이스라엘은 하나님의 일에 있어서는 지혜롭고 명철한 백성이었지만, 공교한 기술에 있어서는 주변 백성들만 못하였다. 참된 경건은 최고 수준의 기술보다도 훨씬 더 귀한 하늘의 은사이다. 벌목에 정통한 시돈 사람보다 율법에 정통한 이스라엘 사람이 훨씬 더 나은 법이다. 어쨌든 이와 같은 상황에서 솔로몬은 히람에게 일꾼들을 보내줄 것을 요청하면서, 그들을 도울 것과(내 종과 당신의 종이 함께 할 것이요) 그들에게 삯을 지불할 것을(내가 당신의 종의 삯을 당신에게 드리리이다) 약속한다. 일꾼은 그 삯을 받는 것이 마땅하다 ― 비록 교회와 관련한 일이라 할지라도 그리고 그 일 자체가 삯이라 할지라도. 이사야 선지자는 메시야 시대의 교회의 영광을 내다보면서 다음과 같은 예언하는데(사 60장), 아마도 그것은 이 이야기를 언급하고 있는 것으로 보인다.

(1) 이방인의 아들들이(두로 사람과 시돈 사람과 같은) 성전의 벽을 쌓을 것이다(사 60:10). 그리스도의 몸을 세우기 위해 이방인들 가운데 일꾼들이 세워졌다.

(2) 레바논의 영광이 이르러 그것을 아름답게 할 것이다(13절). 모든 재능들은 그리스도의 나라를 유익케 하는 일에 사용되어야 한다.

3. 솔로몬의 요청에 히람이 기쁨으로 회답을 보냄.

(1) 솔로몬의 친서를 받았을 때 히람은 크게 기뻐했다: 히람이 솔로몬의 말을 듣고 크게 **기뻐하여**(7절). 솔로몬이 자기 아버지 다윗의 길을 따르며 아버지의 숙원을 이루며, 나아가 나라의 큰 축복이 될 것을 바라보았을 때, 히람은 크게 기뻐하지 않을 수 없었다. 그가 기뻐한 것은 솔로몬이 요청한 것이 결과적으로 자신에게 이득이 되기 때문이 아니라 그가 매우 너그러운 마음을 가졌기 때문이었다. 이에 대해 히람은 하나님께 영광을 돌린다: 여호와를 찬양할지로다 그가

다윗에게 지혜로운 아들을 주사 그 많은 백성을 다스리게 하셨도다. 여기에서 솔로몬의 지혜와 그의 광대한 통치영역에 대해 히람이 얼마나 기뻐하고 있는지 주목하라. 어떤 사람이 우리보다 더 뛰어난 재능이나 세속적인 힘을 가졌을 때, 우리는 그것을 보며 시기하지 않는 법을 배워야 한다. 이스라엘이 잘 되기를 바라는 자에게 있어 믿음과 지혜가 세대를 이어 계승되는 것을 보는 것은(특별히 백성들에게 큰 영향을 끼치는 왕가에서 그렇게 되는 것을 보는 것은) 얼마나 큰 기쁨이며 위로인가! 그렇게 되는 곳에서 하나님은 영광을 받으신다. 경건한 부모에게 경건한 자손이 주어지는 것은 축복의 유업이 끊어지지 않을 것임을 보여주는 복된 증표이다.

(2) 히람은 솔로몬이 하고자 하는 일에 기꺼이 협력하겠다는 뜻을 밝히면서 그의 요청을 기쁨으로 받아들이겠다고 대답한다. 우리는 여기에서 이 일과 관련한 히람의 협약서를 보게 되는데, 이를 통해 우리는 그의 신중함을 잘 볼 수 있다.

[1] 그는 회신을 보내기에 앞서 솔로몬의 제안을 깊이 심사숙고했다(8절): 내가 그 일을 심사숙고했거니와(한글개역개정판에는 당신이 사람을 보내어 하신 말씀을 내가 들었거니와로 되어 있음). 성급하게 계약을 맺은 사람이 나중에 그것을 후회하며 취소되기를 바라는 것은 흔히 있는 일이다. 현숙한 여인은 먼저 밭을 살펴보고 그러고 난 후 산다(잠 31:16). 심사숙고하느라 시간을 쓰는 것은 결코 시간을 허비하는 것이 아니다.

[2] 그는 피차간의 협약에 세부적인 내용까지 확실하게 매듭을 지어놓는다. 그렇게 함으로써 나중에 오해가 생겨 다툼이 야기되는 것을 막고자 하였다. 솔로몬은 나무를 벌목하는 것에 대해 말했으며(6절), 히람은 이와 관련하여 그가 바라는 대로 모두 동의했다(8절). 그러나 운송과 관련해서는 아무것도 이야기된 것이 없었고, 따라서 이 문제가 분명하게 매듭지어져야 했다. 육로 수송은 매우 번거롭고 비용도 많이 들 것이었다. 따라서 히람은 모든 목재를 레바논으로부터 바다를 통해 해안선을 따라 수송할 것이었다. 해로 수송은 무역에 있어 매우 편리한데, 사람에게 이러한 지혜를 가르쳐 주신 하나님께 찬양을 드리자. 히람이 그 협약을 얼마나 명확하게 했는지 주목하라. 목재가 인도될 장소는 솔로몬이 지정해야 했으며, 히람은 그 곳으로 모든 목재를 안전하게 인도할 책임을 떠맡았다. 시돈 사람들은 목재 산업에 있어 이스라엘 사람들을 훨씬 능가했

던 것처럼 항해(航海)에 있어서도 그러했다. 왜냐하면 두로와 시돈은 바다 어귀에 위치해 있었기 때문이었다(겔 27:3). 따라서 그들은 해로 수송을 맡기에 가장 적합했다. 모든 기술자에게는 각자에게 할당된 직(職)이 있는 법이다.

[3] 만일 히람이 이 일을 맡아 솔로몬이 바라는 대로 모두 행한다면(8절), 그는 솔로몬이 삯을 지불할 것을 정당하게 기대할 수 있었다. "당신은 받으시고 내 원을 이루어 (일꾼들을 위하여 뿐만 아니라) 나의 궁정을 위하여 음식물을 주소서(9절)." 만일 두로가 이스라엘에게 기술자들을 제공한다면, 이스라엘은 두로에게 식량을 제공할 것이다(겔 27:17). 이와 같이 하나님의 지혜로운 섭리에 의해 나라들끼리 서로를 필요로 하며 피차에 유익을 얻고, 그럼으로써 상호간에 교류와 의존이 증대되는 것은 모두의 아버지이신 하나님께 영광이 된다.

[10]솔로몬의 모든 원대로 백향목 재목과 잣나무 재목을 주매 [11]솔로몬이 히람에게 그의 궁정의 음식물로 밀 이만 고르와 맑은 기름 이십 고르를 주고 해마다 그와 같이 주었더라 [12]여호와께서 그의 말씀대로 솔로몬에게 지혜를 주신 고로 히람과 솔로몬이 친목하여 두 사람이 함께 약조를 맺었더라 [13]이에 솔로몬 왕이 온 이스라엘 가운데서 역군을 불러일으키니 그 역군의 수가 삼만 명이라 [14]솔로몬이 그들을 한 달에 만 명씩 번갈아 레바논으로 보내매 그들이 한 달은 레바논에 있고 두 달은 집에 있으며 아도니람은 감독이 되었고 [15]솔로몬에게 또 짐꾼이 칠만 명이요 산에서 돌을 뜨는 자가 팔만 명이며 [16]이 외에 그 사역을 감독하는 관리가 삼천삼백 명이라 그들이 일하는 백성을 거느렸더라 [17]이에 왕이 명령을 내려 크고 귀한 돌을 떠다가 다듬어서 성전의 기초석으로 놓게 하매 [18]솔로몬의 건축자와 히람의 건축자와 그발 사람이 그 돌을 다듬고 성전을 건축하기 위하여 재목과 돌들을 갖추니라

I. 솔로몬과 히람 사이에 맺어진 협약이 그대로 이행됨. 양자는 각자 자신의 약속을 잘 이행했다.

1. 히람은 약속대로 솔로몬에게 목재를 인도해 주었다(10절). 나무는 솔로몬의 것이었지만, 그러나 그것을 벌목하여 지정된 장소로 인도해 준 것은 히람이었다.

2. 솔로몬은 히람에게 약속한 양식을 주었다(11절). 이와 같이 거래 당사자 간에는 공의가 따라야 한다(신 16:20, 너는 마땅히 공의만을 따르라 그리하면 네

가 살겠고 네 하나님 여호와께서 네게 주시는 땅을 차지하리라).

II. 이렇게 하여 둘 사이의 우의(友誼)가 더욱 돈독해짐. 하나님이 솔로몬에게 지혜를 주셨는데(12절), 이것은 히람이 주었거나 줄 수 있었던 어떤 것보다도 더 나은 것이었다. 이것이 히람으로 하여금 솔로몬을 사랑하게 만들면서, 동시에 솔로몬으로 하여금 더욱 호의를 많이 베풀도록 했다. 이로써 그들은 상호간에 사랑이 더욱 무르익고, 우의가 더욱 굳건해지게 되었다. 정직하고 공정한 자들과 우의를 돈독하게 하는 것은 지혜로운 일이다.

III. 성전 건축을 위해 솔로몬이 일꾼들을 세움.

1. 히람의 종들과 협력하여 나무를 벌목하며 깎는 일을 위한 역군들이 있었는데, 이들은 이스라엘 사람들로 세워졌다. 이 일을 위해 솔로몬은 3만 명의 역군을 세우면서 만 명씩 돌아가면서 일하도록 하였다. 이렇게 하여 역군들은 한 달 일하고 두 달 쉬게 되었는데, 두 달 동안 그들은 휴식과 함께 각자 자기 집의 일을 돌볼 수 있었다(13, 14절). 비록 성전을 건축하는 일이었다 할지라도, 솔로몬은 그들이 과중한 부담을 지지 않도록 세심하게 배려했다. 높은 위치에 있는 자들은 아랫사람들 역시도 자신들처럼 쉬어야만 한다는 사실을 잊어서는 안 된다.

2. 또 짐꾼과 돌 뜨는 자들이 있었는데, 이들은 여러 나라들로부터 포로로 잡혀온 자들이었다(15절). 우리는 이들에게 휴식기간이 주어졌는지 여부에 대해서는 아무것도 읽지 못하는데, 그것은 이들이 노예의 신분이었기 때문이다.

3. 또 사역을 감독하는 관리 3,300명이 세워졌다(16절). 이들 역시 다른 일꾼들과 마찬가지로 꼭 필요하고 유용한 자들이었다. 이렇게 하여 많은 일꾼들과 감독관들이 세워졌는데, 이들은 성전뿐만 아니라 예루살렘과 레바논과 그가 다스리는 온 땅에 여러 건물들을 건축하는데 쓰여질 것이었다(9:17-19). 솔로몬은 자신의 방대한 역사(役事)에 대해 "내가 나의 사업을 크게 하였노라"(전 2:4)라고 말한다. 그 일에는 이와 같이 많은 일꾼들이 필요했다.

IV. 성전의 기초를 놓음. 솔로몬의 마음 가운데 가장 중요한 위치를 차지하고 있었던 것은 바로 성전이었다. 따라서 그는 성전을 건축하는 일부터 시작한다(17, 18절). 성전의 기초를 놓을 때 아마도 솔로몬이 직접 그 자리에 참석하여 주관했을 것이다. 그리고 첫 번째 돌은 (유명한 건축물에 대해 통상적으로 그렇게 하는 것처럼) 어떤 장엄한 의식과 함께 놓았을 것이다. 솔로몬은 크고 귀한 돌을 가져다가 기초석으로 놓으라고 명령한다. 그는 무슨 일을 하든지 최고로 하고자 했으며, 따라서 기초석으로서 가장 값진 돌을 놓고자 혹은 묻고자 했다(아마도 묻었을 가능성이 더 높아 보인다). 기초석으로 놓여진 그리스도는 택함 받은 귀한 돌이다(사 28:16). 그리고 교회의 기초는 청옥과 함께 놓여졌다고 언급된다(사 54:11; 계 21:19과 비교하라).

제
— 6 —
장

개요

성전을 건축하기 위한 오랜 준비과정이 마무리되고, 마침내 우리는 본장에서 성전 건축이 시작되는 이야기를 보게 된다. 그 일은 세계의 경이(驚異) 가운데 하나로서 장대한 작업이었으며, 영적인 의미로 볼 때 교회의 영광 가운데 하나였다. 본 장의 내용은 다음과 같다. I. 성전 건축이 시작된 때(1절)와 총 공사기간(37, 38절). II. 성전 건축 작업이 조용하게 이루어짐(7절). III. 성전의 크기(2, 3절). IV. 성전 건축 도중 하나님이 솔로몬에게 주신 말씀(11-13절). V. 세부적인 것들: 창문(4절), 골방(5, 6, 8-10절), 벽과 마루(15-18절), 지성소(19-22절), 그룹(23-30절), 문(31-35절), 그리고 안뜰(36절). 많은 학자들이 성전 건축과 관련한 세부적인 묘사들을 상술(詳述)하는 일에, 그리고 그 안에서 발견되는 어떤 난제들을 푸는 일에 많은 노고를 기울여왔다. 그러나 그러한 문제에 있어 우리는 특별히 제시할 만한 어떤 새로운 것도 가지고 있지 않다. 우리는 지나친 호기심을 가지고 세부적인 묘사 하나하나에 이르기까지 특별한 의미를 붙이지는 않을 것이다. 그렇게 할 때 우리는 본문을 충분히 이해하게 될 것이며, 이 영광스러운 건축물을 바라보는 것이야말로 본 장에 대한 최고의 설명이 될 것이다.

[1]이스라엘 자손이 애굽 땅에서 나온 지 사백팔십 년이요 솔로몬이 이스라엘 왕이 된 지 사 년 시브월 곧 둘째 달에 솔로몬이 여호와를 위하여 성전 건축하기를 시작하였더라 [2]솔로몬 왕이 여호와를 위하여 건축한 성전은 길이가 육십 규빗이요 너비가 이십 규빗이요 높이가 삼십 규빗이며 [3]성전의 성소 앞 주랑의 길이는 성전의 너비와 같이 이십 규빗이요 그 너비는 성전 앞에서부터 십 규빗이며 [4]성전을 위하여 창들 있는 붙박이 창문을 내고 [5]또 성전의 벽 곧 성소와 지성소의 벽에 연접하여 돌아가며 다락들을 건축하되 다락마다 돌아가며 골방들을 만들었으니 [6]하층 다락의 너비는 다섯 규빗이요 중층 다락의 너비는 여섯 규빗이요 셋째 층 다락의 너비는 일곱 규빗이라 성전의 벽 바깥으로 돌아가며 턱을 내어 골방 들보들로 성전의 벽에 박히지 아니하게 하였으며 [7]이 성전은 건축할 때에 돌을 그 뜨는 곳에서 다듬고

가져다가 건축하였으므로 건축하는 동안에 성전 속에서는 방망이나 도끼나 모든 철 연장 소리가 들리지 아니하였으며 ⁸중층 골방의 문은 성전 오른쪽에 있는데 나사 모양 층계로 말미암아 하층에서 중층에 오르고 중층에서 셋째 층에 오르게 하였더라 ⁹성전의 건축을 마치니라 그 성전은 백향목 서까래와 널판으로 덮었고 ¹⁰또 온 성전으로 돌아가며 높이가 다섯 규빗 되는 다락방을 건축하되 백향목 들보로 성전에 연접하게 하였더라

Ⅰ. 우리는 여기에서 성전이 여호와의 집으로 불리는 것을 보게 된다(1절, KJV에는 he began to build the house of the LORD 즉 그가 여호와의 집 건축하기를 시작하였더라로 되어 있음,).   그 이유는 다음과 같다.

1. 그것이 여호와에 의해 지시되고 설계되었기 때문이다. 그것의 건축자는 무한하신 지혜자이셨다. 그가 다윗에게 성령에 의해 설계도를 주셨는데, 그것은 모세에게 성막의 설계도를 주실 때와 마찬가지로 단지 말씀으로써만이 아니라 글로써 분명하고 명확하게 주신 것이었다(대상 28:11, 12).

2. 그것이 여호와를 섬기는 일에 사용되도록 그분께 봉헌되었기 때문이다. 따라서 그것은 다른 집들과는 달랐다. 왜냐하면 하나님이 그 안에 자신의 시대적 경륜에 부합하는 방식으로 자신의 영광을 나타내셨기 때문이다. 육체의 예법들이 있었을 때에는 세상에 속한 성소가 있어야만 했다(히 9:1, 10). 그리고 그것이 여호와의 집이라는 사실이 그것에게 다른 모든 아름다움을 훨씬 능가하는 성결의 아름다움을 부여해 주었다.

Ⅱ. 우리는 여기에서 성전 건축이 시작된 정확한 때를 알게 된다.

1. 그것은 이스라엘 자손이 애굽 땅에서 나온 지 480년 되는 해였다. 모세에게 40년, 여호수아에게 17년, 사사들에게 299년, 엘리에게 40년, 사무엘과 사울에게 40년, 다윗에게 40년, 그리고 솔로몬에게 4년을 할당할 때, 우리는 합계가 480년이 되는 것을 보게 된다. 거룩한 나라가 세워지고 난 후 거룩한 집이 세워지기까지 이렇게 오랜 시간이 걸렸다(반면 그것은 느부갓네살에 의해 불태워지기까지 불과 430년도 채 걸리지 않았다). 성전 건축이 이와 같이 더디 이루어진 것은 첫째로 이스라엘이 죄로 인해 그와 같은 영광을 취하기에 합당치 못하게 되었기 때문이며, 둘째로 하나님이 예배에 있어 외적인 화려함과 장대함을 얼마나 낮게 평가하는지를 보이시고자 했기 때문이다. 하나님은 성전

에 대해 조급해하지 않으셨다. 다윗의 장막은 비록 화려하고 장대하지는 않았다 할지라도, 그리고 나타난 대로는 성별된 적이 없었다 할지라도 여호와의 집이라 불렀으며(삼하 12:20) 또한 솔로몬의 성전과 같은 역할을 수행하였다. 그러나 솔로몬에게 큰 부를 주시면서 하나님은 그의 마음속에 성전을 건축할 생각을 품게 하셨는데, 그것은 그것이 장차 올 좋은 것들의 그림자가 될 것이었기 때문이다(히 9:9).

2. 그것은 솔로몬이 왕이 된지 4년이 되는 때였다. 처음 3년은 나라의 여러 일들을 해결하고 안정시키는데 소요되었다. 하나님의 일을 위해 스스로를 준비시키면서 여러 가지 번거로운 일들을 먼저 처리하는 것은 결코 시간을 허비하는 것이 아니다. 이 기간 동안 그는 자기 아버지가 미리 준비해 놓은 것에다가 여러 가지 필요한 것들을 더 보충시켰다(대상 22:14). 그는 돌을 다듬고 목재를 깎는 등 모든 준비를 갖춤으로써, 누구도 그가 성전 건축을 지나치게 지연시켰다고 비난할 수 없었다. 우리가 하나님의 일을 위해 준비하며 스스로를 구비(具備)시킬 때, 우리는 진실로 하나님을 섬기고 있는 것이다.

Ⅲ. 모든 자재들은 미리 다듬고 준비한 상태로 가져왔다. 이 성전은 건축할 때에 돌을 그 뜨는 곳에서 다듬고 가져다가 건축하였으므로(7절). 따라서 건축하는 동안에 성전 속에서는 방망이나 도끼나 모든 철 연장 소리가 들리지 아니하였다. 모든 건축에 있어 솔로몬은 들에서 미리 준비하고 난 후 건축하는 것을 원칙으로 삼도록 지시한다(잠 24:27, 너를 위하여 밭에서 준비하고 그 후에 네 집을 세울지니라). 그러나 성전을 건축하는데 있어서는 각각의 부분들이 모아져 결합될 때 아무런 결함도 없고 빠진 것도 없을 정도로 준비과정이 더 엄격하고 완벽하게 이루어진 것으로 보인다. 그것은 평강의 하나님의 성전이 될 것이었으므로 어떤 철 연장 소리도 들려서는 안 되었다. 침묵과 고요는 종교적 행사들과 잘 어울리는 법이다. 하나님의 일은 가능한 가장 많은 주의를 기울이면서, 그리고 가능한 가장 적은 소음과 함께 이루어져야 한다. 성전은 도끼와 철퇴로 허물어졌으며, 그것을 허는 자들은 회중 가운데에서 큰 소리로 떠들었다(시 74:4, 6). 그러나 그것은 고요함 가운데 건축되었다. 소란과 떠듦은 대체로 하나님의 일을 훼방할 뿐 결코 진척시키지 못한다.

Ⅳ. 우리는 여기에서 성전의 정확한 크기를 보게 된다(2, 3절). 어떤 이들이 성전의 길이와 너비가 성막의 꼭 두 배라는 사실에 주목하는 것처럼, 우리

는 그것이 비례의 법칙에 따라 확장된 것을 알 수 있다. 이제 이스라엘의 숫자가 크게 증가되었으므로 그들의 회합장소도 좀 더 확장될 필요가 있었다(사 54:1, 2). 또한 이제 그들은 좀 더 부유해졌으므로 성전을 좀 더 크게 만들 수 있는 여유를 갖게 되었다. 하나님은 자신이 많이 뿌리는 곳에서 많이 거두실 것을 기대하신다.

V. 창에 대한 설명(4절). 그것은 안은 넓고 밖은 좁은 창이었다. 우리의 마음의 눈도 그와 같이 다른 사람에 대해서보다 우리 자신을 보는데 더 많이 열려야 한다. 다시 말해서, 우리 자신을 보며 판단하는 데에는 넓게 열려야 하는 반면 다른 사람들을 보며 판단하는 데에는 좁게 열려야 한다. 빛이 들어오는 창이 좁았던 것은 복음시대와 비교하여 그 시대의 어둠을 암시한다.

VI. 다락에 대한 설명(5, 6절). 그것은 제사장의 예복이나 성막의 비품들을 보관하는 제의실(祭衣室)로 사용될 곳이었다. 아마도 그들은 이러한 다락들 가운데 일부에서 거룩한 잔치를 행했을 것이다. 솔로몬은 각종 직무를 위해 필요한 편의시설들을 만드는 일에는 그다지 큰 관심을 기울이지 않았는데, 우리는 이를 통해 그가 성전의 외적인 장대함에는 별다른 관심을 갖고 있지 않았다는 사실을 알 수 있다. 한편 솔로몬은 골방의 들보들로 성전의 벽에 박히지 않도록 세심한 주의를 기울였다(6절). 그것은 그렇게 함으로써 성전의 벽들이 약해지지 않도록 하기 위함이었다. 외관을 아름답게 한다거나 혹은 편리하게 만든다는 미명하에 교회의 견고함을 손상시켜서는 결코 안 된다.

[11]여호와의 말씀이 솔로몬에게 임하여 이르시되 [12]네가 지금 이 성전을 건축하니 네가 만일 내 법도를 따르며 내 율례를 행하며 내 모든 계명을 지켜 그대로 행하면 내가 네 아버지 다윗에게 한 말을 네게 확실히 이룰 것이요 [13]내가 또한 이스라엘 자손 가운데에 거하며 내 백성 이스라엘을 버리지 아니하리라 하셨더라 [14]솔로몬이 성전 건축하기를 마치고

I. 솔로몬이 성전을 건축하고 있을 때 하나님이 그에게 주신 말씀. 하나님은 솔로몬으로 하여금 지금 그가 하고 있는 일을 당신이 주목하고 계신다는 사실을 알게 하셨다: 네가 지금 이 성전을 건축하니(12절). 하나님을 위해 일하는 자들 가운데 하나님이 주목하지 않는 자는 아무도 없다. "내가 네 일 곧 네가 하

고 있는 선한 일을 아느니라." 하나님은 솔로몬에게 다음과 같이 확증하셨다. 즉 만일 그가 계속해서 하나님의 율법에 순종하며 의무를 다하며 하나님을 예배하면, 하나님의 은총이 그와(내가 내 말을 네게 확실히 이룰 것이요) 그의 나라에 계속해서 임할 것이다. "이스라엘은 영원히 내 백성으로 인정될 것이요 나는 그들 가운데 거하며 그들을 버리지 않을 것이라." 하나님이 솔로몬에게 아마도 선지자를 통해 이 말씀을 주신 것은

1. 그로 하여금 성전 건축의 일에 있어 위로와 격려를 받도록 하기 위함이었다. 어쩌면 때때로 솔로몬은 성전 건축과 관련한 제반 비용과 수고와 염려 때문에 차라리 이 일을 시작하지 않았더라면 좋았을 것이라고 생각했을는지 모른다. 그러나 이러한 말씀으로 인해 솔로몬은 성전 건축과 관련한 모든 난관들을 극복할 수 있는 힘을 얻게 되었다. 그의 집과 나라가 견고하게 세워질 것이라는 약속은 모든 수고와 고통을 보상하고도 남을 것이었다. 약속을 바라보는 눈이 있을 때, 우리는 우리의 모든 일을 즐거이 수행하게 될 것이다. 또한 공적 복리를 열망하는 자는 하나님의 임재의 증표를 확실하게 세우기 위해서라면 아무리 큰 수고라 할지라도 그것을 기꺼이 감당한다.

2. 그로 하여금 만일 그와 그의 백성이 하나님의 법도를 따르지 않는다면 성전의 영광은 곧 사라지고 말 것이라는 사실을 일깨워 주기 위함이었다. 하나님은 성전을 건축하는 가운데 짊어지는 모든 부담이 하나님의 율법을 순종하는 의무를 면제해 준다든지 혹은 불순종으로 인한 징벌을 피하게 해 주는 것은 결코 아니라는 사실을 솔로몬에게 분명히 알게 하셨다. 교회들을 건축하는 것보다 하나님의 계명을 지키는 것이 더 니으며 또한 하나님을 더 기쁘시게 하는 것이다.

Ⅱ. 솔로몬이 하나님을 위해 행한 일. 솔로몬이 성전 건축하기를 마치고(14절). 그는 하나님이 주신 메시지로 인해 큰 격려를 받음과 함께, 만일 하나님의 율법에 순종하지 않는다면 결국 모든 일이 헛수고가 되고 말 것이라는 경고도 받았다. "여호와여 내가 이러한 조건 위에서 그리고 주의 법도를 따르겠다는 굳은 결심과 함께 이 일을 진행하나이다." 하나님의 엄격함은 선한 자들로 하여금 그들의 섬김을 중단하도록 만들지 않고 도리어 더욱 힘을 내어 감당하도록 만든다. 솔로몬은 결국 성전 건축을 마쳤다. 그는 계속해서 그 일에 매진했으며, 하나님은 그 일이 끝날 때까지 그와 함께 하셨다. 14절은 하나님을 찬미

하기 위한 말이면서 동시에 솔로몬을 칭송하기 위한 말이다. 그는 그 일을 싫증내지 않았으며, 어떤 장애물에도 부딪히지 않았다(에스라 4:24과는 달리). 그는 성전 건축과 관련한 모든 일을 자신의 재정 능력에 비추어 과중(過重)하게도 하지 않고 과소(過少)하게도 하지 않았다. 그는 자신이 시작한 것을 끝낼 수 있는 능력도 가지고 있었으며, 또한 반드시 끝내고자 하는 의지도 가지고 있었다. 왜냐하면 그는 지혜로운 건축자였기 때문이다.

[15]백향목 널판으로 성전의 안벽 곧 성전 마루에서 천장까지의 벽에 입히고 또 잣나무 널판으로 성전 마루를 놓고 [16]또 성전 뒤쪽에서부터 이십 규빗 되는 곳에 마루에서 천장까지 백향목 널판으로 가로막아 성전의 내소 곧 지성소를 만들었으며 [17]내소 앞에 있는 외소 곧 성소의 길이가 사십 규빗이며 [18]성전 안에 입힌 백향목에는 박과 핀 꽃을 아로새겼고 모두 백향목이라 돌이 보이지 아니하며 [19]여호와의 언약궤를 두기 위하여 성전 안에 내소를 마련하였는데 [20]그 내소의 안은 길이가 이십 규빗이요 너비가 이십 규빗이요 높이가 이십 규빗이라 정금으로 입혔고 백향목 제단에도 입혔더라 [21]솔로몬이 정금으로 외소 안에 입히고 내소 앞에 금사슬로 건너지르고 내소를 금으로 입히고 [22]온 성전을 금으로 입히기를 마치고 내소에 속한 제단의 전부를 금으로 입혔더라 [23]내소 안에 감람나무로 두 그룹을 만들었는데 그 높이가 각각 십 규빗이라 [24]한 그룹의 이쪽 날개도 다섯 규빗이요 저쪽 날개도 다섯 규빗이니 이쪽 날개 끝으로부터 저쪽 날개 끝까지 십 규빗이며 [25]다른 그룹도 십 규빗이니 그 두 그룹은 같은 크기와 같은 모양이요 [26]이 그룹의 높이가 십 규빗이요 저 그룹도 같았더라 [27]솔로몬이 내소 가운데에 그룹을 두었으니 그룹들의 날개가 펴져 있는데 이쪽 그룹의 날개는 이쪽 벽에 닿았고 저쪽 그룹의 날개는 저쪽 벽에 닿았으며 두 날개는 성전의 중앙에서 서로 닿았더라 [28]그가 금으로 그룹을 입혔더라 [29]내 외소 사방 벽에는 모두 그룹들과 종려와 핀 꽃 형상을 아로새겼고 [30]내외 성전 마루에는 금으로 입혔으며 [31]내소에 들어가는 곳에는 감람나무로 문을 만들었는데 그 문인방과 문설주는 벽의 오분의 일이요 [32]감람나무로 만든 그 두 문짝에 그룹과 종려와 핀 꽃을 아로새기고 금으로 입히되 곧 그룹들과 종려에 금으로 입혔더라 [33]또 외소의 문을 위하여 감람나무로 문설주를 만들었으니 곧 벽의 사분의 일이며 [34]그 두 문짝은 잣나무라 이쪽 문짝도 두 짝으로 접게 되었고 저쪽 문짝도 두 짝으로 접게 되었으며 [35]그 문짝에 그룹들과 종려와 핀 꽃을 아로새기고 금으로 입히되 그

새긴 데에 맞비 하였고 [36]또 다듬은 돌 세 켜와 백향목 두꺼운 판자 한 켜로 둘러 안 뜰을 만들었더라 [37]넷째 해 시브월에 여호와의 성전 기초를 쌓았고 [38]열한째 해 불월 곧 여덟째 달에 그 설계와 식양대로 성전 건축이 다 끝났으니 솔로몬이 칠 년 동안 성전을 건축하였더라

I. 우리는 여기에서 성전의 세부적인 부분들에 대한 상세한 설명을 보게 된다.

1. 성전 벽의 판자. 솔로몬은 성전의 안벽을 튼튼하고 내구력이 높으며 향기가 나는 백향목 널판으로 입혔다(15절). 벽의 판자는 당시의 관습대로 (달걀이나 사과 같은) 장식품과 꽃으로 공교하게 새겨졌다(18절).

2. 금으로 입힘. 이것은 오늘날처럼 얇게 도금하는 것이 아니었다. 솔로몬은 온 성전과 성전 내부와(22절) 심지어 마루까지(30절) 금으로 입혔다. 그리고 지성소는 정금으로 입혔다(21절). 솔로몬은 성전을 화려하게 꾸미는데 소요되는 비용을 조금도 아끼지 않았다. 모든 살아 있는 성전에서 그래야 하는 것처럼, 거기에서 금은 발아래 있었다.

3. 지성소. 이 곳은 말하는 장소(speaking-place)라고 불리기도 했는데, 그것은 하나님이 이 곳에서 모세에게 (그리고 아마도 대제사장들에게 ― 그들이 판결의 흉패를 통해 물을 때) 말씀하셨기 때문이다. 이 곳은 언약궤가 놓여야 할 곳이었다(19절). 솔로몬은 모든 것을 새롭게 그리고 전보다 더 장대하게 만들었지만, 그러나 언약궤는 예외였다. 그것은 모세가 만든 바로 그 궤였다(그것과 함께 있었던 속죄소와 그룹도 그대로였다). 그것은 하나님의 임재의 증표였으며, 그들이 장막에서 하나님을 만나든, 성전에서 하나님을 만나든 거기에는 아무런 차이도 없었다.

4. 그룹. 언약궤를 덮은 속죄소의 양편에 있던 두 개의 그룹 외에도,

(1) 솔로몬은 두 개의 그룹을 더 세웠다. 그것은 날개가 달린 (어떤 이들이 생각하는 것처럼) 젊은이의 모양을 하고 있었는데, 감람나무로 만든 큰 형상으로서 전체를 금으로 입혔다(23절 이하). 솔로몬이 만든 지성소는 성막에 있었던 지성소보다 훨씬 컸다. 따라서 그것이 이와 같이 장식되지 않았다면, 언약궤는 그 안에서 썰렁한 모습이었을 것이며, 사방이 막힌 벽은 너무도 볼품없었을 것이다.

(2) 솔로몬은 내 외소 사방 벽에 모두 그룹을 새겼다(29절). 이교도들은 자기들의 신들의 형상을 세워놓고 거기에다가 절을 한다. 그러나 솔로몬이 만든 그룹들은 이스라엘의 하나님을 수종 드는 종들을 나타내기 위한 것이었다. 거룩한 천사들은 스스로 경배 받기 위해서가 아니라, 우리가 경배하는 자가 얼마나 크고 위대하신 분인가를 나타내기 위한 것이었다.

5. 문. 내소로 들어가는 문은 벽의 오분의 일이었으며(31절), 외소로 들어가는 문은 벽의 사분의 일이었다(33절). 그리고 그 문들에는 그룹들을 아름답게 새겼다(32, 35절).

6. 안뜰. 이 곳에는 놋제단이 놓여 있었으며, 제사장들은 주로 이 곳에서 사역했다. 일반 백성들이 있는 뜰과 이 곳 안뜰을 구분하는 것은 돌 세 켜와 **백향목 두꺼운 판자 한 켜**로 둘러싸인 낮은 벽이었다(36절). 그리하여 백성들은 낮은 벽 위로 안뜰에서 제사장들이 행하는 것을 보며, 제사장들이 자신들에게 말하는 것을 들을 수 있었다. 이와 같이 옛 언약시대에서조차도 백성들은 완전히 격리되어 있지 않았다.

7. 성전 건축에 소요된 기간. 성전 건축에 있어 착공에서 완공에 이르는 기간은 7년 반이었다(38절). 성전의 거대함과 우아함을 감안할 때, 그리고 성전에서 행해지는 각종 행사에 꼭 필요한 여러 가지 성물들을 감안할 때, 그것은 매우 신속하게 건축된 것이었다. 솔로몬은 이 일에 큰 열정을 가지고 있었으며, 자금도 충분했으며, 특별히 훼방하는 일이 생기지도 않았다. 그리고 이 일에 많은 사람들이 참여함으로써 신속하게 끝낼 수 있었다. 그는 성전과 모든 부속기물들과 모든 규례들까지 완성시켰다. 다시 말해서, 그는 건물만 세운 것이 아니라 그것이 세워진 목적까지 세운 것이었다.

II. 이제 이 성전이 무엇을 상징하는지 살펴보자.

1. 그리스도가 참된 성전이다. 그리스도 자신이 자신의 몸을 성전이라 불렀으며(요 2:21), 하나님 자신이 그를 위해 몸을 예비하셨다(히 10:5). 마치 성전의 쉐키나처럼 그리스도 안에 신성의 충만이 거하며, 그 안에서 하나님의 모든 영적 이스라엘이 하나가 된다. 또한 그를 통해 우리는 담대함을 가지고 하나님께 나아감을 얻으며, 그룹을 위시한 하나님의 모든 천사들은 그에게 경배하라는 명령을 받는다.

2. 그 안에 하나님의 영이 거하는 모든 신자들이 살아 있는 성전이다(고전

3:16, 너희는 너희가 하나님의 성전인 것과 하나님의 성령이 너희 안에 계시는 것을 알지 못하느냐). 육체조차도 영혼과 연합되어 있으므로 그러하다(고전 6:19, 너희 몸은 너희가 하나님께로부터 받은 바 너희 가운데 계신 성령의 전인 줄을 알지 못하느냐). 우리는 신적 섭리에 의해 놀랍게 창조되었을 뿐만 아니라 신적 은혜에 의해 더욱 놀랍게 새로워졌다. 이 살아 있는 성전은 그리스도 위에 세워졌으며 때가 되면 완성될 것이다.

3. 복음교회가 신비한 성전이다. 교회는 주 안에서 거룩한 성전으로 자라가며(엡 2:21), 성령의 은사와 은혜로써 부요해지며 아름다워진다(마치 솔로몬의 성전이 금과 값비싼 돌들로 그렇게 되는 것처럼). 성막을 건축한 것은 오직 유대인들뿐이었지만, 성전을 건축할 때는 이방인들도 함께 동참했다. 외인들과 이방인들조차도 하나님이 거할 처소로 함께 지어져 간다(엡 2:19, 22). 성전은 성소와 지성소로 나누어지며, 성전의 뜰은 안뜰과 바깥뜰로 나누어진다. 이와 마찬가지로 보이는 교회와 보이지 않는 교회가 있다. 성전으로 들어가는 문은 지성소로 들어가는 문보다 넓었다. 이와 같이 많은 사람들이 구원에 이르지 못하는 신앙고백 속으로 들어간다. 이 성전은 반석 위에 굳게 세워졌기 때문에 구약의 성막과는 달리 해체되지 않는다. 성전은 오랜 시간 준비되었다가 마침내 지어졌다. 복음교회의 머릿돌 역시 마침내 환호의 외침과 함께 놓일 것인데, 만일 그것이 세워지는 가운데 도끼와 철퇴(쇠망치)가 서로 부딪치는 소리가 들린다면 그것은 너무도 딱한 일이다. 천사들은 사방의 모든 교회들과 그 지체들을 수종들라고 세움 받은 '섬기는 영'이다.

4. 하늘나라가 영원한 성전이다. 그 곳에서 교회는 견고함 가운데 더 이상 요동하지 않을 것이다. 새 예루살렘의 길들은 마치 성전의 마루처럼 정금으로 되어 있다(계 21:21). 거기에는 그룹들이 항상 영광의 보좌를 수종든다. 성전이 완전한 아름다움의 처소인 것처럼, 하늘나라에는 아름다움과 조화의 완성이 있다. 솔로몬의 성전에 도끼와 철퇴소리가 나지 않았던 것처럼 하늘나라에서는 모든 것이 고요하며 평화롭다. 성전의 돌로 놓여질 모든 돌들은 시험과 준비의 현 상태에서는 신적 은혜에 의해 준비되고 깎여지고 다듬어져야 한다. 그럼으로써 그러한 돌들은 자신이 놓여질 위치에 적합하게 준비될 것이다.

제
— 7 —
장

개요

　　다윗의 이야기에서 전쟁과 승리에 대한 장(章)들이 계속해서 이어지는 것처럼, 솔로몬의 이야기에서는 건축과 관련한 장들이 계속해서 이어진다. 본 장의 내용은 다음과 같다. I. 솔로몬이 자신을 위해 몇몇 건축물을 세움(1-12절). II. 솔로몬이 하나님을 위해 건축한 성전에 각종 기물들을 만들어 비치함. 1. 두 개의 놋 기둥(13-22절). 2. 부어 만든 바다(23-26절). 3. 놋으로 만든 열 개의 받침 수레(27-37절)와 그 위에 놓일 열 개의 물두멍(38, 39절). 4. 그 외의 다른 성전 기물들(40-50절). 5. 그의 아버지가 봉헌했던 물건들(51절). 이러한 기물(器物)들에 대한 상세한 묘사는 결코 불필요한 일이 아니었으며 지금도 역시 결코 무용(無用)하지 않다.

[1]솔로몬이 자기의 왕궁을 십삼 년 동안 건축하여 그 전부를 준공하니라 [2]그가 레바논 나무로 왕궁을 지었으니 길이가 백 규빗이요 너비가 오십 규빗이요 높이가 삼십 규빗이라 백향목 기둥이 네 줄이요 기둥 위에 백향목 들보가 있으며 [3]기둥 위에 있는 들보 사십오 개를 백향목으로 덮었는데 들보는 한 줄에 열 다섯이요 [4]또 창들이 세 줄로 있는데 창과 창이 세 층으로 서로 마주 대하였고 [5]모든 문과 문설주를 다 큰 나무로 네모지게 만들었는데 창과 창이 세 층으로 서로 마주 대하였으며 [6]또 기둥을 세워 주랑을 지었으니 길이가 오십 규빗이요 너비가 삼십 규빗이며 또 기둥 앞에 한 주랑이 있고 또 그 앞에 기둥과 섬돌이 있으며 [7]또 심판하기 위하여 보좌의 주랑 곧 재판하는 주랑을 짓고 온 마루를 백향목으로 덮었고 [8]솔로몬이 거처할 왕궁은 그 주랑 뒤 다른 뜰에 있으니 그 양식이 동일하며 솔로몬이 또 그가 장가 든 바로의 딸을 위하여 집을 지었는데 이 주랑과 같더라 [9]이 집들은 안팎을 모두 귀하고 다듬은 돌로 지었으니 크기대로 톱으로 켠 것이라 그 초석에서 처마까지와 외면에서 큰 뜰에 이르기까지 다 그러하니 [10]그 초석은 귀하고 큰 돌 곧 십 규빗 되는 돌과 여덟 규빗 되는 돌이라 [11]그 위에는 크기대로 다듬은 귀한 돌도 있고 백향목도 있으며 [12]또 큰 뜰 주위에는 다듬은 돌 세 켜와 백향목 두꺼운 판자 한 켜를 놓

았으니 마치 여호와의 성전 안뜰과 주랑에 놓은 것 같더라

솔로몬처럼 건축에 마음을 많이 쏟은 사람은 없었다. 그는 먼저 하나님을 위해 성전을 건축하는 것으로부터 시작했다. 그러자 다른 모든 건축물들도 큰 어려움 없이 지을 수 있었다. 형통을 지속시키는 가장 확실한 기초는 신앙과 관련되는 일을 먼저 하는 것이다(마 6:33, 그런즉 너희는 먼저 그의 나라와 그의 의를 구하라 그리하면 이 모든 것을 너희에게 더하시리라).

1. 솔로몬이 자신이 거처할(8절) 왕궁을 건축함(1절). 그의 아버지도 좋은 집을 지었다. 그러나 그에게 있어 하나님이 축복하신 기업에 비례하여 더 좋은 집을 짓는 것은 자신의 아버지를 불명예스럽게 만드는 것이 결코 아니었다. 이 생에서의 안락한 삶은 많은 부분 즐겁고 편안한 집과 관련된다. 솔로몬에게 있어 성전을 짓는 데는 7년이 조금 더 걸린 반면, 자신의 집을 짓는 데는 13년이 걸렸다. 그것은 자신의 집을 짓는 것을 하나님의 집을 짓는 것보다 더 꼼꼼하고 세심하게 했기 때문이 아니었다. 도리어 자신의 집을 짓는 것을 덜 중요하게 생각하면서 집중적으로 하지 않았기 때문에 더 많은 시간이 걸린 것이었다. 그는 성전을 건축할 때는 빨리 완공하고 싶어 조바심을 냈지만, 자기 왕궁을 건축할 때에는 그다지 조급하게 서두르지 않았다. 이와 같이 우리는 우리의 안락과 만족보다 하나님의 영광을 우선해야 한다.

2. 솔로몬이 레바논 숲에 집을 지음(2절, 한글개역개정판에는 그가 레바논 나무로 왕궁을 지었으니라고 되어 있음). 어떤 이들은 그것이 예루살렘 근처에 있는 어떤 전원(田園)의 대저택으로서, 깨끗하고 아름다운 주변 환경과 그 집을 둘러싸고 있는 나무들로 인해 그렇게 불렸을 것으로 추측한다. 그러나 나는 그것이, 비록 예루살렘으로부터 멀리 떨어져 있다 할지라도 솔로몬이 종종 편안하게 쉬기 위해 갈 수 있도록, 레바논 숲 자체에 세워진 집이었을 것이라고 생각하고 싶다(솔로몬은 많은 말과 병거들을 가지고 있었으며, 이러한 것들은 여러 병거성〈chariot-cities〉에 분산되어 있었다). 그의 보좌(7절에 언급된)가 레바논 숲의 집에 있었던 것으로는 나타나지 않는다. 자신의 방패들을 그 곳에 두는 것은(마치 그 곳이 무기 창고인 것처럼) 전혀 어울리지 않는 일이었다. 우리는 솔로몬의 집과 관련하여 예루살렘에 있는 집뿐만 아니라 레바논에 있는 집에 대한 언급도 보게 된다(9:19). 또 우리는 다메섹을 향한 레바논 망대라는 표

현도 보게 되는데(아 7:4), 아마도 그것은 이 집(레바논에 있는 집)의 일부였던 것으로 보인다. 우리는 여기에서 레바논에 세워진 이 집에 대한 상세한 설명을 보게 된다(레바논은 백향목으로 유명했다). 기둥과 들보와 지붕이 모두 백향목으로 만들어졌으며(2, 3절), 창과 창이 세 층으로 서로 마주 대함으로써 좋은 전망과 함께 빛과 빛이 서로 마주하도록 혹은 전망과 전망이 서로 마주하도록 했다(4, 5절). 가장 위대한 왕들조차도 전원에 거하는 것을 가장 큰 즐거움으로 여겼다는 사실을 생각한다면, 시골에 묻혀 살아가는 자들은 자신의 삶을 좀 더 긍정적으로 받아들일 수 있게 될 것이다.

3. 솔로몬이 자신의 집 앞에 주랑(柱廊)을 지음. 그 집은 예루살렘의 집이거나 아니면 레바논의 집이었을 것인데, 그가 지은 주랑은 많은 기둥들로 이루어진 매우 아름다운 현관이었다(6절). 아마도 그것은 방문객들이 왕을 알현할 때까지 기다리며 거니는 장소로서 만들어진 것이거나, 아니면 건물의 위용을 부각시키기 위한 목적으로 만들어진 것이었을 것이다. 솔로몬은 지혜가 그의 집을 짓고 일곱 기둥을 다듬는다고 말하면서(잠 9:1), 세 절 앞에서(잠 8:34) 누구든지 내게 들으며 날마다 내 문 곁에서 기다리며 문설주 옆에서 기다리는 자는 복이 있다고 말한다.

4. 솔로몬이 예루살렘의 집에다가 재판하는 주랑(柱廊)을 지음. 그는 거기에다가 재판을 위해 보좌 혹은 왕의 자리를 두고, 자신이 직접 당사자들의 이야기를 들었다(소송사건들이 왕의 면전에서 조정되었다). 그리고 이 곳은 마루에서 지붕까지 백향목으로 덮었다(7절).

5. 솔로몬이 아내를 위해 집을 지음(8절). 그 집은 주랑과 같았다고 언급되는데, 그것은 그 집이 비록 형태는 같지 않다 할지라도 주랑처럼 백향목으로 지어졌기 때문이었다. 의심의 여지 없이 아내를 위한 집은 그 자신의 거처와 인접해 있었을 것이다. 그렇지만 만일 그것이 마땅히 그래야 할 만큼 충분히 더 가까웠다면, 어쩌면 솔로몬은 많은 아내를 두지 않았을는지도 모른다.

이러한 모든 건축물들이 얼마나 놀랍고 훌륭한 것이었는지에 대해 우리는 9절 이하에서 잘 볼 수 있다. 모든 자재(資材)는 최고급품이었다. 기초석들은 각각의 크기에 따라 세심하게 다듬어졌으며, 한 변의 길이가 여덟 규빗에서 열 규빗에 이르는 정사각형 모양의 돌이었다(10절; 규빗은 손끝에서 팔꿈치까지의 길이로서 한 규빗을 45cm로 볼 때 기초석들은 한 변의 길이가 대략 3.6m에서 4.5m정도 되는 정사각형 돌이었다). 그리고 그 집에 들어간 모든 돌들은 크기대로 깎고 다듬어 아름답게 세공된 값비싼 돌들이었다(9, 11절). 또한 솔로몬의 집의 뜰은 성전의 뜰과 같았다고 언급된다(왕상 7:12과 6:36을 비교하라). 그는 하나님의 왕궁의 모양을 너무나 좋아했기 때문에 자신의 왕궁도 그와 같은 모양으로 만들었다.

[13]솔로몬 왕이 사람을 보내어 히람을 두로에서 데려오니 [14]그는 납달리 지파 과부의 아들이요 그의 아버지는 두로 사람이니 놋쇠 대장장이라 이 히람은 모든 놋 일에 지혜와 총명과 재능을 구비한 자이더니 솔로몬 왕에게 와서 그 모든 공사를 하니라 [15]그가 놋기둥 둘을 만들었으니 그 높이는 각각 십팔 규빗이라 각각 십이 규빗 되는 줄을 두를 만하며 [16]또 놋을 녹여 부어서 기둥 머리를 만들어 기둥 꼭대기에 두었으니 한쪽 머리의 높이도 다섯 규빗이요 다른쪽 머리의 높이도 다섯 규빗이며 [17]기둥 꼭대기에 있는 머리를 위하여 바둑판 모양으로 얽은 그물과 사슬 모양으로 땋은 것을 만들었으니 이 머리에 일곱이요 저 머리에 일곱이라 [18]기둥을 이렇게 만들었고 또 두 줄 석류를 한 그물 위에 둘러 만들어서 기둥 꼭대기에 있는 머리에 두르게 하였고 다른 기둥 머리에도 그렇게 하였으며 [19]주랑 기둥 꼭대기에 있는 머리의 네 규빗은 백합화 모양으로 만들었으며 [20]이 두 기둥 머리에 있는 그물 결 곧 그 머리의 공 같이 둥근 곳으로 돌아가며 각기 석류 이백 개가 줄을 지었더라 [21]이 두 기둥을 성전의 주랑 앞에 세우되 오른쪽 기둥을 세우고 그 이름을 야긴이라 하고 왼쪽의 기둥을 세우고 그 이름을 보아스라 하였으며 [22]그 두 기둥 꼭대기에는 백합화 형상이 있더라 두 기둥의 공사가 끝나니라 [23]또 바다를 부어 만들었으니 그 직경이 십 규빗이요 그 모양이 둥글며 그 높이는 다섯 규빗이요 주위는 삼십 규빗 줄을 두를 만하며 [24]그 가장자리 아래에는 돌아가며 박이 있는데 매 규빗에 열 개씩 있어서 바다 주위에 둘렸으니 그 박은 바다를 부어 만들 때에 두 줄로 부어 만들었으며 [25]그 바다를 소 열두 마리가 받쳤으니 셋은 북쪽을 향하였고 셋은 서쪽을 향하였고 셋은 남쪽을 향하였고 셋은 동쪽을 향하였으며 바다를 그 위에 놓았고 소의 뒤는 다 안으로 두었으며 [26]바다의 두께는 한 손 너비만 하고 그것의 가는 백합화의 양식으로 잔 가와 같이 만들었으니 그 바다에는 이천 밧을 담겠더라 [27]또 놋으로 받침 수레 열을 만들었으니 매 받침 수레의 길이가 네 규빗이요 너비가 네 규빗이요 높이가 세 규빗이라 [28]그 받침 수레의 구조는 이러하니 사면 옆 가장자리 가운데에

는 판이 있고 ²⁹가장자리 가운데 판에는 사자와 소와 그룹들이 있고 또 가장자리 위에는 놓는 자리가 있고 사자와 소 아래에는 화환 모양이 있으며 ³⁰그 받침 수레에 각각 네 놋바퀴와 놋축이 있고 받침 수레 네 발 밑에는 어깨 같은 것이 있으며 그 어깨 같은 것은 물두멍 아래쪽에 부어 만들었고 화환은 각각 그 옆에 있으며 ³¹그 받침 수레 위로 들이켜 높이가 한 규빗 되게 내민 것이 있고 그 면은 직경 한 규빗 반 되게 반원형으로 우묵하며 그 나머지 면에는 아로새긴 것이 있으며 그 내민 판들은 네모지고 둥글지 아니하며 ³²네 바퀴는 옆판 밑에 있고 바퀴 축은 받침 수레에 연결되었는데 바퀴의 높이는 각각 한 규빗 반이며 ³³그 바퀴의 구조는 병거 바퀴의 구조 같은데 그 축과 테와 살과 통이 다 부어 만든 것이며 ³⁴받침 수레 네 모퉁이에 어깨 같은 것 넷이 있는데 그 어깨는 받침 수레와 연결되었고 ³⁵받침 수레 위에 둥근 테두리가 있는데 높이가 반 규빗이요 또 받침 수레 위의 버팀대와 옆판들이 받침 수레와 연결되었고 ³⁶버팀대 판과 옆판에는 각각 빈 곳을 따라 그룹들과 사자와 종려나무를 아로새겼고 또 그 둘레에 화환 모양이 있더라 ³⁷이와 같이 받침 수레 열 개를 만들었는데 그 부어 만든 법과 크기와 양식을 다 동일하게 만들었더라 ³⁸또 물두멍 열 개를 놋으로 만들었는데 물두멍마다 각각 사십 밧을 담게 하였으며 매 물두멍의 직경은 네 규빗이라 열 받침 수레 위에 각각 물두멍이 하나씩이더라 ³⁹그 받침 수레 다섯은 성전 오른쪽에 두었고 다섯은 성전 왼쪽에 두었고 성전 오른쪽 동남쪽에는 그 바다를 두었더라 ⁴⁰히람이 또 물두멍과 부삽과 대접들을 만들었더라 이와 같이 히람이 솔로몬 왕을 위하여 여호와의 전의 모든 일을 마쳤으니 ⁴¹곧 기둥 둘과 그 기둥 꼭대기의 공 같은 머리 둘과 또 기둥 꼭대기의 공 같은 머리를 가리는 그물 둘과 ⁴²또 그 그물들을 위하여 만든 바 매 그물에 두 줄씩으로 기둥 위의 공 같은 두 머리를 가리게 한 석류 사백 개와 ⁴³또 열 개의 받침 수레와 받침 수레 위의 열 개의 물두멍과 ⁴⁴한 바다와 그 바다 아래의 소 열두 마리와 ⁴⁵솥과 부삽과 대접들이라 히람이 솔로몬 왕을 위하여 여호와의 성전에 이 모든 그릇을 빛난 놋으로 만드니라 ⁴⁶왕이 요단 평지에서 숙곳과 사르단 사이의 차진 흙에 그것들을 부어 내었더라 ⁴⁷기구가 심히 많으므로 솔로몬이 다 달아보지 아니하고 두었으니 그 놋 무게를 능히 측량할 수 없었더라

우리는 여기에서 성전 건축과 관련하여 행해진 놋 일(brass-work)에 관해 보게 된다. 비록 다윗이 성전을 위하여 여러 가지 철제품을 위한 철을 준비

했다는 언급에도 불구하고(대상 29:2), 실제로 성전 주변에는 철이 사용되지 않았다. 우리는 여기에서 여러 가지 놋제품이 언급되고 있는 것을 보게 된다.

I. 솔로몬이 놋 일을 주관하도록 임명한 놋쇠 대장장이는 히람 혹은 후람이었다(대하 4:11). 그는 어머니 쪽 혈통으로는 납달리 지파에 속한 이스라엘 사람이었으며, 아버지 쪽 혈통으로는 두로 사람이었다(14절). 만일 그가 두로 사람의 재능과 하나님의 집에 대한 이스라엘 사람의 애정을 가지고 있었다면(두로 사람의 머리와 이스라엘 사람의 마음), 그에게 두 나라의 피가 섞여 있었던 것은 참으로 복된 일이 아닐 수 없었다. 왜냐하면 그럼으로써 그는 자신에게 부여된 일을 감당할 수 있는 자격을 갖추게 되었기 때문이다. 성막이 애굽의 재물로 세워진 것처럼, 성전은 두로의 기술로 세워졌다. 하나님은 사람들의 일반적인 은사들(common gifts)을 통해 당신의 일을 수행하도록 하신다.

II. 그가 사용한 놋은 최상품 놋이었다. 모든 놋그릇들은 빛난 놋으로 만듦으로써(45절), 가장 단단하고 또 아름답게 보였다. 최고이신 하나님은 최고의 것으로 섬김과 존귀를 받으셔야 한다.

III. 모든 놋그릇이 주조(鑄造)된 장소는 요단 평지였다(46절). 그것은 그곳의 흙이 점토질의 차진 흙으로서 놋을 주조하기 위한 틀을 만들기에 적합했기 때문이며, 또한 솔로몬이 이와 같이 더럽고 연기가 많이 나는 작업을 예루살렘 인근에서 하는 것을 꺼렸기 때문이었다.

IV. 엄청나게 많은 양의 놋이 사용되었다. 놋그릇은 그 숫자가 너무나 많아 아예 숫자를 헤아리지도 않았다(47절, 달아보지 않았다고 읽을 수도 있고 헤아리지 않았다고 읽을 수도 있다). 놋그릇의 숫자를 센다면 그것은 끝도 없는 일이 될 것이었다. 놋을 일꾼들에게 나누어줄 때도 그것의 무게를 달아보지 않았다. 일꾼들은 매우 정직했으며 또 놋도 엄청나게 많았으므로, 그것이 모자랄 염려는 전혀 없었다. 솔로몬이 그토록 많은 놋을 조달한 것은 그만큼 성전 건축에 대해 많은 관심을 가지고 있었기 때문이었다. 그리고 그가 숫자를 헤아리지 않았다거나 혹은 무게를 달아보지 않은 것을 그의 무관심 탓으로 돌려서는 안 된다.

V. 여기에 묘사된 놋제품들.

1. 성전의 주랑 앞에 세운 두 개의 놋 기둥(21절). 이것이 주랑 안에 있었는지 혹은 바깥에 있었는지 여부는 확실치 않다. 그것은 성소와 제사장의 뜰 사이에

있었다. 이러한 두 개의 놋 기둥은 문을 달거나 혹은 그 위에 건물을 얹기 위한 것이 아니라 순전히 장식을 위해 그리고 어떤 의미를 전달하기 위해 세워진 것이었다.

(1) 장식으로서. 우리는 여기에서 바둑판 문양(紋樣), 사슬 문양, 그물 문양, 백합화 문양, 석류 문양 등의 표현을 보게 되는데, 이와 같은 각종 문양으로 장식된 놋 기둥들은 너무도 아름답고 눈을 즐겁게 하는 것이었다. 의심의 여지 없이 이 모든 문양들은 비례(比例)의 법칙에 따라 정교하게 장식되었을 것이다.

(2) 의미를 전달하는 것으로서. 두 개의 놋 기둥에 붙여진 이름을 통해 우리는 그것들에게 부여된 의미를 엿볼 수 있다. 하나의 이름은 야긴으로서 '그가 견고케 하실 것' 이라는 뜻이며, 또 하나의 이름은 보아스로서 '그에게 힘이 있다' 는 뜻이다. 어떤 이들은 이것들이 이스라엘의 광야생활을 인도했던 구름기둥과 불기둥을 기념하기 위해 의도된 것이었을 것으로 생각한다. 그러나 그보다도 나는 그것들이 예배하기 위해 하나님의 문에 나아오는 모든 제사장과 백성들로 하여금 다음과 같은 사실을 기억하도록 하기 위해 세워졌을 것이라고 생각한다.

[1] 강함과 견고함에 있어 그들은 자신의 능력이 아니라 오직 하나님만을 의지해야 한다는 사실. 하나님을 섬기기 위해 나아왔지만 그러나 우리 마음이 혼란스럽고 흔들리는 것을 발견했을 때, 믿음으로 하늘의 도움을 간구하자: 야긴 ― 하나님이 이러한 흔들리는 마음을 견고케 하실 것이라. 마음은 은혜로써 굳게 함이 아름다우니라(히 13:9). 우리는 거룩한 의무를 수행함에 있어 우리 자신이 너무나 약하며 무능함을 발견하지만, 그러나 다음과 같은 사실이 우리의 격려가 된다: 보아스 ― 우리 안에서 뜻을 세우고 행하게 하시는 그 안에 우리의 강함이 있다. 나는 주 하나님의 힘(강함) 안에서 나아갈 것이라. 영적인 힘과 견고함은 하나님의 성전의 문에서 얻어지는 것이며, 거기에서 우리는 은혜의 수단들을 활용하여 은혜의 선물을 기다려야 한다.

[2] 그것은 또한 그들로 하여금 그들 가운데 있는 하나님의 성전의 강함과 견고함을 기억하도록 하기 위한 것이었다. 그들로 하여금 하나님을 가까이하며 의무를 다하게 하라. 그러면 그들은 결코 자신들의 위엄과 특권을 잃지 않을 것이며, 그들에게 허락된 것은 영원히 견고케 될 것이다. 하나님의 교회는

하나님이 세우시고 강하게 하시며, 음부의 문이 결코 이길 수 없게 하신 것이다. 그러나 이 성전(솔로몬의 성전)과 관련하여 그것이 파괴되었을 때 이러한 기둥들도 함께 파괴된 사실이 특별히 언급되어 있다(왕하 25:13, 17). 그것들은 성전의 견고함의 증표였다. 따라서 만일 그들이 하나님을 버리지 않았다면 그러한 기둥들은 결코 그렇게 되지 않았을 것이다.

2. **놋 바다**(23절 이하). 그것은 직경이 4.5m이며 대략 500통 이상의 물을 담을 수 있는 큰 그릇이었다. 제사장들은 그 물로 자신들의 몸과 제물들을 씻으며 또한 성전의 뜰을 청소하는 일에 사용했다. 그것은 놋으로 만든 열두 마리의 소의 형상 위에 세워졌다. 따라서 그것의 높이가 너무 높았으므로 그들이 물을 뜨기 위해서는 계단이 있거나 혹은 밑에 마개가 있어야 했다. 하나님의 집을 위해 물을 뜨는 일은 기브온 사람 혹은 느디님 사람들에게 맡겨졌는데, 그들은 항상 놋 바다를 채우는 일에 주의를 기울여야만 했다. 어떤 이들은 솔로몬이 소의 형상들로 이 거대한 수조(水槽)를 떠받치도록 만든 것은 이스라엘이 종종 경배했던 금송아지를 경멸하기 위한 것이었다고 생각한다. 그렇게 함으로써 (패트릭 주교가 표현한 것처럼) 백성들로 하여금 소들의 형상에는 경배할 아무런 가치도 없으며 그것들은 신으로서 경배를 받기보다는 받침대로나 쓰여지는 것이 적합하다는 것을 보여주고자 했다는 것이다. 그러나 이것이 예루살렘에 금송아지 신상이 세워지는 것을 막지는 못했다. 성막에는 단지 놋으로 만든 물두멍(혹은 놋 대야)가 있었을 뿐이었지만, 성전 뜰에는 놋 바다가 있었다. 이것은 그리스도의 복음으로 인한 씻음이 모세의 율법으로 인한 씻음보다 훨씬 더 풍성함을 나타낸다. 모세의 율법에는 물두멍이 있을 뿐이지만 그리스도의 복음에는 바다 곧 열린 샘이 있다(슥 13:1).

3. **놋으로 만든 열 개의 받침수레.** 각각의 받침수레 위에 물두멍(대야)을 놓았고, 그 안에 성전의 여러 가지 일에 사용하기 위한 물을 담아 두었다. 그것은 놋 바다만으로는 모든 사람이 씻기에 충분치 않았기 때문이었다. 우리는 여기에서 물두멍이 놓인 받침수레에 대한 상세한 묘사를 볼 수 있다(27절 이하). 받침수레들은 매우 정교하게 장식되었다. 그리고 그 아래에는 바퀴들이 달려 있어서 물두멍을 필요한 곳으로 이동시킬 수 있도록 하였다. 그렇지만 통상적으로 받침수레들은 두 줄로 배열되어, 성전 오른쪽에 다섯 개 그리고 왼쪽에 다섯 개를 두었다(39절). 각 물두멍은 40밧 즉 대략 열 통의 물을 담고 있었다

(38절). 여호와의 기구를 메는 자들은 스스로를 정결하게 해야만 한다(사 52:13). 영적 제사장들과 영적 제물들은 그리스도의 피와 거듭남의 물두멍 안에서 씻음을 받아야만 한다. 또한 우리는 우리의 손과 마음을 매일같이 씻어야만 하는데, 그것은 우리가 매일같이 부정한 것들과 접촉하고 있기 때문이다. 하나님은 우리를 정결케 하기 위해 필요한 모든 것들을 준비해 주셨다. 따라서 만일 우리가 부정한 것들 가운데 우리의 기업을 갖게 된다면, 그것은 우리 자신의 잘못이 될 것이다.

4. 이러한 것들 외에도 놋으로 만든 엄청난 수의 솥과 부삽들이 있었다. 솥은 제사장들과 제물을 드리는 자들이 여호와 앞에서 잔치를 벌이기 위해 화목제물의 고기를 삶기 위한 것이었으며(삼상 2:14을 보라), 부삽은 제단의 재를 퍼내기 위한 것이었다. 어떤 이들은 그 단어(부삽)가 솥에서 고기를 꺼내는데 사용되는 고기 갈고리를 의미하는 것으로 생각한다. 희생제물의 피를 받기 위한 대접 역시 놋으로 만들었다. 이러한 것들은 모두 놋 제단의 기구들로서 제작되었다(출 38:3). 이러한 기구들은 사용됨에 따라 점차로 닳아지고 쇠하여지는 것이었기 때문에 솔로몬은 많이 만들어 비축해 두었다. 이와 같이 솔로몬은 넉넉한 자금을 확보하고 있었으므로 후손들을 위해 풍성하게 준비해 두었다.

⁴⁸솔로몬이 또 여호와의 성전의 모든 기구를 만들었으니 곧 금 단과 진설병의 금 상과 ⁴⁹내소 앞에 좌우로 다섯씩 둘 정금 등잔대며 또 금 꽃과 등잔과 불집게며 ⁵⁰또 정금 대접과 불집게와 주발과 숟가락과 불을 옮기는 그릇이며 또 내소 곧 지성소 문의 금 돌쩌귀와 성전 곧 외소 문의 금 돌쩌귀더라 ⁵¹솔로몬 왕이 여호와의 성전을 위하여 만드는 모든 일을 마친지라 이에 솔로몬이 그의 아버지 다윗이 드린 물건 곧 은과 금과 기구들을 가져다가 여호와의 성전 곳간에 두었더라

1. 성전의 금 제품. 아마도 이 일이 마지막 작업이었던 것으로 보인다. 그것은 이 일과 더불어 하나님의 집의 모든 작업이 마무리되었기 때문이다. 문 안의 모든 것은 금이었다. 예전 것들은 녹여 버리거나 옆으로 치우고, 모든 것을 새로 만들었다(언약궤와 함께 속죄소와 그룹은 제외하고) ― 금 단과 금 상과 금 등잔대와 모든 부속물들. 향단(香壇)은 여전히 하나였는데, 그것은 그리스도와 그의 중보가 하나이기 때문이었다. 그러나 솔로몬은 열 개의 금 상

(golden tables)을 만들었다(대하 4:8). 여기에서는 진설병을 놓기 위한 한 개의 금 상만을 언급하고 있는데(49절), 아마도 그것은 나머지 것들보다 더 컸을 것으로 추측된다(그리고 나머지 상(床)들은 보조적인 식탁이었을 것으로 보인다). 또한 그는 열 개의 금 등잔대를 만들었는데(49절), 그것은 영적 양식과 하늘의 빛에 있어 모세의 율법보다 복음이 훨씬 더 풍성하게 공급해 주는 것을 암시한다. 문의 돌쩌귀조차도 금으로 만들었는데(50절), 이를 통해 우리는 솔로몬이 성전을 건축함에 있어 조금도 아끼지 않았음을 잘 볼 수 있다. 어떤 이들은 하나님의 성전의 모든 기구들을 이와 같이 화려하게 만든 것은 백성들이 우상 숭배에 빠지는 것을 막고자 함이었다고 생각한다. 왜냐하면 어떤 우상의 전도 이처럼 화려하고 호화롭지는 못했기 때문이었다. 그러나 결과적으로 그것은 거의 효과를 나타내지 못했다.

2. 다윗이 하나님의 영광을 위해 봉헌했던 물건들을 성전 곳간으로 가져가 그 곳에 둠(51절). 건축하는 데 사용되지 않은 것들은 수리를 위한 필요가 있을 때나 위급한 때를 위해 창고에 보관되었다. 부모가 경건의 일이나 혹은 자선의 일로 하나님께 봉헌한 것을 자녀들이 다른 용도로 바꾸어서는 결코 안 된다. 그럼으로써 자녀들은 부모의 재산과 함께 축복까지도 유산으로 상속받게 될 것이다.

제
— 8 —
장

개요

성전의 건물과 모든 기구들은 너무도 영광스러웠지만, 그러나 그것을 봉헌하는 것은 더 영광스러웠다. 그것은 성도(聖徒)들의 일인 기도와 찬송이 장인(匠人)들의 일인 쇠를 녹이고 돌을 깎는 것보다 더 영광스러운 것과 마찬가지이다. 성전은 하나님과 그의 백성 사이의 교통(交通)을 이루기 위한 것이었다. 그리고 여기에서 우리는 하나님과 그의 백성이 그 곳에서 장엄하게 만나는 이야기를 보게 된다. I. 이스라엘의 대표들이 14일 동안(65절) 절기를 지키기 위해 소집됨(1, 2절). II. 제사장들이 언약궤를 지성소로 가져가 그 곳에 안치함(3-9절). III. 하나님이 구름으로 당신의 영광을 나타내심(10, 11절). IV. 솔로몬이 하나님께 감사를 드림과 함께 백성들에게 모임의 경위를 설명함(12-21절). V. 이 곳에서 드려질 모든 기도에 은혜롭게 응답해 주실 것을 솔로몬이 긴 기도로써 하나님께 간청함(22-53절). VI. 솔로몬이 축복과 훈계로써 모임을 폐함(54-61절). VII. 솔로몬이 많은 제물을 드림, 그리고 그것으로 그와 백성들이 잔치를 벌이고 크게 즐거워함(62-66절). 이 때는 인자의 날을 상징하는 이스라엘의 황금시대였다.

¹이에 솔로몬이 여호와의 언약궤를 다윗 성 곧 시온에서 메어 올리고자 하여 이스라엘 장로와 모든 지파의 우두머리 곧 이스라엘 자손의 족장들을 예루살렘에 있는 자기에게로 소집하니 ²이스라엘 모든 사람이 다 에다님월 곧 일곱째 달 절기에 솔로몬 왕에게 모이고 ³이스라엘 장로들이 다 이르매 제사장들이 궤를 메니라 ⁴여호와의 궤와 회막과 성막 안의 모든 거룩한 기구들을 메고 올라가되 제사장과 레위 사람이 그것들을 메고 올라가매 ⁵솔로몬 왕과 그 앞에 모인 이스라엘 회중이 그와 함께 그 궤 앞에 있어 양과 소로 제사를 지냈으니 그 수가 많아 기록할 수도 없고 셀 수도 없었더라 ⁶제사장들이 여호와의 언약궤를 자기의 처소로 메어 들였으니 곧 성전의 내소인 지성소 그룹들의 날개 아래라 ⁷그룹들이 그 궤 처소 위에서 날개를 펴서 궤와 그 채를 덮었는데 ⁸채가 길므로 채 끝이 내소 앞 성소에서 보이나 밖에서는 보이지 아니하며 그 채는 오늘까지 그 곳에 있으며 ⁹그 궤 안에는 두 돌판 외에

아무것도 없으니 이것은 이스라엘 자손이 애굽 땅에서 나온 후 여호와께서 저희와 언약을 맺으실 때에 모세가 호렙에서 그 안에 넣은 것이더라 [10]제사장이 성소에서 나올 때에 구름이 여호와의 성전에 가득하매 [11]제사장이 그 구름으로 말미암아 능히 서서 섬기지 못하였으니 이는 여호와의 영광이 여호와의 성전에 가득함이었더라

아무리 아름답게 건축되었다 할지라도, 언약궤 없는 성전은 마치 영혼 없는 몸이나 초 없는 촛대, 혹은 (좀 더 적절한 표현으로) 거주자 없는 빈 집과 같은 것이었다. 이 웅대한 건물을 짓는데 들어간 모든 비용과 수고도 만일 하나님이 그것을 받아주시지 않는다면 다 쓸모없는 것이 되고 말 것이다. 그리고 만일 하나님이 그것을 당신의 이름을 두실 장소로 인정하기를 기뻐하지 않는다면, 그것은 결국 폐허의 무더기 외에 아무것도 아닐 것이다. 그러므로 설령 모든 일을 마쳤다 할지라도(7:51) 아직 한 가지 꼭 해야만 하는 일이 남아 있었는데, 그것은 법궤를 가져오는 일이었다. 따라서 법궤를 가져오는 일이 성전 건축에 있어 마지막 왕관을 씌우는 일이 될 것이었다. 우리는 여기에서 그 일이 장엄하게 이루어지는 이야기를 보게 된다.

I. 솔로몬이 이 일을 주관함. 법궤를 예루살렘으로 가져오는 일은 다윗이 주관했던 것처럼, 그것을 성전으로 옮기는 일은 솔로몬이 주관했다. 다윗과 솔로몬 어느 누구도 법궤를 따르거나 혹은 법궤를 멘 사람들을 이끄는 것을 격에 맞지 않는 일로 생각하지 않았다. 솔로몬은 전도자(전 1:1)라는 칭호와 회중의 스승(전 12:11)이라는 칭호를 자랑스럽게 여겼다. 솔로몬은 지금 큰 회중을 소집한다(1절). 그들 모두가 그에게 나아옴으로써 그가 그들의 중심이 되었는데, 그 때는 일곱째 달의 절기(2절) 즉 그 달 15일로 지정된 장막절 절기였다(레 23:34). 다윗은 지극히 선한 사람답게 법궤를 편리한 장소로 가져왔으며, 솔로몬은 지극히 위대한 사람답게 그것을 장엄한 장소로 가져왔다. 모든 사람들로 하여금 각자 받은 은사대로 봉사하게 하라. 그리고 하나님의 일에 있어 자녀들은 부모가 멈춘 자리에서 그 일을 이어받아 계속 진행시켜 나가야 한다.

II. 모든 이스라엘이 이 일에 참례함. 이스라엘의 재판관들과 모든 지파와 가족의 우두머리들과 관리들과 군대의 지휘관들이 모였다. 이러한 사람들이 모두 모였으므로 그것은 이스라엘의 온 회중이라 불릴 만했다. 이들이 함께 모

인 것은

1. 솔로몬이 행한 모든 선한 일로 인해 그에게 감사하며 경의를 표하기 위한 것이었다.

2. 법궤를 존귀케 하면서, 그것이 성전에 안치되는 것에 대한 자신들의 기쁨과 만족을 나타내기 위한 것이었다.

장엄한 의식과 함께 법궤를 성전에 안치하는 것은 참된 이스라엘 백성에게 있어 큰 기쁨이 아닐 수 없었다(비록 위선적인 신자에게는 큰 시험거리일 수 있다 할지라도). 공적인 은총에는 공적인 감사가 따라야 하는 법이다. 하나님 앞에 나온 자들은 빈 손으로 나오지 않았다. 그들은 엄청난 수의 양과 소를 희생제물로 바쳤다(5절). 솔로몬 시대의 백성들은 매우 부유하고 편안하며 즐거운 삶을 누렸다. 따라서 이와 같은 행사에 있어 그들은 하나님과 그의 영광을 위해 자신들의 즐거움만이 아니라 자신들의 재물의 일부를 성별해야 마땅했다.

Ⅲ. 법궤를 옮기는 일을 제사장들이 수행함. 광야 시대에 법궤를 옮기는 일은 레위인들의 몫이었다. 왜냐하면 그 때에는 그 일을 수행할 만한 충분한 수의 제사장이 없었기 때문이었다. 그러나 지금은(이제 성전이 완성되었으므로 법궤를 옮길 일은 더 이상 없을 것이었다), 여리고 도성을 에워쌌을 당시 제사장들로 하여금 법궤를 지게 하라는 명령이 내려졌던 것처럼, 제사장들이 직접 그 일을 수행했다. 우리는 여기에서 다음과 같은 이야기를 듣게 된다.

1. 법궤 안에 무엇이 들어 있었나? 그 안에는 오직 두 개의 돌판만이 들어 있을 뿐이었다(9절). 그러나 그것은 다윗과 솔로몬이 봉헌한 모든 물건들을 훨씬 능가하는 보물이었다. 만나 항아리와 아론의 지팡이는 그 안에 있었던 것이 아니라 그 옆에 있었다.

2. 법궤와 함께 무엇을 가져왔나? 솔로몬은 법궤와 함께 회중의 장막(tabernacle of the congregation)을 가져왔다(4절). 아마도 솔로몬은 모세가 광야에서 세웠던 것으로서 기브온에 있었던 장막과, 다윗이 시온에 세운 장막을 성전으로 가져온 것으로 보인다. 그러한 장막들은 자신들이 가지고 있었던 모든 거룩함을 성전에다가 말하자면 양도(讓渡)한 것이었다. 왜냐하면 이제부터 하나님을 만날 장소는 성전이 되어야 했기 때문이다. 이와 같이 지상에서의 교회의 모든 거룩한 것들은 장차 하늘의 완전한 거룩에 의해 삼켜지게 될 것이

다.

3. 법궤는 성전 어느 장소에 놓였나? 오랜 세월 방랑했던 법궤가 마침내 안식의 장소를 얻게 되었는데, 제사장들은 성전의 내소 곧 솔로몬이 세운(6:27) 거대한 그룹들의 날개 아래에다가 그것을 두었다(6절). 성전의 내소는 하나님이 백성들에게 말씀하시는 장소로 여겨지는 곳으로서, 법궤로 인해 지성소로 불리는 곳이었다. 그리고 법궤를 그룹들의 날개 아래 둔 것은 하나님의 각종 규례들과 백성들의 집회(集會)가 천사들의 특별한 보호 아래 있음을 나타내는 것이었다. 법궤의 채는 그룹들의 날개 아래로부터 보이도록 정렬되었는데, 그것은 대제사장이 일 년에 한 번 속죄소에 피를 뿌리기 위해 들어갈 때 그 곳을 가리키도록 하기 위한 것이었다. 이와 같이 법궤의 채는, 비록 이동을 위해서는 더 이상 쓸 일이 없어졌다 할지라도, 여전히 쓸모를 가지고 있었다.

Ⅳ. 하나님이 그 모든 일을 인정하시고 받으셨음을 나타내심(10, 11절). 하나님이 지성소에 당신의 영광을 나타내기 전까지는, 제사장들은 그 곳에 자유롭게 들어갈 수 있었다. 그러나 이제부터는 대제사장이 속죄일에 들어가는 것을 제외하고는 아무도 법궤에 접근할 수 없었다. 그러므로 쉐키나가 구름 가운데 지성소뿐만 아니라 성전에 가득 찬 것은 제사장들이 지성소에서 나온 후였다. 그 때 쉐키나가 성전에 가득 차므로 금 향단에서 향을 태우던 제사장들은 그 일을 감당할 수 없었다. 이와 같이 신적 영광이 눈에 보이는 모습으로 나타남을 통해,

1. 하나님은 법궤를 존귀케 하시고 그것을 자신의 임재의 증표로서 확증하셨다. 법궤는 잦은 이동과 초리한 처소와 불필요한 노출(露出) 등으로 인해 오랫동안 그 영광이 가려지고 감소되었다. 그러나 이제 하나님은 그것이 영원히 하나님께 소중한 것임을 분명하게 나타내실 것이다.

2. 하나님은 성전의 건물과 모든 기구들을 당신의 이름과 당신의 나라를 위해 행해진 선한 봉사로서 기꺼이 받으셨음을 보여주셨다.

3. 하나님은 백성들의 두려움을 불러일으키셨다. 그들은 자신들이 본 것을 통해 모세의 책들에서 읽었던 것, 즉 그들의 조상들에게 나타났던 하나님의 현현의 영광과 관련한 믿음을 더욱 공고히 했고, 그럼으로써 이스라엘의 하나님을 섬기는 일에 더욱 착념하고 우상 숭배의 유혹에 스스로를 더욱 강하게 했다.

4. 하나님은 솔로몬이 이제 드리려고 하는 기도를 들으실 준비가 되어 있으심을 나타내셨다. 뿐만 아니라 성전 안에 자신의 거처를 두심으로써 당신에게 기도하는 모든 백성들로 하여금 기도하는 일에 더욱 힘을 얻고 격려를 받도록 하셨다. 그러나 하나님의 영광은 어두운 구름 가운데 나타났는데, 이것은 다음과 같은 것들을 상징했다.

(1) 복음의 빛과 대조되는 그 시대의 어둠. 그 시대에 어두운 구름 가운데 하나님의 영광이 나타난 것과, 복음의 시대에 수건을 벗은 얼굴로 거울을 보는 것처럼 주의 영광을 보는 것을 비교하라(고후 3:18).

(2) 하나님을 보는 것과 대조되는 우리의 현재 상태의 어둠. 하나님을 보는 것은 신적 영광이 밝히 드러나는 하늘의 복이 될 것이다. 지금 우리는 단지 '하나님이 어떤 분이 아니다' 라는 식으로만 말할 수 있을 뿐이지만, 그러나 그 때에 우리는 하나님을 계신 그대로 보게 될 것이다.

[12]그 때에 솔로몬이 이르되 여호와께서 캄캄한 데 계시겠다 말씀하셨사오나 [13]내가 참으로 주를 위하여 계실 성전을 건축하였사오니 주께서 영원히 계실 처소로소이다 하고 [14]얼굴을 돌이켜 이스라엘의 온 회중을 위하여 축복하니 그 때에 이스라엘의 온 회중이 서 있더라 [15]왕이 이르되 이스라엘의 하나님 여호와를 송축할지로다 여호와께서 그의 입으로 내 아버지 다윗에게 말씀하신 것을 이제 그의 손으로 이루셨도다 이르시기를 [16]내가 내 백성 이스라엘을 애굽에서 인도하여 낸 날부터 내 이름을 둘 만한 집을 건축하기 위하여 이스라엘 모든 지파 가운데에서 아무 성읍도 택하지 아니하고 다만 다윗을 택하여 내 백성 이스라엘을 다스리게 하였노라 하신지라 [17]내 아버지 다윗이 이스라엘의 하나님 여호와의 이름을 위하여 성전을 건축할 마음이 있었더니 [18]여호와께서 내 아버지 다윗에게 이르시되 네가 내 이름을 위하여 성전을 건축할 마음이 있으니 이 마음이 네게 있는 것이 좋도다 [19]그러나 너는 그 성전을 건축하지 못할 것이요 네 몸에서 낳을 네 아들 그가 내 이름을 위하여 성전을 건축하리라 하시더니 [20]이제 여호와께서 말씀하신 대로 이루시도다 내가 여호와께서 말씀하신 대로 내 아버지 다윗을 이어서 일어나 이스라엘의 왕위에 앉고 이스라엘의 하나님 여호와의 이름을 위하여 성전을 건축하고 [21]내가 또 그 곳에 우리 조상들을 애굽 땅에서 인도하여 내실 때에 그들과 세우신 바 여호와의 언약을 넣은 궤를 위하여 한 처소를 설치하였노라

I. 솔로몬이 제사장들을 격려함. 어두운 구름이 제사장들을 가리자 그들은 크게 놀라 성전에서 나왔다. 그리스도의 제자들이 구름 속으로(밝게 빛나는 구름이었음에도 불구하고) 들어갈 때에 두려워했던 것처럼(눅 9:34), 제사장들도 빽빽한 구름에 휩싸일 때 그러했다. 그들의 두려움을 가라앉히기 위해,

1. 솔로몬은 그들에게 이것이 하나님의 임재의 증표임을 상기시킨다(12절): 여호와께서 캄캄한 데 계시겠다 말씀하셨사오나. 이것은 하나님의 진노의 증표와는 너무나 거리가 멀었다. 도리어 그것은 하나님의 호의의 표시였다. 왜냐하면 하나님이 내가 구름 가운데 나타날 것이라고 말씀하셨기 때문이다(레 16:2). 잘 알지 못하는 어떤 섭리를 이해함에 있어 하나님이 말씀하신 것을 생각하며 그의 말씀과 하신 일을 비교해 보는 것보다 더 효과적인 것은 없다. 레위기 10장 3절처럼, 이것은 여호와께서 말씀하신 것이다. 하나님은 빛이시며(요일 1:5), 빛 가운데 거하신다(딤전 6:16). 그러나 그가 빽빽한 어둠 가운데 거하시며 그것을 자신의 장막으로 삼는 것은 인생들이 그의 영광의 찬란한 빛을 감당할 수 없었기 때문이다. 진실로 주는 스스로를 가리시는 하나님이시니이다. 이와 같은 방식으로 우리의 거룩한 믿음은 연단되고 우리의 거룩한 두려움은 증가된다. 그러나 하나님이 빛 가운데 거하시는 곳에서, 믿음은 보는 것에 그리고 두려움은 사랑에 삼켜진다.

2. 솔로몬 자신이 그것을 환영하여 기쁨으로 맞이한다. 이러한 구름으로써 하나님은 당신이 성전을 자신의 소유로 삼기 위해 내려오셨음을 나타내셨다. 따라서 솔로몬은 짤막한 말로 그것을 엄숙하게 하나님께 드린다(13절). 하나님이 말씀하신다: "이제 내가 임하노라." 이에 솔로몬이 말한다: "아멘, 주여 오소서. 이 집은 온전히 주의 것이나이다. 내가 참으로 주를 위하여 전을 건축하고 주를 위하여 기구들을 만들었나이다. 이것은 영원히 주의 것이며, 주께서 영원히 계실 처소로소이다. 이 집은 다른 용도로 바뀌거나 양도되지 않을 것이며, 법궤는 이제 다시 옮겨지거나 부유(浮遊)하지 않을 것이나이다." 하나님이 성전을 당신의 소유로 취하신 것이 솔로몬의 기쁨이었으며, 그것을 계속해서 소유하시는 것이 그의 바람이었다. 따라서 제사장들은 솔로몬이 그토록 기뻐하는 것에 대해 두려워할 필요가 없었다.

II. 솔로몬이 이 집과 관련하여 백성들에게 설명함. 솔로몬이 제사장들을 납득시킬 때는 몇 마디 짤막한 말로도 충분했다(현자에게는 한 마디 말로 충분

한 법이다). 그러나 바깥뜰에 있는 회중에게 설명할 때에는 얼굴을 돌려 상세하게 이야기한다(14절).

1. 솔로몬은 회중을 축복한다. 어두운 구름이 성전에 가득 찬 것을 보았을 때, 그들은 크게 놀라면서 그 빽빽한 구름으로 인해 자신들이 완전한 암흑 속에 빠지게 되지 않을까 두려워했다. 이러한 놀라운 광경으로 인해 모든 사람들이 긴장하며 기도하게 되었을 것이라고 우리는 추측할 수 있다. 따라서 솔로몬은 회중의 기도에 합세하면서, 권세를 가진 자로서 그들 모두를 축복했다(왜냐하면 낮은 자가 높은 자에게 복 빎을 받는 법이기 때문이다). 하나님의 이름으로 솔로몬은 회중에게 평강과 축복을 말했는데, 그것은 이와 비슷한 상황에서 기드온이 두려움 가운데 빠져 있었을 때 천사가 그에게 축복의 말을 한 것과 유사했다(삿 6:22-23, 너는 안심하라 두려워하지 말라 죽지 아니하리라). 솔로몬은 그들을 축복했다. 다시 말해서, 그들을 진정시키면서 모든 두려움으로부터 벗어나도록 이끌었다. 이러한 축복을 받음에 있어 모든 회중은 자리에서 일어났는데, 그것은 공경의 표시이면서 동시에 듣고 받아들일 준비가 되었음을 나타내는 표시였다. 그것은 축복이 선언될 때 취할 적절한 태도였다.

2. 솔로몬은 자신이 건축하고 지금 봉헌하고 있는 이 집에 관하여 회중에게 이야기한다.

(1) 그는 지금까지 인도하신 하나님의 선하신 손길에 대해 감사를 표한다: 이스라엘의 하나님 여호와를 송축할지로다(15절). 하나님으로부터 특별한 호의와 은총을 입었을 때, 우리는 마땅히 찬송을 돌려 드려야 한다. 솔로몬은 이와 같이 회중들의 마음을 하나님께 대한 감사의 마음으로 고양(高揚)되도록 이끌었는데, 아마도 이것은 그들의 소란한 마음을 잔잔케 하는데 큰 도움이 되었을 것이다. 그는 말한다. "오라, 하나님의 엄위하신 현현(顯現)으로 인해 우리가 그분으로부터 물러날 것이 아니라 도리어 그분에게로 가까이 나아가자. 우리가 이스라엘의 하나님 여호와를 송축하자." 이와 같이 욥도 캄캄한 상황에서 여호와의 이름을 송축했다. 여기에서 솔로몬이 하나님을 송축한 것은,

[1] 당신 자신의 입으로 그의 아버지 다윗에게 말씀하신 약속 때문이었다.

[2] 그러한 약속을 이루어 주신 것 때문이었다: 이제 그의 손으로 이루셨도다. 우리가 언약의 근원으로 거슬러 올라가 하나님이 지금 행하신 일을 예전에 말씀하셨던 것과 비교할 때, 우리는 하나님의 은총을 가장 잘 지각하게 될 뿐만

아니라 가장 큰 감사의 마음을 갖게 될 것이다.

(2) 그는 이제 이 집을 하나님께 엄숙하게 양도 혹은 봉헌한다. 양도(讓渡) 혹은 양여(讓與)의 행위는 통상적으로 예전의 일을 회상하면서 시작한다. 이와 관련하여 우리는 여기에서 그로 하여금 이 집을 건축하도록 이끈 특별한 동기와 이유에 대한 그 자신의 회상(回想)을 보게 된다.

[1] 솔로몬은 하나님의 이름을 둘 만한 집이 없었음을 회상한다. 반드시 이것이 전제되어야만 했다. 왜냐하면 그 시대의 경륜에 따를 때, 하나님의 이름을 둘 장소는 오직 한 곳이어야만 했기 때문이다. 따라서 만일 복수(複數)의 장소가 있다면, 그것은 불법적인 일이 되지 않을 수 없었다. 그러므로 솔로몬은 하나님 자신이 예전에 말씀하셨던 것으로부터 그러한 장소가 없었음을 증거한다: 내가 내 이름을 둘 만한 집을 건축하기 위하여 아무 성읍도 택하지 아니하고(16절). 그러므로 이 집을 건축해야만 하는 분명한 이유가 있었다.

[2] 솔로몬은 하나님의 전을 건축하고자 했던 자기 아버지 다윗의 의지를 회상한다. 하나님은 먼저 자기 백성을 다스릴 자를 선택하시고(내가 다윗을 택하였노라, 16절), 그 후에 그의 마음속에 하나님의 이름을 위하여 집을 건축할 마음을 집어넣으셨다(17절). 성전을 건축하는 일은 솔로몬이 자신의 영광을 위해 스스로 계획한 일이 아니었다. 이 일을 처음 계획한 것은 그의 아버지 다윗이었다(비록 첫 돌이 놓일 때까지 살지는 못했다 할지라도).

[3] 솔로몬은 자신과 관련한 하나님의 약속을 회상한다. 하나님은 성전을 건축하고자 했던 다윗의 의도를 인정해 주셨다(18절): 네가 내 이름을 위하여 성전을 건축할 마음이 있으니 이 마음이 네게 있는 것이 좋도다. 선을 행하려는 진지한 의도는 하나님에 의해 기꺼이 인정되고 받아들여질 것이라는 사실을 기억하라 — 비록 하나님이 특별한 섭리 가운데 그 일을 실행하는 것을 때로 막는다 할지라도. 사람의 열망은 그의 은총이니라(KJV, The desire of a man is his kindness; 한글개역개정판에는 사람은 자기의 인자함으로 남에게 사모함을 받느니라라고 되어 있음. 잠 19:22). 고린도후서 8장 12절을 보라(할 마음만 있으면 있는 대로 받으실 터이요). 하나님은 다윗의 선한 뜻은 받으셨지만, 그러나 그 일을 실행하는 것은 허락하지 않으시고 그 영광은 그의 아들을 위해 남겨 두셨다(19절): 그러나 너는 그 성전을 건축하지 못할 것이요 네 몸에서 낳을 네 아들 그가 내 이름을 위하여 성전을 건축하리라. 그러므로 솔로몬이 행한 것은 그 자신의

머리에서 나온 것도 아니요 그 자신의 영광을 위해 행한 것도 아니었다. 그 일은 그의 아버지의 계획에 따른 것이었으며, 동시에 하나님의 지시에 따른 것이었다.

[4] 솔로몬은 자신이 행한 일을 회상하면서 동시에 어떤 의도를 갖고 그 일을 행했는지를 회상한다: 내가 내 이름이 아니라 이스라엘의 하나님 여호와의 이름을 위하여 성전을 건축하고(20절), 여호와의 언약을 넣은 궤를 위하여 한 처소를 설치하였노라(21절). 이렇게 하여 그 또는 그의 가문이 이 전(展)과 그 안에 있는 기구들에 대해 가질 수 있는 모든 권리나 소유권이나 이권이나 기타 어떤 종류의 요구권이나 청구권까지 그는 영원히 하나님께 포기하며 양도하며 양여한다. 이 전(展)은 하나님의 이름과 그의 언약궤를 위한 것이다. 나아가 솔로몬은 이제 여호와께서 말씀하신 것을 이루셨도다라고 말한다(20절). 우리가 행한 선한 일에 대하여, 우리는 그것을 '우리가 하나님께 약속한 것을 이룬' 것으로 보기보다 '하나님이 우리에게 약속하신 것을 이루신' 것으로 보아야 한다는 사실을 주목하라. 우리가 하나님을 위해 더 많은 일을 행할수록 우리는 하나님으로부터 더 많은 빚을 지게 된다. 왜냐하면 우리의 능력은 우리 자신으로부터가 아니라 그분으로부터 말미암기 때문이다.

[22]솔로몬이 여호와의 제단 앞에서 이스라엘의 온 회중과 마주서서 하늘을 향하여 손을 펴고 [23]이르되 이스라엘의 하나님 여호와여 위로 하늘과 아래로 땅에 주와 같은 신이 없나이다 주께서는 온 마음으로 주의 앞에서 행하는 종들에게 언약을 지키시고 은혜를 베푸시나이다 [24]주께서 주의 종 내 아버지 다윗에게 하신 말씀을 지키사 주의 입으로 말씀하신 것을 손으로 이루심이 오늘과 같으니이다 [25]이스라엘의 하나님 여호와여 주께서 주의 종 내 아버지 다윗에게 말씀하시기를 네 자손이 자기 길을 삼가서 네가 내 앞에서 행한 것 같이 내 앞에서 행하기만 하면 네게서 나서 이스라엘의 왕위에 앉을 사람이 내 앞에서 끊어지지 아니하리라 하셨사오니 이제 다윗을 위하여 그 하신 말씀을 지키시옵소서 [26]그런즉 이스라엘의 하나님이여 원하건대 주는 주의 종 내 아버지 다윗에게 하신 말씀이 확실하게 하옵소서 [27]하나님이 참으로 땅에 거하시리이까 하늘과 하늘들의 하늘이라도 주를 용납하지 못하겠거든 하물며 내가 건축한 이 성전이오리이까 [28]그러나 내 하나님 여호와여 주의 종의 기도와 간구를 돌아보시며 이 종이 오늘 주 앞에서 부르짖음과 비는 기도를

들으시옵소서 [29]주께서 전에 말씀하시기를 내 이름이 거기 있으리라 하신 곳 이 성전을 향하여 주의 눈이 주야로 보시오며 주의 종이 이 곳을 향하여 비는 기도를 들으시옵소서 [30]주의 종과 주의 백성 이스라엘이 이 곳을 향하여 기도할 때에 주는 그 간구함을 들으시되 주께서 계신 곳 하늘에서 들으시고 들으시사 사하여 주옵소서 [31]만일 어떤 사람이 그 이웃에게 범죄함으로 맹세시킴을 받고 그가 와서 이 성전에 있는 주의 제단 앞에서 맹세하거든 [32]주는 하늘에서 들으시고 행하시되 주의 종들을 심판하사 악한 자의 죄를 정하여 그 행위대로 그 머리에 돌리시고 의로운 자를 의롭다 하사 그의 의로운 바대로 갚으시옵소서 [33]만일 주의 백성 이스라엘이 주께 범죄하여 적국 앞에 패하게 되므로 주께로 돌아와서 주의 이름을 인정하고 이 성전에서 주께 기도하며 간구하거든 [34]주는 하늘에서 들으시고 주의 백성 이스라엘의 죄를 사하시고 그들의 조상들에게 주신 땅으로 돌아오게 하옵소서 [35]만일 그들이 주께 범죄함으로 말미암아 하늘이 닫히고 비가 없어서 주께 벌을 받을 때에 이 곳을 향하여 기도하며 주의 이름을 찬양하고 그들의 죄에서 떠나거든 [36]주는 하늘에서 들으사 주의 종들과 주의 백성 이스라엘의 죄를 사하시고 그들이 마땅히 행할 선한 길을 가르쳐 주시오며 주의 백성에게 기업으로 주신 주의 땅에 비를 내리시옵소서 [37]만일 이 땅에 기근이나 전염병이 있거나 곡식이 시들거나 깜부기가 나거나 메뚜기나 황충이 나거나 적국이 와서 성읍을 에워싸거나 무슨 재앙이나 무슨 질병이 있든지 막론하고 [38]한 사람이나 혹 주의 온 백성 이스라엘이 다 각각 자기의 마음에 재앙을 깨닫고 이 성전을 향하여 손을 펴고 무슨 기도나 무슨 간구를 하거든 [39]주는 계신 곳 하늘에서 들으시고 사하시며 각 사람의 마음을 아시오니 그들의 모든 행위대로 행하사 갚으시옵소서 주만 홀로 사람의 마음을 다 아심이니이다 [40]그리하시면 그들이 주께서 우리 조상들에게 주신 땅에서 사는 동안에 항상 주를 경외하리이다 [41]또 주의 백성 이스라엘에 속하지 아니한 자 곧 주의 이름을 위하여 먼 지방에서 온 이방인이라도 [42]그들이 주의 크신 이름과 주의 능한 손과 주의 펴신 팔의 소문을 듣고 와서 이 성전을 향하여 기도하거든 [43]주는 계신 곳 하늘에서 들으시고 이방인이 주께 부르짖는 대로 이루사 땅의 만민이 주의 이름을 알고 주의 백성 이스라엘처럼 경외하게 하시오며 또 내가 건축한 이 성전을 주의 이름으로 일컫는 줄을 알게 하옵소서 [44]주의 백성이 그들의 적국과 더불어 싸우고자 하여 주께서 보내신 길로 나갈 때에 그들이 주께서 택하신 성읍과 내가 주의 이름을 위하여 건축한 성전이 있는 쪽을 향하여 여호와께 기도하거든 [45]주는 하늘에서 그들의 기도와 간구를 들으시고 그들의 일을 돌아보옵소서 [46]범죄하지 아니하는 사람이 없사오니 그들이 주께 범죄함으로 주께서 그들에게 진노하사 그들을 적국에게 넘기시매 적국이 그들을 사로잡아 원근을 막론하고 적국의 땅으로 끌어간 후에 [47]그들이 사로잡혀 간 땅에서 스스로 깨닫고 그 사로잡은 자의 땅에서 돌이켜 주께 간구하기를 우리가 범죄하여 반역을 행하며 악을 지었나이다 하며 [48]자기를 사로잡아 간 적국의 땅에서 온 마음과 온 뜻으로 주께 돌아와서 주께서 그들의 조상들에게 주신 땅 곧 주께서 택하신 성읍과 내가 주의 이름을 위하여 건축한 성전 있는 쪽을 향하여 주께 기도하거든 [49]주는 계신 곳 하늘에서 그들의 기도와 간구를 들으시고 그들의 일을 돌아보시오며 [50]주께 범죄한 백성을 용서하시며 주께 범한 그 모든 허물을 사하시고 그들을 사로잡아 간 자 앞에서 그들로 불쌍히 여김을 얻게 하사 그 사람들로 그들을 불쌍히 여기게 하옵소서 [51]그들은 주께서 철 풀무 같은 애굽에서 인도하여 내신 주의 백성, 주의 소유가 됨이니이다 [52]원하건대 주는 눈을 들어 종의 간구함과 주의 백성 이스라엘의 간구함을 보시고 주께 부르짖는 대로 들으시옵소서 [53]주 여호와여 주께서 우리 조상을 애굽에서 인도하여 내실 때에 주의 종 모세를 통하여 말씀하심 같이 주께서 세상 만민 가운데에서 그들을 구별하여 주의 기업으로 삼으셨나이다

솔로몬은 자신이 건축한 전을 온전히 하나님께 봉헌했으며, 하나님은 빽빽한 구름을 통해 그것을 받으셨음을 나타내셨다. 이어 솔로몬의 기도가 나오는데, 여기에서 그는 성전 봉헌에 즈음하여 하나님께 매우 구체적인 간구를 올린다. 그는 모든 겸손과 공손함으로 하나님께서 자신의 기도에 동의해 줄 것을 열망했다. 간단히 말해서 이 성전이 제사 드리는 집으로서 뿐만이 아니라 (이것이 특별히 언급되지 않은 것은 너무나 당연한 것이었기 때문이다) 만민이 기도하는 집으로서 받아들여지는 것이 그의 간구의 요지였다. 그리고 이 부분에서 그것은 복음 교회(gospel church)의 모형이었다. 이사야 56장 7절과 마태복음 21장 13절을 보라. 이와 같이 솔로몬은 매우 특별한 제물뿐만이 아니라 매우 특별한 기도로서 이 전의 문을 활짝 연 것이었다.

I. 솔로몬은 왕이었음에도 불구하고 직접 회중 앞에서 기도했다. 솔로몬은 이 일을 위해 제사장 가운데 한 사람이나 혹은 선지자 가운데 한 사람을 지명하지 않고, 자신이 직접 이스라엘의 온 회중과 마주서서 기도했다(22절).

1. 솔로몬이 그와 같이 할 수 있었던 것은 참으로 바람직한 일이었다. 그것은 부모로부터 받은 신앙교육을 그가 잘 계승했음을 보여주는 분명한 증거였다. 모든 학식과 더불어 그는 기도하는 법도 잘 배운 것으로 보인다. 그리고 그는 미리 준비하지 않고 즉석에서(pro re nata) 스스로의 마음을 하나님께 표출하는 법을 알고 있었던 듯하다. 수많은 철학적인 담화와 잠언과 노래들 가운데에서도, 그는 자신의 믿음을 결코 잊어버리지 않았다. 그는 기도의 응답을 받는 자였으며(3:11 이하), 우리는 그가 많은 기도를 하였을 것이라고 추측할 수 있다. 이와 같이 그는, 우리가 여기에서 볼 수 있는 바와 같이, 기도의 은사에 있어서도 매우 뛰어났다.

2. 솔로몬이 많은 회중 앞에서 부끄러워하지 않고 기꺼이 기도한 것은 참으로 바람직한 일이었다. 마치 어떤 집회에서 기도 순서를 맡은 자처럼 회중을 대표하여 하나님께 기도하는 것을 자신의 격에 맞지 않는 일이라고 그는 조금도 생각하지 않았다. 그렇다면 어느 누가 자신은 너무나 높은 위치에 있어서 이러한 일을 맡기에 적절치 않다고 생각할 수 있겠는가? 솔로몬의 어떤 영광도 (심지어 그의 상아 보좌조차도) 지금보다 더 크게 보일 수 없었다. 높은 위치에 있는 자들은 이와 같이 종교적인 행사의 품위를 높이고 하나님을 존귀케 해야 한다. 여기에서 솔로몬은 우리의 위대한 중보자이신 예수 그리스도의 모형으로 나타난다.

II. 솔로몬의 기도는 경건하고 겸손하며 진지하고 열정적이었다. 그는 여호와의 제단 앞에 섰다. 그것은 그가 때가 차매 드려질 그 희생제물에 힘입어 자신의 기도가 열납될 것을 기대했음을 암시한다(제단에 드려지는 제물들은 바로 그 희생제물의 모형이다). 기도할 때,

1. 그는 무릎을 꿇었다(54절). 역대하 6장 13절과 비교하라. 무릎을 꿇는 것은 기도에 있어 가장 적합한 자세이다(엡 3:14). 가장 높은 지위에 있는 자라 할지라도 조물주 앞에 무릎을 꿇는 것을 격에 맞지 않는 일로 생각해서는 안 된다. 조지 허버트(신앙 시인)는 다음과 같이 말한다, "무릎을 꿇는 것이 비단 양말을 못쓰게 만들지는 않는다."

2. 그는 하늘을 향하여 손을 폈다. 그리고 54절에 나타나는 것처럼 기도가 끝날 때까지 계속 손을 들고 있었다. 그는 이러한 방식으로 하늘에 계신 아버지 하나님을 향한 자신의 소원과 기대를 표현했다. 그가 손을 편 것은 말하자면

넓게 열린 마음으로부터 하늘로 기도를 올려 드리고, 그 곳으로부터 두 팔로 은총을 받고자 한 것이었다. 헌신과 열정에 대한 이러한 외적인 표현은 경멸을 받거나 우스꽝스러운 것으로 여겨져서는 결코 안 된다.

Ⅲ. 솔로몬의 기도는 매우 긴 기도였다. 어쩌면 여기에 기록된 것보다 훨씬 더 길었을는지 모른다. 은혜의 보좌 앞에서 우리는 말할 권리를 가지고 있으며, 또한 우리는 그러한 권리를 사용해야 한다. 그리스도께서 책망하신 것은 긴 기도가 아니라 가식적인 기도였다. 이러한 뛰어난 기도에서,

1. 솔로몬은 하나님께 영광을 돌린다. 그는 최고의 숭경(崇敬)의 표현과 함께 자신의 기도를 시작한다. 그는 하나님을 이스라엘의 하나님 여호와, 즉 이스라엘과 언약관계에 있는 하나님으로 부른다.

(1) 그는 하나님이 어떤 분이신가에 대해 총괄적인 말로 찬미한다. 하나님은 최고의 존재이시며(위로 하늘과 아래로 땅에 주와 같은 신이 없나이다), 최고의 주인이시다(주께서는 온 마음으로 주의 앞에서 행하는 종들에게 언약을 지키시고 은혜를 베푸시나이다).

(2) 그는 하나님이 특별히 자신의 가족을 위해 행하신 일에 대해 감사를 드린다(24절): 주께서 주의 종 다윗에게 하신 말씀을 지키셨나이다. 그 약속은 솔로몬에게 큰 호의요 기쁨이요 지지(支持)였는데, 이제 그 약속이 이루어졌다: 주께서 이루심이 오늘과 같으니이다. 하나님의 약속이 참되다고 하는 사실을 새롭게 경험할 때마다 우리는 찬미를 드리지 않을 수 없게 된다.

2. 솔로몬은 하나님으로부터 은혜와 호의를 간청한다.

(1) 하나님이 전에 약속하셨던 은총을 그와 그의 집에 이루어 주시기를 위해서(25, 26절). 그러한 은총이 어떻게 오는지 관찰하라. 솔로몬은 하나님의 약속들이 부분적으로 성취된 것에 대해 감사를 드린다. 지금까지 하나님은 자신의 말씀에 신실하셨다. "주께서 주의 종 다윗에게 약속하신 것을 지키셨나이다. 그리하여 그의 아들이 그의 보좌를 이어 그가 계획한 성전을 건축하였나이다. 그러므로 이제 다윗을 위하여 그 하신 말씀을 지키시옵소서. 그것은 아직 이루어지지 않은 채 남아 있나이다." 하나님이 약속을 지키시는 것을 우리가 많이 체험하면 할수록 우리는 하나님의 약속을 더 많이 의지하며, 그것이 계속해서 이루어지기를 더 많이 기도하게 될 것이다. 또한 계속해서 은총이 베풀어지기를 기대하는 자들은 예전에 베풀어진 은총들에 대해 감사를 드려야만 한다. 하나님

이 여기까지 도우셨다(고후 1:10, 그가 이같이 큰 사망에서 우리를 건지셨고 또 건지실 것이며 이 후에도 건지시기를 그에게 바라노라). 솔로몬은 하나님이 자기 아버지에게 하신 약속을 또다시 반복한다(25절): 이스라엘의 왕위에 앉을 사람이 내 앞에서 끊어지지 아니하리라. 그러면서 그는 조건을 빠뜨리지 않는다: 네 자손이 자기 길을 삼가면(왜냐하면 만일 우리가 우리의 조건을 지키지 않는다면, 우리는 하나님이 약속을 지키실 것을 기대할 수 없기 때문이다). 그러고 나서 그는 그러한 약속이 이루어지기를 겸손하게 간구한다(26절): 그런즉 이스라엘의 하나님이여 원하건대 주는 주의 종 내 아버지 다윗에게 하신 말씀이 확실하게 하옵소서. 기도에 있어 우리의 소망과 기대와 열망의 근거는 바로 하나님의 약속이다. 다윗은 항상 이렇게 기도했다(삼하 7:25): 여호와여 주께서 말씀하신 대로 행하시옵소서. 자녀들은 부모로부터 기도와 탄원을 올리는 법을 배워야 한다.

(2) 하나님이 이 전에 관심을 가지시고 계속해서 주목해 주시기를 위하여 (29절). 그럼으로써 솔로몬이 건축한 전은 하나님이 인정하시고 존귀케 하시는 장소가 될 것이었다.

[1] 이를 위해 솔로몬은 먼저 다음을 고백한다.

첫째로, 하나님의 낮아지심에 대한 겸손한 찬미(27절). "하나님이 참으로 땅에 거하시리이까? 무한히 높으시고 거룩하시며 복되신 자가 땅에 거하는 자라고 일컬어질 정도로 낮아질 수 있겠나이까? 어떻게 하나님이 부패하고 죄로 관영하며 저주받은 땅의 벌레들을 축복할 수 있겠나이까? 주여 어찜이니이까?"

둘째로, 자신이 건축한 전이 하나님을 담기에 너무도 부족하다는 사실에 대한 겸손한 인정. "하늘과 하늘들의 하늘이라도 주를 용납하지 못할 것이니, 이는 어떤 장소도 무소부재하신 주를 담을 수 없기 때문이나이다. 심지어 이 전조차도 존재와 영광에 있어 무한하신 자의 거처가 되기에는 너무나 작고 초라하나이다." 우리가 하나님을 위해 할 수 있는 최고의 일을 행했을 때, 우리는 우리와 하나님 사이의 그리고 우리가 한 일과 하나님의 완전하심 사이의 무한한 간격과 불균형을 겸손하게 인정해야만 한다.

[2] 이어 솔로몬은 총괄적으로 기도한다.

첫째로, 자신이 지금 기도하고 있는 것을 들으시고 응답해 주시기를 위하여 (28절). 이것은 겸손한 기도였으며(주의 종의 기도와 간구를), 열정적인 기도였으며(주 앞에서 부르짖음과), 또한 믿음의 기도였다(주 앞에서). "주여 이것을 이스라엘의 왕의 기도로서가 아니라(아무리 크고 높은 지위라 할지라도 그것이 하나님의 마음을 사로잡지는 못한다) 당신의 종의 기도로서 들으시고 주목하옵소서."

둘째로, 이제부터 이 전에서 혹은 이 전을 향하여 드려지는 모든 기도를 들으시고 응답해 주시기를 위하여(29절). 솔로몬은 자신의 기도와(주의 종이 드리는 기도를 들으시옵소서) 모든 이스라엘 백성들의 기도를 들으시고 응답해 달라고 간구한다(30절). "주의 처소인 하늘에서(이 전은 단지 하늘의 모형일 뿐이나이다) 들으시옵소서. 그리고 들으실 때 그들과 하나님 사이를 단절시킨 죄를 사하여 주옵소서."

a. 솔로몬은 하나님의 백성들이 항상 기도하는 백성이 될 것을 가정한다. 그리고 자신도 그러한 의무에 계속해서 착념할 것을 결심한다.

b. 솔로몬은 백성들로 하여금 기도할 때에 하나님이 당신의 영광을 두시기를 기뻐하신 바로 그 장소를 바라볼 것을 지시한다. 오직 제사장만이 그 곳에 들어갈 수 있었다. 그러나 백성들이 성전 뜰에서 예배할 때, 그들의 눈은 그 곳을 향해야만 한다. 그것은 예배의 대상으로서가 아니라 예배의 매개(媒介)로서 그러하다(만일 그것이 예배의 대상이 된다면 그것은 우상 숭배가 될 것이다). 그것은 백성들의 약한 믿음을 도우며, 참 성전이신 예수 그리스도의 중보(매개)를 상징하는 것이었다. 예루살렘이 멸망을 당함으로써 성전으로부터 멀리 떨어져 있던 자들도 예루살렘을 향해 기도했는데 그것은 바로 이 성전 때문이었다(단 6:10).

c. 솔로몬은 이 곳을 향해 기도하는 모든 기도를 들으시고 그들의 죄를 용서해 주실 것을 하나님께 간구한다. 이 전에 대한 지식이 없는 자들에 의해 드려지는 기도는 어떤 것이든 모두 배격되어야만 한다고 그가 생각한 것은 아니었다. 다만 그가 열망한 것은 성전이라고 하는 신적 현현의 가시(可視)적 증표가, 믿음으로 나아와 기도하는 모든 자들에게 항상 가시적인 위로와 격려를 주는 것이었다.

[3] 이어 솔로몬은 구체적이며 다양한 상황들을 상정한다.

첫째로, 사람과 사람 사이에 분쟁이 발생하여 그들이 이 제단 앞에서 맹세하며 하나님께 호소할 때. 이러한 경우 솔로몬은 하나님이 어떤 방법으로든 진실을 밝혀내시고 분쟁 당사자 사이에 올바로 판단해 주실 것을 기도한다(31, 32

절). 또한 그는 어려운 문제들에 있어 하나님께서 믿음으로 호소하는 피해자들을 보호해 주시고 가해자들을 징벌하심으로써 이 은혜의 보좌가 판단의 보좌가 되기를 기도했다. 성전과 제단으로 맹세하는 것이 상례였는데(마 23:16, 18), 그러나 좀 더 엄숙한 맹세를 위해서는 성전과 제단으로가 아니라 성전과 제단에서 혹은 성전과 제단 근처에서 맹세해야 한다는 생각으로부터 타락이 시작된 것으로 보인다.

둘째로, 이스라엘 백성이 어떤 국가적인 재앙 아래서 신음하거나 혹은 개개 이스라엘 사람이 어떤 개인적인 재난으로 인해 신음할 때. 이러한 경우 솔로몬은 하나님이 이 전에서 혹은 이 전을 향해 기도하는 그들의 기도를 들으시고 응답해 주시기를 기도한다.

a. 전쟁(33절)과 가뭄(35절)과 기근 혹은 전염병(37절) 등 국가적인 심판의 상황에서. 이방 백성들에게 일어나는 재앙은 하나님의 이스라엘에게도 일어날 수 있는 법이다. 여기에서 솔로몬은 다음과 같은 사실들을 전제한다.

(a) 심판의 원인은 다름 아닌 죄라고 하는 사실. "만일 주의 **백성 이스라엘**이 적국 앞에 패하게 된다면, 만일 비가 내리지 않는다면, 그것은 그들이 주께 범죄했기 때문이나이다." 모든 재난을 가져오는 것은 바로 죄이다.

(b) 그 결과 그들이 하나님께 부르짖으며 이 전에서 혹은 이 전을 향하여 기도하게 될 것이라는 사실. 예전에 하나님을 경멸하던 자들이 그 때에는 기도하게 될 것이다: 주께로 돌아와서 주의 이름을 인정하고 이 성전에서 주께 기도하며 간구하거든(33절). 그들이 고난 받을 때에 나를 간절히 구하리라(호 5:15).

(c) 심판을 돌이키는 조건은 기도 이상의 어떤 것이라는 사실. 솔로몬은, 그들이 죄에서 **떠나**(35절) 하나님께로 돌이키지(33절) 않음에도 불구하고 다시 말해서 진정으로 회개하며 잘못을 고치지 않음에도 불구하고, 그들의 기도를 응답해 달라고 기도할 수는 없었다(또 그렇게 기도하지도 않았다). 회개하고 돌이키지 않는 한 우리는 어떤 구원도 기대할 수 없는 법이다. 그러나 만일 그들이 죄에서 떠나 하나님께로 돌이킨다면, 솔로몬은 다음과 같이 기도한다. ① 하나님은 하늘의 거룩한 성전에서 들으시옵소서. 그들은 이 땅에 세워진 성전을 통해 하늘의 거룩한 성전을 바라보아야만 했다. ② 그들의 죄를 사하여 주옵소서. 왜냐하면 오직 죄가 사하여졌을 때에만 비로소 심판이 제거되기 때문이다. ③ 그들이 마땅히 행할 선한 길을 가르쳐 주소서(36절). 그리하여 그들은

하나님의 선한 길로 돌아올 수 있게 될 것이며, 그럼으로써 그들은 고난을 통해 유익을 얻으며(왜냐하면 주로부터 징벌을 받으며 주의 법으로 교훈하심을 받는 자가 복이 있기 때문이다, 시 94:12) 구원을 위해 준비되게 될 것이었다. ④ 그리하여 심판을 돌이키시고 고통을 제하소서. 그럼으로써 그들의 기도를 받으실 뿐만 아니라 그들에게 은총을 베푸소서.

b. 개인적인 재앙의 상황에서(38-40절). "어떤 이스라엘 사람에게 주와 관련한 어떤 용무가 있다면, 그로 하여금 이 곳에서 주를 찾게 하시며 이 곳에서 주의 은총을 얻게 하소서." 솔로몬은 개인적인 재앙과 관련하여 구체적으로 언급하지 않는데, 그것은 그와 같은 일이 인생에게 너무나 많고 다양하기 때문이다.

(a) 솔로몬은 사람들이 무거운 짐 가운데 고통하며 그것을 하나님께 하소연할 것을 상정한다: 다 각각 자기의 마음에 재앙을 깨닫고 이 성전을 향하여 손을 펴고 무슨 기도나 무슨 간구를 하거든(38절). 히스기야가 이 전에서 기도하는 가운데 편지를 펼쳐 보였던 것처럼, 많은 사람들이 여러 가지 고통과 고난 속에서 자신들의 손을 펼칠 것이다. 그 고통이 육체적인 것이든 혹은 정신적인 것이든, 그들은 그것을 하나님 앞에 내어놓을 것이다. 아마도 여기에서 특별히 의도된 것은 내적인 무거운 짐이었던 것으로 보인다. 죄는 우리 자신의 마음의 역병이며, 우리 안에 내재하는 부패성은 우리의 영적 질병이다. 진정한 이스라엘 사람은 이러한 것들을 알고자 애쓸 것이며, 그럼으로써 그러한 것들을 경계하면서 스스로를 정결케 하고자 노력할 것이다. 그들이 애통해하는 것은 바로 이것이다. 오호라 나는 곤고한 자로다! 이로 인해 그들은 성소(聖所)로 가서 무릎을 꿇게 될 것이다. 그들은 애통해하면서 기도하는 가운데 자신들의 손을 펼칠 것이다.

(b) 솔로몬은 사람들로 하여금 성전으로 나아오게 만드는 모든 종류의 상황들을 하나님께 맡긴다. ① 하나님의 전지(全知)하심에 맡김. "주만 홀로 사람의 마음을 다 아시되, 그들의 마음의 재앙과 결핍과 무거운 짐뿐만 아니라 마음의 소원과 계획까지 그리고 그것이 참된 것인지 위선적인 것인지까지도 아시나이다. 주는 마음으로부터 나오는 기도와 단지 입술로부터 나올 뿐인 기도를 아시나이다." 왕들의 마음조차도 하나님 앞에서는 다 드러나는 법이다. ② 하나님의 공의에 맡김: 그들의 모든 행위대로 행하사 갚으시옵소서(39절). 하나님은 율

법이 아니라 은혜의 법에 의해 그렇게 하실 것이다. 왜냐하면 율법대로 하면 우리 모두가 멸망을 당할 수밖에 없기 때문이다. ③ 하나님의 자비하심에 맡김: 들으시고 사하시며 행하시옵소서(39절). 그리하시면 그들이 사는 동안에 항상 주를 경외하리이다(40절). 우리의 기도를 들으시고 죄를 사하시는 하나님의 자비하심을 올바로 활용할 때, 우리는 살아 있는 동안 하나님을 올바로 경외하게 될 것이다. 여호와와 그의 선하심을 경외하라. 그러나 사유하심(용서하심)이 주께 있음은 주를 경외하게 하심이니이다(시 130:4).

c. 이어 이스라엘 백성이 아닌 이방인의 경우가 언급된다. 이들은 자기 나라의 신들을 섬기는 일이 얼마나 어리석고 악한 일인지를 깨닫고 이스라엘의 하나님께 기도하기 위해 성전에 나아오는 개종자들이다.

(a) 솔로몬은 그러한 사람들이 많이 일어날 것을 상정한다(41, 42절). 하나님이 이스라엘을 위해 행하신 큰 일에 대한 소문이 먼 지역까지 전파됨으로써, 이스라엘의 하나님이 모든 신들 가운데 가장 뛰어나신, 아니 홀로 유일하신 하나님이라는 사실이 드러나게 될 것이다. "먼 지역에 거하는 자들이 주의 능한 손과 주의 펴신 팔의 소문을 듣게 될 것이며 이로 인해 모든 사려 깊은 자들이 이 전을 향해 기도하게 될 것이오니, 그들로 하나님의 은총을 받게 하소서."

(b) 솔로몬은 그러한 개종자들의 기도를 받으시고 응답해 달라고 간구한다(43절): 이방인이 주께 부르짖는 대로 이루시옵소서. 이와 같이 오래 전부터 이방인 죄인들을 향한 은총이 암시되어 있었다. 본토인과 이방인을 위한 동일한 법(율법, law)이 있었던 것처럼, 양자(兩者) 모두를 위한 동일한 복음이 있었다.

(c) 여기에서 솔로몬은 하나님의 영광과 그분을 아는 지식이 온 세상에 전파되기를 소망한다. "이방인들로 하여금 자기 나라에 이스라엘의 하나님과 관련한 복된 소식을 전파하게 하소서. 그럼으로써 땅의 만민이 주의 이름을 알고 주의 백성 이스라엘처럼 경외하게 하소서(만일 그들이 주를 올바로 알게 된다면 마땅히 주를 경외하게 될 것이나이다)." 솔로몬은 하나님에 대한 지식과 예배를 오직 이스라엘에만 한정시키려는 생각과는 너무나 거리가 멀었다(그리스도와 사도들의 시대의 유대인들은 대부분 그와 같이 생각했다). 도리어 그는 만민이 이스라엘처럼 하나님을 경외하게 되기를 기도했다. 모든 인생이 양자(養子)의 은혜를 입고 하나님의 자녀가 될 수만 있다면! 아버지여, 이 같이 하여 아버지의 이름을 영화롭게 하옵소서.

d. 이어 솔로몬은 전쟁에 나가는 군대에 신적 은총이 임하기를 기원한다. 그는 적국과 더불어 싸우기 위해 나간 군대가 먼 곳에서 진을 친 상황을 상정한다(44절). "그들이 전투를 앞둔 상황에서 이 성읍과 성전이 있는 쪽을 향하여 하나님의 돌보심과 승리를 기도할 때, 그들의 기도를 들으사 그들의 마음을 격려하시고 손을 강하게 하시며 머리를 덮으시며 그들에게 승리를 주소서." 전장(戰場)에 나간 병사들은 집에 있는 자들이 자신들을 위해 기도해 주는 것으로 충분하다고 생각해서는 안 된다. 그들 자신도 스스로를 위해 기도해야 한다. 그와 같은 상황을 상정하면서 솔로몬은 여기에서 그들에게 은혜로운 응답을 주실 것을 간구한다. 기도(praying)와 싸움(fighting)은 항상 함께 가야만 한다.

e. 계속해서 솔로몬은 포로로 끌려간 상황을 언급한다.

(a) 솔로몬은 이스라엘이 범죄할 것을 상정한다. 그는 이스라엘과 자신을 포함하여 모든 인간의 본성을 잘 알고 있었다. 따라서 그가 그와 같이 상정한 것은 결코 무리한 일이 아니었다: 범죄치 않는 자는 없사오니. 총체적인 죄에 떨어질 위험에 놓여 있지 않은 자는 아무도 없으며, 하나님이 그냥 내버려 두시면 모든 사람은 그와 같이 될 수밖에 없다.

(b) 이어 솔로몬은 이스라엘이 하나님께 범죄함으로 하나님이 그들에게 진노하사 그들을 적국에게 넘기시고 낯선 나라의 포로로 끌려가게 하실 것을 상정한다(46절).

(c) 이어 솔로몬은 그들이 스스로를 돌아볼 것을 상정한다. 그들이 스스로 깨닫고 돌이켜 "우리가 범죄하여 반역을 행하며 악을 지었나이다(47절)"라고 말하면서 회개하며 기도하거든, 그리고 적국의 땅에서 주께로 돌아오거든(48절).

(d) 이어 솔로몬은 그들이 기도하는 가운데 거룩한 땅인 자신들의 땅과 거룩한 성읍인 예루살렘과 거룩한 집인 성전을 바라보게 될 것을 상정한다(48절).

(e) 솔로몬은 그 때 그들의 기도를 들으시고 그들의 죄를 용서해 주시며 그들을 사로잡아 간 자들로부터 그들이 불쌍히 여김을 받게 해 달라고 간구한다(49, 50절). 하나님은 모든 자들의 마음을 자기 마음대로 움직일 수 있으시며, 가장 거센 물결도 거꾸로 흐르게 하실 수 있으시며, 가장 잔인한 핍박자들까지도 자기 백성을 불쌍히 여기도록 만드실 수 있으시다. 시편 106편 46절에서 이 기도가 응답받은 것을 보라: 그들을 사로잡은 모든 자에게서 긍휼히 여김을 받게 하셨

도다. 설령 그들을 해방시켜 준 것까지는 아니었다 할지라도, 적어도 그들의 속박을 가볍게 해 주었다.

(f) 솔로몬은 하나님과 그들의 관계에 기초하여 탄원을 올린다. "그들은 주의 언약으로 택함 받은 주의 백성이며, 주의 돌보심과 인도하심 아래 있는 백성이나이다(51절). 또한 그들은 주께서 세상 만민 가운데에서 구별하여 주의 기업으로 삼으신 백성이나이다(53절)."

f. 마지막으로, 솔로몬은 총체적인 기도와 함께 자신의 모든 기도를 끝맺는다: 원하건대 주는 주께 부르짖는 대로 들으시옵소서(52절). 어떤 장소에서 혹은 그 장소를 향하여 기도할 때 더 받으심직한 기도가 될 것으로 상정될 만한(구약시대의 성전처럼) 특별한 장소는 오늘날 복음 아래에서는 더 이상 존재하지 않는다. 그것은 그림자였다. 실체는 그리스도이시다. 우리가 그의 이름으로 구할 때, 우리는 그것을 받게 될 것이다.

[54]솔로몬이 무릎을 꿇고 손을 펴서 하늘을 향하여 이 기도와 간구로 여호와께 아뢰기를 마치고 여호와의 제단 앞에서 일어나 [55]서서 큰 소리로 이스라엘의 온 회중을 위하여 축복하며 이르되 [56]여호와를 찬송할지로다 그가 말씀하신 대로 그의 백성 이스라엘에게 태평을 주셨으니 그 종 모세를 통하여 무릇 말씀하신 그 모든 좋은 약속이 하나도 이루어지지 아니함이 없도다 [57]우리 하나님 여호와께서 우리 조상들과 함께 계시던 것 같이 우리와 함께 계시옵고 우리를 떠나지 마시오며 버리지 마시옵고 [58]우리의 마음을 주께로 향하여 그의 모든 길로 행하게 하시오며 우리 조상들에게 명령하신 계명과 법도와 율례를 지키게 하시기를 원하오며 [59]여호와 앞에서 내가 간구한 이 말씀이 주야로 우리 하나님 여호와께 가까이 있게 하시옵고 또 주의 종의 일과 주의 백성 이스라엘의 일을 날마다 필요한 대로 돌아보사 [60]이에 세상 만민에게 여호와께서만 하나님이시고 그 외에는 없는 줄을 알게 하시기를 원하노라 [61]그런즉 너희의 마음을 우리 하나님 여호와께 온전히 바쳐 완전하게 하여 오늘과 같이 그의 법도를 행하며 그의 계명을 지킬지어다

전도서에서 솔로몬은 자신의 긴 설교를 마친 후 모든 일에 대한 결론을 제시한다. 그와 마찬가지로 그는 여기에서 긴 기도를 마친 후 백성을 축복하는 것으로 결말을 짓는다(55절). 그는 권세자로서 서서 축복했는데, 그것은

백성들로 하여금 더 잘 들을 수 있도록 하기 위해서였다. 그의 말은 더할 나위 없이 적절하고 타당했다. 그의 말은 너무도 감동적이었기 때문에 회중은 흩어지지 않고 모두 귀를 기울여 경청했다.

I. 솔로몬은 하나님이 이스라엘을 위해 행하신 큰 일들로 인해 그분께 영광을 돌린다(56절). 그는 회중을 축복하기 위해 일어났지만(55절), 그러나 먼저 하나님을 송축하는 것으로부터 시작한다. 이와 같이 우리는 모든 일에 있어 먼저 하나님께 감사를 드려야만 한다. 하나님이 우리에게 위대한 일을 이루어 주시기를 기대하는가? 그렇다면 그 때 그 때마다 부딪치는 상황들을 하나님을 칭송하는 기회로 삼자. 솔로몬은 이스라엘에게 태평(혹은 안식, rest)을 주신 하나님을 송축한다. 그는 재물이나 명예나 권세를 언급하지 않았는데, 그 이유는 그런 것들보다 태평(안식)을 더 큰 축복으로 여겼기 때문이었다. 태평(안식)을 가진 자들은, 설령 다른 것들은 좀 부족하다 하더라도, 그 축복을 평가절하해서는 안 된다. 솔로몬은 하나님이 베푸신 축복을 예전에 그들에게 주신 약속과 비교하는데, 그것은 그렇게 함으로써 하나님의 신실하심과 말씀의 진실성이 온전히 드러나도록 하기 위함이었다.

1. 솔로몬은 모세를 통해 주신 약속들을 언급한다(56절). 하나님은 모세를 통해 교훈뿐만 아니라 약속도 주셨다. 하나님이 이스라엘에게 안식(태평)을 약속한 것은 오래 전이었다. 그러나 그들은 오랜 시련의 세월을 거친 후에야 비로소 그러한 안식을 얻었다. 하나님의 영적 이스라엘이 모든 수고로부터 안식하게 될 날이 이를 것이다.

2. 솔로몬은 이를테면 약정서의 뒷면에 이행확인 도장을 찍는다: 그 모든 좋은 약속이 하나도 이루어지지 아니함이 없도다(56절). 그는 모든 이스라엘의 이름으로 하나님의 약속이 완전히 이행되었음을 확증하는데, 그러한 확증은 하나님의 신실하심을 드러내면서 동시에 하나님의 약속을 의뢰하는 모든 자들을 격려하기 위한 것이었다.

II. 솔로몬은 자신과 회중을 축복하면서 다음과 같은 네 가지 소망과 바람을 피력한다.

1. 하나님이 우리와 함께 계시옵소서. 교회와 나라와 모든 개인에게 있어 하나님의 함께하심이야말로 참된 복의 시작이며 끝이다. 이 큰 회중도 곧 흩어질 것이며, 아마도 그들이 다시 모이는 일은 없을 것이었다. 따라서 솔로몬은

그들을 해산시키면서 다음과 같이 축복한다. "여호와는 우리와 함께 계시옵소서. 그러면 우리가 흩어져 있을 때에도 그것이 우리에게 충분한 위로가 될 것이나 이다. 우리 하나님 여호와께서 우리 조상들과 함께 계시던 것 같이 우리와 함께 계시 옵고 우리를 떠나지 마옵소서(57절)."

2. 하나님의 은혜의 능력이 우리와 함께 계시옵소서. "여호와께서 우리와 함 께 계시옵고 계속해서 계시옵소서. 그것은 우리의 영토가 확장되고 부가 증진 되기 위함이 아니나이다. 다만 하나님이 우리와 함께 계심으로 인해 우리의 마 음이 주께 향하고 그의 모든 길로 행하며 그의 모든 계명을 지키게 되기 위함이나이 다(58절)." 영적인 축복이야말로 최고의 축복이며, 우리가 열심히 추구해야 마땅한 축복이다. 우리의 마음은 천부적으로 마땅히 행해야 하는 의무를 싫어 하며, 하나님으로부터 멀어지려고 하는 경향이 있다. 그러한 마음을 하나님께 향하도록 만드는 것은 다름 아닌 하나님의 은혜이며, 우리는 그러한 은혜를 기 도로써 얻어야만 한다.

3. 제가 드린 기도를 응답해 주옵소서. "여호와 앞에서 내가 간구한 이 말씀이 주야로 우리 하나님 여호와께 가까이 있게 하옵소서(59절). 지금 드린 모든 기도가 은혜 가운데 그대로 돌아오게 하시며, 계속적인 응답이 이루어지게 하소서." 여기에서 솔로몬의 기도는 그리스도의 중보의 기도의 예표이다. 그리스도의 강력한 중보의 기도는 주야로 우리 하나님 여호와 앞에 머물러 있다. 왜냐하면 우리의 크신 대언자(代言者)께서 계속해서 이 일을 행하고 계시기 때문이다. 그러므로 우리는 우리를 참소하는 모든 일에 있어 (주야로 우리를 참소하는 원 수에 대항하여, 계 12:10) 그분을 의지할 수 있으며, 그분은 언제든지 자기 백 성 이스라엘을 위해 대언하며 중보로 기도하신다. 그러므로 우리는 그로부터 **때를 따라** 충족하며 시의적절한 은혜를 받게 될 것이다.

4. 주의 나라가 확장됨으로 주께서 영광을 받으소서. "이스라엘이 이처럼 축복받고 이처럼 은총을 받게 하소서. 이는 세상 만민이 우리에게 조공을 바치 게 되기를 바라는 것이 아니라(솔로몬은 자신의 나라가 자기가 바라는 만큼 충 분히 크다고 생각한다), 그들이 여호와께서만 하나님이시고 그 외에는 없는 줄을 알고 하나님께 나아와 경배하게 되기를 바람이나이다(60절)." 솔로몬은 자기 아버지 다윗이 그랬던 것처럼 다음과 같은 기원으로 자신의 기도를 끝마친다 (시 72:19, 20): 온 땅에 그의 영광이 충만할지어다. 우리의 기도를 끝마침에 있어

"아버지여 아버지의 이름을 영화롭게 하옵소서"란 기원보다 더 좋은 기원이 어디에 있겠는가?

Ⅲ. 솔로몬은 자기 백성들에게 하나님께 대한 의무를 계속해서 충실히 이행할 것을 엄숙하게 명령한다. 백성들을 위해 하나님께 기도하고 난 후, 이제 솔로몬은 자신의 얼굴과 입술을 하나님으로부터 백성들에게로 돌린다. 백성들은 그의 교훈을 통해 더 나은 상태가 된 연후에야 비로소 그의 중보 기도를 통한 유익을 더 많이 누리게 될 것이다. 그는 마지막으로 백성들에게 다음과 같이 훈계한다. "너희의 마음을 우리 하나님 여호와께 온전히 바쳐라(61절). 너희의 순종으로 나뉨이 없으며 정직하며 영구한 것이 되게 하라." 이것은 다름 아닌 복음의 온전함이다.

[62]이에 왕과 및 왕과 함께 한 이스라엘이 다 여호와 앞에 희생제물을 드리니라 [63]솔로몬이 화목제의 희생제물을 드렸으니 곧 여호와께 드린 소가 이만 이천 마리요 양이 십이만 마리라 이와 같이 왕과 모든 이스라엘 자손이 여호와의 성전의 봉헌식을 행하였는데 [64]그 날에 왕이 여호와의 성전 앞뜰 가운데를 거룩히 구별하고 거기서 번제와 소제와 감사제물의 기름을 드렸으니 이는 여호와의 앞 놋제단이 작으므로 번제물과 소제물과 화목제의 기름을 다 용납할 수 없음이라 [65]그 때에 솔로몬이 칠 일과 칠 일 도합 십사 일간을 우리 하나님 여호와 앞에서 절기로 지켰는데 하맛 어귀에서부터 애굽 강까지의 온 이스라엘의 큰 회중이 모여 그와 함께 하였더니 [66]여덟째 날에 솔로몬이 백성을 돌려보내매 백성이 왕을 위하여 축복하고 자기 장막으로 돌아가는데 여호와께서 그의 종 다윗과 그의 백성 이스라엘에게 베푸신 모든 은혜로 말미암아 기뻐하며 마음에 즐거워하였더라

우리는 앞에서 유다와 이스라엘이 자신들의 포도나무와 무화과나무 아래에서 먹고 마시며 즐거워하였다는 이야기를 읽었다. 이제 우리는 여기에서 그들이 하나님의 뜰에서 그와 같이 하고 있는 것을 보게 된다. 이제 그들은 지혜의 길과 관련한 솔로몬의 말 즉 지혜의 길은 즐거운 길이라는 그의 말이 결코 거짓이 아니라는 사실을 알게 되었다.

Ⅰ. 그들은 하나님의 집에 있는 동안 풍성한 기쁨과 만족을 누렸다. 그것은

1. 거기에서 솔로몬이 엄청나게 많은 제물 즉 22,000마리의 소와 120,000마

리의 양을 제물로 드렸기 때문이었다. 이 정도의 숫자는 만일 그 땅이 풍성한 소산을 맺는 땅이 아니었다면 그 지역의 모든 가축의 씨를 말릴 정도의 엄청난 것이었다. 이교도들은 수백 마리의 희생제물로도 자신들이 매우 많이 드렸다고 생각하지만(그들은 그것을 hecatombs라고 부른다), 그러나 솔로몬은 그들을 훨씬 능가했다. 솔로몬이 드린 제물은 그들과는 단위가 달랐다. 모세가 제단을 봉헌할 때 드린 화목제물은 수소 24마리와 숫양과 숫염소와 어린 숫양을 합해서 180마리였다(민 7:88). 그 때 백성들은 매우 가난했다. 그러나 지금은 그들의 부가 크게 증가되었으므로 더 많이 드리는 것이 당연했다. 하나님은 많이 뿌린 곳에서 많이 거두기를 기대하신다. 이 모든 제물들은 하루에 드려질 수 없었으며, 여러 날에 걸쳐 나누어 드려졌다. 솔로몬의 하루 식탁에 수소 30마리가 올랐지만, 그러나 하나님의 제단에는 하루에 수천 마리씩 드려졌다. 이와 같이 극소수의 사람만이 육체보다 영혼에 더 많은 마음을 기울인다. 화목제물의 고기는 드리는 자의 몫이었는데, 아마도 솔로몬은 이것으로 백성들을 대접한 것으로 보인다. 그리스도께서도 자신에게 나아오는 자들을 배불리 먹이셨다. 놋 제단은 이 모든 제물들을 용납하기에 너무나 작았다. 따라서 그들은 많은 제물들을 성전 앞뜰 가운데에서 드리지 않을 수 없었다(64절). 어떤 이들은 이 때 흙이나 돌로 제단들을 세웠다가 절기가 끝난 후에 모두 철거했을 것이라고 생각한다. 반면 어떤 이들은 맨땅에서 제물을 드렸을 것이라고 생각하기도 한다. 하나님께 풍성한 제물을 드리고자 하는 자들이 공간의 협소함으로 인해 그러한 마음을 포기할 필요는 없다.

2. 거기에서 솔로몬이 절기를 지켰기 때문이다. 성전봉헌에 이어 지킨 절기는 장막절인 것으로 보인다. 성전봉헌과 장막절을 합하여 14일을 절기로 지켰음에도 불구하고(65절), 그들은 "이 일이 얼마나 번거로운고"(말 1:13)라고 말하지 않았다.

Ⅱ. 그들은 이러한 기쁨과 만족을 가지고 집으로 돌아갔다. 그들은 흩어지면서 왕을 축복했다(66절). 그들은 그를 칭송하면서 그에게 감사를 돌렸으며, 그리고 나서 기쁨과 즐거움을 가지고 각기 자기 장막으로 돌아갔다. 그들의 기쁨의 근거는 하나님의 선하심이었으며, 우리 역시도 범사에 그러해야 한다. 그들은 하나님께서 왕과 나라에 베푸신 축복으로 인해 크게 즐거워했다. 이와 같이 우리도 거룩한 규례들로 인해 즐거워하며 집으로 돌아가 우리 주 예수와(다윗

은 구속의 언약을 좇아 이스라엘의 왕이 된 점에서 그리스도의 모형이었다) 그의 영적 이스라엘인 모든 신자들에게(그들은 은혜의 언약을 따라 하나님의 영적 이스라엘이 되었다) 베푸신 하나님의 선하심으로 인해 즐거워하며 계속해서 우리의 길을 가야 한다. 여기에서 우리가 기뻐하지 않는다면, 그것은 항상 우리 자신의 잘못일 따름이다.

제 9 장

개요

본 장의 내용은 다음과 같다. I. 하나님이 이상 가운데 솔로몬에게 주신 응답(1-9절). II. 솔로몬과 히람이 서로 감사의 선물을 주고받음(10-14절). III. 솔로몬의 역군들과 그가 건축한 건물들(15-24절). IV. 솔로몬이 정기적으로 제물을 드림(25절). V. 솔로몬의 상선(26-28절).

[1]솔로몬이 여호와의 성전과 왕궁 건축하기를 마치며 자기가 이루기를 원하던 모든 것을 마친 때에 [2]여호와께서 전에 기브온에서 나타나심 같이 다시 솔로몬에게 나타나사 [3]여호와께서 그에게 이르시되 네 기도와 네가 내 앞에서 간구한 바를 내가 들었은즉 나는 네가 건축한 이 성전을 거룩하게 구별하여 내 이름을 영원히 그 곳에 두며 내 눈길과 내 마음이 항상 거기에 있으리니 [4]네가 만일 네 아버지 다윗이 행함 같이 마음을 온전히 하고 바르게 하여 내 앞에서 행하며 내가 네게 명령한 대로 온갖 일에 순종하여 내 법도와 율례를 지키면 [5]내가 네 아버지 다윗에게 말하기를 이스라엘의 왕위에 오를 사람이 네게서 끊어지지 아니하리라 한 대로 네 이스라엘의 왕위를 영원히 견고하게 하려니와 [6]만일 너희나 너희의 자손이 아주 돌아서서 나를 따르지 아니하며 내가 너희 앞에 둔 나의 계명과 법도를 지키지 아니하고 가서 다른 신을 섬겨 그것을 경배하면 [7]내가 이스라엘을 내가 그들에게 준 땅에서 끊어 버릴 것이요 내 이름을 위하여 내가 거룩하게 구별한 이 성전이라도 내 앞에서 던져 버리리니 이스라엘은 모든 민족 가운데에서 속담거리와 이야기거리가 될 것이며 [8]이 성전이 높을지라도 지나가는 자마다 놀라며 비웃어 이르되 여호와께서 무슨 까닭으로 이 땅과 이 성전에 이같이 행하셨는고 하면 [9]대답하기를 그들이 그들의 조상들을 애굽 땅에서 인도하여 내신 그들의 하나님 여호와를 버리고 다른 신을 따라가서 그를 경배하여 섬기므로 여호와께서 이 모든 재앙을 그들에게 내리심이라 하리라 하셨더라

하나님은 하늘로부터 불을 내려 제물들을 사르게 하심으로써(대하 7:1) 솔로몬의 기도에 대해 응답하심과 함께 그것을 열납(悅納)하셨음을 분명하게 나타내셨다. 그러나 우리는 여기에서 그의 기도에 대한 좀 더 분명하고 명확한 응답을 보게 된다. 다음을 관찰하라.

Ⅰ. 하나님이 어떤 방법으로 응답을 주셨나. 하나님은 솔로몬이 왕이 된 직후 기브온에서 나타나실 때 그랬던 것처럼 꿈 혹은 이상 가운데 그에게 나타나셨다(2절). 기브온에서의 경우를 감안할 때(대하 1:6, 7), 우리는 지금 하나님이 나타나신 것이 절기의 의식이 끝난 바로 그 밤이었을 것이라고 추측할 수 있다. 한편 솔로몬이 모든 건축을 마치자 여호와께서 나타나셨다고 언급하고 있는 1절과 2절은 솔로몬이 마치자 여호와께서 나타나셨다고 읽혀야 한다(왜냐하면 왕궁을 비롯한 다른 건물들은 성전 건축 후 오랜 시간이 흐른 뒤에야 비로소 완성되었기 때문이다).

Ⅱ. 응답의 요지

1. 하나님은 솔로몬의 기도에 대한 응답으로 그가 건축한 성전에 특별하게 임재하실 것을 확증하신다(3절): 내가 이 성전을 거룩하게 구별하여. 성전을 건축하여 봉헌한 것은 솔로몬이었지만, 그러나 그것을 거룩하게 구별하는 것은 하나님의 몫이었다. 사람은 어떤 장소를 거룩하게 만들 수 없다. 그러나 우리가 진정으로 하나님께 봉헌한 것에 대하여 우리는 하나님이 그것을 당신의 것으로 열납하실 것을 바랄 수 있다. 그러면 그의 눈과 그의 마음이 항상 그 곳에 있을 것이다. 이러한 사실을 살아 있는 성전인 개인에게 적용해 보자. 하나님이 자신을 위해 따로 떼어 거룩하게 구별하신 자들에게는 그의 눈과 마음과 사랑과 돌봄이 영원히 함께 하는 것이다.

2. 하나님은 솔로몬에게 그와 그의 백성들의 미래가 그들 자신의 선한 행실에 달려 있음을 분명하게 말씀하신다. 그들은 여호와의 전이 자신들 가운데 있다는 사실을 빙자하여 마음대로 살아도 좋은 것처럼 생각해서는 안 된다(렘 7:4). 이 전은 그들이 하나님께 충성된 상태에 있을 때에만 그들을 보호하는 것이 될 것이었다. 그들이 하나님을 반역하거나 불순종할 때까지 그런 것은 결코 아니었다. 하나님은 우리를 공평하게 다루신다. 그는 우리 앞에 선과 악 그리고 축복과 저주를 놓으시고, 우리로 하여금 스스로 선택하도록 하셨다. 여기에서 하나님은 솔로몬에게 다음과 같이 말씀하신다.

(1) 너의 나라의 견고함 여부는 너의 순종 여부에 달려 있다(4, 5절). "네 아버지 다윗은 너에게 좋은 모범과 본이 되었느니라. 네가 만일 네 아버지 다윗이 행함 같이 마음을 온전히 하고 바르게 하여 내 앞에서 행하면(왜냐하면 바로 이것이 신앙의 요체이기 때문이다 ― 진실함 없이는 신앙도 없는 법이다), 네 이스라엘의 왕위를 영원히 견고하게 할 것이라." 그것은 하나님의 약속이 그와 같은 조건 위에서 세워졌기 때문이었다(시 132:12, 네 자손이 내 언약과 그들에게 교훈하는 내 증거를 지킬진대 그들의 후손도 영원히 네 왕위에 앉으리라 하셨도다). 우리가 언약에 있어 우리의 몫을 이행하면, 하나님 역시도 자신의 몫을 이행하실 것이다. 우리가 하나님이 주신 은혜를 선용(善用)하면, 하나님은 우리를 끝까지 견고케 하실 것이다. 경건한 부모에게서 태어난 자녀들은, 먼저 하늘로 가신 부모의 발자취를 따라 부모의 덕과 경건을 지키지 않는 한, 축복의 상속을 기대해서는 안 된다.

(2) 만일 너희나 너희 자손이 하나님을 버리면 필연적으로 너의 나라가 멸망을 당하게 될 것이다(6절). "그러나 너는 이것을 알며 네 가족과 백성들에게도 알게 하라. 만일 너희가 아주 돌아서서 나를 따르지 아니하면, 만일 너희가 나를 섬기는 일과 제단을 버리고 다른 신들에게 가서 그 신들을 섬기면(이것은 언약을 깨뜨리는 죄이다), 만일 너희나 너희의 자손이 나를 떠나면, 이 전이 너희에게 아무 도움도 되지 못할 것이라." 도리어,

[1] "이스라엘은 비록 거룩한 나라임에도 불구하고 끊어지게 될 것이라(7절). 그들이 속담거리와 이야기거리가 될 때까지 계속해서 심판이 이어질 것이며, 비록 지금은 가장 영광스러운 백성이라 한지라도 그 때에는 해 아래서 가장 경멸할 만한 백성이 될 것이라." 비록 구체적으로 언급하고 있지는 않지만, 우리는 여기에 왕가(王家)의 몰락이 내포되어 있음을 알 수 있다. 왕국(王國)이 무너지면 왕가(王家)도 무너지는 법이다.

[2] "성전은 비록 하나님이 자기 이름을 위해 성별하신 거룩한 전임에도 불구하고 던져버림을 당하고 황폐화될 것이라(8, 9절)." 이 성전이 높을지라도. 그들은 성전의 화려함과 웅장함을 자랑했다. 그러나 그들은 그것이 하나님의 심판이 닿지 못할 만큼 높지는 않다는 사실을 알아야만 했다. 만일 그들이 성전을 우상의 신전으로 바꾸거나, 혹은 아무리 타락해도 그것이 자신들을 지켜줄 것으로 여긴다면, 아무리 성전이 높다 하더라도 결국 그것은 하나님의 심판 아

래 떨어지지 않을 수 없게 될 것이었다. 이 성전이 높을지라도. 지금 성전 곁을 지나는 자들은 그것의 크기와 아름다움에 놀랄 것이다. 그것의 모양과 설계와 기술의 훌륭함으로 인해 그것을 바라보는 자마다 경탄을 금하지 못할 것이다. 모든 사람들이 그것을 거대한 구조물이라고 부른다. 그러나 만일 너희가 하나님을 버린다면 그것이 아무리 높을지라도 결국 무너지게 될 것이요, 그것의 높음은 그것의 무너짐을 더욱 놀랄 만한 일로 만드는 것 외에는 아무것도 아닌 것이 되고 말 것이다. 그 곁을 지나가는 자들이 그것의 무너짐을 보고 놀랄 것이다. 한편 범죄한 이스라엘 백성들은 수치 가운데 스스로를 자책하며 그 모든 무너짐의 원인이 바로 자신들이었음을 자인하지 않을 수 없게 될 것이다. "여호와께서 무슨 까닭으로 이 땅과 이 성전에 이같이 행하셨는고"라는 질문에 그들은 "우리가 우리 하나님 여호와를 버렸기 때문"이라고 대답할 수밖에 없게 될 것이다. 신명기 29장 24절과 25절을 보라. 그들에게 임한 징벌 속에 그들의 죄의 성격이 나타날 것이다. 그들이 성전을 버렸으므로, 하나님도 그것을 버리셨다. 그들이 자신들의 죄로 성전을 모독하고 수치스럽게 만들었으므로, 하나님도 심판으로 그것을 모독하시고 황폐하게 만드셨다. 하나님은 성전이 봉헌될 때 이와 같은 분명한 경고를 발하셨는데, 그것은 그들로 하여금 높은 마음을 품지 않고 두려운 마음을 갖도록 하게 하려 하심이었다.

[10]솔로몬이 두 집 곧 여호와의 성전과 왕궁을 이십 년 만에 건축하기를 마치고 [11]갈릴리 땅의 성읍 스무 곳을 히람에게 주었으니 이는 두로 왕 히람이 솔로몬에게 그 온갖 소원대로 백향목과 잣나무와 금을 제공하였음이라 [12]히람이 두로에서 와서 솔로몬이 자기에게 준 성읍들을 보고 눈에 들지 아니하여 [13]이르기를 내 형제여 내게 준 이 성읍들이 이러한가 하고 이름하여 가불 땅이라 하였더니 그 이름이 오늘까지 있느니라 [14]히람이 금 일백이십 달란트를 왕에게 보내었더라

건축공사를 시작할 때 맺어진 솔로몬과 히람 사이의 약정에 대하여 우리는 5장에서 살펴보았다. 이제 여기에서 우리는 모든 공사가 완료됨과 함께 그들이 공정하고 우호적인 작별을 하는 것을 보게 된다.

1. 히람은 자신의 계약조건을 최선을 다해 이행했다. 그는 솔로몬에게 건축에 필요한 모든 자재와 금을 공급했다(11절). 솔로몬의 힘과 명성이 커지는 것

에 대해 그는 조금도 시기하는 마음을 갖지 않고 도리어 그렇게 되는 것을 힘껏 도와주었다. 솔로몬의 지혜뿐만 아니라 그의 힘과 관련하여 어느 누구도 그것을 두려워할 필요가 없었다. 하나님이 솔로몬을 존귀케 하므로, 히람도 그렇게 할 것이었다.

2. 솔로몬도 자신의 약속을 충실히 이행하여 히람의 궁정을 위해 음식물을 주었다(5:9). 그리고 그는 한 걸음 더 나아가 히람에게 갈릴리 땅의 성읍 스무 곳을 주었다(11절). 우리는 그것들이 19절에 언급된 성읍들처럼 작은 성읍들이었을 것이라고 추측할 수 있다. 이들 성읍들은 솔로몬이 주인이 될 때까지 이스라엘의 어느 지파에게도 할당되지 않은 채 원주민들의 손에 남아 있었던 것으로 보인다(수 19:27에 아셀 지파의 경계가 이들 성읍들까지 이르렀다고 기록되어 있는데, 그것은 이 성읍들이 아셀의 기업에 속하지 않았음을 암시한다). 그러다가 건축공사가 모두 끝났을 때, 솔로몬은 그 성읍들을 히람에게 선물로 주었다. 위대하며 선한 자에게 있어 관대한 손을 갖는 것은 참으로 잘 어울리는 일이다. 그러나 히람은 그러한 선물이 마음에 들지 않았다(12절): 히람이 눈에 들지 아니하여. 그는 그 지역을 가불 땅이라 불렀는데, 이와 관련하여 요세푸스는 그것이 '마음에 들지 않는다' 는 뜻의 페니키아어라고 말한다(13절). 그리하여 히람은 그 성읍들을 솔로몬에게 돌려주었으며(대하 8:2), 솔로몬은 그것을 보수(補修)하여 이스라엘 자손들로 하여금 거주하도록 했다(이러한 사실은 그 이전에는 그들이 그 곳에 거주하지 않았음을 보여준다). 자신이 선물로 준 성읍들을 돌려받았을 때, 틀림없이 솔로몬은 그에 상응하는 다른 것을 주었을 것이다. 그렇다면 우리는 이것을 어떻게 생각해야 할 것인가? 솔로몬이 아무 짝에도 쓸모 없는 것을 주는 야비한 행동을 한 것인가? 그렇지 않으면 히람의 성격이 너무도 까다로웠던 것이었을까? 나는 둘 다 아니라고 생각한다. 솔로몬이 선물로 준 땅은 참으로 아름답고 가치 있는 땅이었으며, 그 땅에 있는 성읍들도 마찬가지였다. 그러나 그 곳은 두로의 특성과는 잘 맞지 않는 지역이었다. 두로 사람들은 교역을 하는 상인들로서 잘 지어진 집에 살았으며, 바다를 통해 부를 축적했다. 반면 그들은 농경과 목축에 대하여는 잘 알지 못했으며, 그러한 일에 적합한 땅에 대하여는 그다지 가치 있게 생각하지 않았다(농경과 목축은 그들의 삶의 방식과는 거리가 먼 업종이었던 것이다). 그리하여 히람은 솔로몬이 그 성읍들을 다시 받아 주기를 바랐다. 그는 그 성읍들을 어떻게 다루

어야 하는지를 알지 못했던 것이다. 그를 만족시켜 주고자 한다면 예컨대 무역하는 일에 있어 협력자가 된다든지 하는 등의 방법으로(27절에서처럼) 그가 주로 활동하는 영역에서 도움을 주어야 할 것이었다. 두로의 깨끗한 거리에 익숙해 있던 히람에게 있어 가불 땅의 질펀거리는 소로(小路)들은 도무지 마음에 맞지 않았을 것이다(길이 좋지 않다고 하여 땅까지 좋지 않은 것은 아니라는 사실을 히람은 알지 못했다). 하나님의 섭리가 인간들의 다양한 취향을 어떻게 조정하며 만족시키는지 주목하라. 어떤 사람들은 농경생활을 즐거워하면서, 항해하는 자들이 거친 바다에서 무슨 낙을 얻는지 의아하게 생각한다. 반면 다른 사람들은 항해와 교역을 즐거워하면서, 농경하는 자들이 매일같이 땅이나 파면서 무슨 낙을 얻는지 궁금해한다. 이것은 다른 많은 경우에 있어서도 마찬가지인데, 여기에서 우리는 모든 영혼과 땅의 주인이신 하나님의 지혜를 발견할 수 있다.

¹⁵솔로몬 왕이 역군을 일으킨 까닭은 이러하니 여호와의 성전과 자기 왕궁과 밀로와 예루살렘 성과 하솔과 므깃도와 게셀을 건축하려 하였음이라 ¹⁶전에 애굽 왕 바로가 올라와서 게셀을 탈취하여 불사르고 그 성읍에 사는 가나안 사람을 죽이고 그 성읍을 자기 딸 솔로몬의 아내에게 예물로 주었더니 ¹⁷솔로몬이 게셀과 아래 벧호론을 건축하고 ¹⁸또 바알랏과 그 땅의 들에 있는 다드몰과 ¹⁹자기에게 있는 모든 국고성과 병거성들과 마병의 성들을 건축하고 솔로몬이 또 예루살렘과 레바논과 그가 다스리는 온 땅에 건축하고자 하던 것을 다 건축하였는데 ²⁰이스라엘 자손이 아닌 아모리 사람과 헷 사람과 브리스 사람과 히위 사람과 여부스 사람 중 남아 있는 모든 사람 ²¹곧 이스라엘 자손이 다 멸하지 못하므로 그 땅에 남아 있는 그들의 자손들을 솔로몬이 노예로 역군을 삼아 오늘까지 이르렀으되 ²²다만 이스라엘 자손은 솔로몬이 노예를 삼지 아니하였으니 그들은 군사와 그 신하와 고관과 대장이며 병거와 마병의 지휘관이 됨이었더라 ²³솔로몬에게 일을 감독하는 우두머리 오백오십 명이 있어 일하는 백성을 다스렸더라 ²⁴바로의 딸이 다윗 성에서부터 올라와 솔로몬이 그를 위하여 건축한 궁에 이를 때에 솔로몬이 밀로를 건축하였더라 ²⁵솔로몬이 여호와를 위하여 쌓은 제단 위에 해마다 세 번씩 번제와 감사의 제물을 드리고 또 여호와 앞에 있는 제단에 분향하니라 이에 성전 짓는 일을 마치니라 ²⁶솔로몬 왕이 에돔 땅 홍해 물 가의 엘롯 근처 에시온게벨에서 배들을 지은지라 ²⁷히람이 자

기 종 곧 바다에 익숙한 사공들을 솔로몬의 종과 함께 그 배로 보내매 [28]그들이 오빌에 이르러 거기서 금 사백이십 달란트를 얻고 솔로몬 왕에게로 가져왔더라

본 단락은 계속해서 솔로몬의 위대함을 설명한다.

I. 솔로몬이 지은 건물들. 솔로몬은 인력과 자금을 대대적으로 징발했는데, 그것은 그가 많은 인력과 비용이 소요되는 건축역사를 대대적으로 일으켰기 때문이었다(15절). 솔로몬은 먼저 앉아서 비용을 계산해 보는 지혜로운 건축자였으므로, 끝낼 수 있다는 확신을 얻기까지는 결코 그 일을 시작하지 않았다. 아마도 무거운 세금으로 인한 어느 정도의 불평은 있었을 것이다. 그렇지만 역사가(즉 열왕기 저자)는 그가 한 일의 위대함으로 인해 그를 비난하지 않는다. 그가 세금을 부과한 것은 여느 왕들처럼 전쟁을 위한 것이 아니라 건축을 위한 것이었다. 전쟁은 백성들로부터 많은 피를 요구할 것이지만, 그러나 건축은 단지 돈과 노동력만을 요구할 뿐이었다. 다윗이 솔로몬을 위해 "여호와께서 집을 세우지 아니하시면 세우는 자의 수고가 헛되며"(시 127:1)라고 시작되는 찬송시를 지을 때, 아마도 그는 건축에 대한 솔로몬의 특별한 재능을 주목했을 것이다. 그래서 다윗은 솔로몬으로 하여금 모든 행사에 하나님을 인정하고, 모든 계획에 있어 하나님의 섭리에 대한 믿음과 기도로 그분과 동행할 것을 가르치고자 했다. 진실로 솔로몬은 모든 일을 올바로 수행했다. 왜냐하면 그는 하나님의 전을 먼저 건축하고, 그 일이 끝난 다음에야 비로소 자신의 궁궐을 짓기 시작했기 때문이다. 그러자 하나님께서 그를 축복하시고 다른 모든 건축역사를 형통케 하셨다. 만일 우리가 하나님과 함께 시작한다면, 하나님은 계속해서 우리와 함께 하실 것이다. 첫 열매를 하나님께 드려라. 그러면 우리는 이후의 열매들을 더 즐겁게 향유하게 될 것이다(마 6:33). 솔로몬은 먼저 교회를 건축했다. 그러자 집과 성읍과 성벽을 건축할 수 있게 되었다. 자신이 계획한 것을 경건의 유익을 위해 마지막까지 연기하는 자는 자신의 유익을 돌아보지 않는 자이다. 우리는 솔로몬이 건축한 순서를 눈여겨 볼 필요가 있다. 그는 먼저 하나님의 전을 건축했고, 그 다음에 자신이 사용할 궁궐을 지었으며, 그리고 나서 아내를 위해 집을 지었다(그녀는 그 집이 지어지자 곧 그리로 옮겼다, 24절). 그 다음에 성읍의 공회당인 밀로를 건축했으며, 그 다음에 왕도 예루살렘의 성벽을 건축하고, 그 후에 하솔과 므깃도 등 몇몇 중요한 성읍들을 건축했

다. 솔로몬이 이러한 성읍들을 자신의 비용으로 재건함으로써, 그 곳의 거주민들은 그의 백성이면서 동시에 그의 소작인이 되었다(이로 인해 왕실의 수입은 크게 증가될 것이었다). 또한 솔로몬은 게셀을 건축했는데, 그 곳은 바로가 가나안 사람들로부터 빼앗아 자기 딸(즉 솔로몬의 아내)에게 선물로 준 성읍이었다(16절). 어떻게 하나님이 땅으로 하여금 여자를 돕게 만드는지(계 12:16) 주목하라. 솔로몬은 전쟁을 좋아하는 군주가 아니었다. 그러나 전쟁을 좋아하는 애굽 왕이 성읍들을 빼앗아 그에게 주어 건축하도록 했다. 그리고 나서 솔로몬은 또한 모든 국고성과 병거성들과 마병의 성들을 건축했다(19절). 그리고 마지막으로, 그는 즐거움을 위해 레바논에 집을 건축했다. 아마도 그 곳은 사냥을 비롯한 여러 가지 오락을 위한 장소였을 것이다. 먼저 영적인 일을 하고, 그 다음에 필요한 일들을 하며, 마지막으로 즐거움을 추구하자.

Ⅱ. 솔로몬의 역군들과 노예들. 그와 같은 거대한 건축 역사를 시행함에 있어 솔로몬은 많은 역군들을 필요로 하지 않을 수 없었다. 높은 자들의 영광은 아랫사람들로부터 오는 법이다. 일은 아랫사람들이 하고 영광은 높은 사람들이 받는다.

1. 솔로몬은 자신이 정복한 이방 백성들 가운데 남은 자들을 노예로 삼았다(20, 21절). 우리는 그들이 우상 숭배를 버리고 솔로몬의 통치에 순복했기 때문에 솔로몬이 그들을 완전히 진멸하지 않았을 것이라고 추측할 수 있다. 또한 그들은 너무나 가난했기 때문에 세금을 낼 수 없었고 따라서 그들이 제공할 수 있었던 것은 오직 노동력뿐이었을 것이다. 이와 같이 하여 솔로몬은 하나님의 율법을 지키면서(레 25:44, 네 종은 남녀를 막론하고 네 사방 이방인 중에서 취할지니) 동시에 가나안에 대한 노아의 저주를 성취시켰다(창 9:25, 가나안은 저주를 받아 그의 형제의 종들의 종이 되기를 원하노라).

2. 솔로몬은 좀 더 영예로운 일은 이스라엘 자손에게 맡겼다(22, 23절): 다만 이스라엘 자손은 노예를 삼지 아니하였으니. 이스라엘 자손을 노예로 삼지 않은 것은 그들이 하나님의 자유민(freemen)이었기 때문이었다. 대신에 솔로몬은 그들에게 군사와 신하의 직책을 주고, 병거와 마병을 지휘하게 하며, 아랫사람들의 노역을 감독하는 우두머리로 삼았다. 이와 같이 솔로몬은 제사장 나라로서의 이스라엘을 존귀케 하면서, 하나님의 백성들의 위엄과 자유를 지켜 주었다.

Ⅲ. 솔로몬의 믿음과 경건생활(25절).   그는 하나님이 정하신 규례에 따라 해마다 세 번씩(즉 유월절과 오순절과 장막절에) 특별한 번제를 드렸다. 또한 그는 제물을 드릴 때 그와 함께 분향을 하였는데, 자신이 직접 분향하지 않고 제사장으로 하여금 자신을 위해 분향하도록 했다(웃시야는 스스로 분향하는 죄를 범했다). 우리는 25절에서 솔로몬이 자신이 세운 제단 위에서 제물을 드렸다는 언급을 보게 된다. 그는 정성을 기울여 제단을 세우고 나서

1. 자신이 그것을 사용했다. 많은 사람들이 남들의 경건생활을 도우면서 정작 자신의 경건생활은 게을리한다. 솔로몬은 제단을 세운 것이 제물을 드리는 것을 면제시켜 줄 것이라고는 조금도 생각하지 않았다. 도리어 그는 제물을 드리는 일에 더욱 착념했다.

2. 그 자신이 그 혜택과 위로를 누렸다. 우리가 하나님의 영광을 위해, 그리고 많은 사람들을 전도하기 위해 어떤 수고와 고통을 감수할 때, 그 위로와 유익은 결국 우리 자신에게 돌아오게 될 것이다.

Ⅳ. 솔로몬의 교역.   그는 에시온게벨에서 많은 상선(商船)들을 건조했다(26절). 그 곳은 홍해 연안에 있는 항구로서, 이스라엘 백성들이 광야를 방랑하면서 진을 쳤던 곳 가운데 가장 먼 곳이었다(민 33:35). 아마도 지금 광야는 (그 때에는 그렇지 않았지만) 에돔 사람들이 들어와 살기 시작한 것으로 보인다. 에시온게벨은 그들에게 속해 있었지만, 그러나 다윗이 에돔을 정복함으로써 그 항구는 유다의 통치영역에 속하게 되었다. 솔로몬의 선단(船團)은 동인도의 오빌과 교역을 했는데, 그 곳은 지금 실론(현재의 스리랑카)이라 불리는 곳으로 추측된다. 그 때 거래된 품목은 금이었다. 솔로몬은 전에 히람의 동업자가 되어 그의 교역에 동참함으로써 120달란트의 이익을 얻었는데(14절), 아마도 그 일로 인해 자신의 선단(船團)을 만들 생각을 갖게 된 것으로 보인다. 다른 사람이 어떤 사업을 통해 큰 성공을 거두는 것을 볼 때 우리는 그것을 통해 배우는 것이 있어야 한다. 왜냐하면 모든 수고에는 이익이 있기 때문이다(잠 14:23). 솔로몬은 재무관이나 교역관이나 화물감독관 따위의 일은 자신의 종들에게 맡겼지만, 그러나 배를 항해하는 일은 두로 사람들에게 맡겼다. 왜냐하면 바다에 익숙한 자들은 바로 그들이었기 때문이다(27절). 이와 같이 한 나라는 다른 나라를 필요로 하며, 이렇게 하여 상호 협력과 교류가 있게 되는 것이다. 그것은 우리가 그리스도인으로서 뿐만 아니라 인간으로서 서로 지체이기

때문이다. 그 선단(船團)은 420달란트의 금을 솔로몬에게 가져왔다(28절). 거룩한 땅이요 모든 땅의 자랑거리인 가나안에는 금이 나지 않았다. 그러한 사실은 이 세상의 금이 우리의 삶에 있어 가장 중요한 위치를 차지하는 것은 결코 아니라는 사실을 가르쳐 준다. 솔로몬은 교역으로 많은 재물을 얻었지만, 그러나 다윗은 정복으로 더 많은 것을 얻었다. 다윗의 십만 달란트의 금과 비교할 때 솔로몬의 420달란트의 금은 아무것도 아니었다(대상 22:14; 29:4). 솔로몬은 교역으로 많은 재물을 얻었지만, 그러나 더 나은 교역이 있음을 자신의 경험을 통해 우리에게 가르쳐 준다: 이는 지혜를 얻는 것이 은을 얻는 것보다 낫고(원문대로 하면, 지혜를 교역하는 것이 은을 교역하는 것보다 낫고) 그 이익이 정금보다 나음이니라(잠 3:14).

제
— 10 —
장

개요

솔로몬의 위엄과 영광은 너무도 크고 위대했다. 본 장은 그의 위엄과 영광이 얼마나 크고 놀라웠는지를 우리에게 보여준다. 우리는 그의 자선사업에 대해서는 아무것도 듣지 못한다. 그는 아무런 구호시설도 만들지 않았다. 그는 그러한 시설을 만들 필요를 느끼지 않을 정도로 자기 나라를 너무나 부유하게 만들었다. 그렇지만 의심의 여지 없이 많은 가난한 자들이 그의 풍성한 식탁으로부터 구제를 받았을 것이다. 솔로몬은 학교나 대학을 만들 필요가 없었다. 왜냐하면 그 자신의 왕궁이 학교였기 때문이었다. 그의 궁정은 부(富)의 중심지였을 뿐만 아니라 지혜자들과 학자들이 모이는 중심지였다. I. 스바의 여왕이 솔로몬의 지혜를 듣고 크게 만족함(1-13절), 그리고 모든 사람들이 그의 지혜를 듣기를 소원함(24절). II. 솔로몬의 부. 매년(14, 15절) 그리고 3년마다(22절) 수입되는 금과 기타 물품들. 예물로 들어온 금(25절). 금으로 큰 방패와 작은 방패(16, 17절), 그리고 그릇(21절)을 만듦. 상아와 정금으로 보좌를 만듦(18-20절). 그의 병거와 마병(26절). 애굽과의 교역(28, 29절). 엄청난 분량의 은과 백향목(27절). 이와 같이 솔로몬 왕의 재산과 지혜는 세상의 그 어느 왕보다 컸다(23절). 그러나 왕 중의 왕과 비교할 때 그는 무엇이란 말인가? 보라 솔로몬보다 큰 이가 여기 있느니라.

¹스바의 여왕이 여호와의 이름으로 말미암은 솔로몬의 명성을 듣고 와서 어려운 문제로 그를 시험하고자 하여 ²예루살렘에 이르니 수행하는 자가 심히 많고 향품과 심히 많은 금과 보석을 낙타에 실었더라 그가 솔로몬에게 나아와 자기 마음에 있는 것을 다 말하매 ³솔로몬이 그가 묻는 말에 다 대답하였으니 왕이 알지 못하여 대답하지 못한 것이 하나도 없었더라 ⁴스바의 여왕이 솔로몬의 모든 지혜와 그 건축한 왕궁과 ⁵그 상의 식물과 그의 신하들의 좌석과 그의 시종들이 시립한 것과 그들의 관복과 술 관원들과 여호와의 성전에 올라가는 층계를 보고 크게 감동되어 ⁶왕께 말하되 내가 내 나라에서 당신의 행위와 당신의 지혜에 대하여 들은 소문이 사실이로다 ⁷내가 그 말들을 믿지 아니하였더니 이제 와서 친히 본즉 내게 말한 것은

절반도 못되니 당신의 지혜와 복이 내가 들은 소문보다 더하도다 ^{8}복되도다 당신의 사람들이여 복되도다 당신의 이 신하들이여 항상 당신 앞에 서서 당신의 지혜를 들음이로다 ^{9}당신의 하나님 여호와를 송축할지로다 여호와께서 당신을 기뻐하사 이스라엘 왕위에 올리셨고 여호와께서 영원히 이스라엘을 사랑하시므로 당신을 세워 왕으로 삼아 정의와 공의를 행하게 하셨도다 하고 ^{10}이에 그가 금 일백이십 달란트와 심히 많은 향품과 보석을 왕에게 드렸으니 스바의 여왕이 솔로몬 왕에게 드린 것처럼 많은 향품이 다시 오지 아니하였더라 ^{11}오빌에서부터 금을 실어온 히람의 배들이 오빌에서 많은 백단목과 보석을 운반하여 오매 ^{12}왕이 백단목으로 여호와의 성전과 왕궁의 난간을 만들고 또 노래하는 자를 위하여 수금과 비파를 만들었으니 이같은 백단목은 전에도 온 일이 없었고 오늘까지도 보지 못하였더라 ^{13}솔로몬 왕이 왕의 규례대로 스바의 여왕에게 물건을 준 것 외에 또 그의 소원대로 구하는 것을 주니 이에 그가 그의 신하들과 함께 본국으로 돌아갔더라

우리는 여기에서 스바의 여왕이 솔로몬을 방문한 이야기를 보게 된다. 아마도 틀림없이 그 때는 솔로몬의 믿음과 번영이 최상의 상태에 있을 때였을 것이다. 우리 구주께서는 그녀를 남방 여왕이라고 불렀는데, 그것은 스바가 가나안 남쪽에 위치해 있었기 때문이었다. 스바가 아프리카에 있었다고 보는 것이 통상적인 견해이다. 오늘날 에디오피아의 그리스도인들은 그녀가 자신들의 지역을 다스렸던 여왕이었으며 사도행전 8장 27절에 언급된 간다게는 그녀의 후손이었다고 굳게 믿는다. 그러나 스바가 아라비아 남부지역에 있었다고 보는 것이 좀 더 개연성이 높아 보인다. 그녀는 자기 나라의 주권자로서 섭정 여왕이었던 것으로 보인다. 많은 나라가 살릭 법(Salique law: 여자의 토지 상속권과 왕위 계승권을 부인한 프랑크 살리족의 법)을 채택함으로써 많은 축복을 스스로 잃어버리고 말았다. 다음을 관찰하라.

I. 방문의 목적. 그녀는 교역을 제안하기 위해서나, 국경을 조정하기 위해서나, 동맹을 맺기 위해서나, 혹은 공동의 적에 대항하여 어떤 도움을 청하기 위해 오지 않았다(통치자들이 서로 만나는 것은 대개 이와 같은 이유 때문이다). 그녀가 온 것은

1. 자신의 호기심을 만족시키기 위해서였다. 그녀는 솔로몬의 명성, 특별히 그의 지혜에 대한 명성을 듣고 정말로 그가 그렇게 위대한 사람인지 확인해 보

기 위해 왔다(1절). 솔로몬의 선단(船團)은 스바의 연안(沿岸)을 항해하는 중 아마도 신선한 물을 조달하기 위해 그 곳에 정박했을 것이다. 아마도 이와 같은 연고로 그녀는 솔로몬의 명성 즉 그의 지혜가 동방의 모든 사람들의 지혜보다 훨씬 더 뛰어나다는 이야기를 듣게 되었을 것이다. 자기 발로 솔로몬에게 가서 그 소문의 진상을 직접 확인하기까지는 그 어떤 것도 그녀를 만족시켜 줄 수 없었다.

2. 솔로몬으로부터 가르침을 받기 위해서였다. 그녀는 솔로몬의 지혜를 들음으로써 자신의 지혜의 폭을 넓히고(마 12:42), 그럼으로써 자신의 나라를 더 잘 다스리고자 했다. 하나님으로부터 공적인 일로, 특별히 통치자나 목회자의 일로 부름 받은 자들은 가능한 모든 방법을 사용하여 자신의 지혜와 지식의 폭을 넓혀야 한다. 그러나 스바의 여왕의 주된 목적은 하나님에 관한 가르침을 받고자 했던 것으로 보인다. 그녀의 마음은 신앙적으로 기울어져 있었으며, 그녀가 들었던 것은 여호와의 이름으로 말미암은 솔로몬의 명성이었다(1절). 여호와의 이름은 솔로몬이 경배하는 하나님의 위대한 이름이었으며, 그가 지혜를 받은 것도 바로 그 하나님으로부터였으며, 그녀가 더 잘 알고 싶었던 것도 바로 그 하나님이었다. 따라서 우리 구주께서는 그녀가 솔로몬을 통해 하나님에 대해 묻고자 온 것을 인용하면서, 자신을 통해 하나님에 대해 물으려고 하지 않는 자들의 어리석음을 책망하셨다.

Ⅱ. 많은 수행원을 거느리고 방문함. 그녀는 자신의 신분에 어울리게 심히 많은 수행원을 거느리고 솔로몬을 찾아왔다. 그녀가 그렇게 한 것은 이렇게 많은 여왕의 방문 행렬에 대해 그가 어떻게 접대하는지 봄으로써 그의 지혜뿐만 아니라 부(富)까지 시험하기 위함이었다(2절). 그러나 그녀는 빈손으로 오지 않았다. 그녀는 자신의 모든 체류비용을 충당하고 또 솔로몬 왕의 따뜻한 배려에 보답하기에 충분한 예물을 가져왔다. 그녀가 가져온 것은 금과 보석과 향품 등 극히 귀하고 값진 것들이었다. 그것은 그녀가 지혜를 사기 위해 온 것이었기 때문인데, 그녀는 어떤 값을 치르더라도 꼭 지혜를 사고자 했다.

Ⅲ. 솔로몬의 접대. 그는 여성이란 이유로 그녀를 경멸하지 않았으며 또 단지 호기심을 만족시키기 위해 만사 제쳐놓고 이토록 먼 곳까지 찾아옴으로써 자신을 번거롭게 만든 것으로 인해 그녀를 비난하지도 않았다. 도리어 그는 그녀와 모든 수행원들을 반갑게 맞이하면서, 그녀에게 묻고 싶은 것은 모두 물

을 수 있는 자유를 주었다(아무리 하찮고 사소한 것이라 할지라도). 그는 그녀로 하여금 자기 마음에 있는 것을 다 말하도록 허락했으며(2절), 그녀의 모든 질문에 (자연에 관한 것이든, 도덕에 관한 것이든, 통치에 관한 것이든, 혹은 신앙에 관한 것이든) 만족할 만한 답변을 해 주었다. 그러한 질문들은 그의 지혜와 지식을 시험하기 위한 것이었을까? 만일 그렇다면, 그는 적절한 답변을 통해 자신의 비상한 지혜와 지식을 잘 보여주었으며, 그럼으로써 그녀의 호기심을 충분히 충족시켜 주었다. 혹 그러한 질문들은 그로부터 가르침을 받기 위한 것이었을까? (우리는 대부분의 질문이 이런 목적을 위한 것이었을 것이라고 추측한다.) 만일 그렇다면, 솔로몬은 그녀에게 충분한 가르침을 주었으며, 또한 그녀가 너무도 어렵게 생각해 왔던 것들을 놀랍도록 쉽게 풀어 설명해 주었다. 이와 같이 하여 그는 왕의 입술에 하나님의 말씀이 있다는 사실을 그녀에게 납득시켜 주었다(잠 16:10). 틀림없이 솔로몬은 하나님과 율법과 예배에 관해서도 이야기해 주었을 것이다. 그는 이방인들이 하나님의 크신 이름을 듣고 그분에 대해 묻기 위해 올 것을 내다보았다(8:42). 이제 이방인 중에서도 여왕이라는 매우 높은 신분을 가진 이방인이 왔으므로, 우리는 그가 최선을 다해 그녀를 돕고 격려했을 것이라고 추측할 수 있다. 그는 그녀에게 성전과 그 곳에서 섬기는 자들과 그 곳에서 드려지는 예배에 대해 설명했는데, 그것은 그녀로 하여금 참 하나님을 찾고 또 섬기도록 이끌어 주기 위한 것이었다.

Ⅳ. **그녀가 솔로몬의 궁정에서 보고 들은 것으로 인해 받은 감동.** 여기에 그녀가 감탄한 여러 가지 것들이 언급되어 있다. 그의 왕궁의 건물들과 온갖 기구들, 그의 식탁에 매일같이 오르는 음식들, 질서 있게 앉아 있는 그의 신하들, 왕궁에 있는 모든 사람들, 시중들기 위해 시립하고 있는 시종들, 그들이 입은 값비싼 관복들, 그리고 식탁 옆에서 시중드는 술 관원들의 예의바른 행동 등. 이러한 것들은 왕의 위엄을 더욱 높여주는 것들로서, 그녀는 감탄을 금할 수 없었다. 그러나 이러한 것들보다 먼저 언급된 것은 그의 지혜였다(4절). 그녀는 이제 그의 지혜에 대해 변박할 수 없는 증거를 갖게 되었다. 그리고 마지막에 언급된 것은 그의 경건으로서 이 모든 것들 가운데 가장 값진 것이었다. 여호와의 성전에 올라가는 층계는 그의 경건을 잘 나타내 주었다. 하나님께 경배 드리기 위해 성전에 올라갈 때, 그의 모습은 얼마나 위엄 있는 모습이면서 동시에 경건한 모습이었겠는가? 많은 고대 역본들은 그것을 다음과 같이 읽는다:

그가 여호와의 전에서 드린 번제물. 그녀는 솔로몬 왕이 경건한 열정으로 많은 제물을 바치는 것을 보았다. 그토록 위대하면서도 또 선한 것을 그녀는 어디에서도 보지 못했다. 모든 것은 너무나 놀라웠고 그녀는 정신을 잃을 지경이었다. 그녀는 다만 놀란 채 서 있었을 뿐이었다. 그녀는 이와 같은 것을 어디에서도 본 적이 없었다.

V. 스바의 여왕이 솔로몬을 칭송함.

1. 그녀는 자신이 들은 소문이 모두 사실이었음을 시인한다(6, 7절). 그녀는 자신의 여행에 대해 조금도 후회하지 않았다. 또 그렇게 한 자신을 스스로 어리석은 자라고 부르지도 않았다. 도리어 그와 관련하여 도무지 믿을 수 없었던 소문들을 직접 확인하기 위해 먼 길을 온 것이 너무나 잘한 일임을 기꺼이 인정한다. 통상적인 경우 대부분의 일들은 여러 가지 풍문과 우리 자신의 상상력으로 인해 사실보다 훨씬 과장되는 경향이 있다. 그러나 솔로몬의 경우에는 사실이 풍문과 상상력을 훨씬 능가했다. 은혜로 말미암아 하나님과의 교제의 기쁨을 경험한 자들은 지혜의 즐거움과 유익에 대하여 절반밖에 듣지 못했노라고 말할 것이다. 더욱이 영화롭게 된 성도들은 하늘의 복에 대해 들었던 모든 소문이 모두 사실이었으며, 자신들은 실제의 천분의 일도 듣지 못했었노라고 말하게 될 것이다(고후 2:9, 기록된 바 하나님이 자기를 사랑하는 자들을 위하여 예비하신 모든 것은 눈으로 보지 못하고 귀로 듣지 못하고 사람의 마음으로 생각하지도 못하였다 함과 같으니라).

2. 그녀는 솔로몬과 함께 있는 자들이 복되다고 말한다. "복되도다 당신의 사람들이여 복되도다 당신의 이 신하들이여(8절). 그들은 당신의 지혜를 들음으로써 자신들의 지혜를 증진시킬 수 있도다." 여왕은 그들을 부러워하면서 자신도 그들 가운데 한 사람이 되기를 바랐다. 선한 무리와 함께 있으면서 지혜자들과 대화할 기회를 자주 갖는 것은 얼마나 유익한 일인가? 이러한 복된 자리에 있으면서도 그 가치를 알지 못하는 자들이 많이 있다. 솔로몬의 종들이 그러할진대 그렇다면 그리스도의 종들이야 얼마나 더 그러하겠는가? 하나님의 집에 거하는 자들이 복이 있음이여 그들이 계속해서 주를 찬양하리로다.

3. 그녀는 하나님을 송축한다. 하나님은 솔로몬을 왕으로 삼으시고 그에게 지혜와 부를 주셨는데, 그것은

(1) 솔로몬에게 인자를 베푸신 것이었다. 그럼으로써 그로 하여금 지혜로써

선을 행할 수 있는 더 많은 기회를 갖도록 하셨다: 여호와께서 당신을 기뻐하사 이스라엘 왕위에 올리셨고(9절). 솔로몬의 승귀(昇貴)는 하나님이 그를 사랑하시므로 나단 선지자가 그를 여디디야라고 부른 것으로부터 시작되었다(삼하 12:25). 하나님이 우리를 기뻐하신다면 우리의 즐거움과 위로는 갑절이 될 것이다. 솔로몬에게 있어 그를 보좌에 앉게 하신 것은 하나님의 기쁨이었다. 그것은 그의 공로로 말미암은 것이 아니라 하나님께서 그렇게 하시기를 기뻐하셨기 때문이었다.

(2) 백성들에게 인자를 베푸신 것이었다. 여호와께서 영원히 이스라엘을 사랑하시므로 당신을 세워 왕으로 삼아 정의와 공의를 행하게 하셨도다(9절). "하나님이 당신을 왕으로 삼으신 것은 사치와 도락에 빠져 살라는 것이 아니라 정의와 공의를 행하게 하심이나이다." 그녀는 솔로몬에게 이 사실을 일깨워 주었고, 솔로몬은 그것을 기꺼이 받아들였다. 통치자나 목회자들은 그러한 직책이 가져다주는 명예와 이익을 확고히 하는 것보다 자신들의 의무를 이행하는 일에 더 착념해야 한다. 여왕은 그의 형통을 그의 지혜가 아닌 바로 이 사실에 돌린다. 왜냐하면 지혜자라고 음식물을 얻는 것은 아니기 때문이다(전 9:11). 정의와 공의를 행하는 것이야말로 진정한 형통의 길이 되는 법이다(렘 22:15).

VI. 스바의 여왕이 본국으로 돌아감.

1. 그녀는 솔로몬에게 금과 향품을 선물했다(10절). 다윗은 일찍이 솔로몬과 관련하여 스바의 금이 그에게 드려질 것이라고 예언했다(시 72:15). 우리는 여기에, 동방박사들이 그리스도께 가져온 금과 향품의 예물의 전조가 되고 있는 것을 발견할 수 있다(마 2:11). 이와 같이 그녀는 자신이 배운 지혜에 대해 값을 치렀으며, 결코 그것을 너무 비싸게 샀다고 생각하지 않았다. 하나님으로부터 지혜와 진리를 배운 자들은 자신들의 마음을 하나님께 드려야 한다. 그러한 예물이야말로 여기의 금과 향품보다 더 받으심직한 것이 될 것이다. 솔로몬은 이미 풍성한 금을 가지고 있었다. 그럼에도 불구하고 그녀는 금을 선물했고 솔로몬은 그것을 기꺼이 받았다. 우리가 무엇을 드리든지 사실 그것은 그리스도께 필요 없는 것이다. 그러나 그는 우리가 감사를 표시하는 것을 기뻐하시고 즐겨 받으신다. 여기에서 백단목이 매우 특별한 나무로 언급되고 있는데(11, 12절), 아마도 그것은 그 나무가 매우 귀하고 값진 것이기 때문이었을 것이다.

2. 솔로몬 역시도 여왕에게 많은 선물을 주었다: 솔로몬 왕이 왕의 규례대로

스바의 여왕에게 물건을 준 것 외에 또 그의 소원대로 구하는 것을 주니(13절). 통상적인 선물 외에 그녀가 소원한 것은 어쩌면 진본(眞本)의 모형들이었을는지 모른다. 그녀는 그것으로 똑같이 만들 수 있었을 것이다. 혹 어쩌면 그것은 지혜와 경건의 교훈들을 책으로 엮은 것이었을는지도 모른다. 이와 같이 우리 주 예수를 의뢰하는 자들은 그가 솔로몬보다 더 크고 지혜로울 뿐만 아니라 또한 더 큰 인자를 베푸시는 분이심을 발견하게 될 것이다. 왜냐하면 그분은 우리가 무엇을 구하든지 주실 것이기 때문이다. 아니, 그분은 왕의 풍성함과는 비교도 되지 않는 하나님의 풍성함으로 우리를 위해 우리가 구하지 않은 것까지도 주실 것이다.

[14]솔로몬의 세입금의 무게가 금 육백육십육 달란트요 [15]그 외에 또 상인들과 무역하는 객상과 아라비아의 모든 왕들과 나라의 고관들에게서도 가져온지라 [16]솔로몬 왕이 쳐서 늘인 금으로 큰 방패 이백 개를 만들었으니 매 방패에 든 금이 육백 세겔이며 [17]또 쳐서 늘인 금으로 작은 방패 삼백 개를 만들었으니 매 방패에 든 금이 삼 마네라 왕이 이것들을 레바논 나무 궁에 두었더라 [18]왕이 또 상아로 큰 보좌를 만들고 정금으로 입혔으니 [19]그 보좌에는 여섯 층계가 있고 보좌 뒤에 둥근 머리가 있고 앉는 자리 양쪽에는 팔걸이가 있고 팔걸이 곁에는 사자가 하나씩 서 있으며 [20]또 열두 사자가 있어 그 여섯 층계 좌우편에 서 있으니 어느 나라에도 이같이 만든 것이 없었더라 [21]솔로몬 왕이 마시는 그릇은 다 금이요 레바논 나무 궁의 그릇들도 다 정금이라 은 기물이 없으니 솔로몬의 시대에 은을 귀히 여기지 아니함은 [22]왕이 바다에 다시스 배들을 두어 히람의 배와 함께 있게 하고 그 다시스 배로 삼 년에 한 번씩 금과 은과 상아와 원숭이와 공작을 실어 왔음이더라 [23]솔로몬 왕의 재산과 지혜가 세상의 그 어느 왕보다 큰지라 [24]온 세상 사람들이 다 하나님께서 솔로몬의 마음에 주신 지혜를 들으며 그의 얼굴을 보기 원하여 [25]그들이 각기 예물을 가지고 왔으니 곧 은 그릇과 금 그릇과 의복과 갑옷과 향품과 말과 노새라 해마다 그리하였더라 [26]솔로몬이 병거와 마병을 모으매 병거가 천사백 대요 마병이 만이천 명이라 병거성에도 두고 예루살렘 왕에게도 두었으며 [27]왕이 예루살렘에서 은을 돌 같이 흔하게 하고 백향목을 평지의 뽕나무 같이 많게 하였더라 [28]솔로몬의 말들은 애굽에서 들여왔으니 왕의 상인들이 값주고 산 것이며 [29]애굽에서 들여온 병거는 한 대에 은 육백 세겔이요 말은 한 필에 백오십 세겔이라 이와 같이 헷 사람의 모든 왕과

아람 왕들에게 그것들을 되팔기도 하였더라

　　　우리는 여기에서 솔로몬의 번영에 대한 계속되는 이야기를 보게 된다.

I. 솔로몬은 자신의 부(富)를 어떻게 늘렸나.　　그는 많은 재물을 가지고 있었음에도 불구하고 더 많이 갖고자 욕심을 부렸는데, 그것은 과연 이 세상의 것들이 인간을 참으로 행복하게 만들어 줄 수 있는지 시험하고자 했기 때문이었다.

　1. 오빌로부터 온 금 외에도(9:28), 그는 여러 나라들로부터 많은 금을 가져왔다. 매년 그 양이 666달란트에 달했는데(14절), 그 숫자는 매우 불길한 숫자였다. 요한계시록 13장 18절과 에스라 2장 13절을 비교하라.

　2. 그는 상인들로부터 막대한 액수의 관세(關稅)를 받았으며, 또한 아버지 다윗이 정복하여 조공을 바치게 만든 나라들로부터 엄청난 양의 조세(租稅)를 받았다(15절).

　3. 그는 바다에 다시스 선단을 두고 히람과 동업했다. 그렇게 하여 매 삼년마다 금과 은과 상아 등 유용한 물건들과 함께 유희(遊戲)를 위해 원숭이와 공작들을 수입했다(22절). 나는 이것이 이 때 솔로몬과 백성들이 풍요에 취하여 방탕으로 빠져 들어가는 증거가 아니기를 바란다.

　4. 그는 매년 이웃 나라의 통치자들로부터 예물을 받았다. 그것은 그들이 솔로몬을 두려워했기 때문이라기보다는 그를 사랑하고 그의 지혜를 열망했기 때문이었다. 그들은 종종 마치 신탁(神託)을 구하는 것처럼 그에게 묻곤 했으며, 그의 조언에 대한 보답으로 이러한 선물들을 보내곤 했다. 솔로몬은 의복과 향품과 말과 노새 등 그들이 보내는 모든 것을 받았다(24, 25절).

　5. 그는 말과 세마포 실을(혹은 어떤 이들이 읽는 것처럼 세마포 옷을) 애굽으로부터 수입했다. 이것들은 애굽의 특산품이었다. 그는 상인 혹은 대리인들을 두고 그들로 하여금 자신을 위해 교역을 하도록 했다(28, 29절). 애굽으로부터 말과 병거들을 수입하기 위해서는 애굽 왕에게 매우 높은 관세를 물어야 했다. 그러나 (패트릭 주교가 이해한 것처럼) 솔로몬은 바로의 사위였기 때문에 다른 사람들보다 훨씬 싼 값으로 그것들을 수입할 수 있었다. 따라서 솔로몬은 싸게 수입한 말과 병거들을 이웃 나라들에 되팔 수 있었으며, 그는 그러

한 자신의 이점을 잘 활용할 수 있을 만큼 충분히 지혜로웠다. 역사상 가장 위대한 인물 가운데 한 사람인 솔로몬이 교역(交易)하는 것을 수치로 생각하지 않았던 사실은 그 일이 결코 저급한 일이 아니라는 사실을 잘 보여준다. 모든 수고에는 이익이 있는 법이다.

Ⅱ. 솔로몬은 자신의 부를 어떻게 사용했나. 그는 주야로 바라보고 또 죽은 후에까지 남겨 두기 위해 그것을 금고 속에 쌓아두지 않았다. 전도서에서 쌓아두기만 하는 것이 얼마나 어리석은 일인가를 여러 차례 강조하여 말하였던 만큼, 우리는 그가 그렇게 했을 것이라고 생각할 수 없다. 아니, 그에게 부와 재물과 존귀를 주신 하나님은 또한 그것으로부터 먹고 또 분깃을 취할 능력까지도 그에게 주셨다(전 5:19).

1. 솔로몬은 많은 금을 들여 자신을 위해 정교한 물건들을 만들었다. 만일 하나님의 전을 위한 정교한 물건들을 만들 때 그렇게 했다면 더 좋았을 것이다.

(1) 그는 쳐서 늘인 금으로 큰 방패 200개와 작은 방패 300개를 만들었다(16, 17절). 이것들은 실전(實戰)에 사용하기 위한 것이 아니라 그의 위용을 과시하기 위한 것이었다. 로마의 통치자들 앞에는 악인을 징벌하는 권세를 상징하는 표로서 막대기와 도끼가 놓여졌으며, 영국인 통치자들 앞에는 칼과 철퇴가 놓여졌다(이런 것들은 악인들에게 두려움이 될 것이다). 그러나 솔로몬은 선한 자들을 보호하고 지키는 일에 더욱 착념할 것을 보여주는 표로서 자기 앞에 큰 방패와 작은 방패를 두었다. 통치자는 이 땅의 방패이다.

(2) 그는 웅장한 보좌를 만들었다. 그는 그 위에 앉아 백성들에게 율법을 선포하며, 사신들을 접견하며, 자신에게 호소하는 문제들에 대해 판결을 내렸다(18-20절). 그것은 상아 즉 코끼리의 이빨로 만들어졌는데, 그것은 매우 비싼 것이었다. 그리고 그 위에다가 그는 ― 마치 금이 너무나 많아 어떻게 처분해야 좋을지 모르겠다는 듯이 ― 정금을 입혔다. 그러나 어떤 이들은 그가 상아로 전체를 덮은 것이 아니라 단지 일부만을 그렇게 했을 것으로 생각한다. 솔로몬은 금으로 보좌를 입히고 꽃무늬를 만들고 또 여러 문양(紋樣)을 새겨 넣었다. 이 웅장한 보좌의 팔걸이는 금으로 만든 사자의 형상들로 지지(支持)되었다. 그가 밟는 계단에도 역시 사자들의 형상이 세워졌는데, 그것은 그로 하여금 백성들에게 판결을 내릴 때 용기와 결단력을 가지고 사람들을 두려워하

지 말 것을 기억하도록 하기 위한 것이었다. 의인은 사자처럼 담대하니라.

(3) 그는 자신의 모든 그릇들과 심지어 시골 별궁의 모든 기구들까지 모두 정금으로 만들었다(21절). 그는 자신이 가진 것을 아끼지 않고 그 유익을 마음껏 누렸다. 우리를 유익하게 하는 것은 좋은 것이다.

2. 솔로몬은 부(富)가 백성들 사이에서 널리 유통되도록 했다. 그럼으로써 나라 전체가 부유해졌다. 그는 자기 혼자만의 이익을 추구하지 않고 백성 전체의 복리(福利)를 추구했다. 백성을 가난하게 만드는 것을 상책(上策)으로 여기는 통치자들은 솔로몬과는 너무나 거리가 먼 사람들이다. 여기에서 솔로몬은 그리스도의 모형이 되는데, 왜냐하면 그리스도는 자신만 부요할 뿐만 아니라 자기에게 속한 모든 백성들을 부요케 하시기 때문이다. 그 때 은은 그다지 귀하게 여겨지지 않을 정도로 솔로몬은 많은 금을 국내로 들여와 유통시켰다(21절). 당시 예루살렘에서 은은 마치 돌처럼 넘쳐났다. 그리고 그토록 희귀했던 백향목도 마치 뽕나무처럼 흔한 나무가 되었다(27절). 바로 이런 것이 세상 재물의 속성이다. 어떤 재물이든 지나치게 풍성하면 도리어 가치가 떨어지게 된다. 더욱이 우리가 영적 부요를 풍성하게 누릴 때 그만큼 우리는 세상 재물의 가치를 가볍게 생각하게 될 것이다. 풍부한 금이 은을 시시한 것으로 보이게 만든다면, 금보다도 훨씬 더 귀한 지혜와 은혜와 하늘의 보화를 맛보는 것은 세상의 재물을 얼마나 시시하게 보이도록 만들겠는가?

III. 이와 같이 솔로몬의 재물과 지혜는 세상의 모든 왕들을 능가했다(23절). 여기에서 다음을 기억하자.

1. 솔로몬은 세상에 처음 나아갈 때 재물과 존귀를 구하지 않고 지혜롭고 명철한 마음을 구했다. 땅의 것에 대한 욕심을 잘 조절할 줄 아는 자는 그것을 소유하고 향유할 수 있는 자격을 그만큼 더 많이 갖게 되는 법이다. 솔로몬의 번영 속에서 우리는 하나님의 약속이 이루어진 것을 주목해야만 한다(3:13). 그리고 이를 통해 우리도 먼저 하나님의 나라와 그의 의를 구하는 일에 더욱 힘써야 한다.

2. 솔로몬은 이 모든 것들을 맛본 후 그 모든 것들이 얼마나 헛된지를 나타내는 책을 기록했다. 세상의 모든 재물조차도 우리를 참으로 복되게 만들기에 충분치 못하며, 그런 것에 우리의 마음을 두는 것은 실로 어리석은 일이다. 따라서 솔로몬은 우리에게 참된 경건생활에 더욱 착념할 것을 권면한다. 그것이

야말로 모든 사람이 행할 올바른 길이며, 세상의 모든 재물과 권세보다도 우리를 더 복되게 만들어 주는 것이다.

제 — 11 — 장

개요

본 장은 뭔가 불길한 전조(前兆)를 던지는 '그러나'(but)라는 단어와 함께 시작된다 (개역에는 없음). 지금까지 우리는 솔로몬의 위대함과 선함에 대한 이야기만을 들었다. 그러나 본 장에서 그의 위대함과 선함의 광채는 흐려지고 가려진다. 그의 태양이 구름 속으로 들어가 버리고 만 것이다. I. 솔로몬이 이방 여인들과 결혼하고 이방 신들을 섬김 으로써 그의 경건의 영광이 더럽혀짐(4-8절). II. 하나님의 진노로 인해 그의 번영의 영광 이 더럽혀짐. 1. 하나님이 솔로몬에게 진노의 메시지를 보냄(9-13절). 2. 하나님이 하닷 (14-22절)과 르손(23-25절) 등 솔로몬의 원수들을 충동하셔서 그들로 하여금 그를 대적 하게 하심. 3. 하나님이 열 지파를 떼어 여로보암에게 주심(26-40절). III. 솔로몬의 죽음 과 장사(41-43절). 해 아래 완전한 것은 아무것도 없으며, 해 아래 모든 것이 이와 같다.

[1]솔로몬 왕이 바로의 딸 외에 이방의 많은 여인을 사랑하였으니 곧 모압과 암몬과 에돔과 시돈과 헷 여인이라 [2]여호와께서 일찍이 이 여러 백성에 대하여 이스라엘 자손에게 말씀하시기를 너희는 그들과 서로 통혼하지 말며 그들도 너희와 서로 통 혼하게 하지 말라 그들이 반드시 너희의 마음을 돌려 그들의 신들을 따르게 하리 라 하셨으나 솔로몬이 그들을 사랑하였더라 [3]왕은 후궁이 칠백 명이요 첩이 삼백 명이라 그의 여인들이 왕의 마음을 돌아서게 하였더라 [4]솔로몬의 나이가 많을 때에 그의 여인들이 그의 마음을 돌려 다른 신들을 따르게 하였으므로 왕의 마음이 그 의 아버지 다윗의 마음과 같지 아니하여 그의 하나님 여호와 앞에 온전하지 못하 였으니 [5]이는 시돈 사람의 여신 아스다롯을 따르고 암몬 사람의 가증한 밀곰을 따 름이라 [6]솔로몬이 여호와의 눈앞에서 악을 행하여 그의 아버지 다윗이 여호와를 온 전히 따름 같이 따르지 아니하고 [7]모압의 가증한 그모스를 위하여 예루살렘 앞 산 에 산당을 지었고 또 암몬 자손의 가증한 몰록을 위하여 그와 같이 하였으며 [8]그가 또 그의 이방 여인들을 위하여 다 그와 같이 한지라 그들이 자기의 신들에게 분향 하며 제사하였더라

본 단락은 솔로몬의 변절과 타락에 대한 슬픈 이야기이다.

I. 솔로몬이 그릇된 길로 나아가게 된 구체적인 정황들을 살펴보자. 이스라엘의 아름다움이었으며 그 세대의 큰 축복이었던 솔로몬이 그렇게 타락할 수 있단 말인가? 그렇다. 그것은 사실이었다. 성경은 계속해서 이 일을 반복하여 언급한다. 느헤미야 13장 26절을 보라: 옛적에 이스라엘 왕 솔로몬이 이 일로 범죄하지 아니하였느냐 그는 많은 나라 중에 비길 왕이 없이 하나님의 사랑을 입은 자라 하나님이 그를 왕으로 삼아 온 이스라엘을 다스리게 하셨으나 이방 여인이 그를 범죄하게 하였나니. 바로 이것이 그의 타락의 핵심이었다. 그를 속여 범죄케 한 것은 바로 여자였다.

1. 솔로몬은 이방의 많은 여인들을 사랑했다. 그의 반역은 바로 여기에서 시작되었다.

(1) 그는 여자들에게 마음을 빼앗겼는데, 이것은 그의 어머니가 특별히 그에게 경고한 것이었다(잠 31:3, 네 힘을 여자들에게 쓰지 말며 왕들을 멸망시키는 일을 행하지 말지어다). 어쩌면 이것은 자신의 힘의 비밀을 여자(즉 들릴라)에게 알려줌으로써 모든 힘을 잃어버리고 말았던 삼손을 빗대어 말하고 있는 것인지도 모른다. 많은 왕들이 여자에게 마음을 빼앗김으로 인해 멸망의 길을 걸었다. 그의 아버지 다윗의 타락 역시도 육신의 정욕과 함께 시작되었는데, 솔로몬은 그것을 통해 경고를 받았어야 했다. 많은 사람들이 여인을 사랑함으로 인해 상하여 엎드러졌으며(잠 7:26), 자기 갈비뼈(아내를 지칭함)로 인해 머리가 깨어졌다.

(2) 그는 많은 여자들을 처첩으로 취했다. 그 숫자는 점점 불어나서 마침내 후궁 700명에 첩 300명 도합 천 명에 이르게 되었다. 그런데 그가 자신의 참회 설교(즉 전도서)에서 인정하고 있는 것처럼, 그들 가운데 선한 사람은 한 사람도 없었다(전 7:28). 왜냐하면 훌륭한 덕을 갖춘 여자라면 결코 그러한 무리(즉 일천 명의 처첩의 무리) 가운데 들려고 하지는 않았을 것이기 때문이다. 하나님은 율법을 통해 왕은 병마(兵馬)와 아내를 많이 두지 말도록 특별하게 명령하셨다(신 17:16, 17). 그가 첫 번째 율법 즉 병마를 많이 두지 말라는 율법을 어떻게 깨뜨렸는지에 대하여 우리는 앞에서 살펴보았다(10:29). 특별히 그는 병마를 애굽으로부터 수입해 들여왔는데, 이것은 신명기의 율법이 특별하게 금한 것이었다(신 17:16, 병마를 많이 얻으려고 그 백성을 애굽으로 돌아가게 하지

말 것이니). 그리고 우리는 여기에서 그가 두 번째 율법 즉 여자를 많이 두지 말라는 명령을 어떻게 깨뜨렸는지에 대해 듣게 된다(이것은 더욱 치명적인 결과를 가져올 것이었다). 작은 죄가 큰 죄의 문을 여는 법이다. 다윗 역시도 여러 아내를 두었는데, 어쩌면 솔로몬은 그것을 보고 그렇게 하는 것이 불법이 아니라고 생각하게 되었는지도 모른다. 경건으로 명성이 높은 자들이 나쁜 본을 보일 때, 그로 인해 얼마나 큰 해악이 야기되는지(특별히 그들 자신의 자녀들에게) 그들은 알지 못한다. 선한 자의 한 가지 악행이 악인의 스무 가지 악행보다 다른 사람들에게 더 해로운 결과를 가져올 수 있다. 아마도 솔로몬은 처음에는 자기 아버지가 취한 여자들의 숫자를 초과하려고 의도하지 않았을 것이다. 그러나 죄의 길은 내리막길이다. 따라서 일단 그 길로 들어선 자들은 쉽게 멈출 수가 없다. 신적 지혜는 한 남자에게 한 여자를 취하도록 명령하셨다. 처음에는 그러했다. 그러나 하나로 족할 줄 모르는 자들은 둘이나 셋으로도 역시 족할 줄 모를 것이다. 재갈이 물려지지 않는 정욕은 한계가 없을 것이며, 고삐 풀린 망아지는 끝없이 방황할 것이다. 그러나 이것이 다가 아니었다.

(3) 그들은 모압 여자와 암몬 여자 등 이방 여자들로서, 하나님이 통혼하는 것을 특별히 금한 나라의 여자들이었다(2절). 어떤 이들은 솔로몬이 그들과 결혼한 것은 그들 나라의 정세에 관한 정보를 얻기 위한 정략적인 것이었다고 생각한다. 그러나 나는 그것이 이스라엘의 딸들은 너무나 정숙하고 수수했던 반면 이방 여자들은 옷이나 분위기가 말투가 음탕하고 흐트러져 있었기 때문이 아닌지 두렵다. 혹 어쩌면 그것은 여러 처첩을 거느리는 것이 제왕의 위용으로 여겨졌기 때문이었을는지도 모른다. 설령 솔로몬의 처첩이 되는 것이 큰 명예가 되는 것으로 여겨졌다 할지라도, 실상 그것은 가장 부끄러운 일이었다.

(4) 더욱이 솔로몬은 그들을 **사랑했다**(2절). 솔로몬은 그녀들을 취하였을 뿐만 아니라 그녀들에게 완전히 열중해 있었다. 그는 자신의 마음을 그녀들에게 두었으며, 그녀들과 함께 시간을 보냈다. 그리고 그녀들이 말하며 행동하는 모든 것을 다 좋다고 여겼다. 그럼으로써 그는 합법적인 아내인 바로의 딸과 이스라엘의 모든 여인을 경멸했다. 솔로몬은 많은 지혜를 소유한 지혜의 거장(巨匠)이었다. 그러나 자신의 욕심조차 제대로 다스리지 못할 때, 그런 지혜가 무슨 소용이 있겠는가?

2. 솔로몬은, 이스라엘이 모압의 딸들로 인해 바알브올을 섬겼던 것처럼, 이

방인 아내들로 인해 이방 신들을 섬기는 자리에 떨어졌다. 이것은 그가 여러 아내들을 둔 것으로부터 야기된 나쁜 결과였다. 우리는 이 일로 인해 그의 건강이 쇠약해지고 노화가 촉진되었을 것이라고 충분히 추측할 수 있다. 그리고 그로 인해 그의 재정도 극도로 소모되었을 것이다. 비록 많은 재물을 가지고 있었다 할지라도, 그토록 많은 아내들의 허영심과 자만심을 충족시키기에는 턱없이 부족했을 것이다. 그리고 아마도 그로 인해 그는 말년에 자신의 사업을 게을리하게 되었을 것이다. 그러므로 여러 나라에서 공급되던 많은 물품들은 점점 줄어들게 되었고, 그로 인해 자신의 위엄을 계속해서 유지하기 위해서는 백성들에게 많은 세금을 물리지 않을 수 없게 되었을 것이다(12:4). 그러나 이 모든 것들보다 더 나빴던 것은 그의 아내들이 그의 마음을 돌려 다른 신들을 따르게 만든 것이었다(3, 4절).

(1) 솔로몬은 자신의 신앙에 무관심해졌으며 이스라엘의 하나님을 섬기는 일에 태만해졌다: 왕의 마음이 그의 하나님 여호와 앞에 온전하지 못하였으니(4절). 뿐만 아니라 솔로몬은 그의 아버지 다윗이 여호와를 온전히 따름 같이 따르지 아니했다(6절). 우리는 그가 하나님 섬기는 일을 완전히 버렸다고는 결코 생각할 수 없으며, 더더욱 하나님 섬기는 것을 금지했다고는 추호도 상상할 수 없다(성전예배는 전과 같이 계속 유지되고 있었다). 그러나 그에게 있어 여호와의 전에 올라가 제단에 참례하는 일은 점점 뜸해졌으며 점점 형식화되었다. 그는 첫 사랑과 하나님에 대한 열정을 잃어버렸으며, 처음 시작한 것을 끝까지 지키지 못했다. 그러므로 그의 마음이 여호와 앞에 온전치 못했다는 것은 다시 말해서 그가 하나님 앞에서 시종여일(始終如一)하지 못했다는 뜻이었다. 그가 하나님을 온전히 따르지 않은 것은 그분을 끝까지 따르지 아니하고 중간에 돌이켰기 때문이었다. 그의 아버지 다윗에게도 많은 잘못이 있었다. 그러나 다윗은 솔로몬과는 달리 하나님 섬기는 것을 결코 게을리하지 않았으며 점점 태만해지지도 않았다. 솔로몬의 아내들은 온갖 계교를 동원하여 남편을 하나님으로부터 멀어지도록 만들었는데, 바로 여기에서부터 그의 배교가 시작되었다.

(2) 솔로몬은 자기 아내들의 우상 숭배를 묵인해 주었으며, 나아가 자신도 망설이지 않고 거기에 동참했다. 그의 합법적인 아내인 바로의 딸은 유대 종교로 개종한 것으로 추측된다. 그러나 자신이 하나님 섬기는 일에 태만해지기 시작하자, 그는 다른 아내들을 개종시키는 일에는 아무런 노력도 기울이지 않았

다. 도리어 솔로몬은 그녀들의 비위를 맞추기 위해 그녀들이 섬기는 신들을 위한 산당을 건축했다(7, 8절). 그리고 그녀들을 위해 제사장들을 두고 자신도 가끔 그들의 제단에 참례하면서, "여기에 무슨 잘못이 있는가? 모든 종교들이 다 비슷한 것 아닌가?"하면서 대수롭지 않게 여겼을 것이다. 패트릭 주교(bishop Patrick)가 지적한 것처럼, 이것은 지혜와 학식이 많은 자들이 종종 떨어지는 병이다. 만일 어떤 한 아내를 위해서는 그렇게 해 주고 다른 아내들을 위해서는 그렇게 해 주지 않는다면, 그것은 매우 불공평한 일이 될 것이었다. 따라서 솔로몬은 모든 아내들을 만족시켜 주기 위해 다 그와 같이 했다(8절): 그가 또 그의 이방 여인들을 위하여 다 그와 같이 한지라. 그리고 마침내 예루살렘 앞 산(즉 감람산)에 그모스를 위하여 산당을 짓는 데까지 이르게 되었는데, 그것은 마치 자신이 건축한 성전에 맞서게 하기 위한 것처럼 보일 지경이었다. 이러한 산당들은 완전히 파괴되지 않은 채 요시야의 때까지 계속 서 있었다(왕하 23:13). 이것이 솔로몬의 배교에 대해 여기에 제시된 이야기이다.

II. 우리가 여기에서 잠깐 멈추고 솔로몬의 타락을 애곡하자. 그의 타락은 우리를 경악시키기에 충분하다. 어찌하여 금이 빛을 잃었으며 어찌하여 정금이 변하였는고! 비슷한 상황에서 예레미야 선지자가 탄식했던 것처럼, 너 하늘아 이 일로 말미암아 놀랄지어다 심히 떨지어다 두려워할지어다(렘 2:12).

1. 다음과 같은 사실들은 너무나 놀라운 일이었다.

(1) 솔로몬이 노년에 육체의 정욕에 사로잡힌 사실. 그러한 정욕은 청년들에게나 있을 법한 것이었다. 우리가 우리의 결심을 지나치게 과신해서는 안 되는 것처럼, 또한 우리는 경계심을 풀어버릴 정도로 타락의 힘을 과소평가해서도 안 된다.

(2) 솔로몬 같이 지혜로운 자가 우매한 여자들로 인해 그토록 어리석은 자리에 떨어져 버리고 만 사실. 그는 빠른 통찰력과 뛰어난 판단력으로 유명한 자가 아니었던가!

(3) 여자들을 사랑하는 것의 위험성에 대해 그토록 자주 경고했던 자가 다름 아닌 바로 그 일에 빠져 버리고 말았던 사실. 해악을 끼치는 일에 대하여, 남에게 가르치는 것보다 스스로 피하는 것이 더 어려운 법이다.

(4) 그토록 선하고 하나님 섬기는 일에 열심이었던 자가 그와 같은 악행들을 자행한 사실. 그는 신적인 일에 얼마나 정통했으며 또 성전을 봉헌할 때 얼

마나 뛰어난 기도를 드렸는가? 그가 정말 솔로몬인가? 그의 모든 지혜와 경건이 결국 여기에 이르고 말았는가? 어떤 배도 이보다 더 처참하게 난파된 적은 없었으며, 어떤 왕관도 이보다 더 처참하게 더럽혀진 적은 없었다.

2. 이 모든 일에 대해 우리는 무슨 말을 할 것인가? 왜 하나님이 이런 일을 허용하셨는가를 따지는 것은 우리의 몫이 아니다. 하나님의 길은 바다 속에 있으며 그의 첩경은 대해(大海) 가운데 있기 때문이다. 하나님은 이런 일을 통해서도 영광을 받으시는 방법을 아신다. 성전을 건축할 자와 관련하여 "그가 만일 죄를 범하면"(삼하 7:14)이라고 말씀하셨을 때, 하나님은 이러한 일을 내다보셨다. 그러나 우리는 솔로몬의 타락과 관련하여 다음과 같은 교훈을 배워야 한다.

(1) 선 줄로 생각하는 자는 넘어질까 조심해야 한다는 사실. 우리는 하나님의 은혜가 아니고는 설 수 없는 연약한 자라는 사실을 잘 안다. 그러므로 우리는 매일같이 그러한 은혜에 의지하여 살아야 한다.

(2) 만사가 형통한 상태에서 특히 조심해야 한다는 사실. 특별히 그와 같은 상태에서 시험을 이기는 것은 얼마나 어려운 일인가! 솔로몬은 풍요함으로 살이 찌자 은혜를 발로 차버리고 말았다. 아굴이 기도했던 '필요한 양식'이 솔로몬이 탐닉했던 '화려한 식탁' 보다 더 낫고 안전한 법이다(잠 30:8, 나를 가난하게도 마옵시고 부하게도 마옵시고 오직 필요한 양식으로 나를 먹이시옵소서).

(3) 믿음의 열정과 위대한 신앙고백을 가진 자라 할지라도 항상 파수꾼을 세우고 경계를 게을리하지 말아야 한다는 사실. 왜냐하면 마귀는 바로 그런 자들을 더 맹렬하게 공격할 것이기 때문이다. 그런 자들이 그릇 행할 때 그 수치는 더욱 큰 법이다. 그러므로 열심히 달린 후 혹시 미치지 못할까 두려워하자.

[9]솔로몬이 마음을 돌려 이스라엘의 하나님 여호와를 떠나므로 여호와께서 그에게 진노하시니라 여호와께서 일찍이 두 번이나 그에게 나타나시고 [10]이 일에 대하여 명령하사 다른 신을 따르지 말라 하셨으나 그가 여호와의 명령을 지키지 않았으므로 [11]여호와께서 솔로몬에게 말씀하시되 네게 이러한 일이 있었고 또 네가 내 언약과 내가 네게 명령한 법도를 지키지 아니하였으니 내가 반드시 이 나라를 네게서 빼앗아 네 신하에게 주리라 [12]그러나 네 아버지 다윗을 위하여 네 세대에는 이 일을 행하지 아니하고 네 아들의 손에서 빼앗으려니와 [13]오직 내가 이 나라를 다 빼앗지

아니하고 내 종 다윗과 내가 택한 예루살렘을 위하여 한 지파를 네 아들에게 주리라 하셨더라

I. 솔로몬에 대한 하나님의 진노   하나님은 솔로몬이 행한 악한 일로 인해 진노하셨다. 전에 하나님은 그를 사랑하시고(삼하 12:24), 기뻐하셨다(10:9). 그러나 지금은 그에 대해 진노하고 계신다(9절). 그것은 그의 죄 속에 다음과 같은 것들이 내포되어 있었기 때문이다.

1. 가장 야비한 배은망덕. 그는 자신에게 두 번이나 나타난 하나님으로부터 돌이켰다. 한 번은 성전 건축을 시작하기 전이었으며(3:5), 또 한 번은 성전을 봉헌한 직후였다(9:2). 여기에서 하나님이 우리를 찾아오신 횟수를 계수하고 계시는 사실을 주목하라(얼마나 자주 우리에게 혹은 우리를 위해 나타나셨는지 우리가 알든 모르든 간에). 그리고 만일 우리가 하나님으로부터 돌이키면, 하나님은 우리를 책망하는 증거로서 그것을 제시하실 것이다. 하나님이 솔로몬에게 나타나신 것은 그의 믿음을 확고히 하고 또 그로 하여금 다른 신들을 섬기지 못하도록 이끌어주는 확실한 증표였다. 또한 그것은 특별한 은혜이며, 그를 존귀케 만들어 주는 것이었다. 두 번의 나타남 가운데 특별히 하나님이 그에게 주신 말씀을 생각할 때 어떻게 그가 그것을 잊을 수 있었단 말인가?

2. 가장 완악한 불순종. 하나님이 그에게 명령하신 것은 다름 아닌 "다른 신들을 좇지 말라"는 것이었다. 그러나 그는 그러한 분명한 훈계에도 불구하고 스스로를 삼가지 않았다(10절). 사람들을 통치하는 자들은 하나님이 자신들을 통치하신다는 사실을 쉽게 잊는 경향이 있다. 아랫사람들에게 순종을 요구하는 자가 어떻게 '지고의 존재'(the Supreme)에게 순종을 거부할 수 있겠는가?

II. 이에 하나님이 솔로몬에게 메시지를 보내심(11절).   하나님은 그가 배교로 인해 쓰라림을 겪게 될 것을 (아마도 선지자를 통해) 말씀하셨다.

1. 하나님의 판결은 공정했다. 그가 하나님을 반역했으므로, 그의 나라의 일부가 그의 가문을 반역할 것이다. 그가 하나님의 영광을 피조물(다시 말해서 빚어 만든 신들)에게 주었으므로 하나님은 그의 왕관을 그의 종에게 줄 것이다. "내가 반드시 이 나라를 네게서 빼앗아 네 종(servant)에게 주리니, 네가 수고한 나라의 많은 부분을 그가 다스리게 될 것이라." 솔로몬에게 있어 이것은 큰 굴욕이 아닐 수 없었다. 틀림없이 그는 자신의 부유한 나라를 영원히 자기 후손

들에게 상속해 줄 것으로 생각했을 것이다. 죄로 인해 가문은 파멸되고, 상속은 중단되며, 재산은 없어지고, 명예는 티끌처럼 날아간다.

2. 그러나 하나님은 다윗으로 인하여(11, 13절) 다시 말해서 다윗에게 주신 약속으로 인하여 형벌을 경감시키셨다. 이와 같이 하나님이 인간에게 베푸시는 모든 은총은 '그리스도로 인한' 그리고 '그리스도와 더불어 맺으신 언약으로 인한' 것이다. 그의 죄로 인하여 나라를 빼앗기게 될 것이지만, 그러나

(1) 즉시로 그렇게 되지는 않을 것이다. 솔로몬은 살아서 그 일이 이루어지는 것을 보게 되지는 않을 것이다. 그의 나라는 그의 아들의 때에 빼앗기게 될 것이다. 그 아들 즉 르호보암은 이방 여자를 통해 낳은 아들이었다. 왜냐하면 그의 어머니는 암몬 여자였기 때문이다(14:31). 아마도 그녀는 우상 숭배에 열심인 사람이었을 것이다. 사람이 축복을 남기지 않는다면 많은 자녀와 재산을 남긴들 그것이 무슨 유익이 있겠는가? 그렇지만 설령 심판이 임한다 할지라도 그것이 우리가 살아 있는 동안 임하지 않는다면, 그것은 분명 하나님의 호의이다(왕하 20:19).

(2) 다 빼앗기지는 않을 것이다. 한 지파 즉 가장 숫자도 많고 강력한 유다 지파는 다윗이 세운 예루살렘을 위해 그리고 그 곳에 있는 성전을 위해 다윗의 집에 남아있을 것이다(13절). 그것은 다른 사람들의 손에 떨어지지 않을 것이다. 솔로몬이 하나님으로부터 돌이킨 것은 왕이 되자마자 빨리 그렇게 한 것도 아니었고 또 완전히 그렇게 한 것도 아니었다. 그러므로 하나님 역시도 그의 나라를 빼앗으심에 있어 빨리 하지도 않으실 것이며 또한 다 빼앗지도 않으실 것이다.

Ⅲ. 하나님의 이러한 양심을 일깨우는 메시지로 인해, 나는 솔로몬이 하나님 앞에 스스로 겸비하며 죄를 고백하며 용서를 구했을 것이라고 믿는다. 그러고 난 후 그는 회개하는 마음으로 전도서를 기록하며 자신의 애통하는 심경을 피력했다. 거기에서 그는 자신의 어리석음과 미친 짓을 쓰라리게 고백하며, 다른 사람들에게 그와 같이 악을 행하는 것을 조심하라고 경고한다. 그리고 장차 임할 심판을 생각하면서 하나님을 경외하고 그의 명령을 지킬 것을 당부한다. 아마도 그는, 마치 벨릭스가 그랬던 것처럼, 다가올 심판으로 인해 두려워 떨었던 것으로 보인다. 다윗의 참회시가 그랬던 것처럼, 그 참회설교(즉 전도서) 역시도 죄로 인해 깨어진 마음과 거기서부터 돌이키는 것을 나타내는 분명한 증

표였다. 하나님의 은혜는 자기 백성들 가운데 다양하게 역사한다. 이와 같이 솔로몬은 비록 넘어지기는 했지만 그러나 아주 엎드러지지는 않았다. 그리고 하나님이 솔로몬과 관련하여 다윗에게 말씀하신 것이 그대로 이루어졌다: 그가 만일 죄를 범하면 내가 사람의 매와 인생의 채찍으로 징계하려니와 그러나 그에게서 내 은총을 빼앗지는 아니하리라(삼하 7:14, 15). 비록 사랑하는 자가 죄에 떨어지는 것은 허용하신다 할지라도, 그러나 그 가운데 그대로 눌러앉아 있는 것은 내버려 두지 않으실 것이다. 솔로몬의 타락은 그 자신에게 큰 수치와 오점이 되지 않을 수 없었다. 그럼에도 불구하고 그것이 그의 통치의 성격을 바꾸지는 않는다. 왜냐하면 나중에 그의 통치는 선한 통치의 전형으로 여겨졌기 때문이다(대하 11:17, 이는 무리가 삼 년 동안을 다윗과 솔로몬의 길로 행하였음이더라). 여기에서 우리는 다윗과 솔로몬의 길로 행한 왕들이 올바른 길로 행한 것으로 간주되는 것을 발견한다. 이와 같이 우리는 그가 회개하고 불쌍히 여김을 받았을 것으로 추측할 만한 충분한 이유를 갖고 있다. 그럼에도 불구하고 성령께서는 그의 회복을 분명하게 기록하기를 즐겨하지 아니하시고, 그것을 그냥 모호한 상태로 남겨두시기를 기뻐하셨다. 그것은 사람들로 하여금 회개를 전제로 죄 짓는 것에 대해 경고하시기 위함이었다. 왜냐하면 하나님이 회개의 은혜를 주실지 여부(혹은, 설령 회개의 은혜를 주신다 할지라도 그것의 증거를 그들이나 다른 사람들에게 주실지 여부)는 미지수이기 때문이다. 죄인이 회개로 인해 회복되고 새로워질 수는 있지만, 그러나 수치와 불명예는 그대로 남는다. 죄책(guilt)은 제거될 수 있지만, 그러나 수치와 불명예까지 제거되는 것은 아니다.

[14]여호와께서 에돔 사람 하닷을 일으켜 솔로몬의 대적이 되게 하시니 그는 왕의 자손으로서 에돔에 거하였더라 [15]전에 다윗이 에돔에 있을 때에 군대 지휘관 요압이 가서 죽임을 당한 자들을 장사하고 에돔의 남자를 다 쳐서 죽였는데 [16]요압은 에돔의 남자를 다 없애기까지 이스라엘 무리와 함께 여섯 달 동안 그 곳에 머물렀더라 [17]그 때에 하닷은 작은 아이라 그의 아버지 신하 중 에돔 사람 몇몇과 함께 도망하여 애굽으로 가려 하여 [18]미디안을 떠나 바란에 이르고 거기서 사람을 데리고 애굽으로 가서 애굽 왕 바로에게 나아가매 바로가 그에게 집과 먹을 양식을 주며 또 토지를 주었더라 [19]하닷이 바로의 눈 앞에 크게 은총을 얻었으므로 바로가 자기의 처제 곧 왕비 다브네스의 아우를 그의 아내로 삼으매 [20]다브네스의 아우가 그로 말미

암아 아들 그누밧을 낳았더니 다브네스가 그 아이를 바로의 궁중에서 젖을 떼게 하매 그누밧이 바로의 궁에서 바로의 아들 가운데 있었더라 [21]하닷이 애굽에 있어서 다윗이 그의 조상들과 함께 잔 것과 군대 지휘관 요압이 죽은 것을 듣고 바로에게 아뢰되 나를 보내어 내 고국으로 가게 하옵소서 [22]바로가 그에게 이르되 네가 나와 함께 있어 무슨 부족함이 있기에 네 고국으로 가기를 구하느냐 대답하되 없나이다 그러나 아무쪼록 나를 보내옵소서 하였더라 [23]하나님이 또 엘리아다의 아들 르손을 일으켜 솔로몬의 대적자가 되게 하시니 그는 그의 주인 소바 왕 하닷에셀에게서 도망한 자라 [24]다윗이 소바 사람을 죽일 때에 르손이 사람들을 자기에게 모으고 그 무리의 괴수가 되어 다메섹으로 가서 살다가 거기서 왕이 되었더라 [25]솔로몬의 일평생에 하닷이 끼친 환난 외에 르손이 수리아 왕이 되어 이스라엘을 대적하고 미워하였더라

솔로몬이 하나님을 가까이하며 자신의 의무에 충실한 동안에는, 원수도 없었고 재앙도 일어나지 않았다(5:4). 그를 괴롭게 하거나 분요케 만드는 일은 조금도 벌어지지 않았다. 그러나 우리는 여기에서 솔로몬을 대적한 두 대적의 이야기를 보게 된다. 실상 그들은 하잘것없는 자들이었다. 만일 솔로몬이 먼저 하나님을 자신의 대적으로 만들지 않았다면, 그들은 특별히 주목할 만한 아무 일도 하지 못했을 것이다. 솔로몬이 죄로 말미암아 스스로를 초라하고 나약하게 만들지 않았다면, 하닷이나 르손 따위가 솔로몬처럼 위대하고 강한 왕에게 무슨 해를 끼칠 수 있었겠는가? 그러나 솔로몬이 범죄하므로 하찮은 자들조차도 그를 위협하고 모욕했다. 만일 하나님이 우리 편이면, 우리는 가장 큰 대적도 두려워할 필요가 없다. 그러나 하나님이 우리를 대적하시면, 하나님은 우리로 하여금 가장 보잘것없는 자까지도 두려워하도록 만드실 수 있다. 그럴 때 메뚜기조차도 무거운 짐이 될 것이다. 다음을 주목하라.

I. 이들을 일으킨 것은 바로 하나님이셨다(14, 23절). 비록 그들 자신들은 야망이나 복수심에 의해 움직였다 할지라도, 하나님은 그들을 사용하셔서 솔로몬을 바로잡고자 하는 당신의 계획을 이루고자 하셨다. 주된 심판 즉 그로부터 나라를 빼앗는 것은 그의 아들 세대로 연기되었지만, 그러나 회초리의 따끔한 징벌은 받지 않을 수 없었다. 어떤 사람들이 우리의 대적이 될 때, 우리는 거기에서 그들을 일으키신 하나님의 손을 바라봐야 한다. 시므이가 다윗을 저

주할 때, 다윗은 하나님이 그를 시켜 자신을 저주하게 하셨다고 생각했다. 우리에게 어떤 고통이나 고난이 임할 때, 우리는 그것을 통해 그 뒤에 계시는 하나님을 보며 그분이 쟁론하시는 이야기를 들어야만 한다.

Ⅱ. 솔로몬과 이스라엘에 대한 이들의 적개심은 다윗 시대로부터 기원했다 (15, 24절). ·솔로몬은 영토의 확장과 재산의 증가 등에 있어 자기 아버지가 외적들과 싸워 이긴 혜택을 누렸다. 만일 그가 하나님을 가까이하기만 했다면, 그러한 혜택 외에 다른 문제는 겪지 않았을 것이다. 그러나 이제 그는 그러한 혜택을 상쇄시키기에 충분한 난관들에 부딪치게 되는데, 그의 아버지 다윗의 원수들이 그의 옆구리에 찌르는 가시가 된 것이다. 너무 쉽게 원한 살 일을 행하는 자들은 언젠가 그 일이 기억되고 또 그것이 이자와 함께 되돌아올 수 있다는 사실을 (다음 세대에라도) 기억해야 한다. 친구라고는 몇 안 되는 이 세상에서 할 수 있는 대로 원수를 만들지 않는 것이 지혜로운 일이다.

1. 에돔 사람 하닷. 우리는 그가 솔로몬을 대적하여 어떤 일을 했는지 그리고 어떤 방법으로 솔로몬을 괴롭혔는지에 대해서는 아무것도 듣지 못한다. 다만 총체적으로 그가 솔로몬의 대적이었다는 이야기만 들을 수 있을 뿐이다. 우리는 여기에서 구체적으로 다음과 같은 이야기를 듣게 된다.

(1) 무엇 때문에 그는 솔로몬에게 적개심을 품게 되었나? 예전에 다윗이 에돔을 정복했을 때(삼하 8:14), 요압이 에돔의 모든 남자들을 칼로 쳤다(15, 16절). 요압은 이스라엘에 대한 에돔의 오랜 적개심에 복수하기 위해 가공할 만한 살육을 행했다. 설령 그렇다 할지라도 이것은 지나친 잔혹행위로 여겨진다. 이러한 대살육(大殺戮)으로부터 그리고 요압이 시체들을 장사하는 동안(요압은 에돔 사람들을 일부 남겨두고 그들로 하여금 살육당한 자들을 장사하도록 하지 않고 그들 모두를 장사했다. 만일 그렇게 하지 않는다면 그들은 또다시 이스라엘을 괴롭게 하는 자들이 될 것이었다, 겔 39:12), 왕족의 한 사람으로서 아직 어린아이였던 하닷은 몇몇 신하들의 도움으로 구원을 받아 애굽으로 보내졌다(17절). 그들은 애굽으로 내려가는 노중(路中)에 미디안과 바란에서 두 번 멈췄는데, 거기에서 그들은 사람들을 모았다. 그렇게 한 것은 요압에 대항하여 싸우기 위한 것이 아니라 자신들을 수행하도록 함으로써 그들의 어린 주인(즉 하닷)이 신분에 걸맞는 위용으로 애굽에 갈 수 있도록 하기 위한 것이었다. 애굽에서 하닷은 망국(亡國)의 왕자로서 바로로부터 따뜻한 환대와 보호를

받았다. 그리고 세월이 흐른 후 하닷은 왕비의 아우와 결혼하여(9절) 아들을 낳았는데, 왕비는 그 아이를 바로의 궁중에서 왕의 자녀들과 함께 자라게 할 정도로 지극히 사랑했다.

(2) 어떻게 하여 그는 솔로몬을 대적하는 존재가 될 수 있었나? 다윗과 요압이 죽자 하닷은 자기 나라로 돌아왔다. 솔로몬이 지혜 가운데 행하며 나라를 견고히 지키고 있는 동안에는, 하닷은 조용히 있었던 것으로 보인다. 그러나 솔로몬이 죄에 빠져 지혜를 잃어버리고(마치 삼손이 힘을 잃어버렸던 것처럼) 방심하는 가운데 나라의 안위에 점점 무관심해지며 신적 보호를 잃어버리자, 하닷은 이스라엘을 대적할 기회를 얻게 되었다. 하닷이 얼마나 이스라엘을 괴롭혔는지에 대해 우리는 여기에서 아무것도 듣지 못한다. 다만 바로가 그와 헤어지는 것을 너무나 싫어하면서 계속해서 머물러 주기를 간곡히 권면하는 이야기만 들을 수 있을 뿐이다(22절): 네가 나와 함께 있어 무슨 부족함이 있기에 네 고국으로 가기를 구하느냐? 이에 하닷은 대답한다. "없나이다 그러나 아무쪼록 나를 나의 나라와 내가 태어난 하늘과 내가 태어난 흙으로 보내옵소서." 피터 마터(Peter Martyr)는 이와 관련하여 다음과 같이 말한다. "하늘나라는 우리의 본향이다. 우리는 하늘나라에 대한 거룩한 애정을 항상 간직해야 한다. 그리고 우리의 유배지인 세상이 우리를 향해 미소를 지을 때조차도 우리는 하늘을 소망하며 바라봐야 한다." 세상은 묻는다: 네가 무슨 부족함이 있어 그토록 그 곳으로 가기를 구하느냐? 그에 대해 우리는 이렇게 대답할 것이다. "세상이 우리를 위해 할 수 있는 일은 아무것도 없도다. 아무쪼록 우리로 우리의 소망과 존귀와 보화가 있는 그 곳으로 가게 하라."

2. 수리아 사람 르손. 다윗이 수리아를 정복했을 때, 르손은 남은 자들의 우두머리가 되었다. 그는 약탈로 세력을 넓혀가다가 결국 다메섹을 얻게 되었고(24절), 나아가 인근지역까지 다스리는 왕이 되었다(25절). 그는 솔로몬이 사는 날 동안 (다시 말해서 그가 타락한 후) 이스라엘에게 많은 괴로움을 끼쳤다. 혹은 그가 솔로몬이 왕으로 다스리던 내내 이스라엘을 대적했지만, 그러나 솔로몬이 반역하기 전까지는 이스라엘에게 아무런 위해도 가할 수 없었던 것이 었는지도 모른다. 르손과 관련하여 그가 이스라엘을 미워했다고 특별히 언급된다(25절). 다른 왕들은 이스라엘과 솔로몬을 사랑하며 동경하면서 그들과 우호관계를 맺기를 소원하였다. 그러나 여기 이스라엘과 솔로몬을 미워한 자가

있었다. 가장 위대하며 선한 통치자로서 많은 사람들의 존경을 받는다고 해서 미워하는 사람이 아무도 없는 것은 결코 아닐 것이다. 아마도 그 주변에 미워하며 이를 가는 자가 있을 것이다.

[26]솔로몬의 신하 느밧의 아들 여로보암이 또한 손을 들어 왕을 대적하였으니 그는 에브라임 족속인 스레다 사람이요 그의 어머니의 이름은 스루아이니 과부더라 [27]그가 손을 들어 왕을 대적하는 까닭은 이러하니라 솔로몬이 밀로를 건축하고 그의 아버지 다윗의 성읍이 무너진 것을 수축하였는데 [28]이 사람 여로보암은 큰 용사라 솔로몬이 이 청년의 부지런함을 보고 세워 요셉 족속의 일을 감독하게 하였더니 [29]그 즈음에 여로보암이 예루살렘에서 나갈 때에 실로 사람 선지자 아히야가 길에서 그를 만나니 아히야가 새 의복을 입었고 그 두 사람만 들에 있었더라 [30]아히야가 자기가 입은 새 옷을 잡아 열두 조각으로 찢고 [31]여로보암에게 이르되 너는 열 조각을 가지라 이스라엘의 하나님 여호와의 말씀이 내가 이 나라를 솔로몬의 손에서 찢어 빼앗아 열 지파를 네게 주고 [32]오직 내 종 다윗을 위하고 이스라엘 모든 지파 중에서 택한 성읍 예루살렘을 위하여 한 지파를 솔로몬에게 주리니 [33]이는 그들이 나를 버리고 시돈 사람의 여신 아스다롯과 모압의 신 그모스와 암몬 자손의 신 밀곰을 경배하며 그의 아버지 다윗이 행함 같지 아니하여 내 길로 행하지 아니하며 나 보기에 정직한 일과 내 법도와 내 율례를 행하지 아니함이니라 [34]그러나 내가 택한 내 종 다윗이 내 명령과 내 법도를 지켰으므로 내가 그를 위하여 솔로몬의 생전에는 온 나라를 그의 손에서 빼앗지 아니하고 주관하게 하려니와 [35]내가 그의 아들의 손에서 나라를 빼앗아 그 열 지파를 네게 줄 것이요 [36]그의 아들에게는 내가 한 지파를 주어서 내가 거기에 내 이름을 두고자 하여 택한 성읍 예루살렘에서 내 종 다윗이 항상 내 앞에 등불을 가지고 있게 하리라 [37]내가 너를 취하리니 너는 네 마음에 원하는 대로 다스려 이스라엘 위에 왕이 되되 [38]네가 만일 내가 명령한 모든 일에 순종하고 내 길로 행하며 내 눈에 합당한 일을 하며 내 종 다윗이 행함 같이 내 율례와 명령을 지키면 내가 너와 함께 있어 내가 다윗을 위하여 세운 것 같이 너를 위하여 견고한 집을 세우고 이스라엘을 네게 주리라 [39]내가 이로 말미암아 다윗의 자손을 괴롭게 할 것이나 영원히 하지는 아니하리라 하셨느니라 한지라 [40]이러므로 솔로몬이 여로보암을 죽이려 하매 여로보암이 일어나 애굽으로 도망하여 애굽 왕 시삭에게 이르러 솔로몬이 죽기까지 애굽에 있으니라

우리는 여기에서 이스라엘로 죄를 범하게 한 느밧의 아들 여로보암이라는 악명 높은 이름이 처음 언급되는 것을 보게 된다. 여기에서 그는 솔로몬의 대적으로 무대에 등장한다. 하나님은 솔로몬에게 나라의 대부분을 그의 종에게 주리라고 분명하게 말씀하셨는데(11절), 그가 바로 여로보암이었다. 우리는 여기에서 여로보암과 관련하여 다음과 같은 이야기를 듣게 된다.

Ⅰ. 그의 혈통(26절). 여로보암은 그 명성에 있어 유다 다음 가는 지파인 에브라임 지파 출신이었다. 그의 어머니는 과부였다. 신적 섭리는 그녀에게 있어 남편의 빈 자리를 영리하고 적극적인 아들로 하여금 채우도록 역사했다. 우리는 그 아들이 그녀에게 큰 위로와 힘이 되었을 것으로 추측할 수 있다.

Ⅱ. 그가 높은 직위를 얻음. 해야 할 일이 있을 때 그 자리에 적절한 사람을 등용하는 것이 솔로몬의 지혜였다. 솔로몬은 여로보암을 주목했고, 그가 매우 부지런한 젊은이임을 알게 되었다. 그는 항상 자신의 일에 마음을 두는 사람이었으며, 일하는 것을 좋아하는 사람이었으며, 최선을 다해 자신의 일을 수행하는 사람이었다. 그리하여 솔로몬은 그의 직위를 점차로 높여 주었으며, 마침내 그는 에브라임과 므낫세 두 지파를 감독하는 자가 되었다. 어쩌면 그것은 두 지파를 관할하는 방백의 직위였는지도 모른다. 왜냐하면 그는 요셉의 집의 노역과 조세를 책임지는 위치에 있었기 때문이었다. 부지런함이 성공의 지름길이라는 사실을 주목하라. 네가 자기 일에 부지런한 자를 보느냐 그는 왕 앞에 설 것이요 언제까지나 미천한 자리에 있지 아니하리라. 사울과 다윗과 솔로몬의 차이를 주목해 보라. 사울은 힘 센 사람이나 용감한 사람을 보면 그들을 불러 모았다(삼상 14:52). 솔로몬은 부지런한 사람을 보고 그런 사람을 등용하였다. 반면 다윗의 눈은 땅에서 신실한 자들에게 향했으며, 그들로 하여금 자신과 함께 거하도록 했다. 다윗은 경건한 사람들을 등용하였는데, 그것은 그가 하나님의 마음에 합한 자였기 때문이었다(하나님은 정직한 자를 주목하신다).

Ⅲ. 그가 솔로몬의 사후 열 지파를 다스릴 자로 임명됨. 어떤 이들은 여로보암 자신이 야심으로 가득 찬 인물로서 솔로몬을 대적하여 음모를 꾸미면서 스스로 왕이 되려고 획책했다고 생각한다. 유대인들은 그가 솔로몬에 의해 밀로를 건축하는 일에 등용되자 그것을 기회로 백성들을 선동하면서 솔로몬을 압제자로 비난하고 그럼으로써 왕과 백성들을 이간시키려고 했다고 말한다. 그러나 여로보암이 그와 같은 목적으로 그렇게 했을 것으로는 보이지 않는다.

왜냐하면 만일 그랬다면 그에 대한 정보가 솔로몬에게 전달되었을 것이고, 그는 계속해서 자신의 직위를 유지하지 못했을 것이기 때문이다. 그러나 그가 심중에 그러한 생각을 품고 있었던 것은 분명하다. 왜냐하면 아히야 선지자의 말 속에서 우리는 다음과 같은 언급을 발견할 수 있기 때문이다: 너는 네 마음에 원하는 대로 다스려 이스라엘 위에 왕이 되되(37절). 그러나 그가 손을 들어 왕을 대적하게 된 까닭 혹은 전말은 이러한 것이었다. 솔로몬에 의해 요셉 지파를 감독하는 자로 임명되어 그 일을 수행하기 위해 가고 있던 중, 그는 한 선지자로부터 하나님의 이름으로 자신이 왕이 될 것이란 말을 듣는다. 이로 인해 그는 큰 뜻을 품고 기회가 있을 때마다 왕을 대적하게 되었다.

1. 이러한 메시지를 전달한 선지자는 실로의 아히야였다: 우리는 그에 대해 열왕기상 14장 2절에서 다시 읽게 될 것이다. 실로가 하나님으로부터 완전히 버려지고 잊혀진 것은 아니었던 것으로 보인다. 하나님은 예전을 기억하사 한 선지자를 통해 그 곳을 축복하셨다. 그는 길에서 여로보암에게 자신의 메시지를 전달했다. 사무엘이 사울에게 메시지를 전달할 때처럼(삼상 9:27), 아마도 그는 자신의 종들에게 물러나 있을 것을 명했을 것이다. 이와 같이 외딴 장소에서 은밀하게 전달되었다고 해서 하나님 말씀의 신성함과 확실함이 감소되는 것은 아니다.

2. 선지자가 여로보암에게 준 표적은 옷을 열두 조각으로 찢어 그 중 열 조각을 그에게 주는 것이었다(30, 31절). 그 옷이 여로보암의 옷이었는지 혹은 아히야의 옷이었는지 하는 것은 분명하게 나타나지 않는다. 그렇지만 아히야의 옷이었을 가능성이 더 높아 보인다. 그가 새 옷을 입은 것은 그것으로 여로보암에게 표적을 주기 위해서였다. 사울로부터 나라가 찢어지는(떼어지는) 것은 사무엘의 옷이(사울의 옷이 아니라) 찢어지는 것으로 상징되었다(삼상 15:27, 28). 이와 같이 선지자들은(참 선지자든 거짓 선지자든) 통상적으로 표적을 사용했다. 우리는 신약에서 아가보 같은 선지자도 그렇게 했음을 발견한다(행 21:10, 11).

3. 아히야의 메시지는 매우 구체적이었다.

(1) 아히야는 그가 이스라엘 가운데 열 지파를 다스리는 왕이 될 것을 확언(確言)한다(31절). 이스라엘의 하나님이 "내가 너에게 열 지파를 주리라"라고 말씀하신다면, 그의 미미한 혈통과 보잘것없는 출신성분은 아무런 문제가 되지

않을 것이었다.

(2) 아히야는 그 이유를 설명한다. 그것은 여로보암이 훌륭한 인격을 가지고 있거나 혹은 그에게 특별한 공로가 있어서가 아니라 솔로몬의 변절을 응징하기 위한 것이었다. "이는 그와 그의 왕실과 그와 함께 있는 많은 백성이 나를 버리고 다른 신들을 경배하였음이라"(33절). 여로보암이 왕이 되는 것은 그가 더 잘할 것 같아서가 아니라 저들이 악한 일을 행했기 때문이었다. 이와 마찬가지로 이스라엘이 가나안 땅을 차지하게 된 것 역시 그들의 의 때문이 아니라 가나안 백성들의 악함 때문이었다(신 9:4, 네가 심중에 이르기를 내 공의로움으로 말미암아 여호와께서 나를 이 땅으로 인도하여 들여서 그것을 차지하게 하셨다 하지 말라 이 민족들이 악함으로 말미암아 여호와께서 그들을 네 앞에서 쫓아내심이니라). 여로보암은 왕이 될 만한 자격이 없었다. 그렇지만 이스라엘은 그토록 악한 왕의 다스림을 받기에 충분할 만큼 어리석고 악했다. 아히야 선지자는 하나님이 솔로몬의 집으로부터 나라를 찢어내는 이유가 그들이 하나님을 버렸기 때문임을 지적하는 가운데 여로보암 역시 그렇게 되지 않도록 주의할 것을 경고한다.

(3) 아히야는 여로보암의 기대치를 제한한다. 그에게는 오직 열 지파만, 그리고 그것도 솔로몬이 죽고 난 이후에 주어질 것이다. 그것은 그로 하여금 나라 전체를 탐한다든지 혹은 즉각 솔로몬을 타도하기 위해 소요를 일으키는 등의 일을 하지 못하도록 하기 위한 것이었다. 여기에서 여로보암은 다음과 같은 내용의 이야기를 듣게 된다.

[1] 두 지파는(본문에서는 한 지파로 일컬어지는데 그것은 이를테면 작은 지파였던 베냐민을 거대한 유다 지파 속에 포함시켰기 때문이다) 다윗 집에 남아 있을 것이다. 따라서 그는 두 지파를 취하기 위한 어떤 시도도 해서는 안 되었다. 솔로몬에게 한 지파가 주어질 것이며(32절, 그리고 36절에서 다시 반복된다), 그럼으로써 다윗의 등이 꺼지지 않고(시 132:17) 왕가(王家)로서 그의 집이 허물어지지 않을 것이었다. 여로보암은 다윗이 사울처럼 버려졌다고 생각해서는 결코 안 된다. 하나님은 다윗으로부터 당신의 은총을 거두지 않으셨다(사울에게는 그렇게 하셨지만). 솔로몬의 모든 변절에도 불구하고 다윗의 집은 결코 허물어져서는 안 된다. 그것은 메시야가 거기에서부터 나올 것이기 때문이었다. 그것을 허물지 말 것은 축복이 그 안에 있기 때문이라.

[2] 솔로몬은 살아 있는 동안 계속해서 왕의 자리를 지킬 것이다(34, 35절).

그러므로 여로보암은 그를 왕의 자리에서 몰아내려는 어떤 시도도 해서는 안 되며, 다만 그의 날이 끝날 때까지 인내심을 갖고 기다려야 한다. 솔로몬은 모든 살아 있는 날 동안 왕의 자리를 지킬 것인데, 그것은 그를 인함이 아니라 다윗을 인함이었다. 왜냐하면 다윗은 하나님의 계명과 법도를 지켰기 때문이었다. 자녀가 부모의 발자취를 따르지 않음에도 불구하고 부모의 경건으로 인해 세상에서 잘 되는 일은 결코 드문 일이 아니다.

(4) 아히야는 여로보암의 왕권 역시 그의 선한 행실 여하에 달려 있음을 분명히 경고한다. 왕관은 '오직 선하게 행하는 동안에만' 인정되어야 한다. "네가 만일 내 눈에 합당한 일을 하면 내가 너를 위하여 견고한 집을 세울 것이나 네가 그렇게 하지 않으면 나도 그렇게 하지 않을 것이라"(38절). 이것은 만일 그가 하나님을 버리면 그의 집 역시도 폐허가 될 것을 암시한다. 반면 다윗의 씨는 비록 괴로움을 당한다 할지라도 영원히 그렇게 되지는 않을 것이며(39절) 다시 번성할 것이었다. 이와 같이 여로보암의 집은 멸절을 당한 반면 유다에서는 영광스럽게 통치한 위대한 왕들이 많이 나왔다(유다의 왕들은 다윗의 씨였다).

Ⅳ. 여로보암이 애굽으로 도망함(40절). 결국 이 모든 일을 솔로몬이 알게 되었는데, 아마도 그것은 여로보암 자신의 입을 통해 흘러나왔을 것이다. 사울과는 달리, 여로보암은 이 사실을 비밀로 지키지 못했다. 만일 이 일을 아무에게도 말하지 않고 비밀로 지켰다면, 그는 이스라엘에 남아 있으면서 그 곳에서 장래의 왕권을 준비할 수 있었을 것이다. 그러나 비밀을 지키지 못함으로써,

1. 여로보암은 솔로몬으로부터 살해의 위협을 피할 수 없었다. 솔로몬이 여로보암을 죽이려고 한 것은 참으로 어리석은 일이었다. "사람의 마음에는 많은 계획이 있어도 오직 여호와의 뜻만이 완전히 서리라"(잠 19:21)라고 가르친 것은 바로 그 자신이 아니었던가? 그러면서 그 자신이 하나님의 뜻을 거스르려 하는가?

2. 여로보암은 애굽으로 도망치지 않을 수 없었다. 그가 그렇게 한 것은 분별 있는 일이었다. 물론 하나님의 약속으로 인해 그가 어디에 있든 보호를 받을 것이지만, 그러나 그는 스스로를 보호하기 위한 수단을 기꺼이 사용하였다. 그리고 그는 장차 왕이 될 것을 확신하면서 잠시 동안 망명자로서 초라하게 지내는 것을 만족하게 여겼다. 그렇다면 더 나은 나라를 약속받은 우리는 얼마나 더 그래야 하겠는가?

[41]솔로몬의 남은 사적과 그의 행한 모든 일과 그의 지혜는 솔로몬의 실록에 기록되지 아니하였느냐 [42]솔로몬이 예루살렘에서 온 이스라엘을 다스린 날 수가 사십 년이라 [43]솔로몬이 그의 조상들과 함께 자매 그의 아버지 다윗의 성읍에 장사되고 그의 아들 르호보암이 대신하여 왕이 되니라

우리는 여기에서 솔로몬의 생애와 통치가 종결되는 이야기를 보게 된다.

1. 여기에 솔로몬의 실록이라 불리는 책이 언급된다(41절). 그것은 당시에는 존재했었지만 그러나 이후 유실되어 지금은 남아 있지 않는 책이다(신적 영감에 의해 기록된 것이 아니므로). 아마도 그 책은 솔로몬이 자신의 실록을 기록하도록 하기 위해 임명한 사관(史官)이나 혹은 연대기 학자에 의해 기록되었을 것이다. 열왕기 저자는 그러한 실록으로부터 하나님께서 교회에 전하기를 기뻐하시는 내용을 뽑아냈을 것이다.

2. 솔로몬의 통치기간(42절). 솔로몬이 예루살렘에서(그의 아버지 다윗은 일부 기간은 헤브론에서 그리고 나머지 기간은 예루살렘에서 다스렸지만, 솔로몬은 오직 예루살렘에서만 다스렸다) 온 이스라엘을 다스린(르호보암은 오직 유다 지파만을 다스렸고, 다윗조차도 초기에는 역시 그러했지만, 솔로몬은 통치기간 내내 온 이스라엘을 다스렸다) 날 수가 사십 년이라. 솔로몬의 통치기간은 그의 아버지 다윗의 통치기간과 같았지만, 그러나 수명은 달랐다. 죄가 그의 수명을 단축시켰다.

3. 솔로몬의 죽음과 장사 그리고 그의 왕위계승자(43절).

(1) 그는 조상들을 따라 무덤에 들어가 잠들었으며, 다윗의 매장지에 장사되었다. 말할 필요도 없이 그의 장례는 매우 성대했을 것이다.

(2) 그의 왕위를 계승한 것은 그의 아들이었다. 이와 같이 무덤은 떠나가는 세대로 채워지고 집은 자라는 세대로 채워진다. 무덤이 "다오, 다오"(give, give) 하며 소리 지르는 것처럼, 땅 역시도 상속자가 없어 버려지는 경우는 없다.

제
— 12 —
장

개요

　　이스라엘 왕국의 영광은 솔로몬 시대에 절정을 이루었다. 그러한 영광이 도래하기까지는 오랜 시간이 걸렸으나 기우는 것은 금방이었다. 우리가 본 장에서 보게 되는 것처럼, 이스라엘의 영광은 그 절정기의 바로 다음 세대에 기울기 시작했다. 우리는 여기에서 이스라엘 왕국이 분열되고 그럼으로써 이전과 비교하여 작아지고 약해지는 것을 보게 된다. 본 장의 내용은 다음과 같다. I. 르호보암이 왕이 되고 여로보암이 애굽으로부터 돌아옴(1, 2절). II. 백성들이 르호보암에게 멍에를 가볍게 해 달라고 청원함, 이에 대해 르호보암이 젊은 신하들의 자문에 따라 매우 폭압적인 대답을 함(3-15절). III. 이에 열 지파가 반란을 일으키고 여로보암을 왕으로 세움(16-20절). IV. 르호보암이 반란을 진압하고자 시도함, 그러나 하나님이 막으심(21-24절). V. 여로보암이 자신의 통치를 우상 숭배 위에 세움(25-33절). 이렇게 하여 유다는 형제들에 의해 버림을 받고 약해졌으며, 이스라엘은 여호와의 전을 버림으로써 약해졌다.

¹르호보암이 세겜으로 갔으니 이는 온 이스라엘이 그를 왕으로 삼고자 하여 세겜에 이르렀음이더라 ²느밧의 아들 여로보암이 전에 솔로몬 왕의 얼굴을 피하여 애굽으로 도망하여 있었더니 이제 그 소문을 듣고 여전히 애굽에 있는 중에 ³무리가 사람을 보내 그를 불렀더라 여로보암과 이스라엘의 온 회중이 와서 르호보암에게 말하여 이르되 ⁴왕의 아버지가 우리의 멍에를 무겁게 하였으나 왕은 이제 왕의 아버지가 우리에게 시킨 고역과 메운 무거운 멍에를 가볍게 하소서 그리하시면 우리가 왕을 섬기겠나이다 ⁵르호보암이 대답하되 갔다가 삼 일 후에 다시 내게로 오라 하매 백성이 가니라 ⁶르호보암 왕이 그의 아버지 솔로몬의 생전에 그 앞에 모셨던 노인들과 의논하여 이르되 너희는 어떻게 충고하여 이 백성에게 대답하게 하겠느냐 ⁷대답하여 이르되 왕이 만일 오늘 이 백성을 섬기는 자가 되어 그들을 섬기고 좋은 말로 대답하여 이르시면 그들이 영원히 왕의 종이 되리이다 하나 ⁸왕이 노인들이 자문하는 것을 버리고 자기 앞에 모셔 있는 자기와 함께 자라난 어린 사람들과 의

논하여 [9]이르되 너희는 어떻게 자문하여 이 백성에게 대답하게 하겠느냐 백성이 내게 말하기를 왕의 아버지가 우리에게 메운 멍에를 가볍게 하라 하였느니라 [10]함께 자라난 소년들이 왕께 아뢰어 이르되 이 백성들이 왕께 아뢰기를 왕의 부친이 우리의 멍에를 무겁게 하였으나 왕은 우리를 위하여 가볍게 하라 하였은즉 왕은 대답하기를 내 새끼 손가락이 내 아버지의 허리보다 굵으니 [11]내 아버지께서 너희에게 무거운 멍에를 메게 하였으나 이제 나는 너희의 멍에를 더욱 무겁게 할지라 내 아버지는 채찍으로 너희를 징계하였으나 나는 전갈 채찍으로 너희를 징계하리라 하소서 [12]삼 일 만에 여로보암과 모든 백성이 르호보암에게 나아왔으니 이는 왕이 명령하여 이르기를 삼 일 만에 내게로 다시 오라 하였음이라 [13]왕이 포학한 말로 백성에게 대답할새 노인의 자문을 버리고 [14]어린 사람들의 자문을 따라 그들에게 말하여 이르되 내 아버지는 너희의 멍에를 무겁게 하였으나 나는 너희의 멍에를 더욱 무겁게 할지라 내 아버지는 채찍으로 너희를 징계하였으나 나는 전갈 채찍으로 너희를 징치하리라 하니라 [15]왕이 이같이 백성의 말을 듣지 아니하였으니 이 일은 여호와께로 말미암아 난 것이라 여호와께서 전에 실로 사람 아히야로 느밧의 아들 여로보암에게 하신 말씀을 이루게 하심이더라

솔로몬은 천 명의 비빈(妃嬪)을 거느렸다. 그럼에도 불구하고 우리는 그의 이름을 잇는 단 한 명의 아들에 대해서만 읽을 수 있을 뿐이다. 그나마도 그는 어리석은 자였다. 호세아 4장 10절은 그들이 여호와를 버리고 따르지 아니하므로 음행하여도 수효가 늘지 못한다고 이야기한다. 죄는 가정을 세움에 있어 매우 나쁜 방법이다. 르호보암은 가장 지혜로운 자의 아들이었음에도 불구하고 아버지의 지혜를 물려받지 못했으며, 따라서 아버지의 왕위를 물려받은 것조차도 그에게 별 유익이 되지 못했다. 지혜와 은혜는 유전되지 않는다. 솔로몬은 어린 나이에 왕이 되었지만, 그러나 그 때 그는 매우 지혜로웠다. 반면 르호보암은 마흔 살에 왕이 되었음에도 불구하고 너무나 어리석기 짝이 없었다. 지혜는 나이가 가져다주는 것도 아니며, 좋은 교육이 가져다주는 것도 아니다. 솔로몬의 궁정은 지혜의 시장(市場)이었으며 학식 있는 자들이 모이는 장소였고, 르호보암은 그 궁정에서 가장 사랑받는 아이였다. 그러나 이 모든 것조차도 그를 지혜로운 사람이 되게 하기에 충분치 않았다. 빠른 경주자들이라고 선착하는 것이 아니며 용사들이라고 전쟁에 승리하는 것이 아니다(전 9:11). 르호보

암이 왕위를 계승하는데 어떤 논란도 없었다. 그의 아버지 솔로몬이 죽자 그는 즉시로 왕으로 선포되었다. 그러나,

I. 백성들은 세겜에서 그와 언약을 맺고자 한다. 따라서 르호보암은 백성들을 만나기 위해 세겜으로 내려갔다.

1. 백성들은 르호보암을 왕으로 삼고자 하는 것처럼 꾸몄다. 그러나 그들의 계획은 그를 왕이 되지 못하도록 하는 것이었다. 그들은 르호보암으로 하여금 다윗 성이 아닌 다른 장소에서 왕으로 취임하도록 했는데, 그것은 그가 유다 지파만의 왕처럼 보이지 않게 하고자 함이었다. 그들은 이스라엘 가운데 열 몫을 가졌으므로, 그의 왕권을 인정하는 조건으로 그를 자신들의 지역으로 오도록 한 것이었다.

2. 세겜은 뭔가 불길한 느낌을 주는 장소였다. 아비멜렉이 스스로 왕이 된 곳도 바로 이 곳 세겜이었다(삿 9장). 또한 그 곳은 백성들이 총회로 모인 곳으로 유명했다(수 24:1). 우리는 르호보암이 그의 시대에 나라가 찢길 것이라는 예언을 알고 있었을 것이라고 추측할 수 있다. 그래서 그는 세겜에 가서 열 지파와 협상하여 그렇게 되는 것을 막고자 했을 것이다. 그러나 그는 가장 어리석게 행동함으로써 결과적으로 분열을 재촉하고 말았다.

II. 열 지파의 대표들은 자신들에게 지워진 멍에를 가볍게 해 달라고 청원한다. 모임이 결정되자 그들은 여로보암에게 사람을 보내 부디 애굽에서 돌아와 자신들의 대변인이 되어 달라고 요청했다. 그러나 그렇게 할 필요도 없었다. 그는 하나님이 자신에게 계획하신 것을 알고 있었으며, 때가 되면 굳이 사람을 보내지 않더라도 스스로 올 것이었다. 바야흐로 때가 무르익고 있었으며, 이제 그 때가 되었다.

1. 그들은 선왕 시대의 통치에 대해 불평한다: 왕의 아버지가 우리의 멍에를 무겁게 하였으나(4절). 그들은 솔로몬의 우상 숭배나 하나님을 반역한 것에 대하여는 불평하지 않는다(실상 이것이 가장 큰 불평거리가 되어야 함에도 불구하고). 마치 하나님이든 몰록이든 다 마찬가지라고 생각하는 것처럼, 그들은 신앙의 문제에 대하여는 너무나 무관심했다. 그들의 관심은 오로지 노역을 하지 않고 세금을 적게 내는 것뿐이었다. 그들의 불평은 근거가 없으며 부당한 것이었다. 그들보다 더 평안하고 부요하게 사는 백성은 어디에도 없었다. 그들이 세금을 냈는가? 그러나 그것은 그들 나라의 힘과 위엄을 증진시키기 위한

것이었다. 비록 그들이 건축공사로 인해 돈은 지불했다 할지라도 그러나 전쟁으로 인해 피를 지불하지는 않았다. 노예들의 많은 노동력이 동원되었는가? 그러나 이스라엘 백성들은 노예로 부림을 받지 않았다. 세금이 무거운 짐이었나? 그러나 솔로몬이 은금을 많이 들여오므로 당시에 은이 길거리의 돌처럼 흔했다고 하지 않았던가? 그러므로 그들은 본시 왕의 것을 왕에게 돌려준 것에 불과했다. 설령 그들에게 어떤 무거운 짐이 있었다고 하자. 이미 그들은 왕의 제도가 그러할 것이라는 이야기를 듣고서도 왕을 갖고자 하지 않았던가? 아무리 훌륭한 통치라 할지라도 비난과 불평으로부터 완전히 자유로울 수는 없는 법이며, 그것은 솔로몬의 경우에도 마찬가지였다. 파당을 짓는 사람들은 끊임없이 불평거리를 만들어내는 법이다. 나는 솔로몬의 통치 가운데 백성들에게 지나치게 무거운 멍에는 없었을 것으로 생각한다 — 다만 그가 사랑했던 여자들이 백성들을 압제하는 것을 그가 묵인하지만 않았다면.

2. 그들은 멍에를 가볍게 해 줄 것을 요구하면서, 오직 그러한 조건 위에서만 다윗의 집에 충성할 것이었다. 그들은 세금을 완전히 면제해 달라는 것이 아니라 좀 가볍게 해 달라는 것이었다. 그들의 관심은 이것, 즉 돈을 절약하는 것이 전부였다. 신앙적인 문제나 나라의 일은 뒷전이었다. 모두가 자신들의 유익만을 추구했다.

III. 르호보암은 이 일과 관련하여 어떻게 대답할지에 대해 주위 사람들에게 자문을 구한다. 주위 사람들에게 자문을 구하는 것은 참으로 지혜롭고 분별 있는 일이다. 특별히 지력(知力)이 부족한 사람에게 있어서는 더욱 그러하다. 그러나 이번의 경우 그가 생각할 어유를 갖기 위해 시간을 지체한 것은 참으로 지혜롭지 못한 일이었다. 왜냐하면 그렇게 함으로써 반역을 무르익게 만들기에 충분한 시간을 준 결과가 되었기 때문이다. 너무나 명백한 문제를 심사숙고하느라 지체하며 시간을 끈 것은 도리어 그가 백성들의 평안에 별 관심이 없음을 보여주는 증거가 될 수도 있었다.

1. 신중하며 경험이 많은 신하들은 어떤 방법으로든 그들을 좋은 말로 다독이면서 왕으로 하여금 그들을 섬길 것이며 그들의 모든 불평사항을 바로잡고 그들을 편안하게 해 주겠노라고 말하라고 충고했다. 그들은 말한다. "지금은 스스로를 부인하면서 이와 같이 말하소서. 그리하면 그들은 영원히 왕의 종이 되리이다. 지금 저들의 흥분은 부드러운 대답과 함께 누그러지게 될 것이며, 그

들은 뿔뿔이 흩어질 것이요, 그들은 냉정한 마음을 회복하고 다시 생각하여 다윗의 집과 화해하고 충성을 다할 것이나이다.” 통치자의 길은 섬기며 선을 행하며 스스로를 굽히면서 모든 사람에게 모든 것이 되어 그들의 마음을 얻는 것이라는 사실을 주목하라. 권력을 가진 자들은 실제로 이와 같이 할 때 가장 쉽고 안전하게 자신의 자리를 계속해서 유지하게 될 것이다.

2. 혈기왕성한 젊은 신하들은 백성들의 요구에 위압적으로 대답하라고 충고했다. 결국 르호보암은 다음과 같이 행함으로써 스스로의 어리석음을 드러냈다.

(1) 그는 나이 든 신하들의 조언을 거부하고 자기와 함께 자란 친숙한 젊은 신하들의 조언을 받아들였다(8절). 르호보암은 오랜 연륜으로부터 나오는 지혜로운 조언을 무시해 버렸다. 젊은 시절에 함께 어울리며 자란 친구들이기 때문에 나라의 일을 더 잘 처리할 것이라고 생각한 것은 르호보암에게 있어 너무도 어리석은 일이었다. 재치가 많다고 해서 꼭 지혜로운 것은 아니며, 우리를 즐겁게 만들어 준다고 해서 최고의 친구인 것도 아니다. 세상에 나아가는 젊은 이들에게 있어 누구와 사귀며 어떤 사람의 조언을 받는지 하는 것은 대단히 중요한 일이다. 허영심이나 부추기며 쾌락이나 좇는 자들을 최고의 친구로 여기는 자는 이미 멸망을 향해 달려가고 있는 것과 다름없다.

(2) 그는 온건한 답변보다 과격하고 냉혹한 답변을 더 좋아했다. 그래서 멍에를 더욱 무겁게 할 것이라고 대답하라는 젊은 신하들의 조언을 받아들였다(10, 11절). 젊은 신하들은 나이 든 신하들이 너무나 무기력하고 온당치 못하게 대응했다고 생각했다(7절). 그들은 스스로를 과대평가하면서 자신들이 매우 재치 있게 조언한 것으로 여겼다. 나이 든 신하들은 르호보암의 입에 어떤 말을 넣어주지 않았다. 다만 좋은 말로 대답하라고 조언했을 뿐이었다. 그러나 젊은 신하들은 대단히 괴이하고 엉뚱한 비유를 가르쳐 준다: 내 새끼손가락이 내 아버지의 허리보다 굵으니(10절). 그럴듯한 표현이라고 하여 항상 좋은 의미를 담고 있는 것은 결코 아니다.

IV. 결국 르호보암은 젊은 신하들의 조언대로 답변을 준다(14, 15절).   그는 위세를 보이며 강압적인 태도로 말했다. 스스로를 부인하면서 좋은 말로 다독이느니 차라리 백성들을 잃는 위험을 감수하겠다는듯한 태도였다. 무엇이 자신에게 유익한가를 생각하기보다 순간적인 기분을 앞세우다가 망한 사람이 얼마나 많은가?

1. 르호보암은 자기 꾀에 스스로 도취된 꼴이었다. 그보다 더 어리석고 미련하게 행동한 자는 아무도 없었다.

(1) 그는 자기 아버지 솔로몬의 통치에 대한 그들의 비난을 사실로 인정했다: 내 아버지는 너희의 멍에를 무겁게 하였으나. 이 점에 있어 그는 자기 아버지를 부당하게 취급했다. 그는 자기 아버지에 대한 그들의 비난을 쉽게 반박하면서 아버지를 옹호할 수 있었다.

(2) 자신의 역량이 아버지보다 훨씬 못 미치는 사실은 생각지도 않은 채, 그는 그들을 자기 아버지보다 더 잘 다루면서 마음대로 그들에게 노역과 세금을 부과시킬 수 있을 것으로 여겼다. 자기 아버지의 근처에도 가지 못하는 그가 어떻게 감히 아버지보다 더 잘 다스릴 수 있을 것이라고 상상할 수 있었단 말인가?

(3) 그는 더 무거운 세금을 부과할 뿐만 아니라 더욱 가혹한 법과 형벌로써 그들을 징벌할 것이라고 위협했다. 그들에게 가해지는 형벌은 채찍 정도가 아니라, 전갈 채찍 즉 휘두를 때마다 피가 터져 나오게 만드는 쇠붙이가 달린 채찍일 것이었다. 간단히 말해, 백성들을 짐승처럼 부리면서 마음대로 때리고 짐을 지우겠다는 것이었다. 자신을 사랑하든 사랑하지 않든 개의치 않고, 백성들로 하여금 자신을 두려워하도록 만들겠다는 것이었다.

(4) 그는 이와 같이 백성들을 격분시켰다. 그들은 오랜 평안과 번영으로 부유해진 백성들로서, (궁핍함으로 의기소침해진 백성들과는 달리) 자긍심이 크고 무시당하는 것을 참지 못하는 자들이었다. 그들은 이미 반역을 생각하고 있는 자들로서, 자신들을 이끌어줄 우두머리까지 세워놓은 상태였다. 이와 같이 오만과 전횡으로 눈먼 자가 어디에 있단 말인가? 이보다 더 치명적인 일이 어디에 있겠는가?

2. 이로써 하나님의 뜻이 이루어졌다. 이 일은 여호와께로 말미암아 난 것이라 (15절). 하나님은 르호보암으로 하여금 스스로의 어리석음 가운데 빠져 있도록 내버려 두셨다. 그리고 평화에 관한 일, 즉 나라가 그로부터 찢겨질 것이라는 사실을 그의 눈으로부터 숨기셨다(눅 19:42). 하나님이 사람의 죄와 어리석음까지도 사용하셔서 자신의 지혜롭고 의로운 계획을 이루시며 또한 죄인들로 하여금 스스로 자기 올무에 걸리도록 만드시는 사실을 주목하라. 천국을 잃어버

린 자는 완악함과 어리석음으로 인해 스스로 그것을 내던져 버린 것에 불과하다는 사실을 주목하라.

[16]온 이스라엘이 자기들의 말을 왕이 듣지 아니함을 보고 왕에게 대답하여 이르되 우리가 다윗과 무슨 관계가 있느냐 이새의 아들에게서 받을 유산이 없도다 이스라엘아 너희의 장막으로 돌아가라 다윗이여 이제 너는 네 집이나 돌아보라 하고 이스라엘이 그 장막으로 돌아가니라 [17]그러나 유다 성읍들에 사는 이스라엘 자손에게는 르호보암이 그들의 왕이 되었더라 [18]르호보암 왕이 역군의 감독 아도람을 보냈더니 온 이스라엘이 그를 돌로 쳐죽인지라 르호보암 왕이 급히 수레에 올라 예루살렘으로 도망하였더라 [19]이에 이스라엘이 다윗의 집을 배반하여 오늘까지 이르렀더라 [20]온 이스라엘이 여로보암이 돌아왔다 함을 듣고 사람을 보내 그를 공회로 청하여 온 이스라엘의 왕으로 삼았으니 유다 지파 외에는 다윗의 집을 따르는 자가 없으니라 [21]르호보암이 예루살렘에 이르러 유다 온 족속과 베냐민 지파를 모으니 택한 용사가 십팔만 명이라 이스라엘 족속과 싸워 나라를 회복하여 솔로몬의 아들 르호보암에게 돌리려 하더니 [22]하나님의 말씀이 하나님의 사람 스마야에게 임하여 이르시되 [23]솔로몬의 아들 유다 왕 르호보암과 유다와 베냐민 온 족속과 또 그 남은 백성에게 말하여 이르기를 [24]여호와의 말씀이 너희는 올라가지 말라 너희 형제 이스라엘 자손과 싸우지 말고 각기 집으로 돌아가라 이 일이 나로 말미암아 난 것이라 하셨다 하라 하신지라 그들이 여호와의 말씀을 듣고 그 말씀을 따라 돌아갔더라

우리는 여기에서 열 지파가 다윗의 집으로부터 떨어져 나가는 것을 보게 된다.

I. 백성들이 반란을 일으킴. 그들은 르호보암의 말에 대해 크게 분개하며 격분했다. 그러면서 그의 통치가 처음부터 이렇게 안하무인격이라면 갈수록 더 심해질 것이라고 결론지었다. 그리하여 그들은 모두 한마음으로 즉시 다음과 같은 결론에 도달했다(16절): 우리가 다윗과 무슨 관계가 있느냐. 여기에서 그들은 다윗에 대해 매우 무례한 언사(言辭)를 사용한다. 나라의 위대한 은인(恩人)임에도 불구하고, 그들은 그를 이새의 아들이라고 부른다(마치 이웃사람 부르듯이). 나라를 위해 봉사한 위대한 인물들이 얼마나 빨리 잊혀지는지 주목하

라. 그들의 성급함은 비난받아 마땅하다. 어느 정도 시간적인 여유를 갖고 신중하게 대처했다면 그들은 피차 만족할 만한 협약을 체결할 수 있었을 것이다. 만일 그들이 누가 르호보암에게 그러한 조언을 했는지 알아보고 그러한 악한 신하들을 물러나게 하고자 노력만이라도 기울였다면, 어쩌면 나라의 분열을 막을 수 있었을는지도 모른다. 그랬다면 자유한 백성(free people)으로서 자신들의 자유와 재산을 지키려는 그들의 열정은 결코 비난의 대상이 되지 않았을 것이다. 이스라엘이 종이냐 씨종이냐 어찌하여 포로가 되었느냐(렘 2:14). 그들은 기꺼이 다스림을 받고자 할 것이지만, 그러나 노예처럼 속박되는 것은 원치 않았다. 보호는 충성을 야기하지만 그러나 파괴는 결코 그렇게 하지 못한다. 다윗의 집이 왕가(王家)로 세움 받은 큰 목적 즉 백성의 선을 위한 하나님의 일꾼이 되는 것으로부터 떨어져나갈 때, 백성들이 그들로부터 떨어져나가는 것은 결코 놀랄 일이 아니다(19절). 그럼에도 불구하고 이와 같이 다윗의 씨에 대항해 반란을 일으키고 다른 왕을 세우는 것은 큰 죄가 아닐 수 없었다. 역대하 13장 5절부터 8절을 보라. 그러한 왕에 대해 하나님은 이렇게 말씀하신다(호 8:4): 그들이 왕들을 세웠으나 내게서 난 것이 아니며. 반면 여기에서 유다 지파가 다윗의 집을 좇았다고 특별하게 언급하고 있는데, 그것은 그들을 칭찬하기 위한 것이었다(17, 20절). 나타난 바로는, 르호보암은 그의 어리석은 말보다는 훨씬 나은 사람이며 그의 통치가 그렇게 가혹하지는 않았던 것으로 보인다.

Ⅱ. 르호보암이 이 문제를 지혜롭게 처리하지 못함. 그는 계속해서 어리석게 행동했다. 그는 스스로 진흙구덩이 속으로 들어간 후 빠져 나오려고 발버둥치나가 점점 더 깊이 빠져 들어가고 말았다.

1. 경솔하게도 여로보암은 그들과 협상을 벌이기 위해 역꾼의 감독 아도람을 보냈다(18절). 그는 조세(租稅)를 담당하는 감독관이었는데, 사태의 발단이 된 것은 바로 그 조세문제였다. 따라서 그들이 가장 못마땅하게 여긴 자가 바로 그 아도람이었다. 아도람이란 이름은 그들에게 가장 가증스러운 이름이었다. 르호보암의 사신으로 아도람이 온 것을 보았을 때, 그들은 극도로 분노하며 흥분했다. 그들은 아도람의 말을 차분하게 들어줄 수 없었고, 흥분한 가운데 그를 돌로 쳐 죽였다. 누구의 조언을 채택할 것인지를 결정함에 있어서도 어리석었던 르호보암은 지금 누구를 사신으로 보낼 것인지를 결정함에 있어서도 너무나 어리석었다.

2. 어떤 이들은 너무 성급하게 예루살렘으로 돌아간 것 역시 르호보암의 어리석음이었다고 생각한다. 왜냐하면 그렇게 함으로서 자기편을 잃고 적을 이롭게 했기 때문이었다. 대적하는 자들은 극도의 혐오감 가운데 자기 장막으로 돌아갔지만(16절), 그러나 르호보암이 예루살렘으로 돌아가기 전까지는 여로보암을 왕으로 삼지 않았다(20절). 이 어리석은 왕이 양 극단을 얼마나 빨리 왔다 갔다 하는지 주목하라. 그는 모든 것이 자기 수중에 있다고 생각했을 때에는 큰소리를 치며 허세를 부렸다. 그러다가 자기가 위험 가운데 있다고 생각하자 얼른 꽁무니를 빼고 말았다. 형통할 때 가장 크게 거만을 부리던 자가 곤궁할 때 가장 비굴하게 행동하는 것은 흔한 일이다.

III. 칼로 이 일을 해결하고자 한 르호보암의 시도를 하나님이 막으심. 이 일은 하나님으로부터 말미암은 것이었으며, 하나님은 이 일이 다시 되돌려지는 것을 허락하지 않으셨다. 하나님은 르호보암이 열 지파를 정복하여 원래대로 되돌리는 것도 허락지 않으시고, 반대로 여로보암이 나머지 두 지파까지 정복하여 다윗의 집을 완전히 허물어뜨리는 것도 허락지 않으셨다. 이 일은 여기에서 멈춰야 했으며, 따라서 하나님은 싸움을 막으셨다.

1. 르호보암에게 있어 무력으로 반역자들을 진압하고자 계획한 것은 용기 있는 행동이었다. 그는 예루살렘에 돌아오자 다시금 용기를 되찾았다(21절). 예루살렘에는 자신에게 충성을 바치며 자신을 위해 싸워줄 아군(我軍)이 있었다. 유다와 베냐민은 열 지파에 대한 르호보암의 왕권을 회복시키기 위해 18만 명의 군대를 일으켰다(이들은 하나님과 왕을 경외하는 자들로서 열 지파의 반역에 동참하지 않았다). 그들은 르호보암을 지지하기로 결의했으며, 그와 운명을 함께 할 것이었다. 그들은 불평하기를 좋아하는 기질도 아니었을 뿐만 아니라 그렇게 할 까닭도 없었다.

2. 르호보암에게 있어 하나님의 말씀에 순종하여 전쟁을 벌이지 않은 것은 더욱 용기 있는 행동이었다. 그는 순순히 (열 지파에 대한) 통치권을 잃지 않을 것이었다. 만일 그렇게 한다면 왕의 이름을 가질 자격조차 없을 것이었다. 그렇지만 그는 하나님의 명령을 거스르면서까지 싸우지는 않을 것이었다. 만일 그렇게 한다면 그는 이스라엘 백성의 이름을 가질 자격조차 없을 것이었다. 지금 열 지파와 전쟁을 벌이는 것은 형제와 싸우는(24절) 것일 뿐만 아니라 하나님과 싸우는 것이었다. 이 일이 나로 말미암아 난 것이라. 형제들이 우리에게 어

떤 손실이나 고통을 가져다줄 때 우리는 먼저 다음과 같은 두 가지 점을 고려해야 한다: 그것이 하나님으로 말미암은 것이 아닌가 하는 것과, 그럴 때 형제들은 단지 도구에 불과할 뿐이라는 사실. 그러므로 복수할 것을 꿈꾸지 말자. 르호보암과 그를 따르는 백성들은 여호와의 말씀을 듣고 그에 순종하여 군대를 해산시켰다. 인간적인 전망으로 보면 르호보암 쪽에 승산이 있었다(왜냐하면 그의 군대는 숫자도 많고 지휘체계가 잘 갖추어져 있었던 반면 여로보암의 무리는 힘도 약할 뿐만 아니라 아직 체계화되지 못했기 때문이다). 또 이와 같이 열 지파를 잃으면서도 아무런 조치를 취하지 않는다면 모든 사람들의 조롱거리가 될 수도 있었다. 그럼에도 불구하고,

(1) 르호보암과 그를 따르는 백성들은 하나님의 명령을 존중했다. 하나님의 마음을 알게 되었을 때, 설령 그것이 우리 마음과 맞지 않는다 할지라도, 우리는 기꺼이 그에 순복해야 한다.

(2) 그들은 무엇이 자신들에게 정말로 유익한지 곰곰이 따져보았다. 비록 자신들에게 승산이 있었고 또 대의명분도 있었지만, 그러나 만일 하나님의 명령에 불순종하면서 열 지파와 전쟁을 벌인다면 결코 좋은 결과가 나올 수 없을 것이었다. 일어섰다가 넘어지는 것보다는 차라리 그냥 앉아 있는 편이 나은 법이다. 다음 세대에 하나님은 그들로 하여금 전쟁을 벌이는 것을 허락하셨고 또 그들에게 승리를 주셨다(대하 13장). 그러나 지금은 아니었다.

[25]여로보암이 에브라임 산지에 세겜을 건축하고 거기서 살며 또 거기서 나가서 부느엘을 건축하고 [26]그의 마음에 스스로 이르기를 나라가 이제 다윗의 집으로 돌아가리로다 [27]만일 이 백성이 예루살렘에 있는 여호와의 성전에 제사를 드리고자 하여 올라가면 이 백성의 마음이 유다 왕 된 그들의 주 르호보암에게로 돌아가서 나를 죽이고 유다의 왕 르호보암에게로 돌아가리로다 하고 [28]이에 계획하고 두 금송아지를 만들고 무리에게 말하기를 너희가 다시는 예루살렘에 올라갈 것이 없도다 이스라엘아 이는 너희를 애굽 땅에서 인도하여 올린 너희의 신들이라 하고 [29]하나는 벧엘에 두고 하나는 단에 둔지라 [30]이 일이 죄가 되었으니 이는 백성들이 단까지 가서 그 하나에게 경배함이더라 [31]그가 또 산당들을 짓고 레위 자손 아닌 보통 백성으로 제사장을 삼고 [32]여덟째 달 곧 그 달 열다섯째 날로 절기를 정하여 유다의 절기와 비슷하게 하고 제단에 올라가되 벧엘에서 그와 같이 행하여 그가 만든 송아

지에게 제사를 드렸으며 그가 지은 산당의 제사장을 벧엘에서 세웠더라 [33]그가 자기 마음대로 정한 달 곧 여덟째 달 열다섯째 날로 이스라엘 자손을 위하여 절기로 정하고 벧엘에 쌓은 제단에 올라가서 분향하였더라

우리는 여기에서 여로보암의 통치가 시작되는 것을 보게 된다. 그는 먼저 세겜을 건축하고 이어 부느엘을 건축했다(25절, 세겜은 에브라임 지파의 땅에, 그리고 부느엘은 갓 지파의 땅에 있었다). 그는 그 곳에다가 성벽을 쌓고 성읍을 아름답게 꾸미면서, 아마도 두 곳 모두에다가 자신을 위한 궁전을 만들었을 것이다. 여기까지는 특별한 문제가 없었다. 그러나 그는 자신의 왕국을 공고히 하기 위한 또 하나의 계획을 세웠는데, 그것은 그들의 신앙과 종교에 있어 너무도 치명적인 것이었다.

I. 그의 계획은 어떤 특별한 방법을 통해 자신을 왕으로 선택한 백성들을 확고히 장악하고 그들이 다시 다윗의 집으로 돌아가는 것을 막는 것이었다(26, 27절).

1. 여로보암은 혹시 백성들이 자신을 죽이고 르호보암에게 돌아가지 않을까 두려워했다. 반란에 의해 왕이 된 자가 또 다른 반란에 의해 그 자리에서 쫓겨나는 것은 결코 드문 일이 아니다. 여로보암은 자기 백성들의 호의를 언제까지나 신뢰할 수가 없었다(비록 지금은 자신에 대해 큰 호의를 가지고 있다 할지라도). 부당한 방법으로 얻은 것은 편안하게 향유될 수도 없고 또 그렇게 유지될 수도 없는 법이다.

2. 그는 하나님의 약속을 신뢰할 수 없었다. 하나님은 그에게 "네가 만일 내 길로 행하면 내가 너를 위해 견고한 집을 세우겠다"고 약속하셨는데(11:38), 여로보암은 그러한 약속을 반신반의했다. 대신에 그는 자신의 안전을 위해 다른 방법을 궁리했다. 하나님을 배신하며 떠나는 모든 사람들의 기저(基底)에 있는 것은 바로 이러한 하나님에 대한 실제적인 불신이다.

II. 그가 취한 방법은 백성들로 하여금 예배하러 예루살렘에 올라가는 것을 막는 것이었다.   예루살렘은 하나님이 자신의 이름을 두시려고 택하신 장소였다. 그 곳에 솔로몬의 성전이 있었으며, 하나님은 모든 이스라엘이 보는 앞에서 영광의 구름 가운데 자신이 그 곳에 임하시는 것을 나타내셨다. 그 곳에 있는 제단에 여호와의 제사장이 있었으며, 바로 그 곳에서 모든 이스라엘이 절

기를 지켜야 했으며, 바로 그 곳으로 그들은 제물을 가지고 올라가야 했다.

1. 여로보암은 백성들이 예배하러 예루살렘에 자꾸 올라가게 되면 성전과 왕궁의 위엄에 매료되어 결국 다윗의 집으로 돌아가고 말 것이라는 사실을 깨닫게 되었다. 만일 그들이 계속해서 옛 종교에 매달린다면, 결국 그들은 옛 왕에게 돌아갈 것이다. 만일 절기 때에 백성들이 예루살렘에 자유롭게 왕래하는 문제와 관련하여 여로보암이 르호보암과 더불어 협약을 맺고자 했다면, 아마도 르호보암은 그러한 협약을 거부하지 않았을 것으로 우리는 추측할 수 있다. 따라서 여로보암이 두려워한 것은 백성들이 강제로 르호보암에게 붙잡혀 있는 것이 아니라 자발적으로 그에게 돌아가는 것이었다.

2. 그리하여 여로보암은 백성들의 편의를 도모한다는 명분으로 그들이 예루살렘에 올라가는 것을 교묘히 막았다(28절). "너희가 하나님께 예배드리기 위해 그토록 멀리 가는 것이 너무나 과중하도다. 그것은 너무나 무거운 멍에이며 이제 그 멍에를 떨쳐버릴 때가 되었도다. 너희가 다시는 예루살렘에 올라갈 것이 없도다. 지금 너희가 예배를 드리는 성전은 처음처럼 그렇게 영광스럽지도 않고 거룩하지도 않도다(외적인 영광은 점차 쇠하는 법이다). 이제 모든 짐을 벗어버리고 자유함을 얻으라. 어째서 우리가 사무엘 시대 이상으로 한 장소에 매여있어야 한단 말인가?"

3. 여로보암은 백성들을 위한 예배처소를 국내에 마련했다. 그는 몇몇 모사(謀士)들과 상의하여 다음과 같은 결론을 내렸다. 즉 신적 임재의 증표로서 금송아지 둘을 세우고, 백성들로 하여금 제사를 드리기 위해 예루살렘까지 갈 것이 아니라 이제 국내에서 제사를 드리도록 설득하는 것이다. 어떤 이들은 두 마리의 금송아지가 법궤 위에 있는 속죄소와 그룹을 나타내기 위한 것이었다고 생각한다. 그러나 그렇게 보기보다 애굽의 우상 숭배를 본뜬 것으로 보는 것이 좀 더 적절한 것으로 보인다. 그는 오랫동안 애굽 땅에 체류했으며, 애굽 사람들은 아피스 신을 황소나 혹은 송아지의 형상으로 숭배했다.

(1) 여로보암은 솔로몬처럼 성전을 건축하는 부담은 지고자 하지 않았다. 그가 부담하고자 했던 것은 금송아지 둘을 만드는 것이 전부였다.

(2) 그가 두 마리의 금송아지로 몰록이나 그모스 같은 거짓 신들을 나타내려고 의도한 것은 결코 아니었다. 그가 나타내려고 한 것은 유일하신 참 하나님, 이스라엘의 하나님, 그들을 애굽 땅에서 인도하신 하나님이었다(28절). 그

러므로 그가 범한 것은 첫째 계명이 아니라 둘째 계명이었다. 그는 형상을 만듦으로써 백성들의 종교심을 자극했다. 그는 백성들 가운데 형상을 좋아하는 자들이 많이 있어서, 만일 금송아지를 만든다면 많은 사람들이 기꺼이 하나님의 성전을 단념할 것이라고 생각했다.

(3) 여로보암은 금송아지 둘을 세움으로서 신성(神性, godhead)의 통일성을 깨뜨렸다. 그리고 이것은 이교적인 다신교(多神敎, polytheism)의 길을 열 것이었다. 그는 금송아지 둘을 가지고 하나는 단, 그리고 또 하나는 벧엘에 세웠다. 단은 이스라엘의 북쪽 끝에 있었고 벧엘은 남쪽 끝에 있었는데, 마치 그것들이 나라의 수호신이나 되는 것처럼 여로보암은 그것을 나라의 양 끝에 세운 것이다. 벧엘은 유다와 가까웠다. 그는 금송아지 하나를 그 곳에 세움으로써 르호보암의 백성 가운데 형상 숭배를 좋아하는 자들을 유혹하고 그렇게 함으로써 자기 백성 가운데 성전을 좋아하여 예루살렘으로 가고자 하는 자들을 대신하고자 하였다. 또한 여로보암은 다른 하나를 단에 세웠는데, 그것은 멀리 떨어져 있는 자들의 편의를 위함이었다. 벧엘은 미가의 신상들이 세워져 있었던 곳으로서 오랜 세월 경배가 드려졌던 곳이었다(삿 18:30, 31). 또한 벧엘은 하나님의 집을 의미하는데, 거기에 어느 정도 미신의 색채가 드리워진다. 그래서 호세아 선지자는 그 곳을 벧아웬, 즉 허무(혹은 불법)의 집이라고 불렀다(호 10:5, 사마리아 주민이 벧아웬의 송아지로 말미암아 두려워할 것이라).

4. 이에 백성들은 여로보암에 순응하여 새로운 것을 기꺼이 따랐다: 이는 백성들이 단까지 가서 그 하나에게 경배함이더라(30절). 그들은 먼저 단에 가서 경배했는데, 그것은 그 곳이 먼저 세워졌기 때문이었다. 또한 단이 매우 멀리 떨어진 지역임에도 불구하고, 그들은 그 곳에까지 가서 경배했다. 율법의 규례대로 경배하기 위해 예루살렘에 가는 것을 너무나 번거롭게 생각했던 자들이 스스로 만든 것을 경배하기 위해 예루살렘보다 갑절이나 떨어진 곳에 가는 것은 대수롭지 않게 여겼다. 어쩌면 위의 언급은 그들이 단에 있는 금송아지에게 가야만 했음을 의미하는 것인지도 모른다. 왜냐하면 20년이 지나지 않아 유다 왕 아비야가 벧엘을 복속했기 때문이었다(대하 13:19). 아비야는 벧엘을 복속한 후 금송아지를 치워버리고 그것에 경배하는 것을 금지했을 것이다. 따라서 그들은 금송아지에게 경배하기 위해 불가불 단으로 가야만 했다. 이 일이 죄가 되었으니(30절). 그것은 둘째 계명을 범한 큰 죄였다. 하나님이 한 장소에서 경배

해야 하는 것과 관련한 율법을 면제해 주신 적은 때로 있지만, 그러나 당신을 형상으로 만들어 경배하는 것은 결코 허락하지 않으셨다. 이렇게 하여 그들은 호렙에서 금송아지를 만든 조상들을 정당화했다 — 하나님은 그 일에 대해 크게 진노하셨음에도 불구하고(출 32:34). 따라서 그들이 금송아지를 만든 것은 하나님의 율법을 대수롭지 않게 여긴 것일 뿐만 아니라 또한 하나님의 진노를 대수롭지 않게 여긴 것이었다. 이와 같이 그들은 죄에 죄를 더했다. 패트릭 주교(bishop Patrick)는 다음과 같은 유대인들의 말을 인용한다: "여로보암의 때까지 이스라엘 사람들은 단지 한 마리의 송아지의 젖을 빨아먹었을 뿐이지만 그러나 이후로 그들은 두 마리의 송아지의 젖을 빨아먹었다."

5. 금송아지 우상을 만든 것으로 끝이 아니었다. 그것들에게 경배하기 위해서는 또 다른 것들이 필요했다. 따라서 여로보암은 계속해서 그러한 것들을 만들어 나갔으며, 하나님이 정하신 규례들을 자기 마음대로 바꾸었다. 한 가지 잘못이 또 다른 잘못들을 만들어 내는 것을 주목하라.

(1) 여로보암은 산당들(혹은 제단의 집들)을 지었다(31절). 우리는 그가 하나는 단에 그리고 또 하나는 벧엘에 지었을 것이라고 추측할 수 있다. 그리고 예루살렘 성전에 오직 한 개의 제단만 있는 것이 너무나 불편한 일이라고 생각하면서, 각각의 산당에 많은 제단들을 만들었을 것이다. 어떤 이들은 여러 개의 제단을 만드는 것이 믿음의 발로라고 여길는지 모르지만, 그러나 하나님은 그와 관련하여 선지자를 통해 다르게 말씀하셨다(호 8:11, 에브라임은 죄를 위하여 제단을 많이 만들더니 그 제단이 그에게 범죄하게 하는 것이 되었도다).

(2) 여로보암은 가장 낮은 백성들(the lowest of the people)로 제사장을 삼았다(한글개역개정판에는 '보통 백성'이라고 되어 있음). 가장 낮은 백성이라 할지라도 송아지의 제사장이 되기에는 충분하고도 남을 것이었다. 그는 그러한 제사장들로 하여금 백성들 가운데 거주하도록 지시하면서, 자신이 정한 규례대로 백성들을 가르치고 또 백성들로 하여금 자신이 정한 규례를 잘 지키게 하도록 명령했다. 이렇게 하여 그들은 레위인들처럼 각처에 흩어져 살게 되었다(그들은 레위의 자손이 아니었다). 그러나 산당의 제사장들에 대하여는 여로보암이 예루살렘의 제사장들처럼 벧엘에 거주하도록 명령하면서 공적 예배를 집행하도록 했다(32절).

(3) 여로보암은 하나님이 칠월 십오일로 정한 장막절을 팔월 십오일로 바꾸

었다(32절). 이와 같이 자기 마음대로 달을 정한(33절) 것은 종교적인 문제에 있어서까지도 자기가 원하는 대로 좌지우지할 수 있는 권세가 있음을 과시하기 위함이었다. 유월절과 오순절에 대하여는, 제 때에 지켰든지 아니면 전혀 지키지 않았든지 아니면 장막절과 비교해서는 아주 간단하게 지켰든지 했을 것으로 보인다.

(4) 스스로 제사장을 세우는 권세를 떠맡은 여로보암에게 있어 자기 손으로 제사장의 역할을 떠맡는 것 정도는 조금도 놀랄 일이 못된다(32절): 그가 제단에 올라가 자신이 만든 송아지에게 제사를 드렸으며. 또한 33절에도 똑같은 말씀이 반복된다: 그가 제단에 올라가서 분향하였더라. 그는 스스로 제사도 드리고 분향도 했다. 하나님은 이에 대해 특별한 징벌을 내리지 않으셨다. 그것은 이러한 죄가 그의 수많은 불법들의 일부에 지나지 않는 것이었기 때문이다. 웃시야 왕도 이와 똑같은 죄를 범한 적이 있었는데, 그 때 웃시야는 즉시로 문둥병에 걸리는 징벌을 받았다. 이와 같이 여로보암은 스스로 제사장의 역할을 떠맡았는데, 그렇게 한 것은 백성들 가운데 자신의 위대함을 과시하고 신앙적인 사람이란 명성을 얻으며 새로운 절기를 지키는 것을 더욱 빛내기 위함이었다. 아마도 이때 여로보암은 새로운 절기를 지키면서 동시에 자신이 만든 제단을 봉헌했던 것으로 보인다. 이와 같이 하여,

[1] 여로보암은 스스로 죄를 범했다. 그러나 어쩌면 그는 자신의 죄가 다른 신들에게 경배했던 솔로몬의 죄보다는 작은 것이라고 (세상에 대하여 그리고 자기 양심에 대하여) 스스로 변명할는지 모른다.

[2] 여로보암은 이스라엘로 하여금 범죄하게 했다. 그는 백성들로 하여금 하나님을 경배하는 것으로부터 떨어지게 만들었을 뿐만 아니라 또한 후손들에게 우상 숭배의 유산을 남겼다. 이와 같이 그들은 다윗의 집의 보좌를 버린 것으로 인해 징벌을 받았다. 자신의 연대기에서 유다와 이스라엘의 연대표를 조정하기 위해, 휘스턴(Whiston)은 여로보암이 일 년을 열한 달로 바꾸었으며 이러한 연대계산법은 예후의 혁명 때까지 지속되었고, 따라서 이 기간 동안 유다 연대표의 11년은 이스라엘 연대표의 12년에 해당된다고 추정했다.

제
— 13 —
장

개요

앞 장 말미에서 우리는 스스로 제사장의 역할을 떠맡은 채 제단에 참례하는 여로보암의 모습을 살펴보았다. 이제 본 장 서두에서 우리는 하나님이 그의 우상 숭배와 배교를 책망하는 것을 보게 된다. 그러한 메시지는 하나님의 사람으로서 유다에 살던 한 선지자에 의해 전달되는데, 본 장의 이야기는 그를 중심으로 펼쳐진다. 우리는 본 장에서 다음과 같은 이야기를 듣게 된다. I. 그와 여로보암 사이에 벌어진 일. 1. 그가 여로보암의 제단에 대해 책망하면서(1, 2절) 표적을 말함(3절), 그리고 그 표적이 즉시 이루어짐(5절). 2. 여로보암이 선지자를 위협하지만 그러나 그 자신의 손이 마르는 또 하나의 표적이 나타남(4절), 그의 마른 손이 그의 순복과 선지자의 기도로 회복됨(6절). 3. 선지자가 왕의 호의를 거절함(7-10절). II. 그와 벧엘의 늙은 선지자 사이에 벌어진 일. 1. 늙은 선지자가 거짓말로 그를 데려와 대접함(11-19절). 2. 하나님의 명령에 불순종하여 대접을 받은 그가 죽음의 위협을 받음(20-22절). 3. 그러한 위협이 실현되어 그가 사자에게 죽임을 당하고(23, 24절) 벧엘에 장사됨(25-32절). 4. 여로보암이 마음을 완악하게 한 채 우상 숭배를 버리지 않음(33, 34절). 여호와여 주의 판단은 심히 깊으나이다.

[1] 보라 그 때에 하나님의 사람이 여호와의 말씀으로 말미암아 유다에서부터 벧엘에 이르니 마침 여로보암이 제단 곁에 서서 분향하는지라 [2] 하나님의 사람이 제단을 향하여 여호와의 말씀으로 외쳐 이르되 제단아 제단아 여호와께서 이와 같이 말씀하시기를 다윗의 집에 요시야라 이름하는 아들을 낳으리니 그가 네 위에 분향하는 산당 제사장을 네 위에서 제물로 바칠 것이요 또 사람의 뼈를 네 위에서 사르리라 하셨느니라 하고 [3] 그 날에 그가 징조를 들어 이르되 이는 여호와께서 말씀하신 징조라 제단이 갈라지며 그 위에 있는 재가 쏟아지리라 하매 [4] 여로보암 왕이 하나님의 사람이 벧엘에 있는 제단을 향하여 외쳐 말함을 들을 때에 제단에서 손을 펴며 그를 잡으라 하더라 그를 향하여 편 손이 말라 다시 거두지 못하며 [5] 하나님의 사람이 여호와의 말씀으로 보인 징조대로 제단이 갈라지며 재가 제단에서 쏟아진지라 [6]

왕이 하나님의 사람에게 말하여 이르되 청하건대 너는 나를 위하여 네 하나님 여호와께 은혜를 구하여 내 손이 다시 성하게 기도하라 하나님의 사람이 여호와께 은혜를 구하니 왕의 손이 다시 성하도록 전과 같이 되니라 ⁷왕이 하나님의 사람에게 이르되 나와 함께 집에 가서 쉬라 내가 네게 예물을 주리라 ⁸하나님의 사람이 왕께 대답하되 왕께서 왕의 집 절반을 내게 준다 할지라도 나는 왕과 함께 들어가지도 아니하고 이 곳에서는 떡도 먹지 아니하고 물도 마시지 아니하리니 ⁹이는 곧 여호와의 말씀이 내게 명령하여 이르시기를 떡도 먹지 말며 물도 마시지 말고 왔던 길로 되돌아가지 말라 하셨음이니이다 하고 ¹⁰이에 다른 길로 가고 자기가 벧엘에 오던 길로 되돌아가지도 아니하니라

I. 하나님이 여로보암에게 사자(使者)를 보내심(1절). 　그가 보냄을 받은 것은 여로보암에게 우상 숭배에 대한 하나님의 진노를 경고하기 위함이었다. 하나님은 유다가 여로보암을 치기 위해 군대를 일으키는 것을 막으셨다(12:24). 따라서 유다 군대는 여로보암을 대항하여 칼을 뽑을 수 없었다(12:24). 그렇지만 대신에 하나님은 유다의 선지자를 여로보암에게 보내셔서 그로 하여금 악한 길로부터 돌이키게 하고자 하셨다. 하나님은 매우 적절한 때에 선지자를 보내셨다. 지금 여로보암은 자신이 세운 제단을 봉헌하고 있었으며, 아직 그의 마음은 죄의 속임으로 인해 완악해지기 전이었다. 이와 같이 적절한 때에 선지자를 보내신 것은 하나님이 죄인의 죽음을 기뻐하시지 않고 돌이켜 사는 것을 원하셨기 때문이다. 왕이 집전하는 봉헌예식을 막아서면서 면전에서 왕을 책망한 사자는 얼마나 담대한가! 하나님의 사명을 가지고 가는 자들은 사람의 얼굴을 두려워해서는 안 된다. 그들은 누가 자신들을 지켜주는지 잘 안다. 또한 여로보암에게 당신의 진노를 경고하기 위해 사자를 보내신 하나님은 얼마나 은혜로우신가!

II. 하나님의 이름으로 전달된 메시지. 　선지자는 속삭이는 소리로 말하지 않고 큰 소리로 외쳤는데, 그것을 통해 우리는 그의 용기와 열정을 볼 수 있다. 그는 자신이 선지자로서 메시지를 전파하는 것을 조금도 두려워하거나 부끄러워하지 않았으며, 또한 여기 모여 있는 모든 사람들이 자신의 말을 듣고 자신의 말에 주의를 기울이기를 바랐다. 그의 메시지는 여로보암이나 백성들에게 향한 것이 아니라 제단을 향한 것이었다. 우상에 미쳐 신적 부르심을 듣지 못

하는 자들보다도 제단의 돌들이 먼저 듣고 순복할 것이었다. 그러나 제단에 대해 경고를 발하는 가운데, 하나님은 그것을 세운 자와 그 곳에서 경배하는 자들을 책망하시면서 준엄하게 경고하셨다. 그들에게 제단은 자신들의 영혼만큼이나 소중한 것이었으며, 따라서 그들은 다음과 같이 결론을 내릴 수밖에 없었다: "만일 하나님의 진노가 생명도 없고 죄도 없는 제단에 쏟아진다면, 그렇다면 우리는 어떻게 피하리요?" 제단과 관련하여 예언된 것은, 때가 되면 다윗의 집에 요시야라 이름하는 왕이 우상 숭배하는 제사장들을 제물로 드리고 죽은 자들의 뼈를 태움으로써 이 제단을 더럽힐 것이라는 것이었다(2절). 여로보암은 다음과 같은 사실들을 분명히 알아야만 하였다.

1. 지금 그가 성별하고 있는 제단이 더럽혀질 것이라는 사실. 우상 숭배는 계속되지 못할 것이지만, 그러나 여호와의 말씀은 영원할 것이다.

2. 지금 그가 세운 산당 제사장들이 하나님의 공의의 희생제물이 될 것이라는 사실. 그러한 희생제물이야말로 이 제단과 관련하여 하나님이 기쁘시게 받으실 첫 번째 그리고 유일한 제물이 될 것이었다. 제물이 하나님께 가증한 것이라면, 제물을 드리는 자 역시 그와 같을 것이요 하나님의 진노가 그 위에 머물 것이다.

3. 이 일이 다윗의 집의 한 가지에 의해 이루어질 것이라는 사실. 여로보암과 그의 나라는 다윗의 집을 경멸하고 배반했지만, 그러나 다윗의 집은 그가 견고한 것으로 생각한 이 제단을 허물어 버릴 정도로 강력한 힘을 되찾을 것이었다. 그러므로 비록 지금은 하나님과 왕을 경외하는 것을 변개한 자들이 승리의 환호성을 지르고 있다 할지라도 마침내 공의와 진리가 승리할 것이다. 이러한 예언은 356년이 지난 후에야 비로소 이루어졌다. 그럼에도 불구하고 곧 이루어질 것처럼 확실하게 말한 것은 하나님께는 천 년이 하루 같기 때문이다. 직접적으로 이름을 제시하는 것보다 더 불확실하고 위험한 것은 없을 것이다. 그럼에도 불구하고 여기에 요시야란 이름이 제시되었다 — 앞으로 300년 이상이 지나야 태어날 것이었음에도 불구하고. 미래의 일조차도 하나님께는 감추어져 있지 않다. 하나님의 예지의 책에는 이름들이 있으며(빌 4:3), 그것은 곧 하늘에 기록된 이름들이다.

Ⅲ. 예언의 진실성을 확증하는 징조. 선지자가 말한 징조는 보이지 않는 힘에 의해 제단이 흔들려 갈라지고 재가 쏟아질 것이라는 것이었다(3절). 그리

고 그 일은 즉시 이루어졌다(5절).

1. 이것은 그 선지자가 하나님으로부터 보냄을 받았음을 보여주는 분명한 증거였다. 하나님의 말씀은 그 따르는 표적으로 확증된다(막 16:20).

2. 이것은 하나님이 이러한 우상 숭배적인 제사를 미워하심을 보여주는 분명한 증표였다. 거룩해야 할 제단이 가증한 것이 될 때, 어떻게 그 위에 드려지는 예물이 열납될 수 있겠는가?

3. 이것은 그 마음이 돌보다 더 굳고 여호와의 말씀으로도 깨어지지 않는 자들에 대한 준엄한 책망이었다.

4. 이것은 요시야에 의해 예언이 성취될 때 이루어질 일에 대한 표본이었다. 지금 제단이 갈라진 것은 장차 그것이 무너질 것을 보여주는 분명한 증표였다.

Ⅳ. 여로보암의 손이 마름. 그가 하나님의 사람을 잡기 위해(혹은 치기 위해) 손을 뻗자 그의 손이 곧 말라버렸다(4절). 선지자의 메시지를 들었을 때, 여로보암은 마땅히 두려워 떨었어야 했다. 그러나 그렇게 하는 대신 그는 하나님의 경고에 도전하면서, 그리고 자신에게 그러한 경고를 전달해준 은혜를 경멸하면서 하나님의 사람을 공격했다. 죄인을 책망하라 그러면 그가 너를 미워할 것이요 할 수만 있다면 네게 해를 끼치리라. 그러나 하나님의 선지자들은 그러한 위험에도 불구하고 맡겨진 일을 수행해야만 한다. 그들을 불러 세우신 자가 그들을 보호하실 것이요 사람의 분노를 제한하실 것이다. 여기에서 하나님은 여로보암의 손을 마르게 하심으로써 선지자를 해칠 수도 없고 스스로를 도울 수도 없도록 만드셨다. 금송아지에게 분향하기 위해 손을 뻗을 때는 그의 손이 마르지 않았다. 그러나 선지자를 대적하기 위해 손을 뻗었을 때, 그는 스스로 겸비할 때까지 그 손을 사용할 수 없게 되었다. 모든 악 가운데 하나님을 가장 격분케 만드는 것은 그의 선지자들에게 악행을 가하는 것이다. 하나님은 그들과 관련하여 이렇게 말씀하신다: 그들을 건드리지 말며 그들에게 해를 끼치지 말라. 이것은 여로보암에게 있어서는 죄에 대한 징벌이었지만, 선지자에게 있어서는 구원이었다. 교회를 대적하는 원수들의 갖가지 악행을 막으심에 있어, 하나님은 여러 가지 방법들을 가지고 계신다. 여로보암은 손이 마르므로 그 손을 다시 거두어들일 수 없었다. 그로 인해 그는 모든 사람들의 구경거리가 되었는데, 그것은 그들로 하여금 보고 두려워하게 하기 위함이었다. 만일 하나님이 공의 가운데 죄인들의 마음을 완악케 하신다면, 그래서 죄를 향해 뻗은 손을

다시 거두어들일 수 없게 된다면, 그것은 영적 심판이며 훨씬 더 두려운 것이다.

V. 말랐던 손이 다시 나음. 여로보암은 하나님의 사람에게 자신을 위해 기도해 줄 것을 간청했고, 하나님의 사람이 기도하자 그의 손은 즉시로 온전해졌다(6절). 여로보암의 양심은 하나님의 말씀 앞에 깨어져야만 했지만, 그러나 그는 스스로를 겸비케 하지 않았다. 그러나 하나님이 그의 **뼈**와 살을 건드리시자 그의 교만한 마음은 꺾이지 않을 수 없었다. 이제 그는 도움을 찾는데,

1. 자신이 만든 금송아지로부터가 아니라 하나님으로부터 그리고 그분의 능력과 호의로부터 그렇게 한다. 그의 손을 마르게 하신 분은 하나님이셨다. 따라서 오직 하나님만이 그의 손을 다시 온전케 할 수 있었다.

2. 그 자신의 제물이나 분향으로부터가 아니라 자신이 방금 위협했던 선지자의 기도와 중보로부터 그렇게 한다. 신실한 사역자들의 설교를 싫어하던 자들이 그들의 기도를 간청할 때가 올 것이다. 여로보암은 말한다. "네 하나님 여호와께 기도하라. 너는 하나님과 특별한 관계에 있으니 부디 나를 위해 그러한 관계를 활용해 달라." 그러나 여기에서 주목해야 할 것이 있는데, 그것은 여로보암이 선지자에게 자신의 죄가 용서되고 마음이 변화되도록 기도해 달라고 한 것이 아니라 단지 '내 손이 다시 성하도록' 기도해 달라고 요청한 사실이다. 이와 같이 바로도 '여호와께 구하여 (죄가 아니라) 이 죽음만은 내게서 떠나게 해' 달라고 모세에게 간청했다(출 10:17). 선지자는 하나님의 사람답게 선으로 악을 갚는다. 그는 여로보암의 악의를 책망하지도 않고 그의 굴복에 의기양양해 하지도 않는다. 다만 즉시로 그를 위해 하나님께 기도할 뿐이었다. 그리스도께서는 핍박을 받은 자가 복이 있다고 말씀하셨는데, 그러나 핍박하는 자를 위해 기도하는 자만이 그러한 축복을 받을 자격을 갖는다(마 5:10, 44). 이와 같이 선지자가 원수까지도 용서의 마음으로 하나님을 존귀케 했을 때, 하나님은 그를 더욱 존귀케 하사 그의 기도로 심판을 철회하시고 여로보암의 마른 손이 다시 온전케 되는 기적을 보이셨다. 그렇게 하신 것은 하나님의 선하심으로 그가 회개하도록 하기 위함이었다. 설령 그의 마음이 심판에 의해 깨어지지 않았다 할지라도, 그러나 은총에 의해 녹을 수 있을 것이었다. 하나님의 심판과 은총에 의해 그는 즉시로 큰 감동을 받은 것처럼 보였지만, 그러나 그러한 감동은 그리 오래가지 못했다.

VI. 선지자가 여로보암의 호의를 거절함. 여기에서 다음의 사실들을 주목하라.

1. 하나님이 자신의 사자(使者)에게 벧엘에서 먹고 마시는 것을 금한 사실(9절). 그렇게 한 것은 하나님이 그들의 가증한 우상 숭배와 배교를 얼마나 미워하시는지를 나타내시면서 동시에 우리로 하여금 어둠의 일에 참예하지 말 것을 가르치기 위함이었다. 만일 우리가 그들과 더불어 어둠의 일에 참예한다면, 그들로부터 우리가 오염되든지 아니면 우리가 그들의 어둠의 일을 격려해 주는 결과가 될 것이다. 선지자는 왔던 길로 되돌아가지 말아야 했다(9절). 그는 자신의 메시지를 이를테면 지나가면서 전달해야 했다. 그는 일부러 보낸 것처럼 보여서는 안 되었다(그들은 그런 호의를 받을 자격이 없었다). 마치 지나가던 길에 심령이 격동되어 그렇게 한 것처럼 보여야 했다(바울이 아덴에서 길을 지나던 중 그들의 위하는 것을 보고 마음이 격동되었던 것처럼). 하나님은 이러한 명령으로써 자신의 선지자를 시험하실 것이었다 — 마치 에스겔을 시험하신 것처럼(겔 2:8).

2. 자신의 손이 나음으로 인해 여로보암이 큰 감동을 받은 사실. 우리는 그가 하나님의 은총에 대해 감사를 드렸는지 여부와 그로 인해 예루살렘의 제단에 예물을 보냈는지 여부에 대하여는 아무것도 읽지 못한다. 다만 그는 기꺼이 선지자에게 감사를 표하고 그의 기도에 대하여 대가를 지불하고자 했다(7절). 은혜가 없는 사람이라도 여로보암처럼 육체에 특별한 은총을 입었을 때는 사역자에게 감사를 표할 것이다.

3. 선지자가 왕의 접대와 보상을 거절한 사실. 그는 배고프고 지쳤으며 아마도 아무것도 가진 것이 없었을 것이지만, 그러나 하나님의 명령에 따라 기꺼이 그렇게 했다. 선지자로서는 만일 자신이 왕의 제안을 받아들인다면 왕과 더불어 이야기할 기회를 좀 더 갖게 될 것이며 그렇게 되면 왕을 좀 더 효과적으로 회개시킬 수 있을 것이라고 생각할 수도 있었다. 그러나 그는 자신이 하나님보다 더 지혜로운 줄로 여기지 않을 것이었다. 그는 충성된 종답게 자신의 맡은 일을 마쳤을 때 지체하지 않고 집으로 돌아가고자 하였다. 금지된 음식 하나도 참을 줄 모르는 사람은 자기 부인의 교훈을 배우지 못한 자이다.

¹¹벧엘에 한 늙은 선지자가 살더니 그의 아들들이 와서 이 날에 하나님의 사람이 벧

엘에서 행한 모든 일을 그에게 말하고 또 그가 왕에게 드린 말씀도 그들이 그들의 아버지에게 말한지라 ¹²그들의 아버지가 그들에게 이르되 그가 어느 길로 가더냐 하니 그의 아들들이 유다에서부터 온 하나님의 사람의 간 길을 보았음이라 ¹³그가 그의 아들들에게 이르되 나를 위하여 나귀에 안장을 지우라 그들이 나귀에 안장을 지우니 그가 타고 ¹⁴하나님의 사람을 뒤따라가서 상수리나무 아래에 앉은 것을 보고 이르되 그대가 유다에서 온 하나님의 사람이냐 대답하되 그러하다 ¹⁵그가 그 사람에게 이르되 나와 함께 집으로 가서 떡을 먹으라 ¹⁶대답하되 나는 그대와 함께 돌아가지도 못하겠고 그대와 함께 들어가지도 못하겠으며 내가 이 곳에서 그대와 함께 떡도 먹지 아니하고 물도 마시지 아니하리니 ¹⁷이는 여호와의 말씀이 내게 이르시기를 네가 거기서 떡도 먹지 말고 물도 마시지 말며 또 네가 오던 길로 되돌아가지도 말라 하셨음이로다 ¹⁸그가 그 사람에게 이르되 나도 그대와 같은 선지자라 천사가 여호와의 말씀으로 내게 이르기를 그를 네 집으로 데리고 돌아가서 그에게 떡을 먹이고 물을 마시게 하라 하였느니라 하니 이는 그 사람을 속임이라 ¹⁹이에 그 사람이 그와 함께 돌아가서 그의 집에서 떡을 먹으며 물을 마시니라 ²⁰그들이 상 앞에 앉아 있을 때에 여호와의 말씀이 그 사람을 데려온 선지자에게 임하니 ²¹그가 유다에서부터 온 하나님의 사람을 향하여 외쳐 이르되 여호와의 말씀에 네가 여호와의 말씀을 어기며 네 하나님 여호와께서 네게 내리신 명령을 지키지 아니하고 ²²돌아와서 여호와가 너더러 떡도 먹지 말고 물도 마시지 말라 하신 곳에서 떡을 먹고 물을 마셨으니 네 시체가 네 조상들의 묘실에 들어가지 못하리라 하셨느니라 하니라

여로보암은 하나님의 사람에게 호의를 베풀고자 했지만, 그러나 그는 그러한 호의를 단호히 거절했다. 그러나 그는 한 늙은 선지자에게 설득을 당하고 말았다. 늙은 선지자는 그에게 자신과 함께 가서 벧엘에서 떡을 먹자고 청했는데, 그것은 하나님이 그에게 명령하신 것과 상치되는 것이었다. 우리는 여기에서 그 식사가 그에게 얼마나 비싼 대가를 치르게 했는지를 보게 될 것이다. 다음을 관찰하라.

I. 늙은 선지자의 악함. 나는 그를 거짓 선지자요 악한 자라고 부르지 않을 수 없다. 왜냐하면 만일 그가 참 선지자였다면 그와 같은 터무니없는 거짓말을 하지는 않았을 것이기 때문이다. 좋은 나무가 못된 열매를 맺는 법이 없느니라.

아마도 그는 그 곳에서 멀지 않은 사무엘의 선지학교 가운데 한 곳에서 선지자의 아들들 가운데 훈련을 받았을 것이다. 그러나 점점 세속화되고 타락하는 가운데 예언의 영이 그를 떠났을 것이다. 만일 그가 참된 선지자였다면, 그는 여로보암의 우상 숭배를 책망하며 자기 아들들로 하여금 그 제단에 참례하는 것을 결코 내버려 두지 않았을 것이다(아마도 그의 아들들은 여로보암의 제단에 참례한 것으로 보인다).

1. 그가 하나님의 사람을 데리고 온 것이 선한 의도로 그렇게 한 것인지 여부는 불확실하다. 혹자는 그가 하나님의 사람에 대해 동정심을 갖고 그에게 음식이 필요할 것이라고 생각해서, 그리고 아들들에게 들은 이야기보다도 더 상세하게 그의 용무에 관해 알고 싶어서 그렇게 했을 것이라고 생각할 수 있다. 그러나 그의 아들들은 자기 아버지에게 벌어진 모든 일에 관해, 특별히 하나님이 그 선지자에게 벧엘에서 먹고 마시는 것을 금한 사실을 이야기했다(이에 관해 그는 여로보암에게 공개적으로 말했다). 따라서 나는 그가 하나님의 사람을 올무에 빠뜨리기 위한 악한 의도로 그렇게 했을 것이라고 추측한다. 왜냐하면 거짓 선지자들은 항상 참 선지자의 최대의 적이었으며, 어느 때나 그들을 멸망시키려고 했으며, 때로는 (여기에서처럼) 속이기까지 하였기 때문이다. 이와 같이 그들은 나실인에게 포도주를 마시게 했는데(암 2:12), 그것은 그들의 타락을 자랑하기 위함이었다.

2. 그러나 그가 하나님의 사람을 데려오기 위해 매우 악한 방법을 사용했다는 것은 확실하다. 하나님의 사람이 "나는 그대와 함께 떡을 먹기 위해 돌아갈 수 없으며 따라서 돌아가지도 않을 것이라"고 말했을 때, 늙은 선지자는 가증스럽게도 자신이 하늘로부터 그를 데려오라는 명령을 받았노라고 거짓말을 했다. 그는 자신도 선지자임을 내세운다: 나도 그대와 같은 선지자라(18절). 또한 그는 이상(異像) 가운데 천사가 나타나 자신에게 이러한 일을 맡긴 것처럼 꾸몄다. 그러나 그것은 모두 거짓말이었다. 그것은 예언에 대한 최고의 모독이며 조롱이었다. 열왕기하 23장 18절에서 이 늙은 선지자는 사마리아에서 온 선지자라고 일컬어진다. 그러나 상당 기간이 지날 때까지 사마리아라는 이름의 장소는 어디에도 존재하지 않았다(왕상 16:24). 그러므로 벧엘의 선지자였음에도 불구하고 사마리아에서 온 선지자로 불린 것은 그가 하나님의 백성 이스라엘을 잘못된 길로 이끈 사마리아의 선지자들과 같았기 때문이었다고 생각된다(렘

23:13).

Ⅱ. 늙은 선지자에게 속은 하나님의 사람의 약함. 이에 그 사람이 그와 함께 돌아가서(19절). 왕의 호의를 거절한 만큼 단호했던 그도 선지자를 자칭하는 자의 교묘한 유혹을 이기지는 못했다. 하나님의 백성들에게 있어 물질적인 유혹보다 더 위험한 것이 신성과 거룩을 그럴듯하게 가장하며 다가오는 것이다. 그러므로 우리는 거짓 선지자를 주의하며 영을 다 믿지 말아야 한다.

Ⅲ. 이에 대한 하나님의 공의. 거짓말을 하고 해를 끼친 악한 선지자는 징벌을 받지 않은 반면 그로 인해 죄에 떨어진 거룩한 하나님의 사람은 즉각 징벌을 받은 것에 대하여 우리는 어떻게 이해해야 할 것인가? 속이는 자와 속는 자가 다 그에게 속했으며, 그는 모든 일을 다 설명해 주시지는 않는다. 그러나 이러한 일들이 완전하게 드러날 심판의 날이 필경 올 것이다. 그리고 그 날에 가장 많은 죄를 짓고도 세상에서 별다른 징벌을 받지 않는 자들이 행한 대로 징벌을 받게 될 것이다.

1. 하나님의 사람에게 전달된 메시지는 참으로 이상한 것이었다. 그의 죄가 구술(口述)되고 있는데(21, 22절), 그것은 한 마디로 하나님의 분명한 명령에 대해 불순종했다는 것이었다. 그에 대해 판결이 선고된다: 네 시체가 네 조상들의 묘실에 들어가지 못하리라(22절). 다시 말해서 그것은 다음과 같은 의미였다. "네가 네 집에 이르지 못할 것이요 곧 시체가 될 것이며, 네 시체가 네 조상들의 묘실에 들어가 묻히지 못하리라."

2. 더욱 이상한 것은 그 메시지를 전달한 자가 다름 아닌 늙은 선지자였다는 사실이다. 이에 대해 우리가 무슨 설명을 할 수 있단 말인가? 다만 우리는 하나님이 그렇게 하셨다고 말할 수밖에 없다. 하나님이 발람에게 말씀하실 때 그의 나귀를 통해 그렇게 하셨으며, 사울에게 다가올 운명을 알게 하실 때에는 사무엘의 모양을 한 악령에 의해 그렇게 하셨다. 그와 같이 지금의 경우에는 늙은 선지자를 통해 메시지를 전달하셨다. 우리는 하나님이 여기에서 다음과 같은 것들을 의도하셨을 것이라고 추측할 수 있다.

(1) 거짓말하는 선지자를 놀라게 하며, 그로 하여금 자신의 죄를 깨닫도록 하기 위함. 그 자신이 메시지를 전달할 때, 그 메시지는 그 자신에게 더욱 강력한 영향을 끼칠 수밖에 없었다. 실제로 그의 영에 너무나 강력한 영향이 끼쳐짐으로, 그는 고뇌 가운데 있는 자처럼 **외치며 말했다**(21절). 만일 그 하나님의

사람이 부지불식간에 범한 작은 불순종으로 인해 죽어야만 한다면 거룩한 천사를 빙자하여 하나님의 사람을 속인 자신은 얼마나 더 끔찍한 징벌을 받을 수밖에 없겠는가? 푸른 나무에도 이같이 하거든 마른 나무에는 어떻게 되리요(눅 23:31). 아마도 이것은 그에게 좋은 영향을 가져다주었을 것이다. 다른 사람들에게 하나님의 진노를 선포하면서도 스스로는 그것을 두려워하지 않는다면, 그런 사람들은 도대체 얼마나 완악한 심령을 가진 것일까?

(2) 속임을 당한 선지자를 더욱 부끄럽게 하면서, 위대한 유혹자(속이는 자) 마귀에게 귀를 기울이는 자들에게 그 결과가 무엇인지 경고하기 위함. 유혹자에게 굴복하는 자는 마침내 그에 의해 괴로움을 당하게 될 것이다. 지금은 좋은 말로 부추기지만 나중에는 덮칠 것이요, 지금은 죄로 끌어들이지만 나중에는 멸망으로 몰아가기 위해 할 수 있는 모든 일을 할 것이다.

[23]그리고 자기가 데리고 온 선지자가 떡을 먹고 물을 마신 후에 그를 위하여 나귀에 안장을 지우니라 [24]이에 그 사람이 가더니 사자가 길에서 그를 만나 물어 죽이매 그의 시체가 길에 버린 바 되니 나귀는 그 곁에 서 있고 사자도 그 시체 곁에 서 있더라 [25]지나가는 사람들이 길에 버린 시체와 그 시체 곁에 선 사자를 보고 그 늙은 선지자가 사는 성읍에 가서 말한지라 [26]그 사람을 길에서 데리고 돌아간 선지자가 듣고 말하되 이는 여호와의 말씀을 어긴 하나님의 사람이로다 여호와께서 그에게 하신 말씀과 같이 여호와께서 그를 사자에게 넘기시매 사자가 그를 찢어 죽였도다 하고 [27]이에 그의 아들들에게 말하여 이르되 나를 위하여 나귀에 안장을 지우라 그들이 안장을 지우매 [28]그가 가서 본즉 그의 시체가 길에 버린 바 되었고 나귀와 사자는 그 시체 곁에 서 있는데 사자가 시체를 먹지도 아니하였고 나귀를 찢지도 아니하였더라 [29]늙은 선지자가 하나님의 사람의 시체를 들어 나귀에 실어 가지고 돌아와 자기 성읍으로 들어가서 슬피 울며 장사하되 [30]곧 그의 시체를 자기의 묘실에 두고 오호라 내 형제여 하며 그를 위하여 슬피우니라 [31]그 사람을 장사한 후에 그가 그 아들들에게 말하여 이르되 내가 죽거든 하나님의 사람을 장사한 묘실에 나를 장사하되 내 뼈를 그의 뼈 곁에 두라 [32]그가 여호와의 말씀으로 벧엘에 있는 제단을 향하고 또 사마리아 성읍들에 있는 모든 산당을 향하여 외쳐 말한 것이 반드시 이룰 것임이니라 [33]여로보암이 이 일 후에도 그의 악한 길에서 떠나 돌이키지 아니하고 다시 일반 백성을 산당의 제사장으로 삼되 누구든지 자원하면 그 사람을 산당

의 제사장으로 삼았으므로 ³⁴이 일이 여로보암 집에 죄가 되어 그 집이 땅 위에서 끊어져 멸망하게 되니라

I. 늙은 선지자에게 속아 떡을 먹은 하나님의 사람의 죽음. 그를 속인 늙은 선지자는 자신이 행한 잘못에 대해 보상이라고 하려는 듯이 그로 하여금 집에까지 타고 가도록 나귀를 마련해 주었지만, 그러나 노중에 사자가 그를 덮쳐 죽였다(23, 24절). 그는 배가 고파 떡을 먹고 원기를 회복하려고 늙은 선지자를 따라 갔을 뿐이었지만, 그러나 그로 인해 죽을 수밖에 없었다. 사무엘하 14장 43절을 보라. 그러나 우리는 여기에서 다음의 사실들을 고려해야만 한다.

1. 그의 범과(犯過)는 결코 작은 것이 아니었다는 사실. 비록 거짓말에 속아 그렇게 했다 할지라도, 그것이 그의 범과(犯過)를 정당화시켜 주는 것은 결코 아니다. 그는 자신이 하나님으로부터 받은 명령과 상치되는 말을 곧이곧대로 받아들여서는 안 되었다. 또한 그로서는 하나님의 명령이 바뀌었다고 생각할 만한 아무런 근거도 없었다. 하나님이 벧엘에서 떡도 먹지 말고 물도 마시지 말라고 명령한 것은 그 곳의 악함에 대한 하나님의 혐오감을 나타내는 것이었는데, 하나님이 그러한 명령을 주신 이유는 아직까지 유효한 채 그대로 남아 있었다. 그는 늙은 선지자의 순전성에 대해 의심했어야 마땅했다. 그에게는 그렇게 의심할 만한 충분한 이유가 있었다. 그 늙은 선지자는 그 자신이 살고 있는 성읍의 우상 숭배를 견책하지도 않았으며, 하나님은 그를 그 일의 증인으로 삼는 것을 적절하게 여기지도 않으셨다. 최소한 그는 어느 정도 시간을 갖고 하나님의 지시를 구했어야 했으며, 그렇게 빨리 늙은 선지자를 따라가서는 안 되었다. 하나님은 어디에서도 먹지 말라고 명령하셨는데, 유독 이 늙은 선지자의 집에서만은 괜찮을 것이라고 생각했단 말인가? 그것은 하나님의 명령을 변개(變改)하는 것이며, 하나님보다 자신을 더 지혜롭게 여기는 것이었다. 그는 배가 고픈 것을 핑계로 삼을 생각이었는가? 그는 사람이 떡으로만 살 것이 아니라는 말씀을 읽지 못하였단 말인가?

2. 그의 죽음은 하나님의 영광을 위한 것이었다는 사실. 왜냐하면 그로 인해 다음과 같은 사실들이 나타났기 때문이다.

(1) 비록 작은 것이라 할지라도 하나님의 명백한 명령에 불순종하는 것보다 하나님을 더 격노케 하는 것은 아무것도 없다는 사실. 금지된 열매를 먹은 우

리의 첫 조상들에 대한 하나님의 징벌 역시도 그와 같은 관점에서 설명될 수 있다.

(2) 하나님은 자기 백성들의 죄를 노여워하신다는 사실. 비록 거룩한 직책을 가지고 있으며 하나님과 가깝고 또 하나님의 일을 하는 중에서라 할지라도, 불순종하면 형벌을 피할 수 없는 법이다. 어쩌면 하나님은 이를 통해 여로보암의 마음을 완악하게 하시고자 의도하셨는지도 모른다. 왜냐하면 그는 손이 마르는 징벌에도 불구하고 자신의 잘못을 고치지 않았기 때문이다. 아마도 여로보암은 이 일을 악용하면서, 선지자가 가만히 집에나 머물러 있을 것이지 공연히 자신의 일에 끼어들었다가 꼴좋게 되었노라고 말했을 것이다. 혹은 그가 건방지게 나서다가 천벌을 받았으며, 자신의 마른 손이 할 수 없었던 일을 사자가 해 주었노라고 의기양양해하며 말했을는지도 모른다. 그러나 하나님이 이로써 의도하신 것은 하나님께 부름 받은 모든 종들은 자신들에게 주어진 명령을 세심하게 준수해야 함을 경고하는 것이었다.

Ⅱ. 그의 시체가 놀랍게 보존됨. 우리는 이를 통해 하나님이 진노 가운데에서도 자비를 베푸시는 것을 보게 된다. 사자(獅子)는 그의 시체도 먹지 않고, 나귀도 찢지 않았다(24-26절). 더욱이 지나가면서 바라보는 여행자들에게도 덤벼들지 않았으며, 늙은 선지자가 시체를 가져가기 위해 왔을 때 그에게도 덤벼들지 않았다(그는 특별히 사자를 두려워할 충분한 이유를 갖고 있었다). 사자의 사명은 선지자를 죽이는 것이었다. 사자는 거기까지 갈 것이지만, 그러나 그 이상 가면 안 되었다. 이와 같이 하나님은 비록 그 선지자에 대해 진노하셨다 할지라도 그러한 진노를 돌리시고 징벌이 죽음 이상으로 가지 않도록 하셨다.

Ⅲ. 늙은 선지자가 하나님의 사람을 장사지냄. 그러한 괴이한 사건에 대해 들었을 때, 그는 "이는 여호와의 말씀을 어긴 하나님의 사람이로다(그것은 누구의 잘못으로 말미암은 것이었나?) 여호와께서 그를 사자에게 넘기시매 사자가 그를 찢어 죽였도다"(26절)라고 말했다. 늙은 선지자로서는 왜 사자가 자신과 자신의 집에 보냄 받지 않고 자기가 속인 선한 선지자에게 보냄을 받았는지를 물었어야 마땅했다. 그는 선지자의 시체를 가지고 집으로 돌아왔다(29절). 속설에 따르면 늙은 선지자가 시체에 손을 댔을 때 거기에서 새롭게 피가 흘러나왔다고 한다. 왜냐하면 사실상 하나님의 사람을 죽인 살인자는 바로 그였기 때문이었다. 그리고 자신이 끼친 해악에 비할 때 시체를 장사지내는 것은 너무도 보

잘것없는 보상이었다. 아마도 늙은 선지자가 하나님의 사람을 속인 것은 그를 조롱하고자 한 것이었을 것이다. 그러나 이제 그는 양심의 가책으로 슬퍼하면서(아브넬의 장례식에서 요압이 그랬던 것처럼), 죽은 선지자를 위해 애곡하지 않을 수 없었다: 오호라 내 형제여(30절). 늙은 선지자는 거짓말에도 불구하고 별다른 징벌을 받지 않았으며, 여로보암은 우상 숭배에도 불구하고 권세와 위용을 자랑하며 살았던 반면, 그토록 선하고 충성되며 하나님을 위해 담대했던 선지자는 단 한 가지 범과(犯過) 때문에 범죄자로서 죽어야만 했음을 생각할 때, 이 일은 너무도 애통한 일이 아닐 수 없었다. 하나님이여 주의 길은 바다에 있으며 주의 첩경은 대해에 있나이다. 우리는 어떤 사람에 대하여 그가 겪는 고난으로 그를 판단할 수 없으며, 그가 받는 징벌로 그의 죄를 예단할 수 없다. 어떤 사람에게 있어서는 육체가 멸망을 당함으로 그 영혼이 구원을 받는 반면 다른 사람에게 있어서는 육체의 살찜으로 그 영혼이 지옥에 합당하게 되기도 하기 때문이다.

IV. 늙은 선지자가 아들들에게 자신의 장사에 대해 당부함. 그는 아들들에게 자신이 죽거든 자신의 시신을 하나님의 사람이 묻힌 장소에 함께 장사할 것을 당부했다(31절). "내 뼈를 그의 뼈 곁에 두라. 나의 진토와 그의 진토가 함께 섞이도록 가능한 가까이 두라." 비록 거짓말을 한 선지자였지만, 그는 참 선지자처럼 죽기를 열망했다. "내 영혼을 벧엘의 죄인들과 함께 두지 말고 하나님의 사람과 함께 두라." 그가 이렇게 당부한 까닭은 하나님의 사람이 벧엘의 단을 향해 외친 것이 (즉 사람들의 뼈가 그 제단 위에서 태워질 것이라는 예언이) 반드시 이루어질 것이었기 때문이다(32절). 이와 같이 하여,

1. 그는 하나님의 사람의 예언을 다시 한 번 확증한다. 두 명의 증인이 증거할 때 그 말은 더욱 확실해지는 법이다.

2. 그는 죽은 선지자를 존귀케 한다. 비록 그는 땅에 떨어졌지만 그러나 그의 말은 땅에 떨어지지 않을 것이었다. 사역자들은 죽는다. 어떤 때는 너무 일찍 죽기도 한다. 그러나 주의 말씀은 영원히 지속되며 그들과 함께 죽지 않는다.

3. 그는 스스로의 유익을 도모한다. 사람들의 뼈가 여로보암의 제단 위에서 태워질 것이라고 예언되었다. 그래서 그는 말한다. "내 뼈를 하나님의 사람의 뼈 곁에 두라. 그러면 안전할 것이라." 이렇게 하여, 열왕기하 23장 18장에서

보게 되는 것처럼, 그의 뼈는 안전하게 보존되었다. 선한 무리와 함께 할 때, 자고 행하며 살고 죽는 모든 것이 편안한 법이다. 우리는 여기에서 죽은 선지자의 묘비명과 관련하여 아무런 이야기도 듣지 못한다. 그러나 그것과 관련한 언급이 열왕기하 23장 17절에 나오는데, 거기에서 요시야는 "내게 보이는 저것은 무슨 비석이냐?"라고 묻는다. 이에 성읍 사람들은 대답한다: 왕께서 벧엘의 제단에 대하여 행하신 이 일을 전하러 유다에서 왔던 하나님의 사람의 묘실이니이다. 이와 같이 선지자의 무덤의 묘비명은 그의 예언에 대한 기억을 보존하고 있었으며, 벧엘의 우상 숭배에 대한 살아 있는 증거였다. 만일 그가 그 때 죽지 않고 나중에 죽어 다른 곳에 묻혔다면 이토록 생생한 증거는 되지 못했을 것이다. 당시에 사마리아라는 이름은 아직 알려져 있지 않았음에도 불구하고, 여기에서 이스라엘의 성읍들이 사마리아의 성읍들로 일컬어진다. 그것은 영감 받은 역사가(즉 열왕기 저자)가 자기 시대의 언어로 기록했기 때문이다.

V. 여로보암의 완악함. 여로보암이 이 일 후에도 그의 악한 길에서 떠나 돌이키지 아니하고(33절). 그는 사람을 데려다가 하나님이 깨뜨려 놓은 제단을 다시 수리했다. 그리고 나서 그는 더욱 담대하게 그 위에 다시 제물을 드렸다. 그것은 자신을 견책했던 선지자가 죽어 무덤에 들어갔을 뿐만 아니라(계 11:10) 또한 그 예언은 상당한 시간이 흐른 뒤에 이루어질 것이었기 때문이었다. 여로보암을 변화시키기 위해 여러 가지 방법들이 사용되었지만, 그러나 경고도 표적도 심판도 자비도 다 소용없었다. 너무나 이상하게도 그는 자기가 만든 금송아지와 단단하게 밀착되어 있었다. 그는 자신의 잘못을 고치지 않았다. 도리어 더욱 완악해졌다. 그는 누구든지 자원하면 (아무리 무식해도, 아무리 부도덕해도, 또 어떤 지파 출신이든지 상관하지 않고) 제사장으로 삼아 자신의 수족이 되게 했다. 그리고 이것이 죄가 되었다. 다시 말해서, 이것이 여로보암의 집에 대하여 첫째는 올무가 되고 결국에는 끊어져 멸망케 하는 것이 되었다(34절). 가문(혹은 집)이 위축되고 흔들리며 황폐되는 것은 죄의 열매임을 주목하라. 여로보암은 금송아지가 자신의 집의 왕권을 확고히 해 줄 것으로 여겼지만, 도리어 그의 집을 허물어뜨리는 것이 되었다. 죄를 통해 스스로를 견고케 하겠다고 생각하는 자들은 스스로 속는 것이다.

제 14 장

개요

우여곡절 끝에 왕국은 마침내 유다와 이스라엘로 나뉘어졌다. 이제부터 우리는 열왕기에서 각각의 역사와 왕위의 계승과 왕국의 여러 가지 일들이 따로따로 이야기되는 것을 보게 될 것이다. 본 장의 내용은 다음과 같다. I. 여로보암의 집의 멸망이 예언됨(7-16절). 여로보암의 아들이 병든 상황에서(1-6절) 아히야 선지자가 예언했으며, 그 아들의 죽음이 증표가 될 것임(17, 18절). 여로보암의 통치가 끝남(19, 20절). II. 르호보암의 집과 나라가 위축되고 약해짐(21-28절). 그의 통치가 끝남(29-31절). 두 나라 모두를 통해서 우리는 죄가 가져다준 파괴적인 결과를 볼 수 있다.

[1]그 때에 여로보암의 아들 아비야가 병든지라 [2]여로보암이 자기 아내에게 이르되 청하건대 일어나 변장하여 사람들이 그대가 여로보암의 아내임을 알지 못하게 하고 실로로 가라 거기 선지자 아히야가 있나니 그는 이전에 내가 이 백성의 왕이 될 것을 내게 말한 사람이니라 [3]그대의 손에 떡 열 개와 과자와 꿀 한 병을 가지고 그에게로 가라 그가 그대에게 이 아이가 어떻게 될지를 알게 하리라 [4]여로보암의 아내가 그대로 하여 일어나 실로로 가서 아히야의 집에 이르니 아히야는 나이가 많아 눈이 어두워 보지 못하더라 [5]여호와께서 아히야에게 이르시되 여로보암의 아내가 자기 아들이 병 들었으므로 네게 물으러 오나니 너는 이러이러하게 대답하라 그가 들어올 때에 다른 사람인 체함이니라 [6]그가 문으로 들어올 때에 아히야가 그 발소리를 듣고 말하되 여로보암의 아내여 들어오라 네가 어찌하여 다른 사람인 체하느냐 내가 명령을 받아 흉한 일을 네게 전하리니

여로보암은 계속해서 하나님을 모독하는 일을 고집했는데, 이제 우리는 여기에서 하나님이 그를 견책하시는 것을 보게 될 것이다. 하나님은 판단하실 때 이기실 것이며, 결국 죄인들은 그분 앞에 구부러지거나 깨어지고 말 것이다.

I. 여로보암의 아들이 병듦(1절). 병든 아이는 아마도 그의 장자로서 왕위를 계승할 아들이었을 것으로 보인다. 왜냐하면 그 아이가 죽자 온 나라가 그를 위해 애곡했기 때문이었다(13절). 왕자로서의 직위와 아직 어린 나이와 하나님 앞에 경건한 뜻을 품은 유일한 아들이었다는 사실조차도 병드는 것으로부터 면제시켜 줄 수 없었다. 우리는 언제까지나 건강이 계속될 것으로 자랑해서는 안 된다. 다만 건강할 때 선한 목적을 위해 그러한 건강을 잘 활용해야 한다. 보소서 여호와여 주께서 사랑하시는 자 이스라엘이 사랑하는 자가 병들었나이다. 여로보암이 제사장직을 모독하고 있던(13:33) 바로 그 때, 그의 아들이 병들었다. 우리 가정에 어떤 병이 들어왔을 때, 우리는 우리 집에 어떤 특별한 죄가 들어오지 않았는지 살펴야만 한다. 어쩌면 우리로 하여금 그 죄를 깨닫고 버리도록 하기 위해 그러한 병이 보냄 받은 것인지도 모르기 때문이다.

II. 여로보암이 아히야 선지자에게 아내를 보냄. 여로보암의 아내는 변장을 하고 선지자에게 가서 아이가 어떻게 될 것인지 물어야만 했다(2, 3절). 아들의 병으로 인해 여로보암의 마음을 상당히 부드러워진 것으로 보인다. 아들의 병은 자신의 손이 마른 것만큼이나(13:4) 그에게 큰 고통을 가져다주었을 것이다. 이것이 바로 혈연적인 사랑의 힘이다. 우리의 자녀는 바로 우리 자신의 분신이다.

1. 여로보암은 아이가 어떻게 될 것인지, 살 것인지 혹은 죽을 것인지를 알고자 했다.

(1) 만일 여로보암이 아이를 회복시키기 위해 어떤 수단을 사용해야 하는지를 알고자 했다면(아이에게 무엇을 주어야 하는지 또 아이에게 어떤 일을 해 주어야 하는지 등), 그것이야말로 훨씬 더 분별 있는 일이었을 것이다. 그러나 이러한 경우에 ― 그것은 아하시야와(왕하 1:2) 벤하닷의(왕하 8:8) 경우에도 마찬가지였다 ― 그들은 어리석게도 운명주의적인 관념을 가지고 있었던 것으로 보인다. 운명주의적인 관념은 사람들로 하여금 적절한 수단을 사용하는 것을 가로막는다. 만일 병자가 살 것이라고 확신한다면, 그들은 수단을 필요 없는 것으로 생각할 것이다. 또 만일 병자가 죽을 것이라면, 그 때도 역시 수단은 필요 없는 것이 되고 말 것이다. 결과는 하나님께 있어도 책임은 우리의 몫이라는 사실과 결과를 정하신 자가 수단도 정하셨다는 사실을 그들은 고려하지 않은 것이다. 하나님의 선지자가 고작 잠시 후면 다 알게 될 일이나 보여주는

사람에 불과하단 말인가?

(2) 만일 여로보암이 하나님이 자신과 더불어 다투시는 이유를 알고자 했다면 그래서 선지자의 기도를 구하며 우상들을 버렸다면, 그것이야말로 가장 바람직한 일이었을 것이다. 만일 그랬다면 어쩌면 그의 아들이 회복되었을는지도 모른다(그의 마른 손이 회복되었던 것처럼). 그러나 대부분의 사람들은 자신들의 잘못이나 의무에 대하여 듣기보다 자신들의 운명이 어떻게 될지에 대해 듣는 것을 더 좋아하는 경향이 있다.

2. 여로보암은 아이의 운명이 어떻게 될 것인지를 알기 위해 아히야 선지자에게 사람을 보냈다. 아히야 선지자는 나이가 많아 눈이 어두워진 상태로 실로에서 조용히 지내고 있었다. 그러나 눈이 어두웠음에도 불구하고 여전히 전능자의 이상(異像)에는 정통해 있었다. 왜냐하면 그것은 육체의 눈을 필요로 하는 것이 아니라(도리어 육체의 눈은 이상을 보는데 방해가 되는 경우도 있었다) 마음의 눈으로 보는 것이었기 때문이다. 여로보암은 금송아지를 세우는 것이나 제사장을 성별하는 것과 관련해서는 선지자를 찾지 않았다. 다만 그가 섬기는 신들이 그에게 아무런 도움도 줄 수 없었을 때, 비로소 그는 괴로움 가운데 선지자에게 사람을 보냈다. 여호와여 전에 주를 경홀히 여기던 자들이 괴로움 가운데 주께 나아오나이다. 어떤 사람은 병에 걸림으로써 오랫동안 잊고 있던 사역자들이나 기도하는 친구들을 떠올리기도 한다. 여로보암이 아히야 선지자를 찾은 것은 그가 자신이 왕이 될 것이라고 예언한 자였기 때문이다(2절). "전에 그는 좋은 소식을 전하는 자였으므로, 틀림없이 이번에도 그럴 것이로다."

3. 여로보암이 아히야 선지자에게 보낸 사람은 바로 그의 아내였다. 왜냐하면 그녀야말로 아이에 대해 가장 잘 물을 수 있는 사람이었기 때문이다. "선생이여 내게 병든 아들이 있나이다 내 아들이 낫겠나이까?" 그리고 선지자의 대답을 그에게 가장 잘 전달할 수 있는 자도 바로 그녀였다. 아마도 그의 신하들 가운데 그 때 그가 온전히 믿고 의지할 수 있는 자는 아무도 없었던 것으로 보인다. 그렇지 않았다면 굳이 병든 아이의 어머니를 보내지는 않았을 것이다. 병든 아이에게 있어 최고의 보호자가 누구겠는가? 그의 어머니가 아니겠는가? 그녀에게 있어 아이의 운명을 묻기 위해 실로로 가는 것보다 집에 머물며 아이를 돌보는 것이 훨씬 적절한 일이었을 것이다. 그럼에도 불구하고 그녀가 가야만 한다면, 그녀는 변장을 하고 가야만 했다. 그녀는 옷을 바꿔 입고, 얼굴을 가

리고, 다른 이름으로 가야만 했다. 그것은 스스로를 왕궁과 나라로부터 뿐만 아니라(하나님의 선지자를 찾아가는 것이 결코 수치스러운 일이 아님에도 불구하고 많은 사람들이 그것을 부끄러운 일로 생각한다. 니고데모도 예수를 찾아갈 때 밤에 찾아갔다) 선지자 자신으로부터도 감추기 위함이었다. 이렇게 함으로써 선지자로 하여금 그녀의 아들과 관련한 질문에만 대답하고 그녀의 남편의 패역한 일과 관련한 주제에는 들어오지 못하도록 했다. 이와 같이 어떤 사람들은 자신들에게 주시는 하나님의 전체적인 말씀에는 주의를 기울이지 않으면서 사역자들이 할 일을 제한하며 미리 정해주기를 좋아한다. 여로보암은 선지자가 아이의 운명에 관하여 말해 줄 수 있으며 또 말해 줄 것이라고 믿으면서도 그 아이의 어머니를 알아보지 못할 것이라고 생각했는데, 그것은 하나님의 선지자에 대한 얼마나 그릇된 관념인가? 미래의 짙은 어둠을 꿰뚫고 볼 수 있는 자가 변장의 얇은 덮개를 꿰뚫어 볼 수 없단 말인가? 여로보암은 이스라엘의 하나님을 자신의 금송아지와 같은 존재로 생각했단 말인가? 스스로 속지 말라 하나님은 만홀히 여김을 받지 아니하시나니.

Ⅲ. 하나님이 아히야에게 여로보암의 아내가 오고 있음을 알려주심. 하나님은 그녀가 변장을 하고 있음을 알려 주시면서 아울러 아히야에게 대답할 말을 가르쳐 주신다(5절). 그리하여 그녀가 들어올 때 아히야는 그녀의 이름을 부름으로써 주변에 있는 모든 사람들에게 그녀가 누구인지를 드러나게 했다(6절): 여로보암의 아내여 들어오라 네가 어찌하여 다른 사람인 체하느냐? 아히야 선지자는 다음과 같은 것들을 전혀 개의치 않았다.

1. 그녀의 신분. 그녀는 왕비였다. 그러나 그것이 그에게 무슨 상관이란 말인가? 그는 그녀에게 전달할 메시지를 가지고 있었으며, 그것은 하나님께로부터 직접 받은 것이었다. 그분 앞에서는 모든 인생이 다 똑같은 법이다.

2. 그녀가 가져온 예물. 선지자에게 물으러 갈 때에는 공경의 표시로서 예물을 가져가는 것이 통례였다. 선지자들은 그러한 예물을 받았지만 그렇다고 해서 그것이 삯을 받고 예언을 했다는 뜻은 결코 아니다. 여로보암의 아내는 넉넉한 예물을 가지고 갔지만(3절), 그러나 그로 인해 선지자의 메시지가 영향을 받는 것은 결코 아니었다.

3. 그녀의 변장. 자신을 드러내지 않으려는 자에 대하여는 굳이 정체를 알려고 하지 않는 것이 예의일 것이다. 그러나 선지자가 사람의 기분이나 맞춰주

는 자란 말인가? 선지자에게 있어 가장 바람직한 것은 분명한 태도였으며, 그 럼으로써 그녀는 그가 참된 선지자임을 확실하게 알 수 있을 것이었다: 내가 명 령을 받아 흉한 일(무거운 소식, heavy tidings)을 네게 전하리니. 변장을 함으로 써 스스로를 하나님으로부터 숨기려고 생각하는 자들은 모든 것이 다 드러나 는 그 날에 부끄러움을 당하게 될 것이라는 사실을 주목하라. 죄인들도 지금은 성도의 옷을 입고 있을 수 있으며 또 그렇게 받아들여질 수도 있다. 그러나 그 러한 거짓된 옷이 벗겨질 때, 그들은 얼마나 얼굴을 붉히며 두려워 떨 것인가! "너희 외식(外飾)하는 자들이여 내게서 떠나갈지어다. 나는 너희를 도무지 알 지 못하노라. 네가 어찌하여 다른 사람인 체하느냐?" 외식하는 자에게 주어지는 소식은 무거운 소식(흉한 일, heavy tidings)일 것이다. 하나님은 모든 사람들을 심판하시되, 보이는 모양에 따라서가 아니라 그들의 존재 자체에 따라 그렇게 하실 것이다.

⁷가서 여로보암에게 말하라 이스라엘의 하나님 여호와의 말씀이 내가 너를 백성 중 에서 들어 내 백성 이스라엘의 주권자가 되게 하고 ⁸나라를 다윗의 집에서 찢어내 어 네게 주었거늘 너는 내 종 다윗이 내 명령을 지켜 전심으로 나를 따르며 나 보 기에 정직한 일만 행하였음과 같지 아니하고 ⁹네 이전 사람들보다도 더 악을 행하 고 가서 너를 위하여 다른 신을 만들며 우상을 부어 만들어 나를 노엽게 하고 나를 네 등 뒤에 버렸도다 ¹⁰그러므로 내가 여로보암의 집에 재앙을 내려 여로보암에게 속한 사내는 이스라엘 가운데 매인 자나 놓인 자나 다 끊어 버리되 거름 더미를 쓸 어 버림 같이 여로보암의 집을 말갛게 쓸어 버릴지라 ¹¹여로보암에게 속한 자가 성 읍에서 죽은즉 개가 먹고 들에서 죽은즉 공중의 새가 먹으리니 이는 여호와께서 말씀하셨음이니라 하셨나니 ¹²너는 일어나 네 집으로 가라 네 발이 성읍에 들어갈 때에 그 아이가 죽을지라 ¹³온 이스라엘이 그를 위하여 슬퍼하며 장사하려니와 여 로보암에게 속한 자는 오직 이 아이만 묘실에 들어가리니 이는 여로보암의 집 가 운데에서 그가 이스라엘의 하나님 여호와를 향하여 선한 뜻을 품었음이니라 ¹⁴여호 와께서 이스라엘 위에 한 왕을 일으키신즉 그가 그 날에 여로보암의 집을 끊어 버 리리라 언제냐 하니 곧 이제라 ¹⁵여호와께서 이스라엘을 쳐서 물에서 흔들리는 갈 대 같이 되게 하시고 이스라엘을 그의 조상들에게 주신 이 좋은 땅에서 뽑아 그들 을 강 너머로 흩으시리니 그들이 아세라 상을 만들어 여호와를 진노하게 하였음이

나라 [16]여호와께서 여로보암의 죄로 말미암아 이스라엘을 버리시리니 이는 그도 범죄하고 이스라엘로 범죄하게 하였음이니라 하니라 [17]여로보암의 아내가 일어나 디르사로 돌아가서 집 문지방에 이를 때에 그 아이가 죽은지라 [18]온 이스라엘이 그를 장사하고 그를 위하여 슬퍼하니 여호와께서 그의 종 선지자 아히야를 통하여 하신 말씀과 같이 되었더라 [19]여로보암의 그 남은 행적 곧 그가 어떻게 싸웠는지와 어떻게 다스렸는지는 이스라엘 왕 역대지략에 기록되니라 [20]여로보암이 왕이 된 지 이십이 년이라 그가 그의 조상들과 함께 자매 그의 아들 나답이 대신하여 왕이 되니라

우상을 세워 놓고 계속해서 숭배하는 자들이 하나님께 물으러 올 때, 하나님은 그들이 겉으로 꾸미는 외양(外樣)에 따라 응답하시는 것이 아니라 그들이 섬기는 우상의 숫자를 따라 응답하신다(겔 14:4). 여로보암도 여기에서 그와 같이 응답을 받는다.

I. 선지자는 아이(즉 여로보암의 아들)와 관련한 물음을 예기(豫期)하면서 여로보암의 집의 악으로 인해 그 집이 멸망을 당할 것을 예언한다. 선지자 외에 누가 감히 이러한 메시지를 전할 수 있겠는가?

1. 하나님은 스스로를 이스라엘의 하나님 여호와로 부른다. 비록 이스라엘이 하나님을 버렸다 할지라도, 하나님은 그들을 버리지 아니하시고 음행으로 인해 그들에게 이혼증서를 써주지 않으셨다. 그는 이스라엘의 하나님이시다. 따라서 그는 이스라엘에게 가장 큰 해악을 끼치고 타락으로 이끈 여로보암을 반드시 보응하실 것이다.

2. 하나님은 그에게 베푸신 큰 은총으로 인해 그를 꾸짖으신다. 하나님은 그를 왕으로 삼으셨고, 백성들 가운데 높이셔서 하나님의 택하신 이스라엘을 다스리는 주권자가 되게 하셨다. 그리고 다윗의 집으로부터 나라를 찢어내어 그에게 주셨다. 우리가 우리를 향한 하나님의 은총들을 계상(計上)하든 하지 않든, 하나님은 그러한 은총들을 하나도 빠짐없이 우리 앞에 제시하실 것이다.

3. 하나님은 그의 불경건과 타락과 특별히 우상 숭배를 꾸짖으신다: 네가 네 이전 사람들보다도 더 악을 행하였도다(9절). 버림을 당한 사울조차도 우상을 섬기지는 않았다. 솔로몬은 비록 우상을 섬기기는 했지만 그러나 노년에 잠시 그랬을 뿐이며, 결코 이스라엘로 죄가 되게 하지는 않았다. 여로보암은 금송아지

들을 만들면서 마치 하나님을 존귀케 하기 위한 것처럼 꾸몄다. 그럼에도 불구하고 그것들은 애굽으로부터 가져온 것이며, 따라서 여기에서 그것들은 다른 신들 혹은 이방 신들이라고 일컬어진다. 그것은 여로보암이 그것들을 마치 이교도들이 자신들의 신들을 섬기는 것처럼 섬겼기 때문이며, 또한 그것들을 통해 하나님의 진리를 거짓으로 바꿈으로써 하나님을 완전히 다른 모습으로 나타냈기 때문이며, 또한 많은 사람들로 하여금 형상 숭배에 빠져 참 하나님을 바라보지 못하도록 만들었기 때문이다. 비록 그것들이 금이라는 값비싼 금속으로 만들어졌다 할지라도, 그것으로 인해 하나님께 열납되는 것은 결코 아니었다. 도리어 그것들은 하나님의 노를 격발시켰으며, 하나님을 기쁘시게 한다는 미명 아래 교묘하게 하나님을 모독했다. 이와 같이 행함에 있어 여로보암은

(1) 다윗의 본을 따르지 않았다(8절): 너는 내 종 다윗이 행한 것과 같이 하지 아니하고. 비록 여러 가지 허물이 있었다 할지라도, 다윗은 하나님 섬기는 것을 결코 버리지 않았으며 또한 그 일에 나태해지거나 냉랭해지지 않았다. 다윗은 충성스럽게 하나님을 좇음으로써 전심으로 하나님을 따랐다는 칭송을 받았으며, 이 점에서 그는 이후 모든 왕들의 모범이 되었다. 다윗처럼 행하지 않은 자는 곧 올바로 행하지 않은 자이다.

(2) 하나님을 등 뒤로 버렸다(9절). "너는 나와 나의 율법과 나를 경외하는 것을 네 등 뒤에 버렸도다. 너는 나를 경홀히 여겼으며, 나를 잊어버렸으며, 나의 교훈보다 네 꾀를 더 좋아하였도다."

4. 하나님은 여로보암의 집이 완전히 멸망을 당하게 될 것을 예언하신다(10, 11절). 여로보암은 우상 숭배를 통해 자신의 통치권을 굳게 세울 것으로 생각했다. 그러나 그로 인해 그는 통치권을 잃어버렸을 뿐만 아니라 집 전체가 멸망을 당하게 되었다. 그의 집의 모든 사내들이 매인 자나 놓인 자를 막론하고, 그리고 결혼을 하고 하지 않고를 막론하고 모두 멸망을 당하고 말았다.

(1) 그것은 부끄러운 멸망이었다. 그들은 불쾌하고 역겹기 짝이 없는 거름더미처럼 쓸어버림을 당하게 될 것이다. 그는 거름더미 신들을 섬겼으므로, 하나님은 그의 집을 큰 거름더미 치우듯 치워 버리셨다. 귀족이나 왕의 가문이라 해서 악을 행함에도 불구하고 안전한 것은 결코 아니다.

(2) 그것은 특이한 멸망이었다. 그들의 시체가 길거리의 개와 공중의 새들의 먹이가 될 것이다(11절). 이와 같이 악이 죄인들을 따르는 법이다. 우리는

열왕기상 15장 29절에서 이것이 문자 그대로 이루어지는 것을 보게 될 것이다.

5. 하나님은 여로보암의 병든 아들이 곧 죽을 것을 예언하신다(12, 13절).

(1) 그것은 그 아이에 대한 은혜였다. 만일 그 아이가 산다면, 그 역시도 자기 아버지 여로보암의 죄에 감염될 것이고 결국 자기 아버지의 집의 멸망에 동참하게 될 것이었다. 그 아이와 관련하여 하나님이 어떻게 말씀하는지 주목하라: 여로보암의 집 가운데에서 그가 이스라엘의 하나님 여호와를 향하여 선한 뜻을 품었음이니라(13절). 그는 하나님께 대한 참된 예배를 좋아하면서 금송아지 숭배를 싫어하였다. 다음의 사실들을 주목하라.

[1] 그 안에 이스라엘의 하나님 여호와를 향한 선한 것들, 즉 그를 향한 선한 기질과 선한 의도와 선한 욕구를 가진 자는 선한 자라는 사실.

[2] 이러한 종류의 선한 것이 어느 정도 있기만 하면, 그것은 반드시 발견될 것이라는 사실. 선한 것을 찾으시는 하나님은 아무리 작은 것일지라도 그것을 보시며 기뻐하신다.

[3] 높은 지위에 있는 사람은 어느 정도의 은혜만 있어도 대단하게 받아들여질 수 있다는 사실. 뛰어난 신앙을 가진 통치자는 그리 흔치 않다. 따라서 그러한 통치자는 갑절의 존귀를 받을 자격이 있다.

[4] 아직 어린 나이임에도 불구하고 경건한 믿음을 가진 자들은 너무도 아름답고 받으심직하다는 사실. 어린 나이의 신적 형상은 그 안에 특별한 아름다움과 광채가 있다.

[5] 악한 시대와 장소에 살고 있는 선한 자들은 하나님의 눈에 더욱 밝게 빛난다는 사실. 여로보암의 집의 선한 아이는 신적 은혜로 말미암은 기적이다. 그런 곳에 있으면서 오염되지 않는 것은 불타는 용광로 옆에 있으면서 데지도 않고 그을리지도 않는 것과 마찬가지이다. 그 아이가 얼마나 크게 배려되고 있는지 주목하라. 여로보암의 모든 집 가운데 오직 그 아이만이 존귀함 가운데 죽고, 존귀함 가운데 장사될 것이며, 많은 사람들의 애도를 받게 될 것이다. 신적 은혜에 의해 구별된 자는 또한 신적 섭리에 의해서도 구별될 것이라는 사실을 주목하라. 이 아이는 모든 가족 가운데 첫 번째로 죽는다. 그것은 하나님이 때때로 가장 사랑하는 자들을 가장 먼저 부르시기 때문이다. 그들에게 있어 가장 적합한 장소는 이 땅이 아니라 하늘이다.

(2) 그것은 여로보암의 집에 대한 진노였다.

[1] 여로보암의 집은 그 아이로 인해 새로워질 수 있었는데, 그 아이가 취하여감을 입은 것은 그 집이 멸망을 당할 것을 보여주는 확실한 표적이었다. 의인들은 이 세상의 악한 것들로부터 더 나은 세상의 선한 것들로 옮겨진다. 가족에게 있어 가장 선한 자가 죽어 장사되는 것은 나쁜 징조이다. 귀중한 것이 취하여감을 입는 것은 나머지가 불태워지기 위함이다.

[2] 여로보암의 집과 나라는 그 아이로 인해 더 나아져야만 했는데, 그 아이가 취하여감을 입은 것은 그의 집과 나라에 큰 불행이었다. 아이의 어머니가 집에 돌아가기 전에 아이가 죽을 것이라는 사실은 그녀의 고통을 더욱 가중시키는 것이었다. 네 발이 성읍에 들어갈 때에 그 아이가 죽을지라(12절). 이것은 나머지 모든 예언들이 다 이루어질 것을 보여주는 분명한 표적이었다(삼상 2:34 처럼).

6. 하나님은 다른 집을 세워 이스라엘을 다스리게 하실 것을 예언하신다(14절). 이것은 잇사갈 지파의 바아사에게서 이루어졌는데, 그는 여로보암의 아들 나답에 대하여 음모를 꾸미고는 나답이 왕이 된지 제2년에 그와 그의 모든 가족을 몰살시켰다. "언제나 하니 곧 이제라. 왜 내가 그 일이 멀리 떨어져 있는 것으로 말하지 않는가? 그 일은 문 앞에 다가와 있나니, 이제 곧 이루어질 것이라." 종종 하나님은 죄인들과 관련한 일을 속히 마무리지으신다. 여로보암의 집에 대해서도 그러했다. 그가 왕이 된 때로부터 그의 집이 완전히 멸절될 때까지 불과 24년이 채 걸리지 않았다.

7. 하나님은 이스라엘 백성들이 여로보암의 우상 숭배를 따른 것으로 인해 그들에게 심판이 임할 것을 예언하신다. 만일 소경이 소경을 인도하면 둘 다 구덩이에 빠지지 않겠느냐. 여기에서 다음과 같은 내용이 예언되고 있다(15절).

(1) 그들은 그들의 땅에서 편안하고 안전하게 정착하지 못하고 마치 물에서 흔들리는 갈대같이 될 것이다. 그들이 다윗의 집을 떠난 이후 이스라엘 가운데 어떤 왕가(王家)도 오랫동안 지속되지 못했다. 끊임없이 정변(政變)이 거듭되었으며, 이로 인해 백성들 가운데 큰 혼란과 동요가 떠나지 않았다.

(2) 그들이 머지않아 이 좋은 땅에서 완전히 쫓겨나게 될 것이다(16절). 이것은 열 지파가 앗수르 왕에게 포로로 끌려감으로써 그대로 이루어졌다. 가정과 나라는 죄로 인해, 특별히 그 머리의 악함으로 인해 멸망을 당한다. 여로보암은 스스로 범죄하였을 뿐만 아니라 이스라엘로 하여금 범죄하게 만들었다. 우두

머리에 속한 자들이 악하게 행할 때, 그들은 다른 많은 사람들을 자신들의 죄책과 올무에 연루되게 만든다. 대중이 그들의 악한 길을 따르기 때문이다. 그들은 많은 객차를 달고 지옥으로 달려가는 기관차와 같다. 그들에게 임할 정죄가 더욱 클 것은 그들이 그들 자신의 죄뿐만 아니라 그들로 인해 죄의 길에 떨어진 다른 사람들의 죄에 대해서까지도 책임을 져야만 하기 때문이다.

Ⅱ. 여로보암의 아내는 여호와의 말씀에 대해 아무 말도 하지 않고 무거운 마음으로 디르사의 집으로 돌아왔다. 디르사는 유쾌하고 즐거운 장소라는 뜻으로서 아름다운 곳으로 유명했다(아 6:4). 그러나 죽음이 그 곳의 아름다움을 더럽히며 그 곳의 즐거움을 쓴 것으로 바꿀 것이었다. 이제 여로보암의 아내는 디르사로 돌아왔다. 그녀는 아들의 장례식에 참례하면서 자신의 가문의 운명을 예기(豫期)했을 것이다.

1. 아이는 죽었고(17절), 이에 온 이스라엘이 애곡했다. 그들이 애곡한 것은 그토록 유망한 왕자를 잃었기 때문만이 아니었다. 그의 죽음은 둑의 수문(水門)이 깨뜨려지는 것이었으며, 그로 인해 심판의 홍수가 쏟아져 내려오게 되었기 때문이다.

2. 여로보암 역시도 얼마 후 죽었다(20절). 역대하 13장 20절에는 그가 여호와의 치심을 입어 죽었다고 언급되어 있는데, 아마도 어떤 병을 의미하는 것일 것이다. 이와 같이 그는 고통스럽게 죽었다. 여로보암은 22년을 통치하고 아들에게 왕관을 넘겨주었다. 그러나 왕관을 넘겨받은 아들은 불과 2년을 넘기지 못하고 그 왕관과 함께 자신과 가족들의 모든 생명을 잃어버리고 말았다. 여로보암의 남은 행적과 관련해서는 여기에서 이스라엘 왕의 역대지략이라고 불리는 공적 기록을 참조할 것을 언급한다. 그러나 그러한 기록들은 신적으로 영감된 것이 아니었기 때문에 오래 전에 사라졌다.

[21]솔로몬의 아들 르호보암은 유다 왕이 되었으니 르호보암이 왕위에 오를 때에 나이가 사십일 세라 여호와께서 자기 이름을 두시려고 이스라엘 모든 지파 가운데에서 택하신 성읍 예루살렘에서 십칠 년 동안 다스리니라 그의 어머니의 이름은 나아마요 암몬 사람이더라 [22]유다가 여호와 보시기에 악을 행하되 그의 조상들이 행한 모든 일보다 뛰어나게 하여 그 범한 죄로 여호와를 노엽게 하였으니 [23]이는 그들도 산 위에와 모든 푸른 나무 아래에 산당과 우상과 아세라 상을 세웠음이라 [24]그

땅에 또 남색하는 자가 있었고 여호와께서 이스라엘 자손 앞에서 쫓아내신 국민의 모든 가증한 일을 무리가 본받아 행하였더라 [25]르호보암 왕 제오년에 애굽의 왕 시삭이 올라와서 예루살렘을 치고 [26]여호와의 성전의 보물과 왕궁의 보물을 모두 빼앗고 또 솔로몬이 만든 금 방패를 다 빼앗은지라 [27]르호보암 왕이 그 대신 놋으로 방패를 만들어 왕궁 문을 지키는 시위대 대장의 손에 맡기매 [28]왕이 여호와의 성전에 들어갈 때마다 시위하는 자가 그 방패를 들고 갔다가 시위소로 도로 가져갔더라 [29]르호보암의 남은 사적과 그가 행한 모든 일은 유다 왕 역대지략에 기록되지 아니하였느냐 [30]르호보암과 여로보암 사이에 항상 전쟁이 있으니라 [31]르호보암이 그의 조상들과 함께 자니 그의 조상들과 함께 다윗 성에 장사되니라 그의 어머니의 이름은 나아마요 암몬 사람이더라 그의 아들 아비얌이 대신하여 왕이 되니라

열왕기에는 유다의 역사와 이스라엘의 역사가 뒤섞여 있다. 여로보암은 르호보암보다 4년 내지 5년 정도 더 오래 살았음에도 불구하고, 본문에서는 여로보암과 관련한 이야기를 다 마친 후에 르호보암의 통치 이야기가 이어진다. 르호보암의 이야기 역시 슬픈 이야기이다.

I. 여기에서 르호보암과 관련하여 좋은 말은 하나도 언급되지 않는다. 여기에서 우리는 그와 관련하여 다음과 같은 사실들이 언급되는 것을 보게 된다.

1. 그가 왕위에 나아갈 때 나이가 마흔 한 살이었다는 사실. 이로써 우리는 그가 태어난 때를 역산(逆算)할 수 있는데, 그것은 다윗의 말년이었다. 그렇다면 그가 교육을 받고 사상이 형성된 때는 솔로몬의 황금시대였을 것이다. 그럼에도 불구하고 그는 이와 같은 이점들을 살려 훌륭한 왕이 되지 못했다. 솔로몬은 아들 르호보암에게 지혜와 경건으로 좋은 모범이 되기보다 변절과 타락으로 나쁜 모범이 되었다.

2. 그가 예루살렘에서 17년을 통치한 사실. 예루살렘은 하나님께서 당신의 이름을 두신 성읍이었다. 따라서 의지만 있었다면, 그는 그 곳에서 자신이 어떻게 해야 하는지 충분히 알 수 있는 기회가 있었다.

3. 그의 어머니는 암몬 여자 나아마였다는 사실. 이 사실은 두 번 언급된다 (21, 31절). 다윗이 자기 아들 솔로몬을 암몬 여자와 결혼시킨 것은 이상한 일이었다(왜냐하면 이 일은 다윗이 살아 있을 때 이루어진 일이었기 때문이다). 그렇지만 솔로몬이 그녀와 사랑에 빠진 것은 충분히 가능한 일이었다. 왜냐하

면 그녀는 나아마 즉 미인이었기 때문이다(나아마는 아름다움이라는 뜻이다). 그의 아버지 다윗은 아들과 엇나가는 것을 꺼렸다(그래서 아들이 암몬 여자와 결혼하는 것을 막지 않았다). 그러나 이로 인해 그의 후손에 매우 나쁜 영향이 미치고 말았다. 어쩌면 나아마는 암몬의 왕 소비의 딸이었을는지 모른다(삼하 17:27). 만일 그렇다면 다윗은 소비에게 큰 은덕을 입었으므로 그와 사돈을 맺음으로써 보답하고자 하는 마음을 가졌을 것이다. 어쨌든 솔로몬의 예를 통해 우리는 믿지 않는 자와 멍에를 함께 하는 것은 지속적이며 치명적인 결과를 가져온다는 사실을 보게 된다.

4. 그와 여로보암 사이에 항상 전쟁이 있었다는 사실(30절). 이로 인해 그는 계속적인 불안정 가운데 있을 수밖에 없었다.

5. 그가 17년 동안 통치하고 죽음으로써 왕위가 그의 아들에게 이어졌다는 사실. 그의 아버지와 할아버지와 손자는 좋은 통치자였다. 그리하여 그들은 각각 40년에 이르는 긴 기간을 통치했다. 그러나 종종 죄는 사람의 수명과 위로를 단축시킨다.

II. 여기에 유다 백성들이 행한 여러 가지 악행들이 언급되어 있다.

1. 그들이 얼마나 악하고 부패했는지 보라. 그들이 하나님으로부터 배교한 이야기가 여기에 언급되고 있는데, 그것은 가장 슬픈 이야기가 아닐 수 없다 (22-24절). 유다는 이 세상에서 하나님이 소유하시는 백성으로서 신앙을 고백하는 유일한 백성이었다. 그럼에도 불구하고 그들은 여호와 보시기에 악을 행했는데, 그것은 그들이 하나님과 그분의 임재를 무시하며 대수롭지 않게 여기는 것이었다. 음란한 아내가 혼인언약을 깨뜨림으로써 남편의 질투를 격발시키는 것처럼, 그들은 하나님의 질투를 격발시켰다. 그들의 조상들은 너무도 많은 악들을 행했다(특별히 사사시대에는 더욱 그러했다). 그러나 그들은 여러 가지 가증한 일들을 행함에 있어 그들의 조상들이 행한 모든 일보다 뛰어났다. 성전의 장엄함과 제사장직의 위용과 믿음에 수반되는 온갖 세상적인 유익들조차도 그들이 악을 행하는 것을 막을 수 없었다. 위로부터 성령이 부어지는 것만이 이스라엘로 하여금 하나님께 충성되도록 만들어 줄 것이었다. 유다 백성의 악행과 관련하여 여기에 제시된 이야기는 바울 사도가 이방 세계의 악행과 관련하여 제시한 이야기와 일치한다(롬 1:21, 24). 이와 같이 유대인이나 헬라인이나 다 죄 아래에 있는 것이다(롬 3:9).

(1) 그들은 하나님에 대한 생각이 허망하여져서 하나님의 영광을 우상의 형상으로 바꾸었다. 그들은 산당과 우상과 아세라 상을 세웠다(23절). 그리고 하나님의 이름에다가 형상들을 덧붙임으로써 거룩한 이름을 모독했으며, 하나님의 규례들을 흉내내어 우상을 섬김으로써 거룩한 규례들을 모독했다. 어리석게도 그들은 산당에서 예배하면서 하나님을 존귀케 했노라고 여겼으며, 푸른 나무의 쾌적한 그늘 아래 예배하면서 하나님을 기쁘시게 했노라고 생각했다.

(2) 그들은 가증한 욕정에 사로잡히도록 내어버려졌다(롬 1:26, 27의 우상 숭배자들처럼). 그 땅에 남색하는 자가 있었는데(24절), 그들은 남자가 남자로 더불어 부끄러운 일을 행하는 자들이었다. 이것은 혐오감과 분개함이 없이는 결코 생각도 할 수 없는 일이다(하물며 입에 올리는 것이야 얼마나 더 그러하겠는가?). 그들은 한 가지 죄로 하나님을 더럽혔다. 그러자 하나님은 또 다른 죄로 스스로를 더럽히도록 그들을 내버려 두셨다. 그들은 거룩한 나라의 특권을 더럽혔다. 그러자 하나님은 그들을 그 마음의 정욕대로 내버려 두사 저주 받은 가나안 백성들의 가증한 행습들을 본받도록 하셨다. 그리고 여기에서도 여호와는 의로우셨다. 그들이 쫓겨난 자들(가나안 백성)처럼 행했을 때, 그들 역시도 쫓겨난 자들처럼 쫓겨날 것 외에 무엇을 더 기대할 수 있겠는가?

2. 여기에서 그들이 얼마나 미약하고 가련한지 보라. 이것은 그들이 부패하며 악을 행한 것의 결과였다. 죄는 사람들로 하여금 보호 받지 못하게 만들며, 가난하게 만들며, 또한 미약하게 만든다. 애굽 왕 시삭이 올라와서 예루살렘을 정복하고 그 곳의 주인이 되었다. 그리고 그는 성전과 왕궁의 모든 보화를 탈취해 갔는데, 그것들은 다윗과 솔로몬이 모아놓은 것들이었다(25, 26절). 아마도 이러한 보화들이 시삭으로 하여금 예루살렘을 침략하도록 유혹했을 것이다. 그리고 아마도 르호보암은, 아합이 그랬던 것처럼(20:4), 나머지 것이라도 보호하기 위해 그것들을 순순히 내어주었을 것이다. 또한 시삭은 솔로몬 시대에 만들어진 금 방패들을 모두 빼앗아 갔다(26절). 애굽 왕은 이러한 금 방패들을 자신의 승리를 기념하는 전리품으로 가져갔고, 르호보암은 그것들을 대신하여 놋 방패를 만들어 시위대 대장에게 주고 자신이 성전에 들어갈 때마다 그로 하여금 자기 앞에 그것을 들고 서도록 했다(27, 28절). 이것은 그의 영광이 감소된 것을 보여주는 상징이었다. 죄는 황금조차도 어둡게 만들며, 가장 빛나는 정금조차도 놋으로 바꾸어 버린다. 우리는 르호보암이 여호와의 전에 올

라간 것에 대해 칭찬할지언정, 그가 화려한 위용을 갖추고 올라갔다고 하여 그
를 정죄하지 않는다. 높은 위치에 있는 자들은 자신들의 존귀로써 하나님을 존
귀케 해야 한다. 그리고 그럴 때 그들 자신이 가장 존귀해지는 것이다.

제 15 장

개요

본 장에서 우리는 다음과 같은 역사들이 간략하게 요약되어 있는 것을 보게 된다. I. 유다의 두 왕 아비얌과 아사의 역사. 아비얌의 통치는 짧고 악했으며(1-8절), 아사의 통치는 길고 선했다(9-24절). II. 이스라엘의 두 왕 나답과 바아사의 역사. 나답은 여로보암의 아들이었으며, 바아사는 여로보암의 집을 멸망시킨 자였다(25-34절).

¹느밧의 아들 여로보암 왕 열여덟째 해에 아비얌이 유다 왕이 되고 ²예루살렘에서 삼 년 동안 다스리니라 그의 어머니의 이름은 마아가요 아비살롬의 딸이더라 ³아비얌이 그의 아버지가 이미 행한 모든 죄를 행하고 그의 마음이 그의 조상 다윗의 마음과 같지 아니하여 그의 하나님 여호와 앞에 온전하지 못하였으나 ⁴그의 하나님 여호와께서 다윗을 위하여 예루살렘에서 그에게 등불을 주시되 그의 아들을 세워 뒤를 잇게 하사 예루살렘을 견고하게 하셨으니 ⁵이는 다윗이 헷 사람 우리아의 일 외에는 평생에 여호와 보시기에 정직하게 행하고 자기에게 명령하신 모든 일을 어기지 아니하였음이라 ⁶르호보암과 여로보암 사이에 사는 날 동안 전쟁이 있었더니 ⁷아비얌과 여로보암 사이에도 전쟁이 있으니라 아비얌의 남은 사적과 그 행한 모든 일은 유다 왕 역대지략에 기록되지 아니하였느냐 ⁸아비얌이 그의 조상들과 함께 자니 다윗 성에 장사되고 그 아들 아사가 대신하여 왕이 되니라

우리는 여기에서 유다 왕 르호보암의 아들 아비얌의 짧은 통치에 대한 간략한 설명을 보게 된다. 그는 이 곳에서보다 역대기에서 좀 더 나은 인물로 등장한다(대하 13장). 거기에서 우리는 그가 여로보암와 더불어 벌인 전쟁과 군대 앞에서 행한 연설과 하나님의 도우심으로 얻은 놀라운 승리 등과 관련한 이야기를 듣게 된다. 거기에서 그는 아비야 즉 내 아버지는 여호와시다라는 의미를 가진 이름으로 불린다. 우리는 거기(역대기)에서 그에게 어떤 특별한 악이 돌려지는 것을 보지 못한다. 그러나 여기(열왕기)에서는 그의 허물들이

그대로 제시된다. 특별히 여기에서 그의 이름 가운데 하나님의 성호인 '야'가 빠진 채 아비얌으로 불리고 있는 것은 그에게 큰 수치가 아닐 수 없다. 예레미야 22장 24절을 보라.

I. 아비얌과 관련하여 언급된 몇 가지 세부적인 사실들은 다음과 같다.

1. 그는 여로보암 18년에 유다의 왕이 되었는데, 그것은 르호보암이 17년 동안 왕으로서 통치하였기 때문이었다(14:21). 실제로 여로보암은 르호보암보다 오래 살았지만, 그러나 르호보암의 아들 아비야는 아버지를 이어 여로보암을 위협하는 존재가 된 반면 여로보암의 아들 아비야는 아버지에 앞서 죽었다(그에 대하여 우리는 왕상 14:1 이하에서 살펴보았다).

2. 그는 겨우 3년 동안만 다스렸을 뿐이었다. 그는 여로보암 20년이 채 끝나기 전에 죽었다(9절). 아비얌이 여로보암에게 큰 승리를 거두고 교만하여짐으로(대하 13:21), 하나님이 그를 끊으시고 그의 아들 아사를 위해 길을 여셨다. 아사는 그의 아버지나 할아버지보다 훨씬 나은 왕이 될 것이었다.

3. 그의 어머니의 이름은 아비살롬의 딸 마아가였다. 나는 아비살롬이 다름 아닌 다윗의 아들 압살롬을 지칭하는 것으로 생각하는데, 그것은 르호보암의 다른 두 아내 역시도 그의 가까운 친척이었기 때문이다(대하 11:18). 즉 한 아내는 다윗의 아들 여리못의 딸이었으며, 또 한 아내는 다윗의 형제 엘리압의 딸이었다. 아마도 르호보암은 아버지 솔로몬의 예를 통해 이방인과 결혼해서는 안 된다는 교훈을 배웠을 것이다. 그렇지만 자신의 신민(臣民)과 결혼하는 것은 격에 맞지 않는 일이라 생각하여 가까운 친족과 결혼한 것으로 보인다.

4. 그는 아버지에 이어 계속해서 여로보암과 전쟁을 벌였다. 르호보암과 여로보암 사이에 계속해서 전쟁이 있었는데, 그것은 전면전이 아니라(전면전은 하나님이 금하셨다, 12:24) 상시적인 국지전이었다. 특별히 국경지역에서 한 쪽에서 습격을 해 오면 다른 쪽에서 보복하는 식의 국지전이 많이 벌어졌는데, 이와 같은 상시적인 국지전은 아비얌과 여로보암 사이에서도 계속되었다(7절). 그러다가 여로보암이 큰 군대를 이끌고 아비얌을 침공했는데, 결과는 아비얌의 승리였다. 이로 인해 여로보암의 세력은 크게 약화되었고, 그리하여 그는 나머지 통치 기간 동안 조용히 있을 수밖에 없게 되었다(대하 13:20).

II. 그러나 본문은 전반적인 관점에서 아비얌을 다음과 같이 평가한다.

1. 그는 다윗과 같지 않았다. 비록 여로보암을 대적함에 있어 자신들이 성

전과 제사장직 등을 가지고 있다고 주장했다 할지라도(대하 13:10-12), 그는 하나님의 규례들에 대해 진심어린 애정을 가지고 있지 않았다. 경건의 능력에 대하여는 외인(外人)이면서도 자신들의 신앙을 자랑하는 자들이 많이 있으며, 또한 자신들의 종교에 대해 진실하지 않으면서도 종교의 진실성을 변론하는 자들이 많이 있다. 그의 마음이 그의 하나님 여호와 앞에 온전하지 못하였으나(3절). 그는 열정은 가지고 있는 듯 보였지만, 그러나 진실성이 결여되어 있었다. 그는 시작은 잘 했지만 넘어졌으며, 그의 아버지가 이미 행한 모든 죄를 행했다. 그리고 그의 아버지의 나쁜 모범을 그대로 따랐다 — 그것의 결과가 얼마나 나쁜 것인지를 분명히 보았음에도 불구하고. 그는 평생 동안 여로보암과 더불어 전쟁을 벌였다. 그렇다면 하나님과의 화목을 계속해서 유지했어야 마땅하지 않았겠는가? 여로보암과의 전쟁에서 자신을 하나님의 적이 되지 않게 하고, 또 하나님을 자신의 편으로 만들 만큼 지혜로웠어야 마땅하지 않았겠는가?(대하 13:18). 악인은 은총을 입을지라도 의를 배우지 아니하며(사 26:10).

2. 그럼에도 불구하고 그가 왕이 되고 또 계속해서 왕위를 유지한 것은 다윗 때문이었다. 하나님이 다윗을 위하여 그의 아들을 세워 뒤를 잇게 하셨다(4, 5절). 요컨대 그것은 그 자신(아비얌) 때문도 아니고, 그가 모범으로 따랐던 그의 아버지(르호보암) 때문도 아니었다. 다만 그가 따르려고 하지 않았던 다윗으로 인함이었다. 조상들의 경건의 덕으로 축복의 빚을 지고 있으면서도 그들의 경건을 본받지 않으려고 하는 후손은 타락한 후손이다. 그들은 자신들이 서 있는 터전을 스스로 경멸하며 짓밟으며, 자신들이 향유하고 있는 유익을 스스로 조롱하며 대적한다. 유다 왕국이 지탱된 것은

(1) 다윗에게 등불을 주시기 위함이었다. 그것은 자신의 기름 부음 받은 자를 위해 등을 준비하였다는 말씀에 따른 것이었다(시 132:17).

(2) 예루살렘이 든든히 서게 함이었다. 그것은 다윗과 솔로몬의 때에 예루살렘에 부여된 존귀와 이후에 예루살렘을 위해 계획된 존귀가 계속해서 보존되도록 하기 위함이었다. 여기에 나타난 다윗에 대한 평가는 참으로 놀라운 것이었다 — 그는 평생에 여호와 보시기에 정직하게 행하고(5절). 그렇지만 우리는 여기에 제시되는 예외조항도 간과해서는 안 된다 — 헷 사람 우리아의 일 외에는. 그것은 그를 죽이고 그의 아내를 빼앗은 것으로서, 너무도 악한 일이었다. 그것은 그의 이름에 지워지지 않는 오점과 불명예와 수치가 되었다(비록 죄책

은 지워졌다 할지라도). 다윗에게는 다른 잘못도 있었지만, 그러나 이것과 비교하면 아무것도 아니었다. 그러나 그러한 죄를 회개함으로써 그는 언약으로부터 쫓겨나지 않았으며, 후손의 약속 또한 끊어지지 않았다.

[9]이스라엘의 여로보암 왕 제이십년에 아사가 유다 왕이 되어 [10]예루살렘에서 사십일 년 동안 다스리니라 그의 어머니의 이름은 마아가라 아비살롬의 딸이더라 [11]아사가 그의 조상 다윗 같이 여호와 보시기에 정직하게 행하여 [12]남색하는 자를 그 땅에서 쫓아내고 그의 조상들이 지은 모든 우상을 없애고 [13]또 그의 어머니 마아가가 혐오스러운 아세라 상을 만들었으므로 태후의 위를 폐하고 그 우상을 찍어 기드론 시냇가에서 불살랐으나 [14]다만 산당은 없애지 아니하니라 그러나 아사의 마음이 일평생 여호와 앞에 온전하였으며 [15]그가 그의 아버지가 성별한 것과 자기가 성별한 것을 여호와의 성전에 받들어 드렸으니 곧 은과 금과 그릇들이더라 [16]아사와 이스라엘의 왕 바아사 사이에 일생 동안 전쟁이 있으니라 [17]이스라엘의 왕 바아사가 유다를 치러 올라와서 라마를 건축하여 사람을 유다 왕 아사와 왕래하지 못하게 하려 한지라 [18]아사가 여호와의 성전 곳간과 왕궁 곳간에 남은 은금을 모두 가져다가 그 신하의 손에 넘겨 다메섹에 거주하고 있는 아람의 왕 헤시온의 손자 다브림몬의 아들 벤하닷에게 보내며 이르되 [19]나와 당신 사이에 약조가 있고 내 아버지와 당신의 아버지 사이에도 있었느니라 내가 당신에게 은금 예물을 보냈으니 와서 이스라엘의 왕 바아사와 세운 약조를 깨뜨려서 그가 나를 떠나게 하라 하매 [20]벤하닷이 아사 왕의 말을 듣고 그의 군대 지휘관들을 보내 이스라엘 성읍들을 치되 이욘과 단과 아벨벧마아가와 긴네렛 온 땅과 납달리 온 땅을 쳤더니 [21]바아사가 듣고 라마를 건축하는 일을 중단하고 디르사에 거주하니라 [22]이에 아사 왕이 온 유다에 명령을 내려 한 사람도 모면하지 못하게 하여 바아사가 라마를 건축하던 돌과 재목을 가져오게 하고 그것으로 베냐민의 게바와 미스바를 건축하였더라 [23]아사의 남은 사적과 모든 권세와 그가 행한 모든 일과 성읍을 건축한 일이 유다 왕 역대지략에 기록되지 아니하였느냐 그러나 그는 늘그막에 발에 병이 들었더라 [24]아사가 그의 조상들과 함께 자매 그의 조상들과 함께 그의 조상 다윗의 성읍에 장사되고 그의 아들 여호사밧이 대신하여 왕이 되니라

우리는 여기에서 아사의 통치에 대한 간략한 이야기만을 볼 수 있을

뿐이다. 그에 관한 좀 더 풍부한 역사를 보기 위해서는 역대하 14:1-15과 16:1-14을 살펴보아야만 한다. 우리는 여기에서 다음과 같은 내용들을 보게 된다.

Ⅰ. 아사가 통치한 기간. 그가 예루살렘에서 사십일 년 동안 다스리니라(10절). 유다 왕들의 이야기에서 우리는 선한 왕의 숫자와 악한 왕의 숫자가 거의 비슷하다는 사실을 보게 된다. 그러나 우리는 선한 왕들의 통치는 대체로 길었던 반면 악한 왕들의 통치는 짧았음을 관찰할 수 있는데, 그것은 우리에게 큰 위로가 된다. 이러한 사실을 감안할 때 우리는 하나님의 교회의 상태 역시도 나쁠 때보다는 좋을 때가 더 많음을 짐작할 수 있다. 날들의 길이(length of the days)는 지혜의 오른손에 있다(잠 3:16, 한글개역개정판에는 length of the days가 '장수' 라고 번역되어 '그의 오른손에는 장수가 있고' 라고 되어 있음). 네 아비를 공경하라(하물며 하늘 아버지에 대해서야 더 말해 무엇하랴) 그리하면 네 날들이 길리라.

Ⅱ. 아사의 통치의 전반적인 성격. 아사가 여호와 보시기에 정직하게 행하여(11절). 그는 하나님 보시기에 정직하며 올바른 왕이었다. 하나님이 어떻다고 칭찬하시는 자들은 정말로 그러한 자들이다. 아사는 그의 조상 다윗 같이 행했다. 그는 하나님을 가까이하였으며, 규정된 대로 올바로 예배를 드렸으며, 그렇게 하는데 마음과 열정을 다 했다. 그럼으로써 다윗처럼 선지자도 아니며 시편 기자도 아니었음에도 불구하고 다윗 같이 행했다고 하는 영예로운 칭송을 받았다. 만일 우리가 우리 앞서 간 자들의 경건의 길을 따른다면, 비록 그들의 재능에 미치지는 못한다 할지라도 하나님께 칭찬을 받게 될 것이다. 아사는 정복자도 아니었으며 저술가도 아니었다. 그런에도 불구하고 다윗 같았나고 한 것은 그의 마음이 일평생 여호와 앞에 온전하였기 때문이었다(14절). 다시 말해서, 그는 신앙에 있어 거짓 없는 마음과 변치 않는 마음을 가지고 있었다. 그는 하나님을 위해 행함에 있어 진실하며 한결같았다. 그리고 오로지 하나님의 영광만을 바라보며 그렇게 했다.

Ⅲ. 아사의 경건에 대한 구체적인 실례들. 그의 시대는 개혁의 시대였다.

1. 그는 악한 것들을 제거하였다. 개혁은 바로 여기에서부터 시작된다. 그가 처리해야 할 것들은 너무나도 많았다. 왜냐하면 비록 그가 왕이 된 것이 솔로몬이 죽은 지 20년도 채 되지 않아서였다 할지라도 이미 그 때 온갖 부패가 광범위하게 퍼지고 뿌리를 내렸기 때문이었다. 그가 제일 먼저 혁파한 것은 음

풍(淫風)이었다. 그는 남색하는 자들을 그 땅에서 쫓아내고 성매매업소들을 금지시켰다. 역병환자들이 격리수용되어 있는 곳보다 더 위험한 장소들이 그대로 남아 있는 동안 어떻게 왕과 백성들이 형통할 수 있겠는가? 그리고 나서 아사는 계속해서 우상 숭배를 혁파했다: 그의 조상들이 지은 모든 우상을 없애고(12절). 그는 조상들이 만든 우상을 없애는 일에 크게 힘을 기울였는데, 그것은 저주가 상속되는 것을 끊고자 함이었다. 뿐만 아니라 궁중에서 우상 숭배가 시행되는 것을 발견했을 때, 그는 그것을 단호하게 뿌리 뽑았다(13절, 이로 인해 그가 더욱 존귀케 되고 그의 마음이 하나님께 온전했음이 분명하게 드러나게 되었다). 그의 어머니 마아가가 우상을 만든 것으로 드러났을 때(마아가는 그의 어머니가 아니라 할머니였다. 그럼에도 불구하고 어머니로 불린 것은 그가 어렸을 때 그녀로부터 교육을 받았기 때문이었다), 그는 그녀의 우상 숭배를 결코 묵인하지 않았다. 비록 그녀가 그의 할머니이며 단지 그녀 혼자만 우상을 애호하며 섬겼음에도 불구하고, 그는 단호히 그렇게 했다. 개혁은 가정에서부터 시작되어야만 한다. 궁중에서조차 암암리에 시행되고 있는 마당에 어떻게 나라에서 악행이 근절될 수 있겠는가? 아사는 그 외의 다른 일에서라면 자기 할머니를 공경하며 존귀케 할 것이었다. 그는 할머니를 사랑했지만 그러나 하나님을 더 사랑했다. 그는 사적인 친족관계보다 하나님 앞에서의 의무를 앞세웠다. 만일 그녀가 우상을 만들었다면,

(1) 그 우상은 파괴되어야만 한다. 그는 그 우상을 공개적으로 경멸하면서 찍어 기드론 시냇가에서 불살랐다. 아마도 그는 모세를 흉내내면서(출 32:20) 그리고 우상 숭배에 대한 자신의 혐오감과 분개의 증표로서 그 재를 기드론 시냇가에 뿌렸을 것이다. 왕궁에 우상 숭배의 악습이 조금도 남아있어서는 안 되었다.

(2) 그녀는 물러나야만 했다. 그는 그녀를 왕비(queen)로부터 물러나게 했는데, 그것은 그녀에게서 태후의 위를 폐한 것이거나 아니면 자기 아내와 가까이 하지 못하도록 했다는 뜻일 것이다(한글개역개정판에는 태후의 위를 폐하고라고 되어 있음). 그는 그녀를 궁중에서 추방시켜 멀리 떨어진 외진 곳에서 은밀하게 살도록 했다. 권력을 가진 자가 이와 같이 자신의 권력을 선용(善用)하려는 마음을 가진 것은 참으로 복된 일이다.

2. 그는 선한 것들을 다시 세웠다(15절). 그는 자신이 정복한 에디오피아인

들의 탈취물로부터 서원한 것과, 자기 아버지가 서원했지만 그러나 서원대로 드리지 못했던 것을 하나님의 전에 드렸다. 우리는 악을 행하는 것을 그칠 뿐만 아니라 선을 행하는 것을 배워야 하며, 불법적인 우상들을 버릴 뿐만 아니라 하나님의 영광과 존귀를 위해 우리와 우리가 가진 모든 것들을 바쳐야 한다. 유아 때에 세례를 통해 하나님께 바쳐진 자들은 이제 스스로 하나님을 좇으며 열심히 하나님 섬기는 일에 최선을 다해야 한다. 그렇게 하는 것이야말로 그들의 부모가 바친 것을 이제 자신의 손으로 하나님의 전에 드리는 것이다. 이것은 필연적인 공의(necessary justice)로서, 하나님의 것을 하나님께 돌려드리는 것이다.

IV. 그의 정책. 그는 자기 백성들을 번성시키기 위해 그리고 거주(居住)를 편리케 함으로써 타국인들도 들어와 살도록 하기 위해 성읍들을 건축했다(23절). 또한 그는 바아사가 라마를 건축하는 것을 어떻게 하든 저지하려고 했는데, 그것은 바아사가 라마를 건축하는 이유가 그의 백성들과 예루살렘 사이의 교류(交流)를 단절시키고, 하나님께 순종하여 그 곳에 예배하러 오는 자들을 방해하려는 것이었기 때문이다. 적이 가까운 곳에 전초기지를 건설하는 것은 결코 용납되어서는 안 된다.

V. 그의 잘못. 그는 두 가지 일로 칭송을 받았지만, 그러나 그 두 가지 일 속에도 흠이 있었다. 가장 아름다운 자들에게도 흠은 있는 법이다.

1. 그가 우상들을 제거했는가? 그것은 참으로 잘한 일이었다. 그러나 산당들은 없애지 않았다(14절). 이 부분에서 그의 개혁은 모자랐다. 그는 참 하나님과 맞서는 혹은 그분에 대한 잘못된 표현인 모든 형상들을 제거했다. 그러나 산당에 세워진 제단들, 다시 말해서 성전의 제단에 드려져야 할 제물들이 올려졌던 제단들은 제거되지 않았다. 그는 산당의 제단들에 대하여 특별히 크게 해로울 것이 없다고 생각하면서 그냥 내버려 두었다. 왜냐하면 그러한 제단들은 성전이 세워지기 전에는 선한 사람들에 의해서도 종종 사용되었기 때문이다. 또한 그는 산당의 제단들에 대해 애착을 가지고 있었던 백성들과 가능한 한 불화하지 않으려고 했다(산당의 제단들은 그들의 오랜 관습이었으며 또한 그들에게 매우 편리했다). 그렇지만 아사의 통치 아래 있었던 유다와 베냐민은 성전과 제단이 있는 예루살렘과 매우 가까이 있었으므로 핑계를 댈 수 없었다(혹 멀리 떨어져 있는 지파라면 핑계를 댈 수 있을는지 몰라도). 그들은 오직 한 장소에

서만 예배하도록 규정된 율법을 어겼다(신 12:11, 너희는 너희의 하나님 여호와께서 자기 이름을 두시려고 택하실 그 곳으로 내가 명령하는 것을 모두 가지고 갈지니). 백성들이 산당의 제단들에 집착할 때 그것들은 성전과 그 곳에 있는 제단의 위엄을 손상시키며, 또한 우상 숭배로 들어가는 열린 틈바구니가 된다. 충분히 할 수 있었음에도 불구하고 이러한 산당들을 제하지 않은 것은 아사에게 있어 잘못한 일이었다. 그럼에도 불구하고 아사의 마음이 일평생 여호와 앞에 온전하였다(14절). 하나님께 대하여 정직하고 올바른 자들이 어떤 경우 마땅히 행해야 할 선한 일에 부족함이 있을지라도 하나님에 의해 기꺼이 받아들여지는 것은 우리에게 큰 위로가 된다. 새 언약의 필수적인 조건인 온전함(perfection)은 무죄함(sinlessness)이 아니라 진실함(sincerity)으로 이해되어야 한다. 만일 온전함이 무죄함을 의미하는 것이라면 우리 모두에게 무슨 소망이 있겠는가?

2. 그가 성별된 것들을 드렸는가? 그 역시 잘한 일이었다. 그러나 그는 나중에 성별된 것들을 다른 데로 돌렸다. 그는 하나님의 전으로부터 금과 은을 취하여 벤하닷에게 뇌물로 보냈다. 그렇게 한 것은 벤하닷으로 하여금 바아사와 맺은 동맹을 깨고 이스라엘을 치도록 하고, 그럼으로써 바아사로 하여금 라마를 건축하지 못하도록 하기 위한 것이었다(18, 19절). 여기에서 아사는 다음과 같은 죄를 범했다.

(1) 벤하닷으로 하여금 동맹을 파기하도록 유혹함으로써 공적 신의를 어기도록 함. 만일 동맹을 파기한 것이 잘못된 행동이었다면(분명히 그렇다), 벤하닷으로 하여금 그렇게 하도록 유혹한 아사도 잘못된 행동을 한 것이다.

(2) 하나님을 신뢰하지 않음. 하나님은 이제까지 그를 위해 많은 은혜를 베푸셨다. 따라서 그가 이와 같은 잘못된 방법을 사용하지 않는다 할지라도 하나님은 이러한 곤궁한 상황에서 그를 벗어나게 해 주실 것이었다.

(3) 성전 보고(寶庫)에서 금을 취함. 성전의 금은 특별한 상황 외에는 결코 사용될 수 없는 것이었다. 아사의 계책은 성공을 거두었다. 벤하닷은 이스라엘 땅을 공격했으며, 이로 인해 바아사는 라마로부터 모든 병력을 철수시키지 않을 수 없었다(20, 21절). 따라서 아사는 바아사가 건축하던 라마를 허물고, 그 곳의 목재와 돌을 취하여 자신의 성읍들을 건축할 수 있었다(22절). 그러나 설령 그의 계책이 성공을 거두었다 할지라도 우리는 이 일이 하나님을 노엽게 했음을 보게 된다. 그리고 설령 아사가 그러한 계책을 스스로 높이 평가하며 그

로 인해 효과적으로 평화를 지킬 수 있게 되었다고 생각했을지라도, 결국 그는 선지자로부터 왕이 망령되이 행하였으며 이 일로 인해 이 후부터는 왕에게 전쟁이 있을 것이란 말을 듣게 되었다(대하 16:7-9).

VI. 그를 고통스럽게 했던 것들. 대부분의 경우 그는 형통했지만, 그러나 다음과 같은 것들이 그를 고통스럽게 만들었다.

1. 이스라엘의 왕 바아사. 바아사는 아사에게 있어 참으로 골치 아픈 이웃이었다. 바아사는 24년을 통치했는데, 일생 동안 아사와 더불어 크고 작은 전쟁을 벌였다(16절). 이것은 왕국이 분열된 결과였다. 왕국이 분열됨으로써 그들은 계속해서 서로 다툼으로 피차 약해졌으며, 결국 공동의 적의 손쉬운 먹잇감이 되고 말았다.

2. 노년에 발에 병이 듦. 이로 인해 그는 자신의 직무를 감당하기 어려웠고, 주변 사람들에게 짜증을 많이 내게 되었다.

VII. 그의 통치의 결말. 그의 행적은 성경에서보다 일반 역사에 더 자세히 기록되었다(23절). 그는 오랫동안 통치하고는 마침내 영예롭게 직무를 마치고, 자기 못지않은 후계자에게 왕위를 넘겨주었다.

²⁵유다의 아사 왕 둘째 해에 여로보암의 아들 나답이 이스라엘 왕이 되어 이 년 동안 이스라엘을 다스리니라 ²⁶그가 여호와 보시기에 악을 행하되 그의 아버지의 길로 행하며 그가 이스라엘에게 범하게 한 그 죄 중에 행한지라 ²⁷이에 잇사갈 족속 아히야의 아들 바아사가 그를 모반하여 블레셋 사람에게 속한 깁브돈에서 그를 죽였으니 이는 나답과 온 이스라엘이 깁브돈을 에워싸고 있었음이더라 ²⁸유다의 아사 왕 셋째 해에 바아사가 나답을 죽이고 대신하여 왕이 되고 ²⁹왕이 될 때에 여로보암의 온 집을 쳐서 생명 있는 자를 한 사람도 남기지 아니하고 다 멸하였는데 여호와께서 그의 종 실로 사람 아히야를 통하여 하신 말씀과 같이 되었으니 ³⁰이는 여로보암이 범죄하고 또 이스라엘에게 범하게 한 죄로 말미암음이며 또 그가 이스라엘의 하나님 여호와를 노엽게 한 일 때문이었더라 ³¹나답의 남은 사적과 행한 모든 일은 이스라엘 왕 역대지략에 기록되지 아니하였느냐 ³²아사와 이스라엘의 바아사 왕 사이에 일생 동안 전쟁이 있으니라 ³³유다의 아사 왕 셋째 해에 아히야의 아들 바아사가 디르사에서 모든 이스라엘의 왕이 되어 이십사 년 동안 다스리니라 ³⁴바아사가 여호와 보시기에 악을 행하되 여로보암의 길로 행하며 그가 이스라엘에게 범하게

한 그 죄 중에 행하였더라

유다 왕국이 아사의 선정(善政) 아래 복을 누리고 있는 동안 이스라엘은 참으로 가련한 상태에 빠져 있었다. 이스라엘은 물에서 흔들리는 갈대 같이 될 것이라고 예언되었는데(14:15), 바로 그와 같이 되었다. 본 장과 다음 장에서 볼 수 있는 바와 같이, 유다에서 아사 한 사람이 다스리고 있는 동안 이스라엘에서는 여섯 내지 일곱 명의 왕이 계속해서 바뀌었다. 아사가 유다의 왕이 될 때 이스라엘은 여로보암의 통치 아래 있었으며, 그의 통치가 끝날 때 이스라엘의 왕은 아합이었다. 그 사이에 나답과 바아사와 엘라와 시므리와 디브니와 오므리가 서로 죽고 죽이며 왕위에 올랐다. 이스라엘이 이와 같이 가련한 상태에 빠지게 된 것은 그들이 하나님의 전과 다윗의 집을 버렸기 때문이었다. 여기에서 우리는 다음과 같은 내용을 보게 된다.

1. 아히야 선지자의 예언대로 여로보암의 집이 멸절됨. 여로보암에 이어 왕이 된 사람은 그의 아들 나답이었다. 만일 나답이 형 아비야의 죽음을 통해 감화를 받아 신앙적인 사람이 되고 형의 모범을 따랐다면, 그의 통치는 길고 영광스러웠을 것이다. 그러나 그는 자신의 아버지의 길로 행했다(26절). 그는 금송아지 숭배를 계속했으며, 백성들이 예배를 위해 예루살렘에 가는 것을 금했으며, 자기도 범죄했을 뿐만 아니라 이스라엘로 죄를 범하게 만들었다. 그러므로 하나님은 그의 통치 2년에 그에게 멸망을 보내셨다. 그는 블레셋 사람들이 단 지파로부터 빼앗아 갔던 깁브돈을 포위한 채 그 성읍을 다시 탈환하려고 하고 있었다. 그런데 바로 그 곳에서 바아사와 그를 추종하는 무리들이 공모하여 그를 죽였다(27절). 그는 백성들로부터 거의 지지를 받지 못했다. 따라서 그가 죽었을 때 그의 군대는 그의 죽음에 대해 복수하려고 하지 않았을 뿐만 아니라 그를 죽인 자를 그의 후계자로 선택했다. 바아사가 나답을 죽인 것이 그에 대한 개인적인 원한 때문인지, 혹은 여로보암의 집으로부터 받은 어떤 모욕에 대해 복수한 것인지, 혹은 악한 통치자의 폭정으로부터 백성들을 건져내기 위한 명분으로 그렇게 한 것이었는지, 혹은 단지 자기가 왕이 되고자 하는 개인적인 야심으로 말미암은 것이었는지는 분명하게 나타나지 않는다. 그러나 어쨌든 바아사는 나답을 죽였고 그를 대신하여 왕이 되었다(28절). 바아사가 왕이 되고 난 후 제일 먼저 한 일은 여로보암의 온 집을 멸절시키는 것이었다. 그렇게 함으

로써 그는 자신과 자신이 찬탈한 왕위를 더 견고하게 하고자 했다. 바아사는 그들을 투옥하고 추방시키는 것만으로는 충분치 못하다고 생각했다. 그들 모두를 죽이되, 남자들뿐만 아니라(아히야 선지자가 예언한 대로, 14:10) 숨 쉬는 모든 자들을 그렇게 했다. 그 일에 바아사는 참으로 잔인했지만, 그러나 하나님은 의로우셨다. 왜냐하면 이로써 여로보암의 죄가 응징되었기 때문이다(30절). 하나님을 격노케 하는 것은 스스로 부끄러움을 자취하는 것이다(렘 7:19). 어쨌든 이로 인해 아히야의 예언이 이루어졌다(15:29). 하나님의 말씀은 결코 땅에 떨어지지 않는 법이다. 하나님의 경고는 종종 어른들이 어린아이들을 겁주기 위해 하는 헛된 위협이 결코 아니다.

2. 바아사가 왕이 됨. 그는 24년간 통치했다(33절). 그러나 그가 여로보암의 집을 멸절시킨 것은 그의 죄에 대한 혐오감에서가 아니라 자신의 야심으로부터 그렇게 한 것임이 결국 드러났다. 왜냐하면 그렇게 하고 난 후 바로 그 자신이 그와 똑같은 죄 중에 행하며 여로보암의 길로 행했기 때문이다(34절). 그는 그 길의 끝이 무엇인지 분명히 보았다. 그럼에도 불구하고 너무나 이상하게도 그의 마음은 죄의 속임으로 완악해지고 말았다.

제
— 16 —
장

개요

본 장은 전적으로 이스라엘 왕국과 그 곳에서 벌어진 정변(政變)들에 대하여만 이야기한다. 우리는 이스라엘에서 짧은 기간 동안 많은 정변들이 일어났던 것을 보게 된다. 우리는 앞 장에서 여로보암의 집이 24년 동안 왕가(王家)를 유지하다가 바아사에 의해 완전히 멸절된 이야기를 살펴보았다. 이제 본 장에서 우리는 다음과 같은 이야기를 보게 될 것이다. I. 예후가 바아사의 집의 멸망을 예언함(1-7절), 그리고 예언대로 바아사의 집이 26년 동안 왕가를 유지하다가 그의 수하 장수 가운데 한 사람인 시므리에 의해 멸망을 당함(8-14절). II. 시므리가 7일 동안 왕이 되었다가 갑작스럽게 몰락함(15-20절). III. 오므리와 디브니 간의 권력투쟁, 결국 오므리가 승리하고 왕이 됨(21-28절). IV. 아합의 통치가 시작됨(29-33절). V. 여리고 성을 재건함(34절). 이스라엘이 이와 같이 고통 속에 빠져 있는 동안 유다는 대체로 평온하고 태평했다.

[1] 여호와의 말씀이 하나니의 아들 예후에게 임하여 바아사를 꾸짖어 이르시되 [2] 내가 너를 티끌에서 들어 내 백성 이스라엘 위에 주권자가 되게 하였거늘 네가 여로보암의 길로 행하며 내 백성 이스라엘에게 범죄하게 하여 그들의 죄로 나를 노엽게 하였은즉 [3] 내가 너 바아사와 네 집을 쓸어버려 네 집이 느밧의 아들 여로보암의 집 같이 되게 하리니 [4] 바아사에게 속한 자가 성읍에서 죽은즉 개가 먹고 그에게 속한 자가 들에서 죽은즉 공중의 새가 먹으리라 하셨더라 [5] 바아사의 남은 사적과 행한 모든 일과 권세는 이스라엘 왕 역대지략에 기록되지 아니하였느냐 [6] 바아사가 그의 조상들과 함께 자매 디르사에 장사되고 그의 아들 엘라가 대신하여 왕이 되니라 [7] 여호와의 말씀이 하나니의 아들 선지자 예후에게도 임하사 바아사와 그의 집을 꾸짖으심은 그가 여로보암의 집과 같이 여호와 보시기에 모든 악을 행하며 그의 손의 행위로 여호와를 노엽게 하였음이며 또 그의 집을 쳤음이더라 [8] 유다의 아사 왕 제이십육년에 바아사의 아들 엘라가 디르사에서 이스라엘의 왕이 되어 이 년 동안 그 왕위에 있으니라 [9] 엘라가 디르사에 있어 왕궁 맡은 자 아르사의 집에서 마시고

취할 때에 그 신하 곧 병거 절반을 통솔한 지휘관 시므리가 왕을 모반하여 [10]시므리가 들어가서 그를 쳐죽이고 그를 대신하여 왕이 되니 곧 유다의 아사 왕 제이십칠년이라 [11]시므리가 왕이 되어 왕위에 오를 때에 바아사의 온 집안 사람들을 죽이되 남자는 그의 친족이든지 그의 친구든지 한 사람도 남기지 아니하고 [12]바아사의 온 집을 멸하였는데 선지자 예후를 통하여 바아사를 꾸짖어 하신 여호와의 말씀 같이 되었으니 [13]이는 바아사의 모든 죄와 그의 아들 엘라의 죄 때문이라 그들이 범죄하고 또 이스라엘에게 범죄하게 하여 그들의 헛된 것들로 이스라엘의 하나님 여호와를 노하시게 하였더라 [14]엘라의 남은 사적과 행한 모든 일은 이스라엘 왕 역대지략에 기록되지 아니하였느냐

I. 바아사의 집에 멸망이 예언됨. 바아사는 자신의 집을 크게 일으켜 세울 만큼 능동적이며 담대하며 기지가 있는 사람이었다. 그러나 그는 우상 숭배자였다. 바로 이것이 그의 집을 멸망으로 이끌었다.

1. 하나님은 사전에 미리 그에게 경고를 주셨다.

(1) 그렇게 함으로써 그로 하여금 회개하고 멸망을 피하도록 하기 위함이었다. 하나님이 사전에 미리 경고를 주는 것은 돌이켜 회개함으로써 재앙을 피하도록 하려는 것이다(하나님은 죄인의 죽음을 원치 않는 분이시다).

(2) 그렇게 함으로써 (만일 그가 회개하고 돌이키지 않는다면) 장차 어떤 방법으로 멸망이 임하든지 간에 그것이 하나님의 공의의 행동이며, 죄에 대한 징벌임을 분명히 나타내기 위함이었다.

2. 경고는 하나니의 아들 예후를 통해 주어졌다. 그의 아버지는 농시대의 선견자 혹은 선지자로서(대하 16:7) 유다 왕 아사에게 보냄을 받은 자였다. 그러나 더 멀고 위험한 여행 즉 이스라엘 왕 바아사에게 보냄을 받는 것은 젊고 활동적이었던 아들의 몫이었다. 수고와 모험은 젊은이의 몫이다. 예후는 선지자이며 동시에 선지자의 아들이었다. 예언의 직무도 이와 같이 대를 이어 계승될 때 더욱 복된 일이 될 수 있다. 이 예후는 오랫동안 사역을 계속했다. 왜냐하면 우리는 그가 여호사밧을 책망하는 이야기와(대하 19:2, 이 일은 지금부터 40년도 더 지난 후의 일이었다) 그의 연대기를 저술했다는 이야기를(대하 20:34) 듣게 되기 때문이다. 예후가 바아사에게 전한 메시지는 아히야가 여로보암의 아내를 통해 여로보암에게 전한 메시지와 매우 유사하다.

(1) 예후는 바아사에게 하나님이 그를 위해 행하신 큰 일들을 일깨워 준다(2절): 내가 너를 티끌에서 들어 내 백성 이스라엘 위에 주권자가 되게 하였거늘. 그것은 신적 주권과 권세에 대한 위대한 실례(實例)였다(삼상 2:8). 바아사는 스스로의 반란과 잔인함을 통해 왕이 된 것처럼 보였지만, 그러나 그 속에 하나님의 계획을 이루는 섭리의 손이 있었다. 하나님은 바아사가 왕이 된 것을 자신이 행한 일로 말씀하셨다. 그러나 그것이 그의 야망과 반역을 정당화하며 하나님이 그것을 후원(後援)하신 것을 의미하는 것은 결코 아니다. 악인의 손에 권력을 주시고 그렇게 하여 자신의 선한 목적을 이루시는 분은 하나님이시다(설령 그들이 그러한 권력을 잘못 사용한다 할지라도). 내가 너를 내 백성 이스라엘 위에 주권자가 되게 하였거늘. 그토록 부패하였음에도 불구하고 하나님은 이스라엘을 '내 백성'이라고 부르시는데, 그것은 그들이 여전히 할례의 언약을 가지고 있었고, 또한 그들 가운데 선한 백성들이 많이 있었기 때문이었다. 그러나 오래지 않아 그들은 로암미 즉 내 백성이 아니라고 일컬어지게 되었다(호 1:9).

(2) 예후는 바아사가 행한 죄와 악행을 꾸짖는다.

[1] 그가 이스라엘로 범죄케 했다. 그는 하나님의 백성들을 유혹하여 하나님으로부터 멀어지게 했으며, 오직 하나님 한 분에게만 드려져야 할 경배를 쓰레기 신들에게 드리도록 했다. 바로 이 점에서 그는 여로보암의 길로 행했으며(2절) 또한 여로보암의 집과 같았다(7절).

[2] 그가 그의 손의 행위(work)로 하나님을 노엽게 했다(7절). 다시 말해서, 사람의 손으로 만든 형상들을 숭배함으로써 하나님의 진노를 격발시켰다는 것이다. 아마도 형상들을 만든 것은 다른 사람들의 손이었을 것이다. 그럼에도 불구하고 '그의 손의 행위(work)'라고 일컬어지는 것은 그가 그것들을 섬김으로써 그것들을 만든 것을 공인해 주었기 때문이다.

[3] 그가 여로보암의 집을 쳤다(7절). 다시 말해서, 여로보암의 아들과 그에게 속한 모든 자를 죽였다는 것이다. 만일 그가 하나님을 바라보며 그리고 하나님의 뜻과 영광에 따라 그리고 여로보암과 그의 집의 죄에 대한 거룩한 분노로써 그 일을 했다면, 그는 하나님의 공의를 집행한 자로서 받아들여지고 또 갈채를 받았을 것이다. 그러나 그는 하나님의 공의를 수행하는 도구로서가 아니라 스스로의 욕망의 종으로서 그렇게 했다. 따라서 그가 악의와 야심으로 인해 징벌

을 받는 것은 지극히 정당한 일이었다. 어떤 모양으로든 하나님의 공의를 수행하도록 부름 받은 자들은(통치자든 사역자든) 선한 원리와 거룩한 방식으로 그 일을 수행해야 한다. 그럼으로써 그 일이 그들 자신들에게 죄가 되지 않고, 또 그들이 그 일에 의해 가증한 존재가 되지 않게 되는 것이다.

(3) 예후는 바아사의 집에도 여로보암의 집에 임한 것과 똑같은 멸망이 임할 것을 예언한다(3, 4절). 다른 사람의 죄를 따르는 자는 그들에게 임하는 재앙 역시도 따르게 될 것이다.

II. 멸망이 상당 기간 유예됨. 유예기간은 상당히 길었다. 그래서 바아사 자신은 자신의 왕도(王都)에서 평안히 죽고 존귀하게 장사되었다(6절). 그의 시체는 개나 공중의 새의 먹이가 되는 것과는 거리가 멀었다(4절). 그에게 가장 큰 죄책이 있었음에도 불구하고, 그는 살아 있으면서 자신에게 경고된 형벌이 이루어지는 것을 보거나 느끼지 못했다. 그러나 회개치 않은 죄인이 모든 형벌을 받을 날이 필경 올 것이다. 바아사는 외견상으로만 보면 눈에 보이는 어떤 신적 보응에 의해 죽지 않았다. 그러나 욥이 말한 것처럼, 하나님은 그의 죄악을 그의 자손들을 위하여 쌓아 두셨다(욥 21:19). 하나님은 종종 이와 같은 방식으로 죄를 보응하신다. 바아사가 죽음 이후에 자손들이 멸망을 당하는 것으로 징벌을 받는 것과 그의 자손들이 죽음 이후에 그들의 시체가 능욕을 당하는 것으로 징벌을 받는 것을 주목하라. 예후는 바아사의 자손들의 시체가 개와 공중의 새들에 의해 먹힐 것이라고 경고했다(4절). 우리는 여기에서 죽음 후에 또 다른 징벌이 있음을 알려주는 암묵적인 암시를 발견한다. 그러한 징벌이야말로 가장 끔찍하며 두려워해야 힐 징벌일 것이다. 봄과 후손에 대한 이와 같은 심판은 죽인 후에 또한 지옥에 던져 넣는 권세를 가진 자에 의해 가해지는 영혼에 대한 심판을 미리 보여주는 전조(前兆)이다.

III. 마침내 형벌이 집행됨. 여로보암의 아들 나답처럼 바아사의 아들 엘라도 2년을 통치했다. 그러고 나서 엘라는 자신의 휘하 장수 가운데 한 사람인 시므리에 의해 죽임을 당했다 — 마치 나답이 바아사에 의해 죽임을 당했던 것처럼. 이와 같이 바아사의 집은 경고 받은 대로 여로보암의 집과 같이 되었다(3절). 그것은 바아사의 우상 숭배가 여로보암의 우상 숭배와 같았기 때문이었다. 여로보암의 집과 바아사의 집이 똑같은 방식으로 멸망을 당한 것은 그들의 죄가 똑같은 것이었음을 단적으로 보여주는 것이었다 — 마치 진짜 얼굴과 거울에 비친 얼굴이 똑같은 것처럼.

1. 그 때와 마찬가지로 지금도 왕 자신이 제일 먼저 죽임을 당했다. 그러나 엘라는 나답보다 더 불명예스럽게 죽었다. 나답은 전장(戰場)에서 명예롭게 죽었다. 그와 그의 군대는 그 때 깁브돈을 포위하고 있었다(15:27). 그러나 갑작스런 정변(政變)으로 깁브돈 탈환계획은 실패로 돌아갔고, 깁브돈은 계속해서 블레셋 사람들의 수중에 남아 있게 되었다. 그러던 차제에 지금 이스라엘 군대는 다시금 깁브돈을 탈환하려고 시도하고 있었다(15절). 엘라는 군대의 최고 사령관으로서 마땅히 병사들과 함께 전장에 나가 있었어야 했다. 그러나 그는 명예와 책무를 지키며 공적 선을 도모하는 것보다 자신의 안일과 안전을 더 사랑했고 그래서 후방에 남아서 일락을 취했다. 그러던 중 그가 자신의 종의 집에서 마시고 취할 때에, 시므리가 그를 쳐죽였다(9, 10절). 술을 즐기는 자 특별히 취하기 위해 마시는 자들은 부지불식간에 죽음이 덮칠 수 있다는 사실을 항상 기억해야 한다.

(1) 술 취한 자에게 죽음은 쉽게 임한다. 자주 술을 마시면 만성병에 쉽게 걸리게 되고, 그로 인해 많은 사람들이 한창 나이에 죽임을 당한다. 그것 외에도 사람이 술 취한 상태에 있을 때 적의 공격에 쉽게 노출되며 무방비 상태로 당하기 쉽다(암논도 술에 취해 있다가 압살롬에게 죽임을 당했다). 뿐만 아니라 술에 취한 상태에서는 불의의 사고를 당하기가 훨씬 쉬운 법이다.

(2) 술 취한 자에게 죽음은 갑작스럽게 임한다. 죄 가운데 빠져 있으면서 믿음으로 깨어 있지 못할 때, 뜻밖에 그 날이 덫과 같이 임할 것이다(눅 21:34).

2. 그 때와 마찬가지로 지금도 온 집이 멸절을 당했다. 그리고 반역을 일으킨 자가 왕이 되었다. 생각 없는 백성들은 누가 왕이 되는 매한가지라는 듯이 새 왕에게 순순히 복종했다. 시므리가 제일 먼저 한 일은 바아사의 온 집안 사람들을 죽이는 것이었다(11절). 이와 같이 그는 반역으로 얻은 것을 잔인함으로 지키고자 했다. 시므리의 잔인함은 바아사가 여로보암의 집에 대해 행한 것을 능가하는 것으로 보인다. 왜냐하면 시므리는 엘라의 친족이든지 친구든지 한 사람도 남기지 않았기 때문이었다. 그는 문자 그대로 복수자(avenger)를 남기지 않았다. 즉 엘라의 죽음에 대해 복수할 가능성이 있는 자는 한 사람도 남겨두지 않았던 것이다. 그러나 이에 대해 신적 공의가 곧 복수하였으므로 오랜 후 "주인을 죽인 시므리에게 평안이 있었던가?"라는 속담이 생기게 되었다(왕하 9:31).

이로써,

(1) 하나님의 말씀이 이루어졌다(12절).

(2) 바아사와 엘라의 죄가 셈해졌다. 그들은 헛된 것들로 하나님을 노하시게 했다(13절). 그들의 우상이 헛된 것으로 일컬어지는 것은 그것이 유익도 주지 못하고 도움도 주지 못하기 때문이다. 헛된 것을 신으로 삼는 자들은 얼마나 불쌍한가!

[15]유다의 아사 왕 제이십칠년에 시므리가 디르사에서 칠 일 동안 왕이 되니라 그 때에 백성들이 블레셋 사람에게 속한 깁브돈을 향하여 진을 치고 있더니 [16]진 중 백성들이 시므리가 모반하여 왕을 죽였다는 말을 들은지라 그 날에 이스라엘의 무리가 진에서 군대 지휘관 오므리를 이스라엘의 왕으로 삼으매 [17]오므리가 이에 이스라엘의 무리를 거느리고 깁브돈에서부터 올라와서 디르사를 에워 쌌더라 [18]시므리가 성읍이 함락됨을 보고 왕궁 요새에 들어가서 왕궁에 불을 지르고 그 가운데에서 죽었으니 [19]이는 그가 여호와 보시기에 악을 행하여 범죄하였기 때문이니라 그가 여로보암의 길로 행하며 그가 이스라엘에게 죄를 범하게 한 그 죄 중에 행하였더라 [20]시므리의 남은 행위와 그가 반역한 일은 이스라엘 왕 역대지략에 기록되지 아니하였느냐 [21]그 때에 이스라엘 백성이 둘로 나뉘어 그 절반은 기낫의 아들 디브니를 따라 그를 왕으로 삼으려 하고 그 절반은 오므리를 따랐더니 [22]오므리를 따른 백성이 기낫의 아들 디브니를 따른 백성을 이긴지라 디브니가 죽으매 오므리가 왕이 되니라 [23]유다의 아사 왕 제삼십일년에 오므리가 이스라엘의 왕이 되어 십이 년 동안 왕위에 있으며 디르사에서 육 년 동안 다스리니라 [24]그가 은 두 달란트로 세멜에게서 사마리아 산을 사고 그 산 위에 성읍을 건축하고 그 건축한 성읍 이름을 그 산 주인이었던 세멜의 이름을 따라 사마리아라 일컬었더라 [25]오므리가 여호와 보시기에 악을 행하되 그 전의 모든 사람보다 더욱 악하게 행하여 [26]느밧의 아들 여로보암의 모든 길로 행하며 그가 이스라엘에게 죄를 범하게 한 그 죄 중에 행하여 그들의 헛된 것들로 이스라엘의 하나님 여호와를 노하시게 하였더라 [27]오므리가 행한 그 남은 사적과 그가 부린 권세는 이스라엘 왕 역대지략에 기록되지 아니하였느냐 [28]오므리가 그의 조상들과 함께 자매 사마리아에 장사되고 그의 아들 아합이 대신하여 왕이 되니라

솔로몬은 "나라는 죄가 있으면 주관자가 많아져도(지금 이스라엘이 그러했다) 명철과 지식 있는 사람으로 말미암아 장구하게 되느니라(지금 아사 치하의 유다가 그러했다)"라고 말한다(잠 28:2). 사람들이 하나님을 떠날 때 안식과 평온도 함께 떠나는 법이다. 우리는 여기에서 시므리와 디브니와 오므리가 왕위를 놓고 서로 싸우는 것을 보게 된다. 교만하며 야심을 품은 자들이 상대방을 멸망시키려고 혈안이 되어 있다. 이러한 혼란은 오므리가 왕위를 차지하면서 끝나게 되는데, 우리는 본 단락에서 오므리를 위주로 살펴볼 것이다.

I. 오므리는 어떻게 왕으로 추대되었나. 로마의 황제들이 종종 그랬던 것처럼, 오므리는 전장에서 군대에 의해 왕으로 추대되었다(지금 이스라엘 군대는 깁브돈에 진을 치고 있었다). 시므리가 왕을 죽이고 왕도(王都)인 디르사에서 스스로 왕이 되었다는 소식이 곧 그 곳으로 전달되었다(16절). 그리하여 그들은 진에서 오므리를 왕으로 추대하고 즉각 왕을 죽인 것과 관련하여 시므리에게 복수를 하고자 했다. 비록 왕의 직무에 충실치 못하며 술을 좋아하는 사람이었다 할지라도, 엘라는 그들의 왕이었다. 따라서 그들은 왕을 죽인 자에게 순순히 복종하지 않으려고 했다. 반역을 응징하지 않고 그냥 지나칠 수가 없었다. 그들은 나답을 죽인 것과 관련해서는 바아사에게 복수하려고 하지 않았었다. 아마도 그것은 바아사의 집이 여로보암의 집보다 더 유화적으로 통치했기 때문이었을 것이다. 그렇지만 시므리는 격분한 군대의 복수를 피할 수 없었다. 그리하여 깁브돈을 탈환하려는 계획은 또다시 포기될 수밖에 없었고(이스라엘이 서로 분쟁할 때 이득을 얻는 것은 블레셋이다), 시므리는 왕을 죽인 것으로 응징을 받게 되었다.

II. 오므리는 어떻게 시므리를 물리쳤나. 시므리는 7일 동안 왕이 되었다고 언급된다(15절). 그러나 우리는 그의 실질적인 통치기간(즉 엘라를 죽였을 때부터 오므리에 의해 죽을 때까지)이 그보다 훨씬 더 길었을 것이라고 추측할 수 있다. 왜냐하면 그는 여로보암의 길로 행하며 여로보암이 이스라엘에게 죄를 범하게 한 그 죄 중에 행하였다고 언급되는데(19절), 그렇게 하기 위해서는 어느 정도의 시간이 지나야만 하기 때문이다. 그러므로 우리는 그가 엘라를 죽인 뒤 어느 정도 시간이 지난 후에 왕위에 올랐을 것으로 추측할 수 있다. 디르사는 아름다운 성읍이었지만 그러나 요새화되어 있지는 않았으므로 오므리는 오래지 않아 그 성읍을 점령할 수 있었다. 이로 인해 시므리는 왕궁으로 퇴각할 수밖에 없었다. 그 곳에서 시므리는 오므리의 공격을 막아낼 수 없었다. 그렇지만 항복하려고는 하지 않았기 때문에 스스로 왕궁에 불을 지르고 그 가운데서 죽었다(18절). 그가 왕궁에 불을 지른 것은 자신의 대적(즉 오므리)이 그토록 호화로운 왕궁을 향유하지 못하게 하기 위한 것이었을 것이다. 그리고 오므리의 손에 떨어지게 되면 살든 죽든 치욕적인 취급을 당하게 될 것을 두려워하여 스스로 불을 지르고 그 속에서 죽었다. 인간의 악이 종종 그들을 얼마나 절망적인 상태로 몰아넣는지 주목하라. 악은 얼마나 급하게 인생을 파멸로 이끄는가!

Ⅲ. 오므리와 디브니의 대립. 그 때에 이스라엘 백성이 둘로 나뉘어 그 절반은 디브니를 따라 그를 왕으로 삼으려 하고 그 절반은 오므리를 따랐더니(21절). 아마도 시므리 편에 섰던 자들은 디브니를 따랐을 것이다. 그리고 진(陣)에서 추대된 왕이 아니라 백성들의 대표가 모인 회의에서 추대된 왕을 원하는 자들 역시 디브니를 따랐을 것이다(그들은 진에서 추대된 왕이 칼과 군대로 통치하는 것을 우려했다). 이러한 양자 간의 싸움은 몇 년간 지속되면서 양측에 엄청난 피의 대가를 치르게 한 것으로 보인다. 왜냐하면 오므리가 처음 왕으로 추대된 것은 아사 왕 27년이었는데(15절, 그의 12년간의 통치기간은 이 때부터 기산(起算)된다), 아사 왕 31년이 되어서야 비로소 그는 경쟁자 없이 혼자 통치할 수 있었기 때문이다. 그러다가 마침내 디브니가 죽고(아마도 전장에서 죽었을 것이다), 오므리가 왕이 되었다(22절). 월터 롤리 경(Sir Walter Raleigh)은 그의 책 「세계사」(*History of the World*, 2.19.6)에서 이스라엘 왕국의 이 모든 혼란과 정변 속에서 왜 그들은 다윗의 집으로 돌아가 다시금 유다와 하나가 될 생각을 하지 않았는지 묻는다. 그러면서 그는 그 이유가 유다의 왕들이 이스라엘의 왕들보다 더 절대적이며 전횡적인 권력을 행사했기 때문이라고 생각한다. 이스라엘 백성들이 처음 다윗의 집을 떠난 이유는 다름 아닌 무거운 멍에 때문이었다. 그래서 그들은 계속해서 다윗의 집을 싫어하면서, 좀 더 법과 규칙으로 통치했던 자신들의 왕들을 따랐다는 것이다.

Ⅳ. 오므리는 왕이 된 후 어떻게 통치했나.

1. 그는 사마리아를 건축했다. 그리고 이후 사마리아는 이스라엘의 왕도(王都)가 되었다(디르사의 왕궁은 불타고 말았다). 그리고 시간이 지나면서 사마리아는 가나안의 중앙 부분(북쪽의 갈릴리와 남쪽의 유다 사이에 위치한 지역)

을 일컫는 이름이 되고 그 지역의 주민들을 사마리아인이라고 부르게 되었다. 오므리는 그 땅을 은 두 달란트로 샀다. 아마도 오므리에게 땅을 판 세멜은 그 곳에 세워질 성읍의 이름을 자신의 이름으로 명명할 것을 조건으로 하여 매우 싸게 팔았을 것이다. 그렇지 않았다면, 성읍의 이름은 땅을 산 자(즉 오므리)의 이름으로 명명되었을 것이다. 성읍의 이름은 원래 그 땅의 주인이었던 세멜의 이름을 따라 사마리아 혹은 세메렌(히브리 원문대로)이라 일컬어졌다(24절). 이스라엘의 왕들은 몇 차례 왕도를 옮겼는데, 처음에는 세겜이었고, 다음으로 디르사였으며, 이제 사마리아가 왕도가 되었다. 그러나 유다의 왕들은 하나님의 도성 예루살렘을 계속해서 고수했다. 하나님을 붙잡는 자들은 요동함이 없지만 하나님을 떠나는 자들은 끝없이 방황하는 법이다.

2. 그는 매우 악했다. 오므리가 여호와 보시기에 악을 행하되 그 전의 모든 사람보다 더욱 악하게 행하여(25절). 그는 누구보다도 어렵게 왕위를 차지했으며, 왕위에 오르기까지 섭리의 은총이 두드러지게 작용하였다. 그럼에도 불구하고 그는 여로보암과 바아사의 집의 어느 누구보다도 더 참람하고 미신적이며 포악했다. 그는 여로보암이 이스라엘에게 죄를 범하게 한 그 죄 중에 행하면서, 백성들에게도 그렇게 하도록 강요했다. 우리는 미가 6장 16절에서 오므리의 율례라는 언급을 보게 된다(너희가 오므리의 율례와 아합 집의 모든 예법을 지키고 그들의 전통을 따르니 내가 너희를 황폐하게 하며). 여로보암은 이스라엘로 범죄케 하되 유혹과 모범과 부추김으로 그렇게 했지만, 그러나 오므리는 강압으로 그렇게 했다.

V. 오므리의 통치는 어떻게 끝났나. 27절과 28절을 보라. 그는 강력한 힘을 가진 군주였다. 악인임에도 불구하고 강력한 힘을 갖는 것은 드문 일이 아니다. 오므리는 여로보암과 바아사처럼 자기 침상에서 죽었다. 뿐만 아니라 그의 죄의 분량을 채우고 그에 대해 값을 치르는 일 역시 그들(여로보암과 바아사)처럼 자신의 후손에게 남겨 주었다.

[29]유다의 아사 왕 제삼십팔년에 오므리의 아들 아합이 이스라엘의 왕이 되니라 오므리의 아들 아합이 사마리아에서 이십이 년 동안 이스라엘을 다스리니라 [30]오므리의 아들 아합이 그의 이전의 모든 사람보다 여호와 보시기에 악을 더욱 행하여 [31]느밧의 아들 여로보암의 죄를 따라 행하는 것을 오히려 가볍게 여기며 시돈 사람의

왕 엣바알의 딸 이세벨을 아내로 삼고 가서 바알을 섬겨 예배하고 ³²사마리아에 건축한 바알의 신전 안에 바알을 위하여 제단을 쌓으며 ³³또 아세라 상을 만들었으니 그는 그 이전의 이스라엘의 모든 왕보다 심히 이스라엘 하나님 여호와를 노하시게 하였더라 ³⁴그 시대에 벧엘 사람 히엘이 여리고를 건축하였는데 그가 그 터를 쌓을 때에 맏아들 아비람을 잃었고 그 성문을 세울 때에 막내 아들 스굽을 잃었으니 여호와께서 눈의 아들 여호수아를 통하여 하신 말씀과 같이 되었더라

우리는 여기에서 아합의 통치가 시작되는 것을 보게 되는데, 이스라엘의 역대 왕들 가운데 가장 많은 기록이 남아 있는 왕이 바로 아합이다. 여기에서는 다만 그가 모든 왕들 가운데 가장 악했다고 하는 총체적인 평가만 언급되어 있을 뿐이다. 그렇지만 우리는 이를 통해 앞으로 그와 관련한 이야기가 어떤 방향으로 전개될지 예상할 수 있다. 그는 22년을 통치했는데, 그러한 기간은 수많은 악을 행하기에 조금도 부족하지 않은 기간이다.

I. 그는 악을 행함에 있어 모든 전임자들을 능가했다. 이전의 모든 사람보다 여호와 보시기에 악을 더욱 행하여(30절). 마치 하나님과 이스라엘에 대해 특별한 적의(敵意)를 품고 있기라도 한 듯이, 또 하나님을 모독하고 이스라엘을 멸망시키려고 작정이나 한 듯이, 그는 그 이전의 이스라엘의 모든 왕보다 심히 이스라엘 하나님 여호와를 노하시게 하였다(33절). 후계 왕들이 계속해서 전임 왕들보다 더 악했던 것은 이스라엘에게 너무도 불행한 일이었다. 그렇다면 그들은 결국 어떻게 될 것인가? 아합은 과거의 악한 왕과 왕가(王家)들이 멸망을 당하는 것을 직접 목도했다. 그럼에도 불구하고 그것을 통해 경고를 받는 대신 그의 마음은 더욱 완악해졌으며 그로 인해 하나님의 진노를 더욱 격발시켰다. 그는 여로보암의 죄를 따라 행하는 것을 오히려 가볍게 여겼다(31절). 형상을 만들어 섬김으로써 둘째 계명을 깨뜨리는 것은 아무것도 아니었다. 그는 아예 다른 신들을 가져와 숭배함으로써 첫째 계명을 내팽개쳐 버렸다. 그의 새끼손가락이 여로보암의 허리보다 하나님의 율례를 더 무겁게 짓눌렀다. 작은 죄를 가볍게 여길 때, 우리는 큰 죄를 위한 길을 열게 될 것이다. 또한 다른 사람의 죄를 합리화시키려고 노력할 때, 우리는 결국 우리 자신의 죄를 더욱 크게 만들게 될 것이다.

II. 그는 악한 여자와 결혼했다. 그는 그녀가 바알 숭배를 가지고 올 것이

란 사실을 알고 있었으며, 그런 목적으로 그녀와 결혼한 것처럼 보인다. 여로보암의 죄를 따라 행하는 것을 오히려 가볍게 여기면서, 그는 이세벨을 아내로 맞아 들였다(31절). 그녀는 열렬한 우상 숭배자였으며, 천성이 극도로 폭압적이며 악의적이었다. 그녀는 우상 숭배와 술수에 탐닉했으며(왕하 9:22), 모든 면에서 악하기 짝이 없었다. 요한계시록 2장 20절에 등장하는 거짓 여선지자는 거기에서 이세벨이란 이름으로 일컬어지는데, 그것은 그 이름보다 더 악한 이름이 없기 때문이었다. 그녀가 어떤 악을 행했으며 결국 그 운명이 어떻게 되었는지 하는 것은 나중에 살펴보게 될 것이다(왕하 9:33). 솔로몬의 모든 이방인 아내들보다 이 한 이방인 아내가 이스라엘을 더 많이 타락시켰다.

III. 그는 바알 숭배를 확립했다. 그는 이스라엘의 하나님을 버리고 시돈의 신을, 여호와 대신 제우스를, (어떤 사람들이 생각하는 것처럼) 태양을, 그리고 (또 어떤 사람들이 생각하는 것처럼) 뵈니게 사람들이 신격화한 영웅을 섬겼다. 그는 금송아지들에 대해 싫증을 내면서 이제 그것들에 대해서는 충분할 만큼 섬겼다고 생각했다. 금송아지들은 그것을 가장 흠모하던 사람들조차도 결국엔 싫증을 낼 정도로(마치 간음을 행하는 자들이 쉽게 싫증을 내는 것처럼) 헛된 것이었다. 바알(lord, 주)이라 일컬어지는 이 가짜 신을 존귀케 하고 또 그에게 예배하는 것을 편리하게 하기 위해,

1. 아합은 왕도(王都) 사마리아에 신전을 세웠다. 그것은 하나님의 성전이 유다의 왕도인 예루살렘에 있었기 때문이었다. 그는 바알의 신전을 자기 가까이에 둠으로써 자주 다니며 보호하며 존귀케 하고자 했다.

2. 그는 바알에게 제물을 드리기 위해 신전 안에 제단을 쌓았다. 그렇게 함으로써 그들은 바알을 의뢰하면서 그에게 은총을 구하고자 했다. 우상을 숭배하는 자들의 어리석음을 보라! 헛된 신을 섬기기 위해 그들은 얼마나 큰 비용을 허비하고 있는가?

3. 아합은 신전 주변에 숲(grove)을 만들었다(한글개역개정판에는 또 아세라 상을 만들었으니라고 되어 있음). 그것은 그 곳에 그늘을 만드는 나무들을 심음으로써 만들어진 자연적인 숲이거나, 아니면 진짜 숲을 본따 똑같이 만든 인공적인 숲이었을 것이다(진짜 나무들은 자라는데 너무나 많은 시간이 걸리므로). 그러한 숲은 음란한 바알 숭배에 수반했던 가증한 음행들을 가려주고 그럼으로써 그러한 행위들을 방조하기 위한 의도로 만들어진 것이었다. 악을 행

하는 자는 빛을 미워하나니 그 행위가 드러날까 함이요.

IV. 아합의 신하 가운데 한 사람이 그의 오만을 흉내내어 여리고를 건축하고자 시도했다(34절).   그것은 오래 전에 여호수아가 선포한 저주를 무시하는 것이었다(수 6:26, 여호수아가 그 때에 맹세하게 하여 이르되 누구든지 일어나서 이 여리고 성을 건축하는 자는 여호와 앞에서 저주를 받을 것이라 그 기초를 쌓을 때에 그의 맏아들을 잃을 것이요 그 문을 세울 때에 그의 막내아들을 잃으리라 하였더라). 이 사건은 인간의 불경(不敬)이 어느 지경까지 — 특별히 벧엘에서 — 이르렀는지를 보여주기 위한 한 사례였다. 벧엘은 금송아지 가운데 하나가 세워진 곳이었다. 그리고 지금 감히 여리고를 건축한 자 역시 벧엘 사람이었다. 다음을 주목하라.

1. 그가 한 일은 매우 악한 것이었다. 그는 아간처럼 '저주 받은 일'(accursed thing)에 간여하며 나섰으며, 하나님의 영광을 위해 드려진 것을 자기 마음대로 바꾸었다. 그는 이스라엘 사람이라면 모두가 다 아는 저주를 무시한 채 여리고를 건축하기 시작했다. 그는 그러한 저주를 까닭 없는 것으로 여기면서 코웃음을 쳤든지 아니면 그것이 선언된 지 500년 이상이 지났으므로 더 이상 효력이 없을 것으로 생각했을 것이다. 그는 저주가 일부 실행되었을 때에도 그것을 무시했다. 왜냐하면 건축하는 일을 시작할 때 맏아들이 죽었음에도 불구하고 자신의 불경(不敬)에 대한 하늘의 진노를 경멸하면서 계속 일을 진행시켰기 때문이었다.

2. 그의 마음은 너무도 완악했다. 그는 자기 자녀들을 위해 여리고를 건축했나. 그러나 하나님은 그를 무자(無子)하게 만드셨다. 그의 맏아들은 건축이 시작될 때 죽었으며, 막내아들은 건축이 끝날 때 죽었다. 그리고 나머지 자식들은 그 중간에 죽었을 것으로 추측된다. 하나님이 저주하신 자들은 정말로 저주 받은 자들이다. 마음을 완악하게 하고 형통한 자는 아무도 없었다. 우리는 하나님이 금하신 것에 대해 주제넘게 나서서는 결코 안 된다. 왜냐하면 그것은 큰 범죄이기 때문이다.

제 17 장

개요

　　앞 장에 묘사된 것처럼 이스라엘의 왕들과 백성들의 상태는 너무도 통탄스러웠다. 그러므로 누구라도 하나님이 이제 자신을 버린 백성들을 버리실 것이라고 예상할 것이다. 그러나 이스라엘이 악한 왕으로 괴로움을 당할 때, 하나님은 그들에게 선한 선지자를 보내시는 축복을 주셨다. 아합처럼 죄를 범하는 데 담대했던 왕은 없었다. 동시에 엘리야처럼 왕을 책망하며 경고를 내리는 일에 담대했던 선지자도 없었다. 우리는 본 장에서 엘리야의 이야기가 시작되는 것을 보게 되는데, 그의 이야기는 온갖 기사(奇事)들로 가득 차 있다. 구약 역사 전체를 통틀어 여기에 나오는 엘리야의 심령과 능력의 역사보다 더 빛나는 역사는 거의 찾기 어렵다. 모든 선지자 가운데 오직 엘리야만이 첫 선지자로서 죽음을 보지 않고 하늘로 올라간 에녹의 영광을 공유한다. 또한 오직 그만이 위대한 선지자 모세와 함께 변화산에서 우리 구주를 대면한 영광을 공유한다. 다른 선지자들은 예언하고 그것을 기록했지만, 그는 예언하고 행동하면서 아무것도 기록하지 않았다. 그러나 다른 선지자들이 기록한 것보다 그가 행동한 것들이 더 큰 빛을 던진다. 본 장의 내용은 다음과 같다. I. 엘리야가 이스라엘에 비가 오지 않음으로 기근이 임할 것을 예언함(1절). II. 이러한 기근 동안 하나님이 그를 먹이심. 1. 그릿 시냇가에서 까마귀들을 통해(2-7절). 2. 사르밧의 과부를 통해. 그녀는 선지자의 이름으로 공궤하고 선지자의 상을 받았다. (1) 그녀의 가루와 기름이 떨어지지 않음(8-16절). (2) 그녀의 죽은 아들이 살아남(17-24절). 이와 같이 엘리야의 이야기는 심판과 이적으로 시작되는데, 그것은 뿌리 깊이 타락한 어리석은 세대를 깨우기 위한 것이었다.

¹길르앗에 우거하는 자 중에 디셉 사람 엘리야가 아합에게 말하되 내가 섬기는 이스라엘의 하나님 여호와께서 살아 계심을 두고 맹세하노니 내 말이 없으면 수 년 동안 비도 이슬도 있지 아니하리라 하니라 ²여호와의 말씀이 엘리야에게 임하여 이르시되 ³너는 여기서 떠나 동쪽으로 가서 요단 앞 그릿 시냇가에 숨고 ⁴그 시냇물을 마시라 내가 까마귀들에게 명령하여 거기서 너를 먹이게 하리라 ⁵그가 여호와의 말

쓸과 같이 하여 곧 가서 요단 앞 그릿 시냇가에 머물매 ⁶까마귀들이 아침에도 떡과 고기를, 저녁에도 떡과 고기를 가져왔고 그가 시냇물을 마셨으나 ⁷땅에 비가 내리지 아니하므로 얼마 후에 그 시내가 마르니라

엘리야의 역사는 다소 돌연히 시작된다. 통상적으로 어떤 선지자가 등장할 때 우리는 그의 혈통과 관련하여 그가 누구의 아들이며 어느 지파 출신이라는 등의 이야기를 듣게 된다. 그러나 엘리야는 (말하자면) 갑자기 하늘로부터 떨어진다. 멜기세덱처럼 그는 아버지도 없고 어머니도 없고 혈통도 없는데, 이러한 사실로 인해 어떤 유대인들은 그를 천사로 생각하기도 했다. 그러나 야고보는 그가 우리와 성정(passion)이 같은 사람이었다고 확증해 준다(약 5:17). 아마도 그것은 모든 인간들이 가지고 있는 약함을 그 역시도 공유(共有)함을 말하는 것일 뿐만 아니라 그가 다른 사람들보다 더 강렬하고 열정적인 성정(격정, passion)을 가지고 있어서 그 시대의 완악한 죄인들을 다루기에 좀 더 적합했음을 말하는 것일 것이다. 이와 같이 하나님은 적합한 사람에게 적합한 일을 맡기신다. 개혁을 위해서는 타락의 두꺼운 얼음을 깨기 위해 루터와 같은 사람이 필요했다. 다음을 주목하라.

1. 그의 이름. 그의 이름은 '그는 나의 하나님 여호와시다'를 의미하는 엘리야 후였다. "그는 나를 보내신 자시며 나를 인정하시고 지지하실 자이시다. 내가 이스라엘로 하여금 돌아가게 할 자도 바로 그분이시며, 이 큰 일을 이루실 수 있는 분도 오직 그분이시다."

2. 그의 지역. 그는 요단 긴너편에 있는 길르앗에 우거하는 자였다. 그 지역은 갓 지파에 속한 지역이거나 혹은 므낫세 반 지파에 속한 지역이었다. 왜냐하면 당시 길르앗은 두 지파에 의해 나뉘어져 있었기 때문이었다. 그러나 그가 혈통적으로 그러한 지파 출신의 사람이었는지 여부는 불확실하다. 그의 혈통의 모호함이 그의 탁월성을 손상시키는 것은 아니다. 우리는 사람들이 어떤 혈통을 가졌는지는 물을 필요가 없다. 다만 그들이 어떤 사람인지만을 물으면 된다. 만일 그것이 선한 것이라면, 그것이 나사렛에서 나온들 무슨 문제가 되겠는가? 하나님이 이스라엘에게 길르앗의 향유와 의원을 보내셨을 때, 그들은 중병을 앓고 있었다. 그는 길르앗의 한 마을인 디셉으로부터 디셉 사람이라고 불렸다. 우리는 여기에서 그와 관련한 다음과 같은 두 가지 이야기를 듣게 된다.

I. 기근을 예언함. 그것은 이스라엘의 죄에 대한 징벌로서 오랫동안 계속되는 고통스러운 기근일 것이다. 그 풍요의 땅은 그 곳의 거민들의 범죄로 인해 비가 내리지 않을 것이며 황무지로 변할 것이다. 그는 아합에게 가서 이 모든 것을 말했다. 백성들로 하여금 왕에게 반감을 갖도록 하기 위해 은밀하게 속삭이지 않고, 그 땅을 바로잡을 수 있는 권세를 가진 왕에게 직접 말하여 심판을 막고자 했다. 아마도 그는 아합의 우상 숭배와 기타 악행들을 꾸짖으면서 만일 회개하고 고치지 않는다면 이러한 심판이 그의 땅에 임할 것이라고 말했을 것이다. 내 말이 없으면 수 년 동안 비도 이슬도 있지 아니하리라(1절). 다시 말해서, "왕이 내게서 다시 말을 들을 때까지는 아무것도 기대하지 말 것이라." 야고보는 이것이 예언의 말뿐만 아니라 또한 기도의 말을 의미하는 것임을 우리에게 가르쳐 준다(약 5:17, 18). 엘리야는 (이스라엘의 배교에 대한 거룩한 분노와 하나님의 영광을 위한 거룩한 열정 가운데) 비가 오지 않기를 간절히 기도했다. 그리고 그의 기도에 따라 하늘은 그가 다시 비 오기를 기도할 때까지 놋쇠가 되었다. 이 이야기와 관련하여 요한계시록 11장에서 하나님의 증인들에 대해 다음과 같이 언급된다: 그들이 권능을 가지고 하늘을 닫아 그 예언을 하는 날 동안 비가 오지 못하게 하고(계 11:6). 엘리야는 아합에게 다음과 같은 사실들을 알게 한다.

1. 주 여호와가 이스라엘의 하나님이며, 그는 그분을 버렸다는 사실.

2. 그분은 살아 계신 하나님이시며, 그가 숭배하는 신들, 즉 죽은 귀머거리 우상들과 같지 않다는 사실.

3. 자신은 하나님의 종의 직분을 수행하고 있으며 그분으로부터 보냄 받은 사자라는 사실. "나는 그분 앞에 서서 그분을 섬기고 있으며 그분을 대표하고 있노라. 나는 그분을 대신하여 그리고 그분의 이름으로 바알과 아세라의 선지자들에 도전하여 말하노라."

4. 지금의 이스라엘의 평안과 형통에도 불구하고 하나님이 그들의 우상 숭배를 미워하사 그들에게 비가 오지 않는 징벌을 내리실 것이라는 사실. 하나님이 비를 막으시는 마당에 그들이 섬기는 신들이 어떻게 다시 비를 내리게 할 수 있겠는가? 이방인의 우상 가운데 능히 비를 내리게 할 자가 있나이까?(렘 14:22). 가뭄은 그들이 섬기는 신들의 무능을 효과적으로 증명할 것이었다. 또한 살아 계신 하나님을 버리고 그와 같이 선이나 악을 행할 수 없는 헛된 것들

을 좇은 자들의 어리석음을 분명하게 드러낼 것이었다. 엘리야는 자신의 예언을 다음과 같은 엄숙한 맹세로써 확증한다 — 내가 섬기는 이스라엘의 하나님 여호와께서 살아 계심을 두고 맹세하노니. 그가 자신의 예언의 성취를 하나님의 살아 계심으로 맹세하였으니만큼 아합은 더욱 두려워하지 않을 수 없었다.

5. 엘리야는 아합에게 자신이 하늘과 얼마나 긴밀하게 연결되어 있는지를 보여준다. 그것은 내 말에 따라 이루어질 것이라. 하나님의 이름으로 말할 때 그는 얼마나 큰 위엄을 가지고 말하는가? 그는 선지자에게 부여된 위임을 잘 이해한 사람이었다(렘 1:10): 보라 내가 오늘 너를 여러 나라와 여러 왕국 위에 세워. 여기에서 기도의 능력과 하나님의 말씀의 진실함을 주목하라. 하나님은 자기 사자들이 계획한 것을 이루신다.

II. 기근 가운데 그가 특별한 돌봄을 받음.

1. 하나님이 그를 숨기심. 하나님은 엘리야에게 그릿 시냇가에 숨을 것을 지시하셨다(3절). 이러한 지시의 목적은 그를 보호하려는 것이었다기보다는(왜냐하면 아합이 즉시로 그를 죽이려고 쫓지는 않았던 것으로 보이기 때문이다), 백성들에 대한 심판이었던 것으로 보인다. 그것은 백성들에게 공개적으로 나타나는 동안에는 그가 교훈과 기도로써 백성들에게 축복이 될 수 있었기 때문이다. 하나님은 재앙의 날이 3년 반 동안 계속되도록 정하셨다. 그리고 그 기간 동안 엘리야를 숨기심으로써 백성들은 그에게 나와 재앙을 거두어 주시도록 하나님께 기도해 줄 것을 간청할 수 없었다. 하나님이 한 나라와 관련하여 그 나라를 뽑고 멸망시킬 것을 작정하실 때, 하나님은 먼저 당신의 진노를 돌이킬 수 있는 자들을 다른 곳으로 옮기신다. 선한 자들과 선한 사역자들이 숨으라는 명령을 받는 것은 백성들에게 재앙의 징조이다. 하나님이 땅에 비를 보내시고자 하셨을 때는 엘리야에게 가서 아합에게 보이라고 명령하셨다(18:1). 그러나 지금 그는 하나님의 명령에 따라 은밀하며 인적이 드문 곳에 가서 숨어야만 하였다. 그리고 그는 거기에서 (아마도 시냇가의 갈대 사이에서) 은밀하게 숨어 지냈다. 만일 신적 섭리가 우리로 하여금 고적하고 은밀한 곳에 은거(隱居)하도록 이끈다면, 우리는 마땅히 그에 따라야 한다. 우리가 가만히 있어야 할 때, 우리는 마땅히 그렇게 해야 한다. 또 하나님을 위해 아무 일도 하지 말아야 할 때는 역시 조용히 있으면서 아무 일도 하지 말아야 한다.

2. 하나님이 그를 먹이심. 거기에서 그는 기도와 묵상 외에는 아무것도 할

일이 없었음에도 불구하고, 아직 그에게 할 일이 남아 있었으므로 그는 먹어야만 하였다. 그는 기근의 날에도 풍족할 것이었다(시 37:19). 여자(즉 교회)가 광야로 도망칠 때, 그녀는 한 때와 두 때와 반 때 즉 3년 반 동안 돌봄과 보살핌을 받을 것인데, 그 기간은 엘리야가 숨은 기간과 정확하게 일치한다. 요한계시록 12장 6절과 14절을 보라. 엘리야는 시냇물을 마시며 까마귀가 가져다주는 양식을 먹어야 했으며(4절), 실제로 그렇게 했다(6절).

(1) 양식은 풍족하고 훌륭하며 끊이지 않았다. 까마귀들이 일용할 양식으로 하루에 두 번씩 떡과 고기를 가져다주었다. 우리는 엘리야가 이세벨의 상에서 먹은(18:19) 아세라의 선지자들처럼 호화스럽게 먹지는 못했다 할지라도 오바댜가 떡과 물로 부양한(18:4) 다른 선지자들보다는 더 잘 먹었을 것이라고 추측할 수 있다. 맛있고 진기한 음식을 지나치게 좋아하며 탐하는 것은 하나님의 종들에게 특별히 선지자들에게 어울리지 않는 일이다. 기본적인 체력만 유지된다면, 입술을 즐겁게 해 주지 못하는 것이야 무슨 문제가 되겠는가? 진미를 먹는 자들을 부러워하는 대신, 우리는 세상에는 거친 음식으로 만족하며 우리가 먹다 남긴 찌꺼기라도 먹기를 소원하는 자들이 많이 있다는 사실을 기억해야 한다. 엘리야에게는 한 번에 꼭 한 끼 분의 음식만 전달되었는데, 그것은 그에게 내일 일을 염려하지 말 것을 가르치기 위함이었다. 하루 벌어 하루 먹는 자들은 하나님의 섭리를 따라 살아가는 법을 배워야 하며, 그 날의 양식은 그 날에 맡기는 법을 배워야 한다. 오늘의 양식은 하나님께 감사하고, 내일의 양식은 내일에 맡기자.

(2) 그에게 음식을 가져다준 것은 까마귀들이었다. 오바댜나 바알에게 무릎 꿇지 않은 다른 이스라엘 백성들이 그를 공궤할 수도 있었을 것이다. 그러나 그는 홀로 숨어 있어야 했으며, 따라서 특별한 방법으로 공궤되어야만 했다. 그는 메뚜기와 석청을 먹고 살았던 세례 요한의 모형이었다. 나중에 그에게 그렇게 하셨던 것처럼(19:5) 그리고 우리 구주께 그렇게 하셨던 것처럼(마 4:11), 하나님은 지금 천사를 보내서서 수종들도록 하실 수도 있었다. 그러나 지금 하나님은 날개 달린 동물을 보내실 것을 선택하셨다. 이를 통해 하나님은 당신이 원하실 때 가장 보잘것없는 미물을 통해서도 당신의 목적을 이루실 수 있음을 보여주고자 하셨다. 까마귀들이 어디에서 음식을 가져왔는지 또 어디에서 어떻게 그 음식이 요리되었는지 또 도둑질한 것은 아닌지 등의 질문이 제기된다

면, 우리는 야곱처럼(창 27:20) "우리 하나님 여호와께서 까마귀들에게 순조롭게 보내셨노라"고 대답해야만 한다. 땅과 거기 충만한 것과 세계와 거기에 있는 모든 것이 그분의 것이 아닌가? 그렇지만 왜 하필 까마귀였는가?

[1] 까마귀는 포식동물이다. 까마귀는 게걸스러운 짐승으로서, 엘리야에게 음식을 가져다주기보다는 도리어 그의 음식을 빼앗고 그의 눈을 쪼아 먹기에 더 적합한 짐승이었다(잠 30:17). 그러나 우리는 여기에서 삼손의 수수께끼가 다시 한 번 풀리는 것을 보게 된다: 먹는 자에게서 먹는 것이 나오고.

[2] 까마귀는 부정한 동물이다. 모든 까마귀 종류는 율법에 의해 먹지 못하도록 금지되었다(레 11:15). 그렇지만 엘리야는 까마귀들이 가져온 음식을 부정한 것으로 여기지 않고, 양심을 인하여 묻지 않고 감사히 먹었다. 노아에게 있어서는 까마귀보다 비둘기가 더 신실한 사자(使者)였다. 그러나 지금의 엘리야에게 있어서는 까마귀들이 신실하며 변치 않는 사자였다.

[3] 까마귀는 벌레와 썩은 고기를 먹고 산다. 그러나 지금 까마귀들은 엘리야에게 사람들이 먹는 온전한 음식을 가져다주었다. 다른 사람들에게 생명의 양식을 가져다주는 자들이 스스로는 양식이 아닌 것을 취하는 것은 참으로 안타까운 일이다.

[4] 까마귀는 조금씩밖에는 가져올 수 없었지만, 그러나 엘리야는 그것으로 만족하며 감사를 드렸다.

[5] 까마귀는 자기 새끼들조차 방치하며 먹이지 않는다. 그러나 하나님이 기뻐하시면 그것들은 선지자를 먹일 것이다. 젊은 사자(그리고 어린 까마귀)는 궁핍하여 주릴지라도 어호와를 찾는 자는 모든 좋은 것에 부족함이 없을 것이다(시 34:10).

[6] 까마귀 자신도 특별한 섭리에 의해 먹을 것을 공급받지만(욥 38:41; 시 147:9), 여기에서는 그것들이 선지자를 공궤한다. 우리와 우리에게 속한 자들에게 향하신 하나님의 특별한 선하심을 경험했는가? 그렇다면 우리는 하나님을 인해 그분께 속한 자들에게 선을 베풀어야 한다. 여기에서 우리는 다음과 같은 사실들을 배워야 한다. 첫째로, 만물에 대한 하나님의 주권과 권세를 인정해야 한다는 사실. 하나님은, 심판을 위해서든 혹은 자비를 위해서든, 만물을 당신이 기뻐하시는 대로 사용하실 수 있으시다. 둘째로, 극도의 곤경 속에서도 하나님 안에서 스스로를 격려해야 한다는 사실. 하나님은 광야에서도 식탁을

베푸실 수 있으시며, 까마귀까지도 사용하셔서 당신의 선지자에게 음식을 공급하도록 만드실 수 있으시다. 하물며 그런 하나님이 자신의 영광의 부요를 따라 우리의 모든 필요를 채우시지 않겠는가?

이와 같이 엘리야는 한동안 홀로 자신의 양식을 먹었다. 그리고 물은 그릿 시내로부터 통상적인 방법으로 마셨다. 그러나 자연의 능력에는 한계가 있는 법이다. 계속해서 땅에 비가 내리지 아니하므로 얼마 후에 그 시내가 말랐다(7절). 하늘에서 막히면 땅도 막히는 법이다. 우리의 육체를 기쁘게 하는 것들이 다 그와 같다. 마치 한여름의 시냇물처럼 우리가 그것들을 가장 필요로 할 때 그것들은 사라져 버리곤 한다(욥 6:1). 그러나 결코 마르지 않으면서 하나님의 성을 기쁘게 하는 한 시내(시 46:4) 곧 영생하도록 솟아나는 샘물이 있다. 주여 우리에게 그 생수를 주소서!

8여호와의 말씀이 엘리야에게 임하여 이르시되 9너는 일어나 시돈에 속한 사르밧으로 가서 거기 머물라 내가 그 곳 과부에게 명령하여 네게 음식을 주게 하였느니라 10그가 일어나 사르밧으로 가서 성문에 이를 때에 한 과부가 그 곳에서 나뭇가지를 줍는지라 이에 불러 이르되 청하건대 그릇에 물을 조금 가져다가 내가 마시게 하라 11그가 가지러 갈 때에 엘리야가 그를 불러 이르되 청하건대 네 손의 떡 한 조각을 내게로 가져오라 12그가 이르되 당신의 하나님 여호와께서 살아 계심을 두고 맹세하노니 나는 떡이 없고 다만 통에 가루 한 움큼과 병에 기름 조금 뿐이라 내가 나뭇가지 둘을 주워다가 나와 내 아들을 위하여 음식을 만들어 먹고 그 후에는 죽으리라 13엘리야가 그에게 이르되 두려워하지 말고 가서 네 말대로 하려니와 먼저 그것으로 나를 위하여 작은 떡 한 개를 만들어 내게로 가져오고 그 후에 너와 네 아들을 위하여 만들라 14이스라엘의 하나님 여호와의 말씀이 나 여호와가 비를 지면에 내리는 날까지 그 통의 가루가 떨어지지 아니하고 그 병의 기름이 없어지지 아니하리라 하셨느니라 15그가 가서 엘리야의 말대로 하였더니 그와 엘리야와 그의 식구가 여러 날 먹었으나 16여호와께서 엘리야를 통하여 하신 말씀 같이 통의 가루가 떨어지지 아니하고 병의 기름이 없어지지 아니하니라

우리는 여기에서 엘리야가 계속해서 은거(隱居)하는 가운데 돌봄과 보호를 받는 이야기를 보게 된다. 하나님을 자기편으로 삼고 있는 자는 멸망과

기근을 비웃을 것이다(욥 5:22). 그릿 시내는 말랐지만, 그러나 자기 백성들에 대한 하나님의 돌보심과 은총은 결코 마르지 않고 주를 아는 자에게 계속해서 베풀어진다(시 36:10). 그릿 시내가 말랐을 때, 요단 강은 마르지 않았다. 그런데 왜 하나님은 엘리야를 그리로 보내지 않으셨을까? 그것은 분명 하나님이 자기 백성을 돌보심에 있어 한 가지 방법에 매여 있는 것이 아니라 다양한 방법들을 가지고 있으심을 보이시기 위함이었을 것이다. 이제 하나님은 엘리야를 전혀 다른 방법으로 먹이시고 보호하실 것이다. 다음을 관찰하라.

I. **엘리야가 보냄 받은 장소.** 그 곳은 이스라엘의 경계 밖으로서, 시돈의 한 성읍인 사르밧 혹은 사렙다였다(9절). 우리 구주께서는 이것을 충만의 때(즉 메시야의 날)에 이방인들에게 하나님의 은총이 임할 것을 암시하는 예시(豫示)로 간주하셨다(눅 4:25, 26). 엘리야 시대에 이스라엘에 많은 과부가 있었으되 엘리야가 그 중 한 사람에게도 보내심을 받지 않고 오직 시돈 땅에 있는 이방인의 성읍 사렙다의 한 과부에게 뿐이었으며. 이렇게 하여 엘리야는 (라이트푸트 박사의 표현처럼) 첫 이방인 선지자가 되었다. 이스라엘은 열방의 우상 숭배로 스스로를 타락시켰으며, 그들보다 더 악하게 되었다. 그리하여 그들의 넘어짐이 세상의 풍성함이 되었다(롬 11:12). 엘리야는 동족 이스라엘 백성들로부터 미움을 당하며 쫓겨났다. 그리하여 훗날 사도들이 그렇게 하도록 명령을 받은 것처럼, 그는 이방인들에게로 향하였다(행 18:6, 그들이 대적하여 비방하거늘 바울이 옷을 털면서 이르되 이 후에는 이방인에게로 가리라 하고). 그런데 왜 하필이면 시돈의 성읍인가? 아마도 그것은 지금 이스라엘을 덮고 있는 바알 숭배가 시돈의 공주 이세벨과 함께 그 곳으로부터 왔기 때문이었을 것이다(16:31). 그러므로 그는 그 곳으로 가야만 하였으며, 바알 숭배를 파멸시킬 자는 그 곳으로부터 나와야만 하였다. "내가 나의 선지자 나의 개혁자를 시돈으로부터 불러내었노라." 엘리야의 최대의 적은 이세벨이었다. 그러나 하나님은 그녀의 적의(敵意)가 아무것도 아님을 드러내기 위해 엘리야의 은신처를 다름 아닌 그녀의 나라에서 찾으실 것이었다. 그리스도는 시돈 지방에 한 번 간 것을 제외하고는 이방인들 가운데 가지 않았다(마 15:21).

II. **엘리야를 공궤하도록 준비된 사람.** 엘리야를 공궤하도록 준비된 사람은, 아합 왕의 궁내대신으로서 선지자들을 돌봐주었던 오바댜처럼 시돈의 부유한 상인이나 대신들 가운데 한 사람이 아니었다. 그를 공궤할 자는 가난하고 외로운 과부였다. 세상의 약하고 미련한 것들을 사용하여 존귀케 만드는 것은 하나님의 방법이며 그분의 영광이다. 하나님은 특별한 의미에서 과부들의 하나님이시며, 그들을 먹여 살리시는 하나님이시다. 따라서 그들은 하나님께 무엇을 갚을지 궁구(窮究)해야 한다.

Ⅲ. 그 곳에 엘리야를 위해 모든 것이 준비됨. 신적 섭리는 과부의 발걸음을 인도하여 시의적절한 때에 성문에서 엘리야를 만나도록 만들었다(10절). 엘리야와 그녀 사이에 주고받은 대화를 통해 우리는 다음과 같은 사실들을 발견한다.

1. 그녀의 형편과 성품.

(1) 그녀는 매우 가난하고 궁핍했다. 그녀에게 먹을 것이라고는 가루 한 움큼과 약간의 기름이 전부였다. 과부는 풍성한 시절에도 가난한 법이거늘 하물며 기근의 때에야 그 형편이 오죽했겠는가? 그녀는 지금 가지고 있는 약간의 음식을 먹고 난 후에는 더 이상 먹을 것이 없으므로 죽을 수밖에 없을 것이었다(12절). 땔감조차도 없었으므로 그녀는 거리에서 나뭇가지를 주워야 했으며, 수종드는 종이 없었으므로 그녀는 스스로 주워야만 하였다(10절). 이와 같이 그녀는 다른 사람을 공궤하기보다는 공궤를 받아야만 할 상황이었다. 엘리야는 이런 여인에게 보냄을 받았는데, 그것은 까마귀들로부터 공궤를 받았던 것처럼 계속해서 섭리에 의지하여 살아가도록 하기 위함이었다. 하나님이 엘리야를 그녀에게 보내신 것은 자기 여종의 비천함을 긍휼히 여기사 그로 하여금(그녀에게 얻어먹도록 하심이 아니라) 그녀와 함께 먹도록 하고 그럼으로써 하나님이 그의 식탁에 풍성하게 갚아 주시고자 하심이었다.

(2) 그녀는 매우 겸손하며 부지런했다. 엘리야는 그녀가 나뭇가지를 주워 음식을 만들 준비를 하고 있는 것을 발견했다(10, 12절). 그녀는 자신의 처지와 고생에 대해 불평하지 않았다. 또한 비를 내리지 않는 신적 섭리와 더불어 다투지 않고 할 수 있는 대로 그것에 순응하려고 했다. 고난의 때에 이런 마음을 갖는 것은 존귀와 구원에 이르는 가장 확실한 길이다.

(3) 그녀는 매우 자비로우며 관대했다. 낯선 자가 물을 조금 가져다가 자신으로 하여금 마시게 해 달라고 부탁했을 때, 그녀는 곧바로 물을 가지러 갔다(10, 11절). 그녀는 물의 부족함을 들어 거절하지도 않았으며, 물 한 모금에 얼마를 주겠느냐고 묻지도 않았으며(기근의 때에 물은 곧 돈이었다), 그가 이스

라엘인 나그네임을 은근히 비추지도 않았다(아마도 시돈 사람들은 사마리아 사람들처럼 이스라엘 사람들과 상종하는 것을 꺼렸을 것이다, 요 4:9). 그녀는 기근으로 인해 자기 몸이 쇠약해진 것을 핑계 대지도 않았으며, 자신의 급한 용무를 들어 피하려고 하지도 않았다. 물을 좀 달라는 그의 부탁에 그녀는 즉시로 주운 나뭇가지들을 내려놓고 그를 위해 물을 가지러 갔다. 아마도 그녀는 그의 위엄 있는 모습에 강력한 인상을 받고 더욱 기꺼이 그렇게 했을 것이다. 우리는 낯선 사람들에게까지도 기꺼이 친절을 베풀 준비가 되어 있어야 한다. 만일 궁핍한 자들에게 줄 것이 없다면, 그들을 위해 수고할 것이라도 찾아보아야 한다. 냉수 한 그릇도 결코 그 상을 잃지 않을 것이다(냉수 한 그릇은 가져오는 수고 외에는 아무 비용도 들지 않는다).

(4) 그녀는 하나님의 말씀에 대한 큰 믿음을 가지고 있었다. 그녀는 선지자에게, 자신이 가지고 있는 가루와 기름이 너무나 적으며 단지 그녀와 그녀의 아들이 먹을 만큼밖에는 되지 않는다는 사실을 말했다. 그럼에도 불구하고 선지자는 자신을 위해 떡을 만들어 가져오고 그 후에 그녀와 그녀의 아들을 위해 만들라고 말했는데, 이것은 그녀의 믿음과 순종에 대한 큰 시험이었다. 이것은 아주 작은 일처럼 보이지만, 그러나 그녀에게 있어 가장 큰 시험이 아닐 수 없었다. 그녀는 이렇게 말할 수 있었다. "먼저 아이들부터 먹게 해야 하지 않겠나이까? 자선은 가정부터 시작되어야 하지 않나이까? 지금 내게는 아주 조금의 양식밖에 없으며, 언제 떨어질지 또 어디에서 얻을 수 있을지 알지 못하나이다. 그런데 어찌 나더러 달라 하나이까?" 나발보다도 이 여인이야말로 다음과 같이 물을 만한 충분한 이유를 가지고 있었다. "내 가루와 기름을 취하여 어디에서 온지도 모르는 자에게 주란 말인가?" 엘리야는 이스라엘의 하나님에 대해 언급했다(14절). 그러나 시돈 여자에게 그것이 무슨 의미가 있단 말인가? 설령 그녀가 여호와의 이름을 경외하며 이스라엘의 하나님을 참 하나님으로 믿는 자였다 할지라도, 이 낯선 나그네가 그의 선지자임을 어떻게 신뢰하며, 또 그가 여호와의 이름으로 말하는 것을 어떻게 확증할 수 있단 말인가? 배고픈 나그네에게 있어 그녀를 속이는 것은 너무도 쉬운 일이었다. 그러나 그녀는 이 모든 반론의 이유들을 뛰어넘고, 약속에 의지하여 그의 말에 순종한다. 그가 가서 엘리야의 말대로 하였더니(15절). 여자여 네 믿음이 크도다. 내가 이런 믿음을 이스라엘 중에서도 만나보지 못하였도다. 모든 점들을 고려할 때 사르밧 과부의 믿

음은 전 재산인 두 렙돈을 연보궤에 넣은 과부의 믿음을 능가했다. 그녀는 이 일로 아무것도 잃지 않을 것이며 이자와 함께 갚음을 받게 될 것이라는 선지자의 말을 그대로 받아들였다. 하나님의 약속에 의지하여 과감하게 모험할 수 있는 자들은 하나님을 섬기는 일에 온전히 자신을 드릴 수 있을 것이며, 또한 적은 가운데에서도 하나님의 몫을 먼저 드릴 수 있을 것이다. 하나님과 거래하는 자들은 신뢰에 의지하여 거래해야만 한다. 먼저 그의 나라를 찾으라. 그러면 다른 모든 것들이 더하여질 것이다. 율법에 따라, 첫 열매는 하나님의 것이었으며 십일조가 먼저 취하여져야 했으며 가루 반죽으로 만든 떡에 대하여 거제가 먼저 드려져야 했다(민 15:20, 21). 사르밧 과부의 믿음은 이와 같이 스스로를 부인하고 신적 약속을 온전히 신뢰할 수 있을 정도로 큰 것이었다. 그러나 그녀의 믿음이 이와 같이 증가한 것은 섭리의 왕국(kingdom of providence)에서 그녀의 기름이 증가한 것만큼이나 은혜의 왕국(kingdom of grace)에서 큰 이적이었다. 이와 같이 바랄 수 없는 중에도 소망 가운데 믿고 순종하는 자는 복이 있다.

2. 하나님이 그녀와 엘리야를 돌보심. 통의 가루가 떨어지지 아니하고 병의 기름이 없어지지 아니하니라(16절). 다시 말해서, 퍼낼 때마다 신적 권능에 의해 더 많은 것들이 채워졌다. 어떤 곡식이나 감람나무도 자연적인 성장을 통해서는 이렇게 빨리 증가할 수 없었다(라고 홀 주교는 말한다). 그러나 자연의 섭리 속에서 뿌려진 씨가 풍성한 소산을 맺는 것은(고후 9:10) 하나님의 권능과 선하심의 실례로서 비록 보편적인 것이라 할지라도 결코 간과되어서는 안 되는 것이다. 가루와 기름은 쌓아놓음을 통해서가 아니라 사용함으로써 증가되었다. 왜냐하면 흩어도 더욱 부하게 되는 일이 있기 때문이다. 비록 작은 것일지라도 하나님이 축복하시면 그것은 기대 이상의 큰 결과를 만들어 낸다. 그렇지만 반대로 풍성할지라도 하나님이 불어버리시면 그것은 매우 작은 것이 되어버린다(학 1:9; 2:16).

(1) 이것은 선지자를 위한 양식이 되었다. 그의 일용할 양식은 기적의 연속이었다. 지금까지 엘리야는 떡과 고기로 부양되었지만, 이제는 떡과 기름으로 부양되게 되었다(당시 사람들은 지금 우리가 버터를 사용하듯이 기름을 사용하였다). 그것은 만나와 비슷하였다. 왜냐하면 만나는 그 맛이 기름 섞은 과자 맛 같았기 때문이다(민 11:8). 비록 하루에 두 번씩 고기를 먹다가 이제는 전혀 먹

지 못하게 되었다 할지라도, 엘리야는 이에 대해 크게 감사했다. 최소한 하루에 한 번 고기를 먹지 않고는 살 수 없다고 생각하는 자들은 엘리야와 함께 만족스럽게 생활할 수 없을 것이다. 요컨대 그들은 기적에 의지해서 살아갈 수 없는 자들이다.

(2) 이것은 또한 가난한 과부와 그녀의 아들을 위한 양식이 되었다. 그리고 그것은 선지자를 영접한 것에 대한 보상이었다. 하나님의 백성과 사역자들에게 은총을 베풂을 통해 우리는 아무것도 잃지 않는다. 선지자를 영접한 그녀는 선지자의 상을 받았다. 그녀는 그에게 방을 제공했고, 그는 그녀의 가족을 위한 양식으로 갚았다. 그리스도께서는 누구든지 문을 열면 그에게로 들어와 그로 더불어 먹고 그는 자신과 더불어 먹을 것이라고 약속하셨다(계 3:20). 여기의 엘리야처럼, 그리스도는 자신을 영접하는 자들을 자신의 잔치로 데려가실 것이다. 여기에서 섬김과 보상이 서로 상응하는 것을 주목하라. 그녀는 선지자를 위해 떡한 개를 아낌없이 주었다가, 자신과 자신의 아들을 위해 많은 떡으로 보상을받았다. 아브라함이 자기 독자를 하나님께 바쳤을 때, 그는 많은 무리의 조상이 될 것이란 말씀을 듣게 되었다. 경건과 자선을 위해 베푼 것은 최고의 이자와 함께, 그리고 가장 안전하게 돌아올 것이다. 이 가난한 과부는 선지자에게 단지 떡 한 개를 주었을 뿐이었지만, 그러나 그에 대한 보상으로 그녀와 그녀의 아들은 여러 날 다시 말해서 기근의 시대에 2년 이상을 먹었다(15절). 그것은 하나님의 특별한 은총으로 말미암은 음식이었으며 그녀는 엘리야 같은 위대한 하나님의 사람과 교제하며 먹었으므로, 아마도 그것은 갑절 이상으로 더딜콤했을 것이다. 하니님을 외지하는 자들에게는 환난 때에도 부끄러움을 당하지 아니하며 기근의 날에도 풍족할 것이라는 약속이 주어진다(시 37:19).

[17]이 일 후에 그 집 주인 되는 여인의 아들이 병들어 증세가 심히 위중하다가 숨이 끊어진지라 [18]여인이 엘리야에게 이르되 하나님의 사람이여 당신이 나와 더불어 무슨 상관이 있기로 내 죄를 생각나게 하고 또 내 아들을 죽게 하려고 내게 오셨나이까 [19]엘리야가 그에게 그의 아들을 달라 하여 그를 그 여인의 품에서 받아 안고 자기가 거처하는 다락에 올라가서 자기 침상에 누이고 [20]여호와께 부르짖어 이르되 내 하나님 여호와여 주께서 또 내가 우거하는 집 과부에게 재앙을 내리사 그 아들이 죽게 하셨나이까 하고 [21]그 아이 위에 몸을 세 번 펴서 엎드리고 여호와께 부르

짓어 이르되 내 하나님 여호와여 원하건대 이 아이의 혼으로 그의 몸에 돌아오게 하옵소서 하니 [22]여호와께서 엘리야의 소리를 들으시므로 그 아이의 혼이 몸으로 돌아오고 살아난지라 [23]엘리야가 그 아이를 안고 다락에서 방으로 내려가서 그의 어머니에게 주며 이르되 보라 네 아들이 살아났느니라 [24]여인이 엘리야에게 이르되 내가 이제야 당신은 하나님의 사람이시요 당신의 입에 있는 여호와의 말씀이 진실한 줄 아노라 하니라

우리는 여기에서 사르밧의 과부가 엘리야에게 베푼 은총으로 인해 또 다른 보상을 받는 것을 보게 된다. 그녀의 아들이 죽었다가 다시 살아나 어머니의 품에 되돌아온 것이다. 다음을 관찰하라.

I. 아이가 병들어 죽음. 나타난 바에 의하면, 아이는 그녀의 독자였으며 과부의 삶에 있어서의 유일한 위로였다. 아이는 기적의 양식을 먹기는 했지만, 그러나 그것이 아이를 질병과 죽음으로부터 안전하게 지켜주지는 않았다. 너희 조상들은 광야에서 만나를 먹었어도 죽었거니와 이는 하늘에서 내려오는 떡이니 사람으로 하여금 먹고 죽지 아니하게 하는 것이니라(요 6:49, 50). 그 고통은 과부에게 있어 육체의 가시와 같았는데, 그것은 그녀가 받은 은총과 존귀로 인해 자고하지 않게 하려 함이었다.

1. 그녀는 위대한 선지자를 돌보며 부양하는 일을 맡은 자로서 주께서 자신에게 큰 선을 베푸셨다고 생각할 만한 충분한 이유를 가지고 있었다. 그럼에도 불구하고 지금 그녀는 독자를 잃는다. 하나님 앞에 특별한 봉사를 하고 있는 중에 큰 괴로움을 만날 때, 우리는 그것을 이상하게 생각해서는 안 된다.

2. 그녀는 하늘로부터의 특별한 축복으로 그 자신 기적의 양식을 먹으며 자신의 가정을 지켰다. 그런데 이 모든 축복의 한가운데에서 그녀는 그와 같은 괴로운 일에 부닥쳤다. 하나님이 우리에게 큰 호의를 베푸실 때조차도 우리는 섭리의 꾸짖음에 대비할 필요가 있다는 사실을 주목하라. 우리의 산이 영원히 요동하지 않을 정도로 항상 굳게 서 있는 것은 결코 아니다. 그러므로 우리는 항상 떨림과 함께 기뻐해야 한다.

II. 그녀가 엘리야에게 애처롭게 호소함. 그녀의 아들은 갑작스럽게 죽은 것으로 보인다. 그렇지 않았다면 아이가 아플 동안 그에게 고쳐 달라고 간청했을 것이다. 그러나 아이가 자신의 품에서 죽자 그녀는 엘리야에게 격정적으로

호소한다. 그것은 아이가 다시 살아날 것을 소망해서라기보다는 자신의 슬픔을 토로하는 것이었다(18절).

1. 그녀는 격렬하게 자신의 슬픔을 표현한다: 하나님의 사람이여 당신이 나와 더불어 무슨 상관이 있나이까? 전에 먹을 것이 없어 죽음을 생각했을 때 그녀는 자신과 자신의 아들의 죽음에 대해 매우 차분하게 말했다: 우리가 먹고 그 후에는 죽으리라(12절). 그러나 지금 아이가 죽자, 그녀는 극심한 격정 속에 빠져 버리고 만다. 고통이 멀찌감치 있을 때는 그것을 가볍게 말할 수 있지만, 그러나 그 일이 닥치면 우리는 놀라게 된다(욥 4:5). 전에는 차분하게 말했지만, 지금은 허둥댄다. 아이의 죽음은 그녀에게 있어 불시에 덮친 충격이었다. 평온과 형통 가운데 있다가 갑자기 그리고 예기치 못하게 고통이 덮칠 때, 우리의 마음을 차분하게 유지하는 것은 너무도 어려운 일이다. 그녀는 엘리야를 하나님의 사람이라고 부르면서, 그러나 마치 그가 자기 아들을 죽이기나 한 것처럼 그리고 다시는 보지 않을 것처럼 지금까지의 모든 축복과 이적을 잊어버린 채 그를 힐난하며 그에게 원망을 늘어놓는다. "내가 당신에게 무슨 악한 일을 하였나이까? 내가 무슨 일로 당신을 불쾌하게 했으며 게을리한 일이 무엇이나이까? 당신이 무슨 연고로 나와 다투는지 나로 알게 하옵소서."

2. 또한 그녀는 자신의 죄에 대해 언급한다. "당신은 내 죄를 생각나게 하려고 내게 오셨나이까? 아마도 그녀는 엘리야가 이스라엘을 참소하며 기도한 것을 알고 있었을 것이다. 그리고 아마도 예전에 시돈의 신 바알을 섬긴 죄를 의식하면서, 그녀는 그가 자신까지도 참소하며 기도한 것이 아닌지 두려워한다. 여기에서 다음의 사실들을 관찰하라.

(1) 하나님이 우리로부터 위로를 제하시는 것은 우리의 죄를 기억하실 때라는 사실(비록 오래 전 어린 시절의 죄라 할지라도, 욥 13:26). 우리의 죄가 때로 우리 자녀를 죽게 만들기도 한다.

(2) 하나님이 이와 같이 우리의 죄를 기억하시는 것은 우리 역시도 그것을 기억하고 회개하도록 하기 위함이라는 사실.

Ⅲ. 엘리야의 기도   엘리야는 그녀의 호소에 아무 대답도 하지 않고, 이 일을 하나님께 가져갔다. 아이의 죽음과 관련하여 무슨 말을 해야 할지 알지 못한 채, 그는 이 일을 하나님 앞에 놓는다. 그는 어머니의 품에서 죽은 아이를 취하여 자기 침상으로 데려가 뉘었다(19절). 아마도 그는 아이에 대해 특별한

애정을 가지고 있었을 것이다. 그러므로 그는 이 일을 단순한 동정심이 아니라 자신의 고통으로 느꼈을 것이다.

1. 엘리야는 아이의 죽음과 관련하여 겸손하게 하나님과 변론한다(20절). 그는 아이의 죽음이 하나님으로 말미암은 것이라고 생각한다: 주께서 재앙을 내리사. 성중에는 이와 같은 재앙이 없으니 주께서 행하신 것이 아닌가? 그는 이것이 가련한 어머니에게 너무도 과중한 고통이라고 탄원한다. "이 재앙이 과부에게 임했나이다. 주는 과부들의 하나님이 아니시나이까? 주께서 어찌 과부에게 이런 재앙을 내리시나이까? 이것은 고통에 고통을 더하는 것이나이다." 그는 또한 자신의 입장을 탄원한다. "그녀는 내가 우거하는 집의 과부나이다. 나의 하나님이신 주께서 내게 가장 큰 은혜를 베푼 자에게 재앙을 내리실 것이나이까? 내가 가는 집에 죽음이 임한다면, 모든 사람들이 이 일을 생각하며 나를 영접하기를 두려워할 것이나이다."

2. 엘리야는 아이의 생명이 다시 돌아오기를 하나님께 간구한다(21절). 우리는 앞에서 죽은 자가 다시 살아난 이야기를 읽지 못한다. 그럼에도 불구하고 엘리야는 신적 충동에 의해 아이의 부활을 기원한다. 그렇다고 이것이 우리가 똑같이 할 때 동일한 결과가 나올 것을 보증하는 것은 아니다. 다윗은 기도와 금식에도 불구하고 죽은 아이의 생명이 돌아오는 것을 볼 수 없었다(삼하 12:23). 그러나 엘리야는 다윗이 갖지 못한 이적을 행하는 능력을 갖고 있었다. 그는 아이 위에 몸을 펴서 엎드렸는데, 그것은 스스로를 이 일에 연결시키면서 자신이 아이의 회복을 얼마나 열망하는지를 나타내기 위함이었다. 자신의 숨결과 온기로 아이를 살릴 수만 있다면, 그는 기꺼이 그렇게 할 것이었다. 또한 이것은 하나님이 권능과 은혜로 행하실 일, 즉 죽은 영혼을 영적 생명으로 다시 살릴 것에 대한 표적이 될 것이었다. 죽은 영혼들에게 성령께서 임하시고 덮으셔서 생명을 주실 것이다. 여기에서 그의 기도는 매우 구체적이었다: 원하건대 이 아이의 혼으로 그의 몸에 돌아오게 하옵소서(21절). 이것은 영혼이 몸으로부터 분리된 상태로 존재하는 사실을 (그리고 그 결과 영혼의 불멸을) 전제한다. 그로티우스(Grotius)는 하나님이 이러한 기적을 통해 고통 가운데 빠져 있는 자기 백성들에게 영혼의 불멸에 대한 암시와 증거를 주시고자 의도했다고 생각한다.

IV. 아이의 부활과 그로 인한 어머니의 기쁨. 엘리야의 기도와 함께 죽은 아이가 다시 살아났다(22절). 여기에서 기도의 능력과 기도를 들으시는 분의 능력을 주목하라. 그는 죽이기도 하시고 살리기도 하시는 분이시다. 엘리야는 아이를 그 어머니에게 데려갔다. 아마도 그녀는 자신의 눈을 거의 믿을 수 없었을 것이다. 그리하여 엘리야는 아이가 바로 그녀의 아들임을 확증해 준다. "보라 네 아들이 살아났느니라. 그는 다른 이의 아들이 아니라 바로 네 아들이니라"(23절). 이에 그녀는 "내가 이제야 당신은 하나님의 사람이신 줄 아노라"라고 부르짖는다. 가루와 기름이 불어나는 것을 통해 이미 그녀는 그 사실을 알고 있었다. 그러나 그녀는 아들의 죽음에 충격을 받고 그 사실을 의심하기 시작했다 (하나님의 사람이라면 자신에게 이렇게 행하지는 않을 것이 아닌가?). 그러나 이제 그녀는 그가 하나님의 사람으로서의 권능과 선함을 모두 가지고 있다는 사실을 완전히 납득하게 되었다. 이제 그녀는 다시는 의심하지 않고, 그의 가르침과 이스라엘의 하나님을 섬기는 일에 온전히 헌신할 것이었다. 이와 같이 그 아이의 죽음은 (나사로의 죽음이 그랬던 것처럼, 요 11:4) 하나님의 영광을 위한 것이면서 동시에 그의 선지자를 존귀케 하기 위한 것이었다.

제
— 18 —
장

개요

엘리야는 여전히 사람의 눈에 띄지 않는 은밀한 곳에 은거하고 있었다. 가루와 기름이 불어난 것이나 죽은 아이가 살아난 것으로 인해 그가 사렙다에서 주목을 받게 되지는 않은 것으로 보인다. 왜냐하면 만일 그랬다면 그는 아합에게 발각되었을 것이기 때문이다. 그러나 이제 본 장에서 그는 스스로를 대중 앞에 드러낸다. 숨어있는 기간이 끝나자 (이것은 이스라엘에 대한 심판의 일부였다), 그는 비가 올 것이라는 말씀과 함께 스스로를 아합에게 보이라는 명령을 받는다(1절). 이러한 명령과 관련하여 우리는 여기에서 다음과 같은 이야기들을 보게 된다. I. 엘리야가 아합의 신하 가운데 한 사람인 오바댜를 만나 자신이 온 것을 아합에게 알리게 함(2-16절). II. 엘리야 자신이 직접 아합을 만남(17-20절). III. 엘리야가 여호와와 바알 사이에 누가 진짜 하나님인지 공개적으로 시험하기 위해 갈멜산으로 백성들을 모음. 1. 바알과 그의 선지자들이 좌절을 당함(21-29절). 2. 하나님과 엘리야가 존귀케 됨(30-39절). IV. 엘리야가 바알의 선지자들을 죽임(40절). V. 엘리야의 말대로 비가 다시 내림(41-46절).

¹많은 날이 지나고 제삼년에 여호와의 말씀이 엘리야에게 임하여 이르시되 너는 가서 아합에게 보이라 내가 비를 지면에 내리리라 ²엘리야가 아합에게 보이려고 가니 그 때에 사마리아에 기근이 심하였더라 ³아합이 왕궁 맡은 자 오바댜를 불렀으니 이 오바댜는 여호와를 지극히 경외하는 자라 ⁴이세벨이 여호와의 선지자들을 멸할 때에 오바댜가 선지자 백 명을 가지고 오십 명씩 굴에 숨기고 떡과 물을 먹였더라 ⁵아합이 오바댜에게 이르되 이 땅의 모든 물 근원과 모든 내로 가자 혹시 꼴을 얻으리라 그리하면 말과 노새를 살리리니 짐승을 다 잃지 않게 되리라 하고 ⁶두 사람이 두루 다닐 땅을 나누어 아합은 홀로 이 길로 가고 오바댜는 홀로 저 길로 가니라 ⁷오바댜가 길에 있을 때에 엘리야가 그를 만난지라 그가 알아보고 엎드려 말하되 내 주 엘리야여 당신이시니이까 ⁸그가 그에게 대답하되 그러하다 가서 네 주에게 말하기를 엘리야가 여기 있다 하라 ⁹이르되 내가 무슨 죄를 범하였기에 당신이 당

신의 종을 아합의 손에 넘겨 죽이게 하려 하시나이까 [10]당신의 하나님 여호와께서 살아 계심을 두고 맹세하노니 내 주께서 사람을 보내어 당신을 찾지 아니한 족속이나 나라가 없었는데 그들이 말하기를 엘리야가 없다 하면 그 나라와 그 족속으로 당신을 보지 못하였다는 맹세를 하게 하였거늘 [11]이제 당신의 말씀이 가서 네 주에게 말하기를 엘리야가 여기 있다 하라 하시나 [12]내가 당신을 떠나간 후에 여호와의 영이 내가 알지 못하는 곳으로 당신을 이끌어 가시리니 내가 가서 아합에게 말하였다가 그가 당신을 찾지 못하면 내가 죽임을 당하리이다 당신의 종은 어려서부터 여호와를 경외하는 자라 [13]이세벨이 여호와의 선지자들을 죽일 때에 내가 여호와의 선지자 중에 백 명을 오십 명씩 굴에 숨기고 떡과 물로 먹인 일이 내 주에게 들리지 아니하였나이까 [14]이제 당신의 말씀이 가서 네 주에게 말하기를 엘리야가 여기 있다 하라 하시니 그리하면 그가 나를 죽이리이다 [15]엘리야가 이르되 내가 섬기는 만군의 여호와께서 살아 계심을 두고 맹세하노니 내가 오늘 아합에게 보이리라 [16]오바댜가 가서 아합을 만나 그에게 말하매 아합이 엘리야를 만나러 가다가

I. 이스라엘이 처한 참혹한 상황. 우리는 다음과 같은 두 가지 이야기를 통해 그것을 알 수 있다.

1. 이세벨이 여호와의 선지자들을 죽임(13절). 그녀는 우상을 섬기는 자로서 남편 아합까지도 우상을 섬기도록 만들었으며, 많은 하나님의 백성들을 핍박한 자였다. 예루살렘 성전을 버리고 금송아지를 섬기던 악한 시절에도 하나님을 경외하는 백성들과 그들을 인도하는 선한 선지자들이 있었다. 제사장들과 레위인들은 모두 유다와 예루살렘으로 가 버렸지만(대하 11:13, 14), 하나님은 그들 대신 이러한 선지자들을 세우셨다. 그들은 신앙의 순결을 지키는 가정이나 혹은 어떤 사적인 모임에서 율법을 가르친 것으로 보인다. 왜냐하면 우리는 이 시기에 이스라엘에 어떤 회당 같은 것이 있었다는 이야기를 듣지 못하기 때문이다. 이러한 선지자들은 엘리야와 같은 예언의 영을 가지고 있지 않았다. 그들은 제물을 드리거나 향을 태우지 않고, 대신에 백성들에게 이스라엘의 하나님을 가까이하며 올바로 생활할 것을 가르쳤다. 이세벨은 이들을 진멸하고자 계획하면서 그들 가운데 많은 사람들을 죽였다. 이것은 이스라엘 가운데 소수의 남은 자들을 완전히 없애고자 하는 것으로서 큰 범죄일 뿐만 아니라 큰 재앙이었다. 칼을 피한 소수의 사람들은 동굴 따위의 은신처로 도망가 숨을 수

밖에 없었다. 그 곳에서 그들은 비록 목숨은 부지하였어도 아무 일도 할 수 없었다(그것은 살았어도 죽은 것과 일반이었다). 이러한 선지자들이 이와 같이 핍박을 당하고 있을 때, 틀림없이 그들의 친구들(적은 무리의 선한 백성들) 역시도 비슷한 방식으로 고통을 당했을 것이다.

(1) 그 때 아합의 궁중에서 높은 직위를 가진 자 가운데 매우 선한 사람이 한 사람 있었다. 그의 이름은 여호와의 종이란 뜻의 오바댜로서, 하나님을 경외하는 자였다. 그는 아합의 왕궁을 관리하는 자였다. 그가 어떤 사람이었는지 살펴보자. 그는 여호와를 지극히 경외하는 자였다(3절). 그는 보통의 의미에서 선한 사람이 아니었다. 그는 매우 열심있는 사람이었으며, 탁월하게 선한 사람이었다. 그의 높은 직위는 그의 선함에 광채를 더했으며, 그로 하여금 선한 일을 행할 수 있는 좋은 기회를 갖게 해 주었다. 또한 그는 어려서부터 여호와를 경외하는 자였다(12절). 그는 일찍부터 신앙생활을 시작했으며 또 오랫동안 지속했다. 일찍부터 신앙생활을 시작하는 것은 매우 바람직한 일이 아닐 수 없다. 어려서부터 선하게 자란 사람은 크게 선한 사람이 될 가능성이 높은 법이다. 어려서부터 하나님을 경외했던 그는 장성해서는 그분을 지극히 경외하는 자가 되었다. 크게 흥하고자 하는 자는 일찍부터 시작해야 한다. 그렇지만 아합의 궁중에 그토록 선한 관리가 있었던 사실은 참으로 놀랄 만한 일이 아닐 수 없다.

[1] 아합 같은 악인이 그토록 선한 자를 등용하고 지금까지 그러한 직위를 유지하도록 한 것은 참으로 놀랄 만한 일이었다. 틀림없이 그것은 그가 매우 정직하고 부지런하며 많은 재능을 가진 사람이었기 때문일 것이다. 그는 아합이 온전히 신뢰할 수 있는 사람이었다. 그리고 5절에 나타난 것처럼, 그의 눈은 아합이 자신의 눈처럼 온전히 신뢰할 수 있었다. 요셉과 다니엘이 높은 직위에 등용된 것 역시 그러한 직위를 수행함에 있어 그들보다 더 적합한 자가 없었기 때문이었다. 믿음의 백성들은 정직과 신실함과 일에 대한 능력에 있어 모든 사람들로부터 좋은 평가를 받도록 더욱 노력해야 한다.

[2] 오바댜 같이 선한 자가 우상 숭배와 악행에 빠져 있는 궁중에서의 높은 직책을 받아들인 것 역시 놀랄 만한 일이었다. 우리는 오바댜가 궁중의 높은 직책을 가짐에 있어 꼭 왕의 종교를 따르며 오므리의 율례와 아합 집의 법칙을 지켜야만 했던 것은 아니었을 것이라고 확신할 수 있다. 만일 바알에게 무릎

끊지 않고는 궁중의 직책을 가질 수 없었다면, 의심의 여지 없이 오바댜는 그러한 직책을 받아들이지 않았을 것이다. 아합 역시도 어떤 직책을 수행하기에 가장 적합한 자가 단지 자기와 종교가 다르다는 이유 하나로 그를 그러한 직책에서 배제시킬 정도로 어리석지는 않았다. 자기 하나님에게 진실된 자는 자기 왕에게도 진실될 것이다. 그러므로 오바댜는 양심의 거리낌 없이 자신의 직책을 수행할 수 있었다. 그리고 그 일을 통해 자신이 원하는 선을 행할 수 없을 것으로 예견됨에도 불구하고, 그는 그 일을 거절하거나 포기하지 않았다. 하나님을 경외하는 자들은 비록 세상이 악할지라도 세상 밖으로 나갈 필요가 없다.

[3] 오바댜가 아합을 변화시키지도 않고 아합이 오바댜를 타락시키지 않은 것도 놀랄 만한 일이었다. 그들은 모두 견고했던 것으로 보인다(아합은 나쁜 의미에서 그리고 오바댜는 좋은 의미에서). 부정한 자는 계속해서 부정하며, 거룩한 자는 계속해서 거룩할 것이었다. 악한 때 악한 곳에서도 하나님 경외하는 것을 굳게 지키는 자들은 정말로 하나님을 경외하는 자들이다. 오바댜가 그러했다. 하나님은 높은 자나 낮은 자를 막론하고 모든 사람들 가운데 남은 자를 두신다. 네로의 궁중과 아합의 궁중에도 성도들이 있었다.

(2) 오바댜는 하나님의 선지자들을 보호하기 위해 자신의 권세를 사용했다. 핍박이 극심해지자 그는 선지자 100명을 가지고 50명씩 굴에 숨기고 떡과 물을 먹였다(4절). 그는 스스로 하나님을 경외하는 것만으로는 충분치 않다고 생각했다. 그는 자신에게 주어진 재물과 권세를 가지고 하나님을 경외하는 다른 사람들을 돕는 것이 자신의 의무라고 생각했다. 또한 그는 다른 사람들에게 은총을 베푸는 것이 스스로 하나님 경외하는 것을 면제해 줄 것이라고도 생각하지 않았다. 그는 두 가지를 다 행했다. 그는 스스로 하나님을 경외했을 뿐만 아니라 하나님을 경외하는 다른 사람들을 보호해 주었다. 하나님이 역경에 처한 자신의 사역자들과 백성들에게 피난처를 마련해 주기 위해 얼마나 놀랍게 돕는 자를 세우시는지 주목하라. 그 때는 떡과 물이 극히 부족한 때였다. 그러나 오바댜는 하나님의 선지자들을 위해 기꺼이 양식을 공급해 주었다.

2. 이세벨이 여호와의 선지자들을 멸하는 동안 하나님이 극도의 가뭄으로 양식을 멸하심. 아마도 이세벨은 엘리야가 심판을 예언했기 때문에 심판의 원인이 바로 선지자들이라고 규정하면서 그들을 핍박했을 것이다. 기독교인들은 **사자에게나 주어라**(Christianos ad leones). 그러나 하나님은 저들에게 그 반대

임을 알게 하셨다. 왜냐하면 바알의 선지자들이 희생될 때까지(혹은 희생제물로 드려질 때까지) 가뭄이 계속되었기 때문이었다. 아합 자신과 오바댜가 직접 꼴을 찾기 위해 온 땅을 두루 다닐 정도로 물이 부족했는데(5, 6절), 그것은 신적 섭리에 의해 그렇게 된 것이었다. 그것은 아합으로 하여금 심판의 결과가 얼마나 참혹한지 그의 눈으로 직접 보고, 그럼으로써 이러한 참혹한 가뭄을 끝낼 수 있는 유일한 방법을 알려줄 엘리야의 말에 귀를 더 잘 기울이도록 하기 위한 것이었다. 아합은 이미 많은 짐승을 잃었다. 그리고 그는 모든 짐승을 다 잃어버리지나 않을까 염려했다. 그러면서도 그는 자신의 영혼에 대해서는 염려하지 않았다. 그는 꼴을 찾기 위해서는 어떤 수고도 마다하지 않았지만, 하나님의 은혜를 찾기 위해서는 아무 수고도 하려 하지 않았다. 원인을 제거할 생각은 하지 않고 오직 결과만 가지고 전전긍긍했다. 유다 땅은 이스라엘 땅과 인접해 있었다. 그럼에도 불구하고 우리는 그 곳에서도 비가 오지 않음으로 한탄했다는 이야기를 듣지 못한다. 그것은 유다가 하나님과 더불어 다스리며 성도들과 더불어 신실했기 때문이었다(호 11:12, 한글개역개정판에는 유다는 하나님 곧 신실하시고 거룩하신 자에게 대하여 정함이 없도다라고 되어 있음). 하나님이 어떤 성읍에는 비를 내리고 어떤 성읍에는 비를 내리지 않는 것으로부터(암 4:7, 8) 이스라엘은 하나님이 다투시는 이유를 분명히 볼 수 있을 것이었다. 그러나 그들은 자신들의 눈을 가리며 마음을 완악하게 하면서 보려고 하지 않았다.

Ⅱ. 문제를 바로잡기 위한 단계. 엘리야는 다시 무대에 나타나 디셉 사람(Tishbite) 즉 개종자 혹은 개혁자로 행동한다(어떤 이들은 Tishbite란 칭호가 개종자 혹은 개혁자를 의미한다고 생각한다). 그들로 하여금 다시 만군의 하나님 여호와께 돌아오게 하라. 그러면 모든 일이 속히 해결될 것이다. 바로 이것이 엘리야가 감당해야 할 일이었다. 누가복음 1장 16절과 17절을 보라.

1. 아합이 엘리야를 부지런히 찾음(10절). 아마도 그는 엘리야를 찾는 자에게 포상을 약속했을 것이며, 또한 자신이 다스리는 모든 족속과 나라에 그리고 자신과 동맹을 맺은 모든 주변 나라에 정탐꾼을 보냈을 것이다. 사람들이 엘리야를 보지 못했다고 말하면, 그는 그들이 맹세할 때까지는 그 말을 믿으려고 하지 않았다. 그리고 아마도 아합은 그들로 하여금 만일 엘리야가 그들 가운데 있으면 즉시로 붙잡아 자신에게 넘겨 줄 것을 맹세시킨 것으로 보인다. 아합이 이와 같이 엘리야를 부지런히 찾은 것은 그가 심판을 선언한 것에 대해 처벌하

기 위한 것이었다기보다는 그러한 심판 선언을 취소하도록 강요하기 위함이었던 것으로 보인다. 왜냐하면 엘리야가 "내 말이 없으면 수 년 동안 비도 이슬도 있지 아니하리라"(17:1)라고 말했기 때문이었다. 아마도 아합은 엘리야에 대해 사람들이 마녀에 대해 생각하듯이 생각했든지(즉 마법을 건 사람이 다시 그 마법을 풀 수 있을 것이라는 생각), 그렇지 않으면 모압 왕 발락이 발람에 대해 가졌던 생각처럼 그렇게 생각했던 것으로 보인다. 나는 후자일 가능성이 더 높다고 생각한다. 왜냐하면 엘리야가 아합에게 갈멜산에서 만날 것을 제안했을 때, 아합이 그러한 제안에 순순히 응했기 때문이었다. 실제로 엘리야는 자신이 선언했던 가뭄의 심판을 완전히 돌이켰는데, 그것은 아합이 전혀 생각도 하지 못한 방법을 통해서였다.

2. 마침내 하나님이 엘리야에게 아합에게 보일 것을 명령함. 왜냐하면 이제 지면에 비를 내릴 때가 이르렀기 때문이었다(1절). 엘리야는 1년 정도 그릿 시냇가에 숨어 있다가, 이후 2년 이상의 기간을 사렙다 과부의 집에 은거해 있었다. 따라서 1절에 언급된 '제 삼년'은 과부의 집에 은거한 때로부터 계산된 것으로서, 기근이 시작된 때부터는 '제 사년' 정확하게는 기근이 3년 6개월 동안 계속되고 있던 때였다(눅 4:25; 약 5:17). 그 때 하나님은 엘리야에게 아합에게 보일 것을 명령하셨다. 엘리야는 바알 우상 숭배를 열렬히 증오하며 이스라엘 백성들을 불쌍히 여겼으므로, 은밀한 장소에 조용히 은거해 있는 것이 너무나 힘들게 느껴졌을 것이다. 그러나 그는 하나님이 명령하실 때까지는 나타나지 않았다. "너는 가서 아합에게 보이라. 이제 네 때 즉 이스라엘에게 은총의 때가 왔음이니라." 하나님이 온밀한 곳으로부터 자기 종을 불러 그로 하여금 스스로를 드러내도록 명령하시는 것은 백성들에게 좋은 징조가 된다. 여기에서 그것은 하나님이 지면에 비를 보낼 표적이었다. 최소한 우리 눈으로 우리 스승을 보는 동안에는 우리는 좀 더 쉽게 환난의 떡을 먹을 수 있을 것이다(사 30:20, 21).

3. 엘리야가 먼저 오바댜에게 자신을 나타냄. 그는 성령에 의해 어디에서 오바댜를 만날 수 있는지 알게 되었다. 우리는 여기에서 두 사람 사이에 오간 대화를 듣게 된다.

(1) 오바댜는 엘리야에게 큰 경의를 표하며 인사한다. 그는 엎드려 겸손히 묻는다(7절): 내 주 엘리야여 당신이시니이까? 엘리야가 '선지자의 아들들'(the

sons of the prophets, 혹은 선지 생도들)에게 아버지의 자애로움을 나타냈던 것처럼, 오바댜는 이 '선지자들의 아버지'(father of the prophets)에게 아들의 경의를 표한다. 이로써 오바댜는 진실로 하나님을 크게 경외했으며, 하나님의 특별한 사자를 존귀케 했으며, 하늘과 특별한 관계를 맺고 살아가는 사람이라는 사실이 분명하게 드러났다.

(2) 이에 대하여,

[1] 엘리야는 오바댜가 자신을 부른 존귀한 칭호를 아합에게 돌린다. "나를 주라 부르지 말고 그를 주라 부르라." 그러한 칭호는 선지자보다 통치자에게 더 적합한 칭호이다. 선지자는 사람으로부터 영광을 구하지 않는다. 선지자는 통치하는 것보다 사명에 더 착념하는 자로서, 주라는 칭호보다는 선견자나 목자나 파수꾼이나 일꾼이라는 칭호로 불려야 한다.

[2] 엘리야는 오바댜에게 "엘리야가 여기 있다" 고 아합에게 말하라고 명한다: 가서 네 주에게 말하기를 엘리야가 여기 있다 하라(8절). 엘리야가 왕에게 자신의 출현을 미리 알린 것은 이 일이 그에게 갑작스러운 일이 되지 않도록 하면서 그로 하여금 그것이 선지자 자신의 행동이었음을 확인시켜 주기 위함이었다.

(3) 오바댜는 그러한 메시지를 아합에게 전달하는 것만은 부디 자신에게 시키지 말아 달라고 애원한다. 왜냐하면 그렇게 하다가 자신의 목숨이 위태롭게 되는지도 모를 일이었기 때문이었다.

[1] 오바댜는 아합이 그를 얼마나 광범위하게 수색했는지, 그리고 아합의 마음이 그를 찾는 일에 얼마나 집중되어 있었는지를 이야기한다(10절).

[2] 오바댜는 엘리야가 당연히 다시 사라지게 될 것이라고 생각한다(12절): 여호와의 영이 내가 알지 못하는 곳으로 당신을 이끌어 가시리니. 아합이 엘리야를 수색하는 가운데 때로 여호와의 영이 그를 다른 곳으로 이끌어 가곤 했던 것으로 보인다. 열왕기하 2장 16절을 보라. 아합에게 가서 "엘리야가 여기 있다"라고 말하라는 명령을 들었을 때, 오바댜는 그가 진심으로 그렇게 말하는 것이 아닐 것이라고 생각했다. 다만 아합의 악의(惡意)가 얼마나 무력한지를 나타내기 위해 그렇게 한 것일 뿐이라고 생각했다. 아합이 선지자로부터 어떤 호의도 받을 자격이 없다는 사실과 선지자가 아합으로부터 어떤 위해(危害)도 당해서는 안 된다는 사실을 그는 잘 알고 있었다.

[3] 엘리야가 사라지고 나면 아합이 격분하여 자신을 죽일 것이라는 사실을

그는 확신하고 있었다(12절). 아마도 아합은 그가 자신을 조롱했다거나 아니면 엘리야가 가까이 있을 때 왜 잡지 않았느냐고 추궁할 것이었다. 폭군이나 핍박자들은 감정의 격정 가운데 때로 가까운 친구나 측근들에게조차 터무니없는 격분을 폭발시키곤 한다.

[4] 오바댜는 자신이 그러한 목숨의 위협을 당할 정도로 죄를 많이 짓지는 않았노라고 변론한다: 내가 무슨 죄를 범하였기에 당신이 당신의 종을 아합의 손에 넘겨 죽이게 하려 하시나이까? 그렇지 아니하나이다(13절). 내가 여호와의 선지자들을 숨겨 준 일이 내 주에게 들리지 아니하였나이까? 그가 이것을 자랑이나 자기 과시로 말하고 있는 것이 아니다. 다만 자신이 비록 아합의 신하라 할지라도 아합의 편에 서서 핍박하는 일에 앞잡이 노릇을 한 것은 아니므로 아합의 수족 중 한 사람으로 조롱의 대상이 되어서는 안 된다는 사실을 엘리야에게 납득시키기 위한 것이었다. 그는 많은 선지자들을 보호해 주었다. 그런 사람이 한 사람의 위대한 선지자로 인해 죽임을 당해서는 안 되는 것이 아닌가?(라고 그는 생각한다).

(4) 엘리야는 오바댜에게 그러한 메시지를 전달해도 아무 문제가 생기지 않을 것임을 확신시켜 준다. 엘리야는 오늘 자신이 아합에게 보일 것임을 맹세와 함께 확언한다(15절). 엘리야가 한 말은 진심이었으며 실제로 그렇게 할 의도로 말한 것이었다. 따라서 오바댜는 주저 없이 그 메시지를 아합에게 전달할 수 있었다. 엘리야는 만군의 여호와로 맹세한다. 그분은 모든 권세를 자신의 손에 가지고 계시므로 음부와 땅의 모든 권세로부터 자기 종들을 보호할 수 있으시다.

(5) 이렇게 하여 엘리야의 메시지가 아합에게 전달되고 아합은 엘리야를 만나러 가게 된다: 아합이 엘리야를 만나러 가다가(16절). 그렇게 오랫동안 찾았음에도 불구하고 찾지 못했던 엘리야가 스스로 나타났다는 소식은 아합에게 큰 경악이었을 것이다. 아합은 꼴을 찾아 나섰다가, '그 입의 말에 따라 비가 오게 될' 자를 만나게 되었다. 그러나 그는 자신의 죄된 양심으로 인해 비가 올 것을 소망하기보다는 또 다른 심판이 내리지나 않을까 두려워했다. 만일 아합이 정탐꾼들을 통해 엘리야를 찾아낸 후 갑작스럽게 덮쳤다면, 그는 엘리야에 대해 의기양양해하며 승리의 노래를 불렀을 것이었다. 그러나 그는 지금 엘리야로부터 이와 같이 갑작스런 기습을 당하고 말았다. 그러므로 우리는 아합이 엘

리야의 얼굴을 바라보며 두려워 떨었을 것이라고 추측할 수 있다. 아합은, 헤롯이 세례 요한에게 그랬던 것처럼, 엘리야를 미워하면서도 한편으로 두려워했다.

[17]엘리야를 볼 때에 아합이 그에게 이르되 이스라엘을 괴롭게 하는 자여 너냐 [18]그가 대답하되 내가 이스라엘을 괴롭게 한 것이 아니라 당신과 당신의 아버지의 집이 괴롭게 하였으니 이는 여호와의 명령을 버렸고 당신이 바알들을 따랐음이라 [19]그런즉 사람을 보내 온 이스라엘과 이세벨의 상에서 먹는 바알의 선지자 사백오십 명과 아세라의 선지자 사백 명을 갈멜 산으로 모아 내게로 나아오게 하소서 [20]아합이 이에 이스라엘의 모든 자손에게로 사람을 보내 선지자들을 갈멜 산으로 모으니라

우리는 여기에서 아합과 엘리야가 서로 만나는 것을 보게 된다. 아합은 세상에 가장 큰 재앙을 끼친 악한 왕이었으며 엘리야는 교회에 가장 큰 축복을 끼친 선한 선지자였다.

1. 야비하게도 아합은 그답게 엘리야를 참소한다. 그는 감히 엘리야를 치려고 하지는 못했다. 그것은 여로보암이 선지자를 치려고 손을 뻗었을 때 그의 손이 말랐던 것을 기억했기 때문이었다. 대신에 그는 엘리야에 대해 독설(毒舌)을 퍼붓는데, 그것은 그를 보내신 분에 대한 큰 모독이었다. 그가 엘리야에게 던진 첫 마디는 너무도 조악(粗惡)하기 짝이 없는 언사였다(17절): 이스라엘을 괴롭게 하는 자여 너냐? 이러한 언사는 그의 신하인 오바댜의 언사와 얼마나 다른가(7절): 내 주 엘리야여 당신이시니이까? 오바댜는 하나님을 지극히 경외하는 자였다. 반면 아합은 악을 행하는데 스스로를 판 자였다. 두 사람은 각각 선지자에게 말하는 투를 통해 스스로의 인품을 나타냈다. 어떤 사람이 하나님께 대해 얼마나 큰 애정을 가지고 있는가 하는 것을 우리는 그가 하나님의 백성과 사역자들에게 얼마나 큰 애정을 가지고 있는가 하는 것을 통해 추측할 수 있다. 지금 엘리야는 이스라엘에게 비가 다시 오기 시작할 것이라는 축복의 소식을 가져다주기 위해 왔다. 그럼에도 불구하고 그는 이와 같이 무례한 취급을 받는다. 그가 정말로 이스라엘을 괴롭게 하는 자라면, 아합은 왕으로서 마땅히 그를 책망할 의무를 가질 것이었다. 이스라엘의 평안을 보호할 자가 도리어 악

을 행함으로 이스라엘을 괴롭게 하는 경우도 있다. 그러나 엘리야의 경우는 전혀 그렇지 않았다. 그는 이스라엘의 평안을 깨뜨리는 적이 아니라 도리어 버팀줄로서 이스라엘의 병거와 마병이었다. 국가를 위해 가장 큰 공헌을 한 사람이 나라를 괴롭게 하는 자라고 불리면서 사람들에게 비방을 당하는 것은 결코 드문 일이 아니다. 심지어 그리스도와 사도들조차도 그와 같은 비방을 받았다(행 17:6).

2. 엘리야도 역시 그답게 그러한 참소를 왕에게 돌린다. 그는 아합이야말로 이스라엘을 괴롭게 하는 자임을 분명하게 증거한다(18절). 엘리야는 아간(괴롭게 하는 자)이 아니다. "나는 이스라엘을 괴롭게 하지 않았도다. 나는 그들에게 어떤 악도 행하지 않았으며 그런 계획을 가진 적도 없었도다." 하나님의 심판을 불러오는 자가 괴롭게 하는 자이지 단지 그것을 예언하고 경고함으로써 백성들로 하여금 회개하도록 하고, 그리하여 그러한 심판을 막고자 하는 자가 어찌 괴롭게 하는 자란 말인가? 내가 이스라엘을 고치려 하였으나 그들이 고침을 받고자 하지 않았도다. 아간 즉 괴롭게 하는 자는 바알들을 따른 아합이었다. 왕과 왕족들의 불신앙과 불경건만큼 나라에 괴로움을 가져다주는 것은 아무것도 없다.

3. 엘리야는 만왕의 왕으로부터 직접 권세를 받은 자로서 즉각 갈멜산에서 범국가적인 집회로 모일 것을 명령한다. 그 곳에는 하나님의 제단이 있었다(30절). 아마도 그 산 위에 유명한 산당이 있었을 것이다. 예루살렘 외에서도 예배가 드려질 수 있었던 예전 시절에는 이 곳에서 순전한 예배가 드려졌을 것이다. 이 곳으로 모든 이스라엘이 모여야 했으며, 또한 온 나라에 퍼져 있는 바알의 선지자들과 이세벨의 궁내 종무관(宗務官)들인 아세라 선지자들이 이 곳으로 모일 것이었다.

4. 이에 따라 아합은 그와 같은 범국가적인 집회를 소집하기 위한 왕의 명령서를 발부한다(20절). 그것은 그가 엘리야를 두려워하여 감히 반대할 수 없었기 때문이었거나, 아니면 엘리야가 이스라엘 땅을 축복하면서 비가 오도록 기도하기를 바라면서 그러한 조건 위에서 그가 하자는 대로 하고자 했기 때문이었을 것이다. 엘리야의 조언과 충고를 미워하며 대수롭지 않게 여겼던 자들도 그의 기도는 기쁘게 받아들일 것이었다. 지금 하나님은 사탄의 회당 곧 자칭 유대인이라 하나 그렇지 아니한 자들로 와서 그의 발 앞에 절하게 하고 하나님이 그

를 사랑하는 줄을 알게 하셨다(계 3:9).

[21]엘리야가 모든 백성에게 가까이 나아가 이르되 너희가 어느 때까지 둘 사이에서 머뭇머뭇 하려느냐 여호와가 만일 하나님이면 그를 따르고 바알이 만일 하나님이면 그를 따를지니라 하니 백성이 말 한마디도 대답하지 아니하는지라 [22]엘리야가 백성에게 이르되 여호와의 선지자는 나만 홀로 남았으나 바알의 선지자는 사백오십 명이로다 [23]그런즉 송아지 둘을 우리에게 가져오게 하고 그들은 송아지 한 마리를 택하여 각을 떠서 나무 위에 놓고 불은 붙이지 말며 나도 송아지 한 마리를 잡아 나무 위에 놓고 불은 붙이지 않고 [24]너희는 너희 신의 이름을 부르라 나는 여호와의 이름을 부르리니 이에 불로 응답하는 신 그가 하나님이니라 백성이 다 대답하되 그 말이 옳도다 하니라 [25]엘리야가 바알의 선지자들에게 이르되 너희는 많으니 먼저 송아지 한 마리를 택하여 잡고 너희 신의 이름을 부르라 그러나 불을 붙이지 말라 [26]그들이 받은 송아지를 가져다가 잡고 아침부터 낮까지 바알의 이름을 불러 이르되 바알이여 우리에게 응답하소서 하나 아무 소리도 없고 아무 응답하는 자도 없으므로 그들이 그 쌓은 제단 주위에서 뛰놀더라 [27]정오에 이르러는 엘리야가 그들을 조롱하여 이르되 큰 소리로 부르라 그는 신인즉 묵상하고 있는지 혹은 그가 잠깐 나갔는지 혹은 그가 길을 행하는지 혹은 그가 잠이 들어서 깨워야 할 것인지 하매 [28]이에 그들이 큰 소리로 부르고 그들의 규례를 따라 피가 흐르기까지 칼과 창으로 그들의 몸을 상하게 하더라 [29]이같이 하여 정오가 지났고 그들이 미친 듯이 떠들어 저녁 소제 드릴 때까지 이르렀으나 아무 소리도 없고 응답하는 자나 돌아보는 자가 아무도 없더라 [30]엘리야가 모든 백성을 향하여 이르되 내게로 가까이 오라 백성이 다 그에게 가까이 가매 그가 무너진 여호와의 제단을 수축하되 [31]야곱의 아들들의 지파의 수효를 따라 엘리야가 돌 열두 개를 취하니 이 야곱은 옛적에 여호와의 말씀이 임하여 이르시기를 네 이름을 이스라엘이라 하리라 하신 자더라 [32]그가 여호와의 이름을 의지하여 그 돌로 제단을 쌓고 제단을 돌아가며 곡식 종자 두 세아를 둘 만한 도랑을 만들고 [33]또 나무를 벌이고 송아지의 각을 떠서 나무 위에 놓고 이르되 통 넷에 물을 채워다가 번제물과 나무 위에 부으라 하고 [34]또 이르되 다시 그리하라 하여 다시 그리하니 또 이르되 세 번째로 그리하라 하여 세 번째로 그리하니 [35]물이 제단으로 두루 흐르고 도랑에도 물이 가득 찼더라 [36]저녁 소제 드릴 때에 이르러 선지자 엘리야가 나아가서 말하되 아브라함과 이삭과 이스라엘

의 하나님 여호와여 주께서 이스라엘 중에서 하나님이신 것과 내가 주의 종인 것과 내가 주의 말씀대로 이 모든 일을 행하는 것을 오늘 알게 하옵소서 [37]여호와여 내게 응답하옵소서 내게 응답하옵소서 이 백성에게 주 여호와는 하나님이신 것과 주는 그들의 마음을 되돌이키심을 알게 하옵소서 하매 [38]이에 여호와의 불이 내려서 번제물과 나무와 돌과 흙을 태우고 또 도랑의 물을 핥은지라 [39]모든 백성이 보고 엎드려 말하되 여호와 그는 하나님이시로다 여호와 그는 하나님이시로다 하니 [40]엘리야가 그들에게 이르되 바알의 선지자를 잡되 그들 중 하나도 도망하지 못하게 하라 하매 곧 잡은지라 엘리야가 그들을 기손 시내로 내려다가 거기서 죽이니라

아합과 백성들은 엘리야가 이 엄숙한 모임에서 땅을 축복하며 다시 비가 내리도록 기도해 주기를 기대했다. 그러나 엘리야에게는 먼저 해야 할 일이 있었다. 그는 먼저 백성들을 회개와 개심(改心)으로 이끌어야만 했다. 그러고 난 후에야 비로소 그들은 심판이 제거되는 것을 볼 수 있게 될 것이었다. 이것이 올바른 방법이다. 하나님은 먼저 우리의 마음을 준비시키실 것이며, 그러고 난 연후에 우리를 향해 귀를 기울이실 것이다. 먼저 우리를 하나님께로 돌리고 난 후에 우리에게로 향하시는 것이다(시 10:17; 80:3). 하나님을 버린 자들은 회개하고 돌이키기 전까지는 결코 하나님의 은총을 기대할 수 없을 것이다. 만일 엘리야가 이와 같이 자신의 일을 올바르게 시작하지 않았다면, 설령 일흔 번씩 일곱 번을 비가 오게 하려고 시도할지라도 그렇게 할 수 없었을 것이다. 3년 반 동안의 기근조차도 그들을 하나님께로 돌이키게 하지 못했다. 엘리야는 기근이 그들에게 대한 하늘의 심판이라는 사실을 보여주고자 했는데, 그가 하나님과 바알 사이에 누가 진짜 하나님인지를 공개적으로 시험한 것은 틀림없이 하늘로부터의 특별한 보증과 지시에 의한 것이었을 것이다. 하나님이 자신을 바알의 경쟁자로 놓으신 것은 스스로를 특별하게 낮추신 것이었다. 그러나 이와 같이 하여 하나님은 모든 입을 막고 모든 육체로 하여금 당신 앞에 잠잠하도록 만드셨다.

I. 엘리야가 하나님과 바알을 겸하여 섬긴 것에 대해 백성들을 책망함. 어떤 이스라엘 백성은 하나님을 섬기고 다른 이스라엘 백성은 바알을 섬겼을 뿐만 아니라 동일한 이스라엘 백성이 어떤 때는 하나님을 섬기고 다른 때는 바알을 섬겼다. 이것을 엘리야는 둘 사이에서 머뭇머뭇하는 것으로 부른다(21절). 그

들은 선지자들을 기쁘게 하기 위해 하나님을 섬기면서 동시에 이세벨을 기쁘게 하며 왕궁의 비위를 맞추기 위해 바알을 섬겼다. 그들은 앗수르에 사로잡혀 간 사마리아 사람들처럼(왕하 17:33) 양편을 다 붙잡았다. 지금 엘리야는 그 일이 얼마나 어리석은 일인지를 설파(說破)한다. 엘리야는 그들과 여호와 사이의 관계에 호소하여 다음과 같이 말하지 않는다: "그는 너희와 너희 조상들의 하나님이 아니시냐? 바알은 시돈 사람들의 신이 아니냐? 어느 나라가 그들의 신을 바꾼 일이 있느냐?"(렘 2:11). 그는 하나님이 이스라엘 백성에 대해 갖고 계시는 모든 권리를 일단 유보하고 신적 존재의 유일성으로 바로 들어간다: "무한하며 지고(至高)하신 하나님은 오직 한 분일뿐이다. 전능하며 완전히 충족하신 하나님은 오직 한 분이면 족하다. 여기에 무엇을 더할 필요가 있단 말인가? 이제 공개적인 시험을 통해 만일 바알이 무한하며 전능한 유일의 존재이며 최고의 주(主)요 완전히 충족한 자임이 드러나면, 너희는 여호와를 버리고 바알만을 따라야만 할 것이다. 그러나 만일 여호와가 유일하신 하나님이요 바알이 거짓말쟁이라면, 너희는 더 이상 바알과 어떤 관계도 가져서는 안 된다." 다음의 사실들을 주목하라.

1. 하나님과 바알 사이에서 머뭇머뭇하는 것은 매우 나쁜 일이라는 사실. 이와 관련하여 홀 주교(bishop Hall)는 다음과 같이 말한다. "화해할 수 있는 차이점들에 대해서는 행동에 있어서든 의견을 개진하는 것에 있어서든 중립에 서는 것보다 더 안전한 것은 없을 것이다. 그러나 하나님과 바알 사이와 같은 필연적인 적대관계의 경우에는 하나님 편에 서지 않는 자는 곧 하나님을 대적하는 것이다." 막 9:38-39와 마 21:30을 비교하라. 하나님을 섬기는 것과 죄를 섬기는 것, 그리고 그리스도의 통치와 육신의 정욕의 통치 — 우리가 이러한 둘 사이에서 머뭇머뭇하는 것은 매우 위험한 일이다. 양심의 가책은 받으면서 결단하지 않는 것, 결심은 하면서 계속해서 흔들리는 것, 약속은 하지만 지키지는 않는 것, 시작은 잘 하면서 지속하지는 못하는 것, 스스로 앞뒤가 맞지 않는 것, 선한 일에 냉담하며 미온적인 것 — 이와 같은 것들은 둘 사이에서 머뭇머뭇하는 것이다. 그것은 마음이 나누어진 것이다(호 10:2). 그러나 하나님은 전체를 다 가지시든지 아니면 아무것도 갖지 않으실 것이다.

2. 우리가 누구를 섬길 것인가 하는 것은 우리 자신이 선택해야 하는 것이라는 사실. 여호수아 24장 15절을 보라(만일 여호와를 섬기는 것이 너희에게 좋지

않게 보이거든 너희 조상들이 강 저쪽에서 섬기던 신들이든지 또는 너희가 거주하는 땅에 있는 아모리 족속의 신들이든지 너희가 섬길 자를 오늘 택하라). 만일 우리가 하나님보다 더 나은 주인을 찾을 수 있다면, 우리는 목숨을 걸고 그를 우리의 주인으로 모셔야만 한다. 하나님은 당신이 입증할 수 있는 것 이상을 우리에게 요구하시지 않는다. 엘리야가 제기한 이와 같은 공정한 제안에 대해 백성들은 뭐라고 대답해야 할지 알지 못했다: 백성이 말 한마디도 대답하지 아니하는지라. 그들은 스스로를 정당화시키는 말도 할 수 없었으며, 그렇다고 스스로를 정죄하는 말도 하지 않았다. 다만 무엇이라고 대답해야 할지 할 말을 잊은 채 그가 말하는 것을 듣고만 있을 뿐이었다.

Ⅱ. 엘리야가 여호와와 바알 사이에 누가 진짜 하나님인가 하는 문제를 공정한 시합으로 해결하자고 제안함. 모든 외적인 이점은 바알 쪽에 있었으므로 이것은 더욱 공정한 시합이 될 수 있었다. 왕과 왕궁은 모두 바알 편이었다. 거의 대부분의 백성들 역시 마찬가지였다. 바알의 소송대리인은 450명이었으며(22절), 그 외에도 그들을 지지하며 후원하는 400명이 더 있었다(19절). 반면 하나님의 소송대리인은 단지 한 명뿐이었으며, 그나마 최근까지 숨어 지내던 자였다. 따라서 하나님 쪽의 소명(疎明)은 그 자체의 정당성 외에는 뒷받침할 만한 것이 전혀 없었다. 그러나 이와 같은 상황 속에서 과연 누가 진짜 하나님인지가 가려질 것이었다. "각기 희생제물을 준비하고 각자의 신에게 기도하자. 이에 불로 응답하는 신 그가 하나님이니라. 만일 어느 쪽도 응답하지 않는다면 백성들로 무신론자가 되게 하고, 만일 양쪽 다 응답하면 백성들로 계속해서 둘 사이에서 머뭇머뭇하도록 하게 하자." 의심의 여지 없이 이와 같은 시합을 제안함에 있어 엘리야는 하나님으로부터 특별한 지시를 받았을 것이다. 그렇지 않았다면 그것은 하나님을 시험하고 신앙을 모독하는 것이 되었을 것이다. 이 사건은 매우 특별한 사건으로서, 그 결과는 이 때뿐만 아니라 모든 세대에 유효했다. 엘리야가 혼자 하나님 편에 서서 그토록 많은 사람들과 맞선 것은 그의 용기를 보여주는 실례였다. 그리고 그 결과는 하나님의 모든 증인들에게 사람의 얼굴을 두려워할 필요가 없음을 격려해 준다. 엘리야는 "물로 응답하는 신 그가 하나님이니라"라고 말하지 않고(지금 백성들이 필요로 하는 것이 바로 물이었음에도 불구하고) "불로 응답하는 신 그가 하나님이니라"라고 말했다. 그것은 심판이 제거되기 전에 먼저 희생제물에 의해 속죄가 이루어져야만 했기 때문이

었다. 죄를 용서하는 권세를 가지시고 그것을 속죄제물을 사르는 것으로 나타내는 하나님이야말로 기근으로부터 우리를 건져낼 수 있는 하나님이실 것이다. 불을 보낼 수 있는 자가 물도 보낼 수 있을 것이다. 마태복음 9장 2절과 6절을 보라.

Ⅲ. 그러한 제안에 백성들이 동의함. 그 말이 옳도다(24절). 그들은 엘리야의 제안이 더할 나위 없이 공정한 것이라고 인정한다. "하나님은 때로 불로써 응답하곤 하셨다. 그러므로 만일 바알이 그렇게 할 수 없다면 그는 하나님의 자리를 찬탈한 자로써 마땅히 배격되어야만 한다." 그들은 공개적인 실험이 시행되기를 몹시 열망했다. 그리고 실험의 결과가 어떻게 나오든 그 결과에 승복하고자 마음을 먹은 것처럼 보였다. 하나님을 향해 굳게 서 있는 자들은 이 일의 결과가 하나님의 영광을 드러내는 것으로 귀결될 것이라는 것을 조금도 의심치 않았다. 양쪽에 머뭇머뭇하는 자들도 실험의 결과를 기꺼이 받아들이려고 하고 있었다. 그리고 아합과 바알의 선지자들 역시도 백성들을 두려워하여 감히 반대하지 못하고, 자기들이 하늘로부터 불을 내려오게 하든지(왜냐하면 어떤 이들이 생각하는 것처럼 그들은 바알 안에서 태양을 숭배했기 때문에) 아니면 엘리야가 그렇게 하지 못하기를(왜냐하면 하나님이 가끔 불을 내린 것은 성전에서였는데 이 곳은 성전이 아니었기 때문에) 바랐다. 만일 이 시합에서 그들이 무승부만 할 수 있다면, 그들이 가지고 있는 다른 이점들이 그들에게 승리를 가져다 줄 것이었다. 따라서 그들 역시도 기꺼이 시합에 임했다.

Ⅳ. 바알의 선지자들이 먼저 시도함. 그들은 자신들이 먼저 하기를 열망했다. 그것은 먼저 하는 것이 영예로운 일이었기 때문만이 아니라 만일 그들이 최소한의 성과만이라도 얻어낼 수 있다면 엘리야에게 기회를 주지 않고 시합을 끝낼 수도 있었기 때문이었다. 엘리야는 그들에게 먼저 하도록 허락했는데, 그것은 그들로 하여금 더 큰 혼란에 빠지도록 만들기 위함이었다. 그는 사탄이 거짓 기사(奇事)들로 역사한다는 사실을 잘 알고 있었기 때문에 오로지 속임수를 차단하는 것에만 주의를 기울였다: 그러나 불을 붙이지 말라(23절). 여기에서 다음을 주목하라.

1. 바알의 선지자들은 바알에게 기도함에 있어 요란스럽고도 끈질기게 졸라댄다. 그들은 제물을 준비하고 자기들의 신에게 기도를 올렸는데, 우리는 450명이 만들어내는 소음이 얼마나 요란했을는지 충분히 짐작하고도 남는다.

그들은 한 사람처럼 힘을 다해 소리를 질렀다: 바알이여 우리의 기도를 들으소서 바알이여 우리에게 응답하소서. 아데미 숭배자들은 두 시간 동안이나 "크도다 에베소 사람들의 아데미여"(행 19:34) 하면서 소리를 질렀는데, 바알의 선지자들은 그들보다 더 오랜 시간 소리를 질러댔다. 그들이 바알을 향해 부르짖은 말을 통해 우리는 그들이 얼마나 지각 없는 짐승 같은지 잘 알 수 있다.

(1) 어릿광대들처럼 그들은 마치 자신들도 송아지와 함께 제물이 된 것 같이 제단 주위에서 뛰놀았다. 또한 그들은 이와 같은 방식으로 자신들의 큰 열망을 표현하려고 했다. 그들은 제단 주위에서 뛰놀았는데, 어떤 이들이 생각하는 것처럼 그것은 제단 주위에서 춤을 춘 것이었다. 마치 헤로디아가 헤롯에게 그랬던 것처럼, 그들은 춤을 통해 자기들의 신을 기쁘게 하고 그럼으로써 그로부터 불을 내리게 하고자 했다.

(2) 미친 사람들처럼 그들은 칼과 창으로 자신들의 몸을 상하게 했다(28절). 그렇게 한 것은 응답을 받지 못한 초조감으로 인한 것이었든지, 아니면 일종의 예언적 격정(prophetic fury)으로 송아지의 피로 자기들의 신의 호의(好意)를 얻지 못하자 자신들의 피를 바침으로라도 그것을 얻고자 한 것이었을 것이다. 하나님은 자기를 섬기는 자들에게 이와 같은 방식으로 자신을 영화롭게 하도록 요구하지 않으신다. 그러나 마귀를 섬기는 것은 어떤 경우에는 육체의 소욕에 탐닉하게 만들기도 하지만 또 어떤 경우에는 육체를 해하며 괴롭게 만들기도 한다. 이것은 바알을 섬기는 자들의 규례였던 것으로 보인다. 하나님은 자기 백성들이 스스로 자기 몸을 베는 것을 분명하게 금하셨다(신 14:1, 너희는 너희 하나님 여호와의 자녀이니 죽은 자를 위하여 자기 몸을 베지 말며), 하나님은 우리로 하여금 우리의 정욕과 부패성을 죽일 것을 요구하신다. 그러나 어떤 가톨릭교도들이 하는 것 같은 육체에 대한 엄격하고 가혹한 고행은 정욕과 부패성을 죽이는 것이 아닐 뿐만 아니라 하나님을 기쁘시게 하는 것도 아니다. 이것을 누가 너희에게 요구하였느냐?(사 1:12).

2. 엘리야는 그들을 통렬하게 조롱한다. 엘리야는 그들 옆에 서서 그들이 우상에게 기도하는 것을 오랜 시간 참을성 있게 그러나 은밀한 분개와 경멸의 마음으로 듣고 있었다. 정오가 되어 태양이 가장 뜨거워졌을 때에도 그들은 계속해서 불이 내리기를 간구하고 있었다. 이에 엘리야는 그들의 어리석음을 비웃는데, 자신의 위엄 있는 직분과 지금 벌어지고 있는 일의 중대성에도 불구하

고 다음과 같이 조롱한다. "큰 소리로 부르라. 그는 이 모든 소란이 없이는 듣지 못하는 훌륭한 신이기 때문이라. 틀림없이 그는 지금 누군가와 말하고 있거나 혹은 묵상하고 있거나 혹은 깊은 생각에 골몰해 있을 것이니라. 너희의 체면뿐 아니라 그의 모든 영광이 달려 있음에도 불구하고 그는 지금 자기 일에는 괘념치 아니하고 뭔가 다른 일을 생각하고 있는 모양이로다. 그가 속히 정신을 차리지 아니하면 자칫 그의 새로운 점령지(즉 이스라엘)를 잃어버리게 될 것이라." 우상을 숭배하는 것은 가장 우스꽝스러운 일이며 따라서 이와 같이 조롱을 받는 것이 지극히 마땅하다는 사실을 주목하라. 그러나 이것이 그리스도 안에서 하나님께 예배하는 것을 비웃는 것을 정당화시키는 것은 결코 아니다. 왜냐하면 하나님께 예배하는 것은 바알을 숭배하는 자들이 하는 방식과는 전혀 다르게 행하여지기 때문이다. 바알의 선지자들은 엘리야의 정당한 책망으로 인해 자신들의 어리석음을 깨닫고 부끄러워하기는 고사하고 도리어 더욱 격렬하게 행동하면서 한층 더 우스꽝스럽게 행동했다. 그들은 재를 먹고 허탄한 마음에 미혹되어 나의 오른손에 거짓 것이 있지 아니하냐 함으로써 자기들의 영혼을 구원하지도 못하느니라(사 44:20).

3. 바알은 그들의 부르짖는 소리를 전혀 듣지 못한다. 엘리야는 그들을 중단시키지 않았다. 그들이 완전히 지쳐 절망할 때까지 그대로 내버려 두었는데, 그들의 미친 듯한 소란은 저녁 소제 드릴 때가 돼서야 비로소 멈추었다(29절). 그 때까지 그들 가운데 어떤 자들은 기도했고, 또 어떤 자들은 예언을 하며 바알을 찬양했다. 또 그들 가운데 어떤 자들은 결국 바알이 응답할 것이라고 말하면서 기도하는 자들을 격려했을 것이다. 그러나 귀를 기울이는 자도 없었고 응답하는 자도 없었다. 우상은 선한 일이든 악한 일이든 아무것도 할 수 없다. 공중 권세 잡은 자는 이런 경우 오직 하나님이 허락하실 때에만 하늘로부터 불을 내려오게 만들 수 있을 뿐이다. 그는 바알을 돕기 위해 할 수만 있다면 그렇게 하고자 할 것이지만, 그러나 오직 하나님의 허락 하에서만 가능할 뿐이다. 우리는 세상을 미혹하는 짐승이 이와 같은 일을 행하는 것을 보게 된다. 그가 큰 이적을 행하되 심지어 사람들 앞에서 불이 하늘로부터 땅에 내려오게 하고 땅에 거하는 자들을 미혹하며(계 13:13, 14). 그러나 하나님은 지금 마귀로 하여금 그렇게 하도록 내버려 두지 않으셨다. 왜냐하면 지금 이 시합의 결과에 따라 여호와와 바알 사이에 누가 진짜 하나님인지 결정하기로 모든 당사자들이 합의

했기 때문이었다.

V. 엘리야가 불로써 응답을 받음. 바알 숭배자들은 더 이상 어떻게 해 볼 수가 없게 되었고, 이제 엘리야의 차례가 되었다. 그가 어떻게 일을 진행시켜 나갔는지 살펴보자.

1. 무너진 제단을 수축함. 엘리야는 바알에게 기도하느라 더럽혀진 제단을 그대로 사용하려 하지 않았다. 그리하여 그는 전에 여호와를 섬기는 일에 사용했던 무너진 제단을 보고 그것을 수축(修築)하기로 마음을 먹었다(30절). 이것은 엘리야가 새로운 종교를 소개하려고 했던 것이 아니라 그들의 조상들의 하나님께 대한 믿음과 예배를 되살리고 그들로 하여금 첫사랑을 다시 회복하도록 하려고 했음을 의미한다. 두 왕국(이스라엘과 유다)이 다시 통일되기 전까지는 엘리야는 그들을 예루살렘의 제단으로 데려갈 수 없었다. 따라서 엘리야는 선지자의 권위로써 갈멜산 위에 제단을 쌓으면서 예전에 세웠던 제단을 인정한다. 우리가 어떤 상황 속에서 충분한 만큼의 개혁을 할 수 없을 때, 우리는 할 수 있는 만큼만이라도 개혁을 해야만 한다. 바알 숭배를 몰아내기 위해 아무것도 하지 않는 것보다는 어느 정도 부족한 부분이 있더라도 가능한 최선을 다해 할 수 있는 일을 하는 것이 훨씬 더 낫다. 엘리야는 열두 지파의 수효를 따라 돌 열두 개를 취하여 제단을 수축했다(31절). 비록 열둘 가운데 열 지파가 하나님을 버리고 바알에게 갔다 할지라도, 엘리야는 그들을 여전히 하나님께 속한 백성으로 간주했다. 그것은 그들의 조상들과 세운 예전의 언약으로 말미암은 것이었다. 그리고 열 지파가 정치적인 이해관계로 인해 나머지 두 지파와 나누어졌다 할지라도, 그들은 이스라엘의 하나님을 섬기는 일에 모두 하나였다. 우리는 여기에서 하나님이 그들의 조상 야곱을 이스라엘 즉 '하나님과 함께 다스리는 자' 라는 이름으로 불렀다는 언급을 보게 된다(31절). 그것은 그들이 본 바와 같이 듣지도 못하고 응답하지도 못하는 신을 섬기는 그의 타락한 후손들을 부끄럽게 하고 지금 야곱처럼 하나님과 더불어 씨름하고 있는 선지자를 칭송하기 위함이었다. 오 야곱이여 네가 또한 하나님과 더불어 다스리는 자가 될 것이요(시 24:6), 거기에서 그가 우리로 더불어 말씀하셨도다(호 12:4).

2. 여호와의 이름으로 제단을 쌓은 다음(32절) 제물을 준비함(33절). 그것은 하나님의 지시에 따른 것이었으며 또 하나님을 바라보며 한 것이었으며 또 자신의 영광을 위한 것이 아니었다. 송아지와 나무는 있거니와 불은 어디에 있나이

까?(창 22:7). 불은 하나님이 자기를 위하여 친히 준비하시리라(창 22:8). 우리가 거짓 없이 우리 마음을 하나님께 바치면, 하나님은 당신의 은혜로써 우리 마음에 거룩한 불을 붙여주실 것이다. 엘리야는 제사장이 아니었으며, 또한 레위인 수종자들을 데리고 있지도 않았다. 그리고 갈멜산에는 성막도 성전도 없었으며, 그 곳은 증거의 궤 및 하나님이 택하신 장소와는 너무도 멀리 떨어져 있었다. 또한 이 곳의 제단은 예물로써 성별케 된 제단도 아니었다. 그러나 지금 이 곳에서 드려진 제물보다 하나님 앞에 더 열납될 만한 제물은 어디에도 없었다. 레위기의 세세한 규례들은 율법적으로 엄격히 준수되기보다 장차 나타날 것에 대한 모형으로 의도된 것이 아닌가 생각될 정도로 종종 면제되곤 했었다(사사 시대나 사무엘의 때에도 그랬고 지금 엘리야의 때에도 역시 마찬가지였다). 바울 사도는 이러한 규례들을 한때 쓰이고 없어지는 것으로 표현했는데(골 2:22), 그러한 표현은 그것들이 얼마 후 완전히 폐지될 것을 암시하는 것이었다(히 8:13, 첫 것은 낡아지게 하신 것이니 낡아지고 쇠하는 것은 없어져 가는 것이니라).

3. 도랑을 만들고 물을 부음(32절). 어떤 이들은 엘리야가 제단을 우묵하게 만들었다고 생각하기도 한다. 그는 네 통씩 세 번에 걸쳐 총 열두 통의 물을 제물 위에 부었는데(아마도 그것은 바닷물이었을 것이다. 왜냐하면 그 곳은 바다에 인접한 곳이었을 뿐만 아니라 극심한 가뭄의 때에 그토록 많은 담수를 제물 위에 붓는 것은 생각하기 어려운 일이기 때문이다), 그것은 밑에 불이 있었던 것이 아닌가 하는 의심을 불식시키고 불이 내려오는 이적을 좀 더 극적으로 만들기 위한 것이었다.

4. 그리고 나서 제단 앞에서 엄숙하게 기도함. 엘리야는 자신이 드린 번제물이 재가 되고 그럼으로써 하나님이 그것을 받으셨음을 증거해 달라고 겸손하게 간구한다(시 20:3). 그의 기도는 길지 않았다. 그는 헛되이 반복하지 않았으며, 말을 많이 해야 들을 줄로 생각하지 않았다. 그의 기도는 엄숙하고 장엄했으며, 그의 마음이 고요하고 침착함을 나타냈다(36, 37절). 그것은 바알 선지자들의 광란적인 무질서와는 너무나 거리가 멀었다. 비록 지정된 장소(즉 예루살렘)는 아니라 할지라도, 그는 저녁 소제를 드리는 지정된 시간을 선택했다. 그렇게 함으로써 엘리야는 자신이 예루살렘의 제단과 함께 한다는 사실을 나타내고자 했다. 그는 지금 불이 내려오는 응답을 기대하고 있었다. 그럼에도 불구하고 그는 불을 두려워하지 않고 담대하게 제단 가까이 다가왔다. 그는 하나님을 아

브라함과 이삭과 이스라엘의 하나님으로 부르는데, 그것은 하나님의 언약에 대한 믿음을 나타내면서 동시에 백성들로 하여금 하나님과 족장들에 대한 그들의 관계를 일깨워 주기 위한 것이었다. 그는 여기에서 두 가지를 탄원한다.

(1) 하나님의 영광. "여호와여 나의 기도를 들으시고 내게 응답하소서. 그럼으로써 주께서 이스라엘의 하나님이심을 나타내소서(지금 대부분의 사람들이 이 사실을 잊어버렸고 또 부인하나이다). 오직 주만이 이스라엘의 경배를 받으시기에 합당하시며, 또 내가 주의 종으로서 나 자신의 기분이나 열정을 만족시키기 위함이 아니라 오직 주의 말씀에 따라 행했고 행하고 있으며 행할 것임을 나타내소서. 주께서 종을 부르시고 사용하고 계시나이다. 여호와여 주께서 그와 같이 하셨음을 나타내소서." 민수기 16장 28절과 29절을 보라. 엘리야는 자신의 영광이 아니라 하나님의 영광을 구했으며, 나아가 하나님이 자신을 옹호해 주시기를 구했다.

(2) 백성들의 유익. "불이 내려오는 이적을 통해 이 백성에게 주 여호와는 하나님이신 것과 주는 그들의 마음을 되돌이키심을 알게 하옵소서. 그리고 주의 은총을 경험하게 하사 그들로 하여금 자비의 길로 돌이키게 하옵소서."

5. 하나님이 즉시로 불로써 응답하심(38절). 엘리야의 하나님은 잠자고 있지도 않았으며 묵상하고 있지도 않았다. 그래서 깨울 필요도 각성시킬 필요도 없었다. 엘리야의 말이 미처 마치기도 전에 여호와의 불이 내려와 다른 때처럼(레 9:24; 대상 21:26; 대하 7:1) 번제물과 나무를 태움으로써 하나님이 제물을 받으셨음을 나타냈을 뿐만 아니라 나아가 도랑의 모든 물을 핥아 수증기가 되게 함으로써 이제 이러한 제물과 기도의 결실로 내리게 될 비가 자연적인 원인에 의한 것이 아니라 초자연적인 원인에 의한 것임을 나타냈다. 이것을 시편 135편 7절과 비교하라. 안개를 땅 끝에서 일으키시며 비를 위하여 번개를 만드시며. 이 비를 위해 하나님은 안개(수증기)를 일으키시고 번개를 만드셨다. 하나님의 진노의 불에 떨어지는 자들에 대하여, 어떤 물도 그러한 불로부터 그들을 피하게 해 주지 못하거늘 하물며 찔레와 가시야 얼마나 더 그러하겠는가?(사 27:4, 5). 그러나 이것이 전부가 아니었다. 불은 제단의 돌과 흙까지 태움으로써 그것이 일반적인 불이 아니라는 사실을 보여주었다. 그리고 그것은 어쩌면 하나님이 이 제단으로부터 이와 같은 특별한 제물은 열납하셨다 할지라도 미래에는 산당의 모든 제단들을 허물어 버리고 오직 예루살렘의 제단만을 사용해야 함

을 암시하는 것일는지도 몰랐다. 모세의 제단과 솔로몬의 제단은 하늘로부터 내려온 불에 의해 성별되었다. 그러나 지금 이 제단은 더 이상 사용되지 못하도록 완전히 불에 타 파괴되었다. 우리는 그 불이 아합과 바알 숭배자들에게 얼마나 큰 공포를 가져다주었을지 쉽게 상상할 수 있다. 아마도 그들은 "불이 우리까지도 삼킬까 두렵도다"라고 외치면서 가능한 멀리 그리고 빨리 도망쳤을 것이다(민 16:34).

VI. 이러한 공정한 시합의 결과. 바알 선지자들은 자기들의 신이 참 하나님임을 입증할 수 있는 어떤 증거도 제시할 수 없었다. 반면 엘리야는 가장 분명하며 부인할 수 없는 증거로써 이스라엘의 하나님이 참 하나님임을 입증했다.

1. 배심원격인 백성들은 이러한 시합에 대해 만장일치로 평결을 내렸다. 결론은 너무나 분명했다. 어떻게 평결을 내릴 것인지에 대해 깊이 생각해 볼 필요도 서로 의논할 필요도 없었다. 모든 백성이 엎드려 한 목소리로 말했다. "바알이 아니라 여호와 그가 하나님이시로다. 이제 우리는 분명히 알고 확신하게 되었도다. 여호와 그가 하나님이시로다"(39절). 이제 그들은 마땅히 여호수아 24장 24절처럼 다음과 같이 추론했어야 했다. "만일 그가 하나님이라면 그는 우리의 하나님이실 것이라. 그러므로 우리는 오직 그만을 섬길 것이라." 틀림없이 일부 사람들은 그와 같이 마음을 돌이켰을 것이다. 그러나 대부분의 사람들은 깨닫기만 할 뿐 돌이켜 하나님의 진리에 순복하고 그의 언약 속으로 돌아오려고 하지 않았다. 그들이 본 것을 보지 못하고도 믿은 자들은 복이 있도다. 여호와가 유일하신 하나님이라는 사실이야말로 모든 거짓 주장들을 물리치는 핵심적인 요체라는 사실을 우리는 잊지 말아야 한다.

2. 범죄자격인 바알 선지자들은 율법에 따라 정죄되고 죽음에 처해졌다(40절). 만일 여호와가 참된 하나님이라면 바알은 거짓 신일 것이다. 바알 선지자들은 백성들을 유혹하여 여호와를 버리고 바알을 섬기도록 만들었다. 따라서 그들은 하나님의 율법에 따라 사형에 처해져야 했다(신 13:1-11). 어떤 증거도 필요치 않았다. 모든 이스라엘 백성이 이 일에 증인이었다. 따라서 엘리야는 그들 모두를 땅을 괴롭게 한 자들로서 즉시 죽이도록 명령했다(이 일은 특별한 위임에 따라 시행된 것이므로 선례가 되어서는 안 된다). 아합은 지금 하늘에서 떨어진 불로 인해 몹시 두려워하고 있었으므로 감히 반대할 수 없었다. 이

들은 450명의 바알 선지자들이었다. 400명의 아세라 선지자들은(어떤 이들은 이들이 시돈 사람들이었을 것이라고 생각한다) 부름을 받았음에도 불구하고 (19절) 참석하지 않으므로 죽음을 피한 것으로 보인다. 아합과 이세벨은 그들만이라도 죽음을 피한 것을 큰 다행으로 여겼을 것이다. 그러나 그들은 얼마 후 아합에게 길르앗라못으로 올라가라고 격려함으로써 결국 그를 멸망으로 이끄는 도구가 되었다(22:6).

[41]엘리야가 아합에게 이르되 올라가서 먹고 마시소서 큰 비 소리가 있나이다 [42]아합이 먹고 마시러 올라가니라 엘리야가 갈멜 산 꼭대기로 올라가서 땅에 꿇어 엎드려 그의 얼굴을 무릎 사이에 넣고 [43]그의 사환에게 이르되 올라가 바다쪽을 바라보라 그가 올라가 바라보고 말하되 아무것도 없나이다 이르되 일곱 번까지 다시 가라 [44]일곱 번째 이르러서는 그가 말하되 바다에서 사람의 손 만한 작은 구름이 일어나나이다 이르되 올라가 아합에게 말하기를 비에 막히지 아니하도록 마차를 갖추고 내려가소서 하라 하니라 [45]조금 후에 구름과 바람이 일어나서 하늘이 캄캄해지며 큰 비가 내리는지라 아합이 마차를 타고 이스르엘로 가니 [46]여호와의 능력이 엘리야에게 임하매 그가 허리를 동이고 이스르엘로 들어가는 곳까지 아합 앞에서 달려갔더라

이스라엘은 발걸음을 돌이켜 여호와가 참 하나님이라는 사실을 인정하고 바알 선지자들을 죽이는 것에 동의했다. 설령 이것이 완전한 개혁에는 훨씬 못 미치는 것이었다 할지라도, 하나님은 그것을 받으시고, 바로 그 날 밤 하늘 문을 여시사 자신의 땅에 축복을 쏟아 부으셨다. 학개 2장 18절과 19절을 보라.

I. 엘리야가 아합에게 올라가서 먹고 마시라고 말함. 그것은 하나님이 그의 일을 받으시고 비를 보내실 것이기 때문이었다. 전도서 9장 7절을 보라(너는 가서 기쁨으로 네 음식물을 먹고 즐거운 마음으로 네 포도주를 마실지어다 이는 하나님이 네가 하는 일들을 벌써 기쁘게 받으셨음이니라). 아합은 종일 금식하고 있었다. 그것은 종교적인 의미에서 그 날이 기도의 날이었기 때문이었든지 아니면 너무나 많은 일들이 벌어짐으로 음식을 먹을 경황이 없었기 때문이었을 것이다. 그러나 이제 엘리야는 아합에게 먹고 마시라고 말한다. 그것은 다른 사람들은

아무런 표적도 인식하고 있지 못했지만 그는 믿음으로 큰 비 소리를 듣고 있었기 때문이었다(41절). 하나님은 자신의 종 선지자들에게 자신의 비밀을 계시하신다. 그러나 우리는 그러한 계시가 없이도 사람들에 대한 심판이 강처럼 쏟아져 내릴 때 하나님의 자비 또한 그러할 것이라고 예견할 수 있다. 비는 하나님의 강이다(시 65:9).

Ⅱ. 엘리야가 비가 오기를 기도함(하나님이 비를 약속하셨다 할지라도 그는 그것을 구해야 했다, 슥 10:1). 엘리야는 불로 응답하신 것에 대해 하나님께 감사를 드리면서 이제는 물로 응답해 주시기를 갈망했다. 그가 어떻게 기도했는지 우리는 듣지 못한다. 그러나

1. 그는 특이한 장소(strange place)인 갈멜 산 꼭대기로 올라갔다. 그 곳은 매우 높으며 은밀한 곳이었다. 우리는 아모스에서 갈멜 산 꼭대기에 숨은 자들과 관련한 언급을 발견한다(암 9:3, 갈멜 산 꼭대기에 숨을지라도 내가 거기에서 찾아낼 것이요). 그는 그 곳에 홀로 있었다. 하나님을 위해 대중 앞에 나서서 행동하도록 부름 받은 자들은 그분과 더불어 은밀하게 교제하며 대화하는 시간을 가져야만 한다. 그 곳에서 엘리야는 마치 하박국 선지자처럼 이를테면 스스로를 자신의 파수대 위에 세웠다(합 2:1).

2. 그는 특이한 자세(strange posture)를 취했다. 그는 겸손과 공경과 간절함의 표시로 땅에 꿇어 엎드렸으며, 스스로를 낮추는 표시로 얼굴을 무릎 사이에 넣었다.

Ⅲ. 엘리야가 사환에게 바다에서 구름이 일어나는 것을 보면 즉시 알려 줄 것을 지시함. 엘리야가 갈멜 산 꼭대기에서 내려다보고 있었던 바다는 지중해였는데, 오늘날 선원들은 그 곳을 갈멜 곶(Cape Carmel)이라고 부른다. 사환은 여섯 번이나 꼭대기에 올라가 살펴보았지만 아무것도 보지 못했고 따라서 주인에게 좋은 소식을 전해줄 수 없었다. 그러나 엘리야는 계속해서 기도했다. 그는 자기 눈으로 직접 볼 때까지 결코 포기하지 않을 것이었지만, 그러나 계속해서 사환을 보내 어떤 소망의 구름이 나타나지 않는지 살펴보도록 했다. 그 동안 그는, "당신이 내게 축복하지 않으면 내가 당신을 가게 하지 않겠나이다"라고 했던 야곱처럼, 마음을 굳게 하면서 기도에 전념했다. 설령 우리의 간절한 믿음의 기도가 속히 응답되지 않는다 할지라도 우리는 실망하거나 포기하지 말고 계속해서 기도해야 한다는 사실을 주목하라. 왜냐하면 그 결국이 속히 이를

것이며 결코 거짓되지 않을 것이기 때문이다(합 2:3).

Ⅳ. 마침내 작은 구름이 나타남. 그것은 사람의 손 만한 작은 구름이었는데, 곧 하늘 전체를 덮더니 땅에 큰 비를 쏟아냈다(44, 45절). 대부분의 경우 큰 축복도 작은 것으로부터 시작되는 법이며, 많은 비도 한 뼘의 구름으로부터 시작되는 법이다. 그러므로 우리는 작은 것이라고 하여 대수롭지 않게 여겨서는 안 되며, 그것으로부터 큰 것을 소망하며 기다려야 한다. 그것은 잠깐 있다가 사라지는 아침구름 같은 것이 아니었다(비록 이스라엘의 선이 그와 같았다 할지라도). 그것은 흡족한 비를 만들어 내는 구름이었으며(시 68:9), 또한 엄청난 비가 쏟아질 것을 예시하는 전조(前兆)였다.

Ⅴ. 이에 엘리야가 아합으로 하여금 속히 왕궁으로 돌아가도록 함. 아합은 편안하게 그리고 위용을 갖추면서 마차를 타고 갔으며(45절), 반면 엘리야는 그 앞에서 달려갔다. 만일 아합이 엘리야에 대해 합당한 존경심을 가졌다면, 그는 에디오피아 내시가 빌립에게 했던 것처럼 엘리야를 자기 마차에 태우고 이스라엘의 장로들 앞에 존귀케 하면서 그와 더불어 국가적인 개혁에 관해 협의했을 것이다. 그러나 자신의 잘못을 깨달은 것보다 그의 타락의 분량이 훨씬 더 컸으므로, 그는 엘리야를 피해 버리고 말았다 — 마치 벨릭스가 다음에 이야기하자고 하면서 바울과의 대화를 연기했던 것처럼. 이에 엘리야는 조금의 거리낌도 없이 마치 하인처럼 아합 앞에서 달려갔다(46절). 그가 그렇게 한 것은 하나님이 그에게 주신 큰 존귀로 의기양양해하는 것처럼 보이지 않게 하고자 함이었든지 아니면 설령 왕을 엄하게 책망했다 할지라도 백성으로서 왕에 대한 경의를 나타내기 위함이었을 것이다. 하나님의 일꾼들은 하나님의 메시지를 전할 때에는 매우 엄위해야 하지만 그러나 세속적인 위용을 과시하는 것에는 관심을 갖지 말아야 한다. 그런 것은 땅의 왕들에게나 어울리는 것이다.

제
— 19 —
장

개요

앞 장은 엘리야가 이스르엘 입구까지 달려갔다는 이야기와 함께 끝났다. 앞 장에서 그는 스스로를 대중 앞에 드러냈고, 모든 백성들의 눈은 그를 향했었다. 이제 본 장에서 우리는 그가 생명의 위협을 느낌과 함께 다시 은밀한 장소로 피신하는 것을 보게 된다. 그러나 우리는 그것을 이스라엘에 대한 징계로 간주해야만 한다. 왜냐하면 그들은 스스로를 개혁함에 있어 너무도 성실치 못하며 변덕스러웠기 때문이었다. 백성들이 배우고자 하지 않을 때 하나님이 선생을 은밀한 장소로 옮기는 것은 지극히 정당한 일이다. 본 장의 내용은 다음과 같다. I. 이세벨의 악의로 인해 엘리야가 은밀한 곳으로 도망침(1-3절). II. 피신 중에 그가 하나님의 호의를 입음. 1. 하나님이 그를 먹이심(4-8절). 2. 하나님이 그에게 말씀하시고(9절), 스스로를 나타내시며(11-13절), 탄식을 들으시며(10-14절), 할 일을 지시하시며(15-17절), 격려하심(18절). III. 돌아오는 도중에 엘리사를 만나 힘을 얻음(19-21절).

¹아합이 엘리야가 행한 모든 일과 그가 어떻게 모든 선지자를 칼로 죽였는지를 이세벨에게 말하니 ²이세벨이 사신을 엘리야에게 보내어 이르되 내가 내일 이맘때에는 반드시 네 생명을 저 사람들 중 한 사람의 생명과 같게 하리라 그렇게 하지 아니하면 신들이 내게 벌 위에 벌을 내림이 마땅하니라 한지라 ³그가 이 형편을 보고 일어나 자기의 생명을 위해 도망하여 유다에 속한 브엘세바에 이르러 자기의 사환을 그 곳에 머물게 하고 ⁴자기 자신은 광야로 들어가 하룻길쯤 가서 한 로뎀 나무 아래에 앉아서 자기가 죽기를 원하여 이르되 여호와여 넉넉하오니 지금 내 생명을 거두시옵소서 나는 내 조상들보다 낫지 못하니이다 하고 ⁵로뎀 나무 아래에 누워 자더니 천사가 그를 어루만지며 그에게 이르되 일어나서 먹으라 하는지라 ⁶본즉 머리맡에 숯불에 구운 떡과 한 병 물이 있더라 이에 먹고 마시고 다시 누웠더니 ⁷여호와의 천사가 또 다시 와서 어루만지며 이르되 일어나 먹으라 네가 갈 길을 다 가지 못할까 하노라 하는지라 ⁸이에 일어나 먹고 마시고 그 음식물의 힘을 의지하여 사

십 주 사십 야를 가서 하나님의 산 호렙에 이르니라

여호와와 바알 사이에 누가 참 하나님인가 하는 시합의 결과는 너무도 분명하게 나타났으며, 그 과정에서 하나님의 영광은 모든 사람들이 볼 수 있는 형태로 나타났다. 그리고 그로 인해 엘리야는 크게 존귀케 된 반면 바알 제사장들은 혼란에 빠지게 되었고, 백성들은 모두 여호와가 참 하나님이란 사실을 깨닫게 되었다. 그들은 엘리야의 기도로 하늘에서 불이 내려오는 것과 물(비)이 내려오는 것을 보았다. 그것은 그들에게 은총이 임하는 것이었다. 하늘에서 불이 내려오는 것은 그들의 제물이 열납되는 것을 의미하는 것이었으며, 하늘에서 물(비)이 내려오는 것은 곤핍한 기업이 새롭게 되는 것을 의미하는 것이었다(시 68:9, 하나님이여 주께서 흡족한 비를 보내사 주의 기업이 곤핍할 때에 주께서 그것을 견고하게 하셨고). 이와 같은 사실들로 인해 대부분의 사람들은 이제 그들이 모두 한 사람처럼 이스라엘의 하나님을 예배하는 자리로 돌아와 엘리야를 자신들의 인도자(guide)와 신탁(oracle)으로 삼고 그럼으로써 이제 그가 이스라엘의 총리가 되고 그의 지시가 곧 왕과 나라의 법이 되었을 것이라고 생각할 것이다. 그러나 사실은 전혀 달랐다. 하나님이 존귀케 하신 그를 그들은 그대로 방치해 버렸다. 그에게 경의를 표하지도 않았고, 주의를 기울이지도 않았으며, 귀히 여기지도 않았다. 그리고 이스라엘 땅은 그에게 너무도 견디기 어려운 곳이 되고 말았다(그가 그 땅에 그토록 큰 축복이었음에도 불구하고).

1. 아합의 말을 듣고 이세벨이 격앙함. 그녀는 왕비였음에도 불구하고 사실상 섭정의 위치에 있었던 것으로 보인다(실제로 그녀는 나중에 태후가 되었을 때 자기 마음대로 나라를 주관하고 움직였다). 아합의 양심은 그 자신으로 하여금 엘리야를 핍박하는 것을 허락하지 않았다(이스라엘의 영혼과 육체를 가지고 있는 그 안에 그의 손을 묶는 무엇인가가 있었을 것이다). 그리하여 아합은 자신의 손으로 직접 위해를 가하는 대신 아내 이세벨에게 그가 행한 모든 일을 말한다(1절). 그것은 그녀를 납득시키기 위해서가 아니라 격앙시키기 위해서였다. 아합은 이세벨에게 이야기함에 있어 '하나님이 행하신 것'이라고 말하지 않고 '엘리야가 행한 것'이라고 말한다 — 마치 이 일에 하나님의 손은 전혀 개입되지 않고 오로지 엘리야가 주문이나 마법 같은 것을 사용하여 하늘로

부터 불을 내려오게 했다는 듯이. 특별히 아합은 엘리야가 모든 선지자들을 죽였다고 표현했는데, 그것은 이세벨을 더욱 격노케 하기 위한 것이었다. 여기에서 아합은 바알의 선지자들을 ─ 마치 그들만이 그와 같은 이름을 가질 만한 자격이 있다는 듯이 ─ 그 선지자들(the prophets)이라고 부른다. 그의 마음은 그들에게 기울어져 있었다. 그는 바알의 선지자들을 죽인 것이 이세벨이 하나님의 선지자들을 죽인 것(18:4)에 대한 정당한 보응임을 인식하지 못한 채 그것을 엘리야의 범죄로 규정했다. 어떤 사람에게 위해를 가함에 있어 스스로는 부끄러움이나 두려움 때문에 하지 못하면서 다른 사람을 충동하여 그렇게 하는 자들은 그 책임에 있어 자신들의 손으로 직접 위해를 가하는 것과 하등 차이가 없을 것이다.

2. 이세벨이 엘리야에게 협박의 메시지를 보냄(2절). 그녀는 24시간 내에 엘리야를 반드시 죽이고야 말겠다고 맹세한다. 무엇인가가 지금 당장 그를 죽이는 것을 막고 있지만, 그러나 그녀는 오래 지체하지 않고 반드시 죽이고야 말겠다고 다짐했다. 육신적인 심령은 마땅히 하나님께 굴복해야 할 때에도 도리어 더욱 완악해지고 광분한다. 그녀는 미친 사람처럼 광분하면서, 만일 그를 죽이지 않는다면 자신에게 마땅히 저주가 임할 것이라며 자기 신들의 이름으로 맹세한다. 우리는 핍박자들에게서 잔인성과 자기 확신이 함께 나타나는 것을 종종 발견한다. 내가 뒤쫓아 따라잡아 탈취물을 나누리라. 내가 그들로 말미암아 내 욕망을 채우리라. 내가 내 칼을 빼리니 내 손이 그들을 멸하리라(출 15:9). 그렇지만 그녀가 엘리야에게 자신의 계획을 미리 알려 줌으로써 그로 하여금 도망갈 기회를 준 것은 도대체 어찌된 일인가? 그녀는 엘리야가 너무도 담대하여 도망치지 않을 것이라고 생각했는가? 아니면 그가 도망칠지라도 얼마든지 붙잡을 수 있을 것이라고 생각했는가? 그렇지 않으면 그녀가 이와 같이 광분하는 가운데 분별력을 잃은 데에 어떤 특별한 섭리가 있었는가? 이 문제와 관련하여 나는 다음과 같이 생각하고 싶다. 즉 그녀는 지금 엘리야를 죽이기 위해 혈안이 되어 있었지만 그러나 지금 백성들이 모두 그를 위대한 선지자로 여기고 있으므로 그녀는 백성들을 두려워하여 감히 행동에 옮기지 못하고 있었던 것이었을 것이라는 것이다. 따라서 그와 같은 메시지를 보낸 것은 단지 그를 협박하여 그로 하여금 자신이 시작한 일을 계속하지 못하게 하려는 것이었을 것이다. 그녀가 맹세와 저주로써 자신의 협박을 뒷받침한 것은 그녀가 실제로 그를 죽이

려고 의도했음을 입증하지 않는다. 단지 그로 하여금 그렇게 믿게 하고자 했을 뿐이다. 그녀가 맹세한 신들은 실상 그녀에게 아무런 위해(危害)도 가할 수 없었다.

3. 이에 엘리야가 크게 두려워하여 도망침. 아마도 그는 밤에 도망쳤을 것이다. 그리고 그렇게 하여 그는 브엘세바에 이르렀다(3절). 이에 대해 우리는 어떻게 생각해야 하는가? 그의 행동을 칭찬해야 하는가? 우리는 그를 칭찬하지 않는다. 아합과 바알 선지자들로 더불어 대면했던 그 용기는 도대체 어디로 갔단 말인가? 또 하늘로부터 불이 떨어질 때 요동하지 않고 제물 곁에 서 있었던 용기는 어디로 갔는가? 하늘과 땅으로부터의 이와 같은 두려움에도 꿈쩍하지 않고 서 있었던 그가 오만불손한 한 여인의 무력한 공갈에 두려워 떨고 있었다. 주여 사람이 무엇이나이까? 위대한 믿음의 사람이라고 하여 항상 강한 것은 아니다. 그는 지금 이 중요한 순간에 자신이 이스라엘에게 매우 필요한 존재이며 따라서 자신이 하나님의 일을 행하고 있는 동안에는 능히 그분의 보호하심을 기대할 수 있음을 충분히 알 수 있었다. 그럼에도 불구하고 그는 도망쳤다. 예전의 위험한 상황에서 하나님은 그에게 숨으라고 지시하셨다(17:3). 따라서 그는 지금도 그렇게 할 수 있다고 생각한 것으로 보인다.

4. 엘리야가 브엘세바를 거쳐 광야로 들어감. 그 곳은 이스라엘이 방랑했던 황량한 광야였다. 브엘세바는 이스르엘로부터 매우 멀리 떨어진 곳이었으며, 여호사밧 왕의 통치영역에 속한 곳이었으므로 매우 안전한 곳이었다(유다의 여호사밧 왕은 매우 선한 왕이었다). 그렇지만 이와 같이 위험에서 벗어난 지역이었음에도 불구하고 엘리야는 그 곳에서 두려움을 떨쳐버린 채 평안히 안식할 수 없었고, 그래서 하룻길을 더 걸어 광야로 들어갔다. 그러나 아마도 엘리야가 그 곳으로 은거해 들어간 것은 자신의 안전을 위해서라기보다는 하나님과 더불어 좀 더 자유롭고 친밀한 교제를 나누기 위함이었을 것이다. 엘리야는 브엘세바에 이르러 자기 사환을 그 곳에 머물게 했는데(3절), 그것은 아브라함이 하나님께 예배하기 위해 산에 올라가면서 자기 종들을 산 밑에 머물게 할 때 그랬던 것처럼, 그리고 그리스도께서 겟세마네 동산에서 제자들을 물러가게 할 때 그랬던 것처럼 광야에서 혼자 있기 위해서였든지, 아니면 아마도 자기 사환을 광야의 황량함에 노출시키지 않으려고 했기 때문이었을 것이다(왜냐하면 그는 광야의 황량함에 노출되기에는 너무나 연약했기 때문에). 그렇게

하는 것은 새 포도주를 헌 가죽부대에 넣는 것과 같은 것이었다. 이와 같이 우리는 우리가 책임지고 있는 자들의 연약함을 고려할 줄 알아야만 한다. 왜냐하면 하나님께서도 우리에 대해 그렇게 하시기 때문이다.

5. 엘리야가 곤비함 가운데 지쳐 죽기를 원함(4절). 난외(欄外)에는 "그가 생명을 구하면서 죽기를 원하였다"라고 되어 있다. 그것은 선한 사람에게 있어서는 죽는 것이 곧 사는 것이기 때문이다. 육체가 죽는 것은 곧 영혼으로 다시 사는 것이다. 그러나 그가 죽기를 원한 이유는 그것이 아니었다. 그가 죽기를 원한 이유는 바울이 몸을 떠나 그리스도와 함께 있기를 소망한 것과는 다른 것이었다. 그것은 욥이 죽기를 바랐을 때 그랬던 것처럼 즉흥적이며 부패한 열망으로부터 말미암은 것이었다. 이와 같은 방식으로 죽기를 바라는 자들은 죽음을 위한 가장 적합한 상태에 있지 않은 것이다. 이세벨이 그를 죽일 것을 맹세했으므로 그는 번민 가운데 죽기를 구하며 사망에서 사망으로 달려간다. 그러나 그것이 전부는 아니었다. 그가 죽기를 바란 것에는 또 다른 뜻이 있었다. 그것은 그가 사람의 손에 떨어지기를 바라지 않고 여호와의 손에 죽기를 바란 것이었다. 왜냐하면 그들은 너무도 잔인한 반면 하나님은 부드러우시며 자비하신 하나님이시기 때문이었다. 그는 이세벨의 협박대로 바알의 선지자들처럼 죽기보다는(2절) 차라리 광야에서 죽고자 했다. 만일 이세벨의 협박대로 바알의 선지자들처럼 죽는다면 바알 숭배자들은 쾌재를 부르며 이스라엘의 하나님을 모독할 것이었다. 만일 그들이 하나님의 옹호자(즉 엘리야 자신)를 쓰러뜨린다면 그들은 자신들이 하나님보다 더 크고 강하다고 생각할 것이었다. 엘리야는 이렇게 탄원한다. "족하나이다. 이제 나는 할 일을 다 했으며 괴로움도 충분히 겪었나이다. 이제는 사는 것이 너무나 힘들고 지치나이다." 다른 세상의 복을 가진 자들은 이 세상에 대해 지나치게 집착하지 않는 법이다. 엘리야는 또 이렇게 탄원한다. "나는 내 조상들보다 낫지 못하며 괴로움도 더 잘 견디지 못하나이다. 그러하거늘 어찌하여 조상들보다 더 오랫동안 괴로움의 짐을 져야만 한단 말이나이까?" 그렇지만 이 사람이 바로 내 주 엘리야란 말인가? 그토록 위대하고 당당했던 자가 이토록 나약해졌단 말인가? 하나님이 그를 이와 같이 내버려두신 것은 그가 강하고 담대했을 때 그것은 주와 그의 강력한 능력 안에서였음을 나타내기 위함이었다. 그 자신으로서는 그의 조상들이나 형제들보다 결코 나을 것이 없었던 것이다.

6. 하나님이 천사를 통해 엘리야를 먹이심. 엘리야는 고의적으로 광야의 결핍과 위험 속으로 스스로를 던져 넣었다. 만일 하나님이 돕지 않으셨다면 그는 그 곳에서 죽었을 것이었다. 고집 센 자녀들에 대하여 하나님은 그들이 받아야 할 것보다 훨씬 더 좋은 대접을 베풀어 주신다. 엘리야는 뿌루퉁한 가운데 죽기를 원하였다. 그리고 하나님에게 그가 꼭 필요한 것도 아니었다. 하나님은 그가 아닌 다른 사람을 통해서도 당신의 뜻을 이루실 수 있으셨다. 그럼에도 불구하고 하나님은 계속해서 그를 쓰시고 존귀케 하기를 원하셨고, 따라서 그를 살리기 위해 천사를 보내셨다. 만일 하나님이 우리의 말대로 행하사 우리의 어리석고 즉흥적인 요청을 허락하신다면, 우리의 형편은 더욱 나쁘게 될 것이다. 엘리야는 죽기를 구하는 가운데 누워 잤다(5절). 아마도 그는 잠자는 가운데 죽어 다시 깨지 않기를 바랐을 것이다. 그러나 그는 잠에서 깨어나, 떡과 물이 준비되어 있는 것과(6절) 천사가 자신을 돌봐주고 있는 것을 발견했다. 천사는 그가 잠자고 있는 동안 지켜 주었으며, 두 번에 걸쳐 그에게 음식을 먹도록 권면했다(5, 7절). 이와 같이 천사의 돌봄을 받을진대, 그는 인간들의 무자비함을 불평할 필요가 없었다. 그에게는 자신이 이세벨의 식탁에서 먹는 아세라 선지자들보다 더 훌륭한 대접을 받았다고 여길 만한 충분한 이유가 있었다. 하나님의 자녀들은 어디에 있든지 여전히 아버지의 땅 위에 있는 것이며, 또한 아버지의 보호와 돌봄 아래 있는 것이다. 그들이 광야에서 스스로를 잃어버릴지라도 하나님은 결코 그들을 잃어버리지 않으신다. 거기에서 그들은 하갈처럼 그들을 살피시는 자를 뵈옵게 될 것이다(창 16:13).

7. 엘리야가 음식물의 힘을 의지하여 하나님의 산 호렙에 이름(8절). 그가 그 곳으로 간 것은 단지 그 자신의 뜻과 계획에 의한 것이 아니라 여호와의 영이 그를 그 곳으로 이끈 것이었다. 그럼으로써 그로 하여금 모세가 하나님과 교제했던 바로 그 장소에서 하나님과 교제하고, 모세를 통해 주신 율법이 그를 통해 다시 회복되도록 하셨다. 천사는 그에게 두 번씩이나 음식물을 먹으라고 권했는데, 그것은 그 앞에 먼 여행길이 놓여 있었기 때문이었다(7절). 하나님은 우리 앞에 놓여 있는 고난과 시련을 아시며, 따라서 우리가 스스로를 위해 준비하지 못할 때조차도 우리를 위해 넉넉한 은혜로 준비해 주실 것이라는 사실을 주목하라. 우리에게 어디로 항해할 것인지를 지시하시는 분은 그에 맞는 배도 또한 준비하실 것이다. 엘리야를 살리기 위해 하나님이 얼마나 다양한 방법

을 사용하셨는지 살펴보라. 하나님은 까마귀들을 통해 먹이시고, 밀가루와 기름이 끊어지지 않게 하셨으며, 또 천사를 통해 먹이셨다. 그리고 이제 사람이 떡으로만 사는 것이 아님을 보여주시기 위해 하나님은 그를 음식도 먹지 않고 쉬지도 않고 잠자지도 않는 상태에서 40일을 지켜 주셨다. 그럼으로써 엘리야는 이스라엘의 광야 여행 일 년을 하루씩 계산하여(다시 말해서 40년에 대해 40일을) 먹을 것을 갈망하지 않은 채 계속해서 광야 길을 가로질러 나갈 수 있었다. 그는 음식물을 필요로 하지도 않고 갈망하지도 않았다. 의심의 여지 없이 광야는 그에게 만나를 생각나게 해 주었을 것이며, 또한 그로 하여금 하나님이 이 곳에서 자신을 지켜주시고 때가 되면 이스라엘에게 그렇게 하셨던 것처럼 자신을 이 곳으로부터 데려가실 것을 소망하도록 고무했을 것이다.

[9]엘리야가 그 곳 굴에 들어가 거기서 머물더니 여호와의 말씀이 그에게 임하여 이르시되 엘리야야 네가 어찌하여 여기 있느냐 [10]그가 대답하되 내가 만군의 하나님 여호와께 열심이 유별하오니 이는 이스라엘 자손이 주의 언약을 버리고 주의 제단을 헐며 칼로 주의 선지자들을 죽였음이오며 오직 나만 남았거늘 그들이 내 생명을 찾아 빼앗으려 하나이다 [11]여호와께서 이르시되 너는 나가서 여호와 앞에서 산에 서라 하시더니 여호와께서 지나가시는데 여호와 앞에 크고 강한 바람이 산을 가르고 바위를 부수나 바람 가운데에 여호와께서 계시지 아니하며 바람 후에 지진이 있으나 지진 가운데에도 여호와께서 계시지 아니하며 [12]또 지진 후에 불이 있으나 불 가운데에도 여호와께서 계시지 아니하더니 불 후에 세미한 소리가 있는지라 [13]엘리야가 듣고 겉옷으로 얼굴을 가리고 나가 굴 어귀에 서매 소리가 그에게 임하여 이르시되 엘리야야 네가 어찌하여 여기 있느냐 [14]그가 대답하되 내가 만군의 하나님 여호와께 열심이 유별하오니 이는 이스라엘 자손이 주의 언약을 버리고 주의 제단을 헐며 칼로 주의 선지자들을 죽였음이오며 오직 나만 남았거늘 그들이 내 생명을 찾아 빼앗으려 하나이다 [15]여호와께서 그에게 이르시되 너는 네 길을 돌이켜 광야를 통하여 다메섹에 가서 이르거든 하사엘에게 기름을 부어 아람의 왕이 되게 하고 [16]너는 또 님시의 아들 예후에게 기름을 부어 이스라엘의 왕이 되게 하고 또 아벨므홀라 사밧의 아들 엘리사에게 기름을 부어 너를 대신하여 선지자가 되게 하라 [17]하사엘의 칼을 피하는 자를 예후가 죽일 것이요 예후의 칼을 피하는 자를 엘리사가 죽이리라 [18]그러나 내가 이스라엘 가운데에 칠천 명을 남기리니 다 바알에

게 무릎을 꿇지 아니하고 다 바알에게 입맞추지 아니한 자니라

I. 엘리야가 호렙 산의 한 동굴에 머묾. 그 산은 하나님의 산이라 일컬어지는데, 그것은 하나님이 전에 그 곳에서 당신의 영광을 나타내셨기 때문이었다. 어쩌면 그 곳은 여호와께서 자신의 이름을 선포하면서 모세 앞에서 지나가실 때 그가 숨어 있었던 바로 그 굴 혹은 그 반석 틈이었는지도 모른다(출 33:22, 내 영광이 지나갈 때에 내가 너를 반석 틈에 두고 내가 지나도록 내 손으로 너를 덮었다가). 엘리야가 이 곳에 와서 머문 것은 아마도 자신의 울적함을 달래기 위해서였든지, 아니면 율법이 수여되고 많은 큰 일들이 벌어졌던 유명한 장소를 봄으로써 자신의 호기심을 만족시키면서 하나님을 만날 소망과 함께 자신의 믿음과 헌신을 새롭게 하기 위함이었을 것이다. 혹은 이스라엘이 스스로 돌이켜 새롭게 되는 것을 싫어하므로 그가 이제 이스라엘을 버리는 것을 나타내기 위함이었든지(엘리야의 행동은 나중에 예레미야가 바랐던 것과 잘 부합된다. 렘 9:2, 내가 광야에서 나그네가 머무를 곳을 얻는다면 내 백성을 떠나 가리니 그들은 다 간음하는 자요 반역한 자의 무리가 됨이로다; 그가 이스라엘을 버리는 것은 하나님이 그들을 버리는 것에 대한 나쁜 징조가 될 것이었다), 아니면 다른 장소에서는 결코 안전할 수 없을 것이라고 생각했기 때문이었을 것이다. 이와 같이 엘리야는 히브리서 기자가 언급하는 고난을 겪었다(히 11:38, 그들이 광야와 산과 동굴과 토굴에 유리하였느니라).

II. 하나님이 그 곳에 찾아오셔서 엘리야에게 물으심. 여호와의 말씀이 그에게 임하여(9절). 우리는 어디를 가든지 하나님의 눈과 팔과 말씀을 떠날 수 없다. 내가 주의 영을 떠나 어디로 가며 주의 앞에서 어디로 피하리이까(시 139:7). 하나님은 자신 때문에 추방당한 자들을 돌보실 것이다. 그리고 자신으로 인해 사람들로부터 쫓겨난 자들을 하나님은 찾으시고 인정하시며 영원한 은총으로 모으실 것이다. 사도 요한은 밧모섬에 유배되어 있을 때 전능자의 이상(異像)을 보았다(계 1:9). 여기에서 하나님은 엘리야에게 "엘리야야 네가 어찌하여 여기 있느냐"라고 묻는다(9절). 이것은 하나님이 그를 책망하는 것이었다.

1. 왜냐하면 그가 이 곳으로 도망쳐 왔기 때문이었다. "무엇이 너로 하여금 이토록 먼 곳까지 오게 했느냐? 이세벨을 피하여 여기까지 도망쳐 왔느냐? 네가 전능자의 권능을 의지할 수 없었단 말이냐?" 우리는 여기에서 '너'라는 대

명사에 강세를 주어야만 하다. "네가 누구냐? 위대한 자요 위대한 선지자요 확고한 정신으로 가득 찬 네가 이처럼 나약하게 너의 나라를 도망쳐 나온단 말이냐?" 이와 같은 소심함은 다른 사람의 경우라면 좀 더 변명의 여지가 있었을 것이다. 나 같은 자가 어찌 도망하겠느냐(느 6:11). 백향목이 이와 같이 흔들리면 자잘한 나무들이야 얼마나 더 하겠는가?

2. 왜냐하면 그가 이 곳에서 꼼짝 않고 있었기 때문이었다. "네가 이 곳 이 굴에서 무엇을 하고 있느냐? 이 곳이 여호와의 선지자가 눌러앉아 있을 곳이냐? 지금이 너와 같은 자들이 은거하고 있을 때란 말이냐? 지금 온 나라가 너와 같은 자들을 필요로 하고 있지 않느냐?" 전에 하나님이 그를 은거케 하실 때에는(17장), 그는 사렙다의 한 가난한 과부에게 축복이었다. 그러나 여기에서는 도대체 무슨 선을 행할 수 있단 말인가? 우리는 종종 지금 우리가 마땅히 있어야 할 자리에 있는지 스스로에게 물어 보아야만 한다. "나는 지금 내가 마땅히 있어야 할 자리, 즉 하나님이 부르시고 내가 유용하게 할 수 있는 일이 있는 그러한 자리에 있는가?"

III. 이에 대한 엘리야의 대답(10절).   그리고 동일한 질문에 동일한 대답이 반복된다(14절).

1. 엘리야는 자신의 은거(隱居)에 대해 변명한다. 그가 광야로 물러난 이유는 이스라엘의 개혁에 대한 열정이 부족했기 때문이 아니라 그것의 성공에 대해 완전히 절망했기 때문이었다. 선을 행할 소망이 있는 동안에는 그가 만군의 하나님 여호와께 열심이 유별했음을 하나님도 아시고 그 자신의 양심도 증거했다. 그러나 이제 그의 수고는 헛것이 되었으며 그의 모든 노력은 물거품이 되고 말았다. 따라서 그는 지금은 포기할 때요 그들을 개혁할 수 없음으로 인해 애통해야 할 때라고 생각했다. 네 골방에서 나와 외쳐라. 나를 불쌍히 여기소서.

2. 엘리야는 이스라엘 백성들에 대하여 한탄한다. 그들은 죄 가운데 완악해졌으며 불신앙의 극치에 이르렀다. "이스라엘 자손이 주의 언약을 버렸으며, 그것이 내가 그들을 버린 이유나이다. 그들 가운데 거하면서 거룩한 것들이 파괴되고 허물어지는 것을 누가 볼 수 있겠나이까?" 바울 사도는 이것을 그가 이스라엘을 고발한 것으로 말한다(롬 11:2-3, 그가 이스라엘을 하나님께 고발하되 주여 그들이 주의 선지자들을 죽였으며). 엘리야는 통상 그들의 옹호자였지만, 그러나 지금은 하나님 앞에 그들을 고발하는 자가 되고 말았다. 또한 우리는 요한복음

5장 45절에서 다음과 같은 말씀을 발견한다. 너희를 고발하는 이가 있으니 곧 너희가 바라는 자 모세니라. 이와 같이 자신들을 대적하는 하나님의 선지자들의 기도와 증거가 있는 자들은 참으로 불쌍한 자들이다.

(1) 엘리야는 그들이 하나님의 언약을 버렸다고 고발한다. 그들은 여전히 언약의 표적과 인(印)인 할례를 가지고 있었다. 그럼에도 불구하고 그들은 하나님을 예배하고 섬기는 것을 버렸다(바로 이것이 할례의 진정한 의미였다). 하나님의 규례들을 소홀히 여기면서 그분과의 교제를 잃어버리는 것은 사실상 하나님의 언약을 버리고 그와의 연합을 깨뜨리는 것이다.

(2) 엘리야는 그들이 주의 제단들을 헐었다고 고발한다. 그들은 주의 제단들을 방치함으로 스스로 후패하도록 내버려 두었을 뿐만 아니라 바알을 섬기는데 열심을 내는 가운데 그것들을 고의적으로 허물었다. 여기에서 말하는 제단들은 여호와의 선지자들이 가지고 있었던 사적인 제단들(private alters)을 말하는 것이다. 그러한 제단들은 예루살렘에 올라갈 수 없었던, 그러면서도 바알이나 금송아지들에게는 결코 절하고자 하지 않았던 선한 백성들이 종종 참례하곤 했던 제단들이었다. 이러한 제단들은 비록 교회의 통일성을 저해하는 것이기는 했지만 그러나 진심으로 하나님을 섬기며 그분의 영광을 추구하는 자들에 의해 세워지고 참례되었다. 따라서 외면적인 분파주의(즉 예루살렘의 제단 외에 다른 제단들을 세운 것)는 충분히 이해되고 용납될 수 있었다. 하나님은 그러한 제단들을 '자신의 제단'으로 인정하셨다. 그리고 그러한 제단들을 헌 것은 중대한 죄로서 엘리야에 의해 고발을 당했다. 그러나 이것이 전부가 아니었다.

(3) 엘리야는 그들이 칼로 주의 선지자들을 죽였다고 고발한다. 아마도 이들은 앞에서 언급한 제단들에서 봉사했던 자들이었을 것이다. 그들을 죽인 것은 이방 여인 이세벨이었다(18:4). 그러나 그 죄가 백성 전체에게 부과되는데, 그것은 백성 대부분이 그들의 죽음에 찬동하면서 그것을 기뻐했기 때문이었다.

3. 엘리야는 왜 자신이 광야로 물러나 굴에 은거하게 되었는지 그 이유를 설명한다.

(1) 그것은 그가 할 수 있는 일이 아무것도 없었기 때문이었다. "오직 나만 남았사오며, 나를 옹호하며 지지해 줄 자가 아무도 없나이다. 그들은 모두 '여

호와가 하나님이시다' 라고 말했지만, 그러나 아무도 나와 함께하는 자가 없었고 나에게 은신처를 제공해 주지도 않았나이다. 그 때 얻은 승리도 지금은 모두 물거품이 되고 말았으며, 내가 그들을 새롭게 만드는 것보다도 이세벨이 그들을 더 많이 타락시킬 수 있나이다. 한 사람이 천 명에 대항하여 무엇을 할 수 있겠나이까?" 도무지 성공할 수 없을 것이라는 생각에 의해 많은 선한 일들이 훼방을 받는다. 하나님이 함께하고 계심에도 불구하고 자신들이 혼자가 아니란 사실을 잊어버린 자들은 결코 모험을 하려고 하지 않을 것이다.

(2) 그것은 그의 안전이 매우 위태로웠기 때문이었다. "그들이 내 생명을 찾아 빼앗으려 하나이다. 돌이켜 새로워지기를 싫어하는 자들을 새롭게 하려는 무익한 노력 때문에 목숨을 잃느니 차라리 광야에서 은거하는 것이 더 낫지 않겠나이까?"

IV. 하나님이 엘리야에게 자신을 나타내심.　그는 하나님을 만나기 위해 이곳에 왔는가? 이제 그는 하나님을 만나게 될 것이다. 모세는 자기 앞에 하나님의 영광이 지나갈 때 굴(혹은 반석 틈) 안에 있었다. 그러나 엘리야는 그 곳에서 나오라는 부르심을 받는다: 너는 나와서 여호와 앞에서 산에 서라(11절). 하나님이 호렙에서 이스라엘에게 말씀하실 때 그들이 그랬던 것처럼, 엘리야는 별다른 형상을 보지는 못했다. 그러나,

1. 그는 크고 강한 바람 가운데 산이 갈라지고 바위가 부숴지는 것을 보았다. 이와 같이 영들(spirits) 혹은 **바람들**(winds)을 만드시는 천지의 재판장 앞에서 그의 천사들에 의해 나팔이 불어지게 될 것인데(시 104:4), 그 소리가 너무나 커서 땅이 울릴 뿐만 아니라 갈라질 것이다.

2. 그는 지진의 진동을 느꼈다.

3. 그는 불이 타오르는 것을 보았다(12절).

이러한 것들은 신적 영광의 현현이 다가오고 있음을 알려주는 것들이었다. 또한 그것들 가운데 천사들이 있었는데, 그들은 하나님의 사역자들로서 광야에서 우리 하나님을 위해 대로를 예비하기 위해 그 앞에 행진하고 있었다.

4. 마침내 그는 세미한 소리를 들었다. 그리고 그 곳에 여호와께서 계셨다. 다시 말해서, 하나님이 그에게 바람이나 지진이나 불이 아닌 세미한 소리로 말씀하신 것이었다. 그것들(즉 바람과 지진과 불)이 그에게 두려움을 불러일으키고 각성시키며 겸비함과 경외심을 고취시키기는 했지만, 그러나 하나님은 자

신의 마음을 알림에 있어 이와 같은 무시무시한 소리들이 아니라 부드러운 속삭임을 선택하셨다. 이것을 깨달았을 때,

(1) 그는 겉옷으로 얼굴을 가렸다(13절). 그렇게 한 것은 하나님의 영광이 그의 눈을 부시게 하며 압도했기 때문이었다. 그래서 그는 그것을 바라보기를 두려워하여 얼굴을 가렸던 것이었다. 천사들 역시도 하나님을 경외하는 표시로 그분 앞에서 자신들의 얼굴을 가린다(사 6:2). 또한 그는 부끄러움의 표시로 얼굴을 가렸는데, 능력의 하나님이 자기 옆에 계심에도 불구하고 겁쟁이처럼 이와 같이 도망쳐 왔기 때문이었다. 바람과 지진과 불이 아니라 세미한 음성이 그로 하여금 얼굴을 가리게 만들었다. 은혜를 아는 사람들은 하나님의 두려움보다도 그분의 부드러운 자비에 의해 더 큰 감동을 받는다.

(2) 그는 굴 어귀에 섰다. 그것은 하나님이 말씀하시는 것을 들을 준비가 되어 있음을 나타내는 것이었다. 하나님이 지금 호렙 산에서 스스로를 나타내는 이러한 방법은 예전에 바로 이 장소에서 모세에게 자신을 나타냈던 방법과 관련되는 것으로 보인다.

[1] 그 때 폭풍과 지진과 불이 있었지만(히 12:18), 그러나 모세에게 자신의 영광을 나타내실 때 하나님은 당신의 선하심을 선포하셨다. 여기에서도 마찬가지였다. 그분은 세미한 소리 가운데 계셨다.

[2] 그 때 이스라엘에게 율법이 주어질 때에도 먼저는 두려운 모양으로, 그리고 그 다음에 말씀의 소리로 주어졌다. 그리고 지금 엘리야는 그 율법을(특별히 처음 두 계명을) 다시 세우도록 부름을 받고 있으므로, 지금 그 율법을 어떻게 다룰 것인지를 배우고 있는 것이다. 그는 지진과 불과 같은 놀라운 표적으로 백성들을 각성시키며 두렵게 만들 뿐만 아니라 세미한 소리로 그들을 설득하고 납득시키고자 노력해야만 한다. 믿음은 하나님의 말씀을 들음에서 나는 것이며, 이적은 단지 그 길을 준비하는 것에 불과할 뿐이다.

[3] 그 때 하나님은 자기 백성들에게 두려움으로 말씀하셨다. 그러나 엘리야의 심령과 능력으로 열리게 될 복음시대에 그리스도는 세미한 소리 즉 조용하고 작은 음성으로 말씀하실 것이다. 그리고 그것은 우리로 하여금 두려워하며 떨게 만들지 않을 것이다. 히브리서 12장 18절 이하를 보라.

V. 하나님이 엘리야에게 내리신 명령. 하나님은 엘리야에게 다시 한 번 물으신다. "네가 어찌하여 여기 있느냐? 지금 이 곳은 네가 있을 자리가 아니니라."

이에 엘리야는 이스라엘이 믿음을 저버리고 하나님을 떠나 배교한 것을 한탄하면서 앞에서 대답했던 것과 똑같은 대답을 반복한다(14절). 이에 하나님은 그에게 응답을 주신다(즉 그가 원하는 대로 응답해 주셨다). 그가 죽기를 원했을 때(4절) 하나님은 그의 어리석음을 따라 응답하지 않으셨다. 그 때 하나님은 그를 죽게 하기는 고사하고, 그의 생명을 지켜 주셨을 뿐만 아니라 죽지 않도록 음식물을 공급해 주시기까지 하셨다. 그러나 그가 낙망 가운데 한탄할 때 하나님은 그에게 응답을 주셨다. 하나님은 하사엘을 아람의 왕으로 임명하며, 예후를 이스라엘의 왕으로, 그리고 엘리사를 그의 후계자로 임명하여 선지자의 직분을 감당하게 하라고 그에게 지시하신다(15, 16절). 이것은 하나의 예고(豫告, prediction)였다. 하나님은 타락한 이스라엘을 징벌하시고, 자신의 뜻을 변론하시며, 자신의 언약을 저버린 것에 대해 복수하실 것이다(17절). 엘리야는 이스라엘의 악에 대해 징벌이 이루어지지 않았다고 한탄했다. 기근의 심판은 지나치게 관대하여 그들을 개심(改心)시키지 못했으며, 그들이 개심하기 전에 그 심판이 끝나고 말았다. 그는 말한다. "내가 하나님의 이름을 위하여 열심(熱心)이 유별하였으나 주께서는 그렇지 않으셨나이다." 이에 하나님이 말씀하신다. "이제 되었으니 족하게 여길지어다. 때가 되면 모두 이루어지리라. 패역한 자들에 대하여 심판이 준비 되었느니라. 그들을 징벌할 자들이 뽑히고 이제 지명될 것이니, 그들이 그 일을 수행할 것이라."

1. "하사엘이 아람의 왕이 될 때, 그가 이스라엘 백성들 가운데 피바람을 일으킬 것이며(왕하 8:12) 그렇게 하여 그들의 우상 숭배가 고쳐질 것이라."

2. "예후가 이스라엘의 왕이 될 때, 그가 우상 숭배를 주도한 아합의 집에 피바람을 일으켜 완전히 진멸할 것이다."

3. "엘리사가 네 뒤를 이어 선지자가 될 때, 그는 네가 살아 있는 동안에는 네 손을 강하게 할 것이며 네가 죽고 난 후에는 네 일을 수행할 것이라. 그는 이스라엘의 배교에 대한 살아 있는 증인이 될 것이며 우상의 성읍인 벧엘의 자녀들을 죽일 것이라." 악인은 심판을 위해 유보되어 있는 것이라는 사실을 주목하라. 악이 죄인을 따르는 법이다. 그러므로 죄인에게 있어 악을 피할 수 있는 방법은 없다. 악을 피하고자 시도하는 것은 단지 어떤 사람의 칼끝으로부터 다른 사람의 칼끝으로 뛰어가는 것에 불과하다. 예레미야 48장 44절을 보라. 두려움에서 도망하는 자는 함정에 떨어지겠고 함정에서 나오는 자는 올무에 걸리리니.

엘리사는 성령의 검으로 하사엘의 전쟁의 검과 예후의 공의의 검을 피한 자들의 양심을 찌르며 괴롭게 만들 것이다. 그의 입술의 기운으로 악인을 죽일 것이며(사 11:4; 살후 2:8; 호 6:5). 하나님이 자신의 일을 수행함에 있어 도구가 결핍되는 일은 결코 없으며, 만일 어떤 도구가 쓰러지면 다른 도구가 세움 받아 계속해서 그 일을 수행한다는 사실은 모든 선한 백성들에게 큰 위로와 기쁨이 된다.

VI. 하나님이 순전함을 잃지 않은 백성들의 숫자를 알려주심(18절).   내가 이스라엘 가운데에 칠천 명을 남기리니 다 바알에게 무릎을 꿇지 아니하고. 여기에서 다음의 사실들을 주목하라.

1. 가장 극심한 타락과 배교의 시대에도 하나님은 항상 자신에게 충성된 남은 자들을 두셨으며 또 두실 것이라는 사실. 이들은 순전함을 지키며 배교의 물결을 따라가지 않았던 소수의 백성들이었다. 바울 사도는 엘리야에게 주신 하나님의 이러한 대답을 언급하면서(롬 11:4), 그것을 대부분의 유대인들이 복음을 배척한 자신의 시대에 적용시킨다. 이와 같이 지금도 은혜로 택하심을 따라 남은 자가 있느니라(롬 11:5).

2. 이러한 남은 자들을 보호하며 다른 사람들로부터 구별하는 것이 하나님의 일이라는 사실. 왜냐하면 하나님의 은혜가 아니고는 그들은 스스로를 구별할 수 없었을 것이었기 때문이다: 내가 나를 위하여 남겼노라. 그러므로 우리는 남은 자와 관련하여 '은혜의 택하심을 따라' 라는 언급을 보게 된다.

3. 타락한 전체 백성과 비교할 때 이들은 소수의 남은 자라는 사실. 수많은 이스라엘 백성 가운데 7,000명이 도대체 무엇이란 말인가? 그러나 모든 세대의 남은 자들을 모으면 이보다 훨씬 더 많아질 것이다. 이스라엘 자손의 각 지파 중에서 인침을 받은 자들이 십사만 사천이니(계 7:4).

4. 하나님의 신실한 자들은 종종 숨겨져 있다는 사실(시 83:3). 가시적(可視的)인 교회라 할지라도 실상은 겨우 조금 보일 뿐이다. 키질과 분리와 걸러냄의 날이 올 때까지는 알곡은 쭉정이 속에, 그리고 금은 찌끼 속에 파묻혀 있다.

5. 하나님은 자기에게 속한 자들을 아신다는 사실. 비록 우리는 알지 못한다 할지라도 하나님은 은밀하게 알고 계시며 또 보고 계신다.

6. 세상에는 어떤 지혜롭고 거룩한 사람들이 생각하는 것보다 훨씬 더 많은 선한 자들이 있다는 사실. 그들은 하나님을 위한 열정으로 인해 세상이 모두

타락했다고 성급하게 생각하는 경향이 있다. 그러나 하나님은 그들이 보는 대로 보시지 않는다. 우리가 하늘나라에 가게 되면, 그 곳에서 만나게 될 것으로 생각했던 많은 사람들을 만나지 못하게 될 것처럼, 또한 그 곳에서 만나게 될 것이라고는 전혀 생각하지 못했던 많은 사람들을 만나게 될 것이다. 하나님의 사랑은 사람이 생각하는 것보다 훨씬 더 크고 광대하다.

[19]엘리야가 거기서 떠나 사밧의 아들 엘리사를 만나니 그가 열두 겨릿소를 앞세우고 밭을 가는데 자기는 열두째 겨릿소와 함께 있더라 엘리야가 그리로 건너가서 겉옷을 그의 위에 던졌더니 [20]그가 소를 버리고 엘리야에게로 달려가서 이르되 청하건대 나를 내 부모와 입맞추게 하소서 그리한 후에 내가 당신을 따르리이다 엘리야가 그에게 이르되 돌아가라 내가 네게 어떻게 행하였느냐 하니라 [21]엘리사가 그를 떠나 돌아가서 한 겨릿소를 가져다가 잡고 소의 기구를 불살라 그 고기를 삶아 백성에게 주어 먹게 하고 일어나 엘리야를 따르며 수종 들었더라

하나님이 엘리야에게 주신 명령 속에서 엘리사는 제일 마지막에 거명되었지만(15, 16절), 그러나 실제로 부름 받은 것은 첫 번째였다. 왜냐하면 그에 의해 나머지 두 사람(하사엘과 예후)이 부름 받게 될 것이었기 때문이다. 그는 엘리야의 뒤를 이을 자였다. 그럼에도 불구하고 엘리야는 자신의 후계자에 대해 조금의 시기하는 마음도 없이 기꺼이 그를 세우고자 한다. 그러면서 하나님의 일을 그렇게 훌륭한 인물에게 맡기게 된 것을 너무도 기쁘게 여긴다. 엘리사의 소명(call, 부르심)과 관련하여 다음의 사실들을 관찰하라.

1. 그것이 예기치 못한 갑작스런 소명이었다는 사실. 엘리야는 신적 지시에 의해 엘리사를 만났든지, 아니면 어쩌면 이미 잘 알고 있는 사이여서 어디로 가면 그를 만날 수 있는지 이미 알고 있었던 것이었는지도 모른다. 그는 엘리사를 선지자 학교가 아닌 밭에서 만났다. 그 때 엘리사는 책을 읽거나 기도를 하거나 제사를 드리고 있었던 것이 아니라 밭을 갈고 있었다(19절). 그가 베푼 잔치를 볼 때(21절) 그는 땅과 소와 종들을 거느리고 있었던 유력자였던 것으로 보인다. 그럼에도 불구하고 그는 스스로 자신의 일을 행하는 것을 부끄러운 일로 여기지 않았다. 그는 종들을 감독할 뿐만 아니라 자기 손으로 밭을 갈았다. 일하지 않는다고 존귀케 되는 것이 아닌 것처럼 자기 손으로 경작한다고

수치스럽게 되는 것도 아니다. 세상에서의 정직한 직업(honest calling)이 하늘의 소명(heavenly calling)을 가로막는 것은 결코 아니다. 사도들이 고기 잡는 일로부터 부르심을 받아 사람을 낚는 어부가 된 것처럼 엘리사는 밭을 가는 일로부터 부르심을 받아 이스라엘을 먹이며 말씀의 씨를 뿌리는 자가 되었다. 엘리사는 자신의 의향과 상관없이 일방적으로 부르심을 받았다. 우리가 하나님을 사랑하고 그분을 선택하는 것은 그분이 먼저 우리를 사랑하시고 선택하셨기 때문이다.

2. 그것이 강력한 소명이었다는 사실. 엘리야는 자기의 겉옷을 그의 위에 던졌다(19절). 그것은 우정의 표시로서 그를 자신의 돌봄과 가르침 아래 받아들이고 그와 더불어 같은 옷 안에서 하나임을 나타내기 위한 것이었든지, 아니면 그가 엘리야의 영으로 옷 입었음을 나타내기 위한 것이었을 것이다(모세가 여호수아에게 그렇게 했던 것처럼 지금 그는 자신의 존귀의 일부를 엘리사에게 돌린다, 민 27:20). 그러나 엘리사가 엘리야의 겉옷을 온전히 갖게 된 것은 엘리야가 승천할 때였다(왕하 2:13). 엘리사는 즉시로 소들을 버려두고 그에게 달려가 당장 그를 따르겠노라고 확언하였다(20절). 보이지 않는 손이 그의 마음을 만짐으로써, 그의 마음은 밖으로부터의 어떤 설득도 없이 은밀한 힘에 의해 농사짓는 일을 버리고 선지자의 사역에 헌신하도록 이끌려졌다. 이와 같이 주의 권능의 날에 그리스도의 백성들이 주께 나아와 즐거이 헌신하게 될 것이다(시 110:3). 그러한 보이지 않는 손의 만짐이 없다면 아무도 그리스도께 나아오지 않을 것이다. 엘리사는 즉시로 결단을 내리고 잠깐 동안 시간을 줄 것을 간구했다. 그것은 그의 부모로부터 허락을 받기 위해서가 아니라 그의 부모와 작별을 하기 위함이었다. 이것은 누가복음 9장에서 가족과 작별하게 해 달라고 요청했던 자처럼(눅 9:61) 시간을 지체하기 위한 핑계가 아니라 단지 부모에 대한 존경심과 의무를 표현하기 위한 것이었다. 엘리야는 엘리사가 그렇게 하는 것을 막지 않고 가서 그렇게 하라고 말했다. 만일 하고자 했다면 엘리사는 집에 갔다가 돌아오지 않을 수도 있었다. 그럼에도 불구하고 엘리야는 엘리사의 의지에 반하여 강요하지 않을 것이었다. 그로 하여금 앉아서 비용을 계산하여 보고 그 일이 그 자신의 결정에 의한 행동이 되게 하라. 이와 같이 하나님의 은혜는 인간의 자유의지를 결코 제한하지 않는다. 선한 자들은 강요에 의해서가 아니라 스스로의 의지로 선한 것을 선택하는 것이다.

3. 그것이 즐겁고 만족스러운 소명이었다는 사실. 비록 아버지 집의 모든 안락함을 포기해야 할 뿐만 아니라 이세벨과 그 일당의 악의(惡意)에 스스로를 노출시키는 일이었다 할지라도, 가족을 위해 베푼 작별 잔치에서 볼 수 있는 것처럼 엘리사는 그러한 소명을 즐겁고 만족스럽게 받아들였다(21절). 지금은 선지자의 길을 출발하기에는 너무나도 힘들고 어려운 시기였다. 육체의 안락을 추구하는 자라면 엘리야의 겉옷을 좋아하지 않았을 것이며 결코 그것을 입으려고 하지 않았을 것이다. 그러나 그는 엘리야를 따르기 위해 즐겁게 모든 것을 버렸다. 이와 같이 마태도 그리스도를 따르기 위해 세관을 떠나면서 큰 잔치를 베풀었다.

4. 그것이 효과적인 소명이었다는 사실. 그에게 강요하는 것처럼 보이지 않기 위해 엘리야는 엘리사 옆에 머물러 있지 않았다. 그는 모든 일이 엘리사 자신의 선택에 의해 이루어지도록 했다. 그렇게 하여 엘리사는 곧 일어나 그를 따랐으며 그와 연합할 뿐만 아니라 종처럼 그에게 수종들며 그의 손에 물을 부었다(왕하 3:11). 젊은 사역자들이 어느 정도 기간 동안 나이와 경험이 많은 자들의 지도 아래 있는 것은 매우 유익한 일이다. 오랜 세월의 연륜이 지혜를 가져다주는 법이다. 그리고 그런 사람들의 지도 아래 있으면서 그들에게 수종드는 것을 부끄럽게 생각해서는 안 된다. 남들을 가르칠 사람은 먼저 배우는 시간을 가져야만 한다. 그리고 장차 사람들을 앞에서 이끌어갈 사람은 먼저 스스로를 굽혀 섬기는 법을 배워야만 한다.

제
— 20 —
장

개요

본 장은 아람 왕 벤하닷과 이스라엘 왕 아합 사이의 전쟁 이야기이다. 우리는 여기에서 두 번에 걸쳐 아합이 승리한 것을 보게 된다. 반면 여기에서 우리는 엘리야나 엘리사에 대해서는 아무것도 읽지 못한다. 아마도 이세벨의 광분(狂奔)이 어느 정도 누그러지고 선지자들을 핍박하는 것이 가라앉기 시작한 것으로 보인다. 그것은 엘리야로 말미암아 이루어진 어렴풋한 평강의 빛이었다. 엘리야는 왕궁에 나타나지 않았다. 그러나 이스라엘 가운데 선한 사람들이 자기가 생각한 것보다 훨씬 더 많이 있다는 사실을 알고 난 후, 아마도 그는 나라 곳곳에 일종의 선지자 학교(schools or colleges of prophets) 같은 것을 세운 것으로 추측된다. 그렇게 하여 그는 이스라엘의 종교를 보존하고 온 나라를 개혁하고자 했을 것이다. 그가 이와 같은 일로 바쁘게 움직이는 동안 하나님은 이스라엘에 호의를 베푸시면서 우리가 여기에서 읽게 되는 두 번의 승리를 주셨다. 이것이 더욱 주목할 만한 것은 그 승리가 바로 아람 왕 벤하닷에 대하여 얻은 것이었기 때문이다(우리는 앞 장에서 벤하닷의 후계자가 될 하사엘이 이스라엘을 징벌하는 채찍이 될 것을 살펴보았다). 이스라엘은 머지않아 아람 사람들에 의해 고통을 겪게 될 것이었다. 그러나 지금은 그들에 대해 큰 승리를 거두었다. 지금 그들이 하나님의 선하심으로 회개에 이를 수만 있다면 얼마나 좋겠는가! 본 장의 내용은 다음과 같다. I. 벤하닷이 이스라엘을 침략하고 무례한 요구를 함(1-11절). II. 아합이 선지자의 격려와 지시로 벤하닷을 격퇴함(12-21절). III. 아람 사람들이 다시 침략하자 아합이 또다시 그들을 격퇴함(22-30절). IV. 아합과 벤하닷 사이의 평화조약(31-34절), 그리고 이 일로 인해 아합이 한 선지자로부터 책망과 위협을 받음(35-43절).

¹아람의 벤하닷 왕이 그의 군대를 다 모으니 왕 삼십이 명이 그와 함께 있고 또 말과 병거들이 있더라 이에 올라가서 사마리아를 에워싸고 그 곳을 치며 ²사자들을 성 안에 있는 이스라엘의 아합 왕에게 보내 이르기를 벤하닷이 그에게 이르되 ³네 은금은 내 것이요 네 아내들과 네 자녀들의 아름다운 자도 내 것이니라 하매 ⁴이스

라엘의 왕이 대답하여 말하기를 내 주 왕이여 왕의 말씀 같이 나와 내 것은 다 왕의 것이니이다 하였더니 ⁵사신들이 다시 와서 이르되 벤하닷이 이르노라 내가 이미 네게 사람을 보내어 말하기를 너는 네 은금과 아내들과 자녀들을 내게 넘기라 하였거니와 ⁶내일 이맘때에 내가 내 신하들을 네게 보내리니 그들이 네 집과 네 신하들의 집을 수색하여 네 눈이 기뻐하는 것을 그들의 손으로 잡아 가져가리라 한지라 ⁷이에 이스라엘 왕이 나라의 장로를 다 불러 이르되 너희는 이 사람이 악을 도모하고 있는 줄을 자세히 알라 그가 내 아내들과 내 자녀들과 내 은금을 빼앗으려고 사람을 내게 보냈으나 내가 거절하지 못하였노라 ⁸모든 장로와 백성들이 다 왕께 아뢰되 왕은 듣지도 말고 허락하지도 마옵소서 한지라 ⁹그러므로 왕이 벤하닷의 사신들에게 이르되 너희는 내 주 왕께 말하기를 왕이 처음에 보내 종에게 구하신 것은 내가 다 그대로 하려니와 이것은 내가 할 수 없나이다 하라 하니 사자들이 돌아가서 보고하니라 ¹⁰그 때에 벤하닷이 다시 그에게 사람을 보내어 이르되 사마리아의 부스러진 것이 나를 따르는 백성의 무리의 손에 채우기에 족할 것 같으면 신들이 내게 벌 위에 벌을 내림이 마땅하니라 하매 ¹¹이스라엘 왕이 대답하여 이르되 갑옷 입는 자가 갑옷 벗는 자 같이 자랑하지 못할 것이라 하라 하니라

I. 벤하닷이 아합의 왕국을 침략하고 도성 사마리아를 포위함(1절). 분쟁의 원인이 무엇인지에 대해 우리는 아무 말도 듣지 못한다. 아마도 탐욕과 야심 때문이었을 것이다. 다윗은 자기 시대에 아람(수리아) 사람들을 완전히 정복하고 그들로 하여금 이스라엘에게 조공을 바치도록 만들었다. 그러나 이스라엘의 배교로 인해 그들은 다시금 무서운 존재가 되었다. 아사는 아람 사람들을 회유하여 이스라엘을 침략하도록 한 적이 있었는데(15:18-20), 이제 그들은 스스로 그렇게 했다. 다른 나라 군대를 자기 나라 안으로 끌어들이는 것은 매우 위험한 일이다. 그로 인해 매우 값비싼 대가를 치르게 될 수 있기 때문이다. 벤하닷에게는 32명의 왕이 함께 했다. 그들은 벤하닷에게 조공을 바치며 그의 전쟁에 부득이 동참할 수밖에 없었던 자들이었든지, 아니면 그와 동맹을 맺고 협력관계에 있었던 자들이었을 것이다. 이렇게 보잘것없는 통치자들이 왕이라는 칭호를 사용하는 것을 감안할 때 그러한 칭호는 얼마나 하잘것없는 것인가!

II. 벤하닷과 아합 사이의 협상. 이스라엘을 지키는 자가 그들을 떠난 것이 분명했다. 그렇지 않았다면 아람 사람들이 이스라엘의 머리요 심장인 사마리

아에 아무런 저항도 받지 않은 채 그렇게 쉽게 행군해 들어올 수는 없었을 것이다. 사마리아는 세워진지 얼마 안 되는 성읍이었으므로 아직 충분히 요새화되지 못했으며 따라서 침략자들에 의해 금방 함락될 수 있었다. 양쪽 다 이 사실을 알고 있었다. 그러므로

1. 벤하닷은 오만한 마음으로 아합에게 매우 무례한 요구를 보낸다(2, 3절). 양측 간에 협상이 시작되고, 벤하닷의 사자가 성읍 안으로 보냄을 받는다. 그리고 그는 다음과 같은 조건 즉 이제부터 아합은 벤하닷의 봉신(封臣)이 되어 조공을 바칠 뿐만 아니라 자신의 칭호를 그에게 양도하고 심지어 아내들과 자녀들까지도 그의 뜻대로 하도록 허용하는 조건 하에서 포위를 풀겠다고 전한다. 이와 같은 말투는 이스라엘을 초조하게 만들기 위한 것이었다. "예외 없이 모든 것이 내 것이 될 것이라."

2. 아합은 비굴한 마음으로 벤하닷에게 굴복한다. 그의 굴복은 전반적인 (general) 것이었지만, 그러나 유효한(effectual) 것이었다: 나와 나의 가진 모든 것이 다 당신의 것이라(4절). 죄의 결과를 보라.

(1) 만일 그가 죄로 하나님을 격동하여 자신을 떠나도록 만들지 않았다면, 벤하닷은 그와 같은 무례한 요구를 할 수 없었을 것이다. 죄는 사람을 신적 보호에서 벗어나 그와 같은 처참한 곤경에 빠지도록 이끈다. 만일 하나님이 우리를 다스리지 않는다면 우리의 원수들이 우리를 다스릴 것이다. 하나님을 반역하여 떠난 자들은 하나님 이외의 다른 모든 것들의 노예가 된다. 아합은 바알을 위해 자신의 은과 금을 준비했다(호 2:8). 따라서 그가 그러한 것들을 빼앗기게 된 것은 너무도 당연한 일이었다. 하나님의 것을 다른 곳으로 돌릴 때 결국 그것은 빼앗기게 되는 법이다.

(2) 만일 그가 죄로 자신의 양심을 망가뜨려 놓지 않았다면, 그는 그와 같은 비겁한 굴복은 하지 않았을 것이다. 죄는 사람의 마음을 낙담시키며 비겁자로 만든다. 그는 바알이 자신을 도와줄 수 없다는 사실을 알고 있었으며, 또한 하나님이 도와주실 것이라고 생각할 만한 아무런 이유도 가지고 있지 못했다. 따라서 그와 같은 비굴한 조건으로 자기 목숨을 사는 것으로 만족했다. 가죽으로 가죽을 바꾸었으며, 자기 목숨을 사기 위해서라면 자기에게 사랑스러운 모든 것을 기꺼이 줄 것이었다. 그는 왕으로 죽기보다는 거지로 살 것이었다.

3. 벤하닷의 마음은 아합의 굴복으로 인해 더욱 오만해진다(5, 6절). 아합은

자신이 벤하닷의 주권을 인정해 준 것으로 그가 만족해하면서 그가 자신을 왕으로서 관대하게 대해 줄 것이라고 기대하는 가운데 자신의 모든 것을 그의 발아래 즉 그의 처분 아래 놓았다. 이제 벤하닷은 충분히 만족할 수 있었으며, 나중에라도 필요한 경우 자신의 우월한 주권을 사용할 수 있었다 (사자는 먹이를 넘어뜨리는 것으로 만족하는 법이다). 그러나 그는 여기에서 멈추지 않았다.

(1) 그는 오만한 만큼이나 탐욕도 컸다. 그는 아합의 통치권뿐만 아니라 그의 소유까지 취하지 않는 한 돌아갈 수 없었다. 그것들이 자기 것이라고 인정되는 것만으로는 충분치 못했다. 그는 모든 것을 자기 손에 넣어야만 했다. 그는 아합으로 하여금 단 하루라도 자신의 소유를 사용하도록 빌려주지 않을 것이었다.

(2) 그는 오만한 만큼이나 악의적이었다. 만일 자기 마음에 드는 것을 고르기 위해 그 자신이 직접 오기만이라도 했다면, 그나마 상대 왕에 대한 최소한의 예우라도 갖추는 것이 되었을 것이다. 그러나 그는 왕을 모욕하고 윽박지르며 왕궁의 모든 장신구들을 탈취하고자 왕궁을 샅샅이 뒤지기 위해 자신의 신하들을 보낼 것이었다. 아니, 아합을 더욱 괴롭게 만들기 위해 그들은 그들이 보기에 좋은 것을 취할 뿐만 아니라 사람이든 물건이든 아합이 특별히 좋아하는 것을 취하라는 명령을 받을 것이었다. 네 눈이 기뻐하는 것을 그들의 손으로 잡아 가져가리라. 우리는 종종 우리가 가장 사랑하는 것들과 어긋나곤 하는데, 그것은 가장 사랑스러운 것이 가장 덜 안전함을 보여주는 것이다.

(3) 그는 불합리하며 부당한 자였다. 그는 아합이 굴복한 것을 그의 모든 신하들까지도 함께 굴복한 것으로 받아들이면서 그들 역시도 자기 처분 아래 둘 것이었다. "그들이 네 집뿐만 아니라 네 신하들의 집까지도 수색하여 마음대로 탈취할 것이라." 평강과 재물에 대하여 우리가 가지고 있는 것을 우리 것이라 부를 수 있음으로 인해 하나님을 송축할지로다.

4. 이에 아합의 정신이 다시 살아나기 시작한다. 설령 그것이 담대함은 아니었다 할지라도 그는 지푸라기라도 잡는 심령으로 필사적으로 저항하고자 한다. 그는 모든 것을 포기하기보다는 목숨을 걸고 모험을 할 것이었다.

(1) 그는 장로들의 조언을 듣는다. 아합은 풀이 죽은 모양으로 벤하닷이 무지막지하게 위해를 가하고 있다고 하소연한다(7절). 아무 이유도 없이 자기 나라를 쳐들어와 수도(首都)를 포위한 자에게 그가 이것 외에 무엇을 기대할 수

있었단 말인가? 아합은 자신이 벤하닷에게 굴복했었음을 시인하면서 이러한 곤경 속에서 자신이 어떻게 해야 하는지 장로들에게 물었다. 이에 장로들은 왕으로 하여금 굴복하지 말고 맞설 것을 격려한다(왕은 듣지도 말고 허락하지도 마옵소서, 8절).

(2) 그러나 아합은 거절하면서도 그것을 매우 조심스럽게 표현한다(9절). 그는 자신에 대한 벤하닷의 주권을 인정한다. "너희는 내 주 왕께 말하기를 나는 그를 모욕할 마음이 전혀 없으며 전에 굴복했던 것을 철회할 생각도 전혀 없다고 하라. 그가 처음 구한 것은 내가 그대로 이행할 것이지만, 그러나 이 일은 내가 할 수 없노라. 내 것이 아닌 것을 내가 어찌 줄 수 있단 말인가?" 아합 같이 비굴한 정신을 가진 자에게 거절을 당하는 것은 벤하닷에게 있어 큰 모욕이 아닐 수 없었다. 그렇지만 아합에게 있어 이렇게라도 한 것은 그의 백성들의 격려 때문이었다. 만일 그들의 격려가 없었다면 그는 결코 이와 같이 행동하지 않았을 것이다.

5. 벤하닷은 격노(激怒) 가운데 사마리아를 멸망시킬 것을 맹세한다. 아합으로부터 거절을 당하자 벤하닷의 격노의 파도가 요란한 소리를 내면서 소용돌이치며 거품을 일으켰다. 격노 가운데 그는 만일 사마리아의 부스러진 것이 자기 군대의 손에 채우기에 족할 것 같으면 자기의 신들로부터 기꺼이 징벌을 받겠노라고 맹세한다(10절). 그의 막강한 대군이 사마리아를 칠 것이며, 그는 자신의 승리를 조금도 의심하지 않는다. 그것은 한 줌의 흙을 취하는 것만큼이나 쉬운 일이 될 것이었으며, 그는 모든 것을(심지어 사마리아 도성이 세워진 땅까지) 끌고 갈 것이었다. 이와 같이 그는 오만함 가운데 확신에 차 있었으며, 이와 같이 그의 적의는 잔인하기 이를 데 없었다. 그러나 그의 이러한 오만과 적의는 스스로의 멸망을 위한 길을 예비하고 있었다 — 비록 당시 이스라엘의 왕과 백성들이 그의 멸망을 볼 자격이 없었다 할지라도.

6. 아합은 벤하닷의 확신에 대하여 점잖게 꾸짖는다. 그는 벤하닷의 위협에 감히 맞서지 못한 채 다만 전쟁의 결과의 불확실성만을 일깨워 준다(11절). "칼을 차고 갑옷을 입으며 마구(馬具)를 챙기면서 전쟁을 시작하는 자로 하여금 마치 승리를 거두고 정복자로서 집에 돌아와 그것을 벗는 자처럼 승리를 자랑치 못하게 하라. 그리고 그로 하여금 승리를 확신하지 못하게 하라." 아합이 한 말 가운데 가장 지혜로운 말이 바로 이것이다. 그리고 우리 모두는 이 말을

항상 기억하고 교훈으로 삼아야 한다. 내일 일에 대해 미리 자랑하는 것은 어리석은 일이다. 왜냐하면 어떻게 될지 알지 못하기 때문이다(잠 27:1, 너는 내일 일을 자랑하지 말라 하루 동안에 무슨 일이 일어날는지 네가 알 수 없음이니라). 특별히 전쟁에 있어 더욱 그런 것은 승리를 확신하는 가운데 패배로 끝나는 경우가 너무나 자주 있기 때문이다. 적을 대수롭지 않게 보는 것은 너무도 위험한 생각이며, 승리에 대한 지나친 확신은 도리어 패배로 가는 지름길이 되는 법이다. 이것을 우리의 영적 싸움에 적용하라. 베드로조차도 자신만만한 가운데 넘어지고 말았다. 이 땅에 있는 동안에는 우리는 갑옷을 입고 있을 뿐이다. 그러므로 우리는 그것을 벗는 것처럼 자랑해서는 결코 안 된다. 항상 두려워하며 경계를 게을리하지 않는 자는 복이 있나니(잠 28:14).

[12]그 때에 벤하닷이 왕들과 장막에서 마시다가 이 말을 듣고 그의 신하들에게 이르되 너희는 진영을 치라 하매 곧 성읍을 향하여 진영을 치니라 [13]한 선지자가 이스라엘의 아합 왕에게 나아가서 이르되 여호와의 말씀이 네가 이 큰 무리를 보느냐 내가 오늘 그들을 네 손에 넘기리니 너는 내가 여호와인 줄을 알리라 하셨나이다 [14]아합이 이르되 누구를 통하여 그렇게 하시리이까 대답하되 여호와의 말씀이 각 지방 고관의 청년들로 하리라 하셨나이다 아합이 이르되 누가 싸움을 시작하리이까 대답하되 왕이니이다 [15]아합이 이에 각 지방 고관의 청년들을 계수하니 이백삼십이 명이요 그 외에 모든 백성 곧 이스라엘의 모든 자손을 계수하니 칠천 명이더라 [16]그들이 정오에 나가니 벤하닷은 장막에서 돕는 왕 삼십이 명과 더불어 마시고 취한 중이라 [17]각 지방의 고관의 청년들이 먼저 나갔더라 벤하닷이 정탐꾼을 보냈더니 그들이 보고하여 이르되 사마리아에서 사람들이 나오더이다 하매 [18]그가 이르되 화친하러 나올지라도 사로잡고 싸우러 나올지라도 사로잡으라 하니라 [19]각 지방 고관의 청년들과 그들을 따르는 군대가 성읍에서 나가서 [20]각각 적군을 쳐죽이매 아람 사람이 도망하는지라 이스라엘이 쫓으니 아람 왕 벤하닷이 말을 타고 마병과 더불어 도망하여 피하니라 [21]이스라엘 왕이 나가서 말과 병거를 치고 또 아람 사람을 쳐서 크게 이겼더라

아람과 이스라엘 사이의 협상이 돌연 깨어진 후 우리는 여기에서 즉각 싸움이 벌어지는 것을 보게 된다.

Ⅰ. 포위한 아람 사람들은 술 취한 왕으로부터 지시를 받았다. 그들의 왕은 술에 취한 상태에서 명령을 내렸다. 그는 정오에 왕들과 더불어 장막에서 마시고 있었으며(12절), 또 취해 있는 중이었다(16절). 술 취하는 것은 예로부터 군대와 지휘관들이 흔히 빠지곤 했던 죄이다. 이 점에서 옛적이 지금보다 더 좋았다고 말하지 말라. 만일 벤하닷이 그토록 방심하지 않았다면 그렇게 앉아서 술을 마시지는 않았을 것이다. 그리고 만일 그토록 취하지 않았다면 그렇게 방심하지도 않았을 것이다. 깨어있지 않은 채 방심(안심)하고 있는 것과 육욕을 좇는 것은 옛 세상과 소돔에서 함께 갔던 일이었다(눅 17:26 이하). 벨사살의 경우에서처럼, 벤하닷의 술 취함은 그의 멸망을 알리는 전조(前兆)였다(단 5장). 싸움을 앞에 두고 쾌락을 좇는 자가, 그리고 각자의 위치에서 싸워야 할 자들과 함께 술에 탐닉하는 자가 어떻게 형통할 수 있겠는가? 술에 취한 가운데

1. 벤하닷은 성읍을 향해 진영을 치도록 명령한다(12절). 그리고 모든 병기를 갖추고 총공격을 위한 준비를 마무리하도록 한다. 그러면서도 그는 명령대로 준비되고 있는지 점검하기 위해 움직이지 않았다. 이토록 어리석은 왕을 가진 땅이여 네게 화가 있을지로다.

2. 포위를 당한 쪽에서 병사들이 나왔을 때, 벤하닷은 그들을 죽이지 말고 사로잡으라고 명령한다(18절). 그들을 죽이는 편이 훨씬 쉽고 안전했음에도 불구하고 사로잡으라고 명령함으로써, 그들로 하여금 침략자들을(즉 아람 병사들을) 죽일 수 있는 기회를 제공해 준 셈이 되었다. 곤경에 처한 상황에서 죽기를 각오하고 넘비는 적을 죽이지 말고 사로잡으라고 명령한 벤하닷은 얼마나 경솔하며 어리석은 자인가! 이와 같이 그는 술에 취한 가운데 전쟁에 있어 가장 기본적인 원칙조차 잊어버리고 말았다.

Ⅱ. 반면 포위를 당한 이스라엘 백성들은 영감 받은 선지자로부터 지시를 받았다. 그는 아합이 미워하며 핍박했던 여호와의 선지자들 가운데 한 사람이었다. 13절은 다음과 같이 읽혀질 수 있다: 보라 이스라엘의 왕에게로 가까이 나아가는 한 선지자를.

1. 하나님이 아합처럼 악한 왕에게 은혜로운 메시지와 함께 선지자를 보내는 것을 보라. 이 얼마나 놀라지 않을 수 없는 일인가? 하나님이 그렇게 하신 것은

(1) 자기 백성 이스라엘을 위한 것이었다. 비록 악하며 타락했다 할지라도, 그들은 하나님의 친구인 아브라함과 택하신 야곱의 씨이며 언약의 자손이었다. 그들은 완전히 버려진 백성이 아니었던 것이다.

(2) 하나님의 자비하심을 드러내기 위함이었다. 그토록 악하고 감사할 줄 모르는 자들에게 선을 베푸심으로써 그들로 하여금 회개하도록 하든지 아니면 더욱 핑계할 수 없도록 만들고자 하셨다.

(3) 벤하닷의 교만을 꺾고 그의 무례한 행동을 저지하기 위함이었다. 아합의 우상 숭배는 나중에 징벌될 것이지만, 그러나 벤하닷의 교만은 당장 응징될 것이었다. 왜냐하면 하나님은 교만한 자를 대적하시기 때문이다(신 32:26, 27). 아마도 사마리아에는 단지 한 사람의 선지자만이 있었던 것으로 보인다. 그는 이러한 메시지를 가지고 아합에게 가까이 나아갔는데, 이것은 그가 아합과 어느 정도 떨어져 있어야만 했음을 암시한다. 만일 형통한 때였다면 아합은 그 선지자를 보려고 하지 않았을 것이다. 그러나 지금은 아세라 선지자들 가운데 어느 누구도 그에게 도움을 줄 수 없었고, 따라서 그는 지금 그 선지자를 만나 보지 않을 수 없었다. 아합은 여호와의 선지자에게 묻지 않았다. 그럼에도 불구하고 하나님은 묻지 않은 그에게 선지자를 보내셨다. 이는 그가 자비하신 하나님이시기 때문이다.

2. 선지자가 행한 두 가지 일.

(1) 선지자는 승리를 확증함으로써 아합에게 활력을 불어넣는다. 이것은 이스라엘의 모든 장로들이 할 수 있었던 것보다 더 큰 것이었다(8절). 이름이 밝혀져 있지 않은 이 선지자는(왜냐하면 하나님의 이름으로 말했으므로) 바로 오늘 포위가 풀리고 아람 군대가 패퇴당하게 될 것을 하나님의 이름으로 말한다(13절). 선지자가 "여호와께서 이같이 말씀하셨느니라"라고 말할 때, 우리는 아합이 진노의 메시지를 예상하면서 두려워 떨기 시작했을 것으로 추측할 수 있다. 그러나 그것이 은혜의 메시지임을 알았을 때 그는 다시 소생되었을 것이다. 그리고 아합은 이 일이 자신에게 어떤 결과를 가져다줄 것인가와 관련한 말을 듣는다: 너는 내가 만유의 주권자 여호와인 줄을 알리라. 결코 이루어질 수 없을 것 같은 일을 미리 말씀하시는 것은 그 일이 바로 자신이 행한 일이었음을 입증하기 위함이다.

(2) 선지자는 이러한 승리를 얻기 위해 어떻게 해야 할 것인지 아합에게 알

려준다.

[1] 그는 적이 공격해 올 때까지 기다려서는 안 된다. 먼저 진에 있는 그들을 기습하여 혼란에 빠뜨려야 한다.

[2] 이 일을 수행할 자들은 각 지방 고관의 청년들이어야 한다. 그들은 아직 나이도 어리고 고작 232명에 불과한 소수의 보병들로서 전쟁에 익숙하지 않은 자들이었다. 따라서 그들은 그와 같은 대담한 공격을 시도하는 일에 가장 적합지 않게 보이는 자들이었다. 그러나 그들이 해야만 한다. 이와 같이 약하고 어리석은 자들이 지혜롭고 강한 자들을 부끄럽게 만드는 일에 도구가 되어야만 한다. 벤하닷의 교만이 징벌되는 동안 아합의 교만 역시 억제될 수 있을 것이며, 이로 인해 능력의 심히 큰 것이 하나님께 있음이 드러나게 될 것이다(고후 4:7).

[3] 아합은 자신이 직접 명령을 내림으로써 하나님의 말씀에 대한 자신의 믿음을 입증해야 한다. 이성의 눈으로 볼 때, 그렇게 하는 것은 스스로를 큰 위험 속에 빠뜨리는 것이었다. 그러나 하나님의 약속의 유익을 가진 자들은 그 약속 속으로 들어가는 것이 지극히 합당하다.

[4] 이들 청년들이 적에게 타격을 가하고 난 후 이어지는 공격을 위해 그는 다른 병력을 사용해야 한다. 그가 사마리아에서 가지고 있었던 모든 병력은 고작 7,000명이었다(15절). 비록 동일한 사람들은 아니었을지라도, 이들의 숫자가 바알에게 무릎 꿇지 않은 자들의 숫자와 같은 사실을 주목하라(19:18).

Ⅲ. 싸움의 결과. 오만한 아람 군대는 패배를 당하고, 경멸을 당하던 이스라엘 군대는 승리를 거두었다. 각 지방 고관의 청년들은 소수의 병력의 지원을 받아 성오에 아람 진영을 기습했디(16절). 벤하닷은 처음에는 그들을 대수롭지 않게 여겼다(18절). 그러나 그들이 놀라운 용맹과 민첩함으로 자기 병사들을 죽이고 그로 인해 자기 군대가 혼란에 빠지는 것을 보자 그 오만한 왕은 그들과 직면하여 싸우려고 하지 않고 술에 취한 상태로 즉시 말에 올라타 도망쳤다(20절). 하나님이 고관들의 기를 꺾으시고 세상의 왕들에게 두려움이 되는 것을 보라(시 76:12). 그가 아합에게 요구했던 은과 금은 지금 어디에 있는가? 사마리아의 부스러진 것은 지금 어디에 있는가? 승리에 대해 조금도 의심치 않던 자가 지금 두려워하며 도망치고 있다. 아합은 승리의 기세를 몰아 아람 사람들을 쳐서 크게 이겼다(21절). 하나님이 때때로 한 악인을 다른 악인의 채찍으로 사용하시는 것을 주목하라.

[22]그 선지자가 이스라엘 왕에게 나아와 이르되 왕은 가서 힘을 기르고 왕께서 행할 일을 알고 준비하소서 해가 바뀌면 아람 왕이 왕을 치러 오리이다 하니라 [23]아람 왕의 신하들이 왕께 아뢰되 그들의 신은 산의 신이므로 그들이 우리보다 강하였거니와 우리가 만일 평지에서 그들과 싸우면 반드시 그들보다 강할지라 [24]또 왕은 이 일을 행하실지니 곧 왕들을 제하여 각각 그 곳에서 떠나게 하고 그들 대신에 총독들을 두시고 [25]또 왕의 잃어버린 군대와 같은 군대를 왕을 위하여 보충하고 말은 말대로, 병거는 병거대로 보충하고 우리가 평지에서 그들과 싸우면 반드시 그들보다 강하리이다 왕이 그 말을 듣고 그리하니라 [26]해가 바뀌니 벤하닷이 아람 사람을 소집하고 아벡으로 올라와서 이스라엘과 싸우려 하매 [27]이스라엘 자손도 소집되어 군량을 받고 마주 나가서 그들 앞에 진영을 치니 이스라엘 자손은 두 무리의 적은 염소 떼와 같고 아람 사람은 그 땅에 가득하였더라 [28]그 때에 하나님의 사람이 이스라엘 왕에게 나아와 말하여 이르되 여호와의 말씀에 아람 사람이 말하기를 여호와는 산의 신이요 골짜기의 신은 아니라 하는도다 그러므로 내가 이 큰 군대를 다 네 손에 넘기리니 너희는 내가 여호와인 줄을 알리라 하셨나이다 하니라 [29]진영이 서로 대치한 지 칠 일이라 일곱째 날에 접전하여 이스라엘 자손이 하루에 아람 보병 십만 명을 죽이매 [30]그 남은 자는 아벡으로 도망하여 성읍으로 들어갔더니 그 성벽이 그 남은 자 이만 칠천 명 위에 무너지고 벤하닷은 도망하여 성읍에 이르러 골방으로 들어가니라

우리는 여기에서 아합이 하나님의 도움으로 아람에 대하여 거둔 또 하나의 승리에 대한 이야기를 보게 된다. 두 번째 전쟁에서 아합은 첫 번째 전쟁 때보다 더 큰 패배를 아람에게 안겨 주었다. 아합은 우상 숭배자였음에도 불구하고 승리를 거두었으며, 핍박자였음에도 불구하고 정복자가 되었으니, 이 얼마나 이상한 일인가! 악인이 형통하도록 내버려 두는 데에는 하나님의 지혜롭고 거룩한 목적이 있으며, 하나님은 이를 통해 자신의 이름을 영화롭게 하신다.

I. 아합은 한 선지자로부터 새로운 전쟁을 준비하라는 조언을 받는다(22절). 지금 아합은 자신들 앞에 별다른 위험이 없다고 생각하면서 안심하고 있었던 것으로 보인다. 자신의 영혼에 대해 무관심한 자들은 대체로 외적인 일에도 무관심한 경향이 있다. 이에 선지자는(하나님은 이 선지자에게 아람 사람들의 계

획을 알게 하셨다) 아람 사람들이 잃어버린 명예를 되찾고 불시에 입은 타격에 대해 보복하고자 해가 바뀌면 다시 쳐들어올 것이라고 아합에게 말한다. 따라서 그는 아합에게 힘을 기르고 방비를 더욱 철저히 하도록 당부한다. 하나님은 그 결과를 이미 정하셨다. 그러나 아합은 수단을 사용해야만 한다. 그렇지 않는다면 그는 하나님을 시험하는 것이 된다. "스스로를 도우시며 스스로를 강하게 하소서. 그러면 하나님이 당신을 도우시고 강하게 하실 것이나이다." 이스라엘의 원수들은 악의(惡意)에 있어 쉼이 없으며, 교회에 대하여 여전히 위협과 살기가 등등하다(행 9:1). 우리는 항상 우리의 영적 원수들이 공격해 올 것을 예상하면서 우리가 해야 할 일에 주의를 기울여야 한다.

Ⅱ. 벤하닷 역시도 주위 사람들로부터 다음 전쟁의 작전과 관련한 조언을 받는다.

1. 그들은 벤하닷에게 싸울 장소를 바꿀 것을 조언한다(23절). 그들은 자신들을 친 것이 이스라엘이 아니라 이스라엘의 신들이라는 점을 당연한 것으로 받아들인다(당시에는 대체로 이와 같이 보이지 않는 힘들에 대해 큰 주의를 기울였다). 그러면서도 그들은 여호와에 대해 매우 무지하게 말한다 — 하나님은 한 분이시며 그의 이름 또한 하나임에도 불구하고 그들은 복수(複數)로 말하며, 하나님은 모든 세상의 창조주요 통치자임에도 불구하고 그들은 '저들의' 신 즉 이스라엘의 지역신(地域神, local deity)으로 말하며, 또 하나님을 단지 산의 신으로 말한다. 그들이 이스라엘의 하나님을 산의 신이라고 말한 것은 다윗이 내가 산을 향하여 눈을 들리라 나의 도움이 어디서 올까(시 121:1) 또 그의 터전이 성신에 있음이여(시 87:1; 78:54) 등으로 말하면서 특별히 주의 성산(시 15:1; 24:3)이란 표현을 많이 사용했기 때문이었을 것이다. 이와 같이 그들은 이스라엘의 하나님을 자신들의 헛된 신들 가운데 하나처럼 생각했다. 그러면서 그들은 이스라엘의 하나님이 산에 국한되어 있으며 거기로부터 내려올 수도 없고 내려오려고도 하지 않으며, 따라서 평지에 있는 군대에 대하여는 아무 도움도 베풀 수 없을 것으로 상상했다. 이와 같이 이방인들은 하나님에 대하여 그 생각이 허망하여지며 미련한 마음이 어두워졌으며 스스로 지혜 있다 하나 어리석은 자가 되었다(롬 1:21, 22).

2. 또 그들은 벤하닷에게 지휘관들을 바꿀 것을 조언한다(24, 25절). 그들은 특별한 공로도 없이 태어나면서부터 지휘관이 된 왕들을 제하고 전쟁에 익숙

하며 많은 공로를 세운 총독들을 지휘관으로 세우도록 조언했다. 이들은 왕들처럼 자신들의 위세나 과시하려고 하지 않고 자신들의 맡은 일에만 충실할 것이었다. 모든 사람들로 하여금 가장 적합한 위치에 쓰임 받도록 하라. 아람은 인구도 많고 부유하여 큰 패배를 당한 후에도 말은 말대로 병거는 병거대로 쉽게 보충할 수 있었던 것으로 보인다.

Ⅲ. 양측 군대는 진을 치고 서로 대치한다. 벤하닷은 아람 군대와 함께 아셀 지파에 속한 아벡 근처에 진영을 쳤다. 아마도 아셀은 그의 아버지가 빼앗은 성읍 가운데 하나로서 그가 자기 소유로 두고 있었던 성읍이었을 것이며(34절), 그 인근 지역이 평평하여 그의 계략을 펼치기에 적합한 곳이었을 것이다(26절). 한편 아합 역시도 자기 군대와 함께 그들 앞에 진영을 치고 그들과 대치했다(27절). 양측 군대는 수적으로 너무나 큰 차이가 났다. 두 무리로 나뉘어 있었던 이스라엘 자손들은 적은 염소 떼처럼 보였으며 숫자도 적고 군장(軍裝)도 보잘것없으므로 그 모양이 너무나 초라했다. 그러나 아람 사람들은 그들의 숫자와 함성과 병거와 수레와 짐들로 그 땅을 가득 채웠다.

Ⅳ. 아람 진영의 우위(優位)에도 불구하고 아합이 그들과 더불어 싸울 것을 격려 받는다. 한 하나님의 사람이 아합에게 보냄을 받아 이 큰 군대가 다 그의 손에 넘겨지게 될 것이라는 메시지를 전한다(28절). 그러나 그것은 그로 인한 것이 아니었다. 그는 하나님으로부터 이러한 호의를 입기에 전혀 합당치 않은 자였으며, 그는 이러한 사실을 알아야만 하였다. 하나님이 그렇게 하실 것은 아합이 하나님을 찬미하며 기도했기 때문이 아니라(우리는 아합이 그렇게 했다는 이야기를 어디에서도 듣지 못한다) 아람 사람들이 "여호와는 산의 신이요 골짜기의 신은 아니라" 하면서 하나님을 모독했기 때문이었다. 그러므로 하나님은 스스로를 변증(辨證)하시고 자기 이름의 영광을 보존하기 위해 그렇게 하실 것이었다. 만일 아람 사람들이 "아합과 그의 백성들이 자기들의 하나님을 잊어버림으로 스스로를 그의 보호 밖으로 내동댕이쳐 버렸으니 우리가 능히 그들을 쳐부술 수 있을 것이라"라고 말했다면, 어쩌면 하나님은 이스라엘을 그들의 손에 붙이셨을는지도 모른다. 그러나 그들이 하나님의 전능하심을 조롱하는 가운데 산과 골짜기뿐만 아니라 하늘과 땅을 주관하는 만군의 여호와의 영광을 업신여기며 나아왔을 때, 그들은 자신들의 오만과 신뢰의 근원인 군대가 엄청난 살육을 당하는 큰 대가를 치르고 나서야 비로소 자신들의 어리석음을

깨닫게 될 것이었다.

V. 양측 군대는 7일간 대치한 후 접전을 벌인다. 아마도 아람 군대는 의기 양양했을 것이고 이스라엘 군대는 두려워 떨었을 것이다. 그러나 결과는 이스라엘의 승리로 끝났다. 아람 사람들은 완전히 패주를 당했으며, 10만 명의 병사가 전장(戰場)에서 이스라엘의 칼에 살육을 당했다(29절). 그리고 2만 7천명의 남은 병사들은 자신들을 보호해 줄 것으로 믿었던 성벽이(아벡은 요새화된 성읍으로서 성벽 위에서 활 쏘는 자들이 뒤쫓아오는 적들을 효과적으로 저지할 수 있었기 때문이었다, 삼하 11:24) 도리어 자신들을 멸망시키는 것이 되었음을 알게 되었다. 왜냐하면 그들은 아벡 성읍으로 들어가 그 성벽 아래 안전할 줄 생각했지만, 도리어 그 성벽이 무너져 그들 위에 덮쳤기 때문이었다. 아마도 그것은 지진으로 인한 것이었을 것이다. 가나안의 성읍들은 하늘까지 닿는 성벽으로 둘러싸여 있었기 때문에 그들은 대부분 죽거나 다침으로써 극도의 절망 가운데 빠지고 말았을 것이다. 성벽이 적군을 막아줄 것으로 생각했던 벤하닷은 이와 같이 성벽이 무너지는 것과 남은 병사들이 사기를 잃고 흩어지는 것을 보면서 자기 목숨이라도 보존하기 위해 도망치지 않을 수 없었고, 따라서 추격자들에게 붙잡히지 않기 위해 골방으로 들어가 숨었다. 가장 큰 확신의 사람이 종종 이와 같이 가장 큰 비겁자가 되는 것을 주목하라. "자, 이스라엘의 하나님이 골짜기의 하나님인가 아닌가?" 벤하닷은 골방 속으로 도망쳐 들어가는 가운데 이제 그 답을 알게 되었을 것이다. 열왕기상 22장 25절을 보라 (네가 골방에 들어가서 숨는 그 날에 보리라).

[31]그의 신하들이 그에게 말하되 우리가 들은즉 이스라엘 집의 왕들은 인자한 왕이라 하니 만일 우리가 굵은 베로 허리를 동이고 테두리를 머리에 쓰고 이스라엘의 왕에게로 나아가면 그가 혹시 왕의 생명을 살리리이다 하고 [32]그들이 굵은 베로 허리를 동이고 테두리를 머리에 쓰고 이스라엘의 왕에게 이르러 이르되 왕의 종 벤하닷이 청하기를 내 생명을 살려 주옵소서 하더이다 아합이 이르되 그가 아직도 살아 있느냐 그는 내 형제이니라 [33]그 사람들이 좋은 징조로 여기고 그 말을 얼른 받아 대답하여 이르되 벤하닷은 왕의 형제니이다 왕이 이르되 너희는 가서 그를 인도하여 오라 벤하닷이 이에 왕에게 나아오니 왕이 그를 병거에 올린지라 [34]벤하닷이 왕께 아뢰되 내 아버지께서 당신의 아버지에게서 빼앗은 모든 성읍을 내가

돌려보내리이다 또 내 아버지께서 사마리아에서 만든 것 같이 당신도 다메섹에서 당신을 위하여 거리를 만드소서 아합이 이르되 내가 이 조약으로 인해 당신을 놓으리라 하고 이에 더불어 조약을 맺고 그를 놓았더라 [35]선지자의 무리 중 한 사람이 여호와의 말씀을 그의 친구에게 이르되 너는 나를 치라 하였더니 그 사람이 치기를 싫어하는지라 [36]그가 그 사람에게 이르되 네가 여호와의 말씀을 듣지 아니하였으니 네가 나를 떠나갈 때에 사자가 너를 죽이리라 그 사람이 그의 곁을 떠나가더니 사자가 그를 만나 죽였더라 [37]그가 또 다른 사람을 만나 이르되 너는 나를 치라 하매 그 사람이 그를 치되 상하도록 친지라 [38]선지자가 가서 수건으로 자기의 눈을 가리어 변장하고 길 가에서 왕을 기다리다가 [39]왕이 지나갈 때에 그가 소리 질러 왕을 불러 이르되 종이 전장 가운데에 나갔더니 한 사람이 돌이켜 어떤 사람을 끌고 내게로 와서 말하기를 이 사람을 지키라 만일 그를 잃어 버리면 네 생명으로 그의 생명을 대신하거나 그렇지 아니하면 네가 은 한 달란트를 내어야 하리라 하였거늘 [40]종이 이리 저리 일을 볼 동안에 그가 없어졌나이다 이스라엘 왕이 그에게 이르되 네가 스스로 결정하였으니 그대로 당하여야 하리라 [41]그가 급히 자기의 눈을 가린 수건을 벗으니 이스라엘 왕이 그는 선지자 중의 한 사람인 줄을 알아본지라 [42]그가 왕께 아뢰되 여호와의 말씀이 내가 멸하기로 작정한 사람을 네 손으로 놓았은즉 네 목숨은 그의 목숨을 대신하고 네 백성은 그의 백성을 대신하리라 하셨나이다 [43]이스라엘 왕이 근심하고 답답하여 그의 왕궁으로 돌아가려고 사마리아에 이르니라

우리는 여기에서 이스라엘이 아람을 패퇴시킨 후 뒤이어 펼쳐진 이야기를 보게 된다.

I. 벤하닷의 초라한 항복.   골방 안에서조차 그는 두려워하면서 아무도 쫓아오지 않음에도 불구하고 할 수만 있다면 더 멀리 도망치고자 한다. 그의 신하들은 왕과 자신들이 최후의 궁지까지 몰린 것을 깨닫고는 자기들의 왕으로 하여금 아합에게 조건 없이 항복하고 목숨을 구걸할 것을 권유한다(31절). 신하들이 먼저 아합에게 나아갈 것이요, 그 후에 그들의 주인이 자기 신하들이 만들어 놓은 길을 따라 행동할 것이었다. 그들이 이와 같이 권유한 것은 이스라엘의 왕들이 주변 나라 왕들에 비해 훨씬 더 인자하다고 소문이 나 있었기 때문이었다. "우리가 들은즉 이스라엘의 왕들은 매우 인자하여 자기 신하들에게

포악하게 대하지 않는다고 하니(당시 나라들 가운데 이스라엘이 가장 온유하고 관대했다) 항복한 적들에게도 잔인하게 대하지 않을 것이니이다." 그들이 이스라엘의 왕들에 대해 이러한 관념을 갖게 된 것은 아마도 이스라엘의 하나님이 자신의 이름을 '은혜가 많으시고 자비하신 하나님'으로 선포하신 것을 들었기 때문이었을 것이다. 따라서 그들은 이스라엘의 왕들이 자기들의 하나님의 모범을 따를 것이라고 결론지었다. 이스라엘의 왕들에게 이와 같은 평판이 따른 것은 그들에게 참으로 영예로운 일이었다. "그들은 인자한 왕들이므로 우리가 항복하면 자비를 기대할 수 있을 것이나이다." 가련한 죄인들을 하나님 앞에 겸비함으로 회개케 하기 위해서는 이와 같은 격려가 필요하다. "이스라엘의 하나님은 자비하신 하나님임을 우리가 듣지 않았던가? 우리는 하나님이 과연 그러함을 발견하지 않았던가? 그러므로 우리가 마음을 찢고 그에게로 돌아가자"(욜 2:13). 이것이 바로 그리스도 안에서 하나님의 자비하심을 깨닫는 것으로부터 오는 복음적 회개(evangelical repentance)이다. 하나님께 죄사함이 있도다. 벤하닷의 신하들이 아합 앞에 나아와 이야기한 것은 다음과 같은 두 가지였다.

1. 자기들의 주인(즉 벤하닷)이 잘못을 뉘우치고 있다. 그들은 애곡하는 자처럼 굵은 베로 허리를 동이고, 처형당하기 위해 가는 죄인처럼 머리에 테두리를 썼다(31절). 이렇게 하여 그들은 자신들이 이스라엘을 침략하여 분요케 한 것에 대해 사죄하면서 자신들은 이 일로 죽임을 당해 마땅함을 인정하는 것처럼 꾸몄다. 많은 사람들이 악을 행하면서, 그것이 성공하지 못하면 뉘우치는 것처럼 꾸미고, 성공하면 정당화하며 의기양양해한다.

2. 자기들의 주인이 목숨을 구걸하고 있다. 왕의 종 벤하닷이 청하기를 내 생명을 살려 주옵소서 하더이다(32절). "어떤 조건에서든, 설령 내 나라를 떠나 이 땅에서 영원히 포로로 산다 할지라도, 부디 목숨만은 살려 주소서." 다음과 같은 두 가지 점에 있어 이것은 너무도 엄청난 변화였다.

(1) 그의 상태에 있어. 그는 권력과 영화의 자리에서 한순간에 수치와 괴로움과 비천과 예속의 자리로 떨어져 버렸다. 인간 만사가 얼마나 불확실한지 보라. 수레바퀴의 살이 제일 높은 위치에서 순간적으로 제일 낮은 위치로 바뀌는 것처럼 인간 만사가 그와 같은 법이다.

(2) 그의 위세에 있어. 본 장 초두에서 그는 큰소리를 치며, 자기 신들로 맹

세하며, 위협하며, 터무니없는 요구를 한다. 그러던 그가 여기에서는 몸을 웅크리며, 살려 달라고 애원하며, 가장 비천한 요구를 한다. 지금까지 경멸하며 짓밟던 자에게 가장 초라한 모양으로 목숨을 살려 달라고 구걸한다. 형통할 때 가장 오만했던 자가 역경의 때에 가장 비굴해지는 것은 결코 드문 일이 아니다. 한결같은 정신을 가진 자는 형통할 때나 역경의 때나 똑같은 법이다. 하나님은 교만한 자를 발견할 때 낮추고 그들을 진토에 감추심으로써 스스로를 영화롭게 하신다(욥 40:11-13).

Ⅱ. 아합이 어리석게도 벤하닷의 항복을 받아들이고 그와 더불어 갑작스럽게 조약을 맺음. 아합은 지금까지 두려워하던 자가 갑자기 목숨을 구걸하며 나아오자 우쭐해하면서 너무도 부드럽게 묻는다. "그가 아직도 살아 있느냐 그는 내 형제이니라(32절). 비록 같은 민족인 이스라엘 형제는 아니라 할지라도 같은 왕으로서 형제이니라." 아합은 벤하닷의 종교보다도 그의 왕권에 더 높은 가치를 두었다. "아합이여, 그가 당신의 형제란 말인가? 그가 당신에게 그토록 야만적인 메시지를 보낼 때(5, 6절) 그가 당신을 형제로 여겼던가? 만일 그가 승리를 거두어 정복자가 되었더라면 그가 당신을 형제라 부르겠는가? 만일 최후의 궁지까지 몰리지 않았다면 그가 당신에게 스스로를 당신의 종이라고 불렀겠는가? 어떻게 당신은 이와 같은 강요된 거짓 항복을 받아들일 수 있단 말인가?" 형제라는 말을 들었을 때(33절), 그들은 그 말에 의지하여 자기들의 왕을 데리고 그에게 나아갈 용기를 얻게 되었다. 그가 자기들의 왕을 형제라고 불렀다면, 그는 틀림없이 자기들의 왕을 살려줄 것이다. 회개하며 하나님 앞에 나아오는 자들은 그가 자신들을 자녀라고 부른 것에 의지하여(렘 31:20) 그를 아버지라 부를 수 있다. 벤하닷은 항복함으로써 존귀한 대우를 받았을 뿐만 아니라(아합은 그를 자기 병거에 함께 태웠다), 동맹자로서 대접을 받았다(34절). 아합은 벤하닷과 조약을 맺음에 있어 어떤 조건을 요구할 것인지와 관련하여 하나님의 선지자들이나 혹은 이스라엘의 장로들에게 묻지 않고 그냥 조약을 맺었다. 뿐만 아니라 마치 벤하닷이 정복자인 것처럼 그가 조건을 제시했다. 지금 아합은 벤하닷의 성읍들 가운데 몇몇 성읍을 요구할 수 있었다. 왜냐하면 지금은 모든 것이 그의 처분 여하에 달려 있었기 때문이었다. 그럼에도 불구하고 그는 본래 자기 것을 돌려받는 것으로 만족하고 말았다. 또 아합은 이스라엘의 부와 힘을 증대시키기 위해 다메섹의 물품과 보화와 무기를 요구할 수 있

었지만, 그러나 그 곳에 거리를 만드는 것으로 만족하고 말았다(그것도 자기가 비용을 부담하여). 그것은 영예로울는지는 모르지만 그러나 실리(實利)는 없는 일이었다. 그리고 그것은 아람의 왕들이 사마리아에서 가졌던 권리 이상의 것이 아니었다. 지금 아합은 모든 조건을 훨씬 유리하게 끌고 갈 수 있었음에도 불구하고 그렇게 하지 못했다. 이러한 조약과 함께 아합은 벤하닷을 돌려보냈다. 그러나 벤하닷이 이스라엘의 하나님을 모독한 것에 대해서는 아무런 조치도 취하지 않았는데, 그것은 그가 하나님의 영광에 대해서는 아무런 관심도 갖지 않았기 때문이었다. 승리가 잘못된 사람에게 주어지기도 한다는 사실을 주목하라. 그들은 어떻게 하는 것이 하나님과 자신들에게 참으로 유익이 되는지 알지 못했다. 악인은 은총을 입을지라도 의를 배우지 아니하며(사 26:10).

Ⅲ. 아합이 벤하닷에게 호의를 베풀며 더불어 조약을 맺은 것으로 인해 책망을 받음. 한 선지자가 여호와의 이름으로 그를 책망했는데, 유대인들은 그가 미가야였을 것이라고 생각한다. 우리는 충분히 그럴 가능성이 있다고 생각한다. 왜냐하면 아합이 그에 대하여 말하기를, 그가 자신에 대하여 항상 흉한 일만 예언한다고 불평했기 때문이다(22:8). 이 선지자는, 나단과 드고아 여인이 다윗에게 그랬던 것처럼, 아합을 비난할 의도로 그에게 한 가지 비유를 이야기한다. 그리고 자신의 비유를 좀 더 그럴듯하게 만들기 위해 자신을 부상당한 병사의 모습으로 꾸민다.

1. 그는 다른 사람의 손을 빌려 자신의 몸에 부상을 입힌다. 그는 자신의 동료 선지자 가운데 한 사람에게 자신을 치라고 명령하였는데, 그것은 하나님의 이름으로 말한 것이었다(35절). 그러나 그 동료는 그를 치기를 싫어하여 거절하였다. 아마도 그 동료 선지자는 다른 사람들은 선지자를 치려고 할지 몰라도 선지자끼리 서로 칠 필요는 없다고 생각했을 것이다. 그가 거절한 것에 대하여 우리는 그것이 좋은 마음에서 나온 것이라고 생각할 수밖에 없다. "꼭 때려야만 한다면 다른 사람으로 하여금 그렇게 하도록 하라. 나는 친구를 때릴 마음이 없노라." 선한 사람들은 다른 사람을 때리는 것보다는 차라리 자신이 맞는 것을 더 쉽게 받아들일 수 있다. 그럼에도 불구하고 그것은 하나님의 명백한 명령에 불순종하는 것이었으며, 따라서 그는 곧바로 사자(獅子)에 의해 죽임을 당하게 되었다(36절). 열왕기상 13장에 나오는 불순종한 선지자의 경우처럼(24절), 그 역시도 선지자였기 때문에 엄중한 징벌을 받게 된 것이었다. 이것의

의도는 불순종이 어떻게 하나님의 진노를 불러일으키는지를 보여주고자 한 것이었다. 만일 선한 선지자가 '치라'는 명령을 받았음에도 불구하고 하나님과 자신의 친구를 때리기를 꺼려한 것으로 이와 같은 엄중한 징벌을 받았다면, 하물며 '치라'는 명령을 받고도 하나님과 자신의 원수를 살려준 악한 왕이야 얼마나 더 그러하겠는가? 사람이 어찌 하나님보다 의롭겠느냐 사람이 어찌 그 창조하신 이보다 깨끗하며 자비롭겠느냐(욥 4:17). 하나님이 자비를 베푸실 때 우리도 자비를 베풀어야 한다. 지금 하나님이 진노 가운데 심판을 내리시고자 하는데 자비를 베푸는 것이 과연 정당한 일인가? 이어 두 번째로 만난 사람은 그를 상하도록 심하게 쳤다(37절). 아마도 얼굴을 맞아 피가 터져 나왔을 것이다.

2. 이와 같이 부상을 당한 선지자는 자신의 신분이 드러나지 않게 하기 위해 변장한다. 그러고 나서 그 속에 아합 왕이 벤하닷을 살려준 것을 정죄하는 내용이 들어 있는 한 가지 이야기를 제시하면서, 그의 판결을 기다린다. 이야기의 요지는 다음과 같은 것이었다. 어떤 사람이(우리는 이 사람이 그의 상관이었을 것으로 추측할 수 있다) 그에게 전쟁에서 붙잡은 포로를 맡기면서 "이 사람을 지키라 만일 그를 잃어버리면 네 생명으로 그의 생명을 대신할 것이라"는 책임을 부여했다(39절). 그러나 잠시 주의를 게을리하는 동안 포로가 도망치고 말았다. 이러한 상황에서 포로를 대신하여 자신의 목숨을 요구하는 상관으로부터 자신의 생명이 보호받을 수 있겠느냐는 것이었다. 이에 아합은 단호하게 말한다. "결코 그럴 수 없느니라. 너는 애초에 그 일을 맡지 말든지, 아니면 좀 더 주의를 기울여 자신의 책임을 이행했어야 했느니라. 네가 구제받을 길은 없노라(Currat lex — 법대로 시행될 것이라). 너는 자신의 의무를 이행하지 못했으며 따라서 마땅히 처벌받아야 할 것이라: 네가 스스로 결정하였으니 그대로 당하여야 하리라." 이에 선지자는 자신의 정체를 드러내면서(41절) 분명하게 말한다. "당신이 바로 그 사람이라. 그것은 내가 받아야 할 판결이 아니라 당신이 받아야 할 판결이라. 당신이 스스로 결정한 것이라. 당신이 당신 자신의 입으로 스스로에게 판결을 내렸도다. 당신의 상관이요 최고 명령권자인 하나님이 그 자신의 교만과 하나님의 섭리에 의해 멸망으로 운명지어진 자를 당신의 손에 붙이셨으나 당신은 (주의를 게을리하다가 놓친 것이 아니라) 고의적으로 살려 보냈도다. 당신은 이와 같이 자신의 의무를 방기(放棄)하였으며 완전하게 승리할 수 있는 기회를 놓쳐 버리고 말았도다. 따라서 당신은 당신의 생명으로 그의 생

명을 대신하고(실제로 그렇게 되었다, 22:35) 당신의 백성으로 그의 백성들 대신할 (실제로 그렇게 되었다, 왕하 10:32, 33) 것밖에는 아무것도 기대할 것이 없을 것이라.” 자기의 칼을 금하여 피를 흘리지 않는 것이 여호와의 일을 게을리하는 것이 되는 때가 있다(렘 48:10). 어리석은 동정심이 나라를 망치는 법이다.

3. 이러한 책망에 아합은 크게 분개한다. 그는 기분이 상하여 무거운 마음으로 자신의 왕궁으로 돌아갔다(한글개역개정판에는 ‘근심하고 답답하여’로 되어 있음). 그는 진심으로 회개하려고 하지도 않았으며, 자신이 행한 잘못된 일을 바로잡으려고 하지도 않았다. 도리어 하나님과 선지자에 대하여 분개하면서, 자신이 얻은 승리에도 불구하고 몹시 불쾌한 마음을 가졌다. 하나님은 자신의 섭리로써 한 왕(벤하닷)의 교만을 꺾으셨으며, 그리고 또 한 사람의 왕(아합)의 승리에 대하여는 자신의 말씀으로 기고만장하지 못하도록 만드셨다. 그런즉 군왕들아 너희는 지혜를 얻으라 여호와를 경외함으로 섬기고 떨며 즐거워할지어다 (시 2:10, 11).

제
— 21 —
장

개요

아합은 여전히 거룩한 역사에 있어 불행한 존재였다. 국가적인 기근의 재앙 및 전쟁과 관련한 일들로부터 본 장은 우리를 그의 정원으로 인도한다. 그리고 우리는 본 장에서 그와 관련하여 벌어진 몇 가지 좋지 않은 일들에 관한 이야기를 듣게 된다. I. 아합이 나봇의 포도원 때문에 앓아누움(1-4절). II. 포도원을 아합에게 돌리기 위해 이세벨이 음모를 꾸며 나봇을 죽임(5-14절). III. 아합이 포도원을 취함(15-16절). IV. 엘리야가 아합을 만나 하나님의 심판을 선언함(17-24절). V. 그의 겸비로 인해 심판이 유예됨(25-29절).

¹그 후에 이 일이 있으니라 이스르엘 사람 나봇에게 이스르엘에 포도원이 있어 사마리아의 왕 아합의 왕궁에서 가깝더니 ²아합이 나봇에게 말하여 이르되 네 포도원이 내 왕궁 곁에 가까이 있으니 내게 주어 채소 밭을 삼게 하라 내가 그 대신에 그보다 더 아름다운 포도원을 네게 줄 것이요 만일 네가 좋게 여기면 그 값을 돈으로 네게 주리라 ³나봇이 아합에게 말하되 내 조상의 유산을 왕에게 주기를 여호와께서 금하실지로다 하니 ⁴이스르엘 사람 나봇이 아합에게 대답하여 이르기를 내 조상의 유산을 왕께 줄 수 없다 하므로 아합이 근심하고 답답하여 왕궁으로 돌아와 침상에 누워 얼굴을 돌리고 식사를 아니하니

1. 아합이 나봇의 포도원을 탐냄. 불행하게도 나봇의 포도원은 아합의 채소 밭이 되기에 적합한 위치에 있었다. 어쩌면 나봇은 자신의 포도원이 왕궁 정원이 잘 보이는 위치에 있는 것으로 인해 혹은 자신의 포도원에서 난 소산을 왕궁에 팔 수 있을 것으로 생각하면서 즐거워했을는지 모른다. 그러나 그로 인해 결국 그는 죽임을 당하게 되었다. 만일 그가 포도원을 가지고 있지 않았다면 혹은 그것이 멀리 떨어진 한적한 곳에 위치해 있었다면, 그는 목숨을 잃지 않았을 것이다. 많은 경우 사람의 소유가 그의 올무가 되고, 높은 위치에 있는 자

와 가까이 있는 것으로 인해 치명적인 결과가 야기되곤 했다. 아합은 자신의 눈과 마음을 이 포도원 위에 두었다(2절). 만일 그 포도원이 자신의 왕궁 정원에 더해진다면, 그는 더할 나위 없이 만족스러울 것이었다. 그것이 그의 소유가 되는 것 외에는 어떤 것도 그를 만족시켜 줄 수 없었다. 그는 그 포도원의 소산을 즐길 것이며, 그 안에서 즐거이 산책할 것이었다. 어쩌면 나붓은 자신의 생활에 보탬이 되고 왕을 만족시켜 주기 위해 기꺼이 포도원을 빌려줄 수도 있었을 것이다. 그러나 아합은 자신과 자기 후손이 영구히 소유하지 않는 한 결코 만족할 수 없었다. 그러나 그는 그것을 강제로 빼앗을 만큼 폭군은 아니었다. 따라서 그는 그에 상당하는 값을 돈으로 치르거나 아니면 더 좋은 포도원으로 바꾸어 주겠다고 나붓에게 제안했다. 아합은 이스라엘의 영광을 위해 영토를 확장하도록 하나님께서 주신 좋은 기회는 순순히 포기해 버린 채, 지금은 단지 자신의 왕궁 정원을 좀 더 유용하게 만들기 위해 그것을 확장하는 것에만 혈안이 되어 있었다. 그것은 태산만한 유익은 순순히 내팽개쳐 버리고 티끌만한 유익에만 집착하는 꼴이었다. 자신의 소유지를 좀 더 유용하게 만들고자 하는 것은 결코 악한 일이 아니다(현숙한 여인은 밭을 살펴보고 산다). 그러나 어떤 것을 과도하게 탐하는 것은 — 설령 합법적인 방법으로 얻고자 할지라도 — 이기심의 열매이다. 우리는 자족의 법칙과 이웃의 소유를 탐내지 말라는 열 번째 계명을 결코 잊어서는 안 된다.

2. 아합이 거절을 당함. 나붓은 결코 자신의 포도원을 팔지 않을 것이었다(3절): 내 조상의 유산을 왕에게 주기를 여호와께서 금하실지로다. 그 일은 하나님이 금하신 일이었다. 만일 그렇지 않았다면 그는 이와 같은 사소한 일로 왕을 불쾌하게 할 만큼 그렇게 무례하게 행동하지는 않았을 것이었다. 가나안은 특별한 의미에서 하나님의 땅이었으며, 이스라엘 백성들은 그의 소작인들이었다. 극도의 궁핍의 상황이 아닌 한 자신의 기업으로 할당된 땅을 팔지 않는 것이 소작인들에게 부과된 조건들 가운데 하나였다(극도의 궁핍의 상황에서도 단지 희년까지만 팔 수 있었다, 레 25:28). 지금 나붓은 만일 자신의 포도원을 왕에게 판다면 그것이 다시는 (희년이 된다 할지라도) 자신의 상속자들에게 돌아오지 않으리라는 것을 내다보고 있었다. 그는 기꺼이 왕에게 호의를 베풀 것이었다. 그러나 그는 사람보다 하나님께 순종해야만 했으며, 따라서 왕의 제안을 거절하지 않을 수 없었다. 아합 역시도 그러한 율법을 알고 있었을 것이다. 아

니 그는 그러한 율법을 알았어야만 했다. 따라서 그 일은 율법을 어기지 않고는 들어줄 수 없는 일이었으며, 자기 백성에게 그러한 것을 요구하는 것은 잘못된 일이 아닐 수 없었다. 어떤 이들은 나봇이 자신의 땅의 기업을 하늘의 가나안의 기업의 보증으로 여김으로써 그것을 팔지 않으려고 했을 것이라고 생각한다. 왜냐하면 전자(땅의 기업)를 잃어버리는 것은 후자(하늘의 기업)를 잃어버리는 것과 상응하는 것이었기 때문이다. 나봇은 양심적인 사람이었던 것으로 보인다. 그는 하나님의 율법을 거스르는 것보다 차라리 왕을 노엽게 하는 쪽을 선택했다. 어쩌면 그는 바알에게 무릎 꿇지 않은 7천명 가운데 한 사람이었으며 그래서 아합이 그에게 악의를 품고 있었던 것이었는지도 모른다.

3. 이로 인해 아합이 크게 낙망함. 앞에서처럼(20:43) 아합의 마음은 근심하고 답답한 상태가 되었다(4절). 그는 이 일로 마음이 침울해졌으며, 따라서 침상에 누워 식사도 하지 않고 사람들을 만나려고도 하지 않았다. 그는 모욕을 참을 수 없었다. 아합의 교만한 마음은 나봇이 자신의 제안을 거절한 것을 도저히 받아들일 수 없었으며, 그의 까다로운 양심을 저주하지 않을 수 없었다. 또한 아합은 자신의 기대가 좌절된 것을 참을 수 없었다. 자신의 욕망이 좌절되자 그는 분개하는 가운데 앓아눕고 말았다. 다음을 주목하라.

(1) 불만족은 그 자체가 형벌이요 스스로를 괴롭히는 죄이다. 그것은 영혼을 슬프게 만들고, 몸을 병들게 하며, 모든 즐거움을 쓴 것으로 바꾼다. 그것은 마음의 무거움이며 뼈의 썩음이다.

(2) 불만족은 또 다른 불만족을 잉태하는 죄이다. 그것은 외부적인 조건이 아니라 마음으로부터 일어난다. 바울은 감옥에서도 만족스러웠던 반면 아합은 왕궁에서도 불만족스러웠다. 그는 풍요의 땅 가나안의 모든 즐거움을 누렸으며, 나라의 부를 자기 마음대로 사용할 수 있었다. 또한 통치자의 영광과 권력 그리고 왕궁의 모든 영화가 그의 것이었다. 그러나 이 모든 것도 나봇의 포도원이 없이는 아무것도 아니었다. 무절제한 욕망은 사람으로 하여금 끊임없이 번민하도록 만든다. 사람의 욕망은 끝이 없는 법이며, 무언가를 더 얻기 위해 조바심을 내는 사람은 계속해서 자신을 조바심 내게 만드는 일에 부닥치게 될 것이다.

⁵그의 아내 이세벨이 그에게 나아와 이르되 왕의 마음에 무엇을 근심하여 식사를

아니하나이까 °왕이 그에게 이르되 내가 이스르엘 사람 나봇에게 말하여 이르기를 네 포도원을 내게 주되 돈으로 바꾸거나 만일 네가 좋아하면 내가 그 대신에 포도원을 네게 주리라 한즉 그가 대답하기를 내가 내 포도원을 네게 주지 아니하겠노라 하기 때문이로다 ⁷그의 아내 이세벨이 그에게 이르되 왕이 지금 이스라엘 나라를 다스리시나이까 일어나 식사를 하시고 마음을 즐겁게 하소서 내가 이스르엘 사람 나봇의 포도원을 왕께 드리리이다 하고 ⁸아합의 이름으로 편지들을 쓰고 그 인을 치고 봉하여 그의 성읍에서 나봇과 함께 사는 장로와 귀족들에게 보내니 ⁹그 편지 사연에 이르기를 금식을 선포하고 나봇을 백성 가운데에 높이 앉힌 후에 ¹⁰불량자 두 사람을 그의 앞에 마주 앉히고 그에게 대하여 증거하기를 네가 하나님과 왕을 저주하였다 하게 하고 곧 그를 끌고 나가서 돌로 쳐죽이라 하였더라 ¹¹그의 성읍 사람 곧 그의 성읍에 사는 장로와 귀족들이 이세벨의 지시 곧 그가 자기들에게 보낸 편지에 쓴 대로 하여 ¹²금식을 선포하고 나봇을 백성 가운데 높이 앉히매 ¹³때에 불량자 두 사람이 들어와 그의 앞에 앉고 백성 앞에서 나봇에게 대하여 증언을 하여 이르기를 나봇이 하나님과 왕을 저주하였다 하매 무리가 그를 성읍 밖으로 끌고 나가서 돌로 쳐죽이고 ¹⁴이세벨에게 통보하기를 나봇이 돌에 맞아 죽었나이다 하니 ¹⁵이세벨이 나봇이 돌에 맞아 죽었다 함을 듣고 이세벨이 아합에게 이르되 일어나 그 이스르엘 사람 나봇이 돈으로 바꾸어 주기를 싫어하던 나봇의 포도원을 차지하소서 나봇이 살아 있지 아니하고 죽었나이다 ¹⁶아합은 나봇이 죽었다 함을 듣고 곧 일어나 이스르엘 사람 나봇의 포도원을 차지하러 그리로 내려갔더라

서주 받은 여자(왕하 9:34) 이세벨이 이야기 속에 등장할 때, 우리는 재앙 외에 무엇을 더 기대할 수 있겠는가?

I. 이세벨은 병든 남편을 위로한다는 핑계로 그의 교만과 탐욕을 만족시키면서 그의 타락을 더욱 부채질한다. 그녀는 남편이 슬픔 가운데 빠져 있는 것을 깨닫고 그 이유가 무엇인지 묻는다(5절). 상대방의 괴로움에 관심을 갖지 않는 자들은 부부간의 사랑과 의무를 망각한 자들이다. 아합은 아내에게 자신의 괴로움의 이유를 말하면서(6절), 그러나 나봇이 거절한 이유는 슬며시 감춘다. 나봇이 거절한 이유는 양심상의 이유였음에도 불구하고 아합은 마치 그가 매우 까다로운 사람인 양 말한다. 나봇은 "내 조상의 유산을 왕에게 주기를 여호와께서 금하실지로다"라고 말했었다. 그러나 아합은 나봇이 "나는 내 조상의 유

산을 왕께 주지 않을 것"이라고 말했다고 표현했다. 이에 이세벨은 말한다. 무엇이라고요! 왕이 지금 이스라엘 나라를 다스리시나이까? 일어나 식사를 하시고 마음을 즐겁게 하소서. 이세벨은 남편에게 답답하고 우울한 기분을 털어버리고 편안하고 즐거운 마음을 가지라고 설득한다. 그의 괴로움이 무엇이든 슬퍼한다고 없어지지는 않을 것이었다. 그녀는 "왕이 지금 이스라엘 나라를 다스리시나이까?"라고 묻는다. 이것은 좋은 의미를 가진 것일 수 있다. "이런 사소한 일에 매달리는 것이 당신처럼 위대한 왕에게 합당한 일입니까? 당신은 스스로를 부끄럽게 만들고 있으며 또한 당신의 왕관을 모독하고 있나이다. 이와 같이 사소한 일에 마음을 두는 것은 당신의 격에 맞지 않는 일이나이다. 자신의 욕심조차 다스리지 못하는 자가 이스라엘 나라를 다스리는 것이 합당하니이까? 포도원 하나 때문에 앓아눕는 자가 어떻게 나라 전체를 주관할 수 있나이까?" 우리는 우리에게 주어진 십자가 아래서 우리가 받은 은총과 특별히 하늘의 소망을 바라보며 스스로 잠잠하는 법을 배워야만 한다. 그러나 그녀는 매우 나쁜 의미로 그렇게 말한 것이었다. "당신이 지금 이스라엘 나라를 다스리시나이까? 그런데 당신이 마음에 둔 것에 대해 감히 당신에게 주기를 싫어하는 백성이 있단 말인가요? 당신이 왕이십니까? 사거나 값을 지불하는 것도 격에 맞지 않는 일이거늘 하물며 간구하며 간청한단 말입니까? 당신의 왕권을 사용하셔서 강제로 빼앗으소서. 이와 같이 모욕을 당한 것으로 인해 분개하지 마시고 보복하소서. 당신이 왕의 위엄을 지킬 줄 알지 못한다면, 내가 나서서 하겠나이다. 나로 하여금 당신의 이름을 사용하도록 허락하시면 내가 곧 나봇의 포도원을 왕께 드리리이다. 이렇든 저렇든 그것은 곧 왕의 것이 될 것이며 어떤 값도 치를 필요가 없을 것이나이다." 이와 같이 폭정과 권력남용을 부추기는 자들을 곁에 둔 통치자들은 너무도 불행한 통치자이며 또한 멸망을 향해 속히 달려가는 자들이다.

Ⅱ. 이세벨은 남편을 만족시키기 위해 나봇을 죽일 음모를 꾸민다. 그의 피는 그가 아합에게 준 모욕에 대한 속죄가 될 것이었다. 특별히 그녀가 그의 피에 더욱 목말랐던 것은 그가 이스라엘의 하나님의 율법을 굳게 따랐기 때문이었다.

　1. 만일 이세벨이 단지 나봇의 포도원만을 목표로 삼았다면 거짓 증언을 통해 그로 하여금 자신의 포도원을 포기하도록 만들 수도 있었을 것이다. 그러나

음란한 여인은 귀한 생명을 사냥할 것이다(잠 6:26). 복수는 달콤한 법이며, 따라서 나봇은 그녀의 복수심을 만족시켜 주기 위해 죄인으로서 죽어야만 했다.

(1) 이세벨은 이스르엘의 장로와 귀족들에게 너무도 거짓되고 악한 명령을 내렸다(8-10절). 그녀는 왕의 인(印)을 빌리지만, 그러나 왕은 그녀가 그것으로 무엇을 할지는 알지 못할 것이었다. 아마도 아합이 이세벨에게 인을 빌려 준 것이 이번이 처음은 아니었을 것이다. 어쩌면 예전에 선지자들을 죽이라는 명령서에도 그녀가 인을 쳤는지도 모른다. 그녀는 왕이 이 일을 좋아할 것이라는 사실을 알면서 왕의 이름을 사용한다. 그러나 그녀는 그 일을 수행하는 방법에 대해서는 왕이 꺼려하며 주저할 것을 염려한다. 그리하여 결국 이세벨이 나서서 이 일을 맡는다. 그녀는 이유조차도 제시하지 않은 채 그들에게 나봇을 죽일 것을 명령한다. 만일 이세벨이 사전에 그들에게 편지를 보내지 않았다면 그래서 그들이 단지 제시된 증언에 따라 판결을 내렸을 뿐이라면, 그들은 범죄자까지는 되지 않았을 것이다. 그들의 판결은 죄가 아니라 단지 불행한 일이 되었을 것이었다. 그러나 그녀는 그들로 하여금 불량자(벨리알의 아들) 둘을 거짓 증인으로 세우고 그들의 거짓 증언에 근거하여 판결을 내리도록 강요했다. 이것은 어디에서도 유례를 찾아볼 수 없는 공의와 거룩에 대한 뻔뻔스러운 모독이었다. 그녀는 이스르엘의 장로들을 정직함과 명예심을 완전히 잃어버린 자들로 여겼다. 왜냐하면 그들이 그러한 명령에 순종할 것을 예상하고 있었기 때문이었다. 그녀는 뱀의 악독함과 교활함으로 그들에게 해야 할 바를 지시했다.

[1] 그것은 종교의 색채를 띠어야만 했다. "금식을 선포하라. 너희에게 무서운 심판이 다가오고 있음을 모든 성읍에 알려라. 너희는 그러한 심판을 기도뿐만 아니라 '저주받은 것'(the cursed thing)을 찾아 제거함을 통해 막아야만 한다. 너희 가운데 큰 범죄자가 있으며 그로 인해 하나님이 너희 성읍에 진노하고 계신 것을 두려워하는 것처럼 꾸며라. 모든 성읍 거민들로 하여금 피의자가 되게 하고 누가 범죄자인지 찾도록 하라. 그리고 마침내 나봇에게 모든 의심의 초점이 모아지게 하라. 그를 백성 가운데에 높이 앉혀라. 그리고 그가 '아간'이라는 사실을 모든 백성들이 듣도록 선포하고, 증인들을 등장시켜 그에 대한 증거를 제시하도록 하라." 그보다 더 비열하고 끔찍한 일은 없겠지만, 그러나 종종 종교가 그러한 일의 수단으로 사용되곤 했다. 이와 같이 때때로 금식과 기

도가 악한 음모의 도구로 오용(誤用)된 것은 참으로 슬픈 일이 아닐 수 없다.

[2] 그것은 또한 공의의 색채를 띠어야만 했다. 이세벨은 법적인 재판의 형식을 통해 나봇을 죽이고자 하였다. 만일 이세벨이 불량배들을 고용하여 그가 밤거리를 가는 동안 칼로 찔러 죽이도록 했다면, 그러한 행동만으로도 충분히 악한 일이 되었을 것이다. 그러나 법적인 재판과정을 통해 죽이는 것은, 그래서 법의 권세를 정직한 자를 죽이는데 사용하는 것은 정말로 야만적인 것으로서 공의와 심판을 극도로 왜곡시키는 것이 아닐 수 없었다. 전도서는 우리에게 이런 일을 보더라도 놀라지 말라고 가르친다(5:8, 너는 어느 지방에서든지 빈민을 학대하는 것과 정의와 공의를 짓밟는 것을 볼지라도 그것을 이상히 여기지 말라). 그들이 나봇에게 뒤집어씌워야 할 죄는 그가 하나님과 왕을 저주했다는 것이었다. 그녀는 나봇이 아합에게 한 대답으로부터는 어떤 불경(不敬)적인 의미도 찾을 수 없었다 — 포도원을 팔기를 거절한 것이 왕을 모독한 것은 아니었으며, 그 이유로써 하나님의 율법을 제시한 것이 하나님을 모독한 것도 아니었다. 그녀로서는 그를 참소할 어떤 근거도 없었으며, 그녀의 참소에는 어떤 진실의 색채도 없었다. 그럼에도 불구하고 증인들은 맹세해야만 했으며, 나봇에게는 어떤 변명의 기회도 주어지지 말아야 했다. 오로지 죄를 혐오한다는 미명하에 그들은 즉각 그를 끌고 나가 돌로 쳐 죽여야 했다. 그가 하나님을 저주했다면 그것은 생명을 몰수당하는 죄였을 뿐이지 재산은 아니었다. 따라서 그는 또한 왕을 저주했다는 반역의 죄로 참소를 당해야만 했다. 그것은 모든 재산을 몰수당하는 죄였으며, 따라서 아합은 그의 포도원을 취할 수 있게 될 것이었다.

(2) 이스르엘의 장로와 귀족들은 너무도 악하게 그러한 명령에 순복했다. 너무나 부당한 것이었음에도 불구하고 그들은 그러한 명령에 의문을 제기하거나 반대하지 않고 세부적인 부분에 이르기까지 그대로 따랐다. 아마도 그것은 이세벨을 두려워했기 때문이거나 아니면 나봇의 경건을 미워했기 때문이었을 것이다 — 아니면 두 가지 모두 때문이었을 것이다. 그들은 편지에 기록된 대로 행했다(11, 12절). 그들은 아무런 난관에도 부닥치지 않고 지혜롭게 악을 행했다. 그들은 나봇을 돌로 쳐죽였고(13절), 그와 함께 (아마도 그 후에) 그의 아들들도 죽였다. 왜냐하면 우리는 하나님이 피에 대해 심문하는 가운데 다음과 같이 말씀하는 것을 보게 되기 때문이다(왕하 9:26): 내가 나봇의 피와 그의 아들들의 피를 분명히 보았노라. 아마도 그들은 아버지의 유산을 주장하지 못하도록

하기 위해, 그리고 아버지에게 가해진 위해를 호소하지 못하도록 하기 위해 은밀히 살해되었을 것이다.

2. 이러한 슬픈 이야기로부터 우리는

(1) 악인들이 악을 행하는 것과 불순종의 자녀들 가운데 역사하는 사탄의 권능을 보게 된다. 그것을 볼 때 우리는 놀라지 않을 수 없게 된다. 재판하는 곳에 악이 있는 것을 볼 때(전 3:16) 어떻게 우리의 마음이 거룩한 분노로 가득 차지 않을 수 있겠는가?

(2) 정직한 자가 억울하게 압제당하는 것을 보게 된다. 그것을 볼 때 우리는 애통하며 그들의 눈물과 우리의 눈물을 섞지 않을 수 없게 된다. 보라 학대 받는 자들의 눈물이로다 그들에게 위로자가 없도다 그들을 학대하는 자들의 손에는 권세가 있으나 그들에게는 위로자가 없도다(전 4:1).

(3) 우리의 생명과 안위를 하나님께 맡기지 않을 수 없게 된다. 왜냐하면 순전함 자체가 항상 우리를 안전하게 지켜주지는 않기 때문이다.

(4) 다가올 심판에 대한 믿음으로 기뻐하게 된다. 그 때 이와 같이 잘못된 심판들(재판들, judgments)은 바로잡혀지게 될 것이다. 지금 우리는 악인들의 행위에 따라 벌을 받는 의인들이 있음을 보고 있지만(전 8:14), 그러나 그 큰 날에 모든 것이 제자리로 돌아가게 될 것이다.

Ⅲ. 나봇이 죽자 아합이 그의 포도원을 취한다.

1. 이스르엘의 장로들은 너무도 태연하게 나봇이 돌에 맞아 죽었다는 소식을 이세벨에게 통보했다(14절). 여기에서 한 가지 주목할 만한 것이 있다. 이스르엘의 장로들이 사마리아로부터 하달된 명령 즉 나봇을 죽이라는 이세벨의 명령에 맹종했던 것처럼 나중에 사마리아의 장로들은 예후가 이스르엘에서 보낸 명령 즉 아합의 70명의 아들들을 죽이라는 명령에도 고분고분하게 맹종했다(나봇의 경우와는 달리 이 때는 법적인 재판과정을 거치지 않고 죽였다, 왕하 10:6, 7). 악한 명령으로 하위 통치자들의 양심을 더럽힌 폭군들은 마침내 그 수레바퀴가 자신들에게 돌아오는 것을 발견하게 될 것이다.

2. 자신의 음모가 성공을 거두자 이세벨은 즐거워하며 남편에게 나봇이 살아 있지 않고 죽었음을 알리면서 일어나 그의 포도원을 차지하라고 말한다(15절). 아합은 나봇의 포도원을 취하는 일을 신하의 손에 맡길 수도 있었지만, 그러나 자신의 재산이 증가하는 것이 너무나 기뻐서 자신이 직접 이스르엘로 내려갔

다. 이 때 아합은 마치 대단한 승리라도 거둔 양 큰 위엄을 부리며 내려간 것으로 보인다. 왜냐하면 오랜 후 예후가 이 때 자신과 빗갈이 아합을 수행했던 것을 회상하는 이야기를 우리가 듣게 되기 때문이다(왕하 9:25). 만일 나봇의 아들들이 모두 죽었다면 아합은 그의 재산이 모두 자신의 것이 될 것이라고 생각했다(상속자가 없으므로). 설령 그렇지 않더라도 그는 범죄자로서 죽었으므로 아합은 그의 모든 재산의 권리가 자신에게 있음을 주장할 것이었다(범죄로 인해 몰수된 것으로서). 그마저도 아니라 할지라도 이세벨의 절대 권력이 그것을 그에게 줄 것이었다. 누가 감히 그녀의 뜻을 반대할 것인가? 종종 정당한 권리보다 힘이 우선하는 경우가 있다. 그렇게 되는 것을 묵묵히 참고 보시는 하나님의 오래참으심은 얼마나 놀라운가? 분명히 하나님은 악을 차마 보지 못할 정도로 눈이 정결하시다. 그럼에도 불구하고 때로 하나님은 악인이 자기보다 의로운 사람을 삼킬 때 잠시 동안 잠잠하고 계신다(합 1:13).

¹⁷여호와의 말씀이 디셉 사람 엘리야에게 임하여 이르시되 ¹⁸너는 일어나 내려가서 사마리아에 있는 이스라엘의 아합 왕을 만나라 그가 나봇의 포도원을 차지하러 그리로 내려갔나니 ¹⁹너는 그에게 말하여 이르기를 여호와의 말씀이 네가 죽이고 또 빼앗았느냐고 하셨다 하고 또 그에게 이르기를 여호와의 말씀이 개들이 나봇의 피를 핥은 곳에서 개들이 네 피 곧 네 몸의 피도 핥으리라 하였다 하라 ²⁰아합이 엘리야에게 이르되 내 대적자여 네가 나를 찾았느냐 대답하되 내가 찾았노라 네가 네 자신을 팔아 여호와 보시기에 악을 행하였으므로 ²¹여호와의 말씀이 내가 재앙을 네게 내려 너를 쓸어 버리되 네게 속한 남자는 이스라엘 가운데에 매인 자나 놓인 자를 다 멸할 것이요 ²²또 네 집이 느밧의 아들 여로보암의 집처럼 되게 하고 아히야의 아들 바아사의 집처럼 되게 하리니 이는 네가 나를 노하게 하고 이스라엘이 범죄하게 한 까닭이니라 하셨고 ²³이세벨에게 대하여도 여호와께서 말씀하여 이르시되 개들이 이스르엘 성읍 곁에서 이세벨을 먹을지라 ²⁴아합에게 속한 자로서 성읍에서 죽은 자는 개들이 먹고 들에서 죽은 자는 공중의 새가 먹으리라고 하셨느니라 하니 ²⁵예로부터 아합과 같이 그 자신을 팔아 여호와 앞에서 악을 행한 자가 없음은 그를 그의 아내 이세벨이 충동하였음이라 ²⁶그가 여호와께서 이스라엘 자손 앞에서 쫓아내신 아모리 사람의 모든 행함 같이 우상에게 복종하여 심히 가증하게 행하였더라 ²⁷아합이 이 모든 말씀을 들을 때에 그의 옷을 찢고 굵은 베로 몸을 동

이고 금식하고 굵은 베에 누우며 또 풀이 죽어 다니더라 [28]여호와의 말씀이 디셉 사람 엘리야에게 임하여 이르시되 [29]아합이 내 앞에서 겸비함을 네가 보느냐 그가 내 앞에서 겸비하므로 내가 재앙을 저의 시대에는 내리지 아니하고 그 아들의 시대에야 그의 집에 재앙을 내리리라 하셨더라

우리는 여기에서 다음과 같은 것들을 관찰할 수 있다.

Ⅰ. 아합에 대한 최악의 평가(25, 26절).   여기에서 이러한 사실이 특별히 언급되는 것은 하나님이 그에게 무거운 형벌을 선언하는 것을 정당화하기 위함이었다. 그리고 비록 그러한 형벌이 나봇과 관련한 죄로 선언되었다 할지라도(이것은 다윗에게 있어 우리아와 관련한 죄와 매우 유사했다), 만일 그가 다른 죄들 특별히 우상 숭배의 죄를 범하지 않았다면 하나님이 그렇게 가혹하게 징벌하지는 않으셨을 것임을 보이기 위함이었다. 다윗은 그 한 가지 일만을 제외하고는 올바로 행했다. 그러나 아합은 정반대의 길로 달려갔으며, 그처럼 자신을 팔아 악을 행하는데 열심이었던 자는 아무도 없었다. 그는 그 자신을 팔아 악을 행했다. 다시 말해서, 그는 스스로를 정욕의 완전한 노예로 만듦으로써, 마치 종이 주인의 명령에 따르듯이 자신의 정욕이 명령하는 대로 따랐다. 그는 완전하게 죄에 빠져, 죄의 낙을 얻을 수만 있다면 기꺼이 그 삯을 지불할 것이었다(죄의 삯은 사망이라, 롬 6:23). 바울 사도는 마치 가련한 포로처럼 자신이 죄 아래 팔렸다고 탄식했다(롬 7:14, 나는 육신에 속하여 죄 아래에 팔렸도다). 그러나 아합은 자발적으로 스스로를 죄에 팔았으며, 자신의 선택과 행동으로 죄의 통치에 순복했다. 그의 아내 이세벨이 그를 충동하여 악을 행하게 했다는 것이 그의 범죄에 대한 핑계가 될 수는 없었다. 그 마음에 타락의 검불을 쌓아놓고 거기에 불을 붙인 그는 얼마나 악하며 불경건한 자인가! 그가 행했던 수많은 악행들 가운데에서도 가장 가증스러웠던 것은 가나안 사람들처럼 우상을 따른 것이었다. 그의 모든 악행들이 하나님을 격분케 하기에 충분했지만, 특별히 우상 숭배는 더욱 그러했다. 이와 같이 악한 자가 왕으로서 다스렸다는 것은 이스라엘에게 너무도 슬픈 일이 아닐 수 없었다.

Ⅱ. 엘리야가 아합에게 전한 메시지.   아합이 포도원을 차지하러 내려갈 때, 하나님이 엘리야를 그에게 보내셨다(17-19절).

1. 지금까지 하나님은 침묵을 지키셨다. 하나님은 이세벨의 편지도 막지 않

으시고, 이스르엘의 장로들이 명령받은 일을 수행할 때도 개입하지 않으셨다. 그러나 이제 아합은 책망을 받으며, 그의 죄는 하나님의 눈앞에 놓여진다.

(1) 보냄 받은 자는 엘리야였다. 앞에서 우리는 하위 직급의 선지자(prophet of lower lank)가 은혜의 메시지를 가지고 그에게 보냄 받은 것을 살펴보았었다(20:13). 그러나 이제는 선지자들의 아버지(the father of the prophets, 즉 엘리야)가 나봇을 살해한 죄로 인해 그를 심문하며 정죄하기 위해 보냄을 받는다.

(2) 장소는 나봇의 포도원이었으며, 때는 그가 포도원을 취하기 위해 갔을 바로 그 때였다. 그 때 그리고 바로 그 곳에서 그에게 임할 심판이 선포되어야 했다. 포도원을 취함으로써 그는 이루어진 모든 일에 자신이 사후종범(事後從犯)으로서의 죄책이 있음을 스스로 인정한 꼴이 되었다. 그러므로 이제 분명하게 그에게 유죄판결이 선고될 것이었다. "너는 이 포도원과 무슨 관계가 있는가? 주인을 죽이고(욥 31:37) 피로 산(합 2:12) 것으로부터 네가 무슨 선한 것을 기대할 수 있단 말인가?" 지금 그는 악한 방법으로 얻은 소유로 즐거워하면서 포도원을 화원(花園)으로 바꿀 생각에 빠져 있었다. 그러므로 그의 음식이 창자 속에서 변할 것이며, 그는 마음에 평안을 알지 못할 것이며, 그가 배를 불리려 할 때에 하나님이 맹렬한 진노를 내리실 것이다(욥 20:14, 20, 23).

2. 아합과 엘리야 사이에 오간 말을 살펴보자.

(1) 아합은 엘리야를 보자 분노를 터뜨린다. 그는 선지자 앞에서 스스로를 겸손케 했어야 했음에도 불구하고 도리어 분격하며 덤벼들 기세를 취했다. 내 대적자여 네가 나를 찾았느냐(20절). 이것은 우리에게 다음과 같은 사실들을 보여준다.

[1] 그가 선지자를 미워했다는 사실. 앞에서 우리는 그들이 매우 우호적으로 헤어진 것을 살펴보았다(18:46). 그 때 아합은 개혁을 받아들였고, 따라서 그들 사이의 관계는 비교적 원만했었다. 그러나 지금 그는 다시 타락의 길로 되돌아가 예전보다 더 나쁜 상태가 되었다. 그의 양심은 그가 하나님을 적으로 만들었다고 스스로에게 말했다. 따라서 그는 엘리야가 자신의 친구가 될 것이라고 결코 기대할 수 없었다. 하나님의 말씀과 말씀의 사역자들을 자신의 적으로 만든 자의 상태는 너무나 비참하며 절망적이라는 사실을 주목하라. 스스로를 죄에 팔아버린 아합은 끝까지 그러한 길을 고집하기로 작정한다. 그는 자신

을 돌이켜 회복시켜 줄 자를 결코 용납할 수 없었다.

[2] 그가 선지자를 두려워했다는 사실. 네가 나를 찾았느냐? 이것은 그가 가능한 엘리야를 피했으며 지금 그를 보게 된 것이 그에게 두려운 일이었음을 암시한다. 그에게 있어 엘리야를 보는 것은 벨사살에게 있어 손가락이 나타나 벽에 글을 쓰는 것을 보는 것과 같은 것이었다. 엘리야를 보자 아합은 얼굴빛이 변하고, 넓적다리 마디가 녹는 듯하고, 그의 무릎이 서로 부딪혔다(단 5:6). 빚진 자나 범죄자가 자기를 잡으러 온 관리와 갑자기 마주친다 할지라도 이렇게까지 당황하지는 않을 것이었다.

(2) 엘리야는 아합에 대한 하나님의 진노를 선언한다. 네가 네 자신을 팔아 여호와 보시기에 악을 행하였으므로 내가 너를 찾았노라(20절). 스스로를 죄에 팔아 버린 자들은 조만간 말할 수없는 공포와 두려움에 사로잡히게 될 것이란 사실을 주목하라. 아합은 지금 나봇처럼 법정(심판의 자리)에 세워졌으며, 그가 두려워했던 것보다 더 큰 두려움에 떨고 있었다.

[1] 엘리야는 사실의 증거 위에서 아합에게 유죄를 선언한다(19절): 네가 죽이고 또 빼앗았느냐? 이와 같이 그에게 나봇을 죽인 죄가 지워졌다. 그를 합법적으로 죽였다든지, 혹은 만일 그가 부당하게 죽었다면 그것은 자신이 행한 일이 아니며 자신은 아무것도 알지 못했노라고 말하는 것은 아무 소용 없는 일이었다. 왜냐하면 나봇을 죽인 것은 그를 기쁘게 하기 위한 것이었기 때문이다. 그는 나봇을 죽인 것을 기뻐했으며, 따라서 나봇과 관련하여 이루어진 모든 일에 대하여 죄책을 피할 수 없었다. 그는 죽였고 또 취했다. 만일 그가 포도원을 취한다면, 그와 함께 죄책도 취하는 것이었다.

[2] 엘리야는 아합에게 심판(혹은 판결, judgement)을 내린다. 그의 집은 파멸되어 뿌리 뽑힐 것이며(21절), 그의 모든 후손들은 진멸을 당함으로 그의 집이 여로보암의 집과 바아사의 집 같이 될 것이었다(22절). 특별히 여로보암의 집(14:11)과 바아사의 집(16:4)에 대해 예언되었던 것처럼, 성읍에서 죽은 자는 개가 먹고 들에서 죽은 자는 공중의 새가 먹을 것이었다(21:24). 또한 이세벨과 관련해서는 그녀가 개들에 의해 먹힘을 당하게 될 것이라고 선언되었는데(23절), 우리는 나중에 이러한 예언이 그대로 이루어지는 것을 보게 될 것이다(왕하 9:36). 그리고 특별히 아합 자신에 대하여는 개들이 나봇의 피를 핥은 바로 그 자리에서 그의 피를 핥게 될 것이었다(19절). "네 피 곧 네 몸의 피는 ― 비록 그

것이 왕의 피요 교만으로 핏줄을 부풀리고 분노로 심장을 끓게 한다 할지라도 — 머지않아 개들의 즐거운 먹이가 될 것이다.” 이러한 예언 역시도 나중에 그대로 이루어졌다(22:38). 이러한 예언은 아합이 폭력에 의해 처참하게 죽임을 당하며, 피를 흘리며 무덤에 들어가게 될 것이며, 수치가 따르게 될 것임을 암시하는 것이다. 우리는 여기에서 죽음 이후의 형벌이 강조되고 있는 것을 보게 된다. 비록 여기에 육체에 대한 형벌만 언급되고 있다 할지라도, 아마도 그것은 죽음 이후의 영혼의 영원한 형벌을 예표하는 것으로서 언급되고 있는 것일 것이다.

Ⅲ. 아합이 스스로를 겸비케 함. 자신에게 선언된 심판으로 인해 아합은 스스로를 겸비케 했고, 이로 인해 하나님은 그에게 임할 재앙을 다음 세대로 연기하셨다.

1. 아합은 참회자의 모양을 취했다. 엘리야가 하나님의 이름으로 전한 메시지로 인해 아합은 극도의 두려움에 빠졌고, 그럼으로써 자신의 옷을 찢고 굵은 베로 몸을 동였다(27절). 그는 여전히 교만하고 완악한 죄인이었지만, 그러나 현저하게 달라졌다. 하나님이 가장 완악한 마음조차도 두려워 떨게 만드시며 가장 교만한 마음조차도 가장 겸비하게 만드실 수 있다는 사실을 주목하라. 하나님의 말씀은 빠르고 강력하며 불과 방망이와 같다(렘 23:29, 내 말이 불 같지 아니하냐 바위를 쳐서 부스러뜨리는 방망이 같지 아니하냐). 그것은 벨릭스조차도 두려워 떨게 만들었다. 아합은 참회자의 복장과 외양을 갖추었지만, 그러나 아직 그의 마음은 온전히 변화되고 겸비해지지 않았다. 이 일 후에도 우리는 그가 신실한 선지자를 미워한 것을 보게 된다(22:8). 진정성과 알맹이는 없으면서 회개의 외양만 갖추는 것은 결코 드문 일이 아니라는 사실을 주목하라. 아합의 회개는 단지 겉으로 보기에 그런 것일 뿐이었다. 하나님은 엘리야에게 “아합이 내 앞에서 겸비함을 네가 보느냐”라고 물으셨다. 그러나 그것은 단지 외적으로 그런 것일 뿐이었다. 그는 옷은 찢었지만 마음은 찢지 않았다. 위선자는 외적으로 거룩한 의무를 수행하는 것에는 열심을 낼 수 있지만 그러나 참된 경건에는 이르지 못한다.

2. 이로 인해 아합에게 임할 재앙은 다음 세대로 연기되었다. 그것은 일종의 용서였다. 물론 그것은 외양적인 회개에 불과했다(그는 심판에 대해서만 애통하였을 뿐 죄에 대하여는 애통해하지 않았다). 또 그는 우상 숭배도 버리

지 않았으며, 포도원을 나봇의 상속자들에게 돌려주지도 않았다. 그럼에도 불구하고 그가 하나님께 약간의 영광을 돌린 것으로 인해 하나님은 그것을 주목하시고 엘리야에게도 그것을 주목하라고 말씀하셨다(29절): 아합이 내 앞에서 겸비함을 네가 보느냐? 이로 인해 그에게 임할 재앙은 그 아들들의 세대로 연기되었다. 판결이 취소된 것이 아니라, 그 집행이 연기된 것이었다.

(1) 이것은 하나님의 선하심이 너무도 크다는 사실과 하나님은 긍휼을 베풀기를 기뻐하신다는 사실을 우리에게 보여준다. 긍휼은 심판을 이기고 기뻐하는 법이다(mercy rejoices against judgment). 샌더슨 주교(bishop Sanderson)는 하나님이 당신의 선하심을 드러내기 위해 다른 신적 속성이 위험에 처함에도 불구하고 이 악인에게 긍휼을 나타내셨다고 말한다. 다시 말해서, 거룩하지도 않고 진실하지도 않으며 공정하지도 못하다고 생각될 수 있는 위험이 있음에도 불구하고, 하나님은 기꺼이 그에게 긍휼을 베푸셨다는 것이다.

(2) 이것은 악한 자에게도 선한 것이 있을 수 있다는 사실을 우리에게 가르쳐 준다. 어쨌든 선한 것이라면 칭찬을 받아야만 한다.

(3) 이것은 어째서 때때로 악인들이 오랫동안 형통하는지에 대한 이유를 제시해 준다. 외적으로 봉사하는 자들에 대하여 하나님은 외적인 긍휼로 상을 베푸신다.

(4) 이것은 진정으로 회개하고 거룩한 복음을 거짓 없이 믿는 모든 자들에게 큰 격려가 된다. 회개의 외양만 갖춘 자가 재앙을 유예 받고 집으로 돌아가게 된다면, 하물며 진실한 회개자가 의롭다함을 받고 하늘의 집으로 돌아가게 될 것이야 일마나 확실한 일이겠는가?

제 22 장

개요

　　본 장에서 우리는 아합의 통치 역사가 끝나는 것을 보게 된다. 앞 장 말미에서 그의 집의 파멸은 그의 시대에 임하지 않을 것이라고 약속되었다. 그러나 그의 날은 곧 끝나게 되었다. 본 장에서 우리는 그가 길르앗 라못에서 아람과 더불어 전쟁을 벌이는 것을 보게 된다. I. 아합이 전쟁을 위해 준비함. 1. 그가 신하들과 더불어 의논함(1-3절). 2. 여호사밧과 더불어 의논함(4절). 3. 자신의 선지자들과 더불어 의논함. (1) 그의 모든 선지자들이 가서 싸울 것을 격려하는 가운데(5, 6절), 특별히 시드기야가 이 일에 앞장 섬(11, 12절). (2) 여호사밧이 다른 선지자는 없느냐고 묻고(7, 8절), 이로 인해 여호와의 선지자 미가야가 부름을 받음(9, 10-13, 14절). 미가야가 거짓 선지자들을 신뢰하는 아합을 비난하는 가운데(15절) 그가 이 전쟁에서 패할 것을 예언하면서(16-18절) 그가 자신의 선지자들에 의해 어떻게 속게 되었는지를 설명함(19-23절). 또 미가야가 시드기야에게 뺨을 맞고(24, 25절) 아합에 의해 옥에 갇힘(26-28절). II. 전쟁이 벌어지고 아합이 죽임을 당함(29-40절). 본 장 말미에서 우리는 다음과 관련한 짤막한 이야기를 듣게 된다. (1) 유다 왕 여호사밧의 선한 통치(41-50절). (2) 이스라엘 왕 아하시야의 악한 통치(51-53절).

[1] 아람과 이스라엘 사이에 전쟁이 없이 삼 년을 지냈더라 [2] 셋째 해에 유다의 여호사밧 왕이 이스라엘의 왕에게 내려가매 [3] 이스라엘의 왕이 그의 신하들에게 이르되 길르앗 라못은 본래 우리의 것인 줄을 너희가 알지 못하느냐 우리가 어찌 아람의 왕의 손에서 도로 찾지 아니하고 잠잠히 있으리요 하고 [4] 여호사밧에게 이르되 당신은 나와 함께 길르앗 라못으로 가서 싸우시겠느냐 여호사밧이 이스라엘 왕에게 이르되 나는 당신과 같고 내 백성은 당신의 백성과 같고 내 말들도 당신의 말들과 같으니이다 [5] 여호사밧이 또 이스라엘의 왕에게 이르되 청하건대 먼저 여호와의 말씀이 어떠하신지 물어 보소서 [6] 이스라엘의 왕이 이에 선지자 사백 명쯤 모으고 그들에게 이르되 내가 길르앗 라못에 가서 싸우랴 말랴 그들이 이르되 올라가소서 주께서 그 성읍을 왕의 손에 넘기시리이다 [7] 여호사밧이 이르되 이 외에 우리가 물을 만한

여호와의 선지자가 여기 있지 아니하니이까 [8]이스라엘의 왕이 여호사밧 왕에게 이르되 아직도 이믈라의 아들 미가야 한 사람이 있으니 그로 말미암아 여호와께 물을 수 있으나 그는 내게 대하여 길한 일은 예언하지 아니하고 흉한 일만 예언하기로 내가 그를 미워하나이다 여호사밧이 이르되 왕은 그런 말씀을 마소서 [9]이스라엘의 왕이 한 내시를 불러 이르되 이믈라의 아들 미가야를 속히 오게 하라 하니라 [10]이스라엘의 왕과 유다의 여호사밧 왕이 왕복을 입고 사마리아 성문 어귀 광장에서 각기 왕좌에 앉아 있고 모든 선지자가 그들의 앞에서 예언을 하고 있는데 [11]그나아나의 아들 시드기야는 자기를 위하여 철로 뿔들을 만들어 가지고 말하되 여호와의 말씀이 왕이 이것들로 아람 사람을 찔러 진멸하리라 하셨다 하고 [12]모든 선지자도 그와 같이 예언하여 이르기를 길르앗 라못으로 올라가 승리를 얻으소서 여호와께서 그 성읍을 왕의 손에 넘기시리이다 하더라 [13]미가야를 부르러 간 사신이 일러 이르되 선지자들의 말이 하나 같이 왕에게 길하게 하니 청하건대 당신의 말도 그들 중 한 사람의 말처럼 길하게 하소서 [14]미가야가 이르되 여호와께서 살아 계심을 두고 맹세하노니 여호와께서 내게 말씀하시는 것 곧 그것을 내가 말하리라 하고

비록 아합이 계속해서 죄책과 진노와 욕망의 지배 아래 있었다 할지라도, 회개와 겸비에 대한 보답으로 그는 3년간의 평화를 누림과 함께(1절) 영예롭게도 유다 왕 여호사밧의 방문을 받게(2절) 되었다. 유대인들은 아합이 죄로 인해 스스로를 겸비케 하면서 굵은 베옷을 입었을 때 그가 여호사밧을 불러 자신을 채찍으로 때리도록 했으며 그래서 여호사밧은 얼마동안 아합 곁에 머무르면서 매일 그를 채찍으로 쳤다는 터무니없는 상상을 한다. 이것은 아무 근거 없는 전승(傳承)일 뿐이다. 아마도 여호사밧은 양국의 제반 문제를 의논하기 위해 왔을 것이다. 여호사밧 같이 신실한 자가 다윗의 집에서 배반해 나간 나라(즉 북왕국 이스라엘)에 대해 그토록 큰 경의를 표하면서 하나님 섬기기를 배반한 악한 왕을 그토록 친절하게 대한 것은 참으로 이상한 일이었다. 그는 비록 경건한 사람이기는 했지만 그러나 지나치게 유순했으며 그로 인해 올무와 난처한 상황에 처하게 되기도 했다. 아람 사람들은 아합에게 어떤 특별한 침략행위를 하지는 않았다. 그러나

I. 아합은 여기에서 그들과 더불어 전쟁을 벌일 것을 생각하면서 그와 관련한 문제를 주변 사람들과 의논한다(3절). 아합은 아람 왕 벤하닷으로 인해 격

분했다. 왜냐하면 그의 생명이 자신의 손에 있었을 때, 본래 이스라엘에게 속했던 성읍들을 돌려 주겠노라고 그가 자신에게 약속했었기 때문이다(20:34). 아합은 그러한 성읍들을 돌려받을 때까지 그를 풀어주지 말았어야 했음에도 불구하고 어리석게도 그의 말을 믿고 그를 돌려보내 주었다. 그러나 이제 그는 적의 입맞춤과 약속은 속이는 것이며 곤궁한 상황에서 마지못해 맺은 동맹은 결코 신뢰할 수 없는 것이라는 사실을 경험을 통해 알게 되었다. 벤하닷은 자신에게 이익이 되지 않는다면 자신이 한 말에 굳이 얽매일 필요가 없다고 생각하는 사람이었다. 다른 성읍들이 이스라엘에게 돌려졌는지는 분명치 않지만, 그러나 길르앗 라못이 돌려지지 않은 것은 분명했다. 길르앗 라못은 요단 건너편 갓 지파에 속한 중요한 성읍이었으며, 레위인의 성읍으로서 도피성 가운데 하나였다. 아합은 약속을 어긴 벤하닷을 응징하고 그의 손으로부터 길르앗 라못을 되찾고자 굳게 결심한다. 그러면서 자신이 그에게 평화를 줄 수 있었던 것처럼 또한 고통도 가져다줄 수 있다는 사실을 깨닫게 해 주겠노라고 마음을 다졌다. 아합은 훌륭한 명분을 가지고 있었지만 그러나 성공하지는 못했다. 성공 여부가 정당성을 판가름하는 것은 아니다.

Ⅱ. 아합은 길르앗 라못을 되찾기 위한 전쟁에 여호사밧을 끌어들인다(4절). 여기에서 아합이 여호사밧 같이 경건한 이웃의 도움을 열망한 것은 조금도 놀랄 일이 아니다. 비록 악인이라 할지라도 필요할 때는 선한 사람의 도움이라도 바라는 법이다. 하늘에 속한 백성 다시 말해서 하나님을 자기편으로 삼고 있는 백성들과 관계를 맺는 것은 참으로 바람직한 일이다. 그러나 여호사밧이 "나는 당신과 같고 내 백성은 당신의 백성과 같다"고 하면서 아합의 제안에 전적으로 찬동하며 나선 것은 참으로 뜻밖의 일이 아닐 수 없다. 결코 그렇지 않았다. 여호사밧과 유다 백성들은 아합과 이스라엘 백성들처럼 악하고 부패하지 않았다. 선한 백성들에게 있어 행악자(行惡者)들에게 과도하게 친절을 베푸는 가운데 자칫 어둠의 열매 없는 일에 참예하는 위험에 빠질 수 있다. 여호사밧은 기꺼이 전쟁에 동참하여 아합으로부터 받은 호의에 보답하고자 했다. 한편 어떤 이들은 그가 아람에 대항하여 이스라엘과 동맹을 맺은 것은 이스라엘에 대항하여 아람과 동맹을 맺었던 자기 아버지의 잘못을 속죄하기 위한 것이었을 것이라고 생각한다(15:19, 20).

Ⅲ. 이와 같은 특별한 상황에서 그리고 특별히 여호사밧의 요청에 따라 아

합은 전쟁과 관련하여 선지자들에게 묻는다. 아합은 이 문제와 관련하여 그의 신하들과 의논하는 것으로 충분하다고 생각했지만, 그러나 여호사밧은 여호와의 말씀이 어떠한지 물어보자고 제안한다(5절). 여기에서 다음의 사실들을 관찰하라.

1. 선한 백성들은 어디를 가든지 하나님과 함께 하기를 바란다는 사실. 그들은 자신들의 모든 길에 하나님을 인정하며, 그분의 허락을 구하며, 승리를 위해 그분을 바라볼 것이다.

2. 선한 백성들은 어디를 가든지 자신들의 신앙을 굳게 붙잡아야 한다는 사실. 자신들의 신앙에 대해 호의적이지 않은 자들과 함께 있는 동안에도 그들은 자신들의 신앙을 부끄러워해서는 안 된다. 여호사밧은 여호와의 말씀에 대한 애정과 존경심을 예루살렘에다 남겨두고 오지 않았다. 도리어 아합의 궁정에서 그것을 기꺼이 시인하면서, 전쟁과 같은 중요한 문제를 결정함에 있어 자신의 신앙을 관철시키고자 노력했다. 만일 아합이 여호사밧을 자신의 전쟁 속으로 끌어들였다면, 여호사밧은 아합을 자신의 믿음 속으로 끌어들일 것이었다.

IV. 아합의 400명의 선지자들은(이들은 아세라의 선지자들이었다) **이 전쟁에서 승리할 것을 확언하면서 나가 싸울 것을 격려한다**(6절). 아합은 표면적으로는 공정하게 질문한다: 내가 길르앗 라못에 가서 싸우랴 말랴? 그들은 아합의 마음이 이미 어느 쪽으로 기울었는지 알고 있었으며, 그들의 목표는 오로지 두 왕의 기분을 맞추는 것뿐이었다. 그들은 여호사밧의 기분을 맞추기 위해 여호와의 이름을 사용했다: 여호와께서 그 성읍을 왕의 손에 넘기시리이다. 그들은 참 선지자들의 말을 도둑질하고(렘 23:30), 그들의 언어를 사용했다. 또한 그들은 아합의 마음을 맞추기 위해 "올라가소서"라고 말했다. 실제로 승산(勝算)은 그들 편에 있었다. 얼마 전 아합은 아람과 싸워 두 번 다 승리를 거두었다. 뿐만 아니라 지금 아합에게 훌륭한 명분이 있었으며, 특별히 여호사밧과 동맹을 맺음으로써 힘을 훨씬 더 강화시킨 상태였다. 그러나 그들은 합리적인 추론이 아니라 신적 예지(叡智)에 의한 예언으로 말하는 것처럼 꾸몄다. "왕께서는 필경 길르앗 라못을 되찾으실 것이나이다." 이들 선지자들 가운데 지도자의 위치에 있었던 시드기야는 참 선지자들을 흉내내어 예표를 사용하여 자신의 거짓 예언을 뒷받침한다(11절). 그는 철로써 한 쌍의 뿔을 만들었는데, 그것은 두 왕을 나타내면서 동시에 그들의 존귀와 권세를 상징하는 것이었다. 그리고 이러한 뿔들에 의해 아람 사람들은 쫓겨나게 될 것이었다. 모든 선지자들이 한 사람처럼 아합이 이 원정(遠征)에서 정복자로서 귀환하게 될 것이라고 한 목소리로 말했다(12절). 일치(통일성, unity)가 항상 참된 교회와 참된 봉사의 표지인 것은 아니다. 여기에 한 마음과 한 입으로 예언한 400명이 있었지만, 그러나 그들은 모두 잘못된 일을 하고 있었다.

Ⅴ. 여호사밧은 이러한 종류의 예언을 달갑게 생각하지 않았다. 이것은 그가 늘상 경험했던 것과는 뭔가 달랐다. 그들은 참 선지자들을 그럴듯하게 흉내 냈지만, 그러나 영적 분별력을 가지고 있었던 여호사밧은 뭔가 잘못된 것을 알아차렸다. 그리하여 그는 아합에게 "이 외에 우리가 물을 만한 여호와의 선지자가 여기 있지 아니하니이까"라고 물었다(7절). 그는 지나치리만큼 유순한 자였지만 그러나 여호와의 선지자를 볼 때까지 기꺼이 기다리고자 했다. 이것은 그가 이들 선지자들을 여호와의 선지자로 간주할 수 없었음을 암시한다. 그들에게 그럴듯한 외양(外樣)은 있었지만, 그러나 그들은 아무것도 그에게 더해 준 것이 없었고 아무런 만족도 주지 못했다(갈 2:6). 한 명의 신실한 여호와의 선지자가 그들 모두보다 더 가치 있었다.

Ⅵ. 또 한 사람의 선지자가 있었는데 그의 이름은 미가야였다. 아합은 그를 미워했지만 그러나 여호사밧으로 인해 그를 부르지 않을 수 없었다(8-10절). 아합은 "그로 말미암아 여호와께 물을 수 있으나"라고 말함으로써 그가 하나님의 마음을 아는 참 선지자임을 인정했다. 그러나

1. 아합은 그를 미워했으며 그러한 사실을 유다의 왕에게 말하는 것을 부끄럽게 여기지 않았다. 아합은 자신이 미가야를 미워하는 이유를 다음과 같이 말한다: 그는 내게 대하여 길한 일은 예언하지 아니하고 흉한 일만 예언하기로. 이것이 누구의 잘못이란 말인가? 만일 아합이 선한 일을 행했다면 그는 하늘로부터 선한 메시지만을 받았을 것이다. 만일 그가 악을 행한다면, 그는 하나님의 책망과 경고의 말씀으로 인해 도리어 감사해야 마땅하다. 하나님의 사역자들을 미워하는 자들은 (그들이 자신들의 죄로 말미암아 닥치게 될 위험과 고통을 경고하는 것으로 인해) 죄 가운데 마음을 완악하게 하면서 멸망을 향해 속히 달려가고 있는 자들이다. 그리고 그들은 자신들을 멸망으로 이끄는 원수들을 도리어 자신들에게 진리를 말해주는 자들로 간주한다.

2. 아합은 미가야를 옥에 가두어 놓고 있었던 것으로 보인다. 왜냐하면 그

를 병졸의 손에 맡기면서(26절), 그를 다시 데려가라고, 즉 그를 끌고 왔던 장소로 다시 데리고 가라고 명령하고 있기 때문이다. 우리는 그가 옥에 갇히게 된 것이 아마도 벤하닷을 풀어준 것과 관련하여 그가 아합을 책망했기 때문이었을 것이라고 추측할 수 있다(20:38 이하). 그리고 그는 3년 동안 옥에 갇혀 있었던 것으로 보인다. 바로 이것이 아합이 미가야 선지자를 속히 오게 할 수 있었던 이유였다(9절). 그러나 그를 옥에 가두었다고 해서 하나님과의 만남까지 가로막을 수 있었던 것은 결코 아니었다. 비록 옥에서였다 할지라도 예언의 영은 계속해서 그와 함께 있었다. 그는 묶여 있었지만, 그러나 하나님의 말씀은 묶여 있지 않았다. 옥에 가둔 것으로 인해 그의 용기가 약해진 것도 아니었으며, 신실하고 확신 있게 메시지를 전하는 힘을 잃은 것도 아니었다. 아합이 충성된 선지자에게 분개하는 것을 보면서 여호사밧은 지나치리만치 온유하게 그를 책망한다(8절): 왕은 그런 말씀을 마소서. 여호사밧은 이렇게 말했어야 했다. "그렇게 말하는 것은 선지자를 부당하게 대하는 것이며, 당신 자신에게 해를 끼치는 것이며, 그와 당신의 하나님을 모독하는 것이나이다." 아합 같은 죄인들은 호되게 책망을 받아야만 한다. 어쨌든 아합은 여호사밧을 불쾌하게 함으로써 그와의 동맹이 깨지는 것을 우려하지 않을 수 없었으며, 따라서 그의 책망을 받아들여 속히 미가야를 데려오라는 명령을 내린다(9절). 이렇게 하여 두 왕은 왕복을 입고 사마리아 성문에 앉아 가련한 선지자로부터 그가 하는 말을 들을 준비를 갖춘다. 두 왕 주위에는 입에 발린 말만 하는 선지자들이 시위(侍衛)하고 있었는데, 그들은 듣기에 달콤하고 부드러운 예언 외에는 아무것도 생각할 수 없는 자들이었다. 입에 발린 말만 듣기를 좋아하는 자들 주변에는 그와 같은 사람들만 모이게 될 것이다.

VII. 미가야는 자신을 데리러 온 사신으로부터 좋은 말을 해 달라는 회유(懷柔)를 받는다(13절). 감히 선지자에게 할 말을 사전에 지시하려고 했던 그 사신은 이스라엘 백성의 이름에 합당치 못한 자였다. 그는 미가야 역시도 하나님이 아니라 사람을 기쁘게 하려고 애쓰는 다른 선지자들과 같은 부류의 사람으로 생각했다. 그는 미가야에게 다른 모든 선지자들이 일심으로 왕의 승리를 예언했으며 또 그로 인해 왕이 크게 기뻐했음을 이야기하면서, 그 역시도 그들처럼 말하는 것이 이익이 될 것이라고 암시한다. 그렇게 한다면 옥에서 석방될 뿐만 아니라 좋은 자리를 얻을 수도 있을 것이라는 것이었다. 세상적인 것들만 맹목적으로 사랑하는 자들은 다른 모든 사람들도 다 자신들과 같을 것이라고 생각하면서, 진실이든 거짓이든 옳든 그르든 오로지 자신들의 세속적인 이익만을 위해 말하고 행동한다. 그는 그토록 많은 사람들이 일치해서 말하는 것과 상반되게 말하는 것은 아무 소용없는 일이라고 넌지시 암시한다. 만일 그렇게 한다면 그는 조롱거리가 되며 어리석은 자가 될 것이었다. 그러나 미가야는 그것이 왕을 기쁘게 하는 것이든 기쁘게 하는 것이 아니든 오직 하나님의 메시지만을 전하겠다고 맹세하면서 그의 회유를 반박한다. "더하거나 빼거나 변경시키지 않고 여호와께서 내게 말씀하시는 것 곧 그것을 내가 말하리라(14절)." 이것은 참으로 위대한 결의였으며, 정말로 그는 휘황찬란한 왕복을 입고 높은 보좌 위에 앉아 있는 두 명의 왕보다 더 큰 하늘의 왕을 바라보는 자다운 사람이었다.

[15]이에 왕에게 이르니 왕이 그에게 이르되 미가야야 우리가 길르앗 라못으로 싸우러 가랴 또는 말랴 그가 왕께 이르되 올라가서 승리를 얻으소서 여호와께서 그 성읍을 왕의 손에 넘기시리이다 [16]왕이 그에게 이르되 내가 몇 번이나 네게 맹세하게 하여야 네가 여호와의 이름으로 진실한 것으로만 내게 말하겠느냐 [17]그가 이르되 내가 보니 온 이스라엘이 목자 없는 양 같이 산에 흩어졌는데 여호와의 말씀이 이 무리에게 주인이 없으니 각각 평안히 자기의 집으로 돌아갈 것이니라 하셨나이다 [18]이스라엘의 왕이 여호사밧 왕에게 이르되 저 사람이 내게 대하여 길한 것을 예언하지 아니하고 흉한 것을 예언하겠다고 당신에게 말씀하지 아니하였나이까 [19]미가야가 이르되 그런즉 왕은 여호와의 말씀을 들으소서 내가 보니 여호와께서 그의 보좌에 앉으셨고 하늘의 만군이 그의 좌우편에 모시고 서 있는데 [20]여호와께서 말씀하시기를 누가 아합을 꾀어 그를 길르앗 라못에 올라가서 죽게 할고 하시니 하나는 이렇게 하겠다 하고 또 하나는 저렇게 하겠다 하였는데 [21]한 영이 나아와 여호와 앞에 서서 말하되 내가 그를 꾀겠나이다 [22]여호와께서 그에게 이르시되 어떻게 하겠느냐 이르되 내가 나가서 거짓말하는 영이 되어 그의 모든 선지자들의 입에 있겠나이다 여호와께서 이르시되 너는 꾀겠고 또 이루리라 나가서 그리하라 하셨은즉 [23]이제 여호와께서 거짓말하는 영을 왕의 이 모든 선지자의 입에 넣으셨고 또 여호와께서 왕에 대하여 화를 말씀하셨나이다 [24]그나아나의 아들 시드기야가 가까이 와서 미가야의 뺨을 치며 이르되 여호와의 영이 나를 떠나 어디로 가서 네게 말

쓸하시더냐 ²⁵미가야가 이르되 네가 골방에 들어가서 숨는 그 날에 보리라 ²⁶이스라 엘의 왕이 이르되 미가야를 잡아 성주 아몬과 왕자 요아스에게로 끌고 돌아가서 ²⁷ 말하기를 왕의 말씀이 이 놈을 옥에 가두고 내가 평안히 돌아올 때까지 고생의 떡 과 고생의 물을 먹이라 하였다 하라 ²⁸미가야가 이르되 왕이 참으로 평안히 돌아오 시게 될진대 여호와께서 나를 통하여 말씀하지 아니하셨으리이다 또 이르되 너희 백성들아 다 들을지어다 하니라

여기에서 미가야는 올바른 일을 행하지만, 그러나 흔히 그런 것처럼 그로 인해 고난을 겪게 된다.

I. 미가야는 사람의 기분을 맞추는 것보다 하나님을 기쁘시게 하는 것을 더 열망하는 자로서 신실하게 자신의 메시지를 전한다. 그는 세 가지 방법으로 자신의 메시지를 전했는데, 그 모두가 아합의 마음을 거스리게 하는 것들이었 다.

1. 미가야는 다른 선지자들이 말했던 대로(그러나 반어법(反語法)으로) 말 했다: 올라가서 승리를 얻으소서(15절). 아합은 자신의 선지자들에게 했던 질문 과 똑같은 질문을 미가야에게 던졌다: 우리가 길르앗 라못으로 싸우러 가랴 또는 말랴? 그렇게 질문할 때 그는 마치 발람이 그랬던 것처럼 하나님의 뜻이 무엇 인지 간절히 알기 원하는 것처럼 가장했다. 미가야는 아합의 의중을 꿰뚫어보 면서 올라가라고 대답했지만, 그러나 거기에는 조소(嘲笑)의 어투와 분위기가 담겨 있었다. 그것은 결국 이런 뜻이었다. "나는 당신이 가기로 결심한 것을 알고 있으며 또 당신의 선지자들이 일치하여 승리를 확언한 사실도 들었나이 다. 그들은 여호와께서 그것을 왕의 손에 붙이실 것이라고 말하지만 나는 당신에 게 그것이 여호와의 말씀이라고 결코 말하지 않을 것이나이다. 아니 도리어 하 나님은 달리 말씀하셨나이다." 입에 발린 말만 듣기를 좋아하는 자들은 조소 (嘲笑)를 받아 마땅하다는 사실을 주목하라. 자신의 정욕에 스스로를 던져버린 자들로 하여금 자신들의 꾀에 스스로 빠지도록 하나님께서 내버려 두시는 것 은 참으로 공의로운 일이다(전 11:9). 미가야의 그러한 대답에 아합은 더 이상 자신을 조롱하지 말고 진실을 말해 달라고 이야기한다(16절). 그는 마치 하나 님의 뜻을 간절히 알고 싶어하는 것처럼 꾸미지만, 그러나 그러는 가운데에도 미가야 선지자를 성미가 괴팍하고 별스러운 사람으로 나타내고자 노력한다(마

치 억지로라도 맹세를 시켜야만 진실을 말하는 사람인 양).

2. 미가야는 이 원정(遠征)에서 왕은 죽음을 당하고 군대는 흩어지게 될 것을 분명하게 예언한다(17절). 그는 이상(異像, vision) 가운데 혹은 꿈 가운데 그들이 산에서 마치 목자 없는 양처럼 흩어지는 것을 보았다. 목자를 치면 양이 흩어지려니와(슥 13:7). 이것은 다음과 같은 사실들을 암시한다.

(1) 이스라엘이 목자인 왕을 잃을 것이라는 사실. 하나님은 이것을 내다보시며 "이 무리에게 주인이 없으니"라고 말씀하셨다.

(2) 그들이 목표를 이루지 못한 채 퇴각하게 될 것이라는 사실. 이스라엘 군대가 큰 살육을 당하게 되지는 않을 것이지만 그러나 명예롭지 못하게 퇴각하게 될 것이었다. 각각 평안히 자기의 집으로 돌아갈 것이니라. 잠시는 큰 혼란 속에 빠지게 될 것이지만 그러나 왕의 죽음으로 인해 많은 병사들이 죽지는 않을 것이었다. 아합은 전쟁하는 중에 죽을 것이지만 그러나 병사들은 평안히 집에 돌아가게 될 것이다. 아합의 선지자들은 단지 자신들의 마음으로부터 예언했을 뿐이지만, 이와 같이 미가야는 예언 가운데 자신이 보고 들은 것을 증거하였다. 예레미야 23장 28절을 보라: 꿈을 꾼 선지자는 꿈을 말할 것이요 내 말을 받은 자는 성실함으로 내 말을 말할 것이라 겨가 어찌 알곡과 같겠느냐. 아합은 미가야가 말한 것의 의미를 알아챈다. 그리고 여호사밧을 향하여 그가 이와 같이 자신에게 앙심을 품고 있는 것이 분명하지 않느냐고 되묻는다(18절). 다른 사람들에게 악의를 품고 있는 자는 다른 사람들이 자신에게 악의를 품고 있다고 기꺼이 믿는 경향이 있다. 따라서 아무런 근거가 없음에도 불구하고 그들이 말하는 모든 것을 가장 나쁜 의미로 추론하며 받아들인다. 미가야는 아합에게 만일 전쟁을 벌이면 그 전쟁에서 죽임을 당하게 될 것이라고 예언했는데, 도대체 그것이 무슨 악한 예언이란 말인가? 위험한 길을 출발하는 자에게 우리가 베풀어 줄 수 있는 가장 큰 호의는 그 위험을 말해 주는 것이 아닌가?

3. 미가야는 왕의 모든 선지자들이 왕에게 전쟁에 나가라고 격려하게 된 경위를 설명해 준다. 그 연유는 다음과 같은 것이었다. 하나님이 사탄으로 하여금 선지자들을 통해 왕을 속여 파멸케 하는 것을 허락하셨고, 자신은 이상(異像)으로 그것을 보았다. 하늘의 하나님은 이스라엘의 왕이 길르앗 라못에서 죽임을 당하도록 결정하셨는데, 하나님은 그 사실을 자신에게 나타내셨다(19, 20절). 왕은 어리석게도 벤하닷에게 호의를 베풀었지만, 그러나 벤하닷과 아람

군대는 그러한 호의를 짓밟을 것이다. 왕은 길르앗 라못으로 올라갈 것인지 말 것인지 주저하다가 결국 자신의 선지자들의 설득과 조언에 따라 올라가기로 결심하게 될 것이다(21, 22절). 그들은 큰 확신을 가지고 격려하게 될 것이지만(23절), 그러나 그것은 거짓의 아비로부터 말미암은 그렇지만 하나님께서 허락하신 거짓말이었다. 우리는 여기에서 이 일이 사람들의 방식을 따라 묘사된 것을 보게 된다. 우리는 하나님에게 어떤 조언이 필요하다든지 혹은 어떤 계획을 효과적으로 이루기 위한 수단이 부족하다든지 혹은 어떤 방법을 택할 것인지를 결정함에 있어 천사나 어떤 피조물들과 의논할 필요가 있다든지 혹은 죄의 창시자라든지 혹은 어떤 사람으로 하여금 거짓을 말하도록 하거나 아니면 믿게 하는 원인이라고 생각해서는 결코 안 된다. 이것은 아합 자신에게 뿐만 아니라 우리에게 다음과 같은 사실들을 가르쳐 준다.

(1) 하나님은 만왕의 왕이시며 지상의 모든 왕들의 보좌 위에 보좌를 가지셨다는 사실. 미가야는 두 왕에게 다음과 같이 말한다. "당신들은 보좌에 앉은 왕들로서, 자신이 하고자 하는 것을 무엇이든지 할 수 있으며 또 우리는 당신들이 원하는 대로 말해야만 한다고 생각하나이다. 그러나 나는 여호와께서 그의 보좌에 앉아 계신 것을 보았노니 그는 모든 사람을 심판하시는 자시라. 그러므로 나는 그가 말하는 대로 말해야만 하노니 그는 당신들과 같은 사람이 아니심이니이다."

(2) 하나님은 수많은 무리의 천사들에 의해 계속적으로 수종과 섬김을 받고 계시다는 사실. 하나님 곁에 서 있는 천상의 군대는 어디든지 그분이 보내는 곳에 갈 준비가 되어 있으며 또 무슨 일이든지 그분이 명령하는 일을 행할 준비가 되어 있다. 그들은 그 오른손에 자비를 갖고 계시며 그 왼손에 진노를 갖고 계신 분의 사자(使者)들이다.

(3) 하나님은 모든 세상만사를 아시고 주관하실 뿐만 아니라 또한 자신의 뜻과 계획에 따라 그것들을 다스리신다는 사실. 모략이 많고 높은 지위에 있는 자들이 의논하는 주제인 왕을 세우고 폐하는 일이나, 전쟁의 결과나, 국가의 큰일 등이 하나님의 인도하심 밖에 있지 않은 것처럼 가난한 시골농부의 하찮은 관심사들 역시 그분의 시야 밖에 있지 않다.

(4) 하나님은 당신의 계획을 이룸에 있어 많은 방법들을 가지고 계시다는 사실. 특별히 무르익을 대로 무르익은 죄인들의 멸망과 관련한 일에 있어서는

더욱 그러하다. 하나님은 그러한 일을 행하심에 있어 이런 방법으로도 하실 수 있고, 저런 방법으로도 하실 수 있다.

(5) 삼킬 자를 찾기 위해 계속해서 돌아다니고 있는 악의적인 거짓의 영(혹은 거짓말하는 영)이 있다는 사실. 그렇게 하기 위해 그들은 특별히 선지자들의 입에 거짓말을 넣어 사람들을 속이고자 하며, 그들을 통해 많은 사람들을 멸망으로 유혹하고자 애쓴다.

(6) 마귀가 사람을 속이는 것 역시 하나님의 허락 안에서 되어지는 일이라는 사실. 그리고 하나님은 그와 같은 방법을 통해서도 자신의 계획을 이루신다. 능력과 지혜가 그에게 있고 속은 자와 속이는 자가 다 그에게 속하였으므로(욥 12:16). 당신이 기뻐하실 때 하나님은 진리를 받아들이지 않는 자들을 징벌하시기 위해 사탄을 풀어 그들을 속이도록 내버려 두시기도 하시지만(계 20:7, 8) 때로는 미혹의 역사를 그들에게 보내사 거짓 것을 믿게 하시기도 하신다(살후 2:11, 12).

(7) 이와 같이 버려진 자들은 필경 멸망으로 운명지워진다는 사실. 거짓말하는 선지자들에게 버려진 자들은 결국 멸망의 길로 달려가고 말 것이다. 이와 같이 미가야는 전쟁을 벌이는 것뿐만 아니라 거짓말하는 선지자들을 믿는 것이 얼마나 위험한 일인지에 대하여 아합에게 정당한 경고를 발했다. 이와 같이 우리도 거짓 선지자들을 조심하고 영들을 시험하라는 경고를 받는다. 거짓말하는 영이 선지자들의 입에 있는 것보다 더 위험한 것은 없다.

II. 미가야는 이와 같이 충성되게 그리고 분명하게 자신의 메시지를 전한 것으로 인해 능욕을 당하게 된다.

1. 악한 선지자 시드기야는 철면피하게도 법정에서 미가야의 뺨을 치며 그를 모욕한다(24절). 그는 미가야 선지자에게 분개하면서 잠잠하며 입을 닥치라고 호통을 쳤다. 이스라엘의 재판장이신(미 5:1) 우리 구주께서도 이와 같이 능욕을 당하셨다(마 26:67). 마치 자신이 여호와의 영을 가지고 있으며 또한 독점하고 있다는 듯이 그래서 자신의 허락 없이는 결코 여호와의 영이 자신을 떠날 수 없다는 듯이, 그는 "여호와의 영이 나를 떠나 어디로 가서 네게 말씀하시더냐?"라고 묻는다(24절). 거짓 선지자들은 참 선지자들에게 있어 최악의 원수들이다. 그들은 왕이나 권세자들을 충동하여 참 선지자들을 대적하도록 할 뿐만 아니라, 여기에서 시드기야가 하고 있는 것처럼 자신들이 직접 능욕하기도 한다.

법정 안에서 특별히 왕의 면전에서 사람을 때리는 것은 오늘날에도 큰 악행으로 간주된다. 그러나 악한 선지자 시드기야는 여호와의 선지자를 이와 같이 능욕하고서도 아무런 견책도 당하지 않는다. 아합은 그의 행동을 도리어 기뻐하고 있었으며, 여호사밧은 이 일이 자신의 통치권한 밖의 일임을 빙자하여 애매하게 고난당하는 선지자를 위해 적극적으로 나서지 않았다. 이에 미가야는 시드기야의 능욕에 맞대항하지 않고(하나님의 선지자들은 때리거나 핍박을 가하는 자가 아니며, 스스로 복수한다든지 주먹에 대해 주먹으로 갚는다든지 혹은 어떤 방식으로든 화평을 깨뜨리는 일은 하지 않는다), 그로 하여금 결과에 의해 스스로의 잘못을 깨닫도록 내버려 둔다: 네가 골방에 들어가서 숨는 그 날에 보리라(25절). 아마도 시드기야는 아합과 함께 전장에 나가 철로 만들 뿔로서 병사들을 격려하다가 결국 자신의 예언이 성취된 것으로 즐거워하면서 왕과 함께 화려하게 개선할 것으로 생각했을 것이다. 그러나 군대가 완전하게 패퇴를 당하면서 그는 죽임을 당하지 않기 위해, 그리고 눈먼 선지자인 자신이 잘못 인도한 눈먼 왕과 함께 구덩이에 빠지지 않기 위해 적의 칼로부터 도망쳐 골방에 들어가 숨게 될 것이었다. 하나님의 말씀에 따라 적절한 때에 잘못을 바로잡지 않은 자들이 하나님의 심판에 의해 뒤늦게 잘못을 깨닫게 되는 것은 아무 소용없는 일이라는 사실을 주목하라.

2. 악한 왕 아합은 그를 다시 옥에 가두고 자신이 돌아올 때까지 고생의 떡과 고생의 물을 먹이라고 명령한다(27절). 그는 자신이 정복자로서 돌아오게 될 것을 조금도 의심하지 않으면서, 그 때 그를 거짓 선지자로서 처형시키고자 마음먹었다. 이것이 자신의 멸망을 막고자 했던 자에 대한 대가인가? 그러나 바로 이 일로 인해 하나님은 그를 멸하시기로 작정하셨다(대하 25:16, 선지자가 그치며 이르되 왕이 이 일을 행하고 나의 경고를 듣지 아니하니 하나님이 왕을 멸하시기로 작정하신 줄 아노라 하였더라). 아합은 자신의 승리를 너무나 확신했다. 그는 일찍이 자신이 벤하닷에게 일깨워 준 진리 즉 갑옷 입는 자가 갑옷 벗는 자 같이 자랑하지 못할 것이라(왕상 20:11)는 말을 스스로 잊어버린 채 평안히 돌아올 것을 추호도 의심하지 않았다. 그러나 충성된 하나님의 선지자를 옥에 가두어 두고 전쟁터에 나간 그가 어떻게 평안히 돌아올 수 있겠는가? 미가야는 전쟁의 결과에 의해 모든 것이 드러나게 될 것이라고 말하면서 모든 사람들을 증인으로 세운다. "왕이 참으로 평안히 돌아오시게 될진대 여호와께서 나를 통하여

말씀하지 아니하셨으리이다(28절). 만일 왕이 살아서 돌아온다면 나는 거짓 선지자의 오명과 징벌을 기꺼이 받을 것이나이다.” 그가 이렇게 말한 것은 모든 것을 운에 맡긴 채 모험을 한 것이 결코 아니었다. 왜냐하면 그는 자신이 믿는 자를 분명히 알고 있었기 때문이었다. 그는 땅의 왕들에게 두려움이 되는 분이시며, 왕들을 진흙처럼 밟으시는 분이시다. 그의 말씀은 일점일획도 땅에 떨어지지 않을 것이다. 그의 말씀의 일점일획이 땅에 떨어지는 것보다 차라리 수천 수만의 왕들이 땅에 떨어지는 것이 훨씬 더 쉬울 것이다. 그리고 그는 자기 종들이 한 말을 반드시 확인시켜 주실 것이다(사 44:26, 그의 종의 말을 세워 주며 그의 사자들의 계획을 성취하게 하며).

[29]이스라엘의 왕과 유다의 여호사밧 왕이 길르앗 라못으로 올라가니라 [30]이스라엘의 왕이 여호사밧에게 이르되 나는 변장하고 전쟁터로 들어가려 하노니 당신은 왕복을 입으소서 하고 이스라엘의 왕이 변장하고 전쟁터로 들어가니라 [31]아람 왕이 그의 병거의 지휘관 삼십이 명에게 명령하여 이르기를 너희는 작은 자나 큰 자와 더불어 싸우지 말고 오직 이스라엘 왕과 싸우라 한지라 [32]병거의 지휘관들이 여호사밧을 보고 그들이 이르되 이가 틀림없이 이스라엘의 왕이라 하고 돌이켜 그와 싸우려 한즉 여호사밧이 소리를 지르는지라 [33]병거의 지휘관들이 그가 이스라엘의 왕이 아님을 보고 쫓기를 그치고 돌이켰더라 [34]한 사람이 무심코 활을 당겨 이스라엘 왕의 갑옷 솔기를 맞힌지라 왕이 그 병거 모는 자에게 이르되 내가 부상하였으니 네 손을 돌려 내가 전쟁터에서 나가게 하라 하였으나 [35]이 날에 전쟁이 맹렬하였으므로 왕이 병거 가운데에 붙들려 서서 아람 사람을 막다가 저녁에 이르러 죽었는데 상처의 피가 흘러 병거 바닥에 고였더라 [36]해가 질 녘에 진중에서 외치는 소리가 있어 이르되 각기 성읍으로 또는 각기 본향으로 가라 하더라 [37]왕이 이미 죽으매 그의 시체를 메어 사마리아에 이르러 왕을 사마리아에 장사하니라 [38]그 병거를 사마리아 못에서 씻으매 개들이 그의 피를 핥았으니 여호와께서 하신 말씀과 같이 되었더라 거기는 창기들이 목욕하는 곳이었더라 [39]아합의 남은 행적과 그가 행한 모든 일과 그가 건축한 상아궁과 그가 건축한 모든 성읍은 이스라엘 왕 역대지략에 기록되지 아니하였느냐 [40]아합이 그의 조상들과 함께 자매 그의 아들 아하시야가 대신하여 왕이 되니라

하나님의 선지자와 아합의 선지자들 사이의 다툼은 여기에서 곧바로 결판난다. 그리고 그와 함께 과연 어느 쪽이 옳았는지가 분명하게 드러나게 되었다.

I. 두 왕이 군대와 함께 길르앗 라못으로 행군함(29절). 하나님의 선지자를 미워했던 이스라엘 왕이 경고를 무시하고 자신의 결심을 계속 고집한 것은 하나도 이상할 것이 없다. 그러나 경건한 왕으로서 아합의 선지자들을 불신하면서 여호와의 선지자에게 묻기를 열망했던 여호사밧이 그토록 타당한 경고에도 불구하고 아합과 함께 전쟁에 나간 것은 참으로 놀랄 일이 아닐 수 없다. 아마도 그는 유순하고 고분고분한 성격으로 인해 아합 진영의 움직임에 그대로 휩쓸려 들어가고 말았을 것이다(바나바가 이방인들과 함께 식사할 때 그랬던 것처럼, 갈 2:13). 여호사밧은 아합의 선지자들의 말에 큰 주의를 기울이지 말았어야 했지만 그러나 지나치게 귀를 기울이고 말았다. 그것은 그들이 마치 하나님으로부터 말하는 것처럼 가장했기 때문이기도 했지만 그것 외에도 자기 나라에서는 이와 같은 미혹과 속임의 일을 전혀 겪어보지 못했기 때문이기도 했다. 성공할 것이라는 예언과 실패할 것이라는 예언의 비율은 400대 1이었으며, 그는 기꺼이 다수의 의견과 함께 하고자 했다. 미가야 역시도 전쟁에 나가는 것을 금한 것은 아니지 않은가? 도리어 처음에는 올라가서 승리를 얻으소서(15절)라고 말하지 않았던가? 최악의 경우가 된다 하더라도 예언된 것은 오직 아합의 멸망뿐이었으며, 따라서 여호사밧은 자신은 염려 없이 전쟁에 나갈 수 있을 것이라고 생각했다.

II. 아합의 계략. 그는 자신은 안전하게 하고 여호사밧은 위험에 노출되게 하는 계략을 꾸몄다(30절). "나는 변장한 채 일반 병사의 복장으로 나갈테니 당신은 왕복을 입으소서." 이렇게 함으로써 아합은 여호사밧을 존귀케 하는 것처럼 생색을 내면서, 그가 이 싸움의 최고 우두머리인 것처럼 꾸몄다. 여호사밧이 지휘하고 명령을 대리면 아합은 휘하 병사로서 싸울 것이었다. 그러나 그의 의도는

1. 선한 선지자를 거짓말쟁이로 만드는 것이었다. 이와 같은 방법으로 그는 죽음의 위험을 회피함으로써 선지자의 경고를 터무니없는 것으로 만들고자 했다. 다시 말해서 그는 스스로를 변장함으로써 자신을 좇는 하나님의 눈과 심판을 피할 수 있을 것으로 생각했던 것이다.

2. 선한 왕(여호사밧)을 바보로 만드는 것이었다. 아합은 여호사밧을 마음으로 좋아하지 않았는데, 그것은 그가 하나님을 가까이 좇음으로써 결과적으로 자신의 배교를 정죄했기 때문이었다. 그는 만일 누군가 죽는다면 그것은 필경 목자여야만 한다는 사실을 잘 알고 있었다(미가야도 그와 같이 예언했다). 그리고 아마도 그는 아람 군대가 주로 이스라엘 왕을 대적하여 싸울 것이라는 점을 미리 알고 있었을 것이다. 그리하여 그는 야비하게도 여호사밧을 위험의 자리에 세워놓고 자신은 안전한 자리에 숨어 있으려고 했던 것이었다. 아합은 멸망으로 운명지워져 있었다. 아무리 많은 돈을 준다 할지라도 아무도 그의 옷을 입고 있으려고 하지 않을 것이었다. 따라서 아합은 이 경건한 왕을 설득하여 자신의 옷을 입도록 만들었다. 양심이 더러워지고 명예조차 잃어버린 악인들과 연합하여 얻는 결과가 무엇인지 똑똑히 보라. 하나님께 대하여 거짓된 자가 친구에게는 진실할 것이라고 어떻게 기대할 수 있겠는가?

Ⅲ. 하나님께서 여호사밧을 보호하심. 여호사밧은 모략의 사람이기보다는 경건의 사람이었다. 그는 아합의 계략으로 말미암아 위험한 자리에 서게 되었지만, 그러나 하나님이 그를 보호해 주셨다. 아람 왕은 자신의 지휘관들에게 유다 왕이 아니라(왜냐하면 그는 유다와 한 번도 다툰 적이 없었기 때문이었다) 오직 이스라엘 왕에게만 공격을 집중하도록 명령을 내렸다(31절). 이제 아합은 벤하닷을 살려준 대가를 톡톡히 치르게 되었다. 그는 — 뱀의 후손이 대체로 그러는 것처럼 — 자신을 죽음으로부터 구해준 자의 품을 물 것이었다. 어떤 이들은 단지 벤하닷이 아합을 생포하여 전에 자기가 받았던 것과 같은 영예로운 대우를 해 주기 위한 것이었을 뿐이라고 생각한다. 이유가 어떤 것이든 간에 아람의 지휘관들은 자신들의 왕이 명령한 대로 작전을 전개한다. 그리하여 그들은 왕복을 입고 있는 여호사밧을 보고 그를 이스라엘 왕으로 여기면서 그를 포위한다.

1. 이러한 위험을 통해 하나님은 여호사밧으로 하여금 그가 아합과 동맹을 맺은 것을 자신이 기뻐하지 않으심을 알게 하신다. 여호사밧은 아합에게 경의를 표하면서 나는 당신과 같다고 말했었다(22:4). 그 말처럼 지금 그는 정말로 아합으로 간주되고 있었다. 악을 행하는 자와 연합하는 자는 그가 받을 재앙도 함께 받게 될 것이다.

2. 그를 구원하심을 통해 하나님은 여호사밧으로 하여금 비록 하나님이 그

를 기뻐하지 않으심에도 불구하고 그러나 버리지는 않으셨음을 알게 하신다. 아합을 알고 있었던 몇몇 지휘관들은 자신들이 다른 사람을 쫓았음을 깨달았고, 그리하여 여호사밧을 쫓는 일을 중단했다(31절). 그러나 우리는 역대하에서 하나님이 그들을 감동시켜(왜냐하면 모든 인생들의 마음이 그분의 손에 있기 때문에) 그를 떠나가게 하셨다는 언급을 보게 된다(대하 18:31). 여호사밧은 비겁함이 아니라 신앙심으로 하나님께 부르짖었으며, 그로 인해 하나님으로부터 구원이 임했다. 아합은 여호사밧을 구원하는 데에는 조금도 관심을 기울이지 않았다. 다른 친구들은 혹시 실패할지라도 하나님은 결코 실패하지 않는 (특별히 우리를 구원하심에 있어) 친구이다.

IV. 아합이 전투 중에 치명적인 부상을 입음. 아합은 일반 병사의 복장을 하면서까지 목숨을 보전하고자 애썼지만 결국 허사가 되고 말았다. 하나님의 심판으로부터 숨을 수 있는 자가 누구겠는가? 변장을 한들 무슨 소용이 있겠는가? 설령 그들이 변장을 하고 있다 할지라도, 주의 손이 주의 모든 원수들을 찾아낼 것이나이다(34절). 아합에게 활을 쏜 아람 병사는 그것이 하나님과 자기 왕의 뜻을 이루는 것이라고는 추호도 생각지 못했을 것이다. 그는 무심코 활을 당겼다. 특별히 어떤 사람을 겨냥하고 쏜 것도 아니었다. 그럼에도 불구하고 하나님께서 그 화살을 인도하셨다. 그리하여

1. 그 화살은 올바른 사람 즉 멸망을 당하기로 운명지워진 바로 그 사람에게 꽂혔다. 만일 산 채로 생포되었다면, 어쩌면 벤하닷이 그를 살려줄는지도 모를 일이었다. 하나님이 죽음에 처하기로 작정한 자는 결국 죽음을 피할 수 없는 법이다.

2. 그 화살은 올바른 위치 즉 갑옷 솔기 사이에 꽂혔다. 죽음의 화살이 뚫고 들어갈 수 있는 곳은 바로 그 곳뿐이었다. 어떤 갑옷이 하나님의 보응의 화살을 막을 수 있겠는가? 범죄자를 철로 쌀지라도 매한가지라. 그를 만드신 자가 그의 칼로 하여금 그에게 향하도록 만드실 수 있느니라. 우리에게 완전한 우연처럼 보이는 것도 하나님의 분명한 목적과 예지(叡智)에 의해 이루어지는 것이다.

V. 이스라엘 군대가 흩어져 집으로 돌아감. 목자가 침을 당했을 때, 여호사밧 혹은 아합이 양 떼로 하여금 집으로 돌아가도록 명령했다: 모든 사람은 각기 자기 성읍으로 돌아가라(36절). 아합은 즉사하지 않았다. 그는 죽어가면서 온 이스라엘이 목자 없는 양 같이 길르앗 산에 흩어질 것이라는 미가야의 예언이 이

루어지는 것을 보았다(17절). 그리하여 어쩌면 그의 죽어가는 입술이 병사들로 하여금 각기 자기 성읍으로 돌아가라는 명령을 내렸는지도 모른다. 그는 상처를 치료하기 위해 전쟁터에서 빠져나오려고 했지만(34절), 그러나 전쟁이 맹렬하였으므로 병거 가운데 붙들려 서서 자신의 군대가 승리하는지 지켜볼 수밖에 없었다(35절). 그러나 전투가 점점 불리해지는 것을 보자 그의 사기는 꺾이고 결국 그는 죽고 말았다. 그러나 그는 시간을 끌며 천천히 죽어갔기 때문에 자신이 죽는 것을 느낄 만한 충분한 시간을 가질 수 있었다. 따라서 우리는 지금 그가 자신이 행한 온갖 악행들과 무시해 버렸던 경고들과 바알의 제단과 나봇의 포도원과 미가야를 옥에 가둔 것 등을 생각하며 얼마나 두려움에 떨었을 것인지 충분히 상상할 수 있다. 지금 그는 멸망으로 빠져 들어가는 가운데 시드기야의 쇠뿔이 아람 사람들이 아니라 바로 자신을 멸망으로 찌르고 있는 것을 보았다. 이와 같이 그는 아무런 소망도 없이 공포의 왕에게로 끌려가고 있었다(욥 18:14, 그가 의지하던 것들이 장막에서 뽑히며 그는 공포의 왕에게로 잡혀가고).

VI. 왕의 시체가 사마리아로 옮겨져 장사됨(37절). 그리고 피 묻은 병거와 갑옷도 함께 그 곳으로 옮겨졌다. 여기에서 한 가지 사실이 특별하게 언급되고 있는데, 그것은 예언의 성취와 관련된 것이었다. 즉 사람들이 왕의 병거를 사마리아 못으로 가져와 씻을 때, 개들이(70인역에는 '개와 돼지들' 이라고 되어 있다) 그 주위에 몰려와 그의 피를 핥은 것이다. 혹은 어떤 이들은 피를 씻은 물을 개들이 핥았다고 생각하기도 한다. 개에게 있어서는 왕의 피든 일반인의 피든 아무런 차이가 없었다. 이렇게 하여 나봇의 피가 보응되었고(21:19) 또한 다윗의 말이 성취되었다(시 68:23, 네가 그들의 피에 네 발을 잠그게 하며 네 집의 개의 혀로 네 원수들에게서 제 분깃을 얻게 하리라). 개가 악인의 피를 핥았다는 것은 아마도 사후(死後)에 그의 영혼 위에 덮치게 될 두려움을 나타내기 위한 것이었을 것이다.

VII. 아합의 이야기가 통상적인 형식으로 종결됨(39, 40절). 그리고 우리는 여기에서 그가 행한 모든 일들 가운데 그가 건축한 상아궁이 특별히 언급되고 있는 것을 보게 된다. 그것이 그와 같은 이름으로 불리는 것은 그 집의 많은 부분이 상아로 장식되었기 때문이었다. 아마도 그가 상아궁을 건축한 것은 솔로몬이 건축한 유다 왕들의 으리으리한 왕궁과 경쟁하려 했기 때문이었을 것이다.

⁴¹이스라엘의 아합 왕 제사년에 아사의 아들 여호사밧이 유다의 왕이 되니 ⁴²여호사밧이 왕이 될 때에 나이가 삼십오 세라 예루살렘에서 이십오 년 동안 다스리니라 그의 어머니의 이름은 아수바라 실히의 딸이더라 ⁴³여호사밧이 그의 아버지 아사의 모든 길로 행하며 돌이키지 아니하고 여호와 앞에서 정직히 행하였으나 산당은 폐하지 아니하였으므로 백성이 아직도 산당에서 제사를 드리며 분향하였더라 ⁴⁴여호사밧이 이스라엘의 왕과 더불어 화평하니라 ⁴⁵여호사밧의 남은 사적과 그가 부린 권세와 그가 어떻게 전쟁하였는지는 다 유다 왕 역대지략에 기록되지 아니하였느냐 ⁴⁶그가 그의 아버지 아사의 시대에 남아 있던 남색하는 자들을 그 땅에서 쫓아내었더라 ⁴⁷그 때에 에돔에는 왕이 없고 섭정 왕이 있었더라 ⁴⁸여호사밧이 다시스의 선박을 제조하고 오빌로 금을 구하러 보내려 하였더니 그 배가 에시온게벨에서 파선하였으므로 가지 못하게 되매 ⁴⁹아합의 아들 아하시야가 여호사밧에게 이르되 내 종으로 당신의 종과 함께 배에 가게 하라 하나 여호사밧이 허락하지 아니하였더라 ⁵⁰여호사밧이 그의 조상들과 함께 자매 그의 조상 다윗 성에 그의 조상들과 함께 장사되고 그의 아들 여호람이 대신하여 왕이 되니라 ⁵¹유다의 여호사밧 왕 제십칠년에 아합의 아들 아하시야가 사마리아에서 이스라엘의 왕이 되어 이 년 동안 이스라엘을 다스리니라 ⁵²그가 여호와 앞에서 악을 행하여 그의 아버지의 길과 그의 어머니의 길과 이스라엘에게 범죄하게 한 느밧의 아들 여로보암의 길로 행하며 ⁵³바알을 섬겨 그에게 예배하여 이스라엘의 하나님 여호와를 노하시게 하기를 그의 아버지의 온갖 행위 같이 하였더라

I. 유다 왕 여호사밧의 통치에 대한 짤막한 설명. 우리는 그의 통치에 관한 더 충분한 설명을 역대기에서 살펴보게 될 것이다. 그의 위대함과 선함은 아합의 집을 가까이 한 것 외에는 그 어떤 것으로도 훼손되거나 감소되지 않는다. 앞 장에서 살펴본 바와 같이 그가 아합의 전쟁에 동참한 것은 매우 위험한 일이었다. 또한 그는 아합의 아들 아하시야와 더불어 교역을 함께 했는데, 그 역시 별 유익이 없었다. 아하시야는 솔로몬처럼 오빌로부터 금을 가져오기 위해 여호사밧과 동업(同業)할 것을 제안했다. 역대하 20장 35절과 36절을 보라. 그러나 그들이 출항을 준비하고 있는 동안 폭풍에 의해 배들이 다 부서져 못쓰게 되었다(에시온 게벨의 파선). 이것은 악한 아하시야와 동업관계를 맺은 것으로 인해 여호사밧을 책망한 한 선지자의 예언이 그대로 이루어진 것이었다(대하

20:37, 엘리에셀이 여호사밧을 향하여 예언하여 이르되 왕이 아하시야와 교제하므로 여호와께서 왕이 지은 것들을 파하시리라 하더니 이에 그 배들이 부서져서 다시스로 가지 못하였더라). 그리하여 우리는 여기에서 아하시야가 두 번째로 그와 더불어 동업하기를 바랐을 때 혹은 그것이 불가능하다면 자신의 종들이라도 그의 선단에 참여하게 해 줄 것을 요청했을 때 여호사밧이 그러한 제안을 단호히 거절한 것을 보게 된다(49절, 아하시야가 여호사밧에게 이르되 내 종으로 당신의 종과 함께 배에 가게 하라 하나 여호사밧이 허락하지 아니하였더라). 하나님의 말씀의 해석에 따르면, 하나님의 막대기가 여호사밧과 악하고 불경건한 왕 아하시야 사이의 동업(同業)을 효과적으로 끊어버린 것이었다. 지혜는 없는 것보다는 비싸게라도 사는 것이 낫다. 그러나 여호사밧에게 있어 그 값은 너무나 비쌌다. 흔히 경험은 어리석은 자들의 연인이라고 일컬어진다. 어리석은 자들은 경험에 의해 가르침을 받을 때까지는 결코 배우려고 하지 않기 때문이다. 그럼에도 불구하고 여호사밧은 매우 경건하고 훌륭한 왕이었다. 그의 통치는 가장 긴 것 가운데 하나는 아니었다 할지라도 그러나 가장 훌륭한 것 가운데 하나인 것은 분명한 사실이었다.

1. 그것이 가장 긴 것 가운데 하나가 아니었다는 것은 그의 통치기간이 25년에 불과했기 때문이었다(42절). 그러나 그 기간은 35세부터 60세까지로서, 사람에게 있어 가장 활발하게 활동할 수 있는 시기였다. 여호사밧의 25년 통치기간과 그의 아버지 아사의 41년 통치기간은 유다 왕국이 종교 문제를 포함하여 모든 면에서 크게 융성하는 시기였다(반면 이 기간 동안 이스라엘 왕국은 모든 면에서 너무도 악한 시기였다). 여호사밧은 자기 아버지 아사만큼 오랜 기간을 통치하지는 못했지만, 그러나 통치 말년에 아버지처럼 오점을 남기지는 않았다(대하 16:9, 10, 12). 사람에게 있어 지혜와 존귀 가운데 거하다가 그 가운데 죽는 것이 오래 살다가 그것들을 잃어버리는 것보다 훨씬 더 나은 법이다.

2. 그렇지만 그의 통치는 가장 훌륭한 것 가운데 하나였다. 그의 경건에 있어서도 그랬으며 나라의 번영에 있어서도 마찬가지였다.

(1) 그는 올바로 행했다: 그는 여호와 앞에서 정직히 행하였으나(43절). 그는 자기 하나님의 명령을 지켰으며, 그의 선한 아버지의 모든 길로 행하면서 그 길을 떠나지 않았다. 그는 돌이키지 아니했다. 그러나 모든 사람이 그런 것처럼

그에게도 부족한 부분이 있었다. 그 역시도 산당들은 폐하지 않았다. 그가 통치한 지역은 유다와 베냐민으로서 예루살렘에 가까이 위치해 있었다. 따라서 그들은 어렵지 않게 예루살렘 성전의 제단에 제물을 드리며 분향할 수 있었다. 그럼에도 불구하고 산당들이 폐하여지지 않은 것은 핑계할 수 없는 일이었다(예루살렘으로부터 멀리 떨어진 지역에 살던 사람들은 그나마 핑계라도 댈 수 있었지만). 그러나 오랜 악습(惡習)은 근절하기가 매우 어려운 법이다. 특별히 그것들은 사무엘이나 솔로몬 같은 위대한 인물들의 시대에도 있었으며 사용되었던 만큼 더욱 어려운 일이 아닐 수 없었을 것이다.

(2) 그의 범사가 형통했다. 그는 이스라엘 왕국과의 전쟁을 피하고 더불어 지속적인 평화를 이룸으로써 전쟁의 참화를 막았다(44절). 만일 그가 이러한 평화로 만족하고 이스라엘과 더불어 더 밀접한 관계를 맺지만 않았다면 더 좋았을 것이다. 또 여호사밧은 에돔에 자신의 대리인 혹은 섭정 왕을 둠으로써 그것을 속국으로 만들었다(47절). 그렇게 하여 에서와 야곱과 관련한 예언 즉 큰 자가 어린 자를 섬기리라는 예언이 성취되었다. 그리고 그의 권세와 전쟁과 관련한 통상적인 언급이 이어진다(45절, 그가 부린 권세와 그가 어떻게 전쟁하였는지는 다 유다 왕 역대지략에 기록되지 아니하였느냐). 그는 하나님을 기쁘시게 했으며, 하나님은 권세와 승리로 그를 축복해 주셨다. 그리고 이어서 그의 죽음이 언급된다(50절). 그의 이야기는 여기에서 모두 끝나게 되지만, 그러나 우리는 이스라엘의 왕들의 이야기 속에서 그와 관련한 언급을 또다시 보게 될 것이다(왕하 3:7).

II. 아합의 아들 아하시야의 이야기가 시작됨(51-53절).

그의 통치는 채 2년에도 미치지 못하는 매우 짧은 것이었다. 어떤 죄인들에 대하여 하나님은 그들의 생애와 사역을 조속히 끝나게 만드시기도 하신다. 여기에 나타난 그에 대한 인물평(人物評)은 너무도 악한 것이었다. 그는 여로보암의 우상 숭배를 지속시켰을 뿐만 아니라 그와 함께 바알 숭배도 그렇게 했다. 그는 여로보암의 집이 멸망을 당한 것과 자기 아버지(아합)가 바알 선지자들로 인해 멸망의 길로 떨어진 것을 듣고 또 보았다.

그럼에도 불구하고 그는 그것으로부터 교훈도 받지 못하고, 경고로 삼지도 않았다. 도리어 계속해서 자신의 악한 아버지의 모범과 더 악한 어머니 이세벨의 조언과 충고를 따랐다(그의 어머니 이세벨은 아직 살아 있었다). 부모의 악함을 이어받았을 뿐만 아니라 계속해서 그러한 악함으로 가르침을 받는 자녀들은 얼마나 비참한가! 또한 자녀의 영혼을 저주 속으로 떨어뜨리는 부모들은 얼마나 불행한 자들인가!

함을 이어받았을 뿐만 아니라 계속해서 그러한 악함으로 가르침을 받는 자녀들은 얼마나 비참한가! 또한 자녀의 영혼을 저주 속으로 떨어뜨리는 부모들은 얼마나 불행한 자들인가!

열왕기하

서론

본서는 앞의 책 즉 열왕기상에 이어지는 이야기이다. 어떤 이들은 아하시야의 통치가 시작되는 앞 장 51절, 즉 열왕기상 22장 51절부터 새 책이 시작되었다면 더 좋았을 것이라고 생각하기도 한다. 열왕기를 통해 우리는 이스라엘 왕국이 통일왕국으로서 찬란하게 시작되었다가 결국 둘로 쪼개지면서 처음에는 이스라엘 왕국이, 그리고 나중에는 유다 왕국이 각각 멸망의 길로 가고 마는 것을 보게 된다. 왕국이 분열하여 피차 대적할 때 그 결과는 멸망이었던 것이다.

또한 우리는 앞 책(열왕기상)에서 엘리야의 위대한 사역이 찬란하게 빛나는 것을 보았던 것처럼 여기에서는 엘리사의 위대한 사역이 그와 같이 빛나는 것을 보게 될 것이다. 이러한 선지자들은 왕들보다도 훨씬 더 찬란하게 빛을 발했다. 따라서 그들이 활동하는 동안에는 전반적인 이야기가 그들을 중심으로 전개될 것이었다. 본서의 내용은 다음과 같다. I. 엘리야가 하늘로부터 불을 내려오게 함, 그리고 불 가운데 승천함(1, 2장). II. 엘리사가 왕과 백성들을 위해 그리고 이스라엘 백성과 이방인들을 위해 많은 이적들을 행함(3-7장). III. 이스라엘을 새롭게 하기 위해 하사엘이, 그리고 아합의 집과 바알 숭배를 무너뜨리기 위해 예후가 기름 부음을 받음(8-10장). IV. 유다와 이스라엘의 몇몇 왕들의 통치(11-16장). V. 열 지파가 포로로 끌려감(17장). VI. 히스기야의 영광스러운 통치(18-20장). VII. 므낫세의 악한 통치와 요시야의 선한 통치(21-23장). VIII. 예루살렘이 바벨론에 의해 멸망을 당함(24, 25장).

본서의 역사는 솔로몬이 관찰한 것이 결코 틀리지 않았음을 분명하게 보여 준다: 공의는 나라를 영화롭게 하고 죄는 백성을 욕되게 하느니라(잠 14:34).

제
— 1 —
장

개요

　　우리는 여기에서 아합의 아들 아하시야가 아버지를 이어 이스라엘의 왕이 된 이야기를 보게 된다. 그의 통치는 고작 2년을 넘기지 못했다. 그는 자신의 왕궁 난간에서 떨어져 죽었는데, 모압이 이스라엘을 배반했다는 언급(1절)에 이어 우리는 그와 관련한 상세한 이야기를 듣게 된다. I. 아하시야가 자신의 병이 나을지 여부를 묻기 위해 에그론 신에게 사자를 보냄(2절). II. 그가 이스라엘의 하나님으로부터 받은 메시지(3-8절). III. 엘리야를 붙잡아오도록 보낸 사자들이 두 번에 걸쳐 몰살을 당함(9-12절). IV. 세 번째 사자가 겸손하게 간구하자 엘리야가 그를 불쌍히 여기고 왕에게 메시지를 전달함(13-16절). V. 아하시야의 죽음(17, 18절). 여기에서 우리는 선지자는 매우 위대한 모습으로 등장하는 반면 왕은 너무도 초라한 모습으로 나타나는 것을 보게 된다.

[1]아합이 죽은 후에 모압이 이스라엘을 배반하였더라 [2]아하시야가 사마리아에 있는 그의 다락 난간에서 떨어져 병들매 사자를 보내며 그들에게 이르되 가서 에그론의 신 바알세붑에게 이 병이 낫겠나 물어 보라 하니라 [3]여호와의 사자가 디셉 사람 엘리야에게 이르되 너는 일어나 올라가서 사마리아 왕의 사자를 만나 그에게 이르기를 이스라엘에 하나님이 없어서 너희가 에그론의 신 바알세붑에게 물으러 가느냐 [4]그러므로 여호와의 말씀이 네가 올라간 침상에서 내려오지 못할지라 네가 반드시 죽으리라 하셨다 하라 엘리야가 이에 가니라 [5]사자들이 왕에게 돌아오니 왕이 그들에게 이르되 너희는 어찌하여 돌아왔느냐 하니 [6]그들이 말하되 한 사람이 올라와서 우리를 만나 이르되 너희는 너희를 보낸 왕에게로 돌아가서 그에게 고하기를 여호와의 말씀이 이스라엘에 하나님이 없어서 네가 에그론의 신 바알세붑에게 물으려고 보내느냐 그러므로 네가 올라간 침상에서 내려오지 못할지라 네가 반드시 죽으리라 하셨다 하라 하더이다 [7]왕이 그들에게 이르되 올라와서 너희를 만나 이 말을 너희에게 한 그 사람은 어떤 사람이더냐 [8]그들이 그에게 대답하되 그는 털이 많은 사람인데 허리에 가죽 띠를 띠었더이다 하니 왕이 이르되 그는 디셉 사람 엘리야

로다

우리는 여기에서 이스라엘의 악한 왕 아하시야가 하나님으로부터 책망 받는 것을 보게 된다. 하나님은 자신의 선지자를 통해 그리고 자신의 회초리와 말씀으로 그를 꾸짖으셨다.

I. 아하시야의 일이 매사에 어그러짐. 여호와 보시기에 악을 행하며 그를 진노케 한 자가 어떻게 형통하기를 기대할 수 있겠는가? 아하시야가 하나님을 배반하고 그분께 대한 충성의 의무를 저버렸을 때, 모압 역시도 이스라엘을 배반하고 이스라엘의 왕에 대해 오랫동안 지켜왔던 종속국의 의무를 저버리고 말았다(1절). 유다와 인접해 있으면서 유다 왕들에게 조공을 바쳤던 에돔은 우리가 앞 장(왕상 22장) 47절에서 살펴본 바와 같이 지금도 계속해서 그와 같은 위치에 있었다(그들이 조공국의 멍에를 깨뜨린 것은 지금 모압의 경우처럼 요람의 악한 통치 때였다, 왕하 22장). 만일 어떤 사람들이 우리와 더불어 맺은 언약을 깨뜨리고 그들의 의무를 이행하지 않는다면, 우리는 혹시 우리가 하나님과 더불어 맺은 언약을 깨뜨리고 우리의 의무를 이행하지 않는지 되돌아보아야만 한다. 죄는 우리를 허약하고 무력하게 만든다. 우리는 모압의 배반에 대하여 열왕기상 3장 5절 이하에서 다시 듣게 될 것이다.

II. 아하시야가 병이 듦. 그러나 그것은 어떤 내적 원인에 의한 병이 아니라 사고로 말미암은 병이었다. 그는 다락 난간에서 떨어져 큰 부상을 입었으며(2절), 아마도 이로 인해 열병(熱病)까지 생긴 것으로 보인다. 우리가 어디로 가든지 우리와 죽음 사이의 거리는 불과 한 걸음에 지나지 않는 법이다. 사람의 집은 그의 성(城)이지만, 그러나 그것이 그를 하나님의 심판으로부터 지켜주지는 못한다. 무심코 쏜 화살이 아버지(아합)를 명중시켰던 것처럼, 부서진 난간이 아들(아하시야)에게 치명상을 입혔다. 아하시야는 모압의 배반에 대해 응징하고자 시도하지 않고 그냥 왕궁에 남아 있었다(그렇게 하면 전쟁터에서 죽는 일은 없을 것이었다). 그럼에도 불구하고 그는 안전하지 못했다. 왕궁이라고 항상 안전을 보장해 주는 것은 아니다. 죄인에게 있어 가장 안전하다고 생각한 바로 그 곳에 올무가 놓여 있는 일은 너무나 흔한 일이다(욥 18:9, 10). 인간의 죄로 말미암아 신음하고 있는 피조세계는 마침내 이 난간처럼 부서지고 말 것이다. 하나님을 적으로 삼고 있는 자는 결코 안전하지 못한 법이다.

Ⅲ. 고통 가운데 아하시야가 자신의 병이 나을지 여부를 묻기 위해 에그론 신에게 사자들을 보냄(2절).

1. 그의 물음은 너무나 어리석은 것이었다: 내가 나을 것인가? 차라리 다음과 같이 묻는 것이 훨씬 자연스러웠을 것이다: 어떻게 하면 내가 나을 것인가? 그러나 자신이 해야 할 일에 대해서는 무관심한 채 오로지 자신의 운명이 어떻게 될 것인지만을 알기에 급급하다가 그는 "내가 나을 것인가?"라고만 물었다. 그러한 질문에 대하여는 약간의 시간이 대답해 줄 것이었다. 언제 어디서 어떻게 죽을 것인가 하는 것보다 죽은 다음에 어떻게 될 것인가 하는 것에 우리는 더 많은 주의를 기울여야만 한다. 또한 병이 나을 것인가 하는 것보다 병을 통해 어떻게 영혼의 유익을 얻을 것인가 하는 것에 우리는 더 많은 관심을 가져야만 한다.

2. 그가 바알세붑에게 사자를 보낸 것은 너무나 악한 일이었다. 생명도 없고 말도 못하는 우상을 자신의 신탁(神託)으로 삼는 것은 자신의 종교(religion)에 대한 모독일 뿐만 아니라 또한 이성(reason)에 대한 모독이기도 하다. 아마도 바알세붑은 그가 새로 섬기기 시작한 우상이었을 것이다(왜냐하면 우상을 숭배하는 자들은 새로운 신들을 좋아하는 법이기 때문이다). 파리의 주(the lord of a fly)를 의미하는 바알세붑은 그들이 섬겼던 바알들 가운데 하나였다. 아마도 그는 귀신의 능력이나 혹은 자기 제사장들의 기교로써 마치 큰 파리가 윙윙거리는 것 같은 소리를 내면서 그것으로 자신에게 묻는 자들에게 응답을 주었든지, 아니면 파리 떼로부터 혹은 그것이 가져온 어떤 악질(惡疾)로부터 그들의 나라를 구해 주었을 것이다. 아마도 당시에는 이러한 쓰레기 신이 마치 오랜 후의 그리스의 델포이 신탁처럼 사람들 사이에서 상당히 유행했던 것으로 보인다. 신약에서는 그가 귀신의 왕으로 일컬어지는데(마 12:24, 이가 귀신의 왕 바알세불을 힘입지 않고는 귀신을 쫓아내지 못하느니라), 그것은 아마도 그가 이방 신들 가운데 가장 유명한 신 중 하나가 되었기 때문일 것이다.

Ⅳ. 엘리야가 하나님의 지시에 따라 사자들을 만남. 그리고 엘리야는 에그론에게 가는 수고를 덜어줄 메시지와 함께 그들을 다시 왕에게로 돌려보낸다. 만일 아하시야가 애초에 엘리야에게 사자를 보내 스스로를 겸비케 하면서 자신의 병을 위해 기도해 줄 것을 간청했다면, 어쩌면 그는 평화의 응답(answer of peace)을 받았을는지도 모른다. 그러나 그가 이스라엘의 하나님이

아니라 에그론의 신에게 사자를 보냈을 때, 그것은 마치 사울이 신접한 여자를 찾아갔던 것처럼 자신의 죄의 분량을 채우고 그럼으로써 죽음의 판결을 가져오게 하는 것이 될 것이었다. 스스로의 안위(安慰)를 위해 하나님의 말씀에 물으려고 하지 않는 자들은 결국 안위의 말씀이 아니라 두려움의 말씀을 듣게 될 것이다.

1. 엘리야는 엄중하게 아하시야의 죄를 책망한다(3절). 이스라엘에 하나님이 없어서 너희가 오래 전에 이스라엘에게 정복당한 보잘것없는 성읍인(수 9:7) 에그론의 신 바알세붑에게 물으러 가느냐?

(1) 마땅히 하나님 한분에게만 돌려야 할 존귀를 마귀에게 돌렸다면 그것은 너무나 큰 죄가 아닐 수 없었다. 어떤 상황에서든 혹은 어떤 미명으로든 마귀에게 묻는 것은 매우 악한 일이라는 사실을 주목하라. 이러한 악은 이방 세계에 편만해 있을 뿐만 아니라(사 47:12, 13) 심지어 기독교 세계 안에도 많이 남아 있는데, 마귀의 왕국은 바로 이런 악에 의해 지탱된다.

(2) 엘리야는 하나님의 이름으로 이 일을 매우 엄중하게 받아들인다. "그것은 네가 이스라엘의 하나님이 너에게 아무 말도 해 줄 수 없다고 생각했기 때문만이 아니라 네가 아예 이스라엘에 하나님이 없다고 생각했기 때문이다. 그렇지 않다면 신적 응답을 위해 그렇게 멀리까지 사자를 보내지는 않았을 것이다." 어떤 사람이 하나님을 떠났을 때 그것의 참된 원인은 바로 실제적 무신론(practical atheism)이다. 우리가 마음대로 살며 육체로 힘을 삼고 세상 것들로 분깃을 찾을 때, 필경 우리는 '이스라엘에 하나님이 없다' 고 생각하고 있는 것이다.

2. 엘리야는 아하시야의 멸망을 분명하게 선언한다: 가서 그가 반드시 죽으리라고 말하라(4절). "그가 자신의 운명이 어떻게 될지 염려하느냐? 이것이 바로 그의 운명이니, 그로 하여금 모든 것을 단념하게 하도록 하라."

V. 엘리야의 메시지가 아하시야 왕에게 전달됨. 아하시야는 사자들에게 누구로부터 이러한 메시지를 받았는지를 물었고, 그들의 설명을 듣고 난 후 그가 틀림없이 엘리야일 것이라고 결론지었다(7, 8절). 그것은 다음과 같은 이유 때문이었다.

1. 그의 옷차림이 그가 아버지의 궁정에서 보았던 엘리야의 모습과 같았기 때문이었다. 그는 털이 많은 옷을 입고 있었으며(한글개역개정판은 '그는 털이

많은 사람인데'로 되어 있음) 허리에 가죽 띠를 두르고 있었다. 그는 매우 검소하고 수수한 옷차림을 하고 있었다. 신약의 엘리야인 세례 요한은 이 부분에 있어 그와 매우 유사했다. 왜냐하면 그는 약대 털옷을 입고 허리에 가죽 띠를 띠었기 때문이었다(마 3:4). 성령으로 옷 입은 자는 화려하고 값비싼 옷을 대수롭지 않게 여긴다.

2. 그의 메시지가 그가 자기 아버지(아합)에게 전하곤 했던 메시지와 같았기 때문이었다. 그는 자기 아버지에게 좋은 것을 예언하지 않고 항상 나쁜 것만을 예언했다. 엘리야는 땅에 사는 자들을 괴롭게 했던 증인들 가운데 한 사람이었다(계 11:10, 이 두 선지자가 땅에 사는 자들을 괴롭게 한 고로). 그는 아합의 눈에 가시와 같은 존재였다. 그러나 그의 아들이 아버지의 악한 길을 따른다면, 그는 그의 아들의 눈에도 역시 가시와 같은 존재가 될 것이었다. 이제 아하시야는 자신의 아버지가 그랬던 것처럼 "나의 원수여 네가 나를 찾았느냐?"라고 외칠 준비가 되어 있었다. 죄인들은 자기 조상들을 붙잡은 말씀이 지금도 여전히 살아 있고 활력이 있다는 사실을 잊어서는 안 된다(슥 1:6; 히 4:12).

[9]이에 오십부장과 그의 군사 오십 명을 엘리야에게로 보내매 그가 엘리야에게로 올라가 본즉 산 꼭대기에 앉아 있는지라 그가 엘리야에게 이르되 하나님의 사람이여 왕의 말씀이 내려오라 하셨나이다 [10]엘리야가 오십부장에게 대답하여 이르되 내가 만일 하나님의 사람이면 불이 하늘에서 내려와 너와 너의 오십 명을 사를지로다 하매 불이 곧 하늘에서 내려와 그와 그의 군사 오십 명을 살랐더라 [11]왕이 다시 다른 오십부장과 그의 군사 오십 명을 엘리야에게로 보내니 그가 엘리야에게 말하여 이르되 하나님의 사람이여 왕의 말씀이 속히 내려오라 하셨나이다 하니 [12]엘리야가 그들에게 대답하여 이르되 내가 만일 하나님의 사람이면 불이 하늘에서 내려와 너와 너의 오십 명을 사를지로다 하매 하나님의 불이 곧 하늘에서 내려와 그와 그의 군사 오십 명을 살랐더라 [13]왕이 세 번째 오십부장과 그의 군사 오십 명을 보낸지라 셋째 오십부장이 올라가서 엘리야 앞에 이르러 그의 무릎을 꿇어 엎드려 간구하여 이르되 하나님의 사람이여 원하건대 나의 생명과 당신의 종인 이 오십 명의 생명을 당신은 귀히 보소서 [14]불이 하늘에서 내려와 전번의 오십부장 둘과 그의 군사 오십 명을 살랐거니와 나의 생명을 당신은 귀히 보소서 하매 [15]여호와의 사자가 엘리야에게 이르되 너는 그를 두려워하지 말고 함께 내려가라 하신지라 엘리야가 곧

일어나 그와 함께 내려와 왕에게 이르러 ¹⁶말하되 여호와의 말씀이 네가 사자를 보내 에그론의 신 바알세붑에게 물으려 하니 이스라엘에 그의 말을 물을 만한 하나님이 안 계심이냐 그러므로 네가 그 올라간 침상에서 내려오지 못할지라 네가 반드시 죽으리라 하셨다 하니라 ¹⁷왕이 엘리야가 전한 여호와의 말씀대로 죽고 그가 아들이 없으므로 여호람이 그를 대신하여 왕이 되니 유다 왕 여호사밧의 아들 여호람의 둘째 해였더라 ¹⁸아하시야가 행한 그 남은 사적은 모두 이스라엘 왕 역대지략에 기록되지 아니하였느냐

I. 왕이 엘리야를 잡아오라는 명령을 내림. 만일 에그론의 신이 그가 죽을 것이라고 예언했다면 어쩌면 그는 그러한 예언을 순순히 받아들였을는지도 모른다. 그러나 여호와의 선지자가 그의 죄를 책망하며 그렇게 말했을 때, 그는 도저히 참을 수 없었다. 그는 선지자의 경고를 새겨들을 생각은 조금도 하지 않으면서 도리어 선지자에 대해 분개했다. 병으로 인한 괴로움과 죽음에 대한 염려에도 불구하고 그는 조금도 하나님을 두려워하지 않았다. 외적 경고가 죄인들을 각성시킨다든지 혹은 겸손하게 만들지는 않을 것이다. 도리어 그들을 더욱 격앙케 만들 것이다. 아하시야는 엘리야를 참 선지자로 생각했는가? 그렇다면 어째서 감히 핍박하려 했는가? 왕은 그를 보통 사람으로 생각했는가? 그렇다면 무슨 연고로 그를 잡아오기 위해 그렇게 많은 병력을 보냈는가? 우리 주 예수를 붙잡기 위해서도 이와 같이 많은 군병들이 보냄을 받았었다.

II. 왕이 오십부장과 군사 오십 명을 보냄. 오십부장은 산꼭대기에서 (어떤 이들은 이 산이 갈멜 산이었을 것이라고 생각한다) 엘리야를 발견하고는 순순히 항복할 것을 왕의 이름으로 명령한다(9절). 엘리야는 이번에는 전처럼 동굴 깊숙한 곳에 숨지 않고 스스로를 산꼭대기에 담대하게 드러냈다. 하나님의 보호하심을 경험한 자들은 이와 같이 더욱 담대해지는 법이다. 오십부장은 엘리야를 하나님의 사람이라고 부른다. 그러나 그것은 오십부장이 그를 그와 같이 믿었거나 혹은 존경해서가 아니라 그가 많은 사람들에 의해 그렇게 일컬어졌기 때문이었다. 만일 오십부장이 정말로 엘리야를 하나님의 선지자로 생각했다면 그와 같이 그를 포로로 끌고 가려고 하지는 않았을 것이다. 그리고 만일 그를 정말로 하나님의 말씀을 맡은 자로 생각했다면, 감히 그에게 왕의 말로써 명령하려고 하지는 않았을 것이다.

Ⅲ. 엘리야가 하늘로부터 불을 내려 거만한 오십부장과 군사들을 사름. 그렇게 한 것은 스스로를 보호하거나(그는 다른 방법으로도 그렇게 할 수 있었다) 혹은 복수하려고 한 것이 아니라(복수하는 것은 그의 몫이 아니었다), 불의와 경건치 않음에 대해 하늘로부터 하나님의 진노를 나타내는 자신의 사명을 입증하기 위한 것이었다. 오십부장은 경멸적인 어투로 그를 하나님의 사람이라고 불렀다. 이에 엘리야는 말한다: "내가 정말로 그러하다면, 너는 하나님의 사람을 경멸한 것에 대해 값비싼 대가를 치러야만 할 것이다." 그는 자신이 부여받은 임무로 인해 매우 거만하며 퉁명스럽게 말했다(왕이 '내려오라'고 말씀하셨느니라). 그러나 엘리야는 그로 하여금 이스라엘의 하나님이 이스라엘의 왕보다 높으시며 더 큰 권세를 가지고 계시다는 사실을 알게 해줄 것이었다. 그가 하늘로부터 불을 내려오게 하여 제물을 사른 것은(왕상 18:38) 그리 오래 전의 일이 아니었다(그것은 하나님이 백성들의 죄를 속죄하는 제물을 받으셨음을 나타내는 증표였다). 그러나 그들은 그것을 대수롭지 않게 여겼다. 그리하여 이제 불이 제물 위에가 아니라 죄인 자신들 위에 떨어지게 되었다(10절). 여기에서 다음의 사실들을 보라.

1. 선지자들은 하늘과 더불어 특별한 관계를 맺고 있다는 사실. 그들 안에 하나님의 영이 계셨고, 또한 하나님의 영 안에는 하나님의 능력이 담겨 있었다. 엘리야는 단지 입으로 말했을 뿐이지만, 그 말은 그대로 이루어졌다. 전에는 하늘로부터 물(비)을 내려오게 했던 그가 지금은 불을 내려오게 했다. 기도의 능력은 얼마나 놀라운가! 내 손으로 한 일에 관하여 내게 명령하려느냐(사 45:11).

2. 하늘 역시도 선지자들에 대하여 특별한 관심을 갖고 있다는 사실. 하나님은 항상 선지자들의 부르짖음에 응답하고 그들에게 가해진 위해(危害)에 대해 복수할 준비를 하고 계신다. 왕들은 선지자들로 인해 책망을 받으며, 하나님의 선지자들을 해하지 말라는 명령을 받는다. 하나님에게 있어서는 엘리야 한 사람이 일만 명의 오십부장보다 더 중요했다. 엘리야가 하늘로부터 불을 내려오게 한 것은 의심의 여지 없이 신적 충동에 의한 것이었다. 그러나 우리 구주께서는 제자들에게 있어 이 일을 하나의 전례로 삼는 것을 허락하지 않으셨다(눅 9:54, 야고보와 요한이 이를 보고 이르되 주여 우리가 불을 명하여 하늘로부터 내려 저들을 멸하라 하기를 원하시나이까). 그들은 지금 엘리야가 그와 같은 공의의

행동을 한 곳으로부터 그다지 멀리 떨어져 있지 않았다. 그리고 지금 자신들을 배척하는 사마리아 사람들에 대해 비슷한 방식으로 불을 내려오게 할 필요가 있었다. 이에 대하여 그리스도께서는 다음과 같이 말씀하신다. "결코 그렇게 해서는 안 되느니라. 너희가 어떤 영을 가졌는지 너희가 알지 못하는도다." (KJV 에는 눅 9:55에 'Ye know not what manner of spirit ye are of' 라는 구절이 포함되어 있음). 다시 말해서,

(1) "너희는 제자들로서 어떤 영을 받았는지 생각하지 않는도다. 너희가 받은 영은 구약의 경륜과는 너무도 다른 것이니라. 율법시대 즉 두려움과 의문(儀文, letter)의 시대에는 하늘로부터 불을 내려오게 하는 것이 합당했지만, 그러나 성령과 은혜의 시대에는 그렇게 하는 것이 결코 허락되지 않느니라."

(2) "너희는 지금 어떤 영에 의해 충동되어 그렇게 말하는지 깨닫지 못하고 있도다. 엘리야의 경우는 너희와 전혀 달랐느니라. 그는 하나님의 영광 때문에 그렇게 했지만, 그러나 너희는 단지 너희가 배척을 당한 것으로 인해 그렇게 하고 있느니라." 하나님은 사람들의 행동을 판단하심에 있어 그들의 중심에 근거해서 그렇게 하신다. 따라서 하나님의 판단은 항상 참되며 결코 잘못되지 않는다.

IV. 똑같은 일이 다시 한 번 반복됨.

1. 아하시야는 다시 한 번 엘리야를 붙잡아 오도록 사자를 보낸다(11절). 그는 마치 전능자가 자신의 일을 아무리 가로막아도 결코 포기하지 않겠다고 결심한 사람처럼 행동했다. 완악한 죄인들은 마침내 지옥 불에 의해 사름을 당할 때에야 비로소 완전히 깨닫게 될 것이다. 왜냐하면 하늘로부터 내려오는 불조차도 그들을 완전히 깨닫게 하지는 못할 것이기 때문이다.

2. 아하시야는 또 한 사람의 오십부장과 오십 명의 군사를 보낸다. 그는 선지자에 대한 맹목적인 분개와 왕에 대한 맹목적인 순종으로 앞의 군사들이 몰살당했던 위험한 임무를 겁도 없이 또다시 떠맡는다. 앞에서도 그랬던 것처럼 이번에도 그것은 너무나 오만하고 경솔한 일이 아닐 수 없었다. 앞의 오십부장은 단순히 "내려오라"고 말했지만(9절), 지금의 오십부장은 "속히 내려오라"고 말했다(11절). 다시 말해서 그는 "꾸물거리지 말고 속히 내려오라. 왕의 일은 신속히 시행되어야만 하느니라. 내려오라. 그렇지 않으면 내가 너를 끌어내리리라"라고 말한 것이었다.

3. 엘리야는 다시 한 번 하늘로부터 불이 내려오도록 한다. 그렇게 하여 또 다시 오십부장과 오십 명의 군사가 그 자리에서 죽었다. 다른 사람들과 똑같은 죄를 범하는 자들은 그들이 당하는 것과 똑같은 고통을 예상해야만 한다. 하나님은 항상 공의로우시기 때문이다.

V. 세 번째 오십부장이 보냄을 받음. 그러나 그는 스스로를 겸비케 하면서 하나님과 엘리야로부터 자비를 간구한다. 아하시야가 그렇게 하도록 명령한 것으로는 보이지 않는다(그의 마음은 여전히 완악했으며, 하나님의 진노가 그토록 분명하게 나타남으로써 많은 군사들이 죽음을 당했음에도 불구하고 똑같은 메시지와 함께 세 번째로 사자를 보냈다). 그러나 세 번째 오십부장은 자기 앞서 보냄 받은 사자들의 운명을 통해 경고를 받았다(아마도 그들은 지금 그의 눈 앞에 시체로 누워 있었을 것이다). 그는 선지자에게 내려오라고 명령하는 대신에 그 앞에 무릎을 꿇고 자신과 군사들의 목숨을 살려 달라고 간청했다(13, 14절): 나의 생명과 이 오십 명의 생명을 당신은 귀히 보소서. 하나님과 다투는 것으로는 아무것도 얻지 못한다는 사실을 주목하라. 우리가 하나님을 설득하거나 혹은 어떤 의미에서 이기고자 한다면 그것은 오직 기도를 통해서일 뿐이다. 우리가 하나님 앞에 멸망을 당하지 않고자 하면 우리는 그 앞에 엎드려야만 한다. 다른 사람들이 완악한 마음을 갖다가 멸망을 당한 것으로부터 교훈을 받고 스스로를 겸비케 하는 자는 참으로 지혜로운 자이다.

VI. 엘리야가 세 번째 오십부장과 함께 내려 옴. 엘리야는 그가 간청한 것 이상의 은혜를 베풀었다. 하나님은 자신 앞에 회개하며 항복하는 자들에게 항상 자비를 베풀 준비가 되어 있으시다. 그러므로 스스로를 하나님의 자비 앞에 던지는 것은 결코 헛된 일이 아니다. 이 오십부장은 자신의 생명을 구했을 뿐만 아니라 자신에게 부여된 임무를 완전하게 이행할 수 있었다. 엘리야는 여호와의 사자의 명령에 따라 그와 함께 내려와 왕에게 이르렀다(15절). 이렇게 하여 엘리야는 자신이 전에 내려오기를 거부한 것은 왕을 두려워해서가 아니라 왕의 오만한 명령에 결코 굴복하지 않음을 나타내기 위한 것이었음을 분명하게 보여주었다(만일 왕의 오만한 명령에 굴복하여 어쩔 수 없이 내려왔다면 그것은 그의 주인인 하나님의 위엄을 감소시키는 것이 되었을 것이다). 그는 자신의 직분의 위엄을 손상시키지 않았다. 엘리야는 왕 앞에 담대하게 나아가, 앞서 말했던 것 즉 그가 곧 죽을 것이라는 말을 왕의 면전에서 다시 전했다(16

절). 그는 왕이 불쾌하게 생각하는 것을 두려워해서든 혹은 그가 당할 비참한 운명을 동정해서든 이러한 선고(宣告)를 부드럽게 표현하려고 애쓰지 않았다. 그는 하나님으로부터 받은 그대로 전했다. 이러한 메시지가 엘리야 선지자 자신의 입으로부터 나왔을 때 그것은 아하시야에게 있어 청천벽력 같은 충격이 아닐 수 없었다. 왕 뿐만 아니라 주변에 있던 어느 누구도 감히 그에게 위해(危害)를 가할 엄두조차 내지 못했다. 그리하여 엘리야는 마치 다니엘처럼 아무런 해도 입지 않고 사자굴에서 나왔다. 하나님이 지키시는 자를 누가 감히 해할 수 있겠는가?

VII. 며칠이 지나지 않아 예언이 그대로 이루어짐. 아하시야는 자녀가 없이 죽으므로 그의 왕권이 형제 여호람에게 돌아갔다(17절). 그의 아버지는 22년 동안 다스렸지만, 그는 고작 2년을 넘기지 못했다. 때로 악인이 생존하고 장수하며 세력이 강한 경우도 있다(욥 21:7). 그러나 그로 인해 불경건 가운데 스스로 형통하다고 생각하는 자들은 스스로 속는 것이다. 왜냐하면 (여기에서 홀 주교가 관찰하고 있는 바와 같이) "어떤 죄인들은 오래 삶으로써 심판을 가중시키고, 또 어떤 죄인들은 빨리 죽음으로써 심판을 속히 이루기" 때문이다. 그러나 악이 죄인들을 쫓으며 조만간 그들을 덮칠 것이라는 것은 분명한 사실이다. 하나님의 신탁은 미워하면서 마귀의 신탁을 존귀하게 여긴 아하시야의 죄만큼 심판의 분량을 속히 채우는 것도 없을 것이다.

제 2 장

개요

　　본 장의 내용은 다음과 같다. I. 엘리야가 하늘로 옮겨지는 특별한 사건. 앞 장 말미에서 우리는 악한 왕이 수치스럽게 세상을 떠나는 것을 살펴보았는데, 이제 우리는 여기에서 거룩한 선지자가 존귀 가운데 세상을 떠나는 것을 보게 된다. 아하시야의 죽음은 그에게 있어 가장 비참한 일이었지만, 엘리야의 죽음은 그에게 있어 가장 축복된 일이었다. 사람의 어떠함은 그의 마지막의 어떠함에 달려 있는 법이다(마지막이 비참한 사람은 비참한 사람이며, 마지막이 축복된 사람은 축복된 사람이라는 뜻). 1. 엘리야가 자신의 친구들 즉 선지자의 아들들과 특별히 엘리사를 떠남, 그러나 엘리사는 엘리야를 떠나지 않고 그와 함께 걸어서 요단을 건넘(1-10절). 2. 엘리야가 하늘로 들림을 받고(11절), 이로 인해 엘리사가 애통함(12절). II. 엘리사가 엘리야의 능력을 가진 선지자로 나타남. 1. 요단강을 갈라지게 함으로써(13, 14절). 2. 선지자의 아들들이 그에게 경의를 표함으로써(15-18절). 3. 여리고의 물을 온전케 함으로써(19-22절). 4. 그를 조롱하는 벧엘의 아이들이 곰에 찢김으로써(23-25절). 엘리야에게서 엘리사로의 이와 같은 예언의 계승은 왕권의 계승보다 훨씬 더 장엄한 모습으로 나타난다.

[1]여호와께서 회오리 바람으로 엘리야를 하늘로 올리고자 하실 때에 엘리야가 엘리사와 더불어 길갈에서 나가더니 [2]엘리야가 엘리사에게 이르되 청하건대 너는 여기 머물라 여호와께서 나를 벧엘로 보내시느니라 하니 엘리사가 이르되 여호와께서 살아 계심과 당신의 영혼이 살아 있음을 두고 맹세하노니 내가 당신을 떠나지 아니하겠나이다 하는지라 이에 두 사람이 벧엘로 내려가니 [3]벧엘에 있는 선지자의 제자들이 엘리사에게로 나아와 그에게 이르되 여호와께서 오늘 당신의 선생을 당신의 머리 위로 데려가실 줄을 아시나이까 하니 이르되 나도 또한 아노니 너희는 잠잠하라 하니라 [4]엘리야가 그에게 이르되 엘리사야 청하건대 너는 여기 머물라 여호와께서 나를 여리고로 보내시느니라 엘리사가 이르되 여호와께서 살아 계심과 당신의 영혼이 살아 있음을 두고 맹세하노니 내가 당신을 떠나지 아니하겠나이다 하

나라 그들이 여리고에 이르매 5여리고에 있는 선지자의 제자들이 엘리사에게 나아와 이르되 여호와께서 오늘 당신의 선생을 당신의 머리 위로 데려가실 줄을 아시나이까 하니 엘리사가 이르되 나도 아노니 너희는 잠잠하라 6엘리야가 또 엘리사에게 이르되 청하건대 너는 여기 머물라 여호와께서 나를 요단으로 보내시느니라 하니 그가 이르되 여호와께서 살아 계심과 당신의 영혼이 살아 있음을 두고 맹세하노니 내가 당신을 떠나지 아니하겠나이다 하는지라 이에 두 사람이 가니라 7선지자의 제자 오십 명이 가서 멀리 서서 바라보매 그 두 사람이 요단 가에 서 있더니 8엘리야가 겉옷을 가지고 말아 물을 치매 물이 이리 저리 갈라지고 두 사람이 마른 땅 위로 건너더라

엘리야의 시대와 그와 관련한 사건들의 연대(年代)는 성경의 다른 위대한 인물들의 경우와 마찬가지로 분명하게 언급되지 않는다. 우리는 그의 나이에 대해서 아무것도 듣지 못하며, 그가 처음 등장한 것이 아합 통치 몇 년인지, 그리고 그가 승천한 것이 여호람 통치 몇 년인지 등도 듣지 못한다. 따라서 우리는 그가 몇 년 동안 활동했는지 정확하게 계산할 수 없다. 다만 대략 20년 정도 될 것이라고 추측할 수 있을 뿐이다. 한편 우리는 여기에서 다음과 같은 이야기를 듣게 된다.

I. 하나님은 엘리야를 회오리바람으로 하늘로 올리고자 작정하신다(1절). 그렇게 작정하시고 나서 아마도 하나님은 그 사실을(즉 하나님이 곧 그를 세상으로부터 데려가실 것인데, 마치 에녹에게 그렇게 하셨던 것처럼 죽음을 통하지 않고 봄과 영혼을 하늘로 옮기실 것이라는 사실을) 사전에 그에게 알려 주신 것으로 보인다. 그것은 또한 그의 몸이 특별하게 변화되는 것이었다. 이제 그의 몸은 영들의 세계에 합당하게, 그리고 그리스도께서 강림하실 때 살아 있는 자들에게 임할 것과 같이 변화될 것이었다. 어째서 하나님이 모든 선지자들 가운데 오직 엘리야에게만 이러한 특별한 영광을 허락하셨는지에 대해 우리는 아무것도 알지 못한다. 그는 우리와 같은 성정을 가진 사람으로서, 죄를 알고 있었지만 그러나 죽음은 결코 맛보지 않았다. 무엇 때문에 그는 만왕의 왕이 존귀케 하기를 기뻐하신 자로서 이와 같이 특별한 은총을 받았는가? 여기에서 우리는

1. 하나님이 그가 행한 섬김의 일들을 돌아보셨을 것이라고 추측할 수 있다.

그것은 매우 탁월하고 특별한 것이었다. 하나님은 엘리야에게 그와 같은 특별한 은총을 허락하심으로써 그의 열정과 충성을 본받아 자기 세대의 타락과 맞서는 증인이 되고자 하는 선지자의 아들들을 격려코자 하셨을 것이다.

2. 하나님이 당시 교회의 어두운 타락상을 내려다보시면서 이 땅의 생명 이후에 또 다른 생명이 있다는 사실을 분명하게 보여주고자 하셨을 것이라고 추측할 수 있다. 그리하여 하나님은 소수의 신실한 자들의 마음을 자신과 영원한 생명으로 이끌고자 하셨을 것이다.

3. 하나님이 복음시대를 내다보셨을 것이라고 추측할 수 있다. 엘리야가 하늘로 옮기운 것은 그리스도의 승천의 모형이면서 동시에 모든 신자들에게 하늘나라가 열리는 것을 상징하는 것이었다. 엘리야는 믿음과 기도로써 하늘과 더불어 풍성한 교통을 누렸다. 그리고 그는 지금 그 곳으로 데려감을 입음을 통해 만일 우리가 이 땅에 있는 동안 하늘과 더불어 교통한다면 우리 역시도 곧 그 곳에 가게 될 것이며 우리의 영혼이 그 곳에서 영원한 복락을 누리게 될 것을 분명하게 확증해 주었다.

II. 엘리사는 결코 스승을 떠나지 않겠노라고 작정한다. 엘리야는 엘리사에게 길갈과 벧엘과 여리고에 머물라고 하면서 그를 떼어놓고자 했다(2, 4, 6절). 어떤 이들은 엘리야가 그렇게 한 것은 겸손으로 인한 것이었다고 생각한다. 그는 자신에게 대한 하나님의 영광스러운 계획, 즉 죽음을 보지 않고 하늘로 올리고자 하시는 계획을 알고 있었지만, 그러나 그것을 자랑하거나 혹은 사람들에게 보이려고 하지 않았다는 것이다(하나님으로부터 특별한 은총을 받은 자들은 그러한 사실을 사람들에게 자랑하고 싶어 안달하지 않는 법이기 때문이다). 엘리야가 그 자리에 그냥 머무르라고 엘리사를 설득한 것은 마치 나오미가 친정으로 돌아가라고 룻을 설득한 것과 비슷했는데, 따라서 그것은 엘리사에 대한 일종의 시험이었다. 그러므로 끝까지 스승을 떠나지 않겠다는 엘리사의 결심은 시어머니를 떠나지 않겠다는 룻의 결심과 마찬가지로 너무도 훌륭한 것이 아닐 수 없었다. 엘리야는 엘리사에게 자신을 따르지 말고 그 자리에 그냥 머무르라고 말했지만 그것은 모두 소용없는 일이었다. 엘리사는 자신의 주인이 없는 곳에서는 어디에서도 머물지 않을 것이었다 — 자신을 이 땅에 남겨 두고 하늘로 올라갈 때까지. "어떤 일이 있더라도 나는 당신을 떠나지 아니하겠나이다." 왜 그랬을까? 그것은 단지 그를 사랑했기 때문만은 아니었다.

1. 그가 이 땅에 남아 있는 동안 그와 더불어 거룩한 교제를 나눔으로써 더 많은 영적 유익을 얻고자 했기 때문이었다. 엘리사는 항상 그러한 유익을 얻었지만, 그러나 지금은 어느 때보다도 더 중요한 때였다. 우리는 이 땅에 함께 있는 동안 서로 영적인 선을 행하며, 또 피차에 필요한 유익을 얻어야만 한다. 왜냐하면 우리는 단지 잠시 동안만 함께 있을 뿐이기 때문이다.

2. 그의 떠남에 대하여 분명하게 보고 납득하고자 했기 때문이었다. 스승이 하늘로 올라가는 것을 본다면 그의 믿음은 더욱 확고해지고, 보이지 않는 세계에 대한 그의 지식은 더욱 풍성해지게 될 것이었다. 엘리사는 오랫동안 그를 따랐다. 그리고 지금 그를 떠나지 않고 그와 더불어 작별의 축복(parting blessing)을 나누기를 원했다. 그리스도를 따르는 자들은 마침내 지쳐 포기하는 어리석음을 결코 범해서는 안 된다.

Ⅲ. 떠나기에 앞서 엘리야는 선지자 학교들을 방문하고 그들과 더불어 작별 인사를 나눈다. 당시 이스라엘의 많은 성읍들에 (아마도 사마리아에도) 그러한 학교들이 있었던 것으로 보인다. 여기에서 우리는 상당한 숫자에 이르는 선지자의 제자들(sons of the prophets, 문자적으로는 선지자의 아들들)을 보게 된다. 그들은 심지어 금송아지 제단이 세워진 곳 가운데 한 곳인 벧엘과 최근에 하나님의 저주를 무시하면서까지 건축한 여리고에도 있었다. 예루살렘과 유다 왕국에는 제사장과 레위인과 성전 예배가 있었다. 그러나 그러한 것들이 없는 이스라엘 왕국에는 하나님이 은혜롭게도 그러한 학교들을 세우셨다. 그리고 그 곳에서 사람들은 믿음과 경건의 훈련을 받았으며, 선한 백성들은 정해진 절기 때에 그 곳에 모여 기도와 말씀을 들음으로 절기를 기념했다(왜냐하면 제물을 드리거나 분향할 도구가 없었기 때문에). 우리는 전반적인 배교의 때에 이와 같은 방법으로 신앙이 지켜진 것을 여기에서 보게 된다. 이들 가운데 하나님의 신실한 백성들이 많이 있었다. 홀로 된 여인의 자식이 남편 있는 자의 자식보다 많았다(사 54:1). 어떤 대제사장도 엘리야와 엘리사라는 이스라엘의 두 명의 위대한 인물과 결코 비견될 수 없었다(나타난 대로만 볼 때 그들은 예루살렘 성전에 한 번도 참례한 적이 없었다). 이러한 학교들이 세워지는데 아마도 엘리야가 큰 역할을 수행했을 것으로 보인다. 이제 엘리야는 떠나기에 앞서 그들을 방문하는데, 그것은 그들을 교훈하고 격려하며 축복하기 위함이었다. 임종을 앞둔 자들은 이 땅에 남아 있는 자들에게 관심을 기울이며, 그들에게 자신

들의 경험과 증거와 충고와 기도를 남겨야 한다(벧후 1:15, 내가 떠난 후에라도 어느 때나 이런 것을 생각나게 하려 하노라). 그리스도께서도 이렇게 말씀하셨다. 나는 세상에 더 있지 아니하오나 그들은 세상에 있사오니 아버지여 그들을 보전하옵소서(요 17:11).

IV. 선지자의 제자들은 엘리야가 곧 옮겨지게 될 것이란 사실을 알고 있었거나 아니면 눈치 채고 있었다(엘리야 자신으로부터든지 아니면 그들 가운데 어떤 사람들의 예언의 영에 의해).

1. 그들은 그 사실을 엘리사에게 말했는데, 벧엘에서도 그랬고(3절) 여리고에서도 그랬다(5절): 여호와께서 오늘 당신의 선생을 당신의 머리 위로 데려가실 줄을 아시나이까. 그들이 이렇게 말한 것은 엘리야를 잃는 것으로 인해 엘리사를 비난하거나 혹은 엘리야가 떠나고 나면 엘리사는 자신들과 같은 수준의 존재가 될 것을 기대했기 때문이 아니었다. 그들이 그렇게 말한 것은 자신들이 이 문제에 대해 깊이 생각하고 있음을 나타내면서, 엘리사로 하여금 엘리야를 잃는 일에 미리 대비할 것을 일깨워 주기 위함이었다. 가장 가까운 가족이나 가장 사랑하는 친구조차도 조만간 우리 곁을 떠날 것이라는 사실을 알지 않는가? 주께서 그들을 데려가실 것이다. 하나님이 그들을 부르시면 우리는 그들을 잃지 않을 수 없으니, 그가 데려가실진대 누가 막을 수 있겠는가? 하나님은 우리의 머리로부터 상전들을, 우리의 발로부터 하인들을, 그리고 우리의 팔로부터 동료들을 데려가신다. 그러므로 우리는 우리의 모든 이웃들에게 마땅히 우리의 할 바를 다 해야만 한다. 그럴 때 우리는 그들과 헤어질 때 아무런 회한도 갖지 않게 될 것이다. 엘리사 역시도 엘리야가 옮겨지게 될 것이란 사실을 잘 알고 있었으며, 그로 인해 마음에 근심이 가득했다(비슷한 상황에서 그리스도의 제자들이 그랬던 것처럼, 요 16:6). 그는 굳이 그들로부터 그러한 말을 들을 필요가 없었으며, 따라서 그들의 말에 크게 주의를 기울이지 않았다(그렇게 함으로써 스승에게 집중된 정신을 다른 곳으로 돌리려 하지 않았다): 나도 또한 아노니 너희는 잠잠하라. 이러한 대답은 신경질적인 것도 아니었으며 그들을 경멸했기 때문도 아니었다. 다만 침착하고 조용하게 그리고 엄숙한 침묵으로 결과를 지켜보고자 했기 때문이었다. 나도 또한 아노니 너희는 잠잠하라(슥 2:13, 모든 육체가 여호와 앞에서 잠잠할 것은 여호와께서 그의 거룩한 처소에서 일어나심이니라 하라 하더라).

2. 그들은 멀리 서서 바라보며 증인이 되었다(7절): 선지자의 제자 오십 명이 가서 멀리 서서 바라보매. 그들은 단지 호기심을 만족시키고자 그렇게 했을 뿐이지만, 그러나 하나님은 그들로 하여금 사람들로부터 경멸과 배척을 당한 선지자에게 존귀가 베풀어지는 것을 목격하는 증인이 되게 하셨다. 하나님의 하시는 일은 우리의 주목을 끌 만한 충분한 가치가 있다. 하늘에 열린 문을 보았을 때, 요한은 "이리로 올라오라 이 후에 마땅히 일어날 일들을 내가 네게 보이리라"는 음성을 들었다(계 4:1).

V. 요단 강이 기적적으로 갈라진 것은 그가 하늘의 가나안으로 옮겨지는 것의 시작이었다(8절, 이스라엘이 지상의 가나안에 들어갈 때에도 요단 강이 갈라졌던 것처럼).   그는 옮기우기 위해 요단 건너편으로 가야만 했다. 왜냐하면 그 곳이 그의 고향이었기 때문이었다. 또한 그렇게 함으로써 그는 모세가 죽은 장소에 좀 더 가까워질 수 있었으며, 또한 가장 멸시를 받던 지역이 존귀케 될 것이었다. 엘리야와 엘리사는 다른 여행자들처럼 배를 타고 요단을 건널 수도 있었다. 그러나 하나님은 예전에 여호수아가 가나안에 들어올 때 요단을 갈라지게 하심으로써 그를 존귀케 하셨던 것처럼(수 3:7), 지금 엘리야가 가나안을 나갈 때 또다시 요단을 갈라지게 하심으로써 그를 존귀케 하셨다. 그리고 모세가 지팡이로 홍해를 가른 것처럼 엘리야는 겉옷으로 요단 강을 갈랐다(지팡이와 겉옷은 그들의 직분을 나타내는 표지였다). 예전에 홍해의 물은 법궤에 길을 내주었으며, 지금 요단 강의 물은 선지자의 겉옷에 길을 내주었다(법궤를 갖고 있지 못한 백성들에게 선지자의 겉옷은 하나님의 임재의 증표와 같은 것이었다). 하나님은 자신의 신실한 백성을 하늘로 데려가실 때 요단 강을 건너가게 하시는데, 그것은 바로 죽음을 상징하는 것이다. 그들은 옮기우기 직전에 요단을 건너야만 한다. 그리고 그들은 요단을 건너가는 안전하고 편안한 길을 발견한다. 왜냐하면 주의 구속받은 자들이 능히 건너갈 수 있도록 그리스도께서 죽으심으로 요단을 갈라놓으셨기 때문이다. 사망아 너의 쏘는 것이 어디 있느냐? 사망아 너의 해함과 두렵게 함이 어디 있느냐?

⁹건너매 엘리야가 엘리사에게 이르되 나를 네게서 데려감을 당하기 전에 내가 네게 어떻게 할지를 구하라 엘리사가 이르되 당신의 성령이 하시는 역사가 갑절이나 내게 있게 하소서 하는지라 ¹⁰이르되 네가 어려운 일을 구하는도다 그러나 나를 네게

서 데려가시는 것을 네가 보면 그 일이 네게 이루어지려니와 그렇지 아니하면 이루어지지 아니하리라 하고 [11]두 사람이 길을 가며 말하더니 불수레와 불말들이 두 사람을 갈라놓고 엘리야가 회오리 바람으로 하늘로 올라가더라 [12]엘리사가 보고 소리 지르되 내 아버지여 내 아버지여 이스라엘의 병거와 그 마병이여 하더니 다시 보이지 아니하는지라 이에 엘리사가 자기의 옷을 잡아 둘로 찢고

I. 엘리야는 엘리사를 자신을 대신할 선지자로 세움으로써 그를 자신의 후계자로 삼는다.

1. 엘리야는 엘리사가 자신을 변함없이 따르며 수종들어 준 것에 대해 고맙게 생각하면서 자신이 무엇을 해 줄지 구하라고 하였다. (홀 주교가 관찰한 바와 같이) 엘리야는 "내가 하늘나라에 갔을 때 내게 구하라 내가 너를 더 잘 도와줄 수 있을 것이라"고 말하지 않고 "내가 가기 전에 구하라"고 말했다. 땅에 있는 우리의 친구들은 우리의 말을 들어줄 수도 있고 또 그에 대해 대답해 줄 수도 있다. 그러나 하늘에서는 하나님과 그리스도 외에 어떤 다른 친구들에게 다가갈 수 있을는지 우리는 알지 못한다. 아브라함은 우리를 모를지라도 여호와는 우리의 아버지시라(사 63:16).

2. 엘리사는 그의 성령의 역사가 자신에게 갑절로 있게 해 달라고 구했다. 엘리사는 재물이나 존귀나 혹은 어떤 곤경을 면하게 해 달라고 구하지 않고 하나님과 자기 세대를 섬길 수 있도록 구비(具備)되게 해 달라고 구했다.

(1) 그는 성령을 구했다. 단지 성령의 은사와 은혜를 구한 것이 아니라 성령 자체를 구했다. 그리고 그는 "내게 성령을 주소서"라고 말하지 않았다(왜냐하면 그것이 하나님의 선물이라는 사실을 너무도 잘 알고 있었기 때문이었다). 대신에 "그것이 내 위에 있게 하소서. 부디 나를 위해 하나님께 이것을 구해 주소서"라고 말했다. 그리스도께서는 엘리야보다 훨씬 더 큰 권위와 보증으로 제자들에게 무엇이든지(한 가지가 아니라 모든 것을) 구하라고 말씀하시면서, 성령을 보내실 것을 약속하셨다.

(2) 그는 '그의' 영을 구했다. 그것은 그의 일을 계속해서 수행하며 선지자의 제자들을 돌보며 원수들을 대적하는 등 그를 대신하는 선지자가 될 것이었기 때문이었다. 그가 마주할 세대는 엘리야가 마주했던 것과 같은 패역한 세대일 것이었다. 그러므로 만일 그의 영을 갖지 못한다면, 그는 시대와 맞설 힘을

갖지 못하게 될 것이었다.

(3) 그는 '갑절의' 영을 구했다. 여기에서 엘리사가 말한 갑절의 의미는 엘리야가 가진 영의 갑절이 아니라 다른 선지자들이 가진 영의 갑절이었다. 엘리야로부터 훈련을 받은 엘리사로서는 다른 선지자들로부터 큰 영의 역사를 기대할 수 없었다. 가장 좋은 은사를 사모하는 것은 거룩한 욕심이며, 그러한 은사는 우리로 하여금 하나님과 형제들을 위해 봉사할 수 있도록 구비(具備)시켜 줄 것이다. 우리 모두는 ― 사역자든 평신도든 ― 우리 선배들의 모범을 따르며, 그들의 영을 본받으며, 그들이 가졌던 은혜를 더욱 진지하게 사모해야만 한다.

3. 엘리야는 그와 같은 요구가 이루어질 것이라고 약속했는데, 그러나 거기에는 두 가지 단서가 있었다(10절).

(1) 네가 그것을 매우 귀중하게 여긴다면. 엘리야는 그것을 '어려운 일'이라고 부름으로써 그것이 매우 귀중한 것임을 그에게 가르쳐 주었다. 그리고 그것이 어려운 일이라는 것은 하나님이 하시기에 어려운 일이라는 뜻이 아니라 자신이 기대하기에 너무나 크고 위대한 일이라는 뜻이었다. 영적인 축복에 대하여 그것이 너무나 값진 것이라는 사실과 자신들은 그것을 받을 자격이 없다는 사실을 잘 알고 있는 자들이야말로 그것을 받기에 가장 합당한 자들이다.

(2) 네가 나를 마지막 순간까지 가까이 하며 따른다면. 나를 네게서 데려가시는 것을 네가 보면 그 일이 네게 이루어지려니와 그렇지 아니하면 이루어지지 아니하리라. 스승의 가르침을 부지런히 따르며 주의 깊게 지키는 것이야말로 그의 영을 받는 조건이었다. 그리고 그가 승천하는 모습을 지켜보는 것은 그에게 큰 유익이 될 것이었다. 세상을 떠나는 위대한 성자들의 마지막 모습을 지켜보는 것은 우리에게 큰 위로가 됨과 동시에 우리의 마음을 더욱 굳건하게 만들어 준다. 혹은, 어쩌면 그것은 단지 하나의 표적으로 의도된 것인지도 모른다. "만일 하나님이 너로 하여금 내가 승천하는 모습을 보도록 은혜를 베푸신다면, 너는 그것을 하나님이 너의 간구를 들어주실 증표로 받아들이고 그렇게 믿어라." 그리스도의 제자들도 주께서 승천하는 것을 목격하는 자리에서 머지않아 그의 영으로 충만케 될 것이라는 증거를 받았다(행 1:8). 이에 엘리사가 다음과 같이 기도했을 것이라고 우리는 추측할 수 있다: 주여 이러한 은총의 표적을 내게 보이소서(시 86:17).

Ⅱ. 엘리야는 불수레를 타고 하늘로 올라간다(11절).   그는 에녹처럼 죽음을 보지 않고 옮기워졌다. 그리고 그는 모든 인류가 떨어지는 죽음의 도랑을 뛰어넘은 두 번째 사람이었다. 이 일과 관련하여 명확하게 대답하기 어려운 여러 가지 시시콜콜한 질문들이 제기될 수 있지만, 그러나 우리는 여기에서 듣게 되는 것으로만 만족하고자 한다.

1. 주께서 오셨을 때 엘리야는 무엇을 하고 있었나? 그는 엘리사와 더불어 이야기하고 있었다. 다시 말해서, 뒤에 남아 있는 사람들을 위해 해야 할 일을 지시하는 가운데 그를 교훈하며 격려하고 있었다. 그는 이제 들어가게 될 새로운 세상을 생각하면서 기도와 명상을 하고 있었던 것이 아니라 사람들 가운데 있는 하나님의 나라를 생각하면서 이 땅에 남아 있을 사람들을 위해 교훈과 훈계를 베풀고 있었다. 만일 우리가 하늘나라를 위해 준비하는 것이 단지 기도와 묵상만을 통해 이루어지는 것이라고 생각한다면, 그것은 잘못이다. 다른 사람들에게 유익을 베푸는 것 역시도 그러한 것들 못지않게 중요한 일이 될 것이다. 거룩한 일들을 '생각하는' 것도 좋은 일이지만, 그러나 다른 사람들의 유익을 위해서 그러한 일들을 '말하는' 것은 더욱 좋은 일이다(고전 14:4). 그리스도께서도 제자들을 축복하면서 승천하셨다.

2. 주님은 엘리야를 위해 무엇을 보내셨나? 그것은 불수레와 불말이었다. 아마도 그들은 하늘로부터 내려오는 모습이든지 아니면 땅 위에서 그들을 향해 달려오는 모습으로 나타났을 것이다. 패트릭 주교는 후자로 생각하는데, 그것은 천사들이 종종 그와 같은 형태로 나타나곤 했기 때문이다. 신실한 백성들의 영혼은 통상 천사들의 보이지 않는 보호 아래 아브라함의 품으로 인도된다. 그러나 엘리야의 경우에(그는 영혼뿐만 아니라 육체까지 함께 옮겨졌다) 이러한 천상의 호위대는 통상적인 경우와는 많이 달랐다. 왜냐하면 지금 그들은 통상적인 경우와는 달리 사람의 모습을 취하지 않았을 뿐만 아니라 보이는 모습으로 나타났기 때문이었다. 지금 그들은 엘리야로 하여금 마치 제왕이나 정복자처럼 위풍당당한 모습으로 탈 수 있도록 수레(병거)와 말들의 형태로 나타났다(정말로 그는 정복자보다도 뛰어난 존재였다). 성경에서 천사들은 그룹과 스랍으로 불리는데, 여기에 나타난 그들의 모습은 그와 같은 이름들과 매우 잘 부합된다. 왜냐하면

(1) 스랍은 '불처럼 타오르는'(fiery)을 의미하기 때문이다. 하나님은 불꽃으

로 자기 사역자를 삼으신다(시 104:4).

(2) 그룹은 (많은 이들이 생각하는 것처럼) '병거'를 의미하기 때문이다. 그들은 하나님의 병거로 불리며(시 68:17), 하나님은 그룹을 타고 다니는 것으로 언급된다(시 18:10). 에스겔이 이상 가운데 본 네 생물과 바퀴들과 말 같고 병거 같은 것에서도 우리는 이와 같은 사실을 볼 수 있다. 또한 스가랴의 이상 속에서도 우리는 그와 비슷한 언급들을 발견할 수 있다(슥 1:8; 6:1). 이것을 요한계시록 6장 2절 이하와 비교하라. 천사들은 항상 하나님의 뜻을 행할 준비를 갖추고 있다는 사실을 주목하라. 그들은 구원의 상속자가 될 자들의 선(善)을 위해 항상 준비되어 있다. 엘리야는 천사들의 세계로 옮겨져야 했다. 따라서 그들은 자신들이 그가 오는 것을 얼마나 열망하고 있는지 보여주기 위해 자신들 가운데 일부를 그를 데려오기 위해 보냈다. 수레와 말들은 마치 불꽃과 같았으며, 타지는 않고 밝은 빛만을 내었다. 그 불은 엘리야를 괴롭게 하거나 사르기 위한 것이 아니라 멀리 떨어져 서서 바라보고 있는 자들의 눈에 그의 승천이 더욱 잘 보이도록 만들어 주기 위한 것이었다. 엘리야는 하나님과 그분의 영광을 위한 거룩한 열정으로 불탔었는데, 이제 그는 천상의 불에 휩싸여 하늘로 옮겨지고 있었다.

3. 그와 엘리사는 어떻게 나누어졌나? 불수레가 그들 사이를 갈라놓았다. 아무리 가까운 친구지간이라 할지라도 결국은 헤어져야 한다는 사실을 주목하라. 엘리사는 엘리야를 떠나지 않겠노라고 단언했지만, 이제 떨어지지 않을 수 없었다.

4. 엘리야는 어디로 옮겨졌나? 엘리야가 회오리바람으로 하늘로 올라가더라 (11절). 불은 위로 올라가는 성질을 가지고 있다. 또한 회오리바람은 대기권을 통과하고 자력(磁力)이 미치는 범위를 넘어 거룩하고 축복받은 영들의 세계로 그를 옮겨놓았다.

> "그러나 그가 어디에서 멈추었는지 우리는 알지 못할 것이로다.
> 불사조가 그처럼 불 가운데 영원으로 올라가기를 열망할 때까지."
>
> — 코울리(Cowley)

전에 그는 낙망 가운데 죽기를 소원했었다. 그러나 하나님은 그에게 은혜를 베푸사 그의 말대로 그 때 데려가지 아니하시고 지금 이와 같이 죽음을 보지 않는 특별한 특권으로 그를 존귀케 하셨다. 그리고 엘리야와 에녹의 경우를 통해,

(1) 하나님은 만일 사람이 죄를 짓지 않으면 어떻게 세상을 떠나게 되는지를 보여주셨다. 즉 만일 우리가 죄를 짓지 않는다면, 우리는 죽음이 아니라 옮겨짐으로 세상을 떠나게 되는 것이다.

(2) 하나님은 다른 세상에 대한, 그리고 인간의 불멸성에 대한 희미한 빛을 던져주셨다. 그리고 그러한 희미한 빛은 복음으로 말미암아 밝은 빛으로 바뀌게 된다. 또한 하나님은 그들의 경우를 통해 성도들의 몸을 위해 예비된 영광과 모든 신자들에게 하늘나라가 열리는 것을 보여주고자 하셨다. 뿐만 아니라 그것은 그리스도의 승천의 모형이기도 했다.

Ⅲ. 엘리사는 위대한 선지자를 잃는 것에 대해 애처롭게 탄식한다(12절).

1. 그는 엘리야가 승천하는 것을 보았다. 이와 같이 하여 그는 엘리야의 영의 갑절을 구한 자신의 요구가 허락되었음을 확인해 주는 표적을 받았다. 그리스도의 제자들이 그랬던 것처럼(행 1:10), 그는 계속해서 하늘을 쳐다보았다. 그는 얼마동안 바라보았으나, 이내 모든 광경은 그의 시야에서 사라져버렸다. 그리고 그는 더 이상 보지 못했다(다시 보이지 아니하는지라).

2. 그는 슬픔의 표시로 자신의 옷을 찢었다. 비록 엘리야가 승리 가운데 하늘로 개선했다 할지라도, 세상은 그를 잃고 말았으며 따라서 그의 떠남은 남아 있는 자들에게 큰 슬픔이 아닐 수 없었다. 하나님이 신실하고 충성된 자들을 데려가심에도 불구하고 슬퍼할 줄 모르는 심령은 필경 완악한 심령일 것이다. 엘리야의 떠남으로 인해 이제 엘리사는 백성들 가운데 두드러진 위치에 서게 될 것이었다. 특별히 그의 영의 갑절을 갖게 된 것을 생각할 때 더욱 그러하다. 그럼에도 불구하고 그는 엘리야를 잃는 것을 슬퍼하며 애통했는데, 그것은 그를 너무도 사랑했기 때문이었다. 그는 자신의 스승을 영원히 섬기기를 원했다.

3. 그는 엘리야를 참으로 존귀한 이름으로 불렀다. 스승을 잃는 것에 대해 그토록 슬퍼하며 애통한 이유도 바로 여기에 있었다.

(1) 그 자신 젊은 날의 인도자를 잃었다: 내 아버지여 내 아버지여. 그는 자신의 상태를 세상에 던져진 아버지 없는 자식처럼 생각하면서 크게 애통했다. 그리스도께서 제자들을 떠나실 때, 그는 제자들을 고아처럼 버려두지 않으셨다(요

14:15). 그러나 엘리야는 자신의 제자를 고아처럼 버려둘 수밖에 없었다.

(2) 이스라엘 역시도 최고의 인도자를 잃었다. 그는 이스라엘의 병거와 그 마병이었다. 만일 그들에게 죄가 없었다면, 그는 그들 모두를 하늘로 데려갔을 것이었다. 이스라엘은 전쟁 때 병거와 말을 사용하지 않았다. 다만 엘리야가 그들을 위해 조언과 책망과 기도를 해줌으로써 그들에게 병거와 말의 역할을 수행했다(다시 말해서 엘리야 자신이 이스라엘의 병거와 말이었다). 그는 가장 강한 병거대(兵車隊)와 마병대(馬兵隊)보다 나은 자였으며, 하나님의 심판을 막아주는 방패였다. 그러므로 그의 떠남은 군대가 패주하는 것과 같은 것이었으며 또한 돌이킬 수 없는 손실이었다. "이 하나님의 사람을 잃느니 차라리 모든 전사(戰士)들을 잃는 것이 더 나았으리라."

[13]엘리야의 몸에서 떨어진 겉옷을 주워 가지고 돌아와 요단 언덕에 서서 [14]엘리야의 몸에서 떨어진 그의 겉옷을 가지고 물을 치며 이르되 엘리야의 하나님 여호와는 어디 계시니이까 하고 그도 물을 치매 물이 이리 저리 갈라지고 엘리사가 건너니라 [15]맞은편 여리고에 있는 선지자의 제자들이 그를 보며 말하기를 엘리야의 성령이 하시는 역사가 엘리사 위에 머물렀다 하고 가서 그에게로 나아가 땅에 엎드려 그에게 경배하고 [16]그에게 이르되 당신의 종들에게 용감한 사람 오십 명이 있으니 청하건대 그들이 가서 당신의 주인을 찾게 하소서 염려하건대 여호와의 성령이 그를 들고 가다가 어느 산에나 어느 골짜기에 던지셨을까 하나이다 하니라 엘리사가 이르되 보내지 말라 하나 [17]무리가 그로 부끄러워하도록 강청하매 보내라 한지라 그들이 오십 명을 보냈더니 사흘 동안을 찾되 발견하지 못하고 [18]엘리사가 여리고에 머무는 중에 무리가 그에게 돌아오니 엘리사가 그들에게 이르되 내가 가지 말라고 너희에게 이르지 아니하였느냐 하였더라

우리는 여기에서 엘리야의 승천 직후에 벌어진 이야기를 보게 된다.

I. 하나님이 엘리사와 함께 계심을 나타내는 증표들과 그가 엘리야의 위치에 세워졌음을 보여주는 표적들. 이제 그는 선지자의 제자들의 아버지가 되고 이스라엘의 병거와 마병이 되어야 했다.

1. 그에게 엘리야의 겉옷이 주어졌다(13절). 그것은 그의 직분을 나타내는 표지로서 우리는 그가 그 겉옷을 자기 스승을 대신하여 입었을 것으로 추측할

수 있다. 엘리야가 하늘로 올라갈 때, 그는 보통 사람들처럼 자신의 육체를 남기지 않고 그 대신 겉옷을 남겼다. 그가 옷을 벗은 것은 이제 불멸성(immortality)으로 옷 입기 위해서였을 것이다. 지금 그는 자신을 치장하고 추위를 막아주며 얼굴을 가려줄(왕상 19:13) 겉옷이 필요 없는 세상으로 가고 있었다. 엘리야는 엘리사에게 자신의 겉옷을 유산으로 남겨 주었다. 비록 그 자체는 별로 비싼 것이 아니었다 할지라도, 그것은 그에게 성령이 임하는 증표로서 수천수만의 금과 은보다 더 값진 것이었다. 엘리사는 그 옷을 숭배되어야 할 거룩한 성물로서가 아니라 특별한 의미를 가진 옷으로서 그리고 자신이 찢어버린 옷을 대체하는 것으로서 주워들었다. 이 겉옷이 자신에게 처음 던져진 이래로(왕상 19:19) 그는 이 옷을 사랑하였다. 그 때 엘리사는 그러한 부름에 기쁘게 순종함으로써 엘리야의 종이 되었는데, 이제는 그 겉옷을 갖게 됨으로써 그의 후계자가 되었다. 여기의 겉옷과 같이 위대하고 선한 자들이 남긴 것들이 있는데, 그러한 것들은 남아 있는 자들에 의해 모아지고 보존되어야만 한다. 즉 그들의 어록이나 글이나 모범 같은 것들로서, 우리는 그것들을 통해 큰 유익을 얻을 수 있다.

2. 그에게 요단을 가르는 엘리야의 능력이 주어졌다(14절). 아버지와 떨어진 그는 선지자의 학교 안에 있는 자신의 아들들에게로 돌아온다. 그와 그들 사이에 요단이 가로놓여 있었다. 요단은 엘리야로 하여금 영광으로 나아가도록 길을 열어주기 위해 갈라졌었다. 이제 엘리사는 그 강이 자신과 자신의 사역을 위한 길을 내어주기 위해 갈라질 것인지 시험할 것이었다. 그리고 그것으로써 그는 하나님이 자신과 함께 계시는 여부와 자신에게 엘리야의 영의 갑절이 임한 여부를 알 것이었다. 엘리야의 마지막 이적이 엘리사의 첫 이적이 될 것이었다. 이와 같이 엘리사는 엘리야가 멈춘 곳에서 시작할 것이며, 그럼으로써 어떤 공백도 없을 것이었다. 요단을 갈라지게 함에 있어,

(1) 그는 엘리야의 겉옷을 사용하여 스승이 했던 것처럼 똑같이 했다(8절). 그는 새로운 방식을 도입하고자 하지 않고 스승이 했던 방식을 그대로 따르고자 했다. 요컨대 그는 스스로를 전임자보다 더 지혜롭다고 생각하는 사람들처럼 행동하지 않았다.

(2) 그는 엘리야의 하나님은 어디 계시냐고 물었다: 엘리야의 하나님 여호와는 어디 계시니이까? 그는 스승을 잃은 사실에만 몰두하면서 "엘리야는 어디 계

시니이까?"라고 묻지 않았다. 엘리야는 지금 복된 상태에 있지만, 그러나 그는 결코 전지하지도 않고 전능하지도 않다. 그렇게 묻는 대신 엘리사는 "엘리야의 하나님 여호와는 어디 계시니이까?"라고 묻는다. 이제 엘리야가 하늘로 옮겨졌으니 하나님은 스스로를 엘리야의 하나님으로 충분히 입증한 셈이었다. 만일 하나님이 엘리야를 위해 하늘의 도성을 예비하지 않으셨다면 그리고 그를 위해 하늘에 더 나은 것을 마련하지 않으셨다면, 하나님은 그의 하나님이라 불리는 것을 부끄러워하셔야만 했을 것이었다(히 11:16; 마 27:31, 32). 이제 엘리야는 하늘로 옮겨졌다. 따라서 엘리사는

[1] 하나님을 찾았다. 비록 피조물의 위로가 끊어진다 할지라도, 우리에게는 아직 하나님의 위로가 남아있다.

[2] 엘리야의 하나님을 찾았다. 그분은 엘리야가 섬기며 존귀케 했던 하나님이며 또한 모든 이스라엘이 버리고 떠났을 때에도 그가 끝까지 따랐던 하나님이다. 전반적인 배교의 시대에 하나님을 버리지 않고 끝까지 따른 자들에게는 하나님이 특별한 의미로 그들의 하나님이 되시는 존귀가 주어진다. "엘리야를 인정하시고 보호하시며 필요한 것을 공급해 주시며 존귀케 해 주신 하나님은 어디 계시니이까? 여호와여 나에게 엘리야의 영이 약속되지 않았나이까? 이제 그 약속을 이루어주소서." 어떤 이들은 원문의 'Aph-his'란 구절을 뒤이어 나오는 '그도 물을 치매'란 구절에 연결시킴으로써 그것을 "엘리야의 하나님은 어디 계시니이까"란 질문에 대한 대답으로 만든다. "그는 여전히 바로 네 옆에 계시느니라." 우리는 엘리야를 잃었지만 그러나 엘리야의 하나님은 잃지 않았다. 그는 이 땅을 버리지 않으셨다. 하나님은 여전히 우리와 함께 계신다. 여기에서 다음의 사실들을 주목하라.

첫째로, 이 땅에 있는 성도들에게 있어 하나님을 찾는 것이야말로 그들의 의무이며 또한 유익이 된다는 사실. 그리고 우리는 그분을 우리 앞서 하늘나라로 간 성도들의 하나님, 즉 우리 조상들의 하나님 여호와로 불러야만 한다.

둘째로, 하나님이 자신의 성전에 계시며(시 11:4) 또 그를 부르는 모든 자들 곁에 계시다는(시 145:18) 사실은 그를 찾는 모든 자들에게 큰 위로가 된다는 사실.

셋째로, 경건하며 신실한 전임자들의 영과 발자취를 따르는 자들은 그들이 경험했던 것과 동일한 은혜를 경험하게 될 것이란 사실. 엘리야의 하나님은 또

한 엘리사의 하나님이 되실 것이다. 거룩한 선지자들의 하나님 여호와는 어제나 오늘이나 영원토록 동일하시다. 만일 우리가 그들의 영과 그들의 하나님을 갖고 있지 않다면, 그들의 겉옷이나 집이나 책 따위를 가진들 그것이 무슨 유익이 있겠는가?

3. 그에게 선지자의 제자들에 대한 엘리야의 지도력이 주어졌다(15절). 여리고에 있는 선지자의 제자들은 요단 근처에 있으면서 그와 관련하여 벌어진 일을 목격했다. 그들은 엘리사가 돌아올 때 요단이 갈라지는 것을 보고 놀랐으며, 그것을 엘리야의 영이 그 위에 임하는 것에 대한 확실한 증거로 받아들였다. 따라서 그들은 엘리야에게 표했던 것과 동일한 존경과 경의를 그에게 표했다. 그리하여 그들은 불과 물을 안전하게 통과한 것과 하나님이 그에게 주신 존귀로 인해 경의를 표하기 위해 그에게 왔다. 그리고 그들은 땅에 엎드려 그에게 절했다. 그들은 학교에서 교육을 받는 학생들이었다. 반면 엘리사는 땅을 갈다가 부름을 받았다. 그러나 하나님이 그와 함께 하시는 것과 그가 하나님이 존귀케 하기를 기뻐하신 자임을 깨달았을 때, 그들은 기꺼이 그를 자신들의 머리와 아버지로서 받아들이며 순복했다 — 마치 모세가 죽었을 때 백성들이 여호수아에게 그렇게 했던 것처럼(수 1:17). 하나님이 영이 임하고 또 하나님이 함께 하시는 자들에 대하여, 설령 그들이 출신이 미천하고 교육받은 것이 변변치 못하다 하더라도, 우리는 마땅히 존경과 애정을 나타내야만 한다. 선지자의 제자들의 이와 같은 순복은 의심의 여지 없이 엘리사에게 큰 격려가 되며 또 자신의 소명을 분명히 인식하는데 큰 도움이 되었을 것이다.

II. 선지자의 제자들이 쓸데없이 엘리야를 찾음.

1. 그들은 엘리야가 어느 산이나 어느 골짜기에 떨어졌을지 모른다고 생각했다(살아 있는 상태로든 혹은 죽은 상태로든). 그리하여 그들은 엘리야를 찾기 위해 용감한 사람들을 보내고자 했다(16절). 어쩌면 그들 가운데 어떤 사람들은 엘리사를 지도자로 선택하는 것에 대해 이의를 제기했을는지도 모른다. "먼저 엘리야가 완전히 사라졌는지 여부를 분명하게 확인하자. 그는 택함 받은 그릇이거늘 어찌 아무짝에도 쓸모없는 그릇처럼 그렇게 내던져질 수 있단 말인가? 어떻게 우리가 그가 하늘로부터 이와 같이 소홀히 여김을 받을 것이라고 생각할 수 있는가?"

2. 엘리사는 그들의 제안에 동의하지 않았지만, 그러나 그들의 강청에 결국

허락하고 말았다(17절). 그들은 엘리사가 더 이상 부끄러워 반대할 수 없을 때까지 계속해서 강청했다. 계속해서 반대한다면 어쩌면 스승에 대한 존경심이 부족하다든지 혹은 겉옷을 되돌려주기가 싫어서 그런다는 등의 오해를 받을 수도 있었다. 지혜로운 자는 다른 사람들의 의견이 쓸모없고 무익한 것인 줄 분명히 알면서도 화평을 위해 자신의 생각을 양보할 줄도 안다.

3. 결국 그들은 부끄러움을 당했다. 보냄 받은 자들은 오랜 시간 엘리야를 찾았지만 결국 아무것도 찾을 수 없었다. 따라서 그들은 아무 열매 없이 돌아올 수밖에 없었으며, 엘리사는 그들의 어리석음을 책망했다: 내가 가지 말라고 너희에게 이르지 아니하였느냐(18절). 이 일로 인해 그들은 엘리사를 더욱 두려워하며 그의 판단에 더욱 순복하게 되었을 것이다. 산과 골짜기를 가로지른다 할지라도 우리는 결코 엘리야에게 이를 수 없을 것이다. 오직 그의 거룩한 믿음과 열정을 본받는 것만이 우리를 그에게로 이끌어줄 것이다.

[19]그 성읍 사람들이 엘리사에게 말하되 우리 주인께서 보시는 바와 같이 이 성읍의 위치는 좋으나 물이 나쁘므로 토산이 익지 못하고 떨어지나이다 [20]엘리사가 이르되 새 그릇에 소금을 담아 내게로 가져오라 하매 곧 가져온지라 [21]엘리사가 근원으로 나아가서 소금을 그 가운데에 던지며 이르되 여호와의 말씀이 내가 이 물을 고쳤으니 이로부터 다시는 죽음이나 열매 맺지 못함이 없을지니라 하셨느니라 하니 [22]그 물이 엘리사가 한 말과 같이 고쳐져서 오늘에 이르렀더라 [23]엘리사가 거기서 벧엘로 올라가더니 그가 길에서 올라갈 때에 작은 아이들이 성읍에서 나와 그를 조롱하여 이르되 대머리여 올라가라 대머리여 올라가라 하는지라 [24]엘리사가 뒤로 돌이켜 그들을 보고 여호와의 이름으로 저주하매 곧 수풀에서 암곰 둘이 나와서 아이들 중의 사십이 명을 찢었더라 [25]엘리사가 거기서부터 갈멜 산으로 가고 거기서 사마리아로 돌아왔더라

엘리사는 엘리야보다 더 많은 이적을 행했는데, 그런 관점에서 볼 때 그는 엘리야의 영의 갑절을 가진 셈이었다. 어떤 이들은 엘리사가 행한 이적이 엘리야가 행한 이적의 꼭 두 배가 된다고 계산한다. 우리는 여기에서 엘리사가 행한 두 가지 이적을 보게 되는데, 첫째는 여리고에서 은총을 배푼 것이고, 둘째는 벧엘에서 심판을 행한 것이다(시 101:1).

I. 여리고의 물이 고침을 받음. 여리고는 하나님의 경고를 무시한 채 그것을 다시 세우지 말라는 명령을 불순종하면서 그리고 그것을 건축한 자의 자녀들이 죽는 값을 치르면서 세워진 성읍이었다. 그러나 일단 세워지고 난 후에는 그 성읍을 다시 허물어 버리라는 명령이 내려지지도 않았으며 또 하나님의 선지자나 백성들로 하여금 그 곳에 거주하는 것을 금하지도 않았다. 비록 불법과 불순종에 의해 세워지기는 했지만, 그러나 그 성벽 안에 경건의 온상(즉 선지자 학교)이 있었다. 어리석은 자들이 지혜로운 자들을 위해 거주할 집을 짓는다. 우리는 여기에서 죄인의 재물로 의인의 거처가 마련되는 것을 보게 된다. 또한 그리스도께서도 여리고에 내려간 적이 있었다(눅 19:1). 지금 엘리사는 요단을 건너 다시 이 곳으로 돌아왔는데, 그것은 엘리야의 승천에 관해 좀 더 자세히 설명해 줌으로써 선지자의 제자들의 마음을 좀 더 확고히 해 주기 위함이었다. 오십 명이 엘리야를 찾고 있는 동안 그는 이 곳에 머물러 있었다.

1. 그 때 여리고 사람들이 엘리사에게 와서 자신들의 문제점을 이야기했다(19절). 하나님의 충성된 선지자들은 백성들을 위해 일하는 것을 좋아하는 법이다. 그들의 빛이 잠시 우리와 함께 있는 동안 그들을 활용하는 것은 참으로 지혜로운 일이다. 그들은 이 문제와 관련하여 엘리야에게는 말하지 않았는데, 아마도 그것은 그가 엘리사보다 가까이 다가가기에 더 어려웠기 때문이었을 것이다. 그러나 우리는 이제 그들이 그들 성읍에 있는 선지자 학교의 영향으로 예전과 비교하여 상당히 새로워졌을 것이라고 추측할 수 있다. 여리고는 위치도 좋고 전망(展望)도 좋은 곳이었다. 그러나 거기에는 마실 수 있는 온전한 물과 소산을 맺는 비옥한 흙이 부족했다. 이런 상황에서 그들에게 무슨 만족이 있겠는가? 물은 얼마나 귀중한 것인가? 물이 부족하다든지 혹은 불완전함으로써 야기되는 재앙은 얼마나 끔찍한 것인가? 어떤 이들은 여리고 인근의 모든 땅이 불모의 땅이며 모든 물이 나빴던 것은 아니었을 것이라고 생각한다. 단지 일부 지역만이 그랬을 뿐이며, 바로 그 곳에 선지자의 제자들이 거주하고 있었을 것이라고 생각한다(그리고 그들이 여기에서 '그 성읍 사람들'로 일컬어졌을 것이다).

2. 엘리사는 즉시로 그들의 문제점을 해결해 주었다. 선지자들은 자신들의 발이 닿는 모든 곳을 어떤 방식으로든 더 나은 장소로 만들고자 노력해야 한다. 그들은 하나님의 말씀을 적절하게 적용하여 쓴 영혼을 달게 만들고 메마른

영혼을 풍성하게 만들도록 노력해야 한다. 엘리사는 그들의 물을 고칠 것이었다. 그러나

(1) 그들이 새 그릇에 소금을 담아 그에게 가져와야 했다(20절). 만일 소금이 물을 순화시키기 위한 것이라면, 그토록 적은 양으로 어떻게 물 전체를 순화시키겠으며 또 굳이 새 그릇에 담아야만 하는 이유가 무엇이겠는가? 그러나 도움을 받을 자들은 이와 같이 협력해야 하며, 그렇게 함으로써 그들의 믿음과 순종이 시험을 받아야만 한다. 하나님의 은혜의 역사는 우리의 어떤 행동에 의해서가 아니라 하나님의 규례를 준수함으로써 (혹은 어떤 말씀이나 명령을 그대로 순종함으로써) 작동된다.

(2) 그는 그 소금을 물 근원에 던졌으며, 그렇게 하여 물이 솟는 땅과 물줄기가 고쳐졌다. 이와 같이 사람의 삶을 개혁하는(고치는) 방법은 그들의 마음을 새롭게 하는 것이다. 우리는 우리의 마음을 은혜의 소금으로 맛을 내야 한다. 왜냐하면 생명의 근원이 그것으로부터 나기 때문이다(잠 4:23, 모든 지킬 만한 것 중에 더욱 네 마음을 지키라 생명의 근원이 이에서 남이니라). 나무를 좋게 하라, 그러면 열매도 좋아질 것이다. 마음을 깨끗하게 하라, 그러면 손도 깨끗하여질 것이다.

(3) 그는 마치 자신의 능력으로 이 일을 행한 것처럼 꾸미지 않았다. 다만 하나님의 이름으로 이 일을 행했다: 여호와께서 이같이 말씀하시되 내가 이 물을 고쳤노라(개역개정판에는 '여호와의 말씀이 내가 이 물을 고쳤으니' 라고 되어 있음). 그는 하나님이 그와 같은 치유를 행하시는데 있어 사용하기를 기뻐하신 도구나 혹은 통로에 불과했다. '여호와께서 이같이 말씀하시되' 라는 말과 함께 은총이 베풀어짐으로써, 이제부터 그들은 똑같은 서언(序言)으로 시작되는 그의 책망과 훈계와 명령을 더 잘 받아들이게 될 것이었다. 만일 그가 하나님의 이름으로 그들을 도울 수 있었다면, 또한 하나님의 이름으로 그들을 가르치고 다스릴 수 있을 것이었다. 그의 입으로부터 나오는 '여호와께서 이같이 말씀하시되' 라는 말은 이제부터 그들에게 강력한 힘을 갖게 될 것이었다.

(4) 치유의 효과는 일시적이 아니라 영속적이었다. 그 물이 고쳐저서 오늘에 이르렀더라(22절). 하나님이 하시는 일은 영원할 것이다(전 3:14, 하나님께서 행하시는 모든 것은 영원히 있을 것이라). 하나님이 성령으로 영혼을 고치실 때, 더 이상 죽음도 열매 맺지 못하는 것도 없을 것이다. 그것의 고유한 성질이 바뀐다.

쓸모없고 추악한 것이 유용하며 정결한 것이 된다.

Ⅱ. 벧엘의 아이들이 저주를 받음. 저주로 인해 아이들이 멸망을 당했는데, 그것은 그 저주가 까닭 없는 저주가 아니었기 때문이었다. 벧엘에 또 다른 선지자 학교가 있었으며, 그는 그 곳으로 갔다. 그의 첫 방문에 그 곳의 학생들은 틀림없이 가능한 모든 경의를 표하며 그를 영접했을 것이다. 그러나 성읍 사람들은 그를 모욕했다. 여로보암의 금송아지 가운데 하나가 벧엘에 있었다. 그들은 이것을 자랑하며 좋아하면서, 그것을 비난하는 자들을 증오했다. 율법은 그들에게 이러한 선지자 학교를 핍박하는 권세를 부여하지 않았다. 그러나 거리에서 선지자들을 만날 때마다 성읍 사람들은 늘상 그들에게 별명이나 조롱하는 말을 던지며 모욕하곤 했을 것이라고 우리는 추측할 수 있다. 그렇게 함으로써 그들을 모욕하고, 아이들로 하여금 그들에게 반감을 갖게 하며, 가능하면 그들을 성읍으로부터 쫓아내고자 하였다. 만일 엘리사에게 가해진 모욕이 처음 있는 일이었다면, 아마도 그토록 가혹한 징벌이 가해지지는 않았을 것이다. 그러나 여호와의 사신(使臣)을 조롱하며 선지자를 모욕하는 것은 하나님의 진노를 불러일으키는 죄였다. 역대하 36장 16절을 보라(그의 백성이 하나님의 사신들을 비웃고 그의 말씀을 멸시하며 그의 선지자를 욕하여 여호와의 진노를 그의 백성에게 미치게 하여 회복할 수 없게 하였으므로).

1. 우리는 여기에서 그러한 죄 가운데 한 가지 죄의 실례를 보게 된다. 벧엘의 작은 아이들, 즉 거리에서 놀고 있던 아이들이 성읍에서 나와 그에게 왔다. 그러나 그를 환영하기 위해서가 아니라 조롱하기 위해서였다. 그들은 마치 엘리사가 바보라도 되는 듯이 그 주위에 모여 조롱했다. 그들은 종종 다른 선지자들에게도 이와 같이 조롱하곤 했는데, 지금은 그 대상이 바로 엘리사였다: 대머리여 올라가라 대머리여 올라가라. 사람의 타고난 결함이나 불구를 가지고 조롱하며 놀려대는 것은 참으로 악한 일이다. 그것은 그로 인해 고통 받는 사람들을 더욱 고통스럽게 하는 일이기 때문이다. 하나님께서 그들을 그와 같이 만드셨다면, 그들을 조롱하는 것은 곧 하나님을 조롱하는 것이다. 그러나 대머리는 결코 결함이나 불구가 아니었으며, 그들에게 다른 뜻이 없었다면 결코 조롱거리가 되지 않을 것이었다. 실상 그들이 모욕하고자 했던 것은 선지자라는 그의 신분이었다. 하나님이 그에게 씌워주신 존귀는 그의 벗겨진 머리를 가려주고 그들의 조롱을 막아주기에 충분했을 것이다. 아이들은 그에게 '올라가라' 고

말했는데, 아마도 그것은 엘리야의 승천을 염두에 두고 한 말이었을 것이다. 그들이 말한 것은 다음과 같은 의미였을 것이다. "네 스승은 올라갔거늘, 어째서 너는 스승을 따라 올라가지 않느냐? 불수레는 어디 있느냐? 네가 언제 우리 곁을 떠나겠느냐?" 이 아이들은 자기 부모들로부터 듣고 배운 대로 말했을 것이다. 그들은 우상 숭배하는 부모로부터 선지자를 추악한 이름으로 부르며 그들에 대해 나쁜 말을 지껄이는 것을 듣고 배웠을 것이다. 이를테면 어린 닭들이 어미 닭들이 하는 대로 지껄인 것이다. 어쩌면 지금의 경우 그들의 부모들이 선지자를 자신들의 성읍으로부터 쫓아내기 위해 아이들을 내보낸 것인지도 모른다.

2. 우리는 여기에서 마침내 이스라엘에게 임할 멸망의 표본을 보게 된다. 왜냐하면 그들이 하나님의 선지자들을 능욕했기 때문이었는데, 이 일은 그들에게 분명한 경고로 의도된 것이었다. 엘리사는 얼마 동안 그들의 조롱을 참고 들었다. 그러나 마침내 하나님을 위한 거룩한 열심의 불이 아이들의 계속적인 격발에 의해 그의 가슴에 불붙었다. 엘리사는 뒤로 돌이켜 그들을 바라보았다. 혹시 엄숙하고 진지한 표정으로 인해 아이들이 당황하여 물러가지 않을까 생각하면서, 그들의 얼굴에 어떤 순진함의 표징이 있는지 살피기 위함이었다. 그러나 아이들은 부끄러워하지도 않았으며 얼굴을 붉히지도 않았다. 그리하여 그는 여호와의 이름으로 아이들을 저주했다. 엘리사는 그들에게 심판이 따르기를 기원했다. 그러나 그것은 자신에게 가해진 모욕에 대한 개인적인 복수로서 그렇게 한 것이 아니었다. 그것은 하나님께 가해진 모욕에 대해 징벌하기 위해 신적 공의의 입으로써 그렇게 한 것이었다. 그의 저주는 즉각 실현되었다. 인근에 있는 수풀에서 암곰 두 마리가 나와 42명의 아이들을 그 자리에서 죽였다 (24절). 여기에서,

(1) 엘리사는 정당화되어야만 한다. 왜냐하면 그렇게 한 것은 신적 충동에 의한 것이었기 때문이다. 만일 그 저주가 어떤 나쁜 마음으로부터 나온 것이었다면, 하나님은 그에 대해 '아멘' 하지 않으셨을 것이다. 암곰 두 마리는 그들을 고치기 위한 두 개의 회초리와 같은 것이었다. 엘리사는 성령에 의해 이 아이들의 악한 성품을 알아보았다. 그는 이들이 악한 독사의 세대라는 사실과 또 장차 하나님의 선지자들에 대해 더욱 악독한 원수가 될 것이란 사실을 알아보았다. 아직 어린 나이임에도 불구하고 이렇게 선지자를 모욕한다면, 장차 얼마

나 더 하나님과 선지자들을 대적하는 자들이 될 것인가? 그리고 이렇게 함으로써 그는 부모들을 징벌하고 그들로 하여금 하나님의 심판을 두려워하도록 만들고자 하였다.

(2) 하나님은 의로운 하나님으로서 영광을 받으셔야만 한다. 비록 어린아이들이라 할지라도 하나님은 죄를 미워하시고 죄에 대해 반드시 회계(會計)하실 것이다. 악하고 파렴치한 무리로 하여금 하나님을 두려워하며 떨게 하라. 또한 어린아이들로 하여금 악한 말을 쓰는 것을 두려워하게 하라. 왜냐하면 그들의 말을 하나님이 들으시기 때문이다. 또 그들로 하여금 정신과 육체에 결함이 있는 자들을 조롱하지 못하게 하고 도리어 불쌍히 여기게 하라. 특별히 그들로 하여금 만일 하나님의 백성들이나 사역자들을 조롱하며 그들의 선행을 비웃으면 바로 그들 자신이 위험에 빠진다는 사실을 알게 하라. 자녀로부터 위안을 얻고자 하는 부모들은 자녀들을 잘 양육해야 하며, 그들 안에 있는 어리석음을 쫓아내는데 때를 놓치지 말고 최선을 다해야 한다. 왜냐하면 홀 주교가 지적하는 것처럼 "훈계하기를 게을리한 자녀로부터 선한 것을 기대하는 것과, 좀 더 주의를 기울였다면 능히 막을 수 있었을 일로 슬퍼하는 것은 너무도 헛된 일"이기 때문이다. 엘리사는 벧엘에 왔으며, 아이를 잃은 부모들의 보복을 두려워하지 않았다. 그것은 하나님이 자신을 지지하고 계신 것을 그가 분명히 알고 있었기 때문이었다. 그리고 거기를 떠나 그는 갈멜 산으로 갔는데(25절), 아마도 그 곳에는 은거와 묵상에 적합한 처소가 있었을 것이다. 그리고 거기에서 그는 다시 사마리아로 돌아왔는데, 사마리아는 이스라엘의 왕도(王都)로서 그가 가장 활발하게 활동할 수 있는 장소였다. 홀 주교는 여기에서 다음과 같이 말한다. "항상 혼자 있거나 혹은 한 번도 혼자 있어보지 못한 사람은 결코 유능한 선견자가 될 수 없다."

제
— 3 —
장

개요

우리는 여기에서 이스라엘이 모압과 더불어 전쟁을 벌이는 이야기를 보게 된다. 본 장의 내용은 다음과 같다. I. 이스라엘 왕 여호람의 대체적인 성격(1-3절). II. 여호람이 동맹국들과 연합하여 모압과 전쟁을 벌임(4-8절). III. 연합군이 곤경에 빠지자 엘리사에게 자문을 구함, 이에 엘리사가 그들에게 평안의 응답을 줌(9-19절). IV. 이 전쟁의 영광스러운 결과(20-25절), 그리고 연합군으로 하여금 퇴각하게 만들기 위해 모압 왕이 취한 야만적인 방법(26, 27절). 아합의 집은 멸망의 운명 가운데 있었다. 그의 집과 관련하여 본 장에서는 앞에서보다는 좀 나은 모습이지만, 그러나 멸망의 날은 그리 멀리 있지 않았다.

¹유다의 여호사밧 왕 열여덟째 해에 아합의 아들 여호람이 사마리아에서 이스라엘을 열두 해 동안 다스리니라 ²그가 여호와 보시기에 악을 행하였으나 그의 부모와 같이 하지는 아니하였으니 이는 그가 그의 아버지가 만든 바알의 주상을 없이하였음이라 ³그러나 그가 느밧의 아들 여로보암이 이스라엘에게 범하게 한 그 죄를 따라 행하고 떠나지 아니하였더라 ⁴모압 왕 메사는 양을 치는 자라 새끼 양 십만 마리의 털과 숫양 십만 마리의 털을 이스라엘 왕에게 바치더니 ⁵아합이 죽은 후에 모압 왕이 이스라엘 왕을 배반한지라

아하시야에 이어 이스라엘의 왕이 된 사람은 그의 동생인 여호람이었다. 여호람 역시도 비록 악한 자이기는 했지만, 그러나 우리는 여기에서 그와 관련하여 칭찬할 만한 일 두 가지가 기록된 것을 보게 된다.

I. 그가 자기 아버지 아합의 우상들을 제거했다는 사실. 그는 악한 일을 많이 행했지만, 그러나 아버지 아합이나 어머니 이세벨 같지는 않았다(2절). 그는 악했지만, 그러나 솔로몬이 말한 것처럼 지나치리만큼 악하지는 않았다(전 7:17, 지나치게 악인이 되지도 말며 지나치게 우매한 자도 되지 말라). 여호사밧은

아합의 집과 동맹을 맺음으로써 그의 집에 어느 정도 좋은 영향을 끼친 것으로 보인다. 여호람은 자신의 아버지와 형이 바알을 섬김으로 멸망을 당한 것을 보았고, 지혜롭게도 그것을 통해 교훈을 얻었다. 그리하여 그는 오직 이스라엘의 하나님께만 경배하고 오직 그의 선지자들과만 의논하기로 결심하면서 바알의 주상들을 제거했다. 여기까지는 좋았다. 그러나 그는 아합의 집의 멸망을 막지는 못했다. 아니, 그나마 그의 가문 가운데 그가 가장 나은 자 중에 한 사람이었음에도 불구하고 멸망은 그의 시대에 임했으며 바로 그 위에 떨어졌다(9:24). 왜냐하면 그의 때에 죄의 분량이 다 찼기 때문이었다. 여호람의 개혁은 결국 있으나마나한 것이 되고 말았다. 왜냐하면,

1. 그는 단지 그의 아버지가 만든 바알의 주상만을 제거했을 뿐이기 때문이다. 아마도 그것은 여호사밧을 예우하여 한 일이었을 것이다 — 왜냐하면 그렇게 하지 않으면 그가 자신과 동맹을 맺지 않을 것이라고 생각하여. 여호람이 그렇게 생각한 것은 아마도 여호사밧이 그의 형 아하시야의 제의를 거절한 적이 있었기 때문이었을 것이다(왕상 22:49). 반면 여호람은 백성들 가운데 만연했던 바알 숭배는 없애지 않았다(왕하 10:19을 보라). 그가 자기 집을 개혁한 것은 좋은 일이었지만, 그러나 그것으로 충분한 것은 아니었다. 그는 자신의 나라를 개혁하기 위해 마땅히 자신에게 주어진 권세를 사용했어야 했다.

2. 그는 바알의 주상을 제거했음에도 불구하고 여로보암의 정책적인 죄인 금송아지 숭배를 계속해서 고수했기 때문이다(3절). 그는 그러한 죄로부터 떠나지 않았다. 왜냐하면 그것은 이스라엘 백성들로 하여금 유다 왕에게로 돌아가는 것을 막는 국가적 장치였기 때문이다. 그들은 진심으로 회개하며 개혁하지 않았다. 다만 자신들에게 손해가 되는 죄만을 버리고 자신들에게 이득이 되는 죄는 계속해서 고수했다.

3. 그는 바알의 주상을 단지 제거하기만 했을 뿐 부숴버리지는 않았기 때문이다. 그는 나중에 다시 사용하게 될 수도 있다는 사실을 알지 못한 채 그것을 잠시 동안 옆으로 치워 두었다. 그리고 이세벨은 계속해서 은밀하게 자신의 바알을 섬겼다.

Ⅱ. **그가 자기 형이 잃은 것을 되찾기 위해 할 수 있는 모든 일을 다 했다는 사실.** 여호람은 이스라엘의 종교에 있어 그의 아버지 아합보다 훨씬 나았던 것처럼 또한 왕의 기백에 있어 자기 형 아하시야보다 훨씬 나았다. 모압은 아

합이 죽자 즉시 이스라엘을 배반했다(1:1). 그런데 아하시야는 그들을 응징하기 위한 어떤 시도도 하지 않았다. 그들과 더불어 전쟁을 벌이는 위험과 수고를 감내하는 대신 그들로 하여금 자신들의 길을 가도록 순순히 내버려 두고 말았다. 국가적 이익에 대한 그의 무기력함과 무관심은 모압 왕이 바친 공물이 이스라엘 왕실 수입의 상당 부분을 차지하고 있었던 사실을 감안할 때 참으로 어리석은 것이 아닐 수 없었다: 새끼 양 십만 마리와 숫양 십만 마리(KJV 4절, 개역개정판에는 '새끼 양 십만 마리의 털과 숫양 십만 마리의 털'로 되어 있음). 당시 왕의 부(富)는 돈보다도 가축에 있었다. 따라서 왕들은 자신의 양 떼의 형편을 살피며 소 떼에게 마음을 두는 것을 결코 부끄러운 일로 생각하지 않았다(잠 27:23). 왜냐하면 그들의 면류관 즉 왕권이 대대로 계속되지 않을 것이었기 때문이다(잠 27:24). 당시에 세금은 돈으로 드려지기보다는 각 지역의 특산물로 드려졌다(그렇게 하는 것이 백성들에게 용이한 일이었기 때문이었다). 모압의 배반은 이스라엘에게 큰 손실이었다. 그럼에도 불구하고 아하시야는 나태와 안이 가운데 가만히 앉아 있기만 하였다. 그는 자기 집의 다락(upper chamber, 윗방) 속에서 편안하게 있고자 하였으나, 그러나 바로 그 다락이 그에게 치명상을 입히는 것이 되고 말았다(1:2). 그리고 그 다락의 난간이 부서짐으로써 그의 보좌에 좀 더 능동적인 자(즉 그의 동생 여호람)가 앉게 되었는데, 그는 자기 형처럼 순순히 모압에 대한 통치권을 잃으려고 하지 않았다.

⁶그 때에 여호람 왕이 사마리아에서 나가 온 이스라엘을 둘러보고 ⁷또 가서 유다의 왕 여호사밧에게 사신을 보내 이르되 모압 왕이 나를 배반하였으니 당신은 나와 함께 가서 모압을 치시겠느냐 하니 그가 이르되 내가 올라가리이다 나는 당신과 같고 내 백성은 당신의 백성과 같고 내 말들도 당신의 말들과 같으니이다 하는지라 ⁸여호람이 이르되 우리가 어느 길로 올라가리이까 하니 그가 대답하되 에돔 광야 길로니이다 하니라 ⁹이스라엘 왕과 유다 왕과 에돔 왕이 가더니 길을 둘러 간 지 칠 일에 군사와 따라가는 가축을 먹일 물이 없는지라 ¹⁰이스라엘 왕이 이르되 슬프다 여호와께서 이 세 왕을 불러 모아 모압의 손에 넘기려 하시는도다 하니 ¹¹여호사밧이 이르되 우리가 여호와께 물을 만한 여호와의 선지자가 여기 없느냐 하는지라 이스라엘 왕의 신하들 중의 한 사람이 대답하여 이르되 전에 엘리야의 손에 물을 붓던 사밧의 아들 엘리사가 여기 있나이다 하니 ¹²여호사밧이 이르되 여호와의 말

씀이 그에게 있도다 하는지라 이에 이스라엘 왕과 여호사밧과 에돔 왕이 그에게로 내려가니라 [13]엘리사가 이스라엘 왕에게 이르되 내가 당신과 무슨 상관이 있나이까 당신의 부친의 선지자들과 당신의 모친의 선지자들에게로 가소서 하니 이스라엘 왕이 그에게 이르되 그렇지 아니하니이다 여호와께서 이 세 왕을 불러 모아 모압의 손에 넘기려 하시나이다 하니라 [14]엘리사가 이르되 내가 섬기는 만군의 여호와께서 살아 계심을 두고 맹세하노니 내가 만일 유다의 왕 여호사밧의 얼굴을 봄이 아니면 그 앞에서 당신을 향하지도 아니하고 보지도 아니하였으리이다 [15]이제 내게로 거문고 탈 자를 불러오소서 하니라 거문고 타는 자가 거문고를 탈 때에 여호와의 손이 엘리사 위에 있더니 [16]그가 이르되 여호와의 말씀이 이 골짜기에 개천을 많이 파라 하셨나이다 [17]여호와께서 이르시기를 너희가 바람도 보지 못하고 비도 보지 못하되 이 골짜기에 물이 가득하여 너희와 너희 가축과 짐승이 마시리라 하셨나이다 [18]이것은 여호와께서 보시기에 작은 일이라 여호와께서 모압 사람도 당신의 손에 넘기시리니 [19]당신들이 모든 견고한 성읍과 모든 아름다운 성읍을 치고 모든 좋은 나무를 베고 모든 샘을 메우고 돌로 모든 좋은 밭을 헐리이다 하더니

여호람은 왕이 되자마자 즉시로 모압을 징벌하기 위해 칼을 잡는다. 왕의 머리에는 항상 고심과 위험이 떠나지 않는 법이다. 그는 보좌에 앉자마자 전쟁을 시작하게 되는데, 우리는 여기에서 다음과 같은 내용을 보게 된다.

I. 이스라엘 왕 여호람과 유다 왕 여호사밧이 전쟁에 대해 협의함. 여호람은 군대를 소집하고는(6절), 유다의 경건한 왕 여호사밧의 의견을 물었다.

1. 여호람은 여호사밧에게 자신과 함께 전쟁에 동참하지 않겠느냐고 묻는다: 당신은 나와 함께 가서 모압을 치시겠느냐? 그리고 여호람은 그의 동의를 얻는다: 그가 이르되 내가 올라가리이다 나는 당신과 같나이다(7절). 유다와 이스라엘은 불행하게도 서로 나누어지기는 했지만 그러나 공동의 적인 모압에 대항하여 연합할 수 있었다. 여호사밧은 그들이 다윗의 집을 배반하고 나간 것에 대해 비난하지 않았으며, 동맹의 조건으로서 다시 돌아올 것을 요구하지도 않았다. 그렇게 요구할 만한 충분한 이유가 있었음에도 불구하고 그렇게 하지 않고 도리어 이스라엘을 형제 나라로 대우했다. 과거의 상처를 잊어버릴 줄 모르고 용서할 줄도 모르며 예전에 피해를 준 자들과 결코 연합하려고 하지 않는 자들은 참으로 어리석은 자들이다.

2. 여호람은 여호사밧의 조언을 구한다(8절). 그는 자신들이 어느 길로 진격할 것인가에 대해 자신보다 지혜와 경험이 많은 여호사밧에게 물었다. 그리하여 여호사밧은 모압 지역으로 진격함에 있어 요단을 건너는 가장 가까운 길로 가지 말고 에돔 광야를 통과하여 올라가자고 조언했다. 당시 에돔은 유다에게 조공을 바치는 나라로서 그렇게 하면 이 전쟁에 에돔의 왕과 병사들을 동참시킬 수 있었다. 둘이 하나보다 낫다면, 셋은 얼마나 더 낫겠는가? 삼겹줄은 쉽게 끊어지지 않는 법이다. 전에 여호사밧은 아합과 연합함으로써 너무도 비싼 값을 치를 뻔한 적이 있었다. 그런데 그는 지금 그의 아들과 연합하고 있으며, 이번 원정 역시 그에게 치명적인 결과를 가져올 뻔했다. 믿지 않는 자와 멍에를 같이 함으로써 얻는 것은 아무것도 없는 법이다.

Ⅱ. 이 원정(遠征)에서 연합군이 큰 곤경에 처함. 그들은 적과 마주치기도 전에 물 부족으로 완전히 멸망을 당할 위험에 처했다(9절). 그들은 광야를 행군하기에 앞서 이 점을 충분히 고려했어야만 했다. 왜냐하면 이 곳은 그들의 조상들이 물이 없음으로 곤경을 겪었던 바로 그 광야(혹은 그 곳에서 아주 가까운 곳)였기 때문이다(민 20:2). 하나님은 자기 백성들이 스스로의 준비 부족으로 곤경에 빠지는 것을 그대로 내버려 두셨다. 그리고 하나님은 그러한 그들을 구원하심으로써 자신의 능력과 선하심이 드러나도록 하셨다. 물보다 더 싸고 흔한 것이 어디에 있는가? 각종 들짐승이 마시는 것이 바로 물이다(시 104:11). 그러나 그러한 물이 부족할 때 강력한 왕과 군대조차도 멸망을 피할 수 없게 될 것이다. 이러한 곤경에 대해 그리고 그로 인해 모압의 손에 자신들이 떨어지게 될 것에 대해 이스라엘 왕이 슬퍼하면서 탄식했다(10절). 왜냐하면 극심한 갈증으로 인해 그들은 모압의 손쉬운 먹잇감이 될 것이었기 때문이었다. 왕들을 불러 모아 원정을 시작한 것은 이스라엘의 왕인 여호람 자신이었다. 그럼에도 불구하고 그는 그 책임을 하나님의 섭리에 전가하면서 이것이 너무나 가혹한 처사라고 불평한다: 여호와께서 이 세 왕을 불러 모아 모압의 손에 넘기려 하시는도다. 사람이 미련하므로 자기 길을 굽게 하고 마음으로 여호와를 원망하느니라(잠 19:3).

Ⅲ. 이와 같은 위급한 상황에서 여호사밧이 하나님의 선지자를 찾음(11절). 그들이 지금 있는 장소는 부모들로부터 항상 들어왔던 이야기 즉 이스라엘을 위해 반석으로부터 물이 나온 기사(奇事)를 생각나게 하는 곳이었다. 아마도 여

호사밧은 그 사건을 기억하고 "우리가 여호와께 물을 만한 여호와의 선지자가 여기 없느냐?"라고 말했을 것이다. 그가 이 일에 특별히 나서지 않을 수 없었던 것은 광야를 통과하는 우회로로 가자고 제안한 것이 바로 자신이었기 때문이었다(8절). 여호사밧이 지금 여호와께 묻고자 한 것은 참으로 좋은 일이었다. 그러나 만일 그가 이 전쟁에 참여하기 전에 혹은 어떤 경로로 진격할 것인지 결정하기 전에 그렇게 했더라면 훨씬 더 좋았을 것이다. 그렇게 했더라면 이와 같은 곤경은 미리 피할 수 있었을 것이다. 선한 자들도 자신들이 마땅히 해야 할 바를 잊어버린다든지 혹은 소홀히 여기다가 극심한 곤궁과 곤경에 빠지는 경우가 종종 있다.

Ⅳ. 이에 신하 가운데 한 사람이 엘리사가 여기 있다고 말함(11절). 여기에서 다음과 같은 사실들이 우리를 놀라게 한다.

1. 엘리사가 원정대(遠征隊) 안에 있었다는 사실. 그가 지원병으로서 사람들의 주목의 대상이 되지도 않고 별다른 직책도 없이 원정대에 동참한 사실은 우리를 놀라게 하기에 충분하다. 그는 종군 제사장(priest of war, 신 20:2)이나 혹은 군사회의(council of war)의 수장(首長)의 자격으로 참여하지 않았다. 그는 왕들 가운데 어느 누구도 원정대 안에 그와 같은 보화가 있다는 사실을 알지 못했을 정도로 드러나지 않게 있었다. 엘리사가 이스라엘의 병거와 마병으로서 이 전쟁에 동참하게 된 것은 하늘로부터의 특별한 지시에 의한 것이었을 것이라고 우리는 추측할 수 있다. 이와 같이 하나님은 자기 백성들의 곤경을 미리 예상하시고 그에 대한 적절한 해결책을 미리 준비하신다. 우리 자신의 몸과 영혼에 대하여 우리 자신이 보살피는 것보다 하나님이 더 많이 보살피실 때 비로소 모든 일이 형통케 될 것이다.

2. 이스라엘의 왕조차도 알지 못하고 있었을 때에 왕의 신하 가운데 한 사람이 그가 그 곳에 있었음을 알고 있었다는 사실. 아마도 그는 아합 시대의 오바댜처럼 여호와를 경외하는 자였을 것이다. 엘리사는 왕이 아니라 그러한 자에게 자신을 알게 했다. 그의 설명에 따르면 엘리사는 엘리야의 손에 물을 붓던 자 즉 엘리야가 손을 씻을 때 옆에 서서 수종들던 종이었다. 크고자 하는 자는 먼저 섬기는 법을 배워야 하며, 높이 올라가고자 하는 자는 낮은 자리에서 출발해야 한다.

Ⅴ. 왕들이 엘리사를 찾아감. 그들은 엘리사의 장막으로 내려갔다(12절).

여호사밧은 여호와의 말씀을 가지고 있는 선지자에 대해 큰 존경심을 품고 있었다. 따라서 그는 선지자를 불러 자신에게 오게 하지 않고 자기가 친히 선지자에게로 갔다. 다른 두 왕도 자신들이 지금 처한 곤경으로 인해 그에게 묻고자 함께 내려갔다. 이와 같이 자기를 낮추는 자는 높아질 것이다. 세 왕이 찾아와 문을 두드리며 도움을 청할 때 그는 모든 사람들의 눈에 얼마나 큰 자로 보였겠는가? 요한계시록 3장 9절을 보라.

VI. 엘리사가 왕들을 대한 태도

1. 엘리사는 이스라엘의 악한 왕 여호람에 대해서는 매우 냉담한 태도를 보였다(13절). "내가 당신과 무슨 상관이 있나이까? 어떻게 당신이 나로부터 평안의 답변을 기대할 수 있겠나이까? 평안할 때 당신이 묵인했던 당신의 부친의 선지자들과 당신의 모친의 선지자들에게로 가서 도움을 청하소서." 여호사밧과는 달리, 엘리사는 여호람의 부분적이고 위선적인 개혁에 속지 않았다. 비록 바알의 주상을 제거하기는 했다 할지라도, 엘리사는 그가 아직도 바알의 제사장들을 거느리고 있다는 사실을 잘 알고 있었다. 그리고 어쩌면 그들 가운데 몇 사람이 지금 이 원정대 안에 있을는지도 몰랐다. 엘리사는 말한다. "가서 당신이 택한 신들에게 부르짖어 당신의 환난 때에 그들이 당신을 구원하게 하소서(삿 10:14). 세상과 육체가 당신을 다스렸으니 그것들로 당신을 돕게 하소서. 어찌하여 당신이 하나님께 묻나이까?"(겔 14:3). 여호람의 악에 대한 거룩한 분노 가운데 엘리사는 그의 면전에서 자신은 그를 향하거나 볼 마음이 전혀 없노라고 단호하게 말한다. 여호람은 왕으로서 존경을 받아야 하지만, 그러나 악인으로서 마땅히 정죄를 받아야 했다(시 15:4). 엘리사는 한 사람의 백성으로서는 그에게 경의를 표할 것이지만, 그러나 한 사람의 선지자로서는 그로 하여금 자신의 죄를 알게 할 것이었다. 특별한 사명을 가진 사람들에게 있어 왕에게 "당신은 악하도다"(욥 34:18)라고 말하는 것은 참으로 정당한 일이기 때문이다. 여호람은 스스로를 자제하며 이러한 냉담한 태도를 참을성 있게 받아들였다. 그는 지금 바알의 선지자들로부터 듣는 것에는 전혀 관심을 기울이지 않고 오로지 이스라엘의 하나님과 그의 선지자에게만 듣고자 하였다. 그는 지금의 상황을 매우 난감한 상황으로 받아들이면서 어떻게 해야 할지에 대해 여호와의 선지자에게 겸손하게 물었다. 사실상 그는 스스로 아무것도 할 수 없음을 인정했다. 그러나 자신으로 인해 다른 두 왕까지도 멸망을 당할 수는 없었다.

2. 엘리사는 유다의 경건한 왕 여호사밧에게는 큰 경의를 표했다. 그는 여호사밧의 얼굴을 봐서 혹은 여호사밧 때문에 그들 모두를 위해 여호와께 물을 것이었다. 하나님의 은총과 선지자의 호의를 받고 있는 사람과 함께 있는 것은 참으로 좋은 일이다. 악인들도 때로 경건한 자들과 친밀한 관계를 맺고 있음으로 인해 더 나은 대접을 받곤 한다.

3. 엘리사는 마음을 가라앉히고 하나님으로부터 지시를 받는다. 여호람을 보았을 때 그의 마음은 다소 예민해지고 혼돈되었다. 비록 지나친 분노에 사로잡히거나 혹은 분별없이 말하지는 않았다 할지라도, 지금 그의 심령은 기도하거나 혹은 성령의 역사를 기대할 만한 상태가 아니었다. 왜냐하면 그것을 위해서는 매우 고요하고 차분한 마음이 필요하기 때문이다. 그리하여 엘리사는 거문고를 타며 시편을 노래하는 일에 익숙한 경건한 악사를 불렀다(15절). 하나님을 찬미하는 노래를 들을 때 우리의 영혼은 새로워지며 마음은 차분해지게 된다. 이와 같이 하여 엘리사는 하나님과 교통하기에 적합한 상태가 되었다. 우리는 사무엘상에서 여러 악기와 함께 예언하는 선지자의 무리를 보게 된다 (삼상 10:5). 하나님과 교제하기를 원하는 자들은 자신의 심령을 평온하고 고요하게 유지해야만 한다. 엘리사는 거룩한 음악에 의해 혼돈되어 있었던 심령이 새로워지고 차분해졌다. 그와 함께 여호와의 손이 그 위에 임했는데, 하나님의 오심은 세 왕이 온 것보다 훨씬 더 영광스러운 것이었다.

4. 하나님은 엘리사를 통해 그들로 하여금 곤경을 벗어날 수 있는 방법을 가르쳐 주신다.

(1) 그들은 곧 많은 물을 얻게 될 것이었다(16, 17절). 하나님은 그들의 믿음과 순종을 시험하기 위해 물을 충분히 담을 수 있도록 개천을 많이 팔 것을 명령하셨다. 하나님의 축복을 기대하는 자들은 그것을 담을 그릇을 준비해야만 한다. 그리하여 그들은 **바가의 골짜기**(the valley of Baca, 혹은 눈물 골짜기, 시 84:6)를 지날 때 그랬던 것처럼 빗물을 채울 수 있는 못을 파야만 했다. 엘리사는 비록 **바람도 보지 못하고 비도 보지 못할지라도** 그들이 많은 물을 얻게 될 것이라고 말한다. 엘리야는 기도로써 구름을 통해 물을 얻었지만, 그러나 엘리사는 아무도 모르는 곳으로부터 물을 끌어올 것이었다. 이러한 물들의 근원은 나일 강의 근원처럼 비밀스러운 것이었다. 하나님은 '둘째 원인'(second causes)에 구애받지 않는다(왜냐하면 '첫째 원인' 이시니까). 일반적으로 하나님이 자

신의 기업을 견고하게 하는 것은 흡족한 비를 통해서이다(시 68:9, 주께서 흡족한 비를 보내사 주의 기업이 곤핍할 때에 주께서 그것을 견고하게 하셨고). 그러나 여기에서는 비 없이 그렇게 되도록 하셨다. 아마도 이 때 큰 깊음의 샘들 가운데 일부가 터졌을 것이다. 그리고 이것이 이적임을 더욱 분명하게 드러내기 위해 오직 그 골짜기에만 물이 가득할 것이었다.

(2) 이 일은 승리의 보증이 될 것이었다(18절). "이것은 여호와께서 보시기에 작은 일이라. 당신들은 멸망으로부터 구원받을 뿐만 아니라 승리하고 돌아가게 될 것이나이다." 하나님은 아무 자격 없는 자에게 값없이 주시는 것처럼 또한 우리가 구하고 생각하는 것 이상으로 풍성하게 주신다. 하나님의 은혜는 우리의 요청과 기대를 능가한다. 하나님의 은혜의 이슬을 진심으로 구하는 자들은 그것을 얻게 될 것이며, 그것은 나라를 정복하는 것 이상이 될 것이다. 그들은 자신들을 배반한 나라(즉 모압)를 정복하게 될 것이란 약속을 받으면서 동시에 그 나라를 황폐시키고 파멸시켜도 좋다는 허락을 받았다. 율법은 어떤 성읍을 에워싸고 공격하는 중에라도 열매 맺는 나무를 베는 것을 금지했다(신 20:19). 그러나 그러한 율법은 공의 가운데 공세를 바쳐야 할 자에게 바치기를 거부한 나라로 하여금 열매를 얻지 못하게 하기 위해 그렇게 하는 것에 대해서는 해당되지 않았다.

[20]아침이 되어 소제 드릴 때에 물이 에돔 쪽에서부터 흘러와 그 땅에 가득하였더라 [21]모압의 모든 사람은 왕들이 올라와서 자기를 치려 한다 함을 듣고 갑옷 입을 만한 자로부터 그 이상이 다 모여 그 경계에 서 있더라 [22]아침에 모압 사람이 일찍이 일어나서 해가 물에 비치므로 맞은편 물이 붉어 피와 같음을 보고 [23]이르되 이는 피라 틀림없이 저 왕들이 싸워 서로 죽인 것이로다 모압 사람들아 이제 노략하러 가자 하고 [24]이스라엘 진에 이르니 이스라엘 사람이 일어나 모압 사람을 쳐서 그들 앞에서 도망하게 하고 그 지경에 들어가며 모압 사람을 치고 [25]그 성읍들을 쳐서 헐고 각기 돌을 던져 모든 좋은 밭에 가득하게 하고 모든 샘을 메우고 모든 좋은 나무를 베고 길하레셋의 돌들은 남기고 물매군이 두루 다니며 치니라 [26]모압 왕이 전세가 극렬하여 당하기 어려움을 보고 칼찬 군사 칠백 명을 거느리고 돌파하여 지나서 에돔 왕에게로 가고자 하되 가지 못하고 [27]이에 자기 왕위를 이어 왕이 될 맏아들을 데려와 성 위에서 번제를 드린지라 이스라엘에게 크게 격노함이 임하매 그들이 떠

나 각기 고국으로 돌아갔더라

I. 우리는 여기에서 하나님이 엘리사를 통해 약속한 두 가지 선물 즉 물과 승리를 보게 된다. 전자(물)는 후자(승리)에 대한 보증일 뿐만 아니라 또한 수단이었다. 궁창 위의 물과 궁창 아래의 물을 창조하신 하나님은 그들에게 돌연 풍부한 물을 보내주셨는데, 그로 인해 두 가지 결과가 야기되었다.

1. 갈증으로 거의 죽음 직전에 있던 군대가 다시 살아나게 되었다(20절). 우리는 여기에서 이 일이 예루살렘 제단에서 아침 소제 드릴 때에 이루어졌다는 매우 특기할 만한 언급을 보게 된다. 엘리사는 기도시간으로서 바로 그 시간을 선택했다(아마도 그는 성전을 향하여 기도했을 것이다. 왜냐하면 이스라엘 백성들은 멀리 전쟁에 나가 진을 치고 있을 때에라도 항상 성전을 향해 기도해야 했기 때문이었다, 왕상 8:44). 이와 같이 엘리사는 자신이 성전 예배와 관련되어 있음을 나타냈다. 지금 우리는 어떤 특정한 시간에 기도해야만 할 필요는 없다. 왜냐하면 우리의 대제사장이 항상 우리를 위해 간구하고 계시기 때문이다. 어쨌든 여기에서 하나님은 은총을 베푸시는 시간으로서 바로 그 시간(즉 아침 소제 드리는 시간)을 선택하셨는데, 그것은 이스라엘 백성들에 의해 무시되었던 매일제(毎日祭, daily sacrifice)를 존귀케 하기 위함이었다. 하나님은 다니엘이 저녁 제사 드리는 시간에 드렸던 기도를 응답하셨다(단 9:21). 이와 같이 하나님은 자신의 규례들을 잘 알고 계신다.

2. 승리를 눈앞에 두고 있었던 적들이 속임을 당하게 되었다. 그리하여 결국 그들은 패퇴를 당하고 말았다. 모압 사람들은 연합군이 진격해 온다는 소식을 들었다. 그리하여 연합군에 대항하기 위해 갑옷 입을 만한 모든 자들이 경계에 서서 적을 맞이할 준비를 하고 있었다(21절). 그들은 에돔 광야를 통과하는 긴 행군으로 지친 군대 따위는 쉽게 물리칠 수 있을 것으로 생각했다. 그러나 여기에서 다음을 보라.

(1) 그들은 얼마나 쉽게 그릇된 망상에 빠져 버리고 말았는가? 그들이 스스로 속는 과정을 주목하라.

[1] 그들은 이스라엘 군대가 진을 치고 있었던 골짜기에 물이 있는 것을 보고는 그것을 피라고 생각했다(22절). 왜냐하면 그들은 그 골짜기에 물이 없다는 사실을 잘 알고 있었고, 따라서 그것이 물이라고는 결코 생각할 수 없었기

때문이었다. 그리고 해가 물 위에 비취었는데, 아마도 그 때 하늘은 붉고 흐렸던 것으로 보인다. 이것은 날이 궂을 것에 대한 징조였는데(마 16:3), 실제로 그 날은 그들에게 그와 같이 되고 말았다. 어쨌든 그로 인해 물이 붉게 보이게 되었고, 따라서 그들은 그것을 피라고 생각했다: 이는 피라. 이와 같이 하나님은 그들로 하여금 스스로 속도록 내버려 두셨다.

[2] 그들의 진에 이와 같이 피가 가득하다면 그것은 필경 왕들이 싸워 서로 죽인 것에 틀림없다고 그들은 결론지었다. 그렇지 않다면 누가 그들을 죽였겠는가?

[3] "그들이 서로 죽였다면 이제 우리가 할 일은 탈취물을 나누는 것뿐이다. 그러니 모압 사람들아 이제 노략하러 가자."

모압 사람들 가운데 생각이 빠른 어떤 사람들이 이와 같이 추론하면서 자신들이 매우 지혜롭다고 생각했을 것이다. 그리고 나머지 사람들은 정말로 그와 같기를 열망하는 가운데 기꺼이 그렇게 믿어버리고 말았다. 우리는 우리가 바라는 것을 쉽게 믿는 경향이 있다. 이와 같이 멸망을 당할 자들은 먼저 속는다(계 20:8). 스스로 속이는 것이야말로 가장 완벽하게 속는 최고의 방법이다.

(2) 그들은 얼마나 급하게 스스로의 멸망을 향해 달려갔는가? 너무나 경솔하게도 그들은 약탈하기 위해 이스라엘 진으로 달려갔다. 그러나 스스로 속은 것을 깨달았을 때는 이미 너무 늦은 뒤였다. 이스라엘 병사들은 엘리사가 준 승리의 확신에 고무되어 그들을 격렬하게 공격하여 패퇴시키고 그들 나라까지 추격해 들어갔다(24절). 그리고 그들은 성읍들을 쳐서 헐고, 밭을 못쓰게 만들며, 샘늘을 메우고, 나무들을 베었다(25절). 다만 왕도만을 남겨 두었는데, 그것도 성벽은 모두 파괴시킨 채로 그렇게 했다. 그들이 이스라엘을 배반한 결과가 바로 이것이었다. 하나님께 대하여 마음을 완악하게 하고 어떻게 형통하기를 기대할 수 있겠는가?

Ⅱ. 본 장 말미에서 우리는 자신의 도성이 적의 손에 떨어지려고 할 때 모압의 왕이 취한 행동을 보게 된다.

1. 그는 담대하고 용맹한 시도를 했다. 그는 700명의 군사를 뽑아 에돔 왕의 진영으로 돌격했다. 이 원정에서 에돔은 용병(傭兵)에 불과했다. 따라서 모압 왕은 만일 자신들이 과감하게 돌격한다면 에돔 진영은 격렬하게 저항하지 않고 적당한 선에서 물러설 것이라고 생각했다. 그렇게 되면 그 쪽으로 돌파하여

퇴로를 열 수 있을 것이었다. 그러나 그의 뜻대로 되지 않았다. 에돔 왕조차도 그들이 뚫기에는 너무나 강력했으며, 따라서 그들은 물러날 수밖에 없었다.

2. 이러한 시도가 실패로 돌아가자 그는 잔인하고 야만적인 일을 행했다. 모압 왕은 자신의 맏아들을 데려다가 성벽 위에서 번제로 드렸다(27절). 그는 다음 왕위를 이을 자로서 왕 자신에게나 모압 백성들에게나 가장 소중한 존재였다. 이렇게 함으로써 모압 왕이 의도한 것은 다음과 같은 두 가지였다.

(1) 자기가 섬기는 신 그모스의 호의를 입고자 함. 그모스는 마귀이므로 피와 살인과 사람의 죽음을 기뻐했다. 우상을 숭배하는 자들은 자기들의 신들에게 제물을 드림에 있어 가장 소중한 것일수록 더 열납될 만하다고 생각했다. 따라서 그들은 자기들의 신들을 존귀케 하기 위해 자기 자녀들을 불사르기까지 했다.

(2) 적을 두렵게 만들어 퇴각케 하고자 함. 따라서 그들은 적들이 볼 수 있도록 이 일을 성벽 위에서 행했다. 이와 같이 함으로써 모압 왕은 자신이 이 전쟁에서 결코 항복하지 않을 것이며 최후의 순간까지 필사적으로 저항할 것임을 효과적으로 보여주었다. 그는 자신의 도성과 생명을 결코 싼 값에 팔아넘기지 않을 것이었다. 또한 이렇게 함으로써 그는 자기 병사들로 하여금 적들에 대해 극도로 분개하고 격노하도록 만들고자 하였다. 이것은 매우 효과적이었다: 이스라엘에 대하여(개역개정판에는 '이스라엘에게'로 되어 있음) 크게 격노함이 임하매. 왜냐하면 그들이 자신들의 왕을 이런 극단적인 지경까지 몰고 갔기 때문이었다. 이렇게 하여 이스라엘은 포위를 풀고 돌아갔다. 온유하고 관대한 사람은 다른 사람을 미치게 하거나 광분하게 만드는 일을 하지 않을 것이다 — 설령 그 일이 정당한 것이라 할지라도.

제
— 4 —
장

개요

앞 장에서 우리는 곤경에 빠진 세 왕에게 엘리사가 큰 도움을 베푸는 것을 살펴보았다. 그들은 자신들의 생명과 전쟁에서의 승리에 있어 엘리사의 기도와 예언의 빚을 졌다. 모든 사람들은 다음 장(즉 본 장)에서 그 일로 인해 엘리사에게 큰 존귀와 상급이 베풀어지게 될 것이라고 기대할 것이다. 그래서 즉시로 왕궁에 발탁되어 총리가 된다든지 혹은 여호사밧이 그를 유다로 데려가 높은 지위를 부여할 것이라고 기대할 것이다. 그러나 전혀 그렇지 않았다. 지혜자가 군대를 구원했으나 아무도 그 지혜자를 기억하지 않았다(전 9:15, 그 성읍 가운데에 가난한 지혜자가 있어서 그의 지혜로 그 성읍을 건진 그것이라 그러나 그 가난한 자를 기억하는 사람이 없었도다). 어쩌면 그에게 높은 직위가 제안되었지만 그가 사양한 것인지도 모른다. 그는 왕궁의 높은 관직보다 선지자의 학교에서 봉사하는 것을 더 좋아했다. 그러한 그를 하나님이 존귀케 하셨으며, 그는 그것으로 충분했다. 우리는 여기에서 그가 행한 대략 다섯 가지 정도의 이적을 보게 된다. I. 가난한 과부의 기름을 크게 증가시킴(1-7절). II. 수넴여인에게 아들이 있을 것을 알려줌(8-17절). III. 수넴여인의 죽은 아들을 다시 살림(18-37절). IV. 국에 있는 독을 제거함(38-41절). V. 보리떡 20개로 100명을 먹임(42-44절).

[1] 선지자의 제자들의 아내 중의 한 여인이 엘리사에게 부르짖어 이르되 당신의 종 나의 남편이 이미 죽었는데 당신의 종이 여호와를 경외한 줄은 당신이 아시는 바니이다 이제 빚 준 사람이 와서 나의 두 아이를 데려가 그의 종을 삼고자 하나이다 하니 [2] 엘리사가 그에게 이르되 내가 너를 위하여 어떻게 하랴 네 집에 무엇이 있는지 내게 말하라 그가 이르되 계집종의 집에 기름 한 그릇 외에는 아무것도 없나이다 하니 [3] 이르되 너는 밖에 나가서 모든 이웃에게 그릇을 빌리라 빈 그릇을 빌리되 조금 빌리지 말고 [4] 너는 네 두 아들과 함께 들어가서 문을 닫고 그 모든 그릇에 기름을 부어서 차는 대로 옮겨 놓으라 하니라 [5] 여인이 물러가서 그의 두 아들과 함께 문을 닫은 후에 그들은 그릇을 그에게로 가져오고 그는 부었더니 [6] 그릇에 다 찬지

라 여인이 아들에게 이르되 또 그릇을 내게로 가져오라 하니 아들이 이르되 다른 그릇이 없나이다 하니 기름이 곧 그쳤더라 7그 여인이 하나님의 사람에게 나아가서 말하니 그가 이르되 너는 가서 기름을 팔아 빚을 갚고 남은 것으로 너와 네 두 아들이 생활하라 하였더라

엘리사의 이적들은 보이기 위한 것이 아니라 필요에 의한 것이었다. 여기에 기록된 이적 역시도 실제적인 자선(慈善)의 행동이었다. 그리스도의 이적들도 마찬가지였는데, 그것은 당사자들에게 베풀어지는 큰 은총이었다. 하나님은 자신의 권능으로 당신의 선하심을 나타내신다.

I. 가난한 과부가 엘리사에게 하소연함. 그녀는 선지자의 아내였다. 그러므로 그녀의 입장에서 선지자의 제자들(선지자의 아들들, the sons of the prophets)의 아버지인 엘리사 외에 어느 누구에게 하소연하겠는가? 아버지에게는 가족의 생활을 돌볼 책임이 있지 않은가? 우리는 여기에서 선지자 역시도 제사장처럼 아내를 두고 있었던 것을 볼 수 있다(반면 제사장 직분은 상속되었지만 선지자 직분은 상속되지 않았다). 결혼은 모든 사람에게 존귀한 것이며, 거룩한 직분과 결코 조화되지 못하는 것이 아니다. 여기에서 가난한 과부의 하소연을 통해(1절), 우리는 다음과 같은 사실들을 이해할 수 있다.

1. 그녀의 남편이 선지자의 제자들 가운데 한 사람으로서 엘리사가 알고 있는 사람이었다는 사실. 특별한 은사와 높은 직위를 가지고 있는 사역자들은 범사에 아랫사람들에 대하여 그리고 그들의 형편에 대하여 알아야만 한다.

2. 그가 경건한 자라는 평판을 가지고 있었다는 사실. 엘리사는 그가 여호와를 경외하는 자라는 사실을 알고 있었다. 만일 여호와를 경외하는 자가 아니었다면, 그는 그러한 존귀를 받을 자격도 없고 선지자의 사역에 합당치 못한 자였을 것이다. 그는 바알에게 무릎 꿇지 않은 7천명 가운데 한 사람으로서, 전반적인 배교의 시대에 자신의 순전함을 지킨 사람들 가운데 한 사람이었다.

3. 그가 죽었다는 사실. 비록 선한 사람이요 훌륭한 사역자라 할지라도 죽음이 비켜가지는 않는다. 선지자라 하여 영원히 살겠는가? 예언의 영으로 옷 입었다 할지라도 그 옷이 사망을 막아주지는 못한다.

4. 그가 많은 빚을 지고 죽었다는 사실. 그가 사치와 낭비와 허랑방탕한 삶 때문에 빚을 진 것은 아니었을 것이다. 그는 여호와를 경외하는 자였으며, 따

라서 우리는 그가 그렇게 살았을 것이라고 상상할 수 없다. 참된 믿음의 자녀들은 자신이 가진 것 이상으로 생활하지 않으며 하나님이 주신 것 이상으로 소비하지 않는다. 그럼에도 불구하고 어떤 가혹한 섭리나 파선(破船)이나 악성 부채나 자신의 부주의함으로 인해 하나님을 경외하는 자가 빚 가운데 어쩌지 못하는 상황에 빠지게 되는 경우도 있다. 왜냐하면 빛의 자녀라고 하여 이 세상에서 항상 지혜로운 것은 아니기 때문이다. 아마도 이 선지자는 핍박으로 인해 가난해졌을 것이다. 이세벨이 다스리는 동안 하나님의 선지자들은 생존을 위해 많은 고심을 해야만 했다(특별히 가족을 부양해야 하는 경우에는 더욱 그러했다)

5. 빚 준 사람이 그녀의 두 아들을 종으로 삼고자 했다는 사실. 그녀의 두 아들은 과부가 된 어머니를 부양해야만 했으며, 그녀로서는 아들들의 노동력에 의존할 수밖에 없었다. 그러나 빚 준 사람은 그녀의 두 아들을 종으로 삼고자 했고, 따라서 그들은 빚 때문에 7년간 종이 되어야만 했다(출 21:2). 과도한 빚을 남기고 죽는 자들은 자신들이 가족들에게 얼마나 큰 고통을 유산으로 남기는지 알지 못한다. 이러한 상황에서 가난한 과부는 의인의 자손이 버림을 당하지 않을 것이란 약속에 의지하여 엘리사를 찾아갔다. 정직한 자의 후손은 하나님의 섭리로부터의 도움과 선지자로부터의 후원을 기대할 수 있을 것이다.

II. 엘리사가 가난한 과부의 고통을 실질적으로 해결해 줌. 그럼으로써 그녀는 모든 빚을 갚고 자신과 두 아들이 생활할 수 있게 되었다. 엘리사는 단지 말로만 "몸을 따뜻하게 하라. 풍족하기를 원하노라"라고 하지 않고, 그녀에게 실질적인 도움을 주었다. 엘리사는 당장 필요한 약간의 물질을 준 것이 아니라, 그녀로 하여금 기름을 팔아 세상에서 스스로 살아갈 수 있도록 일종의 생활자금을 주었다. 이 일은 이적에 의해 이루어졌지만, 그러나 우리는 여기에서 무엇이 자선을 베푸는 가장 좋은 방법인가 하는 것을 배우게 된다. 즉 가난한 자들에게 줄 수 있는 최선의 도움은 가능하면 그들로 하여금 그들이 가지고 있는 작은 것을 스스로 부지런히 활용하도록 돕는 것이다.

1. 엘리사는 그녀의 형편을 생각하면서 그녀가 해야 할 일을 가르쳐 주었다: 내가 너를 위하여 어떻게 하랴? 선지자의 제자들은 가난했다. 따라서 그들로부터 모금을 한다 해도 큰 도움은 되지 못할 것이었다. 그러나 거룩한 선지자들의 하나님은 그녀의 모든 필요를 채우실 수 있으셨다. 하나님의 계획은 그녀가 가

진 작은 것이 엘리사의 축복에 의해 크게 증가됨으로써 그녀의 필요를 채우는 것이었다. 따라서 엘리사는 그녀에게 팔아서 돈이 될 만한 것이 무엇이 있느냐고 물었고, 기름 한 그릇 외에는 아무것도 없다는 사실을 알게 되었다(2절). 만일 그녀에게 어떤 그릇이나 가구가 있었다면, 엘리사는 그것들을 채권자에게 주라고 말했을 것이다(왜냐하면 그럴 때 비로소 그녀는 스스로 당당할 수 있을 것이었기 때문이다). 모든 빚을 청산하기 전까지는 우리는 어떤 물건에 대해 그것이 우리의 것이라고 말할 수 없는 법이다. 설령 그녀에게 기름 한 그릇조차 없었을지라도, 하나님의 능력은 그녀의 필요를 능히 채울 수 있었다. 그렇지만 그것이 있었기 때문에 하나님은 그것을 통해 일하셨으며, 그렇게 하심으로써 우리로 하여금 우리가 가지고 있는 것을 최고로 사용하는 방법을 가르치고자 하셨다. 엘리사는 이웃으로부터 빈 그릇을 빌려오라고 지시한다(3절). 왜냐하면 그녀는 빚을 갚기 위해 자신의 그릇들을 다 팔아버렸기 때문이었다. 그러고 나서 그는 그녀에게 문을 닫고 모든 그릇들에 기름을 부으라고 지시한다. 그녀는 채권자들이나 혹은 다른 사람들로부터 아무런 방해도 받지 않도록 하기 위해 문을 닫아야만 했다. 그리고 그렇게 함으로써 그녀와 그녀의 아들들은 이러한 이적으로 우쭐거리지 않고 모든 영광을 하나님께 돌릴 수 있게 될 것이었다. 여기에서 다음의 사실들을 관찰하라.

(1) 기름이 따르는 중에 증가된 사실. 사렙다 과부의 경우에도 계속해서 사용하는 가운데 양식이 증가했던 것처럼, 여기에서도 기름을 따르는 중에 그것이 계속해서 증가되었다. 우리가 가지고 있는 것을 증가시키는 방법은 그것을 사용하는 것이다. 가진 자에게 더 많이 주어질 것이다. 달란트를 두 배로 늘리는 방법은 그것을 땅에 묻어두는 것이 아니라 그것으로 장사하는 것이다.

(2) 그녀 자신이 따라야만 했다는 사실. 엘리사나 혹은 다른 어떤 선지자의 제자가 아니라 그녀 자신이 기름을 따라야만 했다. 이러한 사실은 우리가 이 세상이나 다른 세상에서 하나님의 축복을 기대할 때 그것은 반드시 우리 자신의 지속적인 노력과 연결되어야만 한다는 사실을 암시한다. 우리가 가지고 있는 것은 우리 자신의 손에서 최고로 증가될 것이다.

2. 그녀는 엘리사가 지시한 대로 행했다. 그녀는 선지자가 자신을 놀리고 있다고 생각하지 않았다. 도리어 하나님의 권능과 선하심에 대한 굳은 믿음과 선지자에 대한 온전한 순종으로 그녀는 이웃들로부터 많은 그릇들을 빌려다가

그 곳에 기름을 따랐다. 그녀가 기름을 따르는 동안 한 아들은 빈 그릇을 그녀 앞에 갖다 놓는 일을 했을 것이며, 또 한 아들은 기름으로 가득 찬 그릇을 다른 곳으로 옮기는 일을 했을 것이다. 그러면서 그들은 원래 기름이 담겨 있었던 그릇이 마치 생수의 근원처럼 계속해서 기름으로 가득 차 있는 것을 보고 놀랐을 것이다. 그들은 계속해서 채워 주는 샘의 근원을 보지 못했지만 그러나 그것이 하나님 안에 있는 것이란 사실을 굳게 믿었다. 그리고 여기에서 "바위가 나를 위하여 기름 시내를 쏟아냈다"는 욥의 은유가 증명되었다(욥 29:6). 어쩌면 이 과부는 아셀 지파에 속한 사람이었을는지 모른다. 왜냐하면 아셀의 축복 가운데 하나가 그의 발이 기름에 잠길 것이라는 것이었기 때문이다(신 22:24).

3. 기름은 모든 그릇이 다 찰 때까지 계속 나왔다. 그리고 모든 그릇이 다 차자 기름은 곧 그쳤다(6절). 왜냐하면 이토록 진귀한 기름이 흘러넘쳐서 마치 땅에 쏟아진 물처럼 되어서는 안 되기 때문이었다. 우리는 하나님의 권능의 풍부함과 은혜의 부요함을 제한해서는 안 된다. 하나님 안에는 부족함이 없다. 부족한 것은 오직 우리 안에 있을 뿐이다. 실패하는 것은 하나님의 약속이 아니라 바로 우리의 믿음이다. 하나님은 우리가 구하는 이상으로 주신다. 만일 더 많은 그릇들이 있었다면 하나님은 그 모든 그릇들을 넘치게 채우셨을 것이었다. 모든 그릇들에 가득 찰 때까지 원래 그릇에 있던 기름은 떨어지지 않지 않았는가? 아직 채워야 할 등이 남아 있는 동안에는 우리는 금 감람나무로부터 흘러내리는 금 기름이 떨어질까 염려할 필요가 없다(슥 4:12).

4. 엘리사는 그 기름으로 무엇을 할 것인지 그녀에게 지시했다(7절). 그녀는 그 기름을 자신이 쓰기 위해, 다시 말해서 자기의 얼굴을 빛나게 하기 위해 남겨 두어서는 안 된다. 신적 섭리에 의해 가난하게 살도록 예비된 자들은 궁핍한 생활 가운데에도 만족할 줄 알아야 한다(이것이 바로 '궁핍에 처할 줄 아는' 것이다). 그리고 평소보다 풍성한 것을 얻었을 때 그것으로 사치하려고 생각해서는 안 된다.

(1) 그녀는 그 기름을 부유한 자들에게 팔아야 했다. 그것은 이적에 의해 만들어진 것이었으므로, 우리는 그것이 마치 가나의 혼인잔치에서의 포도주처럼(요 2:10) 극상품이었을 것이며, 따라서 그녀는 좋은 값을 받고 쉽게 팔 수 있었을 것이라고 쉽게 추측할 수 있다. 어쩌면 상인들이 그것을 다른 지역으로 수출했을는지도 모른다. 왜냐하면 당시 기름은 이스라엘이 교역했던 품목들

가운데 하나였기 때문이었다(겔 27:17).

(2) 그녀는 기름을 판 돈으로 빚을 갚아야 했다. 비록 채권자들이 그녀에게 지나치게 가혹했다 할지라도, 그렇다고 해서 빚을 갚지 않아도 되는 것은 결코 아니었다. 그녀가 해야 할 첫 번째 일은 아들들을 위해 음식을 만들어 주는 것이 아니라 빚을 갚는 것이어야 했다. 모든 사람에게 줄 것을 주고 정당한 빚을 갚으며 모든 사람들로 하여금 자신의 몫을 취하게 하는 것은 ― 설령 그로 인해 우리에게 남는 것이 거의 없다 할지라도 ― 우리의 신앙의 근본적인 법칙 가운데 하나이다. 그 일에 있어 우리는 마지못해 하는 것이 아니라 기꺼이 그렇게 해야 한다. 채권자가 화가 나서 고소하는 것을 피하기 위해서 뿐만 아니라 양심을 위해 그렇게 해야 한다. 정직한 마음을 가진 자들은, 만일 그것이 자신의 양식이 아니라면, 일용할 양식을 즐겁게 먹을 수 없다.

(3) 그리고 남는 것은 자신과 아들들의 생활을 위해 사용되어야 했다. 그들은 빚을 갚고 남는 돈으로 어느 정도 생계를 유지할 수 있을 것이었다. 그리고 의심의 여지 없이 그녀는 엘리사가 지시한 그대로 행했을 것이다. 여기에서 우리는 다음과 같은 사실들을 알 수 있다.

[1] 가난과 고통 가운데 있는 자들은 하나님의 채우심을 믿고 의지해야 한다는 사실. 필경 너희가 먹게 될 것이라. 지금은 우리가 이적을 기대할 수 없다는 것은 사실이다. 그럼에도 불구하고 만일 우리가 하나님을 찾고 기다린다면 우리는 그분의 자비와 은총을 기대할 수 있다. 과부들 그리고 특별히 선지자의 아내로서 과부된 자들은 자신과 자신의 자녀들의 생계를 위해 하나님을 의지할 수 있다. 왜냐하면 그들에게 하나님은 남편과 아버지가 될 것이기 때문이다.

[2] 하나님으로부터 풍성한 축복을 받은 자들은 그것을 하나님의 영광을 위해 사용해야 한다는 사실. 여기의 과부처럼 그들은 즐겁게 하나님을 섬기면서 그 축복을 정당하게 사용할 수 있다. 그리고 엘리사처럼 필요한 자에게 기꺼이 선을 행하되, 눈먼 자에게 눈이 되어주고, 저는 자에게 발이 되어 줄 준비가 되어 있어야 한다.

[8]하루는 엘리사가 수넴에 이르렀더니 거기에 한 귀한 여인이 그를 간권하여 음식을 먹게 하였으므로 엘리사가 그 곳을 지날 때마다 음식을 먹으러 그리로 들어갔더라

[9]여인이 그의 남편에게 이르되 항상 우리를 지나가는 이 사람은 하나님의 거룩한 사람인 줄을 내가 아노니 [10]청하건대 우리가 그를 위하여 작은 방을 담 위에 만들고 침상과 책상과 의자와 촛대를 두사이다 그가 우리에게 이르면 거기에 머물리이다 하였더라 [11]하루는 엘리사가 거기에 이르러 그 방에 들어가 누웠더니 [12]자기 사환 게하시에게 이르되 이 수넴 여인을 불러오라 하니 곧 여인을 부르매 여인이 그 앞에 선지라 [13]엘리사가 자기 사환에게 이르되 너는 그에게 이르라 네가 이같이 우리를 위하여 세심한 배려를 하는도다 내가 너를 위하여 무엇을 하랴 왕에게나 사령관에게 무슨 구할 것이 있느냐 하니 여인이 이르되 나는 내 백성 중에 거주하나이다 하니라 [14]엘리사가 이르되 그러면 그를 위하여 무엇을 하여야 할까 하니 게하시가 대답하되 참으로 이 여인은 아들이 없고 그 남편은 늙었나이다 하니 [15]이르되 다시 부르라 하여 부르매 여인이 문에 서니라 [16]엘리사가 이르되 한 해가 지나 이 때쯤에 네가 아들을 안으리라 하니 여인이 이르되 아니로소이다 내 주 하나님의 사람이여 당신의 계집종을 속이지 마옵소서 하니라 [17]여인이 과연 잉태하여 한 해가 지나 이 때쯤에 엘리사가 여인에게 말한 대로 아들을 낳았더라

오랫동안 자녀가 없다가 느지막이 아들을 갖게 되는 것은 신적 권능과 호의의 실례(實例)였다. 그러한 사실은 아브라함, 이삭, 마노아, 엘가나 등의 예에서 나타나는데, 우리는 여기에서도 또다시 그러한 사실을 보게 된다. 아브라함이 천사들을 영접했을 때 아들의 약속을 받았던 것처럼, 여기에 등장하는 수넴 여인도 엘리사에게 세심한 배려를 베풂으로써 그에 대한 보상으로 아들의 약속을 받았다. 여기에서 다음을 관찰하라.

I. 수넴 여인이 엘리사에게 호의를 베풂. 당시 이스라엘의 형편은 모든 면에서 너무도 나빴다. 그러나 그 중에서도 가장 나빴던 것은 하나님의 선지자가 어디에서도 영접을 받지 못했다는 사실이었다. 수넴은 잇사갈 지파에 속한 한 성읍으로서, 사마리아와 갈멜 사이의 노중(路中)에 있었다. 사마리아와 갈멜을 잇는 길은 25절에 나타나는 것처럼 엘리사가 종종 여행하곤 했던 길이었다. 거기에 손님 접대하기를 좋아하는 한 귀한 여인이 살고 있었다. 그녀의 남편은 좋은 집과 넓은 땅을 가지고 있었으며, 특별히 마음으로 아내를 믿는 자였다(잠 31:11). 그러므로 엘리야처럼 널리 알려진 인물이 그들의 주의를 끌지 못한 채 그냥 지나쳐 지나가는 일은 불가능한 일이었다. 그 성읍에서 아마도 엘리사는

특별히 눈에 띄지 않는 어떤 한적한 숙소에 머물곤 했을 것이다. 그러다가 어느 날 이 경건한 여인은 엘리사가 자신들의 성읍에 머물고 있다는 사실을 알게 되었고, 그리하여 그를 찾아가 간권하여 자신과 함께 음식을 먹도록 했다(8절). 엘리사는 조용한 사람으로서 자신으로 인해 소동이 일어나는 것을 원치 않았으며 또한 겸손한 사람으로서 상류층 사람들과 어울리는 것을 별로 좋아하지 않았다. 따라서 엘리사가 그들과 더불어 친숙하게 되기까지는 어느 정도의 시간이 걸렸겠지만, 그러나 일단 친숙해지고 난 후에는 그 길을 지나갈 때마다 그들의 집에 들르게 되었다. 수넴 여인으로서는 엘리사가 자신의 집에 방문하는 것이 너무나 좋았으며, 그와 교제를 나누는 것이 너무나 즐거웠다. 그리하여 그녀는 엘리사를 위해 식탁을 베풀 뿐만 아니라 자신의 집에 그를 위한 방을 만들고자 하였다. 그렇게 하면 그가 좀 더 오래 자신의 집에 머물 수 있을 것이기 때문이었다. 또한 그녀는 그럼으로써 자신의 집이 축복을 받을 것이며, 자기 집에 속한 모든 사람들이 그의 경건한 교훈과 모범을 통해 큰 유익을 얻을 것을 조금도 의심치 않았다. 그러나 그녀는 그 일을 행하기에 앞서 먼저 남편의 동의를 얻고자 했다. 그녀로서는 남편의 동의 없이는 돈을 지출하는 일이나 나그네를 맞아들이는 일을 하지 않을 것이었다(9, 10절). 그녀는 남편에게 다음과 같이 제안한다.

1. 그는 하나님의 거룩한 사람이므로 자신들의 집에 큰 유익을 끼칠 것이며, 그에게 베풀어진 호의에 대해 하나님이 갚아 주실 것이다. 어쩌면 그녀는 사렙다 과부가 엘리야를 대접함으로써 큰 축복을 받은 것에 대해 들었을는지 모른다.

2. 그를 위해 자신이 계획하고 있는 것은 자신들의 가계(家計)에 그다지 큰 부담이 되지는 않을 것이다. 그녀가 엘리사를 위해 계획하고 있었던 것은 단지 작은 방 하나를 만드는 것일 뿐이었다. 그녀의 집에는 엘리사가 아무런 방해도 받지 않고 홀로 묵상하며 시간을 보낼 수 있는 조용한 방이 없었던 것으로 보인다. 방에 놓여질 비품은 매우 단출할 것이었다. 값비싼 커튼이나 스탠드나 소파 따위는 필요 없을 것이었다. 다만 침상과 책상과 의자와 촛대만 있다면 충분할 것이었다. 엘리사는 이 방에 대하여 크게 만족하며 종종 사용했던 것으로 보인다(11절). 또한 그는 기꺼이 자신의 사환과 함께 그 방을 사용했다. 그것은 그가 외적으로 위세를 드러내기를 좋아하는 사람이 결코 아니었기 때문이

었다.

Ⅱ. 이러한 호의에 대한 엘리사의 감사. 엘리사는 수넴 여인이 자신을 위해 이토록 큰 호의를 베풀어준 것으로 인해 크게 기뻐하는 가운데 무슨 보상을 해줄 것인지를 생각하기 시작했다. 호의를 받은 사람은 어떻게 보답할 것인지를 생각해야만 한다. 하나님의 사람들에게 있어 남의 호의를 받기만 하고 감사할 줄 모르는 것은 참으로 합당치 못한 일이다.

1. 엘리사는 그녀를 위해 왕궁에서의 자신의 영향력을 사용하면 어떻겠느냐고 제안한다(13절): 네가 이같이 우리를 위하여 세심한 배려를 하는도다 내가 너를 위하여 무엇을 하랴? 이와 같이 엘리사는 자신에게 베풀어진 호의를 귀하게 보았다. 비록 그것이 부유하고 인심이 후한 사람들에게 아무것도 아닌 것이라 할지라도, 겸손한 자는 자신에게 베풀어진 호의를 귀하게 여기는 법이다. 후한 자들이 후한 일들을 생각하는 것처럼 감사할 줄 아는 자들은 감사를 표할 방법을 생각하는 법이다. "왕에게나 사령관에게 무슨 구할 것이 있느냐? 네 남편을 위해 어떤 직위를 구할 것이 있느냐? 도움이 필요한 어떤 재판사건이나 탄원할 일이 있느냐? 내가 너를 도와주리라." 아마도 엘리사는 지난 번 전쟁에서 왕들에게 큰 도움을 베푼 것으로 인해 이와 같은 영향력을 갖게 된 것으로 보인다. 이와 같이 선한 사람은 스스로를 돕는 일만큼이나 다른 사람을 돕는 일에 마음을 쓴다. 그러나 수넴 여인은 그와 같은 종류의 도움을 필요로 하지 않았다: 나는 내 백성 중에 거주하나이다. 다시 말해서, "우리는 지금의 모습으로 크게 만족하고 있으며, 특별한 직위를 바라지 않나이다." 우리를 사랑하며 존경하는, 그리고 우리가 선을 베풀 수 있는 백성들 가운데 거주하는 것은 참으로 복된 일이다. 더욱이 그런 가운데 만족하며 즐거워하는 것은 더 복된 일이다. 자기 백성들 가운데 즐겁게 거주하는 자들이 무엇 때문에 왕궁의 화려한 삶을 탐하겠는가? 그러나 이로부터 몇 년 후 우리는 수넴 여인에게 왕에게 호소할 일이 생기는 것을 보게 된다(8:3, 4). 자기 백성들 가운데 거주하는(居住, dwell) 자들은 자신들의 산이 영원히 요동치 않을 것이라고 생각해서는 안 된다. 여기의 수넴 여인처럼 그들 역시도 이방인들 가운데 거류하게(居留, sojourn) 될는지도 모른다. 우리의 영구한 도성은 하늘에 있다.

2. 엘리사는 그녀를 위해 하늘에서의 자신의 영향력을 사용한다. 그것은 왕궁에서의 영향력보다 훨씬 더 좋은 것이었다. 엘리사는 그녀를 위해 무엇을 하

면 좋을지 사환과 상의했다. 그는 큰 선지자였음에도 불구하고 사환의 의견을 물을 정도로 겸손했다(그는 사환이라고 하여 함부로 무시하지 않았다). 이에 게하시(엘리사의 사환)는 엘리사에게 그녀가 자식이 없다는 사실을 알려준다. 그녀는 넓은 땅은 가지고 있었지만, 그러나 그것을 상속해 줄 아들은 없었다. 뿐만 아니라 남편이 이미 늙었으므로 자식을 가질 희망조차 가지고 있지 못했다. 만일 엘리사가 그녀를 위해 하나님으로부터 아들을 낳는 은총을 얻게 할 수 있다면, 지금 그녀를 누르고 있는 모든 슬픔과 근심은 일거에 사라질 것이었다. 엘리사는 즉시로 그녀를 불렀고, 그녀는 매우 겸손하게 문에 섰다(15절). 그러자 엘리사는 그녀가 일 년 안에 아들을 낳을 것이라고 확증해 주었다(16절). 그녀는 선지자의 이름으로 선지자를 영접했고 그리하여 선지자의 상을 받았다(비록 왕의 상은 사양했다 할지라도). 그것은 선지자의 기도에 대한 응답으로 주어지는 놀라운 은총이었다. 그 약속은 그녀에게 전혀 생각지도 못한 것이었으며, 따라서 그녀는 자신을 속이지 말라고 말했다: "아닙니다. 내 주여, 당신은 하나님의 사람이나이다. 바라옵건대 나를 희롱하지 마옵시고 진실을 말해주소서. 당신의 여종에게 거짓을 말하지 마옵소서." 그러나 모든 일은 선지자가 말한 그대로 이루어졌다: 엘리사가 여인에게 말한 대로 아들을 낳았더라(17절). 그녀가 선지자에게 방을 마련해 준 것에 대한 보상으로 하나님은 그녀의 집을 세워주셨다. 이 일이 그 가정에 얼마나 큰 기쁨을 주었을지 우리는 충분히 상상할 수 있다. 잉태하지 못하며 출산하지 못한 너는 노래할지어다(사 54:1).

[18]그 아이가 자라매 하루는 추수꾼들에게 나가서 그의 아버지에게 이르렀더니 [19]그의 아버지에게 이르되 내 머리야 내 머리야 하는지라 그의 아버지가 사환에게 말하여 그의 어머니에게로 데려가라 하매 [20]곧 어머니에게로 데려갔더니 낮까지 어머니의 무릎에 앉아 있다가 죽은지라 [21]그의 어머니가 올라가서 아들을 하나님의 사람의 침상 위에 두고 문을 닫고 나와 [22]그 남편을 불러 이르되 청하건대 사환 한 명과 나귀 한 마리를 내게로 보내소서 내가 하나님의 사람에게 달려갔다가 돌아오리이다 하니 [23]그 남편이 이르되 초하루도 아니요 안식일도 아니거늘 그대가 오늘 어찌하여 그에게 나아가고자 하느냐 하는지라 여인이 이르되 평안을 비나이다 하니라 [24]이에 나귀에 안장을 지우고 자기 사환에게 이르되 몰고 가라 내가 말하지 아니하거든 나를 위하여 달려가기를 멈추지 말라 하고 [25]드디어 갈멜 산으로 가서 하나

님의 사람에게로 나아가니라 하나님의 사람이 멀리서 그를 보고 자기 사환 게하시에게 이르되 저기 수넴 여인이 있도다 [26]너는 달려가서 그를 맞아 이르기를 너는 평안하냐 네 남편이 평안하냐 아이가 평안하냐 하라 하였더니 여인이 대답하되 평안하다 하고 [27]산에 이르러 하나님의 사람에게 나아가서 그 발을 안은지라 게하시가 가까이 와서 그를 물리치고자 하매 하나님의 사람이 이르되 가만 두라 그의 영혼이 괴로워하지마는 여호와께서 내게 숨기시고 이르지 아니하셨도다 하니라 [28]여인이 이르되 내가 내 주께 아들을 구하더이까 나를 속이지 말라고 내가 말하지 아니하더이까 하니 [29]엘리사가 게하시에게 이르되 네 허리를 묶고 내 지팡이를 손에 들고 가라 사람을 만나거든 인사하지 말며 사람이 네게 인사할지라도 대답하지 말고 내 지팡이를 그 아이 얼굴에 놓으라 하는지라 [30]아이의 어머니가 이르되 여호와께서 살아 계심과 당신의 영혼이 살아 계심을 두고 맹세하노니 내가 당신을 떠나지 아니하리이다 엘리사가 이에 일어나 여인을 따라가니라 [31]게하시가 그들보다 앞서 가서 지팡이를 그 아이의 얼굴에 놓았으나 소리도 없고 듣지도 아니하는지라 돌아와서 엘리사를 맞아 그에게 말하여 아이가 깨지 아니하였나이다 하니라 [32]엘리사가 집에 들어가 보니 아이가 죽었는데 자기의 침상에 눕혔는지라 [33]들어가서는 문을 닫으니 두 사람 뿐이라 엘리사가 여호와께 기도하고 [34]아이 위에 올라 엎드려 자기 입을 그의 입에, 자기 눈을 그의 눈에, 자기 손을 그의 손에 대고 그의 몸에 엎드리니 아이의 살이 차차 따뜻하더라 [35]엘리사가 내려서 집 안에서 한 번 이리 저리 다니고 다시 아이 위에 올라 엎드리니 아이가 일곱 번 재채기 하고 눈을 뜨는지라 [36]엘리사가 게하시를 불러 저 수넴 여인을 불러오라 하니 곧 부르매 여인이 들어가니 엘리사가 이르되 네 아들을 데리고 가라 하니라 [37]여인이 들어가서 엘리사의 발 앞에서 땅에 엎드려 절하고 아들을 안고 나가니라

아들이 태어난 후로 엘리사는 수넴 여인으로부터 갑절의 환대를 받았을 것이라고 우리는 추측할 수 있다. 지금까지는 엘리사가 그녀에게 빚을 지고 있다고 생각했지만, 지금부터는 그녀가 엘리사에게 빚을 지고 있다고 생각할 것이었다. 또한 그 아이는 노년에 얻은 아들로서 부모에게도 매우 사랑스러운 아이였을 뿐만 아니라 기도의 아들로서 엘리사에게도 역시 그러했을 것이다. 그러나 우리는 여기에서 다음과 같은 이야기를 듣게 된다.

I. **그 아이의 갑작스런 죽음.** 아이는 유아기의 위험을 잘 넘기고 아버지의

밭에 갈 수 있을 정도까지 되었다. 아이가 서툴게나마 재롱을 부리며 말할 때 아버지의 기쁨은 얼마나 컸겠는가? 그에게 있어 아들로 인한 기쁨은 추수로 인한 기쁨보다 훨씬 더 컸을 것이다. 그러나 아직 유약한 그 아이에게 빈들의 추위(혹은 더위)가 갑자기 덮친 것으로 보인다. 아이는 아버지에게 머리가 아프다고 호소했다(19절). 우리에게 어떤 고통이 임할 때 우리가 하늘 아버지 외에 어디로 가겠는가? 양자의 영이 "내 머리야 내 머리야 내 가슴아 내 가슴아" 하는 말할 수 없는 탄식으로 신자들을 하늘 아버지께로 데리고 갈 것이다. 이에 아버지는 아이를 어머니에게로 데려가도록 한다. 아버지는 아이가 위중하게 될 것이라고는 거의 생각하지 않고 다만 어머니의 품에서 한 잠 자고 나면 괜찮아질 것이라고 생각했을 것이다. 그러나 그 병은 치명적인 것으로 드러났다. 아이는 죽음의 잠을 잤다. 아침까지 멀쩡하던 아이가 낮에 죽고 만 것이다(20절). 어머니의 모든 돌봄조차도 아이의 죽음을 막을 수 없었다. 그리하여 그녀는 약속의 자녀요 기도의 자녀요 사랑으로 받은 아이를 이와 같이 갑작스럽게 빼앗기고 말았다. 아직 유약한 어린아이들은 병과 죽음에 쉽게 맞닥뜨리게 된다. 그러나 이와 같은 갑작스런 불행 속에서도 경건한 어머니는 자신의 입술을 굳게 지켰다. 단 한 마디의 불평하는 말도 그녀의 입으로부터 나오지 않았다. 그녀는 아이가 다시 살아 일어날 것이라는 큰 믿음을 가지고 있었다. 아브라함의 딸답게 그녀는 하나님이 주셨으므로 또한 하나님이 능히 다시 살리실 줄로 생각했다(히 11:19). 그녀는 사렙다 과부의 아들이 살아난 것과 엘리야의 영이 엘리사에게 임한 것을 들었을 것이다. 또한 그녀는 하나님의 선하심에 대한 분명한 확신을 가지고 있었다. 따라서 그녀는 주신 자가 취하셨다면 또한 취하신 자가 다시 회복시켜 주실 것이라고 기꺼이 믿었다. 이러한 믿음으로 여자들은 자기의 죽은 자들을 부활로 받아들이기도 했다(히 11:35). 또한 이 믿음으로 그녀는 죽은 아들을 위해 장례를 준비하지 않고 부활을 준비했다. 왜냐하면 자신의 아들을 하나님의 사람의 침상 위에 두었기 때문이다(21절). 여자여 네 믿음이 크도다. 하나님은 이런 믿음을 결코 외면하지 않으실 것이다.

II. 이러한 상황에서 수넴 여인이 엘리사를 찾음. 다행히도 이 때 엘리사는 그 곳으로부터 멀리 떨어져 있지 않은 갈멜 산의 선지자 학교에 있었다.

1. 그녀는 남편에서 엘리사에게 가는 것에 대해 허락을 구한다(22절). 그러면서 자신의 용건에 대해서는 말하지 않았는데, 아마도 그것은 남편의 믿음이

그러한 용건을 이해할 만큼 크지 않았기 때문이었을 것이다. 이에 남편은 초하루도 아니요 안식일도 아닌데 왜 가려고 하느냐고 되묻는다(23절). 이를 통해 우리는 그녀가 초하루나 안식일에 종종 엘리사가 주관하는 집회에 참석하곤 했던 사실을 알 수 있다. 그녀는 다른 선한 백성들과 함께 그러한 집회에 참석하여 엘리사와 함께 기도와 찬양을 드렸을 것이다. 그녀는 이따금 그가 자신의 집에 왔을 때 그로부터 말씀을 듣는 것만으로는 충분치 못하다고 생각했고, 그래서 귀한 여인(6절)이었음에도 불구하고 기꺼이 공중예배에 참석하곤 했을 것이다. 그런데 지금은 그와 같이 정해진 날이 아니었기 때문에 남편은 그렇게 되물은 것이었다. 그는 말한다. "오늘은 초하루도 아니고 안식일도 아니거늘 무슨 일로 가려고 하는 거요?" 이에 그녀는 말한다. "결코 나쁜 일이 아니며, 모든 일이 잘 될 것이나이다." 남편과 아내가 서로 얼마나 존중하며 피차 위하는지 보라. 그녀는 아내의 의무에 충실하여 남편의 허락을 받기 전에는 결코 가지 않으려고 했다. 남편 역시도 아내를 지극히 사랑하여 아내가 선지자를 찾아가는 용건에 대해서는 아무 말도 하지 않았음에도 불구하고 굳이 반대하려고 하지 않았다.

2. 그녀는 최대한 서둘러 엘리사에게 달려간다(24절). 엘리사는 멀리서 그녀를 보고 사환을 보내어 무슨 문제가 있느냐고 묻도록 한다(24, 25절). 엘리사는 매우 세세하게 묻도록 시킨다: 너는 평안하냐 네 남편이 평안하냐 아이가 평안하냐. 하나님의 사람이 따뜻한 마음으로 형제들의 평안을 묻는 것은 얼마나 아름다운 일인가! 이에 여인은 간단하게 '평안하다' 라고 대답한다. 지금 그녀가 만나러 온 사람은 게하시가 아니었으므로 그에게는 아무 말도 하지 않은 것이었다(시 39:1, 2). 그러나 그것은 참으로 괴로움을 억누르면서 한 말이었다. "나도 잘 있으며 남편도 잘 있으며 아이도 잘 있습니다. 모두가 잘 있습니다. 그러나 아이는 집에서 잠들어 있습니다." 하나님이 우리의 가장 사랑하는 자들을 죽음으로 부르실 때, "우리와 그들에게 다 잘 된 일입니다"라고 말하는 것은 얼마나 아름다운 일인가? 그것은 선한 일이다. 왜냐하면 하나님이 하시는 모든 일이 선하기 때문이다. 그들이 하늘나라에 갔다면 그것은 그들에게 너무도 잘 된 일이다. 그리고 그들의 죽음으로 인해 우리가 하늘나라를 향한 우리의 인생길을 좀 더 새롭게 한다면 그 역시 우리에게 너무도 잘 된 일이다.

3. 엘리사를 만나자 그녀는 자신의 괴로움을 쏟아낸다. 그녀는 슬픔과 괴로

움에 가득 찬 모습으로 몸을 던져 엘리사의 발을 부둥켜안았다(27절). 지금까지 그녀는 자신의 감정을 드러내지 않았지만, 비로소 자신을 도울 수 있는 선지자를 만나자 이와 같이 모든 슬픔과 괴로움을 드러낸 것이었다. 이처럼 그녀는 자신의 감정을 감출 줄 알았던 것처럼 또한 그것을 드러낼 줄도 알았다. 게하시는 그녀가 발을 부둥켜안는 것을 자기 스승이 좋게 여기지 않을 것이라 생각하여 그녀를 일으켜 세우려고 했다. 그러나 엘리사는 가만히 서서 그녀의 말을 듣고자 했는데, 그것은 그녀의 괴로움의 원인에 대해 하나님으로부터 아무것도 듣지 못했기 때문이었다. 하나님은 선지자들이 원한다고 해서 모든 것을 다 알려주시는 것이 아니라 다만 하나님이 보실 때 합당한 것만을 그들에게 알려주신다. 하나님이 이것을 엘리사에게 알려주지 않은 것은 그녀 자신으로부터 직접 들을 수 있었기 때문이었다. 그녀의 말은 너무도 애처러웠다.

(1) 그녀는 자신이 언제 아들을 구했느냐고 호소한다. "내가 내 주께 아들을 구하더이까? 내가 그렇게 하지 않았던 것을 당신이 아나이다. 나는 한나처럼 아들이 없다고 조바심을 내지도 않았으며, 라헬처럼 '내게 자식을 낳게 하라 그렇지 아니하면 내가 죽겠노라' 며 투정을 부리지도 않았나이다." 가장 사랑하는 것을 잃어버렸을 때, 만일 우리가 은혜 가운데 그것에 대해 과도하게 집착하지 않았노라고 말할 수 있다면 그것은 얼마나 좋은 일이겠는가? 만일 우리가 그런 것들에 과도하게 집착한다면, 그것은 우리가 그것들을 하나님보다 더 사랑했음을 보여주는 증표가 될 수 있기 때문이다.

(2) 그녀는 자신이 선지자의 말을 전적으로 신뢰했었노라고 호소한다: 나를 속이지 말라고 내가 말하지 아니하더이까? 정말로 그녀는 그와 같이 말했었다(16절). 아마도 이 말의 의미는 다음의 두 가지 가운데 하나일 것이다.

[1] 선지자가 자신을 속였다고 다투는 것. 자신에게 베풀어진 은총이 그렇게 빨리 거두어진다면 그것은 자신을 속이는 것이라고(다시 말해서 자신은 그러한 은총으로부터 속임을 당하는 것이라고) 그녀는 기꺼이 생각할 것이었다. 그리고 그녀는 이와 같이 아들을 빨리 잃을 것이라면 차라리 애당초 받지 않았으면 더 좋았을 것이라고 생각할 것이었다. 하나님이 우리에게 어떤 선물을 주셨을 때, 나중에 그것을 잃어버렸다 하여 하나님의 은총 자체를 평가절하하는 것은 합당치 못한 일이다.

[2] 선지자에게 아들을 다시 살려 달라고 애원하는 것. "나를 속이지 말라고

내가 말하지 아니하더이까? 나는 당신이 나를 속이지 않을 것을 아나이다." 때로 하나님의 섭리가 우리를 실망시킬 수 있을 것이다. 그러나 그런 때에라도 우리는 하나님의 약속은 우리를 속이지 않았으며 또 영원히 속이지 않을 것이라는 사실을 확신할 수 있다. 하나님의 약속에 대한 소망은 결코 우리를 실망시키지 않을 것이다.

Ⅲ. 아이가 다시 살아남. 본문에는 간단하게만 언급되어 있지만, 그러나 우리는 그녀가 엘리사에게 아이의 죽음에 관하여 상세하게 설명하고, 또 엘리사는 그녀에게 아이가 다시 살아날 것을 분명하게 약속해 주었을 것이라고 추측할 수 있다.

1. 엘리사는 게하시에게 자신의 지팡이를 주면서 최대한 빨리 죽은 아이에게 가서 그것을 아이 얼굴에 놓으라고 지시한다(29절). 나는 엘리사가 왜 이렇게 지시했는지 알지 못한다. 엘리사는 엘리야가 죽은 아이를 어떻게 다시 살렸는지 알고 있었을 것이다. 그 때 엘리야는 죽은 아이 위에 엎드려 계속해서 기도했었다(왕상 17:19 이하). 그런데 엘리사는 어떻게 이렇게 간단하게 ― 다시 말해서 자신이 직접 갈 수 있었음에도 불구하고 사환을 보내는 방법으로 ― 죽은 아이를 다시 살릴 수 있다고 생각했는가? 지금 그는 자신의 능력을 게하시 같은 사람에게 위임할 수 있다고 생각했는가? 홀 주교(bishop Hall)는 이 일이 신적 충동에 의해서가 아니라 인간적인 생각에 의해 되어짐으로써 결과적으로 아무 효과도 없게 되었다고 생각했다. 하나님은 그와 같은 큰 은총(즉 죽은 자를 다시 살리는 은총)을 결코 값싼 것이나 혹은 지나치게 쉬운 것으로 만들지 않을 것이다. 왜냐하면 그렇게 되면 사람들이 그것을 대수롭지 않게 생각할 것이기 때문이다.

2. 그녀는 엘리사와 함께가 아니라면 결코 돌아가지 않겠노라고 다짐한다(30절): 내가 당신을 떠나지 아니하리이다. 그녀는 지팡이에 대해 큰 기대를 갖지 않았다. 그녀에게는 오직 선지자의 손이 필요할 뿐이었다. 어쩌면 하나님은 이를 통해 우리로 하여금 종(servants, 혹은 사환)에 불과한 피조물들을 신뢰하지 말고 오직 주인이신 창조주의 권능만을 신뢰할 것을 가르치고자 하신 것인지도 모른다. 결국 게하시는 아무 소득 없이 돌아왔다(31절): 아이가 깨지 아니하였나이다. 여기에서 게하시는 아이의 어머니를 위로하기 위해 아이가 잠자고 있는 것으로 표현했지만, 그러나 자신의 능력으로는 아이를 깨게 할 수 없었

다. 죽은 영혼들을 영적 생명으로 다시 살아나게 함에 있어 사역자들은 자신의 능력으로는 여기의 게하시가 할 수 있었던 것 이상의 일을 결코 할 수 없다. 게하시가 죽은 아이의 얼굴 위에 선지자의 지팡이를 놓은 것처럼, 그들은 죽은 영혼들의 얼굴 위에 하나님의 말씀을 놓을 것이다. 그러나 그리스도께서 영으로 임하실 때까지 그들은 소리도 없고 듣지도 못한다. 문자(혹은 儀文, letter) 자체는 죽이는 것이다. 살리는 것은 영이다. 마른 뼈가 살아 일어나기 위해서는 거기에다가 예언만 하는 것으로는 되지 않는다. 오직 하늘로부터 생기가 내려와 마른 뼈 위에 불어져야 한다.

3. 엘리사의 진지한 기도를 통해 죽은 아이가 다시 살아나는 은총이 베풀어진다. 엘리사는 죽은 아이가 자신의 침상 위에 눕혀져 있는 것을 보고는(32절), 두 사람만 있도록 문을 닫았다(33절). 우리는 여기에서 죽은 아이도 사람 즉 두 사람 가운데 하나로 언급되는 것을 보게 되는데, 그것은 아직 그 아이가 잃어지지 않고 존재해 있었기 때문이었다. 엘리사는 아무도 들어오지 못하게 했는데, 그것은 하나님이 주신 능력을 자랑하거나 혹은 사람들에게 과시하려고 하지 않았기 때문이었다. 다음을 관찰하라.

(1) 그는 아이를 다시 살리기 위해 혼신의 힘을 다한다. 아마도 엘리사는 자신의 지팡이를 게하시에게 주고 그를 통해 그 일을 이루려고 생각한 것이 하나님을 지나치게 시험한 것임을 깨달았을 것이다. 결국 그 일이 이루어지지 않음으로 인해 그는 자신의 생각이 틀렸음을 알게 되었다. 이제 그는 그 일이 자신이 생각한 것보다 훨씬 더 어려운 일임을 알게 되었고, 따라서 더욱 진지하고 엄숙한 자세로 그 일에 혼신의 힘을 다하였다.

[1] 그는 여호와께 기도했다(33절). 아마도 엘리야가 그랬던 것처럼 "이 아이의 영혼으로 다시 돌아오게 하소서"라고 기도했을 것이다. 그리스도께서는 권세를 가진 자로서 "소녀야 내게 네게 이르노니 일어나라" 혹은 "나사로야 나오너라"라고 명령함으로써 죽은 자들을 일으켰다(왜냐하면 그는 아들로서 그리고 생명의 주님으로서 큰 권능을 가지고 계셨기 때문이었다). 반면 엘리야와 엘리사는 종으로서 기도와 간구로 그 일을 행했다.

[2] 그는 아이 위에 올라 엎드렸다(34절). 마치 아이에게 자신의 체온과 생기를 전달해 주려는 것처럼 보였다. 아이를 다시 살리고자 하는 자신의 진지한 열망과 이 일을 이루시는 신적 권능의 표적을 그는 이와 같이 나타냈다. 마치

하나님의 이름으로 그에게 생기를 불어넣으려는 것처럼 그는 먼저 자신의 입을 아이의 입에 갖다 대었다. 그러고 나서 그의 눈이 다시 생명의 빛으로 열리도록 하기 위해 자신의 눈을 아이의 눈에 대었다. 그리고 그의 손에 힘을 전해주기 위해 자신의 손을 아이의 손에 대었다. 그러고 나서 그는 아이에게서 내려와 이리 저리 걸어 다녔다. 그는 지금 자신이 하려고 하는 일에 정신이 집중되어 있었다. 그리고 그는 다시 아이 위에 올라 엎드렸다(35절). 죽은 영혼을 영적 생명으로 이끄는 일에 도구가 되고자 하는 자들은 이와 같이 그들의 형편을 돌아보고 그들을 위해 뜨겁게 기도하는 수고를 아끼지 말아야 한다.

(2) 아이는 점차적으로 살아나기 시작한다. 첫 번째 시도에서 아이의 살이 차차 따뜻해졌는데(34절), 이것은 엘리사에게 계속해서 기도하도록 힘을 북돋워 주었다. 그리고 잠시 후 아이는 일곱 번 재채기를 했는데, 그것은 생명뿐만 아니라 활기가 다시 돌아온 표시였다. 어떤 이들은 하나님이 아담에게 생기를 불어넣으셨을 때 그가 생명을 가진 존재가 된 최초의 증거가 바로 재채기하는 것이었으며, 따라서 이로 인해 재채기하는 것을 귀히 여기는 관습이 생기게 되었다고 말한다. 또 어떤 이들은 여기에서 그러한 재채기가 아이의 병든 머리를 깨끗하게 해 주었을 것이라고 생각하기도 한다.

(3) 엘리사는 살아난 아이를 어머니의 품에 돌려준다(36, 37절). 그리하여 모든 사람들이 적지 않게 위로를 받았다(행 20:12). 여기에서 하나님의 능력을 보라. 하나님은 죽이기도 하시고 다시 살리기도 하신다. 또한 기도의 능력을 보라. 기도 속에는 구름을 불러오는 열쇠가 있었던 것처럼 또한 죽음을 깨뜨리는 열쇠도 있었다. 또한 믿음의 능력을 보라. 수넴 여인의 믿음 앞에서 죽음은 되돌아올 수 없는 길이라는 고정된 자연법칙조차도 예외를 허락하지 않을 수 없었다.

[38] 엘리사가 다시 길갈에 이르니 그 땅에 흉년이 들었는데 선지자의 제자들이 엘리사의 앞에 앉은지라 엘리사가 자기 사환에게 이르되 큰 솥을 걸고 선지자의 제자들을 위하여 국을 끓이라 하매 [39] 한 사람이 채소를 캐러 들에 나가 들포도덩굴을 만나 그것에서 들호박을 따서 옷자락에 채워가지고 돌아와 썰어 국 끓이는 솥에 넣되 그들은 무엇인지 알지 못한지라 [40] 이에 퍼다가 무리에게 주어 먹게 하였더니 무리가 국을 먹다가 그들이 외쳐 이르되 하나님의 사람이여 솥에 죽음의 독이 있나

이다 하고 능히 먹지 못하는지라 [41]엘리사가 이르되 그러면 가루를 가져오라 하여 솥에 던지고 이르되 퍼다가 무리에게 주어 먹게 하라 하매 이에 솥 가운데 독이 없어지니라 [42]한 사람이 바알 살리사에서부터 와서 처음 만든 떡 곧 보리떡 이십 개와 또 자루에 담은 채소를 하나님의 사람에게 드린지라 그가 이르되 무리에게 주어 먹게 하라 [43]그 사환이 이르되 내가 어찌 이것을 백 명에게 주겠나이까 하나 엘리사는 또 이르되 무리에게 주어 먹게 하라 여호와의 말씀이 그들이 먹고 남으리라 하셨느니라 [44]그가 그들 앞에 주었더니 여호와께서 말씀하신 대로 먹고 남았더라

우리는 여기에서 엘리사가 자신이 마땅히 있어야 할 위치와 본분 가운데 있는 것을 보게 된다. 왜냐하면 지금 그는 선지자의 제자들 가운데 있으면서 그들을 가르치며 또 아버지로서 그들에게 양식을 공급하고 있었기 때문이었다. 이와 같이 자신들의 형편을 알며 또 필요한 것을 공급해 주는 스승을 두고 있는 자들은 얼마나 행복한가! 본문은 그 땅에 흉년이 들었다는 말로 시작되는데(38절), 이것은 열왕기하 8장 1절에 나타나는 것과 동일한 흉년이었다. 이러한 흉년(혹은 기근)은 엘리야 때와 똑같이 7년 동안 계속되었다. 그것은 하나님의 말씀을 듣지 못하는 기근이 아니라 양식이 없는 기근이었다. 왜냐하면 당시에는 엘리사로부터 말씀을 듣는 선지자의 제자들이 많이 있었으며, 그들은 그로부터 말씀을 배워 다른 사람들을 가르칠 수 있었기 때문이었다. 우리는 여기에서 엘리사가 선지자의 제자들을 위해 양식을 공급해 주는 두 가지 이야기를 보게 된다. 그리스도께서도 말씀을 듣는 무리에게 두 번 양식을 공급해 주신 적이 있었다. 지금은 기근의 때였기 때문에 엘리사는 선지자의 제자들을 위해 더 마음을 쓰지 않을 수 없었다. 그것은 이 흉한 때에 그들이 부끄러움을 당하지 않고 기근의 날에도 풍족하도록 하기 위함이었다(시 37:19).

I. 엘리사가 독이 든 음식을 온전케 만듦.

1. 강연이 있는 날 선지자의 제자들이 자신 앞에 앉았을 때, 엘리사는 자신이 그들의 영혼을 위해 생명의 떡을 떼고 있는 동안 사환으로 하여금 그들의 육체를 위해 음식을 준비하도록 지시했다. 여기에 고기는 없었던 것으로 보인다. 엘리사는 채소로 국을 끓이도록 지시한다(38절). 선지자의 제자들은 절제와 금욕의 본이 되어야 하며, 진미를 탐하지 말고 간소한 음식으로 만족할 줄 알아야 한다. 그들에게 기름진 고기와 맛있는 음식은 없이 다만 채소로 끓인

국 한 그릇이 전부일 뿐인가? 그들의 위대한 스승 역시도 그와 똑같은 것을 먹고 있다는 사실을 그들은 잊지 말아야 한다.

2. 채소를 따러 나갔던 한 사람이 실수로 들호박이라 불리는 독이 들어있는 열매를 따가지고 와서 그것을 썰어 국 끓이는 솥에 넣었다(39절). 어떤 이들은 아마도 그것이 콜로신스(colocynth: 강력한 배변효능을 가진 박과 식물로서 과용하면 위험함)였을 것이라고 생각한다. 선지자의 제자들은 식물학보다는 주로 신학을 공부했으며 식물지(植物誌)보다는 주로 성경을 읽었을 것이다. 만일 어떤 땅의 열매에 독이 있다면, 우리는 그것을 저주의 결과로 간주해야 한다(땅이 네게 가시덤불과 엉겅퀴를 낼 것이라). 왜냐하면 본래는 모두 선하게 창조되었기 때문이다.

3. 이에 무리가 음식에 독이 있다고 외쳤다. 사람에게는 미각(味覺)이 있어 온전한 음식은 혀를 즐겁게 하지만, 온전치 못한 음식은 뱃속에 들어가기 전에 드러나는 법이다. 입이 맛으로 그 음식을 구별한다(욥 12:11). 그 국은 맛으로써 온전치 못한 것으로 드러났고 따라서 그들은 솥에 죽음이 있나이다(개역개정판에는 죽음의 독이 있나이다라고 되어 있음)라고 소리를 질렀다(40절). 종종 식탁이 올무가 되는 경우가 있다. 우리의 건강과 안녕을 위한 것이 도리어 우리를 사로잡는 올가미가 되는 것이다. 바로 이것이 우리가 음식을 먹을 때 조심해야 하는 이유이다. 음식을 먹을 때 우리는 죄와 죽음의 두려움을 잊지 말아야 한다.

4. 엘리사는 즉시 독을 제거했다. 전에 소금으로 쓴 물을 고쳤던 것처럼 지금은 가루로 쓴 국을 고쳤디(41절). 엘리사가 가루를 넣기 전에도 이미 그 국 속에는 가루가 들어 있었을 것이다. 그러나 그것은 단지 국을 진하게 만들기 위해 보통 사람들이 넣은 것일 따름이다. 지금 넣은 것도 똑같은 가루지만, 그러나 국 속에 들어있는 독을 제거하기 위해 엘리사가 넣은 것이었다. 이를 통해 우리는 독을 제거한 것이 가루 자체가 아니라 신적 권능이었다는 사실을 알 수 있다. 이렇게 하여 모든 문제가 해결되었다. 이제 솥에는 죽음(혹은 죽음의 독)뿐만 아니라 어떤 해(害)도 없게 되었다. 우리는 우리의 음식을 온전케 하시는 하나님의 선하심을 인정해야 한다. 나는 너를 고치는 여호와니라.

II. 엘리사가 적은 음식으로 많은 사람들을 먹임.

1. 엘리사는 보리떡 20개와 얼마간의 채소를 예물로 받았다(42절). 예전 시

대에 이것은 결코 적은 것이 아니었다. 그러나 지금은 특별히 귀한 것이었는데, 그것은 지금이 기근의 때였기 때문이다. 그것은 처음 만든 떡 즉 첫 열매로서 하나님의 몫이었다. 당시 제사장들과 레위인들은 모두 예루살렘이 있었으며, 그 곳은 그들이 갈 수 없는 곳이었다. 그러므로 그들 가운데 믿음이 깊고 경건한 자들이 첫 열매를 선지자에게 드린 것은 충분히 합당한 일이었다. 그리고 그렇게 드려진 예물은 선지자 학교를 유지하는데 큰 도움이 되었을 것이다.

2. 엘리사는 값없이 받았으므로 또한 값없이 나누어 주었다. 그는 그것을 자신을 위해서나 혹은 나중을 위해 남겨두지 말고 모두 선지자의 제자들에게 주라고 지시했다. "내일 일은 내일 염려할 것이요 그것을 모든 사람에게 주어 먹게 하라." 하나님의 사람들에게 있어 관대하며 열린 손을 갖는 것은 너무도 합당한 일이다. 그리고 선지자의 아버지들(the fathers of the prophets)은 선지자의 아들들(the sons of the prophets, 혹은 선지자의 제자들)에게 가능한 한 후하게 베풀어야 한다.

3. 한 사람이 먹을 정도의 분량밖에 안 되는 적은 것이었음에도 불구하고 엘리사는 그것으로 100명을 먹게 했다(43, 44절). 사환은 그토록 적은 음식을 많은 무리 앞에 내어놓는 것은 그들을 감질나게 만들 뿐이며 결국 자신의 스승이 부끄러움을 당하게 될 것이라고 생각했다. 그러나 엘리사는 하나님의 이름으로 그것이 모두에게 충분한 음식이 될 것이라고 선언했고 결국 그렇게 되었다. 그들 모두가 먹고 남았다. 그들이 먹기를 꺼려해서가 아니라 보리떡이 계속해서 늘어났기 때문이었다. 하나님은 자기 백성들에게 이렇게 약속하셨다: 내가 이 성의 식료품에 풍족히 복을 주고 떡으로 그 빈민을 만족하게 하리로다(시 132:15). 하나님은 먹이시며 또한 배부르게 하신다. 하나님이 불어버리면 적어지는 것처럼 하나님이 축복하시면 많아진다(학 1:9). 한편 그리스도께서 무리를 먹이신 사건은 이것보다 훨씬 더 뛰어난 이적이었다. 그렇지만 두 사건은 모두 우리에게 다음과 같은 동일한 사실을 가르쳐 준다. 즉 당신의 길을 따르는 자들에 대하여 하나님은 신적 섭리의 특별한 돌보심으로 보호하시며, 또한 필요한 것들을 공급해 주실 것이라는 사실이다.

제
— 5 —
장

개요

본 장에서 우리는 엘리사가 행한 두 가지 이적을 보게 된다.

I. 아람 사람 이방인 나아만이 나병으로부터 깨끗해짐. 1. 그의 딱한 형편(1절). 2. 신적 섭리가 그를 엘리사에게로 인도함. 포로로 잡혀온 소녀로부터 엘리사에 관한 이야기를 들음(2-4절). 아람 왕이 이스라엘 왕에게 편지를 보냄(5-7절). 엘리사가 왕에게 그를 자신에게 보내라고 말함(8절). 3. 엘리사가 그에게 요단강에서 일곱 번 씻으라고 함, 우여곡절 끝에 그가 순종하고 깨끗함을 입음(9-14절). 4. 그가 엘리사에게 감사를 표하고자 함(15-19절). II. 엘리사의 사환 게하시에게 나병이 임함. 1. 게하시가 나아만에게 거짓말을 하고(20-24절) 또 스승까지 속이려고 함(25절). 2. 그에 대한 징벌로 나아만의 나병이 게하시와 그의 자손에게 임함(26, 27절). 만일 나아만이 나병으로부터 깨끗하게 된 것이 이방인을 부르시는 것을 상징하는 것이었다면(눅 4:27), 게하시가 징벌을 받은 것은 유대인이 버림을 당하는 것을 상징하는 것으로 간주될 수 있을 것이다. 유대인이 이방인에 대한 하나님의 은총을 시기한 것처럼 게하시는 나아만에 대한 엘리사의 은총을 시기했다.

[1]아람 왕의 군대 장관 나아만은 그의 주인 앞에서 크고 존귀한 자니 이는 여호와께서 전에 그에게 아람을 구원하게 하셨음이라 그는 큰 용사이나 나병환자더라 [2]전에 아람 사람이 떼를 지어 나가서 이스라엘 땅에서 어린 소녀 하나를 사로잡으매 그가 나아만의 아내에게 수종들더니 [3]그의 여주인에게 이르되 우리 주인이 사마리아에 계신 선지자 앞에 계셨으면 좋겠나이다 그가 그 나병을 고치리이다 하는지라 [4]나아만이 들어가서 그의 주인께 아뢰어 이르되 이스라엘 땅에서 온 소녀의 말이 이러이러하더이다 하니 [5]아람 왕이 이르되 갈지어다 이제 내가 이스라엘 왕에게 글을 보내리라 하더라 나아만이 곧 떠날새 은 십 달란트와 금 육천 개와 의복 열 벌을 가지고 가서 [6]이스라엘 왕에게 그 글을 전하니 일렀으되 내가 내 신하 나아만을 당신에게 보내오니 이 글이 당신에게 이르거든 당신은 그의 나병을 고쳐 주소서

하였더라 [7]이스라엘 왕이 그 글을 읽고 자기 옷을 찢으며 이르되 내가 사람을 죽이고 살리는 하나님이냐 그가 어찌하여 사람을 내게로 보내 그의 나병을 고치라 하느냐 너희는 깊이 생각하고 저 왕이 틈을 타서 나와 더불어 시비하려 함인줄 알라 하니라 [8]하나님의 사람 엘리사가 이스라엘 왕이 자기의 옷을 찢었다 함을 듣고 왕에게 보내 이르되 왕이 어찌하여 옷을 찢었나이까 그 사람을 내게로 오게 하소서 그가 이스라엘 중에 선지자가 있는 줄을 알리이다 하니라

우리 구주께서 행하신 이적들은 이스라엘 집의 잃어버린 양들을 위한 것이지만, 그러나 부스러기 하나가 그 식탁으로부터 가나안 여자에게 떨어졌다. 엘리사가 아람 사람 나아만을 위해 행한 이적도 바로 그와 같은 것이었다. 하나님은 모든 사람에게 선을 베풀기를 원하시며 또한 모든 사람이 구원받기를 원하신다.

I. 나병에 걸린 나아만(1절). 그는 크고 존귀한 자였다. 부유하며 높은 지위를 가지고 있었을 뿐만 아니라 특별히 다음과 같은 두 가지로 인해 복된 자였다.

1. 나라를 위해 큰 봉사를 함. 그것은 하나님으로부터 말미암은 것이었다: 여호와께서 전에 그에게 아람을 구원하게 하셨음이라. 그는 여러 전쟁을 — 심지어 이스라엘과 벌인 전쟁까지도 — 승리로 이끌었다. 하나님을 알지 못하며 또 섬기지도 않는 자들의 형통에 대하여 우리는 그것을 하나님께 돌려야만 한다. 왜냐하면 하나님은 만인의 구주시기 때문이다. 아람이 이스라엘을 이길 때 그것은 여호와로 말미암은 것이란 사실을 이스라엘은 알아야만 한다.

2. 왕의 총애를 받음. 그는 군대장관으로서 왕이 특별히 귀하게 여기는 신하였다. 그는 크고 높고 존귀한 용사였다. 그러나 그는 나병환자였으며, 그러한 사실은 그에게 너무도 큰 고통이 아닐 수 없었다. 여기에서 다음의 사실들을 주목하라.

(1) 사람의 어떤 위대함과 존귀와 영향력과 용맹조차도 그에게 다가오는 불행을 막아주지 못한다는 사실. 값비싸고 화려한 옷을 둘렀다 할지라도 그 속에 있는 몸은 병들고 불구가 된 경우는 얼마나 흔한 일인가?

(2) 모든 사람들은 나름대로 어떤 문제를 가지고 있다는 사실. 그런 것들이 사람들에게 오점이 되기도 하고, 위엄을 가리기도 하며, 기쁨을 슬픔으로 바꾸

기도 한다. 나아만은 누구보다 형통한 사람이었지만 그러나 결코 행복하지 못했을 것이다. 나아만은 세상이 줄 수 있는 것은 모두 가진 자였으며, 가장 큰 자였다. 그러나 (홀 주교가 말한 것처럼) 아람의 가장 천한 노예조차도 그와 피부를 바꾸려고 하지 않을 것이었다.

II. 나아만이 엘리사의 능력과 관련한 이야기를 들음. 그는 자기 아내에게 수종드는 어린 소녀로부터 그러한 이야기를 들었다(2, 3절). 그 소녀는 이스라엘 백성이었는데, 신적 섭리에 따라 아람으로 포로로 잡혀 갔다. 그 후 소녀는 나아만의 집으로 가게 되었는데, 거기에서 하나님과 이스라엘을 존귀케 하기 위해 엘리사의 이름을 퍼뜨렸다. 하나님의 백성들의 흩어짐이 때로 하나님의 이름을 널리 퍼뜨리는 좋은 기회가 되기도 한다(행 8:4, 그 흩어진 사람들이 두루 다니며 복음의 말씀을 전할새). 그 소녀는

1. 참 이스라엘 백성이었다. 그녀는 참 이스라엘 백성으로서 자기 나라의 영예를 생각했고, 그랬기 때문에 어린 소녀였음에도 불구하고 유명한 선지자에 대해 이야기할 수 있었다. 어린아이들도 하나님의 놀라운 일들에 대해 잘 알고 있어야만 한다. 그래야만 어디로 가든지 그에 대해 이야기할 수 있을 것이다. 시편 8장 2절을 보라(주의 대적으로 말미암아 어린 아이들과 젖먹이들의 입으로 권능을 세우심이여).

2. 착한 종(good servant)이었다. 그녀는 비록 포로로 끌려와 억지로 종이 되었지만 그러나 자기 주인이 건강해지고 잘 되기를 바랐다. 하물며 스스로의 선택에 의해 종이 된 자들은 얼마나 더 주인의 유익을 염원해야 하겠는가? 바벨론에 포로로 끌려간 유대인들은 포로로 끌려간 땅의 평안을 구해야만 하였다(렘 29:7, 너희는 내가 사로잡혀 가게 한 그 성읍의 평안을 구하고 그를 위하여 여호와께 기도하라). 엘리사는 이스라엘에서 한 사람의 나병환자도 고치지 않았다(눅 4:27). 그러나 그녀는 그가 행한 다른 이적들로부터 그가 자기 주인의 나병을 고쳐줄 수 있을 것이라고 추론했다. 그리고 그의 자애로운 마음으로부터 그가 기꺼이 아람 사람인 자기 주인을 고쳐줄 것이라고 생각했다. 영광의 하나님에 대해 말하는 것을 통해 종들은 어디를 가든지 그 집의 축복이 될 수 있다.

III. 이에 아람 왕이 이스라엘 왕에게 나아만을 대신하여 편지를 씀. 나아만은 천한 여종의 말이라 하여 그것을 무시하지 않았다. 그는 "그 아이가 바보 같은 소리를 하는군, 아람의 모든 의원들도 고치지 못했는데 어떻게 이스라

엘의 선지자가 고칠 수 있단 말인가?"라고 말하지 않았다. 그는 이스라엘을 좋아하지도 않고 존경하지도 않았지만, 그러나 만일 그들 가운데 한 사람이 자신의 나병을 고쳐줄 수만 있다면 기꺼이 그러한 은의(恩誼)에 보답할 것이었다. 영적인 병에 걸려 멸망 아래 있는 자들이 우리의 위대한 의원에 대한 소식에 이처럼 기꺼이 귀를 기울이기만 한다면! 나아만이 그러한 이야기를 듣고 어떻게 행동했는지 살펴보라.

1. 그는 선지자를 부르려고 하지 않았다. 나병으로 인해 거동하기 불편했음에도 불구하고, 그는 자신의 병을 고쳐줄 수 있는 신적 권능을 가진 자에게 자신이 직접 가고자 했다. 비록 방백이라도 필요할 때는 선지자에게 몸을 숙여야 한다고 그는 생각했다.

2. 그는 변장하고 가려고 하지 않았다. 자신의 끔찍한 질병을 드러낼 수밖에 없었음에도 불구하고, 그는 많은 수행원들을 거느린 채 위용 있는 모습으로 갔다. 그것은 선지자에게 더 큰 존귀를 표하는 것이었다.

3. 그는 빈손으로 가려고 하지 않았다. 그는 선지자에게 예물로 드리기 위해 은과 금과 의복을 가지고 갔다. 재물은 가졌으나 건강은 갖지 못한 자들에게 있어 그들이 어느 것을 더 큰 축복으로 여기는가 하는 것은 스스로 드러나는 법이다. 육체의 강건함과 온전함을 위해서라면 그들이 무엇을 아끼겠는가?

4. 그는 자기 주인의 편지가 없이는 가려고 하지 않았다. 아람 왕은 신하 나아만의 회복을 진심으로 바랐다. 그는 이적을 행하는 선지자가 사마리아 어디에 살고 있는지 알지 못했지만, 그러나 이스라엘 왕은 당연히 알고 있을 것으로 생각했다. 그리하여 아람 왕은 이스라엘 왕에게 편지를 보내면서 선지자로 하여금 나아만의 회복을 위해 최선을 다해 줄 것을 부탁했다. 그는 자신의 제후인 이스라엘 왕이 능히 이 일을 수행할 것이라고 생각했다. 나라의 백성들이 가지고 있는 모든 은사(恩賜)는 왕을 섬기며 존귀케 하는 일에 쓰여져야 한다고 그는 생각했다. 그리하여 그는 왕과 선지자가 당연히 함께 있을 것으로 생각하면서 이스라엘 왕에게 나아만의 나병을 고쳐 달라고 부탁했다(6절).

IV. 이 일로 이스라엘 왕이 크게 당황함(7절). 그는 아람 왕의 편지를 다음과 같이 이해했다.

1. 하나님을 크게 모독하는 것으로. 그리하여 유대인들이 하나님을 모독하는 말을 듣거나 글을 읽었을 때 통상 하던 관습대로, 그는 자신의 옷을 찢었다.

어떻게 자신과 같은 사람에게 신적 권능을 돌릴 수 있단 말인가? "내가 말씀으로 죽이기도 하고 말씀으로 살리기도 하는 하나님이냐? 아니라, 내게는 결코 그런 권능이 없노라." 악한 이스라엘 왕은 이와 같이 자신이 단지 사람일 뿐임을 인정하지 않을 수 없었다. 그러면서도 그는 어째서 다음과 같이 생각하면서 자신의 우상 숭배를 고치지 않았을까? '죽이지도 못하고 살리지도 못하며 선이나 악도 행하지 못하는 것들을 어째서 내가 신들로 숭배해야 한단 말인가?'

2. 자신에 대해 나쁜 의도를 가진 것으로. 그는 주위에 있는 신하들에게 이렇게 호소한다: "저 왕이 틈을 타서 나와 더불어 시비하려 함인줄 알라. 그가 나더러 나병을 고치라고 요구하도다. 만일 고치지 못하면 이를 핑계로 나와 전쟁을 벌일 것이라." 나아만이 아람의 장군이었으므로 이스라엘 왕은 더욱 그렇게 의심할 수밖에 없었다. 만일 이스라엘 왕이 편지의 의미를 올바로 이해했다면, 그는 이렇게까지 놀라면 당황하지는 않았을 것이다. 우리 역시도 종종 다른 사람들이 좋은 의도로 말하거나 행동한 것을 잘못 이해함으로써 스스로를 큰 괴로움 속에 빠뜨리곤 한다는 사실을 기억하자. 악한 것을 생각하지 않는 것이 바로 우리 자신을 유익케 하는 일이다. 만일 그가 엘리사의 권능을 기억했다면, 그는 그 편지를 쉽게 이해하고 자신이 어떻게 해야 할지를 알 수 있었을 것이다. 그러나 그는 스스로를 선지자에 대해 외인으로 만듦으로써 이러한 혼란에 빠지고 말았다. 포로로 끌려간 소녀가 왕보다도 선지자에 대해 더 잘 알고 있었다.

V. 엘리사가 나아만을 자신에게 보내라고 함. 비록 왕이 자신을 기억하지 못했다 할지라도, 엘리사는 기꺼이 왕의 고민을 해결해 수고자 했다. 왕이 옷을 찢었다는 이야기를 듣고 엘리사는 아람의 병자를 자신에게 보내면 그의 수고가 결코 헛되지 않을 것이라고 말한다(8절): 그가 이스라엘 중에 선지자가 있는 줄을 알리이다. 그리고 그는 이스라엘의 선지자가 아람의 선지자들은 감히 흉내내지도 못하는 일을 할 수 있다는 사실을 알게 될 것이었다. 엘리사가 그들 모두에게 이스라엘에 선지자가 있음을 알게 하고자 했던 것은 자신을 존귀케 하기 위한 것이 아니라 하나님을 존귀케 하기 위한 것이었다.

⁹나아만이 이에 말들과 병거들을 거느리고 이르러 엘리사의 집 문에 서니 ¹⁰엘리사가 사자를 그에게 보내 이르되 너는 가서 요단 강에 몸을 일곱 번 씻으라 네 살이

회복되어 깨끗하리라 하는지라 ¹¹나아만이 노하여 물러가며 이르되 내 생각에는 그가 내게로 나와 서서 그의 하나님 여호와의 이름을 부르고 그의 손을 그 부위 위에 흔들어 나병을 고칠까 하였도다 ¹²다메섹 강 아바나와 바르발은 이스라엘 모든 강물보다 낫지 아니하냐 내가 거기서 몸을 씻으면 깨끗하게 되지 아니하랴 하고 몸을 돌려 분노하여 떠나니 ¹³그의 종들이 나아와서 말하여 이르되 내 아버지여 선지자가 당신에게 큰 일을 행하라 말하였더면 행하지 아니하였으리이까 하물며 당신에게 이르기를 씻어 깨끗하게 하라 함이리이까 하니 ¹⁴나아만이 이에 내려가서 하나님의 사람의 말대로 요단 강에 일곱 번 몸을 잠그니 그의 살이 어린 아이의 살 같이 회복되어 깨끗하게 되었더라

우리는 여기에서 나아만의 나병이 고침 받는 것을 보게 된다.

I. 엘리사가 나아만에게 매우 간단한 지시만을 내림. 나아만은 선지자를 존귀케 할 마음으로 모든 수행원들을 거느린 채 병거를 타고 찾아 왔다(9절). 평소에는 선지자에 대해 별다른 마음을 갖지 않던 자들도 필요할 때는 이와 같이 너무도 고분고분해진다. 그는 적선을 구하는 거지처럼 엘리사의 문 앞에 섰다. 영적 나병으로부터 낫고자 하는 자들은 지혜의 문 곁에서 기다리며 문설주를 바라봐야 한다(잠 8:34). 나아만은 자신의 신분에 상응하는 거창한 접대를 기대했지만, 그러나 엘리사는 아무런 격식도 갖추지 않은 채 다만 간단한 지시만을 내려줄 뿐이었다(그것도 직접 나가지 않고 사자를 보내): 너는 가서 요단 강에 몸을 일곱 번 씻으라. 그러면서 그대로 하면 병이 나을 것이라고 약속했다. 그가 해야 할 일도 분명했으며(가서 요단 강에 몸을 일곱 번 씻으라), 그에 대한 약속도 분명했다(네 살이 회복되어 깨끗하리라). 이것은 병을 고치기 위한 일반적인 방법을 가르쳐 주는 것이 결코 아니었다. 왜냐하면 찬물에 목욕하는 것에 어떤 유익이 있을는지 모르지만, 그러나 나병의 경우 찬물로 목욕하는 것이 도리어 해롭다고 생각하는 의사들도 많기 때문이다. 엘리사가 지시한 것은 단지 치유의 한 표징(sign)이었을 뿐이며 그의 순종을 시험하기 위한 것이었다. 하나님의 도움을 입고자 하는 자들은 명령 받은 대로 행해야 한다. 그런데 왜 엘리사는 이러한 지시를 사자를 통해 내렸을까? 아마도 다음의 둘 중 하나일 것이다.

1. 이 때 그가 기도하기 위해 한적한 곳에 물러나 있었기 때문에. 엘리사는 그의 치유를 위해 기도에 집중하고 있었고 그리하여 자신의 주의가 분산되지

않도록 하기 위해 사자를 대신 보냈을 것이다.

2. 나아만의 교만을 깨뜨리기 위해. 엘리사는 그로 하여금 하나님 앞에서 모든 사람이 일반이라는 사실을 알게 하고자 했다.

Ⅱ. 이러한 지시에 나아만이 분개함. 그것은 자신이 기대한 바와 달랐기 때문이었다. 그를 분개하게 한 것은 다음과 같은 두 가지 생각이었다.

1. 선지자가 자신을 경멸했다고 생각함. 선지자가 직접 나오지 않고 사자를 보낸 것을 그는 자신이 냉대(冷待)를 당한 것으로 받아들였다(11절). 그는 자신의 나병이 치유되는 것에 대해 크게 기대하는 가운데 어떤 방법으로 치유가 이루어질지에 대해 나름대로 상상하고 있었다. 그는 이렇게 생각했다. "그가 내게로 나아올 것이다. 그것이 아람의 귀족인 내게 대한 최소한의 예의가 아니겠는가? 나 역시 이와 같이 예의와 위용을 갖추고 오지 않았는가? 더욱이 나는 수 차례에 걸쳐 이스라엘에 대해 승리를 거둔 자가 아닌가? 그리고 그가 서서 그의 하나님의 이름을 부르면서 그리고 기도하는 가운데 내 이름을 부르면서 그의 손을 그 부위 위에 흔들어 나병을 고칠 것이다." 그러나 실제로 그렇게 하지 않았으므로 그는 다음과 같은 사실들을 잊은 채 분노를 터뜨리고 말았다.

(1) 자신이 나병환자라는 사실. 모세의 율법은 나병환자들을 격리시키고 일반 사람들과 접촉하지 못하도록 명령했다. 엘리사는 율법을 존중하며 준수하는 사람이었다. 따라서 나병환자인 나아만은 격식을 차려 자신을 영접하도록 요구해서는 안 되었다. 스스로를 겸비케 해야 할 사람들이 그렇게 하지 않는 것은 너무도 흔한 일이다. 민수기 12장 14절을 보라.

(2) 자신이 탄원하는 자라는 사실. 그는 지금 간청하는 위치에 서 있을 뿐이지 당당하게 요구하는 위치에 서 있지 않았다. 구걸하는 거지가 무엇을 달라고 선택할 수 없는 법이며, 환자가 의사에게 어떻게 처방을 내려 달라고 요구할 수 없는 법이다. 나아만 안에 있는 교만의 어리석음을 주목하라. 격식과 위용을 갖추어 치유되지 않는다면 그는 치유를 받아도 만족하지 못할 것이었다. 자신의 자만심이 충족되지 않는다면 그는 치유 받는 것조차도 경멸할 것이었다.

2. 선지자가 자기 나라를 경멸했다고 생각함. 나아만은 이스라엘의 강인 요단에서 씻으라는 것을 매우 불쾌하게 받아들였다. 그는 다메섹의 강인 아바나와 바르발이 이스라엘의 모든 강보다 훨씬 낫다고 생각했다: 다메섹 강 아바나와 바르발은 이스라엘 모든 강물보다 낫지 아니하냐(12절). 그는 다메섹을 흐르는

두 강을 얼마나 대단하게 생각했는가! 두 강은 다메섹을 지난 후 곧 크리소로아스(Chrysoroas, 즉 황금의 강)라 불리는 하나의 강으로 합쳐진다. 반면 그는 이스라엘의 모든 강들에 대해서는 너무도 대수롭지 않게 생각했다(하나님이 이스라엘 땅을 모든 땅들의 영광이라고 부르셨음에도 불구하고 — 특별히 그 땅의 여러 강들과 시내들로 인해, 신 8:7). 하나님의 평가와 사람의 평가가 이렇게 다른 것은 흔히 있는 일이다. 또한 그는 선지자의 지시까지도 너무도 대수롭지 않게 생각했다: 내가 거기서 몸을 씻으면 깨끗하게 되지 아니하랴. 그는 그 곳에서 자기 몸의 더러운 것을 씻어낼 수는 있지만 그러나 결코 나병을 씻어낼 수는 없을 것이었다. 그는 선지자가 자신에게 씻고 깨끗함을 입으라고 지시한 것에 대해 매우 불쾌하게 생각했다. 그는 선지자가 자신을 위해 이러저러하게 '행동' 해야 한다고만 생각했다. 그러나 선지자는 단지 '지시' 만을 내렸을 뿐이며 그로 인해 그는 불쾌함을 떨칠 수 없었다. 어쩌면 그는 자기 같이 크고 위대한 사람이 치유를 받음에 있어 그와 같은 방법은 너무도 값싸고 평이하며 품위 없는 것이라고 생각했을는지 모른다. 요단 강물에 씻는 것이 무슨 효과가 있단 말인가? 그러면 요단 강물이 다메섹의 강물보다 더 나은 치료효과를 가지고 있단 말인가? 그는 도저히 믿을 수가 없었다. 그러나 그는 다음과 같은 사실들을 생각하지 못했다.

(1) 요단이 이스라엘의 하나님께 속해 있다는 사실. 그가 치유를 기대해야 했던 것은 이스라엘의 하나님으로부터이지 결코 다메섹의 신들로부터가 아니었던 것이다. 요단은 여호와의 거룩한 땅을 흐르는 강이었다. 요단의 치유 효과는 하나님과의 관계로부터 나오는 것이지 그 강의 깊이나 아름다움으로부터 나오는 것이 결코 아니었다.

(2) 요단이 수 차례 권능의 능력 앞에 순복한 적이 있었다는 사실. 요단은 오래 전에 이스라엘 백성들에게 길을 내주었으며, 최근에는 엘리야와 엘리사에게 그렇게 했다. 그러므로 요단이야말로 그와 같은 목적을 이룸에 있어 오랜 세월 오직 창조의 일반법칙에 의해서만 움직여왔던 강들보다 훨씬 더 적합했다.

(3) 그러나 무엇보다도 가장 중요한 것은 요단이 '지정된' 강이라는 사실이었다. 만일 나아만이 신적 권능에 의해 낫기를 바란다면, 그는 이유를 따지지 말고 신적 의지에 따라야만 했다. 스스로 지혜롭다고 여기는 자들이 하늘의 지

혜가 지시하는 것을 경멸하면서 자신들의 생각을 앞세우는 것은 너무도 흔한 일이다. 자신의 의를 세우려고 하는 자들은 하나님의 의에 복종치 않을 것이다(롬 10:3). 나아만은 분개하면서 선지자의 문으로부터 발걸음을 돌렸다. 그 따위 선지자와는 더 이상 아무 말도 하지 않겠다는 듯한 태도였다. 그러면 누가 손해인가? 거짓되고 헛된 것을 지키는 자들은 자신들에게 베풀어진 은혜를 버린 것이란 사실을 주목하라(욘 2:8). 사람에게 있어 가장 큰 원수는 바로 자신의 교만이다.

Ⅲ. 이에 그의 종들이 선지자의 지시를 따를 것을 간곡하게 권고함(13절). 그들은 지금 자기들의 주인이 분노하고 있는 것을 보았다. 그렇지만 그들은 그가 자신들의 진심어린 말까지 물리치지는 않을 것이라고 생각하면서 그에게 나아와 그 문제와 관련하여 간곡하게 조언했다. 그들은 엘리사 선지자를 높이 평가하고 있었다(아마도 그들은 엘리사에 대해 일반 백성들로부터 더 많은 이야기를 들었을 것이고, 따라서 그에 대하여 나아만이 듣고 알았던 것보다 더 많이 알고 있었을 것이다). 그리하여 그들은 자기 주인에게 다음과 같이 생각해보도록 간청했다. "선지자가 당신에게 큰 일을 행하라 말하였더면 행하지 아니하였으리이까? 오랜 시간의 치료과정을 가지라든지 고통스러운 수술을 한다든지 물집을 터뜨린다든지 피를 빨아낸다든지 하면 그대로 행하지 아니하였으리이까? 틀림없이 그렇게 하셨을 것이나이다. 그런데 씻어 깨끗하게 하라는 이 간단한 방법을 순종치 않을 것이나이까?" 여기에서 다음을 관찰하라.

1. 그의 종들이 조언했다는 사실. 그는 아내의 몸종으로부터 나병을 고칠 수 있는 선지지에 대한 정보를 얻었다(3절). 그런 그에게 있어 자신의 종들로부터 충고를 듣는 것이 무슨 대단한 일이겠는가? 우리 주위에 우리의 잘못과 어리석음에 대해 거리낌 없이 말해줄 수 있는 사람들이 있는 것은 ─ 설령 그들이 우리의 아랫사람들이라 할지라도 ─ 얼마나 큰 축복인가! 주인들은 종들의 조리 있는 말에 기꺼이 귀를 기울여야 한다(욥 31:13, 14). 가장 높은 위치에 있는 자의 말이라 할지라도 그것이 불신앙적이며 불경건한 말이라면 우리는 그 말에 귀를 기울여서는 안 된다. 마찬가지로 가장 낮은 위치에 있는 자의 말이라 할지라도 그것이 좋은 충고라면 우리는 그 말에 마땅히 귀를 기울여야 한다. 합당한 말이라면, 누가 말했는가 하는 것은 아무 문제도 되지 않는다.

2. 그것이 매우 겸손하며 조심스러운 조언이었다는 사실. 그들은 그를 아버

지로 부른다. 이와 같이 종들은 상전에 대하여 아들이 아버지를 대하듯 존경하며 순종해야 한다. 다른 사람들에게 책망을 한다든지 혹은 충고를 함에 있어 우리는 그것이 참된 사랑과 존경심으로부터 나오는 것이며 또한 비난하기 위함이 아니라 바로잡기 위함이라는 것을 분명히 나타내야만 한다.

3. 그것이 매우 합리적이며 사려 깊은 조언이었다는 사실. 만일 경솔하고 어리석은 종들이 주인의 분노에 부채질을 하면서 선지자가 주인을 모독했으니(실제로 나아만은 이와 같이 생각했다) 마땅히 복수해야 한다고 충동했다면, 얼마나 끔찍한 결과가 야기되었겠는가! 어쩌면 하늘로부터 불이 내려와 그들 모두를 살랐을는지도 모른다. 그러나 그들은 놀랍게도 선지자의 편을 들었다. 아마도 엘리사는 자신의 말로 인해 나아만의 기분이 상했다는 사실을 알고 있었을 것이다. 그럼에도 불구하고 그는 나아만을 달래려고 하지 않았다. 만일 나아만이 계속해서 분노를 폭발시킨다면, 생명이 위험에 처하는 것은 선지자가 아니라 바로 그 자신이었을 것이다. 그러나 하나님의 섭리에 의해 그의 종들이 그의 분노를 누그러뜨리는 일에 사용되었다. 그들의 설득은 다음과 같은 사실들로부터 출발했다.

(1) 그가 낫기를 전심으로 열망하고 있다는 사실: 어떤 일이든지 행하지 아니하였으리이까? 병든 죄인들이 이와 같이 나아올 때, 즉 낫기 위해서라면 어떤 일이든 기꺼이 순복할 것이며 어떤 것이든 기꺼이 버릴 수 있을 때, 그들에게 희망의 빛이 비치기 시작하는 것이다. 또한 그럴 때 비로소 우리는 그리스도를 받아들이되 그분의 조건 위에서(우리 자신의 조건이 아니라) 그렇게 하게 될 것이다.

(2) 선지자가 지시한 것이 너무나 쉬운 것이라는 사실. "단지 씻어 깨끗하게 하라는 것이 아니나이까? 그냥 해 보기만 하면 될 것이나이다. 그것은 돈도 들지 않고, 쉬운 것이며, 유익할 수는 있어도 결코 해가 될 일은 없을 것이나이다." 죄의 나병(문둥병)을 치료받기 위한 방법 역시도 이처럼 간단하고 평이하므로 만일 우리가 그것을 따르지 않는다면 결코 핑계할 수 없게 될 것이다. 그것은 단지 "믿고 구원을 받으라, 회개하고 죄사함을 받으라, 씻어 깨끗하게 하라"는 것이다.

IV. 나아만의 나병이 고침을 받음(14절). 나아만은 생각을 고쳐먹고 선지자가 지시한 대로 순종했다. 그러나 그가 큰 믿음의 결단으로 그렇게 한 것으로는 보이지 않는다. 왜냐하면 선지자가 요단에서 일곱 번 씻으라고 말했음에도 불구하고 그는 단지 일곱 번 몸을 잠그기만 했을 뿐이었기 때문이다. 그러나 하나님은 당신과 당신의 말씀이 존귀케 되는 것을 기뻐하사 그대로 이루어지도록 하셨다. 그의 살이 어린 아이의 살 같이 회복되어 깨끗하게 되었더라. 나아만의 놀람과 기쁨이 얼마나 컸겠는가! 사람은 하나님의 뜻에 순복하며 그분의 규례에 참례함으로써 이러한 기쁨을 얻는다. 그가 씻어 깨끗하게 된 것은 나병 환자들을 정결케 하는 율법을 분명하게 확증해 주었다. 하나님은 당신의 말씀을 당신의 모든 이름 위에 뛰어나게 하실 것이다.

¹⁵나아만이 모든 군대와 함께 하나님의 사람에게로 도로 와서 그의 앞에 서서 이르되 내가 이제 이스라엘 외에는 온 천하에 신이 없는 줄을 아나이다 청하건대 당신의 종에게서 예물을 받으소서 하니 ¹⁶이르되 내가 섬기는 여호와께서 살아 계심을 두고 맹세하노니 내가 그 앞에서 받지 아니하리라 하였더라 나아만이 받으라고 강권하되 그가 거절하니라 ¹⁷나아만이 이르되 그러면 청하건대 노새 두 마리에 실을 흙을 당신의 종에게 주소서 이제부터는 종이 번제물과 다른 희생제사를 여호와 외 다른 신에게는 드리지 아니하고 다만 여호와께 드리겠나이다 ¹⁸오직 한 가지 일이 있사오니 여호와께서 당신의 종을 용서하시기를 원하나이다 곧 내 주인께서 림몬의 신당에 들어가 거기서 경배하며 그가 내 손을 의지하시매 내가 림몬의 신당에서 몸을 굽히오니 내가 림몬의 신당에서 몸을 굽힐 때에 여호와께서 이 일에 대하여 당신의 종을 용서하시기를 원하나이다 하니 ¹⁹엘리사가 이르되 너는 평안히 가라 하니라 그가 엘리사를 떠나 조금 가니라

우리 구주께서 고쳐주신 열 명의 나병환자 가운데 돌아와 감사를 표한 한 사람은 사마리아 사람이었다(눅 17:16). 여기에 등장하는 아람 사람 나아만이 바로 그와 같았다.

I. 나아만은 이스라엘의 하나님의 권능을 깨닫는다. 다시 말해서 그는 이스라엘의 하나님이 단순히 여러 신들 가운데 하나가 아니라 유일하신 하나님이며 이스라엘 외에는 온 천하에 신이 없다는 사실을 깨달은 것이다(15절). 이것은 너무도 위대한 고백이면서 동시에 이방 세계의 어리석음을 선포하는 것이었다. 왜냐하면 많은 신들을 가지고 있는 열방은 실상 참된 하나님을 갖고 있

지 못했기 때문이다. 나아만 역시도 전에는 아람의 신들이 참된 신들인 줄 알았다. 그러나 지금은 경험을 통해 자신의 잘못을 깨닫게 되었으며, 이스라엘의 하나님이 유일하신 하나님이며 만유의 주권자라는 사실을 알게 되었다. 설령 그가 다른 나병환자들이 깨끗하게 되는 것을 보았다 할지라도, 그것이 그를 깨닫게 하지는 못했을 것이다. 그에게 있어 치유의 이적보다도 치유 가운데 베풀어진 긍휼의 은총이 그를 더욱 감동하게 했다. 신적 은혜의 권능을 체험한 자가 그것에 대해 가장 잘 말할 수 있는 법이다.

II. 나아만은 엘리사 선지자에게 감사를 표한다. "그러므로 내가 당신의 주인으로 인해 당신에게 은이나 금이나 의복을 예물로 드리리이다." 그는 자신에게 임한 치유를 매우 소중하게 생각하면서 그에 대해 기쁘게 값을 치르고자 했다. 그러나 엘리사는 그러한 예물을 받기를 거절하면서 더 이상 강권하지 못하도록 하기 위해 하나님의 이름으로 맹세했다(16절): 여호와께서 살아 계심을 두고 맹세하노니 내가 그 앞에서 받지 아니하리라. 그가 받기를 거절한 것은 그것이 필요치 않아서가 아니었다. 왜냐하면 지금 그는 매우 궁핍한 상태에 있었으며, 만일 그것을 받는다면 그것으로 선지자의 제자들을 위해 요긴하게 사용할 수 있었기 때문이었다. 또한 예물을 받는 것이 불법이었기 때문도 아니었다. 왜냐하면 다른 사람들로부터는 예물을 받았기 때문이었다. 다만 그렇게 한 것은 그로 하여금 내가 엘리사로 치부하게 하였다 하지 못하게 하기 위함이었다(창 14:23). 만일 이 새로운 회심자에게 이스라엘의 하나님의 종들이 이 세상의 재물을 배설물처럼 여기는 것을 보여준다면 그것은 하나님께 큰 영광이 될 것이었다. 그리고 그럼으로써 이스라엘 외에는 신이 없다는 그의 믿음을 더욱 확고히 해 줄 수 있을 것이었다(고전 9:18; 고후 11:9).

III. 나아만은 이스라엘의 하나님만 섬기기로 작정한다. 그는 치유의 은혜에 감사하여 여호와께 제물을 드릴 뿐만 아니라 이제부터는 다른 신들에게는 어떤 제물도 드리지 않겠다고 다짐한다(17절). 이와 같이 그는 나병만 치료받은 것이 아니라 더 위험한 병인 우상 숭배까지도 치료받았다. 그렇지만 우리는 그의 회심 속에서 두 가지 연약한 모습을 발견할 수 있다.

1. 한 가지는 지나치게 과도했다는 점이다. 그는 선지자의 집 마당으로부터 제단을 만들 흙을 가져가고자 했다(17절). 조금 전에 이스라엘의 물(요단 강)을 대수롭지 않게 말했던(12절) 그가 지금은 반대쪽 극단으로 치우쳐 이스라엘의

흙을 지나치게 과대평가하고 있었다. 그는 모든 땅과 거기에 충만한 것이 여호와의 것이란 사실을 생각하지 못한 채 이스라엘의 흙으로 만든 제단이 가장 열납될 만할 것으로 상상했다. 그렇지 않으면 어쩌면 선지자에 대한 애정과 존경심으로 인해 그가 매일 밟고 다니는 흙을 귀하게 여겨 그것을 자신의 집으로 가져가고자 한 것인지도 모른다. 오늘날 우리는 이와 상응하는 것으로 다음과 같은 인사말을 들 수 있다. "부디 저로 하여금 당신의 사진 한 장을 가져가게 하소서."

2. 다른 한 가지는 충분치 못했다는 점이다. 그는 자신이 왕의 신하로서의 의무를 감당하는 가운데 림몬의 신당에서 몸을 굽히는(bow, 절하는) 것에 대해 용서를 구한다(18절). 그는 자신이 꼭 그렇게 해야만 하는 것은 아님을 인정한다. 그러나 그렇게 하지 않는다면 자신의 직위를 유지할 수 없을 것이었다. 요컨대 그가 림몬의 신당에서 몸을 굽히는 것은 그 우상을 존귀케 하는 것이 아니라 왕을 존귀케 하는 것이라는 것이었다. 그러므로 그는 하나님이 자신을 용서해 주실 것을 희망한다. 모든 정황을 고려할 때 비록 그 일이 정당화될 수 있는 것은 아니라 할지라도 그러나 우리는 그 일이 어느 정도 변명의 여지가 있음을 인정할 수 있다. 그러나 우리에게 있어 나는 다음과 같이 굳게 믿는다.

(1) 하나님과 언약을 맺음에 있어 만일 우리가 어떤 죄에 대한 유보조항을 만든다면 그것은 언약을 깨뜨리는 것이다. 우리는 모든 죄를 버려야만 하며 림몬의 신당이라 하여 결코 예외가 되지 않는다.

(2) 하나님은 우리로 하여금 우리가 범한 죄들을 용서받기 위해 기도할 것을 격려하신다. 그럼에도 불구하고 어떤 죄를 계속 범하는 것에 대한 허락을 구한다면, 그것은 하나님을 조롱하는 것이며 우리 자신을 속이는 것이다.

(3) 하나님께 대하여 범죄하지 않고는, 그리고 자신의 양심을 더럽히지 않고는 유지할 수 없는 직위를 그것이 왕궁에서의 직위라 하여 포기할 줄 모르는 자는 신적 은총의 가치를 제대로 알지 못하는 자이다.

(4) 참으로 악을 미워하는 자들은 악의 모양이라도 버리고자 할 것이다.

이와 같은 점들을 감안할 때 나아만이 림몬의 신당에서 몸을 굽히는(bow, 절하는) 것은 결코 정당화될 수 없는 일이다. 그럼에도 불구하고 이스라엘의 하나님 외에는 어떤 신에게도 예물을 드리지 않겠다고 하면서 이 일에 대해 용서를 구한 것은 개선(改善)의 가능성을 크게 나타내는 것이었다. 그리하여 엘리사 선지자는 그것을 허락하고 평안히 가라고 말했다(19절). 우리는 새로운 개종자(改宗者)들을 부드럽게 다루어야만 한다.

[20]하나님의 사람 엘리사의 사환 게하시가 스스로 이르되 내 주인이 이 아람 사람 나아만에게 면하여 주고 그가 가지고 온 것을 그의 손에서 받지 아니하였도다 여호와께서 살아 계심을 두고 맹세하노니 내가 그를 쫓아가서 무엇이든지 그에게서 받으리라 하고 [21]나아만의 뒤를 쫓아가니 나아만이 자기 뒤에 달려옴을 보고 수레에서 내려 맞이하여 이르되 평안이냐 하니 [22]그가 이르되 평안하나이다 우리 주인께서 나를 보내시며 말씀하시기를 지금 선지자의 제자 중에 두 청년이 에브라임 산지에서부터 내게로 왔으니 청하건대 당신은 그들에게 은 한 달란트와 옷 두 벌을 주라 하시더이다 [23]나아만이 이르되 바라건대 두 달란트를 받으라 하고 그를 강권하여 은 두 달란트를 두 전대에 넣어 매고 옷 두 벌을 아울러 두 사환에게 지우매 그들이 게하시 앞에서 지고 가니라 [24]언덕에 이르러서는 게하시가 그 물건을 두 사환의 손에서 받아 집에 감추고 그들을 보내 가게 한 후 [25]들어가 그의 주인 앞에 서니 엘리사가 이르되 게하시야 네가 어디서 오느냐 하니 대답하되 당신의 종이 아무데도 가지 아니하였나이다 하니라 [26]엘리사가 이르되 한 사람이 수레에서 내려 너를 맞이할 때에 내 마음이 함께 가지 아니하였느냐 지금이 어찌 은을 받으며 옷을 받으며 감람원이나 포도원이나 양이나 소나 남종이나 여종을 받을 때이냐 [27]그러므로 나아만의 나병이 네게 들어 네 자손에게 미쳐 영원토록 이르리라 하니 게하시가 그 앞에서 물러나오매 나병이 발하여 눈같이 되었더라

아람의 대신이며 장군인 나아만에게는 많은 종들이 있었는데, 우리는 그들이 얼마나 지혜로우며 선한 자들이었나 하는 것을 살펴보았다(13절). 반면 하나님의 사람으로서 거룩한 선지자인 엘리사에게는 오직 한 사람의 종(혹은 사환, servant)만 있었는데, 그는 품행이 바르지 못하고 야비하며 거짓말을 잘하는 사람이었다. 멀리서 엘리사에 대해 듣기만 한 자들조차도 그를 존경하며 자신들이 들은 것을 통해 큰 유익을 얻은 반면 정작 그 앞에서 항상 수종들면서 그의 지혜를 들었던 그의 종은 그의 교훈이나 그가 행하는 이적들로부터 아무런 영향도 받지 못했다. 사람들은 엘리사의 종이라면 당연히 온전한 믿음

의 사람일 것이라고 상상할 것이다(심지어 아합의 종인 오바댜도 그러하지 않았던가). 그러나 그리스도의 제자들 가운데에도 유다가 있었다. 가장 선한 사역자들 주변에도 종종 그들에게 수치와 근심거리가 되는 자들이 있는 법이다. 그러한 자들은 교회로부터는 가깝지만 하나님으로부터는 먼 자들이다. 동서로부터 많은 사람이 이르러 아브라함과 이삭과 야곱과 함께 천국에 앉으려니와 그 나라의 본 자손들은 바깥 어두운 데 쫓겨나리라(마 8:11).

I. 게하시의 죄. 그것은 복합적인 죄였다.

1. 그것의 바탕에 있었던 것은 일만 악의 뿌리인 돈을 사랑하는 것이었다. 그의 스승은 나아만이 가져온 보화를 대수롭지 않게 여겼지만, 그는 그것에 대해 탐심을 품었다(20절). 홀 주교가 말한 것처럼, 그의 마음은 나아만의 보화로 가득 차 있었다. 그리하여 그는 보화를 얻기 위해 나아만을 뒤쫓아가야만 했다. 세속적인 재물을 탐내다가 믿음에서 떠나 많은 근심으로써 자기를 찌른 사람들이 얼마나 많은가?

2. 그는 나아만의 예물을 거절한 것으로 인해 자기 스승을 비난했다. 자기 스승이 금을 취하지 않았을 때 그는 그것을 몹시 못마땅하게 여기면서 스승을 힐난했다. 한 마디로 그는 자신이 스승보다 더 지혜롭다고 생각한 것이다.

3. 그가 고의적인 거짓말을 한 것은 나아만이 그를 맞이하기 위해 예의를 갖춰 병거에서 내렸을 때였다(21절). 나아만이 그와 같은 예의를 갖춘 것은 그의 스승으로 인한 것이었다. 그럼에도 불구하고 그는 스승에게 돌려져야 할 정중한 예우를 자신이 받았다.

4. 그는 사기 스승을 능욕했다. 그는 자기 스승을 금방 이랬다 저랬다 하며 변덕을 부리는 사람으로 만들었다. 결국 그의 말에 따르면 엘리사는 방금 한 말을 곧 뒤집으며 맹세한 것을 금방 취소하는 믿을 수 없는 사람이었다. 그가 지어낸 두 명의 선지자의 제자들과 관련한 이야기 역시 어리석기 짝이 없는 것이었다. 만일 두 청년 때문이었다면, 은 한 달란트보다 훨씬 적은 것으로도 충분했을 것이다.

5. 또한 여기에는 나아만으로 하여금 그가 방금 받아들인 거룩한 종교로부터 떨어지게 만들 위험성도 있었다. 엘리사가 그에게 아무런 짐도 지우지 않았음에도 불구하고 그와 같은 거짓으로 인해, 나아만은 바울의 대적들이 바울에 대해 비방했던 것처럼 그렇게 말할 수도 있었다(고후 12:16, 17, 하여간 어떤 이

의 말이 내가 너희에게 짐을 지우지는 아니하였을지라도 교활한 자가 되어 너희를 속임수로 취하였다 하니 내가 너희에게 보낸 자 중에 누구로 너희의 이득을 취하더냐). 아마도 엘리사는 게하시가 거짓으로 취한 것을 다시 나아만에게 돌려 주었을 것으로 나는 희망적으로 추측하고 싶다. 그랬다면 결국 나아만은 이 일에 엘리사의 손이 있지 않았다는 사실을 알게 되었을 것이다. 만일 그렇게 하지 않았다면 어쩌면 그는 다시 자신의 우상들에게로 돌아갔을는지도 모른다.

6. 부당하게 취한 것을 숨긴 것은 그의 죄를 더욱 가중시키는 것이었다.

(1) 아간이 탈취물들을 감춘 것처럼 게하시 역시 그렇게 했다(24절). 그는 완벽하게 일이 끝났으므로 아무 염려 없게 되었다고 생각하면서, 나아만과 엘리사까지도 속인 자신의 수완에 대해 박수갈채를 보내고 있었다. 그는 사도들을 속인 아나니아와 삽비라 같았다.

(2) 그는 자신이 한 일을 부인했다. 그는 들어가 주인의 지시를 받을 준비를 갖춘 채 그 앞에 섰다. 그보다 더 주인에게 순종하는 종은 어디에도 없는 것처럼 보였지만, 그러나 실상 그는 주인을 가장 해롭게 하는 종이었다. 그는 에브라임처럼 나는 실로 부자라 내가 재물을 얻었는데 내가 수고한 모든 것 중에서 죄라 할 만한 불의를 내게서 찾아 낼 자가 없을 것이라고 생각했다(호 12:8). 엘리사가 "네가 어디서 오느냐"고 묻자 그는 "내가 아무데도 가지 아니하였나이다"라고 대답했다. 거짓말은 또 다른 거짓말을 낳으며 죄의 길은 내리막길이라는 사실을 주목하라. 그러므로 우리는 진실하기를 힘써야 한다.

II. 이러한 죄에 대한 징벌. 엘리사는 즉시로 게하시의 죄에 대해 추궁했다. 여기에서 다음을 관찰하라.

1. 그의 죄가 어떻게 드러나게 되었나? 게하시는 선지자를 감쪽같이 속였다고 생각했지만, 그러나 곧 예언의 영은 결코 속임을 당할 수 없으며 또한 성령께 거짓말을 하는 것은 아무 소용 없는 일이라는 사실을 깨닫게 되었다.

(1) 게하시는 자신이 한 일을 부인했지만 그러나 엘리사는 그가 한 일을 말할 수 있었다. "너는 아무데도 가지 않았다고 말하지만, 그러나 내 마음이 너와 함께 가지 않았느냐?"(26절). 선지자들에게 영적인 눈이 있다는 사실을 게하시는 아직도 알지 못하고 있었단 말인가? 그는 여호와의 은밀한 것을 알고 있는 선견자로부터 어떤 것을 감출 수 있다고 생각했단 말인가? 아무도 모를 것이라고 생각하며 죄를 짓는 것은 얼마나 어리석은 일인가? 우리가 바른 길을 떠나

곁길로 비켜갈 때, 우리 자신의 양심이 함께 가지 않는가? 그리고 하나님의 눈이 우리와 함께 가지 않는가? 자신의 죄를 숨기는 자는 형통하지 못하며(잠 28:13), 특히 거짓말하는 혀는 잠시 동안만 있을 뿐이다(잠.12:19). 아무리 거짓으로 덮으려 한다 할지라도 진실은 결국 드러나는 법이다.

(2) 엘리사는 게하시가 마음에 품은 계획까지도 말할 수 있었다. 게하시는 지금 엘리사 선지자를 섬기는 일을 버리고 자신이 받은 두 달란트의 은을 가지고 밭과 가축을 사서 독립하고자 하는 계획을 가지고 있었다. 육신적인 속물들의 모든 어리석은 희망과 계획까지도 하나님 앞에 다 드러나는 법이다. 또한 엘리사는 그 일이 얼마나 악한 것인가 하는 것을 분명하게 말한다. "지금이 어찌 은을 받을 때냐? 지금이 어찌 스스로를 부하게 만들 때냐? 네 주인을 속이고 새 개종자 앞에 걸림돌을 놓지 않고는 은을 얻을 수 없었더냐?" 때와 방법을 가리지 않고 부자가 되기 위해 혈안이 된 자들은 스스로를 큰 시험 속에 던지는 자들이라는 사실을 주목하라. 부하려 하는 자들은(수단방법을 가리지 않고 오로지 돈만 쫓는 자들은) 스스로를 파멸과 멸망에 던지는 자들이다(딤전 6:9). 전쟁이나 불이나 재앙이나 파선(破船) 등에 의해 누가 재물을 더하겠는가? 우리의 믿음을 저버리거나 혹은 형제나 대중에게 손해를 끼치지 않고는 돈을 얻을 수 없다면, 지금은 돈을 얻을 때가 아니다.

2. 그는 어떤 징벌을 받았나? 나아만의 나병이 네게 들 것이라(27절). 만일 게하시가 나아만의 은을 가질 것이라면, 더불어 그의 병도 함께 가지게 될 것이었다. 게하시는 자기 자손에게 땅을 물려주고자 계획하고 있었지만, 그러나 대신에 자기 몸의 상속자들에게 내내로 이 끔찍한 병을 물려주게 될 것이었다. 엘리사의 선고는 즉시 이루어졌다. 말이 떨어지기가 무섭게 그대로 시행되었다: 게하시가 그 앞에서 물러나오매 나병이 발하여 눈같이 되었더라. 이와 같이 그는 수치의 낙인이 찍혔으며, 어디로 가든 그러한 수치의 표적을 지니게 되었다.

또한 그는 자신과 가족에게 저주의 짐을 지게 함으로써 자신의 악이 영원히 기억되게 만들었다. 속이는 말로 재물을 모으는 것은 죽음을 구하는 것이라(잠 21:6). 거짓과 불의로 재물을 취하는 자는 그것으로부터 즐거움도 누리지 못할 뿐만 아니라 그것을 영원히 유지할 수도 없게 될 것이다. 도대체 게하시는 두 달란트의 은으로 무엇을 얻었는가? 그것을 통해 그는 도리어 자신의 건강과 명

예와 평안과 섬김의 일을 잃어버렸으며, 만일 회개하지 않는다면 자신의 영혼
까지도 영원히 잃어버리게 될 것이었다.

제
— 6 —
장

개요

본 장의 내용은 다음과 같다. I. 엘리사의 계속되는 이적 이야기. 1. 물에 빠진 쇠도끼를 떠오르게 함(1-7절). 2. 엘리사가 아람 왕의 은밀한 모략을 이스라엘 왕에게 이야기함(8-12절). 3. 엘리사가 자신을 잡으러 온 사람들의 손으로부터 스스로를 구원함(13-23절). II. 아람 사람들이 사마리아를 포위함으로써 그 성읍에 큰 고통이 임함(24-33절). 사마리아에 구원이 임하는 것은 엘리사의 말에 의한 또 하나의 이적이 되는데, 우리는 그것을 다음 장에서 보게 될 것이다. 여전히 엘리사는 교회와 나라에, 그리고 선지자의 제자들과 왕에게 큰 축복이었다.

¹선지자의 제자들이 엘리사에게 이르되 보소서 우리가 당신과 함께 거주하는 이 곳이 우리에게는 좁으니 ²우리가 요단으로 가서 거기서 각각 한 재목을 가져다가 그 곳에 우리가 거주할 처소를 세우사이다 하니 엘리사가 이르되 가라 하는지라 ³그 하나가 이르되 청하건대 당신도 종들과 함께 하소서 하니 엘리사가 이르되 내가 가리라 하고 ⁴드디어 그들과 함께 가니라 무리가 요단에 이르러 나무를 베더니 ⁵한 사람이 나무를 벨 때에 쇠도끼가 물에 떨어진지라 이에 외쳐 이르되 아아, 내 주여 이는 빌려온 것이니이다 하니 ⁶하나님의 사람이 이르되 어디 빠졌느냐 하매 그 곳을 보이는지라 엘리사가 나뭇가지를 베어 물에 던져 쇠도끼를 떠오르게 하고 ⁷이르되 너는 그것을 집으라 하니 그 사람이 손을 내밀어 그것을 집으니라

우리는 여기에서 다음과 같은 몇 가지를 살펴볼 수 있다.

I. 선지자의 제자들과 관련하여 — 그들의 형편과 인격. 여기에 언급된 학교는 아마도 길갈의 선지자 학교를 의미하는 것으로 보인다. 왜냐하면 엘리사가 그 곳에 있었고(4:38) 또한 그 곳은 요단에서 가까운 곳이었기 때문이다. 그가 어디에 있든지 아마도 많은 선지자의 제자들이 그에게로 몰려들었을 것이다(그의 교훈과 지혜와 기도를 배우기 위해). 모든 사람들이 그와 함께 거하거

나 혹은 그와 가까이 있기를 바랐다. 선생이 되고자 하는 자들은 스스로를 남들이 가장 잘 배울 수 있는 위치에 놓아야 한다.

1. 그들의 숫자가 늘어남으로 기거할 방이 부족하게 되었다(1절): 우리가 당신과 함께 거주하는 이 곳이 우리에게는 좁으니. 그렇게 된 것은 많은 무리가 더하여졌기 때문이었다. 의심의 여지 없이 그가 행한 이적들로 인해 많은 사람들이 모여들었을 것이다. 거기에다가 게하시가 면직되고 아마도 좀 더 정직한 사람이 그를 대신하여 사람들의 생활을 돌봄으로써 사람들이 더 많이 불어났을 것이다. 왜냐하면 게하시가 주인의 관대함을 못마땅하게 여긴 것은 나아만의 경우만이 아니었던 것으로 보이기 때문이다(왕하 4:43을 보라).

2. 그들은 겸비한 자들로서 크고 화려한 것을 좋아하지 않았다. 방이 모자랐을 때 그들은 백향목과 대리석을 가져오고 또 공교한 기술자들을 데려오기 위해 사람을 보내자고 말하지 않았다. 다만 각자 재목 하나씩을 가져다가 간소한 처소를 짓고자 했다(그들이 짓고자 했던 처소는 조그만 오두막 같은 것이었을 것이다). 하늘의 위대한 것들을 바라보는 선지자의 제자들에게 있어 이 땅에서 비천한 것들로 만족하는 것은 너무도 합당한 일이다.

3. 그들은 가난한 자들로서 높은 위치에 앉아 있는 자들과는 별 상관없는 자들이었다. 당시 왕은 요람이었고, 이세벨 또한 실제적인 통치권을 행사하고 있었다. 그들은 하나님을 경외하는 자들이 아니었으므로 선지자의 제자들은 그들과 별다른 관계를 맺고 있지 않았다. 만일 그렇지 않았다면 자신들에게 기거할 방이 모자랐을 때 그들은 굳이 스스로의 손으로 해결하려고 하기보다는 단지 통치자들에게 말하기만 하면 충분했을 것이다. 하나님의 선지자들이 세상으로부터 사랑과 존경을 받는 것은 매우 드문 일이다. 그들은 너무도 가난하여 일꾼을 고용할 수 없었으며, 심지어 연장조차도 가지고 있지 못하므로 이웃으로부터 빌릴 수밖에 없었다(만일 그들에게 약간의 돈이라도 있다면 수련하는 일을 위해 남겨 두어야 했다). 가난은 선지자에게 아무런 장애물도 되지 않는다.

4. 그들은 근면한 자들로서 스스로 기꺼이 수고를 짊어지고자 했다. 그들은 일하기 싫어하는 수벌들처럼 다른 사람들의 수고로 생활하기를 바라지 않고 스스로 일하기를 바랐다(그들은 게으른 수도사들이 결코 아니었다). 선지자의 제자들은 스스로를 움직이지도 못할 정도로 너무나 묵상에만 몰두해서는 결코

안 된다. 마찬가지로 그들은 일하기를 싫어할 정도로 너무나 안일에만 탐닉해서도 결코 안 된다. 먹고자 하는 자는 일해야 하며, 일하기 싫은 자는 먹지도 말아야 한다(살후 3:8, 10). 우리는 정직한 노동을 짐이나 혹은 수치스러운 것으로 여겨서는 안 된다.

5. 그들은 엘리사를 크게 공경하는 자들이었다. 비록 자신들도 선지자였지만 그들은 엘리사에게 큰 경의와 존경을 표했다.

(1) 그들은 그의 허락이 없이는 처소를 세우러 가고자 하지 않았다(2절). 우리가 생각하기에는 합당해 보여도 우리의 그런 판단을 의심하면서 지혜와 경험이 많은 자들의 조언을 듣고자 하는 것은 너무도 좋은 일이다. 특별히 여기의 선지자의 제자들의 경우 자신들의 스승을 모시고 가서 그의 지시 아래 모든 일을 행하고자 한 것은 정말로 칭찬할 만한 일이 아닐 수 없었다.

(2) 그들은 그가 함께 가지 않으면 나무를 베러 가지 않으려고 했다. "당신도 종들과 함께 하소서(3절). 그렇게 하여 위급한 상황에서 우리에게 조언을 주시고 또한 우리로 하여금 당신의 눈앞에서 질서 있게 일할 수 있도록 하소서." 선한 제자들(good disciples)은 항상 선한 규율(good discipline) 아래 있기를 바라는 법이다.

6. 그들은 정직한 자들로서 자신의 책임을 기꺼이 감당하고자 한 자들이었다. 그들 가운데 한 사람이 나무를 찍는 중 우연히 도끼머리를 물에 빠뜨리고 말았다. 그 때 그는 이렇게 말하지 않았다. "이것은 참으로 불운한 일이며 누구라도 어쩔 수 없었을 것이라. 이렇게 된 것은 도끼자루에 문제가 있었기 때문이로다. 따라서 나에게는 아무 책임이 없고 주인이 모든 책임을 떠맡아야 할 것이라." 그는 결코 그와 같이 말하지 않았다. 도리어 그는 크게 걱정하며 이렇게 외쳤다: 아아, 내 주여 이는 빌려온 것이니이다(5절). 만일 그 도끼가 자신의 것이었다면, 아마도 그는 더 이상 형제들에게 도움이 되지 못하는 것으로만 걱정했을 것이다. 그러나 지금은 그런 걱정 외에도 주인에게 돌려줄 수 없게 된 것을 걱정하지 않을 수 없었다. 우리는 빌려온 것에 대해서 우리 것만큼이나 훼손되지 않도록 조심하며 주의를 기울여야 한다. 왜냐하면 우리는 이웃을 우리 자신처럼 사랑해야 하며, 또한 우리가 대접받기를 원하는 대로 남에게 대접해야 하기 때문이다. 아마도 이 선지자는 너무도 가난하여 도끼 값을 물어줄 수 없었던 것으로 보인다. 그리고 그러한 사실이 그를 더욱 고통스럽게 만들었

을 것이다. 정직한 마음을 가진 자들에게 있어 가난으로 말미암은 가장 큰 걱정은 그로 인한 자신의 궁핍이나 부끄러움이라기보다는 그로 인해 마땅히 갚아야 할 빚을 갚지 못하게 되는 것이다.

Ⅱ. 선지자들의 아버지 엘리사와 관련하여.

1. 그는 참으로 겸손하며 동정심이 많은 사람이었다. 선지자의 제자들이 간청하자 그는 그들과 함께 숲으로 갔다(3절). 모든 사람은(특별히 사역자는) 스스로 높은 줄 여겨서는 안 되며, 모두에게 온유하게 대해야 한다.

2. 그는 큰 권능을 가진 사람이었다. 그는 쇠로 하여금 물에 뜨도록 만들 수 있었는데(6절), 그것은 자연적인 성질에 반하는 것이었다. 자연을 창조하신 하나님은 자연의 법칙들에 묶이지 않으신다. 엘리사는 도끼자루를 던지지 않고 새로운 나뭇가지를 잘라 물에 던졌다. 그 가지가 가라앉아 도끼머리를 끌어올린 것으로 추측함으로써 우리가 그 이적을 갑절로 만들 필요는 없다. 다만 그것을 쇠도끼로 하여금 떠오르라고 명하시는 신적 부르심의 신호(signal)로 보는 것으로 충분할 것이다. 이와 같이 하나님의 은혜는 이 세상의 진흙 속에 가라앉은 돌 같고 쇠 같은 마음을 위로 떠오르도록 만드실 수 있다. 그럴 때 자연적으로는 땅의 것만을 좋아하는 마음이 위의 것을 좋아하는 마음으로 바뀌게 되는 것이다.

[8]그 때에 아람 왕이 이스라엘과 더불어 싸우며 그의 신복들과 의논하여 이르기를 우리가 아무데 아무데 진을 치리라 하였더니 [9]하나님의 사람이 이스라엘 왕에게 보내 이르되 왕은 삼가 아무 곳으로 지나가지 마소서 아람 사람이 그 곳으로 나오나이다 하는지라 [10]이스라엘 왕이 하나님의 사람이 자기에게 말하여 경계한 곳으로 사람을 보내 방비하기가 한두 번이 아닌지라 [11]이러므로 아람 왕의 마음이 불안하여 그 신복들을 불러 이르되 우리 중에 누가 이스라엘 왕과 내통하는 것을 내게 말하지 아니하느냐 하니 [12]그 신복 중의 한 사람이 이르되 우리 주 왕이여 아니로소이다 오직 이스라엘 선지자 엘리사가 왕이 침실에서 하신 말씀을 이스라엘의 왕에게 고하나이다 하는지라

예언의 영으로써 엘리사가 앞에서 선지자의 제자들을 도왔던 것처럼 여기에서는 왕을 돕는 것을 보게 된다. 이와 같이 모든 은사는 많은 사람을 유

익케 하기 위해 주어지는 것이다. 그러므로 누구든지 선을 행할 능력이 있다면 그것은 많은 사람에게 빚진 자가 된다는 것을 의미하는 것이다.

I. 엘리사가 아람 왕의 모든 계획과 움직임을 이스라엘 왕에게 알려줌. 그러한 정보들은 가장 유능하고 충성된 정탐꾼들로부터 얻을 수 있는 정보보다 훨씬 더 유용하고 정확한 것이었다. 만일 아람 왕이 자신의 신복들과 함께 은밀히 의논하여 이스라엘의 어느 지역에 진을 칠 것인지를 결정하면, 그러한 명령이 그의 병사들에게 하달되기도 전에 엘리사로 말미암아 이스라엘 왕에게 전달된 것이다. 그리하여 이스라엘 왕은 사전에 적의 공격을 효과적으로 방어할 수 있었으며, 이와 같은 일이 몇 차례 반복되었다(8-10절). 여기에서 다음의 사실들을 보라.

1. 이스라엘의 원수들이 이스라엘을 넘어뜨리고자 끊임없이 궤계를 꾸미고 있다는 사실. 우리의 원수들은 이르기를 그들이 알지 못하고 보지 못하는 사이에 우리가 그들 가운데 달려 들어가서 살륙하여 역사를 그치게 하리라 하고(느 4:11).

2. 그러한 모든 궤계들과 모든 깊은 것들이 하나님께 알려진다는 사실. 하나님은 사람들이 행동하는 것뿐만 아니라 계획하는 것까지도 알고 계시며 또한 그것을 깨뜨리는 많은 방법들을 가지고 계신다.

3. 그러한 위험을 미리 경고 받는 것은 우리에게 큰 유익이 된다는 사실. 왜냐하면 그것에 대해 미리 방비할 수 있기 때문이다. 하나님의 선지자들의 사역은 우리에게 경고를 주는 것이다. 만일 경고를 받고도 스스로 구원하지 않는다면, 그것은 우리의 책임이며 우리의 피가 우리 자신의 머리 위로 돌아갈 것이다. 이스라엘 왕은 아람 군대와 관련한 엘리사의 경고는 중히 여기면서 그러나 그의 죄와 관련한 경고는 중히 여기지 않았다. 이와 같이 많은 사람들이 죄와 관련한 경고를 대수롭지 않게 여긴다. 그러한 사람들은 스스로를 죽음으로부터는 구원할 수 있을는지 모르지만, 그러나 지옥으로부터는 구원하지 못할 것이다.

II. 그에 대해 아람 왕이 크게 분개함. 그는 자신의 신복들 가운데 첩자가 있는 것이 아닌가 의심했다(11절). 그러나 그의 신복 중 한 사람이 이스라엘의 선지자인 엘리사가 이러한 정보들을 이스라엘 왕에게 준 것이 틀림없을 것이라고 결론지었다(12절). (아마도 그는 나아만과 다른 사람들로부터 엘리사의 놀라운 이적들에 대하여 들었을 것이다.) 게하시의 행동과 생각을 알 수 있었다면 무엇인들 알 수 없겠는가? 이와 같이 아람 사람들은 전에는 하나님의 무한한 권능을 인정하지 않을 수 없었던 것처럼 지금은 하나님의 무한한 지식을 인정하지 않을 수 없었다. 사람의 말과 생각과 행동은, 그것이 누구에 의해서 된 것이든 그리고 언제 어디서 된 것이든, 하나님의 인식범위를 벗어나지 못한다.

[13]왕이 이르되 너희는 가서 엘리사가 어디 있나 보라 내가 사람을 보내어 그를 잡으리라 왕에게 아뢰어 이르되 보라 그가 도단에 있도다 하나이다 [14]왕이 이에 말과 병거와 많은 군사를 보내매 그들이 밤에 가서 그 성읍을 에워쌌더라 [15]하나님의 사람의 사환이 일찍이 일어나서 나가보니 군사와 말과 병거가 성읍을 에워쌌는지라 그의 사환이 엘리사에게 말하되 아아, 내 주여 우리가 어찌하리이까 하니 [16]대답하되 두려워하지 말라 우리와 함께 한 자가 그들과 함께 한 자보다 많으니라 하고 [17]기도하여 이르되 여호와여 원하건대 그의 눈을 열어서 보게 하옵소서 하니 여호와께서 그 청년의 눈을 여시매 그가 보니 불말과 불병거가 산에 가득하여 엘리사를 둘렀더라 [18]아람 사람이 엘리사에게 내려오매 엘리사가 여호와께 기도하여 이르되 원하건대 저 무리의 눈을 어둡게 하옵소서 하매 엘리사의 말대로 그들의 눈을 어둡게 하신지라 [19]엘리사가 그들에게 이르되 이는 그 길이 아니요 이는 그 성읍도 아니니 나를 따라 오라 내가 너희를 인도하여 너희가 찾는 사람에게로 나아가리라 하고 그들을 인도하여 사마리아에 이르니라 [20]사마리아에 들어갈 때에 엘리사가 이르되 여호와여 이 무리의 눈을 열어서 보게 하옵소서 하니 여호와께서 그들의 눈을 여시매 그들이 보니 자기들이 사마리아 가운데에 있더라 [21]이스라엘 왕이 그들을 보고 엘리사에게 이르되 내 아버지여 내가 치리이까 내가 치리이까 하니 [22]대답하되 치지 마소서 칼과 활로 사로잡은 자인들 어찌 치리이까 떡과 물을 그들 앞에 두어 먹고 마시게 하고 그들의 주인에게로 돌려보내소서 하는지라 [23]왕이 위하여 음식을 많이 베풀고 그들이 먹고 마시매 놓아보내니 그들이 그들의 주인에게로 돌아가니라 이로부터 아람 군사의 부대가 다시는 이스라엘 땅에 들어오지 못하니라

I. 아람 왕이 엘리사를 잡기 위해 큰 군대를 보냄. 그는 엘리사가 도단에 있다는 사실을 알아냈는데(13절), 그 곳은 사마리아에서 멀지 않은 곳이었다. 그는 엘리사를 잡아오도록 그 곳으로 군대를 보냈고, 그들은 밤에 그 곳을 에

위쌌다(14절). 아마도 아람 왕은 예전에 엘리야를 잡아오기 위해 보냄 받았던 오십부장와 오십 명의 병사들이 결국 실패하고 만 이야기를 들었을 것이다. 따라서 그는 엘리사를 잡아오는 일을 위해 큰 군대를 보냈다. 그는 하늘에서 내려온 불이 50명의 병사를 사르는 것은 쉬웠을지라도 5만 명의 큰 군대를 사르는 것은 결코 쉬운 일이 아닐 것이라고 생각했다. 지금 왕 곁에는 나아만이 있었을 것이며, 그는 왕에게 엘리사가 요새에 살고 있지 않으며 특별한 호위병들을 거느리고 있지도 않다는 사실을 말해줄 수 있었을 것이다. 그렇다면 무엇 때문에 이렇게 큰 군대가 필요했단 말인가? 아마도 아람 왕은 갑작스런 기습에 의해 위험에 빠지게 되는 것을 피하고자 그렇게 했을 것이다. 그는 얼마나 어리석은 자인가! 그는 정말로 엘리사가 이스라엘 왕에게 자신의 은밀한 계획을 알렸다는 사실을 믿었는가? 믿지 않았다면, 무엇 때문에 지금 엘리사를 붙잡으려 한단 말인가? 반대로 정말로 믿었다면, 지금 그는 얼마나 어리석은 일을 하고 있는가? 신복들과 더불어 은밀하게 의논한 것까지 알고 있는 자가 어떻게 자신을 잡으려는 음모를 모르고 있을 것이라고 상상할 수 있단 말인가? 하늘과 그토록 긴밀하게 연결되어 있는 자가 어떻게 자신들을 물리칠 수 없을 것이라고 상상할 수 있단 말인가?

II. 도단 성읍이 아람 군대에 의해 포위된 것을 알았을 때 선지자의 사환이 크게 두려워함. 엘리사는 자신의 사환을 일찍 일어나도록 지도했던 것으로 보인다(일찍 일어나는 자가 무슨 일이든지 이루며, 그 날 일을 그 날에 할 수 있게 되는 법이다). 일어나자마자 그는 큰 군대가 성읍을 에워싸고 있는 것을 보게 되었다(15절). 그들은 이 성가신 선지자를 즉시 붙잡고자 했으며, 자신들의 승리를 조금도 의심하지 않았다.

1. 사환은 당황하며 크게 두려워했다. 그는 곧바로 선지자에게 달려가 외쳤다. "아아, 내 주여 우리가 어찌하리이까? 우리가 죽게 되었나이다. 싸울 수도 없고 도망칠 수도 없나이다. 불가불 그들의 손에 떨어질 수밖에 없나이다." 만일 그가 다윗의 시편을 공부했다면(그 때 실제로 시편이 있었다), 그는 만 명으로도 두려워하지 않으며(시 3:6) 군대가 자신을 대적하여 진 칠지라도 두려워하지 않는(시 27:3) 법을 배울 수 있었을 것이다(시 3:6). 만일 그가 지금 자신의 스승과 함께 있다는 사실을 생각했다면, 이와 같이 당황하면서 쩔쩔매지는 않았을 것이다. 그의 스승이 누구인가? 하나님이 그를 통해 위대한 일들을 행하시지

않았던가? 하나님이 결코 그를 할례 받지 못한 자들의 손에 떨어지도록 내버려 두지 않으실 것이 아닌가? 수많은 사람을 구원한 그가 스스로를 구원할 것이 아닌가? 그는 '내가 어찌하리이까' 라고만 말했어야 했다(그랬다면 그것은 사도들의 '주여 구원하소서 우리가 망하게 되었나이다' 란 외침과 같은 것이었을 것이다). 그러나 그는 자기 스승까지 포함시켜 '우리가 어찌하리이까' 라고 외쳤는데, 그것은 잘못된 말이었다. 왜냐하면 그의 스승은 조금도 당황하거나 두려워하지 않았기 때문이었다.

2. 그의 스승은 그를 어떻게 안심시켰나?

(1) 말로(16절). 엘리사가 사환에게 한 말은 하나님의 모든 신실한 종들에게 해당되는 말이다. "두려워하지 말라 우리와 함께 한 자가 그들과 함께 한 자보다 많으니라. 하나님의 권능은 무한하시며 천사들이 무수히 많으니라." 큰 두려움이 엄습할 때 우리는 하나님과 보이지 않는 세상에 대한 분명한 확신으로 우리 자신을 단단히 매야 한다. 만일 하나님이 우리를 위하시면 누가 우리를 대적하리요(롬 8:31).

(2) 이상(vision, 異像)으로(17절).

[1] 엘리사는 자신의 사환을 안심시키는 일에 크게 마음을 썼다. 선한 사람들은 자신뿐만 아니라 다른 사람의 마음까지도 편안하게 만들어 주기를 열망한다. 옛 사환(즉 게하시)은 얼마 전에 주인의 곁을 떠났고, 새로 들어온 사환은 많은 경험을 갖지 못했다. 그리하여 엘리사는 그에게 자신을 통해 역사하고 계시는 전능자에 대한 분명한 증거를 보여주고자 했다. 믿음이 강한 자는 약한 자를 불쌍히 여기며, 그들의 손을 굳세게 하기 위해 자신이 할 수 있는 일을 기꺼이 감당해야만 한다.

[2] 엘리사는 사환도 자신이 보는 것, 즉 천사들이 자기 주위를 둘러 지키고 있는 것을 볼 수 있기를 바랐다. 그의 스승(즉 엘리야)을 하늘의 문으로 호송한 호위대(불 병거와 불말)가 지금 그를 지옥의 문으로부터 지켜주고 있었다. 불은 두렵게 하며 또 삼키는 것이다. 지금 엘리사를 보호하기 위해 와 있는 하늘의 권능은 아람 군대를 두렵게 할 수도 있고 사를 수도 있었다. 천사들은 하나님의 사자이면서 동시에 그의 군사요 군대(창 32:2)이며 군단(마 26:53)이다.

[3] 사환을 안심시키기 위해 필요한 것은 단지 그의 눈을 뜨게 하는 것뿐이었다. 그리하여 엘리사는 그것을 기도했고, 그대로 되었다(17절): 여호와여 원

하건대 그의 눈을 열어서 보게 하옵소서. 그의 육체의 눈은 열려 있었지만 그러나 그것으로는 단지 위험만을 보았을 뿐이었다. "여호와여 원하건대 그의 믿음의 눈을 열어 우리를 보호하는 천사들을 보게 하옵소서." 여기에서 다음의 두 가지 사실을 관찰하라. 첫째로, 두려워 떠는 자들을 위해 우리가 베풀 수 있는 가장 큰 호의는 그들을 위해 기도함으로써 그들로 하여금 하나님의 큰 은혜를 깨닫도록 하는 일이라는 사실. 둘째로, 눈이 열릴 때 두려움은 즉시로 사라질 것이라는 사실. 어둠 속에 있을 때 우리는 가장 많이 두려워하게 마련이다. 하늘의 주권과 권능을 분명하게 보면 볼수록 우리는 이 땅의 환난에 대해 덜 두려워하게 될 것이다.

Ⅲ. 엘리사를 잡으러 온 아람 군대가 큰 수치를 당함. 그들은 엘리사를 포로로 잡을 줄 생각했지만, 그러나 엘리사는 그들을 바보로 만들어 버리고 말았다. 엘리사는 그들을 조금도 두려워하지 않았을 뿐만 아니라 그들로부터 어떤 위해(危害)도 받지 않았다. 도리어 완벽하리만치 그들을 바보로 만들어 버렸다.

1. 엘리사는 하나님께 그들의 눈을 어둡게 해 달라고 기도한다. 그리하여 그들은 즉시로 눈이 어두워졌는데 그러나 완전히 앞을 못 보는 상태가 된 것은 아니었다. 그들은 빛을 볼 수 있었지만 그러나 그들의 시각(視覺)은 전에 익숙하게 알고 있었던 사람이나 장소를 알아볼 수 없을 정도로 현저하게 달라져 버렸다(18절). 그들은 극도의 혼돈상태에 빠져 자신들이 지금 누구의 지시를 받고 있는지도 알지 못했으며, 이 곳이 도단이라는 것도 또 지금 자신들에게 말하는 사람이 엘리사라는 것도 알지 못했다. 그들은 낮에도 황혼 때같이 손을 더듬는 상태가 되었다(사 59:10; 욥 12:24,25). 기억력도 분별력도 모두 그들을 떠나버리고 만 것이다. 사람의 마음과 정신을 주관하는 하나님의 능력을 보라. 하나님은 엘리사의 사환의 눈은 열어 주시고 그의 적들의 눈은 어둡게 만드셨다. 그들은 실제로 볼 수는 있었지만 그러나 아무것도 깨닫지 못했다(사 6:9, 너희가 듣기는 들어도 깨닫지 못할 것이요 보기는 보아도 알지 못하리라). 그리스도께서도 이와 같은 이중적인 심판을 위해 세상에 오셨다: 내가 심판하러 이 세상에 왔으니 보지 못하는 자들은 보게 하고 보는 자들은 맹인이 되게 하려 함이라(요 9:39). 그래서 어떤 사람에게는 생명에 이르는 향기가 되고 다른 사람에게는 사망에 이르는 냄새가 된다.

2. 이와 같이 그들이 혼돈에 빠지자 엘리사는 그들을 사마리아로 인도한다 (19절). 엘리사는 그들이 찾고 있는 사람을 보여주겠다고 약속하면서 그렇게 했는데, 그것은 사실이었다. 엘리사가 이는 그 길이 아니요 이는 그 성읍(즉 엘리사가 있는 성읍)도 아니라도 말했을 때, 그것은 거짓말이 아니었다. 왜냐하면 지금 그는 성읍 밖으로 나와 있었기 때문이며, 또한 만일 그들이 그를 보고자 한다면 그들은 그가 인도하는 다른 성읍으로 가야만 했기 때문이었다. 이와 같이 하나님과 그의 선지자들을 대적하여 싸우는 자들은 스스로를 속이는 것이며 또한 미망(迷妄) 속에 스스로를 던져버리는 것이다.

3. 사마리아로 데려간 후 엘리사는 그들의 눈이 열리고 정신이 돌아와 자신들이 어디에 있는지 보게 해 달라고 기도한다(20절). 그리하여 그들은 자신들이 사마리아 가운데에 있음을 알고 크게 두려워하게 되었다. 아마도 사마리아에는 그들 모두를 진멸하거나 혹은 포로로 붙잡을 수 있을 정도의 충분한 상비군(常備軍)이 있었던 것으로 보인다. 이 세상의 신인 사탄은 사람들의 눈을 어둡게 하고 미혹하여 그들을 파멸로 인도한다. 그러나 하나님이 그들의 눈을 열어 주실 때 그들은 자신들이 사탄의 포로가 되어 적진의 한가운데, 그리고 지옥의 멸망 가운데 있다는 사실을 알게 된다. 다시 말해서, 전에는 자신들이 매우 좋은 상태에 있다고 생각했지만, 하나님이 눈을 열어주심으로 비로소 자신들의 영적 실상을 보게 되는 것이다. 이와 같이 하나님과 교회의 원수들은 자신들의 승리를 확신하는 바로 그 순간 자신들이 패배를 당한 채 적진의 한가운데 있다는 사실을 발견하게 될 것이다.

4. 엘리사는 그들에게 자비를 베풀 것을 말한다. 이렇게 하여 그는 신적 권능(divine power)과 함께 신적 선하심(divine goodness)을 나타냈다.

(1) 엘리사는 그들의 목숨을 해하지 말라고 당부한다. 그는 그들에게 자신이 할 수 있었던 일을 보여주는 것으로 만족했다. 그는 자신을 해하려고 했던 그들에게 복수하기 위해 천사의 칼이나 혹은 왕의 칼을 필요로 하지 않았다. 이스라엘 왕은 엘리사에게 큰 경의를 표하며 묻는다(21절): 내 아버지여 내가 치리이까? (왕은 지금 엘리사에게 극진한 경의를 표하고 있지만 그러나 얼마 지나지 않아 그를 죽일 것을 맹세한다.) 그러고 나서 왕은 마치 그들을 죽이지 못해 안달난 것처럼 다시 한 번 묻는다: 내가 치리이까? 어쩌면 지금 그는 자기 아버지가 마땅히 진멸해야 할 자들을 그대로 보내 준 것을 하나님이 불쾌하게 여

긴 것을 기억하고 자신도 똑같은 잘못을 범하지 않으려고 한 것인지도 모른다. 어쨌든 그는 엘리사 선지자의 허락 없이는 적들을 치지 않으려고 생각했을 정도로 그에게 큰 경의를 표하고 있었다. 그러나 엘리사는 왕에게 그들을 죽이지 말라고 당부했다(22절). 그들을 이 곳으로 데려온 것은 깨닫게 하고 수치스럽게 하려고 한 것이지 죽이려고 한 것이 아니었기 때문이다. 만일 그들이 왕의 칼과 활로 사로잡은 왕의 포로들이었다면, 그들을 어떻게 처분할 것인가에 대해 왕의 의지대로 할 수 있을 것이었다. 그러나 그들은 왕의 포로가 아니었다. 그들은 하나님의 포로였으며 또한 선지자의 포로였다. 그러므로 왕은 그들에게 어떤 위해(危害)도 가해서는 안 되었다. 하나님의 손 아래 스스로를 겸비케 하는 자들은 스스로의 안전을 위해서도 가장 좋은 길을 선택한 것이다.

(2) 엘리사는 그들에게 먹을 것을 주라고 당부한다. 엘리사는 왕에게 그들을 관대하게 대하고 곧바로 돌려보내라고 말했고, 왕은 그대로 했다(23절).

[1] 왕이 자기 마음대로 하지 않고 기꺼이 선지자의 말에 순복한 것은 참으로 칭찬할 만한 일이었다. 그리고 그것은 왕 자신에게도 크게 유익할 것이었다(삼상 24:19, 사람이 그의 원수를 만나면 그를 평안히 가게 하겠느냐 네가 오늘 내게 행한 일로 말미암아 여호와께서 네게 선으로 갚으시기를 원하노라). 실제로 왕은 엘리사가 지시한 것보다 한 걸음 더 나아갔다. 왜냐하면 엘리사가 떡과 물을 주라고 말했을 때 왕은 그들을 위해 음식을 많이 베풀었기 때문이다.

[2] 엘리사가 자신을 잡으러 온 원수들을 그토록 관대하게 대한 것 역시 참으로 칭찬할 만한 일이었다. 그들은 자신들의 목적은 이루지 못한 채 다만 선지자의 넉넉함에 감복하며 돌아길 수밖에 없었다. 그는 그들이 만난 자들 가운데 가장 강한 자일 뿐만 아니라 또한 가장 관대한 자였다. 원수를 사랑하고 우리를 미워하는 자에게 선을 베풀라는 위대한 가르침은 이미 구약성경에 나와 있는 것이다(잠 25:21, 네 원수가 배고파하거든 음식을 먹이고 목말라하거든 물을 마시게 하라; 출 23:4,5). 그리고 여기에서 엘리사는 그러한 가르침을 그대로 실천했다. 그의 전임자(즉 엘리야)는 자신을 핍박하는 자들을 사르도록 하늘로부터 불을 내려오게 함으로써 신적 공의의 표본을 보여주었다. 반면 그는 자신을 핍박하는 자들을 녹이도록 그들의 머리 위에 숯불을 쌓음으로써 신적 자비의 표본을 보여주었다. 이와 같이 우리는 악에게 지지 말고 선으로 악을 이겨야 한다.

IV. 이로 인한 결과. 이로부터 아람 군사의 부대가 다시는 이스라엘 땅에 들어오지 못하니라(23절). 다시 말해서 엘리사를 잡을 목적으로 더 이상 군대를 보내지 않았다는 것이다. 그들은 엘리사를 잡으려고 시도하는 것이 아무 소용없는 일이라는 사실을 알게 되었으며, 또한 그들 가운데 어느 누구도 감히 그를 대적하려고 하지 않았다. 적에 대한 가장 영광스러운 승리는 적을 친구로 바꾸는 것이다.

[24]이 후에 아람 왕 벤하닷이 그의 온 군대를 모아 올라와서 사마리아를 에워싸니 [25] 아람 사람이 사마리아를 에워싸므로 성중이 크게 주려서 나귀 머리 하나에 은 팔십 세겔이요 비둘기 똥 사분의 일 갑에 은 다섯 세겔이라 하니 [26]이스라엘 왕이 성 위로 지나갈 때에 한 여인이 외쳐 이르되 나의 주 왕이여 도우소서 [27]왕이 이르되 여호와께서 너를 돕지 아니하시면 내가 무엇으로 너를 도우랴 타작 마당으로 말미암아 하겠느냐 포도주 틀로 말미암아 하겠느냐 하니라 [28]또 이르되 무슨 일이냐 하니 여인이 대답하되 이 여인이 내게 이르기를 네 아들을 내놓아라 우리가 오늘 먹고 내일은 내 아들을 먹자 하매 [29]우리가 드디어 내 아들을 삶아 먹었더니 이튿날에 내가 그 여인에게 이르되 네 아들을 내놓아라 우리가 먹으리라 하나 그가 그의 아들을 숨겼나이다 하는지라 [30]왕이 그 여인의 말을 듣고 자기 옷을 찢으니라 그가 성 위로 지나갈 때에 백성이 본즉 그의 속살에 굵은 베를 입었더라 [31]왕이 이르되 사밧의 아들 엘리사의 머리가 오늘 그 몸에 붙어 있으면 하나님이 내게 벌 위에 벌을 내리실지로다 하니라 [32]그 때에 엘리사가 그의 집에 앉아 있고 장로들이 그와 함께 앉아 있는데 왕이 자기 처소에서 사람을 보냈더니 그 사자가 이르기 전에 엘리사가 장로들에게 이르되 너희는 이 살인한 자의 아들이 내 머리를 베려고 사람을 보내는 것을 보느냐 너희는 보다가 사자가 오거든 문을 닫고 문 안에 들이지 말라 그의 주인의 발소리가 그의 뒤에서 나지 아니하느냐 하고 [33]무리와 말을 할 때에 그 사자가 그에게 이르니라 왕이 이르되 이 재앙이 여호와께로부터 나왔으니 어찌 더 여호와를 기다리리요

본 단락은 본 장의 끝 부분에 놓여질 것이 아니라 다음 장의 첫머리에 놓여지는 것이 훨씬 적절했을 것으로 보인다. 왜냐하면 본 단락의 이야기는 앞의 이야기들과는 다른 이야기일 뿐만 아니라 동시에 그것은 다음 장으로 계속 이어지기 때문이다.

I. 아람 왕이 사마리아를 포위함으로써 사마리아에 큰 고통이 임함.   아람 사람들은 얼마 전 사마리아에서 받은 은혜를 잊어버리고, 특별한 문제가 없었던 것으로 보임에도 불구하고 배은망덕하게도 그 성읍을 멸망시키려고 했다(24절). 이와 같이 은혜를 모르는 야비한 마음을 가진 사람들이 있다. 수도(首都)가 이와 같은 극한적인 상황에 떨어졌다면(25절), 다른 지역은 철저히 약탈을 당하며 황폐화되었을 것이라고 우리는 쉽게 추측할 수 있다. 지금 그들의 창고는 텅텅 비어 있었는데, 아마도 그것은 얼마 전 그 땅에 임한 기근 때문이었을 것이다. 아니면 아람 군대가 갑자기 포위함으로써 양식을 비축할 여유가 없었을 것이다. 성 밖에서 칼이 삼키고 있는 동안 성 안에서는 극심한 기근이 백성들을 삼키고 있었는데(애 4:9), 그것은 아람 군대가 사마리아 도성을 공격하여 함락시키는 대신 극심한 굶주림으로 스스로 항복하도록 하고자 했기 때문이었다. 그리하여 사마리아는 극심한 물자부족에 떨어져 버리고 말았다. 살도 별로 없고 맛도 없으며 의식법(儀式法)상으로 부정한 나귀 머리 하나가 은 80세겔에 팔렸고, 당시 비둘기 똥이라고 불렸던 조악(粗惡)한 곡물 사분의 일 갑이 은 5세겔에 팔렸다(한 갑은 계란 스무 개 정도의 분량에 불과했으므로 사분의 일 갑은 계란 다섯 개 정도의 분량이었다). 풍부함은 얼마나 복된 것인가? 풍부할 때 우리는 감사하는 마음을 가져야만 한다. 기근의 때에 돈은 얼마나 하잘것없는 것인가?

II. 극심한 기근 가운데 한 여인이 왕에게 호소함.   왕이 병사들을 격려하는 등의 일을 위해 성벽 위를 지나가고 있을 때, 한 여인이 외쳤다: 나의 주 왕이여 도우소서(26절). 곤궁에 처한 백성이 공의를 수호하고 잘못된 것을 응징하는 왕에게 가서 도움을 부르짖는 것은 너무도 마땅한 일이다. 이에 왕은 침울하게 대답한다(27절): 여호와께서 너를 돕지 아니하시면 내가 무엇으로 너를 도우랴. 어떤 이들은 이것이 불평으로 가득한 시비조의 말이라고 생각한다: 하나님이 이토록 우리에게 가혹하게 대하시는데 어째서 너는 나로부터 무엇인가를 기대하느냐? 타작마당으로도 포도주 틀로도 도울 수 없었으므로 그는 그녀에게 아무런 도움도 주지 못할 것이었다. 우리는 이와 같은 상태에 떨어지지 않도록 항상 주의를 기울여야 한다. 그러나 그렇게 보기보다는 그녀를 진정시키는 말로 보는 것이 더 타당해 보인다. "하나님이 우리를 도울 때까지 그를 바라보며 이러한 고통을 잘 견디도록 하라. 내가 너를 도울 수 없노라."

1. 왕은 타작마당과 포도주 틀이 비어 있는 것을 한탄한다. 극심한 기근 가운데 왕의 타작마당과 포도주 틀까지도 비어 있었다. 우리는 앞에서 왕이 아람 군대에게 많은 음식을 베푼 것을 살펴보았다(23절). 그러나 지금은 한 사람의 가난한 여인을 구제할 것조차 갖고 있지 못했다. 큰 풍성함 뒤에 궁핍이 따르는 것은 흔히 있는 일이다. 우리는 내일도 오늘과 같을 것이라고 확신할 수 없다(사 56:12; 시 30:6).

2. 이로써 왕은 하나님이 돕지 않는다면 자신도 도와줄 수 없음을 인정한다. 피조물은 하나님 없이는 아무것도 할 수 없는 존재란 사실을 주목하라. 왜냐하면 모든 피조물은 하나님이 만드신 그대로의 피조된 존재에 불과하기 때문이다. 비록 도울 수는 없었지만 그러나 왕은 기꺼이 그녀의 말을 들어주고자 했다: 무슨 일이냐 네게 어떤 특별한 문제가 있느냐? 정말로 그러했다. 그녀는 이웃 여인과 더불어 끔찍한 약속을 했는데, 그것은 먼저 자신의 아들을 삶아 먹고 다음에 그 이웃 여인의 아들을 삶아 먹자는 것이었다. 그래서 먼저 그녀의 아들을 삶아 먹었는데, 이제 이웃 여인이 자기 아들을 숨겼다는 것이었다(28, 29절). 육신이 영을 지배할 때 어떤 일이 벌어지는지 보라. 아들에 대한 어머니의 천부적인 애정조차도 이와 같이 육체의 욕구 앞에 압도를 당하고 만다. 또한 여기에서 하나님의 말씀이 이루어진 것을 주목하라. 이스라엘의 죄에 대한 하나님의 심판의 경고 가운데 자기 자녀의 살을 먹을 것이라는 것이 포함되어 있었다(신 28:53-57). 너무나 믿을 수 없는 말이지만, 그러나 그대로 이루어졌다.

III. 이 일로 인해 왕이 엘리사에게 분개함. 왕은 이러한 재난을 한탄하면서 자신의 옷을 찢으며 속살에 굵은 베옷을 입었다(30절). 그는 백성들의 고통과 그들을 도울 수 없는 자신의 무력함을 한탄했다. 그러나 이러한 재난을 초래한 자신과 백성들의 죄는 한탄하지 않았다. 그는 자신의 길과 행위가 이 일들을 부르게 했다는 사실을 깨닫지 못했다(렘 4:18). 사람이 미련하므로 자기 길을 굽게 하고 마음으로 여호와를 원망하느니라(잠 19:3). 단과 벧엘에 있는 금송아지들을 허물어뜨릴 것을 맹세하는 대신, 그리고 바알과 아세라의 선지자들에게 율법의 공의를 시행할 것을 맹세하는 대신, 그는 엘리사를 죽일 것을 맹세했다(31절): 엘리사의 머리가 오늘 그 몸에 붙어 있으면 하나님이 내게 벌 위에 벌을 내리실지로다. 도대체 무엇 때문인가? 그가 무엇을 잘못했단 말인가? 그의 머리는 모든 이스라엘 가운데 가장 순전하고 고귀한 것이었지만, 그러나 지금 왕에 의해 저주 받은 것이 되었다. 이와 같이 박해의 시대에 제국이 특별한 재난으로 신음할 때 종종 황제들은 그 모든 책임을 기독교인들에게 지우면서 온갖 가혹한 핍박을 가하곤 했다. *Christianos ad leones* — 기독교인들을 사자에게로 데려가라. 어쩌면 여호람이 엘리사에게 이와 같이 분개한 것은 그가 이러한 심판을 예언했기 때문이거나, 혹은 항복하지 말고 계속 저항하도록 설득했기 때문이었을 수 있다. 그러나 그가 기도로써 이러한 포위를 풀고 도성을 구원해 주지 않았기 때문인 것이 가장 가능성이 높아 보인다(왕은 엘리사가 능히 그렇게 할 수 있었음에도 불구하고 하지 않았다고 생각했다). 그러나 회개하고 새로워짐으로써 구원을 위해 준비될 때까지 그들은 선지자가 그렇게 기도할 것을 기대할 수 없었다.

IV. 엘리사가 자신을 해하려는 왕의 계획을 예견함(32절).   왕이 마치 그물에 갇힌 들소처럼 분개하고 있는 동안, 엘리사는 평온한 가운데 자신의 집에 앉아 있었으며 그와 함께 있었던 장로들 또한 그러했다. 엘리사는 장로들에게 왕이 자신의 머리를 베러 사자를 보냈음을 이야기하면서, 문을 닫고 들어오지 못하게 하라고 지시한다. 그것은 우리가 추측할 수 있는 바와 같이 그의 주인인 왕이 곧바로 그를 뒤따라와 그러한 명령을 취소할 것이었기 때문이다. 엘리사는 멀리 떨어져 있는 상태에서 왕이 하고 있는 일을 정확하게 말할 수 있었다. 그에게 그러한 능력을 부여해 준 동일한 예언의 영이 그로 하여금 왕을 '살인한 자의 아들' 이라고 부를 권세를 부여해 주었다. 엘리사와 같은 특별한 권세를 부여받지 않은 한 우리는 왕을 그와 같이 불러서는 안 된다. 이것은 통치자를 경멸하고 권세자들을 험담하도록 가르치는 것이 결코 아니다. 엘리사는 자신이 과연 왕의 손에 그와 같이 부당하게 취급당하는 것이 합당한지 장로들에게 호소한다: 과연 그가 살인한 자의 아들이 아니냐? 엘리사가 무슨 악한 일을 행했는가? 그는 재앙의 날을 바라지 않았다(렘 17:16).

V. 왕이 선지자의 머리를 베라는 자신의 명령을 취소하기 위해 옴.   아마도 왕은 양심과 타락 사이에서 갈등하고 있었던 것으로 보인다. 그는 무슨 말을 해야 할지 알지 못하고 있었다. 그러나 모든 일이 극한적인 상황까지 몰려가는 것을 보면서 그는 거의 자포자기 상태가 되었다(33절): 이 재앙이 여호와께로부터 나왔으니. 이것은 옳은 말이었다. 모든 형벌적 재앙이 첫째 원인이시며 최고

의 재판장이신 여호와께로부터 나온다는 것은 보편적인 진리이다(암 3:6, 여호와의 행하심이 없는데 재앙이 어찌 성읍에 임하겠느냐). 그리고 우리는 이것을 개별적인 경우들에 적용해야 한다. 만일 모든 재앙이 하나님께로부터 나오는 것이라면, 이 재앙 역시 — 재앙을 가져다주는 도구가 누구이든지 간에 — 궁극적으로 그분으로부터 나오는 것일 것이다. 그러나 이러한 진리로부터 왕이 추론해 낸 결론은 너무도 어리석고 악한 것이었다: 어찌 더 여호와를 기다리리요. 엘리나 다윗이나 욥은 이것은 여호와께로부터 말미암은 것이라고 말하면서 그러한 상황을 인내하며 견뎠다. 반면 여기의 악한 왕은 더욱 무도한 말을 내뱉었다. "나는 상황이 더 나빠진다 해도 두려워하지 않을 것이며 호전되는 것도 기대하지 않을 것이라. 왜냐하면 이보다 더 나쁜 상황은 결코 있을 수 없으며, 또 이와 같은 상황이 호전되지도 않을 것이기 때문이니라. 우리는 모두 파멸을 당했으며 어떤 구제책도 없도다." 하나님을 기다릴 줄 모르는 것은 참으로 어리석은 일이다. 왜냐하면 하나님은 심판의 하나님이시며, 그분을 기다리는 모든 자가 복이 있기 때문이다.

제
— 7 —
장

개요

우리는 여기에서 절망적인 상황 가운데 왕과 사마리아에 구원이 임하는 것을 보게 된다. I. 엘리사가 구원을 예언함, 그러나 그것을 믿지 않은 장관은 그 유익을 누리지 못함(1, 2절). II. 구원이 이루어짐. 1. 하나님이 아람 군대를 두렵게 하심으로 그들이 황급히 도망침(6, 7절). 2. 네 명의 나병환자가 때마침 이러한 사실을 발견하고(3-5절) 왕궁에 알림(8-11절). 3. 왕이 그것이 사실인지 여부를 정탐함(12-15절). III. 이로 인해 성읍이 갑자기 풍성하게 되고 믿지 않던 장관이 죽음으로써 엘리사의 예언이 이루어짐(16-20절). 하나님의 말씀은 일점일획도 땅에 떨어지지 않는 법이다.

¹엘리사가 이르되 여호와의 말씀을 들을지어다 여호와께서 이르시되 내일 이맘때에 사마리아 성문에서 고운 밀가루 한 스아를 한 세겔로 매매하고 보리 두 스아를 한 세겔로 매매하리라 하셨느니라 ²그 때에 왕이 그의 손에 의지하는 자 곧 한 장관이 하나님의 사람에게 대답하여 이르되 여호와께서 하늘에 창을 내신들 어찌 이런 일이 있으리요 하더라 엘리사가 이르되 네가 네 눈으로 보리라 그러나 그것을 먹지는 못하리라 하니라

I. 엘리사가 사마리아 도성에 24시간 내에 풍성함이 임할 것을 예언함(1절).

이스라엘 왕은 구원에 대해 절망하는 가운데 거의 자포자기 상태가 되었다.

1. 엘리사가 그와 같이 예언한 것은 최악의 상황에서였다. 사람의 극한적 상황은 하나님이 당신의 권능을 나타내시는 기회가 된다. 자기 백성들에게 하나님의 때가 나타나는 것은 그들의 힘이 다했을 때이다(신 32:36, 참으로 여호와께서 자기 백성을 판단하시고 그 종들을 불쌍히 여기시리니 곧 그들의 무력함과 갇힌 자나 놓인 자가 없음을 보시는 때에로다). 그들이 모든 도움의 소망을 포기했을 때 하나님의 때가 왔다. 인자가 올 때에 세상에서 믿음을 보겠느냐(눅 18:8). 왕은 말했다: 내가 무엇을 더 기다려야 한단 말인가? 그리고 일부 장로들도 똑같

은 말을 할 준비가 되어 있었을 것이다. 이에 엘리사가 말한다. "당신이 이들이 말하는 것을 들으나 이제는 여호와의 말씀을 들을지어다. 그가 말씀하시는 것을 듣고 주의를 기울이며 믿을지어다. 내일 사마리아 성문에서 곡식이 통상적인 가격으로 팔릴 것이다." 다시 말해서 포위가 풀리고 성문이 열릴 것이며 예전처럼 그 곳에서 시장(市場)이 열릴 것이라는 것이었다. 평화가 다시 회복되는 것은 종종 다음과 같이 표현되곤 했다(삿 5:11): 그 때에 여호와의 백성이 성문에 내려갔도다 — 그 곳에서 팔고 사기 위해 .

2. 그 결과 다시 풍성함이 임할 것이었다. 물론 시간이 지나면 곡식 가격은 다시 정상적인 가격으로 돌아오게 될 것이었다. 그러나 불과 하루 만에 그렇게 된다는 것은 생각할 수 없는 일이었다. 비록 지금까지 이스라엘 왕이 엘리사의 생명을 위협했다 할지라도 하나님은 그의 생명과 그의 백성들의 생명을 구원하실 것을 약속하셨다. 이와 같이 하나님은 죄가 많은 곳에 은혜가 더욱 풍성하게 하셨다.

II. 그 자리에 있던 한 장관이 이러한 예언에 대해 공공연히 불신앙을 표명함(2절). 그는 궁중대신으로서 왕의 오른팔과 같은 사람이었다. 그는 왕이 의지하는 자였다. 다시 말해서 왕이 그를 총애하면서 그의 재능을 크게 의지했다는 의미이다. 그는 하나님이 마치 만나를 내리셨던 것처럼 곡식을 하늘에서 비처럼 내리게 하지 않는 한 그것은 불가능한 일이라고 생각했다.

III. 그의 불신앙에 대해 징벌이 예언됨. 그는 이 일이 이루어지는 것을 봄으로써 자신의 생각이 틀렸다는 것을 깨닫게 될 것이지만 그러나 그것을 먹지는 못하게 될 것이었다. 불신앙은 사람이 하나님을 무시하며 불쾌하게 만드는 죄라는 사실을 주목하라. 뿐만 아니라 그것은 사람으로 하여금 하나님이 계획하신 은총을 빼앗기게 만든다. 불평에 빠진 이스라엘 백성들은 가나안을 보았지만 그러나 불신앙 때문에 들어갈 수는 없었다. 패트릭 주교가 말한 것처럼, 영원한 생명의 약속을 믿지 않는 사람들의 분깃도 그와 같을 것이다. 그들은 멀리서 그것을 볼 것이지만 그러나 그것을 맛보지는 못할 것이다. 왜냐하면 그 마음속에 하나님의 말씀을 가지고 있지 않은 한 그 약속의 유익을 향유할 수 없기 때문이다.

³성문 어귀에 나병환자 네 사람이 있더니 그 친구에게 서로 말하되 우리가 어찌하

여 여기 앉아서 죽기를 기다리랴 '만일 우리가 성읍으로 가자고 말한다면 성읍에는 굶주림이 있으니 우리가 거기서 죽을 것이요 만일 우리가 여기서 머무르면 역시 우리가 죽을 것이라 그런즉 우리가 가서 아람 군대에게 항복하자 그들이 우리를 살려 두면 살 것이요 우리를 죽이면 죽을 것이라 하고 '아람 진으로 가려 하여 해 질 무렵에 일어나 아람 진영 끝에 이르러서 본즉 그 곳에 한 사람도 없으니 '이는 주께서 아람 군대로 병거 소리와 말 소리와 큰 군대의 소리를 듣게 하셨으므로 아 람 사람이 서로 말하기를 이스라엘 왕이 우리를 치려 하여 헷 사람의 왕들과 애굽 왕들에게 값을 주고 그들을 우리에게 오게 하였다 하고 '해질 무렵에 일어나서 도 망하되 그 장막과 말과 나귀를 버리고 진영을 그대로 두고 목숨을 위하여 도망하 였음이라 '그 나병환자들이 진영 끝에 이르자 한 장막에 들어가서 먹고 마시고 거 기서 은과 금과 의복을 가지고 가서 감추고 다시 와서 다른 장막에 들어가 거기서 도 가지고 가서 감추니라 '나병환자들이 그 친구에게 서로 말하되 우리가 이렇게 해서는 아니되겠도다 오늘은 아름다운 소식이 있는 날이거늘 우리가 침묵하고 있 도다 만일 밝은 아침까지 기다리면 벌이 우리에게 미칠지니 이제 떠나 왕궁에 가 서 알리자 하고 '°가서 성읍 문지기를 불러 그들에게 말하여 이르되 우리가 아람 진 에 이르러서 보니 거기에 한 사람도 없고 사람의 소리도 없고 오직 말과 나귀만 매 여 있고 장막들이 그대로 있더이다 하는지라 ''그가 문지기들을 부르매 그들이 왕 궁에 있는 자에게 말하니

여기에서 우리는 다음과 같은 이야기를 듣게 된다.

I. 사마리아 도성의 포위가 풀림. 사마리아 도성의 포위는 힘이나 군사력 에 의해서가 아니라 만군의 여호와의 영에 의해 풀렸는데, 여호와의 영이 사마 리아를 포위하고 있던 아람 병사들의 심령을 두려움으로 치심으로써 그렇게 되었다(6, 7절). 그들을 향하여 단 한 자루의 칼도 뽑히지 않았으며 단 한 방울 의 피도 흘려지지 않았다. 천둥이나 우박에 의해 혼비백산한 것도 아니었으며, 예루살렘 앞에 있었던 산헤립의 군대처럼 멸하는 천사에 의해 살육을 당한 것 도 아니었다. 그 일은 다음과 같이 이루어졌다.

1. 하나님이 아람 군대로 병거 소리와 말 소리와 큰 군대의 소리를 듣게 하셨다. 도단을 포위했던 아람 군대는 시각적(視覺的)으로 속임을 당했다(6:18). 반면 여기에서는 청각적(聽覺的)으로 속임을 당했다. 하나님은 인간의 모든 감각들

이 당신의 계획에 부합되게 작동되도록 하는 방법을 알고 계신다. 듣는 귀와 보는 눈을 지으신 분이 하나님이시므로 그분은 또한 귀머거리가 되게 하실 수도 있고 소경이 되게 하실 수도 있다(출 4:11, 누가 사람의 입을 지었느냐 누가 말 못 하는 자나 못 듣는 자나 눈 밝은 자나 맹인이 되게 하였느냐 나 여호와가 아니냐). 실제로 천사들에 의해 공중에서 요란한 소리가 났는지 아니면 단지 그들의 귀에 요란한 소리가 들린 것일 뿐인지 하는 것은 분명하지 않다. 어느 경우이든 그것은 자신의 곳간에서 바람을 내시며(렘 10:13) 사람 안에 심령(spirit)을 지으신(슥 12:1) 하나님으로부터 말미암은 것이었다. 말과 병거들을 봄으로써 엘리사의 사환은 큰 위로를 얻었다(6:17). 반면 말과 병거들의 소리를 들음으로써 아람 군대는 큰 두려움에 사로잡혔다. 이와 같이 보이지 않는 세계와의 접촉은 어떤 사람에게는 위로를 주기도 하고, 또 어떤 사람에게는 두려움을 주기도 한다 — 그들이 하나님과 어떤 상태에 있는지 여부에 따라.

2. 그러한 소리를 들었을 때 그들은 이스라엘 왕이 어떤 외국 군대를 끌어들인 것이 분명하다고 확신했다: 이스라엘 왕이 우리를 치려 하여 헷 사람의 왕들과 애굽 왕들에게 값을 주고 그들을 우리에게 오게 하였다. 우리가 아는 한 애굽에는 오직 한 명의 왕만이 있을 뿐이었으며, 헷 사람의 왕들이 누구를 이야기하는지 우리는 알지 못한다. 다만 그들은 귀에 들려온 두려운 소리에 의해 속임을 당했던 것처럼 또한 그것을 해석함에 있어서도 또다시 스스로 속임을 당하고 말았다. 만일 유다의 왕이 군대를 이끌고 도우러 온 것이라고 추론했다면, 그것은 그래도 어느 정도 가능성이 있는 일이었을 것이다. 또한 이 일에 대해 좀 더 곰곰이 생각해 보았다면, 그들은 자신들의 상상이 얼마나 잘못된 것이었는지를 금방 깨닫게 되었을 것이다. 완전하게 포위된 이스라엘 왕이 어떻게 그토록 멀리 떨어진 곳에 있는 왕들에게 자신의 처지를 알리며 도움을 호소할 수 있었겠는가? 도대체 무엇을 주고 원군(援軍)을 청할 수 있었겠는가? 그들이 조금만 깊이 생각해 보았더라면 이토록 큰 군대가 그렇게 허겁지겁 도망치는 일은 결코 없었을 것이었다. 그러나 그들은 두려움이 없는 곳에서 크게 두려워하였다(시 53:5).

3. 그리하여 그들은 진을 그대로 버려둔 채 너무도 경솔하게 황급히 도망치고 말았다. 그들에게는 말이 있었고 말을 타면 더 빨리 도망칠 수 있었을 것이었다. 그럼에도 불구하고 그들은 말조차 탈 시간이 없을 정도로 허겁지겁 도망

쳤다(7절). 그들 가운데 누구도 상상 속의 적을 확인하기 위해 정탐꾼을 보낼 생각을 하지 못했다. 그토록 먼 지역으로부터 온 군대라면 지금 긴 행군으로 인해 극도로 지쳐 있을 것이 아닌가? 그들은 지금 모든 용기를 잃어버린 채 긴 행군으로 지친 군대와 맞설 생각조차 하지 못했다. 악인은 쫓아오는 자가 없어도 도망치느니라. 하나님은 당신이 기뻐하실 때 가장 담대하고 용맹한 자들도 겁쟁이로 만드실 수 있으며 가장 굳센 심령을 가진 자들도 두려워 떨게 만드실 수 있다. 하나님은 당신을 두려워하지 않는 자들을 낙엽이 떨어지는 소리로도 두려워하게 만드실 수 있다.

Ⅱ. 아람 군대가 도망친 것이 네 명의 나병환자들에 의해 발견됨. 사마리아는 구원을 받았지만 그러나 그 사실을 알지 못하고 있었다. 아람 군대는 너무도 급작스럽게 사라져 버렸기 때문에 성벽 위에 있던 파수꾼들조차도 그들이 퇴각한 것을 알아채지 못했다. 그러나 신적 섭리는 이 사실을 발견하고 알리는 자로서 네 명의 나병환자들을 사용하셨다. 그들은 의식법(儀式法)상 부정한 자들로서 성읍으로부터 추방되어 성문 밖에 유숙하던 자들이었다. 유대인들은 그들이 게하시와 그의 세 아들이었을 것이라고 말한다. 어쩌면 정말로 게하시가 그들 가운데 한 사람이었으며 이 일로 인해 왕이 그를 알게 된 것인지도 모른다(열왕기하 8장 4절을 참조하라).

1. 네 명의 나병환자는 아람 군대의 진으로 갈 것을 결심한다(3, 4절). 그들은 거의 굶어죽기 직전이었다. 그들을 구원해 주기 위해 성문을 나올 사람은 아무도 없었다. 설령 성읍으로 들어간다 할지라도 역시 먹을 것이 없으므로 길거리에서 죽을 것이었다. 그리고 그대로 앉아 있어도 자신들의 움막에서 굶어죽을 것이었다. 그리하여 그들은 적진으로 가서 자신들의 목숨을 그들의 처분에 맡기기로 결심한다. 설령 그들이 죽인다 할지라도, 그래도 굶어 죽는 것보다는 칼에 맞아 죽는 것이 나을 것이었다. 오랜 시간 고통 속에서 서서히 죽는 것보다는 차라리 한순간에 죽는 것이 낫지 않겠는가? 어쩌면 아람 사람들이 동정심을 가지고 자신들의 목숨을 살려줄는지도 모를 일이었다. 사람은 자신의 상태를 더 나쁘게 만드는 쪽보다는 그래도 좀 낫게 만드는 쪽을 선택하는 법이다. 탕자는 아버지에게 돌아갈 것을 결심했다. 그는 아버지의 진노를 두려워할 만한 충분한 이유를 갖고 있었지만, 그래도 먼 나라에서 굶어 죽는 것보다는 나을 것이었다. 네 명의 나병환자는 이렇게 결론짓는다: "그들이 죽이면 죽을

것이라." 어떤 의미로 죽음에 대해 이렇게 말할 수 있는 사람들은 행복한 자들이다. "우리는 단지 죽을 따름이요 그 이상은 아니다. 우리는 죽고 저주를 받는 것이 아니다. 우리는 둘째 사망의 해를 받지 않을 것이다." 이런 결심에 따라 그들은 해 질 무렵에 아람 군대의 진으로 갔다. 그런데 거기에는 너무도 놀라운 광경이 펼쳐져 있었다. 단 한 사람의 병사도 보이지 않는 채 진은 완전히 버려져 있었던 것이다(5절). 이와 같이 신적 섭리가 나병환자들을 인도하여 아람 군대가 도망치자마자 그 곳에 도착하게 만들었다. 왜냐하면 아람 군대는 해 질 무렵에 도망쳤는데(7절), 그들이 그 곳에 도착한 것 역시 그 즈음이었기 때문이다(5절). 그러므로 조금의 시간도 지체되지 않았다.

2. 그들이 이 소식을 성읍에 전하기로 결심함. 그들은 자신들이 도착한 첫 번째 장막에서 배불리 음식을 먹고 이어 약탈물을 취할 생각을 하기 시작했다(8절). 그러나 그들은 곧 자신들의 생각을 고쳐먹었다(9절). "우리가 우리 공동체로부터 추방당했다고 해서 이 좋은 소식을 전하지 않는 것은 옳은 일이 아니로다. 우리를 추방시킨 것은 그들이 아니라 율법이 아닌가? 그러므로 이 소식을 그들에게 전하자. 이 소식은 죽음으로부터 살리는 생명의 소식이 될 것이다." 만일 그들이 공동체와는 별개로 행동하면서 자신들의 유익만을 구한다면, 그들에게 벌이 임할 것이라고 그들의 양심이 일깨워 주었다. 이기적이며 편협한 마음을 가진 사람은 형통을 기대할 수 없는 법이다. 어떤 유익에 있어 그것을 형제들과 함께 나눌 때 그것이 가장 값진 유익이 된다. 이러한 결심에 따라 그들은 성문으로 돌아와 파수꾼에게 자신들이 발견한 것을 알렸다(10절). 파수꾼은 이러한 정보가 나병환자들에 의해 전해졌다고 해서 소홀히 여기지 않고 즉시 왕궁에 전했다(11절).

[12]왕이 밤에 일어나 그의 신복들에게 이르되 아람 사람이 우리에게 행한 것을 내가 너희에게 알게 하노니 그들이 우리가 주린 것을 알고 있으므로 그 진영을 떠나서 들에 매복하고 스스로 이르기를 그들이 성읍에서 나오거든 우리가 사로잡고 성읍에 들어가겠다 한 것이니라 하니 [13]그의 신하 중 한 사람이 대답하여 이르되 청하건대 아직 성중에 남아 있는 말 다섯 마리를 취하고 사람을 보내 정탐하게 하소서 그것들이 성중에 남아 있는 이스라엘 온 무리 곧 멸망한 이스라엘 온 무리와 같으니이다 하고 [14]그들이 병거 둘과 그 말들을 취한지라 왕이 아람 군대 뒤로 보내며 가

서 정탐하라 하였더니 [15]그들이 그들의 뒤를 따라 요단에 이른즉 아람 사람이 급히 도망하느라고 버린 의복과 병기가 길에 가득하였더라 사자가 돌아와서 왕에게 알리니 [16]백성들이 나가서 아람 사람의 진영을 노략한지라 이에 고운 밀가루 한 스아에 한 세겔이 되고 보리 두 스아가 한 세겔이 되니 여호와의 말씀과 같이 되었고 [17]왕이 그의 손에 의지하였던 그의 장관을 세워 성문을 지키게 하였더니 백성이 성문에서 그를 밟으매 하나님의 사람의 말대로 죽었으니 곧 왕이 내려왔을 때에 그가 말한 대로라 [18]하나님의 사람이 왕에게 말한 바와 같으니 이르기를 내일 이맘 때에 사마리아 성문에서 보리 두 스아를 한 세겔로 매매하고 고운 밀가루 한 스아를 한 세겔로 매매하리라 한즉 [19]그 때에 이 장관이 하나님의 사람에게 대답하여 이르되 여호와께서 하늘에 창을 내신들 어찌 이 일이 있으랴 하매 대답하기를 네가 네 눈으로 보리라 그러나 그것을 먹지는 못하리라 하였더니 [20]그의 장관에게 그대로 이루어졌으니 곧 백성이 성문에서 그를 밟으매 죽었더라

I. 아람 군대의 퇴각에 대해 이스라엘 왕이 경계심을 품음(12절). 왕은 그들이 자신들을 끌어내기 위해 매복하고 있다가 덮치고자 덫을 놓고 있는 것이 아닌가 의심하며 두려워했다. 그는 하나님이 이토록 놀라운 방법으로 자신을 위해 역사하실 것이라고 기대할 아무런 이유도 갖고 있지 못했다. 또한 그는 아람 군대가 도망칠 아무런 이유도 알지 못했다. 왜냐하면 왕을 포함하여 어느 누구도 아람 군대를 놀라게 한 말과 병거들의 요란한 소리를 듣지 못했기 때문이었다. 지금 이스라엘 왕처럼 그 모든 길에 요동하는 자는 하나님으로부터 어떤 것을 받기를 기대해서는 안 된다. 죄로 물든 양심은 항상 최악의 상태를 두려워하며, 사람으로 하여금 의심하도록 만든다.

II. 왕이 이 일의 진상을 탐지하기 위해 정탐꾼들을 보냄. 한 신하의 건의에 따라 왕은 아람 진영에 무슨 일이 벌어졌는지 탐지하기 위해 정탐꾼들을 보냈다. 그렇게 하여 그들은 장군으로부터 일반 병사들에 이르기까지 모든 아람 군대가 도망친 사실을 알게 되었다. 정탐꾼들은 아람 병사들이 길가에 버린 의복들을 따라 그들을 뒤쫓을 수 있었다(15절). 이러한 건의를 한 신하는 당시 백성들이 빠져 있던 처참한 상태에 대해 매우 민감했던 것으로 보인다(13절). 당시 많은 말들이 죽었고 나머지도 거의 굶어죽기 직전이었는데, 그와 관련하여 그가 이렇게 말하고 있기 때문이다. "그것들이 이스라엘 온 무리와 같으니이

다. 이스라엘은 수가 많음을 자랑하곤 했지만, 이제는 적어지고 처참한 상태가 되었나이다.” 그는 다섯 명의 마병(馬兵)을 보내자고 건의했지만, 그러나 보낼 만한 말은 단지 두 마리뿐이었던 것으로 보인다(14절). 지금 이스라엘의 힘은 다 떨어져 버리고 말았으며, 아마도 하나님은 그것을 보시면서 한탄하고 계셨을 것이다(신 32:36, 참으로 여호와께서 자기 백성을 판단하시고 그 종들을 불쌍히 여기시리니 곧 그들의 무력함과 갇힌 자나 놓인 자가 없음을 보시는 때에로다).

Ⅲ. 아람 진영을 노략함으로써 사마리아에 풍성함이 임함(16절).   통상적인 경우였다면, 자신들의 짐과 장막을 가지고 갈 수 없었을 때 그들은 그것들을 적의 손에 떨어지도록 내버려 두기보다는 차라리 불에 태워버렸을 것이었다. 그러나 하나님은 사마리아를 멸망시키기 위한 포위가 도리어 그 도성을 풍성케 만드는 것이 되도록 결정하셨다. 이제 그들은 예전에 애굽을 나올 때 그랬던 것처럼 아람 군대로부터의 노략물로 풍성해질 것이었다. 여기에서 다음의 사실들을 보라.

1. 죄인의 재물은 의인을 위해 쌓여진다는 사실(욥 27:16, 17), 그리고 노략하는 자는 결국 노략을 당하게 된다는 사실(사 33:1).

2. 이스라엘의 궁핍이 그들이 전혀 생각지도 못했던 방법으로 채워졌다는 사실. 이러한 사실은 우리가 큰 곤궁 가운데 있을 때 마땅히 하나님의 권능과 선하심을 의지해야 함을 일깨워 준다.

3. 엘리사의 말이 일점일획까지 그대로 이루어졌다는 사실: 이에 고운 밀가루 한 스아에 한 세겔이 되고. 아람 진영으로부터 노략한 것들은 너무도 풍성하여 그들이 쓰기에 남았고, 남은 것들은 다른 사람을 위해 싼 가격으로 팔렸다. 이렇게 하여 집에 앉아 있는 자들도 탈취물을 나누게 되었다(시 68:12; 사 33:23). 우리는 하나님의 약속을 안심하고 의지할 수 있다. 왜냐하면 그의 말씀은 하나도 땅에 떨어지지 않을 것이기 때문이다.

Ⅳ. 엘리사의 말을 믿지 않았던 장관이 죽임을 당함.   하나님의 약속과 마찬가지로 하나님의 심판의 경고 또한 분명히 성취될 것이다. 믿지 않는 자는 저주를 받을 것이라는 말씀 역시 믿는 자는 구원을 받을 것이라는 말씀처럼 굳게 설 것이다.

1. 그는 왕으로부터 성문을 지키는 임무를 부여받았다(17절). 그는 백성들 사이에서 질서를 확립하는 가운데 노략물을 분배하며 매매하는 일에 소요나

무질서가 생기지 않도록 지켜야만 하였다. 왕은 그의 빈틈없고 신중한 성품을 크게 신뢰했으며, 그를 존귀케 하기를 기뻐했다. 크게 되고자 하는 자는 백성을 섬기는 자가 되어야 한다.

2. 그는 성문에서 백성들에게 밟혀 죽었다. 엄청난 무리의 인파로 인해 우연한 사고로 밟혀 죽었든지, 아니면 굶주림을 해결하려고 몰려드는 백성들을 위압적인 자세로 제지하려다가 분노한 백성들에 의해 밟혀 죽었을 것이다. 어떤 경우였든지 간에, 이로 인해 엘리사의 말은 그대로 이루어졌고 하나님의 공의는 굳게 세워졌다. 그는 풍성함을 보았다. 하늘의 창이 열리지 않았음에도 불구하고 곡물가격이 정상으로 돌아온 것을 보았으며, 그로 인해 하나님의 능력을 제한한 자신의 어리석음을 보았다. 그러나 그가 배를 불리려 할 때에 하나님이 맹렬한 진노를 내리셨다(욥 20:23). 그러한 진노는 잔과 입술 사이로 떨어졌다. 하나님의 약속으로 만족을 얻지 못하는 자들은 이와 같이 세상의 것으로도 만족을 얻지 못하는 법이다. 이와 같이 그는 하나님이 약속한 풍성함을 보기는 했지만 그러나 그것을 먹지는 못했다. 이 이야기가 선지자의 예언의 성취와 관련하여 반복적으로 언급되고 있는데(18-20절), 이를 통해 우리는 다음과 같은 사실들을 배울 수 있다.

(1) 하나님은 당신의 권능과 섭리와 약속이 불신당할 때 그것을 크게 분개하신다는 사실. 이스라엘이 "하나님이 식탁을 차려 주실 수 있느냐?"라고 말했을 때 "여호와께서 그 말을 들으시고 노하셨다." 하나님의 무한한 지혜는 인간의 어리석음으로 인해 제한되지 않을 것이다. 하나님이 어떤 것을 약속하실 때 그분은 또한 그것을 이루시는 방법을 알고 계신다.

(2) 인간의 생명은 너무도 불확실한 것이라는 사실. 존귀한 지위와 권력이 돌연한 죽음을 막아주지 못한다. 그는 왕이 의지하는 자였지만 그러나 백성들에 의해 밟혀 죽었다. 스스로 나라의 기둥이요 버팀목이라고 여겼던 자가 길거리의 진흙처럼 사람들의 발아래 짓밟혔다. 이와 같이 인간의 자랑과 영광은 종종 너무도 보잘것없는 모습으로 얼룩진다.

(3) 하나님의 심판의 경고는 분명하게 임한다고 하는 사실. 그러므로 모든 사람은 크신 하나님 앞에 두려워해야 한다. 하나님은 고관들을 석회 같이 밟으시며(사 41:25) 땅의 왕들에게 두려움이 되시는(시 76:12) 분이시다.

제 8 장
— 8 —

개요

본 장에 기록된 이야기들은 우리로 하여금 예전의 사건들을 돌아보게 한다. I. 우리는 앞에서 엘리사에게 은혜를 베풀었던 수넴 여인에 대해 읽었다. 이제 우리는 여기에서 그녀가 나중에 어떻게 보답받게 되는가를 보게 되는데, 그녀는 엘리사의 권고로 기근을 피하게 될 뿐만 아니라 또한 엘리사로 인해 왕으로부터 큰 호의를 받게 된다(1-6절). II. 우리는 앞에서 하사엘이 아람의 왕으로 세움 받는 이야기를 읽었다(왕상 19:15). 이제 우리는 여기에서 그가 왕을 죽이고 스스로 보좌에 앉는 이야기를 보게 된다(7-15절). III. 우리는 앞에서 여호람이 자기 아버지 여호사밧을 대신하여 유다의 왕이 된 것을 읽었다(왕상 22:50). 이제 우리는 여기에서 그의 악한 통치에 대한 짤막한 이야기(16-24절)와 그의 아들 아하시야의 통치가 시작되는 이야기를 듣게 된다(25-29절).

[1]엘리사가 이전에 아들을 다시 살려 준 여인에게 이르되 너는 일어나서 네 가족과 함께 거주할 만한 곳으로 가서 거주하라 여호와께서 기근을 부르셨으니 그대로 이 땅에 칠 년 동안 임하리라 하니 [2]여인이 일어나서 하나님의 사람의 말대로 행하여 그의 가족과 함께 가서 블레셋 사람들의 땅에 칠 년을 우거하다가 [3]칠 년이 다하매 여인이 블레셋 사람들의 땅에서 돌아와 자기 집과 전토를 위하여 호소하려 하여 왕에게 나아갔더라 [4]그 때에 왕이 하나님의 사람의 사환 게하시와 서로 말하며 이르되 너는 엘리사가 행한 모든 큰 일을 내게 설명하라 하니 [5]게하시가 곧 엘리사가 죽은 자를 다시 살린 일을 왕에게 이야기할 때에 그 다시 살린 아이의 어머니가 자기 집과 전토를 위하여 왕에게 호소하는지라 게하시가 이르되 내 주 왕이여 이는 그 여인이요 저는 그의 아들이니 곧 엘리사가 다시 살린 자니이다 하니라 [6]왕이 그 여인에게 물으매 여인이 설명한지라 왕이 그를 위하여 한 관리를 임명하여 이르되 이 여인에게 속한 모든 것과 이 땅에서 떠날 때부터 이제까지 그의 밭의 소출을 다 돌려 주라 하였더라

I. 이스라엘의 악으로 그 땅에 오랜 기간의 기근이 임함. 오랜 기간의 기근은 율법에서 종종 경고되었던 하나님의 쓰라린 심판이었다. 풍요의 땅 가나안이 열매 맺지 못하는 땅으로 변하는 것은 거기 거주하는 자들의 범죄 때문이었다. 아람 군대로 인한 사마리아의 기근은 포위가 풀리자 곧 끝났다. 그럼에도 불구하고 그들은 심판(아람 군대의 포위로 인한 기근의 심판)으로도, 은총(아람 군대가 갑자기 퇴각한 은총)으로도 별다른 영향을 받지 못했다. 따라서 하나님은 또 다른 기근을 부르셨다. 이는 하나님이 판단 받으실 때에 이기려 하심이라(롬 3:4). 만일 작은 심판이 사람들로 하여금 회개케 하지 못한다면, 하나님은 더 크고 긴 심판을 보내실 것이다. 모든 심판들은 하나님 곁에 있으면서 하나님이 부르실 때를 기다린다. 하나님은 당신의 사역자들을 통해 회개와 순종으로 부르신다. 그러나 그러한 부르심이 무시된다면, 이번에는 재앙을 부르실 것이다. 이번의 기근은 엘리야 때의 기근과 마찬가지로 7년 동안 계속되었다. 만일 사람들이 하나님과 어긋나게 걸어간다면 하나님은 시련의 도가니를 더욱 뜨겁게 하실 것이다.

II. 수넴 여인이 엘리사의 권고로 기근을 피함. 그녀는 엘리사 선지자에게 특별한 호의와 은총을 베풀었는데, 지금 그에 대해 보답을 받는다. 그녀는 사렙다 과부의 경우처럼 이적에 의해 양식을 공급받지는 않았다. 그러나

1. 그녀는 사전에 기근이 닥칠 것이라는 예고를 받았고 그럼으로써 미리 준비할 수 있었다. 또한 엘리사는 그녀에게 다른 나라에 가서 거주하도록 권고했다. 이스라엘 밖이라면 어디에서든 어렵지 않게 살 수 있을 것이었다. 요셉의 때에 기근이 올 것을 미리 알았던 것은 애굽에게 있어 엄청난 이점(利點)이었으며, 그것은 여기의 수넴 여인에게 있어서도 마찬가지였다. 다른 사람들은 오랜 시간 기근의 고통을 겪으면서 자신들의 재물을 거의 탕진하고 난 후에야 다른 지역으로 옮길 것이었으며, 그녀처럼 좋은 조건으로 정착할 수도 없을 것이었다. 반면 그녀는 다른 사람들보다 일찍 정착함으로써 큰 이점을 가졌으며 아울러 자신의 가족을 잘 보존할 수 있었다. 재앙을 예견하는 것은 우리의 행복이며, 그것을 예견하고 스스로를 숨기는 것은 우리의 지혜이다.

2. 신적 섭리는 그녀로 하여금 블레셋 사람의 땅에서 평안히 정착하도록 인도했다. 블레셋은 다윗에 의해 정복되기는 했지만 그러나 완전히 뿌리가 뽑힌 것은 아니었다. 기근은 특별히 이스라엘 땅에만 있었으며 그 때 주변 나라들에는

풍성함이 있었던 것으로 보이는데, 이러한 사실은 여기에 하나님의 직접적인 손길이 있었음을 보여준다(애굽에 재앙을 내릴 때 이스라엘 사람들과 애굽 사람들을 구별하셨던 것처럼). 또한 이를 통해 우리는 이스라엘의 죄가 다른 나라들의 죄보다도 하나님을 더 분노케 한다는 사실을 알 수 있는데, 그것은 그들이 하나님과 더불어 특별한 관계를 가지고 있기 때문이다. 내가 땅의 모든 족속 가운데 너희만을 알았나니 그러므로 내가 너희 모든 죄악을 너희에게 보응하리라(암 3:2). 이스라엘에 비가 오지 않을 때 다른 나라들에는 비가 왔으며, 이스라엘에 메뚜기와 황충이 덮칠 때 다른 나라들에는 그런 피해가 없었다. 어떤 이들은 여기의 기근이 요엘 1장에 언급된 바로 그 기근이었다고 생각한다(4절, 팥중이가 남긴 것을 메뚜기가 먹고 메뚜기가 남긴 것을 느치가 먹고 느치가 남긴 것을 황충이 먹었도다). 이와 같이 주변 나라들에 풍성함이 있었음에도 불구하고 곡식을 수입(輸入)하는 상인들이 없었던 것은 참으로 이상한 일이었다. 그렇게 했다면 많은 사람들이 주변 나라들로 이주할 필요가 없었을 것이다. 그러나 그들은 우상 숭배로 심령이 어두워져 있었던 것처럼 또한 이와 같은 경제적인 문제에 있어서도 눈이 어두워져 있었다.

Ⅲ. 그녀가 다시 돌아와 왕에게 호소함. 수넴 여인은 블레셋에서 돌아온 후 자신의 집과 전토를 위해 왕에게 호소했고 결국 왕으로부터 호의를 입었다.

1. 기근이 끝나자 그녀는 블레셋 사람들의 땅에서 돌아왔다. 그 곳은 이스라엘 백성이 필요 이상으로 오래 머물 장소가 아니었다. 왜냐하면 거기에서는 자기 나라에서 초하루와 안식일을 지키는 것처럼 그렇게 지킬 수가 없었기 때문이었다(4:23).

2. 블레셋 땅에서 돌아왔을 때 그녀는 자신이 자신의 소유로부터 배제되었다는 사실을 알게 되었다. 아마도 국고로 몰수되었거나, 혹은 어떤 사람에게 압류를 당했거나, 아니면 그녀가 없는 동안 이웃 가운데 어떤 사람이 탈취한 것으로 보인다. 그렇지 않으면 그녀로부터 관리를 위임받은 자가 위계(僞計)를 써서 돌려주지 않으려고 했든지, 아니면 그녀와 더불어 수익금을 결산하지 않으려고 했을 것이다. 환난 날에 신뢰할 수 있는 자를 만나는 것은 참으로 어려운 일이다(잠 25:19; 미 7:5).

3. 그녀는 이 일을 해결하기 위해 왕에게 호소했다. 이 때 사람들이 왕을 만나는 것은 그리 어렵지 않았으며 왕 자신이 백성들의 문제를 직접 해결해 주었

던 것으로 보인다. 그녀가 자기 백성들 가운데 평안히 거주하고 있는 동안에는 왕에게나 사령관에게 특별히 구할 것이 없었다(4:13). 그렇지만 지금 그녀가 믿었던 친구들은 그녀에 대해 등을 돌렸으며, 따라서 그녀는 왕에게 호소할 수밖에 없었다. 이와 같이 우리가 신뢰했던 자들이 우리에게 등을 돌리는가 하면 필요하다고 생각지 않던 자들이 우리를 도와주는 등 세상에는 불확실성이 존재하는 법이다.

4. 그녀가 왕에게 나아갈 때 마침 왕은 게하시와 더불어 엘리사의 이적에 대해 이야기하고 있었다(4절). 지금 왕이 그에 대해 들을 필요가 있었던 것은 왕의 수치였다. 왜냐하면 만일 그가 엘리사의 이적들에 대해 눈을 감아 버리려고만 하지 않았다면, 이적들이 행해지는 순간 그것들에 대해 충분히 알 수 있었기 때문이었다. 그러나 계속해서 무관심한 상태로 있는 것보다는 이제라도 그것을 잘 설명해 줄 수 있는 자로부터 듣고자 한 것은 칭찬받을 만한 일이었다. 율법은 나병환자와의 모든 접촉을 금한 것이 아니라 다만 그들과 함께 거주하는 것만을 금했을 뿐이다. 그 때 이스라엘(북왕국)에는 제사장이 없었고, 따라서 아마도 왕이(혹은 왕이 임명한 어떤 사람들이) 나병환자들을 진찰하고 진단을 내렸을 것이다. 어쩌면 이렇게 해서 왕이 게하시를 알게 된 것인지도 모른다.

5. 이러한 우연은 게하시와 그녀 모두에게 큰 유익이 되었다. 우리는 이와 같은 일 배후에 하나님의 섭리가 있다는 사실을 인정해야만 한다. 왜냐하면 여기에서와 같이 때로 사소한 것처럼 보이는 일이 매우 중대한 결과를 가져오곤 하기 때문이다.

(1) 이와 같이 긴밀히 관련된 당사자들의 말이 서로 부합함으로써, 왕은 게하시의 말을 충분히 믿을 수 있게 되었다. "이는 그 여인이요 저는 그의 아들이니 곧 엘리사가 다시 살린 자니이다. 그러니 저들로 스스로를 위해 말하게 하소서"(5절). 만일 왕이 게하시의 말만을 들었다면, 어쩌면 그의 말을 믿지 않았을는지도 모른다(왜냐하면 그는 나병환자로서 그의 몸에 거짓말쟁이의 표적을 가지고 있었기 때문이었다). 그러나 때마침 수넴 여인이 그 곳에 옴으로써 왕은 그의 말을 믿을 수밖에 없게 되었다.

(2) 이로 인해 왕은 그녀의 요구를 허락해 주게 되었다. 하늘이 은총을 베푼 자에게 누가 은총을 베풀지 않겠으며, 하늘의 이적으로 다시 생명을 얻은 자를

두가 도우려 하지 않겠는가? 그리하여 왕은 그녀의 땅과 그녀가 없는 동안 발생한 모든 수익까지 그녀에게 돌려 줄 것을 명령했다. 만일 그것이 몰수되어 왕에게 귀속된 것이었다면, 이렇게 온전하게 돌려 주도록 명령한 것은 왕에게 있어 참으로 관대한 일이 아닐 수 없었다. 그는 요셉의 때에 바로가 그랬던 것처럼 백성들의 고통으로 왕실을 부유하게 하고자 하지 않았다. 만일 어떤 사람이 그녀의 재산을 탈취한 것이었다면, 이와 같이 그녀에게 돌려 주도록 명령한 것은 왕의 직무의 한 부분으로서 왕이 마땅히 해야 할 공의의 행동이었다(시 82:3,4; 잠 31:9). 권세자들에게 있어 자신들이 악을 행하지 않는 것만으로는 충분하지 않다. 그들은 부당한 일을 당한 자들의 권리를 보호해 주어야만 한다.

[7]엘리사가 다메섹에 갔을 때에 아람 왕 벤하닷이 병들었더니 왕에게 들리기를 이르되 하나님의 사람이 여기 이르렀나이다 하니 [8]왕이 하사엘에게 이르되 너는 손에 예물을 가지고 가서 하나님의 사람을 맞이하고 내가 이 병에서 살아나겠는지 그를 통하여 여호와께 물으라 [9]하사엘이 그를 맞이하러 갈새 다메섹의 모든 좋은 물품으로 예물을 삼아 가지고 낙타 사십 마리에 싣고 나아가서 그의 앞에 서서 이르되 당신의 아들 아람 왕 벤하닷이 나를 당신에게 보내 이르되 나의 이 병이 낫겠나이까 하더이다 하니 [10]엘리사가 이르되 너는 가서 그에게 말하기를 왕이 반드시 나으리라 하라 그러나 여호와께서 그가 반드시 죽으리라고 내게 알게 하셨느니라 하고 [11]하나님의 사람이 그가 부끄러워하기까지 그의 얼굴을 쏘아보다가 우니 [12]하사엘이 이르되 내 주여 어찌하여 우시나이까 하는지라 대답하되 네가 이스라엘 자손에게 행할 모든 악을 내가 앎이라 네가 그들의 성에 불을 지르며 장정을 칼로 죽이며 어린 아이를 메치며 아이 밴 부녀를 가르리라 하니 [13]하사엘이 이르되 당신의 개 같은 종이 무엇이기에 이런 큰일을 행하오리이까 하더라 엘리사가 대답하되 여호와께서 네가 아람 왕이 될 것을 내게 알게 하셨느니라 하더라 [14]그가 엘리사를 떠나가서 그의 주인에게 나아가니 왕이 그에게 묻되 엘리사가 네게 무슨 말을 하더냐 하니 대답하되 그가 내게 이르기를 왕이 반드시 살아나시리이다 하더이다 하더라 [15]그 이튿날에 하사엘이 이불을 물에 적시어 왕의 얼굴에 덮으매 왕이 죽은지라 그가 대신하여 왕이 되니라

I. 엘리사가 아람의 수도 다메섹에 감. 여기에서 우리는 무엇이 그로 하여금 다메섹에 가도록 했는지 의문을 제기할 수 있다. 그는 이스라엘 집의 잃어버린 양에게로 보냄을 받지 않았던가? 그것은 사실이었다. 어쩌면 그는 새롭게 회심한 나아만을 만나 그의 믿음을 견고케 해 주기 위해 간 것인지 모른다. 지금 더욱 그렇게 할 필요가 있었던 것은 그가 군대장관의 직책을 떠난 것으로 보이기 때문이다(지금 군대장관으로 있는 자는 하사엘이었을 것으로 추측된다). 나아만은 스스로 군대장관직을 사임했든지 아니면 쫓겨났을 것인데, 그것은 그가 림몬의 신당에서 절을 하지 않았기 때문이든지, 아니면 진심으로 그렇게 하지 않았기 때문이었을 것이다. 어떤 이들은 그가 다메섹에 간 것이 기근 때문이었을 것이라고 생각하는가 하면, 또 어떤 이들은 하나님이 엘리야에게 주신 명령(왕상 19:15)에 순종하여 그 곳으로 갔을 것이라고 생각한다. "너는(혹은 네 후계자는) 다메섹에 가서 하사엘에게 기름을 부어 아람의 왕이 되게 하고."

II. 아람의 강력하고 위대한 왕 벤하닷이 병들어 누움. 어떤 존귀와 재물과 권력도 사람들을 모든 인류가 공통으로 부딪히는 질병과 재앙으로부터 안전하게 지켜주지 못한다. 웅장한 왕궁도 가장 초라한 오두막과 마찬가지로 질병과 죽음 앞에 그대로 노출되어 있다.

III. 아람 왕이 자신의 병과 관련하여 엘리사에게 신탁(神 託)을 물음.

1. 하나님의 사람이(나아만을 고친 이후로 엘리사는 하나님의 사람이라는 칭호로 아람에 널리 알려졌다) 다메섹에 왔다는 소식이 벤하닷에게 전달되었다(7절). 그는 말한다. "지체하지 말고 즉시 가서 하나님의 사람을 맞이하고 내가 이 병에서 살아나겠는지 그를 통하여 여호와께 물으라." 건강한 때는 림몬의 신당에서 절했지만, 이제 병이 들자 그는 자신의 우상을 불신하고 이스라엘의 하나님께 물으러 사람을 보낸다. 형통할 때는 하나님을 대수롭지 않게 여기던 자들이 고통의 날에 하나님을 찾는 것은 결코 드문 일이 아니다. 때로 병이 사람들의 눈을 뜨게 하며 자신들의 잘못을 바로잡게 만든다. 이것은 다음과 같은 사실들로 인해 더욱 주목할 만한 것이었다.

(1) 이스라엘 왕이 병중에 에그론 신에게 물으러 사람을 보낸 것이 그리 오래 전의 일이 아니었기 때문에(1:2). 그는 마치 이스라엘에 하나님이 없는 것처럼 그렇게 했다. 하나님의 백성들이 하나님의 영광을 부인하고 버릴 때, 하나님은 종종 그것을 이방인들에게서 찾으신다.

(2) 여기의 벤하닷이 엘리사를 잡으러 큰 군대를 보낸 것이 그리 오래 전의 일이 아니었기 때문에(6:14). 그랬던 벤하닷이 지금은 그를 선지자로서 깍듯이 대하고 있다. 병과 고통으로 인해 마음이 바뀌어 하나님의 사역자들에 대해 다른 생각을 갖게 되며 전에는 대수롭지 않게 여기던 자들의 기도와 충고를 귀하게 받아들이게 되는 경우가 종종 있는데, 벤하닷의 경우가 바로 그와 같은 경우이다.

2. 선지자를 존귀케 하기 위해

(1) 벤하닷은 그를 데려오도록 하지 않고 그에게로 사람을 보냈다. 백부장이 그랬던 것처럼, 그는 하나님의 사람이 자기 집에 오는 것을 합당치 못한 것으로 생각했다.

(2) 벤하닷은 일반적인 사자를 보내지 않고 최고위층 신하인 하사엘을 보냈다. 하나님의 선지자를 접대하기에 너무 높은, 다시 말해서 하나님의 선지자를 접대하는 것이 자신의 높은 신분에 누가 되는 그런 직위는 존재하지 않는다.

(3) 벤하닷은 그에게 값진 예물을 보냈다. 그는 다메섹의 모든 좋은 물품을 예물로 삼아 낙타 40마리에 실어 보냈다(9절). 이렇게 하여 벤하닷은 선지자에 대한 자신의 존경심을 나타내면서, 그가 다메섹에 머무는 동안 필요한 것들을 공급해 주었다. 엘리사는 나아만의 예물은 거절했지만 아마도 이것은 기꺼이 받은 것으로 보인다.

(4) 벤하닷은 그 앞에서 자신을 '당신의 아들 벤하닷'으로 부르도록 하사엘에게 지시했다. 이것은 선지자를 아버지라 부르는 이스라엘의 관습을 따른 것이었다.

(5) 벤하닷은 그를 하늘의 비밀을 아는 자로 간주했다. "나의 이 병이 낫겠나이까"라고 물었을 때, 그는 엘리사 선지자를 하늘의 비밀을 아는 자로 여기면서 그렇게 한 것이었다. 사람이 장래의 일을 알기를 바라는 것은 자연스러운 일이다. 그러면서도 영원한 것에 대해서는 거의 생각하지 않고 물으려고도 하지 않는 것은 참으로 이상한 일이다.

Ⅳ. 하사엘과 엘리사 사이에 오간 대화.

1. 엘리사는 왕과 관련한 하사엘의 질문에 그 병은 죽을 병이 아니며 왕은 회복될 것이지만 그러나 다른 방법으로 죽임을 당하게 될 것이라고 대답했다 (10절). 그것은 자연적인 죽음이 아니라 폭력적인 죽음이 될 것이었다. 사람이

죽는 데에는 여러 가지 방법들이 있다. 때로 어느 한 가지를 피했다고 생각하는 순간 다른 방법에 의해 죽임을 당하기도 한다.

2. 엘리사는 하사엘의 얼굴이 부끄러워질 때까지 그의 얼굴을 쏘아보았다 (11절). 그러고 나서 자신도 울었다. 하나님의 사람(man of God)의 눈길이 전쟁의 사람(man of war)을 압도했다. 엘리사가 하사엘이 하려고 하는 일을 읽은 것은 그의 얼굴에서가 아니었다. 단지 이 때 하나님이 그것을 그에게 계시하신 것이었고, 그것이 그로 하여금 눈물을 흘리게 만든 것이었다. 사람이 더 많은 예지력(豫知力)을 가질수록 근심도 그 만큼 더 커지는 법이다.

3. 하사엘이 왜 우느냐고 물었을 때, 엘리사는 그가 이스라엘에게 행할 모든 악을 인함이라고 대답했다(12절). 그는 이스라엘의 성들을 황폐화시키며, 남녀와 아이들을 잔인하게 죽일 것이었다. 이스라엘의 죄가 하나님을 격노케 하여 그들을 잔인한 원수의 손에 넘겨주도록 했다. 엘리사는 모든 이스라엘 백성들이 이와 같이 학대를 당하게 될 것을 생각하며 울었는데, 그것은 비록 자신이 예언하고 있기는 하지만 그러나 그렇게 되는 것을 바라지 않았기 때문이었다. 여기에서 전쟁과 죄가 어떤 황폐를 가져오는지 그리고 타락으로 인해 인간의 본성이 어떻게 변질되고 파괴되는지 주목하라.

4. 이러한 예언에 하사엘은 크게 놀랐다(13절): 당신의 개 같은 종이 무엇이기에 이런 큰일을 행하오리이까? 여기에서 그가 말한 큰일이란 다음과 같은 의미일 것이다.

(1) 왕처럼 큰 권력을 가진 자만이 할 수 있는 일. "그와 같이 이스라엘을 대적하여 이길 것을 생각할 수 있는 자는 어떤 강력한 군주여야 할 것이나이다. 그러므로 나는 아니나이다."

(2) 인간의 모든 덕과 명예를 잃어버린 자만이 할 수 있는 야만적인 일. 그는 말한다. "내 마음속에서 그와 같은 죄책을 발견할 수 없나이다. 당신의 종이 물고 뜯고 삼키는 개니이까? 개가 아닌 이상 나는 그와 같은 일을 할 수 없나이다." 여기에서 다음을 보라.

[1] 그가 그 죄를 얼마나 나쁘게 생각하고 있었는가? 그는 그것이 큰 악으로서 사람보다도 짐승에게 적합한 일이라고 간주한다. 악인이 자연적인 양심의 자각과 억제 아래에서 죄에 대해 미워하는 마음을 갖고 있다가 나중에 그 죄 속으로 매몰되어 들어가는 일은 얼마든지 가능한 일이라는 사실을 주목하라.

[2] 그가 스스로를 얼마나 선하게 생각하고 있었는가? 선지자가 예견하고 있는 잔인한 행동들을 자신이 하게 될 것이라고는 그는 결코 상상할 수 없었다. 베드로처럼 어떤 죄에 대하여 자신은 결코 그와 같은 죄에 빠지지 않을 것이라고 확신하다가 나중에 그것에 굴복하게 되는 일은 결코 드문 일이 아니다(마 26:35, 내가 주와 함께 죽을지언정 주를 부인하지 않겠나이다).

5. 이에 대해 엘리사는 그에게 '네가 아람의 왕이 될 것'이라고 말했다. 그 때 그는 그러한 일들을 할 수 있는 권력을 갖게 될 것이고, 그 때 그는 자기 마음 속에 그러한 일들을 하고자 하는 마음을 갖게 될 것이었다. 권력이 사람의 기질과 태도를 변하게 만드는 법이다. 그런데 좋은 쪽으로 변하는 경우는 거의 없다. "네가 왕이 되었을 때 무엇을 할지 너는 알지 못하지만, 그러나 네가 할 일들을 내가 말하였느니라." 세상에서 낮고 비천한 자들은 권력과 명예의 유혹이 얼마나 강한 것인지 상상도 할 수 없을 것이다. 그러나 만일 그들이 그러한 자리에 오른다면, 그들은 자신들의 마음이 참으로 믿을 수 없는 것이며 또 자신들이 생각한 것보다 훨씬 더 악하다는 사실을 발견하게 될 것이다.

V. 하사엘이 자신의 주인을 살해함. 설령 그가 엘리사의 말로부터 그 일을 행할 어떤 동인(動因)을 얻었다 할지라도, 잘못은 이미 그 자신 안에 있었다.

1. 그는 선지자의 말을 거짓으로 전하면서 자신의 주인을 속였다(14절): 그가 내게 이르기를 왕이 반드시 살아나시리이다 하더이다. 이것은 가증스러운 거짓말이었다. 선지자는 그가 반드시 죽을 것이라고 말했다(10절). 그러나 하사엘은 사실을 숨긴 채 거짓으로 말했는데, 그것은 좋지 않은 소식으로 왕의 기분을 상하게 하고 싶지 않았기 때문이거나 아니면 그렇게 하는 것이 자신의 계획 즉 자신이 그의 후계자가 될 것이란 말을 들었을 때부터 마음에 품어온 은밀한 계획을 실행시키는데 더 유리했기 때문이었을 것이다. 마귀는 사람들에 대하여 아무 문제 없으며 모든 일이 다 잘 될 것이라고 말하면서 그들을 파멸시킨다. 그렇게 함으로써 그들을 계속해서 안심하며 잠들어 있게 만드는 것인데, 이것보다 더 치명적인 것은 없다. 이러한 거짓말은 왕과 선지자 모두에게 악을 행하는 것으로서, 왕에게는 죽음을 준비할 기회를 빼앗는 것이었으며 또한 엘리사에게는 그를 거짓 선지자로 여겨지도록 만드는 것이었다.

2. 그는 자기 주인을 잔인하게 죽였고 결국 선지자의 말대로 되었다(15절). 그는 왕을 시원하게 해 준다는 핑계로 이불을 물에 적시어 그의 얼굴에 덮었

다. 그러나 그렇게 함으로써 병으로 자신의 몸을 가눌 수조차 없을 정도로 쇠약해진 (그리고 아마도 잠들어 있었던) 왕을 질식시켜 죽였다. 가장 큰 권세를 가진 자의 생명이라 할지라도 이와 같이 물거품 같으며, 권세자일수록 폭력 앞에 더 많이 노출되는 법이다. 벤하닷은 자신이 가장 총애했던 자에 의해 살해를 당했다. 아마도 하사엘은 어떤 의심도 받지 않은 채 이 일의 진실은 어둠 속에 감추어지고 말았을 것이다. 그러나 이 일은 결국 영감 받은 역사가의 붓에 의해 온전히 드러나고 말았다. 이 오만한 군주는 생존하는 사람들의 세상에서 두려움이었지만 그러나 그 백골에 자신의 죄악을 진 채 스올에 던져지고 말았다(겔 32:27).

[16]이스라엘의 왕 아합의 아들 요람 제오년에 여호사밧이 유다의 왕이었을 때에 유다의 왕 여호사밧의 아들 여호람이 왕이 되니라 [17]여호람이 왕이 될 때에 나이가 삼십이 세라 예루살렘에서 팔 년 동안 통치하니라 [18]그가 이스라엘 왕들의 길을 가서 아합의 집과 같이 하였으니 이는 아합의 딸이 그의 아내가 되었음이라 그가 여호와 보시기에 악을 행하였으나 [19]여호와께서 그의 종 다윗을 위하여 유다 멸하기를 즐겨하지 아니하셨으니 이는 그와 그의 자손에게 항상 등불을 주겠다고 말씀하셨음이더라 [20]여호람 때에 에돔이 유다의 손에서 배반하여 자기 위에 왕을 세운 고로 [21]여호람이 모든 병거를 거느리고 사일로 갔더니 밤에 일어나 자기를 에워싼 에돔 사람과 그 병거의 장관들을 치니 이에 백성이 도망하여 각각 그들의 장막들로 돌아갔더라 [22]이와 같이 에돔이 유다의 수하에서 배반하였더니 오늘까지 그러하였으며 그 때에 립나도 배반하였더라 [23]여호람의 남은 사적과 그가 행한 모든 일은 유다 왕 역대지략에 기록되지 아니하였느냐 [24]여호람이 그의 조상들과 함께 자매 그의 조상들과 함께 다윗 성에 장사되고 그의 아들 아하시야가 대신하여 왕이 되니라

우리는 여기에서 여호람(혹은 요람)의 생애와 통치에 대한 짤막한 이야기를 보게 된다. 그는 최고의 통치자 가운데 한 사람이었던 여호사밧의 아들이자 후계자였다. 그러나 결국 그는 유다의 왕들 가운데 최악의 통치자 가운데 한 사람이 되고 말았다. 여기에서 다음의 사실들을 주목하라.

1. 부모가 자녀에게 은혜를 물려줄 수는 없다는 사실. 경건한 부모에게서 악하고 타락한 자녀가 나오는 것은 결코 드문 일이 아니다. 이러한 일로 고통

을 당하는 가정은 그것을 이상하게 생각해서는 안 된다.

2. 선한 부모로부터 태어난 자녀가 타락할 때 대체로 다른 사람들보다 더 악하게 되는 경향이 있다는 사실. 더러운 영은 자기보다 더 악한 일곱 영을 데려온다(눅 11:26).

3. 선한 왕의 통치로부터 축복과 이점을 살리지 못할 때 종종 악한 왕이 다스리는 징벌이 뒤따른다는 사실.

여기의 여호람과 관련하여 다음을 관찰하라.

Ⅰ. 그의 악함에 관한 총체적인 요점(18절). 그가 아합의 집과 같이 하였으니. 그에게 있어 이것보다 더 나쁜 것은 없었다. 그는 아합의 악한 모범을 그대로 따라 행했으며 성품까지 그와 비슷해졌다. 사람은 자기가 어울리는 부류와 비슷해지는 법이다. 젊은이들에게 있어 자신들이 본받으며 모범으로 삼을 자를 잘못 선택하는 것만큼 치명적인 것은 없다. 여호람은 자기 아버지의 집보다 아합의 집을 모범으로 선택했으며, 바로 이것이 그의 파멸이었다. 우리는 역대하 21장에서 그의 악함 즉 살인과 우상 숭배와 핍박과 모든 악을 보게 될 것이다.

Ⅱ. 그의 악함의 원인. 그의 아버지인 여호사밧은 매우 선한 사람이었으며, 의심의 여지 없이 아들에게 하나님에 관한 선한 지식을 가르치고자 애썼을 것이다. 그러나

1. 그가 아들을 아합의 딸과 결혼시킨 것은 분명 잘못된 일이었다. 우상 숭배하는 가정과 사돈을 맺는 것에 무슨 유익이 있겠는가? 여호람의 모든 악은 틀림없이 이세벨의 딸 아달랴로부터 말미암은 것이었을 것이다(과연 그 어머니에 그 딸이었다). 옛 세상의 타락은 하나님의 아들들이 사람의 딸들 즉 불경건한 자들과 멍에를 함께 하는 것으로부터 시작되었다. 잘못된 결혼을 한 자들은 이미 절반은 파멸의 길로 들어선 것이다.

2. 그가 살아 있는 동안 아들을 왕으로 세운 것은 잘못한 일로 여겨진다. 16절에 보면 여호사밧이 유다의 왕이었을 때에 여호람이 왕이 되니라고 언급되어 있다. 이와 같이 여호사밧은 아들의 자만심을 충족시켜 주었다(젊은이들에게 자만심보다 더 해로운 것은 없다). 여호사밧이 그렇게 한 것은 아마도 아들의 비위를 맞춰줌으로써 아들을 바로잡고자 한 것이었을 것이다. 그러나 엘리의 경우처럼 도리어 그것이 자기 가정의 저주가 되고 말았다(삼상 3:13, 그가 자기의 아들들이 저주를 자청하되 금하지 아니하였음이니라). 여호사밧은 전에 아합과 함

게 길르앗라못을 원정(遠征)할 때 이 악한 아들 여호람을 자신의 부왕(副王)으로 삼은 적이 있었다. 그리고 아합이 죽고 그의 아들 여호람이 이스라엘의 왕이 될 때가 여호사밧 제17년이면서(왕상 22:51) 동시에 여호람 제2년이었다(왕하 1:17). (아합의 아들 여호람과 여호사밧의 아들 여호람을 혼동하지 않도록 주의하라.) 그리고 나중에 여호사밧 제22년에 그는 아들 여호람을 통치의 동반자로 삼았고(이 때는 여호사밧이 죽기 3년 전이었다), 이 때부터 여호람의 8년 통치가 기산(起算)되기 시작한다. 젊은이들로 하여금 너무 일찍 높은 지위에 오르게 하는 것은 유익은 고사하고 해로운 경우가 훨씬 더 많다. 자신의 아들들을 사사로 삼음으로써 사무엘이 얻은 것은 아무것도 없었다.

Ⅲ. 여호람의 악함에 대한 신적 섭리의 견책.

1. 에돔의 배반. 다윗의 때로부터 대략 150년 동안 유다 왕들의 통치 아래 있었던 에돔 사람들이 유다의 손에서 배반했다(20절). 여호람은 그들을 진압하고자 시도했고 결국 그들을 패퇴시켰지만(21절), 그러나 그들에 대한 통치권을 온전히 회복하지는 못했다. 이와 같이 에돔이 유다의 수하에서 배반하였더니 오늘까지 그러하였으며(22절). 오바댜의 예언과 시편 137편 7절에 나타나는 것처럼 이후 에돔은 유다의 쓴 원수가 되었다. 또한 이렇게 하여 큰 자가 작은 자를 섬길 것이지만 그러나 때가 되면 그 목에서 멍에를 떨쳐버릴 것이라는 이삭의 예언이 이루어졌다(창 27:40).

2. 립나의 배반(22절). 립나는 유다에 속한 제사장의 성읍(혹은 도시, city)이었다. 이 성읍의 주민들이 여호람의 통치를 떨쳐 버린 것은 그가 그의 조상들의 하나님 여호와를 버렸기 때문이었다(대하 21:10, 11). 여호람이 여호와를 버렸을 때 립나의 주민들은 여호람을 버리지 않을 수 없었다. 그들은 자신들의 신앙을 지키기 위해 일종의 '자유도시국가'(free state)를 세웠다. 어쩌면 이와 같이 한 성읍들이 또 있었을는지도 모른다.

3. 그의 통치기간을 짧게 함. 하나님은 그를 한참 나이에 죽게 하셨다. 그는 40세에 죽음으로써 그의 통치기간은 8년으로 끝나고 말았다. 피를 흘리게 하며 속이는 자들은 그들의 날의 반도 살지 못할 것이다(시 55:23).

Ⅳ. 하나님은 여호람의 배교에도 불구하고 유다 왕국 즉 다윗의 집을 멸하기를 즐겨하지 않으심(19절). 여호와께서 유다 멸하기를 즐겨하지 아니하셨으니. 하나님은 쉽게 유다를 멸하실 수 있었다. 그리고 그것은 하나님의 공의

에 합한 정당한 일이었다. 또 그렇게 한다고 해서 하나님이 손해 볼 것은 아무 것도 없었다. 그러나 하나님은 다윗으로 인해 그렇게 하기를 원치 않으셨는데, 다윗에게 이러한 은총을 당당히 요구할 만한 어떤 공로가 있었기 때문이 아니라 그와 그의 자손에게 항상 등불을 주겠다는 자신의 약속 때문이었다(마치 신선한 기름이 지속적으로 공급됨으로써 등불이 계속해서 불타는 것처럼, 그의 家系에서 대대로 왕들이 계승됨으로써 그의 이름이 계속해서 빛날 것이라는 약속). 그의 가계(家系)는 장자 올 메시야 안에서 종결될 때까지 결코 꺼져서는 안 되었다. 그리고 그의 아버지의 집의 모든 영광은 바로 이 메시야 위에 달려 있었으며, 그의 영원한 나라에서 자신에게 주신 약속 즉 내가 내 기름 부음 받은 자를 위하여 등을 준비하였도다(시 132:17)란 약속이 온전히 성취될 것이었다.

V. 여호람의 통치의 종결(23, 24절).　이와 관련하여 여기에서는 별다른 언급이 나오지 않지만, 그러나 역대하 21장에서 우리는 그가 심한 병으로 죽고 아끼는 자 없이 세상을 떠났다는 언급을 보게 된다(19, 20절).

[25]이스라엘의 왕 아합의 아들 요람 제십이년에 유다 왕 여호람의 아들 아하시야가 왕이 되니 [26]아하시야가 왕이 될 때에 나이가 이십이 세라 예루살렘에서 일 년을 통치하니라 그의 어머니의 이름은 아달랴라 이스라엘 왕 오므리의 손녀이더라 [27]아하시야가 아합의 집 길로 행하여 아합의 집과 같이 여호와 보시기에 악을 행하였으니 그는 아합의 집의 사위가 되었음이러라 [28]그가 아합의 아들 요람과 함께 길르앗 라못으로 가서 아람 왕 하사엘과 더불어 싸우더니 아람 사람들이 요람에게 부상을 입힌지라 [29]요람 왕이 아람 왕 하사엘과 싸울 때에 라마에서 아람 사람에게 당한 부상을 치료하려 하여 이스르엘로 돌아왔더라 유다의 왕 여호람의 아들 아하시야가 아합의 아들 요람을 보기 위하여 내려갔으니 이는 그에게 병이 생겼음이더라

　　　보통 사람들 가운데 외양도 미미하고 다른 사람들로부터 별다른 주목도 받지 못하는 소위 '작은 자'(little ones)라 불리는 사람들이 있는 것처럼, 왕들 가운데에도 다른 왕들과 비교하여 우리가 '작은 왕'(little kings)이라고 부를 수 있는 왕들이 있다. 여기에 등장하는 아하시야가 바로 그런 왕이었다. 그는 역사(歷史) 속에서도 보잘것없는 존재로 나타날 뿐만 아니라 하나님 앞에서도 하찮은 존재로 나타나는데, 그것은 그의 악함 때문이었다. 여호사밧과 아합이

각각의 자손들에게 똑같은 이름을 붙여준 것은 그들이 서로 화친관계를 맺고 있었음을 보여주는 명백한 예이다. 우리는 그들이 그렇게 함으로써 서로에게 경의를 표하려고 했을 것이라고 쉽게 추측할 수 있다. 아합에게는 두 아들이 있었다. 그리고 그들에게 아하시야와 여호람이란 이름을 붙여 주었으며, 그들은 모두 왕권을 계승했다. 한편 여호사밧은 자신의 아들과 손자에게 여호람과 아하시야란 이름을 붙여 주었으며, 그들 역시도 왕권을 계승한 자들이 되었다. 이름이 사람의 성격을 결정짓는 것은 아니지만, 그러나 아합의 아들들로부터 이름을 빌려온 것은 여호사밧의 가정에 매우 나쁜 징조였다. 설령 여호사밧이 배교한 아합의 가정에 이름들을 빌려주었다 한들, 그가 그러한 이름들이 의미하는 경건을 그들과 더불어 공유(共有)할 수 있었겠는가? (아하시야는 '여호와를 붙들라' 는 뜻이며 여호람은 '여호와가 높이셨다' 는 뜻이다.) 이스라엘 왕 아하시야는 단지 2년을 통치했을 뿐이며, 유다 왕 아하시야는 고작 1년밖에는 통치하지 못했다. 유다 왕 아하시야에게 있어 아합 가족과의 인척관계는 다음과 같은 결과를 야기시켰다.

1. 그의 악(27절): 아하시야가 아합의 집 길로 행하여. 그의 어머니는 아합의 딸이었으며(26절), 그는 악한 어머니의 젖을 빨았다. Partus sequitur ventrem — 아이는 어머니를 닮는 법이다. 우리가 아내를 선택할 때, 우리는 또한 앞으로 태어날 우리의 자녀들의 어머니를 선택하고 있는 것이라는 사실을 잊어서는 안 된다. 그러므로 우리는 매우 신중하게 아내를 선택해야 한다.

2. 그의 멸망. 그의 외삼촌인 여호람은(이스라엘 왕 여호람은 유다 왕 아하시야의 어머니의 형제였다) 그에게 길르앗라못을 되찾는 일에 동참할 것을 부추겼다. 예전에 아합은 길르앗라못을 되찾고자 시도하다가 치명적인 부상을 당했는데, 그러한 일이 그의 아들 여호람에게도 비슷하게 반복되어 그 역시도 이 원정에서 부상을 당하고 말았다(28절). 그리하여 여호람은 자신의 군대를 그 곳에 남겨둔 채 자신의 부상을 치료하기 위해 이스르엘로 돌아왔고, 그와 함께 유다 왕 아하시야도 여호람의 상태가 어떤지 보기 위해 이스르엘로 돌아왔다(29절). 신적 섭리는 이와 같이 아합의 집을 따라 배교의 길을 걸었던 아하시야로 하여금 그들의 죄의 분량이 찼을 때 그들과 함께 멸망을 당하도록 이끌었다(우리는 이에 대해 다음 장에서 보게 될 것이다). 죄인들과 더불어 그들의 죄에 동참한 자들은 또한 그들에게 임할 재앙에도 역시 동참하게 될 것이다.

제
— 9 —
장

개요

하사엘과 예후는 아합의 집을 징벌하는 하나님의 공의의 도구로서 계획된 자들이었다. 일찍이 엘리야에게 그와 같은 일을 위해 그들을 세우라는 지시가 내려졌지만(왕상 19:15 이하), 그러나 아합이 스스로를 겸비케 함으로 그 일이 유예되었고 그럼으로써 그들을 세우는 일은 엘리사에게 남겨졌다. 우리는 앞 장에서 하사엘이 아람의 왕이 되는 이야기를 살펴보았다. 이제 본 장에서는 예후가 이스라엘의 왕이 되는 이야기를 살펴보게 될 것이다. 하사엘의 칼을 피하는 자를 예후가 죽이게 될 것이었는데(왕상 19:17), 본 장은 그와 관련한 이야기이다(여호람과 아하시야는 하사엘의 칼을 피했지만 그러나 예후의 칼에 의해 죽게 될 것이다). I. 예후에게 아합의 집을 진멸하고 이스라엘의 왕권을 취하라는 명령이 내려짐(1-10절). II. 예후가 그러한 명령을 신속하게 실행함. 1. 그가 휘하 장수들에게 이 일을 이야기함(11-15절). 2. 그가 즉시로 이스르엘로 행군함(16-20절). 그리고 거기에서 (1) 이스라엘 왕 여호람과(21-26절) (2) 유다 왕 아하시야와(27-29절) (3) 이세벨을(30-37절) 죽임.

[1]선지자 엘리사가 선지자의 제자 중 하나를 불러 이르되 너는 허리를 동이고 이 기름병을 손에 가지고 길르앗 라못으로 가라 [2]거기에 이르거든 님시의 손자 여호사밧의 아들 예후를 찾아 들어가서 그의 형제 중에서 일어나게 하고 그를 데리고 골방으로 들어가 [3]기름병을 가지고 그의 머리에 부으며 이르기를 여호와의 말씀이 내가 네게 기름을 부어 이스라엘 왕으로 삼노라 하셨느니라 하고 곧 문을 열고 도망하되 지체하지 말지니라 하니 [4]그 청년 곧 그 선지자의 청년이 길르앗 라못으로 가니라 [5]그가 이르러 보니 군대 장관들이 앉아 있는지라 소년이 이르되 장관이여 내가 당신에게 할 말이 있나이다 예후가 이르되 우리 모든 사람 중에 누구에게 하려느냐 하니 이르되 장관이여 당신에게니이다 하는지라 [6]예후가 일어나 집으로 들어가니 청년이 그의 머리에 기름을 부으며 그에게 이르되 이스라엘 하나님 여호와의 말씀이 내가 네게 기름을 부어 여호와의 백성 곧 이스라엘의 왕으로 삼노니 [7]너는

네 주 아합의 집을 치라 내가 나의 종 곧 선지자들의 피와 여호와의 종들의 피를 이세벨에게 갚아 주리라 8아합의 온 집이 멸망하리니 이스라엘 중에 매인자나 놓인 자나 아합에게 속한 모든 남자는 내가 다 멸절하되 9아합의 집을 느밧의 아들 여로보암의 집과 같게 하며 또 아히야의 아들 바아사의 집과 같게 할지라 10이스르엘 지방에서 개들이 이세벨을 먹으리니 그를 장사할 사람이 없으리라 하셨느니라 하고 곧 문을 열고 도망하니라

우리는 여기에서 예후가 왕으로 기름 부음 받는 것을 보게 되는데, 이 때 그는 길르앗라못에 출정해 있던 군대의 지휘관(아마도 최고지휘관)이었다 (1절). 거기에서 그는 자신의 주인인 왕을 위해 싸우고 있다가, 지금 더 높은 왕으로부터 그를 대적하여 싸우라는 명령을 받았다. 예후가 예전부터 왕권을 차지할 목표를 세우고 있었다든지 혹은 그런 마음을 가지고 있었던 것으로는 보이지 않는다. 도리어 지금 그와 같은 임무가 주어진 것은 그에게 있어 너무도 갑작스런 일이었던 것으로 보인다. 어떤 이들은 그가 이미 예전에 엘리야로부터 기름 부음을 받은 것으로 생각한다. 다만 그 때 엘리야가 그에게 특별한 지시가 있을 때까지 아무 행동도 하지 말라고 당부하면서 은밀하게 기름을 부었을 것이라는 것이다(마치 다윗이 왕이 되기 오래 전에 사무엘로부터 기름 부음을 받았던 것처럼). 그러나 그랬을 가능성은 별로 없어 보인다. 왜냐하면 만일 그랬다면 우리는 그 때 엘리야가 하사엘에게도 기름을 부었다고 생각해야만 하기 때문이다. 그러나 하나님은 엘리야에게 그를 대신할 선지자로서 엘리사에게 기름을 부으라고 명령하시면서, 그가 죽은 후에 엘리사를 통해 그들(즉 하사엘과 예후)에게 기름을 붓도록 하셨다.

I. 엘리사가 한 선지자의 제자에게 특별한 임무를 맡김.

1. 예후에게 기름을 붓기 위해 엘리사 자신이 직접 가지 않았다. 왜냐하면 지금 그는 늙어 그와 같은 먼 길을 가기에 적합하지 않았을 뿐만 아니라 또한 너무도 많이 알려진 인물이었기 때문에 그 일을 은밀하게 수행할 수도 없었기 때문이었다(그는 아무의 눈에도 띄지 않게 다닐 수가 없었다). 그리하여 엘리사는 선지자의 제자 중 하나를 보내 그 일을 행하도록 한다(1절). 그들은 엘리사를 아버지처럼 존경했을 뿐만 아니라(2:15), 또한 아버지에게 하듯이 순종했다. 예후에게 기름을 붓는 일은

(1) 상당한 위험이 따르는 일이었다(삼상 16:2). 따라서 엘리사가 직접 나서기보다 선지자의 제자 중 한 사람이 나서는 것이 더 적절했다. 엘리사는 그토록 위험한 일을 수행하기에는 너무도 중요한 인물이었다. 뿐만 아니라 선지자의 제자 중 한 사람이 나선다면 비교적 덜 위험하게 그 일을 행할 수 있을 것이었다.

(2) 상당한 수고를 요구하는 일이었다. 따라서 활력이 넘치는 젊은이가 가는 것이 훨씬 적절했다. 나이가 든 자는 지시하고 젊은이는 일하는 법이다.

(3) 매우 영예로운 일이었다. 그것은 왕을 세우는 일이었다. 그 일을 행한 자는 나중에 그로 인해 높은 직책에 등용될 것을 기대할 수도 있었다. 따라서 엘리사는 젊은 선지자들을 격려하기 위해 그들 가운데 한 사람에게 그 일을 맡겼다. 그는 모든 영예를 자신이 독점하면서 젊은 선지자들에게는 나누어 주기를 싫어하는 그런 사람이 결코 아니었다.

2. 선지자의 제자 중 한 사람을 보낼 때,

(1) 엘리사는 그의 손에 예후에게 부을 기름을 놓아 주었다: 이 기름병을 손에 가지고 가라. 솔로몬은 성막으로부터 가져온 기름으로 기름 부음을 받았다(왕상 1:39). 그러나 지금은 그렇게 할 수 있는 상황이 아니었다. 그렇지만 선지자의 손으로부터 말미암은 기름은 하나님의 집으로부터 가져온 기름과 동등했다. 어쩌면 왕에게 기름을 붓는 것은 상시적(常時的)인 관례가 아니었을는지도 모른다. 솔로몬의 경우처럼 왕위계승이 혼란할 때나 혹은 요아스의 경우처럼 왕위계승에 상당한 장애가 있을 때나(11:12) 혹은 다윗이나 지금의 경우처럼 새로운 가문으로 왕권이 바뀔 때에만 기름을 붓고 통상적인 경우에는 그렇게 하지 않았을 수 있다. 그렇지 않으면 상시적으로 기름을 부었지만 다만 성경에 일일이 언급되지 않은 것인지도 모른다.

(2) 엘리사는 그의 입에 그가 해야 할 말을 넣어 주었다(3절): 내가 네게 기름을 부어 이스라엘 왕으로 삼노라. 뿐만 아니라 엘리사는 그에게 아합의 집을 치는 것과 관련한 말도 분명하게 말하도록 지시했을 것이다(7-10절). 하나님의 일을 위임받아 가는 자들은 그와 관련한 충분한 지시와 함께 가게 될 것이다.

(3) 엘리사는 그에게 다음과 같이 지시했다.

[1] 그 일을 은밀하게 행하라. 그는 예후를 다른 장관들로부터 따로 불러내어 골방에서 기름을 부어야만 했다(2절). 예후로서는 자신의 기름 부음과 관련

하여 그것을 입증해 줄 증인이 아무도 없었다. 따라서 자신에게 부여된 사명과 관련하여 그가 그것을 얼마나 굳게 확신하는지가 시험의 대상이 될 것이었다. 그가 돌연 분연히 일어나는 것이 그의 기름 부음에 대한 증거가 될 것이었다. 다른 증거는 필요치 않았다. 오직 나타나는 것이 최고의 증거가 될 것이었다.

[2] 그 일을 신속하게 행하라. 그 일을 위해 출발할 때 그는 허리를 동여야 했다. 그리고 그 일을 마쳤을 때 그는 지체하지 말고 즉시 도망쳐야 했다. 그는 사례비나 어떤 대접을 받기 위해 혹은 예후가 그 일을 잘 수행하는지 지켜보기 위해 머물러서는 안 된다. 선지자의 제자들은 자신에게 맡겨진 일을 열심히 그리고 신속하게 행해야 한다. 그들은 빈둥거리며 시간을 허비하는 것을 미워해야 한다. 그들은 속히 날아가는 천사들 같아야 한다.

II. 선지자의 제자가 그것을 예후에게 전달함. 젊은 선지자는 자신의 사명을 감당하기 위해 즉시 길르앗라못으로 갔다(4절). 거기에서 그는 군대장관들이 모여 앉아 있는 것을 발견했는데(5절), 아마도 그들은 함께 식사를 하고 있었거나 아니면 작전회의를 하고 있었을 것이다. 하나님의 사자로서 보냄을 받아 왔다는 확신을 가지고 그는 권위 있게 예후를 불렀다: 장관이여 내가 당신에게 할 말이 있나이다. 아마도 예후는 그가 자신을 만나러 온 것이라는 낌새를 챘을 것이다. 그는 묻는다. 우리 모든 사람 중에 누구에게 하려느냐? 이에 선지자는 장관이여 당신에게니이다라고 대답하면서, 그와 함께 들어가 그에게 기름을 부었다(6절). 성령의 기름 부음은 하늘의 비밀이며, 그것을 가진 자 외에는 아무도 알지 못하는 새 이름이다. 이와 함께

1. 그는 예후에게 왕권을 부여한다: 이스라엘 하나님 여호와의 말씀이 내가 네게 기름을 부어 여호와의 백성의 왕으로 삼노니. 그는 예후에게 분명한 왕의 칭호를 주었다. 그러면서 선지자는

(1) 그가 이스라엘의 하나님에 의해 왕이 되었다는 사실을 일깨워 준다. 그는 자신의 권세가 하나님으로부터 나왔다는 사실을 알아야만 한다(왜냐하면 왕들은 하나님으로 말미암아 통치하기 때문이다). 뿐만 아니라 그는 하나님을 위해 자신의 권세를 사용해야 하며, 또한 하나님 앞에서 책임을 져야만 한다. 통치자들은 하나님의 사역자들이다. 그러므로 그들은 온전한 헌신으로 그리고 하나님을 의지하며 그리고 그의 영광을 위해 행동해야 한다.

(2) 그가 하나님의 이스라엘을 다스리는 왕이 되었다는 사실을 일깨워 준다.

비록 타락하여 하나님의 백성으로서의 모든 존귀를 잃어버렸다 할지라도, 여전히 그들은 여기에서 여호와의 백성으로 일컬어진다. 왜냐하면 하나님은 여전히 그들에 대한 권리를 가지고 계시며, 또한 그들에게 이혼증서를 써주지 않으셨기 때문이다. 예후는 이스라엘 백성을 여호와의 백성으로, 그(예후)의 종이 아니라 하나님의 자유자요 아들이요 장자로, 그리고 학대와 폭압의 대상이 아니라 하나님의 백성으로 간주해야 한다. 따라서 그들은 하나님을 위해 그리고 하나님의 율법에 따라 다스려져야만 한다.

2. 그는 예후에게 할 일을 지시한다. 그것은 아합의 모든 집을 진멸하라는 것이었다(7절). 이것은 스스로 보좌로 나아가는 길을 마련하기 위함이 아니라, 그 범죄하고 가증한 집에 하나님의 심판을 내리기 위함이었다. 선지자는 아합을 '그의 주인'이라고 부른다. "그는 네 주인이었다. 그러므로 그의 아들이요 후계자에게 네 손을 들어 치는 것은 만일 그것이 하나님으로부터의 직접적인 명령에 의한 것이 아니라면 그것은 야비하고 배은망덕한 일일 뿐만 아니라 배신과 반역과 악한 일일 것이다. 그러나 너는 네 주인 아합보다도 하늘에 계신 주인께 대해 더 큰 의무를 지고 있다. 하나님이 아합의 모든 집을 멸하시되 네 손으로 그렇게 하기로 결정하셨다. 두려워 말라. 하나님이 당신에게 명령하신 것이 아닌가? 혹시 이 일이 죄가 되지 않을까 염려하지 말라. 하나님의 명령이 당신을 정당화할 것이라. 이 일이 위험하지 않을까 걱정하지 말라. 하나님이 명령하셨으니 당신이 안전하게 성공할 것이라." 예후로 하여금 아합의 집에 대해 정당하게 하나님의 심판을 집행할 수 있도록 하기 위해,

(1) 선지자는 그들의 죄가 무엇이며 무슨 근거로 하나님이 그들과 다투시는지를 말한다. 그렇게 함으로써 하나님은 예후로 하여금 당신이 주시(注視)하는 것을 주시하도록 하셨다. 그것은 하나님의 종들의 피 곧 선지자들과 다른 신실한 백성들의 피였다. 이제 그 피는 이세벨의 손에서 요구되어야만 했다. 그들이 우상을 숭배했다는 것만으로도 충분히 악했으며 이 모든 심판을 받을 만한 충분한 조건이 될 것이었다. 그러나 그것은 여기에 언급되지 않는다. 지금 하나님이 그들과 다투시는 것은 그들이 핍박자들이었기 때문이었다. 즉 하나님의 제단을 헐고 칼로 그의 선지자들을 죽였기 때문이었다. 어떤 왕이나 백성에게 있어 이것보다 더 확실하게 멸망에 이르는 죄의 분량을 채우는 것은 아무 것도 없다. 이것이 바로 예루살렘에 첫 번째 멸망(대하 36:16)과 마지막 멸망

(마 23:37, 38)을 가져다준 죄였다. 하나님을 진노케 함에 있어 이세벨의 우상 숭배와 술수보다도 그녀가 선지자들을 핍박하면서 죽이고 굴로 쫓아낸 것이 훨씬 더 큰 것이었다(왕상 18:4).

(2) 선지자는 그들의 운명이 어떻게 될 것인지를 말한다. 그들은 완전한 멸망을 선고받았다. 단지 잘못을 고치는 것이 아니라 진멸하고 뿌리를 뽑는 것이었다. 예후는 이 사실을 알고 동정심이나 호의나 불쌍히 여기는 마음을 조금도 가져서는 안 된다. 아합에게 속한 모든 자는 멸절을 당해야만 한다(8절). 그의 집의 멸망은 여로보암의 집의 멸망과 같아야 하며 또한 바아사의 집의 멸망과 같아야 한다(9절). 그리고 예후는 특별히 이세벨을 개들에게 던지라는 지시를 받는다(10절). 아합의 집의 모든 피로도 선지자들과 성도들과 순교자들의 피를 속죄하기에 너무도 부족했다. 왜냐하면 하나님이 보실 때 그들의 피는 너무도 비싼 것이었기 때문이었다.

이 모든 용무를 마친 후 선지자는 속히 다시 돌아왔다. 그리고 예후는 이제 자신이 무엇을 해야 하는지를 생각하면서 하나님으로부터의 지시를 구하기 위해 홀로 남겨졌다.

¹¹예후가 나와서 그의 주인의 신복들에게 이르니 한 사람이 그에게 묻되 평안하냐 그 미친 자가 무슨 까닭으로 그대에게 왔더냐 대답하되 그대들이 그 사람과 그가 말한 것을 알리라 하더라 ¹²무리가 이르되 당치 아니한 말이라 청하건대 그대는 우리에게 이르라 하니 대답하되 그가 이리 이리 내게 말하여 이르기를 여호와의 말씀이 내가 네게 기름을 부어 이스라엘 왕으로 삼는다 하셨다 하더라 하는지라 ¹³무리가 각각 자기의 옷을 급히 가져다가 섬돌 위 곧 예후의 밑에 깔고 나팔을 불며 이르되 예후는 왕이라 하니라 ¹⁴이에 님시의 손자 여호사밧의 아들 예후가 요람을 배반하였으니 곧 요람이 온 이스라엘과 더불어 아람의 왕 하사엘과 맞서서 길르앗 라못을 지키다가 ¹⁵아람의 왕 하사엘과 더불어 싸울 때에 아람 사람에게 부상한 것을 치료하려 하여 이스르엘로 돌아왔던 때라 예후가 이르되 너희 뜻에 합당하거든 한 사람이라도 이 성에서 도망하여 이스르엘에 알리러 가지 못하게 하라 하니라

잠시 후 예후는 다시 원래 위치로 돌아왔다. 만일 다른 지휘관들이 다 그치지 않았다면, 그는 지금까지 벌어진 일을 아무에게도 알리지 않고 혼자만

알고 있으려고 했던 것으로 보인다. 예후와 다른 지휘관들 사이에 무슨 일이 오갔는지 살펴보자.

I. 지휘관들은 젊은 선지자에 대해 대수롭지 않게 말한다(11절). "그 미친 자가 무슨 까닭으로 그대에게 왔더냐? 그가 그대에게 무슨 용무가 있느냐? 그리고 왜 그대는 그와 대화하기 위해 골방으로 갈 만큼 기꺼이 그의 요구에 응해 주었느냐?" 그들은 선지자를 미친 자라 불렀다. 왜냐하면 그는 선지자 가운데 한 사람으로서 자신들과 함께 극한 방탕에 달음질하지 아니하고(벧전 4:4) 경건과 자기 부인과 절제와 세상을 대수롭지 않게 여기는 삶을 사는 자였기 때문이었다. 이러한 것들로 인해 그들은 선지자들은 어리석은 자들이며 신에 감동한 자들은 미친 자들이라고 생각했다(호 9:7). 믿음이 없는 자들은 보통 신실한 믿음의 백성들을 경멸하면서 미쳤다고 생각하곤 한다. 그들은 우리 구주께 대해 그가 미쳤다고 했으며, 세례 요한에 대해서는 그가 귀신에 들렸다고 했고, 바울에 대해서는 많은 학식이 너를 미치게 했다고 했다. 이와 같이 최고의 지혜는 종종 어리석은 것으로 간주되고, 자신을 가장 잘 이해하는 자들은 종종 미친 자로 간주되곤 한다. 이에 예후는 "그대들이 그 사람과 그가 말한 것을 알리라"라고 대답한다. 이것은 다음과 같은 뜻이었다. "그대들은 그 사람이 선지자임을 알 것이라. 그런데 왜 그대들은 그를 미친 자라 부르는가? 그대들은 그가 미친 것이 아니라 영감에 의해 말하는 것을 알 것이라. 그대들은 선지자로서 그의 용무가 무엇인지 추측할 수 있을 것이라. 나의 잘못을 지적해 주고 내가 해야 할 일을 가르쳐 주는 것이 아니겠는가? 나는 그와 관련하여 그대들에게 알려줄 필요가 없노라." 이와 같이 예후는 그들에게 아무 말도 하지 않으려고 생각했지만, 그러나 그들은 계속해서 말하라고 다그쳤다. 그들은 말한다. "당치 아니한 말이라. 우리는 그의 용무가 무엇인지 추측할 수 없노라. 그러므로 그대는 우리에게 이르라." 이와 같이 계속해서 다그치자 예후는 그 선지자가 자신에게 왕으로 기름을 부었음을 말하면서 아마도 머리 위에 있는 기름을 보여주었을 것이다(12절). 그들 중 어떤 자가 여호람에 대한 충성심으로부터나 혹은 그에 대한 시기심으로 그가 왕이 되는 것을 반대하며 일이 더 커지기 전에 좌절시키고자 나설 수도 있었다. 그러나 예후는 하나님이 자신을 왕으로 임명한 것을 굳게 믿었기 때문에 모든 사실을 밝히기를 두려워하지 않았다. 그는 자신이 의뢰하는 자를 알고 있었다. 그를 세우신 자가 그 옆에 서서 그를 지켜 주실 것이었다.

Ⅱ. 이에 그들은 새 왕에게 경의를 표한다(13절).   그들은 예후에게 기름을 부은 선지자를 대수롭지 않게 생각했었다. 그렇지만 이제 그들은 기름 부음을 받은 자로서 그에게 큰 경의를 표하면서 나팔을 불며 기꺼이 그를 왕으로 선포했다. 그에 대한 복종과 충성의 표로서, 그리고 그와 그의 왕권을 기꺼이 지지한다는 표로서 그들은 이 소식을 듣고 모여든 병사들 앞에서 그의 발 밑에 자신들의 옷을 깔고 그로 하여금 그 위에 앉도록 했다. 이와 같이 하나님은 그들의 마음속에 그를 왕으로 인정하고 받아들일 마음을 넣어주셨다. 이처럼 하나님은 사람들의 마음을 마치 강줄기를 바꾸는 것처럼 자신이 기뻐하는 쪽으로 바꾸신다. 아마도 그들은 요람의 통치에 대해 염증을 느꼈든지 아니면 예후에 대해 특별한 애정을 갖고 있었을 것이다. 어떤 경우든 간에 모든 상황은 혁명을 위해 무르익었으며, 그들은 모두 예후의 편에 서서 요람을 **배반했다**(14절).

Ⅲ. 예후는 조심스럽게 일을 진행시켜 나간다.   그는 요람에 대해 유리한 위치에 서 있었으며, 그러한 이점을 잘 활용하는 방법을 알고 있었다. 예후 옆에는 군대가 있었던 반면 요람은 큰 부상을 당한 채 군대를 남겨두고 집으로 돌아가 있었다. 다음과 같은 두 가지 사실에서 우리는 예후의 지혜를 엿볼 수 있다.

1. 그가 지휘관들의 마음을 사로잡았다는 사실. 그는 그들의 조언과 동의가 없이는 아무 일도 하지 않으려고 했다("만일 그대들도 동의한다면 이 일을 할 것이지만 그러나 그대들이 동의하지 않는다면 하지 않을 것이라"). 이렇게 하여 그는 자신이 지휘관들의 판단을 매우 중시하며 그들의 충성심을 굳게 믿는다는 사실을 나타냈다. 이것은 그들을 기쁘게 했을 뿐만 아니라 또한 그들을 더욱 확고하게 만들어 주었을 것이다. 이와 같이 주위에 있는 사람들을 친구로 만드는 것은 — 특별히 큰일을 도모하는 사람에게 있어 — 너무도 지혜로운 일이다.

2. 그가 요람을 급습하고자 계획한 사실. 그는 신속히 일을 진행시킴으로써 요람으로 하여금 아무 낌새도 채지 못하도록 했다. "한 사람이라도 이 성에서 도망하여 이스르엘에 알리러 가지 못하게 하라. 그리하여 덫처럼 그와 그의 집에 멸망이 임하게 하라." 적을 공격함에 있어 종종 군사력보다도 신속성이 더 중요한 때가 있다.

16예후가 병거를 타고 이스르엘로 가니 요람 왕이 거기에 누워 있었음이라 유다의 왕 아하시야는 요람을 보러 내려왔더라 17이스르엘 망대에 파수꾼 하나가 서 있더니 예후의 무리가 오는 것을 보고 이르되 내가 한 무리를 보나이다 하니 요람이 이르되 한 사람을 말에 태워 보내어 맞이하여 평안하냐 묻게 하라 하는지라 18한 사람이 말을 타고 가서 만나 이르되 왕의 말씀이 평안하냐 하시더이다 하매 예후가 이르되 평안이 네게 상관이 있느냐 내 뒤로 물러나라 하니라 파수꾼이 전하여 이르되 사자가 그들에게 갔으나 돌아오지 아니하나이다 하는지라 19다시 한 사람을 말에 태워 보내었더니 그들에게 가서 이르되 왕의 말씀이 평안하냐 하시더이다 하매 예후가 이르되 평안이 네게 상관이 있느냐 내 뒤를 따르라 하더라 20파수꾼이 또 전하여 이르되 그도 그들에게까지 갔으나 돌아오지 아니하고 그 병거 모는 것이 님시의 손자 예후가 모는 것 같이 미치게 모나이다 하니 21요람이 이르되 메우라 하매 그의 병거를 메운지라 이스라엘 왕 요람과 유다 왕 아하시야가 각각 그의 병거를 타고 가서 예후를 맞을새 이스르엘 사람 나봇의 토지에서 만나매 22요람이 예후를 보고 이르되 예후야 평안하냐 하니 대답하되 네 어머니 이세벨의 음행과 술수가 이렇게 많으니 어찌 평안이 있으랴 하더라 23요람이 곧 손을 돌이켜 도망하며 아하시야에게 이르되 아하시야여 반역이로다 하니 24예후가 힘을 다하여 활을 당겨 요람의 두 팔 사이를 쏘니 화살이 그의 염통을 꿰뚫고 나오매 그가 병거 가운데에 엎드러진지라 25예후가 그의 장관 빗갈에게 이르되 그 시체를 가져다가 이스르엘 사람 나봇의 밭에 던지라 네가 기억하려니와 이전에 너와 내가 함께 타고 그의 아버지 아합을 좇았을 때에 여호와께서 이같이 그의 일을 예언하셨느니라 26여호와께서 말씀하시기를 내가 어제 나봇의 피와 그의 아들들의 피를 분명히 보았노라 여호와께서 또 말씀하시기를 이 토지에서 네게 갚으리라 하셨으니 그런즉 여호와의 말씀대로 그의 시체를 가져다가 이 밭에 던질지니라 하는지라 27유다의 왕 아하시야가 이를 보고 정원의 정자 길로 도망하니 예후가 그 뒤를 쫓아가며 이르되 그도 병거 가운데서 죽이라 하매 이블르암 가까운 구르 비탈에서 치니 그가 므깃도까지 도망하여 거기서 죽은지라 28그의 신복들이 그를 병거에 싣고 예루살렘에 이르러 다윗 성에서 그들의 조상들과 함께 그의 묘실에 장사하니라 29아합의 아들 요람의 제십일년에 아하시야가 유다 왕이 되었었더라

길르앗라못에서 이스르엘까지는 하루 이상 행군해야 갈 수 있는 길이

었다. 그리고 그 길의 중간쯤에서 그들은 요단강을 건너야만 한다. 우리는 예후가 최대한 신속하게 행군하면서 이 소식이 자기 앞서 먼저 이스르엘에 전해지는 것을 막고자 최선을 다했을 것이라고 추측할 수 있다. 마침내 그가 온다는 소식이 요람에게 전해진다.

I. 요람의 파수꾼이 멀리서 한 무리가 오는 것을 발견하고 왕에게 알림. 그러나 그는 그들이 적인지 아군인지 말할 수 없었다. 이에 왕은 그들의 정체를 확인하고 자신에게 알리도록 두 번에 걸쳐 사자를 보낸다(17-19절, 아마도 그는 자신에게 부상을 입힌 아람 군대가 자신을 잡기 위해 여기까지 쫓아온 것이 아닌가 의심했을 것이다). 그는 아람과의 전쟁에서 얻은 두려움을 거의 떨쳐버리지 못했으며, 죄로 물든 양심으로 인해 계속해서 두려움 속에 빠져 있었다. 사자들은 똑같은 질문을 던졌다. "평안하냐? 너희는 우리 편이냐 아니면 우리 적이냐? 너희는 좋은 소식을 가져오느냐 아니면 나쁜 소식을 가져오느냐?" 이에 대한 대답 역시도 똑같았다: 평안이 네게 상관이 있느냐 내 뒤로 물러나라(18, 19절). 그것은 다음과 같은 말이었다. "내가 대답할 자는 네가 아니라 너를 보낸 자니라. 네 생명을 보존하고자 한다면 내 뒤로 물러나 나를 따르라." 파수꾼은 사자들이 포로로 잡혔다고 보고했다. 그러는 가운데 마침내 그는 이 무리의 지도자가 마치 예후처럼 병거를 모는 것을 발견했다. 평소 예후는 맹렬하게 병거를 모는 것으로 잘 알려져 있었던 것으로 보이는데, 이를 통해 우리는 그가 자신의 일에 집중하며 온 힘을 다해 자신의 일을 추진하는 맹렬한 열정을 가진 사람이었다는 사실을 알 수 있다. 예후는 그와 같은 맹렬한 기질을 가진 사람으로서 아합의 집을 진멸하는 일에 가장 적임이었다. 하나님은 당신의 일을 행하심에 있어 가장 적절한 도구를 선택하시는데, 우리는 여기에서 하나님의 지혜가 나타나는 것을 보게 된다. 그러나 어떤 사람이 맹렬함으로 유명하다는 것은 그에게 있어 그리 큰 칭찬거리는 되지 않는다. 자기 마음을 다스리는 자가 용사보다 나은 법이다. 갈대아 역본에는 반대의 의미로 서술되어 있다: 무리를 이끄는 것이 마치 예후가 이끄는 것과 같은데, 왜냐하면 그가 조용히 이끌고 있기 때문이나이다. 지금 예후는 빠른 속도로 달려오고 있지는 않는 것으로 보인다. 왜냐하면 지금까지 거의 시간을 지체하지 않았기 때문이었다. 어떤 이들은 지금 예후가 요람으로 하여금 자신에게 나아오도록 하기 위해 천천히 행군하고 있었을 것이라고 생각한다. 그러면 이스르엘에 입성하기 전에 그를 처치할 수 있

을 것이었다.

II. 요람 자신이 유다 왕 아하시야와 함께 예후를 맞이하러 나감. 그러나 그들은 싸울 준비를 갖추지 않은 채 다만 자신들의 호기심을 만족시키기 위해 성급하게 나갔다. 자신들의 멸망의 날이 다가올 때, 사람들은 그러한 멸망을 맞이하기 위해 얼마나 성급하게 달려 나가는가? 우리는 그러한 가운데 신적 섭리가 오묘하게 역사하는 것을 보게 된다.

1. 요람이 예후를 만난 장소는 매우 불길한 장소였다: 이스르엘 사람 나봇의 토지(21절). 그 땅을 보는 것만으로도 요람으로 하여금 두려워 떨게 만들고 예후로 하여금 승리의 개가를 부르게 만들기에 충분했다. 왜냐하면 요람은 '자신을 대적하여 싸우는 나봇의 피의 죄책'을 가지고 있었던 반면 예후는 '자신의 편에서 싸우는 엘리야의 저주의 능력'을 가지고 있었기 때문이다. 종종 신적 섭리는 모든 정황을 기묘하게 움직여서, 죄와 징벌이 서로 대응하는 것이 마치 실제 얼굴과 거울 속의 얼굴이 서로 대응하는 것처럼 되게 만든다.

2. 요람 역시도 사자들과 똑같이 물었다. "예후야 평안하냐? 모든 일이 다 잘 되었느냐? 너는 아람 군대로부터 도망쳐 온 것이냐 아니면 승리하고 오는 것이냐?" 요람은 오로지 평안에 관해서만 생각하면서 다른 것은 생각할 여유조차 없었던 것으로 보인다. 큰 죄인들에게 있어 지금 멸망의 문턱에 있음에도 불구하고 만사가 잘 되고 있다고 스스로 우쭐거리면서 평안을 외치는 것은 너무도 흔한 일이다.

3. 예후의 대답은 너무도 경악스러운 것이었다. 그는 요람에게 질문으로 대답한다(22절): 네 어머니 이세벨의 음행과 술수가 이렇게 많으니 어찌 평안이 있으랴? 예후가 요람에게 얼마나 직설적으로 말하고 있는지 보라. 전에는 감히 그렇게 하지 못했지만, 그러나 지금 그는 다른 마음을 갖고 있었다. 죄인들이 언제까지나 듣기 좋은 말만 듣게 되지는 않을 것이라는 사실을 주목하라. 언젠가는 자신들의 몫을 받게 될 것이다(시 36:2). 여기에서 다음을 관찰하라.

(1) 예후는 요람을 비난함에 있어 그의 어머니의 악을 거론한다. 왜냐하면 그가 처음에는 그것을 배웠기 때문이며, 나중에는 자신의 왕권으로 그것을 보호했기 때문이었다. 그녀는 지금 예후로부터 음행(육체적 음행과 영적 음행)과 술수(자신의 우상들을 존귀케 하기 위해 사용한 복술이나 마법 같은 것들)로 탄핵을 받는다. 우상이 많아질수록 음행과 술수도 많아진다. 왜냐하면 스스로

를 악의 길에 던진 자들은 자신들이 어디에서 멈출 것인지 알지 못하기 때문이다. 하나의 죄는 또 다른 죄를 낳는 법이다.

(2) 그와 같은 이유로 예후는 요람의 모든 평안의 기대를 일축해 버린다. "회개하지 않은 죄가 그렇게 많은 집에 무슨 평안이 있겠는가?" 죄의 길은 결코 평안의 길이 될 수 없다는 사실을 주목하라(사 57:21, 내 하나님의 말씀에 악인에게는 평강이 없다 하셨느니라). 죄인들이 하나님과 더불어 무슨 화평(peace)을 이룰 수 있으며, 자신의 양심에 무슨 평안(peace)을 기대할 수 있겠는가? 계속해서 죄의 길로 행하는 자들이 이생에서나 내생에서 무슨 선과 무슨 위로를 기대할 수 있겠는가? 죄의 길을 고집하는 한 결코 평안은 없는 법이다. 그러나 죄를 회개하고 버리면 다시 평안이 임할 것이다.

4. 마침내 징벌이 시행됨. 자기 어머니의 죄를 탄핵하는 말을 들었을 때, 요람은 즉시로 사태의 심각성을 깨달았다. 그는 오래 전부터 경고되어 왔던 재앙의 날이 마침내 도래했음을 직감하면서 외쳤다. "아하시야여 반역이로다. 예후는 우리의 적이로다. 속히 이 자리를 피해야 할 것이라." 그렇게 하여 요람과 아하시야는 즉시 도망을 쳤다. 그러나

(1) 이스라엘 왕 요람은 그 자리에서 살해를 당했다(24절). 그를 죽인 것은 예후 자신의 손이었다. 그의 아버지 아합은 우연히 쏜 화살에 의해 갑옷 솔기를 맞고 죽임을 당했었다. 그러나 이번에는 예후가 그의 두 팔 사이를 정확히 조준하고 쐈다(이것은 핍박자를 향한 하나님의 화살이었다, 사 7:13). 화살은 그의 염통을 꿰뚫었으며, 그는 그 자리에 엎드러져 죽었다. 그는 아합의 둘째 아들로서 형 아하시야에 이어 아버지의 왕위를 이이받은 계승자였다. 그는 지금 아합의 집을 대표하는 자였으며, 따라서 첫 번째로 징벌을 받았다. 그는 범죄자로서 율법의 판결에 따라 죽음을 당했으며, 그에게 형벌을 집행한 예후는 그의 시체를 나봇의 밭에 던졌다. 나봇의 포도원은 예후로 하여금 예전에 엘리야가 아합에게 선언한 심판의 예언을 생각나게 했다: 여호와께서 말씀하시기를 내가 나봇의 피와 그의 아들들의 피로 인해 이 토지에서 네게 갚으리라 하셨느니라 (25, 26절). 전에 아합이 나봇을 죽일 때 그와 함께 그의 아들들도 같이 죽였다 (공범으로 함께 죽였든지 아니면 나중에 은밀하게 죽였을 것이다). 그렇게 한 것은 그들로 하여금 나중에 아버지의 죽음에 대해, 그리고 포도원을 포함한 아버지의 모든 기업을 몰수당한 것에 대해 이의를 제기하거나 혹은 복수하지 못

하게 하려고 한 것이었다. 이에 대해 아합의 집은 값을 치러야만 한다. 아합은 무죄한 피의 값으로 그 땅을 차지했는데, 이제 그 땅이 그의 아들의 시체가 세상의 구경거리가 되어 던져진 극장(劇場)이 되었다. 이와 같이 여호와는 자신이 행하시는 심판으로 자신을 알리신다(시 9:16).

(2) 유다 왕 아하시야는 얼마 동안 도망치다가 살해를 당했다(27, 28절).

[1] 설령 요람의 무리와 함께 있었다 할지라도 만일 아하시야가 혼인과 죄로 아합의 집과 연결되어 있지만 않았더라면, 그는 죽임을 당하지 않았을 것이다. 그 역시도 아합의 집의 한 사람이었다(그는 스스로를 그렇게 만들었다). 따라서 그도 아합의 집이 받아야 할 몫을 받아야만 했다. 예후는 자신의 임무가 그에게까지 확장되는 것으로 추론했는데, 그것은 정당한 것이었다.

[2] 그러나 만일 아하시야가 요람의 무리와 함께 발견되지 않았다면, 아마도 그는 이 때 그들과 함께 멸망을 당하지는 않았을 것이다. 악을 행하는 자들과 연합하는 것은 매우 위험한 일이다. 그것은 우리로 하여금 그들의 죄와 연합하게 만들 뿐만 아니라 그들이 받을 재앙에도 함께 연합하게 만들 것이다.

[30]예후가 이스르엘에 오니 이세벨이 듣고 눈을 그리고 머리를 꾸미고 창에서 바라보다가 [31]예후가 문에 들어오매 이르되 주인을 죽인 너 시므리여 평안하냐 하니 [32]예후가 얼굴을 들어 창을 향하고 이르되 내 편이 될 자가 누구냐 누구냐 하니 두어 내시가 예후를 내다보는지라 [33]이르되 그를 내려던지라 하니 내려던지매 그의 피가 담과 말에게 튀더라 예후가 그의 시체를 밟으니라 [34]예후가 들어가서 먹고 마시고 이르되 가서 이 저주 받은 여자를 찾아 장사하라 그는 왕의 딸이니라 하매 [35]가서 장사하려 한즉 그 두골과 발과 그의 손 외에는 찾지 못한지라 [36]돌아와서 전하니 예후가 이르되 이는 여호와께서 그 종 디셉 사람 엘리야를 통하여 말씀하신 바라 이르시기를 이스르엘 토지에서 개들이 이세벨의 살을 먹을지라 [37]그 시체가 이스르엘 토지에서 거름같이 밭에 있으리니 이것이 이세벨이라고 가리켜 말하지 못하게 되리라 하셨느니라 하였더라

아합의 집에서 가장 큰 범죄자는 바로 이세벨이었다. 바알을 끌어들이고 여호와의 선지자들을 죽이며 나봇을 죽일 음모를 꾸미고 남편과 아들들을 충동하여 악을 행하도록 한 것은 바로 그녀였다. 그녀는 여기에서 저주받은

여자로 불리는데(34절), 정말로 그녀는 온 나라의 저주였다. 그녀의 통치는 3대에 걸쳐 이어지다가 이제 마침내 멸망의 날이 다가왔다. 우리는 두아디라 교회에 이세벨이라 불리는 거짓 선지자가 있었음을 보게 되는데(계 2:20), 그의 악 역시 이세벨처럼 하나님의 종들을 유혹하여 우상 숭배하도록 만든 것이었다. 그에게 회개할 기회가 주어졌지만, 그러나 여기의 이세벨의 경우와 같이 마침내 두려운 멸망이 이를 것이었다(22, 23절). 이와 같이 이세벨의 멸망은 우상 숭배자들과 핍박자들의 멸망, 특별히 땅의 음녀들과 가증한 것들의 어미로서 성도들의 피와 자신의 음행의 포도주에 취한 큰 음녀(계 17:5, 6)의 멸망의 전형(典型)이었다. 여기에서 우리는 다음과 같은 이야기를 듣게 된다.

I. 이세벨과 예후가 만남. 그녀는 예후가 자신의 아들을 죽였다는 것과 그것이 자신의 음행과 술수 때문이었다는 것과 여호와의 말씀에 따라 아들의 시체를 나봇의 기업에 던졌다는 것과 그가 지금 이스르엘로 오고 있다는 등의 이야기를 들었다. 그녀로서는 그의 복수의 칼이 다음 희생제물로서 자신의 머리 위에 떨어질 것을 예상할 수밖에 없었다. 이제 그녀가 자신의 운명을 어떻게 맞이하는지 보라. 그녀는 예후를 모독하며 조롱하기 위해 성문 입구의 한 창에 있었다.

1. 그녀는 신적 보응을 두려워하며 도망치는 대신 도리어 두려워하며 도망치는 것을 경멸하면서 스스로를 노출시켰다. 하나님을 대적하며 완악해진 심령이 마지막 순간까지 그분을 거스르며 목을 세우고 그분께 달려드는 것을 보라(욥 15:26). 그러나 복 있는 자는 이와 같이 하나님 앞에 마음을 완악하게 하지 않는다.

2. 그녀는 스스로를 겸비케 하며 아들을 위해 애곡하는 대신 도리어 눈을 그리고 머리를 꾸몄다. 이와 같이 여장부다운 위엄을 나타냄으로써 그녀는 예후로 하여금 기세가 꺾여 움츠리도록 만들고자 했다. 주 여호와께서 애곡하며 굵은 베를 띠라 하셨거늘(사 22:12, 13), 그러나 그녀는 하나님과 맞서면서 눈을 그리고 머리를 꾸몄다. 겸비케 하는 섭리 아래에서 마음을 겸비케 하지 않는 것보다 더 확실한 멸망의 징조는 없다. 이세벨의 거울에 비친 그녀의 화장한 얼굴을 상상해 보라. 얼마나 그녀다운 모습인가?

3. 그녀는 하나님의 보응의 도구인 예후 앞에서 두려워 떠는 대신 도리어 다음과 같은 위협적인 질문으로 그를 두렵게 만들고자 했다: 주인을 죽인 너 시

므리여 평안하냐? 여기에서 다음을 관찰하라.

(1) 그녀는 자신의 집을 향한 하나님의 손을 깨닫지 못하고 도리어 하나님의 손에 들린 칼에 불과한 예후에게 분노를 폭발시켰다. 고난 가운데 있을 때 우리는 하나님께 순복하며 마땅히 스스로에게만 화를 내야 한다. 그럼에도 불구하고 그와 같은 상황에서 우리가 고난의 도구에 대해 분노를 폭발시키는 것은 너무도 흔한 일이다.

(2) 그녀는 예후가 지금 하고 있는 일에 대하여 그 일이 결국 그 자신의 멸망으로 끝날 것이며 결코 평안을 얻지 못할 것이라고 자기 좋을 대로 생각했다. 하나님의 일을 수행하는 자들이 평안을 얻지 못할 것으로 간주되는 것은 결코 새로운 일이 아니다. 열정적인 개혁자들은 종종 고통과 괴로움으로 위협을 받곤 했다. 그러나 우리는 그러한 것을 결코 두려워할 필요가 없다(빌 1:28, 무슨 일에든지 대적하는 자들 때문에 두려워하지 아니하는 이 일을 듣고자 함이라)

(3) 그녀는 예후로 하여금 그가 지금 하고 있는 일을 단념하도록 만들기 위해 과거의 사건을 인용한다. "시므리에게 평안이 있었느냐? 결코 없었느니라. 그는 반역과 피로 왕위를 얻었지만 그러나 7일 만에 왕궁을 불태우고 자신도 죽고 말았느니라. 너라고 이것보다 더 나은 것을 기대할 수 있겠느냐?" 만일 유사한 상황이었다면, 그에게 이와 같은 과거의 사실을 제시하는 것은 매우 적절한 일이었을 것이다. 왜냐하면 우리 앞서 죄의 길을 걸어갔던 자들에게 임한 하나님의 심판은 우리에게 그와 같은 전철을 밟지 않도록 경계하는 좋은 경고가 되기 때문이다. 그러나 시므리의 경우와 예후의 경우는 전혀 달랐다. 시므리에게는 어떤 정당성도 없었다. 그는 단지 자신의 야심과 잔인성에 의해 충동되었을 뿐이었다. 반면 예후는 선지자의 제자 중 한 사람으로부터 기름 부음을 받았으며, 하늘로부터의 분명한 지시에 따라 행동하고 있었다. 사람이나 사건 따위를 비교함에 있어 우리는 고귀한 것과 저열한 것 사이의 차이를 주의 깊게 구분할 줄 알아야만 한다. 그리고 악한 자들의 운명으로부터 자칫 선한 자들의 운명을 잘못 유추하는 우를 범하지 않도록 조심해야 한다.

II. 예후가 자신의 편이 될 자를 찾음. 그는 그녀의 뻔뻔스러운 그러나 무력한 위세에 조금도 기세가 꺾이지 않은 채 창을 올려다보며 외쳤다(32절): 내 편이 될 자가 누구냐 누구냐? 그는 이스라엘을 개혁하고 그 땅을 더럽힌 자들을 징벌하는 하나님의 일을 수행하도록 부름 받았다. 그런 그가 이제 그 일에 협력할 자들을 찾는다. 그는 모세처럼 깃발을 들고 선포한다(출 32:26): 누구든지 여호와의 편에 있는 자는 내게로 나아오라? 또 그는 시편 기자처럼 부르짖는다(시 94:16): 누가 나를 위하여 일어나서 행악자들을 칠까? 개혁의 일이 시작되었으면 이제는 "함께 할 자가 누구인가?"를 물어야 한다.

Ⅲ. 그녀를 수종하던 내시들이 그녀를 넘겨줌. 두어 명의 내시가 자신들은 그의 편이라는 표정으로 예후를 바라보았고, 이에 예후는 그들에게 즉시 이세벨을 내려던지라고 명령했다. 이와 같이 높고 가파른 곳에서 거꾸로 떨어뜨리는 것은 행악자를 돌로 쳐 죽이는 형벌의 한 가지 방법이었다. 이렇게 하여 나봇을 돌로 쳐죽인 그녀는 똑같은 방법으로 보응을 받았다. 예후의 명령에 따라 내시들은 즉시 이세벨을 내려던졌다(33절). 만일 하나님의 명령이 예후를 정당화한다면, 예후의 명령은 그들을 정당화할 것이었다. 어쩌면 그들은 비록 이세벨을 섬기기는 했지만 그러나 마음속으로나마 그녀의 악을 싫어하며 미워했을는지 모른다. 또 이세벨이 자기 주위에 있는 사람들을 잔인하고 가혹하게 대했기 때문에 그들이 이와 같이 복수하는 것을 꺼리지 않은 것인지도 모른다. 그렇지 않으면 예후의 승리를 내다보면서 궁중에서의 자신들의 위치를 지키고자 그의 편에 선 것일 수도 있다. 어떤 경우든 그녀는 이처럼 가장 수치스러운 죽임을 당했다. 그녀는 벽과 길바닥에 부딪히고 말들에 의해 밟혔으며, 그녀의 피와 골수가 사방에 튀어 주위를 더럽게 만들었다. 교만과 잔인함의 끝을 보라. 그리고 여호와는 의로우시도다라고 말하라.

Ⅳ. 개들이 이세벨의 시체를 먹음. 예후는 왕궁에 들어가 먹고 마시며 어느 정도 휴식을 취하고 난 후 이세벨에 대하여 그녀가 여성인 점과 또 왕후의 신분을 감안하여 장사를 치러주는 정도의 경의는 표하는 것이 좋겠다고 생각했다. 비록 악하기는 했지만, 그래도 그녀는 여자이며 왕의 딸이며 왕의 아내이며 또 왕의 어머니였다: 가서 그녀를 찾아 장사하라(34절). 일찍이 엘리야가 예언한 것과 관련하여(개들이 이세벨을 먹을 것이라), 설령 그(예후)는 잊어버렸다 할지라도 그러나 하나님은 그것을 잊지 않으셨다. 그가 먹고 마시며 휴식을 취하고 있었던 동안 죽은 고기를 찾아 성읍을 돌아다니던(시 59:6) 개들이 그녀의 시체를 게걸스럽게 뜯어 먹었고 그리하여 그녀의 두골과 발과 손 외에는 아무것도 남지 않게 되었다(그녀의 화장한 얼굴조차도 남아 있지 않았다). 굶주린 개들에게 왕후의 위엄 따위는 아무것도 아니었으며, 왕의 딸이라고 하여 보

통 사람과 하등 다를 것이 없었다. 맛있는 음식으로 우리의 육체를 보양하며 돌보는 동안에도 우리는 육체라는 것이 얼마나 보잘것없는 것이며, 또 얼마나 빨리 땅 속에 있는 벌레들이나 땅 위에 있는 짐승들의 먹이가 될 것인지를 생각해야 한다. 그와 같은 소식을 보고 받았을 때 예후는 개들이 이스르엘 성읍 곁에서 이세벨을 먹을지라(왕상 21:23)는 예언을 떠올렸다. 그녀에게 남아 있는 것이라곤 오명의 기념비 외에는 아무것도 없었다. 그녀는 대중들 앞에 위용 있는 모습으로 나타나곤 했었다. 그 때 사람들은 이렇게 외쳤다. "이가 이세벨이라. 얼마나 위엄 있는 모습인가! 그녀는 얼마나 크고 위대한가!" 그러나 이제 더 이상 그런 외침은 없을 것이다. 우리는 종종 악인들의 장사가 치러지는 것을 보지만(전 8:10), 그러나 때로 여기의 경우처럼 장사조차 치러지지 못하는 경우도 있다(전 6:3). 이세벨의 이름은 성경 속에 영원한 오명(汚名)으로 낙인찍힌 것 외에는 어디에도 남아 있지 않게 되었다. 사람들은 이렇게 말할 수 없게 되었다. "이것이 이세벨의 무덤이다. 이것이 이세벨의 유해(遺骸)다. 이것이 이세벨의 후손이다." 이와 같이 악인의 이름은 썩어 소멸될 것이다.

제
— 10 —
장

개요

본 장의 내용은 다음과 같다. I. 예후가 자신에게 주어진 사명을 계속해서 수행함. 1. 아합의 모든 아들들을 진멸함(1-10절). 2. 아합에게 속한 모든 자를 진멸함(11-14, 17절). 3. 아합의 우상 숭배를 진멸함: 여호나답을 증인으로 세움(15, 16절), 바알을 섬기는 자들을 모두 부름(18-23절), 그들을 모두 죽이고(24, 25절) 바알 숭배를 멸함(26-28절). II. 예후의 통치에 대한 짤막한 이야기. 1. 이스라엘의 오랜 우상 숭배인 금송아지 숭배가 계속해서 존속됨(29-31절). 2. 이로 인해 하나님이 하사엘을 통해 그들을 징벌하시고 그와 함께 그의 통치가 끝남(32-36절).

¹아합의 아들 칠십 명이 사마리아에 있는지라 예후가 편지들을 써서 사마리아에 보내서 이스르엘 귀족들 곧 장로들과 아합의 여러 아들을 교육하는 자들에게 전하니 일렀으되 ²너희 주의 아들들이 너희와 함께 있고 또 병거와 말과 견고한 성과 무기가 너희에게 있으니 이 편지가 너희에게 이르거든 ³너희 주의 아들들 중에서 가장 어질고 정직한 자를 택하여 그의 아버지의 왕좌에 두고 너희 주의 집을 위하여 싸우라 하였더라 ⁴그들이 심히 두려워하여 이르되 두 왕이 그를 당하지 못하였거든 우리가 어찌 당하리요 하고 ⁵그 왕궁을 책임지는 자와 그 성읍을 책임지는 자와 장로들과 왕자를 교육하는 자들이 예후에게 말을 전하여 이르되 우리는 당신의 종이라 당신이 말하는 모든 것을 우리가 행하고 어떤 사람이든지 왕으로 세우지 아니하리니 당신이 보기에 좋은 대로 행하라 한지라 ⁶예후가 다시 그들에게 편지를 부치니 일렀으되 만일 너희가 내 편이 되어 내 말을 너희가 들으려거든 너희 주의 아들된 사람들의 머리를 가지고 내일 이맘때에 이스르엘에 이르러 내게 나아오라 하였더라 왕자 칠십 명이 그 성읍의 귀족들, 곧 그들을 양육하는 자들과 함께 있는 중에 ⁷편지가 그들에게 이르매 그들이 왕자 칠십 명을 붙잡아 죽이고 그들의 머리를 광주리에 담아 이스르엘 예후에게로 보내니라 ⁸사자가 와서 예후에게 전하여 이르되 그 무리가 왕자들의 머리를 가지고 왔나이다 이르되 두 무더기로 쌓아 내일

아침까지 문 어귀에 두라 하고 ⁹이튿날 아침에 그가 나가 서서 뭇 백성에게 이르되 너희는 의롭도다 나는 내 주를 배반하여 죽였거니와 이 여러 사람을 죽인 자는 누구냐 ¹⁰그런즉 이제 너희는 알라 곧 여호와께서 아합의 집에 대하여 하신 말씀은 하나도 땅에 떨어지지 아니하리라 여호와께서 그의 종 엘리야를 통하여 하신 말씀을 이제 이루셨도다 하니라 ¹¹예후가 아합의 집에 속한 이스르엘에 남아 있는 자를 다 죽이고 또 그의 귀족들과 신뢰 받는 자들과 제사장들을 죽이되 그에게 속한 자를 하나도 생존자를 남기지 아니하였더라 ¹²예후가 일어나서 사마리아로 가더니 도중에 목자가 양털 깎는 집에 이르러 ¹³예후가 유다의 왕 아하시야의 형제들을 만나 묻되 너희는 누구냐 하니 대답하되 우리는 아하시야의 형제라 이제 왕자들과 태후의 아들들에게 문안하러 내려가노라 하는지라 ¹⁴이르되 사로잡으라 하매 곧 사로잡아 목자가 양털 깎는 집 웅덩이 곁에서 죽이니 사십이 명이 하나도 남지 아니하였더라

우리는 앞 장에서 예후가 요람과 이세벨을 죽이고 이스르엘을 점령한 것을 살펴보았다. 이제 우리는 그의 계속되는 움직임을 살펴보아야만 한다. 아합의 모든 집이 진멸을 당해야만 했으며, 따라서 그는 이와 같은 피의 일을 계속해서 진행시켜 나간다. 그는 그 일을 수행함에 있어 눈속임으로나 혹은 대충하지 않았다(렘 48:10, 여호와의 일을 게을리하는 자는 저주를 받을 것이요 자기 칼을 금하여 피를 흘리지 아니하는 자도 저주를 받을 것이로다).

I. 예후는 사마리아에 있는 아합의 모든 아들들의 머리를 그들의 후견인들로 하여금 가져오도록 한다. 기드온이 그랬던 것처럼(삿 8:30), 아합에게는 70명의 아들이 있었다(여기에는 손자들도 포함되어 있을 수 있다). 그의 이름을 잇는 이와 같은 많은 자손들로 그의 집은 영원히 계속될 것 같았지만, 그러나 한순간에 모두 멸절되고 말았다. 많은 화살들로 가득 찬 전통도 신적 보응으로부터 그의 집을 보호해 줄 수 없었다. 악인의 집은, 설령 많은 자손을 가지고 있다 알지라도, 오래도록 형통할 것을 기대해서는 안 된다. 이들 아합의 아들들은 지금 견고한 도성 사마리아에 있었다. 아마도 그들은 아람과의 전쟁 때문에 그 곳에 가 있었든지 아니면 예후의 반란 소식을 듣고 그 곳으로 피신해 있었을 것이다. 이스르엘의 귀족들 즉 궁중의 대신들이 사마리아로 가서 그들과 함께 있으면서 그들을 보호하고 있었다. 또 아합의 아들들 가운데에는 아직

교육을 받고 있는 자들이 있었는데, 그들을 교육하는 일을 맡은 자들이 또한 그들과 함께 그 곳에 있었다. 이들 선생들은 그들의 아버지(즉 아합)의 집의 우상 숭배로 그들을 가르쳤으며 그들 모두를 우상 숭배자로 만들었다. 예후는 아합의 아들들을 진멸하기 위해 자기 군대를 사마리아로 보내는 것을 적절치 않은 일로 생각했다. 그들의 후견인들로 하여금 그들을 죽이게 한다면, 그 가운데 하나님의 보응의 손이 더욱 선명하게 드러날 것이었다.

1. 예후는 아합의 아들들을 보호하고 있는 후견인들에게 자신과 맞설 것을 도전한다(2, 3절). "아합의 집을 진정으로 지지하는 자들이여, 이제 너희의 충성을 행동으로 보여라. 사마리아는 견고한 도성이며 너희는 지금 그 안에 있느니라. 그리고 너희에게는 군대가 있지 않느냐? 너희는 아합의 아들들 가운데 가장 적합한 자를 택하여 너희의 왕으로 삼을 수 있느니라. 너희 주인의 아들들 가운데 가장 어질고 정직한 자라면 굳이 장자가 아니라도 상관없으리라. 만일 너희에게 조금의 기백이라도 있다면 그것을 나타내라. 아합의 아들들 가운데 하나를 왕위에 앉히고 그를 위해 너희의 생명을 다 바쳐 싸우라." 예후는 그들이 이렇게 하기를 바란 것도 아니었고 또 그렇게 할 것이라고 예상한 것도 아니었다. 다만 그와 같은 말로 신적 섭리에 대항하는 그들의 어리석음과 비겁함과 무능함을 조롱하며 책망하고 있었던 것이었다. "너희가 할 수 있다면 한 번 해봐라. 그리고 무슨 일이 벌어질 것인지 두고 보라." 신앙을 버린 자들은 종종 그와 함께 지각과 용기까지도 잃어버리며, 그럼으로써 조롱과 책망을 받기에 합당한 자로 전락해 버리곤 한다.

2. 결국 그들은 예후에게 항복하고 만다. 그들은 곰곰이 생각했다. '보라 두 왕이 그를 당하지 못하고 그의 격노의 제물로 떨어졌거늘 우리가 어찌 당하리요?'(4절). 그리하여 그들은 예후에게 항복했다. "우리는 당신의 종이요 당신의 신하라. 당신이 말하는 모든 것을 우리가 행할 것이요 어느 누구도 당신과 맞서는 자리에 세우지 않을 것이나이다." 그들은 예후와 맞서 싸우는 것이 아무 소용 없는 일이라는 사실과 그에게 항복하는 것이 낫다는 사실을 깨달았다. 그렇다면 크신 하나님 앞에 우리는 얼마나 더 우리 자신을 순복(항복)시켜야 마땅하겠는가? 수많은 왕들과 용사들이 악을 행함으로 인해 하나님의 진노 아래 떨어졌다. 그들이 그랬다면 하물며 우리야 어떻게 당할 것인가? 그러면 우리가 주를 노여워하시게 하겠느냐 우리가 주보다 강한 자냐(고전 10:22). 우리는 순복하든지

아니면 깨어져야만 한다.

3. 이렇게 하여 아합의 아들들은 자신들을 교육하던 자들의 손에 떨어지고 말았다(6절): 만일 너희가 내 편이 되려거든 너희 주의 아들된 사람들의 머리를 가지고 내일 이맘때에 내게 나아오라. 예후는 아합의 아들들이 마땅히 진멸을 당해야만 한다는 사실을 알고 있었다. 그러나 그는 그 일을 자신이 직접 하고자 하지 않고 그들을 교육하던 자들을 통해 하고자 했다. 어떻게 그들은 신뢰를 배반할 수 있었는가? 자신들의 주인의 아들들에게 어떻게 그토록 잔인한 일을 할 수 있었단 말인가? 결국 그들은 70명의 왕자들의 머리를 자르고 그것을 광주리에 담아 예후에게 예물로 보냈다(7절). 여기에서 우리는 친구라도 다 믿을 것이 아니며 양심의 지배를 받지 않는 인도자는 결코 신뢰해서는 안 된다는 사실을 배워야 한다. 하나님에 대해 거짓된 자가 어떻게 왕에게 신실할 것을 기대할 수 있겠는가?

그러나 우리는 여기에서 그들의 불의 가운데 하나님의 의로우심이 나타나는 것을 놓쳐서는 안 된다. 이들 이스르엘의 장로들은 나봇을 죽이라는 이세벨의 지시에 아무런 이의도 제기하지 않은 채 그대로 묵종(默從)했다(왕상 21:11). 아마도 이세벨은 그들을 마음대로 좌지우지할 수 있는 자신의 권력을 자랑했을 것이다. 그러나 그들은 지금 그 때와 동일한 정신으로 예후에게 묵종하며 아합의 아들들의 머리를 자르고 있었다. 전횡적인 권력을 휘두르는 자는 자신이 던진 돌이 언젠가는 자신에게 돌아오는 것을 보게 될 것이다. 자신의 백성들을 노예로 만든 통치자는 그들을 폭도로 돌변하게 만드는 가장 쉬운 길을 닦아 놓은 셈이다. 그리고 사람들의 양심을 강압(强壓)함으로써, 그들은 여기의 이세벨처럼 사람들에 대한 지배력을 잃어버리게 된다. 아합의 아들들의 잘려진 머리가 왔을 때,

(1) 예후는 이러한 보응을 시행한 자들을 은근한 비난조로 말한다. 잘려진 머리들은 두 무더기로 쌓여 성문 앞에 놓여졌다(성문 앞은 재판을 위한 적절한 장소였다). 거기에서 예후는 하나님과 세상 앞에서 백성들은 아무 죄가 없음을 선언한다(9절, 너희는 의롭도다). 그리고 이어 아합의 아들들의 머리를 자른 자들에 비하면 자신의 잘못은 별거 아니라는 듯이 말한다. "나는 단지 한 사람만 죽였을 뿐이며, 그들은 이 모든 사람들을 죽였다. 또 나는 특별한 계획에 의해 죽였지만 그들은 단지 묵종적으로 그렇게 했다. 사마리아 백성이나 아합의 집

을 지지하는 자들은 내가 한 일로 인해 나를 비난해서는 안 된다. 왜냐하면 그들의 장로들과 아합의 집의 후견인들이 이와 같은 일을 행했기 때문이다.” 정당하지 않은 일을 행한 사람이 다른 사람들을 그 일에 끌어들임으로써 자신에 대한 비난을 경감시키고자 도모하는 것은 결코 드문 일이 아니다.

(2) 그러면서 예후는 모든 것을 하나님의 의로운 심판으로 돌린다(10절): 여호와께서 그의 종 엘리야를 통하여 하신 말씀을 이제 이루셨도다. 하나님은 사람으로 하여금 죄를 짓도록 충동하시는 분이 아니시다. 그럼에도 불구하고 사람이 악한 동기를 가지고 행한 일을 통해서조차 하나님은 자신의 계획을 이루시며 자신의 이름을 영화롭게 하실 수 있으시다. 사람들이 불의한 가운데에서도 하나님은 의로우시다. 앗수르 사람들이 하나님의 진노의 막대기와 공의의 도구가 되었을 때, 그의 뜻은 이 같지 아니하며 그의 마음의 생각도 이 같지 아니했다(사 10:7).

Ⅱ. 예후는 계속해서 아합의 집에 남아 있는 모든 자들을 진멸한다. 그의 자손뿐만 아니라 그와 관계된 모든 자들이 진멸을 당했다. 여기에서 귀족이라 일컬어지는 자들(11절) 즉 왕실 사무를 담당했던 시종들과 국정을 담당했던 대신들이 진멸을 당했으며, 그의 악에 동참했던 인척들과 지인(知人)들이 진멸을 당했으며, 또한 그의 우상 숭배를 퍼뜨리는 일에 앞장섰던 제사장들이 진멸을 당했다. 이스르엘에서 이 일을 행한 후 그는 사마리아에서도 똑같은 일을 행했다(17절): 사마리아에 이르러 거기에 남아 있는 바 아합에게 속한 자들을 죽여 진멸하였으니. 이것은 피의 일(bloody work)이었다. 그러나 지금은 어떤 경우에도 이것이 하나의 전례(典例)가 되어서는 결코 안 된다. 죄책이 있는 자는 처벌을 받아야 하지만 그러나 그로 인해 죄책이 없는 자들까지 처벌해서는 안된다. 아마도 이와 같은 끔찍한 멸망은 모든 불경건한 자들에게 임하는 최후의 멸망의 예표로서 의도되었을 것이다. 하나님은 칼을 가지고 계시는데, 때가 되면 그 칼이 저주 받은 자들에게 임하여 피로 흡족하게 될 것이다(사 34:5, 6). 그때 하나님의 눈은 그들을 불쌍히 보지도 아니하며 긍휼히 여기지도 않을 것이다(겔 7:4).

Ⅲ. 예후가 아하시야의 형제들을 죽임. 예후는 사마리아로 가는 도중에 유다 왕 아하시야의 형제들을 만나게 되는데, 그러자 즉시로 그들을 사로잡아 죽였다(12-14절). 아하시야의 형제들은 아하시야가 왕이 되기 전에 이미 아라비

아 사람들의 손에 죽임을 당했다(대하 22:1). 따라서 여기에 나오는 자들은 역대하 22장 8절에 언급되는 것처럼 그의 형제들의 아들들이었다. 그들은 유다의 방백들로서 아하시야를 섬기는 자들이었다. 몇 가지 점에서 이들은 예후의 보응의 칼을 받기에 합당한 자들이었다.

1. 그들 역시도 아달랴(아합의 딸이며 아하시야의 어머니)의 후손으로서 아합의 집의 일족이었다. 따라서 예후에게 부여된 위임 즉 아합의 집을 진멸하라는 명령에 포함되었다.

2. 그들 역시도 아합의 집의 악에 물들어 있었다.

3. 그들은 지금 아합의 집의 왕자들에게 문안하러 가고 있었다: 왕자들과 태후의 아들들에게 문안하러 내려가노라. 이러한 사실은 그들이 이스라엘 왕가(즉 아합의 집)와 혈연적으로나 정서적으로 긴밀하게 연결되어 있었음을 보여준다. 이들 42명은 희생제사를 위한 양처럼 양털 깎는 집 웅덩이 곁에서 죽임을 당했다. 하나님은 당신이 행하시는 심판으로 자신을 알리신다.

[15]예후가 거기에서 떠나가다가 자기를 맞이하러 오는 레갑의 아들 여호나답을 만난지라 그의 안부를 묻고 그에게 이르되 내 마음이 네 마음을 향하여 진실함과 같이 네 마음도 진실하냐 하니 여호나답이 대답하되 그러하니이다 이르되 그러면 나와 손을 잡자 손을 잡으니 예후가 끌어 병거에 올리며 [16]이르되 나와 함께 가서 여호와를 위한 나의 열심을 보라 하고 이에 자기 병거에 태우고 [17]사마리아에 이르러 거기에 남아 있는 바 아합에게 속한 자들을 죽여 진멸하였으니 여호와께서 엘리야에게 이르신 말씀과 같이 되었더라 [18]예후가 뭇 백성을 모으고 그들에게 이르되 아합은 바알을 조금 섬겼으나 예후는 많이 섬기리라 [19]그러므로 내가 이제 큰 제사를 바알에게 드리고자 하노니 바알의 모든 선지자와 모든 섬기는 자와 모든 제사장들을 한 사람도 빠뜨리지 말고 불러 내게로 나아오게 하라 모든 오지 아니하는 자는 살려 두지 아니하리라 하니 이는 예후가 바알 섬기는 자를 멸하려 하여 계책을 씀이라 [20]예후가 바알을 위하는 대회를 거룩히 열라 하매 드디어 공포되었더라 [21]예후가 온 이스라엘에 사람을 두루 보냈더니 바알을 섬기는 모든 사람이 하나도 빠진 자가 없이 다 이르렀고 무리가 바알의 신당에 들어가매 바알의 신당 이쪽부터 저쪽까지 가득하였더라 [22]예후가 예복 맡은 자에게 이르되 예복을 내다가 바알을 섬기는 모든 자에게 주라 하매 그들에게로 예복을 가져온지라 [23]예후가 레갑의 아들 여

호나답과 더불어 바알의 신당에 들어가서 바알을 섬기는 자들에게 이르되 너희는 살펴보아 바알을 섬기는 자들만 여기 있게 하고 여호와의 종은 하나도 여기 너희 중에 있지 못하게 하라 하고 [24]무리가 번제와 다른 제사를 드리려고 들어간 때에 예후가 팔십 명을 밖에 두며 이르되 내가 너희 손에 넘겨 주는 사람을 한 사람이라도 도망하게 하는 자는 자기의 생명으로 그 사람의 생명을 대신하리라 하니라 [25]번제 드리기를 다하매 예후가 호위병과 지휘관들에게 이르되 들어가서 한 사람도 나가지 못하게 하고 죽이라 하매 호위병과 지휘관들이 칼로 그들을 죽여 밖에 던지고 [26]바알의 신당 있는 성으로 가서 바알의 신당에서 목상들을 가져다가 불사르고 [27]바알의 목상을 헐며 바알의 신당을 헐어서 변소를 만들었더니 오늘까지 이르니라 [28]예후가 이와 같이 이스라엘 중에서 바알을 멸하였으나

우리는 여기에서 예후가 자신에게 부여된 임무를 계속해서 수행해 나가는 것을 보게 된다.

I. 레갑의 아들 여호나답(혹은 요나답)이 예후를 만나기 위해 옴(15, 16절). 이 사람 여호나답은 금욕적인 삶을 살며 세상일에 거의 관여하지 않는 사람이었다(그는 자신의 후손들에게 포도주를 마시지 말며 성읍에서 살지 말라고 명령했고, 이후 그의 후손들은 300년 동안 그러한 명령을 세심하게 준수했다, 렘 35:6 이하). 그런 그가 지금과 같은 급박한 상황에서 하나님의 일을 수행하고 있는 예후를 만나 격려하기 위해 찾아온 것이다. 이와 같은 때에 선하고 덕망 있는 사람들의 지지와 협력은 매우 중요한 가치를 갖는 법이다. 다윗은 "주를 경외하는 자들이 내게 돌아오게 하소서"라고 기도했다(시 119:79). 여호나답은 선지자도 제사장도 레위인도 방백도 통치자도 아니었다. 그럼에도 불구하고 그는 경건과 덕을 크게 겸비한 자로서 자기 부인과 헌신의 삶을 통해 많은 사람들로부터 존경을 받고 있었다. 예후는 군인이었음에도 불구하고 그를 알고 있었으며 또 존경하고 있었다. 사실 그는 여호나답에게 사람을 보낼 생각은 하지 못했었다. 그러나 그가 자신을 만나기 위해 왔을 때 예후는 그와 말하기 위해 멈추어 섰다(지금 예후는 사마리아를 향해 최대한 빨리 달려가고 있었을 것이다). 그들 사이에 어떤 일이 있었는지 살펴보자.

1. 예후가 여호나답에게 인사함: 그가 안부를 묻고. 예후는 그를 축복하며(개역개정판에는 '안부를 묻고'라고 되어 있지만 문자적으로는 '축복하고'임) 그

에게 경의를 표함으로써 자신의 선의(善意)를 나타냈다.

2. 여호나답이 예후에 대한 자신의 지지와 협력을 확증함. 예후는 자신의 마음이 그의 마음을 향하여 진실하다고 고백했는데, 그것은 자신이 정말로 그의 인품과 나실인적인 삶을 존경한다는 의미였다. 그러면서 예후는 그도 자신에 대해 같은 마음을 가지고 있는지 그리고 하나님이 자신에게 주신 왕권을 기꺼이 인정하는지를 알고 싶어 했다: 네 마음도 진실하냐? 우리도 이와 같은 질문을 우리 자신에게 늘 던져야 한다. "나는 신앙고백도 그럴듯하게 하며 사람들 사이에서 좋은 평판도 얻고 있다. 그런데 내 마음은 정말로 진실한가? 내가 하나님께 정말로 진실하며 성실한가?" 여호나답은 그렇다고 대답하면서(내가 그러하니이다), 보증으로 그리고 기꺼이 그와 함께 하겠다는 표시로 손을 내밀었다. 이렇게 하여 여호나답은 예후와 언약을 맺었으며, 그가 지금 수행하고 있는 보응과 개혁의 일을 인정하며 지지했다.

3. 예후가 여호나답을 자신의 병거에 태우고 함께 사마리아로 감. 예후는 그를 자신의 병거에 태움으로서 그에게 상당한 경의를 표했다(여호나답은 병거를 타는데 익숙하지 않았다). 그러나 사실은 예후가 여호나답으로부터 그리고 그의 지지와 협력으로부터 훨씬 더 많은 유익을 얻은 셈이었다. 여호나답이 예후와 함께 병거에 앉아 있는 것을 볼 때, 사람들은 예후에 대해 훨씬 좋게 생각할 것이었다. 이와 같이 경건하고 덕망 있는 사람을 끌어들여 자신의 정치적 입지를 강화하는데 활용하는 것은 결코 드문 일이 아니다. 여호나답은 육체의 지혜에 있어서는 외인이며 거룩함과 진실함으로 행하는 사람이었다(고후 1:12). 따라서 만일 예후가 하나님의 종이며 바알의 적이라면, 여호나답은 기꺼이 그의 편이 될 것이었다. 이에 예후는 말한다. "나와 함께 가서 여호와를 위한 나의 열심을 보라. 그러면 당신은 나의 편이 되어야 할 충분한 이유를 발견하게 될 것이다." 어떤 이들은 이러한 예후의 말을 통해 그가 정말로 하나님 앞에 진실한 마음을 가지고 있는지에 대해 의심의 눈초리를 보낸다. 그가 여호와를 위하는 것처럼 꾸미는 열정이 실상은 그 자신과 그의 야망을 위한 열정이 아닌지 의심하는 것이다. 그렇게 생각하는 데에는 다음과 같은 두 가지 이유가 있다. (1) 그가 그것을 자랑했다는 점. 마치 하나님과 사람이 자신에게 큰 빚을 지고 있는 것처럼 말했다는 것이다. (2) 그것이 알려지고 나타나기를 열망했다는 점. 모든 일을 사람에게 보이기 위해 하는 바리새인과 같았다는 것이다. 만일

우리가 사람으로부터 칭찬받는 것을 목표로 한다면 그리고 사람의 칭송과 갈채를 우리의 최고의 목표로 삼는다면, 우리는 잘못된 기초 위에 서 있는 것이다. 예후가 어떤 마음으로 그와 같이 말했는지에 대해 우리는 판단하기 어렵다. 어쨌든 여호나답은 그와 함께 갔으며, 사마리아에서 아합에게 속한 모든 자들을 진멸하는 일(17절)에 협력했다. 잔인한 것은 싫은 일이며 우리는 피에 목마른 자가 되어서는 안 되지만, 그러나 하나님의 공의는 시행되어야 한다. 의인이 악인의 보복 당함을 보고 기뻐함이여 그의 발을 악인의 피에 씻으리로다(시 58:10).

Ⅱ. 예후가 모든 바알 숭배자들을 진멸할 것을 계획함. 아합의 집의 '부르짖는 죄'(crying sin)는 바로 바알을 섬기는 것이었다. 이러한 우상 숭배의 뿌리는 뽑혔지만, 그러나 거기에 감염된 많은 무리가 아직 남아 있었으며 이들에 의해 다른 사람들이 또다시 감염될 위험이 있었다. 하나님의 율법은 그러한 자들을 진멸할 것을 분명하게 명령했다. 지금 그들의 숫자는 매우 많았으며 나라 전체에 흩어져 있었다. 그리고 그들은 예후의 왕권 초기에 상당한 위협이었을 것이다. 그들을 모두 찾아내서 한 사람씩 처형하는 것은 너무도 어려운 일이었을 뿐만 아니라 한도 끝도 없을 일이었다. 그리하여 예후는 그들 모두를 한꺼번에 진멸하고자 계획했다.

1. 예후는 위계(僞計)로 그들을 모두 바알 신당에 모이도록 지시한다. 그는 아합 이상으로 바알을 섬길 것처럼 꾸몄다(18절): 아합은 바알을 조금 섬겼으나 예후는 많이 섬기리라. 어쩌면 그가 그와 같이 말한 것은 백성 대다수가 "그렇다면 우리가 예후와 무슨 관계가 있느냐 이새의 아들에게서 받을 유산이 없도다"(왕상 12:16)라고 말하면서 전임자보다 더한 우상 숭배를 하겠다는 그의 정책에 분개하며 반대하는지 시험하고자 함이었을는지 모른다. 그러나 그렇다기보다는 바알 숭배자들을 의도적으로 속이기 위한 것이었던 것으로 보인다. 그렇다면 그것은 정당화될 수 없다. 왜냐하면 하나님의 진리는 사람의 거짓말을 필요로 하지 않기 때문이다. 어쨌든 그는 바알에게 드리는 큰 제사에 바알을 섬기는 모든 자들로 하여금 한 사람도 빠짐없이 모두 참례하도록 공포한다(19, 20절). 선지자와 제사장뿐만 아니라 모든 사람이 참례해야만 했다(그들은 엘리야의 때처럼 그렇게 많지는 않았다). 예후 편에 서 있는 사람들은 그가 무슨 생각으로 그렇게 하는지 알기는 했지만 그러나 그렇게 하는 것을 꺼리지는 않았던 것

으로 보인다. 한편 얼빠진 바알 숭배자들은 다시 한 번 황금시대가 도래하는 줄로 생각하며 들떠 있었다. 얼마 전 여호람이 바알의 주상들을 없애버렸었다(왕상 3:2). 그런데 예후가 다시 되돌린다면, 그것은 그들에게 너무도 바람직한 일이었다. 그리하여 그들은 바알에게 드리는 큰 제사에 참례하기 위해 즐거이 사마리아로 올라왔다. 바알의 신당이 예복을 입은 제사장들과 수많은 사람들로 가득한 것을 보았을 때 그들은 얼마나 기뻤겠는가?(21, 22절).

2. 예후는 여호와의 종은 한 사람도 그들과 함께 있지 못하도록 조치한다(23절). 그들은 이것을 바알에게 드리는 제사가 이교도들에 의해 더럽혀지지 않도록 하기 위한 조치로 받아들였다. 이처럼 그들이 자신들 앞에 놓인 덫을 알아채지 못한 것은 참으로 기이한 일이었다. 그러나 바알에게 속은 그들이 예후에게 또다시 속아 멸망에 떨어지는 것이 무슨 그리 놀랄 만한 일이겠는가?

3. 예후는 그들을 모두 진멸하라고 명령한다. 여호와의 종들로 하여금 그들과 함께 있지 못하도록 조치하고(알곡과 가라지가 섞이지 않도록) 또 아무도 도망치지 못하도록 80명의 병사들로 하여금 바알 신당 주변을 둘러싸게 한 후에(24절), 예후는 호위병들로 하여금 그들 모두를 죽여 그들의 제물에 그들의 피를 섞도록 명령했다. 제물에 자신의 피를 섞는 것은 그들이 종종 행하던 규례였으므로 이렇게 한 것은 그들에게 대한 정당한 보응이었다(왕상 18:28, 그들의 규례를 따라 피가 흐르기까지 칼과 창으로 그들의 몸을 상하게 하더라). 일견 잔인하게 보일지라도, 그러나 그들의 죄의 성격을 감안할 때 이것은 실로 정당한 것이었다. 여호와는 질투라 이름하는 질투의 하나님임이니라(출 34:14).

4. 우상 숭배자들은 이와 같이 진멸되었고 우상 숭배는 완전히 허물어졌다. 바알의 제사장들과 가족들이 살던 신당의 건물들은 허물어졌으며(이러한 건물들은 규모도 크고 수도 많았으므로 여기에서 성이라 불리고 있다), 바알 신당을 아름답게 꾸몄던 주상과 형상과 그림과 성물들은 모두 불태워졌다(26, 27절). 그리고 바알의 신당은 헐어 변소를 만듦으로써 더럽고 수치스러운 것으로 기억되게 하였다. 한때 바알 숭배는 그에게 무릎 꿇지 않은 자가 7천명에 불과할 정도로 온 이스라엘을 덮었었다. 그것이 (최소한 지금은) 이와 같이 완전하게 진멸되었다. 이와 같이 하나님은 조만간 이방인의 모든 신들을 이기시고 진멸하실 것이다.

[29]이스라엘에게 범죄하게 한 느밧의 아들 여로보암의 죄 곧 벧엘과 단에 있는 금송 아지를 섬기는 죄에서는 떠나지 아니하였더라 [30]여호와께서 예후에게 이르시되 네 가 나 보기에 정직한 일을 행하되 잘 행하여 내 마음에 있는 대로 아합 집에 다 행 하였은즉 네 자손이 이스라엘 왕위를 이어 사대를 지내리라 하시니라 [31]그러나 예 후가 전심으로 이스라엘 하나님 여호와의 율법을 지켜 행하지 아니하며 여로보암 이 이스라엘에게 범하게 한 그 죄에서 떠나지 아니하였더라 [32]이 때에 여호와께서 이스라엘에서 땅을 잘라 내기 시작하시매 하사엘이 이스라엘의 모든 영토에서 공 격하되 [33]요단 동쪽 길르앗 온 땅 곧 갓 사람과 르우벤 사람과 므낫세 사람의 땅 아 르논 골짜기에 있는 아로엘에서부터 길르앗과 바산까지 하였더라 [34]예후의 남은 사 적과 행한 모든 일과 업적은 이스라엘 왕 역대지략에 기록되지 아니하였느냐 [35]예 후가 그의 조상들과 함께 자매 사마리아에 장사되고 그의 아들 여호아하스가 그를 대신하여 왕이 되니라 [36]예후가 사마리아에서 이스라엘을 다스린 햇수는 스물여덟 해이더라

여기에서 우리는 예후의 28년 통치에 대한 전체적인 이야기를 보게 된다. 그의 통치 초기의 영광과는 달리 이후의 통치는 그다지 영광스럽지 못했 다. 우리는 여기에서 다음과 같은 이야기를 듣게 된다.

I. 하나님이 예후가 한 일을 인정하심. 어쩌면 많은 사람들이 그를 반역자 요 왕위찬탈자요 살인자로 여기며 그의 배신과 잔혹함을 비난하면서 그와 그 의 집 또한 그와 같이 파멸될 것으로 예측했을는지 모른다. 그러나 하나님은 잘 했다고 말씀하셨다(30절).

1. 하나님은 예후가 한 일을 잘 했다고 선언하셨다. 그가 정말로 선한 마음 으로 자신에게 부여된 사명을 수행했는지, 그리고 그 일을 수행함에 있어 어떤 잘못된 방법을 사용하지는 않았는지 여부는 의심의 여지가 있을 수 있다. 그럼 에도 불구하고 하나님은 "네가 나 보기에 정직한 일을 행했다"고 말씀하셨다. 우 상 숭배와 우상 숭배자들을 일소하는 것은 하나님 보시기에 옳은 일이었다. 왜 냐하면 우상 숭배는 다른 어떤 죄보다도 하나님의 진노와 징벌을 부르는 죄이 기 때문이다. 또 하나님은 예후가 한 일에 대하여 "그가 내 마음에 있는 대로 행 하였다"고 말씀하셨다. 그 일은 모두 하나님이 바라시는 일이었으며, 또한 하 나님이 의도하신 일이었다. 예후는 하나님의 일을 수행한 것이다.

2. 하나님은 상급으로서 그의 자손이 4대에 걸쳐 이스라엘 왕위를 이을 것을 약속하셨다. 이것은 이스라엘의 왕가(王家)에 있어 다른 어떤 가문보다도 긴 것이었다. 아합의 집에서 4명의 왕이 나온 것은 사실이었다: 오므리, 아합, 아하시야, 여호람. 그러나 아하시야와 여호람은 형제지간이었으므로 그들의 왕위는 3대에 걸친 것이었을 뿐이며 뿐만 아니라 그들 왕가가 통치한 기간은 전부 다 해봐야 45년에 불과했다. 반면 예후는 자신 외에도 4대를 이어 왕위가 계승되었으며, 그들 왕가의 전체 통치기간은 120년에 이르렀다. 하나님을 위한 봉사에는 반드시 상급이 따르는 법이다.

Ⅱ. 예후가 마땅히 해야 할 일을 방기함. 이 점에서 그의 마음이 하나님 앞에 온전치 못했으며 그의 개혁이 부분적이었음이 드러난다.

1. 그는 모든 악을 버리지 않았다. 그는 아합의 죄로부터는 떠났지만 그러나 여로보암의 죄로부터는 떠나지 않았다. 그는 바알은 버렸지만 그러나 금송아지는 버리지 않았다. 하나님 앞에서 바알 숭배가 더 크고 가증스러운 악이었다는 점은 분명한 사실이었다. 그러나 금송아지를 숭배하는 것 역시 큰 악이었다. 참된 회개는 큰 죄뿐만 아니라 모든 죄로부터 돌이키는 것이다. 거짓 신들로부터 뿐만 아니라 거짓 예배로부터도 돌이키는 것이다. 바알 숭배는 이스라엘을 약하게 만들면서 동시에 그들로 하여금 시돈의 영향 하에 있게 만들었다. 따라서 예후가 바알 숭배로부터 떠나는 것은 어려운 일이 아니었다. 그러나 금송아지를 숭배하는 것은 정책적인 우상 숭배였다. 그것은 열 지파로 하여금 다윗의 집으로 돌아가는 것을 막기 위한 국가적인 목적으로 시작되고 계속되어 온 것이었다. 그리하여 예후는 금송아지 숭배를 계속 유지시켰다. 참된 회개는 무익한(자신에게 유익이 되지 않는) 죄뿐만 아니라 유익한(자신에게 유익이 되는) 죄까지 버리는 것이다. 세속적인 이익에 해가 되는 죄뿐만 아니라 그것에 도움이 되는 죄까지도 버리는 것이다. 그것을 버리느냐 여부가 우리가 자신을 부인하며 하나님을 신뢰하는지 여부를 시험하는 큰 잣대가 될 것이다.

2. 그는 악을 버렸지만, 그러나 선을 따르지는 않았다(31절): 그가 전심으로 이스라엘 하나님 여호와의 율법을 지켜 행하지 아니하며. 그는 바알 숭배를 허물어뜨렸지만, 그러나 하나님께 대한 예배를 올바로 세우지 않았을 뿐만 아니라 그의 율법을 따라 행하지도 않았다. 그는 거짓 종교를 뿌리뽑는 일에는 큰 열정을 나타냈다. 그러나 참된 믿음의 길을 걷는 데에는

　(1) 별다른 관심을 기울이지 않았다. 그는 하나님을 기쁘시게 하는 것이나 자신의 의무를 행하는 일에 무관심했으며, 성경과 선지자들과 자신의 양심에 거의 주의를 기울이지 않았다. 이러한 자들은 하나님께 버림을 받게 되는 것을 두려워해야 한다. 왜냐하면 마음에 선한 원리가 있을 때 비로소 그것이 사람들로 하여금 스스로 주의하며 삼가 하나님을 기쁘시게 하는 일에 착념하도록 만들어 주기 때문이다.

　(2) 아무런 열정도 나타내지 않았다. 믿음과 경건으로 행하는 일에 그는 별다른 마음도 관심도 열정도 없었다. 이와 같이 그는 거의 믿음이 없는 사람처럼 나타나는데, 그럼에도 불구하고 하나님은 그를 이스라엘을 개혁하는 도구로 사용하셨다. 어떤 사람들에게 있어 다른 이들에게는 선을 행하면서 정작 스스로는 선한 길로 가지 못하는 것은 참으로 안타까운 일이다.

　Ⅲ. 그의 통치 중에 이스라엘에게 임한 심판. 　예후가 하나님의 율법을 따라 행하는 일에 무관심했을 때, 우리는 대부분의 백성들 역시도 대체로 그와 같았을 것이라고 추측할 수 있다. 경건의 삶은 쇠퇴하고 세속적인 풍조가 만연해졌을 것이다. 따라서 우리가 다음과 같은 이야기를 듣게 되는 것은 조금도 이상한 일이 아니다: 이 때에 여호와께서 이스라엘에서 땅을 잘라 내기 시작하시매 (32절). 이웃 나라들이 사방에서 그들의 땅을 침식(侵蝕)했다. 그들이 하나님께 대한 의무를 이행하는데 부족했으므로, 하나님도 그들의 영토와 힘과 재물을 부족하게 만드셨다.

　그들에게 가장 큰 고통을 가져다 준 자는 다름 아닌 아람의 왕 하사엘이었다. 그는 이스라엘의 모든 지역을 공격했지만, 특별히 요단 건너편 지역을 그렇게 했다. 요단 건너편 지역은 하사엘에 의해 지속적으로 침입을 당함으로 극도로 황폐되었다. 이 곳은 르우벤과 갓 지파가 자신들의 기업으로 선택한 지역이었는데(이로 인해 그들은 모세로부터 책망을 받기도 했다, 민 32장), 그로 인해 그들의 후손들이 쓰라린 고통을 겪었다. 하사엘은 엘리사가 예견(豫見)한 대로 이스라엘 백성에게 끔찍한 고통을 가져다주었다. 그러나, 우리가 아모스 1장에서 보게 되는 것처럼, 그로 인해 하나님은 그와 그의 나라를 대적하셨다. 그들이 철 타작기로 타작하듯 길르앗을 압박하였음이라 내가 하사엘의 집에 불을 보내리니 벤하닷의 궁궐들을 사르리라(암 1:3, 4).

　본 장의 마지막 구절은 예후의 통치가 종결되는 이야기이다(34-36절). 여기에 그의 사적과 업적이 짤막하게 언급되는데, 그러나 그가 하나님을 섬기는 일에 무관심했기 때문에 그의 사적과 업적에 대한 기억은 망각 속에 묻히게 되었다.

제
— 11 —
장

개요

이스라엘의 혁명은 예후의 왕권이 확립되면서 곧바로 완성되었다. 이제 우리는 유다는 어떻게 되었는지 살펴보아야만 한다. 왜냐하면 이스라엘의 왕 여호람뿐만 아니라 유다 왕 아하시야까지 한꺼번에 죽었기 때문이다. 유다의 혼란한 정세는 이스라엘과는 달리 오랜 기간 계속되었지만, 그러나 본 장에 나타나는 것처럼 마침내 좋은 결과로 귀결되게 되었다. I. 아달랴가 왕의 자손들을 모두 죽이고 통치권을 찬탈함(1절). II. 한 살짜리 왕자 요아스의 생명이 보존됨(2, 3절). III. 6년 후 여호야다의 후견으로 요아스가 왕이 됨(4-12절). IV. 아달랴가 죽임을 당함(13-16절). V. 유다 왕국에 악이 제거되고 안정과 평온이 임함(17-21절).

¹아하시야의 어머니 아달랴가 그의 아들이 죽은 것을 보고 일어나 왕의 자손을 모두 멸절하였으나 ²요람 왕의 딸 아하시야의 누이 여호세바가 아하시야의 아들 요아스를 왕자들이 죽임을 당하는 중에서 빼내어 그와 그의 유모를 침실에 숨겨 아달랴를 피하여 죽임을 당하지 아니하게 한지라 ³요아스가 그와 함께 여호와의 성전에 육 년을 숨어 있는 동안에 아달랴가 나라를 다스렸더라

하나님은 다윗에게 그의 가문이 끊어지지 않을 것이라고 확언하셨다: 내가 내 기름 부음 받은 자를 위하여 등을 준비하였도다(시 132:17). 지금까지 우리는 수많은 왕가(王家)들이 완전히 멸절당하는 것을 보았다. 이제 본 장에서 우리는 다윗의 약속된 등이 거의 꺼지려고 하다가 놀랍게 되살아나는 것을 보게 될 것이다.

I. 다윗의 등이 태후 아달랴로 인해 거의 꺼지게 됨. 자신의 아들 아하시야가 예후의 손에 살해당했다는 소식을 듣자 그녀는 일어나 왕의 자손들(즉 왕이 될 만한 자들)을 모두 멸절했다(1절). 그녀의 남편인 여호람은 자신의 모든 형제들(즉 여호사밧의 모든 아들들)을 죽였다(대하 21:4). 그리고 아하시야를 제

외한 여호람의 모든 아들들은 아라비아 사람들에 의해 죽임을 당했으며(대하 22:1), 그들의 아들들(즉 아라비아 사람들에 의해 죽임을 당한 아하시야의 형제들의 아들들)과 아하시야 자신은 예후에 의해 죽임을 당했다(대하 22:8). 다윗 왕가에 이토록 많은 피가 흘려진 적은 일찍이 없었다. 이렇게 볼 때 차라리 낮은 신분으로 태어나는 것이 훨씬 더 복되지 않은가? 그러한 자들을 누가 시기하며 그러한 자들과 더불어 누가 다투려고 하겠는가? 그러나 이것도 작은 일이라는 듯이, 이번에는 아달랴가 남아 있는 모든 왕의 자손들을 죽였다. 연약한 여성이면서 또 그 자신이 왕의 딸이며 왕의 아내이며 왕의 어머니였던 그녀가 자신이 속해 있는 한 왕가(王家)에 대해 이토록 잔인하게 칼을 휘두를 수 있었다는 사실은 참으로 놀랄 만한 일이 아닐 수 없다. 그러나 그녀는 그렇게 했다. 그리고 그녀가 그렇게 한 것은

1. 그녀 자신의 야심 때문이었다. 그녀는 통치권을 갈망했으며, 다른 방법으로는 그것을 얻을 수 없다고 생각했다. 그녀는 어느 누구와도 통치권을 공유(共有)할 수 없었으며, 만에 하나 자신의 통치권에 위협이 될 수 있다면 유아와 젖먹이라도 죽여야만 하였다. 그녀는 자신의 통치권에 대항할 어떤 경쟁자도 남겨둘 수 없었다.

2. 하나님에 대한 격분과 복수심 때문이었다. 아합의 집은 완전히 멸절되었으며, 그들과 함께 그녀의 아들 아하시야도 죽었다(아하시야도 아합의 집의 일족이었기 때문이었다). 이에 아달랴는 그에 대한 앙갚음으로 다윗의 집을 진멸하고자 결심한 것으로 보인다. 이것은 그의 집을 영속화하겠다는 하나님의 약속에 도전하는 것으로서 참으로 어리석고 무익한 시도가 아닐 수 없었다. 하나님이 하시고자 하는 일을 누가 막을 수 있단 말인가? 할머니에게 있어 자신이 낳은 자녀보다 손자손녀가 더 사랑스러운 법이다. 그러나 아달랴에게 있어서는 그렇지 않았다. 그녀는 자신의 손자들을 고의적으로 죽였다. 그것도 돌보고 보살펴야 할 유아기 때에 그렇게 했다. 이세벨의 딸인 그녀가 '그 악한 여인 아달랴'로 불린 것은 너무도 당연한 일이었다(대하 24:7). 그러나 여기에서도 하나님은 의로우사, 다윗의 집의 썩은 가지인 여호람과 아하시야의 죄를 그들의 자녀들에게서 찾으셨다.

Ⅱ. 다윗의 등이 요람의 딸에 의해 기적적으로 보존됨. 그녀는 제사장 여호야다의 아내였는데, 요아스라 이름하는 왕자를 빼내어 숨겼다(2, 3절). 이 아이

는 불 가운데 꺼낸 나무와 같았다. 몇 명의 왕자가 죽임을 당했는지 모르지만, 이 아이는 유모의 품에 안겨 발각되지 않은 채 마침내 죽음의 덫을 피했다. 아이를 구원한 사람은 악한 왕 요람(혹은 여호람; 요람은 여호람의 축약형임)의 딸로서 아이의 고모였다. 하나님은 자신이 보호하고자 하는 자를 위해 보호자를 세우신다. 아이가 숨어 지낸 장소는 하나님의 집으로서 성전에 속한 여러 방들 가운데 하나였다. 그 곳은 아달랴의 눈길을 피할 수 있는 안전한 장소였다. 그녀는 아이 요아스를 그 곳으로 데려다가 하나님의 특별한 보호 아래 맡겼다(마치 모세의 어머니가 아기 모세에 대해 그렇게 했던 것처럼). 이렇게 하여 다윗의 말이 그의 자손 가운데 한 사람에게 그대로 이루어졌다(시 27:5): 여호와께서 그의 장막 은밀한 곳에 나를 숨기실 것이라. 이런 요아스가 성장해서 여호와의 전을 수리한 것은 조금도 놀랄 일이 아니다. 왜냐하면 그 곳은 그에게 성소(聖所)이면서 동시에 은신처였기 때문이다. 이제 다윗의 씨는 오직 한 사람만 남게 되었다. 따라서 다윗에게 주신 약속은 한 사람의 생명에 달려 있게 되었지만, 그러나 그 약속은 아직 깨지지 않았다. 이와 같이 다윗의 자손에게 하나님은 자신의 약속에 따라 영적인 씨를 남기실 것이다. 그들은 어떤 때는 적은 숫자로 축소되기도 하고 또 어떤 때는 비천한 상태로 떨어지기도 하지만, 그러나 때로 감추어지고 때로 가려지면서 마지막 때까지 영속(永續)될 것이다(하나님은 그들을 자신의 장막에 안전하게 숨기실 것이다). 요람은 비록 악한 왕이었지만 그러나 자신의 딸을 경건한 제사장 여호야다와 결혼시켰는데, 그것은 하나님의 특별한 섭리였다. 어쩌면 어떤 사람들은 공주가 성직자와 결혼하는 것이 격에 맞지 않는 일이라고 생각했을는지 모른다. 그러나 그것은 너무도 복된 결혼이었다. 왜냐하면 그 결혼으로 인해 한 왕가(王家)가 파멸로부터 구원받았기 때문이다. 남편인 제사장 여호야다로 인해 그녀는 아기를 성전에 숨길 수 있었으며, 공주인 아내로 인해 여호야다는 훗날 그 아기를 왕위에 세울 수 있었다. 일을 진행시켜 나가는 신적 섭리의 오묘한 지혜를 보라. 또 자기 자녀를 지혜롭고 선한 자와 결혼시키는 가정에 얼마나 큰 복이 임하는지 보라.

⁴일곱째 해에 여호야다가 사람을 보내 가리 사람의 백부장들과 호위병의 백부장들을 불러 데리고 여호와의 성전으로 들어가서 그들과 언약을 맺고 그들에게 여호와의 성전에서 맹세하게 한 후에 왕자를 그들에게 보이고 ⁵명령하여 이르되 너희가

행할 것이 이러하니 안식일에 들어온 너희 중 삼분의 일은 왕궁을 주의하여 지키고 ⁶삼분의 일은 수르 문에 있고 삼분의 일은 호위대 뒤에 있는 문에 있어서 이와 같이 왕궁을 주의하여 지키고 ⁷안식일에 나가는 너희 중 두 대는 여호와의 성전을 주의하여 지켜 왕을 호위하되 ⁸너희는 각각 손에 무기를 잡고 왕을 호위하며 너희 대열을 침범하는 모든 자는 죽이고 왕이 출입할 때에 시위할지니라 하니 ⁹백부장들이 이에 제사장 여호야다의 모든 명령대로 행하여 각기 관할하는 바 안식일에 들어오는 자와 안식일에 나가는 자를 거느리고 제사장 여호야다에게 나아오매 ¹⁰제사장이 여호와의 성전에 있는 다윗 왕의 창과 방패를 백부장들에게 주니 ¹¹호위병이 각각 손에 무기를 잡고 왕을 호위하되 성전 오른쪽에서부터 왼쪽까지 제단과 성전 곁에 서고 ¹²여호야다가 왕자를 인도하여 내어 왕관을 씌우며 율법책을 주고 기름을 부어 왕으로 삼으매 무리가 박수하며 왕의 만세를 부르니라

아달랴는 6년 동안 폭정을 했다. 그녀가 어떻게 통치했는지에 대한 구체적인 언급은 나오지 않지만, 그러나 처음처럼 시종일관 폭정으로 점철되었을 것이라는 점은 의심의 여지가 없다. 예후가 이스라엘에서 바알 숭배를 일소하고 있는 동안 그녀는 유다에서 그것을 더욱 확고히 세우고 있었다(대하 24:7, 이는 그 악한 여인 아달랴의 아들들이 하나님의 전을 파괴하고 또 여호와의 전의 모든 성물들을 바알들을 위하여 사용하였음이었더라). 유다 궁중은 아합의 집과 혼인관계를 맺음으로써 타락의 길로 가다가 결국 그와 함께 저주와 재앙의 길로 떨어지고 말았다. 죄와 연합함으로써 얻는 것은 아무것도 없는 법이다. 이러는 동안 요아스는 왕위에 오를 날을 기다리며 은밀한 곳에 묻혀 있었다. 천국의 유업을 상속할 아들들은 지금 감추어져 있으며, 세상은 그들을 알지 못한다(요일 3:1). 그러나 요아스가 일곱 살 될 때에 그랬던 것처럼, 그들이 영광 가운데 나타날 날이 올 것이다. 그 때까지 그는 어린아이가 아니라 장성한 자로 모든 사람 앞에 나타날 준비를 하고 있었다. 그리고 그 때까지 백성들은 아달랴의 폭정에 지칠 대로 지쳐가고 있었으며, 혁명의 기운은 계속해서 무르익어 가고 있었다. 여기에서 혁명이 어떻게 전개되었는지 살펴보자.

I. 혁명을 주도한 사람은 제사장 여호야다였다. 그는 대제사장이었거나 아니면 최소한 대제사장을 보조하는 제사장이었을 것이다. 백성들은 율법에 따라 제사장의 직책을 가지고 있는 그에게 마땅히 순종해야 했다(특별히 정당한

왕이 없을 때는 더욱 그러했다, 신 17:12). 또한 그는 결혼을 통해 왕가와 연합되어 있었다. 만일 모든 왕의 후손이 멸절을 당했다면, 그의 아내가 여호람의 딸로서 왕권에 있어 아달랴보다도 우선적인 권리를 가지고 있었다. 이와 같이 제사장의 직분을 가지고 있으면서 동시에 왕가와 연합되어 있었던 여호야다야말로 혁명을 위한 가장 적합한 자였으며, 지금 그가 나라를 위해 할 수 있는 최고의 봉사는 아달랴의 폭정을 몰아내는 것이었다. 그가 먼저 선지자로나 혹은 우림으로 하나님의 뜻을 알기 전에는 결코 이러한 시도를 하려고 하지 않았을 것이라고 우리는 추측할 수 있다.

II. 여호야다는 매우 신중하고 지혜롭게 일을 진행시켜 나갔다.

1. 그는 백부장들을 불러 이 문제에 대해 협의했다. 그는 그들을 성전으로 데려와 함께 의논하면서 지금 유다가 처한 처참한 상황을 토로했다. 그리고 비밀을 지킬 것을 맹세하게 한 후 그들에게 왕자를 보였다(4절). 그들은 여호야다의 충정을 분명하게 인식하면서 여기에 어떤 위계(僞計)도 없음을 확신했다. 다윗의 혈통이 완전히 끊어졌다고 생각했던 그들이 타다 남은 재 속에서 이와 같은 불씨를 발견했을 때 그들의 놀라움은 얼마나 컸겠는가?

2. 그는 자신의 휘하에 있는 제사장과 레위인들을 성전 주변에 배치하면서 백부장들의 명령을 따르도록 했다(9절). 다윗은 제사장들을 반차로 나누어 차례로 섬기도록 했다. 안식일 아침에 새로운 반차가 섬기기 위해 성전에 와야 했다. 그러나 지난주에 섬기던 반차는 저녁이 될 때까지는 그대로 남아 있어야 했다(왜냐하면 안식일에는 갑절의 봉사가 필요했기 때문이었다). 따라서 안식일에는 두 배의 사람들이 있게 되었다. 여호야다는 새 왕으로 세우는 일에 이들을 활용했다. 그는 성전 창고에 있는 다윗의 창과 방패로 그들을 무장시켰다(10절). 그것들은 일부는 다윗 자신의 것이고 일부는 적으로부터 탈취한 것으로서 그가 하나님을 존귀케 하기 위해 봉헌했던 것들이었다. 설령 그것들이 구식의 병기였다 할지라도, 그들이 다윗의 병기를 사용한다는 사실은 그들로 하여금 하나님이 다윗과 맺은 언약을 생각나게 하기에 충분했을 것이다. 지금 그들은 바로 그 언약을 지키기 위해 행동하고 있었다. 그들에게 부여된 임무는 두 가지였다.

(1) 어린 왕이 위해(危害)를 당하지 않도록 지키는 일. 그들은 아달랴 일당으로부터 왕을 보호하기 위해 왕궁을 지키며(5절), 왕 주위에 시위(侍衛)하면서

왕을 호위해야 했다(8절). 왜냐하면 아직도 그의 목숨을 노리는 자들이 있었기 때문이었다.

(2) 몰려드는 사람들로 인해 성전이 더럽혀지는 것을 막는 일(6절). "이방인이나 부정한 자들이 몰려오지 못하도록 이 전을 주의하여 지키라"(개역개정판에는 '왕궁을 주의하여 지키고' 라고 되어 있음). 여호야다는 혁명에 몰두하는 나머지 자신의 신앙의 본분까지 잊어버리는 사람은 결코 아니었다. 위급한 때일수록 더 많은 주의를 기울여야 하는 법이다. 하나님의 거룩한 것들이 더럽혀지지 않도록 하라. 이와 같이 여호야다가 각자에게 자신들이 있어야 할 위치와 해야 할 임무를 부여해 준 것은 참으로 주목할 만하다(6, 7절). 왜냐하면 어떤 큰일을 수행하며 이룸에 있어 선한 명령과 질서는 너무도 중요한 것이기 때문이다. 모든 사람으로 하여금 각자의 위치를 알고 지키게 하라. 그러면 그 일이 속히 이루어질 것이다.

3. 호위병들의 호위 아래 왕이 인도되었다(12절). 시온의 딸아 크게 기뻐할지어다! 이는 네 거룩한 산에 왕이 나타나심이라. 실로 그는 아이(child)이나 그 땅에 화를 가져다줄 자가 아니니, 이는 그가 다윗의 자손이기 때문이라. 그는 실로 아이이나 그 주위에 호위병들이 있으며 더욱이 하나님이 더 좋은 호위자가 되셨음이라. 여호야다는 지체하지 않고 즉시 어린 왕의 즉위식을 진행시켰다. 아직은 자신의 직책을 수행할 수 있을 만큼 자라지 못했지만, 그러나 점차 성장하면서 그렇게 할 수 있게 될 것이었다. 대관식은 장엄하게 진행되었다(12절).

(1) 왕권이 부여되는 증표로서 여호야다는 그에게 왕관을 씌워 주었다. 아마도 그 왕관은 성전에 보관되어 있었던 것으로 보인다. 따라서 그것은 언제든지 사용할 수 있도록 준비되어 있었다.

(2) 율법에 따라 다스릴 것과 하나님의 말씀을 왕의 규칙으로 삼을 것을 나타내는 증표로서 여호야다는 그에게 **율법책**을 주었다. 요아스는 그 책을 평생 동안 자기 옆에 두고 읽어야만 한다(신 17:18, 19).

(3) 성령이 부어지는 증표로서 여호야다는 그에게 기름을 부었다. 그것은 그로 하여금 왕의 직책을 감당할 수 있는 자격을 갖추게 하는 것이었다. 어떤 이들은 여기의 요아스의 경우나 솔로몬의 경우처럼 왕위계승에 상당한 우여곡절이 있을 때에만 기름 부음의 의식이 있었다고 생각하지만, 그러나 나는 기름

부음의 예식이 모든 왕들에게(최소한 다윗의 집의 왕들에게) 행해졌을 것이라고 생각한다. 왜냐하면 그들에게 주어지는 왕권은 그리스도의 왕권을 상징하는 것이었기 때문이다. 그는 모든 왕들 위에 그리고 모든 다윗의 자손들 위에 기름 부음을 받으신 자이시다.

(4) 왕권에 대한 승복과 복종의 증표로서 백성들은 박수하며 만세를 불렀다. 이와 같이 그들은 그를 자신들의 왕으로 세웠으며, 그를 왕으로 세우는 신적 섭리에 기꺼이 동의하며 순복했다. 아달랴가 폭정을 행하고 있었던 이와 같은 때에 그들에게 이 일은 얼마나 큰 기쁨이었겠는가? 지금 새 왕은 여호야다 같은 훌륭한 인물의 후견 아래 있었다. 따라서 그들은 새 왕으로 인해 그들의 종교가 다시 회복되고 굳게 설 것을 내다볼 수 있었다. 그들은 그가 왕이 되는 것을 환영하며 만세를 부를 만한 충분한 이유를 가지고 있었다. 그는 마치 죽은 자들로부터 살아나온 자 같았으며, 그 안에서 다윗의 집이 계속 이어질 것이었다. 이와 같이 그리스도의 보좌가 세워지고 찬탈자 사탄이 쫓겨날 때, 우리는 그와 같은 기쁨과 즐거움의 환호로써 그리스도의 나라를 환영해야 한다. 호산나 찬송하리로다 주의 이름으로 오시는 이여! 손뼉을 치며 외쳐라. "왕이신 예수여 나의 영혼 가운데 그리고 온 세상에 영원토록 살아 계셔서 다스리소서." 사람들이 그를 위하여 그리고 그의 나라를 위하여 항상 기도하고 종일 찬송하리로다 (시 72:15).

[13]아달랴가 호위병과 백성의 소리를 듣고 여호와의 성전에 들어가 백성에게 이르러 [14]보매 왕이 규례대로 단 위에 섰고 장관들과 나팔수가 왕의 곁에 모셔 섰으며 온 백성이 즐거워하여 나팔을 부는지라 아달랴가 옷을 찢으며 외치되 반역이로다 반역이로다 하매 [15]제사장 여호야다가 군대를 거느린 백부장들에게 명령하여 이르되 그를 대열 밖으로 몰아내라 그를 따르는 자는 모두 칼로 죽이라 하니 제사장의 이 말은 여호와의 성전에서는 그를 죽이지 말라 함이라 [16]이에 그의 길을 열어 주매 그가 왕궁의 말이 다니는 길로 가다가 거기서 죽임을 당하였더라

우리는 왕의 대관식이 끝나자마자 그들이 아달랴를 찾아가 그녀가 행한 살인과 왕위찬탈과 폭정에 대해 책임을 물을 것을 계획했을 것이라고 추측할 수 있다. 그러나 그녀는 자신의 어머니 이세벨처럼 스스로 그들을 만나기

위해 왔고, 그럼으로써 자신의 멸망을 더욱 재촉하게 되었다.

1. 그녀는 시끄러운 소리를 듣고 놀라 무슨 일이 벌어졌는가 알아보기 위해 왔다(13절). 여호야다와 그의 동료들은 처음에는 은밀히 일을 시작했지만, 그러나 이제 자신들이 세력을 얻은 것을 알고는 자신들이 하고 있는 일을 분명하게 나타냈다. 자신의 귀로 시끄러운 소리를 들을 때까지 아마도 아달랴는 이와 같은 일이 일어날 줄은 거의 생각조차 하지 못했던 것으로 보인다. 만일 이러한 계획이 사전에 발각되었다면 충분히 진압할 수 있었겠지만 그러나 지금은 너무 늦었다. 시끄러운 소리를 들었을 때 그녀는 직접 (나타난 바로는 그녀 혼자) 성전으로 왔는데, 그것은 참으로 이상한 일이었다. 그녀를 위해 대신 가 줄 사람이 아무도 없었던 것은 분명 아니었을 것이다. 그러나 그녀는 두려움과 분개로 완전히 분별력을 상실하고 있었다. 하나님은 당신이 멸하고자 계획하신 자를 얼빠지게 만들어 버리신다.

2. 그녀는 자기 앞에 펼쳐진 일을 보고는 도와달라고 부르짖었다. 그녀는 기둥 옆에 놓여 있는 왕의 자리를 보았는데, 거기 앉아 있는 자에게 장관들과 백성들이 신하의 예를 표하고 있었다(14절). 그녀로서는 자신의 권세가 끝났다고 판단할 만한 충분한 이유가 있었다. 그리하여 그녀는 자신의 옷을 찢으며 미친 듯이 외쳤다. "반역이로다 반역이로다 어서 와서 반역자들을 처치하라." 요세푸스는 그녀가 왕의 자리에 앉아 있는 그를 죽이라고 외쳤다고 덧붙인다. 지금 행해지고 있는 일은 가장 공의로운 일이었다. 그럼에도 불구하고 그녀는 그것을 가장 악한 범죄로 낙인찍는다. 가장 큰 반역자는 바로 그녀 자신이었다. 그러나 반역이로다 반역이로다 하며 가장 크게 외친 자 역시 바로 그녀였다. 가장 큰 죄책을 가진 자가 다른 사람을 비난하는 일에 앞장서는 것은 너무도 흔한 일이다.

3. 여호야다는 우상 숭배자요 왕위찬탈자요 공공의 적인 그녀를 죽이라고 명령했다.

(1) 그녀는 성전이나 성전의 뜰에서 죽임을 당해서는 안 되었다. 그것은 성소의 존엄성을 보호하기 위한 것이었다. 설령 정당하게 바쳐진 것이라 할지라도, 성소는 사람의 희생의 피로 더럽혀져서는 안 되었다.

(2) 그녀를 따르는 자들까지도 죽여야만 했다. "보호를 위한 것이든 구원을 위한 것이든 그녀를 따르면서 정당한 왕의 편으로 나아오지 않는 자는 모두 칼

로 죽이라. 그러나 지금 그녀를 따르지 않는다면 죽이지 말라"(15절). 이러한 명령에 따라 마구간으로 통하는 뒷길로 도망치는 그녀를 그들이 쫓아가 거기에서 죽였다(16절). 여호와여 주의 원수들을 이와 같이 멸하소서. 피 흘린 창기에게 마실 피를 주소서. 그녀는 그렇게 하기에 합당하나이다.

[17]여호야다가 왕과 백성에게 여호와와 언약을 맺어 여호와의 백성이 되게 하고 왕과 백성 사이에도 언약을 세우게 하매 [18]온 백성이 바알의 신당으로 가서 그 신당을 허물고 그 제단들과 우상들을 철저히 깨뜨리고 그 제단 앞에서 바알의 제사장 맛단을 죽이니라 제사장이 관리들을 세워 여호와의 성전을 수직하게 하고 [19]또 백부장들과 가리 사람과 호위병과 온 백성을 거느리고 왕을 인도하여 여호와의 성전에서 내려와 호위병의 문 길을 통하여 왕궁에 이르매 그가 왕의 왕좌에 앉으니 [20]온 백성이 즐거워하고 온 성이 평온하더라 아달랴를 무리가 왕궁에서 칼로 죽였더라 [21]요아스가 왕이 될 때에 나이가 칠 세였더라

아달랴의 죽음으로 어린 왕에게 대적할 자가 아무도 없게 되었을 때, 여호야다로서는 가장 중요한 고비를 넘긴 셈이었다. 그러나 계속해서 혁명을 완성하고 왕권을 안정시키기 위해 그는 자신에게 주어진 유리한 위치를 십분 활용해야만 하였다. 이제 우리는 여기에서 두 가지 이야기를 듣게 된다.

I. 여호야다가 선한 초석을 놓음. 그는 언약을 통해 든든한 초석을 놓았다 (17절). 지금 왕과 백성들은 하나님의 집에 함께 있었다. 여호야다는 그들로 하여금 하나님과 더불이 그리고 서로 간에 언약을 세움으로써 하나님에 대해 그리고 피차간에 행해야 할 의무를 분명히 하고자 했다.

1. 여호야다는 그들로 하여금 하나님과 언약을 맺도록 함으로써 그들의 신앙을 확고히 하게 하고자 했다. 왕과 백성들이 하나님과 언약으로 연합할 때, 양자(兩者, 왕과 백성)는 피차 더욱 굳게 결속될 것이었다. 이미 하나님은 당신의 편에서 그들의 하나님이 되실 것을 약속하셨다(여호야다는 율법책에서 그러한 사실을 보여줄 수 있었다). 이제 왕과 백성들은 그들의 편에서 자신들이 하나님의 백성이 될 것이라고 동의하며 언약해야만 한다. 이 언약에서 왕은 하나님을 섬기는 의무에 있어 백성들과 동일한 수준에 선다. 이러한 언약에 의해 그들은 바알을 버리고 스스로를 하나님의 통치에 순복시켜야만 했다(아직까지

도 많은 사람들이 바알을 섬기고 있었다). 이제까지의 모든 변화들을 통해 그들의 신앙이 새로워지고 견고해지며 증진된다면 그것은 너무도 바람직한 일이다. 세상에서 하나님께 대한 의무를 항상 지각(知覺)하며 성실하게 감당하는 자들은 형통하게 될 것이다. 우리가 하나님과 굳게 결속될 때 다른 사람들과의 모든 결속 또한 더욱 강화될 것이다. 그들이 먼저 자신을 주께 드리고 또 하나님의 뜻을 따라 우리에게 주었도다(고후 8:5).

2. 그리고 나서 여호야다는 왕과 백성 상호간의 언약을 세웠다. 즉 왕과 백성의 언약(pacta conventa)을 세운 것이다. 이러한 언약에 따라 왕은 백성에 대해 율법에 따라 통치하며 그들을 보호할 책임을 지며, 백성은 왕에 대해 충성과 순종의 책임을 지게 되었다. 상호간의 약속은 우리로 하여금 우리가 마땅히 감당해야 할 의무를 기억나게 하며 되새기게 해 준다. 모든 관계에 있어 당사자들이 서로에 대해 충분히 이해하는 것은 좋은 일이다 — 특별히 왕과 백성의 관계에 있어서는 더욱 그러하다. 그렇게 함으로써 왕은 자신의 권력과 특권의 한계를 올바로 이해할 수 있을 것이며, 백성 또한 자신의 자유와 재산권의 한계를 올바로 이해할 수 있을 것이다.

Ⅱ. 여호야다가 이러한 초석 위에서 새롭게 출발함.

1. 하나님과 맺은 언약에 따라 그들은 선대(先代) 왕들이 아합의 집과 혼인 관계를 맺음으로 끌어들인 우상 숭배를 즉시 허물어뜨렸다(18절). 온 백성이 우상 숭배를 미워하는 자신들의 열심을 나타나기 위해 함께 모였다. 그들은 모두 협력하여 바알의 신당과 제단과 우상들을 허물어뜨렸다. 아마도 바알을 섬기던 자들은 모두 도망친 것으로 보인다. 오직 제사장인 맛단만이 그 제단을 지키고 있었다. 모든 사람들이 바알을 버리고 도망칠 때 그는 그렇게 하지 않고 그 곳에서 죽임을 당했는데, 그것은 그 제단에서 드려진 최고의 제물(혹은 희생제사, sacrifice)이었다. 바알의 신당을 훼파하고 나서 그들은 관리들을 세워 여호와의 성전을 수직하게 했다. 그들의 임무는 하나님께 드리는 예배가 적절한 시간에, 적절한 사람들에 의해, 그리고 적절한 규례에 따라 올바로 시행되는지 감독하며 관리하는 것이었다.

2. 왕과 백성의 언약에 따라 그들은 피차 인정하며 크게 즐거워했다.

(1) 왕은 왕궁으로 인도되어 왕좌에 앉았다(19절). 그것은 다윗의 집의 보좌인 판단의 보좌(혹은 심판의 보좌, the throne of judgment)로서 백성들의 호소

를 받기 위한 곳이었다. 지금 왕은 일곱 살에 불과했다. 따라서 백성들의 호소를 듣고 그에 대해 응답과 판결을 내리는 일은 여호야다에게 맡겨졌을 것이다.

(2) 이렇게 하여 온 백성이 즐거워하고 온 성이 평온해졌다(20절). 요세푸스는 그들이 여러 날 동안 즐거워하며 잔치를 벌였다고 말한다. 이렇게 하여 솔로몬의 말이 그대로 이루어졌다(잠 11:10): 의인이 형통하면 성읍이 즐거워하고 악인이 패망하면 기뻐 외치느니라.

제
— 12 —
장

개요

본 장은 요아스의 40년 통치를 다루는데, 우리는 그의 나중 통치가 초기만큼 영광스럽지 못했음을 보게 된다. 그의 40세의 모습은 일곱 살의 모습만큼 빛나지 못했다. 그럼에도 불구하고 그는 선한 왕들 가운데 하나로 평가된다. 그렇지만 그는 열왕기에서보다도 역대기에서 훨씬 더 안 좋은 모습으로 나타난다(대하 24장). 왜냐하면 우리는 거기에서 한 하나님의 선지자의 피가 뿌려지는 것을 보게 되기 때문이다. 본 장의 내용은 다음과 같다. I. 여호야다가 살아 있는 동안 요아스가 올바로 행함(1-3절). II. 그가 성전을 수리하는 일에 큰 관심을 기울임(4-16절). III. 그가 하사엘과 더불어 비굴한 언약을 맺음(17-18절), 그리고 영광스럽지 못하게 죽음(19-21절).

¹예후의 제칠년에 요아스가 왕이 되어 예루살렘에서 사십 년간 통치하니라 그의 어머니의 이름은 시비아라 브엘세바 사람이더라 ²요아스는 제사장 여호야다가 그를 교훈하는 모든 날 동안에는 여호와 보시기에 정직히 행하였으되 ³다만 산당들을 제거하지 아니하였으므로 백성이 여전히 산당에서 제사하며 분향하였더라

우리는 여기에서 요아스에 대한 전반적인 설명을 보게 된다.

1. 그가 40년 동안 통치함. 그는 매우 어린 나이에 왕이 되었다. 따라서 만일 그가 천수를 누렸다면, 그의 통치기간은 훨씬 더 길 수 있었을 것이다. 그러나 그는 47세 되었을 때에 죽었고 그럼으로써 그의 통치는 40년으로 끝나고 말았다(1절).

2. 여호야다가 살아서 교훈하는 동안에는 그가 정직히 행함(2절). 많은 젊은 이들이 너무 이른 나이에 부와 권력과 자유를 갖게 되는 경우가 종종 있는데, 많은 경우 그것이 도리어 나쁜 결과를 가져오곤 한다. 요아스도 그와 같은 경우였지만, 그러나 그에게는 여호야다 같은 훌륭한 인도자가 있었다. 여호야다는 지혜롭고 경험도 많으며 특별히 왕에게 신실한 자였으며, 요아스 역시도 장

성해서까지도 그의 말을 청종하며 기꺼이 그의 인도를 받을 정도로 지혜로운 사람이었다. 젊은이들에게(특별히 젊은 통치자들에게) 그들 주위에 여호와 보시기에 선한 일을 행하도록 훈계할 인도자가 있는 것은 너무나 큰 축복이다. 그들의 조언과 훈계를 기꺼이 받아들일 때, 젊은이들은 지혜롭게 행하며 형통한 길로 나아가게 될 것이다. 임의로 행하게 버려 둔 자식은 어미를 욕되게 하지만(잠 29:15), 그러나 훈계와 조언을 받는 자식은 존귀와 형통의 길로 나아간다.

3. 그가 산당들은 제거하지 않음(3절). 나라 곳곳에 제사와 분향을 위한 제단들이 있었고 그것들은 오직 이스라엘의 하나님만을 존귀케 하기 위한 것이었지만, 그러나 그것들은 예루살렘의 제단과 맞서는 것이었다. 아마도 이러한 사적(私的)인 제단들은 초기 시대보다도 후기 시대에 더 많이 사용된 것으로 보인다. 왜냐하면 후기 시대에는 예루살렘에 올라가는 것이 안전하지 않았을 뿐만 아니라 성전예배 역시도 규례대로 이루어지지 않았기 때문이었다. 여호야다 역시도 그러한 제단들을 묵인했던 것으로 보인다. 왜냐하면 많은 사려 깊은 사람들이 종종 그러는 것처럼, 그는 더 나은 것을 가질 수 없다면 그런 것이라도 있는 것이 나을 것이라고 생각했기 때문이었다. 아마도 여호야다는 백성들을 점차로 산당으로부터 돌이키면 산당들은 스스로 소멸하게 될 것이라고 기대했을 것이다. 그렇지 않으면 그들(요아스 왕과 여호야다 제사장)이 자신들의 개혁을 산당을 제거하는 데까지 밀고 나갈 만큼의 열정을 가지고 있지 못했든지, 아니면 그러한 뿌리 깊은 관습을 혁파할 만큼의 힘과 용기가 없었던 것이었을 것이다.

[4]요아스가 제사장들에게 이르되 여호와의 성전에 거룩하게 하여 드리는 모든 은 곧 사람이 통용하는 은이나 각 사람의 몸값으로 드리는 은이나 자원하여 여호와의 성전에 드리는 모든 은을 [5]제사장들이 각각 아는 자에게서 받아들여 성전의 어느 곳이든지 파손된 것을 보거든 그것으로 수리하라 하였으나 [6]요아스 왕 제이십삼년에 이르도록 제사장들이 성전의 파손한 데를 수리하지 아니하였는지라 [7]요아스 왕이 대제사장 여호야다와 제사장들을 불러 이르되 너희가 어찌하여 성전의 파손한 데를 수리하지 아니하였느냐 이제부터는 너희가 아는 사람에게서 은을 받지 말고 그들이 성전의 파손한 데를 위하여 드리게 하라 [8]제사장들이 다시는 백성에게 은을 받지도 아니하고 성전 파손한 것을 수리하지도 아니하기로 동의하니라 [9]제사장 여

호야다가 한 궤를 가져다가 그것의 뚜껑에 구멍을 뚫어 여호와의 전문 어귀 오른쪽 곧 제단 옆에 두매 여호와의 성전에 가져 오는 모든 은을 다 문을 지키는 제사장들이 그 궤에 넣더라 [10]이에 그 궤 가운데 은이 많은 것을 보면 왕의 서기와 대제사장이 올라와서 여호와의 성전에 있는 대로 그 은을 계산하여 봉하고 [11]그 달아본 은을 일하는 자 곧 여호와의 성전을 맡은 자의 손에 넘기면 그들은 또 여호와의 성전을 수리하는 목수와 건축하는 자들에게 주고 [12]또 미장이와 석수에게 주고 또 여호와의 성전 파손한 데를 수리할 재목과 다듬은 돌을 사게 하며 그 성전을 수리할 모든 물건을 위하여 쓰게 하였으되 [13]여호와의 성전에 드린 그 은으로 그 성전의 은대접이나 불집게나 주발이나 나팔이나 아무 금 그릇이나 은 그릇도 만들지 아니하고 [14]그 은을 일하는 자에게 주어 그것으로 여호와의 성전을 수리하게 하였으며 [15]또 그 은을 받아 일꾼에게 주는 사람들과 회계하지 아니하였으니 이는 그들이 성실히 일을 하였음이라 [16]속건제의 은과 속죄제의 은은 여호와의 성전에 드리지 아니하고 제사장에게 돌렸더라

우리는 여기에서 요아스 시대에 성전을 수리한 이야기를 보게 된다.

I. 당시 성전은 수리해야 할 정도로 퇴락했던 것으로 보인다. 비록 솔로몬이 최고의 재료와 기술로 튼튼하게 지었다 할지라도, 시간이 지남과 함께 성전은 조금씩 퇴락해 갔다. 따라서 지붕과 벽과 마루와 천장과 벽면 널판과 칸막이 등에 파손된 곳들이 발견되었다(5절). 하나님의 성전이라 할지라도 시간이 지남과 함께 점점 퇴락해 간다. 그러나 하늘의 성전은 결코 쇠하지 않을 것이다. 그러나 성전이 파손되고 퇴락해진 것은 비단 '세월의 이빨' 때문만은 아니었다. 아달랴의 아들들이 성전예배에 대한 적개심으로 하나님의 전을 파괴했으며(대하 24:7), 제사장들이 제때 보수하지 않으므로 성전은 계속해서 퇴락되어 갈 수밖에 없었다. 자신에게 맡겨진 귀한 포도원을 제대로 관리할 줄 모르는 농부들은 그러한 포도원을 관리할 자격이 없다(마 21:33).

II. 성전을 수리하는 일에 첫 번째로 그리고 가장 크게 관심을 기울인 사람은 다름 아닌 왕 자신이었다. 제사장들이 이 일을 호소했다든지 혹은 여호야다가 이 일에 적극적이었다는 등의 이야기를 우리는 듣지 못한다. 이 일에 열심이었던 자는 바로 왕이었다.

1. 왜냐하면 그는 왕이었기 때문이다. 하나님은 권력자들이 자신들에게 주

어진 권력을 사용하여 참된 종교를 보존하고 육성시키는 것을 기대하시며 요구하신다.

2. 왜냐하면 성전은 어린 시절 그의 은신처이자 성소였기 때문이다. 그는 지금 성전을 감사의 마음으로 기억하고 있었고, 따라서 그것을 존귀케 하는 일에 열심을 품고 있었다. 따라서 성전이 파손된 것은 그의 마음에 큰 짐이 아닐 수 없었다. 그리하여 그는 성전을 수리하는 일에 크게 착념했으며, 그것의 영광스러운 모습을 보는 것이 그의 가장 큰 기쁨이었다.

III. 제사장들에게 성전 수리를 위한 돈을 모아 일을 추진하라는 지시가 하달되었다. 왕은 전반적인 국사를 돌봐야 했으므로 성전을 수리하는 일까지 직접 감독할 수는 없었다. 따라서 왕은 그 일을 제사장들에게 맡겼다. 그 일을 수행함에 있어 그들보다 더 적합한 자들이 누구이겠는가?

1. 왕은 그들에게 사람들로부터 돈을 거둘 것을 명령한다. 그들은 돈이 들어올 때까지 마냥 지체해서는 안 되었다. 속전(레 27:2, 3)이나 자원하는 예물 등과 관련하여 그들은 그것들을 마땅히 드려야 할 자들에게 돈을 요구해야 했다(4절). 그들은 자신들이 아는 모든 자들로부터 이것을 거두어야 했다. 어떤 제사장도 알지 못하는 사람은 아무도 없었을 것으로 추측된다. 우리는 기회가 있을 때마다 우리가 특별하게 아는 자들로 하여금 선한 일을 행하도록 격려해야 한다.

2. 왕은 그렇게 거둔 돈으로 성전의 파손된 곳을 수리하는데 사용하도록 그들에게 명령했다(5절).

IV. 이리한 방법은 별다른 효과를 거두지 못했다(6절). 아주 적은 돈만이 거두어졌을 뿐이었다. 제사장들이 열심을 내지 않았든지 아니면 백성들이 그들을 믿지 못하므로 돈 내기를 꺼려했을 것이다. 만일 제사장들이 아무 까닭 없이 불신을 당한 것이었다면, 그것은 백성들의 수치가 될 것이었다. 반면 그럴만한 이유가 있었다면, 그것은 제사장들의 수치가 될 것이었다. 어쨌든 아주 적은 돈만이 거두어졌을 뿐이고, 그나마 모여진 돈조차도 본래의 목적에 사용되지 않았다: 제사장들이 성전의 파손한 데를 수리하지 아니하였는지라. 아마도 제사장들은 돈이 다 모여지고 난 후에 수리하고자 생각했을 것이다. 그리하여 성전을 수리하는 일은 계속해서 미루어졌다. 교회의 일은 대체로 천천히 이루어지는 경우가 많다. 그러나 성직자들이 교회의 일을 천천히 행하는 것은 참으로 안타까운 일이다. 어쩌면 그들은 제사장들의 생계를 위해 그 돈을 사용하는 것이 더 낫겠다고 생각했을지도 모른다. 열 지파가 반란을 일으켜 떨어져 나가고 나머지 두 지파마저도 타락의 길로 달려갔을 때, 아마도 제사장들의 생계는 몹시 힘들고 궁핍했을 것이다.

V. 그리하여 다른 방법이 채택되었다. 왕의 마음은 성전을 수리하는 일에 크게 착념되어 있었다(7절). 왕은 말년에 불신앙의 길로 나아갔는데, 그것을 감안할 때 우리는 그가 성전 건물에 대해 갖고 있는 애정만큼 성전 예배에 대해서도 애정을 갖고 있었는지 묻지 않을 수 없게 된다. 교회 건물을 사랑하며 그것을 아름답게 꾸미기를 좋아하는 등 경건의 모양은 갖고 있지만 그러나 정작 경건의 능력은 갖고 있지 못한 사람들이 얼마나 많은가? 그러나 어쨌든 그의 열심은 칭찬받아 마땅하다. 또한 자신의 후견인임에도 불구하고 성전 수리하는 일을 태만하게 하는 여호야다를 책망한 것에 대해, 우리는 요아스를 비난하지 않는다. 왕의 책망은 너무도 타당한 것이었으므로 제사장들은 그것에 승복하고 다른 방법을 택하는 것에 기꺼이 동의했다. 그리하여 그들은 자신들이 직접 사람들로부터 돈을 받는 것을 포기했다(8절). 왕이 채택한 다른 방법은 다음과 같은 것이었다.

1. 돈을 모음에 있어(9, 10절). 돈은 사람에게 내도록 하지 않고 공적인 궤에 넣도록 했다. 그렇게 하자 백성들은 성전을 수리하는 선한 일을 위해 마땅히 내야 하는 돈뿐만 아니라 자원하는 예물까지 풍성하게 그리고 즐거이 가져왔다. 그렇게 모인 돈을 대제사장과 왕의 서기가 계수하고, 그것을 각각 적합한 용처에 사용되도록 조치했다. 올바로 사용되고 분배된다면, 사람들은 즐거이 봉헌하게 될 것이다.

(1) 사람들은 돈을 뚜껑에 있는 구멍을 통해 궤에 넣었다. 이것은 일단 하나님께 드려진 것은 다시 되돌려 받을 수 없음을 상기시켜 주었다. 각각 그 마음에 정한 대로 할 것이요(고후 9:7).

(2) 궤는 성전 문 오른쪽에 놓였다(들어가면서 오른쪽). 어떤 이들은 여기에 "오른손이 하는 일을 왼손이 모르게 하라"는 우리 주님의 가르침이 암시되어 있다고 생각한다. 또한 백성들은 성전을 수리하기 위한 예물을 드리는 동안에도 제사장들의 생계를 위해 정해진 것을 드리는 일에도 결코 소홀하지 않았다(16절). 율법에 따라 드려진(레 5:15, 16) 속건제의 은과 속죄제의 은은 하나님의

성전에 드려지지 않고 제사장들에게 돌려졌다. 성전을 수리한다는 미명 하에 성전의 종들을 굶주리게 해서는 결코 안 된다.

2. 모여진 돈을 사용함에 있어.

(1) 그들은 모여진 돈을 제사장들에게 주지 않았다. 제사장들은 이런 일에 익숙지 못한 자들이었으며, 그들에게는 착념해야 할 다른 일들이 있었다. 대신에 그들은 그 돈을 직접 일하는 자들에게 혹은 최소한 감독자들에게 주었다(11절). 이와 같이 직접 일을 맡은 자들에게 돈을 맡기는 것이 가장 합당하다. 그렇지만 거룩한 전쟁에 부름 받은 자들은 이 세상의 일들에 지나치게 얽혀 들어서는 안 된다. 이와 같이 돈을 맡은 자들은

[1] 주의 깊게 자신들의 일을 수행했다. 그것으로 그들은 자재들을 구입하고 일꾼들에게 삯을 지불했다(12절). 어떤 일이든 그 일에 익숙한 자들이 진행할 때 가장 원활하게 진행되는 법이다.

[2] 신실하게 자신들의 일을 수행했다. 그들은 정직함으로 그와 같은 평판을 얻었다. 공적인 돈이나 혹은 공적인 일을 맡은 모든 자들은 여기에서 자신에게 맡겨진 돈이나 일을 신실하게 다루어야 한다는 사실을 배워야 한다. 그들은 결국 하나님이 그 일에 대해 회계하실 것이라는 사실을 잊어서는 안 된다. 정부나 나라나 교회를 속이는 것이 죄가 아니라고 생각하는 자들은 그들의 죄가 하나님 앞에 드러날 때 자신들의 생각이 잘못되었음을 깨닫게 될 것이다.

(2) 그들은 자신들에게 맡겨진 돈으로 금 그릇이나 은 그릇 등으로 성전을 화려하게 꾸미는 일에 사용하지 않고 먼저 필요한 곳을 수리하는 일에 사용했다(13절). 우리는 여기에서 가장 필요한 곳에 먼저 돈이 지출되어야 한다는 사실을 배울 수 있다. 공적인 일을 수행함에 있어서 우리는 우리의 일을 수행하는 것처럼 해야 한다. 그리고 수리를 다 마친 후에 비로소 그들은 남은 돈으로 성전예배를 위한 각종 그릇들을 만드는데 사용하였다(대하 24:14).

[17]그 때에 아람 왕 하사엘이 올라와서 가드를 쳐서 점령하고 예루살렘을 향하여 올라오고자 하므로 [18]유다의 왕 요아스가 그의 조상들 유다 왕 여호사밧과 여호람과 아하시야가 구별하여 드린 모든 성물과 자기가 구별하여 드린 성물과 여호와의 성전 곳간과 왕궁에 있는 금을 다 가져다가 아람 왕 하사엘에게 보냈더니 하사엘이 예루살렘에서 떠나갔더라 [19]요아스의 남은 사적과 그가 행한 모든 일은 유다 왕 역

대지략에 기록되지 아니하였느냐 [20]요아스의 신복들이 일어나 반역하여 실라로 내려가는 길 가의 밀로 궁에서 그를 죽였고 [21]그를 쳐서 죽인 신복은 시므앗의 아들 요사갈과 소멜의 아들 여호사바드였더라 그는 다윗 성에 그의 조상들과 함께 장사되고 그의 아들 아마샤가 그를 대신하여 왕이 되니라

요아스가 하나님을 배반하고 우상 숭배자와 핍박자가 되었을 때, 하나님은 그를 외면하셨고 그 결과 그의 나중 형편이 처음보다 더 나빠졌다.

I. 그의 부와 명예가 이방의 왕에게 손쉬운 먹잇감이 됨. 하사엘은 이스라엘을 공격한 이후(10:32) 계속해서 유다와 예루살렘도 위협했다. 그는 견고한 도성 가드를 점령했으며(17절), 여세를 몰아 왕도(王都)이며 동시에 거룩한 도성인 예루살렘을 향해 행군했다. 그러나 예루살렘의 보호자는 그 도성의 죄악으로 인해 떠나버렸으며, 요아스는 하사엘과 맞설 힘도 용기도 가지고 있지 못했다. 그리하여 그는 구별하여 드린 모든 성물들과 성전 곳간과 왕궁에 있는 모든 금을 하사엘에게 주었다(18절). 그렇게 한 것은 그에게 뇌물을 주어 그의 발걸음을 다른 쪽으로 돌리고자 한 것이었다. 나라의 안위를 위해 행한 이와 같은 일이 합법적인 것이었다면, 성전 자체를 잃는 것보다는 성전의 금을 잃는 것이 차라리 나았을 것이다. 그러나

1. 만일 그가 하나님을 버리지 않았다면 그래서 그분의 보호하심을 잃어버리지 않았다면, 사정이 이렇게까지 악화되지는 않았을 것이다. 이렇게까지 하지 않고도 능히 하사엘로 하여금 퇴각하지 않을 수 없도록 만들 수 있었을 것이다.

2. 그는 구별하여 드린 성물들을 이방의 왕에게 줌으로써 왕으로서와 군인으로서 그리고 이스라엘 백성으로서의 모든 자존심을 내팽개쳐 버렸고, 스스로를 가장 초라하고 하잘것없는 자로 만들고 말았다.

3. 그는 자신과 자신의 나라를 피폐하게 만들었다.

4. 그는 하사엘로 하여금 또다시 예루살렘을 침공하도록 유혹한 결과가 되었다. 왜냐하면 어떤 희생도 치르지 않고 그토록 많은 전리품을 얻을 수 있었기 때문이었다. 실제로 아람 군대는 다음 해 예루살렘을 침공하여 방백들을 죽이고 도성을 노략했다(대하 24:23, 24).

II. 그의 목숨이 그 자신의 신복들에게 손쉬운 먹잇감이 됨. 왕의 신복들이

공모하여 왕을 살해했는데(20, 21절), 그러나 왕권을 노리고 그렇게 한 것은 아니었다. 왜냐하면 그들은 그의 아들이 왕위를 계승하는 것을 반대하지 않았기 때문이었다. 그렇게 한 것은 왕이 행한 어떤 범죄에 대해 복수하기 위한 것이었다. 역대기에서 우리는 요아스가 한 제사장을 죽이는 이야기를 듣게 되는데 (그 제사장은 다름 아닌 여호야다의 아들이었다), 바로 그것이 문제의 발단이 되었다(대하 24:25). 여기에서 우리는 설령 그들이 불의했다 할지라도(왜냐하면 복수하는 것은 그들의 몫이 아니었기 때문이다) 하나님은 의로우셨다는 사실을 발견한다. 하나님이 심지어 왕들에게조차도 만일 그들이 기름 부음 받은 자를 건드리거나 당신의 선지자들에게 위해를 가하면 결코 좌시하지 않을 것이며 특별히 선지자들의 핏값을 가장 비싸게 간주하신다는 사실을 알게 하신 것은 비단 이번뿐이 아니었다. 이렇게 하여 요아스는 죽었으며, 그는 영으로 시작했다가 육으로 끝마쳤다. 종종 하나님은 믿음을 저버린 자들에게 심지어 이 땅에서도 당신의 진노의 증표를 나타내신다. 왜냐하면 모든 죄 가운데 믿음을 저버리는 죄야말로 하나님을 가장 노여우시게 하는 죄이기 때문이다.

제 13 장

개요

　　본 장은 다시금 우리를 이스라엘 왕들의 역사, 특별히 예후 왕가의 역사로 데려간다. 우리는 여기에서 예후 왕가의 통치에 대한 이야기를 보게 된다. I. 예후의 아들 여호아하스의 통치가 17년간 계속됨. 1. 그에 대한 전반적인 평가(1, 2절), 그가 처한 곤경(3절), 그의 힘이 극도로 쇠약해짐(7절). 2. 그가 하나님께 겸비하므로 하나님이 그를 불쌍히 여기심(4, 5, 23절). 3. 그럼에도 불구하고 그가 우상 숭배를 계속함(6절). 4. 그의 죽음(8, 9절). II. 예후의 손자 요아스의 통치가 16년간 계속됨. 그의 통치에 대한 이야기가 통상적인 형식으로 언급되는 가운데(10-13절), 엘리사의 죽음에 대한 이야기가 특별하게 언급됨. 1. 왕이 애통하는 마음으로 그를 방문함(14절), 그가 아람과의 전쟁과 관련하여 왕을 격려함(15-19절). 2. 그의 죽음과 장사(20절), 그의 뼈로 인해 기적이 일어남(21절). 3. 엘리사의 예언대로 요아스가 아람을 세 번 쳐서 무찌름(24, 25절).

¹유다의 왕 아하시야의 아들 요아스의 제이십삼 년에 예후의 아들 여호아하스가 사마리아에서 이스라엘 왕이 되어 십칠 년간 다스리며 ²여호와 보시기에 악을 행하여 이스라엘에게 범죄하게 한 느밧의 아들 여로보암의 죄를 따라가고 거기서 떠나지 아니하였으므로 ³여호와께서 이스라엘에게 노하사 늘 아람 왕 하사엘의 손과 그의 아들 벤하닷의 손에 넘기셨더니 ⁴아람 왕이 이스라엘을 학대하므로 여호아하스가 여호와께 간구하매 여호와께서 들으셨으니 이는 그들이 학대받음을 보셨음이라 ⁵여호와께서 이에 구원자를 이스라엘에게 주시매 이스라엘 자손이 아람 사람의 손에서 벗어나 전과 같이 자기 장막에 거하였으나 ⁶그들이 이스라엘에게 범죄하게 한 여로보암 집의 죄에서 떠나지 아니하고 그 안에서 따라 행하며 또 사마리아에 아세라 목상을 그냥 두었더라 ⁷아람 왕이 여호아하스의 백성을 멸절하여 타작 마당의 티끌 같이 되게 하고 마병 오십 명과 병거 열 대와 보병 만 명 외에는 여호아하스에게 남겨 두지 아니하였더라 ⁸여호아하스의 남은 사적과 행한 모든 일과 그의 업적은 이스라엘 왕 역대지략에 기록되지 아니하였느냐 ⁹여호아하스가 그의 조상들

과 함께 자매 사마리아에 장사되고 그 아들 요아스가 대신하여 왕이 되니라

　　　　여호아하스의 17년간의 통치와 그 기간 동안의 이스라엘의 상태에 대한 본문의 이야기는 우리로 하여금 다음과 같은 매우 교훈적인 두 가지 사실을 깨닫게 한다.

I. 이스라엘의 영광이 잿더미가 되어 마침내 수치로 변한 사실. 지금 이스라엘의 모습은 마땅히 되어져야 했던 모습과 얼마나 다른가! 이스라엘의 왕관은 더러워졌고 이스라엘의 영광은 잿더미가 되었다.

1. 영이시며 살아 계시며 유일하신 참 하나님을 섬겼던 것은 이스라엘의 영광이었다. 자신들의 하나님을 소의 형상으로 바꾸며 진리의 하나님을 거짓으로 바꿈으로써, 그들은 그러한 영광을 잃어버린 채 스스로를 손의 수공물(手工物)을 섬겼던 열방들의 수준으로 떨어뜨리고 말았다. 우리는 여기에서 여호아하스가 여로보암의 죄를 따랐다는(2절) 사실과 백성들도 그것을 떠나지 아니하고 그 안에서 따라 행했다는(6절) 사실을 발견한다. 오직 살아 계신 하나님만을 섬기도록 부름 받은 백성들에게 이와 같은 두 마리의 금송아지 우상이 있었다는 사실보다 더 수치스러운 일은 있을 수 없었다. 열 지파의 역사 전체를 통해 우리는 그 우상들에 대한 최소한의 도전조차도 발견하지 못한다. 어느 왕이 다스리는 시대이든 금송아지들은 여전히 그들의 신이었으며, 그들은 그러한 수치로부터 빠져 나오려고 하지 않았다.

2. 하늘의 특별한 보호 아래 있었던 것 역시 이스라엘의 영광이었다. 하나님 자신이 그들의 방벽이요, 도움의 방패요, 그들을 지키는 칼이었다. 이스라엘이여 너는 행복자로다! 그러나 우리는 여기에서 그들이 이러한 영광을 잃어버린 채 모든 열방으로부터 모욕을 당하는 것을 보게 된다. 그들은 자신들의 죄로 하나님의 진노를 격발시켰으며, 그럼으로써 하나님은 그들을 하사엘과 벤하닷의 손에 넘기셨고(3절) 하사엘은 이스라엘을 학대했다(22절). 이스라엘처럼 이웃 나라들에 의해 찢기고 상한 나라는 분명 어디에도 없었다. 죄로써 그들은 이것을 스스로 불러들였다. 그들이 하나님을 격발시켜 그들의 울타리를 뽑아 버리도록 만들었을 때, 그들의 아름다운 땅은 이웃나라들을 유혹하여 그들의 소산을 약탈하게 만들었다. 여호아하스 시대에 이스라엘은 아람 사람들의 약탈과 학대로 극도로 쇠약해졌다. 그 때 이스라엘에게 남아있는 병력은 고작 마병 오십

명과 병거 열 대와 보병 만 명뿐이었다(7절). 이 얼마나 보잘것없는 군대인가! 수많은 이스라엘 군대가 어쩌다가 이 지경이 되었는고? 어쩌다가 황금이 빛을 잃게 되었는고? 나라가 타락하면 필경 힘을 잃고 쇠락하게 될 것이다.

Ⅱ. 이러한 잿더미 속에 옛 영광의 불씨들이 남아 있었던 사실. 이러한 모든 불화에도 불구하고 이 백성은 여전히 하나님의 이스라엘이며 그는 이스라엘의 하나님이라는 사실이 완전히 잊혀진 것은 아니었다. 왜냐하면

1. 기도하는 백성이라는 것이 이스라엘의 옛 영광이었기 때문이다. 우리는 여기에서 그러한 영광이 어느 정도 살아 있는 것을 발견한다. 왜냐하면 그들의 왕 여호아하스가 곤경 속에서 여호와께 간구하며(4절) 도움을 호소했기 때문이다. 그는 금송아지들에게가 아니라 여호와께 도움을 호소했다. 왕이 하나님의 문전에서 구걸하는 자가 되었으며, 사람들 가운데 가장 큰 자가 하나님의 보좌의 발등상에서 탄원하는 자가 되었다. 왕이라도 필요할 때는 어쩔 수 없는 법이다.

2. 기도할 때마다 하나님이 가까이 하시는(신 4:7) 것 역시 이스라엘의 옛 영광이었기 때문이다. 그리고 여기에서도 하나님은 또다시 그렇게 하셨다. 하나님은 그의 기도를 가증한 것으로 여기시고 물리치실 수도 있었다. 그럼에도 불구하고 하나님은 백성들을 위해 그의 기도를 들으셨으며(4절), 이스라엘에게 구원자를 주셨다(5절). 그 구원자는 여호아하스 자신이 아니라 그의 아들이었다. 왜냐하면 그의 시대에는 하사엘이 항상 이스라엘을 학대했기 때문이다(22절). 그러나 하나님은 그의 기도에 응답하심으로써 그의 아들은 아람에 대해 승리를 거두고 아버지가 빼앗겼던 성읍들을 되찾게 되었다(25절). 여호아하스의 기도에 대한 하나님의 이와 같은 응답은 여호아하스 자신으로 인한 것도 아니었으며 그의 패역한 백성들로 인한 것도 아니었다. 다만 아브라함과 맺은 언약을 기억하셨기 때문이었다(23절). 내가 야곱과 맺은 내 언약과 이삭과 맺은 내 언약을 기억하며 아브라함과 맺은 내 언약을 기억하고 그 땅을 기억하리라(레 26:42). 하나님이 은총을 베푸시는데 얼마나 신속하신지 보라. 또한 기도를 들으시고 응답하심에 있어 얼마나 준비되어 있으신지, 그리고 은혜를 베푸시기를 얼마나 원하시는지 보라. 그렇지 않았다면 하나님은 그들의 조상들과 맺은 언약을 되돌아보지 않으셨을 것이다. 이것을 생각하며 우리가 더욱 마음을 새롭게 하여 하나님을 굳게 붙잡자. 설령 하나님을 떠난 자들이라 할지라도 돌이켜 회개하도

록 우리가 격려하고 권면하자. 사유하심이 주께 있음은 주를 경외하게 하심이니이다(시 130:4).

[10]유다의 왕 요아스의 제삼십칠 년에 여호아하스의 아들 요아스가 사마리아에서 이스라엘 왕이 되어 십육 년간 다스리며 [11]여호와께서 보시기에 악을 행하여 이스라엘에게 범죄하게 한 느밧의 아들 여로보암의 모든 죄에서 떠나지 아니하고 그 가운데 행하였더라 [12]요아스의 남은 사적과 행한 모든 일과 유다 왕 아마샤와 싸운 그의 업적은 이스라엘 왕 역대지략에 기록되지 아니하였느냐 [13]요아스가 그의 조상들과 함께 자매 이스라엘 왕들과 함께 사마리아에 장사되고 여로보암이 그 자리에 앉으니라 [14]엘리사가 죽을 병이 들매 이스라엘의 왕 요아스가 그에게로 내려와 자기의 얼굴에 눈물을 흘리며 이르되 내 아버지여 내 아버지여 이스라엘의 병거와 마병이여 하매 [15]엘리사가 그에게 이르되 활과 화살들을 가져오소서 하는지라 활과 화살들을 그에게 가져오매 [16]또 이스라엘 왕에게 이르되 왕의 손으로 활을 잡으소서 하매 그가 손으로 잡으니 엘리사가 자기 손을 왕의 손 위에 얹고 [17]이르되 동쪽 창을 여소서 하여 곧 열매 엘리사가 이르되 쏘소서 하는지라 곧 쏘매 엘리사가 이르되 이는 여호와를 위한 구원의 화살 곧 아람에 대한 구원의 화살이니 왕이 아람 사람을 멸절하도록 아벡에서 치리이다 하니라 [18]또 이르되 화살들을 집으소서 곧 집으매 엘리사가 또 이스라엘 왕에게 이르되 땅을 치소서 하는지라 이에 세 번 치고 그친지라 [19]하나님의 사람이 노하여 이르되 왕이 대여섯 번을 칠 것이니이다 그리하였더면 왕이 아람을 진멸하기까지 쳤으리이다 그런즉 이제는 왕이 아람을 세 번만 치리이다 하니라

우리는 여기에서 예후의 손자며 여호아하스의 아들인 요아스와 관련한 이야기를 보게 된다. 예후의 집에 있어 다음 왕위계승 예정자에게 당시 유다 왕의 이름과 똑같은 이름을 지어준 것은 아마도 어느 정도 다윗의 집에 경의를 표하려는 목적으로 그렇게 한 것으로 보인다.

 I. 요아스의 통치에 대한 전체적인 평가(10-13절). 그에 대한 평가는 이전 왕들에 대한 평가와 거의 동일하므로 특별히 주목할 만한 것은 없다. 그는 분명 가장 악한 왕들 가운데 한 사람은 아니었다. 그러나 그 역시도 여로보암의 집의 뿌리 깊은 우상 숭배를 계속해서 지킴으로써 그가 여호와 보시기에 악을 행

하였다라는 평가를 받게 되었다. 그 한 가지 악만으로도 그의 이름에 씻을 수 없는 오명을 남기기에 충분했다. 왜냐하면 비록 사람의 눈에는 사소한 악으로 보일지 모르지만 그러나 여호와께서 보시기에 그것은 매우 악한 것이었기 때문이다. 우리는 하나님의 판단이 진리임을 확신한다. 영감 받은 성경 기자가 그의 다른 사적들은 별로 중요하게 여기지 않은 채 일반 역사가들에게 맡기고 오로지 그가 엘리사에게 경의를 표한 부분만 중요하게 다룬 점은 참으로 주목할 만하다. 하나님의 책에서는 한 가지 선한 행동이 열 가지 위대한 사적보다 더 중요하게 다루어질 것이다.

II. 요아스가 엘리사를 방문함. 엘리사가 죽을 병이 들자 왕이 그를 찾아왔는데, 우리는 여기에서 몇 가지 주목할 만한 사실들을 발견하게 된다.

1. 엘리사가 병이 듦(14절). 여기에서 다음을 주목하라.

(1) 그는 오래 살았다. 그가 선지자로 처음 부름 받은 것은 지금으로부터 대략 60년 전의 일이었다. 그가 이토록 오랜 시간 계속해서 밝게 빛난 것은 이스라엘에게 그리고 특별히 선지자의 제자들에게 큰 축복이었다. 엘리야가 선지자로서 활동한 기간은 엘리사의 4분의 1에 불과했다. 하나님의 선지자들은 하나님께서 정해 주신 분량만큼 사역하는 법이다.

(2) 예후가 기름 부음을 받은 때로부터 요아스가 왕이 될 때까지 45년간의 그의 후기 활동과 관련하여 우리는 아무런 이야기도 듣지 못한다. 다만 여기에서 그의 죽음 직전에 있었던 일에 대해서만 들을 수 있을 뿐이다. 그는 마지막까지 자신에게 주어진 사명을 신실하게 감당했을 것이다. 그렇지만 젊은 시절만큼 그렇게 역동적이지는 않았던 것으로 보인다. 그가 활발하게 활동한 기간은 그의 생애 전체와 비교해 보면 그다지 긴 기간은 아니었다. 노인들은 뒤로 물러나는 것을 불평할 필요가 없다. 도리어 그것을 기쁘게 받아들여야 한다.

(3) 엘리야의 영이 임했음에도 불구하고 그는 엘리야처럼 불병거를 타고 하늘로 올라가지 않고 보통 사람들처럼 세상을 떠났다. 설령 어떤 사람이 다른 사람과 비교하여 어떤 은사나 은혜에 있어 부족할지라도, 만일 하나님이 그를 존귀케 하신다면 누가 그를 허물할 것인가? 하나님이 자기 것으로 자기 마음대로 하실 수 없겠는가?

2. 왕이 엘리사를 찾아와 눈물을 흘리며 애통함(14절). 이것은 그 안에 선한 것이 있었음을 보여주는 분명한 증거였다. 그는 엘리사 선지자를 귀하게 여기

며 그에게 좋은 감정을 품고 있었다. 그는 엘리사 선지자를 이스라엘을 괴롭게 하는 자로 여기면서 미워하며 핍박하는 것과는 너무나 거리가 멀었다. 그는 엘리사를 이스라엘의 최고의 축복으로 여기면서 사랑하고 존경했으며, 지금 그를 잃게 되는 것으로 인해 크게 애통해했다. 하나님의 말씀에 순종하지는 않으면서도 신실한 사역자들에 대해서는 크게 존경하는 사람들이 있는 법이다. 여기에서 다음을 주목하라.

(1) 엘리사가 죽을 병에 걸렸다는 소식을 들었을 때 왕은 그의 마지막 가르침과 축복을 받고자 그에게 찾아왔다. 비록 왕이라 할지라도 이와 같이 하나님이 존귀케 하신 자를 존귀케 하는 것은 결코 부끄러운 일이 아니다. 선한 사역자들의 임종에 참예하는 것은 우리에게 큰 영적 유익이 된다. 왜냐하면 죽음의 자리에서조차 믿음으로 하늘의 위로를 누리는 것을 통해 도리어 우리 자신이 믿음의 큰 격려를 받게 되기 때문이다.

(2) 엘리사가 매우 늙어 병들어 죽게 되었음에도 불구하고 왕은 그를 찾아와 눈물을 흘리며 애통해했다. 나이가 많은 사람은 많은 경험을 가지고 있으며, 따라서 결코 무시되어서는 안 된다. 어떤 경우 노인 한 사람의 지혜가 젊은이 열 사람의 지혜보다 나을 때가 있다.

(3) 요아스는 엘리야가 떠날 때 엘리사가 애통했던 것과 똑같은 말로 엘리사의 떠남을 애통했다: 내 아버지여 내 아버지여 이스라엘의 병거와 마병이여(14절). 스승의 떠남에 대한 엘리사의 애통에 관해 요아스가 어느 정도 듣고 알았을 것이라는 것은 충분히 가능한 일이다. 앞 세대를 존경하고 존귀케 한 자는 뒷 세대로부터 똑같은 존경과 존귀를 받게 되는 법이다. 남을 윤택하게 하는 자는 자기도 윤택하여지리라(잠 11:25).

(4) 요아스는 여기에서 자기중심적(selfish)이었다. 그는 엘리사를 잃는 것을 슬퍼했는데, 그것은 엘리사가 이스라엘의 병거와 마병이었기 때문이었다. 우리가 7절에서 살펴본 것처럼 당시 그들에게는 있었던 것은 마병 오십 명과 병거 열 대가 전부였다. 이스라엘의 병거와 마병이 이렇게 부족했을 때, 왕으로서는 이스라엘의 병거와 마병인 엘리사가 떠나는 것을 안타깝게 여길 수밖에 없었다. 선한 자들이 나라를 지키며 하나님의 심판을 막는데 얼마나 큰 공헌을 하는지를 아는 자들은 그들의 죽음을 한탄하지 않을 수 없는 법이다.

3. 엘리사가 요아스 왕에게 승리의 확신을 줌. 엘리사는 왕에게 아람과 싸

위 승리하게 될 것을 확증하면서, 용기를 갖고 전쟁에 임하라고 격려한다. 엘리사는 왕이 자신의 죽음을 슬퍼하는 이유가 그가 자신을 나라의 큰 방패로 여기면서 자신의 축복과 기도를 의지했기 때문임을 알고 있었다. 엘리사는 말한다. "왕이 슬퍼하는 원인이 바로 그것이라면 이제 왕은 염려하지 마소서. 나는 무덤에 있을지라도 왕은 아람에 대해 승리하실 것이나이다. 나는 죽으나 하나님은 필경 당신을 찾아오실 것이나이다. 하나님은 다른 선지자들을 일으키셔서 당신을 위해 기도하게 하실 것이나이다." 하나님의 은혜는 어떤 한 사람에게 매이지 않는다. 어떤 일꾼이 죽은 후에도 하나님의 일은 계속되는 법이다. 이어 엘리사는 왕에게 표적을 주기 위해 활과 화살을 잡으라고 명령한다(15절). 이것은 아람으로부터 나라를 구원하기 위해 왕은 마땅히 전쟁을 각오하고 또 전쟁의 모든 수고와 위험을 기꺼이 감당할 것을 결심해야 한다는 사실을 암시하는 것이었다. 그 일은 하나님이 하실 것이었다. 그러나 그는 도구가 되어야 했다. 이제 그는 승리자가 될 것인데, 엘리사는 다음과 같이 지시함으로써 그에게 승리에 대한 분명한 증표를 주고자 했다.

(1) 아람을 향해 화살을 쏘라. 활을 다루는 방법에 있어 선지자보다도 왕이 훨씬 더 잘 알고 있었을 것이라는 것은 의심의 여지가 없는 사실이다. 그러나 지금 쏘는 화살은 하나님의 명령에 따른 것이라는 의미를 가져야만 했기 때문에 선지자가 왕에게 그와 같이 명령한 것이었다(화살을 잡으소서 – 창문을 여소서 – 쏘소서). 뿐만 아니라 활을 한 번도 당겨보지 못한 어린아이에게 그렇게 하는 것처럼 엘리사는 자신의 손을 왕의 손 위에 얹었는데, 그것은 아람과의 모든 싸움에 있어 왕은 오직 하나님만을 바라봐야 하며 스스로의 힘만으로는 결코 충분치 못하다는 사실을 인식하면서 하나님의 도우심을 의지하고 나갈 것을 의미하는 것이었다. 그가 내 손을 가르쳐 싸우게 하시도다(시 18:34; 144:1). 젊은 왕의 힘센 손보다도 죽음을 눈앞에 둔 선지자의 떨리는 손이 그 활에다가 더 강력한 힘을 부여해 주었다. 아람 사람들은 요단 동편 지역을 점령하고 있었다(10:33). 따라서 화살은 그쪽으로 겨누어졌으며, 그것은 다음과 같은 의미를 내포하는 것이었다.

[1] 왕으로 하여금 아람을 공격하라는 명령.

[2] 승리에 대한 약속. 그것은 여호와의 구원의 화살 곧 아람에 대한 구원의 화살이었다. 구원을 명하시는 분은 하나님이시다. 하나님이 그 일을 행하고자 하

시는데 누가 막을 수 있겠는가? 구원의 화살은 하나님의 것이다. 그가 화살을 쏘면 일이 이루어진다(시 18:14). "왕이 아람 사람을 멸절하도록 아벡에서 치리이다." 아벡은 지금 아람 군대가 진을 치고 있는 곳이거나 아니면 전 병력이 집결해 있는 곳이었을 것이다. 이제 요아스는 자신과 자신의 나라를 압제하며 괴롭게 한 자들을 쳐서 승리를 거두게 될 것이었다.

(2) 화살들을 집어 땅을 쳐라(18, 19절). 왕에게 하나님의 이름으로 아람에 대한 승리를 확증해 준 후, 엘리사 선지자는 그가 이러한 승리를 어떻게 활용하는지를 시험해 보고자 했다(다시 말해서 아합이 벤하닷에 대해 취했던 미온적인 태도와는 달리 더욱 강력한 열정으로 아람 군대를 밀어붙이는지 여부를 시험해 보고자 했다). 이것을 시험하기 위해 엘리사는 왕에게 화살들을 집어 땅을 치라고 명령했다. "여호와의 구원의 화살에 의해 그들이 땅에 엎드러져 당신의 발 앞에 무릎 꿇게 될 것을 믿으소서. 당신이 그들을 무찌르고 난 후 그들에게 어떻게 할 것인지 내게 보이소서. 하나님이 다윗의 원수들을 다윗 앞에 엎드리게 하셨을 때 다윗이 그들을 바람 앞에 티끌 같이 부숴뜨렸던 것처럼 그렇게 하실 것이나이까?"(시 18:40, 42). 그러나 왕은 이와 같은 상황에서 마땅히 보였어야 할 열심과 열정을 나타내지 못했다. 단지 땅을 세 번만 치고 말았을 뿐이었다. 어쩌면 그는 아람 사람들에 대한 어리석은 동정심으로 그렇게 했는지 모른다. 그는 마치 그들이 다칠 것을 염려하는 것처럼 부드럽게 세 번 쳤을 뿐이었다. 그들은 자신과 자기 백성들에게 추호의 동정심도 갖지 않았던 자들이 아니었던가? 그렇지 않으면 어쩌면 그는 화살들로 땅을 치는 것을 왕이 하기에는 너무나 히찮고 어린아이 같은 일로 생각했는지도 모른다. 단지 선지자를 만족시키기 위한 하찮은 장난일 뿐이라면 세 번 치는 것으로 충분할 것이었다. 그러나 그는 겉으로 드러난 동작을 경멸하는 가운데 그것이 의미하는 것까지 잃어버리고 말았으며, 그로 인해 죽음을 앞둔 선지자에게 큰 슬픔을 안겨 주고 말았다. 결국 엘리사 선지자는 왕에게 노하면서 왕이 마땅히 대여섯 번 쳤어야 했다고 말한다. 하나님의 권능과 약속은 결코 작고 협소하지 않거늘 왜 그는 그렇게 작은 분량만 기대했단 말인가? 어떤 사람이 자기가 받은 은총과 영적 원수들에 대한 주도권을 잃어버릴 때, 그것을 바라보는 사람의 마음에 어찌 괴로움이 없을 수 있겠는가?

[20]엘리사가 죽으니 그를 장사하였고 해가 바뀌매 모압 도적 떼들이 그 땅에 온지라 [21]마침 사람을 장사하는 자들이 그 도적 떼를 보고 그의 시체를 엘리사의 묘실에 들이던지매 시체가 엘리사의 뼈에 닿자 곧 회생하여 일어섰더라 [22]여호아하스 왕의 시대에 아람 왕 하사엘이 항상 이스라엘을 학대하였으나 [23]여호와께서 아브라함과 이삭과 야곱과 더불어 세우신 언약 때문에 이스라엘에게 은혜를 베풀며 그들을 불쌍히 여기시며 돌보사 멸하기를 즐겨하지 아니하시고 이 때까지 자기 앞에서 쫓아내지 아니하셨더라 [24]아람의 왕 하사엘이 죽고 그의 아들 벤하닷이 대신하여 왕이 되매 [25]여호아하스의 아들 요아스가 하사엘의 아들 벤하닷의 손에서 성읍을 다시 빼앗으니 이 성읍들은 자기 부친 여호아하스가 전쟁 중에 빼앗겼던 것이라 요아스가 벤하닷을 세 번 쳐서 무찌르고 이스라엘 성읍들을 회복하였더라

I. 엘리사의 죽음과 장사. 엘리사는 나이가 많아 죽어 장사되었다. 그리고 이어지는 말씀 가운데 우리는 다음과 같은 사실들을 발견할 수 있다.

1. 그의 생명에 심판을 막는 어떤 권능이 있었다는 사실. 왜냐하면 그가 죽자마자 모압의 도적떼가 이스라엘 땅을 침략해 들어왔기 때문이었다. 그들은 전장(戰場)에서 대치하는 큰 군대가 아니라 불시에 몰려와 살인과 약탈을 일삼는 떠돌이 도적떼였다. 패역한 백성들을 징벌함에 있어 하나님은 여러 가지 방법들을 갖고 계신다. 왕은 오로지 아람 군대로부터의 위험만을 걱정하고 있었지만, 지금은 모압 도적떼가 그 땅을 침범해 들어왔다. 곤경은 때때로 우리가 거의 예상치 못한 곳으로부터 오기도 한다. 엘리사의 죽음에 이어 바로 이 일이 언급되는 것을 통해, 우리는 하나님의 신실한 선지자들의 떠남이 곧 심판이 다가오는 전조(前兆)라는 사실을 깨닫게 된다.

2. 그의 시신(屍身)에 사람을 살리는 어떤 권능이 있었다는 사실. 엘리사의 시신은 다른 시신에 생명을 전달했다(21절). 비록 매우 짤막하게 언급되고 있기는 하지만 그러나 이 큰 이적은 그의 사명이 무엇이었는지를 보여주는 결정적인 증거였다. 그것은 또한 이 땅의 삶 이후에 또 다른 삶이 있음을 보여주는 명백한 암시였다. 엘리사는 죽었지만, 그러나 그것이 그의 끝은 아니었다. 만일 죽음으로 모든 것이 끝이라면, 그는 결코 이러한 이적을 행할 수 없었을 것이다. 벌어지는 일(operation)로부터 우리는 실체(혹은 존재, existence)를 추론할 수 있다. 이 일로 인해 여호와는 여전히 엘리사의 하나님이라는 사실이 드

러났다. 그러므로 엘리사는 여전히 살아 있었다. 왜냐하면 하나님은 죽은 자의 하나님이 아니라 산 자의 하나님이기 때문이다. 또한 우리는 여기에서 이것이 그리스도와 관계되는 것이라는 사실을 추론할 수 있다(그의 죽음과 장사로서 무덤은 모든 믿는 자들에게 영원한 생명으로 나아가는 복된 통로가 된다). 마찬가지로 그것은 또한 그의 약속 덕택에 이스라엘은 다시금 새로워지고 번성하게 될 것을(비록 지금은 침체되고 쇠락해 보인다 할지라도) 암시해 주는 것이었다. 사람들이 어떤 죽은 자의 시신을 무덤으로 옮기고 있었다. 그 때 그들은 멀찌감치 떨어져 있는 모압 도적떼를 보았는데, 그들은 지금 이 시신을 장사하려고 하는 장소 근처에 모여 있었다. 그리하여 그들은 그 곳으로 갈 수 없었고 따라서 시신을 그냥 가까운 묘실에 두었는데, 그 곳은 바로 엘리사의 묘실이었다. 그 때 놀라운 이적이 일어났다. 죽은 자의 시신이 엘리사의 뼈에 닿는 순간 즉시로 회생하여 일어난 것이었다(살아난 자는 친구들과 함께 다시 집으로 돌아갔을 것이다). 요세푸스는 이 이야기를 다른 방식으로 이야기한다. 즉 어떤 도적들이 무죄한 행인을 강탈하고 죽인 후 그의 시체를 엘리사의 묘실에 던졌는데 그 시체가 즉시로 회생했다는 것이다. 엘리야는 세상을 떠날 때 영광을 받았지만, 엘리사는 세상을 떠난 후에 영광을 받았다. 이와 같이 하나님은 당신이 기뻐하시는 대로 영광을 나누어 주신다. 이런 사람에게는 이런 방식으로 저런 사람에겐 저런 방식으로, 그리하여 모든 성도들이 영화롭게 될 것이다(사 11:10). 살았을 때든지 죽을 때든지, 성도들을 가까이하며 그들과 더불어 유업을 함께 나누는 것은 참으로 선한 일이다.

II. 이스라엘의 왕 요아스의 칼. 요아스는 아람을 무찌르고 승리를 거두었다.

1. 승리의 원인은 하나님의 은혜였다(23절): 여호와께서 이스라엘에게 은혜를 베풀며 그들을 불쌍히 여기시며. 여기에서 우리는 그토록 패역한 백성들에게 은혜를 베푸시는 하나님의 선하심을 발견하게 된다. 그들이 진멸을 당하지 않은 것은 하나님의 은혜로 말미암은 것이었다. 왜냐하면 하나님이 그들을 멸하기를 즐겨하지 않으셨기 때문이었다. 하나님은 그들이 결국엔 스스로 멸망될 것을 예견하셨지만, 그러나 아직까지는 그것을 유예하시면서 회개의 기회를 주셨다. 죄인들에 대한 하나님의 징벌이 속히 이루어지지 않는 것은 하나님의 공의가 굽어지는 것으로서가 아니라 하나님의 은혜가 더 크게 빛나는 것으로 이해되

어야만 한다.

2. 승리의 결과는 이스라엘의 부요였다. 요아스는 벤하닷의 손으로부터 아람 사람들이 점령하고 있었던 성읍들을 되찾았다(25절). 이것은 그 성읍들뿐만 아니라 나라 전체에 큰 축복이었다. 왜냐하면 회복된 성읍들이 압제의 멍에에서 벗어나게 됨으로써 이스라엘 전체가 크게 강성해졌기 때문이었다. 전에 화살들로 땅을 세 번 쳤던 것처럼 요아스는 아람을 세 번 쳤다. 그러고는 그의 승리의 행진은 그것으로 끝나고 말았다. 많은 사람들이 나중에 자신들의 불신앙과 작게 바란 것을 후회한다. 그러나 그 때는 이미 너무 늦었으니 어찌 하리요?

제
— 14 —
장

개요

본 장에서 우리는 유다 왕국과 이스라엘 왕국의 계속되는 왕위계승의 역사를 보게 된다. I. 유다 왕국. 1. 아마샤가 통치하던 시대의 역사. (1) 그에 대한 전체적인 평가(1-4절). (2) 그가 부왕을 죽인 자들에게 공의를 시행함(5, 6절). (3) 에돔에 대해 승리를 거둠(7절). (4) 요아스와 전쟁을 벌임, 그러나 패배함(8-14절). (5) 마침내 그가 반역으로 살해를 당함(17-20절). 2. 아사랴의 통치가 시작됨(21, 22절). II. 이스라엘 왕국. 1. 요아스의 통치가 끝남(15, 16절), 2. 요아스의 아들 여로보암의 통치(23-29절). 얼마나 많은 왕들이, 비록 세상에서는 큰 자로 여기질지라도, 하나님의 책에서는 보잘것없는 자리밖에는 차지하지 못하는가!

[1]이스라엘의 왕 여호아하스의 아들 요아스 제이년에 유다의 왕 요아스의 아들 아마샤가 왕이 되니 [2]그가 왕이 된 때에 나이 이십오 세라 예루살렘에서 이십구 년간 다스리니라 그의 어머니의 이름은 여호앗단이요 예루살렘 사람이더라 [3]아마샤가 여호와 보시기에 정직히 행하였으나 그의 조상 다윗과는 같지 아니하였으며 그의 아버지 요아스가 행한 대로 다 행하였어도 [4]오직 산당들을 제거하지 아니하였으므로 백성이 여전히 산당에서 제사를 드리며 분향하였더라 [5]나라가 그의 손에 굳게 서매 그의 부왕을 죽인 신복들을 죽였으나 [6]왕을 죽인 자의 자녀들은 죽이지 아니하였으니 이는 모세의 율법책에 기록된 대로 함이라 곧 여호와께서 명령하여 이르시기를 자녀로 말미암아 아버지를 죽이지 말 것이요 아버지로 말미암아 자녀를 죽이지 말 것이라 오직 사람마다 자기의 죄로 말미암아 죽을 것이니라 하셨더라 [7]아마샤가 소금 골짜기에서 에돔 사람 만 명을 죽이고 또 전쟁을 하여 셀라를 취하고 이름을 욕드엘이라 하였더니 오늘까지 그러하니라

우리는 여기에서 요아스의 아들 아마샤에 관해 보게 된다.

I. 아마샤가 여호와 보시기에 정직히 행함. 그는 자기 아버지 요아스처럼

어느 정도 정직하게 행하였지만, 그러나 다윗 같지는 못했다(3절). 그는 시작은 잘 했지만 그러나 그것을 끝까지 지속시키지 못했다. 그는 여호와 보시기에 정직히 행하였으며 하나님의 제단에 계속해서 참례하며 하나님의 말씀에 귀를 기울였지만 그러나 다윗 같지는 못했다. 경건한 전임자들이 행한 대로 단지 습관을 따라 행하는 것만으로는 충분하지 못하다. 우리는 그들이 가졌던 믿음과 헌신의 원리로부터, 그리고 그들과 동일한 진실함과 결단으로 행해야만 한다. 앞에서와 같이 여기에서도 산당들은 제거되지 않았다는 언급이 특별하게 강조된다(4절). 오랫동안 관례화된 폐습을 일소하는 것은 어려운 일이다.

Ⅱ. 아마샤가 공의를 시행함. 우리는 여기에서 아마샤가 자기 아버지를 죽인 반역자들에 대해 공의를 시행하는 것을 보게 된다. 그러나 그가 왕이 되자마자 그 일을 시행한 것은 아니었다. 만일 그렇게 했다면 어느 정도의 혼란이 불가피했을 것이다. 그렇게 하는 대신 그는 나라가 자신의 손에 굳게 설 때까지 그 일을 늦추었다(5절). 상당한 세력을 가진 일파에 대해 갑자기 일소하려고 서두르는 것보다는 조금씩 약화시켜 나가다가 적당한 때에 응징하는 것이 효과적일 때가 많다. 이와 같은 일에는 지혜가 필요한 법이다. 아마샤는 이 일을

1. 율법의 규례에 따라 시행했다. 즉 그가 공의를 시행한 것은 "사람의 피를 흘린 자는 자기도 피를 흘릴 것이니라"라는 규례에 따른 것이었다. 반역자나 살인자는 다른 사람들과 똑같이 무덤에 들어갈 것을 기대해서는 안 된다. 사람의 피를 흘린 자는 함정으로 달려갈 것이니 그를 막지 말지니라(잠 28:17).

2. 율법의 제한 하에 시행했다. 그는 그들의 자녀들은 죽이지 않았는데, 그것은 모세의 율법이 아버지로 말미암아 자녀를 죽이지 말라고 분명하게 명령했기 때문이었다(6절). 하나님은 아비들의 죄를 자녀들에게 찾으신다. 왜냐하면 모든 사람들이 하나님 앞에 죄책을 가지고 있으며 사망 아래 있기 때문이다. 그러므로 설령 아비들의 죄로 인해 자녀들의 생명을 찾으신다 할지라도 하나님이 잘못을 범하는 것은 결코 아니다. 왜냐하면 죄인은 이미 자신의 죄로 인해 생명을 상실했기 때문이다. 그러나 하나님은 땅의 왕들에게는 이와 같이 하는 것을 허락하지 않으셨다. 자녀들은 왕들 앞에서는 무죄하며, 따라서 죄인으로 처벌되어서는 안 된다.

Ⅲ. 아마샤가 에돔과 싸워 승리를 거둠(7절). 에돔은 요람의 때에 유다의 수하에서 배반했다(8:22). 그러던 가운데 이제 아마샤가 그들과 전쟁을 벌여 일

만 명을 죽이고 그들을 다시 복속시켰다. 그리고 아라비아의 중요한 성읍인 셀라(반석)를 취하고 그것을 욕드엘이라 불렀다. 우리는 이 전쟁에 대한 좀 더 자세한 설명을 역대하 25장 5절 이하에서 보게 될 것이다.

[8]아마샤가 예후의 손자 여호아하스의 아들 이스라엘의 왕 요아스에게 사자를 보내 이르되 오라 우리가 서로 대면하자 한지라 [9]이스라엘의 왕 요아스가 유다의 왕 아마샤에게 사람을 보내 이르되 레바논 가시나무가 레바논 백향목에게 전갈을 보내어 이르기를 네 딸을 내 아들에게 주어 아내로 삼게 하라 하였더니 레바논 들짐승이 지나가다가 그 가시나무를 짓밟았느니라 [10]네가 에돔을 쳐서 파하였으므로 마음이 교만하였으니 스스로 영광을 삼아 왕궁에나 네 집으로 돌아가라 어찌하여 화를 자취하여 너와 유다가 함께 망하고자 하느냐 하나 [11]아마샤가 듣지 아니하므로 이스라엘의 왕 요아스가 올라와서 그와 유다의 왕 아마샤가 유다의 벧세메스에서 대면하였더니 [12]유다가 이스라엘 앞에서 패하여 각기 장막으로 도망한지라 [13]이스라엘 왕 요아스가 벧세메스에서 아하시야의 손자 요아스의 아들 유다 왕 아마샤를 사로잡고 예루살렘에 이르러 예루살렘 성벽을 에브라임 문에서부터 성 모퉁이 문까지 사백 규빗을 헐고 [14]또 여호와의 성전과 왕궁 곳간에 있는 금 은과 모든 기명을 탈취하고 또 사람을 볼모로 잡고서 사마리아로 돌아갔더라

왕국이 분열된 이후 상당한 기간 동안 유다는 이스라엘의 적대감에 의해 많은 고통을 겪었다. 그러다가 아사 왕 이후로는 이스라엘과의 우호관계로 인해 더 큰 고통을 겪었다(그들과 더불어 동맹과 함께 혼인관계를 맺음으로써). 그러나 우리는 여기에서 그들이 또다시 적대관계로 돌아간 것을 보게 되는데, 이러한 적대관계는 상당한 기간 동안 없었던 것이었다.

I. 유다 왕 아마샤가 이스라엘 왕 요아스와 전쟁을 벌이고자 함. 요아스가 어떤 도발을 한 것도 아니었고 꼭 전쟁을 해야 할 특별한 이유가 있는 것으로 나타나지도 않는다. 그럼에도 불구하고 아마샤는 이스라엘과 더불어 전쟁을 하고자 했다. "오라 우리가 서로 대면하자(8절). 전장(戰場)에서 우리의 힘을 서로 겨뤄보자." 단지 개인적인 결투를 신청한 것뿐이었다면, 어떤 불상사가 생긴다 할지라도 그것은 단지 그 개인에게만 국한될 것이었다. 그러나 양쪽 모두가 자신들의 전 병력을 전장(戰場)으로 데리고 나가야만 했으며 또한 양쪽 모

두에서 수많은 목숨이 그의 충동적인 기분에 희생제물이 되어야 했다. 이와 같이 그는 거들먹거리기를 좋아하며 피를 아낄 줄 모르는 사람이었다. 어떤 이들은 그가 그렇게 한 것을 다음과 같이 생각한다. 즉 얼마 전 전쟁에 나가는 것이 허락되지 않음으로 분개한 이스라엘 백성들이 자기 나라에 대해 행한 위해(危害)에 대해 복수하면서(대하 25:13) 더불어 이스라엘 왕국을 정복하여 다시 유다에 병합(倂合)시키고자 생각했기 때문이었다는 것이다. 미련한 자의 입술은 다툼을 일으키고 그의 입은 매를 자청하느니라(잠 18:6). 이러한 도전은 마치 방축에 물이 새는 것처럼 큰 전쟁의 발단이 되는 것으로서 비난 받아 마땅하다. 이와 같이 싸우거나 소송을 벌이기를 좋아하는 자는 계속해서 그런 일들을 만나게 될 것이며, 누구보다 먼저 후회하게 될 것이다.

II. 아마샤의 도전에 요아스가 엄중하게 견책하며 돌아갈 것을 충고함(9, 10절).

1. 요아스는 아마샤를 대수롭지 않게 여긴다. 요아스는 자신을 장대한 백향목으로 그리고 그를 보잘것없는 가시나무로 비유한다. 그러면서 자신은 그를 조금도 두려워하지 않으며 그와 더불어 동맹관계나 혹은 어떤 특별한 관계를 맺는 것은 마치 백향목이 가시나무와 사돈을 맺는 격이라고 말하면서 그를 경멸하며 조소한다. 그는 다윗의 집 따위는 예후의 집과 비교될 바가 아니라고 생각한다. 이와 같이 오만하며 거들먹거리기를 좋아하는 두 사람이 서로 헐뜯으며 비방하는 말을 들을 때 누군들 웃지 않을 수 있겠는가?

2. 요아스는 아마샤의 멸망을 예고한다: 들짐승이 지나가다가 그 가시나무를 짓밟았느니라. 이와 같이 요아스는 자신의 군대가 쉽게 아마샤를 짓밟을 것으로 여겼다.

3. 요아스는 아마샤의 도전을 어리석은 것으로 말한다. "네가 에돔을 쳐서 파하였으므로 마음이 교만하여졌도다. 그들은 약하고 무장도 되어 있지 않으며 훈련도 받지 못한 자들이거늘 어찌 그들을 이긴 것으로 이스라엘의 정규군까지 네 앞에 쉽게 굴복시킬 수 있을 것으로 여긴단 말인가?" 모든 죄의 뿌리가 어디에 놓여있는지 보라. 그것은 마음이다. 마음으로부터 모든 죄가 흘러나온다. 사람으로 하여금 교만하게 하거나 방심하게 하거나 혹은 불만을 품게 만드는 것은 신적 섭리나 사건 자체가 아니라 그 안에 있는 그 자신의 마음이다. "네가 에돔을 친 것으로 마치 모든 사람이 너를 두려워하는 양 거들먹거리며 교만

하도다." 이와 같이 자신의 업적을 과장하며 또 약간의 승리와 명성을 얻었다고 하여 무슨 일이든지 할 수 있다고 여기는 것은 스스로를 속이는 것이다.

4. 요아스는 아마샤에게 지금까지 얻은 영광으로 만족하고 과도한 욕심으로 스스로 화를 자초하지 말라고 충고한다: 네가 어찌하여 화를 자취하여 너와 유다가 함께 망하고자 하느냐? 다툼을 멀리 하는 것이 사람에게 영광이거늘 미련한 자마다 다툼을 일으키느니라(잠 20:3). 재물과 명예에 있어 이미 충분히 가지고 있음에도 불구하고 부족하게 여기면서 더 많이 가지고자 하는 사람들이 얼마나 많은가? 그러면서 요아스는 아마샤에게 그 결과가 어떨 것인지를 경고한다. 그것은 그 한 사람의 목숨만 달린 문제가 아니라 그가 보호해야 할 그의 나라에까지 치명적인 결과를 가져올 것이었다.

Ⅲ. 아마샤가 자신의 결심을 고집함. 아마샤에게 있어 요아스의 충고대로 그냥 집에 머물러 있었더라면 얼마나 좋았겠는가? 도전자가 참패를 당하는 일은 너무도 흔한 일이다.

1. 아마샤의 군대는 패주를 당하고 흩어졌다(12절). 요세푸스는 아마샤의 군대가 한 번도 겪어보지 못한 타격을 받고 모든 병사가 흩어졌다고 말한다.

2. 아마샤 자신은 이스라엘 왕에게 붙잡혀 포로가 되었다. 여기에서 그의 계보(系譜)가 돌연 언급되는데(아하시야의 손자 요아스의 아들), 아마도 그것은 그가 자신의 혈통을 자랑했기 때문이거나 아니면 그들(즉 아하스와 아하시야)의 죄로 인해 지금 징벌을 당하고 있는 것이기 때문일 것이다.

3. 정복자는 예루살렘에 입성했다. 예루살렘은 그에게 순순히 성문을 열어주었지만, 그러나 그는 에루살렘 도성의 성벽을 헐어버렸다(요세푸스가 말하는 것처럼, 요아스는 자신의 병거를 타고 무너진 성벽을 통과하여 행진했다). 이것은 그들을 모독하면서 동시에 자신이 원하기만 하면 언제든지 왕도(王都)를 점령할 수 있음을 과시하는 것이었다.

4. 요아스는 예루살렘을 약탈했다. 그는 모든 금은보화를 탈취하여 사마리아로 돌아갔다(14절). 요아스는 여호와 보시기에 악을 행했다고 언급되는 반면 아마샤는 여호와 보시기에 정직히 행했다고 언급된다. 그럼에도 불구하고 요아스가 아마샤에 대해 승리를 거두었는데, 그 이유는 무엇인가? 아마도 그것은 아마샤의 운명을 통해 하나님이 교만한 자를 대적한다는 사실을 나타내기 위함이었든지, 아니면 다른 때에는 어떠했든지 간에 요아스는 최근에 하나님의

선지자를 존귀케 한 반면(13:14) 아마샤는 선지자에 대해 함부로 말했기 때문이었을 것이다(대하 25:16). 하나님의 선지자를 존귀케 하는 것은 곧 하나님 자신을 존귀케 하는 것이다. 따라서 하나님은 자신의 선지자를 존귀케 하는 자들을 존귀케 하신다. 반대로 하나님의 선지자를 경멸하는 것은 곧 하나님 자신을 경멸하는 것이다. 그러므로 하나님은 당신의 선지자를 경멸하는 자들을 경멸하실 것이다.

[15]요아스의 남은 사적과 그의 업적과 또 유다의 왕 아마샤와 싸운 일은 이스라엘 왕 역대지략에 기록되지 아니하였느냐 [16]요아스가 그의 조상들과 함께 자매 이스라엘 왕들과 사마리아에 함께 장사되고 그의 아들 여로보암이 대신하여 왕이 되니라 [17]이스라엘의 왕 여호아하스의 아들 요아스가 죽은 후에도 유다의 왕 요아스의 아들 아마샤가 십오 년간을 생존하였더라 [18]아마샤의 남은 행적은 유다 왕 역대지략에 기록되지 아니하였느냐 [19]예루살렘에서 무리가 그를 반역한 고로 그가 라기스로 도망하였더니 반역한 무리가 사람을 라기스로 따라 보내 그를 거기서 죽이게 하고 [20]그 시체를 말에 실어다가 예루살렘에서 그의 조상들과 함께 다윗 성에 장사하니라 [21]유다 온 백성이 아사랴를 그의 아버지 아마샤를 대신하여 왕으로 삼으니 그 때에 그의 나이가 십육 세라 [22]아마샤가 그의 조상들과 함께 잔 후에 아사랴가 엘랏을 건축하여 유다에 복귀시켰더라

본 단락에서 우리는 세 왕이 무덤으로 들어가는 것을 보게 된다.

1. 이스라엘 왕 요아스(15, 16절). 우리는 앞에서도 그의 죽음과 관련한 이야기를 살펴보았었다(13:12, 13). 그러나 그의 생애와 활동에 관해 좀 더 이야기해야 할 필요가 있었기 때문에 역사가는 여기에서 그의 죽음과 장사에 대해 다시 한 번 반복해서 언급한다.

2. 유다 왕 아마샤. 그는 자신을 정복한 이스라엘 왕 요아스보다도 15년을 더 살았다(17절). 수치를 당한 이후에도 오래도록 살아 있으면서 굴욕적인 삶을 사는 사람들이 있는데, 아마샤가 바로 그런 경우였다. 그의 행적이 유다 왕 역대지략에 기록되었다고 언급되고 있는데(18절), 그러나 그는 진정 강력한 용사는 아니었다. 왜냐하면 그는 잔인하게 에돔을 정복하고 또 안하무인격으로 이스라엘 왕에게 도전했는데, 그것을 통해 우리는 그가 진정한 용기를 가진 자

는 아니었다는 사실을 알게 된다. 그는 그의 통치를 증오한 신하들에 의해 살해당했다(19절). 그의 어리석음으로 인해 예루살렘 성벽이 치욕적으로 헐림으로써 그의 신뢰성은 땅에 떨어졌으며, 결국 예루살렘에서 일어난 반란으로 인해 그는 라기스로 도망가게 되었다. 그 곳에서 그가 얼마 동안 피신하고 있었는지는 알 수 없지만, 그러나 마침내 그는 거기에서 살해를 당하고 말았다(19절). 반역자들의 분노는 더 이상 확대되지 않고 거기에서 멈췄다. 왜냐하면 그들은 그의 시체를 병거에 싣고 예루살렘으로 가져와 그의 조상들 가운데 장사했기 때문이었다.

3. 아마샤에 이어 아사랴가 왕이 되었다. 그러나 그는 아버지가 죽은 후 12년이 지나서야 비로소 아버지의 왕위를 이어받을 수 있었다. 왜냐하면 아마샤는 여로보암 15년에 죽었는데(왕하 14장 2절과 23절을 참조하라), 반면 아사랴의 통치는 여로보암 27년이 되어서야 비로소 시작되기 때문이다(15:1). 아사랴는 그의 아버지가 죽을 때 고작 네 살이었다. 따라서 그가 16살이 될 때까지는 통치권이 후견인들의 손에 있었다. 그는 매우 오랫동안 통치했지만(15:2), 그러나 그의 통치와 관련한 이야기는 매우 짤막하게만 언급될 뿐이다: 아마샤가 그의 조상들과 함께 잔 후에 아사랴가 엘랏을 건축하였더라. 엘랏은 에돔에 속한 성읍이었는데, 아마도 그 성읍을 회복한 것은 그의 아버지였을 것이다(6절).

[23]유다의 왕 요아스의 아들 아마샤 제십오년에 이스라엘의 왕 요아스의 아들 여로보암이 사마리아에서 왕이 되어 사십일 년간 다스렸으며 [24]여호와 보시기에 악을 행하여 이스라엘에게 범죄하게 한 느밧의 아들 여로보암의 모든 죄에서 떠나지 아니하였더라 [25]이스라엘의 하나님 여호와께서 그의 종 가드헤벨 아밋대의 아들 선지자 요나를 통하여 하신 말씀과 같이 여로보암이 이스라엘 영토를 회복하되 하맛 어귀에서부터 아라바 바다까지 하였으니 [26]이는 여호와께서 이스라엘의 고난이 심하여 매인 자도 없고 놓인 자도 없고 이스라엘을 도울 자도 없음을 보셨고 [27]여호와께서 또 이스라엘의 이름을 천하에서 없이 하겠다고도 아니하셨으므로 요아스의 아들 여로보암의 손으로 구원하심이었더라 [28]여로보암의 남은 사적과 모든 행한 일과 싸운 업적과 다메섹을 회복한 일과 이전에 유다에 속하였던 하맛을 이스라엘에 돌린 일은 이스라엘 왕 역대지략에 기록되지 아니하였느냐 [29]여로보암이 그의 조상 이스라엘 왕들과 함께 자고 그의 아들 스가랴가 대신하여 왕이 되니라

우리는 여기에서 여로보암 2세의 통치에 관한 전반적인 이야기를 보게 된다. 예후의 집 즉 당시 이스라엘 왕가는 다음 왕위계승 예정자에게 느밧의 아들 여로보암과 똑같은 이름을 지어주었는데, 과연 그것이 당시 왕가가 이스라엘로 범죄케 한 여로보암의 죄를 좋게 여긴 것을 증거하는 것인지는 다소 의문의 여지가 남는다. 하나님의 책에서 악명으로 낙인찍힌 이름을 과연 그들은 영광스럽게 생각했는가?

I. 그의 통치는 모든 이스라엘 왕들 가운데 가장 길었다. 그가 사십일 년간 다스렸으며. 그러나 그와 동시대의 왕이었던 유다의 아사랴는 그보다 더 긴 52년을 다스렸다. 여기의 여로보암은 아사가 다스렸던 기간과 똑같은 기간을 다스렸지만(왕상 15:10), 그러나 한 사람은 선하게 다스린 반면 또 한 사람은 악하게 다스렸다. 우리는 수명(壽命)이나 외적인 형통 여부로 사람을 평가할 수 없다. 의인과 악인에게 임하는 것이 일반이라(전 9:2).

II. 그에 대한 평가는 이스라엘의 다른 왕들에 대한 평가와 거의 같았다. 그가 여호와 보시기에 악을 행하여 여로보암의 모든 죄에서 떠나지 아니하였더라(24절). 그는 금송아지 숭배를 계속했으며, 그것이 특별히 해로울 것이 없다고 생각하면서 그것을 떠나지 않았다. 왜냐하면 그것은 그의 모든 조상들과 선왕(先王)들이 행하고 따른 길이었기 때문이었다. 오랫동안 관습으로 내려온 것이라 할지라도 죄는 여전히 죄이며 하나님 앞에 큰 악이다. 그것이 관례가 되었다고 말하면서 버리지 않는 것은 초라한 변명일 뿐이다.

III. 그러나 그의 길은 이스라엘의 다른 왕들에 비해 훨씬 형통했다. 그것은 비록 그 한 가지 일에 있어서는 여호와 보시기에 악을 행했지만 그러나 다른 부분에서는 선한 면들이 있었기 때문일 것이다.

1. 하나님은 예언으로써 그것을 인정해 주셨다. 하나님은 갈릴리 사람 아밋대의 아들 요나를 일으키시고, 그를 통해 이스라엘에 은총을 베푸실 것을 말씀하셨다("갈릴리에서는 선지자가 나지 못하느니라" 라는 말은 크게 잘못된 말이다, 요 7:52). 여로보암이 하나님의 노를 격발시켰음에도 불구하고 하나님은 그와 그의 나라를 격려하사 병기를 들고 옛 지경을 되찾을 것을 말씀하시면서 그들에게 승리의 확신을 주셨다. 그들 가운데 신실한 사역자들을 계속해서 일으키는 것은 하나님이 자기 백성을 버리지 않았음을 보여주는 분명한 표적이다. 요아스의 손을 굳세게 해 주었던 엘리사가 떠나가자 그의 아들(즉 여로보암 2세)

을 굳세게 하기 위해 요나가 보냄을 받았다. 선지자들이 계속해서 일어남으로 여호와의 말씀이 영구히 이어지는 땅은 얼마나 복된가? 여기에 등장하는 요나에 대해 우리는 그의 이름으로 일컬어지는 작은 책(요나서)에서 상세하게 읽을 수 있다. 하나님이 그를 니느웨로 보내신 것은 아마도 그가 젊었을 때였을 것이다. 그리고 그 때는 아직 하나님의 이상(異像, vision)에 대해 충분히 익숙하지 못했던 때였다(요나서에서 우리는 그가 하나님을 피해 도망치는 것이라든지 벌레들이 박 넝쿨을 씹는 것으로 불평하는 등의 모습을 보게 되는데, 그것들은 그의 미숙함을 보여주는 증거들이다). 그럼에도 불구하고 그가 나중에 이스라엘에 은총을 증거하는 사자(使者)로 쓰임 받은 사실은 하나님이 그의 허물과 어리석음을 용서해 주셨음을 보여주는 분명한 증거이다. 하나님이 그에게 어떤 사명을 주셨다면 거기에는 이미 하나님이 그의 허물을 용서해 주셨다는 사실이 전제되어 있는 것이다. 그러므로 많은 허물과 어리석음에도 불구하고 하나님의 은총을 받은 그는 당시 이스라엘 백성들에게(그들 역시도 허물과 어리석음이 많은 백성들이었다) 은총의 소망으로 더 잘 격려할 수 있었을 것이다. 처음에는 어리석음과 혈기로 가득했던 자가 나중에 더 훌륭하고 유용한 일꾼이 되는 일은 결코 드문 일이 아니다. 그러므로 우리는 잘못을 범했다 하여 사람을 쉽게 포기해서는 안 된다.

2. 하나님은 섭리로써 그것을 인정해 주셨다. 그 일은 여호와의 말씀을 따른 것이었다. 하나님은 그의 팔을 강하게 하셨으며, 그는 이스라엘 영토를 회복하되 북쪽의 하맛 어귀에서부터 남쪽의 아라바 바다(즉 소돔 바다)까지 아람 사람들이 섬령하고 있던 모든 지역을 회복했다(25절). 하나님이 그들에게 이와 같은 승리를 주신 이유가 두 가지로 제시된다.

(1) 그들의 고난이 너무도 심하므로 하나님이 그들을 불쌍히 여기셨기 때문이었다(26절). 하나님은 그들로부터 회개와 돌이킴의 어떤 징조도 보지 못하셨다. 그럼에도 불구하고 하나님은 그들이 당하는 가혹한 고난을 보셨다. 원수들이 점령하고 있는 지역에 사는 백성들은 처참한 압제와 멍에 아래 있었으며 아무것도 자기 것이라고 주장할 수 없었다. 나머지 백성들도 적들의 빈번한 습격과 약탈로 몹시 곤궁한 상태였을 것이다. 그러므로 그 땅에 매인 자도 없고 놓인 자도 없게 되었다. 성안과 성밖을 막론하고 피폐한 상태가 되었으며, 어떤 도울 자도 나타나지 않았다. 여로보암의 통치가 시작될 즈음 이스라엘의 많은

지역이 이와 같은 극단적인 상황에 처해 있었다. 그리하여 그들의 고통의 부르짖음을 들으셨을 때, 하나님은 여로보암의 손을 통해 그들을 구원코자 하셨다. 가련한 상황에 처한 자들에게는 하나님의 긍휼이 따르는 법이다. 하나님은 자비와 긍휼이 많은 하나님이시다(사 63:15; 렘 31:20; 시 86:15).

(2) 아직 그들을 완전히 진멸하겠다고 선포하지 않으셨기 때문이었다(27절): 이스라엘의 이름을 천하에서 없이 하겠다고도 아니하셨으므로. 만일 이것을 열 지파의 흩어짐으로 이해한다면, 실제로 하나님은 그것을 말씀하셨다(그리고 장차 열 지파는 바벨론의 포로로 끌려가 흩어지게 될 것이었다). 그러므로 우리는 이것을 영적 이스라엘로 이해해야 한다. 지금 이 시대에까지도 이스라엘의 이름은 복음의 이스라엘로 남아 있으며, 그 이름은 영원히 계속될 것이다. 어쨌든 아직까지는 그들이 이스라엘이란 이름을 담고 있었기 때문에, 하나님은 그들에게 이와 같은 은총을 베풀어 주셨다.

IV. 여로보암의 통치의 종결. 우리는 28절에서 그가 얼마나 강력한 힘을 가진 왕이었나 하는 것을 볼 수 있다. 그러나 그 역시도 열조들과 함께 잠들었다(29절). 가장 강력한 군주도 죽음과의 싸움에서 이길 수는 없으며, 누구도 그 싸움을 피할 수 없다. 지금까지 이스라엘에 많은 선지자들이 있었으며, 시대에 따라 계속해서 계승되었다. 그렇지만 지금까지 자신들의 예언을 문서로 기록하여 남긴 선지자는 아무도 없었으며, 단지 성경 이야기의 일부로만 존재할 뿐이었다. 호세아가 예언활동을 시작한 것은 바로 지금 즉 여로보암이 통치하던 때였으며(호 1:1), 그는 자신의 예언을 기록한 첫 번째 선지자였다. 그리하여 그에게 여호와의 말씀이 임했을 때, 여호와께서 처음 호세아에게 말씀하셨다고 언급된다(호 1:2). 그리고 호세아와 동시대에 아모스도 예언을 하며 자신의 예언을 기록했고, 이어 아하스와 히스기야의 시대에 미가와 이사야가 예언활동을 했다. 이와 같이 하나님은 자신을 증거하지 않은 때가 결코 없으셨다. 교회가 가장 타락하고 어둡던 시대에도 하나님은 말씀 선포와 삶을 통해, 그리고 더러는 저작(著作) 활동을 통해 그 시대의 교회를 밝힌 찬란한 빛을 일으키셨으며, 이것은 세상 끝날까지 계속될 것이다.

제
— 15 —
장

개요

본 장의 내용은 다음과 같다. I. 유다의 두 왕에 대한 간략한 기록. 1. 아사랴 혹은 웃시야(1-7절). 2. 그의 아들 요담(32-38절). II. 이스라엘의 여러 왕들에 대한 간략한 기록. 여기에 다섯 명의 왕이 이어서 등장하는데, 한 명을 제외하고는 모두 살해당해 죽고 왕을 살해한 자가 왕위를 계승한다. 1. 예후 왕가의 마지막 왕인 스가랴는 6개월을 통치하고 살룸에게 살해당한다(8-12절). 2. 살룸은 한 달 동안 통치하고 므나헴에게 살해당한다(13-15절). 3. 므나헴이 10년간 통치함. 그는 잔혹(16절)과 강탈(20절)을 행하는 등 그의 통치기간은 끔찍한 폭정의 연속이었다. 그가 죽자 그의 왕위는 그의 아들 브가히야에게 이어진다(16-22절). 4. 브가히야는 2년 동안 통치하고 베가에게 살해당한다(23-26절). 5. 베가는 20년 동안 통치하고 호세아에게 살해당한다(27-31절). 이렇게 하여 호세아는 이스라엘의 마지막 왕이 되는데, 이와 같이 이스라엘은 마지막 멸망을 향해 곤두박질치고 있었다.

[1]이스라엘 왕 여로보암 제이십칠년에 유다 왕 아마샤의 아들 아사랴가 왕이 되니 [2]그가 왕이 될 때에 나이가 십육 세라 예루살렘에서 오십이 년간 다스리니라 그의 어머니의 이름은 여골리야라 예루살렘 사람이더라 [3]아사랴가 그의 아버지 아마샤의 모든 행위대로 여호와 보시기에 정직히 행하였으나 [4]오직 산당은 제거하지 아니하였으므로 백성이 여전히 그 산당에서 제사를 드리며 분향하였고 [5]여호와께서 왕을 치셨으므로 그가 죽는 날까지 나병환자가 되어 별궁에 거하고 왕자 요담이 왕궁을 다스리며 그 땅의 백성을 치리하였더라 [6]아사랴의 남은 사적과 행한 모든 일은 유다 왕 역대지략에 기록되지 아니하였느냐 [7]아사랴가 그의 조상들과 함께 자매 다윗 성에 그의 조상들과 함께 장사되고 그의 아들 요담이 대신하여 왕이 되니라

우리는 여기에서 아사랴(웃시야)의 통치에 대한 간략한 이야기를 보게 된다.

1. 본 단락은 매우 전형적인 형식으로 되어 있다. 왕들에 대한 대부분의 이야기가 이와 유사한 형식으로 되어 있다. 그는 어린 나이에 왕이 된 후 매우 오랜 세월 왕위에 앉아 있었다(2절). 그는 대체로 정직한 길로 행했다(3절, 선한 통치가 오랫동안 계속되는 나라는 얼마나 복된가?). 그러나 그는 산당을 제거하는 일에 있어서는 별다른 열정을 보이지 않았다(4절).

2. 그는 하나님의 침을 받아 나병환자가 되었다(5절). 우리는 이와 관련한 이야기를 역대하 26장 16절 이하에서 좀 더 상세하게 살펴볼 수 있다. 또한 우리는 거기에서 아사랴의 통치에 관한 좀 더 상세한 이야기를 들을 수 있는데, 그의 통치 전반기는 비교적 영광스러웠던 반면 후반기는 그렇지 못했다. 자기 아버지 아마샤처럼 그 역시도 정직하게 행했다. 아마샤가 그랬던 것처럼 그 역시도 시작은 잘 했지만 그러나 끝은 그렇지 못했다. 우리는 여기에서 다음과 같은 사실들을 보게 된다.

(1) 그가 나병환자가 된 사실. 인간들 가운데 가장 큰 자라 할지라도 모든 인간이 부딪히는 불행과 연약의 문제를 벗어날 수는 없는 법이다. 만일 그들에게 어떤 죄책이 있다면, 그들 역시도 가장 낮고 비천한 자와 마찬가지로 신적 보응의 손길 아래 놓여지게 된다.

(2) 하나님이 그를 나병으로 치신 사실. 이것은 그가 제사장의 직무를 침해한 것을 징벌하기 위한 것이었다. 설령 크고 지위가 높은 자라 할지라도 교만하면 하나님이 그를 겸비케 하시고 그로 하여금 하나님이 그 위에 계시며 그를 대적하신다는 사실을 알게 하신다. 왜냐하면 하나님은 교만한 자를 대적하시기 때문이다.

(3) 그가 죽는 날까지 나병환자였다는 사실. 어쩌면 그는 자신의 잘못을 회개하고 사함을 받았을는지도 모른다. 그럼에도 불구하고 모든 사람들에 대한 경계로 삼기 위해 그는 죽는 날까지 하나님의 진노의 표적 아래 있었다. 어쩌면 그것은 그의 영혼의 유익을 위한 것이었는지도 모른다.

(4) 그가 별궁에 거했다는 사실. 왜냐하면 그는 율법에 따라 의식(儀式)상 부정한 자가 되었기 때문이었다. 비록 왕이라 할지라도 그것은 그가 마땅히 따라야만 할 규례였다. 그는 마치 제사장이라도 된 것처럼 자기 마음대로 하나님의 성전에 들어가 분향하려고 했는데, 그럼으로써 자신의 왕궁에조차 들어가지 못하며 마치 죄수나 은둔자처럼 별궁에 칩거해야만 했다. 우리는 그의 별궁

(separate house)이 그런대로 쾌적하고 편리하게 지어졌을 것이라고 추측한다. 어떤 이들은 그것을 자유로운 집(free house)이라고 번역하면서, 그가 그 곳에서 그런대로 자유롭게 그리고 큰 불편 없이 살았을 것이라고 생각한다. 그러나 왕으로서 할 일이 많은 그에게 있어 사람들로부터 단절되어 항상 별궁에 거해야만 했던 것은 큰 굴욕이 아닐 수 없었다. 왕이라 할지라도 그러한 삶은 그 자체가 하나의 무거운 짐이었을 것이다. 그것은 가장 은둔적인 사람이라 할지라도 곧 지쳐버리고 말 삶이었다.

(5) 그의 아들이 아버지를 대신하여 국정을 총괄한 사실: 왕자 요담이 왕궁을 다스리며 그 땅의 백성을 치리하였더라. 아사랴에게 있어 자신의 공백을 메워 줄 그와 같은 아들이 있었던 것은 그에게 있어 큰 위로였을 뿐만 아니라 그의 나라에도 큰 축복이었다.

[8]유다의 왕 아사랴의 제삼십팔년에 여로보암의 아들 스가랴가 사마리아에서 여섯 달 동안 이스라엘을 다스리며 [9]그의 조상들의 행위대로 여호와 보시기에 악을 행하여 이스라엘로 범죄하게 한 느밧의 아들 여로보암의 죄에서 떠나지 아니한지라 [10]야베스의 아들 살룸이 그를 반역하여 백성 앞에서 쳐죽이고 대신하여 왕이 되니라 [11]스가랴의 남은 사적은 이스라엘 왕 역대지략에 기록되니라 [12]여호와께서 예후에게 말씀하여 이르시기를 네 자손이 사 대 동안 이스라엘 왕위에 있으리라 하신 그 말씀대로 과연 그렇게 되니라 [13]유다 왕 웃시야 제삼십구년에 야베스의 아들 살룸이 사마리아에서 왕이 되어 한 달 동안 다스리니라 [14]가디의 아들 므나헴이 디르사에서부터 사마리아로 올라가서 야베스의 아들 살룸을 거기에서 쳐죽이고 대신하여 왕이 되니라 [15]살룸의 남은 사적과 그가 반역한 일은 이스라엘 왕 역대지략에 기록되니라 [16]그 때에 므나헴이 디르사에서 와서 딥사와 그 가운데에 있는 모든 사람과 그 사방을 쳤으니 이는 그들이 성문을 열지 아니하였음이라 그러므로 그들이 그 곳을 치고 그 가운데에 아이 밴 부녀를 갈랐더라 [17]유다 왕 아사랴 제삼십구년에 가디의 아들 므나헴이 이스라엘 왕이 되어 사마리아에서 십 년간 다스리며 [18]여호와 보시기에 악을 행하여 이스라엘로 범죄하게 한 느밧의 아들 여로보암의 죄에서 평생 떠나지 아니하였더라 [19]앗수르 왕 불이 와서 그 땅을 치려 하매 므나헴이 은 천 달란트를 불에게 주어서 그로 자기를 도와 주게 함으로 나라를 자기 손에 굳게 세우고자 하여 [20]그 은을 이스라엘 모든 큰 부자에게서 강탈하여 각 사람에게 은 오

십 세겔씩 내게 하여 앗수르 왕에게 주었더니 이에 앗수르 왕이 되돌아가 그 땅에 머물지 아니하였더라 ²¹므나헴의 남은 사적과 그가 행한 모든 일은 이스라엘 왕 역대지략에 기록되지 아니하였느냐 ²²므나헴이 그의 조상들과 함께 자고 그의 아들 브가히야가 대신하여 왕이 되니라 ²³유다의 왕 아사랴 제오십년에 므나헴의 아들 브가히야가 사마리아에서 이스라엘 왕이 되어 이 년간 다스리며 ²⁴여호와께서 보시기에 악을 행하여 이스라엘로 범죄하게 한 느밧의 아들 여로보암의 죄에서 떠나지 아니한지라 ²⁵그 장관 르말랴의 아들 베가가 반역하여 사마리아 왕궁 호위소에서 왕과 아르곱과 아리에를 죽이되 길르앗 사람 오십 명과 더불어 죽이고 대신하여 왕이 되었더라 ²⁶브가히야의 남은 사적과 그가 행한 모든 일은 이스라엘 왕 역대지략에 기록되니라 ²⁷유다의 왕 아사랴 제오십이년에 르말랴의 아들 베가가 이스라엘 왕이 되어 사마리아에서 이십 년간 다스리며 ²⁸여호와께서 보시기에 악을 행하여 이스라엘로 범죄하게 한 느밧의 아들 여로보암의 죄에서 떠나지 아니하였더라 ²⁹이스라엘 왕 베가 때에 앗수르 왕 디글랏 빌레셀이 와서 이욘과 아벨벳 마아가와 야노아와 게데스와 하솔과 길르앗과 갈릴리와 납달리 온 땅을 점령하고 그 백성을 사로잡아 앗수르로 옮겼더라 ³⁰웃시야의 아들 요담 제이십년에 엘라의 아들 호세아가 반역하여 르말랴의 아들 베가를 쳐서 죽이고 대신하여 왕이 되니라 ³¹베가의 남은 사적과 그가 행한 모든 일은 이스라엘 왕 역대지략에 기록되니라

이스라엘 왕국에 있어 가장 좋은 시대는 예후 왕가가 통치하던 시절이었다. 예후와 뒤이은 세 왕들의 통치기간 동안 왕권은 순조롭게 계승되었고 왕들은 자신의 침상에서 편안히 눈을 감았다. 그러나 이제 좋은 시대는 끝나고 말았다. 본 단락은 대략 33년 동안의 역사를 다루는데, 여기에 나타나는 것처럼 이스라엘은 극도의 혼란 속으로 빠져 들어가고 있었다. 이러한 시절에는 아이 밴 자들과(16절) 젖먹이는 자들에게 화가 있는 법이다. 왜냐하면 그러한 시절에는 땅의 임금들의 많은 범죄로 인해 큰 환난이 있을 것이기 때문이다.

I. 이러한 불행한 혁명들과 관련하여 다음의 사실들을 관찰하라.

1. 이것이 모세가 경고한 대로 이루어진 것이라는 사실. 하나님은 이스라엘 백성을 심판과 긍휼로 연단하시고 자기 종 선지자들을 통해 훈계하셨지만 그러나 그들은 회개치 않고 자신들의 악한 길을 돌이키지 않았다. 따라서 하나님은 모세가 경고했던 대로 그들에게 이러한 재앙들을 가져다주셨다. 너희가 나

를 거슬러 내게 청종하지 아니할진대 내가 너희의 죄대로 너희에게 일곱 배나 더 재앙을 내릴 것이라(레 26:21 이하).

2. 하나님이 예후에게 하신 약속이 그대로 이루어진 사실. 하나님은 예후에게 그의 자손이 4대에 걸쳐 이스라엘의 보좌에 앉을 것을 약속하셨다. 이것은 이스라엘의 왕가에 있어 다른 어느 왕가가 받은 은총보다도 더 큰 은총이었다. 우리는 여기에서 하나님이 과거에 말씀하셨던(10:30) 것이 그대로 이루어진 것을 보게 된다(12절). 여기에서 자신이 약속한 것을 엄격하게 지키는 하나님의 모습을 주목하라. 이러한 재앙들은 하나님이 오랫동안 이스라엘에게 계획하신 것이었으며 그들은 이와 같은 재앙을 받기에 합당한 자들이었다. 그러나 그들에 대한 형벌은 하나님의 말씀이 완전히 이루어질 때까지 연기되었다. 이와 같이 하나님은 아합의 집을 진멸하며 바알 숭배를 훼파한 예후의 열심에 대해 보상을 베푸셨다. 그러나 예후의 집에 죄의 분량이 찼을 때, 하나님은 그에 대해 피로써 보응하셨다(호 1:4, 이스르엘의 피).

3. 이 모든 왕들이 느밧의 아들 여로보암의 죄를 따르며 여호와 보시기에 악을 행한 사실. 그들은 서로 달랐지만 그러나 이 문제에 있어서는 동일했다. 그들은 우상 숭배를 계속했으며, 백성들 역시도 그것을 좋아했다. 보좌의 주인은 계속해서 바뀌었지만 금송아지 우상 숭배는 결코 바뀌지 않았다. 이토록 여러 번 왕권이 바뀌었음에도 불구하고 어느 누구도 금송아지들을 파괴시킬 생각을 하지 않은 것은 참으로 슬픈 일이었다.

4. 여기에 등장하는 왕들 가운데 한 사람을 제외하고 모두가 선왕(先王)을 살해하고 왕이 된 사실(살룸, 므나헴, 베가, 호세아). 앞에 열거한 네 왕 모두가 반역자이며 살인자였으며, 그들의 통치는 그다지 길지 못했다. 잠시 악인이 형통할는지는 모르지만 그러나 곧 피가 피를 부르고 반역을 행한 자는 또 다른 반역의 희생제물이 되는 법이다. 어떤 악인을 징벌하기 위해 종종 또 다른 악인이 회초리로 사용되게 되지만, 그러나 마침내 모든 악인이 스스로 멸망에 이르게 될 것이다.

5. 지도자들의 야심은 결국 나라를 불행하게 만든다는 사실. 우리는 여기에서 딥사라고 불리는 이스라엘의 한 성읍을 보게 되는데, 그 성읍은 한 사람의 야심가에 의해 끔찍한 파멸을 당하고 말았다(16절). 의심의 여지 없이 모든 반역자들은 많은 피를 흘리고 난 후 왕위를 차지했을 것이다. 왕위를 놓고 싸우

는 와중에 왕 한 사람만 죽었겠는가? 자신의 야심을 충족시키기 위해서라면 나라의 복리와 안녕 따위는 안중에도 없는 자들이야말로 나라에 가장 큰 해를 끼치는 자들이다.

6. 나라가 이처럼 사분오열되는 동안 앗수르가 두 번에 걸쳐 침략한 사실(19절, 29절). 한 나라로 하여금 적에게 손쉬운 먹잇감이 되게 만듦에 있어 내부적인 권력다툼보다 더 효과적인 것은 아무것도 없다. 왕권이 안정된 나라는 복이 있나니!

7. 바로 이것이 이스라엘이 완전히 파멸되고 포로로 끌려가기 직전의 상황이었다는 사실. 왜냐하면 이스라엘이 완전히 파멸당한 것은 마지막 왕위찬탈자인 호세아 제9년의 일이었기 때문이다. 만일 이러한 혼란과 혼돈의 시대에 그들이 스스로 하나님 앞에 겸비하며 하나님의 얼굴을 찾았다면, 아마도 최후의 멸망은 피할 수 있었을 것이다. 그러나 하나님은 심판하실 때 이기실 것이다. 이러한 분열과 다툼은 그들 가운데 보내진 악령의 열매였으며, 그들의 멸망을 더욱 재촉했다. 이와 같이 서로 대적하며 분열되는 나라는 불원간 멸망을 당하게 될 것이다.

Ⅱ. 각각의 왕들에 대해 간략하게나마 살펴보자.

1. 여로보암의 아들 스가랴. 그는 유다 왕 아사랴 혹은 웃시야 38년에 왕이 되었다(8절). 어떤 연대학자(年代學者)들은 이스라엘이 극도의 혼란과 알력에 빠진 가운데 여로보암과 그의 아들 스가랴 사이에 22년간의 왕위 공백이 있었던 것으로 생각한다(또 어떤 이들은 그러한 공백 기간을 11년으로 보기도 한다). 이렇게 보면 스가랴에게 있어 그의 왕권이 미처 안정되기도 전에 반란이 일어난 것은 조금도 이상한 일이 아니다. 그는 고작 6개월을 통치했을 뿐이며, 그 후에 살룸이 그를 백성 앞에서 쳐죽였다(10절). 아마도 그는 원로원에서 피살된 카이사르처럼 살해를 당했든지 아니면 백성들의 찬동 아래 범죄자로서 공공연히 사형에 처해진 것으로 보인다. 어쨌든 이렇게 하여 예후 왕가는 종말을 고하게 되었다.

2. 스가랴를 죽이고 왕이 된 살룸. 자기 주인을 죽이고 왕이 된 그는 어떻게 되었는가? 모든 일이 형통하게 되었는가? 결코 그렇지 못했다(13절). 그의 왕권은 고작 한 달에 불과했으며, 그는 또 다른 반역자에 의해 죽임을 당했다. 어쩌면 호세아 5장 7절은(호세아는 당시 활동하던 선지자였다) 바로 이 사건을

언급하고 있는 것인지도 모른다(그들이 여호와께 정조를 지키지 아니하고 사생아를 낳았으니 그러므로 새 달이 그들과 그 기업을 함께 삼키리로다, Now shall a month devour them with their portions). 피와 거짓으로 세워진 왕권은 오래 가지 못하는 법이다. 살룸을 쳐죽이고 대신하여 왕이 된 사람은 므나헴이었는데(14절), 아마도 그는 살룸의 행동으로 격분했든지 아니면 그의 행동에 의해 크게 고무되었을 것이다. 아마도 그는 이스라엘의 군대장관으로서 디르사에 진을 치고 있다가 살룸의 반란 소식을 듣고 그를 징벌하기 위해 서둘러 달려갔을 것이다(이와 유사한 상황에서 오므리가 시므리를 징벌하기 위해 달려갔던 것처럼, 왕상 16:17).

3. 살룸을 죽이고 왕이 된 므나헴. 므나헴은 10년간 통치했다(17절). 아람 왕 벤하닷은 자기 신하들에게 이스라엘 집의 왕들은 인자한 왕이라고 말했었다(왕상 20:31). 그러나 여기에 등장하는 므나헴은 자신에게 항복하기를 잠시 주저한 자기 백성들에게 너무나도 잔인한 만행을 저질렀다. 그는 그 성읍과 주변 지역을 진멸했을 뿐만 아니라 자신도 여인의 태에서 나왔다는 사실을 잊은 채 아이 밴 모든 부녀들을 갈랐다(16절). 사람이 이토록 잔인하며 인간성을 완전히 상실한 행동을 할 수 있다는 사실 앞에 우리가 어떻게 놀란 입을 다물 수 있겠는가? 이러한 잔인한 행동으로써 그는 사람들을 두려움 가운데 자신의 편이 되게 하고 그럼으로써 자신의 세력을 더욱 강화시키고자 의도한 것으로 보인다. 그러나 그는 자신의 목적을 이루지 못했다. 왜냐하면 앗수르 왕이 그를 치기 위해 왔을 때,

(1) 그는 감히 앗수르를 대적할 엄두를 내지 못했기 때문이었다. 그토록 무자비한 왕에게 어느 백성이 목숨을 맡기고 따르겠는가? 결국 므나헴은 막대한 비용을 치르고 앗수르 왕에게 화친을 구걸할 수밖에 없었다.

(2) 그는 도리어 앗수르 왕으로부터 나라를 굳게 세울 도움을 얻고자 했기 때문이었다. 므나헴은 이것을 앗수르 왕과의 화친조건의 일부로 삼고, 그의 도움으로 자신을 지지하지 않는 백성들을 제압하고자 했다. 앗수르 왕으로부터 화친을 구걸하는데 들어간 돈은 은 천 달란트에 이르는 어마어마한 액수였다(19절). 므나헴은 그 돈을 이스라엘의 모든 큰 부자들로부터 강탈했다(아마도 군사력을 동원하여 강제로 탈취했을 것이다). 그는 가난한 자들은 제외하고 그러한 짐을 감당할 수 있는 자들에게만 짐을 지웠다. 이렇게 하여 앗수르 왕에게 일

천 달란트의 은이 전달되었고, 그 돈은 그의 병사들의 급료로서 1인당 50세겔씩 지불되었다. 이러한 방법으로 므나헴은 앗수르 왕을 돌아가게 했다(20절): 이에 앗수르 왕이 되돌아가 그 땅에 머물지 아니하였더라. 그러나 앗수르 군대는 아무런 희생도 치르지 않고 막대한 전리품을 얻었으며, 이로 인해 그들은 얼마 후 또다시 이스라엘을 침략할 마음을 갖게 되고 실제로 그렇게 했다. 이와 같이 므나헴은 왕으로서 나라를 보호해야 할 위치에서 도리어 나라를 배신한 자가 되었다.

4. 므나헴의 아들 브가히야. 그는 아버지에 이어 왕위에 앉았지만, 그러나 그의 통치기간은 고작 2년에 불과했다. 그 후 그는 베가에게 살해를 당했는데, 그것은 그와 그의 아버지의 악행의 결과였다. 앞에서와 같이 그와 관련하여 "그가 여로보암의 죄에서 떠나지 않았다"고 또다시 언급된다(24절). 이러한 말씀이 반복적으로 언급되는 것은 그들에게 멸망이 임한 것은 너무나 당연한 일이었음을 나타내기 위한 것이었다(왜냐하면 그들이 스스로 돌이키기를 싫어했기 때문에). 우리는 여기에서 브가히야의 측근 두 명의 이름을 보게 되는데(25절, 아르곱과 아리에), 아마도 그들은 그의 왕권을 지탱하는 자들이었을 것이다.

5. 브가히야를 죽이고 왕이 된 베가. 그는 반역으로 왕권을 탈취했음에도 불구하고 20년 동안이나 통치했다(27절). 그렇지만 자기가 행한 폭력은 결국 자기 머리 위로 돌아오게 마련이다. 그리고 이것은 베가의 경우에도 마찬가지였다. 비록 오랜 시간이 지나기는 했지만, 그러나 마침내 그 때는 오고야 말았다. 르말랴의 아들 베가는

(1) 여기에 등장하는 왕위찬탈자들 가운데에서는 그나마 가장 유력(有力)한 자였다. 심지어 자신의 통치 말기 즉 아하스의 시대에도 그는 이사야 7장 1절 이하에 나타나는 것처럼 유다 왕국에 큰 두려움이었다(유다 왕 아하스의 통치는 베가 17년에 시작되었다).

(2) 자신의 왕국의 상당 부분을 앗수르 왕에게 빼앗겼다. 29절에 몇몇 성읍들이 거명되고 있는데, 그 곳은 요단 건너편의 길르앗 땅과 납달리와 스불론 지파를 포함하는 북쪽의 갈릴리 지역이었으며 결국 그 곳 주민들은 포로가 되어 앗수르로 옮겨졌다. 이러한 심판으로 하나님은 그가 유다와 예루살렘을 침략한 것에 대해 징벌을 내리셨다. 그가 예루살렘을 침략한 후 이삼년 내에, 즉 그 때 태어난 아이가 내 아빠, 내 엄마라 부를 줄 알기 전에 사마리아의 재물이 앗수

르 왕 앞에 옮겨지게 될 것이라고 예언되었는데(사 8:4), 우리는 여기에서 그 예언이 그대로 이루어진 것을 보게 된다.

(3) 이 일 후 얼마 되지 않아 분개한 동족들에 의해 목숨을 잃는다. 아마도 그들은 베가가 유다를 침략하는 동안 자신들이 이방 군대에게 그대로 노출된 것으로 크게 격분했던 것으로 보인다. 이 일을 주도한 사람은 호세아였는데, 그는 백성들을 충동하여 베가를 쳐서 죽이고 대신하여 왕이 되었다(30절). 다른 찬탈자들과 마찬가지로 호세아도 반역자로서의 위험을 감수하면서까지 왕관을 탐냈으며 결국 그것을 손에 넣는데 성공했다. 그러나 이제 이스라엘의 왕관은 그 모든 영광과 아름다운 빛을 잃어버리고 말았으며 가시처럼 찌르는 것이 되고 말았다. 계속해서 그것을 쓰는 자마다 치명적인 상처를 입었고, 신적 공의에 희생제물이 되었으며, 이제는 티끌처럼 버려지게 되었다. 지혜로운 자라면 결코 잡으려고 하지 않을 왕관이었지만, 그러나 호세아는 그것을 얻고자 모든 위험을 감수하면서 또다시 모험 속으로 뛰어들었다. 그리고 그 결과 그는 값비싼 대가를 지불하지 않을 수 없었다.

[32]이스라엘의 왕 르말랴의 아들 베가 제이년에 유다 왕 웃시야의 아들 요담이 왕이 되니 [33]나이가 이십오 세라 예루살렘에서 십육 년간 다스리니라 그의 어머니의 이름은 여루사라 사독의 딸이더라 [34]요담이 그의 아버지 웃시야의 모든 행위대로 여호와께서 보시기에 정직히 행하였으나 [35]오직 산당을 제거하지 아니하였으므로 백성이 여전히 그 산당에서 제사를 드리며 분향하였더라 요담이 여호와의 성전의 윗문을 건축하니라 [36]요담의 남은 사적과 그가 행한 모든 일은 유다 왕 역대지략에 기록되지 아니하였느냐 [37]그 때에 여호와께서 비로소 아람 왕 르신과 르말랴의 아들 베가를 보내어 유다를 치게 하셨더라 [38]요담이 그의 조상들과 함께 자매 그의 조상 다윗 성에 조상들과 함께 장사되고 그 아들 아하스가 대신하여 왕이 되니라

우리는 여기에서 유다 왕 요담의 통치에 대한 간략한 이야기를 듣게 된다.

1. 그의 통치는 매우 훌륭했으며, 그는 여호와께서 보시기에 정직히 행했다 (34절). 요세푸스는 그가 하나님 앞에서 경건했고 사람 앞에서 공정했으며 공적 선을 위해 헌신했다고 말하면서 그의 인품을 높이 평가했다. 또 그는 잘못

된 것이 있으면 무엇이든지 바로잡고자 애썼다고 요세푸스는 말한다. 한 마디로 말해서 그는 선한 통치자가 되기에 조금도 부족함이 없었다는 것이다. 비록 산당들은 제거되지 않았다 할지라도, 그러나 백성들을 산당으로부터 하나님의 성전으로 이끌기 위해 그는 성전을 크게 존귀케 하면서 성전의 윗문을 건축했다. 통치자들은 설령 모든 악습을 다 뿌리뽑지는 못한다 할지라도 그러나 경건과 덕을 증진하고 백성을 올바른 길로 이끄는데 최선을 다해야 한다. 설령 죄의 산당들은 제거하지 못한다 할지라도 그러나 하나님의 집의 윗문을 건축하고 아름답게 꾸미는 일에는 최선을 다해야 한다.

2. 그는 한창 때에 죽었다(33절). 대부분의 유다 왕들의 경우 그들이 왕이 될 때 몇 살이었는지가 대체로 분명하게 언급된다. 따라서 우리는 그러한 정보를 통해 그들이 죽을 때 몇 살이었는지를 계산할 수 있다. 그러나 이스라엘의 왕들의 경우에는 그들의 통치기간만 언급될 뿐 몇 살 때 왕이 되었는지에 대해서는 거의 언급되지 않는다. 하나님은 다윗의 집의 왕들에게 이와 같은 특별한 영예를 주셨다. 그리고 이러한 정보를 통해 우리는 유다의 어떤 왕도 다윗의 나이 즉 사람의 일반적인 수명인 70세에 이르지 못했다는 사실을 발견하게 된다. 아사가 몇 살까지 살았는지에 대해서는 우리는 아무것도 알지 못한다. 웃시야는 68세까지 살았으며, 므낫세는 67세 그리고 여호사밧은 60세까지 살았다. 이 세 왕이 가장 장수한 왕이었다. 많은 왕들이 50세도 못 되어 죽었다. 여기에 나오는 요담도 41세에 죽었는데, 당시 유다 백성은 그토록 선한 왕을 오랜 동안 가질 만한 자격이 없는 백성이었다. 그의 죽음은 하나의 심판이었다. 특별히 후임 왕인 그의 아들의 성품을 감안할 때 더욱 그러하다.

3. 그의 시대에 아람 왕 르신과 이스라엘 왕 베가가 유다에 대항해 동맹을 맺었다. 이러한 동맹은 특별히 아하스의 통치 초기에 가장 큰 두려움을 가져다 주었던 것으로 보인다. 당시 유다 왕과 백성은 그 소식을 듣고 크게 두려워하며 떨었다(사 7:2, 어떤 사람이 다윗의 집에 알려 이르되 아람이 에브라임과 동맹하였다 하였으므로 왕의 마음과 그의 백성의 마음이 숲이 바람에 흔들림 같이 흔들렸더라). 동맹을 맺은 아람과 이스라엘이 유다를 침략한 것은 매우 부당하며 악한 것이었다. 그러나 우리는 여기에서 하나님이 그들을 보내 유다를 치게 하셨다는 언급을 발견한다(37절): 그 때에 여호와께서 아람 왕 르신과 르말랴의 아들 베가를 보내어 유다를 치게 하셨더라. 이것은 마치 시므이로 하여금 다윗을 저주하도

록 하거나 혹은 스바 사람들을 통해 욥의 재물을 탈취하도록 하는 것과 비슷한 것이었다. 사람은 하나님의 손이며, 그 손에 들린 칼이요 막대기이다. 하나님은 사람들을 사용하셔서 당신의 의로운 목적을 이루시기를 기뻐하신다 ─ 설령 그 가운데 사람들이 불의한 계획과 목적을 갖고 있다 할지라도. 이러한 폭풍우(즉 르신과 베가의 동맹)은 경건한 요담 왕 시대에 일어났다. 그러나 요담은 평안히 자기 무덤에 들어가고, 그 폭풍우는 그의 타락한 아들 위에 떨어졌다.

제 — 16 — 장

개요

　　본 장은 전적으로 아하스의 통치만을 다룬다. 그의 아버지도 훌륭했고 그의 아들도 훌륭했건만 유독 그는 유다의 모든 왕들 가운데 가장 악한 왕 중 한 사람이었다. I. 그가 행한 우상 숭배(1-4절). II. 그가 성전과 왕궁의 보화를 주고 앗수르 왕을 자기편으로 삼음(5-9절). III. 그가 다메섹에서 본 우상의 제단을 본떠 새 제단을 만듦(10-16절). IV. 그가 성물들을 함부로 손 댐(17, 18절). V. 그의 통치의 종결(19, 20절).

¹르말랴의 아들 베가 제십칠년에 유다의 왕 요담의 아들 아하스가 왕이 되니 ²아하스가 왕이 될 때에 나이가 이십 세라 예루살렘에서 십육 년간 다스렸으나 그의 조상 다윗과 같지 아니하여 그의 하나님 여호와께서 보시기에 정직히 행하지 아니하고 ³이스라엘의 여러 왕의 길로 행하며 또 여호와께서 이스라엘 자손 앞에서 쫓아내신 이방 사람의 가증한 일을 따라 자기 아들을 불 가운데로 지나가게 하며 ⁴또 산당들과 작은 산 위와 모든 푸른 나무 아래에서 제사를 드리며 분향하였더라

　　우리는 여기에서 아하스의 통치의 전반적인 특성을 보게 된다. 한 마디로 그의 생애는 짧고 악했다. 그는 고작 36년을 살고 죽었다. 또 그의 생애가 악했던 것은 다음과 같은 사실들 때문이었다.

　　1. 그가 다윗처럼 정직히 행하지 않은 사실(2절). 그는 다윗과는 달리 하나님을 섬기며 예배하는 일에 별다른 관심과 애착을 갖지 않았다. 그는 성전에 대한 사랑도 없었고, 하나님 앞에서 자신의 의무를 수행해야 한다는 의식도 없었으며, 하나님의 율법에 대해서도 무관심했다. 바로 이 점에서 그는 다윗과 같지 않았다. 다윗의 혈통을 따라 난 것은 그에게 있어 큰 영예였다. 그리고 그가 왕이 된 것은 하나님이 예전에 다윗과 맺은 언약 때문이었다. 그러나 이러한 사실들은 도리어 그의 악을 더욱 가중(加重)시켰다. 결국 그는 다윗의 가문에 있어 수치스러운 존재였다. 그러나 동시에 다윗의 가문이라는 영광스러운 이

름 역시도 그에게 있어서는 영광스러운 것이 아니라 수치스러운 것이었다(좋은 혈통이라는 것은 타락한 자손에게는 수치스러운 것이다). 아하스는 다윗의 경건의 은덕을 입었음에도 불구하고 그의 길을 따라 행하지 않았다.

2. 그가 이스라엘의 왕들의 길로 행한 사실. 그들이 모두 금송아지 우상을 섬긴 자들이었음에도 불구하고 그는 그렇게 했다. 아합의 집과 혼인관계를 맺은 여호람과 아하시야와는 달리, 아하스는 이스라엘의 왕들과 특별한 혼인관계를 맺지는 않았다. 그러나 그와 같은 특별한 끈이 없었음에도 불구하고 그는 그들의 길을 따랐다. 이스라엘의 왕들이 행한 금송아지 우상 숭배에는 나름대로 정책적인 이유가 있었지만 그러나 아하스에게는 그런 것도 없었다. 그러므로 그가 이스라엘의 왕들의 길로 행한 것은 너무나 비합리적이며 도무지 납득할 수 없는 일이었다. 그들은 그의 적이었으며, 우상 숭배로 인해 그들끼리도 서로 적이었다. 그럼에도 불구하고 아하스는 그들의 길로 행했다.

3. 그가 쓰레기 같은 신들을 존귀케 하기 위해 자기 아들들을 불 가운데로 지나가게 한 사실. 역대하 28장 3절은 그가 자기 자녀들을 불살랐다고 분명하게 언급한다. 자신의 우상에게 바친다는 표시로 아마도 어떤 아들은 불사르고, 또 어떤 아들은 불 가운데로 지나가게 하거나 혹은 불 속을 통과하도록 만들었을 것이다(히스기야조차도 제외되지 않았을 것이다).

4. 그가 여호와께서 쫓아내신 이방 사람의 가증한 일들을 따라 행했다는 사실. 자기 눈앞에서 멸망의 구덩이로 떨어지는 것을 보면서도 그들을 따라 행할 만큼 그는 어리석은 자였다. 또 하나님이 가증하다고 선언하신 그들의 악한 행습들을 따르며, 하나님이 쫓아내신 자들의 본을 따름으로써 하나님과 정반대의 길로 행할 만큼 그는 불경건한 자였다.

5. 그가 산당에서 제사를 드렸다는 사실(4절). 만일 선왕(先王)인 요담이 산당들을 제거해 버렸더라면, 자기 아들의 타락을 막을 수 있었을 것이다. 그러나 죄를 묵인하는 자는 자신의 그러한 행위가 이후 세대에 얼마나 위험한 올무를 놓는 것인지를 알지 못한다. 그는 하나님의 집을 외면했으며, 왕자 시절에 종종 참예하곤 했던 성전에 대해 싫증이 났다. 대신에 그는 전망(展望) 좋은 산당과 쾌적한 그늘을 제공해 주는 푸른 나무 아래서 제사를 드렸다. 이것은 믿음을 따르는 것이 아니라 취미를 따르는 것으로서 올바른 신앙과는 너무나 거리가 먼 것이었다.

⁵이 때에 아람의 왕 르신과 이스라엘의 왕 르말랴의 아들 베가가 예루살렘에 올라와서 싸우려 하여 아하스를 에워쌌으나 능히 이기지 못하니라 ⁶당시에 아람의 왕 르신이 엘랏을 회복하여 아람에 돌리고 유다 사람을 엘랏에서 쫓아내었고 아람 사람이 엘랏에 이르러 거기에 거주하여 오늘까지 이르렀더라 ⁷아하스가 앗수르 왕 디글랏 빌레셀에게 사자를 보내 이르되 나는 왕의 신복이요 왕의 아들이라 이제 아람 왕과 이스라엘 왕이 나를 치니 청하건대 올라와 그 손에서 나를 구원하소서 하고 ⁸아하스가 여호와의 성전과 왕궁 곳간에 있는 은금을 내어다가 앗수르 왕에게 예물로 보냈더니 ⁹앗수르 왕이 그 청을 듣고 곧 올라와서 다메섹을 쳐서 점령하여 그 백성을 사로잡아 기르로 옮기고 또 르신을 죽였더라

1. 아람 왕과 이스라엘 왕이 동맹을 맺고 유다를 침략함. 그들은 예루살렘을 점령하고 그 곳에 자신들의 마음에 맞는 왕을 세우려고 생각했다(사 7:6, 우리가 올라가 유다를 쳐서 그것을 쓰러뜨리고 우리를 위하여 그것을 무너뜨리고 다브엘의 아들을 그 중에 세워 왕으로 삼자 하였으나). 비록 그 일을 도모하는 데에는 성공하지 못했다 할지라도, 그러나 아람 왕은 성공적으로 엘랏을 되찾을 수 있었다(엘랏은 홍해에 위치한 중요한 항구로서 아마샤가 아람으로부터 빼앗은 곳이었다, 14:22). 신앙을 잃은 자들이 무엇인들 지킬 수 있겠는가? 그들은 결국 모든 것을 잃게 될 것이다.

2. 아하스가 그들을 물리칠 계획을 세움. 하나님을 버린 그는 더 이상 적과 맞설 힘도 용기도 없었을 뿐만 아니라 담대하게 하나님의 도움을 간구할 수도 없었다. 그리하여 그는 앗수르 왕에게 도움과 구원을 간청하기로 작정했다. 하나님을 떠난 자들은 환난 날에 하나님이 아닌 다른 곳을 찾을 것이다. 앗수르 왕에게 도움을 청한 것은 이스라엘에 하나님이 계시지 않았기 때문이었는가? 그가 이와 같이 부러진 갈대에 의지하려고 한 것은 영원한 반석이 떠났기 때문이었는가? 그의 죄는 하나님을 떠난 것이었는데, 그것은 또한 그에게 임한 징벌이기도 했다. 그의 목적이 이루어진 것은 분명한 사실이었다. 왜냐하면 앗수르 왕이 그의 청을 듣고 곧 다메섹을 공격했기 때문이었다(9절). 이로 인해 아람 왕은 큰 타격을 받게 되었으며 따라서 유다를 점령하고자 했던 계획을 포기할 수밖에 없게 되었다. 뿐만 아니라 아모스 1장 5절에 예언되었던 것처럼, 앗수르 왕은 아람 백성을 사로잡아 기르로 끌고 갔다(아람 백성이 사로잡혀 기르에

이르리라). 그러나 이 모든 것에도 불구하고 그는 잘못된 거래를 한 것이었다. 왜냐하면 이렇게 하기 위해

(1) 그는 스스로 종이 되었기 때문이었다(7절): 나는 왕의 신복(servant, 종)이요 왕의 아들이라. 다시 말해서 "당신이 내게 이와 같은 은혜를 베풀어 주신다면 나는 당신을 주인과 아버지로 섬기며 순종하겠나이다." 만일 그가 하나님께 이와 같이 스스로를 겸비케 하며 하나님의 은총을 간구했다면, 그는 훨씬 쉬운 조건으로 구원받을 수 있었을 것이다. 굳이 많은 돈을 들일 필요도 없었을 것이며, 단지 죄로부터 떠나기만 하면 되었을 것이다. 그러나 아버지의 집을 버리고 떠난 탕자는 곧 가장 악독한 주인의 종이 되고 말았다(눅 15:15, 가서 그 나라 백성 중 한 사람에게 붙여 사니 그가 그를 들로 보내어 돼지를 치게 하였는데).

(2) 그는 막대한 비용을 치르지 않을 수 없었기 때문이었다. 그는 성전과 왕궁의 곳간으로부터 은과 금을 취하여 앗수르 왕에게 보냈다(8절). 교회와 국가의 모든 재정은 자신들의 새로운 보호자를 기쁘게 하기 위해 고갈되지 않을 수 없었다. 그는 도대체 무슨 권세로 교회와 국가의 공적 재산을 이와 같이 자기 마음대로 처분할 수 있었단 말인가? 나는 그가 무슨 권세로 이렇게 할 수 있는지 도무지 알지 못한다. 한 가지 죄로 인해 곤경에 처한 자가 또 다른 죄를 통해 그러한 곤경에서 빠져 나오려고 하는 것은 결코 드문 일이 아니다. 스스로 하나님을 버린 자가 무엇인들 지킬 수 있겠는가?

[10]아하스 왕이 앗수르의 왕 디글랏 빌레셀을 만나러 다메섹에 갔다가 거기 있는 제단을 보고 아하스 왕이 그 제단의 모든 구조와 제도의 양식을 그려 제사장 우리야에게 보냈더니 [11]아하스 왕이 다메섹에서 돌아오기 전에 제사장 우리야가 아하스 왕이 다메섹에서 보낸 대로 모두 행하여 제사장 우리야가 제단을 만든지라 [12]왕이 다메섹에서 돌아와 제단을 보고 제단 앞에 나아가 그 위에 제사를 드리되 [13]자기의 번제물과 소제물을 불사르고 또 전제물을 붓고 수은제 짐승의 피를 제단에 뿌리고 [14]또 여호와의 앞 곧 성전 앞에 있던 놋제단을 새 제단과 여호와의 성전 사이에서 옮겨다가 그 제단 북쪽에 그것을 두니라 [15]아하스 왕이 제사장 우리야에게 명령하여 이르되 아침 번제물과 저녁 소제물과 왕의 번제물과 그 소제물과 모든 국민의 번제물과 그 소제물과 전제물을 다 이 큰 제단 위에 불사르고 또 번제물의 피와 다

른 제물의 피를 다 그 위에 뿌리라 오직 놋제단은 내가 주께 여쭐 일에만 쓰게 하라 하매 ¹⁶제사장 우리야가 아하스 왕의 모든 명령대로 행하였더라

아하스가 산당들과 작은 산 위와 모든 푸른 나무 아래에서 제사를 드리는 동안에도(4절), 하나님의 제단은 계속해서 본래의 자리에서 사용되고 있었고 왕의 번제물과 소제물이 그 제단에서 수종드는 제사장들에 의해 드려지고 있다(15절). 그러나 우리는 여기에서 악한 아하스 왕이 그 제단을 버리고 다른 제단 즉 우상 숭배적인 제단으로 그것을 대체하는 것을 보게 된다. 이제까지 어떤 악한 왕도 하나님의 종교를 이렇게까지 직접적으로 공격한 적은 없었다. 우리는 여기에서 다음과 같은 내용을 보게 된다.

I. 아하스 왕이 다메섹의 제단을 본떠 새 제단의 모형을 그림(10절).   앗수르 왕이 다메섹을 점령하자, 아하스는 그의 승리를 축하하고 자신의 간청을 들어준 것에 대해 사의(謝意)를 표하며, 또 신복과 아들로서 그의 명령을 하달받기 위해 그 곳으로 갔다. 만일 그가 하나님께 신실했다면, 그는 이방 왕에게 이렇게까지 굽실거릴 필요는 없었을 것이다. 다메섹에서 그는 자신의 눈을 휘둥그렇게 만드는 한 제단을 보았다(다메섹의 진귀한 물건들을 살펴보는 가운데 우연히 보게 되었든지, 아니면 그들의 제사의식에 동참하는 가운데 보게 되었을 것인데, 아마도 후자의 가능성이 좀 더 높아 보인다). 그것은 그가 예루살렘에서 종종 참례하곤 했던 구식의 평범한 제단이 아니라 각종 형상으로 공교하게 조각되고 장식된 화려한 제단이었다. 그리고 그 제단 주위에는 그가 생각하기에 매우 아름답고 놀라울 뿐만 아니라 특별한 의미를 갖고 있는, 그리고 사람의 종교심을 불러일으킬 만한 아름다운 것들이 많이 있었다. 그가 생각하기에 이 제단을 만든 천재적인 장인(匠人)과 비교할 때 솔로몬은 하잘것없는 상상력밖에는 갖고 있지 못했다. 그는 이와 똑같은 제단을 갖지 않고는 견딜 수가 없었다. 그리하여 그는 즉시 그 제단의 모든 구조와 제도의 양식을 그렸다. 그는 자신이 돌아갈 때까지 제단 만드는 일을 늦출 수가 없었다. 그리하여 그는 제사장 우리야에게 이것과 똑같은 제단을 만들라는 암시(?)와 함께 그 모형을 보냈다. 하나님이 시내 산에서 모세에게 보여주신 혹은 성령으로 다윗에게 보여주신 모형은 다메섹으로부터 보내진 이러한 모형과는 비교조차 될 수 없는 것이었다. 우상을 섬기는 자들의 마음은 자신들의 눈을 따라 행하는 법이다(그

래서 음란한 눈으로 우상을 섬긴다고 언급된다, 겔 6:9). 그러나 참된 예배자는 믿음으로 참된 하나님을 예배하며 섬긴다.

II. 제사장 우리야가 새 제단을 만듦(11절). 아마도 여기에 등장하는 우리야는 이 때 성전 예배를 주관하던 '주임 제사장'(chief priest, 대제사장인 high priest와는 구별됨)이었을 것이다. 그에게 아하스 왕은 이러한 모형을 따라 제단을 만들라는 암시를 보냈다(본문 속에 제단을 만들라는 분명한 명령은 나타나지 않는다). 이에 대해 우리야는 아무런 갈등이나 거리낌도 없이 즉시 제단 만드는 일에 착수했다. 어쩌면 그 역시도 왕처럼 다메섹의 제단을 보고 눈이 휘둥그레지면서 그것을 좋아했을는지도 모른다. 최소한 그는 기꺼이 왕의 비위를 맞추고자 했다. 어쩌면 그는 자신의 행동 즉 왕의 비위를 맞추기 위해 새 제단을 만든 것에 대해 다음과 같은 핑계를 댈는지 모른다. "내가 그렇게 한 것은 왕으로 하여금 예루살렘 성전을 더욱 가까이 하도록 만들고자 한 것이었도다"(왜냐하면 왕이 산당과 푸른 나무에서 제사 드리는 것을 좋아하는 나머지 예루살렘 성전을 완전히 외면할 우려가 있었기 때문에). 우리야는 생각한다. '우리가 그의 뜻대로 하여 그에게 은혜를 베풀자. 그러면 그가 자신의 모든 희생제물을 우리에게 가져올 것이 아닌가? 그러면 우리의 생계도 더욱 든든해질 것이 아닌가?' 그러나 무슨 핑계를 대든지 간에 제사장인 그가 우상 숭배적인 군주에게 맹종하면서 이와 같은 제단을 만든 것은 너무도 추하고 악한 죄가 아닐 수 없었다. 이렇게 함으로써,

1. 그는 자신의 권위를 팔고 제사장직을 더럽혔으며 스스로를 사람의 정욕의 노예로 만들었다. 제사장에게 있어 이와 같은 악한 명령에 굴종하는 것보다 더 큰 수치가 어디 있겠는가?

2. 그는 자신의 직무를 배반했다. 제사장으로서 그는 하나님의 규례들을 지키며 유지시켜야 할 책임이 있었다. 어떤 이유로든 하나님의 규례들을 바꾸고 변개(變改)시키는 것에 대해 그는 단호히 반대했어야 했다. 따라서 그가 왕과 협력하여 하나님의 지시에 따라 만들어진 제단과 맞서는 다른 제단을 만든 것은 영원한 오명을 뒤집어쓰기에 합당한 배신이요 변절이었다. 왕의 보복에 대한 두려움으로 단지 묵인한 것일 뿐이었다면, 왕으로 하여금 그 일을 단념시키고자 조금의 노력이라도 했다면, 최소한 왕이 돌아올 때까지 그 일을 늦추기라도 했다면, 이렇게까지 나쁘지는 않았을 것이다. 그러나 그는 이와 같이 왕의

비위를 맞출 기회가 오기를 기다리기라도 했다는 듯이 기꺼이 그 일에 착수했는데, 그것은 일말의 변명의 여지도 없는 하나님께 대한 모독이었다.

III. 새 제단의 봉헌. 왕의 마음을 간파한 우리야는 왕이 돌아오기 전에 새 제단을 완성시켰다. 그리고 그것을 기존의 놋 제단 가까이에 두었다(성전 문으로부터 좀 더 떨어지고 좀 더 낮은 곳에). 왕은 그것을 보고 크게 기뻐하면서 최고의 경의를 표하며 다가가 그 위에 번제물과 다른 제물들을 드렸다(12, 13절). 그러나 그의 희생제물들은 이스라엘의 하나님에게 드린 것이 아니라 다메섹의 신들에게 드린 것이었다(대하 28:23에 나타난 것처럼). 아람의 제단을 빌려올 때 그와 함께 그들의 신들까지 빌려온 것은 조금도 놀랄 일이 아니다. 아람 사람 나아만이 제단을 만들기 위해 이스라엘 땅으로부터 흙을 취했을 때, 그는 이스라엘의 하나님까지 취한 것이다.

IV. 새 제단을 위해 하나님의 제단을 옮김. 우리야는 자신이 만든 새 제단을 성전 마당의 낮은 자리에 두고 기존의 하나님의 제단은 본래의 자리 즉 새 제단과 여호와의 성전 사이에 그냥 두었다(14절). 그러나 아하스는 그것을 못마땅하게 여겼다. 그는 하나님의 제단을 마당 북쪽의 외진 장소로 옮기고, 그 자리 즉 성소(聖所) 앞에 자신의 새 제단을 놓았다. 그는 자신의 새 제단이 훨씬 더 웅대하고 보기에도 좋다고 생각했다. 그러므로 하나님의 제단은 눈에 잘 띄지 않는 장소로 치워져야만 하였다. 그의 미신적인 창작물(새 제단)이 처음에는 하나님의 거룩한 규례(본래의 제단)와 다투더니 마침내는 그것을 밀어내고 말았다. 하나님을 전부(all)로 여기지 않는 자는 곧 하나님을 아무것도 아닌 존재(nothing)로 여기게 될 것이다. 아하스는 감히 놋 제단을 때려 부수지는 못했다(그것은 아마도 백성들을 두려워해서였을 것이다). 그렇지만 그는 모든 제물을 오직 새 제단에서만 드리라고 명령하면서, 놋 제단은 자신이 주께 여쭐 때에만 쓸 것이라고 선언했다(15절). 아하스는 하나님의 제단과 관련하여 그것의 본래의 용도는 폐기시키면서 마치 자신이 그것을 더욱 발전시키는 것처럼 꾸미고 있는데, 이런 일은 미신적인 사람들에게 있어 흔히 있는 일이다. 제단은 결코 신탁(神託, oracle)을 위한 것이 아니었다. 그럼에도 불구하고 아하스는 그렇게 사용하겠다는 것이었다. 로마교회는 외견상 그리스도의 성례들을 높이는 것처럼 보이지만 실상은 크게 타락시킨다. 어떤 이들은 아하스의 마음속에 다른 목적이 있었을 것이라고 생각한다: "놋 제단에 대하여는 내가 그것을 어떻게 쓸 것인지를 생각하고 나서 나중에 명령을 하달하겠노라." 유대인들은 그가 나중에 제단의 놋으로 아하스의 해시계로 불리는 유명한 해시계를 만들었다고 말한다(20:11). 그리고 이어서 타락한 왕에게 맹종한 가련한 제사장이 다시 한 번 언급된다(16절): 제사장 우리야가 아하스 왕의 모든 명령대로 행하였더라. 어떤 왕이나 대인(大人)들에게 있어 그들이 죄를 범할 때 마땅히 견책해야 할 자들이 도리어 그들의 죄를 옹호하며 맹종할 때, 그것은 그들 자신들에게도 너무나 불행한 일이다.

[17]아하스 왕이 물두멍 받침의 옆판을 떼내고 물두멍을 그 자리에서 옮기고 또 놋바다를 놋소 위에서 내려다가 돌판 위에 그것을 두며 [18]또 안식일에 쓰기 위하여 성전에 건축한 낭실과 왕이 밖에서 들어가는 낭실을 앗수르 왕을 두려워하여 여호와의 성전에 옮겨 세웠더라 [19]아하스가 행한 그 남은 사적은 유다 왕 역대지략에 기록되지 아니하였느냐 [20]아하스가 그의 조상들과 함께 자매 다윗 성에 그 열조와 함께 장사되고 그의 아들 히스기야가 대신하여 왕이 되니라

I. 아하스가 성전의 기물들을 자기 마음대로 변개(變改)함.

1. 그는 물두멍이 놓여지는(왕상 7:28, 29) 받침을 훼손시키고 놋 바다를 내려놓았다(17절). 그것은 제사장이 손을 씻을 때 사용한 것이었는데, 이렇게 볼 때 아하스는 그것에 대해 특별한 적의(敵意)를 가지고 있었던 것으로 보인다. 여호와의 일꾼인 제사장을 정결케 하는 것을 훼방하는 것은 얼마나 악독한 일인가?

2. 그는 안식일에 쓰기 위한 낭실을 옮겼다. 그것은 안식일을 기념하는 제사장들의 편의를 위해 만든 것이었다. 왜냐하면 안식일에는 평일보다 더 많은 제사가 드려졌기 때문이었다. 그것이 정확하게 무엇이었든지 간에, 그가 낭실을 옮긴 것은 안식일을 경멸하는 것이었으며 그로 인해 온갖 종류의 불경건한 것들이 들어올 수 있는 넓은 문을 열어놓는 것이었다.

3. 그는 왕이 들어가는 입구(king's entry)를 다른 쪽으로 돌렸다. 그것은 여호와의 전으로 통하는 입구로서, 왕과 왕의 가족들의 편의를 위한 것이었다(아마도 스바 여왕이 보고 크게 감탄한 여호와의 성전에 올라가는 층계가 바로 이것이었을 것이다, 왕상 10:5). 그가 이렇게 한 것은 자신은 더 이상 여호와의 전

에 출입할 뜻이 없음을 보여주기 위한 것이었다. 또 그가 이렇게 한 것은 앗수르 왕을 위해서였다. 아마도 앗수르 왕은 아하스의 방문에 대한 답방(答訪)으로 예루살렘에 왔을 것이며, 그러는 중에 이것(왕이 들어가는 입구)을 보고 여러 가지로 불편한 것이라고 흠을 잡았던 것으로 보인다. 하나님의 집으로 들어가는 통로를 이미 가지고 있던 자가 어떤 사람을 기쁘게 해 주기 위해 그것을 다른 쪽으로 돌린다면, 그는 멸망의 내리막길로 급히 치닫고 있는 것이다.

Ⅱ. 아하스가 36세의 한창 나이에 죽음(19절).   그리고 그의 왕권은 그의 아들 히스기야에게 이어졌는데, 히스기야는 자기 아버지와는 달리 성전을 사랑하며 가까이했던 선한 사람이었다. 아마도 아하스는 히스기야까지도 불 가운데로 지나게 함으로써 몰록에게 바쳤을 것이다. 그러나 은혜 가운데 하나님은 마치 불 가운데 꺼낸 나무처럼 그를 그 곳으로부터 끄집어 내셨다.

제 — 17 — 장

개요

본 장은 열 지파가 포로로 끌려가는 이야기를 다룬다. 이렇게 하여 느밧의 아들 여로보암으로부터 시작된 265년의 북왕국의 역사는 막을 내리게 된다. 본 장의 내용은 다음과 같다. I. 북왕국의 멸망에 대한 간략한 개관(1-6절). II. 멸망의 원인(7-23절). III. 포로로 끌려간 빈 자리에 여러 민족들이 들어와 살게 됨으로써 여러 종교들이 혼합됨(24-41절).

¹유다의 왕 아하스 제십이년에 엘라의 아들 호세아가 사마리아에서 이스라엘 왕이 되어 구 년간 다스리며 ²여호와께서 보시기에 악을 행하였으나 다만 그 전 이스라엘 여러 왕들과 같이 하지는 아니하였더라 ³앗수르의 왕 살만에셀이 올라오니 호세아가 그에게 종이 되어 조공을 드리더니 ⁴그가 애굽의 왕 소에게 사자들을 보내고 해마다 하던 대로 앗수르 왕에게 조공을 드리지 아니하매 앗수르 왕이 호세아가 배반함을 보고 그를 옥에 감금하여 두고 ⁵앗수르 왕이 올라와 그 온 땅에 두루 다니고 사마리아로 올라와 그 곳을 삼 년간 에워쌌더라 ⁶호세아 제구년에 앗수르 왕이 사마리아를 점령하고 이스라엘 사람을 사로잡아 앗수르로 끌어다가 고산 강 가에 있는 할라와 하볼과 메대 사람의 여러 고을에 두었더라

우리는 여기에서 이스라엘의 마지막 왕인 호세아의 통치와 멸망을 보게 된다. 그와 관련하여 다음을 관찰하라.

I. 호세아는 베가를 죽인 후 7년 혹은 8년이 지나서야 비로소 왕위에 올랐다 (그가 베가를 죽인 것에 대해서는 왕하 15:30을 참조하라). 왜냐하면 그가 베가를 죽인 것은 아하스 4년의 일이었던 반면 왕이 된 것은 아하스 12년의 일이었기 때문이다(1절). 그것이 앗수르 왕 때문이었는지 아니면 유다 왕 때문이었는지 그것도 아니면 백성들 때문이었는지 하는 것은 분명하게 나타나지 않지만 어쨌든 그는 오랫동안 왕위에 오를 수 없었던 것으로 보인다. 이것은 그의

악한 행동에 대한 보응이었으며, 이렇게 하여 호세아의 예언이 이루어졌다(호 10:3): 그들이 이제 이르기를 우리가 여호와를 두려워하지 아니하므로 우리에게 왕이 없도다 하리로다.

II. 호세아는 악하게 행하기는 했지만 그러나 이전의 왕들처럼 악하지는 않았다(2절).   그는 이전의 왕들과는 달리 금송아지에게 그다지 집착하지 않았다. 많은 유대인들은, 앗수르 왕이 열왕기하 15장 29절에 언급된 원정 때에 단에 있던 금송아지를 가져갔으며(호 8:5의 사마리아여 네 송아지가 버려졌느니라라는 언급은 아마도 바로 이것을 언급하는 것일 것이다) 그로 인해 호세아가 다른 금송아지(즉 벧엘에 있던 금송아지)에 대해서도 그다지 신뢰하지 않게 되었다고 말한다. 또 어떤 이들은 호세아가 이전 왕들이 백성들로 하여금 예배를 위해 예루살렘에 올라가는 것을 금한 것을 철폐했다고 말한다. 호세아는 그렇게 하기를 원하는 백성들에게는 그렇게 하도록 허락을 해 주었다는 것이다. 그러나 우리는 여기에서 한 가지 문제에 부딪힌다. 이스라엘 왕국의 멸망이 비교적 덜 악한 왕의 통치 중에 임한 사실에 대하여 우리는 어떻게 생각해야 하는가? 하나님이여 주의 판단은 너무나 깊도소이다! 하나님은 이와 같은 섭리를 통해 다음과 같은 사실들을 보여주고자 하셨다.

1. 지금 세대의 죄뿐만 아니라 이전 세대의 죄까지도 징벌하고자 하셨다는 사실. 그 백성은 오래 전부터 오늘날과 같은 진노의 날을 위하여 죄의 분량을 채우며 쌓아왔다.

2. 왕의 죄뿐만 아니라 백성들의 죄까지도 징벌하고자 하셨다는 사실. 설령 호세아가 이전 왕들만큼 악하지는 않았다 할지라도, 그러나 지금의 백성들은 이전 세대의 백성들만큼 악했다. 호세아는 백성들에게 악한 본을 보이지 않았을 뿐만 아니라 백성들의 선한 신앙생활을 방해하지도 않았는데, 이를 감안할 때 백성들의 악함은 더욱 가중(加重)되지 않을 수 없다. 왕은 백성들에게 더 선하게 살도록 허락했지만, 그러나 백성들은 조금도 나아지지 않았다. 그러므로 그들의 멸망은 전적으로 그들 자신의 책임이었다.

III. 그들에게 임한 멸망은 점진적으로 다가왔다.   완전한 멸망과 함께 포로로 끌려가기 전에 그들은 얼마 동안 조공국(朝貢國)의 위치에 있었다(3절). 만일 그들이 이러한 작은 심판으로 회개하며 돌이켰다면 아마도 큰 심판은 피할 수 있었을 것이다.

Ⅳ. 호세아는 앗수르의 멍에를 벗어버리려고 하다가 도리어 화를 자초했다

(4절). 만일 이스라엘의 왕과 백성들이 하나님과 화해하고 그분께 기도하며 도움을 호소했다면, 그들은 자신들의 자유와 평화와 명예를 되찾을 수 있었을 것이다. 그러나 그들은 애굽 왕을 의지하는 가운데 앗수르를 배반하면서 조공을 드리지 않았다. 설령 이러한 책략이 성공을 거둔다 할지라도, 그러나 이것은 단지 압제자를 바꾸는 것에 불과할 뿐이었다. 그러나 애굽은 그들에게 상한 갈대에 불과했다. 이 일로 인해 앗수르 왕은 크게 격분하여 더욱 혹독하게 이스라엘을 짓밟았다. 사람이 그물과 싸워 무엇을 얻겠는가? 더욱 뒤엉키고 말지 않겠는가?

Ⅴ. 마침내 이스라엘에게 완전한 멸망이 임했다.

1. 이스라엘 왕이 포로가 됨. 그는 결박되어 옥에 감금되었는데, 아마도 사마리아가 포위되기 전에 갑작스러운 습격으로 사로잡힌 것으로 보인다.

2. 이스라엘 땅이 앗수르의 노략물이 됨. 앗수르 왕의 군대가 올라와 그 땅을 점령하고(5절), 이스라엘 백성을 정당한 적으로서가 아니라 공의의 칼로 응징되어야 할 반역자로서 취급했다.

3. 이스라엘의 왕도(王都)가 포위되고 마침내 함락됨. 이스라엘 땅이 앗수르에 의해 점령된 중에도 왕도는 3년 동안 저항했다. 여기에 상세히 기록되어 있지는 않지만 그 기간 동안 엄청난 고통이 있었을 것이다. 그러나 이 일이 짤막하게 언급되면서 가볍게 지나간 것은 추측컨대 그들이 하나님으로부터 버려졌으며 이제 하나님은 더 이상 이스라엘의 고통을 괘념치 않으셨음을 암시한다.

4. 이스라엘 백성이 앗수르에 포로로 끌려감(6절). 특별히 대부분의 중요한 인물들이 정복자의 나라로 끌려가 거기에서 노예와 구걸하는 자가 되었다. 이와 같이 하여,

(1) 앗수르 왕은 이스라엘에 대한 통치권을 확실히 하였으며, 이스라엘 백성들은 그의 처분 하에 떨어지고 말았다.

(2) 앗수르 왕은 자신의 멍에를 벗어버리고자 반란을 행한 백성들을 응징했다. 그들은 낯선 나라로 끌려감으로써 자신들의 모든 땅과 소유를 잃었을 뿐만 아니라 참담한 고통과 수치 아래 떨어지게 되었다.

(3) 앗수르 왕은 미래에 있을지 모를 모든 반역 시도를 효과적으로 예방하

고 자신의 나라를 굳게 했다.

(4) 앗수르 왕은 이스라엘 백성들을 마음대로 부려먹을 수 있게 되었다. 마치 바로가 그들의 조상들에게 했던 것처럼 그는 그들의 노동력을 값싸게 취할 수 있었다. 이와 같이 이 무익한 백성은 다시 노역과 압제의 멍에 아래로 돌아가고 말았다.

(5) 앗수르 왕은 자기 백성들을 젖과 꿀이 흐르는 그 아름다운 땅에 정착하여 살도록 할 수 있었다.

이와 같이 앗수르 왕은 이스라엘 열 지파를 정복하고 포로로 끌고 감으로써 많은 이득을 얻었다. 그리고 그들을 끌어다가 할라와 하볼이라는 지역에 두었는데, 아마도 두 곳은 서로 멀리 떨어진 지역이었을 것으로 추측된다(왜냐하면 그렇게 함으로써 그들이 서로 연락을 취함으로써 다시 연합하여 자신에게 맞서는 것을 막을 수 있었을 것이기 때문이다). 거기에서 그들은 시간이 흐름과 함께 여러 나라의 백성들과 혼합되어 스스로를 잃어버리고 말았다(즉 이스라엘의 이름이 더 이상 기억되지 않게 되었다). 이와 같이 하나님을 잊어버린 그들은 스스로 잊혀지고 말았으며, 열방과 같아지려고 애썼던 그들은 결국 열방 가운데 묻혀지고 말았다. 그리고 자기 땅에서 하나님을 섬기려고 하지 않았던 그들은 낯선 땅에서 원수들을 섬기게 되었다. 포로로 끌려간 자들은 대체로 어느 정도 재산도 있고 명예로 있었던 자들이었다. 반면 낮은 신분의 사람들은 뒤에 남아 유다로 가거나 앗수르가 다스리는 식민지의 백성이 됨으로써 그들의 후손은 갈릴리인 혹은 사마리아인이 되었다. 이렇게 하여 한 나라로서의 이스라엘은 끝나고 말았다. 이제 그들은 로암미(백성이 아니다)와 로루하마(불쌍히 여김을 받지 못하다)가 되었다. 이제 가나안은 그들을 토해냈다. 눈의 아들 호세아(여호수아와 호세아는 같은 이름임) 아래 가나안에 들어간 그들이 엘라의 아들 호세아 아래 그 땅에서 이렇게 쫓겨나게 될 줄을 누가 생각이나 했겠는가? 마치 아우구스투스 때의 로마의 영광이 오랜 후 아우구스툴루스 때에 사라지고 만 것과 비슷했다. 이와 같이 신적 섭리가 열 지파의 영광을 흐리게 만듦으로써 아직 남아 있었던 유다(왕 지파)와 레위(거룩한 지파)의 영광은 더욱 빛나게 되었다. 그러나 우리는 요한계시록 7장에서 열두 지파 중에 인 맞은 많은 사람들을 보게 된다. 또 야고보는 흩어져 있는 열두 지파에게 편지를 쓰며(약 1:1), 바울은 밤낮으로 하나님을 섬긴 열두 지파에 대해 말한다(행 26:7). 우리는 앗수르에 포로로 끌려간 자들이 되돌아왔다는 이야기를 듣지 못한다. 또 우리는 그들 가운데 일부가 지구상의 어느 모퉁이에 지금까지 남아 공동체를 이루고 있을 것이라는 어떤 사람들의 추측을 신뢰할 아무런 근거도 가지고 있지 않다. 그럼에도 불구하고 그들 가운데 남은 자들이 있었으며, 그들은 이스라엘의 이름을 그것이 신약의 교회 즉 영원한 영적 이스라엘로 대체될 때까지 계속 유지시켰을 것이다.

[7]이 일은 이스라엘 자손이 자기를 애굽 땅에서 인도하여 내사 애굽의 왕 바로의 손에서 벗어나게 하신 그 하나님 여호와께 죄를 범하고 또 다른 신들을 경외하며 [8]여호와께서 이스라엘 자손 앞에서 쫓아내신 이방 사람의 규례와 이스라엘 여러 왕이 세운 율례를 행하였음이라 [9]이스라엘의 자손이 점차로 불의를 행하여 그 하나님 여호와를 배역하여 모든 성읍에 망대로부터 견고한 성에 이르도록 산당을 세우고 [10]모든 산 위에와 모든 푸른 나무 아래에 목상과 아세라 상을 세우고 [11]또 여호와께서 그들 앞에서 물리치신 이방 사람 같이 그 곳 모든 산당에서 분향하며 또 악을 행하여 여호와를 격노하게 하였으며 [12]또 우상을 섬겼으니 이는 여호와께서 그들에게 행하지 말라고 말씀하신 일이라 [13]여호와께서 각 선지자와 각 선견자를 통하여 이스라엘과 유다에게 지정하여 이르시기를 너희는 돌이켜 너희 악한 길에서 떠나 나의 명령과 율례를 지키되 내가 너희 조상들에게 명령하고 또 내 종 선지자들을 통하여 너희에게 전한 모든 율법대로 행하라 하셨으나 [14]그들이 듣지 아니하고 그들의 목을 곧게 하기를 그들의 하나님 여호와를 믿지 아니하던 그들 조상들의 목 같이 하여 [15]여호와의 율례와 여호와께서 그들의 조상들과 더불어 세우신 언약과 경계하신 말씀을 버리고 허무한 것을 뒤따라 허망하며 또 여호와께서 명령하사 따르지 말라 하신 사방 이방 사람을 따라 [16]그들의 하나님 여호와의 모든 명령을 버리고 자기들을 위하여 두 송아지 형상을 부어 만들고 또 아세라 목상을 만들고 하늘의 일월 성신을 경배하며 또 바알을 섬기고 [17]또 자기 자녀를 불 가운데로 지나가게 하며 복술과 사술을 행하고 스스로 팔려 여호와 보시기에 악을 행하여 그를 격노하게 하였으므로 [18]여호와께서 이스라엘에게 심히 노하사 그들을 그의 앞에서 제거하시니 오직 유다 지파 외에는 남은 자가 없으니라 [19]유다도 그들의 하나님 여호와의 명령을 지키지 아니하고 이스라엘 사람들이 만든 관습을 행하였으므로 [20]여호와께서 이스라엘의 온 족속을 버리사 괴롭게 하시며 노략꾼의 손에 넘기시고 마침내

그의 앞에서 쫓아내시니라 ²¹이스라엘을 다윗의 집에서 찢어 나누시매 그들이 느밧의 아들 여로보암을 왕으로 삼았더니 여로보암이 이스라엘을 몰아 여호와를 떠나고 큰 죄를 범하게 하매 ²²이스라엘 자손이 여로보암이 행한 모든 죄를 따라 행하여 거기서 떠나지 아니하므로 ²³여호와께서 그의 종 모든 선지자를 통하여 하신 말씀대로 드디어 이스라엘을 그 앞에서 내쫓으신지라 이스라엘이 고향에서 앗수르에 사로잡혀 가서 오늘까지 이르렀더라

이스라엘 열 지파의 멸망은 앞에서 단지 짤막하게만 언급되었을 뿐이었다. 그러나 우리의 역사가(열왕기 기자)는 여기에서 그와 관련하여 긴 해설을 덧붙인다. 그는 이스라엘의 멸망과 관련하여 그들의 악함이나 어리석은 정책 혹은 앗수르의 막강한 힘과 병력 등과 같은 둘째 원인들(the second causes)로부터가 아니라 첫째 원인(the First Cause)으로부터 그 이유를 찾는다.

1. 이스라엘을 하나님의 시야(視野)에서 옮기신 분은 하나님 자신이셨다. 그 도구가 누구든지 간에, 그 재앙의 창시자(author)는 하나님이셨다. 그것은 전능자로부터 말미암은 멸망이었다. 앗수르는 단지 하나님의 진노의 막대기에 불과했다(사 10:5, 앗수르 사람은 화 있을진저 그는 내 진노의 막대기요 그 손의 몽둥이는 내 분노라). 이스라엘 자손을 버리신 이는 여호와셨다(20절). 그렇지 않았다면 원수들이 그들을 덮치지 못했을 것이었다. 야곱이 탈취를 당하게 하신 자가 누구냐 이스라엘을 약탈자들에게 넘기신 자가 누구냐 여호와가 아니시냐(사 42:24). 만일 우리가 나라의 재난 속에서 하나님의 손길을 보지 못하며 성경이 이루어지는 것을 깨닫지 못한다면, 우리는 그것이 가져다주는 유익을 놓치는 것이다. 본문 23절도 이 모든 일이 하나님이 말씀하신 대로 이루어진 것임을 분명하게 언급한다(여호와께서 그의 종 모든 선지자를 통하여 하신 말씀대로 드디어 이스라엘을 그 앞에서 내쫓으신지라). 하나님의 말씀의 일점일획이 땅에 떨어지는 것보다 차라리 천지가 없어지는 것이 더 쉽다. 하나님의 말씀(word)과 그분이 행하신 일(work)을 서로 비교할 때, 우리는 양자가 서로 일치될 뿐만 아니라 서로가 서로를 설명해 준다는 사실을 발견하게 된다. 그러면 왜 하나님은 이적(miracles)과 신탁(oracles)에 의해 세워진 나라를 멸망시키셨는가? 왜 하나님은 그토록 비싼 값으로 행하신 일을 스스로 되돌리셨는가? 그것은 순전히 주권

적 행동이었는가? 그렇지 않다. 그것은 필연적인 공의의 행동이었다.

2. 왜냐하면 그들이 악을 행함으로 하나님을 격분케 만들었기 때문이었다. 이 모든 일은 하나님이 행하신 것이었는가? 아니다. 그것은 그들 스스로 행한 것이었다. 자신들의 길과 행위로 그들 스스로 그 모든 일을 초래했다. 그들을 징벌한 것은 그들 자신의 악이었다. 우리의 역사가는 여기에서 이것을 상세히 제시함으로써 하나님이 그들에게 어떤 잘못도 행하지 않으셨다는 사실을 나타내면서 동시에 모든 사람들로 하여금 듣고 두려워하도록 만든다. 이 모든 재앙을 가져온 것이 무엇인지, 그리고 그들의 모든 영광을 진토에 처박히게 만든 것이 무엇인지 와 보라. 그것은 죄였다. 그들과 하나님을 떼어놓은 것은 다른 어떤 것도 아니었다. 여기에서 바로 이 사실이 이스라엘의 모든 황폐의 원인으로서 매우 감동적으로 그리고 분명하게 제시된다. 여기에서 역사가는 다음과 같은 사실들을 보여준다.

I. 하나님이 이스라엘을 위해 행하신 일.

1. 하나님은 그들에게 자유를 주셨다(7절). 하나님은 그들을 압제자 바로의 손에서 벗어나게 하셨으며, 그들의 자유를 선언하셨다(이스라엘은 내 아들이라). 따라서 그들은 이제 하나님의 종이 되었으며, 하나님의 종으로서 감사하며 마땅히 준행할 의무를 따라야만 하였다. 그것은 하나님이 그들의 멍에를 벗겨 주셨기 때문이었다. 그들을 애굽 왕의 손으로부터 건져내신 하나님이 어째서 다시 그들을 앗수르 왕의 손에 던져버리시겠는가? 만일 그들이 죄로써 자신들에게 주어진 자유를 배반하고 스스로를 팔지 않았다면, 하나님은 결코 그렇게 하지 않으셨을 것이었다.

2. 하나님은 그들에게 율법을 주셨고, 당신이 친히 그들의 왕이 되셨다. 그들은 하나님의 직접적인 통치 아래 있었다. 그들은 무엇이 선이고 무엇이 악인지, 또 무엇이 의이고 무엇이 죄인지 알지 못했노라고 변명할 수 없었다. 왜냐하면 하나님이 그들에게 이방 사람들을 따라 행하지 말라고 분명하게 경계하셨기 때문이었다(15절, 지금 하나님은 그들이 이방 사람들을 따라 악을 행했노라고 책망하고 계신다). 또한 그들에게 있어 율법을 준수할 의무와 관련하여 의문의 여지가 있을 수 없었다. 왜냐하면 하나님이 말씀하신 율법들은 그 자체가 그들의 하나님 여호와의 명령과 율례였기 때문이었다(13절). 그러므로 그들이 그것을 지켜야 하나 말아야 하나 하는 문제는 논란의 여지가 있을 수 없었다.

하나님은 어느 민족에게도 이런 은혜를 베풀지 않으셨다(시 147:19-20, 그는 어느 민족에게도 이와 같이 행하지 아니하셨나니 그들은 그의 법도를 알지 못하였도다).

3. 하나님은 그들 앞에서 이방 사람들을 쫓아내시고 그들에게 그 땅을 주셨다 (8절). 하나님이 이방 사람들을 쫓아내신 것은 이스라엘 백성으로 그 땅을 차지하도록 하기 위한 것이었다. 그리고 그들이 우상 숭배로 인해 그 땅에서 쫓겨난 것은 이스라엘로 하여금 그들을 본받지 말도록 가르치는 분명한 경고였다.

II. 이 모든 일에도 불구하고 이스라엘이 하나님을 거슬러 행함.

1. 전체적으로. 그들은 그들의 하나님 여호와 앞에서 죄를 범했으며(7절), 불의를 행하였다(9절). 그들은 자신들의 악한 행습에 집착했으며, 수치 때문에나 혹은 두려움 때문에 공공연히 할 수 없을 때는 은밀히 행했다(이것은 그들의 불신앙의 분명한 증거였다). 또 그들은 신적 율법에 직접적으로 상충되는 악행들을 행했다. 하나님의 권위를 경멸하며 공의를 무시하는 등 그들은 고의로 하나님의 진노를 격발시키려고 작정한 것처럼 보일 지경이었다(11절). 또한 그들은 하나님의 율례와 언약을 버림으로써(15절) 하나님의 명령과 자신들의 의무에 속박되지 않으려고 했다. 결국 그들이 하나님의 율례와 언약을 내팽개쳐 버림으로써 하나님 역시도 정당하게 그들을 버리셨다(20절). 호세아 4장 6절을 보라(네가 네 하나님의 율법을 잊었으니 나도 네 자녀들을 잊어버리리라). 또 그들은 그들의 하나님 여호와의 모든 명령을 버렸으며(16절), 그러한 명령들이 지시하며 이끄는 길에서 떠났다. 또한 그들은 여호와 앞에서 스스로를 악에 팔아버렸다. 다시 말해서, 스스로 죄에 완전히 탐닉하였으며, 마치 노예처럼 자신을 산 자들에게 종노릇했다. 그리고 완악한 마음으로 계속해서 죄에 집착함으로써 마침내 스스로 회복하기에 도저히 불가능한 자들이 되고 말았다.

2. 구체적으로. 그들이 두 번째 돌판에 기록된 모든 부도덕의 죄를 범했음에도 불구하고 여기에서는 오로지 우상 숭배의 죄만 집중적으로 제시된다. 바로 이 우상 숭배의 죄야말로 그들이 가장 쉽게 빠지곤 했던 죄였을 뿐만 아니라 모든 죄 가운데 하나님을 가장 격분하게 만든 죄였다. 혼인 언약을 깨뜨리는 것이 간음인 것처럼 하나님과의 언약을 깨뜨리는 것은 영적 간음인 우상 숭배인데, 이것은 모든 악을 불러들이는 문과 같은 것이었다. 따라서 여기에서

그들을 멸망시킨 죄가 다름 아닌 우상 숭배의 죄였다는 사실이 계속해서 반복적으로 언급된다.

(1) 그들은 다른 신들을 경외했다(7절). 즉 그들(다른 신들)이 진노할까 두려워하여 그들에게 예배하며 경의를 표했다.

(2) 그들은 이방 사람들의 규례를 따라 행했으며(8절), 이방 사람들 같이 행했으며(11절), 사방 이방 사람들을 따라 행했다(15절). 그럼으로써 그들은 자신들의 정체성을 팔아 버렸으며, 자신들과 관련한 하나님의 계획을 망가뜨렸다(하나님의 계획은 그들을 이방 사람들로부터 구별하는 것이었다). 하나님께 배우는 자들이 이방인들의 학교에 가야만 하는가? 하나님께 속한 자들이 하나님께 버림받은 열방으로부터 삶의 기준과 척도를 빌려와야 한단 말인가?

(3) 그들은 우상 숭배하는 왕들의 율례를 따라 행했으며(8절), 특별히 여로보암이 행한 모든 죄를 따라 행했다(22절). 이스라엘 왕들이 제멋대로 하나님의 규례를 변개(變改)하거나 더하는 권세를 떠맡았을 때, 그들은 그러한 왕들에게 순복하면서 마치 왕에게 순종하기만 하면 하나님에게는 불순종해도 되는 양 생각했다.

(4) 그들은 모든 성읍에 산당을 세웠다(9절). 성벽으로 둘러싸인 크고 견고한 성읍은 말할 것도 없고, 성벽은 없이 단지 망대만 있는 작은 성읍이나 심지어 목자들의 거처만 있는 촌락이라도 그들은 그 곳에 산당을 세우고 제단을 만들었다. 하나님이 정하신 유일한 장소(즉 예루살렘 성전)를 버림으로써 그들은 계속해서 산당들을 만들어 나갔으며, 거기에서 그들은 각자 자기들 좋은 대로 섬겼다. 이렇게 하여 거룩한 것들은 더럽혀지고 속된 것이 되었으며, 산당의 제단들은 밭이랑에 쌓인 돌무더기 같이 되었다(호 12:11).

(5) 그들은 목상과 아세라 상을 세웠다(10절). 이것은 둘째 계명을 직접적으로 위반하는 것이었다. 하나님이 특별히 금하셨음에도 불구하고 그들은 자신들의 생각에 따라 손으로 만든 창작물인 우상들을 섬겼다.

(6) 그들은 모든 산당에서 분향했다(11절). 이것은 이방 신들을 존귀케 하면서 동시에 참 하나님을 모독하는 것이었다.

(7) 그들은 허무한 것을 따랐다(15절). 여기에서 우상이 허무한 것으로 불리는데, 그것은 그들이 선한 것이나 악한 것을 막론하고 아무것도 행할 수 없는 존재일 뿐만 아니라 또한 가장 하찮고 보잘것없는 존재이기 때문이다. 우상을

섬기는 자 역시도 그와 같으므로, 그들은 헛되며 아무 쓸모없는 자들이 되었다 (16절). 그들의 예배도 그와 같이 헛되었다. 그들의 예배는 우스꽝스럽고 어리석었으며, 나아가 그들이 행하는 모든 것이 그와 같았다.

(8) 이러한 우상들 외에도 그들은 하늘의 군대 즉 해와 달과 별들을 경배했다 (16절, 여기에서 하늘의 군대라 함은 천사들을 의미하는 것이 아니었다). 그들은 오로지 보이는 것만을 좇으며 경배할 따름이었다. 거기에서 한 걸음 더 나아가 그들은 이방인들이 신격화한 바알을 섬겼다.

(9) 그들은 자기 자녀를 불 가운데로 지나가게 했다(17절). 이것은 자기 자녀를 우상에게 바치는 예식이었다.

(10) 그들은 복술(점)과 사술(마술)을 행했다(17절). 그들은 자신들이 섬기는 우상들로부터 이런 저런 지시를 받고자 점을 치며 마술을 행했다.

Ⅲ. 하나님은 여러 가지 방법으로 그들을 우상 숭배로부터 건져 내려고 하셨으나 거의 효과를 거두지 못했다. 하나님은 모든 선지자와 선견자들을 통해 그들의 죄를 나타내시면서(선지자는 예전에 선견자로 불렸다), 그러한 죄의 치명적인 결과를 경고함과 함께 그들로 하여금 모든 악한 길에서 돌이키도록 촉구하셨다(13절). 어느 왕이 통치하던 때든지 선지자들은 항상 있었다. 설령 그들이 제사장 가문을 버렸다 할지라도, 하나님은 그들 가운데 선지자들이 계속해서 계승되도록 하셨다. 그들의 임무는 이스라엘 백성을 여호와를 아는 선한 지식으로 가르치는 것이었지만, 그러나 결국 헛된 일이 되고 말았다(14절). 백성들은 그들의 말에 귀를 기울이지 않았으며 도리어 목을 곧게 하면서 계속해서 우상 숭배를 고집했다. 그들은 목을 굽혀 하나님의 멍에를 메려고 하지 않았던 그들의 조상들과 똑같았다. 14절에 언급되는 조상들은 광야에 있었던 조상들을 가리키는 것으로 보인다. 그들이 그와 같이 목을 곧게 했던 것은 결국 하나님을 믿지 않았기 때문이었다. 그들로 하여금 가나안에 들어가지 못하게 했던 바로 그 죄가 지금 이들을 가나안으로부터 쫓겨나게 만들었는데, 그것은 바로 불신앙이었다.

Ⅳ. 그들의 죄에 대한 하나님의 심판. 하나님은 그들에게 심히 노하셨다(18절). 왜냐하면 하나님은 질투하는 하나님이며 또한 오직 자신에게만 돌려져야 할 영광이 다른 피조물에게 돌려질 때 크게 진노하는 하나님이시기 때문이다. 하나님은 그들을 괴롭게 하시며 노략꾼의 손에 넘기셨다(20절). 하나님은 사사들

의 시대나 사울의 시대에 그리고 대부분의 열왕들의 시대에 그렇게 하셨는데, 그것은 그들로 하여금 그러한 하나님의 심판을 통해 자신들의 잘못된 길을 깨닫고 돌이키도록 하기 위함이었다. 그러나 이러한 것들에도 불구하고 그들의 어리석음이 고쳐지지 않았을 때, 하나님은 먼저 이스라엘을 다윗의 집으로부터 찢어 나누셨다(21절). 이것은 이스라엘의 타락이었다. 왜냐하면 그들이 이스라엘을 몰아 여호와를 떠나고 큰 죄를 범하게 한 자를 자신들의 왕으로 삼았기 때문이었다. 이것은 그들의 우상 숭배에 대한 국가적인 심판이며 징벌이었다. 그리고 마침내 하나님은 다시 돌아올 것에 대한 어떤 희망도 주시지 않은 채 그들을 자기 앞에서 내쫓으셨다(18, 23절).

V. 이스라엘의 심판과 관련한 말씀 한 가운데서 우리는 유다에 대한 책망의 말씀을 발견한다. 유다 역시도 그들의 하나님 여호와의 명령을 지키지 않았다 (19절). 비록 이스라엘만큼 악하지는 않았다 할지라도, 그들 역시도 이스라엘 사람들이 만든 관습을 행했다. 이로 인해 이스라엘의 죄는 더욱 가중된다. 왜냐하면 그들은 자신들의 악을 유다에까지 감염시켰기 때문이다. 에스겔 23장 11 절을 보라(그 아우 오홀리바가 이것을 보고도 그의 형보다 음욕을 더하며 그의 형의 간음함보다 그 간음이 더 심하므로 그의 형보다 더 부패하여졌느니라). 나라에든지 가정에든지 죄를 끌어들이는 자는 죄와 함께 재앙도 함께 끌어들이는 것이며 결국 그에 대해 책임지지 않을 수 없게 될 것이다.

[24]앗수르 왕이 바벨론과 구다와 아와와 하맛과 스발와임에서 사람을 옮겨다가 이스라엘 자손을 대신하여 사마리아 여러 성읍에 두매 그들이 사마리아를 차지하고 그 여러 성읍에 거주하니라 [25]그들이 처음으로 거기 거주할 때에 여호와를 경외하지 아니하므로 여호와께서 사자들을 그들 가운데에 보내시매 몇 사람을 죽인지라 [26]그러므로 어떤 사람이 앗수르 왕에게 말하여 이르되 왕께서 사마리아 여러 성읍에 옮겨 거주하게 하신 민족들이 그 땅 신의 법을 알지 못하므로 그들의 신이 사자들을 그들 가운데에 보내매 그들을 죽였사오니 이는 그들이 그 땅 신의 법을 알지 못함이니이다 하니라 [27]앗수르 왕이 명령하여 이르되 너희는 그 곳에서 사로잡아 온 제사장 한 사람을 그 곳으로 데려가되 그가 그 곳에 가서 거주하며 그 땅 신의 법을 무리에게 가르치게 하라 하니 [28]이에 사마리아에서 사로잡혀 간 제사장 중 한 사람이 와서 벧엘에 살며 백성에게 어떻게 여호와 경외할지를 가르쳤더라 [29]그러나

각 민족이 각기 자기의 신상들을 만들어 사마리아 사람이 지은 여러 산당들에 두되 각 민족이 자기들이 거주한 성읍에서 그렇게 하여 [30]바벨론 사람들은 숙곳브놋을 만들었고 굿 사람들은 네르갈을 만들었고 하맛 사람들은 아시마를 만들었고 [31]아와 사람들은 닙하스와 다르닥을 만들었고 스발와임 사람들은 그 자녀를 불살라 그들의 신 아드람멜렉과 아남멜렉에게 드렸으며 [32]그들이 또 여호와를 경외하여 자기 중에서 사람을 산당의 제사장으로 택하여 그 산당들에서 자기를 위하여 제사를 드리게 하니라 [33]이와 같이 그들이 여호와도 경외하고 또한 어디서부터 옮겨왔든지 그 민족의 풍속대로 자기의 신들도 섬겼더라 [34]그들이 오늘까지 이전 풍속대로 행하여 여호와를 경외하지 아니하며 또 여호와께서 이스라엘이라 이름을 주신 야곱의 자손에게 명령하신 율례와 법도와 율법과 계명을 준행하지 아니하는도다 [35]옛적에 여호와께서 야곱의 자손에게 언약을 세우시고 그들에게 명령하여 이르시되 너희는 다른 신을 경외하지 말며 그를 경배하지 말며 그를 섬기지 말며 그에게 제사하지 말고 [36]오직 큰 능력과 편 팔로 너희를 애굽에서 인도하여 내신 여호와만 경외하여 그를 예배하며 그에게 제사를 드릴 것이며 [37]또 여호와가 너희를 위하여 기록한 율례와 법도와 율법과 계명을 지켜 영원히 행하고 다른 신들을 경외하지 말며 [38]또 내가 너희와 세운 언약을 잊지 말며 다른 신들을 경외하지 말고 [39]오직 너희 하나님 여호와만을 경외하라 그가 너희를 모든 원수의 손에서 건져내리라 하셨으나 [40]그러나 그들이 듣지 아니하고 오히려 이전 풍속대로 행하였느니라 [41]이 여러 민족이 여호와를 경외하고 또 그 아로새긴 우상을 섬기니 그들의 자자 손손이 그들의 조상들이 행하던 대로 그들도 오늘까지 행하니라

어느 땅이든 주인이 없어지면 새로운 주인이 생기는 법이다. 이스라엘 자손이 가나안에서 쫓겨나자 앗수르 왕은 곧 자기 나라의 여분의 백성들을 그 곳으로 이주시켰다. 그들은 앗수르 왕의 종이면서 동시에 그 땅에 남아 있는 백성들의 주인이 될 것이었다. 우리는 여기에서 이러한 새로운 주민들에 대한 이야기를 듣게 된다.

I. 가나안 땅으로 이주해 온 앗수르 사람들과 관련하여.

1. 그들은 사마리아를 차지하고 그 여러 성읍에 거주했다(24절). 어떤 땅의 주인이 바뀌는 것은 통상적인 일이지만 그러나 거룩한 땅이 다시 이방인의 땅이 된 것은 너무나 슬픈 일이 아닐 수 없었다. 죄로 인해 어떤 일이 벌어지는지 보

라.

2. 그들이 처음 왔을 때 하나님은 그들 가운데 사자(獅子)들을 보내셨다. 그 땅을 채우기에 그들의 숫자는 턱없이 부족했을 것이며, 그로 인해 들짐승이 번성하여 그들을 해하게 되었다(출 23:29). 그러나 거기에는 이러한 자연적인 원인 외에도 하나님의 분명한 손길이 있었다. 하나님은 만군의 주시요 모든 피조물의 주인으로서 가장 작은 벌레로부터 가장 큰 짐승까지 당신의 기쁘신 뜻에 따라 당신의 목적을 위해 사용할 수 있으시다. 하나님이 그들을 이와 같이 거칠게 맞이하신 것은 그들로 하여금 이스라엘을 정복했다는 생각으로 오만 가운데 거들먹거리지 못하도록 하기 위함이었다. 하나님은 사자들을 움직이셔서 그들이 이 땅에 정착하는 것을 막으실 수 있으셨다. 어쨌든 사자들을 통해 하나님은 설령 그들이 이스라엘을 정복했다 할지라도 그러나 이스라엘의 하나님은 얼마든지 그들을 마음대로 다루실 수 있는 힘을 가지고 있다는 사실을 보여 주셨다. 또 하나님은 그들이 이 땅을 차지하게 된 것은 그들 자신의 의 때문이 아니라 이스라엘의 악함 때문임을 나타내기를 원하셨다. 앗수르 땅에서는 하나님 없이 살았다고 하여 사자들이 나타나 죽이는 따위의 재앙은 없었을 것이다. 그러나 이 땅에서는 사정이 다를 것이었다. 만일 이 땅에서도 그와 같이 한다면 그들은 큰 재앙을 각오해야만 할 것이었다.

3. 이 일에 대해 그들은 자신들의 왕에게 진정서를 보냈다. 그들은 사자들로 인해 입은 인명 손실과 함께 지금 이 곳은 계속해서 사자들로 인한 두려움 속에 빠져 있음을 보고했다. 그러면서 그들은 이 모든 일을 이 땅의 신을 예배하지 않음으로 야기된 것으로 간주하면서 자신들은 이 땅의 신의 법을 알지 못하므로 어쩔 수 없었노라고 보고했다(26절). 이스라엘의 하나님은 온 세상의 하나님이시지만, 그러나 그들은 지금 그분을 이 땅의 신이라고 부른다. 따라서 그들은 지금 자신들이 그의 범주 안에 있음을 두려워하면서 그와 더불어 좋은 관계를 맺고자 하고 있었던 것이다. 그들의 이런 모습을 통해 이스라엘 백성들은 더욱 부끄러워해야 마땅하다. 왜냐하면 이스라엘 백성들은 하나님의 친백성이었음에도 불구하고 그들만큼 하나님의 심판의 목소리에 예민하지 못했기 때문이다. 또한 하나님은 그들의 조상들의 하나님이며 그들에게 큰 은혜를 베푸셨으며 그들에게 하나님을 경외하는 법도를 잘 가르쳐 주셨음에도 불구하고, 그들은 이 땅의 하나님을 올바로 섬기지 않았기 때문이다. 이스라엘 백성들이 배

우기를 싫어했던 것을 앗수르 사람들은 간절히 배우고 싶어했다.

4. 앗수르 왕은 그들로 하여금 그 땅의 신의 법을 배울 수 있도록 조치를 취해 주었다(27, 28절). 그렇게 한 것은 그 땅의 신에 대한 어떤 호감 때문이 아니라 사자들로부터 자기 백성을 보호하기 위한 것이었다. 이 일을 위해 그는 포로로 데려온 제사장들 가운데 한 사람을 다시 돌려보냈다. 차라리 선지자 가운데 한 사람을 보냈다면 훨씬 더 좋았을 것이었다. 왜냐하면 이 사람은 금송아지를 섬기는 제사장들 가운데 한 사람이었기 때문이다. 그는 돌아와 벧엘에 거주하기로 선택했는데, 그것은 그 곳이 그가 오랫동안 익숙하게 활동하던 곳이었기 때문이다(벧엘은 단과 함께 금송아지 제단이 있었던 곳이었다). 자기 백성들조차 제대로 가르치지 못했던 그가 어떻게 새롭게 이주한 앗수르 사람들을 제대로 가르칠 수 있겠는가? 어쨌든 그는 돌아와 그들 가운데 거하면서 그들에게 여호와를 경외하는 법도를 가르쳤다. 그가 율법책으로부터 가르쳤는지 아니면 단지 입의 말로써만 가르쳤는지 하는 것은 분명하지 않다.

5. 이렇게 하여 그들은 혼합종교를 만들었다. 그들은 두려움 때문에 이스라엘의 하나님을 섬기면서 동시에 자신들의 우상에 대한 애정 때문에 계속해서 우상을 섬겼다(33절): 이와 같이 그들이 여호와도 경외하고 또한 그 민족의 풍속대로 자기의 신들도 섬겼더라. 그들은 모두 이 땅의 신을 그 법도대로 섬기는데 동의했다(그들은 기꺼이 유대인의 절기들과 희생제사 의식을 지킬 것이었다). 그러면서 각 민족마다 자기 가족의 사적인 용도를 위해서 뿐만 아니라 사마리아 사람들이 만들어 놓은 산당에 두기 위해 각기 자신들의 신상들을 만들었다(29절). 여기에 각 나라의 우상들의 이름이 나타난다(30, 31절). 이러한 이름들의 의미와 이러한 우상들이 어떤 모양으로 형상화되었는지에 대해 학자들 간에 의견이 일치되지 않는다. 만일 우리가 유대인 학자들의 전승을 신뢰할 수 있다면, 숙곳브놋은 암탉과 병아리의 모양으로, 네르갈은 수탉의 모양으로, 아시마는 매끈매끈한 염소의 모양으로, 닙하스는 개의 모양으로, 다르닥은 당나귀의 모양으로, 아드람멜렉은 공작의 모양으로, 그리고 아남멜렉은 꿩의 모양으로 형상화되었다. 반면 오늘날 영국 학자들은 숙곳브놋이 비너스(아프로디테)였다고 말하는데(숙곳브놋은 딸들의 장막을 의미한다), 이것이 좀 더 가능성이 높아 보인다. 또한 그들에 의하면 굿 사람들 혹은 페르시아 사람들에 의해 숭배된 네르갈은 불(fire)이었으며, 아드람멜렉과 아남멜렉은 몰록을 높여 부르는 이

름이었다. 우상 숭배자들의 상상력이 얼마나 헛되며, 그들의 어리석음이 얼마나 크고 놀라운지 주목하라. 우리가 이러한 우상들에 대해 잘 모른다는 사실 자체가 이러한 거짓 신들이 모두 망할 것이라는 하나님의 예언이 이루어졌음을 증명해 준다(렘 10:11, 천지를 짓지 아니한 신들은 땅 위에서, 이 하늘 아래에서 망하리라). 그들은 모두 망각 속에 묻힌 반면 참 하나님의 이름은 영원할 것이다.

6. 이러한 잡다한 미신들이 오늘날까지 계속되고 있다고 여기에 언급된다 (41절). 그와 같은 미신은 이 책이 기록될 때까지 그리고 그 후 300년이 지나 알렉산더 대왕의 시대까지 계속되었다. 그 때 사마리아의 총독인 산발랏의 딸과 결혼한 유대인의 대제사장 얏두스(Jaddus)의 형제 므낫세가 사마리아로 간 후 알렉산더 대왕으로부터 그리심 산에 성전을 건축해도 좋다는 허락을 받았다. 그후 므낫세는 많은 유대인들을 사마리아로 데려왔고, 사마리아 사람들로 하여금 모든 우상들을 버리고 오직 이스라엘의 하나님만 섬기도록 만들었다. 그럼에도 불구하고 그들의 예배 속에는 여전히 많은 미신적 요소들이 남아 있었다. 그리하여 우리 구주께서는 그들이 알지 못하는 것을 예배한다고 말씀하셨다(요 4:22, 너희는 알지 못하는 것을 예배하고 우리는 아는 것을 예배하노니).

II. 앗수르 땅에 포로로 끌려온 이스라엘 백성들과 관련하여. 이제 역사가는 앗수르에 포로로 끌려간 백성들에 대하여 이야기한다. 포로로 끌려간 자들은 고통의 땅에서 무엇을 했는가? 그들은 고통 가운데 회개하고 새롭게 되었는가? 불행하게도 그렇지 못했다. 그들은 예전에 하던 대로 계속해서 행했다(34절). 유다의 두 지파도 나중에 바벨론으로 포로로 끌려갔다. 그러나 그들은 포로생활을 통해 자신들의 모든 우상 숭배를 버리고 새롭게 되어 70년 후 기쁨으로 돌아왔다. 그러나 이스라엘 열 지파는 고난 속에서 더 완악해졌고 그럼으로써 완전히 잃어지고 소멸되어 버렸다. 다음과 같은 사실들을 감안할 때 그들의 완악함은 더욱 무거워진다.

1. 하나님이 그들을 이스라엘이라 부르며 존귀케 하셨다는 사실. 그들은 이스라엘이라 이름하는 야곱의 자손이었으며, 또 그로 말미암아 그러한 이름으로 일컬어졌다. 그럼에도 불구하고 그들은 그 영광스러운 이름에 먹칠을 했다.

2. 하나님이 그들과 더불어 언약을 맺으셨다는 사실. 하나님은 그러한 언약에 근거하여 그들에게 오직 주 여호와만 경외하며 섬겨야 한다는 명령을 주셨다

(36절). 하나님은 그들에게 명문화된 율례와 법도를 주셨으며 그들은 그것을 영원히 지켜 행해야만 하였다(37절). 그들은 하나님과 맺은 언약과 그 언약의 약속과 조건, 특별히 여기에서 세 번이나 반복된 가장 큰 항목인 다른 신들을 경외하지 말라는 명령을 결코 잊지 말아야 했다. 하나님은 그들에게, 만일 그들이 하나님을 가까이하면 그들을 모든 원수의 손에서 건져낼 것이라고 말씀하셨다(39절). 그러나 지금 그들은 원수들의 손에 떨어진 채 구원의 손길이 절실히 필요했음에도 불구하고 여전히 어리석음 가운데 빠져 진정 무엇이 자신들에게 유익한 것인지 알지 못한 채 예전에 행하던 대로 계속해서 행했다(40절). 그들은 둘 사이에 아무런 차이도 알지 못하는 양 참 하나님과 거짓 신들을 겸하여 섬겼다. 에브라임이 우상과 연합하였으니 버려 두라(호 4:17). 그들이 이와 같이 하자 그들을 이은 민족들도 그들처럼 따라 했다. 그러므로 다음과 같은 바울의 말은 지극히 정당한 것이었다. 그러면 어떠하냐 우리는 나으냐 결코 아니라 유대인이나 헬라인이나 다 죄 아래에 있다고 우리가 이미 선언하였느니라(롬 3:9).

제 — 18 — 장

개요

호세아 선지자는 이스라엘은 거짓과 속임수로 가득 찬 반면 유다는 하나님 앞에 신실했다고 말한다(11:12). 이스라엘 열 지파의 멸망과 관련한 앞 장의 이야기는 우리를 매우 우울하게 만든다. 반면 본 장에서 우리는 매우 밝고 희망적인 이야기를 듣게 되는데, 이스라엘이 멸망을 당하던 바로 그 때 유다는 매우 선한 상태에 있었다는 사실이다. 우리는 여기에서 하나님이 아브라함의 씨를 완전히 버리지 않으셨음을 발견한다(롬 11:1). 그 때 유다의 왕은 히스기야였다. I. 히스기야가 유다를 개혁함(1-6절). II. 그가 범사에 형통함(7, 8절), 그러나 이때 열 지파는 포로로 끌려감(9-12절). III. 앗수르 왕 산헤립이 유다를 침략함(13절). 1. 히스기야가 산헤립에게 공물을 바침(14-16절). 2. 예루살렘이 포위를 당함(17절). 3. 랍사게가 하나님을 모독하고 능욕하면서 유다 백성들에게 히스기야의 말을 듣지 말라고 부추김(18-37절). 그러나 우리는 다음 장에서 이 일이 하나님의 은혜 가운데 잘 해결되는 것을 보게 될 것이다.

¹이스라엘의 왕 엘라의 아들 호세아 제삼년에 유다 왕 아하스의 아들 히스기야가 왕이 되니 ²그가 왕이 될 때에 나이가 이십오 세라 예루살렘에서 이십구 년간 다스리니라 그의 어머니의 이름은 아비요 스가리야의 딸이더라 ³히스기야가 그의 조상 다윗의 모든 행위와 같이 여호와께서 보시기에 정직하게 행하여 ⁴그가 여러 산당들을 제거하며 주상을 깨뜨리며 아세라 목상을 찍으며 모세가 만들었던 놋뱀을 이스라엘 자손이 이때까지 향하여 분향하므로 그것을 부수고 느후스단이라 일컬었더라 ⁵히스기야가 이스라엘 하나님 여호와를 의지하였는데 그의 전후 유다 여러 왕 중에 그러한 자가 없었으니 ⁶곧 그가 여호와께 연합하여 그에게서 떠나지 아니하고 여호와께서 모세에게 명령하신 계명을 지켰더라

우리는 여기에서 히스기야의 통치와 관련한 전반적인 이야기를 보게 된다. 그와 그의 아버지(아하스)의 나이를 비교해 볼 때, 그는 그의 아버지가

열한 살이나 혹은 열두 살 때 태어난 것으로 보인다. 그의 아버지의 죄의 분량이 찼을 때, 이미 그는 왕의 직무를 수행할 수 있을 만큼 장성해 있었다.

Ⅰ. 그는 매우 경건한 사람이었다. 그의 아버지는 얼마나 악독하고 타락한 왕이었던가? 그것을 감안할 때 히스기야의 경건은 더욱 놀라운 것이 아닐 수 없었다. 그는 가장 선한 왕 가운데 한 사람이었는데, 이러한 사실은 사람 안에 있는 선함은 자연적으로 타고나는 것이 아니라 은혜로 말미암는 것임을 가르쳐준다. 그것은 자연(혹은 본성, nature)과 반대되는 값없이 베풀어지는 주권적 은혜로서, 본성적으로는 돌 감람나무였던 것이 참 감람나무와 접붙여지는 것이다(롬 11:24). 그의 아버지 아하스는 아들에게 잘못된 모범을 보였을 뿐만 아니라 잘못된 교육을 시켰을 것이다. 아마도 아하스의 제사장 우리야가 그를 가르쳤을 것이다. 우리는 아하스의 시종들과 신하들이 대부분 우상 숭배에 빠져 있었을 것이라고 추측할 수 있다. 그럼에도 불구하고 히스기야는 너무도 선하고 경건한 사람이 되었다. 하나님의 은혜가 역사할 때, 무엇이 그것을 방해할 수 있겠는가?

1. 그는 참된 다윗의 자손이었다(3절): 그가 그의 조상 다윗의 모든 행위와 같이 정직하게 행하여. 하나님은 다윗과 더불어 언약을 맺으셨으므로, 히스기야는 그 언약의 축복을 향유할 자격이 있었다. 우리는 정직하게 행하기는 했지만 그러나 다윗 같지는 않았던 왕들에 대해 살펴보았다(14:3). 그들은 다윗과는 달리 하나님의 규례들을 사랑하지도 않고 또 거기에 열심히 착념하지도 않았다. 그러나 히스기야는 제2의 다윗이었다. 다윗이 그랬던 것처럼 그는 하나님의 말씀과 하나님의 전을 지극히 사랑했다. 오랜 동안의 어둠의 때가 지난 후 하나님은 다윗 같은 자를 왕으로 세우신 것이다.

2. 그는 열정적인 개혁자였다. 역대하 29장 3절에 나타나는 것처럼, 그는 적시에 개혁을 시작했다: 첫째 해 첫째 달에 여호와의 전 문들을 열고 수리하고. 즉 그는 왕위에 오르자마자 때를 놓치지 않고 개혁에 착수한 것이다. 그는 온 나라가 타락했으며 백성들이 범사에 너무도 미신적임을 발견했다. 그들은 항상 그러했지만, 그러나 선왕(先王)인 아하스의 시대에는 더욱 심했다. 그의 악한 아버지의 영향으로 우상 숭배의 대홍수가 그 땅을 뒤덮었다. 그의 아버지가 살아 있는 동안 그의 마음은 이러한 우상 숭배로 크게 괴로웠을 것이라고 우리는 추측할 수 있다(마치 바울이 아덴에서 그랬던 것처럼). 그리하여 모든 권력이

자신의 손에 들어왔을 때, 그는 즉시 우상 숭배를 철폐하는 일에 착수했다(4절). 많은 백성들이 우상 숭배에 빠져 있었으므로 적지 않은 반발이 있을 것을 충분히 예상할 수 있었음에도 불구하고 그는 그렇게 했다.

(1) 그는 주상을 깨뜨리며 아세라 목상을 찍었다. 그것들은 이방 종교로부터 기원한 것으로서 명백한 우상 숭배였다. 비록 자신의 아버지가 그것들을 세우고 또 그것들에 대해 큰 애착을 가지고 있었다 할지라도, 히스기야는 그것들을 보호하지 않았다. 육신의 부모를 공경한다는 미명으로 하나님을 모독해서는 결코 안 된다.

(2) 그는 산당들을 제거했다. 산당은 특별한 경우 선지자들에 의해서도 때때로 사용되었으며 또 지금까지 선한 왕들에 의해 묵인되어 왔다. 그럼에도 불구하고 그것은 성전(聖殿)에 대한 모독이며 율법을 깨뜨리는 것이었다(왜냐하면 율법은 오직 성전에서만 예배해야 한다고 요구하기 때문이다). 또한 산당은 항상 우상 숭배적인 풍습들을 끌어들일 위험성을 내포하고 있었다. 따라서 히스기야는 선왕(先王)들의 모범을 따르지 않고 오직 하나님의 말씀에 따라 산당들을 제거했다. 그는 산당을 제거하기 위한 법을 만들고, 거기에 세워진 예배처소와 장막과 제단을 허물어뜨림으로써 사람들로 하여금 더 이상 그것을 이용하지 못하도록 했다. 그리고 그는 그러한 법을 강력하게 집행했다. 아마도 우상 숭배로 인해 지금 이스라엘이 처한 끔찍한 심판(즉 사마리아가 함락되고 열 지파가 포로로 끌려간 것)이 히스기야와 유다 백성들로 하여금 그러한 우상 숭배를 철폐하는 일에 더욱 열심을 내도록 만들었을 것이다. 다른 사람의 재앙을 통해 교훈을 받는 것은 얼마나 좋은 일인가!

(3) 그는 놋뱀을 부쉈다. 본래 그것은 하나님의 말씀을 따라 만든 것이었다. 그러나 그것이 우상 숭배로 오용(誤用)됨으로써 히스기야는 그것을 산산이 부숴버렸다. 이스라엘 자손들은 가나안에 들어올 때 그것을 가지고 들어왔다. 그것이 어디에 놓였는지에 대해 우리는 아무것도 듣지 못한다. 그러나 광야에서 하나님이 그들의 조상들에게 베푸신 선하심에 대한 기념비로서 그리고 그 이야기의 사실성을 증명하는 증거로서 그리고 병자들로 하여금 하나님께 치료를 간구하며 회개하는 죄인들로 하여금 긍휼을 호소하도록 격려하는 것으로서, 우리는 그것이 주의 깊게 보존되었을 것이라고 쉽게 추측할 수 있다(민 21:9). 그러나 시간이 지나면서 그들이 창조주보다 피조물을 더 섬기기 시작했을 때,

많은 사람들이 놋뱀에게 분향하는 유혹에 떨어져 버리고 말았다. 왜냐하면 그 것은 하나님 자신의 명령에 의해 만들어진 것일 뿐만 아니라 또한 하나님의 선하심이 베풀어지는 도구로서 사용되었던 것이었기 때문이다. 그러나 히스기야는 하나님의 영광을 위한 경건한 열정으로 백성들로 하여금 그것을 섬기는 것을 금할 뿐만 아니라 더 이상 오용(誤用)되지 못하도록 하기 위해 그것을 부숴 버렸다. 이와 같이 그는 그것이 느후스단 즉 '한 조각의 놋' 에 불과하며 따라서 그것에게 분향하는 것은 악하고 어리석은 일이라는 사실을 모든 백성들 앞에 나타냈다. 패트릭 주교가 상술하는 것처럼, 히스기야는 그것을 가루가 되도록 빻아 공기 중에 흩날려버림으로써 조그만 쪼가리도 남지 않도록 했다. 이렇게 하여 놋뱀의 영광이 사라져버렸는가? 그렇게 생각하는 자들은 우리 구주로 말미암아 그것의 영광이 더 풍성하게 되살아나는 것을 보게 될 것이다. 우리 구주께서는 그것을 자기 자신의 모형으로 삼으셨던 것이다(요 3:14, 모세가 광야에서 뱀을 든 것 같이 인자도 들려야 하리니). 선한 것이라 할지라도 우상화된다면, 보존하는 것보다 차라리 버리는 것이 더 낫다.

3. 이 일에 있어 그는 누구보다도 뛰어났다(5절). 이전과 이후를 막론하고 모든 유다 왕들 가운데 그와 같은 자는 아무도 없었다. 개혁에 있어 그는 다음과 같은 두 가지 점에 있어 탁월했다.

(1) 용기와 믿음. 우상 숭배를 철폐하는 데에는 백성들과 부딪침으로써 그들로 하여금 반역을 획책하게 만드는 위험성이 있었다. 그러나 그는 이스라엘의 하나님 여호와를 의지했다. 그는 하나님께서 자기가 하는 일을 인정해 주시고 어떤 위해(危害)도 당하지 않도록 지켜주실 것을 믿었다. 하나님이 우리를 보호해 주시며 상 주실 것이라는 굳은 믿음은 우리로 하여금 더욱 담대하고 힘있게 우리의 길을 달려갈 수 있도록 만들어 줄 것이다. 왕이 되었을 때 그는 자신의 나라가 적들에 의해 둘러싸여 있음을 발견했다. 그 때에도 그는 자기 아버지와는 달리 이방 나라가 아니라 이스라엘을 지키시는 이스라엘의 하나님에게 의지했다.

(2) 변함없이 자신의 의무를 수행함. 이 점에 있어 그와 같은 자가 없었다. 그는 굳은 결심으로 하나님을 따랐으며, 하나님으로부터 떠나지 않았다(6절). 그의 선왕(先王)들 가운데에는 처음에는 잘 시작했다가 나중에 실족한 자들도 있었다. 그러나 그는 갈렙처럼 여호와를 온전히 좇았다. 그는 모든 우상 숭배

적인 풍습들을 철폐했을 뿐만 아니라 범사에 자신의 의무를 생각하며 하나님의 명령을 지켰다.

Ⅱ. 그는 어디를 가든지 형통했다(7, 8절). 그가 하나님과 함께 했을 때, 하나님 역시도 그와 함께 하셨다. 그리고 하나님이 그와 함께 하셨을 때, 그는 어디로 가든지 형통했다. 나라를 경영하는 일이나 전쟁이나 건축하는 일이나 특별히 개혁하는 일에 있어, 그는 놀라운 성공을 거두었다. 왜냐하면 그 모든 일들이 예상보다 훨씬 쉽게 진행되고 결실을 거두었기 때문이다. 하나님의 일을 함에 있어 그분의 영광을 바라보고 또 그분의 힘을 의지하는 자는 형통할 것을 기대할 수 있다. 진리는 위대하며 결국 승리할 것이다.

1. 그는 앗수르 왕의 멍에를 던져버렸다. 그것은 그의 아버지가 받아들였던 멍에였다. 이것이 7절에서 그가 앗수르 왕을 배반한 것으로 일컬어지는데, 그것은 앗수르 왕이 그렇게 불렀기 때문이었다. 그러나 실제로 그것은 히스기야가 스스로의 왕권을 정당하게 선언한 것일 뿐이었다. 그러한 대담한 시도는 다소 성급한 것일 수는 있을지 모르지만 그러나 매우 정당한 일이었다. 열방의 우상 숭배를 던져버렸다면, 이제는 그들의 압제의 멍에도 던져버리는 것이 마땅했다. 자유에 이르는 가장 확실한 길은 하나님을 섬기는 것이다.

2. 그는 블레셋 사람들을 쳤다. 그는 가사에까지 이르렀으며(가사는 블레셋의 가장 중요한 성읍이었다), 망대에서부터 견고한 성까지, 다시 말해서 시골 촌락으로부터 요새화된 성읍까지 쳤다. 히스기야는 그들이 자기 아버지 때에 점령했던 지역들을 다시 함락시켰다(대하 28:18). 자기 아버지가 가져온 부패와 타락을 일소했을 때, 그는 자기 아버지가 잃어버린 소유를 되찾을 것을 기대할 수 있었다. 블레셋에 대한 그의 승리와 관련하여 이사야가 예언했다(사 14:28 이하).

[9]히스기야 왕 제사년 곧 이스라엘의 왕 엘라의 아들 호세아 제칠년에 앗수르의 왕 살만에셀이 사마리아로 올라와서 에워쌌더라 [10]삼 년 후에 그 성읍이 함락되니 곧 히스기야 왕의 제육년이요 이스라엘 왕 호세아의 제구년에 사마리아가 함락되매 [11]앗수르 왕이 이스라엘을 사로잡아 앗수르에 이르러 고산 강 가에 있는 할라와 하볼과 메대 사람의 여러 성읍에 두었으니 [12]이는 그들이 하나님 여호와의 말씀을 듣지 아니하고 그의 언약과 여호와의 종 모세가 명령한 모든 것을 따르지 아니하였

음이더라 [13]히스기야 왕 제십사년에 앗수르의 왕 산헤립이 올라와서 유다 모든 견고한 성읍들을 쳐서 점령하매 [14]유다의 왕 히스기야가 라기스로 사람을 보내어 앗수르 왕에게 이르되 내가 범죄하였나이다 나를 떠나 돌아가소서 왕이 내게 지우시는 것을 내가 당하리이다 하였더니 앗수르 왕이 곧 은 삼백 달란트와 금 삼십 달란트를 정하여 유다 왕 히스기야에게 내게 한지라 [15]히스기야가 이에 여호와의 성전과 왕궁 곳간에 있는 은을 다 주었고 [16]또 그 때에 유다 왕 히스기야가 여호와의 성전 문의 금과 자기가 모든 기둥에 입힌 금을 벗겨 모두 앗수르 왕에게 주었더라

이제 앗수르 왕국은 거대한 세력으로 성장했다. 국가든지 가정이든지 이와 같은 변화가 있는 법이다. 보잘것없던 것이 크게 성장하는가 하면 반대로 큰 위용을 자랑했던 것이 초라한 모양으로 쇠락하기도 한다. 우리는 여기에서 다음과 같은 내용을 보게 된다.

I. 앗수르 왕 살만에셀이 이스라엘에 대해 승리를 거둠. 그는 사마리아를 포위하고(9절), 결국 함락시켰으며(10절), 백성들을 포로로 끌고 갔다(11절). 그리고 이어서 하나님이 그들에게 이와 같은 심판을 내리신 이유가 제시된다(12절): 이는 그들이 하나님 여호와의 말씀을 듣고 따르지 아니하였음이더라. 앞 장에서 상세하게 언급되었음에도 불구하고 그것이 여기에서 다시 한 번 반복되는 이유는

1. 그로 인해 히스기야와 유다 백성이 각성하여 모든 우상 숭배를 버리게 되었기 때문이었다. 그들은 우상 숭배로 인해 이스라엘이 멸망을 당하는 것을 똑똑히 보았다. 이웃집이 불타고 있고 그 불이 언제 옮겨 붙을지 모르는 상황에서 그들은 '저주받은 것'(the accused thing, 즉 우상 숭배)을 버려야만 하였다.

2. 히스기야가 그것을 안타깝게 여기면서도 막을 힘이 없었기 때문이었다. 열 지파가 다윗의 집을 배반하고 또 종종 괴롭게 하기는 했지만 그럼에도 불구하고 그는 이스라엘의 씨가 재앙을 당하는 것을 결코 기뻐할 수 없었다.

3. 그로 인해 앗수르 왕이 좀 더 쉽게 유다를 침략할 수 있게 되었기 때문이었다. 열 지파에 대하여 여기에서 그들이 하나님의 명령을 듣지도 않고 행하지도 않았다고 언급된다(12절). 하나님의 말씀에 대하여 행하지는 않으면서도 그러나 듣기는 하는 사람들이 많이 있다(겔 33:31, 백성이 네 말을 들으나 그대로

행하지 아니하니 이는 그 입으로는 사랑을 나타내어도 마음으로는 이익을 따름이라). 그러나 열 지파는 행하는 것은 고사하고 아예 들으려고도 하지 않았다.

Ⅱ. 앗수르 왕 산헤립이 유다를 침략함(산헤립은 살만에셀의 후계자였다). 산헤립은 선왕(先王)이 이스라엘을 정복한 것에 고무되어 유다를 침략했는데, 그는 선왕보다 더 큰 공적을 세우고자 하였다. 그의 침략은 유다에게 큰 재앙이었으며, 하나님은 그것으로 히스기야의 믿음을 시험하고 외식하는 백성들을 징벌하시고자 하셨다. 그들이 외식하는 백성이라 일컬어진 것은 히스기야의 개혁에 따라 기꺼이 우상들을 버리려고 하지 않았기 때문이었다(산당들이 제거되었음에도 불구하고 그들은 자신들의 마음속에, 그리고 아마도 자신들의 집에 여전히 우상을 가지고 있었다). 개혁의 때는 종종 분란과 다툼의 때가 되기도 하는데, 그것은 많은 사람들이 개혁에 반대하면서 개혁자들을 비난하기 때문이다. 다음과 같은 사실들을 감안할 때 앗수르의 침략은 히스기야에게 엄청난 재앙이었다.

1. 많은 성읍들이 점령당한 사실(13절). 앗수르 왕은 모든 혹은 대부분의 견고한 성읍들(성벽으로 둘러싸인 큰 성읍들)과 변경의 성읍들과 군사주둔지들을 점령했다. 이러한 침략과 관련하여 이사야 10장 28절부터 31절까지를 참조하라.

2. 화친을 위해 값비싼 대가를 지불한 사실. 사마리아가 그랬던 것처럼 예루살렘 역시도 적들의 손에 떨어질 위기에 처했을 때, 히스기야는 어떡해든 도성의 안전을 지키고자 했다. 그는 다음과 같은 비싼 값을 치르지 않을 수 없었다.

(1) 굴욕적인 항복. "평상시대로 조공을 바치지 않음으로 내가 범죄하였나이다. 이제 왕이 무엇을 지우든지 내가 당하리이다(14절)." 히스기야의 용기는 어디에 있는가? 하나님에 대한 믿음은 어디로 갔는가? 이와 같은 비굴한 전갈을 보내기에 앞서 왜 이사야와 의논하지 않았는가?

(2) 막대한 배상금. 앗수르 왕은 배상금으로서 은 300달란트와 금 30달란트를 당장(연차적으로가 아니라) 지불할 것을 요구했다. 이러한 배상금을 충당하기 위해 히스기야는 성전과 왕궁 곳간의 모든 은을 내주었을 뿐만 아니라(15절), 성전의 문과 기둥들로부터 모든 금을 벗겨내지 않을 수 없었다(16절). 성전이 금을 거룩하게 했음에도 불구하고, 상황이 절박해지자 히스기야는 자기 조

상 다윗이 진설병을 먹은 사실을 떠올리면서 전체를 보존하기 위해 부분을 내어주는 것은 결코 불경하거나 분별없는 행동이 아니라고 생각했다. 그의 아버지 아하스는 성전을 경멸하면서 성전을 약탈했었는데(대하 28:24), 그에 대해 그는 자기 아버지가 취한 것을 이자까지 갚았었다(그가 왕이 된 후 처음 한 일은 여호와의 전을 수리하는 일이었다). 이제 국가적인 절박한 위기 속에서 그리고 더 큰 선을 위해, 그는 가능한 빨리 되찾아올 것을 다짐하면서 그것을 다시 빌리기를 구걸하지 않을 수 없었다.

[17]앗수르 왕이 다르단과 랍사리스와 랍사게로 하여금 대군을 거느리고 라기스에서부터 예루살렘으로 가서 히스기야 왕을 치게 하매 그들이 예루살렘으로 올라가니라 그들이 올라가서 윗못 수도 곁 곧 세탁자의 밭에 있는 큰 길에 이르러 서니라 [18]그들이 왕을 부르매 힐기야의 아들로서 왕궁의 책임자인 엘리야김과 서기관 셉나와 아삽의 아들 사관 요아가 그에게 나가니 [19]랍사게가 그들에게 이르되 너희는 히스기야에게 말하라 대왕 앗수르 왕의 말씀이 네가 의뢰하는 이 의뢰가 무엇이냐 [20]네가 싸울 만한 계교와 용력이 있다고 한다마는 이는 입에 붙은 말 뿐이라 네가 이제 누구를 의뢰하고 나를 반역하였느냐 [21]이제 네가 너를 위하여 저 상한 갈대 지팡이 애굽을 의뢰하도다 사람이 그것을 의지하면 그의 손에 찔려 들어갈지라 애굽의 왕 바로는 그에게 의뢰하는 모든 자에게 이와 같으니라 [22]너희가 내게 이르기를 우리는 우리 하나님 여호와를 의뢰하노라 하리라마는 히스기야가 그들의 산당들과 제단을 제거하고 유다와 예루살렘 사람에게 명령하기를 예루살렘 이 제단 앞에서만 예배하라 하지 아니하였느냐 하셨나니 [23]청하건대 이제 너는 내 주 앗수르 왕과 내기하라 네가 만일 말을 탈 사람을 낼 수 있다면 나는 네게 말 이천 마리를 주리라 [24]네가 어찌 내 주의 신하 중 지극히 작은 지휘관 한 사람인들 물리치며 애굽을 의뢰하고 그 병거와 기병을 얻을 듯하냐 [25]내가 어찌 여호와의 뜻이 아니고야 이제 이 곳을 멸하러 올라왔겠느냐 여호와께서 전에 내게 이르시기를 이 땅으로 올라와서 쳐서 멸하라 하셨느니라 하는지라 [26]힐기야의 아들 엘리야김과 셉나와 요아가 랍사게에게 이르되 우리가 알아듣겠사오니 청하건대 아람 말로 당신의 종들에게 말씀하시고 성 위에 있는 백성이 듣는 데서 유다 말로 우리에게 말씀하지 마옵소서 [27]랍사게가 그에게 이르되 내 주께서 네 주와 네게만 이 말을 하라고 나를 보내신 것이냐 성 위에 앉은 사람들도 너희와 함께 자기의 대변을 먹게 하고 자기의 소

변을 마시게 하신 것이 아니냐 하고 [28]랍사게가 드디어 일어서서 유다 말로 크게 소리 질러 불러 이르되 너희는 대왕 앗수르 왕의 말씀을 들으라 [29]왕의 말씀이 너희는 히스기야에게 속지 말라 그가 너희를 내 손에서 건져내지 못하리라 [30]또한 히스기야가 너희에게 여호와를 의뢰하라 함을 듣지 말라 그가 이르기를 여호와께서 반드시 우리를 건지실지라 이 성읍이 앗수르 왕의 손에 함락되지 아니하게 하시리라 할지라도 [31]너희는 히스기야의 말을 듣지 말라 앗수르 왕의 말씀이 너희는 내게 항복하고 내게로 나아오라 그리하고 너희는 각각 그의 포도와 무화과를 먹고 또한 각각 자기의 우물의 물을 마시라 [32]내가 장차 와서 너희를 한 지방으로 옮기리니 그곳은 너희 본토와 같은 지방 곧 곡식과 포도주가 있는 지방이요 떡과 포도원이 있는 지방이요 기름 나는 감람과 꿀이 있는 지방이라 너희가 살고 죽지 아니하리라 히스기야가 너희를 설득하여 이르기를 여호와께서 우리를 건지시리라 하여도 히스기야에게 듣지 말라 [33]민족의 신들 중에 어느 한 신이 그의 땅을 앗수르 왕의 손에서 건진 자가 있느냐 [34]하맛과 아르밧의 신들이 어디 있으며 스발와임과 헤나와 아와의 신들이 어디 있느냐 그들이 사마리아를 내 손에서 건졌느냐 [35]민족의 모든 신들 중에 누가 그의 땅을 내 손에서 건졌기에 여호와가 예루살렘을 내 손에서 건지겠느냐 하셨느니라 [36]그러나 백성이 잠잠하고 한 마디도 그에게 대답하지 아니하니 이는 왕이 명령하여 대답하지 말라 하였음이라 [37]이에 힐기야의 아들로서 왕궁 내의 책임자인 엘리야김과 서기관 셉나와 아삽의 아들 사관 요아가 옷을 찢고 히스기야에게 나아가서 랍사게의 말을 전하니라

I. 예루살렘이 산헤립의 군대에게 포위를 당함(17절).   앗수르 왕 산헤립은 예루살렘을 함락시키기 위해 세 명의 장군을 보냈다. 이 사람이 대왕으로 일컬어지는 위대한 앗수르 왕인가? 아니다. 우리는 그를 결코 그와 같은 이름으로 부를 수 없다. 도리어 그는 야비하고 거짓되며 약속을 지킬 줄 모르는 사람이었다. 그는 자신의 군대를 퇴각시키는 조건으로 히스기야로부터 막대한 돈을 받았다. 그러고서도 군대를 되돌리기는커녕 도리어 예루살렘으로 대군을 보냈다. 그들은 정말로 악한 자들이었다. 그들은 약속을 지키는 것보다도 당장의 이익을 좇는 자들이었다. 지금 히스기야는 산헤립과 더불어 맺은 화친조약에 대해 크게 후회하고 있을 것이다. 그로 인해 그는 극도로 빈핍해졌을 뿐 조금도 안전해지지 못했다.

Ⅱ. 히스기야와 신하들과 백성들이 랍사게로부터 조롱을 당함. 랍사게는 산헤립이 보낸 세 명의 장군 가운데 한 사람으로서, 빈정거리며 조롱하는데 특출난 재능을 가진 사람이었다. 그는 틀림없이 산헤립으로부터 무슨 말을 할 것인지에 대한 지시를 받았을 것이며, 그를 통해 산헤립은 히스기야와 더불어 새로운 다툼의 빌미를 얻고자 했을 것이다. 막대한 액수의 돈을 받고 군대를 철수시키기로 약속했기 때문에 산헤립은 체면상 즉시 예루살렘을 공격할 수는 없었다. 따라서 그렇게 하는 대신 그는 랍사게를 보내 히스기야로 하여금 예루살렘을 포기하도록 설득했다. 만일 그가 거절한다면 그러한 거절은 그로 하여금 예루살렘을 공격할 명분이 되어줄 것이었으며(매우 빈약한 명분이기는 하지만), 계속해서 저항한다면 그는 강제로 도성을 점령할 것이었다. 랍사게는 극도로 오만하여 성벽조차도 없는 윗못 수도 곁에서 히스기야 왕을 만나고자 했다. 그러나 히스기야는 신중한 사람이었으므로 그러한 제안을 거절하고 대신에 세 명의 대신을 사신(使臣)으로 보내 그들이 말하는 것을 듣도록 했다. 그러면서 히스기야는 사신들로 하여금 랍사게의 말에 아무 대답도 하지 말도록 지시를 내렸는데(36절), 그것은 그들이 그를 설득하기는 고사하고 도리어 더욱 자극할 것이 분명했기 때문이었다. 히스기야는 자기 조상 다윗처럼 자신은 듣지 못할지라도 하나님은 들으실 것이라는 사실을 믿었다(시 38:13-15). 사신들은 랍사게에게 부디 아람 말로 말해 달라고 간청한다. 왜냐하면 그의 메시지를 자신들이 심사숙고하고 또 왕에게 전달해야 했기 때문이었다. 그리고 자신들이 그에게 만족할 만한 답변을 주지 못한다면, 그 때 가서 유다 말로 백성들에게 직접 호소할 수 있을 것이었다(26절). 이것은 합리적인 요청일 뿐만 아니라 협상에 있어서의 일반적인 관례와 부합되는 것이었다. 전권을 위임받은 사신들은 먼저 자신들끼리 모든 문제를 다 매듭짓고 난 연후에 백성들에게 공표하는 법이다. 사신들은 랍사게가 비합리적인 사람이라고 생각하지 않았다. 왜냐하면 만일 그렇게 생각했다면 그러한 요청을 하지 않았을 것이기 때문이다. 비합리적인 사람임에도 불구하고 그러한 요청을 한다면 도리어 그를 더 격앙시켜 더욱 사납고 거칠게 만들 뿐이었을 것이다(27절). 사신들을 정중하게 맞이하며 더불어 진지하게 대화하기는 고사하고 도리어 랍사게는 그들에게 왕을 배반하고 항복할 것을 설득했다. 그리고 계속해서 저항하면 극단적인 상황에 처하게 될 것이라고 협박하면서 히스기야와 신하들과 백성들에게 예루살렘을 포

기할 것을 종용했다. 이 일을 위해 그가 어떻게 했는지 관찰하라.

1. 그는 자기 주인인 앗수르 왕을 지극히 높인다. 두 번에 걸쳐 그는 앗수르 왕을 대왕(that great king)이라고 부른다(19, 28절). 그는 피조물에 불과한 통치자를 우상으로 만들었다. 그가 보기에 산헤립은 작은 신이었다. 그는 유다 백성들도 자기처럼 산헤립을 경외하도록 만들고자 했다. 그렇게 하면 그를 두려워하여 결국 그에게 항복할 것이었다. 그러나 믿음의 눈으로 영광과 권세 가운데 앉아 계신 만왕의 왕을 보는 자들에게는 앗수르의 왕조차도 보잘것없는 존재로 보일 따름이다. 하나님과 비교할 때 혹은 하나님이 그들과 다투실 때, 사람의 위대함이 도대체 무엇이란 말인가?(시 82:6, 7).

2. 그는 유다 백성들에게 항복하는 것이 유익임을 믿게 하려고 애쓴다. 만일 계속해서 저항한다면, 그들은 결국 자신들의 대변을 먹게 될 것이다. 왜냐하면 예루살렘을 완전히 포위함으로써 모든 양식의 공급을 차단할 것이기 때문이다. 그러나 만일 그들이 항복하기만 하면 그래서 예물을 바치며 그의 호의를 구하며 그의 처분 하에 맡긴다면, 그는 그들을 매우 잘 대해 줄 것이다(31절). 얼마 전에 그의 주인은 히스기야와 더불어 맺은 약속을 여지없이 깨뜨려 버리고 말았다(14절). 그런 마당에 지금 랍사게는 무슨 얼굴로 그와 같은 약속을 할 수 있단 말인가? 그토록 약속을 지킬 줄 모르는 자들에게 무엇을 기대할 수 있단 말인가? 쇠사슬을 금박으로 입혀라. 그러면 백성들을 결박할 수 있을 것이다. 항복하기만 하면 행복하게 살 수 있게 될 것이라는 약속으로 그는 유다 백성들을 회유하려고 생각했다. 그는 다음과 같이 그들을 설득한다.

(1) 항복하는 것이 그들에게 이득이다. 왜냐하면 모든 사람이 각자 자신의 포도와 무화과를 먹게 될 것이기 때문이다(31절). 설령 그들의 땅의 소유권은 정복자들에게 귀속된다 할지라도, 그러나 그들은 그 땅을 자유롭게 사용할 수 있을 것이다.

(2) 포로로 끌려가는 것은 그들에게 더 큰 이득이다: 내가 너희를 너희 본토와 같은 지방으로 옮길 것이라(32절). 아무것도 자신의 것이라고 주장할 수 없는 마당에 무엇이 더 큰 이득이란 말인가?

3. 그는 그들에게 계속해서 저항하는 것이 아무 소용 없는 일임을 깨닫게 하고자 애쓴다. 그는 "네가 의뢰하는 이 의뢰가 무엇이냐"고 물으면서 히스기야를 모욕한다(19절). 또 그는 백성들에게 이렇게 말한다(29절). "너희는 히스기

야에게 속지 말라 그가 너희를 내 손에서 건져내지 못하리라. 너희는 항복하든지 아니면 멸망을 당해야 할 것이니라." 죄인들이 이러한 논증에 설복되어 하나님과 화목한다면 그것은 얼마나 좋은 일인가? 하나님께 순복하는 것은 지혜로운 일이다. 왜냐하면 그분과 더불어 다투는 것은 아무 소용 없는 일이기 때문이다. 하나님께 저항하며 반항하는 자들이 의뢰하는 이 의뢰는 무엇이란 말인가? 우리가 하나님보다 강한가? 사르는 불 앞에 가시와 찔레를 놓은들 그것으로부터 우리가 무엇을 얻겠는가? 그러나 여기에서 랍사게가 표현하는 것처럼 히스기야가 그렇게 고립무원(孤立無援) 상태에 있었던 것은 아니었다. 히스기야가 의뢰할 만한 것과 관련하여 여기에서 랍사게는 다음과 같은 세 가지를 상정(想定)하면서, 그것들이 아무 소용없는 것임을 드러내려고 애쓴다.

(1) 그 자신의 군사적 준비: 네가 싸울 만한 계교와 용력이 있다고 한다마는(20절). 우리는 실제로 히스기야가 그와 같이 한 것을 발견한다(대하 32:3, 그의 방백들과 용사들과 더불어 의논하고 성 밖의 모든 물 근원을 막고자 하매). 그러나 랍사게는 그것을 일소에 붙인다. "이는 입에 붙은 말 뿐이라. 너희는 우리의 상대가 되지 못하느니라." 극도의 오만과 멸시의 태도로 랍사게는 히스기야에게 말을 다룰 줄 아는 사람 2,000명을 데려오라고 도전한다(23절). 만일 그렇게 할 수 있으면 자신이 기꺼이 말 2,000마리를 주겠노라고 큰 소리를 쳤다. 이렇게 함으로써 그는 히스기야에게 변변한 병사가 없음을 은근히 암시한다. 이와 같이 랍사게는 히스기야 따위는 가볍게 물리칠 수 있다고 생각하면서 자기 주인의 휘하에 있는 가장 작은 지휘관조차도 그와 그의 모든 군대를 물리칠 수 있노라고 떠벌인다.

(2) 애굽과의 동맹. 랍사게는 히스기야가 애굽의 병거와 기병을 의뢰한다고 상정한다(24절). 왜냐하면 이스라엘의 왕이 그렇게 했었기 때문이다. 이와 같이 애굽을 의뢰하는 것에 대해 그는 이렇게 말한다. "애굽은 상한 갈대 지팡이라(21절). 애굽은 자기를 의뢰하는 자를 지켜주지 못할 뿐만 아니라 도리어 그의 손을 찌르고 어깨를 찢을 것이라." 에스겔 선지자도 애굽에 대하여 이와 비슷하게 말했다(겔 29:6-7, 애굽은 본래 이스라엘 족속에게 갈대 지팡이라 그들이 너를 손으로 잡은즉 네가 부러져서 그들의 모든 어깨를 찢었고 그들이 너를 의지한즉 네가 부러져서 그들의 모든 허리가 흔들리게 하였느니라). 실제로 애굽 왕은 그러했다. 그러나 그것은 앗수르 왕도 마찬가지였다. 선왕(先王)인 아하스가 앗수르 왕

을 의뢰했을 때 앗수르 왕 역시도 상한 갈대 지팡이 같았다(대하 28:20). 육신의 힘을 의지하는 자들은 그것이 고작 상한 갈대에 불과함을 알게 될 것이다. 그러나 하나님은 영원한 반석이시다.

(3) 하나님과의 특별한 관계. 이것은 히스기야가 진실로 의뢰했던 것이었다(22절). 그는 하나님의 권능과 약속을 의지하여 스스로를 굳게 했으며, "여호와께서 반드시 우리를 건지실지라"는 믿음으로 자신과 자기 백성들을 격려했다(30, 32절). 랍사게는 바로 이것이 그들의 버팀줄이었다는 사실을 인식했다. 그러므로 그는, 다윗의 원수들이 다윗에게 그렇게 했던 것처럼(시 3:2; 11:1), 그리고 그리스도의 원수들이 그리스도께 그렇게 했던 것처럼(마 27:43), 그것을 흔드는데 집중했다. 랍사게가 그들의 믿음을 좌절시키려고 제시한 세 가지는 모두 그릇된 것이었다.

[1] 히스기야가 산당들과 제단들을 제거함으로써 하나님의 보호를 잃어버렸다(22절). 여기에서 랍사게는 많은 제단과 신전이 있는 것을 좋아하는 이방 신들의 기준으로 하나님을 판단한다. 그러면서 히스기야가 자기 백성을 오직 하나의 제단에만 한정시킴으로써 이스라엘의 하나님에게 큰 잘못을 저질렀다고 결론짓는다. 이와 같이 그가 행한 최고의 선행(善行)이 이스라엘의 하나님의 율법을 알지 못하는 사람에 의해 불경하고 패역한 행동으로 곡해(曲解)되었다. 진실로 선하고 하나님을 기쁘시게 한 일이 무지하고 악의적인 사람에 의해 악하고 불경스러운 일로 폄훼될 때, 우리는 그것을 이상하게 생각해서는 안 된다.

[2] 하나님이 내게 예루살렘을 멸망시키라고 명령하셨다(25절): 내가 어찌 여호와의 뜻이 아니고야 이제 이 곳을 멸하러 올라왔겠느냐? 이것은 전적으로 희롱하며 비아냥거리는 말이었다. 그는 자기가 한 일이 하나님의 명령에 따라 한 것이라고 스스로 생각하지 않았다. 다만 성 위에 있는 백성들을 속이며 두렵게 하기 위해 그와 같이 꾸민 것이었다. 어쩌면 랍사게는 이스라엘 열 지파가 멸망한 것이 그들의 죄에 대한 하나님의 심판이었다는 어떤 선지자의 글을 접하고 그로부터 이와 같이 말한 것이었는지도 모른다. 하나님을 대적하고 있으면서도 스스로 하나님의 뜻을 따라 행하고 있다고 착각하는 사람들이 얼마나 많은가?

[3] 이스라엘의 하나님 여호와는 자신의 백성들을 앗수르 왕의 손으로부터

보호할 수 없다(33-35절). 이것은 참으로 신성모독적인 언사였다. 그는 이스라엘의 하나님을 자기가 정복했던 나라들의 신들과 비교하면서 하나님을 이방 신들과 동일한 수준에 놓았다. 그러면서 그들이 자기를 숭배하는 자들을 구원해 주지 못했기 때문에 이스라엘의 하나님도 그러할 것이라고 결론 내렸다. 여기에서 다음을 보라. **첫째로**, 그의 교만. 어떤 성읍을 정복했을 때 그는 그 성읍의 신들까지도 정복했다고 생각하면서, 자신이 그 신들보다 더 강하다고 여겼다. 그는 우상들을 대단한 존재로 여겼으며, 그러한 사실은 역설적으로 그 스스로를 대단한 존재로 여기도록 만들어주었다. **둘째로**, 그의 신성모독. 이스라엘의 하나님은 지역신(地域神, local deity)이 아니라 온 땅의 하나님이시며 홀로 살아 계시고 참되신 하나님이시며 옛적부터 항상 계신 자(Ancient of days)이시다. 하나님은 종종 자신을 모든 신들 위에 계신 존재로 드러내셨다. 그러나 랍사게는 이스라엘의 하나님을 하맛과 아르밧 따위의 허구의 우상들과 동일한 수준에 놓았다. 그러면서 그는 모든 종교의 신들은 다 똑같다고 생각하면서 스스로를 그러한 신들 위에 놓았다. 유대인들의 전승에 따르면 랍사게는 배교한 유대인이었다. 그가 유다 말에 능통한 것이 바로 그 때문이라는 것이다. 이것이 사실이라면, 이스라엘의 하나님에 대한 그의 무지는 더 이상 변명의 여지가 없으며 하나님에 대한 그의 적대감은 조금도 이상할 것이 없다. 왜냐하면 배교자가 하나님에 대해 가장 야비하고 악의적인 적대감을 갖는 것은 너무도 흔한 일이기 때문이다. 랍사게의 이러한 말 속에 많은 기교와 재치가 있는 것은 사실이다. 그럼에도 불구하고 우리는 그 속에 교만과 악의와 거짓과 신성모독이 가득하다는 사실을 놓쳐서는 안 된다. 진실함이라는 한 개의 알곡이 모든 기교와 화려한 수사보다 더 값진 법이다.

Ⅲ. 이에 대한 사신들의 대응.

1. 그들은 잠잠하고 한 마디도 대답하지 않았다(36절). 할 말이 없었기 때문이 아니었다. 그들은 정당하게 그의 주인(즉 앗수르 왕 산헤립)이 약속을 위반한 것에 대해 비판할 수 있었다. 그리고 도대체 어떤 신이 그와 같이 약속을 위반한 자에게 승리를 가져다주겠느냐고 물을 수 있었다. 적어도 그들은 아합이 벤하닷에게 던진 그 유명한 말을 다시금 일깨워 줄 수도 있었다: 갑옷 입는 자가 갑옷 벗는 자 같이 자랑하지 못할 것이라(왕상 20:11). 그러나 히스기야는 그들에게 아무 대답도 하지 말라고 지시했고, 그들은 그러한 지시에 순종했다. 말할

때가 있는 것처럼 침묵해야 할 때도 있는 법이다. 또한 어떤 사람에게 귀한 교훈을 일깨워 주는 것이 마치 돼지에게 진주를 던지는 격이 되는 그런 사람들도 있다. 미친 자에게 무슨 말을 할 것인가? 아마도 그들의 침묵으로 인해 랍사게는 더욱 오만하며 기세등등해졌을 것이며, 그로 인해 그의 마음은 멸망을 향해 더욱 높아지고 완악해졌다.

2. 그들은 옷을 찢었다(37절). 그것은 랍사게의 신성모독에 대한 혐오감과 예루살렘의 처참한 상황에 대한 슬픔으로 인한 것이었다. 하나님과 예루살렘에게 돌려지는 수치는 그들에게 너무도 무거운 짐이었다.

3. 그들은 랍사게의 말을 그대로 왕에게 전했다. 그리하여 히스기야는 이제 어떻게 해야 하며, 랍사게의 도발에 대해 어떻게 대응할 것인지를 깊이 생각할 수 있게 되었다.

제
— 19 —
장

개요

우리는 앞 장에서 예루살렘이 큰 고난에 처한 것을 살펴보았다. 앗수르 군대가 예루살렘을 포위한 채 모욕하고 협박하며 당장에라도 삼키려고 하고 있었다. 그러나 본 장에서 우리는 예루살렘이 칼과 창으로가 아니라 기도와 예언과 여호와의 사자의 손으로 영광스럽게 구원받는 것을 보게 된다. I. 큰 근심 가운데 히스기야가 이사야 선지자에게 기도를 요청하고(1-5절) 그로부터 평안의 응답을 받음(6, 7절). II. 산헤립이 히스기야에게 항복을 종용하는 편지를 보냄(8-13절). III. 이에 히스기야가 하나님 앞에 기도하며 도움을 간청함(14-19절). IV. 하나님이 이사야를 통해 그에게 구원을 약속하는 위로의 메시지를 주심(20-34절). V. 앗수르 군대가 여호와의 사자의 손에 진멸되고 산헤립 자신은 그의 아들들에게 피살됨(35-37절). 이와 같이 하나님은 자기 백성을 구원하시고 스스로를 영화롭게 하셨다.

¹히스기야 왕이 듣고 그 옷을 찢고 굵은 베를 두르고 여호와의 전에 들어가서 ²왕궁의 책임자인 엘리야김과 서기관 셉나와 제사장 중 장로들에게 굵은 베를 둘려서 아모스의 아들 선지자 이사야에게로 보내매 ³그들이 이사야에게 이르되 히스기야의 말씀이 오늘은 환난과 징벌과 모욕의 날이라 아이를 낳을 때가 되었으나 해산할 힘이 없도다 ⁴랍사게가 그의 주 앗수르 왕의 보냄을 받고 와서 살아 계신 하나님을 비방하였으니 당신의 하나님 여호와께서 혹시 그의 말을 들으셨을지라 당신의 하나님 여호와께서 그 들으신 말 때문에 꾸짖으실 듯하니 당신은 이 남아 있는 자들을 위하여 기도하소서 하더이다 하니라 ⁵이와 같이 히스기야 왕의 신복이 이사야에게 나아가니 ⁶이사야가 그들에게 이르되 너희는 너희 주에게 이렇게 말하라 여호와의 말씀이 너는 앗수르 왕의 신복에게 들은 바 나를 모욕하는 말 때문에 두려워하지 말라 ⁷내가 한 영을 그의 속에 두어 그로 소문을 듣고 그의 본국으로 돌아가게 하고 또 그의 본국에서 그에게 칼에 죽게 하리라 하셨느니라 하더라

랍사게의 말을 전달받았을 때 히스기야는 어떻게 대처했을까? 아마도 많은 사람들은 그가 즉시 국무회의를 소집하고 항복할 것인지 말 것인지 의논했을 것이라고 예상할 것이다. 도성이 포위되기 전에는 실제로 그는 방백들과 용사들과 더불어 의논을 했었다(대하 32:3). 그러나 지금은 그렇게 하지 않았다. 그의 가장 큰 힘은 하나님께 나아갈 수 있다는 사실이었다. 우리는 여기에서 하나님과 히스기야 사이에 어떤 일이 오갔는지에 대한 이야기를 듣게 된다.

I. 히스기야는 랍사게의 신성모독적인 언사로 하나님의 영광이 크게 손상된 것을 슬퍼한다. 랍사게의 말을 전해 들었을 때, 히스기야는 옷을 찢고 굵은 베를 둘렀다(1절). 선한 자들은 하나님의 이름이 모독을 당하는 것을 들을 때 그와 같이 할 것이다. 또 높은 지위에 있는 자들에게 있어 하나님의 영광이 손상을 당할 때 그것을 바라보면서 슬퍼해하며 애통해하는 것은 결코 부끄러운 일이 아니다. 하나님이 모독을 당하며 예루살렘이 위험 속에 빠져 있을 때, 왕복이라 하여 찢어져서는 안 되며 왕의 몸이라 하여 굵은 베를 입어서는 안 된단 말인가? 하나님은 지금 백성들에게 이렇게 할 것을 요구하고 계셨으며, 또한 그와 같이 슬퍼하지 않는 자들을 불쾌하게 여기셨다. 오늘은 환난과 징벌과 모욕의 날이거늘(5절) 너희는 소를 죽이고 양을 잡아 고기를 먹고 포도주를 마시면서 기뻐하며 즐거워하는도다(사 22:12-14). 왕은 굵은 베를 입고 있었지만, 그러나 많은 백성들은 부드러운 옷을 입고 있었다.

II. 히스기야는 여호와의 전에 올라간다. 악인이 형통하는 것으로 슬퍼하던 시편 기자가 하나님의 성소에 올라갔던 것처럼(시 73:17), 히스기야도 비슷한 상황에서 이와 같이 하나님의 성전에 올라갔다. 그는 명상과 기도를 위해 하나님의 전에 올라갔고 그럼으로써 고요하고 차분한 심령을 되찾았다. 그는 랍사게에게 어떻게 답변할 것인지를 생각하지 않고 다만 이 일을 하나님께 아뢰었다. "여호와여 내게 응답하소서." 그는 여호와의 전에서 안식처와 피난처를 발견했다. 그리고 그 곳이 그에게 무기고와 작전회의실이었으며, 그 곳에 그가 필요로 하는 모든 것이 있었다. 원수들이 두려운 기세로 위협할 때 하나님을 경외하는 백성들은 하나님 앞에 나아가 호소하며 모든 일을 그분께 맡겨야 한다.

III. 히스기야는 이사야 선지자에게 기도를 요청한다(2-4절). 그렇게 함에 있어 그는 높은 신분의 대신(大臣)들을 보냈는데, 그것은 그를 크게 존경하고 있었음을 보여주는 증표였다. 엘리야김과 셉나는 랍사게로부터 직접 들은 자들이었으므로 그 내용을 좀 더 잘 전달해 줄 수 있었다. 제사장 중 장로들은 이와 같은 고난의 때에 스스로 백성들을 위해 기도해야 했지만(욜 2:17), 그러나 지금은 이사야 선지자에게 기도를 요청하기 위해 가야만 하였다. 그것은 이사야가 하늘과 좀 더 특별한 관계를 맺고 있었으므로 더 잘 기도할 수 있었기 때문이었다. 그들은 굵은 베를 입고 갔는데, 그것은 그와 같이 옷 입은 왕을 대신해서 가는 것이었기 때문이었다.

1. 그들의 용무는 이사야에게 남아 있는 자들을 위해 기도해 줄 것을 요청하기 위한 것이었다. 다시 말해서, 열 지파가 멸망을 당하고 난 지금 남아 있는 유다를 위해, 그리고 대부분의 성읍들이 함락을 당하고 난 지금 남아 있는 예루살렘을 위해 기도해 달라는 것이었다. 여기에서 다음의 사실들을 주목하라.

(1) 고난 가운데 있을 때 형제들의 기도는 너무나 바람직한 것이라는 사실. 어떤 사람에게 기도해 줄 것은 요청하는 것은, 첫째로 하나님을 존귀케 하는 것이며, 둘째로 기도를 존귀케 하는 것이며, 셋째로 그를 존귀케 하는 것이다.

(2) 다른 사람들에게 기도를 요청한다고 해서 우리 자신은 기도하지 않아도 되는 것은 결코 아니라는 사실. 히스기야는 이사야에게 기도를 요청하면서 동시에 자신도 기도하기 위해 여호와의 전으로 올라갔다.

(3) 특별히 우리는 하나님의 말씀을 전하는 자들의 기도를 사모하며 구해야 한다는 사실. 그는 선지자라 그가 너를 위하여 기도하리니(창 20:7). 위대한 선지자는 위대한 중보자(혹은 중보기도자, intercessor)이다.

(4) 기도를 올리는 자 즉 기도 가운데 마음을 올려 드리는 자는 하나님의 마음을 움직일 것이라는 사실.

(5) 교회가 약해졌을 때 그래서 소수의 남은 자들만 남아 어찌할 바를 알지 못할 때 그 때는 그 남은 자들을 위해 우리의 기도를 올려야 할 때라는 사실.

2. 그들은 다음과 같은 두 가지로 인해 기도를 부탁했다.

(1) 적에 대한 두려움(3절). "그는 오만하며 포악하도다. 오늘은 환난과 징벌과 모욕의 날이라. 우리는 멸시를 당하며 하나님은 모독을 당하는도다. 우리를 이토록 능욕하며 짓밟은 왕과 나라는 일찍이 없었도다. 우리의 심령은 교만한 자의 경멸로 차고 넘치는도다. 너희 하나님이 어디 있느냐고 말하면서 우리의 믿음을 경멸하는 말을 들을 때, 우리의 뼈가 칼에 찔리는 것 같도다. 더욱이 우리

는 스스로 도와 이 모든 수치를 떨쳐버릴 방법을 알지 못하는도다. 우리는 의롭고 신실한 백성이나 수적으로 압도를 당하는도다. 아이를 낳을 때가 되었도다. 지금은 우리가 구원받아야 할 절체절명의 때로다. 적에게 단 한 번의 결정적인 타격만 가할 수 있다면 우리의 소원을 이룰 수 있으련만! 아, 우리는 그렇게 할 수 없으며 해산할 힘이 없도다. 지금 우리의 형편이 오랜 산고로 해산할 힘을 다 잃어버린 여인처럼 처참하도다(호 13:13). 우리는 망하게 되었도다. 무엇을 하실 수 있거든 우리를 불쌍히 여기사 도와주옵소서(막 9:22)."

(2) 하나님에 대한 소망. 그들은 하나님을 바라보며 의지하면서 자신들을 위해 나타나 주실 것을 갈망한다. 하나님의 말씀 한 마디가 상황을 뒤바꿀 것이며 가련한 남은 자들을 구원할 것이다. 하나님이 랍사게의 말을 꾸짖으신다면(다시 말해서 그의 말을 반박하신다면, 4절), 그리고 하나님이 그의 어리석음을 드러내시기만 한다면, 모든 일이 잘 될 것이다. 그리고 그들은 자신들의 공로로 인함이 아니라 하나님 자신의 영광을 위해 하나님이 이 일을 하실 것이라고 믿는다. 왜냐하면 그가 살아 계신 하나님을 듣지도 못하며 말하지도 못하는 우상들과 나란히 놓음으로써 하나님을 모독했기 때문이다. 그들은 이 일에 하나님이 나서실 것이라고 생각할 만한 충분한 이유를 가지고 있었다. 그것은 이 일이 하나님과 직결된 일이었기 때문이다. 하나님이여 일어나 주의 원통함을 푸소서(시 74:22). 그들은 이사야에게 말한다. "그는 당신의 하나님 여호와시니이다. 당신은 그의 은총을 받은 자가 아니며 당신은 그의 영광을 위하는 자가 아니니이까? 하나님은 랍사게의 신성모독적인 말을 듣고 아셨을 것이며 그러므로 그것을 들으시고 꾸짖으실 것이나이다. 우리는 하나님이 그렇게 하실 것을 바라나이다. 하나님 앞에 우리의 형편을 아뢰며 기도해 주소서. 그러면 우리는 모든 일을 기꺼이 하나님께 맡기리이다."

IV. 하나님은 이사야를 통해 앗수르가 멸망을 당할 것을 히스기야에게 알리신다. 히스기야가 이사야 선지자에게 사람을 보낸 것은 이 일의 결과가 어떻게 될 것인지 묻기 위함이 아니라 자신의 의무를 이행하기 위해 그의 도움을 구하기 위함이었다. 히스기야가 간절히 원했던 것은 바로 이것이었다. 그러나 이처럼 자신의 의무를 다하고자 하는 그의 충심에 대한 보상으로 하나님은 이 일의 결과까지 알려 주셨다(6, 7절).

1. 하나님은 스스로를 이 일에 연루시키셨다: 그들이 나를 모욕하는 말 때문

에.

2. 하나님은 어찌할 바를 알지 못하고 있었던 히스기야를 격려하셨다: 너는 네가 들은 말 때문에 두려워하지 말라. 그것은 단지 말에 불과하며(비록 포악하고 요란한 말이기는 하지만), 말은 단지 바람에 불과할 뿐이다.

3. 하나님은 랍사게가 그를 두렵게 한 것보다 자신이 앗수르 왕을 더 두렵게 하겠노라고 약속하셨다. "내가 그에게 한 영을 보낼 것이요(그것은 그의 군대를 멸하는 두려운 영일 것이라), 두려움이 그를 사로잡아 자기 나라로 돌아가게 만들 것이며 그가 거기에서 죽을 것이라." 하나님의 입으로부터 나온 이러한 짧막한 위협이 실행될 때 랍사게의 입에서 나온 헛된 협박은 허공 속으로 사라질 것이다.

[8]랍사게가 돌아가다가 앗수르 왕이 이미 라기스에서 떠났다 함을 듣고 립나로 가서 앗수르 왕을 만났으니 왕이 거기서 립나와 싸우는 중이더라 [9]앗수르 왕은 구스 왕 디르하가가 당신과 싸우고자 나왔다 함을 듣고 다시 히스기야에게 사자를 보내며 이르되 [10]너희는 유다의 왕 히스기야에게 이같이 말하여 이르기를 네가 믿는 네 하나님이 예루살렘을 앗수르 왕의 손에 넘기지 아니하겠다 하는 말에 속지 말라 [11]앗수르의 여러 왕이 여러 나라에 행한 바 진멸한 일을 네가 들었나니 네가 어찌 구원을 얻겠느냐 [12]내 조상들이 멸하신 여러 민족 곧 고산과 하란과 레셉과 들라살에 있는 에덴 족속을 그 나라들의 신들이 건졌느냐 [13]하맛 왕과 아르밧 왕과 스발와임 성의 왕과 헤나와 아와의 왕들이 다 어디 있느냐 하라 하니라 [14]히스기야가 사자의 손에서 편지를 받아보고 여호와의 성전에 올라가서 히스기야가 그 편지를 여호와 앞에 펴 놓고 [15]그 앞에서 히스기야가 기도하여 이르되 그룹들 위에 계신 이스라엘의 하나님 여호와여 주는 천하 만국에 홀로 하나님이시라 주께서 천지를 만드셨나이다 [16]여호와여 귀를 기울여 들으소서 여호와여 눈을 떠서 보시옵소서 산헤립이 살아 계신 하나님을 비방하러 보낸 말을 들으시옵소서 [17]여호와여 앗수르 여러 왕이 과연 여러 민족과 그들의 땅을 황폐하게 하고 [18]또 그들의 신들을 불에 던졌사오니 이는 그들이 신이 아니요 사람의 손으로 만든 것 곧 나무와 돌 뿐이므로 멸하였나이다 [19]우리 하나님 여호와여 원하건대 이제 우리를 그의 손에서 구원하옵소서 그리하시면 천하 만국이 주 여호와가 홀로 하나님이신 줄 알리이다 하니라

랍사게는 히스기야로부터 아무런 답변도 받지 못한 채(그가 이러한 침묵을 동의로 받아들였는지 혹은 무시로 받아들였는지는 분명치 않다) 자신의 군대를 예루살렘 주위에 그대로 두고 새로운 명령을 하달받기 위해 자신의 주인인 앗수르 왕에게 갔다. 그는 왕을 만나기 위해 립나로 갔는데(립나는 전에 유다를 배반한 성읍이었다, 8:22), 그 때 왕은 립나와 싸우고 있는 중이었다(8절). 앗수르 왕이 라기스를 점령했는지 여부는 분명하게 나타나지 않는다. 어떤 이들은 그가 라기스를 점령하는 것이 도저히 불가능함을 깨닫고 그 곳을 떠난 것으로 생각한다(8절). 마침 앗수르 왕은 구스 왕이 대군을 이끌고 자신과 싸우러 오고 있다는 소식을 듣고 크게 경성하고 있는 중이었다(9절, 구스는 아라비아와 접경하고 있었다). 이로 인해 그는 한시라도 빨리 예루살렘을 점령해야만 했다. 그러나 무력으로 점령하는 데에는 많은 인명과 시간의 손실이 불가피했다. 그리하여 그는 히스기야에게 순순히 예루살렘을 넘겨줄 것을 다시 한 번 종용했다. 전에 히스기야는 그에게 "왕이 내게 지우시는 것을 내가 당하리이다"(18:14)라고 말한 적이 있었다. 따라서 그는 히스기야가 매우 고분고분하고 다루기 쉬운 인물이라고 생각했을 것이다. 그리하여 다시 한 번 히스기야를 위협하여 항복하게 만들려고 했지만, 그러나 이번에는 아무런 성과도 거두지 못했다.

I. 산헤립이 히스기야에게 편지를 보냄. 그것은 저항해봐야 아무 소용 없으니 속히 예루살렘을 넘기라고 종용하는 협박과 신성모독으로 가득 찬 편지였다. 산헤립의 편지는 랍사게의 말과 대동소이했으며 새로운 것은 아무것도 없었다. 다만 랍사게는 백성들에게 "히스기야에게 속지 말라"고 말했던 반면(18:29), 산헤립은 히스기야에게 "네 하나님에게 속지 말라"고 썼다(19:10). 이방인들은 자기들이 섬기는 신들에게 속을까 두려워해야 할 충분한 이유를 가지고 있지만, 그러나 야곱의 하나님을 도움으로 삼고 여호와께 소망을 둔 백성은 조금도 그것을 두려워할 필요가 없다. 히스기야로 하여금 전의(戰意)를 상실하도록 만들기 위해 산헤립은 자신과 자신의 공적을 극도로 과장하며 자화자찬한다. 여기에서 그가 얼마나 오만하게 스스로를 뽐내는지 주목하라.

1. 그는 자신이 정복한 나라들을 자랑한다(11절): 모든 나라(all lands)에 행한 바 진멸한 일을 네가 들었나니(한글개역개정판에는 '여러 나라'로 되어 있음). 그는 자신의 승리를 얼마나 크게 부풀리며 과장하고 있는가? 그는 구스 땅도 정

복하지 못했을 뿐만 아니라 지금 구스 왕 디르가하를 두려워하고 있었다. 그러면서도 자신이 모든 나라를 진멸했노라고 큰 소리를 치고 있다. 오만한 자의 자화자찬에는 항상 과장과 허풍이 들어있는 법이다.

2. 그는 자신이 정복한 신들을 자랑한다(12절). "정복을 당한 나라의 신들은 스스로를 구원할 수 없었을 뿐만 아니라 나라와 함께 자신들도 멸망을 당하고 말았느니라. 그런데 네 하나님이 너를 구원하겠느냐?"

3. 그는 자신이 정복한 왕들을 자랑한다(13절): 하맛 왕과 아르밧 왕과 스발와임 성의 왕과 헤나와 아와의 왕들이 다 어디 있느냐? 그는 자신이 어떤 왕이나 신보다도 더 큰 존재라고 자랑하면서, 스스로를 산 자의 땅에서 용사들의 두려움으로 여긴다.

Ⅱ. 히스기야가 그 편지를 하나님 앞에 펴놓음. 우리는 산헤립이 그 편지의 수취인에 대하여 왕에 합당한 칭호와 예우를 갖추지 않았을 것이라고 추측할 수 있다. 그럼에도 불구하고 히스기야는 겸손하게 그 편지를 받았으며, 편지를 받고 난 후 그것을 꼼꼼히 읽었다. 그러나 그는 똑같이 격렬한 표현으로 답장을 쓰지 않고 즉시로 성전으로 올라가 여호와 앞에 그 편지를 펴놓았다(14절). 그렇게 한 것은 그래야만 하나님이 그것을 읽으실 수 있기 때문이 아니라(히스기야가 그 편지를 펴놓기 전에 이미 하나님은 그 내용을 모두 알고 계셨다) 그렇게 함으로써 그가 매사에 하나님을 인정하고 있다는 사실을 나타내고자 함이었다. 히스기야는 원수들이 자기에게 가한 위해(危害)를 사실 이상으로 과장하려고 하지 않고 다만 있는 그대로 나타내고자 하였다. 그러면서 그는 이 모든 일을 하나님과 하나님의 의로운 판단에 맡기면서 기도에 착념했다. 이러한 편지와 관련하여 기도하는 가운데,

1. 히스기야는 산헤립이 모독한 하나님을 높이면서, 그를 그룹들 위에 계신 이스라엘의 하나님이라 부른다(15절). 그가 이스라엘의 하나님인 것은 이스라엘이 그의 특별한 백성이었기 때문이며 또한 그가 그룹들 위에 계신 것은 지상에 그의 영광의 특별한 처소가 있었기 때문이다. 그러면서 히스기야는 그를 온 땅의 하나님이라고 부르면서 그에게 영광을 돌린다(산헤립은 그를 성전에 틀어박혀 있는 이스라엘만의 신으로 상상했다). "저들로 자기 마음대로 말하게 하소서. 당신은 주권적인 주님이시며 하나님이시며 신들의 하나님이시며 유일하신 주님이시며 천하만국에 홀로 하나님이며 만유의 합법적인 주인이시니 이는 당

신이 천지를 만드셨기 때문이나이다. 만유를 창조하신 자로서 당신은 만유의 주인이요 만유의 통치자이시나이다."

2. 히스기야는 하나님에게 산헤립이 하나님을 모독했노라고 호소한다(16절). "여호와여 귀를 기울여 들으소서 여호와여 눈을 떠서 보시옵소서. 여기에 그가 직접 쓴 그의 편지가 있나이다." 만일 자신만 모독을 당했을 뿐이었다면, 그는 그냥 지나쳤을 것이었다. 그러나 모독을 당한 것은 하나님 곧 살아 계신 하나님이요 질투하는 하나님이셨다. 여호와여 주의 크신 이름을 위해 무엇을 하시려나이까?

3. 히스기야는 산헤립이 이방의 신들을 정복한 것은 인정하지만 그러나 그것들과 이스라엘의 하나님 사이를 분명하게 구분한다(17, 18절). 그는 정말로 이방의 신들을 불에 던졌다. 그것들은 신이 아니므로 자신도 구원하지 못하고 자기를 숭배하는 자들도 구원하지 못했다. 따라서 그가 그것들을 멸한 것은 조금도 놀랄 일이 아니었다. 그리고 그것들을 멸함에 있어 그는 실제로 이스라엘의 하나님의 공의를 세우는 도구가 되었다(비록 자신은 알고 있지 못했다 할지라도). 왜냐하면 하나님은 이방의 모든 신들을 멸하기로 결정하셨기 때문이다. 그가 이방의 신들을 정복한 것은 사실이었지만 그러나 그것들과 이스라엘의 하나님은 전혀 다른 경우이다. 이방의 신들은 사람의 손으로 만든 수공물에 불과하지만 그러나 이스라엘의 하나님은 사람의 손으로 만든 신들 가운데 하나가 아니라 만물을 지으신 창조주이시다(시 115:3, 4).

4. 히스기야는 하나님께 이제 산헤립을 치시고 그의 손으로부터 예루살렘을 구원하심으로 스스로의 영광을 드러내실 것을 기도한다(19절). "이제 우리를 그의 손에서 구원하옵소서. 만일 우리가 다른 나라들처럼 정복을 당한다면, 그들은 다른 신들처럼 이스라엘의 하나님도 정복했노라고 떠들 것이나이다. 그러니 여호와여 우리를 구별하심으로써 스스로를 구별하옵소서. 그럼으로써 온 세상으로 하여금 주는 홀로 하나이시며 스스로 존재하시는 주권자 하나님이시며 열방의 신들은 헛것이며 거짓임을 알고 고백하게 하옵소서." 우리가 기도함에 있어 최고로 구해야 하는 것은 바로 하나님의 영광이라는 사실을 주목하라. 그러므로 주기도문도 "이름이 거룩히 여김을 받으시오며"로 시작해서 "영광이 아버지께 영원히 있사옵나이다"로 끝난다.

[20]아모스의 아들 이사야가 히스기야에게 보내 이르되 이스라엘 하나님 여호와의 말씀이 네가 앗수르 왕 산헤립 때문에 내게 기도하는 것을 내가 들었노라 하셨나이다 [21]여호와께서 앗수르 왕에게 대하여 이같이 말씀하시기를 처녀 딸 시온이 너를 멸시하며 너를 비웃었으며 딸 예루살렘이 너를 향하여 머리를 흔들었느니라 [22]네가 누구를 꾸짖었으며 비방하였느냐 누구를 향하여 소리를 높였으며 눈을 높이 떴느냐 이스라엘의 거룩한 자에게 그리하였도다 [23]네가 사자들을 통하여 주를 비방하여 이르기를 내가 많은 병거를 거느리고 여러 산 꼭대기에 올라가며 레바논 깊은 곳에 이르러 높은 백향목과 아름다운 잣나무를 베고 내가 그 가장 먼 곳에 들어가며 그의 동산의 무성한 수풀에 이르리라 [24]내가 땅을 파서 이방의 물을 마셨고 나의 발바닥으로 애굽의 모든 강들을 말렸노라 하였도다 [25]네가 듣지 못하였느냐 이 일은 내가 태초부터 행하였고 옛날부터 정한 바라 이제 내가 이루어 너로 견고한 성들을 멸하여 무너진 돌무더기가 되게 함이니라 [26]그러므로 거기에 거주하는 백성의 힘이 약하여 두려워하며 놀랐나니 그들은 들의 채소와 푸른 풀과 지붕의 잡초와 자라기 전에 시든 곡초 같이 되었느니라 [27]네 거처와 네 출입과 네가 내게 향한 분노를 내가 다 아노니 [28]네가 내게 향한 분노와 네 교만한 말이 내 귀에 들렸도다 그러므로 내가 갈고리를 네 코에 꿰고 재갈을 네 입에 물려 너를 오던 길로 끌어 돌이키리라 하셨나이다 [29]또 네게 보일 징조가 이러하니 너희가 금년에는 스스로 자라난 것을 먹고 내년에는 그것에서 난 것을 먹되 제삼년에는 심고 거두며 포도원을 심고 그 열매를 먹으리라 [30]유다 족속 중에서 피하고 남은 자는 다시 아래로 뿌리를 내리고 위로 열매를 맺을지라 [31]남은 자는 예루살렘에서부터 나올 것이요 피하는 자는 시온 산에서부터 나오리니 여호와의 열심이 이 일을 이루리라 하셨나이다 하니라 [32]그러므로 여호와께서 앗수르 왕을 가리켜 이르시기를 그가 이 성에 이르지 못하며 이리로 화살을 쏘지 못하며 방패를 성을 향하여 세우지 못하며 치려고 토성을 쌓지도 못하고 [33]오던 길로 돌아가고 이 성에 이르지 못하리라 하셨으니 이는 여호와의 말씀이시라 [34]내가 나와 나의 종 다윗을 위하여 이 성을 보호하여 구원하리라 하셨나이다 하였더라

우리는 여기에서 히스기야의 기도에 대한 하나님의 은혜로운 응답을 보게 된다. 앞에서처럼(6, 7절) 이번에도 하나님은 이사야 선지자를 통해 응답의 메시지를 주셨다. 이와 같이 히스기야는 두 번의 응답을 통해 더 큰 위로와

담대함을 가질 수 있었다(히 6:18, 이는 하나님이 거짓말을 하실 수 없는 이 두 가지 변하지 못할 사실로 말미암아 우리에게 큰 안위를 받게 하려 하심이라). 여기에서 하나님은 산헤립으로 인한 히스기야의 기도를 들었노라고 분명하게 말씀하신다(20절). 하나님의 백성이 어떤 사람으로 인해 애통하며 부르짖을 때 그 사람은 얼마나 비참한가? 왜냐하면 압제당하는 하나님의 자녀가 압제자로 인해 부르짖을 때, 하나님은 그 기도를 들으실 것이기 때문이다(출 22:23). 하나님은 들으시고 응답하시되, 그의 오른손의 구원하는 힘으로 들으신다(시 20:6). 히스기야에게 주신 하나님의 응답의 메시지는 다음과 같은 두 가지 내용을 담고 있다.

I. 산헤립과 앗수르 군대가 혼란에 빠지며 수치를 당하게 될 것이다. 여기에서 그가 산산이 깨어져 비참하게 될 것이라고 예언된다. 여기의 메시지는 산헤립과 관련한 것이었지만, 그러나 그에게 보내기 위한 것은 아니었다. 다만 그는 앞으로 이루어질 결과에 의해 여기에서 자신과 관련하여 언급된 것을 알게 될 것이었다. 여기에서 산헤립은 다음과 같이 표현된다.

1. 예루살렘의 조롱거리(21절). 그는 스스로를 정결하고 아름다운 처녀 시온의 딸의 두려움이라고 생각하면서, 위협으로 그녀를 강제로 굴복시킬 수 있다고 여겼다. "그러나 아버지 집에서 아버지의 보호를 받는 처녀인 그녀가 도리어 너를 무시하고 경멸하며 비웃느니라. 너의 무력한 적의(敵意)가 우스꽝스러우므로 하늘에 계신 자가 비웃나니 그러므로 그의 그늘 아래 거하는 자들도 그러하느니라." 이러한 말씀으로 하나님은 히스기야와 유다 백성들의 두려움을 가라앉히고자 하셨다. 비록 육신의 눈으로 볼 때 원수가 무시무시하게 보인다 할지라도 믿음의 눈으로 보면 대수롭지 않게 보일 따름이다.

2. 하나님의 원수. 이것 하나만으로도 그는 멸망을 당하기에 충분했다. 히스기야는 바로 이것을 탄원했다(16절): 산헤립이 살아 계신 하나님을 비방하러 보낸 말을 들으시옵소서. 이에 하나님이 말씀하신다(22절): 네가 누구를 꾸짖었으며 비방하였느냐 이스라엘의 거룩한 자에게 그리하였도다. 하나님은 당신의 영광을 귀히 여기시며, 이방의 신들과는 달리 그것을 당당히 주장할 권능을 갖고 계신다. 나의 노를 격발하고 징벌을 당하지 않을 자가 없느니라.

3. 교만하며 자기 영광에 도취된 어리석은 자. 그는 헛된 말을 크게 과장하여 지껄였으며, 하나님을 비방하면서 헛된 능력을 자랑했다.

(1) 그는 자신의 업적을 사실 이상으로 과장하며 자화자찬했다(23, 24절): 네가 이러이러하게 말하였도다. 그가 쓴 편지에는 이러한 내용이 나와 있지 않지만 그러나 하나님은 거기에 기록된 것뿐만 아니라 그가 다른 곳에서(예를 들면 참모회의 같은 곳에서) 말한 것까지도 이미 들어 알고 계셨다. 하나님은 교만한 자들이 떠들며 자랑하는 것을 알고 계시며, 또 때가 되면 그에 대해 셈하실 것이란 사실을 주목하라. 산헤립은 스스로를 얼마나 위대한 존재로 여겼던가? 그는 자신이 병거들을 거느리고 산꼭대기에 올라갔으며, 숲과 강을 통과해 달렸으며, 모든 난관을 돌파했으며, 마음에 둔 것은 모두 점령했노라고 생각했다. 아무것도 그의 길을 막을 수 없었다. 그에게 너무 높아 오를 수 없는 산은 없었으며, 너무나 강해 벨 수 없는 나무도 없었으며, 너무 깊어 말릴 수 없는 강도 없었다. 그는 마치 하나님의 권능을 가진 것처럼 말만 하면 그대로 되었다(라고 그는 스스로 생각했다).

(2) 그는 이 모든 일들에 대한 영광을 (그것을 행한 자는 하나님이셨음에도 불구하고) 스스로에게 돌렸다(25, 26절). 산헤립은 자신의 편지에서 그 모든 일에 대하여 히스기야도 들었노라고 말한다(11절): 앗수르의 여러 왕이 여러 나라에 행한 바 진멸한 일을 네가 들었나니. 그러나 이에 대한 대답으로 하나님은 당신이 옛적에 이스라엘을 위해 행하신 일 즉 홍해를 말리시고 광야를 인도하시며 가나안에 심으신 일을 그에게 일깨워주신다. "이 모든 일에 대해 네가 행한 것이 무엇이냐? 여러 나라를 (특별히 그 가운데에서도 유다를) 폐허로 만든 것과 관련하여, 너는 단지 그 일을 이루시는 하나님의 손에 들린 도구에 불과하였느니라. 그 일을 이룬 자는 바로 나니라. 내가 네게 권능을 주었으며, 너로 하여금 승리하게 하였으며, 지금의 네가 되게 하였느니라. 그리고 너를 세워 견고한 성들을 폐허가 되게 만들었으며 그렇게 함으로써 그들의 악을 징벌하고 거기 거주하는 자들의 힘을 약하게 하였느니라." 산헤립은 단지 하나님에 의해서 그리고 하나님 아래서 그렇게 한 것일 뿐이었다. 그럼에도 불구하고 하나님을 대적하면서 스스로를 하나님 위에 높이는 것은 얼마나 어리석은 일이었는가? 여기에 언급된 그의 자랑과 관련하여 우리는 이사야 10장 13절과 14절에서 좀 더 상세히 살펴볼 수 있다(나는 내 손의 힘과 내 지혜로 이 일을 행하였나니 내 손으로 열국의 재물을 얻은 것은 새의 보금자리를 얻음 같고 온 세계를 얻은 것은 내버린 알을 주움 같았도다). 그리고 그러한 자랑에 대해 이사야 선지자는 이

렇게 되묻는다(사 10:15): 도끼가 어찌 찍는 자에게 스스로 자랑하겠느냐? 수레 위에 앉은 파리가 "내가 얼마나 많은 먼지를 일으키는고?"라고 말하는 것이나 손에 들린 칼이 "내가 얼마나 많은 사람을 죽였는고?"라고 말하는 것은 실로 어리석고 불합리한 말이 아닐 수 없다. 어떤 일이 되어짐에 있어 만일 하나님이 그 일의 주된 동인(動因)이라면, 자랑하는 것은 영원히 배제되어야만 한다.

4. 하나님의 견책과 감시 아래 있는 자.

(1) 그의 모든 움직임은 하나님의 인지(認知) 아래 있었다(27절). "나는 네 거처를 알고 있으며, 네가 은밀히 계획하고 꾸미는 일과 네가 들어오고 나가는 것과 네가 전진하고 후퇴하는 것과 나와 내 백성을 향한 너의 분노와 네가 격정에 사로잡혀 소동하는 것과 네가 일으키는 모든 시끄러운 소리를 알고 있느니라." 이것은 적의 동태와 관련하여 히스기야가 알고 있었던 것을 훨씬 능가하는 것이었다. 여호와의 눈은 온 땅을 두루 감찰하사 전심으로 자기에게 향하는 자들을 위하여 능력을 베푸시나니(대하 16:9).

(2) 그의 모든 움직임은 하나님의 통제(統制) 아래 있었다(28절). "너 큰 리워야단이여(욥 41:1, 2) 내가 갈고리를 네 코에 꿰고, 너 큰 브헤못이여 내가 재갈을 네 입에 물릴 것이라. 내가 너를 억제하고 통제할 것이며 내가 기뻐하는 곳으로 돌이켜 네가 온 곳으로 돌려보낼 것이라." 이와 같이 하나님이 교회의 원수들의 코에 꿸 갈고리와 입에 물릴 재갈을 갖고 계시며 그들의 분노까지도 당신을 섬기며 찬미하는 것이 되게 만드실 수 있다는 사실은 하나님의 백성들에게 큰 위로가 된다. 그러므로 네가 여기까지 오고 더 넘어가지 못하리니 네 높은 파도가 여기서 그칠지니라(욥 38:11)

II. 히스기야와 유다 백성에게 구원의 기쁨이 있을 것이다. 이것은 그들에게 하나님의 은총 즉 하나님이 이제 그들과 더불어 화해하사 그의 진노가 돌아섰음을 나타내는 분명한 표적이 될 것이었다(사 12:1). 그것은 그들의 보기에 놀라운 일이며, 선의 증표요, 앞으로 계속해서 베풀어질 긍휼의 보증이었다.

1. 양식은 핍절하고 부족했다. 땅의 소산은 앗수르 군대가 먹어버렸으며, 유다 백성은 열매를 거둘 수 없었다(사 32:10, 너희 염려 없는 여자들아 일 년 남짓 지나면 너희가 당황하리니 포도 수확이 없으며 열매 거두는 일이 이르지 않을 것임이라). 그러나 이제 그들은 그 땅에 거주하게 될 뿐만 아니라 양식을 먹게 될 것이었다. 만일 하나님이 그들을 구원하신다면, 하나님은 그들을 주리지 않게 하

실 것이며 기근으로 죽게 내버려 두지 않을 것이다. "너희가 금년에는 스스로 자라난 것을 먹을 것이라. 너희가 뿌린 것을 앗수르 사람들이 거두었느냐? 이제 너희는 뿌리지 않은 것을 거두게 될 것이라." 그러나 다음 해는 안식년이 될 것이었다. 땅은 안식해야 하며, 그들은 뿌리지도 말고 거두지도 말아야 한다. 그러면 내년에는 어떻게 할 것인가? 여호와이레 ― 여호와께서 준비하시리라. 왜 하나님이 준비하시지 않겠는가? 하나님의 축복으로 그들은 씨와 농사하는 수고를 절약하게 될 것이며, 내년에도 역시 그들은 스스로 자라난 것을 먹게 될 것이었다. 그럼으로써 그들은 경작하는 사람이 있기 전에 땅이 스스로 열매를 내었다는 사실을 일깨움 받게 될 것이었다(창 1:11). 그리고 제삼년에는 원래 상태로 돌아와 예전에 하던 대로 심고 거둘 것이었다.

2. 나라는 황폐되고 가정들은 깨어지고 흩어졌으며 모든 것은 혼란 속에 빠져있었다. 앗수르 같이 강한 군대가 침략했을 때 어떻게 그렇게 되지 않을 수 있었겠는가? 이와 관련하여 유다 족속 중에서 피하고 남은 자가 다시 자신들의 땅에 심겨질 것이라고 약속된다. 그들은 자신들의 기업에 다시 뿌리를 내리고 번성하며 부요해질 것이다(30절). 그들의 번성이 어떻게 묘사되고 있는지 주목하라: 아래로 뿌리를 내리고 위로 열매를 맺을지라. 그들은 자신들의 땅에 잘 정착하여 스스로 양식을 먹고 다른 사람들에게 선을 베풀게 될 것이었다. 영적으로도 마찬가지이다. 그리스도 안에서 믿음으로 아래로 뿌리를 내리고, 위로 의의 열매를 맺는다.

3. 예루살렘은 봉쇄된 채 아무도 출입할 수 없었다. 그러나 이제 예루살렘과 시온에서 남은 자가 자유롭게 나올 것이며 그들을 방해하거나 두렵게 할 자가 없게 될 것이다(31절). 성읍과 시골을 막론하고 크게 황폐하였지만, 그 곳으로부터 피하여 남은 자들이 있을 것이다. 그들은 이스라엘의 구원받은 남은 자들을 상징하는데(사 10:22-23과 롬 9:27-28을 비교하라), 그들은 하나님의 자녀들의 영광스러운 자유 속으로 들어갈 것이다.

4. 앗수르 군대가 항오를 갖추고 예루살렘을 포위함으로써 도성은 풍전등화의 위기에 빠져 있었다. 그러나 여기에서 하나님이 그들을 막으실 것이라는 약속이 주어진다. 비록 지금 적들이 예루살렘 앞에 진을 치고 있다 할지라도, 그들은 결코 성 안으로 들어오지 못할 것이며 화살을 쏘지 못할 것이다(32, 33절). 그럼으로써 산헤립은 수치 가운데 퇴각하지 않을 수 없게 될 것이며 자신의 어

리석은 시도를 두고두고 후회하게 될 것이다. 하나님 자신이 도성을 보호하실 때(34절), 도성과 그 곳에 거주하는 주민들이 어떻게 안전하지 않을 수 있겠는가?

5. 하나님은 이 모든 일을 이루는데 자신의 이름과 명예를 건다. 이것은 너무나 크고 위대한 일이다. 그런데 어떻게 이러한 일이 이루어질 수 있단 말인가? 그에 대한 대답은 간단하다: 여호와의 열심이 이 일을 이루리라(31절). 그는 만군의 여호와이시며, 모든 피조물을 자기 마음대로 다루실 수 있으시다. 그러므로 그는 능히 이 일을 이루실 수 있으시다. 그는 큰 질투심으로 시온을 위해 질투하신다(슥 1:14). 하나님은 정결한 처녀 예루살렘을 자기 배필로 삼으셨다. 그런데 자기 배필이 능욕을 당하는데 그냥 내버려 두겠는가? "너희는 하나님이 너희를 위해 이같이 큰일을 행하실 만한 자격이 없는 자들이다. 그러나 하나님의 열심이 이 일을 행할 것이다."

(1) 자신의 명예를 위한 하나님의 열심(34절). "내가 나 자신을 위해 이 일을 행할 것이며 그럼으로써 나의 이름을 영원한 이름이 되게 할 것이라." 하나님이 긍휼을 베푸시는 이유는 하나님 자신으로부터 나온다.

(2) 자신의 진실함을 위한 하나님의 열심. "내가 다윗을 위해 이 일을 행할 것이라. 그것은 그의 공로를 인함이 아니요 그와 더불어 맺은 약속과 언약을 인함이니라." 이와 같이 교회의 모든 구원은 다윗의 자손 예수 그리스도로 인해 이루어진다.

[35]이 밤에 여호와의 사자가 나와서 앗수르 진영에서 군사 십팔만 오천 명을 친지라 아침에 일찍이 일어나 보니 다 송장이 되었더라 [36]앗수르 왕 산헤립이 떠나 돌아가서 니느웨에 거주하더니 [37]그가 그의 신 니스록의 신전에서 경배할 때에 아드람멜렉과 사레셀이 그를 칼로 쳐죽이고 아라랏 땅으로 그들이 도망하매 그 아들 에살핫돈이 대신하여 왕이 되니라

어떤 예언이나 약속이 성취됨에 있어 오랜 시간이 걸리는 경우도 종종 있지만, 그러나 여기의 예언은 즉시 이루어졌다.

I. 앗수르 군대가 완전한 참패를 당함. 그 메시지가 히스기야에게 전달된 바로 그 날 밤 앗수르 군대는 바로 그 자리에서 여호와의 사자(혹은 천사,

angel)에게 큰 살육을 당했다(35절). 히스기야에게는 앗수르 진영을 기습 공격할 만큼의 병력이 없었다. 또 하나님은 칼과 활로써 그 일을 행하고자 하지 않으셨다. 대신에 하나님은 한밤중에 자신의 사자(혹은 천사)를 보내셔서 그들을 치도록 하셨다. 앗수르의 파수꾼들은 깨어 있었음에도 불구하고 아무것도 볼 수 없었을 뿐만 아니라 아무 저항도 할 수 없었다. 앗수르 군대가 엎드러진 것은 사람의 칼에 의한 것이 아니라 천사(사자)로 말미암은 것이었다(마치 이스라엘 백성이 애굽을 떠나기 전날 밤 죽음의 천사가 애굽의 장자들을 쳤던 것처럼). 요세푸스는 그것이 역병(疫病)에 의한 것이었다고 말한다. 그 때 죽은 자의 수는 18만 5천 명이었으며, 아마도 랍사게는 살아 남은 자들 가운데 있었던 것으로 보인다. 포위를 당했던 유다 사람들이 아침에 일찍이 일어나 보니 그들이 다 송장이 되어 있었으며, 극소수의 사람만이 죽음을 피했을 뿐이었다. 어떤 이들은 "마음이 강한 자도 가진 것을 빼앗기고 잠(즉 길고 영원한 잠)에 빠질" 것이라는 구절이 담겨 있는 시편 76편이 바로 이 일과 관련하여 기록된 것이라고 생각한다(시 76:5). 한 천사가 하룻밤에 그토록 많은 병사들을 살육할 수 있었다면, 거룩한 천사들은 도대체 얼마나 크고 강한 힘을 가지고 있는 것인가? 인간 중에 가장 강한 자라 할지라도 하나님 앞에서는 너무도 약하고 무력했다. 하나님을 대적하여 마음을 완악하게 하고 형통한 자가 누구인가? 산헤립의 교만과 신성모독은 그의 군대가 멸망을 당하는 것으로 징벌을 받았으며, 이 모든 생명들은 하나님의 영광과 시온의 안전을 위해 희생되었다. 미가 선지자는 하나님이 이 일을 이루기 위해 곡식 단을 타작마당에 모음 같이 그들을 모으셨다고 말씀한다(미 4:12, 13).

II. 이로 인해 앗수르 왕이 극도의 혼란에 빠짐. 자기 영광과 자기 자랑에 그토록 도취되어 있었던 산헤립은 이와 같은 치명적인 타격을 받고 이제는 자신의 목숨까지 떨어질까 두려워하면서 돌이켜 니느웨로 돌아갔다(36절). 이와 같은 표현방식은 그가 극심한 정신적 혼돈과 혼란에 빠져 있었음을 암시한다. 그리고 얼마 후 하나님은 그의 두 아들의 손을 통해 그의 생명을 거두셨다(37절).

1. 아들로서 아버지를 죽이는 것은 얼마나 극악하고 짐승 같은 행동인가?

2. 그러나 이 일에 있어 하나님은 의로우셨다. 산헤립은 자신을 창조하신 하나님을 대적했다가 자기가 낳은 아들들에게 반역을 당했다(그것은 그에게

임한 마땅한 보응이었다). 패역한 자녀를 둔 부모들은 혹시 자신들도 하늘 아버지께 그와 같지 않은지 스스로를 살펴야만 한다. 이스라엘의 하나님은 산헤립으로 하여금 당신이 유일하고 참된 하나님이며, 그러므로 그와 같이 경배 받아야 함을 충분히 깨달아 알 수 있도록 행하셨다. 그러나 그는 자신의 우상 숭배를 고집하는 가운데 계속해서 하나님을 대적하면서 거짓 신들에게 매달렸다. 그가 드린 제물에 그의 피가 섞인 것은 정당한 일이었다. 왜냐하면 우상 숭배의 어리석음을 나타내는 명백한 증거들을 보면서도 그는 아무것도 깨닫지 못했기 때문이었다. 그를 살해한 그의 아들들은 도망쳤지만, 그러나 아무도 그들을 뒤쫓지 않았다. 아마도 그의 신하들 역시도 그토록 오만한 자의 통치에 염증을 느끼면서 속으로는 그의 죽음을 달갑게 여겼을 것이다. 패트릭 주교는 산헤립이 자기 아들들을 자기 신에게 희생제물로 드릴 것을 맹세했을 것이라고 상상하는데, 만일 그것이 사실이라면 그들의 행동은 그나마 변명의 여지가 있는 것으로 여겨진다(왜냐하면 그들의 행동은 스스로를 보호하기 위한 어쩔 수 없는 선택이 될 것이기 때문이다). 산헤립의 왕위를 계승한 자는 그의 또 다른 아들인 에살핫돈이었다. 그는 자기 아버지와는 달리 계속해서 정복전쟁을 수행하는 대신 이미 정복한 지역을 잘 관리하려고 하였던 것으로 보인다. 왜냐하면 우리는 앞에서 사마리아에 여러 민족들이 이주해 온 것에 대해 살펴보았는데(17:24) 에스라 4장 2절에서 우리는 그 일을 추진한 왕이 다름 아닌 에살핫돈이었다는 이야기를 듣게 되기 때문이다(앗수르 왕 에살핫돈이 우리를 이리로 오게 한 날부터).

제 20 장

개요

본 장의 내용은 다음과 같다. I. 히스기야가 병들었다가 다시 나음(1-11절). II. 히스기야의 죄와 그에 대한 이사야 선지자의 책망(12-19절). III. 히스기야의 통치의 종결(20-21절).

[1]그 때에 히스기야가 병들어 죽게 되매 아모스의 아들 선지자 이사야가 그에게 나아와서 그에게 이르되 여호와의 말씀이 너는 집을 정리하라 네가 죽고 살지 못하리라 하셨나이다 [2]히스기야가 낯을 벽으로 향하고 여호와께 기도하여 이르되 [3]여호와여 구하오니 내가 진실과 전심으로 주 앞에 행하며 주께서 보시기에 선하게 행한 것을 기억하옵소서 하고 히스기야가 심히 통곡하더라 [4]이사야가 성읍 가운데까지도 이르기 전에 여호와의 말씀이 그에게 임하여 이르시되 [5]너는 돌아가서 내 백성의 주권자 히스기야에게 이르기를 왕의 조상 다윗의 하나님 여호와의 말씀이 내가 네 기도를 들었고 네 눈물을 보았노라 내가 너를 낫게 하리니 네가 삼 일 만에 여호와의 성전에 올라가겠고 [6]내가 네 날에 십오 년을 더할 것이며 내가 너와 이 성을 앗수르 왕의 손에서 구원하고 내가 나를 위하고 또 내 종 다윗을 위하므로 이 성을 보호하리라 하셨다 하라 하셨더라 [7]이사야가 이르되 무화과 반죽을 가져오라 하매 무리가 가져다가 그 상처에 놓으니 나으니라 [8]히스기야가 이사야에게 이르되 여호와께서 나를 낫게 하시고 삼 일 만에 여호와의 성전에 올라가게 하실 무슨 징표가 있나이까 하니 [9]이사야가 이르되 여호와께서 하신 말씀을 응하게 하실 일에 대하여 여호와께로부터 왕에게 한 징표가 임하리이다 해 그림자가 십도를 나아갈 것이니이까 혹 십도를 물러갈 것이니이까 하니 [10]히스기야가 대답하되 그림자가 십도를 나아가기는 쉬우니 그리할 것이 아니라 십도가 뒤로 물러갈 것이니이다 하니라 [11]선지자 이사야가 여호와께 간구하매 아하스의 해시계 위에 나아갔던 해 그림자를 십도 뒤로 물러가게 하셨더라

우리는 앞장에서 승승장구하던 산헤립이 하나님을 모독하다가 한순간에 멸망을 당하는 것을 살펴보았는데, 이제 본 장에서는 병들어 죽게 된 히스기야가 하나님께 간절히 기도함으로써 생명을 구원받는 것을 보게 된다. 산헤립의 날은 단축된 반면 히스기야의 날은 연장되었다.

I. 히스기야가 병들어 죽게 됨. 그것은 그 때에(1절), 즉 앗수르 왕이 예루살렘을 침략했던 해에 있었던 일이었다. 산헤립이 유다를 침략한 것은 히스기야 14년의 일이었다(18:13). 한편 히스기야가 유다를 다스린 기간은 총 29년이었는데 거기에서 생명이 연장된 기간 15년을 빼면 결국 그가 병들어 죽게 된 때는 그의 통치 14년 때의 일이 된다. 그러므로 본 장의 사건과 산헤립이 예루살렘을 침략한 것은 동일한 연도에 발생한 일이 되는 것이다. 어떤 이들은 6절의 내가 너와 이 성을 앗수르 왕의 손에서 구원하고라는 구절에 착안하여 히스기야가 병든 것은 앗수르 군대가 예루살렘을 포위하고 있었거나 혹은 포위할 준비를 하고 있을 때였을 것이라고 생각한다. 또 어떤 이들은 이 사건을 산헤립이 패배를 당한 직후에 일어난 일로 생각하기도 한다. 그렇다면 그것은 우리에게 이 세상의 기쁨은 잠시뿐이라는 사실을 보여주는 것이 될 것이다. 왜냐하면 히스기야는 승리의 기쁨 한가운데에서 병에 걸려 죽음의 올무에 빠져 버렸기 때문이다. 그러므로 우리는 항상 두려움과 함께 기뻐해야 한다. 7절의 표현으로 미루어 아마도 그는 역병(疫病)에 걸린 것으로 보인다. 그것은 앗수르 병사들을 진멸했던 바로 그 병이었다. 하나님은 그(히스기야)로부터 역병을 취하여 그것을 그의 적들에게 갖다 놓았다. 아무리 위대하고 선한 자라 할지라도 질병의 함정으로부터 자유로운 자는 아무도 없다. 불과 얼마 전 하늘로부터 특별한 은혜를 받았음에도 불구하고 그 역시도 병들어 죽게 되었다. 그는 지금 마흔이 채 되지 못한 한창 나이였지만, 그러나 병들어 죽어가고 있었다. 그의 아버지가 죽은 것도 지금 그의 나이 때 정도였다(그의 아버지 아하스는 36세 정도에 죽은 것으로 보이는데, 그것은 지금 그의 나이보다 두세 살 정도 적을 때였다). 아마도 그러한 이유로 그는 지금 자신의 병과 죽음에 대해 더 많이 염려하고 있었을 것이다. 생의 한가운데 죽음이 있는 법이다.

II. 이사야가 히스기야에게 죽음을 준비할 것을 경고함. 이사야는 앞에서 두 번에 걸쳐 좋은 소식을 전하는 사자의 역할을 수행했지만, 이번에는 나쁜 소식을 전하는 사자가 되었다. 우리는 하나님의 선지자들로부터 그들이 하나님께 받은 것 외에 다른 것을 기대해서는 안 된다. 좋은 소식이든 나쁜 소식이든 우리는 그들이 전하는 소식을 기꺼이 받아야만 한다. 이사야는 히스기야에게 다음과 같이 말한다.

1. 그것은 죽을 병이다. 그러므로 하나님의 특별한 은혜나 기적으로 회복되지 않는 한 당신은 필경 죽을 것이다: 네가 죽고 살지 못하리라.

2. 그러므로 속히 죽음을 준비하라: 너는 집을 정리하라. 이것은 우리가 건강할 때 관심을 기울여야 할 일이지만, 그러나 통상적으로 큰 병에 걸리고 나서야 비로소 서두르게 된다. 회개와 믿음으로 마음을 정돈하고 하나님께 모든 것을 맡긴 채 죽음(즉 이 세상과 이별하고 새로운 세상을 맞이하는 것)을 준비하라. 그리고 미리 준비하지 못했다면(미리 준비하는 것이 최선이지만), 당신의 집을 정리하라. 당신의 뜻을 정하고, 후대(後代)를 위해 재산과 기타 모든 일들을 정리하라. 이사야는 히스기야에게 그의 나라에 대해서가 아니라 단지 그의 집에 대해서만 말한다. 다윗은 선지자로서 자신에 이어 누가 왕이 될지를 지명할 권세를 가지고 있었지만, 그러나 다른 왕들은 함부로 그렇게 할 수 없었다.

Ⅲ. 이에 히스기야가 기도함. 히스기야가 여호와께 기도하여 이르되(2절). 어떤 사람이 병들었는가? 그를 위해 기도하고, 그와 함께 기도하며, 그로 하여금 기도하게 하라. 앞 장에 기록된 것처럼 히스기야는 하나님을 기다리는 것은 결코 헛된 일이 아니며 믿음의 기도는 평안의 응답을 가져온다는 사실을 발견했다. 그러므로 그는 일평생 하나님을 부를 것이었다. 기도의 능력을 경험한 자는 계속해서 기도하게 될 것이다. 그는 지금 죽음의 선고를 받았다. 만일 그것이 뒤바뀌질 수 있는 것이라면, 그것은 기도로써 뒤바뀌질 것이었다. 설령 하나님이 어떤 은혜를 베풀 계획을 갖고 계실 때라 할지라도, 그러나 우리는 그것을 위해 기도해야만 한다(겔 36:37, 그래도 이스라엘 족속이 이같이 자기들에게 이루어 주기를 내게 구하여야 할지라). 만일 우리가 구하지 않으면 혹은 구하더라도 잘못 구하면, 우리는 그것을 받지 못할 것이다. 설령 그 선고(宣告)가 뒤바뀌질 수 없는 것이라 할지라도, 여전히 기도는 죽음에 대한 최선의 준비이다. 왜냐하면 그러한 기도로써 우리는 우리의 생을 잘 마칠 수 있는 힘과 은혜를 얻을 수 있기 때문이다. 다음을 관찰하라.

1. 그는 어떻게 기도했나?

(1) 그는 낯을 벽으로 향하고 기도했다. 아마도 침상에 누워 그렇게 했을 것이다. 이렇게 한 것은 아마도 은밀히 기도하기 위한 것이었을 것이다. 그는 늘 하던 대로 골방으로 물러갈 수 없었다. 대신에 그는 주변에 있는 사람들로부터 가능한 몸을 돌려 하나님께로 향했다. 평상시처럼 은밀하게 기도한다든지 혹은 외적인 위엄과 엄숙함으로 예배드릴 수 없을 때, 우리는 그런 이유로 기도나 예배를 포기해서는 안 된다. 도리어 그런 환경에서 최대한 스스로를 정돈하여 우리의 의무를 수행해야 한다. 어쩌면 그는, 어떤 이들이 생각하는 것처럼 할 수만 있다면 성전에 올라가 기도하기를 원하는 자신의 마음을 나타내기 위해 그리고 성전에서 혹은 성전을 향해 기도하는 자들에게 큰 위로가 베풀어지는 사실을 기억하면서, 성전 쪽으로 얼굴을 돌렸는지도 모른다. 그리스도는 우리의 성전이다. 그러므로 우리는 기도할 때마다 그를 바라보아야만 한다. 왜냐하면 그로 말미암지 않고는 아버지께 올 자가 없기 때문이다.

(2) 그는 심히 통곡했다. 이로부터 어떤 이들은 그가 죽기를 두려워했다고 추측한다. 영혼과 육체가 분리되는 것에 대해 두려움을 갖는 것은 사람의 자연스러운 본성이다. 구약시대에는 죽음 이후의 세계에 대해 단지 희미하게만 계시되었을 뿐이었다. 따라서 구약의 성도들이 바울을 비롯한 신약의 성도들만큼 죽음에 대해 담대한 마음을 갖지 못했던 것은 조금도 이상한 일이 아니다. 뿐만 아니라 히스기야의 경우에는 또 다른 이유가 있었다. 그는 지금 개혁의 선한 일을 시작한 가운데 매우 중요한 일을 수행하고 있었다. 따라서 그는 지금 자신이 죽음으로써 모든 일이 수포로 돌아갈 것을 우려하지 않을 수 없었다. 더욱이 만일 이 일이 앗수르 군대가 진멸을 당하고 물러가기 이전의 일이었다면, 그로서는 더더욱 죽기를 염려할 만한 충분한 이유를 갖고 있는 셈이었다. 왜냐하면 지금 나라가 풍전등화의 위험 속에 빠져 있었기 때문이었다. 거기에다가 지금 그에게는 아직 아들이 없었던 것으로 보인다. 그의 왕위를 계승할 아들 므낫세는 지금으로부터 3년 후에나 태어날 것이었다. 만일 그가 지금 자식이 없이 죽는다면 나라의 안위도 위태롭게 될 뿐만 아니라 다윗에게 주신 약속도 위험에 처하게 될 것이었다. 그럼에도 불구하고 아마도 그것은 단지 간절히 기도하는 가운데 나타난 강렬한 감정의 표현이었을 것으로 여겨진다. 야곱도 울면서 기도했으며, 우리 구주께서도 기꺼이 죽음을 받아들이려 하셨음에도 불구하고 자기를 죽음에서 능히 구원하실 이에게 심한 통곡과 눈물로 부르짖

으셨다(히 5:7). 그가 기도한 내용을 통해 그의 눈물의 의미를 해석하자. 우리는 거기에서 그가 죽기를 두려워했음을 보여주는 어떤 암시도 발견하지 못한다.

2. 그는 무엇을 기도했나? "여호와여 구하오니 내가 진실과 전심으로 주 앞에 행한 것을 기억하옵소서. 나로 하여금 계속해서 그와 같이 행하게 하옵시고, 나의 일을 마쳤을 때 그와 같이 행한 자들을 위해 예비하신 길로 나를 영접하소서." 여기에서 다음을 관찰하라.

(1) 히스기야의 경건에 대한 묘사. 그는 올바른 원리 위에서(진실과 전심으로) 그리고 올바른 법칙을 따라(주께서 보시기에 선하게) 정직한 마음으로 행동했다(내가 주 앞에 행하며).

(2) 그는 지금 그러한 사실을 되돌아보며 위로를 얻는다. 그리고 그럼으로써 병상에서도 평안을 누린다. 우리가 순전함으로 하나님과 동행했노라고 우리의 양심이 증거해 준다면, 우리는 죽음 앞에서도 큰 위로와 기쁨을 가질 수 있게 될 것이다(고후 1:12).

(3) 그는 그것을 겸손하게 하나님께 아뢴다. 여호와여 이제 그것을 기억하옵소서. 이것은 우리가 하나님에게 무엇을 꼭 일깨워 드려야 할 필요가 있다든지(하나님은 우리의 마음보다 크시며 모든 것을 아신다) 혹은 하나님이 우리에게 어떤 빚을 지고 있어서 우리가 당당히 요구할 수 있음을 의미하는 것이 아니다(은혜와 긍휼은 오직 그리스도의 의로 말미암는 것일 뿐이다). 그러나 우리는 하나님과 맺은 언약의 조건으로서 우리가 하나님 앞에 정직하게 행했음을 호소할 수 있다. 히스기야는 "여호와여 나를 살려 주소서"라거나 혹은 "여호와여 당신의 뜻이면 나를 취하소서"라고 기도하지 않았다. 그렇게 기도하는 대신 그는 "여호와여 나를 기억하사, 살든지 죽든지 나로 당신의 것이 되게 하소서"라고 기도했다.

IV. 하나님이 히스기야의 기도에 즉각 응답하심. 이사야가 왕궁 가운데까지도(한글개역개정판에는 '성읍 가운데까지도'라고 되어 있음) 채 이르기 전에 하나님께서 그에게 히스기야가 나을 것이라는 새로운 메시지를 주셨다(4, 5절). 하나님에게는 '예' 한 후에 '아니오' 하는 법이 없다. 또 하나님에게는 방금 한 말을 취소하는 법도 없다. 그러나 히스기야의 경우 하나님은 다른 때라면 하지 않으셨을 일을 그를 위해 행하셨다. 여기에서 하나님은 히스기야를 일컬어 '내 백성의 주권자'라고 부르셨는데, 이것은 하나님이 자기 백성을 위해 그러한 선고(宣告)를 유예하셨음을 암시한다. 왜냐하면 이와 같은 고통의 때에 자기 백성들을 주권자 없이 남겨둘 수 없었기 때문이었다. 또 하나님은 여기에서 스스로를 '다윗의 하나님'으로 부르시는데, 그것은 하나님이 다윗과 맺은 언약 때문에 그리고 그를 위해 항상 등불을 남겨 두겠다는 약속 때문에 그러한 선고를 유예하셨음을 암시한다.

1. 하나님은 히스기야의 기도를 존귀케 하셨다. 하나님은 응답의 메시지를 주시는 가운데 "내가 네 기도를 들었고 네 눈물을 보았노라"라고 말씀하심으로써 그의 기도를 영화롭게 하셨다. 하나님을 향한 사랑과 애정이 많이 담겨 있는 기도는 특별한 의미로 하나님을 기쁘시게 한다.

2. 하나님은 그가 기도한 것 이상을 주셨다. 히스기야는 단지 자신이 진실과 전심으로 행한 것을 기억해 달라고 기도했을 뿐이었다. 그러나 하나님은 여기에서 다음과 같은 것들을 약속해 주셨다.

(1) 내가 너를 낫게 하리라. 질병들 역시도 하나님의 종이다. 하나님이 가라면 가고 오라면 온다(마 8:8, 9). 나는 너를 치료하는 여호와니라(출 15:26).

(2) 네가 삼 일 만에 여호와의 성전에 올라가게 될 것이라. 그의 치료는 속히 이루어질 것이며, 그리하여 불과 삼 일 만에 하나님께 감사드리기 위해 성전에 올라가게 될 것이다. 하나님은 히스기야의 마음을 아시되, 그가 하나님의 전을 너무나 사랑하는 것과 또한 병만 나으면 곧장 공적 예배에 참례하고 싶어하는 것을 알고 계셨다. 병들어 누워 있을 때는 얼굴을 그 곳으로 돌렸고, 병이 나으면 발걸음을 그 곳으로 돌릴 것이었다. 그러므로 그는 이렇게 약속한다: 내 영혼을 소생케 하소서 그리하면 내 영혼이 주를 찬송하리이다. 그리스도로부터 고침을 받은 베데스다 연못가의 병자는 얼마 후 성전에 나타났다(요 5:14).

(3) 내가 네 날에 십오 년을 더할 것이라. 그렇다고 해서 그가 노인이 될 때까지 살 것은 아니었다. 그의 날에 15년이 더해진다면 그는 54세 혹은 55세까지 살게 될 것이었다. 그럼에도 불구하고 이것은 그가 기대한 것을 훨씬 능가하는 것이었다. 그는 자신의 임대기간(즉 하나님이 그에게 생명을 허락하신 기간)이 끝났다고 생각했지만, 그러나 임대계약은 갱신되었다. 자신의 수명과 관련하여 언제까지 살 것이라고 미리 통지받은 다른 예를 우리는 알지 못한다. 믿음의 사람이었던 히스기야는 틀림없이 그것을 잘 선용했을 것이다. 그렇지만 하

나님은 지혜롭게도 우리에게 그것을 감추셨는데, 그것은 우리로 하여금 항상 준비하도록 하기 위함이다.

(4) 내가 예루살렘을 앗수르 왕의 손에서 구원할 것이라(6절). 이것은 히스기야에게 자신의 병이 낫는 것만큼이나 큰 비중을 차지하고 있었던 일이었으므로 여기에서 다시 한 번 반복되었다. 설령 이 사건(즉 히스기야가 죽을 병에 걸렸다가 회복된 사건)이 앗수르 군대가 물러간 이후에 생긴 일이라 할지라도, 그러나 히스기야와 유다 백성은 산헤립이 다시 침략해 올 것을 두려워하지 않을 수 없었을 것이다. 이에 하나님은 말씀하신다. "두려워하지 말라. 내가 이 성을 보호하리라."

V. 그의 병을 낫게 하기 위해 사용된 방법(7절).   히스기야를 치료한 의사는 이사야였다. 그는 매우 싸고 흔한 재료로 외용연고(外用軟膏)를 만들도록 지시했다. "무화과 반죽을 상처에 놓으라. 그러면 완전히 곪아 터져 고름이 흘러나오리라." 이러한 처방이 치료에 어느 정도 기여했을 것이다. 그러나 병이 극도로 위중한 상태에서 갑자기 나은 것을 감안할 때 그것은 기적이었다. 여기에서 다음의 사실들을 주목하라.

1. 병들었을 때 적절한 치료수단을 사용하는 것은 우리의 당연한 의무라는 사실. 만일 그렇게 하지 않는다면, 그것은 하나님을 신뢰하는 것이 아니라 시험하는 것이다.

2. 약(藥)을 경멸하거나 무시해서는 안 된다는 사실. 왜냐하면 하나님이 병든 자를 생각하사 그들에게 도움이 되는 많은 것들을 만드셨기 때문이다.

3. 하나님이 지시한 것은 반드시 효과가 있다는 사실.

VI. 그의 믿음을 격려하기 위해 표적이 주어짐.

1. 히스기야는 징표를 구했다. 그것은 그가 하나님의 권능과 약속에 대해 불신했다든지 혹은 반신반의했기 때문이 아니었다. 다만 그 일이 너무나 큰일이므로 어떤 확증이 필요하다고 생각했기 때문이며, 또한 하나님은 종종 이와 같은 표적으로 스스로를 영화롭게 하심과 동시에 자기 백성들에게 은혜를 베푸셨기 때문이었다. 뿐만 아니라 히스기야는 자기 아버지가 표적 구하기를 거절한 것에 대해 하나님이 기뻐하지 않으신 것을 기억하고 있었다(사 7:10-12). 히스기야가 "내가 심판의 보좌나 혹은 성문에 올라갈 징표가 무엇이나이까?"라고 묻지 않고 "내가 여호와의 성전에 올라갈 징표가 무엇이나이까?"라고 물은

것을 주목하라. 그는 자신의 병이 나음으로써 시온의 딸의 문에서 하나님을 영화롭게 할 수 있게 되기를 열망했다. 하나님을 섬기는 것 외에 다른 목적으로 사는 것에 무슨 가치가 있는가?

2. 히스기야는 해가 앞으로 나아가는 것과 뒤로 물러가는 것 사이에 하나를 선택해야 했다. 두 가지 모두 하나님의 전능하심을 나타내는 것이었다. 그러나 만일 그가 자신이 생각하기에 좀 더 어려운 것을 선택한다면 그의 믿음은 더욱 확고해질 수 있을 것이었다. 여기에서 일도(one degree)는 반 시간 정도에 해당되는 것으로 추측된다(그렇다면 십도는 다섯 시간 정도 될 것이었다). 그러므로 지금 시간을 대략 정오 정도로 가정한다면 그것은 다음과 같은 질문이 될 것이었다. "해가 아침 일곱 시 경으로 되돌아갈 것입니까 아니면 오후 다섯 시 경으로 나아갈 것입니까?"

3. 히스기야는 해가 십도 뒤로 물러가기를 겸손히 구했다. 그렇게 한 것은 비록 두 가지가 모두 다 큰 기적이라 할지라도 그러나 해가 앞으로 가는 것은 자연적인 과정이므로 뒤로 물러가는 것이 좀 더 특별한 의미를 가질 것이었기 때문이었다. 그리고 그것이 그의 날이 연장되고 젊은 시절로 되돌아오는(욥 33:25) 것과 좀 더 잘 부합될 것이었다. 결국 이사야의 기도에 따라 모든 것이 그대로 이루어졌다(11절): 선지자 이사야가 여호와께 간구하매. 하나님의 특별한 지시와 보증에 따라 이사야는 기도했으며, 이에 하나님은 해를 십도 뒤로 물러가게 하셨다. 그리고 그것은 아하스의 해시계의 그림자가 뒤로 물러가는 것으로 분명하게 나타났는데, 히스기야는 자신의 방 창문을 통해 그것을 볼 수 있었을 것이다. 그리고 이와 동일한 현상이 다른 모든 해시계 위에서, 그리고 심지어 바벨론의 해시계 위에서도 똑같이 관찰되었다(대하 32:31). 이와 같은 태양의 역행운동이 점진적이었는지 혹은 순간적이었는지 다시 말해서 역행운동이 정상적으로 진행할 때와 똑같은 속도로 되돌아감으로써 그 날 하루의 길이가 다른 날보다 열 시간 더 길어졌었는지 아니면 패트릭 주교가 생각한 것처럼 순간적으로 되돌아갔다가 잠시 후 원래의 자리로 되돌아옴으로써 천체에 별다른 변화가 없었던 것인지에 대해 우리는 정확하게 알 수 없다. 그러나 이러한 경이적인 일은 하나님의 권능을 땅에서처럼 하늘에서도 나타낸 것이었다. 그리고 그렇게 하심으로써 하나님은 자신의 택한 자에게 큰 은총을 베풀어 주셨다. 이방인들의 가장 그럴듯한 우상 숭배는 태양을 숭배하는 것이었다. 그러나

이로써 그것이 가장 어리석고 불합리한 일이라는 사실이 드러났다. 왜냐하면 이로써 그들의 신이 이스라엘의 하나님의 통제 아래 있다는 사실이 분명하게 나타났기 때문이다. 라이트푸트 박사(Dr. Lightfoot)는 시편 120편부터 134편까지의 15편의 노래가 '도의 노래'(songs of degrees, 한글성경의 표제에는 '성전에 올라가는 노래' 로 되어 있음)로 명명된 것은 그것이 히스기야에 의해 편집되는 가운데 해시계의 그림자가 십도(ten degrees) 뒤로 물러간 것과 그와 함께 자신의 생명이 15년 연장된 것을 기념하기 위한 것이었을 것이라고 추측한다. 그리고 계속해서 그는 이러한 시편들 가운데 많은 부분이 예루살렘의 고통과 구원, 그리고 히스기야의 병과 회복과 잘 부합되는 것을 관찰한다.

[12]그 때에 발라단의 아들 바벨론의 왕 브로닥발라단이 히스기야가 병 들었다 함을 듣고 편지와 예물을 그에게 보낸지라 [13]히스기야가 사자들의 말을 듣고 자기 보물고의 금은과 향품과 보배로운 기름과 그의 군기고와 창고의 모든 것을 다 사자들에게 보였는데 왕궁과 그의 나라 안에 있는 모든 것 중에서 히스기야가 그에게 보이지 아니한 것이 없더라 [14]선지자 이사야가 히스기야 왕에게 나아와 그에게 이르되 이 사람들이 무슨 말을 하였으며 어디서부터 왕에게 왔나이까 히스기야가 이르되 먼 지방 바벨론에서 왔나이다 하니 [15]이사야가 이르되 그들이 왕궁에서 무엇을 보았나이까 하니 히스기야가 대답하되 내 궁에 있는 것을 그들이 다 보았나니 나의 창고에서 하나도 보이지 아니한 것이 없나이다 하더라 [16]이사야가 히스기야에게 이르되 여호와의 말씀을 들으소서 [17]여호와의 말씀이 날이 이르리니 왕궁의 모든 것과 왕의 조상들이 오늘까지 쌓아 두었던 것이 바벨론으로 옮긴 바 되고 하나도 남지 아니할 것이요 [18]또 왕의 몸에서 날 아들 중에서 사로잡혀 바벨론 왕궁의 환관이 되리라 하셨나이다 하니 [19]히스기야가 이사야에게 이르되 당신이 전한 바 여호와의 말씀이 선하나이다 하고 또 이르되 만일 내가 사는 날에 태평과 진실이 있을진대 어찌 선하지 아니하리요 하니라 [20]히스기야의 남은 사적과 그의 모든 업적과 저수지와 수도를 만들어 물을 성 안으로 끌어들인 일은 유다 왕 역대지략에 기록되지 아니하였느냐 [21]히스기야가 그의 조상들과 함께 자고 그의 아들 므낫세가 대신하여 왕이 되니라

I. 바벨론 왕이 히스기야의 회복을 축하하기 위해 사신을 보냄(12절).   지

금까지 바벨론은 앗수르에 조공을 바치는 속국이었다. 우리는 열왕기하 17장 24절에서 바벨론이 앗수르 왕의 지배를 받고 있었던 것을 발견한다. 그러나 여기의 바벨론 왕은 앗수르의 멍에를 떨쳐버리고자 시도하기 시작했다(그러는 가운데 점차적으로 상황이 역전되면서 나중에는 앗수르가 바벨론의 지배를 받게 되는 지경까지 이르게 된다). 이 바벨론 왕이 히스기야에게 경의를 표함과 함께 환심을 사기 위해 사신을 보냈는데, 거기에는 두 가지 이유가 있었다.

1. 종교적인 이유. 바벨론 사람들은 태양을 숭배했다. 그들은 자신들의 신이 히스기야를 위해 뒤로 물러남으로써 그를 존귀케 했다는 사실을 알고 자신들도 마땅히 그를 존귀케 할 의무가 있다고 생각했다. 하늘의 은총을 입은 자를 친구로 삼는 것은 참으로 유익한 일이다.

2. 정치적인 이유. 만일 지금 바벨론 왕이 앗수르 왕을 배반할 것을 꿈꾸고 있었다면, 그는 히스기야를 자기편으로 끌어들임으로써 큰 유익을 얻을 수 있을 것이었다. 왜냐하면 그의 기도에 의해, 그리고 그를 보호하기 위해 하늘이 앗수르 왕에게 치명적인 타격을 입혔기 때문이었다. 그는 앗수르의 힘이 약화된 것이 히스기야와 그의 하나님 때문이었다는 사실을 인정하지 않을 수 없었다. 그에게 있어 하늘과 더불어 이토록 특별한 관계를 맺고 있는 자와 동맹을 맺는 것보다 더 유익한 일은 결코 없을 것이었다. 그리하여 그는 히스기야가 병들었다 함을 듣고 편지와 예물을 보내는 등 그에게 최고의 경의를 표했다.

Ⅱ. 히스기야가 사신들을 크게 환대함(13절). 사신들에 대해 합당한 예우와 정중함으로 맞이하는 것은 지극히 당연한 일이다. 그러나 히스기야는 지나치게 친설을 베푸는 나머지 큰 잘못을 범하고 말았다.

1. 히스기야는 그들에게 지나친 호의를 보였다. 히스기야가 사자들의 말을 듣고(13절). 그들이 우상 숭배자들이었음에도 불구하고 히스기야는 그들을 친밀하게 대하며 기꺼이 그들의 왕과 동맹을 맺고자 했다. 그는 아무런 경계심도 갖지 않은 채 그들 앞에 필요 이상으로 스스로를 열어보였다. 하나님과 언약을 맺고 있는 그가 도대체 무엇 때문에 이방 왕과 동맹을 맺지 못해 그렇게 안달이란 말인가? 하나님은 그에게 큰 은총을 베풀어 주셨으며 그는 그것으로 크게 만족하며 기뻐하지 않았던가? 그런 그에게 이방 나라의 사신이 도대체 얼마나 더 큰 존귀를 더할 수 있단 말인가?

2. 히스기야는 그들에게 자신의 왕궁과 보물고와 군기고를 보여주었다. 그

렇게 함으로써 그는 사신들로 하여금 자신이 얼마나 위대한 왕이며 그들의 주인이 경의를 표하기에 얼마나 합당한 자인지 확인시켜 주고자 했다. 그는 사신들을 참된 종교로 개종시키고자 그들에게 성전과 율법책과 예배하는 모습을 보여주지 않았다(지금 그렇게 할 수 있는 좋은 기회였음에도 불구하고). 대신에 그는 그들에게 자신의 왕궁의 값진 기구들과 금과 은과 향품을 보여주었다(그것들은 앗수르 왕에게 바친 이후 다시 모아 둔 것이었을 것이다). 그는 그들에게 자신이 가지고 있는 모든 값진 것들을 보여주었는데, 직접 보여주었든지 아니면 신하들을 통해 그렇게 했을 것이다. 그러면 무엇이 잘못되었는가? 손님들에게 나라의 부와 진기한 물건들을 보여주는 것은 흔히 있는 일 아닌가? 우리의 친구들에게 우리의 집과 가구와 정원과 마구간과 서재를 보여주는 것과 무엇이 다른가? 그러나 만일 우리가 자랑하는 마음으로 다시 말해서 히스기야가 그랬던 것처럼 사람들로부터 찬사를 받기 위해 그렇게 한다면, 그것은 히스기야에게 죄가 되었던 것처럼 우리에게도 죄가 되는 것이다.

Ⅲ. 이 일로 히스기야가 책망을 받음(14, 15절). 히스기야에게 있어 이사야는 지금까지 주로 위로하는 위치에 있었지만 지금은 책망하는 위치에 서게 된다. 이와 같이 성령도 우리의 위로자면서 동시에 책망자가 되신다(요 16:7, 8). 사역자도 이와 같이 경우에 따라 위로해야 할 때가 있는가 하면 또한 책망해야 할 때도 있다. 이사야는 하나님의 이름으로 말하는 자였으므로 하나님의 대언자로서의 권위를 가지고 묻는다. "이들은 누구며 어디에서 온 사람들이나이까? 그들의 용무는 무엇이며 무엇을 보았나이까?" 히스기야는 선지자의 심문(審問)에 순복하면서 솔직하게 고백했다: 내 궁에 있는 것을 그들이 다 보았나니 나의 창고에서 하나도 보이지 아니한 것이 없나이다. 어째서 히스기야는 바벨론의 사신들을 이사야 선지자에게로 데려오지 않았는가? 왜 이사야를 그들에게 보여주지 않았는가? 이사야 선지자야말로 그의 나라에서 최고의 보배가 아니었던가? 바벨론의 사신들이 물으러 온 그 모든 이적들은 사실 그의 기도와 예언에 의해 일어난 것이 아니었던가? 지금 히스기야는 극심한 곤경에 처해 있을 때와 똑같이 이사야 선지자를 높게 평가하고 있는가? 나는 정말 그랬기를 바란다. 만일 그가 사신들을 먼저 이사야에게 데려왔다면 정말로 그러한 사실이 분명하게 입증되었을 것이며, 그랬다면 그의 그릇된 처사를 미리 막을 수 있었을 것이다.

IV. 그의 교만과 허영과 세상 것들에 대한 과도한 자랑에 대해 선고가 내려짐(17, 18절). 그에게 내려진 선고는 다음과 같았다.

1. 그가 그토록 자랑하던 보화들은 약탈을 당하게 될 것이며 그의 자손들은 사로잡혀 가게 될 것이다. 우리가 자랑하며 신뢰하는 것들을 우리로부터 취하는 것은 하나님의 공의이다.

2. 그가 동맹을 맺고 싶어했던 바벨론 왕은 도리어 유다를 멸망시키는 원수가 될 것이다. 유다에 이러한 심판이 임하는 것은 이와 같은 히스기야의 죄 때문이 아니었다. 그의 아들인 므낫세의 우상 숭배와 살인이 그러한 재앙의 원인이었다. 그러나 그것이 지금 히스기야에게 예고된 것은 그로 하여금 그의 헛된 자랑과 자만심을 깨닫게 하고 그럼으로써 그를 부끄럽게 만들기 위함이었다. 히스기야는 바벨론 왕의 발흥(勃興)을 도움으로써 앗수르 왕의 거대한 힘을 약화시키고자 했다. 그러나 그는 지금 그가 품은 뱀이 머지않아 그의 가슴을 물 것이며, 그의 자손은 바벨론 왕궁의 환관이 될 것이란 말을 듣는다(이것은 단 1:1 이하에서 그대로 성취되었다). 히스기야에게 있어 이보다 더 분하고 통탄할 일이 어디에 있겠는가? 바벨론을 좋아하는 자는 바벨론으로 말미암아 멸망을 당하게 될 것이다. 그러므로 거기로부터 나오는 자가 지혜롭고 복 있는 자들이다(계 18:4, 내 백성아, 거기서 나와 그의 죄에 참여하지 말고 그가 받을 재앙들을 받지 말라).

V. 이러한 선고에 대한 히스기야의 겸손한 순복(19절). 그가 어떻게 스스로를 설복(說服)시키는지 주목하라.

1. 그는 '여호와의 말씀은 선하다'는 진리 위에서 출발한다. "여호와의 말씀은 선하니이다. 그의 모든 말씀이 그러하며, 위협과 진노의 말씀까지도 그러하나이다. 여호와의 말씀은 공의로울 뿐만 아니라 선하나이다. 하나님은 누구에게도 악을 행하지 않으시는 것처럼 또한 선한 자들에게 해를 끼치지 않기 때문이나이다. 또 여호와의 말씀이 선한 것은 하나님이 그것을 내게 미리 알리사 나로 하여금 선을 이루도록 하실 것이기 때문이나이다." 우리는 모든 섭리와 관련하여 이러한 사실을 믿어야만 한다. 즉 모든 섭리는 선하며 선을 위해 작동하고 있다는 사실이다.

2. 그는 그 말씀 속에서 그가 살아 있는 동안에는 그것을 보지 않게 될 것이라는 사실에 주목한다. 그는 나쁜 것을 가능한 최고로 선용(善用)한다. "그것

이 나쁜가? 아니다. 그것은 분명 선하다. 그것은 분명 내가 받아야 마땅한 것보다 더 선한(좋은, good) 것이다." 여기에서 다음의 사실들을 관찰하라.

(1) 참된 회개자는 하나님의 견책 아래 있을 때 기꺼이 그것이 정당할 뿐만 아니라 선하다고 고백한다. 그는 자신의 잘못에 대한 징벌에 순복할 뿐만 아니라 기꺼이 그것을 받아들인다. 히스기야가 그와 같았다. 그는 그와 같이 함으로써 자신의 헛된 자랑에 대해 스스로를 겸비케 했다.

(2) 국가적으로나 혹은 개인적으로 암울한 상황에 빠져 있을 때 우리는 우리를 괴롭게 하는 것뿐만 아니라 위로가 되는 것까지 볼 줄 알아야 한다. 그럼으로써 우리는 인내로써 우리의 영혼을 지킬 수 있을 뿐만 아니라 또한 감사로써 더욱 하나님을 영화롭게 할 수 있게 될 것이다.

(3) 우리 시대에 국가적으로 평안과 진리가 있다면 그것은 선한 일이요 또 우리는 마땅히 그렇게 생각해야 한다. 다시 말해서,

[1] 설령 우리가 원하는 다른 것들이 있다 할지라도 우리에게 평안과 진리가 있다면 그리하여 참된 신앙이 고백되고 보호되며 성경과 사역자들이 있으며 전쟁이나 박해의 두려움 없이 평안 가운데 그러한 것들을 즐길 수 있다면, 그것은 선한(좋은, good) 것이다.

[2] 설령 우리가 죽은 후에 어떤 고통이 온다 할지라도 우리 시대에 모든 것이 평안하다면, 그것은 선한(좋은, good) 것이다. 이것은 우리가 자손들에 대해서는 무관심해야 한다는 뜻이 아니다. 재앙을 예견(豫見)하는 것은 슬픈 일이다. 그러나 일반적으로 심판이 연기되는 것은 큰 은총이라는 사실을 우리는 인정해야만 한다. 또한 우리는 그러한 심판이 오랫동안 연기됨으로써 우리가 평안히 죽을 수 있는 것 역시 특별한 은총이라는 사실을 인정해야 한다. 우리는 우리가 시험을 견딜 수 있을는지 알지 못한다. 그러므로 시험이 오기 전에 안전하게 하늘나라에 이를 수 있다면 우리는 그것을 선한 일로 생각해야 한다.

Ⅵ. 히스기야의 생애와 역사의 종결(20, 21절).   히스기야의 개혁작업에 관하여 열왕기보다도 역대기가 훨씬 더 상세하게 기록한다(29-32장). 또 지금은 남아 있지 않지만 유다 왕 역대지략에 수도를 통해 물을 성 안으로 끌어들인 일을 비롯해 그가 예루살렘을 위해 행한 모든 사적과 업적이 기록되었다. 적의 위협이나 특별한 수고 없이도 넉넉한 물을 마음껏 사용할 수 있는 것은 큰 은총이라는 사실을 우리는 잊어서는 안 된다. 왜냐하면 물이 부족한 것은

큰 재앙이기 때문이다. 이제 히스기야가 죽고 그의 아들 므낫세가 왕위를 잇게 되는데, 므낫세는 참으로 고약한 사람이었다. 선한 부모라 할지라도 자녀에게 은혜까지 상속해 줄 수는 없는 법이다. 악한 아하스는 경건한 아버지(요담)의 아들이었으며 경건한 아들(히스기야)의 아버지였다. 또 경건한 히스기야는 악한 아버지(아하스)의 아들이면서 동시에 악한 아들(므낫세)의 아버지였다. 선한 왕의 치하에서 온전히 개혁되지 못했을 때, 이제 그 땅은 악한 왕에 의해 멸망으로 무르익게 되었다(여기에서 선한 왕은 히스기야를 지칭하는 것이고 악한 왕은 그의 아들인 므낫세를 지칭하는 것이다 — 역주). 그러나 하나님은 그 땅이 선한 왕에 의해 다시 한 번 개혁될 기회를 주셨는데(이것은 므낫세의 손자로서 유다를 개혁한 요시야를 지칭한다), 우리는 그것을 통해 하나님이 자기 백성을 진멸하기를 얼마나 꺼려하시는지를 알 수 있다.

제
— 21 —
장

개요

본 장에서 우리는 유다의 두 악한 왕 므낫세와 아몬의 통치에 대해 읽게 된다. I. 므낫세와 관련하여. 1. 우상 숭배(1-9절)와 살인(16절)을 위시한 그의 모든 죄와 악행들. 2. 이로 인해 하나님이 그와 예루살렘에 재앙을 내리심(10-18절). 반면 역대기에서 우리는 그가 환난을 당해 회개하는 것을 보게 된다(대하 33:12-15). II. 아몬과 관련해서는 그가 죄 가운데 살았다는 것과(19-22절) 반란으로 살해를 당해 아들 요시야에게 왕위가 계승되었다는 것이(23-26절) 언급된다. 이와 같이 두 왕의 통치 기간 동안 예루살렘은 더욱 타락하고 약화되었으며, 그럼으로써 멸망을 향해 더욱 급히 달려갔다.

[1]므낫세가 왕이 될 때에 나이가 십이 세라 예루살렘에서 오십오 년간 다스리니라 그의 어머니의 이름은 헵시바더라 [2]므낫세가 여호와 보시기에 악을 행하여 여호와께서 이스라엘 자손 앞에서 쫓아내신 이방 사람의 가증한 일을 따라서 [3]그의 아버지 히스기야가 헐어 버린 산당들을 다시 세우며 이스라엘의 왕 아합의 행위를 따라 바알을 위하여 제단을 쌓으며 아세라 목상을 만들며 하늘의 일월 성신을 경배하여 섬기며 [4]여호와께서 전에 이르시기를 내가 내 이름을 예루살렘에 두리라 하신 여호와의 성전에 제단들을 쌓고 [5]또 여호와의 성전 두 마당에 하늘의 일월 성신을 위하여 제단들을 쌓고 [6]또 자기의 아들을 불 가운데로 지나게 하며 점치며 사술을 행하며 신접한 자와 박수를 신임하여 여호와께서 보시기에 악을 많이 행하여 그 진노를 일으켰으며 [7]또 자기가 만든 아로새긴 아세라 목상을 성전에 세웠더라 옛적에 여호와께서 이 성전에 대하여 다윗과 그의 아들 솔로몬에게 이르시기를 내가 이스라엘의 모든 지파 중에서 택한 이 성전과 예루살렘에 내 이름을 영원히 둘지라 [8]만일 이스라엘이 나의 모든 명령과 나의 종 모세가 명령한 모든 율법을 지켜 행하면 내가 그들의 발로 다시는 그의 조상들에게 준 땅에서 떠나 유리하지 아니하게 하리라 하셨으나 [9]이 백성이 듣지 아니하였고 므낫세의 꾐을 받고 악을 행한 것이 여호와께서 이스라엘 자손 앞에서 멸하신 여러 민족보다 더 심하였더라

선왕(先王)인 히스기야의 시대는 얼마나 복된 시대였던가? 그 때 시온은 얼마나 영광스러웠으며 또 왕은 얼마나 아름다웠던가? 이사야 33장 17절은 바로 히스기야에 대해 언급하는 구절이다(네 눈은 왕을 그의 아름다운 가운데에서 보며). 그리고 같은 장 20절에 언급되는 것처럼 그 때 예루살렘은 매우 안정된 처소였는데, 그것은 그것이 의의 성읍이었기 때문이었다(사 1:26). 그러나 이제 우리는 매우 우울하고 무거운 마음으로 새 장(章)을 맞이하지 않을 수 없게 되었다. 어찌 그리 금이 빛을 잃고 순금이 변질하였는고(애 4:1). 예루살렘의 아름다움은 녹슬었으며, 예루살렘의 모든 영광과 즐거움은 사라져버렸다. 본 단락은 므낫세의 통치에 대해 이야기하는데, 모든 면에서 그것은 선대(先代) 히스기야의 통치와는 정반대였다.

I. 므낫세는 어린 나이에 왕이 되었다. 그는 고작 12세에 불과한 어린 나이에 왕위에 올랐다(1절). 그는 그의 아버지 히스기야가 42세 되던 해에 태어났는데, 그것은 히스기야가 죽을 병에 걸렸다가 살아난 후 3년이 지난 뒤였다. 만일 그에게 다른 아들들이 있었다면, 아마도 그들은 일찍 죽었든지 아니면 총명하지 못하므로 왕위에서 배제된 것으로 보인다. 사람들은 므낫세에게서 아직 악한 것을 발견하지 못했으며, 다만 그가 선한 왕이 되기만을 바랐을 것이다. 그러나 그는 결국 가장 악한 왕으로 드러나고 말았다. 어쩌면 그가 너무 어린 나이에 왕이 된 것으로 인해 그렇게 되었는지도 모른다. 그러나 그것은 결코 변명이 될 수 없다. 왜냐하면 그의 손자 요시야는 그보다 더 어린 나이에 왕이 되었음에도 불구하고 매우 선한 왕이 되었기 때문이다.

1. 그는 자만심과 교만에 부풀어 있었다. 그는 자신이 왕이므로 누구보다도 가장 지혜롭다고 생각하면서 자기 아버지가 힘써 이룩한 일들을 함부로 되돌려 놓았다. 풋내기들이 교만한 마음에 들떠 함부로 행동하다가 마귀의 정죄에 떨어지고 마는 것은 너무나 흔한 일이다.

2. 그는 유혹자들의 꾐에 빠져 너무도 쉽게 곁길로 빠져 버리고 말았다. 우상 숭배에 집착하면서 히스기야의 개혁에 반대했던 자들이 므낫세를 부추기며 그의 마음을 사로잡았고, 그럼으로써 그는 그들을 기쁘게 하는 일에 자신의 권력을 사용했다. 권력의 자리에 너무 빨리 오름으로써 망하는 자들이 얼마나 많은가?

II. 므낫세는 오랫동안 왕위에 앉아 있었다. 그는 55년 동안 통치했는데, 이것은 유다의 모든 왕들 가운데 가장 긴 것이었다. 오랫동안 통치한 왕들은 대부분 선한 왕들이었다(유다에 있어 악한 왕으로서 오랫동안 통치한 경우는 므낫세가 유일했다). 요람은 단지 8년을 통치했을 뿐이며, 아하스는 16년을 통치했다. 나는 므낫세가 초기 얼마 동안은 자기 아버지의 길을 따라 행했을 것이라고 믿고 싶다. 또 그의 통치 말기 회개하고 난 이후에는 유다의 종교적 상황이 훨씬 개선되었을 것으로 여겨진다. 그리고 의심의 여지 없이 최악의 상황에서도 하나님은 믿음의 순전함을 지켰던 남은 자들을 남겨 두셨을 것이다. 한편 55년의 통치기간 중 일부 기간 동안 그는 바벨론의 포로로 끌려가 있었다. 그러한 기간은 그의 통치기간에서 빼는 것이 마땅하겠지만, 그러나 그가 나중에 회개하고 다시 왕위를 회복했으므로 통상 그의 통치기간에 포함시킨다.

Ⅲ. 므낫세의 통치는 매우 악했다.

1. 일반적으로

(1) 그는 여호와 보시기에 악을 행했다(2절). 그는 충분한 교육을 받은 사람이었으므로 그러한 사실을 모를 수 없었다. 마치 일부러 하나님의 진노를 일으키려고 작정이라도 한 것처럼, 그는 여호와 보시기에 악을 많이 행했다(6절).

(2) 그는 이방 사람의 가증한 일(2절)과 아합의 행위(3절)를 따라 행했다. 가나안 사람들과 아합의 집은 완악한 마음으로 우상 숭배를 고집하다가 결국 멸망에 이르고 말았지만, 그러나 므낫세는 그것을 통해 교훈을 배우지 못했다. 도리어 그는 여호와께서 이스라엘 자손 앞에서 멸하신 여러 민족보다 더 심한 악을 행했다(9절). 거룩한 자손이 타락하면 이방인보다 더 악해지는 법이다.

2. 구체적으로

(1) 그는 자기 아버지가 헐어버린 산당들을 다시 세웠다(3절). 이같이 하여 그는 자신의 훌륭한 아버지를 짓밟고 모독했다. 아마도 그는 랍사게와 같은 생각을 가졌던 것으로 보인다(18:22). 즉 자기 아버지가 산당들을 파괴한 것은 크게 잘못한 일이었으며, 따라서 자기가 그것들을 다시 세움으로써 아버지의 잘못을 바로잡았다고 여긴 것으로 보인다. 그러나 그것은 시작에 불과했다. 그는 더욱 악한 길로 나아갔다.

(2) 그는 다른 신들 즉 바알과 아스다롯과 하늘의 일월성신을 세웠다. 그는 이러한 것들을 경배하며 섬겼으며(3절), 자신이 만든 형상들에 이름을 부여하고 그것들 앞에 경의를 표하며 도움을 구했다. 그리고 그는 그것들을 위해 제단을

세웠는데(5절), 틀림없이 그 위에서 제물을 드렸을 것이다.

(3) 그는 자신의 아들을 불 가운데 지나가게 했다. 이와 같이 그는 하나님께 바쳐진 할례의 표를 경멸하면서 자기 아들을 몰록에게 바쳤다.

(4) 그는 우림과 예언을 경멸하면서 마귀의 신탁을 받았다. 사울처럼 그는 점을 치며 사술을 행했다(6절). 또 그는 신접한 자와 박수를 신임하며 가까이 두었다(이들은 별과 구름, 길일과 흉일, 좋은 징조와 나쁜 징조, 새가 나는 모습이나 짐승의 내장 등을 통해 다가올 일들을 예언하는 자들이었다). 그들의 재주는 그의 상상력을 만족시켜 주었으며 그의 신뢰를 얻었다. 그리하여 그는 매사에 그들의 지시와 인도를 따르게 되었다.

(5) 뿐만 아니라 그는 나중에 무죄한 자의 피를 심히 많이 흘렸다(16절). 어떤 이들은 은밀하게 살해되었을 것이고, 또 어떤 이들은 율법에 빙자하여 살해되었을 것이다. 아마도 그들 가운데 많은 사람들이 우상 숭배에 반대하면서 바알에게 무릎을 꿇지 않으려고 했던 자들이었을 것이다. 또 그는 여러 명의 선지자들을 죽였을 것으로 보이는데, 선지자들의 피는 특별한 방식으로 예루살렘에 청구된다. 유대인들의 전승은 그가 이사야 선지자를 톱으로 켜 죽였다고 전한다. 그리고 많은 이들은 히브리서 11장 37절이 바로 그를 지칭하는 것으로 생각한다(돌로 치는 것과 '톱으로 켜는' 것과 시험과 칼로 죽임을 당하고).

3. 다음과 같은 세 가지 사실로 인해 그의 우상 숭배의 죄는 더욱 가중된다.

(1) 그가 여호와의 전에 우상들과 제단들을 세웠다는 사실(4절). 그는 그것들을 성전의 두 마당에 세웠으며(5절), 하나님이 솔로몬에게 "내가 여기에 내 이름을 영원히 둘지라"라고 말씀하신 바로 그 전에 세웠다(7절). 이와 같이 그는 하나님께 정면으로 도전하였으며, 감히 그분의 눈앞에 대적들을 둠으로써 하나님을 직접적으로 모독했다. 그는 하나님의 진노 따위는 조금도 두려워하지 않는 것처럼 그리고 자신의 어리석음과 악행에 대해 조금도 부끄러워하지 않는 것처럼 행동했다. 이와 같이 그는 하나님께 성별된 것을 속된 것으로 바꾸었으며, 사실상 하나님의 전으로부터 하나님을 쫓아버리고 폭도들로 하여금 그 전을 차지하도록 만들었다. 그리하여 신실한 예배자들이 하나님께 제물을 드리기 위해 하나님의 전에 왔을 때, 그들은 다른 신들이 자신들의 제물을 받을 준비를 하고 있는 것을 발견했다(이것은 그들에게 얼마나 큰 슬픔이며 두려움이었겠는가?). 하나님은 이 곳에다가 당신의 이름을 영원히 두시겠다고 말씀하셨

다. 따라서 이 곳은 하나님의 제단으로 영원히 보존되어야 하며, 우상의 제단들이 결코 침범해서는 안 되는 곳이었다. 그러나 므낫세는 하나님의 전에 우상의 제단들을 세움으로써 하나님의 소유를 변개시키고자 했으며, 이스라엘의 하나님의 이름이 더 이상 기념되지 못하도록 했다.

(2) 이같이 하여 그가 하나님의 말씀과 하나님이 이스라엘과 더불어 맺은 언약을 크게 경멸했다는 사실. 하나님이 당신의 이름을 그들 가운데 두심으로써 나타내신 은총은 얼마나 큰 것이었는가? 또 그들이 하나님의 모든 명령과 율법을 따라 행할 때 가질 수 있는 기대는 무엇이었는가?(7, 8절). 그것은 하나님이 주신 땅에서 다시는 떠나 유리하지 않게 되는 것이었다. 이스라엘은 이러한 좋은 조건 위에서 하나님과 언약을 맺었으며, 다른 어느 민족보다도 더 행복할 것을 충분히 기대할 수 있었다. 그러나 그들은 듣지 않았다(9절). 그들은 하나님을 가까이하지 않았으며, 하나님의 약속과 훈계를 내팽개쳐 버렸다.

(3) 이같이 하여 그가 하나님의 백성들을 우상 숭배로 유혹하고 타락시킨 사실(9절). 마치 여로보암이 이스라엘로 범죄하게 한 것같이, 그는 유다로 범죄하게 했다(11절). 그의 모범은 대다수의 생각 없는 백성들을 타락시키기에 충분했으며, 백성들은 옳든 그르든 자신들의 왕이 행하는 대로 따라했다. 출세하기를 원하는 모든 자들이 왕이 하는 대로 따라했으며, 다른 이들도 혹여 왕과 적이 될까 하여 그대로 순응했다. 이렇게 하여 거룩한 성읍은 창기가 되었으며, 므낫세가 그것을 앞장서서 이끌었다. 스스로 악을 행할 뿐만 아니라 다른 사람까지도 악을 행하도록 이끄는 자는 결국 그에 상응하는 값을 치르게 될 것이다.

[10]여호와께서 그의 종 모든 선지자들을 통하여 말씀하여 이르시되 [11]유다 왕 므낫세가 이 가증한 일과 악을 행함이 그 전에 있던 아모리 사람들의 행위보다 더욱 심하였고 또 그들의 우상으로 유다를 범죄하게 하였도다 [12]그러므로 이스라엘의 하나님 여호와가 말하노니 내가 이제 예루살렘과 유다에 재앙을 내리리니 듣는 자마다 두 귀가 울리리라 [13]내가 사마리아를 잰 줄과 아합의 집을 다림 보던 추를 예루살렘에 베풀고 또 사람이 그릇을 씻어 엎음 같이 예루살렘을 씻어 버릴지라 [14]내가 나의 기업에서 남은 자들을 버려 그들의 원수의 손에 넘긴즉 그들이 모든 원수에게 노략거리와 겁탈거리가 되리니 [15]이는 애굽에서 나온 그의 조상 때부터 오늘까지 내가

보기에 악을 행하여 나의 진노를 일으켰음이니라 하셨더라 16므낫세가 유다에게 범죄하게 하여 여호와께서 보시기에 악을 행한 것 외에도 또 무죄한 자의 피를 심히 많이 흘려 예루살렘 이 끝에서 저 끝까지 가득하게 하였더라 17므낫세의 남은 사적과 그가 행한 모든 일과 범한 죄는 유다 왕 역대지략에 기록되지 아니하였느냐 18므낫세가 그의 조상들과 함께 자매 그의 궁궐 동산 곧 웃사의 동산에 장사되고 그의 아들 아몬이 대신하여 왕이 되니라

우리는 여기에서 유다와 예루살렘에게 임할 어둡고 우울한 운명을 보게 된다. 하나님은 자기 백성에게 선지자들을 보내셨는데, 선지자의 첫 번째 사명은 그들에게 하나님에 관한 지식을 가르침으로써 그들로 하여금 마땅히 행할 의무를 일깨워 주는 것이었다. 그러나 만일 그들이 이와 같은 의무를 제대로 이행하지 못한다면, 선지자들의 두 번째 사명은 그들의 죄를 책망하면서 그들로 하여금 회개하고 새롭게 하여 다시금 자신들의 의무로 되돌아오도록 하는 것이었다. 이렇게 했는데도 그들이 계속해서 마음을 완악하게 한다면, 선지자들의 세 번째 사명은 그들에게 하나님의 심판을 예고하는 것이었다. 그러면 심판에 대한 두려움이 그들로 하여금 각성하여 회개하도록 만들어 줄 수 있을 것이었다. 그럼에도 불구하고 회개하지 않는다면 예고된 심판이 그대로 임함으로써 선지자들의 신적 직임(職任)이 분명하게 드러나게 될 것이었다. 이같이 하여 선지자들은 그들을 배척하며 청종하지 않는 자들에게 심판자의 위치에 서게 되었다.

I. 므낫세의 죄가 낭독됨. 심판(혹은 판결, judgment)의 근거가 되는 기소문(起訴文)이 낭독된다. 므낫세는 더 나은 일들을 알고 있었음에도 불구하고 스스로 악을 행했다. 그는 아모리 사람들을 흉내내는 가운데 그들보다 더 불경하게 행했으며 하나님의 백성들을 타락시켰다. 그는 하나님의 백성들에게 범죄하도록 가르치고 강요했다. 그것도 부족하여 그는 무죄한 자의 피로 예루살렘을 가득 차게 하였다(16절). 그는 예루살렘 성읍 곳곳에서 수많은 피를 흘렸으며, 피의 죄책의 분량을 꼭대기까지 채웠다(마 23:32). 이 모든 것은 만왕의 왕의 왕권과 위엄, 그리고 그의 나라의 평강, 그리고 하나님 말씀의 율례와 상반되는 것이었다.

II. 이로 인해 하나님의 심판이 임할 것이 예고됨. 그들이 악을 행하였으므

로 내가 그들에게 재앙을 내리리라(12절). 머지않아 심판이 임할 것인데, 그 심판
은

1. 매우 두렵고 떨리는 것일 것이다. 내가 이제 재앙을 내리리니 듣는 자마다
두 귀가 울리리라(12절). 그것을 듣는 자들의 마음이 두려움으로 떨릴 것이다.

2. 사마리아와 아합의 집에 내린 것과 같을 것이다(13절). 예루살렘이 사마
리아와 아합의 죄를 따랐으므로 임하는 심판 역시 그와 같을 것이었다. 사마리
아를 잴 줄이 예루살렘에 놓여질 것이며, 아합의 집을 다림 보던 추가 예루살렘에
베풀어질 것이다. 그리고 그 추는 아합의 집에 임한 것도 동일한 멸망을 가리
킬 것이다. 이사야 28장 17절을 보라(나는 정의를 측량줄로 삼고 공의를 저울추로
삼으니). 다른 사람의 죄를 흉내내며 모방하는 자들은 또한 그들이 받았던 것
과 동일한 보응을 받게 될 것이라는 사실을 주목하라.

3. 완전한 멸망이 될 것이다. 사람이 그릇을 씻어 엎음 같이 내가 예루살렘을 씻
어 버릴지라(13절). 이것은 다음과 같은 사실들을 암시한다.

(1) 모든 것이 혼돈에 빠지며 뒤엎어지게 될 것이란 사실. 만사가 뒤집히고
모든 것의 기초가 허물어지게 될 것이다.

(2) 예루살렘이 텅 비게 될 것이란 사실. 그릇을 씻을 때 그릇에 묻은 오물
들이 씻겨지는 것처럼 예루살렘의 주민들은 마치 그릇에 묻은 오물처럼 씻겨
없어지게 될 것이고, 그럼으로써 예루살렘은 텅 비게 될 것이다. "그들은 포로
로 끌려가고 그 땅은 안식을 누리게 될 것이며 예루살렘은 마치 씻겨진 그릇같이
될 것이다." 이와 관련하여 삶은 가마의 비유를 살펴보라(겔 24:1-14).

(3) 그럼에도 불구하고 이것이 예루살렘의 멸망이 아니라 정결을 위한 것이
라는 사실. 그 그릇은 떨어져 산산조각이 나거나 녹아 없어지지 않고 단지 씻
겨질 뿐이다. 하나님의 심판으로 인해 먼저 죄인들이 씻겨지고 그 다음에 죄가
씻겨질 것이다.

4. 그러므로 그들이 버려져 멸망을 당하게 될 것이다. 내가 나의 기업에서 남
은 자들을 버려(14절). 하나님을 버린 자들이 하나님으로부터 버림을 당하는 것
은 결코 부당한 일이 아니다. 하나님은 사람들이 먼저 자신을 버리기 전까지는
결코 그들을 버리시지 않는다. 그러나 하나님으로부터 버림을 당할 때 그들은
모든 원수들에게 손쉬운 먹잇감이 된다(왜냐하면 그들의 보호자가 떠났기 때
문이다). 우리는 여기에서 죄가 그들의 재앙의 처음과 나중(알파와 오메가)으

로 일컬어지고 있는 것을 주목할 수 있다.

(1) 하나님은 그들의 모든 죄를 기억하셨다(15절). 그들이 애굽에서 나온 그의 조상 때부터 나의 진노를 일으켰도다(15절). 결국 이 세대 사람들은 조상들의 죄의 길을 따르다가 조상들의 죄와 함께 징벌을 당하게 되었다.

(2) 피의 죄책이 그 분량을 가득 채웠다(16절). 피의 죄책보다 더 크게 부르짖는 것은 없으며 또 그것보다 더 쓰라린 보응을 가져다주는 것도 없다.

우리가 여기에서 므낫세에 대해 들을 수 있는 내용은 이것이 전부이다. 그의 죄가 입증되고 그는 정죄를 받는다. 그러나 우리는 역대기에서 그가 회개하고 새로워지는 이야기를 듣게 될 것이다. 그 때까지 우리는 여기에서 다만 그의 회개를 암시하는 짤막한 언급 하나로 만족해야 한다. 즉 그가 죽어 그의 궁궐 동산에 장사되었다는 언급이다(18절). 아마도 이것은 그 자신의 명령에 의해서였을 것이다. 그리고 그가 그렇게 한 것은 자신의 죄로 인해 진심으로 스스로를 겸비케 하면서 자신은 더 이상 다윗의 아들로 불리기에 합당치 못하며 그러므로 자신은 결코 열조의 묘실에 장사될 자격이 없다고 생각했기 때문이었을 것이다. 참된 회개자는 스스로를 부끄럽게 여기는 법이다. 그는 무죄한 자라는 이름은 얻지 못했지만, 그러나 회개자라는 이름은 얻었다(그나마 이것이 그가 얻을 수 있는 차선의 것이었다). 그리고 한 죄인에게 있어 회개하지 않은 채 대사원에 묻히는 것보다 회개하고 동산에 묻히는 것이 훨씬 낮고 영예로운 일이다.

[19]아몬이 왕이 될 때에 나이가 이십이 세라 예루살렘에서 이 년간 다스리니라 그의 어머니의 이름은 므술레멧이요 욧바 하루스의 딸이더라 [20]아몬이 그의 아버지 므낫세의 행함 같이 여호와 보시기에 악을 행하되 [21]그의 아버지가 행한 모든 길로 행하여 그의 아버지가 섬기던 우상을 섬겨 그것들에게 경배하고 [22]그의 조상들의 하나님 여호와를 버리고 그 길로 행하지 아니하더니 [23]그의 신복들이 그에게 반역하여 왕을 궁중에서 죽이매 [24]그 국민이 아몬 왕을 반역한 사람들을 다 죽이고 그의 아들 요시야를 대신하게 하여 왕을 삼았더라 [25]아몬이 행한 바 남은 사적은 유다 왕 역대지략에 기록되지 아니하였느냐 [26]아몬이 웃사의 동산 자기 묘실에 장사되고 그의 아들 요시야가 대신하여 왕이 되니라

우리는 여기에서 므낫세의 아들 아몬의 짧고 불명예스러운 통치에 대한 짤막한 이야기를 보게 된다. 므낫세가 자신의 우상들에 대한 맹목적인 열정으로 다른 아들들을 제물로 바쳤기 때문인지 혹은 다른 아들들이 우상에게 봉헌됨으로 인해 백성들에게 거부되었기 때문인지는 알 수 없지만, 어쨌든 그의 왕위를 계승한 아들은 그가 45세가 돼서야 비로소 태어났다. 그의 왕위를 계승한 아들 아몬에 대해 우리는 여기에서 다음과 같은 이야기를 듣게 된다.

1. 그의 통치는 매우 악했다: 그가 자기 조상들의 하나님 여호와를 버리고(22절). 그는 하나님이 자기 조상들에게 주신 명령에 불순종했으며, 하나님이 자기 조상들과 더불어 맺은 언약을 버렸다. 또한 그는 여호와의 길을 따르지 않고 자기 아버지가 행한 모든 길로 행했다(20, 21절). 그는 자기 아버지의 우상 숭배의 길을 따랐으며, 자기 아버지가 말년에 회개하면서 버렸던 것들을 다시 되살렸다. 잘못된 본을 보인 자들이 나중에 회개하고 돌이킨다고 해서 그들로 인해 악에 빠진 자들까지도 다 그렇게 하는 것은 결코 아니다. 도리어 그렇지 않은 경우를 우리는 너무나 자주 발견한다.

2. 그의 종말은 너무나 비극적이었다. 그가 하나님께 반역했을 때, 그의 신복들은 그에게 반역하여 그를 궁중에서 죽였다(23절). 그를 호위해야 할 그의 신복들이 도리어 그를 죽였으며, 그를 지켜주는 성(城)이 되어야 할 그의 왕궁이 도리어 그를 죽이는 장소가 되었다. 그가 우상들로 하나님의 전을 더럽혔을 때, 하나님은 그의 피로써 그의 집이 더러워지도록 내버려 두셨다. 비록 왕을 살해한 반역자들의 행동은 불의한 것이었다 할지라도, 그러나 그와 같이 되도록 내버려두신 하나님은 의로우셨다. 이에 그 땅의 백성들은 다음과 같은 두 가지 일을 행했다.

(1) 그들은 왕을 살해한 반역자들을 죽였다. 그것은 반역자들에게 공의를 시행하는 것이었다. 왜냐하면 비록 악한 왕이라 할지라도 여전히 그는 그들의 왕이었기 때문이며 또한 왕의 죽음에 복수하는 것은 왕에게 대한 자신들의 충성심을 나타내는 것이었기 때문이다. 이같이 하여 그들은 그와 같은 반역죄에 대해 스스로를 깨끗하게 했으며, 유사한 악행이 재발되지 않도록 자신들의 의무를 다했다.

(2) 그들은 아몬을 대신하여 그의 아들인 요시야를 왕으로 세웠다. 아마도 반역자들은 요시야까지도 죽이려고 했을 것이다. 그러나 백성들은 요시야 편

에 서서 그를 왕위에 앉게 했는데, 그렇게 한 것은 아마도 그가 어린 나이였음에도 불구하고 매우 선한 성품을 가졌기 때문이었을 것이다. 이렇게 하여 백성들은 유다 열왕 가운데 가장 악한 왕 가운데 한 사람에서 가장 선한 왕 가운데 한 사람으로 바뀌는 축복된 변화를 맞이하게 되었다. 하나님은 말씀하신다. "그들에게 다시 한 번 개혁의 기회가 주어질 것이다. 성공하면 잘 될 것이지만, 그러나 또다시 실패하면 내가 그들을 심판할 것이라." 아몬은 자기 아버지가 장사된 바로 그 동산에 장사되었다(26절). 그의 아버지는 스스로 그러한 겸비를 취했던 것으로 여겨지지만, 그러나 그는 본인의 뜻과는 상관없이 백성들에 의해 그 곳에 장사된 것으로 보인다.

제
— 22 —
장

개요

우리는 본 장에서 선한 왕 요시야의 통치가 시작되는 것을 보게 된다. 유다는 므낫세와 아몬의 오랜 악정(惡政) 아래 있었는데, 요시야가 그러한 악정(惡政)을 선정(善政)으로 바꾸었다는 점에서 그의 선함은 더욱 빛난다. 비록 유다의 멸망을 막지는 못했다할지라도, 그는 이전의 악정을 많이 개혁했다. 본 장의 내용은 다음과 같다. I. 요시야가 어떤 인물인지에 대한 전체적인 소개(1, 2절). II. 요시야가 하나님의 전을 수리함(3-7절). III. 하나님의 율법책을 발견함(8-11절). IV. 요시야가 하나님께 묻기 위해 여선지 훌다에게 사람을 보냄(12-14절). V. 요시야가, 첫째로 예루살렘에 재앙이 임할 것이며(15-17절), 둘째로 그러나 자신은 하나님의 은총을 입을 것이라는(18-20절) 응답을 받음. 그가 하나님의 은총을 받은 것은 그가 행한 영광스러운 개혁으로 말미암은 것이었는데, 그에 대해 우리는 다음 장에서 보게 될 것이다.

[1]요시야가 왕위에 오를 때에 나이가 팔 세라 예루살렘에서 삼십일 년간 다스리니라 그의 어머니의 이름은 여디다요 보스갓 아다야의 딸이더라 [2]요시야가 여호와 보시기에 정직히 행하여 그의 조상 다윗의 모든 길로 행하고 좌우로 치우치지 아니하였더라 [3]요시야 왕 열여덟째 해에 왕이 므술람의 손자 아살리야의 아들 서기관 사반을 여호와의 성전에 보내며 이르되 [4]너는 대제사장 힐기야에게 올라가서 백성이 여호와의 성전에 드린 은 곧 문 지킨 자가 수납한 은을 계산하여 [5]여호와의 성전을 맡은 감독자의 손에 넘겨 그들이 여호와의 성전에 있는 작업자에게 주어 성전에 부숴진 것을 수리하게 하되 [6]곧 목수와 건축자와 미장이에게 주게 하고 또 재목과 다듬은 돌을 사서 그 성전을 수리하게 하라 [7]그러나 그들의 손에 맡긴 은을 회계하지 말지니 이는 그들이 진실하게 행함이니라 [8]대제사장 힐기야가 서기관 사반에게 이르되 내가 여호와의 성전에서 율법책을 발견하였노라 하고 힐기야가 그 책을 사반에게 주니 사반이 읽으니라 [9]서기관 사반이 왕에게 돌아가서 보고하여 이르되 왕의 신복들이 성전에서 찾아낸 돈을 쏟아 여호와의 성전을 맡은 감독자의 손에 말

겼나이다 하고 ¹⁰또 서기관 사반이 왕에게 말하여 이르되 제사장 힐기야가 내게 책을 주더이다 하고 사반이 왕의 앞에서 읽으매

요시야에 대해 우리는 여기에서 다음과 같은 이야기를 듣게 된다.

I. 매우 어린 나이에 왕이 됨(1절). 그는 고작 여덟 살에 왕위에 올랐다. 솔로몬은 어린 왕을 가진 나라는 화가 있다고 말했다(전 10:16, 왕은 어리고 대신들은 아침부터 잔치하는 나라여 네게 화가 있도다). 그러나 비록 어릴지라도 요시야 같은 왕을 가진 나라는 복이 있다. 영국에서도 과거에 그와 같은 왕이 있었는데, 바로 에드워드 6세이다. 어린 나이였음에도 불구하고 요시야는 자기 아버지와 할아버지로부터 나쁜 영향을 거의 받지 않았다. 도리어 하나님은 그에게 은혜를 베푸사 그로 하여금 그들의 잘못을 통해 교훈을 얻도록 인도하셨다. 에스겔 18장 14절 이하를 보라.

II. 여호와 보시기에 정직히 행함(2절). 여기에 나타난 신적 은혜의 절대 주권을 보라. 아버지는 죄로 인해 죽고 멸망을 당했지만, 그러나 아들은 하나님의 택하신 그릇이 되었다. 또 여기에서 신적 은혜가 승리를 거두는 것을 보라. 악한 아버지로부터 그는 선한 모범보다는 악한 모범을 많이 보았을 것이며, 또한 선한 교육보다는 악한 교육을 많이 받았을 것이다. 많은 사람들이 그에게 아버지의 길을 따르라고 조언했을 것이며 반면 선한 충고를 해 준 사람은 별로 없었을 것이다. 그럼에도 불구하고 하나님의 은혜는 그를 탁월한 믿음의 사람으로 만들었으며, 돌감람나무에서 찍어 좋은 감람나무에 접붙였다(롬 11:24). 신적 은혜에게 있어 불가능한 일은 아무것도 없다. 또 요시야는 선한 길로 행하며 좌우로 치우치지 않았다. 그의 좌편에 불경건(profaneness)이 있고, 우편에 미신(superstition)이 있었지만, 그러나 하나님은 그로 하여금 어디에도 빠지지 않고 올바른 길로 행하도록 이끄셨다.

III. 성전을 수리함. 그는 이 일을 자신의 통치 18년에 실행했다(3절). 역대하 34장 8절과 비교하라. 대하 34:3에 나타나는 것처럼 그는 훨씬 이전부터 여호와를 찾기 시작했지만, 그러나 성전을 수리하는 일은 상당 기간 늦추지 않을 수 없었다. 왜냐하면 선불리 시작했다가 자칫 많은 반대에 부딪힘으로써 실패하게 될 것을 우려하지 않을 수 없었기 때문이었다. 따라서 그는 그 일을 자신의 권력이 완전히 확립될 때까지 늦추었다. 어린 시절에 불가피하게 잃어버린

시간을 아쉬워하는 사람이라면 성년(成年)이 되었을 때 더욱 열심히 하나님을 위해 봉사하게 될 것이다. 만일 어떤 일을 늦게 시작했다면 우리는 그 일을 더 열심히 해야만 한다. 요시야는 서기관 사반을 대제사장 힐기야에게 보내 이 일을 위해 백성들이 여호와의 전에 드린 돈을 계산하도록 했다(4절). 아마도 그들은 성전을 수리하는 기금(基金)을 모음에 있어 요아스가 사용했던 방법을 채택한 것으로 보인다(12:9). 백성들은 한 번에 조금씩 드림으로써 큰 부담을 느끼지 않았을 뿐만 아니라, 자원하여 드림으로써 아무런 불평도 가지지 않았다. 이와 같이 모아진 돈을 요시야는 성전을 수리하는 일에 사용하라고 힐기야에게 명령했다(5, 6절). 요아스 때와 같이 당시 일꾼들은 너무나 정직했으므로 요시야는 그들에게 맡긴 돈을 회계하지 말라고 당부했다(7절). 이와 같이 당시 일꾼들은 정직함으로 유명했다. 그러나 그들을 고용한 자들도 그와 같았는지 여부는 나는 알지 못한다. 우리는 종종 부자지간에도 계산은 정확하게 하라는 이야기를 듣는다. 그러므로 일꾼들과 더불어 회계했다고 하더라도 그 역시 부적절한 일은 아니었을 것이다. 도리어 그렇게 함으로써 그들의 정직함을 더욱 밝히 드러낼 수도 있을 것이었다.

Ⅳ. 성전을 수리하는 중에 율법책이 발견됨(8, 10절).   어떤 이들은 이 책이 모세가 직접 쓴 오경 원본이었을 것으로 생각한다. 반면 다른 이들은 그것이 단지 신빙성 높은 고대 사본일 뿐이라고 생각하기도 한다. 나는 그것이 모세의 명령에 의해 지성소에 넣어 두었던 바로 그 책이었을 가능성이 높다고 생각한다(신 31:24 이하).

1. 이 율법책은 오랫동안 잊혀져 있었던 것으로 보인다. 어쩌면 그 책은 그것의 가치를 알지 못하는 자들이 별 생각 없이 구석진 곳에 잘못 놓았거나 방치해 두었다가 그대로 거기에서 잊혀진 것이었는지 모른다. 그렇지 않으면 어떤 악한 왕이나 왕의 지시를 받은 어떤 자가 고의적으로 감춘 것인지도 모른다. 어쩌면 그는 (혹은 그들은) 그 책을 불태워 버리거나 파괴시켜 버리고 싶었지만 그러나 양심의 거리낌이나 혹은 하나님의 섭리에 의해 억제되고 그럼으로써 영원히 빛을 보지 못하기를 바라면서 깊숙이 감추었는지 모른다. 그렇지 않으면 어떤 이들이 생각하는 것처럼 원수들의 손에 떨어지지 않도록 어떤 사람이 그 책을 조심스럽게 감춘 것이었는지도 모른다. 그러나 그 책을 보존함에 있어 누가 도구로 사용되었든지 간에, 우리는 그 안에 하나님의 손길이 있다는

사실을 인정해야만 한다. 만일 이 책이 당시 존재하던 유일한 오경 사본이었다면, 어째서 선한 백성들이 그와 같은 거룩한 보물을 오랫동안 잃어버린 것에 대해 두려워 떨지 않았는지 의아스럽다(엘리조차도 법궤를 빼앗겼을 때 크게 두려워 떨지 않았는가?). 어쨌든 이 때 힐기야로 하여금 율법책을 발견하도록 이끈 신적 섭리에 대해 우리는 마땅히 감사의 마음을 가져야만 한다. 그는 찾지 않았음에도 불구하고 발견했다(사 65:1). 만일 성경이 하나님으로부터 말미암은 것이 아니었다면, 그것은 오늘날까지 존재하지 못했을 것이다. 하나님이 성경을 보호하고 계신다는 사실이 그것이 하나님으로 말미암은 책이라는 사실을 분명하게 보여준다.

2. 이 율법책의 내용은 왕과 대제사장 모두에게 새로운 것이었던 것으로 보인다. 왜냐하면 그 책을 읽자 왕은 자신의 옷을 찢었기 때문이었다. 왕으로 하여금 율법의 사본을 기록하도록 한 명령이나, 매 7년마다 백성들 앞에서 낭독하도록 한 명령은 오랫동안 지켜지지 않았던 것으로 보인다(신 17:18; 31:10-11). 이와 같이 신앙을 유지시키기 위한 규례들이 지켜지지 않으면 신앙 그 자체도 곧 퇴락하게 되는 법이다. 만일 당시에 어떤 율법책도 존재하지 않았다면 요시야는 어떤 기준에 따라 여호와 보시기에 정직하게 행했으며 또 당시 제사장과 백성들은 어떤 규례에 따라 각종 의식들을 지킬 수 있었을까? 이와 관련하여 나는 당시 많은 사람들이 율법의 축약본을 가지고 있었을 것이라고 생각하고 싶다. 아마도 제사장들이 자신들은 율법을 필사하는 수고를 덜고, 또 백성들에게는 율법 전체를 읽는 수고를 덜어주기 위해 그러한 축약본을 만들었을 것이다. 그것은 일종의 예배모범 같은 것으로서 백성들로 하여금 반드시 지켜야만 하는 규례들을 기록하면서, 예컨대 레위기 26장이나 신명기 28장 등과 같은 약속이나 경고는 빠뜨린 것으로 보인다. 왜냐하면 요시야에게 그러한 내용은 일찍이 알지 못했던 새로운 것으로서, 그는 그것을 읽으면서 큰 충격을 받은 것으로 보이기 때문이다(13절). 성경으로부터 발췌한 어떤 요약본이나 축약본도, 비록 어떤 부분에서 유용한 면이 있다 할지라도, 성경 자체만큼 하나님에 관한 지식과 그분의 뜻을 효과적으로 전달해 주지 못한다. 율법책이 그처럼 희귀했을 때 백성들이 그토록 타락했던 것은 조금도 놀랄 일이 아니었다. 이상(異像, vision)이 있을 때 백성들은 망하지 않는 법이다. 그들을 타락시키고자 했던 자들은 의심의 여지 없이 그들의 손에서 율법책을 뺏기 위해 자신들

이 할 수 있는 모든 수단을 다 동원했을 것이다. 로마교회 역시도 성경을 읽지 못하도록 금지시킴으로써만 형상숭배를 계속할 수 있었다.

3. 그 율법책이 이와 같은 적절한 시기에 발견된 것은 요시야와 백성들에 대한 하나님의 큰 은총이었다. 그리하여 그들은 요시야가 시작한 개혁을 더욱 힘차게 추진할 수 있었다. 또한 이와 같이 하나님이 백성들 가운데 자신의 율법을 존귀케 하시며, 또 그들로 하여금 성경의 지식을 증진시킬 수 있도록 해 주신 것은 하나님이 그들에게 긍휼을 베푸실 것을 보여주는 분명한 표적이었다. 대중들이 사용하는 일반적인 언어로 성경을 번역한 것은 종교개혁의 영광이요 힘이며 기쁨이었다. 그들이 율법책을 발견한 것은 성전을 수리하는 선한 일을 하던 중이었다는 사실을 주목하라. 자신들의 지식을 따라 의무를 수행하는 자들에게 하나님은 그들의 지식이 증진될 기회를 주실 것이다. 받은 자에게 더 많이 주어질 것이다. 그 율법책은 성전을 수리하는데 들어간 모든 수고와 비용에 대한 풍성한 보상이었다.

4. 대제사장 힐기야는 율법책을 발견하고 크게 기뻐했다. 그는 사반에게 말한다. "나와 함께 즐기자. 내가 율법책을 찾았노라. 내가 지극히 값진 보화를 찾았노라. 이것을 왕에게 가져가라. 이것이야말로 왕관을 빛낼 가장 값진 보석이 아닌가? 그는 그의 조상 다윗의 길을 따라 행하는 자가 아닌가? 그가 정녕 그러하다면, 그는 이 율법책을 기뻐하며 크게 반길 것이라. 이 율법책은 그의 기쁨이요 그의 모사(謀士)가 될 것이라."

[11]왕이 율법책의 말을 듣자 곧 그의 옷을 찢으니라 [12]왕이 제사장 힐기야와 사반의 아들 아히감과 미가야의 아들 악볼과 서기관 사반과 왕의 시종 아사야에게 명령하여 이르되 [13]너희는 가서 나와 백성과 온 유다를 위하여 이 발견한 책의 말씀에 대하여 여호와께 물으라 우리 조상들이 이 책의 말씀을 듣지 아니하며 이 책에 우리를 위하여 기록된 모든 것을 행하지 아니하였으므로 여호와께서 우리에게 내리신 진노가 크도다 [14]이에 제사장 힐기야와 또 아히감과 악볼과 사반과 아사야가 여선지 훌다에게로 나아가니 그는 할하스의 손자 디과의 아들로서 예복을 주관하는 살룸의 아내라 예루살렘 둘째 구역에 거주하였더라 그들이 그와 더불어 말하매 [15]훌다가 그들에게 이르되 이스라엘 하나님 여호와의 말씀이 너희는 너희를 내게 보낸 사람에게 말하기를 [16]여호와의 말씀이 내가 이 곳과 그 주민에게 재앙을 내리되 곧

유다 왕이 읽은 책의 모든 말대로 하리니 [17]이는 이 백성이 나를 버리고 다른 신에게 분향하며 그들의 손의 모든 행위로 나를 겨노하게 하였음이라 그러므로 내가 이 곳을 향하여 내린 진노가 꺼지지 아니하리라 하라 하셨느니라 [18]너희를 보내 여호와께 묻게 한 유다 왕에게는 너희가 이렇게 말하라 이스라엘의 하나님 여호와가 이같이 말씀하셨느니라 네가 들은 말들에 대하여는 [19]내가 이 곳과 그 주민에게 대하여 빈 터가 되고 저주가 되리라 한 말을 네가 듣고 마음이 부드러워져서 여호와 앞 곧 내 앞에서 겸비하여 옷을 찢고 통곡하였으므로 나도 네 말을 들었노라 여호와가 말하였느니라 [20]그러므로 보라 내가 너로 너의 조상들에게 돌아가서 평안히 묘실로 들어가게 하리니 내가 이 곳에 내리는 모든 재앙을 네 눈이 보지 못하리라 하셨느니라 하니 사자들이 왕에게 보고하니라

성전을 수리하는 일에 대해 이제 우리는 더 이상 듣지 못한다. 그러나 의심의 여지 없이 그 일은 계속해서 잘 진행되었을 것이다. 이제 본문의 관심의 초점은 그 때 발견된 율법책에 모아진다. 그 책은 한 점의 희귀한 고서(古書)로서 왕의 서고에 진열된 것이 아니라 즉시로 왕 앞에 읽혀졌다. 성경을 가장 존귀케 하는 자는 그것을 잘 모셔놓는 자가 아니라 매일같이 그것을 읽고 연구하며 그 떡을 먹고 그 빛에 의지해 행하는 자이다. 하나님의 말씀과 친숙한 것이 우리의 최고의 영광이라는 사실을 우리는 기꺼이 인정해야 한다.

I. 율법책의 말씀을 들었을 때의 요시야의 반응. 그는 자기 백성들의 죄를 부끄러워하면서 그리고 하나님의 진노를 두려워하면서 자신의 옷을 찢었다(11절). 그는 오랫동안 자기 나라의 형편이 선하지 않다고 생각해 왔다. 왜냐하면 백성들 가운데 우상 숭배와 불경건이 만연했기 때문이었다. 그러나 율법책의 말씀을 듣고 나니 지금의 나라의 형편은 자기가 생각한 것보다 훨씬 더 악하다고 하는 사실을 새롭게 깨닫지 않을 수 없었다. 자신의 옷을 찢었다는 것은 하나님께 돌려진 불명예와 그로 인해 백성에게 임할 심판 때문에 자신의 마음을 찢은 것을 의미했다.

II. 이로 인해 그가 취한 조치. 너희는 가서 나와 백성과 온 유다를 위하여 여호와께 물으라(13절).

1. 우리는 그가 다음과 같은 두 가지를 알고자 했을 것이라고 추측할 수 있다.

(1) 우리가 무엇을 해야 하는지. "우리의 죄로 말미암은 하나님의 진노와 심판을 피하기 위해 우리가 무엇을 해야 하는지 여호와께 물으라." 죄와 진노를 깨달았을 때 우리는 다음과 같이 묻게 된다. 우리가 어떻게 하여야 구원을 얻으리이까? 우리가 무엇을 가지고 여호와 앞에 나아가리이까? 만일 당신이 이렇게 물을 것이라면, 너무 늦지 않도록 속히 물으라.

(2) 우리가 무엇을 예상하고 준비해야 하는지. "우리의 죄로 말미암은 하나님의 진노와 심판과 관련하여 우리가 무엇을 예상하고 준비해야 하는지 여호와께 물으라." 그는 다음과 같은 사실을 인정한다. "우리 조상들이 이 책의 말씀을 듣지 아니하였도다. 만일 이것이 올바른 법도라면 분명 우리 조상들이 크게 잘못 행한 것이라." 이와 같이 계명은 죄로 심히 죄 되게 한다. 율법의 거울을 통해 그는 자기 백성의 죄가 자신이 생각했던 것보다 훨씬 더 많고 악하다고 하는 사실을 알게 되었다. 이에 그는 다음과 같이 추론한다. "여호와께서 우리에게 내리신 진노가 크도다. 정말로 이것이 하나님의 말씀이라면 그리고 하나님이 자신의 말씀에 진실하실 것이라면, 우리는 모두 망하게 되었도다. 율법의 위협이 이토록 가혹하며 언약의 저주가 이토록 두려운 것인 줄 나는 미처 생각하지 못하였도다. 만일 이 율법이 우리를 대적한다면 지금은 우리를 돌아보아야 할 때로다." 하나님의 진노의 무게를 심각하게 인식하는 자는 그의 호의(好意)를 갈구하는 가운데 어떻게 그분과 더불어 화해할 수 있는지 진지하게 물을 것이다. 통치자들은 자기 백성들을 위해 물어야 하며 또한 임박한 하나님의 심판을 어떻게 막을 수 있는지 연구해야 한다.

2. 이것을 묻기 위해 요시야는

(1) 높은 직위의 신하들을 보냈다(12절, 14절). 이것은 그가 신탁(神託)을 얼마나 존귀하게 여겼는지를 보여주는 분명한 증표였다.

(2) 그들을 여선지 훌다에게 보냈다(14절). 예언의 영은 때때로 더 약한 질그릇에 담겨지곤 했는데(더 약한 질그릇은 여성을 상징하는 표현이다), 그것은 심히 큰 능력이 하나님께 있음을 나타내기 위함이었다(고후 4:7). 미리암은 이스라엘을 애굽으로부터 인도하는 일을 도왔으며(미 6:4), 드보라는 백성들을 재판했으며, 여기의 훌다는 백성들을 하나님의 마음으로 가르쳤다. 그리고 그녀가 한 남자의 아내였다는 사실은 여선지로서 그녀에게 아무런 문제도 되지 않았다. 결혼은 모두에게 존귀하며 명예로운 것이다. 성경이 희귀했던 때에 선지자

가 있었던 것은 하나님의 큰 은총이었다(훗날 예언이 끊어졌을 때 성경이 있었던 것처럼). 이와 같이 하나님은 어느 시대에나 당신을 증거하는 것들을 남겨 두시는데, 그것은 죄인들로 하여금 핑계하지 못하게 하려 하심이다. 예레미야와 스바냐도 이 시대에 예언 활동을 하였다. 그러나 왕의 사자들은 훌다에게 보냄을 받았는데, 아마도 그것은 그녀의 남편이 왕궁에서 일하고 있었기 때문에 그들이 그녀를 오랫동안 잘 알고 있었기 때문이었을 것이다(그녀의 남편은 왕궁에서 예복을 주관하는 일을 하고 있었다). 아마도 그들은 다른 때에도 그녀에게 묻곤 했을 것이며, 그러는 가운데 그녀의 입에 있는 하나님의 말씀이 참되다는 사실을 발견하곤 했을 것이다. 그녀는 먼 곳에 있지 않고 가까이 있었다. 왜냐하면 그녀는 미스네(Mishneh)라 불리는 예루살렘 둘째 구역에 거주하고 있었기 때문이었다. 유대인들은 그녀가 왕궁 주변의 여인들 가운데 예언을 했다고 말한다(그녀 자신이 그들 가운데 한 사람이었으며, 아마도 그들은 왕궁에 자신들의 처소를 가지고 있었을 것이다). 그 경내에 여선지가 있으며 또 여선지를 존귀히 여기는 왕궁은 얼마나 복된가?

Ⅲ. 그가 하나님으로부터 받은 응답. 훌다는 다음과 같이 아첨하는 언어로 말하지 않았다. "부디 전하께 나의 미천한 섬김을 전해 주시고, 전하로 하여금 내가 이스라엘의 하나님으로부터 받은 메시지를 알게 하소서." 그렇게 하는 대신 그녀는 선지자의 언어로 분명하게 말한다: 너희는 너희를 내게 보낸 사람에게 말하기를(15절). 비록 우리에게 신처럼 보이는 제왕이라도 하나님께는 평범한 사람에 불과하며, 그와 같이 취급될 것이다. 왜냐하면 하나님은 사람을 외모로 취하시지 않기 때문이다(골 3:25).

1. 훌다는 요시야에게 하나님이 유다와 예루살렘을 위해 예비하신 심판을 알려준다(16, 17절): 내가 이 곳을 향하여 내린 진노가 꺼지지 아니하리라. 죄인들을 향해 하나님의 진노의 불꽃이 타오르는 곳이 지옥이 아니라면 도대체 어디가 지옥이겠는가? 여기에서 다음을 관찰하라.

(1) 하나님의 진노의 정도와 지속기간. 하나님의 진노의 불꽃은 꺼지지 않을 것이다. 이미 판결은 내려졌으며, 그것을 막는 것은 너무 늦었다. 예루살렘의 죄는 제사나 예물로도 벗겨지지 않을 것이다. 지옥은 꺼지지 않는 불이다.

(2) 그것은 [1] 그들의 죄와 관련된다. "그들은 계획적으로, 다시 말해서 나의 진노를 격발시키기 위해 고의로 죄를 범했도다. 그것은 그들이 스스로 붙인 불

이로다. 그들이 나를 격노하게 함으로써 마침내 나의 진노가 격발되었도다."
[2] 하나님의 위협과 관련된다. "내가 가져오는 재앙은 유다 왕이 읽은 책의 말씀에 따른 것이며, 그럼으로써 성경이 이루어질 것이다. 교훈에 의해 예속되려고 하지 않는 자들은 결국 형벌에 의해 예속되게 될 것이다." 그의 말씀이 확증하는 것처럼 하나님은 회개하지 않는 죄인들을 결코 그대로 내버려 두지 않으실 것이다.

2. 훌다는 요시야에게 하나님이 그를 위해 예비하신 은총을 알려 준다.

(1) 하나님은 요시야가 하나님의 영광과 유다의 안녕에 크게 착념한 것을 지적하신다(19절): 네가 듣고 마음이 부드러워져서. 하나님은 스스로를 구별하는 자들을 구별하실 것이다. 대부분의 백성들의 마음이 굳어지고 완악해졌으며, 그의 선대(先代) 왕들도 그러했다. 그러나 요시야의 마음은 부드러웠다. 그는 하나님의 말씀에 마음과 귀를 기울였으며, 그것을 듣고 떨었으며, 그것에 기꺼이 순복했다. 그는 자신의 열조와 자기 백성의 죄로 인해 하나님께 불명예가 돌려진 것으로 인해 크게 슬퍼했다. 그는 하나님의 심판을 두려워하면서 그러한 심판이 예루살렘에 임하지 않기를 간절히 바랐다. 이것이 바로 부드러운 마음이었으며, 이와 같이 그는 여호와 앞에서 스스로를 겸비케 했다. 그리고 (아마도 자신의 골방에서) 하나님 앞에 울면서 옷을 찢음으로써 이러한 경건한 감정을 나타냈다. 그러나 은밀한 것을 아시는 하나님은 그것이 '내 앞에서' 행해졌노라고 말씀하시면서, 자신이 그것을 듣고 그의 부드러운 눈물을 자신의 병에 담았노라고 하셨다. 그리고 내가 그 땅을 황무하게 할 것이라는 말씀이 요시야에게 가장 큰 충격을 준 것으로 보인다(레 26:32). 왜냐하면 그는 황무와 저주에 대한 말씀을 들었을 때, 다시 말해서 하나님이 그들을 버리심으로써 그들에게 재앙이 임할 것이라는 말씀을 들었을 때 옷을 찢었기 때문이다. 그는 하나님의 위협과 경고의 말씀을 마음에 새겼다.

(2) 그리하여 심판은 그가 죽을 때까지 유예될 것이었다. 내가 너로 너의 조상들에게 돌아가서 평안히 묘실로 들어가게 하리니 내가 이 곳에 내리는 모든 재앙을 네 눈이 보지 못하리라(20절). 당시에도 성도들은 의심의 여지 없이 죽음 저편의 복락을 바라보고 있었다. 만일 그렇지 않았다면 조상들에게 돌아갔다는 표현이 그렇게 자주 사용되지는 않았을 것이다. 요시야는 심판 자체를 막을 수는 없었지만, 그러나 하나님은 그가 살아서 그것을 보지는 않을 것이라고 약속하

셨다. 그리고 그가 채 마흔도 되지 못한 한창 나이에 죽은 것을 감안할 때, 만일 이 땅에서 경건하게 산 것에 대해 풍성하게 보상받을 다른 세상이 없다면 그러한 약속은 정말로 보잘것없는 상급밖에는 되지 못할 것이었다(히 11:16). 의인이 다가오는 재앙으로부터 데려감을 당하는 것은 평안으로 들어가게 하기 위함이다(사 57:1, 2). 여기에서 요시야는 "네가 평안히 묘실에 들어가게 될 것"이라는 약속을 받는데, 이것은 그가 죽는 방식을 언급하는 것이 아니라 그의 죽음의 때를 언급하는 것이다(왜냐하면 그는 전쟁에서 죽임을 당했기 때문이다). 그가 죽은 것은 바벨론에 포로로 끌려가기 직전이었다. 그것은 너무나 큰 고통이었기 때문에 그에 비교할 때 다른 것들은 아무것도 아니었다. 따라서 그는 다가올 재앙을 보지 않고 평안히 죽을 것이라고 말하여질 수 있었던 것이다.

제
— 23 —
장

개요

본 장의 내용은 다음과 같다. I. 요시야의 선한 통치가 계속되면서 계속해서 개혁이 진행됨. 1. 율법책을 읽음(1, 2절). 2. 언약을 갱신함(3절). 3. 성전을 정결케 함(4절). 4. 모든 지역에서 우상과 우상 숭배를 뿌리뽑음(5-20절). 5. 유월절을 지킴(21-23절). 6. 신접한 자와 점쟁이를 쫓아냄(24절). 이 모든 일에 있어 그는 전심전력을 다했다(25절). II. 예루살렘에 대한 하나님의 계속되는 진노의 증표로서 요시야가 불시에 죽임을 당함(26-30절). III. 그의 죽음에 이어 두 아들 여호아하스와 여호야김의 악한 통치가 이어짐(31-37절).

¹왕이 보내 유다와 예루살렘의 모든 장로를 자기에게로 모으고 ²이에 왕이 여호와의 성전에 올라가매 유다 모든 사람과 예루살렘 주민과 제사장들과 선지자들과 모든 백성이 노소를 막론하고 다 왕과 함께 한지라 왕이 여호와의 성전 안에서 발견한 언약책의 모든 말씀을 읽어 무리의 귀에 들리고 ³왕이 단 위에 서서 여호와 앞에서 언약을 세우되 마음을 다하고 뜻을 다하여 여호와께 순종하고 그의 계명과 법도와 율례를 지켜 이 책에 기록된 이 언약의 말씀을 이루게 하리라 하매 백성이 다 그 언약을 따르기로 하니라

요시야는 하나님으로부터 예루살렘은 반드시 멸망을 당할 것이며 그는 단지 자신의 영혼만을 구원하게 될 것이라는 메시지를 받았다. 그렇지만 그렇다고 해서 그는 절망 가운데 아무 일도 하지 않기로 마음먹은 채 가만히 앉아 있기만 하지는 않았다. 도리어 그는 자신의 의무를 행하면서 그 결과를 하나님께 맡겼다. 나라의 개혁은 오랫동안 생각해왔던 것이었다. 만일 나라의 파멸을 막을 수 있는 것이 있다면, 그것은 필경 개혁일 것이었다. 우리는 여기에서 그러한 개혁을 위한 준비를 보게 된다.

1. 요시야는 유다와 예루살렘의 모든 장로들 혹은 대표자들의 총회를 소집

했다. 그리고 그들과 함께 제사장들과 선지자들을 데리고 여호와의 성전에 올라갔다. 그는 이렇게 함으로써 국가적인 개혁과 함께, 가능하면 하나님의 심판을 막고자 했다. 모든 이들이 이 일에 동참하도록 부름을 받았는데(1, 2절), 그것은 그렇게 함으로써 그 일을 더욱 장엄하게 추진하고 그와 함께 반대자들의 기를 꺾기 위함이었다. 대중은 선한 통치자들의 존귀와 권력에 큰 뒷받침이 되는 법이다.

2. 요시야는 이 모임에서 연설하는 대신 그들 앞에 율법책을 읽으라고 명령했다. 아니, 그렇다기보다 그 자신이 직접 읽은 것으로 보인다(2절). 그는 자신이 그 율법책의 말씀에 큰 충격을 받은 것처럼 그들도 그렇게 되기를 바랐다. 그는 자신이 율법책을 낭독한다고 하여 왕으로서의 위신이 떨어진다고는 결코 생각하지 않았다. 마찬가지로 솔로몬은 전도자가 되는 것을 부끄럽게 여기지 않았으며, 다윗은 하나님의 전의 문지기가 되는 것을 부끄럽게 여기지 않았다. 지도자들의 모임 외에도 요시야는 유다 모든 사람과 예루살렘 주민들을 모으고 그들로 하여금 율법을 듣도록 했다. 통치자들이 이와 같이 자신의 나라에서 성경 지식을 증진시킬 때, 그것은 그 자신들에게 유익이 된다. 그가 율법에 따라 통치하기로 작정한 것처럼 백성들도 율법에 순종하기로 굳게 결심하기만 한다면, 유다는 정말로 복된 나라가 될 것이다.

3. 요시야는 다시금 언약을 세운다(3절). 그 율법책은 언약의 책이었다. 다시 말해서, 만일 그들이 하나님의 백성이 되면 하나님은 그들의 하나님이 되시는 그러한 언약의 책이었다. 여기에서 그들은 자신들의 의무를 다하기로 약속한다(그렇게 할 때 하나님도 당신의 의무를 다하실 것이다).

(1) 그 언약은 그들이 여호와를 따라 행하겠다는 것이었다. 그들은 하나님의 뜻과 각종 규례들과 섭리에 순종하면서 그의 부르심에 응답하고 그의 모든 명령을 준행하기로 약속했다. 또한 그들은 하나님의 모든 계명 즉 도덕적인 계명과 의식적인 계명과 사법적인 계명을 지키며, 마음과 뜻을 다하여 그리고 가능한 모든 관심과 주의와 성실과 열정과 용기와 결심으로 이러한 언약의 조건들을 이행할 것을 약속했다.

(2) 왕 자신이 먼저 그렇게 언약했다. 그는 단 위에 서서 자신이 이러한 언약에 동의함을 공식적으로 선언했다. 그렇게 함으로써 그는 백성들에게 모범을 보이면서 동시에 그들에게 하나님의 보호와 주재(主宰)를 확증했다. 하나님과

언약을 맺는 것이 왕의 권력을 축소시키는 것은 결코 아니다. 왕이 먼저 그렇게 하자 모든 백성들이 그 언약을 따르기로 했다. 즉 자신들도 그 언약에 동의함을 표명하면서 그것을 지키기로 약속했다. 최대한 엄숙하게 우리의 의무에 우리 스스로를 결박시키는 것은 참으로 유용한 일이다. 특별히 오랜 동안의 죄와 타락으로의 퇴행 이후 이러한 각성이 일어난 것은 너무나 시의적절한 일이었다. 정직한 마음을 가진 자는 올바른 일을 행할 것을 약속하는데 결코 움츠리지 않는다.

¹왕이 대제사장 힐기야와 모든 부제사장들과 문을 지킨 자들에게 명령하여 바알과 아세라와 하늘의 일월 성신을 위하여 만든 모든 그릇들을 여호와의 성전에서 내다가 예루살렘 바깥 기드론 밭에서 불사르고 그것들의 재를 벧엘로 가져가게 하고 ⁵옛적에 유다 왕들이 세워서 유다 모든 성읍과 예루살렘 주위의 산당들에서 분향하며 우상을 섬기게 한 제사장들을 폐하며 또 바알과 해와 달과 별 떼와 하늘의 모든 별에게 분향하는 자들을 폐하고 ⁶또 여호와의 성전에서 아세라 상을 내다가 예루살렘 바깥 기드론 시내로 가져다 거기에서 불사르고 빻아서 가루를 만들어 그 가루를 평민의 묘지에 뿌리고 ⁷또 여호와의 성전 가운데 남창의 집을 헐었으니 그 곳은 여인이 아세라를 위하여 휘장을 짜는 처소였더라 ⁸또 유다 각 성읍에서 모든 제사장을 불러오고 또 제사장이 분향하던 산당을 게바에서부터 브엘세바까지 더럽게 하고 또 성문의 산당들을 헐어 버렸으니 이 산당들은 그 성읍의 지도자 여호수아의 대문 어귀 곧 성문 왼쪽에 있었더라 ⁹산당들의 제사장들은 예루살렘 여호와의 제단에 올라가지 못하고 다만 그의 형제 중에서 무교병을 먹을 뿐이었더라 ¹⁰왕이 또 힌놈의 아들 골짜기의 도벳을 더럽게 하여 어떤 사람도 몰록에게 드리기 위하여 자기의 자녀를 불로 지나가지 못하게 하고 ¹¹또 유다 여러 왕이 태양을 위하여 드린 말들을 제하여 버렸으니 이 말들은 여호와의 성전으로 들어가는 곳의 근처 내시 나단멜렉의 집 곁에 있던 것이며 또 태양 수레를 불사르고 ¹²유다 여러 왕이 아하스의 다락 지붕에 세운 제단들과 므낫세가 여호와의 성전 두 마당에 세운 제단들을 왕이 다 헐고 거기서 빻아내려서 그것들의 가루를 기드론 시내에 쏟아 버리고 ¹³또 예루살렘 앞 멸망의 산 오른쪽에 세운 산당들을 왕이 더럽게 하였으니 이는 옛적에 이스라엘 왕 솔로몬이 시돈 사람의 가증한 아스다롯과 모압 사람의 가증한 그모스와 암몬 자손의 가증한 밀곰을 위하여 세웠던 것이며 ¹⁴왕이 또 석상들

을 깨뜨리며 아세라 목상들을 찍고 사람의 해골로 그 곳에 채웠더라 [15]또한 이스라엘에게 범죄하게 한 느밧의 아들 여로보암이 벧엘에 세운 제단과 산당을 왕이 헐고 또 그 산당을 불사르고 빻아서 가루를 만들며 또 아세라 목상을 불살랐더라 [16]요시야가 몸을 돌이켜 산에 있는 무덤들을 보고 보내어 그 무덤에서 해골을 가져다가 제단 위에서 불살라 그 제단을 더럽게 하니라 이 일을 하나님의 사람이 전하였더니 그 전한 여호와의 말씀대로 되었더라 [17]요시야가 이르되 내게 보이는 저것은 무슨 비석이냐 하니 성읍 사람들이 그에게 말하되 왕께서 벧엘의 제단에 대하여 행하신 이 일을 전하러 유다에서 왔던 하나님의 사람의 묘실이니이다 하니라 [18]이르되 그대로 두고 그의 뼈를 옮기지 말라 하매 무리가 그의 뼈와 사마리아에서 온 선지자의 뼈는 그대로 두었더라 [19]전에 이스라엘 여러 왕이 사마리아 각 성읍에 지어서 여호와를 격노하게 한 산당을 요시야가 다 제거하되 벧엘에서 행한 모든 일대로 행하고 [20]또 거기 있는 산당의 제사장들을 다 제단 위에서 죽이고 사람의 해골을 제단 위에서 불사르고 예루살렘으로 돌아왔더라 [21]왕이 뭇 백성에게 명령하여 이르되 이 언약책에 기록된 대로 너희의 하나님 여호와를 위하여 유월절을 지키라 하매 [22]사사가 이스라엘을 다스리던 시대부터 이스라엘 여러 왕의 시대와 유다 여러 왕의 시대에 이렇게 유월절을 지킨 일이 없었더니 [23]요시야 왕 열여덟째 해에 예루살렘에서 여호와 앞에 이 유월절을 지켰더라 [24]요시야가 또 유다 땅과 예루살렘에 보이는 신접한 자와 점쟁이와 드라빔과 우상과 모든 가증한 것을 다 제거하였으니 이는 대제사장 힐기야가 여호와의 성전에서 발견한 책에 기록된 율법의 말씀을 이루려 함이라

우리는 여기에서 모든 유다 열왕의 역사 가운데 일찍이 보지 못했던 놀라운 개혁에 관한 이야기를 보게 된다. 그것은 모든 가증한 것들을 완전히 제거함과 함께 영광스럽고 선한 사역의 기초를 놓는 것이었다. 여기에서 나는 다음과 같은 두 가지 사실로 놀라지 않을 수 없다.

1. 이토록 많은 악한 것들이 그토록 오랫동안 유지되어 왔다는 사실.

2. 이러한 악한 것들을 제거했음에도 불구하고 몇 년이 지나지 않아 예루살렘이 멸망을 당했다는 사실. 이러한 개혁에도 불구하고 예루살렘이 멸망을 피하지 못한 것은 요컨대 대다수 백성들이 개혁되기를 싫어했기 때문이었다. 단련하는 자의 일이 헛되게 되었도다 그러므로 사람들이 그들을 내버린 은이라 부르게

될 것이라(렘 6:29, 30).

I. 당시 유다와 예루살렘에 수많은 악이 있었음. 그러한 악은 계속해서 있어왔던 것들이었다. 하나님이 택하신 유다와 이스라엘에 그리고 하나님의 처소인 예루살렘과 시온에 그토록 가증한 것들이 그렇게 많이 있었다는 사실을 과연 누가 믿을 수 있겠는가? 요시야는 18년 동안 왕위에 앉아 있으면서, 백성들을 율법에 따라 다스리며 그들에게 스스로 모범을 보였다. 그럼에도 불구하고 그가 치운 우상 숭배의 쓰레기는 정말로 믿을 수 없을 만큼 많은 분량이었다.

1. 솔로몬이 건축하여 하나님께 봉헌한 거룩한 성전에 바알과 아세라와 하늘의 일월성신에게 예배하기 위한 온갖 종류의 그릇과 기구들이 있었다(4절). 요시야가 우상 숭배를 금지했음에도 불구하고, 우상 숭배를 위해 제작된 각종 기구들은 지금의 금지조치가 해제되기만 하면 곧바로 다시 사용될 수 있도록 모두 세심하게 보존되고 있었다. 아니, 심지어 아세라 상조차도 여전히 성전에 그대로 세워져 있었다(6절). 어떤 이들은 그것이 아스다롯과 동일한 비너스 상(像)이었다고 생각한다.

2. 여호와의 성전 입구에 종교적인 용도로 사용하기 위한 말들의 축사가 있었다. 그것들은 태양을 위하여 드려진 성별된 말들이었다(11절). 마치 자기의 길을 달리기 기뻐하는 장사(시 19:5)에게 말이 필요하다는 듯이, 그들은 태양을 위해 말들을 성별했다. 아마도 그들은 태양의 빠른 움직임을 말로써 표현함으로써 자신들의 종교를 태양의 전차(戰車)라는 시적 상상력과 일치시키려고 했을 것이다. 어떤 이들은 그러한 말들이 매일 아침 떠오르는 태양을 맞이하기 위해 화려한 위용을 갖춘 재 행진했을 것이라고 생각한다. 반면 다른 사람들은 태양을 숭배하는 자들이 그러한 말들을 타고 떠오르는 태양에게 경배했을 것으로 생각한다. 그리고 거기에 있었던 성별된 말들이 태양의 전차를 끌었을 것이다. 기록된 하나님의 말씀을 가지고 있었던 자들이 이와 같은 헛된 생각에 빠져 있었던 것은 얼마나 이상한 일인가?

3. 또 여호와의 성전 곁에 남창들의 집이 있었다(7절). 거기에서 온갖 형태의 음란하고 추잡한 일들이 자행되었는데, 심지어 종교의 미명 하에 그리고 그들의 더러운 신들을 존귀케 하기 위해 그렇게 하기도 했다. 육체적인 매춘과 영적인 매춘이 함께 자행되었으며, 그와 같은 악하고 왜곡된 감정은 그들의 헛된

생각에 대한 징벌이었다. 하나님을 욕되게 한 자들이 이와 같이 스스로를 욕되게 한 것은 지극히 정당한 일이었다(롬 1:24, 그러므로 하나님께서 그들을 마음의 정욕대로 더러움에 내버려 두사 그들의 몸을 서로 욕되게 하게 하셨으니). 또 거기에 아세라를 위해 휘장을 짜는 여인들이 있었는데, 그러한 휘장은 비너스 상을 싸기 위한 것이었다(7절). 거기에서 아세라 숭배자들은 온갖 형태의 추잡한 일들을 자행했으며 심지어 하나님의 성전에서도 그와 같은 일이 있었다. 하나님의 집을 장사하는 집으로 만드는 것은 악한 일이다. 그리고 그것보다 더 악한 것은 그것을 도둑의 소굴로 만드는 것이다. 그러나 가장 악한 것은 그것을 창기의 집으로 만드는 것이다(이것은 하나님의 성전과 그분의 거룩하심에 대한 얼마나 뻔뻔스러운 도전인가!). 베드로가 그것을 무법한 우상 숭배로 부른 것은 얼마나 적절한 것인가(벧전 4:3, 너희가 음란과 정욕과 술취함과 방탕과 향락과 무법한 우상 숭배를 하여 이방인의 뜻을 따라 행한 것은 지나간 때로 족하도다).

4. 아하스의 다락 지붕에 우상의 제단들이 있었다(12절). 유대인들의 지붕은 평평했기 때문에 그들은 그 곳에 산당을 만들고 가족 제단(domestic altars)을 세웠다(렘 19:13; 습 1:5). 유다의 여러 왕들도 그렇게 했으며, 비록 요시야는 그러한 제단을 사용하지는 않았지만 그러나 지금까지도 그러한 제단들은 그대로 남아 있었다. 또 므낫세는 여호와의 성전에다가 우상들을 위한 제단들을 세웠다. 회개한 후 그것들을 옮겨 성 밖에 던지기는 했지만(대하 33:15), 그러나 파괴시켜 버리지는 않았다. 그러다가 나중에 그의 아들 아몬이 그것들을 다시 성전 마당에다가 세워 놓은 것으로 보인다. 요시야는 그러한 제단들을 완전히 헐어 버렸다(12절).

5. 예루살렘 인근 힌놈의 아들 골짜기에 도벳이 있었는데, 그 곳에 몰록의 형상이 있었다(몰록은 극도로 잔인하고 잔혹한 신이었다). 그 곳에서 어떤 사람들은 자신의 자녀를 불사름으로써 몰록에게 제물로 드렸으며, 또 어떤 사람들은 자신의 자녀를 불 가운데로 지나가게 함으로써 몰록에게 봉헌했다(10절). 아마도 도벳은 북(drum)을 뜻하는 돕으로부터 나온 말로 추측된다. 아마도 그들은 자녀들이 불 속에서 지르는 비명소리를 듣지 않으려고 북을 쳤을 것이다.

6. 예루살렘 앞에 솔로몬이 세운 산당들이 있었다(13절). 그러한 산당들에 있는 제단과 형상들은 이전의 경건한 왕들에 의해 치워졌을 것으로 우리는 추측할 수 있다. 어쩌면 솔로몬 자신이 회개하고 난 후 그것들을 치웠을는지도 모

른다. 그러나 그러한 산당들과 함께 일부 건물들은 요시야의 때까지 그대로 남아 있었다. 올바른 신앙에다가 이와 같은 잘못된 것들을 끌어들이는 자들은 그것들이 얼마나 오래도록 지속되며 나쁜 영향을 미치는지 알지 못한다. 오래된 것이라는 사실이 진리를 증명해주는 것은 아니다. 게바에서부터 브엘세바까지 온 나라에 산당들이 있었으며, 성문과 성읍의 지도자의 대문 어귀에도 산당들이 있었다(8절). 패트릭 주교가 생각하는 것처럼, 이러한 산당들에서 그들은 각자 자신들이 섬기는 신들에게 분향했을 것이다. 그리고 성읍의 지도자도 자신의 가족 신(penates gods)을 위한 사적인 제단을 가지고 있었을 것이다.

7. 또 우상을 숭배하는 제사장들도 있었다(5절). 그들은 우상의 제단에서 집무하던 그마림(검은 사람들 혹은 검은 옷을 입은 사람들)이었다. 스바냐 1장 4절을 보라(내가 유다와 예루살렘의 모든 주민들 위에 손을 펴서 남아 있는 바알을 그곳에서 멸절하며 '그마림' 이란 이름과 및 그 제사장들을 아울러 멸절하며). 오시리스를 위해 제사를 드리는 자들이나 담무스를 위해 애곡하는 자들(겔 8:14) 혹은 가증한 신들을 숭배하는 자들은 애곡하는 자처럼 검은 옷을 입었다. 유다의 왕들은 이들을 세워 산당에서 분향하도록 했다. 이들은 아론 가문의 제사장들이었던 것으로 보이는데, 그렇게 함으로써 그들은 스스로의 위엄을 모독했다. 그리고 거기에는 또한 제사장의 직분을 가질 수 없는 (다시 말해서 아론의 자손이 아닌) 사람들도 있었는데, 그들은 바알을 위해 분향했다.

8. 또한 악신을 다루는 신접한 자와 점쟁이들도 있었다(24절). 마귀를 자신들의 신으로 숭배하는 자들이 마귀에게 신탁을 묻는 것은 조금도 놀랄 일이 아니다.

Ⅱ. 요시야가 이러한 모든 우상 숭배의 잔재들을 완전히 멸절함. 그것은 만군의 여호와에 대한 열심과 가증한 것들에 대한 거룩한 분개로 말미암은 것이었다. 그러한 것들은 결코 하나님 앞에 설 수 없는 것들이었다. 율법은 가나안 사람들의 우상 숭배의 잔재를 모두 멸절하라고 명령했다(신 7:5, 오직 너희가 그들에게 행할 것은 이러하니 그들의 제단을 헐며 주상을 깨뜨리며 아세라 목상을 찍으며 조각한 우상들을 불사를 것이니라). 그렇다면 하물며 이스라엘 백성들의 우상 숭배의 잔재야 얼마나 더 그렇게 해야 하겠는가?

1. 요시야는 힐기야와 다른 제사장들에게 성전을 정결케 하라고 명령했다. 이것은 그들이 마땅히 해야 할 일이었다(4절). 그리하여 바알을 위해 만들어진

그것들이 모두 치워졌다. 그것들은 하나님을 예배하는데 사용되어서는 안 되었으며, 또한 일상적인 용도로 사용하기 위해 남겨져서도 안 되었다. 그리하여 그들은 그것들을 모두 불살라 그 재를 벧엘로 가져가게 했다. 벧엘은 금송아지가 세워져 있었던 우상 숭배의 본거지였다. 그 곳은 유다에서 가까웠으므로 우상 숭배의 악한 풍습이 그 곳으로부터의 유다 전역에 퍼졌다. 그리하여 요시야는 그 곳을 우상 숭배의 쓰레기장으로 만들어 온갖 더럽고 추악한 것들을 그 곳으로 보냄으로써 가능하면 우상을 좋아하는 자들까지도 그 곳을 역겨운 곳으로 여기도록 만들었다.

2. 요시야는 우상을 숭배하는 제사장들을 모두 죽였다(20절). 그는 율법에 따라 아론의 자손이 아닌 자들 혹은 바알과 다른 거짓 신들에게 제사를 드린 자들을 죽였다. 그는 그들을 제단 위에서 죽였다. 그것은 하나님의 공의의 제물로서 지금까지 그 곳에서 드려진 제물들 가운데 가장 받으심직한 제물이었다. 아론의 자손으로서 산당에서 그러나 참 하나님께 분향한 자들에 대해 요시야는 그들의 존귀를 박탈했다(9절). 요시야는 그들을 유다 각 성읍 밖으로 나가도록 했는데(8절), 그것은 그들로 하여금 오랫동안 행해왔던 우상 숭배적인 행습을 은밀히 계속하지 못하도록 하기 위함이었다. 대신에 형제들 가운데 무교병(즉 소제의 무교병, 레 2:4-5)을 먹는 것은 허락해 주었다(9절). 그럼으로써 그들은 형제들 가운데 거하면서 형제들의 감독과 가르침을 받을 수 있었다. 그러한 무교병은 비록 딱딱하고 맛이 없는 것이기는 했지만 그러나 그들에게 과분한 것이었다. 그것은 그들이 생활하는데 큰 도움이 되었을 것이다. 그러나 그들이 흠 있는 제사장으로서 통성 하나님의 떡이라고 일컬어지는 모든 제물들을 먹도록 허락되었는지 여부는 불확실하다(레 21:22).

3. 모든 형상들은 불태워지고 가루로 만들어졌다(6절). 아세라 상은 가루가 되어 예루살렘 성읍의 공동묘지인 평민의 묘지에 뿌려졌다. 율법에 따르면 어떤 것이 무덤과 접촉하면 의식적(儀式的)으로 부정하게 된다. 그러므로 여기에서 그것을 묘지에 뿌린 것은 그것이 가장 부정하며 누구든지 그것을 만지는 자는 부정하게 된다는 것을 선언한 것이었다. 또 요시야는 그것을 무덤 속으로 던졌는데(갈대아 역본처럼), 그렇게 한 것은 그러한 우상 숭배를 가증하게 여기면서 그것이 영원히 잊혀지기를 바랐기 때문이었다(14절, 마치 죽은 자가 무덤 속에 들어감으로써 모든 사람들로부터 잊혀지는 것처럼). 요시야는 아세라 상

들이 있던 자리를 사람의 해골로 채웠다. 아세라 상의 재를 무덤으로 가져가 죽은 자들의 뼈와 섞었던 것처럼, 또한 그는 죽은 자들의 뼈를 아세라 상들이 있었던 자리로 가져와 그것들로 빈자리를 채웠다. 이렇게 함으로써 그는 우상 숭배를 역겨운 것으로 만들면서, 사람들로 하여금 그것의 재와 그것이 놓여 있었던 자리로부터 멀리 떨어지도록 만들고자 했다. 죽은 자와 죽은 신이 함께 나란히 있는 것은 얼마나 적절한가?

4. 또 우상 숭배자들이 드나들던 모든 악한 집 곧 남창들의 집이 헐려졌다(7절). "헐어 버려라 헐어 버려라 기초까지 헐어 버려라." 또한 성읍의 지도자의 산당을 포함하여 모든 산당들도 그와 같이 헐려 평지가 되었다(8절). 사람의 권력이나 위대함이 그를 우상 숭배와 타락으로부터 보호해 주는 것은 아니다. 지도자들로 하여금 먼저 스스로를 개혁하도록 하라. 그리하면 그들의 지도를 받는 자들도 곧 영향을 받고 개혁될 것이다. 또한 요시야는 산당들을 더럽게 했다(8, 13절). 그는 그것들이 혐오스러운 것이 되도록 자신이 할 수 있는 모든 일을 했으며, 산당에 대한 허탄한 생각으로부터 백성들을 건져냈다(예후가 바알의 집을 변소로 만들었던 것처럼, 왕하 10:27). 산당들과는 달리 골짜기에 있었던 도벳도 그에 의해 더럽혀져(10절) 성읍의 묘지가 되었다. 우리는 예레미야 선지자가 이 곳과 관련하여 예언한 것을 볼 수 있는데(렘 19:1 이하), 거기에서 선지자는 백성들이 도벳에 매장될 것이며 예루살렘이 도벳처럼 될 것이라고 경고했다.

5. 또한 요시야는 태양에게 드려졌던 말들을 취하여 일반적인 용도로 사용하도록 했다. 그렇게 하여 말들도 허망한 것으로부터 건짐을 받았다. 그리고 그는 태양의 전차(병거)들을 불태웠다(이스라엘의 병거와 마병이 되어야 할 것들이 태양의 병거와 마병이 되었으니 이 얼마나 안타까운 일인가?). 불타는 전차야말로 태양의 모습과 가장 가깝지 아니한가?

6. 그는 또 악신을 부리는 자들과 마술사들을 제거했다(24절). 아마도 요시야는 마법을 행하는 자들을 죽인 것으로 보인다. 그렇게 함으로써 다른 사람들로 하여금 그러한 마귀적인 행습들에 접촉하지 못하도록 했다. 이 모든 일에 있어 그는 얼마 전에 발견한 책에 기록된 율법의 말씀에 따랐다(24절). 그는 그 율법을 자신의 법칙으로 삼고 모든 개혁의 기준으로 삼았다.

III. 요시야의 열정이 이스라엘의 여러 성읍들로 확장됨. 그 때 열 지파는 포로로 끌려갔으며, 앗수르 사람들은 이스라엘 땅에 충분히 뿌리내리지 못하고 있었다. 따라서 많은 성읍들은 스스로를 유다 왕의 보호 아래 두었던 것으로 보인다(대하 30:1; 34:6). 우리는 여기에서 요시야의 개혁이 이스라엘 열 지파의 땅에까지 확장되는 것을 보게 된다. 우리는 악을 제거하고 선을 증진하는 일에 우리의 영향력이 미치는 데까지 최선을 다해 노력해야 한다.

1. 요시야는 여로보암이 벧엘에 세운 제단을 헐고 그 곳에 있던 산당과 아세라 상을 불살랐다(15, 16절). 이미 금송아지는 없어진 것으로 보이지만(호 8:5, 사마리아여 네 송아지는 버려졌느니라), 그러나 그들이 우상을 섬기는 일에 사용했던 제단은 여전히 그 곳에 남아 있었다.

(1) 그는 그 제단을 더럽혔다(16절). 요시야는 거룩한 열정으로 우상 숭배의 터전을 샅샅이 수색했다. 그러는 가운데 산에서 무덤들을 발견했는데, 아마도 그것은 벧엘의 제단에서 시무(視務)하던 타락한 제사장들이 묻힌 무덤들이었던 것으로 보인다. 요시야는 그러한 무덤들을 열고 뼈를 취하여 그 제단 위에서 불살랐다. 이렇게 함으로써 그는 이미 장사된 벧엘의 제사장들에 대해 만일 그들이 살아 있었다면 자신이 어떻게 했을 것인가를 분명하게 나타냈다(20절). 이와 같이 그는 벧엘의 제단을 모독하고 더럽혔으며, 그것을 역겨운 것으로 만들었다. 예레미야는 우상 숭배자들에 대하여 그들의 뼈가 태양 아래에서 흩어지게 될 것이라고 경고했다(렘 8:1, 2). 예레미야가 경고한 것이나 여기에서 실행된 것은 모두 그러한 죄를 회개하지 않고 죽은 자들을 위해 준비된 사후의 형벌을 암시하는 것이었다. 뼈를 불사르는 것은 만일 그것이 전부라면 그다지 큰 형벌이 아닐 것이다. 그러나 민일 그것이 그들의 영혼이 불꽃 가운데 고통당하는 것을 의미하는 것이라면(눅 16:24), 그것은 너무도 두려운 것이다. 요시야의 이러한 행동은 돌연한 결심으로 말미암은 결과였던 것으로 보인다. 우연히 그는 스스로를 돌이켜 무덤들을 수색했다. 그러나 그것은 이미 350여년 전에, 즉 그 제단이 처음 건축될 때 예언된 것이었다(왕상 13:2, 다윗의 집에 요시야라 이름하는 아들을 낳으리니 그가 네 위에 분향하는 산당 제사장을 네 위에서 제물로 바칠 것이요 또 사람의 뼈를 네 위에서 사르리라). 우리에게 매우 우연한 일처럼 보이는 것이라 할지라도, 하나님은 항상 앞을 내다보시면서 종종 분명하게 예고하시곤 한다. 왕의 마음이 여호와의 손에 있음이 마치 봇물과 같아서 그가 임의로 인도하시느니라(잠 21:1). 요시야 왕의 마음이 이와 같아서 하나님이 그의 마음

을 인도하여 그 일을 행하도록 이끄셨다(설령 그 자신은 알지 못했을지라도, 아 6:12). 하나님이 하시는 일은 결코 땅에 떨어지지 않는다.

(2) 그는 그 제단을 헐었다. 요시야는 그 제단과 거기에 딸려 있는 모든 부속건물을 헐어버리고(15절), 불에 타는 물건들은 모두 불살라 버렸다. 세상에서 우상은 아무것도 아니므로 그는 그것을 불사르고 빻아 가루를 만들어 완전하게 소멸시켜 버렸다.

2. 요시야는 모든 산당 곧 사마리아 각 성읍에 있는 사탄의 회당들을 제거했다(19절). 이것들은 이스라엘 왕들이 세운 것인데, 하나님이 유다 왕 요시야를 세워 그것들을 제거하게 했다. 하나님이 그렇게 하신 것은 열 지파가 배반했던 다윗의 집을 존귀케 하기 위한 것이었다. 그리고 요시야는 제사장들을 그들 자신의 제단 위에서 죽여 제물로 삼았다(20절).

3. 요시야는 이것을 예언하기 위해 유다로부터 왔던 그 하나님의 사람의 무덤을 잘 보존시켰다. 그 하나님의 사람은 벧엘의 제단을 향하여 이 일을 선포했지만 그러나 여호와의 말씀에 불순종함으로 사자에게 물려 죽었던 선한 선지자였다. 그러나 그에 대한 당신의 노여움이 그의 죽음으로 끝났음을 보여주기 위해, 하나님은 주변의 모든 무덤들이 파헤쳐지는 가운데에서도 그의 무덤만은 온전히 보존되도록 이끄셨다(17, 18절). 이렇게 하여 그는 평안에 들어가 자신의 침상에서 편히 쉬게 되었다(사 57:2, 그들은 평안에 들어갔나니 바른 길로 가는 자들은 그들의 침상에서 편히 쉬리라). 그에게 거짓말을 했던 늙은 선지자는 그의 곁에 묻히기를 원했었는데, 아마도 그는 장차 일어날 일을 어느 정도 예견했던 것으로 보인다. 왜냐하면 그의 진토(塵土)는 그 하나님의 사람의 진토와 섞임으로써 그 덕분에 보존될 수 있었기 때문이었다. 민수기 23장 10절을 보라(야곱의 티끌을 누가 능히 세며 이스라엘 사분의 일을 누가 능히 셀고 나는 의인의 죽음을 죽기 원하며 나의 종말이 그와 같기를 바라노라).

IV. 이 모든 일 후에 요시야와 백성이 엄숙하게 유월절을 지킴. 오랜 누룩으로부터 나라를 깨끗하게 한 후 그들은 전심으로 유월절 절기를 지켰다. 예후는 바알 숭배를 진멸하기는 했지만 그러나 하나님의 명령과 규례를 지키는 데에는 별다른 관심을 기울이지 않았다. 그러나 요시야는 악을 제거하는 일뿐 아니라 선을 행하는 일에도 큰 관심을 기울였다. 악하고 혐오스러운 구습(舊習)을 멀리하는 길은 규정된 모든 규례들을 주의 깊게 지키는 것이다. 레위기 18

장 30절을 보라(너희는 내 명령을 지키고 너희가 들어가기 전에 행하던 가증한 풍속을 하나라도 따름으로 스스로 더럽히지 말라). 그리하여 요시야는 모든 백성들에게 유월절을 지키라고 명령했다. 그것은 애굽으로부터 구원받은 것을 기념하는 것일 뿐만 아니라 자신들을 건져 내신 하나님께 스스로를 봉헌하는 증표이기도 했다. 요시야는 이것이 율법책에 기록되어 있는 것을 발견했는데, 그 책은 여기에서 언약의 책으로 일컬어진다. 신적 권위에 따르면 우리는 하나님의 절대적인 명령 아래 있지만, 그러나 하나님은 신적 은혜에 따라 스스로를 낮추사 우리를 계약의 대상으로 여겨 주셨다(그러므로 여기에서 율법책이 언약의 책으로 일컬어지게 된 것이다). 여기에서 유월절을 지킨 것에 대한 설명은 히스기야 때에 지킨 유월절(대하 30장)만큼 상세하게 기록되지 않는다. 다만 총체적으로 사사시대 이래 이렇게 유월절을 지킨 적이 없었다고만 간략하게 언급될 뿐이다(22절). 이러한 언급은 비록 사사기가 이스라엘의 형편에 대해 우울한 이야기를 전해주고 있기는 하지만 그러나 그 때에도 일부 황금시대가 있었다는 사실을 암시한다. 요시야 때에 지켜진 유월절은 참여한 자들의 숫자와 열정 그리고 희생제사와 제물 그리고 유월절 규례의 엄격한 준수 등에 있어 매우 특별했다. 뿐만 아니라 그것은 히스기야 때에 지킨 유월절과도 달랐다. 왜냐하면 히스기야 때에는 많은 사람들이 성소의 정결규례에 따라 스스로를 정결하게 하지 않은 채 유월절에 참여했기 때문이다(뿐만 아니라 그 때에는 레위인들에게도 제사장의 일을 행하는 것이 허용되었다). 우리는 요시야의 남은 통치기간 동안에도 종교는 더욱 번성했을 것이며, 또한 여호와의 절기들도 계속해서 주의 깊게 지켜졌을 것이라고 추측할 수 있다. 그러나 그들을 가장 큰 기쁨과 만족으로 이끈 것은 역시 지금의 유월절이었다. 그들은 유월절을 지키는 가운데 하나님과의 언약의 갱신으로 말미암는 큰 즐거움을 누렸다. 그리고 하나님은 힘써 우상 숭배를 파괴한 그들의 열심에 대해 자신의 임재와 은총의 특별한 표증으로 보상해 주시기를 기뻐하셨다. 이 모든 일이 합력하여 그것이 매우 특별한 유월절이 되게 했다.

[25]요시야와 같이 마음을 다하며 뜻을 다하며 힘을 다하여 모세의 모든 율법을 따라 여호와께로 돌이킨 왕은 요시야 전에도 없었고 후에도 그와 같은 자가 없었더라 [26]그러나 여호와께서 유다를 향하여 내리신 그 크게 타오르는 진노를 돌이키지 아니

하셨으니 이는 므낫세가 여호와를 격노하게 한 그 모든 격노 때문이라 ²⁷여호와께서 이르시되 내가 이스라엘을 물리친 것 같이 유다도 내 앞에서 물리치며 내가 택한 이 성 예루살렘과 내 이름을 거기에 두리라 한 이 성전을 버리리라 하셨더라 ²⁸요시야의 남은 사적과 행한 모든 일은 유다 왕 역대지략에 기록되지 아니하였느냐 ²⁹요시야 당시에 애굽의 왕 바로 느고가 앗수르 왕을 치고자 하여 유브라데 강으로 올라가므로 요시야 왕이 맞서 나갔더니 애굽 왕이 요시야를 므깃도에서 만났을 때에 죽인지라 ³⁰신복들이 그의 시체를 병거에 싣고 므깃도에서 예루살렘으로 돌아와 그의 무덤에 장사하니 백성들이 요시야의 아들 여호아하스를 데려다가 그에게 기름을 붓고 그의 아버지를 대신하여 왕으로 삼았더라

본 단락을 읽을 때 우리는 다음과 같이 고백할 수밖에 없다. 여호와여 주의 의가 큰 산처럼 분명하고 명백하다 할지라도, 주의 판단은 깊은 바다처럼 헤아릴 수 없고 측량할 수 없나이다(시 36:6). 이에 대해 우리는 무슨 말을 할 것인가?

I. 요시야가 유다 열왕 중 가장 선한 왕 가운데 한 사람으로 인정됨(25절). 곤경 가운데 하나님을 믿고 의지하는데 있어 히스기야만한 사람이 없었다면 (18:5), 성실과 열정으로 개혁의 일을 수행하는데 있어서는 요시야만한 사람이 없었다.

1. 그는 자신의 열조가 굽게 만든 것들을 다시 여호와께로 돌이켰다. 참된 신앙은 하나님께로 돌이키는 것이다. 요시야는 자신의 나라까지도 하나님께로 돌이키고자 자신이 할 수 있는 모든 노력을 다했다.

2. 그는 마음과 뜻을 다하여 그 일을 행했다. 그는 그 일을 행함에 있어 올바른 마음과 올바른 목적을 가지고 있었다. 마음을 다하지 않은 일은 신앙에 별다른 유익을 가져다주지 못한다.

3. 그는 마음과 뜻뿐만 아니라 힘까지도 다하여 그 일을 행했다. 그는 굳은 의지와 용기와 결심으로 그 일을 행했다. 만일 그렇게 하지 않았다면 자신이 직면한 난관들을 돌파하지 못했을 것이었다. 마음과 힘을 다해 하나님을 위해 봉사할 때, 우리는 얼마나 위대한 일을 이룰 수 있겠는가?

4. 그는 모세의 모든 율법을 따라 그 일을 행했다. 그는 그 율법을 존귀히 여기며 엄격하게 준수했다. 열심을 내다보면 자칫 불법에 빠지는 경우가 종종 있는데, 그러나 그는 그렇게 하지 않고 철저히 율법의 규범을 따랐다.

Ⅱ. 이 모든 것에도 불구하고 요시야가 한창 때에 갑작스럽게 죽고 그의 나라가 몇 년 후 멸망을 당함. 이와 같은 개혁의 결과로 사람들은 그와 그의 나라에 번영과 영광이 가득하게 되었을 것으로 예상할 것이다. 그러나 정반대로 우리는 양자(그와 그의 나라) 모두에 불운이 닥치는 것을 보게 된다.

1. 유다는 개혁에도 불구하고 계속해서 멸망을 향해 치달았다. 하나님은 모든 개혁에도 불구하고 크게 타오르는 진노를 돌이키지 아니하셨다(26절). 하나님은 선지자를 통해 만일 멸망으로 작정된 민족이 악에서 돌이키면 자신도 형벌 내리는 것을 돌이키겠다고 분명하게 약속하셨다(렘 18:7, 8). 그러므로 우리는 요시야 시대의 유다 백성이 비록 왕의 권력에는 순복했다 할지라도 그러나 그것을 마음으로 받아들인 것은 아니었다고 결론 내려야만 한다. 그들은 강제로 돌이킨 것일 뿐이지 자발적으로 돌이킨 것은 아니었다. 그들은 계속해서 우상에 대한 애착을 가지고 있었다. 따라서 사람의 마음을 아시는 하나님은 유다도 이스라엘처럼 옮겨질 것이며 예루살렘은 버림을 당하게 될 것이란 자신의 선고(宣告)를 돌이키지 않으셨다(27절). 그러나 이러한 멸망조차도 그들을 실제적으로 개혁하기 위해 의도된 것이었다. 그러므로 우리는 그들이 죄의 분량을 채움으로 멸망을 향해 익었을 뿐만 아니라 동시에 그들의 병이 절박한 상태에 도달하여 비로소 치료의 때가 가까워졌다고 말해야만 한다.

2. 요시야는 한참 나이에 갑작스럽게 죽음을 맞이했다. 그것은 그 자신에게는 복이었다. 왜냐하면 그럼으로써 그는 자기 나라에 닥치고 있는 재앙을 보지 않을 수 있었기 때문이다. 그러나 그의 백성들에게는 큰 재앙이었다. 왜냐하면 그의 죽음은 그들의 멸망이 시작되는 출발점이었기 때문이다. 그 때 애굽 왕은 앗수르 왕과 더불어 전쟁을 벌이고 있었던 것으로 보인다. 그리고 유다는 둘 사이에 끼여 있었다. 이에 유다 왕 요시야는 애굽 왕에 맞섬으로써 그의 힘이 커지는 것을 저지하고자 생각했다. 왜냐하면 이 때 비록 애굽 왕이 자신은 유다를 칠 계획이 없다고 공언한다 할지라도 그러나 만일 그가 앗수르를 정복하여 통합한다면 유다조차도 곧 그의 수하에 들어갈 것이 분명했기 때문이었다. 그리하여 요시야는 그와 맞서기 위해 나갔고 첫 번째 전투에서 죽임을 당하고 말았다(29, 30절).

(1) 여기에서 우리는 요시야의 행동을 정당화할 수 없다. 그는 이 전쟁에 참가하라는 어떤 분명한 부르심도 받지 않았을 뿐만 아니라 이 문제와 관련하여

우림으로나 선지자를 통해 하나님의 뜻을 묻지도 않았다. 도대체 무엇 때문에 그가 앗수르 왕의 동맹군으로 행동해야 한단 말인가? 그가 악한 자를 돕고 여호와를 미워하는 자들을 사랑하는 것이 옳은가?(대하 19:2). 애굽과 앗수르가 서로 싸운다면, 그는 하나님이 이를 통해 그들의 힘을 피차 약화시킴으로써 자신과 자기 백성에게 유익을 가져다주실 것이라고 충분히 생각할 수 있었다. 어떤 이들은 그가 이 문제를 잘못 처리함으로써 평안히 무덤에 들어가게 될 것이라는 약속이 어떤 의미로 이루어지지 않았다고 생각한다. 하나님은 우리의 모든 길에서 우리를 지키겠다고 약속하셨다. 그러나 만일 우리가 우리의 길에서 떠난다면, 우리는 또한 하나님의 보호로부터도 우리 스스로를 떠나게 만드는 것이다. 그러나 나는 그 약속이 이루어졌다고 믿는다. 왜냐하면 그는 하나님께 대해서나 자신의 양심에 비추어 평안히 죽었으며, 또한 유다와 예루살렘이 갈대아 사람들에 의해 멸망을 당하는 것을 보지 않았기 때문이다. 그러면서도 나는 그러한 섭리를 그의 경솔함에 대한 하나님의 견책으로 이해한다.

(2) 여기에서 우리는 하나님의 의로우심을 찬미해야만 한다. 왜냐하면 지극히 값진 보화의 가치를 알지 못하며 감사할 줄 모르는 백성으로부터 그러한 보화를 빼앗는 것은 하나님의 정당한 공의이기 때문이다. 예레미야는 그의 죽음의 의미와 그것이 얼마나 두려운 징조인지를 백성들에게 가르쳤으며, 그의 가르침에 따라 백성들은 그의 죽음을 크게 슬퍼했다(대하 35:25). 그러나 그들은 그를 보내주신 하나님의 은총을 충분히 선용(善用)하지 못했다. 지금 하나님은 그를 데려가심으로써 그들에게 그러한 은총의 가치를 가르쳐 주고 계셨던 것이다.

³¹여호아하스가 왕이 될 때에 나이가 이십삼 세라 예루살렘에서 석 달간 다스리니라 그의 어머니의 이름은 하무달이라 립나 예레미야의 딸이더라 ³²여호아하스가 그의 조상들의 모든 행위대로 여호와 보시기에 악을 행하였더니 ³³바로 느고가 그를 하맛 땅 립나에 가두어 예루살렘에서 왕이 되지 못하게 하고 또 그 나라로 은 백 달란트와 금 한 달란트를 벌금으로 내게 하고 ³⁴바로 느고가 요시야의 아들 엘리아김을 그의 아버지 요시야를 대신하여 왕으로 삼고 그의 이름을 고쳐 여호야김이라 하고 여호아하스는 애굽으로 잡아갔더니 그가 거기서 죽으니라 ³⁵여호야김이 은과 금을 바로에게 주니라 그가 바로 느고의 명령대로 그에게 그 돈을 주기 위하여 나

라에 부과하되 백성들 각 사람의 힘대로 액수를 정하고 은금을 징수하였더라 [36]여호야김이 왕이 될 때에 나이가 이십오 세라 예루살렘에서 십일 년간 다스리니라 그의 어머니의 이름은 스비다라 루마 브다야의 딸이더라 [37]여호야김이 그의 조상들이 행한 모든 일을 따라서 여호와 보시기에 악을 행하였더라

요시야가 무덤에 들어간 이후로 예루살렘은 좋은 날을 보지 못했다. 완전한 멸망에 이르기까지의 22년 동안 각종 재난이 꼬리에 꼬리를 물고 이어졌다. 본 단락은 요시야의 두 아들의 통치에 대해 짤막하게 언급하는데, 우리는 여기에서 먼저 왕이 된 아들은 포로가 되고 이어 왕이 된 아들은 애굽 왕에게 조공을 바치는 자가 되는 것을 보게 된다. 두 왕은 왕이 된 직후부터 그러했다. 여기에 등장하는 애굽 왕은 요시야를 죽인 바로 그 왕이었다. 본래 그는 유다를 공격할 계획을 갖고 있지 않았다. 그러나 요시야가 자신에게 맞선 것으로 크게 격분하여 자신의 모든 병력을 유다로 돌린 것으로 보인다. 만일 요시야의 아들들이 아버지의 발자취를 따랐다면, 그렇게까지 비극적인 길로 가지는 않았을 것이다. 그러나 경건의 길을 벗어나 그릇된 길로 감으로써 그들은 결국 비참한 결말을 맞이하지 않을 수 없게 되었다.

I. 작은 아들 여호아하스가 먼저 백성들에 의해 왕이 됨. 백성들이 그에게 기름을 붓고 왕으로 삼은 것은 그의 형보다 그가 전쟁에 더 능할 것으로 여겨졌기 때문이었을 것이다. 백성들은 애굽 왕에 대항하여 선왕(先王)의 죽음을 복수하는 일에 그가 더 적격이라고 생각한 것으로 보인다. 아마도 백성들은 요시야의 개혁을 계속해서 추진하는 것보다 그의 죽음에 대해 복수하는 일에 더 갈급했던 것으로 보인다.

1. 여호아하스는 악하게 행했다(32절). 그는 훌륭한 교육과 선한 훈계를 받으며 자랐을 것이다. 그리고 우리는 많은 사람들이 그를 위해 기도했을 것이라고 추측할 수 있다. 그럼에도 불구하고 그는 여호와 보시기에 악을 행했다. 그는 그의 아버지가 살아 있는 동안에 이미 악을 행하기 시작했다. 왜냐하면 그의 통치기간은 불과 3개월에 불과했기 때문이었다(그가 악을 행했다는 것이 왕이 되기 전에는 선하게 행동하다가 왕이 되고 난 후 3개월 동안만 악하게 행동했다는 뜻은 아닐 것이다). 그는 그의 조상들의 모든 행위대로 악을 행했다. 그가 왕위에 앉아 있었던 기간은 매우 짧았다. 그럼에도 불구하고 그는 누구의 발자

취를 따르기로 결심했는지를 분명하게 나타냈다. 그러고 난 다음 그는 자신이 본받고자 결심한 자들의 모든 악을 따라 행동했다. 젊은이들에게 있어 누구를 모범으로 선택할 것인가 하는 문제는 너무도 중요하다. 이것을 잘못 선택하게 되면 그 결과는 너무도 치명적이다(빌 3:17, 형제들아 너희는 함께 나를 본받으라 그리고 너희가 우리를 본받은 것처럼 그와 같이 행하는 자들을 눈여겨 보라).

2. 그가 악을 행한 결과는 너무나 참혹했다. 그의 통치기간은 고작 3개월에 불과했으며, 이후 포로가 되어 유배지에서 살다가 그 곳에서 죽었다. 애굽 왕은 그를 붙잡아 결박한 후(33절) 분란을 일으키지 못하도록 애굽으로 끌고 갔으며, 그는 얼마 후 거기에서 죽었다(34절). 이 여호아하스가 에스겔이 이스라엘의 고관들을 위한 애가에서 말한 바로 그 젊은 사자이다. 그 사자는 먹이를 잡는 법과 사람을 삼키는 법을 배웠는데, 그것은 그가 여호와 보시기에 악을 행한 것을 의미하는 것이다. 그러나 열방이 듣고 함정으로 그를 잡아 갈고리로 꿰어 끌고 애굽 땅으로 데려갔다(겔 19:1-4). 이와 관련하여 예레미야 22장 10절부터 12절을 보라.

Ⅱ. 다른 아들 엘리아김이 애굽 왕에 의해 왕이 됨. 그는 여호아하스를 대신하여 왕이 되었다고 언급되지 않고 요시야를 대신하여 왕이 되었다고 언급된다(여호아하스의 통치기간은 너무도 짧아서 특별히 주목할 만한 가치가 별로 없었다). 지금까지 유다의 왕권은 항상 아버지에게서 아들로 계승되었다. 지금까지 형제에게 계승된 경우는 없었다. 아합의 집에서는 한 번 그런 경우가 있었지만, 그러나 다윗의 집에서는 지금까지 한 번도 그런 경우가 없었다. 그러나 지금 애굽 왕이 자신의 권력을 사용하여 엘리아김을 왕으로 세우고, 거기에 더하여 그의 이름까지 바꾸었다. 애굽 왕은 그를 여호와와 관련되는 이름인 여호야김으로 불렀는데, 이를 통해 우리는 애굽 왕이 그로 하여금 자기 나라의 종교를 버리도록 강요할 생각은 갖고 있지 않았다는 사실을 알 수 있다. "모든 백성들은 각자 자기 신의 이름으로 행할 것이니 그도 그렇게 할 것이라." 바벨론 왕도 이름을 바꾸어 준 적이 있었는데(단 1:7), 그러나 그는 애굽 왕처럼 하지 않았다(그는 천하의 모든 백성들로 하여금 자기가 세운 신상에게 절하도록 강요했다). 이 여호야김에 대해 우리는 여기에서 다음과 같은 이야기를 듣게 된다.

1. 그는 애굽 왕으로부터 100달란트의 은과 한 달란트의 금을 요구받았다

(33절). 그리하여 그는 백성들로부터 어렵게 징수하여 그만한 액수를 바로에게 주었다(35절). 전에는 이스라엘 백성들이 애굽 사람들을 노략했지만, 지금은 애굽 사람들이 이스라엘을 노략했다. 죄로 인해 어떤 변화가 일어나는지 보라.

2. 이로 인해 그는 크게 궁핍해졌다. 그러나 그는 이와 같은 곤경을 선용(善用)하지 못했다. 이와 같은 신적 섭리의 견책 아래 그는 마땅히 자신의 잘못을 깨닫고 스스로 겸비하면서 자신의 잘못을 바로잡았어야 했다. 그럼에도 불구하고 그는 여호와 보시기에 악을 행했으며(37절), 그로 인해 더 큰 심판을 스스로 자초했다. 작은 심판이 효과를 거두지 못할 때 하나님은 더 큰 심판을 보내신다.

제
— 24 —
장

개요

이제 예루살렘은 완전한 멸망을 향해 치닫고 있었다. 우리는 앞 장에서 여호야김이 애굽 왕에 의해 왕으로 세움 받은 것을 살펴보았다. 여기에서는 그와 관련한 이야기가 계속해서 이어지는데, 본 장의 내용은 다음과 같다. I. 여호야김이 바벨론 왕을 섬기는 가운데 그의 멍에를 벗어버리려고 시도하다가 혹독한 징벌을 당함(1-6절). 그리고 애굽 역시도 느부갓네살에게 정복을 당함(7절). II. 여호야김이 죽고 그의 아들 여호야긴이 왕이 됨, 그러나 불과 3개월 만에 그와 그의 모든 귀인들이 무조건 항복하고 바벨론에 포로로 끌려감(8-16절). III. 여호야긴에 이어 시드기야가 왕이 됨(17-20절). 그는 유다의 마지막 왕으로서 그의 때에 유다는 완전한 멸망을 당하게 되는데, 우리는 그에 대해 다음 장에서 살펴보게 될 것이다.

¹여호야김 시대에 바벨론의 왕 느부갓네살이 올라오매 여호야김이 삼 년간 섬기다가 돌아서 그를 배반하였더니 ²여호와께서 그의 종 선지자들을 통하여 하신 말씀과 같이 갈대아의 부대와 아람의 부대와 모압의 부대와 암몬 자손의 부대를 여호야김에게로 보내 유다를 쳐 멸하려 하시니 ³이 일이 유다에 임함은 곧 여호와의 말씀대로 그들을 자기 앞에서 물리치고자 하심이니 이는 므낫세의 지은 모든 죄 때문이며 ⁴또 그가 무죄한 자의 피를 흘려 그의 피가 예루살렘에 가득하게 하였음이라 여호와께서 사하시기를 즐겨하지 아니하시니라 ⁵여호야김의 남은 사적과 행한 모든 일은 유다 왕 역대지략에 기록되지 아니하였느냐 ⁶여호야김이 그의 조상들과 함께 자매 그의 아들 여호야긴이 대신하여 왕이 되니라 ⁷애굽 왕이 다시는 그 나라에서 나오지 못하였으니 이는 바벨론 왕이 애굽 강에서부터 유브라데 강까지 애굽 왕에게 속한 땅을 다 점령하였음이더라

우리는 여기에서 구약의 역사와 예언에서 매우 중요한 위치를 차지하는 한 인물에 대해 처음으로 접하게 된다. 그는 바벨론 왕 느부갓네살로서(1

절), 신상(神像) 가운데 금 머리에 해당하는 인물이다. 그는 강력한 군주였으며, 산 자의 땅에서 모든 용사들의 두려움인 자였다. 그럼에도 불구하고 만일 그가 예루살렘의 멸망과 유대인들을 포로로 끌고 가는 일에 관련되지 않았다면, 그의 이름은 결코 성경에 기록되지 않았을 것이다.

I. 유다 왕 여호야김이 그를 3년 동안 섬김(1절).　느부갓네살은 여호야김 4년에 바벨론의 왕이 되었다. 여호야김 8년에 느부갓네살은 그를 포로로 붙잡았으나 자신에게 충성을 바치는 조건으로 다시 풀어 주었다. 여호야김은 3년간 그 약속을 지키다가 돌이켜 그를 배반했다. 아마도 애굽 왕의 원조(援助)를 받을 것을 기대하며 그렇게 한 것으로 보인다. 만일 여호야김이 제대로 하나님을 섬겼다면, 바벨론 왕의 종이 되지는 않았을 것이다. 그러나 이렇게 하여 하나님은 그로 하여금 하나님을 섬기는 것과 세상 나라들을 섬기는 것 사이의 차이를 알게 하셨다(대하 12:8). 만일 그가 자신의 처지에 만족하면서 바벨론 왕과의 약속을 지켰다면, 그의 상태가 이처럼 참혹하게 되지는 않았을 것이다. 그러나 그렇게 하는 대신 그는 느부갓네살을 배반함으로써 더욱 처참한 상태로 떨어져버리고 말았다.

II. 느부갓네살이 여호야김을 응징하고자 대군을 보냄(2절).　그는 갈대아의 부대와 아람의 부대와 모압의 부대와 암몬 자손의 부대를 보냈는데, 이들은 모두 바벨론 왕에게 예속되어 있었던 나라들이었다. 뿐만 아니라 그들은 오랜 세월 하나님의 이스라엘에 대해 적의(敵意)를 품어왔던 나라들이었다. 그런데 본문은 바벨론 왕이 그들을 보냈다고 언급하지 않고 만왕의 왕께서 그렇게 했다고 언급한다: 여호와께서 이 모든 부대를 여호야김에게 보내(2절). 또 3절은 이렇게 언급한다: 이 일이 유다에 임함은 곧 여호와의 말씀대로 그들을 자기 앞에서 물리치고자 하심이니. 다시 말해서, 하나님의 명령 없이 느부갓네살의 명령만으로는 그렇게 될 수 없었다는 것이다. 스스로 알지 못하는 가운데 하나님의 계획에 수종드는 자들이 얼마나 많은가? 하나님이 유다로 하여금 이와 같은 고난에 떨어지도록 허락하신 데에는 다음과 같은 두 가지 뜻이 있었다.

1. 므낫세의 죄를 갚으심. 지금 하나님은 삼사 대까지 죄를 갚고 계셨다(출 20:5, 나를 미워하는 자의 죄를 갚되 아버지로부터 아들에게로 삼사 대까지 이르게 하거니와). 하나님이 그들을 찾아오시기에 앞서 그토록 오래 기다리신 것은 그 나라가 회개하는 것을 보시기 위함이었다. 그러나 요시야가 그들을 개혁시키

고자 그렇게 노력했음에도 불구하고 그들은 계속해서 마음을 완악하게 하면서 기회만 있으면 예전의 우상 숭배로 되돌아갈 준비를 하고 있었다. 지금 그들은 예전의 멍에로 다시 되돌아감으로써 예전에 경고된 심판을 스스로 불러들이고 있었다. 그리하여 하나님이 쌓으시고 곳간에 봉해 두셨던 것이 지금 다시 되살아나고 있었다(신 32:34; 욥 14:17). 지금 하나님은 예전에 경고하셨던 심판을 기억하사 유다를 당신 앞에서 옮기시고 계셨고, 그럼으로써 세상으로 하여금 시간이 죄책을 소멸시키지 못한다는 사실과 집행유예가 곧 용서는 아니라는 사실을 알게 하셨다. 이렇게 하여 하나님은 모든 사람들로 하여금 므낫세가 지은 모든 죄 특별히 그가 흘린 무죄한 자들의 피를 기억하게 하셨다. 우리는 그 피가 하나님의 증인들과 예배자들의 피였을 것으로 추측할 수 있는데, 하나님은 그 죄를 사하기를 즐겨하시지 않으셨다. 그렇다면 성령을 훼방한 죄 외에도 용서받을 수 없는 죄가 또 있단 말인가? 그러나 우리는 이것(죄 사함)이 이 땅에서의 형벌을 면제받는 것을 의미하는 것이란 사실을 기억해야 한다. 므낫세가 회개했을 때, 우리는 그의 모든 죄가 심지어 무죄한 자들의 피를 흘린 죄까지도 사해졌을 것이라고 생각할 수 있다. 그럼에도 불구하고 그것은 또한 국가적인 죄였기 때문에 여전히 국가적인 심판을 부르짖고 있었다. 아마도 그 일에 협력하며 선동했던 자들 가운데 일부는 지금까지 살아 있었을 것이다. 그리고 예레미야 22장 17절에 나타나는 것처럼 지금의 왕 역시 무죄한 자의 피를 흘린 죄책이 있었다. 살인의 죄가 얼마나 큰 소리로 또 얼마나 오랫동안 하늘을 향해 부르짖는지 주목하라. 우리는 지금의 죄뿐만 아니라 과거에 행해졌던 죄에 대하여까지도 국가적으로 회개하며 애곡할 필요가 있다.

2. 예언을 이루심. 그것은 여호와께서 그의 종 선지자들을 통하여 하신 말씀을 따른 것이었다. 하나님의 말씀이 땅에 떨어지는 것보다 차라리 유다가 하나님 앞에서 옮겨지는 것이, 아니 차라리 천지가 없어지는 것이 더 쉽다. 회개하지 않는 한 하나님의 경고는 분명히 이루어질 것이다.

III. 애굽 왕까지도 바벨론 왕에게 정복을 당함. 그럼으로써 애굽 땅의 상당 부분이 바벨론에게 점령을 당하게 되었다(7절). 애굽 왕이 유다를 압제한 것이 불과 얼마 전의 일이었다(23:33). 그러나 지금은 그 자신이 몰락하여 동맹국을 돕는 것은 고사하고 자신의 빼앗긴 땅조차도 되찾을 힘이 없었다. 그는 자신의 나라에서 다시는 나오지 못했다. 얼마 후 그는 시드기야를 돕고자 시도했지만, 그러나 되돌아가지 않을 수 없었다(렘 37:7).

Ⅳ. 여호야김이 한창 나이에 죽음(6절).   그가 그렇게 된 것은 아마도 자신의 나라가 황폐화되는 것과 자신도 적의 손에 떨어지게 된 것을 보면서 극도로 낙망했기 때문이었던 것으로 보인다. 여호야김이 그의 조상들과 함께 자매. 그러나 그가 그의 조상들과 함께 매장되었다고는 언급되지 않는데, 그것은 그가 애곡을 받지 못하고 마치 나귀처럼 매장될 것이며(렘 22:18, 19) 또한 그의 시체는 버려지게 될 것이라는(렘 36:30) 예레미야의 예언이 필경 성취되었을 것이기 때문이다.

[8]여호야긴이 왕이 될 때에 나이가 십팔 세라 예루살렘에서 석 달간 다스리니라 그의 어머니의 이름은 느후스다요 예루살렘 엘라단의 딸이더라 [9]여호야긴이 그의 아버지의 모든 행위를 따라서 여호와께서 보시기에 악을 행하였더라 [10]그 때에 바벨론의 왕 느부갓네살의 신복들이 예루살렘에 올라와서 그 성을 에워싸니라 [11]그의 신복들이 에워쌀 때에 바벨론의 왕 느부갓네살도 그 성에 이르니 [12]유다의 왕 여호야긴이 그의 어머니와 신복과 지도자들과 내시들과 함께 바벨론 왕에게 나아가매 왕이 잡으니 때는 바벨론의 왕 여덟째 해이라 [13]그가 여호와의 성전의 모든 보물과 왕궁 보물을 집어내고 또 이스라엘의 왕 솔로몬이 만든 것 곧 여호와의 성전의 금 그릇을 다 파괴하였으니 여호와의 말씀과 같이 되었더라 [14]그가 또 예루살렘의 모든 백성과 모든 지도자와 모든 용사 만 명과 모든 장인과 대장장이를 사로잡아 가매 비천한 자 외에는 그 땅에 남은 자가 없었더라 [15]그가 여호야긴을 바벨론으로 사로잡아 가고 왕의 어머니와 왕의 아내들과 내시들과 나라에 권세 있는 지도 예루살렘에서 바벨론으로 사로잡아 가고 [16]또 용사 칠천 명과 장인과 대장장이 천 명 곧 용감하여 싸움을 할 만한 모든 자들을 바벨론 왕이 바벨론으로 사로잡아 가고 [17]바벨론 왕이 또 여호야긴의 숙부 맛다니야를 대신하여 왕으로 삼고 그의 이름을 고쳐 시드기야라 하였더라 [18]시드기야가 왕이 될 때에 나이가 이십일 세라 예루살렘에서 십일 년간 다스리니라 그의 어머니의 이름은 하무달이요 립나인 예레미야의 딸이더라 [19]그가 여호야김의 모든 행위를 따라 여호와 보시기에 악을 행한지라 [20]여호와께서 예루살렘과 유다를 진노하심이 그들을 그 앞에서 쫓아내실 때까지 이르렀더라 시드기야가 바벨론 왕을 배반하니라

본 단락은 마땅히 여호야긴 왕의 통치가 서술되는 부분이었어야 했다. 그러나 슬프게도 본 단락이 서술하는 것은 단지 그가 포로로 잡히는 이야기뿐이다. 그는 왕관을 제대로 써보지도 못한 채 잃어버리는 치욕을 당하고 말았다.

I. 그의 통치는 너무도 짧았다. 그는 고작 3달 동안 통치하고 바벨론으로 포로로 끌려갔다. 만일 선왕(先王)인 여호야김이 조금만 더 오래 살았더라도 바로 그가 그와 같은 일을 당하게 되었을 것이다. 여호야긴처럼 몰락하는 왕가의 젊은 통치자는 얼마나 불행한가! 또 여호야김처럼 아들로 하여금 자기를 대신해서 고통 받게 하고 또 물려줄 것이라곤 고작 괴로움밖에 없는 자는 얼마나 비정한 아버지인가! 그러나 비록 3개월밖에 통치하지 못했다 할지라도 그러한 3개월은 그가 엄중한 징벌을 받기에 마땅하다는 사실을 보여주기에는 충분한 기간이었다. 왜냐하면 그는 조상들의 모든 악을 따라 행했기 때문이었다(9절): 그의 조상들처럼 그가 여호와께서 보시기에 악을 행하였더라. 그는 저주가 상속되는 것을 끊고 왕권에 장애가 되는 것을 제거하기 위해 아무 일도 하지 않았다. 그리하여 그는 자신의 죄와 함께 조상들의 죄에 대해 셈을 치르게 되었다.

II. 그가 왕위에 오르자마자 시작된 재앙은 너무도 참혹했다. 그러한 재앙은 그와 그의 가족과 백성 모두에게 임했다.

1. 예루살렘은 바벨론 왕에 의해 포위를 당했다(10, 11절). 그는 유다를 황폐화시키기 위해 자신의 군대를 보냈었다(2절). 그런데 지금은 자신이 직접 와서 예루살렘을 포위했는데, 이렇게 하여 하나님의 말씀이 이루어졌다(신 28:49 이하): 여호와께서 멀리 땅 끝에서 한 민족을 너를 치러 오게 하시리니 그가 네 토지의 소산을 먹을 것이며 네 모든 성읍을 에워쌀 것이라.

2. 이에 여호야긴은 즉시 무조건 항복했다. 바벨론 왕이 직접 왔다는 말을 듣자(당시 그의 이름은 모두에게 엄청난 두려움을 주는 이름이었다), 여호야긴은 협상을 벌이고자 그에게 나아갔다(12절). 만일 그가 하나님과 평화하면서 이와 비슷한 상황에서 히스기야가 취했던 방법을 사용했다면, 그는 바벨론 왕을 그토록 두려워할 필요가 없었을 것이다. 그렇게 했더라면 하나가 천을 쫓았을 것이며, 그들에 대해 승리를 거둠으로써 자신의 명예를 지킬 수 있었을 것이었다. 그러나 그에게는 이스라엘 백성으로서의 믿음과 경건이 없었다. 그럼으로써 그는 또한 한 인간으로서 군인으로서 그리고 왕으로서의 과감한 정신

도 갖고 있지 못했다. 그리하여 그와 그의 왕가(王家)와 그의 어머니와 아내들과 그의 종들과 고관들이 스스로를 포로로 내어주고 말았다. 이것이 그들이 죄의 종이 된 결과였다.

3. 느부갓네살은 성전과 왕궁의 모든 보물을 약탈하여 가져갔다(13절). 이렇게 하여 이사야를 통한 하나님의 말씀이 이루어졌다(20:17): 왕궁의 모든 것이 바벨론으로 옮긴 바 되고 하나도 남지 아니할 것이요. 솔로몬이 여분으로 비축해 두기 위해 만들었던 성전의 그릇들까지 그는 파괴시켰다. 그러나 다 파괴시켜 버리지는 않고 일부는 자신이 쓰기위해 바벨론으로 가져간 것으로 보인다. 왜냐하면 우리는 나중에 벨사살이 그러한 그릇들로 술을 마시는 것을 보게 되기 때문이다(단 5:2, 3).

4. 그는 많은 사람들을 포로로 끌고 갔다. 그렇게 한 것은 유다의 힘을 약화시킴으로써 반란을 막고 그 땅을 효과적으로 지배하기 위함이었다. 또 많은 사람들을 데려감으로써 자신들의 노동력을 더욱 풍부하게 할 수 있을 것이었다. 8년 전 즉 느부갓네살 1년이면서 여호야김 3년에도 포로로 끌려간 사람들이 있었는데, 그들 가운데 다니엘과 세 친구들이 있었다. 다니엘 1장 1절과 6절을 보라. 느부갓네살은 그것이 매우 유익하며 효과적인 정책임을 알게 되었고, 그래서 또다시 많은 사람들을 포로로 끌고 간 것이었다. 그가 끌고 간 자들은 다음과 같았다.

(1) 왕과 왕의 가족들(15절). 여호야긴은 바벨론에서 37년 동안이나 죄수로서 옥에 갇혀 있었다(25:27-29).

(2) 고관과 관료 등 모든 지도자들. 그들의 재물은 그들 자신에게 해가 되고 말았으며(전 5:13), 적들로 하여금 그들을 먼저 먹잇감으로 삼도록 유혹했다.

(3) 모든 용사들. 그들은 용사들이었으며(14절), 나라에 권세 있는 자들이었으며(15절), 용감하여 싸움을 할 만한 모든 자들(16절)이었다. 이들 역시도 스스로를 지킬 수 없었다. 정복자는 그들로 하여금 그들 자신의 나라를 지키도록 허락하지 않고 자기 마음대로 부리기 위해 그들을 포로로 끌고 갔다.

(4) 모든 장인과 대장장이들. 이들은 전쟁무기를 만드는 자들이었다. 느부갓네살은 이들을 데려감으로써 효과적으로 예루살렘을 무장해제시켰는데, 이것은 과거에 블레셋이 사용했던 정책이었다(삼상 13:19). 에스겔 선지자와 모르드개가 끌려간 것은 바로 이 때였다(겔 1:1, 2; 에 2:6). 여기의 여호야긴은 여

고냐로도 불렸으며(대상 3:16), 어떤 곳에서는 경멸적인 어투로 고니야로 불리기도 했다(그가 포로로 끌려갈 것을 예언하는 렘 22:24 같은 곳에서).

Ⅲ. 바벨론 왕은 그를 대신하여 그의 숙부를 왕으로 세웠다.　하나님은 그가 자식이 없을 것이라고 말씀하셨으며(렘 22:30), 따라서 그의 숙부가 왕이 되었다. 바벨론 왕은 요시야의 아들 맛다니야를 왕으로 세웠는데, 그가 자신의 꼭두각시임을 모든 세상으로 알게 하기 위해 그의 이름을 시드기야로 바꾸었다(17절). 때때로 하나님은 백성들을 꾸짖으시면서 그들이 왕들을 세웠으나 내게서 난 것이 아니라고 말씀하시곤 하셨다(호 8:4). 이제 그에 대해 징벌로 바벨론 왕이 그들의 왕들을 세울 것이었다. 하나님의 권위를 대적하는 일에 자신들의 자유를 사용하는 자들은 결국 그러한 자유를 빼앗기게 될 것이다. 이 시드기야는 유다의 마지막 왕이었다. 바벨론 왕이 그에게 붙여준 이름의 뜻은 '여호와의 공의'인데, 그것은 유다의 멸망으로 하나님의 공의가 분명하게 드러날 것을 보여주는 전조(前兆)였다.

　1. 이 시드기야가 얼마나 불신앙적이었는지 보라. 3대에 걸친 선왕들(즉 여호야긴과 여호야김과 여호아하스)에 대한 하나님의 심판은 그로 하여금 그들의 전철을 밟지 말 것을 교훈하는 분명한 경고였다. 그럼에도 불구하고 그는 그들과 마찬가지로 여호와 보시기에 악을 행했다(19절).

　2. 그가 얼마나 어리석었는지 보라. 그는 너무나 어리석게도 **바벨론을 배반**했다(20절). 그렇게 함으로써 바벨론 왕을 극도로 격노케 했는데, 지금 느부갓네살은 그가 도저히 맞설 수 없는 상대였다. 만일 배반하지 않았다면 느부갓네살은 그를 조공국의 군주로서 계속해서 보호해 주었을 것이다. 이것은 그가 할 수 있는 가장 어리석은 일이었으며, 결국 그의 나라의 멸망을 재촉했다. 이것은 하나님의 진노로 말미암은 것이었다(지금 하나님의 진노는 자기 백성을 자기 앞에서 쫓아내실 정도까지 이르렀다). 나라의 운명을 책임진 자들이 어리석은 판단을 하여 나라를 그르칠 때, 우리는 그 안에서 하나님의 진노를 볼 수 있어야 한다. 하나님이 충성된 사람들의 말을 물리치시며 늙은 자들의 판단을 빼앗으시며(욥 12:20) 그들 앞에서 평안에 속한 것을 가리시는 것은 바로 백성들의 죄 때문이다. 하나님은 멸하고자 작정하신 자들을 먼저 얼빠지게 만든다.

제
— 25 —
장

개요

다윗의 시대 이래 예루살렘은 세상에 널리 알려진 장소로서 그 터가 아름답고 온 땅의 기쁨인 성읍이었다. 시편이 남아있는 한 그 이름은 영원히 위대한 이름으로 울려 퍼질 것이다. 신약에서도 우리는 예루살렘에 대해 많이 읽게 되는데, 특별히 여기에서처럼 그것의 멸망과 관련하여 그러하다. 또한 성경 끝 부분에서 우리는 새 예루살렘에 대해 읽게 되는데, 이와 같이 예루살렘은 우리에게 너무나 중요한 위치를 차지한다. 본 장의 내용은 다음과 같다. I. 갈대아인들에 의한 예루살렘의 완전한 멸망. 1. 예루살렘이 포위되고 함락됨(1-4절). 2. 예루살렘이 불탐(8, 9절). 3. 성벽이 허물어짐(10절). 4. 예루살렘의 주민들이 포로로 끌려감(11, 12절). 예루살렘의 영광은 첫째로 그것이 '다윗의 집의 보좌가 놓인' 왕도였기 때문이었다. 그러나 이제 그 영광은 떠났다. 왕은 가장 비참한 포로가 되었고, 왕손은 끊어졌으며(5-7절), 주요 대신들은 죽임을 당했다(18-21절). 예루살렘의 영광은 둘째로 그것이 거룩한 도성이었기 때문이었다. 그러나 이제 그 영광 또한 떠났다. 솔로몬 성전은 불타 재가 되었으며(9절), 남아 있던 모든 거룩한 그릇들은 바벨론으로 옮겨졌다(13-17절). 이와 같이 예루살렘은 과부처럼 되었다(애 1:1). 이가봇 — 영광이 어디에 있는가? II. 그달리야의 치하에 유다에 남아 있던 자들의 혼란과 분산(22-26절). III. 포로로 끌려가 있던 여호야긴 왕이 37년간의 투옥 후 은총을 입음(27-30절).

[1]시드기야 제구년 열째 달 십일에 바벨론의 왕 느부갓네살이 그의 모든 군대를 거느리고 예루살렘을 치러 올라와서 그 성에 대하여 진을 치고 주위에 토성을 쌓으매 [2]그 성이 시드기야 왕 제십일년까지 포위되었더라 [3]그 해 넷째 달 구일에 성 중에 기근이 심하여 그 땅 백성의 양식이 떨어졌더라 [4]그 성벽이 파괴되매 모든 군사가 밤중에 두 성벽 사이 왕의 동산 곁문 길로 도망하여 갈대아인들이 그 성읍을 에워쌌으므로 그가 아라바 길로 가더니 [5]갈대아 군대가 그 왕을 뒤쫓아가서 여리고 평지에서 그를 따라 잡으매 왕의 모든 군대가 그를 떠나 흩어진지라 [6]그들이 왕을 사로잡아 그를 립나에 있는 바벨론 왕에게로 끌고 가매 그들이 그를 심문하니라 [7]

그들이 시드기야의 아들들을 그의 눈앞에서 죽이고 시드기야의 두 눈을 빼고 놋 사슬로 그를 결박하여 바벨론으로 끌고 갔더라

앞 장은 시드기야가 바벨론 왕을 배반했다는 언급과 함께 끝났다(24:20). 그는 어리석게도 아무런 가능성도 없는 상황에서 느부갓네살의 멍에를 벗어버리고자 도모했다. 뿐만 아니라 그는 하나님은 자기편으로 삼는 올바른 방법을 취하지도 않았다. 이제 여기에서 우리는 그러한 어리석은 시도로 말미암은 치명적인 결과를 보게 된다.

I. 바벨론 왕의 군대가 예루살렘을 포위함(1절). 나라 전체가 이미 그들의 점령 아래 있는데 무엇이 그들을 막을 수 있겠는가? 그들은 예루살렘 주위에 토성을 쌓았다. 그와 같은 전술을 사용하여 그들은 예루살렘을 봉쇄하고 생존에 꼭 필요한 것들을 완전하게 차단시킴으로써 그 성읍을 죽음으로 몰아넣었다. 전에는 하나님의 은총이 방패처럼 예루살렘을 둘러싸고 있었지만, 그러나 이제는 그들을 보호하는 것이 떠남으로 그들의 원수가 그들을 둘러쌌다. 죄로 말미암아 하나님을 격노케 하여 떠나게 하는 자들은 결국 무수한 적들이 자신들을 둘러싸는 것을 발견하게 될 것이다. 이러한 포위는 2년 동안 계속되었다. 처음에는 애굽 왕을 두려워하여 잠깐 동안 물러난 적이 있었지만(렘 37:11), 그러나 그가 생각만큼 강하지는 않다는 사실을 알고는 예루살렘을 완전히 정복하기 전에는 결코 떠나지 않겠다는 굳은 결의와 함께 즉시 되돌아왔다.

II. 포위 중에 기근까지 덮침(3절). 그리하여 오랫동안 그들은 근심 가운데 떡을 달아 먹었다(겔 4:16). 이와 같이 그들은 과도하게 탐식한 것에 대해 징벌을 받았다. 마침내 그 땅 백성들을 위한 즉 일반 백성들과 병사들을 위한 양식이 떨어지게 되었으며, 그리하여 그들은 기운이 떨어지고 사기도 떨어지게 되었다. 이제 그들은 양식이 없음으로 자기 자녀를 잡아먹는 지경까지 이르렀다. 이 일이 한 선지자에 의해 예언되고(겔 5:10) 다른 선지자에 의해 애곡된 것을 보라(애 4:3 이하). 이 때 예레미야가 왕에게 항복할 것을 진심으로 설득했지만(렘 38:17), 그러나 그의 마음은 이미 멸망으로 굳어진 상태였다.

III. 마침내 예루살렘이 함락됨. 그 성벽이 파괴되매(4절). 바벨론 군대는 성벽을 파괴하고 성 안으로 들어갈 길을 만들었다. 이에 그들은 더 이상 침략자들을 막을 수 없음을 깨닫고 성읍을 내버려둔 채 허겁지겁 도망쳤다. 이 때 바

벨론 군대는 그들의 완강한 저항에 격분하여 틀림없이 많은 병사들을 죽였을 것이다.

IV. 왕과 왕족들과 대신들이 밤중에 도망침. 그들은 침략자들이 알지 못하는 비밀통로로 성을 빠져 나갔다(4절). 그러나 하나님의 심판에 대항하여 싸우는 자들과 마찬가지로 그것을 피할 수 있다고 생각하는 자들 역시 스스로를 속이는 자들이다. 하나님의 심판으로부터 도망치는 자의 발은 그것에 대항하여 싸우는 자의 손처럼 필경 실패하고 말 것이다. 하나님은 심판하실 때 반드시 이길 것이다. 유다의 왕이 도망쳤다는 정보가 갈대아 인들에게 전달되었으며, 그들은 즉시 추격하여 그를 붙잡았다(5절). 왕을 호위하던 군대는 뿔뿔이 흩어졌으며, 모든 사람들은 각자 자기 목숨을 지키느라 허둥댔다. 만일 그가 스스로를 하나님의 보호 아래 두었다면, 그는 지금 이렇게까지 절박한 상황에 빠지지는 않았을 것이다. 결국 그는 적들의 손에 떨어졌으며, 우리는 여기에서 그들이 그에게 어떻게 했는지를 듣게 된다.

1. 그는 바벨론 왕에게 끌려갔다. 그리고 충성을 맹세해 놓고 배반한 것에 대해 엄중한 심문을 받았다. 이에 대해 하나님과 사람이 그와 더불어 다투었다. 에스겔 17장 16절 이하를 보라. 그 때 바벨론 왕은 립나에 있었는데, 그 곳은 유다와 바벨론 사이에 있는 장소였다. 그가 립나에 있었던 것은 한편으로는 고국에 있는 자신의 왕궁에 명령을 내리고, 또 한편으로는 전선(戰線)에 나가 있는 군대에게 명령을 내리기 위함이었다.

2. 그의 아들들이 그의 눈앞에서 죽임을 당했다. 이런 끔찍한 광경을 그는 자신의 눈으로 지켜봐야만 했다. 그의 아들들을 죽임으로써 그들은 그의 어리석음에 대한 자신들의 분개를 나타냈으며, 그뿐만 아니라 그에게 속한 자는 누구도 믿을 수 없으며 따라서 죽임을 당하기에 합당하다는 사실을 확실하게 보여 주었다.

3. 그의 두 눈이 뽑혔다. 이렇게 하여 그는 모든 사람 심지어 고통과 괴로움 가운데 있는 자들에게도 주어지는 보편적인 위로인 햇빛을 박탈당하고 말았다. 뿐만 아니라 이제 그는 아무 일도 할 수 없는 존재가 되고 말았다. 그는 모욕당하는 것을 두려워하여 항복하라는 권고를 받아들이지 않았다(렘 38:19). 그러나 그가 두려워하던 것이 그에게 임했으며, 그로 인해 그의 괴로움은 필경 크게 더해졌을 것이다. 왜냐하면 귀머거리가 모든 사람들이 자신에 대해 수군

거린다고 의심하는 것처럼 소경은 모든 사람들이 자신을 비웃는다고 의심하기 때문이다. 이렇게 하여 서로 모순되는 것처럼 보이는 두 예언이 모두 이루어졌다. 예레미야는 시드기야가 바벨론에 끌려갈 것이라고 예언한 반면(렘 32:5; 34:3), 에스겔은 그가 바벨론을 보지 못할 것이라고 예언했다(겔 12:13). 그는 바벨론으로 끌려갔지만, 그러나 그의 두 눈이 뽑힘으로 그 도성을 보지 못했다. 이렇게 하여 그의 날은 그의 생명이 끝나기 전에 끝나고 말았다.

4. 그는 놋 사슬에 결박되어 바벨론으로 끌려갔다. 이미 소경이 된 그를 또다시 결박할 필요는 없었다(왜냐하면 그의 소경됨 자체가 이미 그를 결박했기 때문이었다). 그러나 그를 더욱 치욕스럽게 하기 위해 그들은 그를 결박한 채 끌고 갔다. 일반적인 죄수들은 보통 쇠 사슬에 결박되는 법이지만(시 105:18; 107:10), 그러나 그는 왕이었으므로 놋 사슬에 결박되었다. 그러나 결박하고 있는 금속이 좀 더 값비싸고 가벼운 것이라 하여 그것이 무슨 위안이 되겠는가? 불법의 줄에 매였던 자가 이와 같이 환난의 줄에 매이는 것은 조금도 이상한 일이 아니다.

[8]바벨론 왕 느부갓네살의 열아홉째 해 오월 칠일에 바벨론 왕의 신복 시위대장 느부사라단이 예루살렘에 이르러 [9]여호와의 성전과 왕궁을 불사르고 예루살렘의 모든 집을 귀인의 집까지 불살랐으며 [10]시위대장에게 속한 갈대아 온 군대가 예루살렘 주위의 성벽을 헐었으며 [11]성 중에 남아 있는 백성과 바벨론 왕에게 항복한 자들과 무리 중 남은 자는 시위대장 느부사라단이 모두 사로잡아 가고 [12]시위대장이 그 땅의 비천한 자를 남겨 두어 포도원을 다스리는 자와 농부가 되게 하였더라 [13]갈대아 사람이 또 여호와의 성전의 두 놋 기둥과 받침들과 여호와의 성전의 놋 바다를 깨뜨려 그 놋을 바벨론으로 가져가고 [14]또 가마들과 부삽들과 부집게들과 숟가락들과 섬길 때에 쓰는 모든 놋그릇을 다 가져갔으며 [15]시위대장이 또 불 옮기는 그릇들과 주발들 곧 금으로 만든 것이나 은으로 만든 것이나 모두 가져갔으며 [16]또 솔로몬이 여호와의 성전을 위하여 만든 두 기둥과 한 바다와 받침들을 가져갔는데 이 모든 기구의 놋 무게를 헤아릴 수 없었으니 [17]그 한 기둥은 높이가 열여덟 규빗이요 그 꼭대기에 놋 머리가 있어 높이가 세 규빗이요 그 머리에 둘린 그물과 석류가 다 놋이라 다른 기둥의 장식과 그물도 이와 같았더라 [18]시위대장이 대제사장 스라야와 부제사장 스바냐와 성전 문지기 세 사람을 사로잡고 [19]또 성 중에서 사람을 사로잡

았으니 곧 군사를 거느린 내시 한 사람과 또 성 중에서 만난 바 왕의 시종 다섯 사람과 백성을 징집하는 장관의 서기관 한 사람과 성 중에서 만난 바 백성 육십 명이라 [20]시위대장 느부사라단이 그들을 사로잡아 가지고 립나 바벨론 왕에게 나아가매 [21]바벨론 왕이 하맛 땅 립나에서 다 쳐죽였더라 이와 같이 유다가 사로잡혀 본토에서 떠났더라

우리는 갈대아 군대가 그토록 완강하게 저항한 예루살렘에 대해 크게 분개했을 것이라고 쉽게 예상할 수 있다. 그럼에도 불구하고 그들은 성읍을 점령하지마자 즉시로 모든 것을 진멸하는 일에 착수하지 않았다(이와 같은 상황에서 곧바로 불을 지르고 닥치는 대로 살육하는 것은 너무도 흔한 일이다). 그렇게 하는 대신 느부갓네살은 대략 한 달 후에 예루살렘을 완전히 진멸하라는 명령과 함께 느부사라단을 보냈다(3절과 8절을 비교하라). 이러한 기간은 하나님이 그들에게 마지막으로 주신 회개의 기회였지만, 결국 헛되이 지나가고 말았다. 그들의 마음은 (나타난 대로 볼 때) 여전히 완악했으며, 그리하여 마침내 심판의 날은 오고야 말았다.

1. 성전과 모든 성읍이 불탔다(9절). 바벨론 왕이 사람들을 예루살렘으로 이주시킬 계획을 가지고 있었는지 여부는 분명치 않다. 어쨌든 그는 예루살렘을 반역자들의 소굴로 간주하면서 그것을 잿더미로 만들라고 명령했다. 왕궁과 귀인들의 집이 불타는 것이야 그다지 놀랄 일이 아닐 것이다. 그러나 그러한 불길에 거룩하고 아름다운(사 64:11) 여호와의 성전이 불타는 것은 얼마나 놀랄 일인가? 그것은 다윗이 준비하고 솔로몬이 건축한 전이 아닌가? 그 전(殿)에 하나님의 눈과 마음이 영원히 함께하고 있지 않은가?(왕상 9:3). 이러한 불길 가운데 마치 타다 남은 나무처럼이라도 꺼내어질 수 있지 않겠는가? 그렇지 않다. 비록 성전이라 할지라도 하나님의 심판의 불길로부터 면제되지 않았다. 이러한 웅장한 구조물은 잿더미로 변해야만 했으며, 아마도 그 안에서 언약궤도 그렇게 되었을 것이다. 갈대아인들은 블레셋 사람들이 언약궤를 잘못 다루다가 큰 대가를 치른 사실을 듣고 감히 그것을 탈취하려고 하지 않았을 것이다. 뿐만 아니라 유대인 가운데 어느 누구도 언약궤를 보존하지 못한 것으로 여겨진다. 왜냐하면 두 번째 성전이 건축될 때에조차 우리는 언약궤에 대해 아무 말도 듣지 못하기 때문이다(만일 그 때 언약궤가 보존되었다면 우리는 그에 대해

어떤 형태로라도 다시 들을 기회가 있었을 것이다). 한편 위경(僞經) 가운데 하나에서 우리는 예레미야 선지자가 성전으로부터 언약궤를 가져다가 요단 건너편 느보 산의 한 동굴 속에 감추었다는 이야기를 듣는다(마카베오후서 2:4, 5). 그러나 그것은 불가능하다. 왜냐하면 그 때 예레미야는 옥에 갇혀 있었기 때문이었다. 성전이 잿더미가 되는 것을 통해 하나님은 경건의 능력이 무시될 때 외적으로 화려하고 웅장한 건물 따위는 아무것도 아니라는 사실을 분명하게 보여주셨다. 사람들은 마치 성전이 자신들을 지켜주는 양 그것을 믿었지만(렘 7:4), 그러나 하나님은 그들이 성전을 더럽힐 때 그것은 단지 헛된 피난처 외에는 아무것도 아니라는 사실을 분명히 보여주셨다. 성전은 대략 420년 동안 서 있었다(어떤 이들은 430년이라고 말하기도 한다). 이제 백성들은 성전과 관련한 약속들을 잃어버렸지만, 그러나 그러한 약속들은 하나님의 영구한 안식처인 복음 성전(gospel-temple)과 관련하여 이해되어야만 한다. 갈대아인들에 의해 첫째 성전이 불탄 것과 동일한 날에 로마인들에 의해 둘째 성전이 불탄 것은 매우 주목할 만하다. 요세푸스는 두 날 모두 8월 10일이었다고 말한다.

2. 예루살렘 성벽이 허물어졌다(10절). 그들은 자신들을 그토록 오랫동안 가로막고 있던 성벽에 대해 복수라는 하는 양, 그렇지는 않다 하더라도 최소한 또다시 이와 같은 일이 발생되는 것을 막기 위해 성벽을 헐어버렸다. 죄는 사람들로 하여금 성벽을 허물고 그들을 보호하는 것을 빼앗는다. 이러한 성벽은 느헤미야 때까지 보수(補修)되지 못한 채 계속 방치되어 있었다.

3. 남아 있는 백성들은 바벨론에 포로로 끌려갔다(11절). 대부분의 백성들은 칼이나 기근으로 죽었든지 아니면 왕이 도망치던 날 뿔뿔이 흩어졌다(5절, 모든 군대가 그를 떠나 흩어진지라). 그리하여 그 땅에는 극소수의 사람들만 남아 있었으며, 따라서 이 때 포로로 끌려간 자들은 고작 832명에 불과했다(렘 52:29). 이렇게 하여 그 땅에는 가난하고 비천한 자들만 남아 갈대아인들을 위해 땅을 갈고 포도원을 가꾸게 되었다(12절). 때로 가난이 축복이 되기도 한다. 왜냐하면 아무것도 갖지 못한 자는 아무것도 잃을 것이 없기 때문이다. 가난한 자들을 업신여겼던 부유한 유다 사람들이 원수의 나라에서 이방인과 죄수가 되었을 때, 무시와 업신여김을 당했던 가난한 자들은 자신의 나라에서 자유와 평안을 누렸다. 이와 같이 신적 섭리는 때로 오만한 자들을 겸비케 하고, 비천

한 자들에게 은총을 베푼다.

4. 각종 놋그릇과 기타 성전의 기구들이 옮겨졌다. 하나님의 전의 힘과 위용을 나타내던 유명한 두 놋기둥 야긴과 보아스도 파괴되었고, 거기 있었던 놋은 모두 바벨론으로 옮겨졌다(13절). 성전 자체가 허물어진 마당에 두 기둥인들 남아 있겠는가? 아하스는 자기 마음대로 물두멍 받침의 옆판을 떼어내고 놋바다를 돌판 위에 둠으로써 그것들을 더럽혔다(16:17). 그러므로 그렇게 더럽혀진 놋과 놋바다가 원수의 손에 넘겨진 것은 마땅한 일이었다. 각종 신적 규례들과 관련하여 그것을 더럽히고 능멸한 자들로부터 그것을 빼앗는 것은 하나님의 공의이다. 금이나 은으로 만든 것이 일부 남아 있었지만, 그러나 그것들도 모두 옮겨졌다(15절). 그러나 이 때 옮겨진 것의 대부분은 놋이었는데, 그 양이 얼마나 많았던지 여기에서 그 무게를 헤아릴 수 없었다고 언급된다(16절). 또 섬길 때에 쓰는 모든 그릇들이 옮겨짐으로써(14절) 이제 그들은 더 이상 섬김의 일을 할 수 없게 되었다(여기에서 섬김은 종교적인 예배행위를 의미함). 그토록 오랜 세월 동안 참된 예배를 대수롭지 않게 여기면서 거짓 신들에게 드리는 예배를 더 좋아했던 자들로부터 예배의 은택을 박탈하는 것은 하나님에게 있어 정당한 일이다. 많은 제단들을 가지고 있던 자들은 이제 아무 제단도 갖지 못하게 될 것이었다.

5. 또 여러 명의 중요한 인물들이 냉혹하게 처형당했다. 대제사장 스라야와(이 사람은 에스라의 아버지였다, 스 7:1) 유사시 대제사장의 직무를 대행하는 부제사장과 성전 문지기 세 사람과 군대의 장군과 다섯 명의 시종들과(나중에 이들은 일곱 명이 되었다, 렘 52:25) 군사를 징집하는 장관의 서기관 한 사람과 성중에 숨어 있었던 60명의 평민들이 죽음을 당했다(18, 19절). 이들은 어느 정도 높은 지위에 있는 사람들이었기 때문에 바벨론 왕에게 끌려갔고(20절), 그는 그들 모두를 죽이라고 명령했다(21절). 이와 같이 그들은 추측컨대 사망의 괴로움이 지나갔다고 생각했다가 이와 같이 갑작스런 재앙을 당한 것으로 보인다. 아마도 바벨론 왕은 이들이 가장 앞장서서 자신에게 대항한 것으로 간주했을 것이다. 그러나 신적 공의는 이들을 우상 숭배와 불경건의 주동자들로서 간주했다고 우리는 추측할 수 있다. 이렇게 하여 모든 재앙은 끝났다: 이와 같이 유다가 사로잡혀 본토에서 떠났더라. 이 때는 여호수아에 의해 그 땅을 차지한지 860년이 지난 때였다. 그리고 이렇게 하여 성경이 이루어졌다: 여호와께

서 너와 내가 세울 네 임금을 너와 네 조상들이 알지 못하던 나라로 끌어가시리니(신 28:36). 죄는 그들의 조상들을 40년 동안 가나안에 들어가지 못하도록 막았으며, 이제 다시 그들을 그 땅에서 토해냈다. 하나님은 당신이 행하시는 심판과 당신이 말씀하신 것을 그대로 이루심으로써 스스로를 알리신다(암 3:2). 내가 땅의 모든 족속 가운데 너희만을 알았나니 그러므로 내가 너희 모든 죄악을 너희에게 보응하리라.

[22]유다 땅에 머물러 있는 백성은 곧 바벨론 왕 느부갓네살이 남긴 자라 왕이 사반의 손자 아히감의 아들 그달리야가 관할하게 하였더라 [23]모든 군대 지휘관과 그를 따르는 자가 바벨론 왕이 그달리야를 지도자로 삼았다 함을 듣고 이에 느다니야의 아들 이스마엘과 가레아의 아들 요하난과 느도바 사람 단후멧의 아들 스라야와 마아가 사람의 아들 야아사니야와 그를 따르는 사람이 모두 미스바로 가서 그달리야에게 나아가매 [24]그달리야가 그들과 그를 따르는 군사들에게 맹세하여 이르되 너희는 갈대아 인을 섬기기를 두려워하지 말고 이 땅에 살며 바벨론 왕을 섬기라 그리하면 너희가 평안하리라 하니라 [25]칠월에 왕족 엘리사마의 손자 느다니야의 아들 이스마엘이 부하 열 명을 거느리고 와서 그달리야를 쳐서 죽이고 또 그와 함께 미스바에 있는 유다 사람과 갈대아 사람을 죽인지라 [26]노소를 막론하고 백성과 군대 장관들이 다 일어나서 애굽으로 갔으니 이는 갈대아 사람을 두려워함이었더라 [27]유다의 왕 여호야긴이 사로잡혀 간 지 삼십칠 년 곧 바벨론의 왕 에윌므로닥이 즉위한 원년 십이월 그 달 이십칠일에 유다의 왕 여호야긴을 옥에서 내놓아 그 머리를 들게 하고 [28]그에게 좋게 말하고 그의 지위를 바벨론에 그와 함께 있는 모든 왕의 지위보다 높이고 [29]그 죄수의 의복을 벗게 하고 그의 일평생에 항상 왕의 앞에서 양식을 먹게 하였고 [30]그가 쓸 것은 날마다 왕에게서 받는 양이 있어서 종신토록 끊이지 아니하였더라

본 단락의 내용은 다음과 같다.

I. 남은 자들의 분산(分散).   예루살렘 도성은 완전히 황폐화되었다. 그렇지만 그런 가운데에서도 폭풍우를 뚫고 가까스로 목숨을 보존한 일부 사람들이 있었다.

1. 어느 정도 시간이 지나자 정세는 많이 호전되었다. 바벨론 왕은 그들 가

운데 한 사람인 그달리야를 총독 겸 보호자로 임명했는데, 그는 매우 선한 사람이었으며 그나마 유대인들에게는 다행스러운 일이었다(22절). 그의 아버지 아히감은 유다의 모든 고관들이 예레미야를 죽이고자 맹세했을 때 그를 옹호하며 보호했던 사람이었다(렘 26:24). 아마도 이 그달리야는 예레미야의 조언에 따라 바벨론 사람들에게로 갔고, 그럼으로써 바벨론 왕이 그를 신뢰하여 그에게 통치권을 맡긴 것으로 보인다. 그는 예루살렘이 아니라 미스바에 거주했다(미스바는 베냐민 땅에 속한 성읍으로서 사무엘 시대에 유명했던 장소였다). 이에 시드기야를 떠나 흩어졌던(4절) 자들이 그 곳으로 와서 그의 보호 아래 들어왔다(23절). 그달리야는 만일 그들이 바벨론 왕을 섬기면 평안히 살 수 있게 될 것이라고 약속했다(24절). 그달리야는, 비록 통치자로서의 강력한 힘과 위용은 없었다 할지라도, 그들에게 큰 축복이 될 수 있었다. 그들에게 있어 예전의 왕들보다도 차라리 그달리야가 더 나았는데, 특별히 그 옆에 예레미야와 같은 훌륭한 조언자가 있었음을 감안할 때 더욱 그러했다(지금 예레미야는 그달리야와 함께 있으면서 남은 백성들을 돌보고 있었다, 렘 40:5-6).

2. 그러나 그달리야는 동족들에 의해 살해당했다. 그것은 그가 총독이 된 후 두 달 만의 일이었다. 지금으로서는 유다가 완전하게 뿌리 뽑히는 것이 작정되어 있었으므로 그들이 다시 뿌리를 내릴 것을 기대하는 것은 허망한 일이었다. 그 땅 전체가 뽑혀져야 했다(렘 45:4). 따라서 새로운 정착에의 소망은 산산이 깨어지고 말았으며, 그것은 갈대아 사람들에 의해 그렇게 된 것이 아니라 동족들에 의해 그렇게 되었다. 그들의 눈에 평화의 일이 감추어져 있었기 때문에 그들은 무엇이 자신들에게 최선인지 알지 못했다.

(1) 그달리야는 선한 총독이었음에도 불구하고 동족들에게 살해당했다(25절). 그것은 갈대아 사람들에 대한 증오심 때문이었는데, 왜냐하면 그가 느부갓네살에 의해 임명되었기 때문이었다. 그 일을 주도한 사람은 왕족이었던 이스마엘이었다. 그는 그달리야가 총독의 자리에 앉은 것과 그 아래서 백성들의 삶이 안정되는 것을 시기했다. 결국 이스마엘은 적당한 기회를 잡아 그와 그의 친구들을(유다인 친구들과 갈대아인 친구들을) 야비하게 살해했다. 다윗 가문의 이 타락한 후손은 그 땅에 남아 있는 유다인들의 평안에 너무도 큰 해악을 끼치고 말았다.

(2) 그들은 아직까지 약속의 땅에 남아 있었지만 그러나 이제는 갈대아 사

람들을 두려워하여 그 땅을 버리고 애굽으로 가고자 했다(26절). 갈대아 사람
들은 그달리야가 살해당했다는 소식에 크게 분개할 것이었다. 그러나 만일 그
들이 그 일은 단지 이스마엘 일당이 벌인 일임을 고하며 겸손하게 호소했다면,
아마도 그들은 그 일로 인해 처벌을 받지 않았을 것이라고 우리는 추측할 수
있다. 그러나 그들은 극도의 두려움에 사로잡혀 예레미야의 충고도 무시한 채
모두 애굽으로 내려갔다. 그리고 그들은 점차로 애굽 사람들과 혼합되면서 더
이상 이스라엘 사람이라는 말을 듣지 않게 되었던 것으로 보인다. 이렇게 하여
그들은 자신들의 어리석음과 불순종으로 말미암아 완전한 종말을 고하게 되었
다. 이와 같이 그들의 마지막은 애굽으로 돌아가는 것이었는데, 이럼으로써 신
명기 28장의 마지막 구절이 이루어졌다(68절): 여호와께서 너를 다시 애굽으로
끌어 가시리라. 그리고 이러한 사건은 예레미야 40장부터 45장까지에 상세하게
언급되었다.

Ⅱ. 바벨론 왕이 여호야긴을 다시 회복시킴. 우리는 시드기야가 소경이 되
어 바벨론으로 끌려간 이후 그에 대해서는 더 이상 아무런 이야기도 듣지 못한
다. 그는 그다지 오래 살지는 못했지만, 그러나 죽을 때는 어느 정도 존귀하게
장사된 것으로 보인다(렘 34:5). 한편 스스로 항복했던(24:12) 여호야긴(혹은
여고냐)은 느부갓네살이 죽고 그의 아들 에윌므로닥이 왕이 되자마자 옥에서
풀려났다(그는 지금 55세로서, 37년간 옥에 갇혀 있었다). 에윌므로닥은 그에
게 좋게 말하면서(즉 친절하고 부드럽게 말하면서), 그의 지위를 자기 아버지가
잡아온 다른 왕들보다 더 높여 주었다(28절). 바벨론 왕은 그에게 죄수의 의복
대신 왕의 예복을 입히고 자기 왕궁에서 생활하도록 했으며(29절), 그의 지위
에 걸맞는 은급(恩級)을 지급했다: 그가 쓸 것은 날마다 왕에게서 받는 양이 있어
서(30절).

1. 이것은 여호야긴에게 있어 매우 행복한 변화였다. 오랫동안 죄수로서 감
금과 수치와 주림 가운데 있다가 자유와 존귀와 풍성함을 회복하는 것은 마치
캄캄한 밤이 지나고 새벽이 밝아오는 것과 같았다. 어떤 사람이 오랫동안 고난
속에 있다고 하여 그가 다시는 좋은 날을 보지 못할 것이라고 성급하게 판단해
서는 안 된다. 가장 비참한 자라 할지라도 그 앞에 어떤 축복이 놓여 있는지는
아무도 모르는 일이다. 그가 고통을 당한 날만큼(시 90:15) 그 앞에 어떤 위로가
있을지 누가 알겠는가? 그러나 고난 가운데 있는 성도들에게는 죽음조차도 여

기에서 여호야긴에게 임한 것과 같은 행복한 변화가 된다. 죽음이 그들을 감옥으로부터 해방시켜 줄 것이며, 죄수의 의복을 벗기고 승귀(陞貴)의 길을 활짝 열어 줄 것이다. 또 그들은 죽음을 통해 하나님의 자녀의 영광스러운 자유인 만왕의 왕의 식탁에 참예하게 될 것이다.

2. 이것은 에윌므로닥에게 있어 매우 관대한 조치였다. 그는 자기 아버지가 포로들의 멍에를 지나치게 무겁게 했다고 생각했다. 그리하여 그는 사람의 부드러움과 왕의 존귀로서 멍에를 가볍게 해 주었다. 아마도 그의 권세 아래 있던 모든 왕들이 호의를 입었지만, 그 가운데에서도 여호야긴이 가장 큰 호의를 입은 것으로 보인다. 어떤 이들은 그것이 그의 왕가가 오랜 역사를 가진 유구한 왕가이며 그의 조상들 가운데 다윗이나 솔로몬과 같은 유명한 인물들이 있었기 때문이었을 것이라고 생각한다. 열방의 왕들 가운데 어느 누구도 유다 왕가만큼 오랜 역사를 갖고 있지 못했다. 한편 유대인들은 이 에윌므로닥이 어떤 잘못을 범함으로 자기 아버지에 의해 옥에 갇혔었으며 그 때 옥에서 여호야긴을 만나 서로 알게 되었다고 말한다. 그리하여 나중에 왕이 된 후 고난을 함께 했던 자로서 그에게 이와 같은 은총을 베풀었다는 것이다. 또 어떤 이들은 에윌므로닥이 다니엘과 그의 친구들로부터 참된 신앙을 배우며 감화를 받음으로써 여호야긴에게 은총을 베풀게 된 것이라고 추측하기도 한다.

3. 이것은 신적 섭리의 돌봄이었다. 이로써 포로로 잡혀와 있던 유대인들은 때가 되면 포로에서 풀려날 것에 대한 믿음과 소망을 가질 수 있게 되었다. 이 일은 포로기의 한가운데 일어난 일이었다. 지금은 전체 포로기간 70년 가운데 36년이 지난 때였으며, 아직도 그만큼의 포로기간이 남아 있었다. 그런데 지금 그들의 왕이 그와 같이 존귀케 된 것은 그들도 때가 되면 그와 같이 풀려날 것에 대한 분명한 보증이었다. 이와 같이 정직한 자들에게 흑암 중에 빛이 일어났으며(시 112:4), 어두워 갈 때에 빛이 있었다(슥 14:7). 그러므로 캄캄한 고난 가운데 빠져 있다 할지라도 우리는 결코 절망해서는 안 된다.

● 독자 여러분들께 알립니다!

'CH북스'는 기존 '크리스천다이제스트'의 영문명 앞 2글자와
도서를 의미하는 '북스'를 결합한 출판사의 새로운 이름입니다.

매튜헨리주석전집 06

매튜헨리주석 열왕기상·하

초판 발행 2009년 3월 30일
중쇄 발행 2019년 4월 26일

발행인 박명곤
사업총괄 박지성
편집 신안나, 임여진
디자인 김민영, 양무리디자인
마케팅 김민지
재무 김영은
펴낸곳 CH북스
출판등록 제406-1999-000038호
전화 031-911-9864 **팩스** 031-944-9820
주소 경기도 파주시 회동길 37-20 CH그룹사옥 4층
홈페이지 www.chbooks.co.kr **이메일** ch@chbooks.co.kr
페이스북 @chbooks1984 **인스타그램** @chbooks1984
네이버 밴드 @chbooks

ⓒ CH북스 2009

CH북스는 여러분의 정성이 담긴 원고를 기다리고 있습니다.
원고 투고는 ch@chbooks.co.kr 로 내용 소개, 연락처와 함께 보내주세요.